日本の労働法政策

濱口　桂一郎

はじめに

　2004年4月、東京大学に公共政策大学院が設置され、その一科目として労働法政策の授業が置かれた。筆者は2018年度まで15年間この講義を担当してきた。さらに2012年度には法政大学大学院にも社会人向けに公共政策研究科が設置され、筆者は雇用労働政策研究の科目を担当して2018年度で7回目になる（政治学研究科、連帯社会インスティテュートとの合同科目）。本書はこれら科目のために作成・配布してきた講義テキストの最新版である。

　2004年に授業を始めたときの当初テキストは『労働法政策』（ミネルヴァ書房）として刊行されているが、その後の法改正に次ぐ法改正を反映して講義テキストは毎年膨張を続けた。今回、働き方改革推進法が成立し、労働法制全般にわたって大幅な改正が行われたことを機に、労働政策研究・研修機構から一般刊行物として出版することとした。

　労働法の教科書は汗牛充棟であるが、それらはすべて法解釈学としての労働法である。もちろん法解釈学は極めて重要であるが、社会の設計図としての法という観点から見れば、法は単に解釈されるべきものとしてだけではなく、作られるべきもの、あるいは作り変えられるべきものとしても存在する。さまざまな社会問題に対して、既存の法をどのように適用して問題を解決するかという司法的アプローチに対して、既存の法をどう変えるか、あるいは新たな法を作るかという立法的アプローチが存在する。そして社会の変化が激しければ激しいほど、立法的アプローチの重要性は高まってゆく。

　本書の特色は労働立法の政策決定過程に焦点を当て、政労使という労働政策のプレイヤー間の対立と妥協のメカニズムを個別政策領域ごとに明らかにしていくところにある。いわば、完成品としての労働法ではなく、製造過程に着目した労働法の解説である。さまざまな労働法制がどのように形成されてきたのかという観点から労働法学の研究者や学生に、労働政策の政治過程分析の素材として政治学の研究者や学生に、そして歴史的視座に立って経済社会分析を行おうとする労働経済学や産業社会学の研究者や学生にも広く読んでいただきたいと思っている。

　この15年間で日本の労働法政策の姿はかなり変わった。とりわけ、当初テキストで将来像として描いていたいくつかの方向性が、今回の働き方改革推進法で実現に至った。たとえば、当初テキストでは労働時間法政策の章において「課題－法律上の時間外労働の上限の是非」という項を置き、「労働法政策として考えた場合に、今まで法律上の上限を設定してこなかったことの背景にある社会経済状況のどれだけがなお有効であり、どれだけが既に変わりつつあるのかを再考してみる必要はありそうである」と述べ、「ホワイトカラーの適用除外といった法政策が進展していくと、それ以外の通常の労働者の労働時間規制が本質的には同様に無制限であるということについても、再検討の必要が高まってくるであろう」と示

唆していた。今回、時間外労働の法的上限規制が導入されたことは、その実現の第一歩と言える。また非正規労働についても、パートタイム、有期契約、派遣労働のそれぞれの節で、項を起こして均等待遇問題を「課題」として取り上げていた。これも今回、同一労働同一賃金というラベルの下で盛り込まれた。一方、労使協議制と労働者参加の章で「課題 − 労働者代表法制」として論じていた問題は、今日なお公的な法政策のアジェンダに載っていない。

　この15年間、東京大学と法政大学の大学院生諸氏との間で熱のこもった討議を経験できたことは、筆者の思考を豊かにするのに大いに役立った。本書にその成果の幾ばくかが反映されていれば幸いである。

2018年10月

濱口桂一郎

iii

目次

第1部　労働法政策序説 ……………………………………………… 1

第1章　近代日本労働法政策の諸段階 ……………………………… 3
1　労働法政策の準備期 ……………………………………………… 3
　（1）　概観 ………………………………………………………… 3
　（2）　労働市場法政策 …………………………………………… 4
　（3）　労働条件法政策 …………………………………………… 4
　（4）　労使関係法政策 …………………………………………… 5
2　自由主義の時代 …………………………………………………… 5
　（1）　概観 ………………………………………………………… 5
　（2）　労働市場法政策 …………………………………………… 6
　（3）　労働条件法政策 …………………………………………… 6
　（4）　労使関係法政策 …………………………………………… 7
3　社会主義の時代 …………………………………………………… 8
　（1）　概観 ………………………………………………………… 8
　（2）　労働市場法政策 …………………………………………… 9
　（3）　労働条件法政策 …………………………………………… 10
　（4）　労使関係法政策 …………………………………………… 11
4　近代主義の時代 …………………………………………………… 12
　（1）　概観 ………………………………………………………… 12
　（2）　労働市場法政策 …………………………………………… 13
　（3）　労働条件法政策 …………………………………………… 14
　（4）　労使関係法政策 …………………………………………… 15
5　企業主義の時代 …………………………………………………… 15
　（1）　概観 ………………………………………………………… 15
　（2）　労働市場法政策 …………………………………………… 16
　（3）　労働条件法政策 …………………………………………… 18
　（4）　労働人権法政策 …………………………………………… 19
　（5）　労使関係法政策 …………………………………………… 20
6　市場主義の時代 …………………………………………………… 20
　（1）　概観 ………………………………………………………… 20
　（2）　労働市場法政策 …………………………………………… 21
　（3）　労働条件法政策 …………………………………………… 23
　（4）　労働人権法政策 …………………………………………… 25
　（5）　労使関係法政策 …………………………………………… 26
7　労働法政策の大転換期？ ………………………………………… 26

第2章　労働行政機構の推移 ……………………………………………… 29
1　社会局創設以前 ………………………………………………………… 29
2　内務省社会局 …………………………………………………………… 30
　（1）　内務省社会局の成立 ……………………………………………… 30
　（2）　内務省社会局の組織と官僚 ……………………………………… 31
3　厚生省 …………………………………………………………………… 32
　（1）　厚生省の設立 ……………………………………………………… 32
　（2）　厚生省の組織 ……………………………………………………… 32
　（3）　終戦直後の行政体制 ……………………………………………… 33
4　労働省 …………………………………………………………………… 34
　（1）　労働省の設立 ……………………………………………………… 34
　（2）　労働省の組織 ……………………………………………………… 36
5　厚生労働省 ……………………………………………………………… 36
　（1）　厚生労働省の設立 ………………………………………………… 36
　（2）　厚生労働省の組織 ………………………………………………… 37

第3章　労働政策決定プロセスと三者構成原則 …………………… 39
1　日本における三者構成原則の展開 …………………………………… 39
　（1）　ILOの三者構成原則 ……………………………………………… 39
　（2）　終戦直後の三者構成原則 ………………………………………… 41
　（3）　日本的三者構成システムの展開 ………………………………… 42
　（4）　規制緩和の波と三者構成原則 …………………………………… 45
　（5）　労働政策審議会への統合 ………………………………………… 46
2　三者構成原則への批判と近年の動向 ………………………………… 48
　（1）　規制改革会議による批判 ………………………………………… 48
　（2）　働き方政策決定プロセス有識者会議 …………………………… 49
　（3）　労政審労働政策基本部会 ………………………………………… 50

第2部　労働市場法政策 ……………………………………………… 51

第1章　労働力需給調整システム ………………………………………… 53
第1節　労働力需給調整システムの展開 ………………………………… 53
1　民間職業紹介事業の規制と公共職業紹介の発展 …………………… 54
　（1）　職業紹介事業の発生 ……………………………………………… 54
　（2）　営利職業紹介事業の取締り ……………………………………… 54
　（3）　無料職業紹介事業の始まり ……………………………………… 55
　（4）　職業紹介法の制定 ………………………………………………… 56
　（5）　職業紹介法による営利職業紹介事業の規制 …………………… 57
2　国営職業紹介体制の確立 ……………………………………………… 58

|（1）|職業紹介所の国営化と勤労動員政策 ……………………………………|58|
|（2）|職業安定法の制定 ……………………………………………………………|59|

3 民間労働力需給調整システムの原則禁止 ………………………………………… 60
（1）	1938年改正職業紹介法 ……………………………………………………	60
（2）	職業安定法による民間職業紹介事業の原則禁止 ……………………	61
（3）	職業安定法による労働者供給事業の全面禁止 …………………………	61
（4）	職業安定法とILO条約 ……………………………………………………	63

4 民間労働力需給調整システムの規制緩和の始まり ………………………… 64
（1）	請負4要件の緩和 …………………………………………………………	64
（2）	有料職業紹介事業の対象職種の段階的拡大 …………………………	66
（3）	職業紹介事業に関する改正 ………………………………………………	67

5 民間労働力需給調整システムの規制緩和の加速 ………………………… 68

第2節　労働者派遣事業の法政策…………………………………………………… 69
1 労働者派遣事業の制限的法認 ………………………………………………… 69
（1）	業務処理請負事業としての登場 …………………………………………	69
（2）	1985年労働者派遣法 ………………………………………………………	70
（3）	ポジティブリスト方式の意味 ……………………………………………	72
（4）	原始ネガティブリスト業務 ………………………………………………	74
（5）	登録型と常用型 ……………………………………………………………	75

2 労働者派遣事業の段階的拡大 ………………………………………………… 76
|（1）|対象業務の拡大 ……………………………………………………………|76|
|（2）|部分的ネガティブリストの導入 …………………………………………|77|

3 労働者派遣事業の一般的法認 ………………………………………………… 78
（1）	ILOの方向転換 ……………………………………………………………	78
（2）	規制緩和推進政策 …………………………………………………………	80
（3）	1999年改正 …………………………………………………………………	81
（4）	ネガティブリスト方式の意味 ……………………………………………	82
（5）	1999年の適用除外業務 ……………………………………………………	84
（6）	派遣労働者の保護措置 ……………………………………………………	85

4 労働者派遣事業の規制緩和の進展 …………………………………………… 86
（1）	総合規制改革会議と経済財政諮問会議 …………………………………	86
（2）	2003年改正 …………………………………………………………………	87
（3）	派遣期間制限の緩和と直接雇用の促進 …………………………………	88
（4）	物の製造の業務と構内請負の問題 ………………………………………	89
（5）	紹介予定派遣 ………………………………………………………………	90
（6）	派遣先労働者との均等待遇問題 …………………………………………	91
（7）	医療関係業務 ………………………………………………………………	92
（8）	製造業務請負の適正化 ……………………………………………………	93

vi

5 労働者派遣事業の規制強化への逆転 ……………………………………… 94
  （1） 規制改革・民間開放推進会議 ………………………………………… 94
  （2） 労政審中間報告 ………………………………………………………… 94
  （3） 日雇派遣等の規制 ……………………………………………………… 96
  （4） 労働者派遣事業をめぐる政治的な動き ……………………………… 96
  （5） 労働者派遣制度在り方研究会 ………………………………………… 97
  （6） 労政審建議 ……………………………………………………………… 99
  （7） 2008年改正案 …………………………………………………………… 100
  （8） 3野党の改正案 ………………………………………………………… 101
  （9） 労政審答申 ……………………………………………………………… 102
  （10） 2010年改正案 ………………………………………………………… 103
  （11） 専門26業務派遣適正化プラン ……………………………………… 105
  （12） 2012年改正 …………………………………………………………… 106
6 非正規労働法制としての労働者派遣法へ ……………………………… 107
  （1） 労働者派遣制度在り方研究会 ………………………………………… 107
  （2） 各団体や規制改革会議の動向 ………………………………………… 108
  （3） 労政審建議 ……………………………………………………………… 108
  （4） 2014年改正案 …………………………………………………………… 109
  （5） 2015年改正 ……………………………………………………………… 110
  （6） 派遣労働者の均等待遇 ………………………………………………… 111
  （7） 2018年改正 ……………………………………………………………… 112
7 港湾労働法 …………………………………………………………………… 113
  （1） 港湾労働法以前 ………………………………………………………… 114
  （2） 1965年港湾労働法 ……………………………………………………… 115
  （3） 1988年法 ………………………………………………………………… 116
  （4） 2000年改正 ……………………………………………………………… 117
8 建設業における労働力需給システム …………………………………… 117
  （1） 労務下請と建設雇用改善法 …………………………………………… 117
  （2） 建設業務労働者就業機会確保事業 …………………………………… 118
9 労働組合の労働者供給事業 ……………………………………………… 120

第3節 雇用仲介事業の法政策 ……………………………………………… 121
1 有料職業紹介事業 ………………………………………………………… 121
  （1） 1997年省令改正までの推移 …………………………………………… 121
  （2） 1997年の擬似的ネガティブリスト化 ……………………………… 123
  （3） 全面的ネガティブリスト化への動き ………………………………… 124
  （4） 1999年改正 ……………………………………………………………… 125
  （5） 労働者保護のためのルール …………………………………………… 126
  （6） 2003年改正 ……………………………………………………………… 127

| 2 無料職業紹介事業 ··· | 128 |

2　無料職業紹介事業 ··· 128
3　労働者の募集 ··· 129
4　雇用仲介事業 ··· 129
　（1）　雇用仲介事業在り方検討会 ····································· 129
　（2）　労政審建議 ·· 130
　（3）　2017年改正 ··· 132

第4節　公共職業安定機関 ·· 133
1　公共職業安定機関の職業紹介等 ····································· 133
　（1）　ILO条約の基準 ·· 133
　（2）　職業紹介 ··· 134
　（3）　職務分析 ··· 135
　（4）　労働者保護のためのルール ···································· 136
　（5）　2017年改正 ··· 137
2　地方事務官制度 ··· 137
　（1）　戦前におけるその淵源 ·· 137
　（2）　地方自治法と地方事務官制度の創設 ···························· 138
　（3）　地方事務官制度の意味 ·· 139
　（4）　地方事務官制度の廃止 ·· 140
3　公共職業安定機関の民間開放論 ····································· 141
　（1）　総合規制改革会議 ·· 141
　（2）　公共サービス改革法 ·· 142
　（3）　ハローワークとILO条約 ······································ 143
　（4）　ハローワークの市場化テスト ·································· 144
　（5）　ハローワークの求人・求職情報の提供 ·························· 145
4　地方分権と職業安定行政 ··· 145
　（1）　地方分権改革とハローワーク ·································· 145
　（2）　2016年職業安定法・雇用対策法改正 ···························· 148

第2章　労働市場のセーフティネット ······························ 151
第1節　失業保険制度 ·· 151
1　失業保険制度の性格 ··· 151
2　失業保険法への道 ··· 152
　（1）　先進諸国の失業保険制度 ······································ 152
　（2）　日本における失業保険制度への動き ···························· 153
　（3）　退職積立金及退職手当法 ······································ 154
　（4）　失業保険法の制定 ·· 155
3　失業保険法の展開 ··· 156
　（1）　日雇失業保険制度の創設等 ···································· 156

（2）　一時帰休労働者への給付 ……………………………………………157
　（3）　給付日数の改正 ………………………………………………………157
　（4）　モラルハザードとの戦い …………………………………………158
　（5）　全面適用への道 ………………………………………………………159
4　雇用保険法の制定 ……………………………………………………………160
　（1）　雇用保険法の制定に向けて ………………………………………160
　（2）　文脈の転換 ……………………………………………………………162
　（3）　雇用保険法による失業給付 ………………………………………162
5　雇用保険法の展開 ……………………………………………………………164
　（1）　1984年改正 …………………………………………………………164
　（2）　1989年改正 …………………………………………………………165
　（3）　2000年改正 …………………………………………………………166
　（4）　2002年の運用改善 …………………………………………………169
　（5）　2003年改正 …………………………………………………………170
　（6）　雇用保険基本問題研究会 …………………………………………171
　（7）　2007年改正 …………………………………………………………173
6　非正規労働者への適用拡大 …………………………………………………174
　（1）　2009年改正 …………………………………………………………174
　（2）　非正規労働者への適用問題の経緯 ………………………………176
　（3）　2010年改正 …………………………………………………………177
7　その後の動き …………………………………………………………………178
　（1）　2016年改正 …………………………………………………………178
　（2）　2017年改正 …………………………………………………………179

第2節　無拠出型セーフティネット …………………………………………180
1　求職者支援法 …………………………………………………………………180
　（1）　連合の提言 …………………………………………………………180
　（2）　2008年末の貸付制度 ………………………………………………181
　（3）　訓練・生活支援給付 ………………………………………………181
　（4）　求職者支援法 ………………………………………………………182
2　公的扶助制度 …………………………………………………………………183
　（1）　公的扶助制度の生成 ………………………………………………183
　（2）　救護法 ………………………………………………………………185
　（3）　1946年生活保護法 …………………………………………………186
　（4）　1950年生活保護法 …………………………………………………187
　（5）　生活保護制度運用の見直し ………………………………………189
　（6）　2013年改正 …………………………………………………………191
　（7）　生活困窮者自立支援法 ……………………………………………192

第3節　政策的給付と雇用保険2事業……………………………………193
1　政策的給付……………………………………………………………194
（1）育児休業給付………………………………………………………194
（2）介護休業給付………………………………………………………196
（3）高年齢雇用継続給付………………………………………………196
（4）教育訓練給付………………………………………………………198
2　雇用政策手段としての雇用保険2事業………………………………200
（1）雇用保険3事業の創設……………………………………………200
（2）雇用安定事業の創設………………………………………………202
（3）給付金の整理統合…………………………………………………203
（4）雇用保険3事業の廃止への圧力…………………………………204
（5）雇用保険2事業への見直し………………………………………206
（6）事業仕分け…………………………………………………………207
（7）現在の雇用保険2事業……………………………………………208

第3章　雇用政策の諸相………………………………………………209
第1節　失業対策事業……………………………………………………209
1　失業対策事業…………………………………………………………209
（1）戦前の失業者救済事業……………………………………………209
（2）終戦直後の失業対策諸事業………………………………………211
（3）緊急失業対策法……………………………………………………211
（4）1963年改正…………………………………………………………212
（5）1971年中高年法……………………………………………………215
（6）失業対策事業の終焉………………………………………………216
2　公共事業及び特別の失業対策事業…………………………………218
（1）公共事業における失業者吸収率…………………………………218
（2）炭鉱離職者緊急就労対策事業等…………………………………219
（3）緊急地域雇用特別給付金制度……………………………………220
（4）ふるさと雇用再生特別交付金・緊急雇用創出事業………………220

第2節　雇用対策法とその後の雇用政策………………………………222
1　積極的労働力政策の時代……………………………………………222
（1）失業対策から雇用政策への模索…………………………………222
（2）近代的労働市場への志向…………………………………………224
（3）雇用対策法の制定…………………………………………………226
（4）雇用対策法の内容…………………………………………………227
（5）雇用対策基本計画…………………………………………………229
2　雇用維持政策の時代…………………………………………………230
（1）雇用保険法の制定…………………………………………………230

	（2）	雇用調整給付金とその意味 ………………………………	232
	（3）	雇用安定事業と雇用安定資金制度の創設 ………………	233
	（4）	雇用維持政策の全面化 ……………………………………	235
3	労働移動促進政策の時代 …………………………………………		236
	（1）	失業なき労働移動促進政策の登場 ……………………	236
	（2）	労働移動促進政策への転換 ……………………………	238
	（3）	2007年改正 ………………………………………………	240
	（4）	雇用調整助成金の復活 …………………………………	240
	（5）	労働移動促進政策への再転換 …………………………	242
	（6）	労働施策総合推進法 ……………………………………	243

第3節　産業・地域雇用政策 ……………………………………… 244

1	炭鉱離職者政策 ……………………………………………………		244
	（1）	炭鉱離職者法の制定 ……………………………………	244
	（2）	雇用奨励金制度 …………………………………………	245
	（3）	炭鉱離職者求職手帳制度 ………………………………	246
	（4）	産炭地域開発就労事業 …………………………………	248
	（5）	炭鉱労働者雇用安定法への改正と廃止 ………………	248
2	不況業種・不況地域の雇用政策 ………………………………		249
	（1）	特定不況業種離職者法 …………………………………	249
	（2）	特定不況地域離職者法 …………………………………	250
	（3）	不況業種・不況地域雇用安定法 ………………………	250
	（4）	その後の不況業種法政策 ………………………………	251
3	地域雇用開発政策 ………………………………………………		252
	（1）	地域雇用開発政策以前 …………………………………	252
	（2）	地域雇用開発政策の形成 ………………………………	252
	（3）	地域雇用開発等促進法 …………………………………	253
	（4）	1990年代の地域雇用開発政策 …………………………	254
	（5）	21世紀の地域雇用開発政策 ……………………………	255

第4節　外国人労働法政策 ………………………………………… 257

1	出入国管理法制 …………………………………………………		257
	（1）	戦前の外国人政策 ………………………………………	257
	（2）	戦後の出入国管理法制 …………………………………	258
2	外国人労働者政策の提起と否定 ………………………………		261
	（1）	雇用許可制の提起と撤退 ………………………………	261
	（2）	1989年入管法改正と日系南米人の導入 ………………	262
	（3）	研修生という「サイドドア」 …………………………	263
3	技能実習制度 ……………………………………………………		264

（1）　研修・技能実習制度の創設 ………………………………………… 264
　（2）　2009年入管法改正 ……………………………………………………… 266
　（3）　技能実習法 ……………………………………………………………… 267
4　特定職種・業種の外国人労働者受入れ政策 ………………………………… 269
　（1）　高度専門職 ……………………………………………………………… 269
　（2）　介護労働者 ……………………………………………………………… 270
　（3）　建設業と造船業 ………………………………………………………… 270
　（4）　家事労働者 ……………………………………………………………… 271
　（5）　農業労働者 ……………………………………………………………… 271
5　外国人労働者の本格的受入れ政策 …………………………………………… 272
　（1）　2000年代における議論の提起 ……………………………………… 272
　（2）　技能労働者の本格的受入れ …………………………………………… 273

第4章　高齢者・障害者の雇用就業法政策 …………………………………… 275

第1節　高齢者雇用就業法政策 …………………………………………………… 275
1　失業対策事業の後始末としての中高年齢失業者対策 …………………… 275
　（1）　中高年齢失業者等就職促進措置 ……………………………………… 275
　（2）　中高年齢者雇用促進法 ………………………………………………… 276
2　高年齢者雇用率制度 …………………………………………………………… 277
　（1）　中高年齢者職種別雇用率制度 ………………………………………… 277
　（2）　中高年齢者雇用促進法 ………………………………………………… 278
　（3）　高年齢者雇用率制度 …………………………………………………… 280
3　定年引上げの法政策 …………………………………………………………… 281
　（1）　定年制の法的意義 ……………………………………………………… 281
　（2）　厚生年金支給開始年齢の引上げ ……………………………………… 282
　（3）　定年引上げ政策の登場 ………………………………………………… 283
　（4）　1973年雇用対策法改正 ……………………………………………… 285
　（5）　定年延長の立法化問題 ………………………………………………… 286
　（6）　60歳台前半層問題の提起 …………………………………………… 287
　（7）　1986年高齢法 ………………………………………………………… 288
4　継続雇用の法政策 ……………………………………………………………… 290
　（1）　1990年高齢法改正（再雇用の努力義務）………………………… 291
　（2）　1994年高齢法改正（継続雇用制度の努力義務）………………… 292
　（3）　65歳現役社会の模索 ………………………………………………… 293
　（4）　2000年高齢法改正 …………………………………………………… 295
5　継続雇用と年齢差別禁止の法政策 …………………………………………… 296
　（1）　年齢差別禁止政策の浮上 ……………………………………………… 296
　（2）　2001年雇用対策法改正（求人年齢制限緩和努力義務）………… 297
　（3）　年齢にかかわりなく働ける社会の模索 ……………………………… 299

（4） 2004年高齢法改正（継続雇用制度の部分義務化）……………………… 300
（5） 2004年高齢法改正（年齢制限の理由明示義務）……………………… 302
（6） 2007年雇用対策法改正（年齢制限の禁止）………………………… 303
（7） 2012年高齢法改正（継続雇用制度の完全義務化）………………… 305
（8） 有期継続雇用の特例 ………………………………………………… 307
6 シルバー人材センター ……………………………………………………… 307
（1） 高齢者事業団運動 …………………………………………………… 307
（2） シルバー人材センター ……………………………………………… 309
（3） シルバー人材センターの法制化 …………………………………… 309
（4） 労働者派遣事業・有料職業紹介事業への拡大 …………………… 310
（5） シルバー人材センターの機能強化 ………………………………… 312

第2節　障害者雇用就労法政策 ………………………………………………… 313
1 障害者雇用率制度の展開 …………………………………………………… 313
（1） 障害者雇用政策の前史 ……………………………………………… 313
（2） 身体障害者雇用促進法（努力義務時代）………………………… 313
（3） 1976年改正（身体障害者の雇用義務化）………………………… 315
（4） 1987年改正（精神薄弱者への雇用率適用）……………………… 316
（5） 1997年改正（知的障害者の雇用義務化）………………………… 317
2 精神障害者等への適用 ……………………………………………………… 318
（1） 2002年改正………………………………………………………… 318
（2） 2005年改正（精神障害者への雇用率適用）……………………… 319
（3） 2008年改正………………………………………………………… 320
（4） 障害者の範囲在り方研究会 ………………………………………… 322
（5） 2013年改正（精神障害者の雇用義務化）………………………… 323
3 障害者差別禁止法政策 ……………………………………………………… 324
（1） 障害者基本法の改正 ………………………………………………… 324
（2） 障害者権利条約対応在り方研究会 ………………………………… 325
（3） 労政審中間取りまとめ ……………………………………………… 327
（4） 障がい者制度改革推進会議と障害者基本法改正 ………………… 327
（5） 差別禁止部会 ………………………………………………………… 329
（6） 第2次障害者権利条約対応在り方研究会 ………………………… 330
（7） 2013年改正と障害者差別解消法………………………………… 331
4 障害者福祉法政策における就労支援 ……………………………………… 332
（1） 福祉的就労と授産施設 ……………………………………………… 332
（2） 障害者総合支援法 …………………………………………………… 333
5 障害者虐待防止法 …………………………………………………………… 335

第5章　職業教育訓練法政策 337
第1節　職業能力開発法政策 337
1 徒弟制から技能者養成制度へ 337
 （1）徒弟制 337
 （2）工場法における徒弟制 338
 （3）戦時下の技能者養成と技能検査 339
 （4）労働基準法における技能者養成制度 340
2 職業補導制度の展開 341
 （1）職業補導の始まり 341
 （2）失業対策としての職業補導 342
3 職業訓練と技能検定 343
 （1）1958年職業訓練法 343
 （2）公共職業訓練と事業内職業訓練 344
 （3）技能検定 345
4 積極的労働力政策時代の職業訓練 346
 （1）経済政策における人的能力政策 346
 （2）雇用政策における技能者養成 347
 （3）1969年職業訓練法 347
5 企業内職業能力開発政策の時代 349
 （1）企業内職業訓練の促進 349
 （2）企業特殊的技能へのシフト 351
 （3）職業訓練法から職業能力開発促進法へ 352
 （4）企業主義時代の職業能力検定制度 353
6 自発的職業能力開発政策の時代 354
 （1）教育訓練休暇 354
 （2）自己啓発へのシフト 355
 （3）個人主導の職業能力開発の強調 356
 （4）教育訓練給付 357
 （5）ビジネス・キャリア制度 357
7 職業能力開発政策の模索 359
 （1）キャリア形成支援への政策転換 359
 （2）日本版デュアルシステムの導入 360
 （3）実践型人材養成システム 362
 （4）求職者支援制度と認定職業訓練 364
 （5）学び直し支援 365
8 職業能力評価制度の展開 366
 （1）ジョブ・カード制度 366
 （2）ジョブ・カード制度の見直し 367
 （3）日本版NVQ制度 368

（4）	職業能力評価制度あり方研究会 ………………………………	369
（5）	キャリア・パスポート構想 …………………………………	370
（6）	2015年改正 ……………………………………………………	371

第2節　職業教育法政策 …………………………………………………… 373
1　戦前の実業教育 ………………………………………………………… 373
（1）　実業教育の始まり ………………………………………………… 373
（2）　実業学校 …………………………………………………………… 373
（3）　徒弟学校 …………………………………………………………… 374
（4）　実業補習学校と青年学校 ………………………………………… 375
2　戦後の職業教育 ………………………………………………………… 376
（1）　後期中等教育における職業教育 ………………………………… 376
（2）　職業教育制度改正の試み ………………………………………… 376
（3）　技能連携制度 ……………………………………………………… 377
（4）　近代主義時代の職業教育 ………………………………………… 378
（5）　職業教育の地位低下と復活 ……………………………………… 379
3　高等教育における職業教育 …………………………………………… 381
（1）　戦後の大学 ………………………………………………………… 381
（2）　高等専門学校 ……………………………………………………… 382
（3）　専修学校 …………………………………………………………… 383
（4）　専門職大学院 ……………………………………………………… 383
（5）　専門職大学 ………………………………………………………… 384
（6）　大学等の職業実践力育成プログラム …………………………… 386
4　キャリア教育 …………………………………………………………… 388
（1）　職業人教育の推移 ………………………………………………… 388
（2）　キャリア教育の提唱 ……………………………………………… 389
（3）　中教審答申におけるキャリア教育 ……………………………… 390
5　労働教育 ………………………………………………………………… 391

第3節　若年者労働法政策 ………………………………………………… 393
1　年少労働者保護法政策 ………………………………………………… 393
（1）　工場法における年少者保護 ……………………………………… 393
（2）　年少者の就業禁止 ………………………………………………… 395
（3）　工場法の改正 ……………………………………………………… 395
（4）　労働基準法における年少者保護 ………………………………… 396
（5）　年少者に係る労働契約法制 ……………………………………… 397
（6）　戦後初期の年少労働問題 ………………………………………… 398
（7）　1987年改正 ………………………………………………………… 398
（8）　1998年改正 ………………………………………………………… 398

2	勤労青少年福祉法	400
3	新規学卒者の就職システム	401
	(1) 少年職業紹介の始まり	401
	(2) 学徒動員	402
	(3) 職業安定法の制定と改正	403
	(4) その後の新規学卒者の職業紹介	404
	(5) 一人一社制の見直し	404
4	若年者雇用法政策	405
	(1) 若者自立・挑戦プラン	405
	(2) 2007年雇用対策法改正	406
	(3) 青少年雇用機会確保指針	407
	(4) 若者雇用戦略	408
	(5) 青少年雇用促進法	408

第3部　労働条件法政策 …… 411

第1章　労働基準監督システム …… 413

第1節　労働基準監督システムの形成 …… 413

1　工場法と工場監督制度 …… 413
　(1)　労働問題の発生 …… 413
　(2)　工場法の制定過程 …… 413
　(3)　工場監督制度の整備 …… 415
　(4)　工場法の改正 …… 416
　(5)　戦時体制下の工場監督制度 …… 416
2　労働基準法と労働基準監督システム …… 417
　(1)　労働基準法の制定 …… 417
　(2)　労働基準監督システムの形成 …… 419
　(3)　ILO労働監督条約 …… 420

第2節　労働基準監督システムの展開 …… 421

1　労働基準監督システムをめぐる問題 …… 421
　(1)　公務員への労働基準法適用問題 …… 421
　(2)　労働基準監督行政の地方移管問題 …… 423
　(3)　都道府県労働局の設置とその後の動向 …… 424
　(4)　労働基準監督業務の民間活用問題 …… 425
2　労働基準監督行政の展開 …… 426
　(1)　戦後復興期の監督行政 …… 426
　(2)　高度成長期の監督行政 …… 426

|（3）|安定成長期の監督行政 ……………………………………………|427|
|（4）|臨検監督と司法処分 ………………………………………………|428|

第2章　労災保険制度と認定基準 ……………………………………… 429

第1節　労災保険制度 ………………………………………………… 429

1　戦前の労働者災害扶助制度 ………………………………………… 429

（1）	工場法以前 …………………………………………………………	429
（2）	工場法の災害扶助制度 ……………………………………………	429
（3）	健康保険による災害扶助保険 ……………………………………	430
（4）	労働者災害扶助法 …………………………………………………	431
（5）	年金保険による災害扶助保険 ……………………………………	432

2　戦後の労災保険制度 ………………………………………………… 433

（1）	労働基準法と労災保険法の制定 …………………………………	433
（2）	長期補償の導入 ……………………………………………………	435
（3）	給付の年金化 ………………………………………………………	437
（4）	全面適用への道 ……………………………………………………	438
（5）	通勤災害保護制度 …………………………………………………	439
（6）	労働福祉事業の創設 ………………………………………………	440
（7）	民事損害賠償との調整 ……………………………………………	441
（8）	年功賃金制への対応 ………………………………………………	442
（9）	労災保険財政の見直し ……………………………………………	443
（10）	過労死予防への第一歩 ……………………………………………	445
（11）	通勤災害保護制度の見直し ………………………………………	446
（12）	労働保険審査制度の改正 …………………………………………	447

第2節　労災認定基準と過労死・過労自殺問題 ……………………… 448

1　業務災害の認定基準 ………………………………………………… 448

|（1）|業務災害の認定 ……………………………………………………|448|
|（2）|業務上の疾病 ………………………………………………………|449|

2　過労死・過労自殺の認定基準 ……………………………………… 450

（1）	脳・心臓疾患（過労死）の性質 …………………………………	450
（2）	脳・心臓疾患の認定基準の変遷 …………………………………	451
（3）	長期疲労による脳・心臓疾患の認定へ …………………………	453
（4）	精神障害及び自殺（過労自殺）の性質と従来の取扱い …………	454
（5）	精神障害・自殺の判断指針 ………………………………………	455
（6）	セクハラやいじめ等による精神障害の判断指針 ………………	456
（7）	過労死・過労自殺の省令への例示列挙 …………………………	457
（8）	心理的負荷による精神障害の新認定基準 ………………………	458

第3章　労働安全衛生法政策 461
第1節　労働安全衛生法制の展開 461
1　工場法から労働基準法へ 461
（1）　工場法以前 461
（2）　工場法の制定 461
（3）　戦時体制下の安全衛生 463
（4）　労働基準法の制定 465
（5）　労働基準法と鉱山保安法 467
2　戦後の労働安全衛生法政策 469
（1）　珪肺対策の展開 469
（2）　じん肺法 470
（3）　一酸化炭素中毒症特別措置法 471
（4）　電離放射線障害防止規則 472
（5）　有機溶剤中毒予防規則 474
（6）　石綿対策 474
3　労働安全衛生法の体系 476
（1）　まぼろしの安全衛生局 476
（2）　労働災害防止団体法の制定 477
（3）　労働安全衛生法の制定 478
（4）　労働安全衛生法の体系 479
（5）　建設業等の重層請負関係における安全衛生管理体制 480
（6）　その後の労働安全衛生法改正（建設業関係） 482
（7）　製造業の構内下請における安全衛生管理体制 483
（8）　産業医の位置づけ 484

第2節　近年の労働安全衛生法政策 485
1　労働者の過重労働 485
（1）　健康の保持増進のための措置 485
（2）　過労死防止のための健康管理 486
（3）　深夜業従事者の健康管理 487
（4）　過重労働による健康障害防止対策 489
（5）　2005年改正 489
（6）　過労死等防止対策推進法 491
（7）　長時間労働に対する健康確保措置 492
2　労働者のメンタルヘルス 493
（1）　労働者のメンタルヘルスへの取組み 493
（2）　2005年改正時の状況とメンタルヘルス指針 494
（3）　2014年改正 495
3　職場の受動喫煙 498

（1）	前史	498
（2）	2014年改正	499
（3）	2018年健康増進法改正	501

第4章　労働時間法政策 505
第1節　労働時間法制の展開 505
1　工場法の時代 505
（1）　先進諸国の労働時間法制 505
（2）　工場法の制定 506
（3）　工場法の改正 507
（4）　商店法の制定 508
（5）　戦時体制下の労働時間規制 508
2　労働基準法の制定 510
（1）　ILO条約と先進諸国の動向 510
（2）　労働基準法の制定 511
（3）　法定労働時間 511
（4）　時間外・休日労働 512
（5）　年次有給休暇 513
3　規制緩和の攻防 514
（1）　1949年省令改正 514
（2）　1952年改正 515
（3）　1954年省令改正 517
（4）　1957年臨時労働基準法調査会答申 518
4　労働時間短縮の時代 519
（1）　一斉週休制・一斉閉店制 519
（2）　先進諸国における週休2日制・長期休暇の普及 519
（3）　高度成長期における週休2日制の普及促進 520
（4）　安定成長期における週休2日制の普及促進 521
（5）　金融機関・公務員の週休2日制 521
5　労働時間短縮から労働時間弾力化へ 522
（1）　労働時間短縮の国政課題化 522
（2）　短縮と弾力化の2正面作戦 523

第2節　労働時間短縮の法政策 524
1　法定労働時間の段階的短縮 524
（1）　週48時間制の特例の廃止 524
（2）　労働基準法研究会 525
（3）　中基審建議 526
（4）　1987年改正 527

（5）	1990年政令改正	528
（6）	1993年改正	529
（7）	週40時間制への完全移行	530

2 労働時間設定改善法 531
（1）	時短促進法の制定	531
（2）	その後の改正	532
（3）	労働時間設定改善法への改正	532

3 時間外・休日労働 534
（1）	時間外労働協定の適正化指針	534
（2）	所定外労働削減要綱	536
（3）	1993年改正（休日割増率の引上げ）	536
（4）	1998年改正	537
（5）	時間外・休日労働の上限規制の欠如	539
（6）	2008年改正	541
（7）	労働時間の量的上限規制の提起	543
（8）	2015年改正案	544
（9）	野党の長時間労働規制法案	545
（10）	時間外労働規制への大転回	546
（11）	2018年改正	549

4 勤務間インターバル規制 551
5 労働時間の適正な把握 552
（1）	サービス残業問題	552
（2）	労働時間適正把握基準	553
（3）	労働時間適正把握ガイドライン	554
（4）	労働時間適正把握義務	555

6 深夜業の問題 555
7 自動車運転者の労働時間 557
（1）	1967年の2・9通達	557
（2）	1979年の27通達	558
（3）	1989年告示とその改正	559

8 医師の労働時間 560
9 年次有給休暇 562
（1）	1987年改正	562
（2）	その後の改正	563
（3）	2008年改正	563
（4）	2018年改正	564

第3節　労働時間弾力化の法政策 565
1 変形労働時間制とフレックスタイム制 566

（1）　4週間／1か月単位の変形労働時間制　……………………………566
　（2）　3か月／1年単位の変形労働時間制　………………………………567
　（3）　1週間単位の非定型的変形労働時間制　……………………………567
　（4）　フレックスタイム制　…………………………………………………568
2　事業場外労働とテレワーク　……………………………………………568
　（1）　事業場外労働のみなし労働時間制　…………………………………568
　（2）　在宅勤務の扱い　………………………………………………………569
　（3）　事業場外勤務ガイドライン　…………………………………………570
3　裁量労働制　………………………………………………………………572
　（1）　（専門業務型）裁量労働制の導入　…………………………………572
　（2）　1993年改正　……………………………………………………………573
　（3）　裁量労働制研究会　……………………………………………………574
　（4）　1998年改正　……………………………………………………………576
　（5）　2003年改正　……………………………………………………………577
　（6）　その後の経緯　…………………………………………………………579
4　労働時間の適用除外　……………………………………………………581
　（1）　管理監督者　……………………………………………………………581
　（2）　スタッフ管理職への拡大　……………………………………………581
　（3）　ホワイトカラーエグゼンプションに向けた動き　………………583
　（4）　労働時間制度研究会　…………………………………………………584
　（5）　労政審答申　……………………………………………………………586
　（6）　迷走の挙げ句の蹉跌　…………………………………………………588
　（7）　産業競争力会議等の動き　……………………………………………589
　（8）　労政審建議　……………………………………………………………590
　（9）　2015年改正案　…………………………………………………………592
　（10）　2018年改正　……………………………………………………………593

第5章　賃金処遇法政策　………………………………………………………597
第1節　賃金法制の展開　……………………………………………………597
1　労働契約における賃金　…………………………………………………597
　（1）　民法雇傭契約における賃銀、報酬　…………………………………597
　（2）　工場法の賃金規定　……………………………………………………598
　（3）　労働基準法の賃金規定　………………………………………………598
2　賃金債権の保護　…………………………………………………………599
　（1）　民法・商法における賃金債権保護　…………………………………599
　（2）　賃金債権強化の検討　…………………………………………………600
　（3）　労働債権保護研究会　…………………………………………………601
　（4）　労働債権の保護拡大　…………………………………………………602
3　未払賃金の立替払　………………………………………………………603

	（1）	労働基準法研究会	………………………………………	603
	（2）	賃金支払確保法の制定	…………………………………	605
	（3）	未払賃金の立替払制度	…………………………………	605

第2節　最低賃金制の法政策 …………………………………… 607

1　前史 ……………………………………………………………… 607
　（1）　最低賃金制への前史 ……………………………………… 607
　（2）　賃金統制令 ………………………………………………… 608
　（3）　最低賃金制への模索 ……………………………………… 609

2　業者間協定方式の最低賃金制 ……………………………… 610
　（1）　業者間協定方式の登場 …………………………………… 610
　（2）　1959年最低賃金法 ………………………………………… 611
　（3）　労働協約による最低賃金 ………………………………… 612

3　審議会方式の最低賃金制 …………………………………… 613
　（1）　1968年改正（業者間協定方式の廃止） ……………… 613
　（2）　全国一律最低賃金制を巡る動き ……………………… 615
　（3）　目安制度による地域別最低賃金制 …………………… 616
　（4）　新産業別最低賃金制度 …………………………………… 616

4　最低賃金の見直しから大幅引上げへ …………………… 618
　（1）　最低賃金制度在り方研究会 …………………………… 618
　（2）　2007年改正 ………………………………………………… 619
　（3）　最低賃金の国政課題化 ………………………………… 621

第3節　公契約における労働条項 ……………………………… 622
　（1）　一般職種別賃金 …………………………………………… 622
　（2）　1950年公契約法案 ………………………………………… 623
　（3）　公契約条例 ………………………………………………… 624
　（4）　公共サービス基本法 …………………………………… 625
　（5）　連合の公契約基本法構想 ……………………………… 625

第4節　均等・均衡処遇（同一労働同一賃金）の法政策 …… 626

1　賃金制度の推移 ……………………………………………… 626
　（1）　生活給思想と賃金統制 ………………………………… 626
　（2）　電産型賃金体系とその批判 …………………………… 628
　（3）　労働基準法における男女同一賃金規定 …………… 629
　（4）　政府の賃金制度政策 …………………………………… 630
　（5）　労使の姿勢 ……………………………………………… 630
　（6）　高度成長期における政府の積極姿勢 ……………… 631
　（7）　ILO第100号条約の批准 ……………………………… 633

（8）「能力主義」の形成と確立 ……………………………………………634

2　パートタイム労働法政策 ………………………………………………635
（1）婦人雇用としてのパートタイム労働 …………………………………635
（2）労働基準法研究会 ………………………………………………………636
（3）パート労働対策要綱 ……………………………………………………637
（4）パート労働指針 …………………………………………………………638
（5）野党法案の展開 …………………………………………………………639
（6）パート労働法 ……………………………………………………………640
（7）累次の研究会 ……………………………………………………………641
（8）改正パート指針 …………………………………………………………642
（9）民主党の法案 ……………………………………………………………643
（10）2007年改正 ……………………………………………………………644

3　同一労働同一賃金法政策の復活 ………………………………………646
（1）2007年労働契約法における「均衡」 ………………………………646
（2）2012年改正労働者派遣法における「均衡」 ………………………647
（3）2012年改正労働契約法における「不合理な労働条件の禁止」…………649
（4）2014年改正パート労働法における「不合理な待遇の禁止」…………650
（5）同一（価値）労働同一賃金原則に係る検討の開始 …………………652
（6）職務待遇確保法 …………………………………………………………654
（7）一億総活躍国民会議における官邸主導の動き ………………………655
（8）同一労働同一賃金検討会 ………………………………………………657
（9）同一労働同一賃金ガイドライン（案）………………………………658
（10）働き方改革実行計画 …………………………………………………659
（11）2018年改正 ……………………………………………………………660

第5節　退職金と企業年金の法政策 …………………………………………662

1　退職金 ……………………………………………………………………662
（1）退職金の形成 ……………………………………………………………662
（2）退職積立金及退職手当法 ………………………………………………662
（3）戦後期の退職金をめぐる動き …………………………………………663
（4）中小企業退職金共済制度 ………………………………………………665

2　企業年金 …………………………………………………………………667
（1）自社年金から適格退職年金へ …………………………………………667
（2）厚生年金基金 ……………………………………………………………668
（3）企業年金制度全般の見直し ……………………………………………669
（4）確定拠出年金 ……………………………………………………………670
（5）確定給付企業年金 ………………………………………………………671
（6）厚生年金基金の廃止 ……………………………………………………672

第6章　労働契約法政策 ································· 673
第1節　労働契約法制の展開 ·························· 673
1　労働法以前 ·· 673
 （1）　雇傭契約の源流 ································ 673
 （2）　民法の制定と雇傭契約の成立 ················ 674
 （3）　商法の制定と使用人規定 ···················· 675
 （4）　民法（債権法）の改正と労働法 ············· 676
 （5）　賃金等請求権の消滅時効 ···················· 676
2　工場法から労働基準法へ ························· 677
 （1）　工場法における労働契約関係規定 ··········· 677
 （2）　戦時法令 ······································ 678
 （3）　労働基準法の制定 ···························· 678
3　労働契約法制の政策課題化 ······················ 680
 （1）　第2期労働基準法研究会の報告とその帰結 ··· 680
 （2）　1998年労働基準法改正 ······················ 682
 （3）　2003年労働基準法改正 ······················ 683
 （4）　2007年労働契約法 ·························· 684
 （5）　労働契約法制の基本的考え方 ················ 685

第2節　解雇法政策 ································· 686
1　解雇法制の展開 ·································· 686
 （1）　民法における雇傭契約終了法制 ············· 686
 （2）　工場法における解雇関係規定 ················ 687
 （3）　労働組合法案の解雇関係規定 ················ 689
 （4）　入営者職業保障法 ···························· 690
 （5）　退職積立金及退職手当法 ···················· 691
 （6）　労務調整令 ···································· 692
 （7）　労働基準法の解雇関係規定 ················· 692
 （8）　旧労働組合法と労働関係調整法の解雇関係規定 ··· 694
 （9）　1949年改正労働組合法の解雇関係規定 ········ 695
2　解雇ルールの法制化 ······························ 697
 （1）　小坂労相の新労働政策 ······················ 697
 （2）　解雇権濫用法理の形成 ······················ 698
 （3）　労働基準法研究会の微温的見解 ············· 700
 （4）　解雇規制緩和論と法制化論 ················· 701
 （5）　労政審建議 ···································· 703
 （6）　金銭補償の枠組みとその撤回 ················ 705
 （7）　2003年労働基準法改正 ······················ 706
 （8）　2007年労働契約法 ·························· 706

（9）　解雇ルール見直し論の再浮上 ……………………………………… 708
（10）　解雇金銭救済制度の検討 ………………………………………… 710

第3節　有期労働契約法政策 …………………………………………………… 712
1　有期労働契約の期間の上限 ……………………………………………… 712
（1）　民法における雇傭契約期間の上限 …………………………………… 712
（2）　労働基準法による労働契約期間の上限 ……………………………… 713
（3）　1998年改正 ………………………………………………………… 715
（4）　2003年改正 ………………………………………………………… 716
2　有期契約労働者の雇止めと無期化 ……………………………………… 718
（1）　臨時工問題 ………………………………………………………… 718
（2）　パートタイム労働者問題 …………………………………………… 720
（3）　社会党の法案 ……………………………………………………… 721
（4）　1998年労働基準法改正 …………………………………………… 722
（5）　有期労働契約反復更新調査研究会と指針 ………………………… 723
（6）　2003年労働基準法改正と有期労働契約基準告示 ………………… 724
（7）　労働契約法制在り方研究会 ………………………………………… 725
（8）　2007年労働契約法 ………………………………………………… 727
（9）　野党の有期労働法案 ……………………………………………… 728
（10）　有期労働契約研究会 ……………………………………………… 729
（11）　労政審建議 ………………………………………………………… 730
（12）　2012年労働契約法改正 …………………………………………… 731
（13）　国家戦略特区関係の規制緩和 …………………………………… 732
（14）　研究者の有期契約特例 …………………………………………… 734

第4節　就業規則と労働条件変更の法政策 …………………………………… 735
1　就業規則法制の展開 ……………………………………………………… 735
（1）　戦前の就業規則法制 ……………………………………………… 735
（2）　戦時中の就業規則法制 …………………………………………… 737
（3）　労働基準法における就業規則法制 ………………………………… 738
（4）　就業規則の一方的不利益変更問題 ………………………………… 740
（5）　最高裁の合理的変更理論とその推移 ……………………………… 741
2　労働契約法政策における労働条件の不利益変更問題 ………………… 743
（1）　労働契約法制在り方研究会 ………………………………………… 743
（2）　労政審建議と労働契約法 …………………………………………… 745

第5節　企業組織再編と労働契約承継法政策 ………………………………… 746
1　背景としての企業組織再編法制 ………………………………………… 746
（1）　企業組織再編法制の推移 …………………………………………… 746

（2）　会社分割法制の創設 ･･ 747
2　労働契約承継法政策 ･･ 748
　（1）　企業組織変更労働関係法制研究会 ･･･････････････････････････ 748
　（2）　野党法案 ･･･ 750
　（3）　労働契約承継法の成立 ･･･････････････････････････････････････ 751
　（4）　企業組織再編労働関係問題研究会 ･･･････････････････････････ 752
　（5）　組織変動労働関係研究会 ･････････････････････････････････････ 754
　（6）　組織変動労働関係対応方策検討会 ･･･････････････････････････ 755

第6節　近年の論点 ･･ 756
1　多様な正社員 ･･ 756
　（1）　多様な正社員 ･･ 756
　（2）　規制改革会議の提起 ･･･ 758
　（3）　有識者懇談会 ･･ 758
2　副業・兼業 ･･･ 759
　（1）　労働契約法制在り方研究会 ･･････････････････････････････････ 759
　（2）　働き方改革実行計画 ･･･ 760
　（3）　副業・兼業の促進ガイドライン ･････････････････････････････ 761
　（4）　副業・兼業に関わる諸制度の見直し ････････････････････････ 762

第7章　非雇用労働の法政策 ･･ 765
第1節　家内労働と在宅就業の法政策 ･･････････････････････････････････ 765
1　家内労働法と最低工賃 ･･ 765
　（1）　家内労働問題 ･･ 765
　（2）　家内労働対策の黎明 ･･･ 766
　（3）　家内労働法への道 ･･･ 767
　（4）　家内労働法に基づく家内労働対策 ･･････････････････････････ 768
2　在宅就業 ･･ 769
　（1）　在宅就業問題研究会 ･･･ 769
　（2）　在宅就労問題研究会 ･･･ 770
　（3）　在宅ワークガイドライン ･･･････････････････････････････････ 770
　（4）　在宅就業施策在り方検討会 ･･････････････････････････････････ 771
　（5）　自営型テレワークガイドライン ･････････････････････････････ 772

第2節　その他の非雇用労働者への法政策 ･････････････････････････････ 773
1　労働者性の問題 ･･･ 774
　（1）　民法、工場法及び労働基準法 ･･･････････････････････････････ 774
　（2）　労働基準法研究会報告 ･･･････････････････････････････････････ 775
　（3）　労働契約法制在り方研究会 ･･････････････････････････････････ 775

（4）労組法上の労働者概念 ………………………………………… 776
2 労災保険の特別加入 ……………………………………………… 777
3 協同組合の団体協約締結権 ……………………………………… 778
4 雇用類似就業者の法政策 ………………………………………… 780
（1）個人請負型就業者研究会 …………………………………… 780
（2）経済産業省の動き …………………………………………… 780
（3）公正取引委員会の動き ……………………………………… 781
（4）雇用類似の働き方検討会 …………………………………… 782

第4部　労働人権法政策 …………………………………………… 783

第1章　男女雇用均等法政策 ……………………………………… 785
第1節　男女雇用機会均等法以前 …………………………………… 785
1 女子労働者保護法政策 …………………………………………… 785
（1）工場法における女子保護 …………………………………… 785
（2）労働基準法における女子保護 ……………………………… 787
（3）1952年改正と1954年省令改正 …………………………… 787
2 母性保護法政策 …………………………………………………… 788
（1）工場法における母性保護 …………………………………… 788
（2）労働基準法における母性保護 ……………………………… 789
3 勤労婦人福祉法 …………………………………………………… 789
（1）勤労婦人問題の登場 ………………………………………… 789
（2）勤労婦人福祉法の制定 ……………………………………… 790
（3）勤労婦人福祉法の母性保護 ………………………………… 792
4 男女雇用機会均等法の前史 ……………………………………… 792
（1）労働基準法における男女平等 ……………………………… 792
（2）退職・定年制に関する判例法理 …………………………… 793
（3）国連の婦人差別撤廃条約 …………………………………… 794

第2節　男女雇用機会均等法 ………………………………………… 795
1 1985年努力義務法の制定 ……………………………………… 795
（1）労働基準法研究会報告 ……………………………………… 795
（2）男女平等問題研究会議と婦少審建議 ……………………… 798
（3）男女平等問題専門家会議 …………………………………… 798
（4）婦少審における意見対立 …………………………………… 799
（5）公益委員たたき台 …………………………………………… 800
（6）婦少審建議 …………………………………………………… 801
（7）法案提出 ……………………………………………………… 802

（8）	野党法案の展開 ………………………………	804
（9）	1985年法の成立 ……………………………	806
（10）	機会均等調停委員会 ………………………	807
（11）	改正後の女子保護規制 ……………………	807
（12）	コース別雇用管理の問題 …………………	808

2 女性差別の禁止と女子保護規定の解消 ……………… 809
 （1）婦少審建議 ……………………………………… 809
 （2）1997年改正 ……………………………………… 811
 （3）激変緩和措置とその後 ………………………… 812
 （4）ポジティブアクション ………………………… 813

3 性差別禁止法へ ……………………………………… 814
 （1）男女雇用機会均等政策研究会 ………………… 814
 （2）労政審建議 ……………………………………… 815
 （3）2006年改正 ……………………………………… 816
 （4）坑内労働禁止の見直し ………………………… 818
 （5）指針の見直し …………………………………… 819

第3節 女性の活躍促進 ………………………………… 820
 （1）男女共同参画社会基本法制定の経緯 ………… 820
 （2）男女共同参画社会基本法 ……………………… 821
 （3）女性活躍推進法 ………………………………… 822

第2章 ワーク・ライフ・バランス ……………………… 825

第1節 職業生活と家庭生活の両立 …………………… 825

1 育児休業制度の政策課題化 ………………………… 825
 （1）勤労婦人福祉法と育児休業奨励金 …………… 825
 （2）男女雇用機会均等法制定時の議論 …………… 826

2 特定職種育児休業法 ………………………………… 828
 （1）女子教育職員に関する立法の試み …………… 828
 （2）看護婦・保母等に関する立法の試み ………… 829
 （3）特定職種育児休業法の成立 …………………… 829

3 育児休業法の制定 …………………………………… 830
 （1）与野党の動き …………………………………… 830
 （2）国会の動きと婦少審建議 ……………………… 831
 （3）育児休業法の成立 ……………………………… 833
 （4）育児休業以外の措置 …………………………… 834
 （5）育児休業給付 …………………………………… 835

4 介護休業の導入 ……………………………………… 836
 （1）介護休業制度ガイドライン …………………… 836

（2）	労使及び各政党の動き	837
（3）	婦少審建議	838
（4）	育児・介護休業法への改正	839
（5）	再雇用特別措置等	841
（6）	介護休業給付	841

5 深夜業の制限と激変緩和措置 …………………………………………842
（1）	女子保護規定の解消	842
（2）	深夜業の制限	842
（3）	1998年労働基準法改正	843
（4）	激変緩和措置	844

6 2001年改正 …………………………………………………………844
（1）	少子化の政治課題化	844
（2）	女少審建議	845
（3）	2001年改正	846
（4）	時間外労働の制限	847
（5）	看護休暇の努力義務	848
（6）	その他の措置	848

7 2004年改正 …………………………………………………………849
（1）	少子化対策プラスワン	849
（2）	次世代育成支援対策推進法	850
（3）	2004年改正	851
（4）	看護休暇の請求権化	852
（5）	有期雇用者の育児・介護休業請求権	852

8 その後の改正 …………………………………………………………853
（1）	仕事と家庭の両立支援研究会	853
（2）	2009年改正	854
（3）	仕事と家庭の両立支援研究会	855
（4）	2016年改正	855
（5）	2017年改正	857
（6）	仕事と育児の両立支援総合的研究会	858

第2節　仕事と生活の調和 …………………………………………………859
| （1） | 仕事と生活の調和検討会議 | 859 |
| （2） | ワーク・ライフ・バランス憲章 | 860 |

第3節　病気の治療と仕事の両立 …………………………………………861

xxix

第3章　その他の労働人権法政策 ……………………………………………863
第1節　労働に関する基本法制における人権規定 ……………………863
1　労働基準法 ……………………………………………………………863
　（1）　均等待遇 ………………………………………………………863
　（2）　その他の人権規定 …………………………………………864
2　職業安定法 ……………………………………………………………865
3　労働組合法 ……………………………………………………………865

第2節　人種差別撤廃条約 ……………………………………………………865

第3節　同和対策事業 …………………………………………………………867

第4節　人権擁護法政策 ………………………………………………………868
　（1）　人権救済制度の検討 ………………………………………868
　（2）　労働分野人権救済制度検討会議 ………………………869
　（3）　人権擁護法案 ………………………………………………869
　（4）　労働関係特別人権侵害に対する救済措置 …………870
　（5）　その後の推移 ………………………………………………871

第5節　職場のハラスメントの法政策 ……………………………………873
1　セクシュアルハラスメント …………………………………………873
　（1）　女子雇用管理とコミュニケーション・ギャップ研究会 ……873
　（2）　1997年改正 …………………………………………………874
　（3）　職場におけるセクハラ調査研究会 ……………………875
　（4）　セクハラ指針 ………………………………………………876
　（5）　2006年改正 …………………………………………………876
2　マタニティハラスメントと育児・介護ハラスメント ……877
3　職場のいじめ・嫌がらせ ……………………………………………878
　（1）　職場のいじめ・嫌がらせ労使円卓会議 ……………878
　（2）　職場のパワハラ検討会 …………………………………879
　（3）　野党のパワハラ規制法案 ………………………………880

第6節　公益通報者保護法政策 ……………………………………………881
　（1）　公益通報者保護法 …………………………………………881
　（2）　公益通報者保護制度の見直し …………………………883

第7節　労働者の個人情報保護法政策 …………………………………885
1　個人情報保護法以前 …………………………………………………885
　（1）　労働者の個人情報保護研究会 …………………………885

```
（2）労働者の健康情報保護検討会 ………………………………………… 886
2 個人情報保護法の制定とこれに基づく指針等 ………………………… 886
 （1）個人情報保護法の制定 ………………………………………………… 886
 （2）個人情報保護法における個人情報取扱事業者の義務等 …………… 887
 （3）雇用管理に関する個人情報保護指針 ……………………………… 888
 （4）労働者の健康情報保護検討会 ……………………………………… 890
 （5）労働者の健康情報に関する通達 …………………………………… 892
3 近年の動向 ……………………………………………………………… 893
 （1）2015年改正法とガイドライン …………………………………… 893
 （2）2018年改正労働安全衛生法と健康情報指針 …………………… 894
```

第5部　労使関係法政策 ………………………………………………… 897

第1章　集団的労使関係システム ………………………………… 899
第1節　集団的労使関係法制の展開 ……………………………… 899

```
1 労働組合法への長い道 ………………………………………………… 899
 （1）先進諸国の集団的労使関係法制 …………………………………… 899
 （2）治安警察法 …………………………………………………………… 900
 （3）労働組合法制定に向けた動きの始まり …………………………… 901
 （4）若槻内閣の労働組合法案 …………………………………………… 903
 （5）浜口内閣の労働組合法案 …………………………………………… 905
 （6）戦時体制下の労使関係システム …………………………………… 906
 （7）労務法制審議委員会 ………………………………………………… 907
 （8）末弘意見書 …………………………………………………………… 908
 （9）労務法制審議委員会における審議 ………………………………… 909
 （10）1945年労働組合法 ………………………………………………… 912
2 労働争議調停法から労働関係調整法へ ……………………………… 912
 （1）治安警察法改正問題と労働争議調停法案 ………………………… 912
 （2）1926年労働争議調停法 …………………………………………… 913
 （3）1931年改正案 ……………………………………………………… 914
 （4）1934年の改正検討 ………………………………………………… 914
 （5）戦時体制下の労働争議法制 ………………………………………… 915
 （6）終戦直後の労働争議調停 …………………………………………… 915
 （7）1946年労働関係調整法 …………………………………………… 916
3 1949年改正 …………………………………………………………… 918
 （1）占領政策の転換 ……………………………………………………… 918
 （2）準備過程 ……………………………………………………………… 919
 （3）GHQの指示と労働省試案 ………………………………………… 919
```

（4）	GHQの態度変更と改正法の成立	922
（5）	施行過程	924
（6）	ILOの第87号及び第98号条約	925

4　1952年改正　926
（1）	政令諮問委員会の意見	926
（2）	労政局試案	927
（3）	労働関係法令審議委員会	929
（4）	小規模改正	930

5　その後の動き　930
（1）	スト規制法	930
（2）	健全な労使関係の育成	931
（3）	労使関係システムについての検討	932

第2節　公的部門の集団的労使関係システム　933

1　公共企業体・国営企業等の集団的労使関係システム　933
（1）	戦前のシステム	933
（2）	戦後初期のシステム	934
（3）	マッカーサー書簡と政令第201号	935
（4）	1948年公労法	937
（5）	1950年地公労法	939
（6）	1952年公労法改正	940
（7）	1956年公労法改正	942
（8）	1965年改正	942
（9）	労働基本権問題	944
（10）	経営形態の変更による改正	945

2　公務員の集団的労使関係システム　947
（1）	戦前のシステム	947
（2）	戦後初期のシステム	948
（3）	1947年国家公務員法	949
（4）	マッカーサー書簡と政令第201号	950
（5）	1948年国家公務員法改正	951
（6）	1950年地方公務員法	953
（7）	1965年改正	954

3　公務員制度改革の中の労使関係システム　955
（1）	公務員制度改革と労働基本権問題	955
（2）	諸会議における検討	956
（3）	改革の全体像	959
（4）	国家公務員労働関係法案	960
（5）	地方公務員労働関係法案	962

第2章　労使協議制と労働者参加 ……………………………… 965
第1節　労使協議制の展開 …………………………………………… 965
1　労働委員会の構想 ……………………………………………… 965
　（1）　先進諸国の労使協議法制 ………………………………… 965
　（2）　内務省の労働委員会法案 ………………………………… 966
　（3）　協調会の労働委員会法案 ………………………………… 966
　（4）　産業委員会法案とその後 ………………………………… 968
2　健康保険組合 …………………………………………………… 969
3　産業報国会 ……………………………………………………… 970
　（1）　産業報国運動の開始 ……………………………………… 970
　（2）　大日本産業報国会 ………………………………………… 971
　（3）　産業報国会の解散と協調組合の構想 …………………… 972
4　経営協議会 ……………………………………………………… 973
　（1）　戦後労働運動の中の経営協議会 ………………………… 973
　（2）　商工省の立法構想 ………………………………………… 974
　（3）　厚生省の立法構想 ………………………………………… 975
　（4）　中労委の経営協議会指針 ………………………………… 976
　（5）　経営協議会の変貌 ………………………………………… 977
5　炭鉱国管と生産協議会 ………………………………………… 979
6　労使協議制 ……………………………………………………… 979
　（1）　日本生産性本部 …………………………………………… 979
　（2）　労使協議制常任委員会と労使協議制設置基準案 ……… 980

第2節　過半数代表制と労使委員会 ……………………………… 981
1　過半数代表制 …………………………………………………… 981
　（1）　労働基準法制定時の過半数代表制 ……………………… 981
　（2）　過半数代表制の拡大 ……………………………………… 983
　（3）　過半数代表制の改善 ……………………………………… 985
　（4）　1998年改正時の省令改正 ………………………………… 986
　（5）　2018年省令改正へ ………………………………………… 988
2　労使委員会 ……………………………………………………… 988
　（1）　健康保険組合と厚生年金基金 …………………………… 989
　（2）　労働法上の労使委員会の先行型 ………………………… 989
　（3）　企画業務型裁量労働制に係る労使委員会 ……………… 991
　（4）　労働条件の調査審議機関としての労使委員会 ………… 993
3　労働者代表法制 ………………………………………………… 993
　（1）　連合の労働者代表法案 …………………………………… 993
　（2）　労働契約法制在り方研究会 ……………………………… 994
　（3）　労政審における審議 ……………………………………… 997

xxxiii

　（4）　集団的労使関係システムの将来像 ……………………………………… 1001

第3節　労働者参加 ……………………………………………………………… 1002
1　会社・組合法制における労働者 ……………………………………………… 1002
　（1）　民法における組合（会社）………………………………………………… 1002
　（2）　商法における会社 ………………………………………………………… 1004
　（3）　企業組合 …………………………………………………………………… 1004
2　労働者協同組合 ………………………………………………………………… 1005
3　労働者の経営参加 ……………………………………………………………… 1006
　（1）　戦後の経営参加構想 ……………………………………………………… 1006
　（2）　1970年代の経営参加構想 ………………………………………………… 1007
　（3）　公開会社法案と従業員代表監査役 ……………………………………… 1008
4　労働者の財務参加 ……………………………………………………………… 1010
　（1）　利潤分配制度の構想 ……………………………………………………… 1010
　（2）　勤労者財産形成促進法 …………………………………………………… 1010
5　労働者の自主福祉事業 ………………………………………………………… 1011
　（1）　労働組合の共済事業 ……………………………………………………… 1011
　（2）　労働金庫 …………………………………………………………………… 1013
　（3）　消費生活協同組合 ………………………………………………………… 1014

第3章　労働関係紛争処理の法政策 ………………………………………… 1015
第1節　労働委員会制度 ………………………………………………………… 1015
1　労働委員会制度の展開 ………………………………………………………… 1015
　（1）　旧労働組合法の労働委員会制度 ………………………………………… 1015
　（2）　1949年改正以後の労働委員会制度 ……………………………………… 1016
　（3）　労働委員会の統合 ………………………………………………………… 1017
2　不当労働行為審査制度 ………………………………………………………… 1018
　（1）　労使関係法研究会1982年答申 …………………………………………… 1018
　（2）　労使関係法研究会1998年報告 …………………………………………… 1019
　（3）　不当労働行為審査制度研究会 …………………………………………… 1020
　（4）　労政審建議と2004年改正 ………………………………………………… 1022

第2節　個別労働関係紛争処理システム ……………………………………… 1023
1　労働基準法における紛争解決援助 …………………………………………… 1024
　（1）　労働基準法研究会報告 …………………………………………………… 1024
　（2）　1998年労働基準法改正 …………………………………………………… 1025
2　男女雇用機会均等法等における調停 ………………………………………… 1026
　（1）　労働基準法研究会報告から婦少審建議まで …………………………… 1026
　（2）　1985年男女雇用機会均等法における調停委員会 ……………………… 1028

（3）　その後の男女雇用機会均等法等における調停 ……………………… 1029
3　個別労働関係紛争解決促進法 …………………………………………… 1030
（1）　労使関係法研究会中間報告 …………………………………………… 1030
（2）　労使関係法研究会報告 ………………………………………………… 1031
（3）　労使団体の提言 ………………………………………………………… 1033
（4）　全国労働委員会連絡協議会 …………………………………………… 1034
（5）　個別的労使紛争処理問題検討会議 …………………………………… 1035
（6）　個別労働関係紛争解決促進法の成立 ………………………………… 1036
4　人権擁護法案における調停・仲裁 ……………………………………… 1037
5　障害者雇用促進法における調停 ………………………………………… 1038
6　非正規労働者の均等・均衡待遇に係る調停 …………………………… 1039

第3節　労働審判制度 ………………………………………………………… 1040
（1）　司法制度改革審議会 …………………………………………………… 1040
（2）　司法制度改革推進本部労働検討会 …………………………………… 1041
（3）　労働審判制度 …………………………………………………………… 1042

第4節　その他の個別労働関係紛争処理制度 ……………………………… 1043
1　仲裁 ………………………………………………………………………… 1043
（1）　2003年仲裁法 …………………………………………………………… 1043
（2）　その後の動向 …………………………………………………………… 1045

付章　船員労働法政策 …………………………………………………… 1047
1　船員法制の形成期 ………………………………………………………… 1047
（1）　西洋型商船海員雇入雇止規則 ………………………………………… 1047
（2）　商法と旧船員法 ………………………………………………………… 1048
2　労働力需給調整システムと集団的労使関係システムの形成 ………… 1049
（1）　ILOの影響 ……………………………………………………………… 1049
（2）　船員職業紹介法 ………………………………………………………… 1050
（3）　海事協同会による集団的労使関係システム ………………………… 1051
3　戦前期船員法政策の展開と戦時体制 …………………………………… 1052
（1）　1937年船員法 …………………………………………………………… 1052
（2）　船員保険法 ……………………………………………………………… 1053
（3）　船員と傷病 ……………………………………………………………… 1054
（4）　戦時体制下の船員法政策 ……………………………………………… 1055
（5）　終戦直後期における船員管理 ………………………………………… 1057
4　終戦直後期における船員法制の改革 …………………………………… 1058
（1）　労使関係法政策 ………………………………………………………… 1058
（2）　1947年船員法 …………………………………………………………… 1059

xxxv

（3）　船員法の労働時間・有給休暇等 ……………………………………… 1061
（4）　災害補償と船員保険 …………………………………………………… 1062
（5）　労働市場法政策 ………………………………………………………… 1064

5　その後の船員労働条件法政策 ……………………………………………… 1065
（1）　1962年船員法改正 …………………………………………………… 1065
（2）　船員の最低賃金 ………………………………………………………… 1065
（3）　1988年船員法改正（労働時間関係）……………………………… 1066
（4）　2004年船員法改正 …………………………………………………… 1067
（5）　2008年改正 …………………………………………………………… 1068

6　その後の船員労働市場法政策 ……………………………………………… 1068
（1）　船員雇用問題と船員雇用促進特別措置法（1977年）…………… 1068
（2）　1990年改正（船員労務供給事業）………………………………… 1069
（3）　2004年改正（船員派遣事業）……………………………………… 1070

7　船員保険の解体 ……………………………………………………………… 1072
8　船員労働委員会の廃止 ……………………………………………………… 1073
9　ILO海事労働条約の国内法化 ……………………………………………… 1074

第1部　労働法政策序説[1]

第1章
近代日本労働法政策の諸段階[2]

　本章は、第2部から第5部まで各分野ごとに明治から現代まで時系列を追って記述される近代日本の労働法政策を、労働法政策全体の観点から一定の時代区分ごとに概観していく。

　本章では、それをほぼ20年ごとに時代区分し、1910年代半ば以前を労働法政策の準備期、1910年代半ばから1930年代半ばまでを自由主義の時代、1930年代半ばから1950年代半ばまでを社会主義の時代、1950年代半ばから1970年代半ばまでを近代主義の時代、1970年代半ばから1990年代半ばまでを企業主義の時代、1990年代半ばからを市場主義の時代と名付けて、各時代の特徴を概観するとともに、労働市場法政策、労働条件法政策、労使関係法政策（及び後には労働人権法政策）ごとに主な法政策を概観している。

1　労働法政策の準備期

（1）　概観

　日本では市場社会と近代国家の組み合わせからなる19世紀システムは欧米主要国よりかなり遅れて19世紀後半に始動し始め、民法や商法といった

1）濱口桂一郎『日本の雇用と労働法』日経文庫（2011年）、濱口桂一郎『新しい労働社会』岩波新書（2009年）も参照。

2）日本労働法政策の歴史については、何をおいても、労働省編『労働行政史』（第1巻〜第3巻）（労務法令協会（1961-1982年））に目を通す必要がある。特に戦前を扱った第1巻は必読であり、本書も戦前の記述については大部分これによっている。しかしながら、1960年代以降を扱う巻は刊行されておらず、通史として近年刊行された『労働省史』（2001年）は簡略に過ぎる。

　なお、内務省社会局設置以前については、通商産業省編『商工政策史第8巻　工業労働』商工政策史刊行会（1962年）も参照。

その法制的な基盤整備も19世紀最後の10年間に行われた。そして、そういった市場社会の基盤整備と並行する形で、一定の労働者保護法制の制定に向けた準備作業も開始されていく。明治期は、その意味で欧米諸国が1世紀かけた19世紀システムを半世紀未満に圧縮して駆け抜けた時代ということができよう。そして、労働条件法政策において制定に30年かかった工場法が1916年についに施行されるに至って、日本は20世紀システムの入り口に立ったのである。ほぼこの前後に公共職業紹介所が設置されていき、1921年には職業紹介法が制定されて、労働市場法政策が確立し、また1919年に協調会が設立され、労働委員会法案が作成されるなど、労使関係法政策も形を整え始めた。

（2） 労働市場法政策

明治期の労働市場法政策は大部分が地方レベルの規制として行われ、国レベルの政策として確立していたわけではない。営利職業紹介事業においても、江戸時代の規制を引き継ぐ形で、1872年東京府が雇人請宿規則を制定し、これをモデルに他の府県も次第に取締規則を制定するようになった。また、明治に入って新しく生まれた労働者募集人が人身売買や中間搾取といった弊害を引き起こしたので、やはり府県レベルで規則を定め、取締りが行われた。

一方、1901年から民間で無料職業紹介の動きが始まり、1911年に東京市が芝と浅草に職業紹介所を設置してから各地に公共職業紹介所が設置されるようになっていった。

（3） 労働条件法政策

労働安全衛生規制も明治期には府県レベルでばらばらに行われていた。その内容は工場の建設、汽罐汽機に関するもので、府県により寛厳の差があった。工場法は1882年に制定の検討が始まってから1911年の制定に至るまで30年もかかった。しかも法制定後も経営者の反対と財政難から施行は遅らされ、ようやく社会政策の実行を掲げた大隈重信内閣によって、1916年に施行に至ったのである。

なお、労働法政策というより近代社会の基盤整備として、1890年に旧民法及び旧商法が制定されたが施行されず、1896年に現行民法、1899年に現行商法が制定されている。旧民法、旧商法には労働法政策の観点から見て興味深い規定がいくつか見られる。

（4） 労使関係法政策

工業化とともに労働運動が発生してくるのに対応して、府県レベルで同盟罷業を禁止する規則が制定されていったが、1900年には国レベルの法制として治安警察法が制定され、同盟罷業等を誘惑煽動することを罰則をもって禁じた。

ただし、日本では西欧諸国に見られたような団結禁止法政策は採られることはなかった。

2　自由主義の時代

（1）　概観

1910年代半ばから1930年代半ばまでの社会全体のシステムはなお19世紀システムの延長線上であって、自由主義的経済政策が基調をなしており、また労働組合も極めて未発達であった。そのため、労働法政策は専ら内務省社会局の進歩的官僚たちによって企画立案されるが、資本家側の激しい抵抗にあってなかなか進まないという状態であった。この時代は、社会全体の性格付けとしては自由主義の時代と呼ぶことができるが、労働法政策の性格付けとしては革新主義の時代と呼ぶべきかもしれない。社会の中で、そしてそれ故、官僚機構の中でも非主流派に位置することになる社会局官僚たちが、社会問題に関心を寄せる知識人や穏健派労働組合などと連携しつつ、進歩的な法案を作成しては現実の壁に押し返されるという時代であった。それでも労働条件法政策や労働市場法政策においては一定の前進が見られたが、労使関係法政策においては労働組合法がついに廃案となったことに示されるように、まだまだその力量は大きいとはいえなかった。

（2）　労働市場法政策

　失業対策という意味の労働市場法政策は、第1次大戦後の不況で失業者が発生し、米騒動の中で1918年初めての完全な政党内閣として原敬内閣が成立した頃に始まる。原敬内閣の床次竹二郎内相は、1919年の救済事業調査会答申に基づき、1921年には職業紹介法を制定して公営職業紹介システムを確立した。また、1924年、25年には労働者募集取締令及び営利職業紹介事業取締規則を制定し、ILO条約に従って民間労働力需給調整システムの規制・禁止の方向に進んでいった。

　その後1923年の関東大震災後の不況で社会不安が深刻化する中で、加藤高明護憲三派内閣は1925年国庫補助による失業者救済のための公営土木事業を実施させた。これが日本における失業救済事業の始まりである。1929年世界大恐慌のさなかで成立した浜口雄幸民政党内閣は、施行地域を全国に広げるとともに、施行時期を通年化した。また、1923年に東京市が職業補導会を設立し、失業対策としての公的職業能力開発事業の嚆矢となった。

　一方、野党時代の憲政会は国民党と共同で、失業保険制度の樹立を主張し、1922年には帝国議会に失業保険法案を提出した。内務省社会局も制定に向けて検討を重ねたが、事業主の反対が強く、結局1936年に退職積立金及退職手当法という形で法制化され、本来の失業保険制度は確立されなかった。

（3）　労働条件法政策

　前述のように工場法は1916年にようやく施行された。しかし、後述のILO問題から農商務省の労働問題に対する消極姿勢が明らかになり、1922年内務省社会局が設置されて工場法も移管された。新設の社会局は意欲満々、早速工場法の改正強化に取りかかった。農商務省は今度は産業界の代弁者として反対に回ったが、社会局側は農商務省の同意を得る必要なしとして、内務大臣の単独稟議で閣議に提出し、1923年成立した。

　この改正を受けて1926年工場法施行令が改正され、解雇制限規定や就業規則の作成・届出義務も規定された。工場法に基づく具体的な規則も順次整備されていき、1927年に工場附属寄宿舎規則が、1929年に工場危害予防及

衛生規則が制定された。

　また、工場法の適用されない土木建築業、交通運輸事業等における業務災害への災害扶助の拡大が問題となり、土木建築業界の激しい反対運動を経て、1931年には労働者災害扶助法と労働者災害扶助責任保険法が制定された。

（4）　労使関係法政策

　原敬内閣の床次竹二郎内相は当初、企業内の労資協調を図るための組織として労働委員会制度を優先させ、1919年法案を作成したが、ILO問題が焦点になる中で労働組合の法制化に舵を切り替え、1920年臨時産業調査会に労働組合法案を提出した。この時農商務省も労働組合法案を提出し権限争いとなったが、農商務省案が何ら保護規定を持たず労働組合の運営に強い制約を加えていたのに対し内務省案は労働者の組合加入権を保護する規定を持つなど、両案は対照的であった。この時内務省警保局事務官として法案作成に当たったのが若き日の南原繁である。

　一方、野党も労働組合法制定に努め、憲政会は1921年に労働組合法案を提出してから毎年、国民党及びその後身たる革新倶楽部も1922年以来毎年労働組合法案を提出したが、いずれも審議未了に終わり、遂に成立を見なかった。

　その後、ILO総会に派遣する労働者代表問題をめぐって農商務省が批判を浴び、労働問題を一元的に所管する組織として内務省社会局が設置された。新生社会局は意欲満々、1925年労働組合法案を労働争議調停法案及び治安警察法改正案とともに内閣の行政調査会に付議するとともに公表した。これに対して、経営者側は全面的に反対し、商工、農林、大蔵、逓信、鉄道の各省及び軍部も批判的で、結局原案は大幅に修正され、憲政会を引き継ぐ民政党の若槻礼次郎内閣のもと1926年に労働組合法案を議会に提出した。これは社会局案が持っていた進歩的な性格を失い、取締的色彩を著しく強めたものであったが、経営者側もなお猛烈な反対運動を展開し、社会局の役人は赤化している等の宣伝を行い、結局審議未了となった。なお、1928年の第1回普通選挙により無産政党が衆議院に議席を持つようになり、社会民衆党は翌年労働組合法案を提出した。

8　第1部　労働法政策序説

　同年、田中義一政友会内閣に代わって浜口雄幸民政党内閣が成立し、その十大政綱の一つに社会政策の確立を謳った。浜口雄幸内閣は再度進歩的な労働組合法案を提出しようとしたが、経営者団体の反対運動は一段と強化され、労働組合法制定反対・争議取締法規制定を求める決議を行った。民政党内部にも有力な反対論が現れ、政府は結局社会局案に全面的な修正を加えて1931年議会に提出した。ところが、衆議院を通過するところまで行ったのに、貴族院で審議未了廃案となってしまった。

3　社会主義の時代

（1）　概観

　労働法政策が社会の中で、そしてそれゆえ官僚機構の中でも主流化していくきっかけは、皮肉に見えるかもしれないが1930年代半ば以降の国家主義運動の広がりの中にあった。労働市場法政策においては、1938年の職業紹介法改正により市町村営であった職業紹介所が国営化された。労働条件法政策においては、1937年にそれまでの女子年少者に加えて一部の成人男子についても1日の就業時間を残業を含め12時間以下とするという画期的な規制が導入され、1938年には安全衛生管理体制が抜本的に強化され、1939年には最低賃金まで設定された。そして労使関係法政策においては、1938年に産業報国運動が始まり、「報国」の旗印のもとに事実上多くの工場事業場で労働者組織が続々と設立されていった。もちろん、職業紹介所が国営化されたのは勤労動員のためであり、労働条件が重視されたのは国民の体位向上のためであり、産業報国会に至っては皇国の興隆が使命として掲げられていた。とはいえ、自由主義の時代にはなかなか実現できなかった政策が、国家主義的な装飾を付け加えることによっていとも容易に実現するに至ったのであるから、労働法政策の立場からすれば決して悪い時代ではなかったということができよう。やや皮肉な言い方をすれば、ネコにとっては黒い主人でも白い主人でもネズミを捕らせてくれるのがいい主人なのである。

　そして1945年の敗戦は、日本社会全体にとっては大きな転換点であったことは確かであるが、労働法政策の観点からは占領下の時代は1930年代半ば以降の路線の延長線上に、そこから国家主義的な歪みを取り除いて純化発

展することのできた時代と位置づけることが可能である。戦時下で労務統制、労務動員に駆使された国民勤労動員署は、引き続き国営の公共職業安定所として本来の職業紹介業務に専念することができるようになった。労働条件法政策では、労働時間や安全衛生など1930年代末に獲得された水準からさらに進展するとともに、全国的な労働基準監督システムが形成されるなど飛躍的発展を遂げた。労使関係法政策においては、戦時下を特徴づける産業報国会が解体され、戦前ついに実現できなかった労働組合法が制定されるなど断絶が強調されがちであるが、現実に形成された企業別組合を産業報国会を脱国家主義化したものととらえることができるならば、むしろ連続性を強調することもできる。

　こういう考え方に立ったとき、1930年代半ばから1950年代半ばまでの時代を一括りにする概念は広い意味における「社会主義」といえるのではないだろうか。前半はナチスドイツ的な国家社会主義であり、後半はアメリカ的な偏差を持った一種の社会民主主義（ニュー・ディール主義）であったが、まさにさまざまな社会主義の模索の中から日本の20世紀システムが形成されていく過程であったといえるであろう。

(2)　労働市場法政策

　労働市場法政策はもっとも「社会主義の時代」と呼ぶにふさわしく、1938年の職業紹介法改正により職業紹介所が国営化され、民間職業紹介事業は原則禁止された。その要因はむしろ満州事変や日中戦争が勃発し、軍需産業等への労務要員を充足する必要性が急速に高まったことにあった。そのため、職業紹介よりも労務統制、労務動員が主たる業務となり、名称も、1941年には国民職業指導所に、1944年には国民勤労動員署に改められた。1947年には労務動員ではなく、本来の職業紹介業務を行う国営機関として公共職業安定所となり、職業安定法が制定された。ここでは有料職業紹介事業を原則禁止とする考え方がさらに徹底されるとともに、特に占領軍の強い意向で労働者供給事業がほとんど全面的に禁止された。この規制・禁止政策の極限にまで行き着いた民間労働力需給調整システムに関する法政策を少しずつ緩和していくことが、やがて次の課題となっていく。

10　第1部　労働法政策序説

　1936年の退職積立金及退職手当法は、1944年に類似の制度ということで厚生年金保険法に統合されてしまった。しかし、1947年に本来の失業保険制度が成立し、雇用のセーフティネットとして機能し始めた。ただ、公的制度として失業保険よりも先に退職手当が作られてしまったため、これを失業という事故に備えるための保険というよりも、必ず訪れる退職という時点に向けて積み立てた貯蓄のように考える習性が抜けきれず、結果的にモラルハザードの原因となったとも考えられる。

　さて、終戦直後の日本は膨大な失業者が発生し、経済安定本部の総合調整のもと公共事業が実施された。1949年に緊急失業対策事業法が成立し、失業対策事業という形で行われるようになったが、やがて就労者の滞留、固定化が進み、その打切りが数十年間にわたる課題として行政にのしかかっていくことになる。

　一方戦時下では、軍需産業拡充にともなう基幹工を養成することが課題となり、1939年に工場事業場技能者養成令が制定され、企業内の技能者養成が義務づけられるとともに、機械工養成所が設置され、さらに機械技術者検定制度が設けられるなど、職業能力開発法政策が先駆的な発展を遂げた。なお、教育分野は敗戦による断絶がもっとも強調される分野であるが、戦時下に戦後の高等学校につながる中等学校制度が設けられ、また国民学校卒業後の青年学校の義務化が決定されるなど、連続性の契機も多く見られる。

(3)　労働条件法政策

　戦時体制下でもっとも国家主義的な歪みが少ない形で労働法政策が進展したのは労働条件法政策の分野であろう。

　まず労働時間法政策については、1938年、それまで一切就業時間規制のなかった16歳以上の成人男子に対しても、1日の就業時間を残業時間を含め原則として12時間以内とすること、特に長時間労働を必要とする場合でも14時間以内とすることを求め、勧奨的にではあるが、成人男子の就業時間制限に踏み出した。そして1939年、工場就業時間制限令により、一定の製造業について、16歳以上の男子職工に1日の就業時間を12時間以内とし、就業時間が6時間を超えるときは少なくとも30分、10時間を超えると1時間

の休憩を設け、さらに月2回の休日を与えるべきことを定めた。これは日本で初めての成人男子の労働時間規制法規である。ところが戦局が厳しくなってくると労働時間規制そのものが機能停止するに至った。

次に労働安全衛生法政策については、1938年の工場危害予防及衛生規則改正により一定規模以上の工場に安全管理者、工場医及び安全委員の選任を義務づけた。特に注目すべきは工場医の規定で、戦後産業医の規定が設けられるのは1972年の労働安全衛生法によってである。また、1942年には工場法施行規則改正により、健康診断に関する詳細な規定が設けられた。

賃金法政策については、1939年の賃金統制令によって初任給の最高額とともに最低額が定められ、1940年の第二次賃金統制令では一般労働者についても明確に最低賃金制が導入されて、最低賃金以下では雇用できないこととした。これはあまりに先駆的すぎて、戦後労働基準法にプログラム規定が設けられてから現実に再導入されるまでに長く時間がかかった。なお、1936年の退職積立金及退職手当法では一種の解雇手当も設けられ、1941年の労務調整令では解雇、退職を直接制限するに至った。

敗戦後の改革も急進的であった。1947年に制定された労働基準法はその保護水準を一気にILO条約レベルに引き上げるとともに、独自の全国的な労働基準監督システムを一時期に完成させてしまったのである。また労働基準法と併せて、新たに労働者災害補償保険法が制定された。もっともその内容は工場法を受け継いだ労働基準法の災害補償と同一であった。

労働基準法は労働時間について一部を除き原則として8時間労働制を導入した。しかも、工場法の適用対象とならなかった10人未満の工場をはじめ、さまざまな非工業的業種に対しても原則的にすべて適用されることとされた。しかしながらその反面、過半数組合又は労働者の過半数代表者との書面協定による同意を条件として無制限の時間外・休日労働を認めた。これは立法担当者の集団的労使自治への期待から来るものであったが、現実にはパンドラの箱を開けてしまった面もある。その他、充実した規定は多い。

(4) 労使関係法政策

内務省社会局による再三の労働組合法案の失敗のあと、協調会は1938年

12 第1部 労働法政策序説

から国家主義的風潮に便乗して産業報国運動を開始した。これは、いわば「報国」という時流に乗った錦の御旗を掲げることによって、かつての労働委員会構想を実現しようとするものと評することもできる。もちろん、労使協議制によって労働組合を代替することはできない。そして、その後国策として大日本産業報国会が設立され、大政翼賛会の傘下に収められるなど本来の趣旨とはかなりかけ離れていったが、圧倒的大部分の労働者にとってこれが初めての労働者組織の経験となったことは軽視できない。敗戦後産業報国会は解散され、これを受け継ぐ協調組合の構想も実現しなかったが、現実に設立された企業別組合は、むしろ産業報国会を受け継ぐ職工一体の従業員組合としての性格を強く有していた。

　労使関係法政策の最大テーマである労働組合法は、敗戦後直ちに審議が始まり、1945年に成立に至った。これは内容的には、戦後労使関係法制の出発点というよりも戦前労使関係法制の結実点というのがふさわしい。また、1946年には戦前の労働争議調停法を全面的に改正して労働関係調整法が制定された。

　ところが、この時期労働運動が過激化し、1947年のいわゆる2・1ストを契機に、公的部門の労働基本権が大幅に制限されるとともに、1949年には労働関係法規自体の改正が行われた。この時それまでの団結権保護規定が拡充され、不当労働行為制度が導入された。また団体交渉単位制の導入も試みられたが採用されなかった。その後1952年にも大きな改正が試みられたが小規模に終わり、その後労使関係法制の基本部分はほとんど手つかずのまま今日に至っている。

4　近代主義の時代

（1）　概観

　20世紀システムは、ミクロレベルではフォーディズムが確立し、マクロレベルではケインジアン福祉国家が成立することによって安定期にはいる。これはそれまでのさまざまな社会主義の競合が民主的社会主義の勝利に終わることによって決着が付けられる。日本においてもこのことに変わりはない。1955年の日本生産性本部の設立と春闘の開始を日本におけるフォーデ

ィスト的労使妥協の宣言と考えれば、1950年代後半の社会保障制度の確立をケインジアン福祉国家への出発点と位置づけることができる。

石油ショックとともに終わりを告げるこの時代を一括りにする概念は「近代主義」であろう。この時期の日本においては、「近代的」という言葉は独特のニュアンスを持っていたようで、マルクス主義的なイデオロギーに対して西側諸国の社会思想を指し示す言葉として用いられていたようである。今でも残る「近代経済学」という用法にその時代の名残が見られる。また、マルクス主義的な歴史観に対して「近代化論」が取って代わった。

この時代の労働政策を象徴する人を一人挙げるとすれば、4回も労働大臣を務めた石田博英以外にいないであろう。彼は、保守本流にいじめ抜かれてきた労働官僚を「三振してもよいからホームランを狙え」と激励し、1966年には自由民主党労働憲章の策定に漕ぎ着けた[3]。

この時期の末期にはむしろ福祉が前面に押し出された。しかし「福祉元年」とされた1973年は石油ショックに直撃され、翌1974年は「福祉2年」にはならなかった。それだけでなく、福祉を押し流した石油ショックは、20年に及ぶ近代主義の時代をも大きく方向転換させたのである。

（2） 労働市場法政策

労働行政もこの時期に変身を図り始める。その中心となったのは労働市場法政策であった。労働省は失業対策事業中心の雇用政策からの脱却を図り、1956年には雇用基本法試案を作成したが実を結ばず、1957年雇用審議会設置法の制定という形で落ち着いた。しかし、「職業能力と職種を中心とする近代的労働市場の形成」はその後も1960年代を通じて労働市場法政策の基調音となり、1966年には雇用対策法という形で結実した。

また、それまで技能者養成と職業補導に分断されていた領域を職業訓練という名の新たな政策分野として確立し、技能検定制度により社会的な基準が設定される技能を企業の内部と外部を貫く新たな労働市場の原理として提示しようとする、画期的な職業訓練法が1958年に制定された。

3）労政研究会『石田労政』労務行政研究所（1978年）。

この時期の労働市場法政策はほとんどもっぱら外部労働市場法政策である。企業内部の雇用管理へのアプローチも、ほとんどもっぱら外部労働市場の基準からなされている。このことをもっとも鮮明に示すものは、1960年代の中高年齢者雇用法政策が職種別の雇用率制度というきわめて外部労働市場志向的な制度として出発したことであろう。次の時代の内部労働市場に焦点を絞った定年引上げ政策とのコントラストが明白である。

（3）　労働条件法政策

労働条件法政策においてケインジアン福祉国家を象徴するのは、労災保険の長期給付化・年金化であろう。1955年から1960年まで段階的に長期給付の導入が試みられた後、1965年には給付の年金化が完成した。長期給付化はまず珪肺及び脊損に関する特別法の形で始まり、これが断続的に繰り返された後に、1960年の労災保険法改正により、一般的に3年経過後の打切補償又は障害補償費に代えて長期給付を行うこととされた。そして、1965年の改正により、3年を限度とした一時金中心の打切補償の給付体系から、長期療養給付と各種の年金による長期補償の給付体系へ歴史的な制度改革が実現した。

これと並んで労働安全衛生が最重点課題となり、1950年代末に産業災害防止が政府全体の課題とされ、その後1960年代を通じて多くの安全衛生関係規則が制定されるとともに、1964年の労働災害防止団体法や1972年の労働安全衛生法に結実した。

また最低賃金制度が労働法政策の中でもっともホットな（労働組合側が熱を入れた）テーマであり続けたのも、賃金上昇がフォーディズムの基幹に位置することを考えれば、それを社会全体に広げることの重要性から頷けるところである。これは使用者側の抵抗も強く、1956年には業者間協定方式の実践、1959年には業者間協定方式を中心とする最低賃金法の制定、1968年には審議会方式による最低賃金法への改正と、少しずつ進めていかざるを得なかった。最低賃金との関係で家内労働問題も取り上げられるようになり、1959年最低賃金法に最低工賃が規定され、1970年には家内労働法が成立した。

（4） 労使関係法政策

　これに対して、労使関係法政策はアメリカ的偏差をもったフォーディズム枠組みたる1949年法が維持され、事実上休眠期に入った。この時期に動いていたのは、フォーディズムの枠組みに参加できなかった官公部門の労働基本権問題という、本質的には周辺的な問題に過ぎない。

5　企業主義の時代

（1）　概観

　ミクロのフォーディズムとマクロのケインジアン福祉国家によって構成される20世紀システムが、次第に行き詰まり揺らいでいき、やがて市場原理万能のネオリベラリズムの激しい批判にさらされるようになっていくという大きな流れは、日米欧いずれの先進諸国においても共通である。しかしながらその間、一部のヨーロッパ諸国と日本においては、労働者の企業への包摂という新たな試みによって問題を解決しようとする動きが見られた。前者においてはそれは制度的な労働者の経営参加という形をとったが、日本においてはかなり違った形をとった。フォーディズムと同じく自動車メーカーの名をとってトヨティズムなどと呼ばれることもあるこの変形フォーディズムが、1970年代半ばから1990年代半ばまでの日本社会を特徴づけることになる。

　近代主義の時代には日本社会の前近代性の現れとされていた日本的雇用慣行が、「近代的」な雇用システムよりもむしろ効率的とされるようになったことが、時代の変化を何よりも雄弁に物語る。使用者側は職務給への移行をもはや語らなくなり、労働側も産別中心化をもはや語らなくなった。そして、労働法政策も、それまでの外部労働市場中心から内部労働市場中心に180度の転換を遂げることになる。

　この時期に企業主義が浮上してきた原因にはいくつもの要因が考えられる。そもそも一部ヨーロッパ諸国と日本で労働者の企業への包摂という路線が登場してきた背景には、この両者がいずれも封建社会を経験していることが挙げられるだろう。一定の土地の上にさまざまな契機の労働を行うことの上に成り立つ封建社会的な共同性が、同じ企業の中でさまざまな労働を行うことに基づく共同性の源泉となっていることは容易に見てとれる。また特殊

16　第1部　労働法政策序説

日本的な歴史的事情として、労働組合が未だ周辺的に存在に過ぎなかった時期に産業報国会という形で多くの労働者が企業別労働者組織の経験をしたことが挙げられよう。

　さらに、1950年代にフォーディスト的労使妥協が行われた際、労働側でこれに参加したのが民間部門でも過半数に足らず、相当部分がマルクス主義的な左派に残ったことも重要であろう。このため、その後の労使関係の「近代化」は基本的にミクロの企業レベルで各個撃破的に行われることになり、元来のフォーディズムよりも企業主義的色彩を強めた形で実現することとなった。民主的社会主義を標榜する同盟よりも、総評や中立労連に属する金属労協系の民間労組により企業主義的色彩が強かったのはこのためではないかと思われる。ただ、近代主義の時代には、労働法政策面ではこの企業主義的色彩の高まりはあまり前面には出ていなかった。

　これが一気に噴出するきっかけとなったのが、1974年の雇用保険法案への対応である。石油危機の影響で雇用失業状勢が厳しさを増す中で、中立労連や総評加盟の民間労組が賛成に回り、雇用安定のための助成措置を規定する法案としての期待を背負って成立に至ったのである。

　雇用保険法は労働市場法政策において外部労働市場志向から内部労働市場志向への転換点を画するものであるが、この方向転換の射程はそれにとどまるものではなく、これをきっかけに労働法政策全体が企業内部の雇用管理そのものに深く関わる方向に大きく踏み出していくことになる。高齢者雇用政策は定年の引上げにシフトし、職業能力開発法政策は企業内部の教育訓練にシフトし、労働条件法政策においては労働時間短縮がクローズアップされ、そして国際的な動きの影響もあるが、まさに企業内部の雇用管理のあり方そのものをターゲットとする男女雇用均等という新たな法政策分野が登場してくるのである。

（2）　労働市場法政策

　上述のように、1974年の雇用保険法は、職業能力と職種を中心とする近代的労働市場をめざして労働力流動化政策を採っていた法政策から、終身雇用慣行を積極的に評価し失業の予防と企業内部での雇用維持を優先課題とす

る方向に大きく舵を切った。その中心に位置するのが雇用調整給付金である。これはモデルとされた西ドイツにおいては解雇規制と組み合わされた失業予防助成として導入されたものであるが、日本では、実定法としては解雇規制立法は行われず、判例法としての整理解雇法理の形成と組み合わさる形で社会全体としての失業予防政策が形作られた。この政策は1976年の第3次雇用対策基本計画以来、1995年の第8次雇用対策基本計画で「失業なき労働移動の実現」が打ち出されるまで、ずっと日本の雇用政策の中心であり続けた。

この転換を高齢者雇用法政策に投影すると、外部労働市場志向の雇用率制度から内部労働市場志向の定年引上げ政策への転換となる。まず石油危機直前の1973年雇用対策法改正で定年引上げに関する宣言的規定が設けられ、助成金が作られた。1979年には野党の社会党と公明党から法案が提出され、政府も定年延長の法制化に取り組むこととなった。そして、1986年には60歳以上定年の努力義務とそれを実効あらしめるための行政措置規定という形で法制化が実現し、1994年には60歳以上定年が義務化されるとともに、65歳までの継続雇用の努力義務とそのための行政措置が設けられた。

職業能力開発法政策においても、まず1978年職業訓練法改正で、企業内職業訓練の促進が打ち出され、1981年改正では社会的通用性ある公共職業訓練の一環としての認定職業訓練ではなく、企業特殊的技能を身につけるための企業内職業能力開発に財政的支援を行うという方向に大きく舵が切られた。「職業能力」という言葉の内容は、もはや1960年代の労働力流動化を前提とした社会的通用性のある技能ではなく、終身雇用を前提とした企業特殊的技能へと変貌を遂げていたのである。

この時期は、アカデミズムにおいても終身雇用や年功制など日本的雇用慣行が内部労働市場論の立場から再評価され始めた時期に当たり、こういった政策方向も企業内の熟練形成を重視する労働経済学の新潮流と対応していた。

なお、労働力需給調整システムにおいては、この時代は戦後ほとんど全面的に禁止された労働者供給事業が、労働者派遣事業という形で制限的に法認されていく時代であるが、その緩和の際の問題意識がかつての供給労働者の

18 第1部 労働法政策序説

保護の観点ではなく、もっぱら派遣先の常用労働者の保護を第一義的な要因
として、ポジティブリスト方式が採られるに至ったことに、当時の内部労働
市場中心主義が色濃く示されている。

(3) 労働条件法政策

　労働条件法政策で一番最初に石油危機後の不況に対応したのは賃金法政策
であり、1976年に西欧諸国に倣う形で賃金不払いに対する労働者の救済制
度が設けられた。また、労災保険制度では1986年改正において年功賃金制
に対応した給付額の修正が行われた。しかしながら、この時代の労働条件法
政策の中心に位置するのは労働時間の短縮政策であり、なかんずく法定労働
時間の段階的短縮である。

　高度成長期には大企業を中心に週休2日制がある程度普及しつつあった
が、石油危機により足踏み状態になり、また企業が減量経営を進め、先行き
見通しの不安からその後の景気回復に対して雇用の増加よりも所定外労働の
増加によって対処しようとしたため、総実労働時間はむしろ長くなる傾向が
現れ、労働基準法の改正によって労働時間の短縮を進めるべきであるという
声が出てきた。しかしながら、1970年代後半から1980年代前半の時期には
まだ法律ではなく行政指導による時短に重点が置かれ、特に金融機関や公務
員の週休2日制が施策の中心であった。

　これが転換するのが1984年の労働基準法研究会中間報告であり、翌年の最
終報告である。ここで一定の弾力化とともに法律により時短を進めるという
方向性が打ち出された。そして1987年に週40時間制に向けて法定労働時間を
段階的に短縮していく労働基準法改正が行われた。ちょうどこの時期、1986、
87年に前川リポートが出され、労働時間短縮が国政の重要課題の1つに位置
づけられるようになったことが大きな追い風として働いた。労使関係が企業
主義化したことが労使自治による時短の進展にブレーキをかけ、そのことが
日米・日欧の経済摩擦という遠回りの回路を通じて政府主導型の時短へのア
クセルとなるという、やや複雑なブーメラン効果が働いたわけである。

　なお、1987年改正においては同時に、裁量労働制という形で次の市場主
義の時代に焦点となる労働時間弾力化の芽が出始めていることにも注目して

おく必要がある。この後、1993年改正で週40時間への移行が決められ、1997年に完全に移行したが、それとともに裁量労働制の拡大が最重要課題として浮上してくることになるのである。

なお、この時代は近代主義の時代とはうって変わって、同一労働同一賃金問題が政策課題から消えてしまったが、パートタイム労働問題が次第に注目を集めるようになっていき、政府も対策要綱や指針の段階を経て、1993年にはパート法を制定した。この時、国会修正で「均衡処遇」という言葉が挿入されたことはこの後のパート政策を大きく動かしていくことになる。労働人権法政策分野と並んで、野党の法政策への影響の大きな分野であるといえる。

（4）　労働人権法政策

労働人権法政策という分野が労働法政策の中に新たに構築されていくという現象自体は、1970年代以降の先進世界共通の現象ということができる。その先駆はいうまでもなく1960年代のアメリカで制定された公民権法であり、これが1970年代以降ヨーロッパ諸国や日本にも波及していくのである。

日本では、高度成長の中で勤労婦人（当時は男性労働者に対する女性労働者ではなく、家庭婦人に対する勤労婦人なのである。）が増加してきたことを受け、1972年に勤労婦人福祉法が制定されている。これは原案では全くの福祉法に過ぎなかったが、国会修正で「性別により差別されることなく」という文言が入り、日本の男女雇用均等法制の出発点と位置づけることもできる。

その後、1975年の国際婦人年をきっかけに政府として男女雇用平等法制の検討を進めることになり、紆余曲折の末1985年に努力義務法として男女雇用機会均等法が成立した。その間、野党各党から男女雇用平等法案が繰り返し提出されており、この分野ではかなり積極的な役割を果たしている。こういう流れ自体は先進国共通のものであるが、日本の文脈ではこれが企業主義の時代のただ中に行われたことから、女性労働者を男性と平等に終身雇用慣行の中に取り入れていく雇用管理政策というインプリケーションがあり、そのためコース別雇用管理といった企業の対応をもたらした。

20　第1部　労働法政策序説

　なお、育児休業は勤労婦人福祉法で努力義務とされてから、1980年代は
じめに自民党内でも法制化の動きがあり、また野党各党からも法案が提出さ
れるなど政治課題であり続けたが、出生率の低下を追い風に1991年に法制
化に至った。また1995年には介護休業も法制化されている。この分野は労
働法政策の中でもっとも国会レベルの政治的動きが活発に行われた分野であ
る。

（5）　労使関係法政策

　労使関係法政策の本体はこの時期も休眠期を続けた。ただし、公的部門に
ついては（法政策の中身自体ではなくその対象の在り方に）大きな変化があ
った。それは、一言でいえば、近代主義の時代に民間部門で進行していった
日本型フォーディスト労使妥協システムへの公的部門の包摂であり、郵便や
電気通信のようにソフトランディングできたところと国鉄のようにハードラ
ンディングに陥ったところがある。

　一方、労働条件法政策や労働市場法政策の中で、様々な制度の実施要件と
いう形で過半数代表制が発達していった。これはもともと労働組合法による
集団的労使関係システムを前提にするものであったが、その後労働組合の組
織率低下や複数組合平等主義もあり、集団的労使関係システムとは切り離さ
れた形で発展していくことになった。1975年に雇用調整給付金の支給要件
として、また1987年に変形労働時間制やみなし労働時間制などの導入要件
として過半数代表との協定が要求され、労働組合法制と並ぶもう一つの集団
的労使関係システムとして注目されるに至った。

6　市場主義の時代

（1）　概観

　世界的には1980年代に、イギリス、アメリカで市場原理万能のネオリベ
ラリズムに基づく政策が実施され始めた。これは同じフォーディズムの中で
も、テーラー主義と恒常的賃金上昇の取引による労使妥協がもっとも純粋に
行われた国であるため、労働組合は企業経営に対する考慮なしに賃上げばか
りを要求する存在と見なされ、社会的正当性を自ら掘り崩したことが大きな

原因であろう。

これに対して、ヨーロッパ大陸諸国ではマクロの労使協調によるコーポラティズム路線がとられることでなおフォーディズムの枠組みは維持されたが、手厚すぎる福祉が社会の活力を奪っているという批判には耐えきれず、ケインジアン福祉国家の見直しが始められた。こういう中で、変形フォーディズムとしての日本の企業主義社会は1990年代始めまではもっともパフォーマンスの優れたシステムとして自らを誇っていた。

ところが、そのころから豊かさのパラドックスが指摘され、産業優先から生活優先に転換し、国民一人一人が豊かさとゆとりを実感できる生活大国を目指すべきだという声が高まっていった。そして、企業主義社会を克服し、会社人間から脱却すべきとの考え方が広まっていった。そして皮肉にも、こういうどちらかというと優しさを志向する社会的リベラリズムの風潮が、バブル崩壊に伴う経済不況の中で、厳しい市場原理を振りかざす経済的ネオリベラリズムに転化していった。

1992年の「生活大国5か年計画」では、個人の尊重とは労働時間短縮により企業活動の成果を個人に還元することを意味していたのに対して、1995年の「構造改革のための経済社会計画」では規制緩和が大きく打ち出され、1999年の「経済社会のあるべき姿と経済新生の政策方針」では、「自立した『個』を基礎とする社会」というスローガンのもと、企業による長期雇用保障システムを見直し、労働移動を促進する政策が全面的に主張されるに至る。

とはいえ、その現実的背景としては、労働者の利害の個別化が進んでいったにもかかわらずそれへの対応が遅れ、とりわけ性別や年齢による差別といった人権法的課題に対し、企業主義フォーディズムが真剣に対応しようとしなかったことが指摘できる。

(2) 労働市場法政策

労働市場法政策の中ではじめに企業主義からの脱皮を試み始めたのは職業能力開発法政策である。1991年の第5次職業能力開発基本計画は、企業内職業能力開発の促進に次ぐ政策目標として労働者の自己啓発の促進を掲げ、自

発的職業能力開発の重要性を強調した。1997年の職業能力開発促進法改正
では自己啓発支援措置が明記され、翌1998年には雇用保険の中に教育訓練
給付制度が創設され、2001年の法改正ではキャリア形成支援政策が前面に
押し出された。

　2003年に4省庁による「若者自立・挑戦プラン」が策定されてから若年者
雇用が政策の中心課題となり、その中で日本版デュアルシステム、実践型人
材養成システム、ジョブ・カード制度などが進められ、民主党政権による事
業仕分けなどもあった。ジョブ・カード制度は雇用促進と共に職業能力証明
ツールという意味があるが、この方向性が2009年の新成長戦略における日
本版NVQ制度（キャリア段位）や、2013年の日本再興戦略における「職業
能力の見える化」論を経て、かつて技能検定制度を導入したときのような外
部労働市場志向政策に向かっている。

　一般雇用政策においては、1995年の第8次雇用対策基本計画が失業なき労
働移動の実現を目標に掲げ、雇用維持政策の枠内ではあるが労働移動の促進
という政策方向が示された。そして、2001年の雇用対策法の改正は、1974
年雇用保険法以来の日本の雇用政策の方向を、特定業種に着目した雇用維持
政策から一般的な労働移動促進政策に転換させることとなった。四半世紀に
わたり日本の雇用政策の中心に位置していた雇用調整助成金も、一時的な雇
用調整への助成として生き残ったが、その重要性は明らかに下落した。

　ところが2008年のリーマンショックで雇用調整助成金の支給要件が緩和
され、その支給額が激増した。これは独仏等大陸欧州諸国でも同様の傾向が
見られたもので、むしろ制度本来の姿であったというべきであるが、2013
年自公政権復帰後は批判を浴び、日本再興戦略では再び「行き過ぎた雇用維
持型から労働移動支援型への転換」が掲げられ、雇用調整助成金から労働移
動支援助成金に大幅にシフトさせるとしている。ただ、単なる労働移動支援
策の復活ではなく、人材ビジネス支援と結びつけられている点が異なる。

　高齢者雇用法政策はこれほど明確な方向転換はできず、65歳までの継続
雇用を求める内部労働市場志向の政策が引き続きとられるとともに、年齢に
関係なく能力に応じて働くことのできる社会を目指す外部労働市場志向の政
策にも比重が置かれるようになった。2000年の高齢者雇用安定法の改正に

はいくつもの方向性が同時多発的に示されている。これと同時に、雇用における年齢差別の問題が労働省を超えて取り上げられ始め、経済計画でもその検討が明記されるようになった。その結果、2001年の雇用対策法改正に、労働者の募集及び採用についてその年齢にかかわりなく均等な機会を与える努力義務が盛り込まれ、2004年には年齢制限の理由明示義務、2007年には年齢制限が原則的に禁止されるに至った。一方で年金政策との関係からの内部労働市場型の継続雇用政策も進められ、2004年には労使協定による例外付きの義務化が、2012年には例外なき65歳継続雇用の義務化が行われた。しかし、この手法がさらなる高年齢層への雇用促進にどこまで有効であるかは疑問である。

　以上の政策転換が内部労働市場志向から外部労働市場志向へという政策転換であるのに対し、労働力需給調整システムにおける政策転換は20世紀システムの前提であった民間労働力需給調整システムの規制・禁止という方向の転換であり、いわば世紀単位の転換である。1999年は労働者派遣事業、有料職業紹介事業いずれについても、原則禁止のポジティブリスト方式から原則自由のネガティブリスト方式に転換した大変革の年となったが、その背景にあるのはILOがその姿勢を大きく転換したことであり、その意味でこれは先進世界共通の規制緩和の一環であった。もっとも、自公政権末期から民主党政権期には、折からの格差社会論や非正規労働問題への対応として、日本的な派遣労働規制への逆戻りの傾向が見られた。2013年からは再び規制緩和の方向に向かうとともに、派遣労働規制は非正規労働法制の一環としての性格を強めている。

（3）　労働条件法政策

　労働条件法政策においては、労働時間と労働契約の弾力化が規制緩和の目標として追求された。先に述べたように、1987年改正においてすでに裁量労働制という形で労働時間弾力化の芽が出始めていたが、これを企画、立案、調査、分析等の業務に従事するホワイトカラー労働者に拡大していこうとする動きが1992年から現れ、1998年の労働基準法改正でかなり制限された形ながら実現した。これは2003年改正でさらに拡大された。2005年から

2006年にかけてはいわゆるホワイトカラーエグゼンプションの議論が行われたが、審議会の答申後に政治的批判によって断念に追い込まれた。2013年になって再び労働時間規制の適用除外に向けた議論が行われ、2018年に高度プロフェッショナル制度として実現した。

　一方、労働契約法政策をめぐる状況はより複雑であり、一方では有期労働契約の期間の延長や解雇規制の緩和を求める規制緩和論が主張され、一部実現されてきているが、それとともにこれまであまり規制の対象となってこなかった労働契約法制を正面から規制の対象に取り入れていくべきという再規制論も強力に主張されるようになり、特に2003年改正では解雇規制の明文化が行われた。さらにその後包括的な労働契約法制に向けた検討が進められたが、その背景としては、集団的労使関係の希薄化とともに進んだ個別労使紛争の激増とそれに対応する個別紛争処理システムの整備がある。もっとも、2007年に制定された労働契約法自体は対象分野も限られ、既存の判例法理の確認にとどまるものであった。ここで条文化された判例法理のかなりの部分が、企業主義の時代にその時代精神を暗黙のうちに前提としてなされた判決の集積であることを考えれば、政策立法としての議論の余地があったはずであるが、あまりそのような議論はなされていない。ただし、2000年代以降に大きな社会問題となった非正規労働問題への対応として、2012年に行われた有期契約労働に関する労働契約法改正は、反復更新した一定の有期契約の無期化や合理的処遇など、欧州型の政策立法となっている。

　また、1993年にパート労働法が制定され、国会修正で盛り込まれた「均衡処遇」をめぐって議論が続けられ、2007年には一部のパートについて差別を禁止する改正が行われ、2012年には労働契約法改正により有期契約労働者への不合理な待遇が禁止された。そして2016年からは官邸主導で同一労働同一賃金が政策課題となり、2018年には法制化に至った。こういった労働契約をめぐる法政策の活発化には、それまで内部労働市場における雇用維持の代償としてあえて法制的に触れることが避けられてきた問題が、雇用維持政策の比重低下によって相対的に浮上してきたという面もありそうである。

　一方、労災保険の認定基準において過労死、過労自殺問題が正面から取り

上げられるようになるのと揆を一にして、労働安全衛生法政策の重点が過労死、過労自殺防止のための健康管理に置かれるようになっていった。特に注目すべきは、長時間労働が安全衛生上の問題としてとらえられるようになり、労災補償法政策、労働安全衛生法政策と労働時間法政策が再び交錯し始めたことである。そして、労働時間法政策においても、一方で裁量労働制やエグゼンプションのように弾力化が進められるとともに、これまで集団的労使自治に委ねられてきた時間外労働についても公的な規制の可能性が探られ始め、2017年には官邸主導で時間外労働の法的上限設定が政労使間で合意され、2018年には立法化に至った。この背景には、内部労働市場重視の時代には雇用維持のコストとしてある程度恒常的な時間外労働を容認する考え方が（建前としてはともかく本音としては）共有されていたが、外部労働市場重視に転換していくにつれ、それがもはや共有されなくなってきたという事情がありそうである。

（4）　労働人権法政策

　市場主義の時代には規制的な労働法制は一般的に反主流的な位置に立たされることになるが、必ずしもそうではない分野が労働人権法政策の分野である。特に男女均等法政策は、それが機会均等の立場に立つ限り、自由市場主義のイデオロギーとはむしろ適合的である。最も自由市場主義的な労働法制を採っているアメリカにおいて、労働法がほとんど雇用均等法を意味するようになっていることはこのことをよく示している。

　1997年の男女雇用機会均等法の改正は、1985年のはなはだ不十分であった努力義務法を、どこに出してもそう恥ずかしくないような水準にまで引き上げた。労働人権法政策はようやく一個の法分野として確立するに至ったといえる。これにともない、なお残存していた深夜業禁止や時間外労働制限のような女性保護規定は、若干の経緯を経て、職業生活と家庭生活の両立を図るための男女共通規制として再生された。

　ここまでは、労働人権法政策といっても性別に係るものだけであったが、2002年に国会に提出された人権擁護法案は、人種、民族、信条、性別、社会的身分、門地、障害、疾病又は性的指向に基づく差別等をも禁止してお

26　第1部　労働法政策序説

り、法制の範囲を格段に拡大するものであった。ただ、政治的事情で実現の見通しは立っていない。

　一方、国連の障害者権利条約の批准のため、2013年に障害者についても差別禁止立法が一般法、雇用促進法両面にわたって行われ、労働人権法政策の一翼となった。

（5）　労使関係法政策

　厳密な意味での労使関係法政策の本体は、依然として休眠状態にあることには変わりはないが、この時代に入ってから個別的労使関係の問題がクローズアップされ、その紛争処理システムの整備が法政策の重要課題として現在に至っている。

　これははじめは労働条件法政策サイドで動き出し、1998年の労働基準法改正で労働基準行政による紛争解決援助の仕組みが設けられた。その後労使関係法政策サイドで検討が進められ、労使からもさまざまな意見が提示される中で、2001年に個別労働関係紛争解決促進法が成立し、都道府県労働局に紛争調整委員会を設け、斡旋を行うこととなった。また、地方労働委員会においても自治事務として斡旋が行われ始めた。さらに司法制度改革の一環として、2004年に労働審判法が制定された。

　一方、さまざまな制度の実施要件として発達してきた過半数代表制は、この時代に入ってさらに制度化が進んだ労使委員会という形態を生み出した。これは企画業務型裁量労働制の導入にともなうものであるが、労働基準法上は労働条件の調査審議機関として位置づけられており、その延長線上には欧州型の労働者代表制の法制化の議論が見えてくる。そうすると労働組合法制との関係についても検討が求められることになろう。労使関係法政策の休眠期はそろそろ終わりつつあるのかも知れない。

7　労働法政策の大転換期？

　20年周期説では、2010年代半ばから既に次の時代に入っているはずであるが、現時点ではなお市場主義の時代が終わって次の時代に移行したと明言することはできない。ただ、第2次安倍晋三内閣がその初期には旧自公政権

期の規制緩和路線を採っていたのに対し、2015年に新・三本の矢が打ち出され、翌2016年に働き方改革が打ち出されるなど、2010年代半ば頃に労働法政策の方向性が大きく転換したのも事実である。

その労働法政策が包括的な形で示されたのが2017年3月の「働き方改革実行計画」であり、「働く人の視点に立った働き方改革」を掲げて、同一労働同一賃金など非正規雇用の処遇改善、罰則付き時間外労働の上限規制の導入など、これまで極めて慎重な姿勢であった諸課題に大胆に取り組んでいる。そして2018年には働き方改革関連法が成立し、市場主義の時代の課題に決着を付けた。

前者は、これまでパートタイム労働者、有期契約労働者、派遣労働者それぞれについて別々に進められてきた均等・均衡処遇に向けた政策を、「同一労働同一賃金」というスローガンを掲げて一気に進めようとするものであり、日本企業の賃金処遇制度のあり方に大きな影響を与える可能性がある。

後者は、筆者が当初テキスト以来主張してきた時間外労働の上限規制の導入に踏みきったものであり、労災補償法政策や安全衛生法政策における過労死・過労自殺防止という課題が労働時間法政策に結実したものでもある。

これらはまた、正社員と非正規労働者の格差を前提とし、正社員の長時間労働を前提としてきた日本型雇用システムの見直しを含意する政策でもあり、これに先立つ市場主義の時代とは異なり労働者個人の保護を重視しながら、そのさらに前の企業主義の時代の発想から抜本的に脱却しようとする動きを示していると見ることができるかも知れない。

一方、上記「働き方改革実行計画」では、柔軟な働き方として雇用型テレワークや自営型テレワークの推進が打ち出されており、これらは第4次産業革命といわれる世界同時的な技術革新により急速に進展している労働のあり方の大転換につながるものでもある。ここに着目するならば、今日始まりつつある時代は20世紀システム内部における政策方向の転換を超えた、21世紀システムともいうべき新たな時代であるのかも知れない。

今日第4次産業革命と呼ばれる技術革新とそれによる社会変動が世界中の諸国を揺るがし始めている。そのコアとなる技術革新は第1にIoTとビッグデータ、第2にAIである。前者により工場の機械から交通、個人の健康ま

で様々な情報がデータ化され、それらがネットワークでつながり、これを解析・利用することで付加価値を生む。後者によりコンピュータが自ら学習し、一定の判断を行うようになる。AIを使った自動運転は既に試行段階にある。さらに3Dプリンタにより、複雑な工作物の製造が誰でも可能となる。その中で近年世界的に急拡大しているのがシェアリングエコノミーであり、インターネットを通じてサービス利用者と提供者をマッチングさせることにより、個人の保有する遊休資産を他者に提供したり、空いた時間で役務を提供したりする。自動車運転サービスのUber、民泊サービスのAirbnbの他、特にクラウドワークと呼ばれる就業形態が注目されている。

　第4次産業革命時代の就労形態は、大きな流れとして雇用契約の範囲内でも範囲外でも①時間的空間的制約が希薄化していく「いつでもどこでも労働」化、②長期継続的なまとまりのある明確な仕事（job）を単位とする契約から短期的間歇的な仕事（task）を単位とする契約へのシフトが予想されている。こうした社会変化に労働法がどのように対応していくべきかが、これからの大きな課題となるであろう。

　労働者が工場や事務所という一定の場所で長期継続的なjobを遂行することを前提として構築されたこれまでの監督型労働条件法制は、「いつでもどこでも労働」化、「jobからtaskへ」に対応しきれず、その有効性が低下して行かざるを得ない。無理に適用しようとすれば、国家が労働者が就労する様々な時間空間や、個々のtaskの発注に至るまで監視するということになり、却って労働者の自由を奪うことになりかねない。その中で労働者の自由をできる限り保持しながら、その労働条件を保護するための仕組みとして、集団的労使関係システムに再び注目が集まっていく可能性がある。日本では戦後企業別組合が主流となり、第2次産業革命、第3次産業革命の時代に適合した企業単位の利益代表システム、労働条件決定システムを構築してきた。しかし、第4次産業革命時代が到来しつつある今、新たな考え方に立脚したシステムが求められているようにも思われる。

　とはいえ、2018年という時期に刊行される本書では、この問題に関する議論を全面展開することはできない。読者がそれぞれに考察を深めていただきたい。

第2章
労働行政機構の推移

1 社会局創設以前

　1922年11月労働行政を主管する中央官庁として内務省の外局としての社会局が創設される以前には、労働行政は各官庁によって分掌されていた。

　工業労働者保護については、工業行政の一部として農商務省商工局（又は工務局）が所管した。1882年に工場法制定の検討が始まってから1911年に成立し、1916年に施行されるまでは「工業に関する事務」であったが、施行後は「工場法施行に関する事務」が明記され、新設の工場課に工場監督官（奏任官）4人、工場監督官補（判任官）5人が置かれた。河合栄治郎[1]、北岡寿逸、北原安衛[2]らはこの時期に工場監督官補として官僚生活を始めている。

　一方、職業問題については、1917年内務省地方局に救護課が設置され、賑恤救済及び社会事業施設に関する事項を所掌したのが始まりである。翌1918年内務大臣の諮問機関として救済事業調査会が設けられた。救護課は

1）河合栄治郎はILO問題で農商務省を辞職する際に、当時の思いをこう述べている。「日本には一人の労働の代議士あるなく、又一の有力なる労働組合もない。資本家は其の利害を述ぶるの機関と便宜を持つけれども、労働者は其の利益を代表する一人のスポークスマンを持たぬのである。此の間に於て若し農商務省の官吏が労働者の立場を熱心に考慮に入れるに非ざれば、彼等は一人の自己を顧みるべきものを有しない。此処に於てか労働問題の局に当たる者は一個の殉教者の如き心事を持って事に当たらなければならないと。」（「官を辞するに際して」（『河合榮治郎全集第16巻』社会思想社（1968年））。

2）北岡が北原の追悼文でこう述べている。「大学を出る頃二人で話し合つて相携へて農商務省を志望した。当時は財界好況の頂上で今ほど就職難も甚しくないし、何しろ政治科の首席で居た君には就職難でなくて選職難であつた。…或は勅任官になるのが早いと云つて内務省を勧め、又は民間天降りの可能性を述べて大蔵省を勧めた人もあつた。然し君は労働行政に携はることを希望し其の希望の故に他の凡ての勧誘を断つて農商務省に入つた。」（北原安衛遺著（北岡壽逸編）『労働問題研究』（1930年））。

1919年社会課と改称、1920年には内務省の内局としての社会局が設置された。

これに対して、労働争議は治安警察法等の取締法規の関係で事実上内務省警保局が取り扱っていたが、労働組合については農商務省の所管か内務省の所管か不明であった。同年臨時産業調査会に農商務省と内務省がそれぞれ労働組合法案を作成して提出したが、この時内務省案を起案したのは若き日の南原繁であった。

2　内務省社会局

（1）　内務省社会局の成立[3]

1922年11月、従来各省に分属していた労働行政事務は内務省に外局として新設された社会局に統合された。この原因は国際労働問題が与えた衝撃に対して農商務省が適応できなかったことにある。一つはILO総会が採択した条約案に対して、農商務省が全然これを国内法に取り入れないという方針をとったことであり、もう一つはILO総会に派遣する労働者代表問題であった。

これは条約上代表的な労働組合と協議の上選出することになっていたが、（北岡寿逸に言わせれば）農商務省は労働組合など悪党か謀反人くらいに考え、こんな者を送るのはもってのほかとして、第1回総会には工場、鉱山の代表者と協議して労働者代表（桝本卯平）を選定した。これは総会の資格審査で手ひどい非難を受けた。第2回総会は海員に関するものであったため逓信省に一任し、逓信省は海員団体と協議して代表を選出したが、第3回総会では日本の労働者代表（松本圭一）が日本の労働代表選定手続の条約違反を訴え、第4回総会では農商務省はこの問題を外務省に押しつけるに至り、国際労働問題の主管官庁がないということを暴露した。第5回総会の労働代表宇野利右衛門は資格審査委員会で自分の資格を審査してくれと公言して各国代表の失笑を買った。

結局農商務省は国際労働問題を嫌ってこの問題をほっぽり出したと解釈さ

3）北岡寿逸「旧社会局の思い出」（『労働行政史余録』所収）

れ、農商務省は労働問題に熱意がないという印象を与えた。当時の水野錬太郎内相は、労働問題のような大きな問題の所管が各省に分かれ、権限を奪い合ったり押しつけ合ったりしているのは遺憾なりとして、内務省に労働問題を統一的に管轄する社会局を新設するという案を提出し、農商務省も労働問題を忌避した実績から反論できず、容易に閣議決定に至ったという。このとき労働問題をやりたいと農商務省に入っていた若手は一斉に社会局に移籍した。

なお、労働者保護のうち、鉱山の災害予防は農商務省鉱山局に、海員の労働問題は逓信省に残された。これは戦後にも受け継がれた。

（2）　内務省社会局の組織と官僚

1922年11月に設置された内務省社会局は、長官の下2部7課から構成された。第一部は労働課と監督課からなり、前者が労使関係と国際労働問題、後者が鉱工業の労働者保護を所管した。第二部は第一課、第二課及び保険課からなり、第一課が職業紹介その他失業救済を所管した。この他に庶務課と統計課が置かれた。実質的には第二部が旧内局の社会局の横滑りプラス旧農商務省商工局労働課であり、第一部が旧農商務省商工局工場課及び鉱山局と内務省警保局からの移管ということになる。

1926年4月の組織改正により、社会局は庶務課のほか労働部、保険部及び社会部から構成されることになり、労働部は労務課、労政課及び監督課の3課となった。旧労働課のうち労働法制及び国際労働が労政課に、労働争議調整等が労務課の所管となった。また社会部に職業課が置かれ、職業紹介、失業救済に加え、失業保険の調査が事務に明記された。

この時期の労働行政は、例えば監督課長で見ると、1923年から1928年まで吉阪俊蔵、1929年から1936年まで北岡寿逸が務めていることからわかるように、専門職化の傾向が著しい。農商務省時代に労働組合法案を起案した北原安衛は、社会局に移籍後労働課事務官、労政課長として労使関係法制一筋に進み、1926年労働争議調停法を成立させ、労働組合法案の成立を望みながら、1929年34歳で病死している。農商務省で保守的な上層部に抑えられて鬱屈していた官僚たちが「よし、ひとつやろうじゃないか」と新たな政

32 第1部 労働法政策序説

策課題に取り組んでいった姿が浮かび上がる。1923年の工場法改正では、古巣の農商務省が「労働者偏重で著しく産業の発達を阻害するおそれがある」と反対していたが、それを蹴飛ばして、内務大臣単独で閣議に提出し、閣議決定を得て議会に提出するということまでやっている。

3 厚生省

(1) 厚生省の設立[4]

厚生省の設立はもともと、戦時体制に移行する中で国民体力の増強を目的として、特に陸軍省から衛生省の設立が求められたことが発端である。陸軍省の案では、各省から衛生関係の組織をすべて移管して衛生省とすることとなっていたが、各省の反対で撤回された。ところが、1937年6月の第1次近衛文麿内閣の成立に際し、陸軍は内閣支持の条件として国民体力向上のための新省設立を要求し、近衛首相はそれを受け入れ、第1回閣議で保健及び社会施設に関する中央行政機関創設が決まった。

この際、陸軍側は衛生局と体力局を中心とし、労働局を欠く保健社会省構想を示し、社会政策を重視する近衛首相は労働局を筆頭局とし、体力局を欠く社会保健省構想を示したが、調整の結果7月の閣議で、労働局も体力局も設ける「保健社会省（仮称）設置要綱」が決定された。しかし新省設置の理由は「国民体力の向上」が真っ先に挙げられている。その後、省名について、枢密院で時局から「社会」の文字を不適当とする意見が出され、書経・左伝の「正徳利用厚生」という一節から、おそらく漢学者以外には縁のなかった「厚生」なる言葉をとって「厚生省」と名付けられた。こうして1938年1月、厚生省が発足した。

(2) 厚生省の組織

厚生省は、体力局を筆頭に、衛生局、予防局、社会局及び労働局の5局と外局としての保険院から構成された。旧内務省外局の社会局のうち、労働部が労働局に、社会部が社会局に、保険部が保険院になったわけであるが、

---

7)『厚生省五十年史』財団法人厚生問題研究会（1988年）。

1938年4月には社会局職業課が独立して職業部となり、同年10月にはさらに失業対策部が置かれた。両部は1941年1月に統合して職業局となった。職業課が抜けた社会局は直接労働行政とは関係がなくなった。

職業部の設置は職業紹介所の国営化とほぼ同時期であり、勤労動員に向けた組織体制の整備であったが、労働市場政策が社会事業から離れて行政としての独立性を得るきっかけとなり、これが戦後の職業安定局につながっていく。発足当初は職業課、監理課及び紹介課からなっていた。1939年10月、職業部に養成課が設けられ、1941年1月には職業局技能課になっている。戦後の職業能力開発行政の組織的出発点と言えよう。

一方、労働局では、1939年4月、労務課が廃止され、指導課と賃金課が設けられた。これは産業報国運動や賃金統制令の制定を反映している。

この体制が大きく変わったのは太平洋戦争突入後の1942年11月で、労働局と職業局が統合されて勤労局となった。当時の小泉親彦厚相によれば、「局の名称として労働とか労務とかの言葉を排して特に勤労なる言葉を選んだのは、特別の配意を用いたからであります。…是一には労資対立、労資協調と言うが如き外来の思想を悉く一掃し、言葉の上よりも之を抹殺せんとの意図を表明したかったからであります」とのことである。

このとき同時に保険院が内局の保険局とされた。当時労働者災害扶助責任保険法は保険院・保険局の所管となっていた。健康保険や労働者年金保険に含まれる労災保険部分も当然そうである。これが戦後労災保険の所管をめぐる争いのもととなる。

(3) 終戦直後の行政体制

終戦時の厚生省は健民局、衛生局、勤労局、保険局からなり、勤労局は動員部、指導部及び審議室からなっていた。1945年10月、国民勤労動員令の廃止に伴い、機構改革が行われ、旧勤労局は勤労局と労政局に分かれた。勤労局は旧動員部に相当するが、企画課は残し、査閲課及び動員課を廃止して業務課及び補導課を設けて戦時体制から脱却を図った。また労政局は、旧指導部の管理課と給与課に労政課を併せて設けられた。

これが戦後労働立法の基礎作りを行った行政体制である。労働組合法及び

労働関係調整法の制定に関わった労政課長は中西実、労働基準法制定に携わった管理課長（1946年3月から労働保護課長）は寺本広作、職業安定法の制定を担当した勤労局企画課長は斎藤邦吉と亀井光であった。以後、これら法律の施行に伴って行政機構が整備されていく。

1946年3月に労働組合法が施行されるのに合わせて労政局に調査課が設けられ、労働関係調整法施行直後の同年12月には労働組合課が設けられた。労働基準局独立後は労政課と合わせて3課体制である。

1947年5月には、労働基準法の施行に先立って、監督課、安全課、衛生課、給与課、鉱山課、婦人児童課、労働統計課の7課からなる労働基準局が設置された。初代婦人児童課長は、内務省社会局時代以来唯一の女性工場監督官として勤務していた谷野せつである。

これに先立ち、1947年4月には勤労局が職業安定局と改称された。全国の勤労署も公共職業安定所となった。同年5月には組織再編が行われ、庶務課、失業対策課、雇用安定課、補導課、資料課の5課体制となった。

4 労働省

（1） 労働省の設立

労働行政を専管する行政機構の設立は戦前にも議論になったことはあるが、戦後大きな課題として浮かび上がってきた。労働組合法を審議していた労務法制審議委員会の答申では、「出来る限り速やかに労働省を創設し之に勤労行政を統一すべき」という附帯決議を全員一致で付けている。吉田茂内閣では1946年5月に労働省設置について閣議了解したが、その後厚生省内に労働総局を設けてお茶を濁す案が出ては消え、社会党の連立参加を誘致するえさとして労働省設置が宣伝されたりする中、1947年2月の総選挙で片山哲内閣に引き継がれた。

片山内閣は労働省の設置を公約し、初代労働大臣を予定して入閣した米窪満亮国務相の下で設置準備に取りかかった。6月から官邸で労働省設置準備委員会が開かれ、7月には労働省設置法が第1国会に提出され、8月には成立、9月1日に施行され、労働省が発足した。

設置準備委員会で議論になったのは、婦人問題、船員労働及び社会保険の

所管であった。

　婦人問題一般に関する事項を労働省が所管するのは妥当ではないという意見と、婦人の地位向上は結局労働問題の解決によることが多いから労働省で所管すべしという意見があったが、結局労働省に婦人少年局を設置し、婦人少年局が中心になって各主務官庁間の連絡の緊密を図ることとされた。これはその後も議論があったが、1975年に婦人差別撤廃条約の関係で総理府に婦人問題企画推進本部が設置され、これが紆余曲折の末現在は内閣府の男女共同参画会議となり、事務局として男女共同参画局まで設けられるに至った。しかし長い間、婦人少年局（後に婦人局、女性局と改称）は官僚社会の中で女性官僚の輩出装置として機能してきた。

　船員労働については、労働行政一元化の観点から労働省に移管すべきという意見と船員労働の特殊性から運輸省に存置すべきという意見があったが、戦前から船員行政が先進的であったこともあり、海員組合も存置を主張し、運輸省所管となった。実は米窪初代労相も海員組合出身であった。

　一番深刻であったのは社会保険の所管であった。このうち失業保険については労働省の所管とすることに意見の一致を見たが、健康保険、年金保険及び労災保険については意見が分かれ、最終的に賛成11名、反対10名、保留1名の僅差ではあるが、失業保険以外の社会保険もすべて労働省に移管することに決定した。この時、労働側委員も使用者側委員も労働省移管に賛成している。

　ところがその後政府部内で意見調整が進まず、厚生省は労災保険まで存置するという方針で、一松定吉厚相と米窪国務相の間で閣内不一致となる可能性が出てきた。そこで片山首相は、労使代表12名を官邸に招いて意見を聴いたところ、全員労働省移管の意見であったので、遂に労災保険は労働省の所管として決着した。

　この他に、労働省発足時に先立ち、労働基準法制定時に労働省の所管と整理されていた鉱山保安行政についても、商工省との間で意見が一致せず、社会党政務調査会で労働省の所管と決議されてもなお進展せず、吉田茂内閣に変わって1948年12月、「鉱山における保安行政は、石炭増産の必要上、商工大臣が一元的に所管する」と閣議決定され、労働基準法は適用を排除さ

れ、労働基準局鉱山課も廃止された。これにより、鉱山のみは生産が安全衛生に優先する行政体制となった。

（2）　労働省の組織

設立時の労働省は、労政局、労働基準局、婦人少年局、職業安定局及び労働統計調査局の5局からなっていた。1949年に労働統計調査局が労働統計調査部（後に統計情報部、政策調査部と改称）になった以後の局レベルに関わる動きを見ると、1958年に職業安定局に設けられた職業訓練部が1961年に職業訓練局（1984年に職業能力開発局に改称）に昇格したことと、1965年に労働基準局に設けられた労災防止対策部が1967年に安全衛生局に昇格したが、翌1968年には安全衛生部に戻ったことくらいである。部レベルでは、上記以外には、1955年に職業安定局に失業対策部（1982年廃止）が、1956年に労働基準局に労災補償部（1967年廃止）が、1962年に労働基準局に賃金部（1972年に賃金福祉部、1988年に賃金時間部に再編）が、1982年に職業安定局に高齢者対策部（1988年に高齢・障害者対策部に再編）が、1988年に労政局に勤労者福祉部が置かれた。

5　厚生労働省

（1）　厚生労働省の設立

橋本龍太郎内閣は1996年11月行政改革会議を発足させ、翌1997年12月の最終報告で、中央省庁を1府10省に再編することとされた。ここで、厚生省と労働省を統合して一つの省とすることが決められた。

やや詳しくその経緯を見ていくと、1997年5月の「中間整理」において、「①基礎国家機能（司法、国防、治安、外交、財政）、②国土基盤（環境、国土、農林水産、運輸、建設、自治）、③文化基盤（文部、科学技術）、④国民経済（通産、郵政、経済企画）、⑤国民生活（厚生、労働）の領域に区分し、①については5省庁程度に分立、②～⑤についてはそれぞれについて単一の省」という案が示された。⑤については、「厚生、労働両省を合併し、経済企画庁の国民生活局、物価局を吸収」して「国民生活省」とすると述べている。

その後、藤田宙靖座長試案では「生活福祉省」となっていたが、同年9月

の「中間報告」では、労働行政は独立すべきとの意見を踏まえて「雇用福祉省」という名称になった。なお、男女共同参画についても内閣府の所管とする方向が打ち出された。この時期の議論を見ると、労働の重要性から「労働社会省」を主張する意見と、それでは福祉が埋没するとして「雇用福祉省」を主張する意見があったことがわかる。また、社会保障と労働行政の統合に違和感はないが、医療や薬務、公衆衛生は環境安全省に移管すべきだという意見も出されていた。その後、消費者行政等は厚生行政と利益相反であるということから総務省（最終的には内閣府）に移され、名称について「雇用福祉省」「生活省」「労働福祉省」の3案が候補とされたが、同年12月の「最終報告」では「労働福祉省」で決着した。

　ところがこれで決着しないのが政治というものであった。小泉純一郎厚相が「労働福祉省なら閣議で署名しない」とごねたため、1998年6月に成立した中央省庁改革基本法案では本則に「労働福祉省」と規定しつつ、附則で「新たな省の名称については、これを設置する法律案の立案までの間に、当該省が担う任務をより適切に表す名称となるよう検討を行うこと及びその結果に基づきこの法律において規定するものと異なるものとすることを妨げない」との規定が挿入された。その後、有識者会議の意見では「社会省」とされたがなお異論があり、結局小渕恵三首相の判断で「厚生労働省」に落ち着いた。

（2）　厚生労働省の組織

　こうして、2001年1月から厚生労働省が発足した。その際、局の数の削減が求められ、結局労働行政関係では、労政局が廃止されて政策統括官（労働担当）となり、また女性局が旧厚生省の児童家庭局と統合されて雇用均等・児童家庭局となった。

　前者は集団的労使関係がもはや重要な政策課題ではなくなったという考え方が政府首脳にも持たれるに至ったことがもっとも大きな要因であろう。行政改革会議において、橋本龍太郎首相自身が労政局の存在意義に疑問を呈したとも伝えられている。戦後財界労務部として活躍してきた日経連が2002年5月に経団連と合併して日本経団連になったことにも、同じ力学が働いて

いるであろう。

　後者は、皮肉を言えば婦人少年局という形の女子供扱いからようやく独立した女性局が再び児童家庭を背負わされたと言えないこともないが、局名が女性という施策対象から雇用均等という政策目標に進み、労働省設立直前の労働基準局婦人児童課のしっぽを最終的に断ち切ったと見ることもできる。これは労働条件法政策の一分野から労働人権法政策という新分野の確立を告げるものと言えるかも知れない。なお、労政局勤労者福祉部は労働基準局勤労者生活部に横滑りし、労災補償部が復活し、賃金時間部は課に格下げされた。

　その後の変化としては、職業安定局に、2010年7月に派遣・有期労働対策部が、2014年7月に雇用開発部が設置されている。前者には需給調整事業に加えて外国人雇用対策や若年者雇用対策が含まれ、後者は高齢者・障害者対策に加えて地域雇用対策や建設・港湾対策も含まれている。

　2016年7月には政策統括官（労働担当）が廃止されて、旧労政局労働組合課は政策統括官（総合政策担当）の下に、旧労政局労政課（＋旧労働法規課）は労働基準局に移動して労働関係法課となり、労働契約法等と労働組合法等を両方担当することとなった。

　さらに2017年にも組織再編が行われ、2001年に厚労両省統合の象徴とされた雇用均等・児童家庭局が再び雇用環境・均等局と子ども家庭局に分割された。前者は旧女性局事項だけではなく、労働基準局や職業安定局も所管していた非正規労働者の処遇改善やワーク・ライフ・バランスも所管することとなった。これは、都道府県労働局レベルでは既に2016年度から雇用環境・均等部（室）が設置されていることに平仄を合わせたものである。なお局の数を維持するため、職業能力開発局が人材開発統括官となり、その下の課長も全て参事官となった。

第3章
労働政策決定プロセスと三者構成原則

1 日本における三者構成原則の展開

(1) ILOの三者構成原則

　そもそも政労使三者構成なる制度が世界に登場したのは、第1次大戦後にその処理を行うためにパリ郊外のヴェルサイユで開かれたパリ平和会議においてであった。この大戦において、日本は連合国の一員として参戦し、アメリカ、イギリス、フランス、イタリアと並ぶ五大強国の一つとして平和会議に参加した。日本の全権代表は西園寺公望侯爵、牧野伸顕男爵ら5人であった。平和会議には問題ごとに委員会が設置され、その一つとして国際労働立法委員会が設けられた。日本からは前農商務省商工局長で工場法制定時の担当局長であった岡実ら2人が委員として入り、当時ロンドンに出張していた工場監督官で後に内務省社会局監督課長を務める吉阪俊蔵が補佐についた。

　各国からはサミュエル・ゴンパーズAFL会長（米）やレオン・ジュオーCGT書記長（仏）のような労働界の大立者が参加していた。ゴンパーズが議長となり、イギリス提案の原案をもとに、労働条件の国際規制を促進するための常設機関を設置するための条約に向けて、審議が進められた。その中で特に議論となったのは国際労働総会に出席する代表の議席配分で、結局政府2名2票、労使各1名1票という案に落ち着いた。

　ところが、日本の方はそれ以前に、誰が労働者代表になるかという問題があった。岡代表は「労働組合も使用者団体もない国ではどう選定すればよいのか」と質問している。1900年に治安警察法を制定して労働組合活動を抑圧していた政府では、（内務省内部に改革への志向が生まれ始めてはいたが）なお国際機関に労働組合を公的な代表として送るなどという発想は欠如していた。1919年6月、ヴェルサイユ平和条約が調印され、これに基づき同年

10月、ワシントンで第1回ILO総会を開催することが決まった。

条約第389条は加盟国に、「使用者又は労働者をそれぞれ最もよく代表する産業上の団体がある場合は、それら団体と合意して選んだ民間の代表及び顧問を指名する」ことを求めている。ところが政府は、わが国には未だ代表的な労働団体が存在しないとの見地に立って、総員75名（うち労働組合5名、残りは工場等の代表）の労働者代表選定協議委員会を設け、第3候補であった鳥羽造船所技師長の桝本卯平を選定した。ところがこれに対して労働組合側の反発は猛烈で、またILO総会でもその資格が問題となり、政府代表がわが国産業の実情を説明して何とかくぐり抜けた。

第2回総会は海事総会で、逓信省が海員組合の代表を選定したので問題は起きなかった。第3回総会では政府が任命した松本圭一が自ら、条約第389条違反として自らの資格を否認されんことを求めるという異常な事態となったが、政府の弁明で何とか乗り切った。第4回、第5回総会でも同様の事態が続き、条約に従って選定すべしとの総会決議が繰り返された。当時農商務省の工場監督官として工場法の施行に当たっていた若き日の河合栄治郎は、この問題で上層部と対立し、「官を辞するに際して」を朝日新聞に発表して農商務省を辞職した。結局、農商務省は国際労働問題を嫌ってこの問題をほっぽり出したと解釈され、農商務省は労働問題に熱意がないという印象を与えた。当時の水野錬太郎内相は、労働問題のような大きな問題の所管が各省で分かれ、権限を奪い合ったり押しつけ合ったりしているのは遺憾なりとして、内務省に労働問題を統一的に所管する社会局を新設するという案を提出し、農商務省も労働問題を忌避した実績から反論できず、容易に閣議決定に至ったという。

新生内務省社会局は、労働組合のみを労働者代表の選定に参加させ（組合員1000人当たり1票）、日本労働総同盟会長鈴木文治を代表に選出した。これは、日本政府が少なくとも国際的には労働組合を含む三者構成原則を受け入れたことを意味する。ところが、日本にはまだ労働組合法がなく、三者構成原則の法的基盤が確立されていなかった。内務省社会局の課題は労働組合法の制定であったが、先進的な社会局案が政府部内で骨抜きとなり、議会までいっても若槻礼次郎内閣時には衆議院で、浜口雄幸内閣時には貴族院で審

議未了廃案となり、遂に制定に至らなかった。

もっとも、同時に提出された労働争議調停法は1925年に成立し、日本法として初めて労働争議を犯罪としてではなく、適法な行為として位置づけ、その解決のため三者構成（労使各3人、第三者委員3人の計9人で構成）の調停委員会を設けた。これは常設ではなく争議の都度設けられるもので、しかも非公益事業においては当事者双方の請求がなければ設置されない仕組みであったため、実際にはほとんど設置されず、現実に三者構成原則が労働関係を支配したとは言えない。

（2）　終戦直後の三者構成原則

日本の政策決定過程への三者構成原則の導入は、敗戦後占領下で急速に進んだ。その出発点は1945年10月の労務法制審議委員会の設置である。これは官庁側10名、学識経験者7名、事業主6名、労働者側5名、貴衆両院議員6名という変則的な形で三者構成とは言えないが、労働組合法起草のための整理委員会は学識4名、労使各2名、議員1名、官庁1名と三者構成に近い。同委員会の意見書に基づき同年12月日本で初めての労働組合法が制定された。

この労働組合法に、使用者代表、労働者代表及び第三者同数からなる労働委員会の設置が規定された。このときの労働委員会は、幹旋、調停、仲裁の他、労働事情の調査や「労働条件の改善に関し関係行政庁に建議する」ことまで含まれていた。1946年3月に任命された中央労働委員会の労働側委員には、西尾末広、松岡駒吉、荒畑寒村、徳田球一（共産党書記長）といったすごい顔ぶれがそろっていた[1]。

労務法制審議会（審議委員会から改称）はその後も労働関係調整法や労働

1）徳田球一を中労委委員に入れたのは当時厚生省労政課長であった中西実である。曰く
「あとで幣原首相が共産党を公的機関に入れるのはまだ早すぎるとおこったという話を聞いたことがあるが、当時の燎原の火のように激しい争議が全国に広がっている情勢を考えると、共産党から一人入れておかなくてはならんと考えたのだ。誰にも相談しなかったが、あの頃は本省の課長というのは偉かったものだ。」（木田進『OBが語り継ぐ戦後労働行政史』（1983年））。

基準法の制定に当たった。1947年に制定された労働基準法は、その明文の規定で政策決定過程における三者構成原則をうたった。すなわち、中央、地方に、労働者、使用者及び公益を代表する同数の委員からなる労働基準委員会を置き、諮問に応ずるほか労働条件の基準に関して建議することができるとされた。

これに対して、この段階では雇用行政では三者構成原則がとられていなかった。1945年12月失業対策委員会が設置されたが、これは学識経験者と役人からなるもので、労使代表という位置づけの委員はいない。同委員会は1949年に失業対策審議会となったが、公労使三者構成という位置づけはされなかった。実際、1950年代を通じてこの審議会の答申や意見は学術論文並みの量と質を有している。これは1957年雇用審議会に受け継がれた。このころは事実上公労使同数の三者構成となっていた。

1947年の職業安定法も失業保険法も事実上役所だけで立案され、制定されている。しかしながら、職業安定法上には労働基準法に倣って、中央、地方に、労働者、雇用主及び公益を代表する同数の委員からなる職業安定委員会を設置するという規定が設けられた。しかも、委員のうち1名は女子でなければならないという規定まであった。これはILOの失業に関する条約（第2号）に公共職業安定組織の経営に労使委員を参加させるべきとの条項に基づくものであるが、これにより労働行政の全分野において公労使同数という厳格な三者構成に基づく政策決定過程枠組みが形成された（これらはのちに労働基準審議会、職業安定審議会と改称）。

（3）　日本的三者構成システムの展開

独立を達成した1950年代から1990年代に規制緩和の波が再び押し寄せるようになるまで、労働政策の決定過程は基本的に公労使三者構成原則に基づいて遂行された。その中で新たな行政分野の登場に伴って、様々な三者構成審議会が設置されていった。

1950年代から60年代は最低賃金問題が重要課題であった。政府は1950年に公労使同数の中央賃金審議会を設置し、最賃法を制定せよとの答申を得ながら、関係省庁の反対で実現しなかった。1959年にようやく制定された最

低賃金法は業者間協定による最低賃金という正当性に疑問の残るものであった。審議会方式による最賃決定を規定した最低賃金法は1968年に制定に至った。このとき、中央最低賃金審議会においては、全国一律を主張する総評がボイコット戦術をとったが、一歩前進を目指す同盟は審議に参加した。労々対立が激しかった時代であるが、三者構成は維持されたのである。これにより、毎年中央、地方の最低賃金審議会でいわば代理人による労使交渉が行われる仕組みができた。1957年には労働省が閣議決定で臨時職業訓練制度審議会を設置し、その答申を受けて1958年に職業訓練法が制定され、それに基づいて中央、地方に職業訓練審議会が設置された。

　厳密な三者構成でない行政分野もある。1952年にはやや変則で公労使プラス政の四者構成で身体障害者雇用促進中央協議会が設置され、その意見をふまえて身体障害者雇用促進法が1960年に制定され、それに基づいて身体障害者雇用審議会が設置された。この審議会は公労使の他に身体障害者の代表を明記しているところがひと味違う。1959年には臨時家内労働調査会が設置され、1966年には家内労働審議会となり、その答申に基づいて1970年家内労働法が制定され、それに基づいて中央、地方に家内労働者、委託者及び公益の三者構成の家内労働審議会が設置されて、最低工賃の審議に当たることとなった。

　1970年代以降は、政策決定過程に学識経験者のみによる、言い換えれば労使代表を除いた形の研究会という段階を置くやり方が一般化した時代である。正確に言えば、三者構成の審議会における労使がぶつかり合う議論の前段階として、労働法や労働経済などの専門家を集めて〇〇研究会というものを設け、そこで労使の議論のたたき台になるべき素案を作ってしまうやり方である。労働省における研究会としては、実は1959年に設置され、60年代、70年代に膨大な報告書を出した労使関係研究会が嚆矢であるが、この時期には法改正に向けた政策文書という性格は有さなかった。

　1969年に設置された労働基準法研究会が、この後の労働行政のかなりの部分の工程表を作り出していくことになる。まず1971年に第3小委員会から安全衛生に関する報告書が出され、その後中央労働基準審議会の審議を経て1972年に労働安全衛生法が制定された。1975年には国会の附帯決議に基

づき急遽検討した報告書に基づき、1976年に賃金支払確保法が制定された。

この時期最も議論を呼び、この研究会という段階を置くことの意味が明確に示されたのが、1978年に出された第2小委員会の女子関係の報告であった。これは、募集採用から解雇退職までの男女平等を確保する一方、合理的理由のない女子保護は廃止すべきと、当時の使用者側、労働側のレベルからすると遥かに高い水準の政策を目指していた。最初から審議会で議論したのでは、いつまでたってもたどり着くことはなかったであろう。実際、この後議論が三者構成の婦人少年問題審議会に移ってからは、最後の最後まで男女平等反対の使用者側と女子保護堅持の労働側の間で溝が埋まらなかった。それにしても、最終的に公労使三論併記などという形をとりながらも、1985年に男女雇用機会均等法への改正に至ったのは、労働基準研究会報告という形であるべき姿が明確に打ち出されていたからであろう。

1982年に第2世代の労働基準法研究会が開始された。この時期最も注目を集めたのは労働時間を検討する第2部会報告であった。まず1984年に、1週45時間、1日9時間という中間報告を出し、これが労働側から猛烈に批判されたのを受けて、1985年には1週45時間、1日8時間という最終報告を出した。これは理想を掲げたというよりも、実現可能性を考慮して45時間という数字になった面が強いように思われる。ところが、これが1986年に中央労働基準審議会における公労使の議論に移った頃から、労働時間短縮問題は前川レポートや新前川レポートなどに盛り込まれ、国政の最重要課題となった。この社会的な空気を背景にして、1987年の労働基準法改正では、本則週40時間を明記しつつ、附則で当面46時間とし、段階的に短縮するという仕組みで労使の合意が成り立った。これはその意味では審議会の役割が大きいといえる。

一方、職業安定行政でも研究会を使うやり方が始まった。1978年に設置された労働力需給システム研究会は、1980年に労働者派遣という新たな制度を立法化することを提言した。ところがこのあともうワンクッションとして設けた労働者派遣事業問題調査会は、一般労使の他に派遣事業者や労協実施組合なども含めた形で検討したが、合意形成が進まず、2年半の中断の後1984年強引に報告書をまとめた。このときにいわゆるポジティブリスト方式が導

入されている。その後三者構成の中央職業安定審議会に移り、最終的に労働側委員の意見を添付する形で建議をまとめた。これがこう落ち着いた背景としては、労働側でも総評に比べ同盟はあまり反対ではなく、特に中立の電機労連が情報処理業務への派遣導入に積極的であったことが挙げられよう。

高齢者雇用政策は審議会と研究会のアレンジメントがもう少し複雑である。これは審議会先行で、1979年に国会で定年延長の立法化問題が議論され、政府が審議会における検討を約束したことに始まる。この問題は雇用審議会に定年延長部会を設けて審議されたが、1981年、1982年と労使の合意形成に失敗した。そこで、いわば搦め手からこの問題を進めるため、1983年に60歳台前半層雇用対策研究会を設け、65歳までの継続雇用を求める報告書を出した。これが、再開された雇用審議会で、65歳までの多様な雇用就業の基盤としての60歳定年というロジックで、なんとか60歳定年の努力義務プラス行政措置の規定につながった。強行規定を求める労働側と義務化を拒む使用者側の間でぎりぎりの妥協が成り立ったのは、まさに三者構成審議会の労使交渉の場としての面がうまく働いたということもできる。

（4）　規制緩和の波と三者構成原則

1990年代にはいると、再び規制緩和の波が高まり始めた。労働省よりも上のレベルの政府機関が規制緩和路線を打ち出し、労働行政はそれの実行部隊という風に位置づけられてくると、労働省に設置された審議会でいかに三者構成が確保されていても、現実の政策決定過程における地位は確実に低下することになってしまう。審議会で議論を始める前に既に外堀は埋まっているという状態になってしまうからである。

もっとも、1990年代には規制緩和を推進する機関にもきちんと労働側代表が参加していた。そもそも規制緩和は行政改革という課題から派生してきた形であり、1995年に有料職業紹介事業や労働者派遣事業のネガティブリスト方式への移行やホワイトカラーへの裁量労働制導入を求める「規制緩和の推進に関する第1次意見」を出した行政改革委員会には、5人のうち1人労働側代表が参加していた。1998年に改組された規制改革委員会にもなお14人中1人と比率は低くなったが労働側の代表が参加していた。ところが、

46　第1部　労働法政策序説

2001年の総合規制改革会議以後は、労働側代表を排除し、代わりに派遣会社と就職情報会社の代表が2人参加した。

　この中で、完成に近づいていた日本型公労使三者構成システムは変容を遂げていくことになる。まず労働者派遣法については、規制緩和委員会の意見をもとに1996年に規制緩和推進計画が閣議決定され、ネガティブリストへの転換が政府方針となり、これをうけて労働省は研究会というクッションをおかずに1997年から中央職業安定審議会で検討を開始した。これは時間的余裕がなかったというのが大きいと思われる。審議会では意見の一致に至らず労使の意見が添付される形で建議がまとめられたが、労働側の不満は大きく、国会提出後も労働側から野党へのロビイングによりかなりの修正が行われて1999年に改正法が成立した。

　裁量労働制についてはむしろもっと早くから研究会を使った検討が行われていた。1992年の労働基準法研究会報告、1995年の裁量労働制に関する研究会報告と労働基準法研究会報告、と入念な下準備が行われたが、1996年からの中央労働基準審議会ではなかなか意見の集約ができず、事務局が試案を示し、最終的な建議に労使が意見を付記する形でまとめられた。労働側の納得のないまま法案が国会に提出され、やはり労働側の野党へのロビイングによりかなりの修正が行われ、1998年に改正法が成立した。この両例では、労働側が労働行政内部の三者構成機関の中での活動だけに頼るのではなく、国会で野党に修正させるというやり方を公然と採ったという点で、それまでのシステムを変容させるものであった。

（5）　労働政策審議会への統合

　さて、2001年の中央省庁再編で労働省が厚生省と統合して厚生労働省になったのに併せて、各種審議会も大幅に統合された。すなわち、最低賃金（正確には目安）を決定する中央最低賃金審議会を除き、政策決定に関わる全ての労働関係の審議会が労働政策審議会に統合され、それまでの審議会は分科会や部会とされた。本書の記述の理解の便のため、（その後に新設・改称された部会も含め）どの審議会がどの分科会や部会に移行したのかを示しておく。

労働条件分科会←中央労働基準審議会

　労災保険部会←労働者災害補償審議会

　最低賃金部会（2005年設置。最賃審とは別に最賃の制度設計を担当）

　有期雇用特別部会（2013年設置）

安全衛生分科会←中央労働基準審議会労働災害防止部会

　じん肺部会←じん肺審議会

勤労者生活分科会←勤労者財産形成審議会

　中小企業退職金共済部会←中小企業退職金共済審議会

職業安定分科会←中央職業安定審議会

　雇用対策基本問題部会←中央職業安定審議会雇用対策基本問題小委員会

　雇用保険部会←中央職業安定審議会雇用保険部会

　労働力需給制度部会←中央職業安定審議会民間労働力需給制度小委員会

　高年齢者有期雇用特別部会（2013年設置）

　地方連携部会（2017年設置）

障害者雇用分科会←障害者雇用審議会←身体障害者雇用審議会

雇用環境・均等分科会←雇用均等分科会←女性少年問題審議会←婦人少年
問題審議会

　家内労働部会←中央家内労働審議会

　同一労働同一賃金部会（2017年設置。3分科会に属する）

人材開発分科会←職業能力開発分科会←中央職業能力開発審議会

　監理団体審査部会（2017年設置）

（労使関係の分科会はなく、アドホックに部会を設置）

　労働委員会の審査迅速化等を図るための方策に関する部会（2004年設

48　第1部　労働法政策序説

置）

　電気事業及び石炭鉱業における争議行為の方法の規制に関する法律の在
り方に関する部会（2014年設置）

　労働政策基本部会（2017年設置。学識者のみ）

2　三者構成原則への批判と近年の動向

(1)　規制改革会議による批判

　2000年代に入ると、規制改革サイドから労働政策立法プロセスにおける
三者構成原則自体が批判を受けるようになった。

　この問題を政府の文書としてはじめに取り上げたのは、2007年5月に規制
改革会議の労働タスクフォース[2]が公表した「脱格差と活力をもたらす労働
市場へ－労働法制の抜本的見直しを」と題する意見書である。同文書は、内
容的にも解雇規制、派遣労働、最低賃金など労働法のほとんど全領域にわた
って徹底した規制緩和を唱道するものであったが、特に注目すべきは労働政
策の立案の在り方に対して、「現在の労働政策審議会は、政策決定の要の審
議会であるにもかかわらず意見分布の固定化という弊害を持っている。労使
代表は、決定権限を持たずに、その背後にある組織のメッセンジャーである
こともないわけではなく、その場合には、同審議会の機能は、団体交渉にも
及ばない。しかも、主として正社員を中心に組織化された労働組合の意見
が、必ずしも、フリーター、派遣労働者等非正規労働者の再チャレンジの観
点に立っている訳ではない。特定の利害関係は特定の行動をもたらすことに
照らすと、使用者側委員、労働側委員といった利害団体の代表が調整を行う
現行の政策決定の在り方を改め、利害当事者から広く、意見を聞きつつも、
フェアな政策決定機関にその政策決定を委ねるべきである」と、根本的に否
定的な見解を明らかにした。

　このような動きに対して、政策レベルではないが、研究者の側からの応答
として、2007年6月に開催された労働政策研究会議のパネルディスカッショ
ン「雇用システムの変化と労働法の再編」や、同年9月の日本学術会議主催

2）座長：福井秀夫。

の「より良き立法はいかにして可能か−立法の実践・制度・哲学を再考する」という公開シンポジウムがある。筆者はそのいずれにもパネラーとして参加した[3]。

　また、労働政策研究・研修機構はこの問題を調査研究し、報告書に取りまとめている[4]。

(2)　働き方政策決定プロセス有識者会議

　2015年になって、再び三者構成原則に対する批判が持ちあがってきた。規制改革推進会議が同年3月に公表した「多様な働き方を実現する規制改革に関する意見」は、「『働き方改革』は国民一人ひとりに関わる重要な課題であり、実現のための環境整備は、政府の役割である。一人ひとりの働き手が一段と貴重になる今後の日本を考えると、政府にとって優先度の高い課題でもある。しかし、現状では、様々な働き手の声や、働き方へのニーズが制度設計や政策決定の場に届いていない可能性が高い。多様な声をいかに受け止めるか、潜在的なニーズをどう拾っていくかという政策決定のプロセスにも目を向けることが必要である」と述べ、「多様な働き手のニーズに応える環境を整備するためには、従来の主要な関係者のみならず、様々な立場の声を吸収し、重要な改革課題を全てテーブルにのせ、雇用制度全体を俯瞰しつつ整合性ある改革に取り組むべきである」と、政策決定プロセスの在り方に踏み込んだ。

　これは同年6月の第3次答申に盛り込まれ、閣議決定された規制改革実施計画に「多様な働き手のニーズに応えていくため、従来の主要関係者のみならず、様々な立場の声を吸収し、それらを政策に反映させていくための検討を行う（平成27年度中に検討）」と明記された。

　さらに、自由民主党の多様な働き方を支援する勉強会[5]が2016年2月に「労働政策審議会に関する提言」を取りまとめ、分科会、部会の設置及び委

3）濱口桂一郎「労働立法プロセスと三者構成原則」（『日本労働研究雑誌』2008年特別号）、濱口桂一郎「労働立法と三者構成原則」（『ジュリスト』2008年12月15日号）。
4）『政労使三者構成の政策検討に係る制度・慣行に関する調査報告』（2010年）。
5）座長：川崎二郎。

50 第1部 労働法政策序説

員構成については定期的に厚生労働大臣がその適切性を評価して、諮問の期待に応え得るよう適切に改めるべきとか、労使代表委員については、現行の労働構造・産業構造と比して著しくバランスを欠くことがないよう見直し、サービス業や非正規雇用者を多く雇用する業界の代表、昨今の労働問題に関与の深い業種などを考慮し、我が国の労使の代表たるに相応しい委員を選任すべきと提言している。

これらを受けて、厚生労働省は2016年7月、働き方に関する政策決定プロセス有識者会議[6]を設置した。同会議は同年12月に報告書を取りまとめたが、その中で「現在行われている労働政策についての議論が分科会及び部会単位で行われており、分科会及び部会を横断するような課題については議論されにくい環境にある」、「研究会等や労働政策審議会での議論は法改正の具体的な内容が中心となり、中長期的な課題についての議論が不足している」、「さらに、働き方の多様化により増えてきている個人請負事業主など旧来の労使の枠にはまりにくい課題も生じてきている」等の指摘がされた。

(3) 労政審労働政策基本部会

この報告を受けて、厚生労働省は2017年7月、労働政策審議会に労働政策基本部会[7]を設置した。これは三者構成原則には従わず、学識者15名で構成される。

この部会では、「各分科会及び部会を横断する中長期的課題、就業構造に関する課題、旧来の労使の枠組に当てはまらないような課題について審議を行う」とされている。具体例として、技術革新（AI等）の動向と労働への影響等、生産性向上、円滑な労働移動、職業能力開発、時間・空間・企業に縛られない働き方等が挙げられ、2018年9月報告書「進化する時代の中で、進化する働き方のために」を取りまとめた。

---

6) 学識者13名、座長：小峰隆夫。
7) 学識者15名、部会長：守島基博。

第2部　労働市場法政策

第1章
労働力需給調整システム

第1節　労働力需給調整システムの展開[1]

　民間職業紹介や労働者派遣といった労働市場サービスは、先進産業社会に
おけるその位置づけが、かつて放任から規制・禁止へと一旦大きく転換しな
がら、近年再び緩和・自由化へと大きく方向転換された分野である。

　終戦直後に制定された職業安定法は、国による無料職業紹介を原則とし、
民間の有料職業紹介や労働者供給事業を原則として禁止した。この法政策が
転換し始めたのが1985年の労働者派遣法の制定であり、原則禁止だが一部
業務許可のポジティブリスト方式で労働者派遣事業が公認されたのである。
そして、1999年の法改正で有料職業紹介事業と労働者派遣事業のいずれに
ついても、原則自由のネガティブリスト方式に転換し、労働市場サービス自
由化時代に入った。

　これは日本だけでなく、ドイツをはじめとするヨーロッパ大陸諸国のたど
った道であり、ILO条約という形で国際基準としても明確にその転換を位置
づけることができる。そこで、まずこういった労働市場サービスの社会的位
置づけの変遷をやや詳しくたどることにより、この問題の歴史的パースペク
ティブを捉えたい。

1）中島寧綱『職業安定行政史』雇用問題研究会（1988年）、加藤武徳『わが国雇用法制
　の考察』労働法令協会（1964年）、濱口桂一郎「労務サービスの法政策」（『季刊労働法』
　216号）。

1　民間職業紹介事業の規制と公共職業紹介の発展[2]

（1）　職業紹介事業の発生

　日本で職業紹介が事業として始められたのは江戸時代に入ってからであり、その始祖は大和慶安だと伝えられている。4代将軍家綱の頃、江戸の木挽町で医師をしていた慶安は、医業をやめ、二人の浪人を使って職業紹介事業を始めたといわれる。大都会になった江戸には、武家屋敷や町方などで労働力需要が生まれる一方、農村で食えない次男三男や娘たち、主家がつぶれて失業した浪人など求職者が集まり、職業紹介事業は時流に乗ってヒットし、これを真似る業者が続出した。これら職業紹介事業は肝煎、口入屋、桂庵等と呼ばれたが、公的には人宿又は請宿と称した。人宿の主な収入は、口入料、口銭、世話料といった紹介手数料（賃金の10-15％）と、奉公人の父兄が雇主に提出する奉公人請状に連帯保証人として印判を押す判賃（通常1分（1両の4分の1））である。

　西欧では、既に11世紀に職業紹介事業が発生しているが、その対象は僕婢や下級商業使用人であり、17世紀には規制が行われるようになった。

（2）　営利職業紹介事業の取締り

　明治以後においてもこれら民間の職業紹介事業は存続し、依然として徒弟、女中、下男、小僧等の奉公人制度の残存している方面への口入れを主とし、このほか人夫供給を業とした人入れ稼業や、芸娼妓、酌婦のような人身売買の仲介をしていた。近代日本の労働市場法政策はまずこれら営利職業紹介に伴う弊害を防止するための取締りから始まった。

　1872年、東京府は雇人請宿規則を制定し、これをモデルに他の府県も次第に取締規則を制定するようになった。これは、請宿業者は保証人を付して願い出、免許鑑札を受けるものでなければ営業を禁じ、手数料を給金の5％に制限し、被紹介者に対する一般的責任を負わしめ、被紹介者が雇傭期間中に解雇された場合は請宿業者にその前借金等を弁償させるというものであっ

2）豊原又男『勞働紹介』丁未出出版社（1920年）、豊原又男編著『職業紹介事業の變遷』職業協會（1943年）、川野温興編『國營前の職業紹介事業』豊原又男氏古稀祝賀會（1941年）。

た。翌1873年、業者に組合を組織させ、取締及び年行事を置き、自治的取締りを行わせた。1877年に同規則が改正され、請宿世話料は給金の10％とし、雇主及び雇人から5％ずつ徴収することを認めた。また、請宿主に雇人の身元を調査する職務を負わせた。

その後、1891年には雇人請宿規則は雇人口入営業取締規則と改称された。また、1905年には芸娼妓口入営業取締規則により芸娼妓の営利紹介事業が公認された。ただし、他の口入業との兼業は禁止された。

一方、明治に入って新しく生まれたのが労働者募集人である。繊維工場の女工や炭鉱の坑夫などに労働者を勧誘し、必要な人員を確保して報酬を受ける者であるが、貧困や無知につけ込んで手段を選ばぬ活動が広がり、誘拐同様の手段を用いて前借金により人身売買と異ならないような結果に陥れたり、賃金や前借金をピンハネして中間搾取を行うなど、その弊害が著しくなった。そこで、1881年の山口県職工募集取締規則を始めとして、工場所在地以外での募集を警察への届出とし、募集人の守るべき義務を定める取締りが行われた。

(3) 無料職業紹介事業の始まり

西欧では産業革命後、労働組合や使用者団体の設立する職業紹介制度が試みられたが必ずしも成功せず、やがて公益団体や慈善団体による紹介所が設けられ、これに対して公的団体の補助が行われるようになり、これが公設紹介所に発展していくという経過をたどった。フランスでは1887年パリ市立職業紹介所が設置され、1904年法で1万人以上の都市に職業紹介所設置を義務づける一方、有料職業紹介所は賠償金を与えて廃止することができるものとした。イギリスでは1902年にロンドン各区に職業紹介所が設置され、1905年法でやはり1万人以上の都市に職業紹介を義務づけ、1909年職業紹介法ではこれを国営化した。ドイツでは1883年ベルリンで慈善団体が設立した職業紹介所に市が補助を行い、1893年シュツットガルト市、1895年ミュンヘン市が公設紹介所を設立するなど、公益団体や地方公共団体に政府が補助金を出して奨励するという形で発展していった。

日本で手数料を取らずに、無料で職業紹介を行おうとする動きが始まった

のは20世紀に入ってからで、1901年、東京本所若宮町の私立第一無料宿泊所がここに泊まっている貧困者を対象に無料の職業斡旋を行ったのが始まりである。1906年には東京芝愛宕町の救世軍本部に常設の無料職業紹介所が設置された。その背景は東北地方の飢饉で、困窮した家庭では人買いに子女を売ることも見られたため、彼女らに女中の求人を斡旋しようとしたのが設立の由来だといわれる。その後、1907年に大阪婦人ホーム、1909年に東京基督教青年会、1910年に大阪基督教青年会と相次いで宗教団体や慈善団体により無料職業紹介事業が進められた。

このような民間団体の献身的な奉仕活動は意義深いものではあったが、人員設備等限界があり、大きな成果は期待できなかった。そこで、1909年、内務省は6大都市（東京、横浜、名古屋、京都、大阪、神戸）が無料職業紹介事業を設置するならば国庫補助を行う旨通達した。これを受けて1911年1月、東京市が芝と浅草に職業紹介所を設置した。これが日本における公共職業紹介所の始まりである。この動きはその後、他の都市にも広がっていった。もっとも、芝と浅草の東京市立職業紹介所は宿泊所を兼ね、浅草には授産場が併設されるなど、社会事業的色彩が濃厚であった。

（4）　職業紹介法の制定[3]

日本で失業が顕在化し、社会問題となったのは、第一次世界大戦による好況後の不況により軍需工業をはじめとする各産業で大量解雇が行われてからであり、1918年8月には全国的に米騒動が発生するなど社会不安が広がった。これに対応するため、同年12月、床次竹二郎内相は救済事業調査会に諮問を行い、同調査会は1919年3月「失業保護ニ関スル施設要綱」を答申した。これを受けて1920年4月、職業紹介所の設置、土木工事の施工、帰農奨励などが内務次官通牒として発せられた。これにより、各都市に職業紹介所が順次設置されていった。そしてその中央機関として、設立されたばかりの協調会が活用された。

なおこの間行政組織も急速に拡大し、1917年8月内務省地方局に設置され

3）中央職業紹介事務局『職業紹介法施行拾年』（1933年）。

た救護課が、1919年2月に社会課と改称されたのもつかの間、翌1920年8月には社会局（内局）に昇格し、1922年10月には旧農商務省の労働関係事務を併せて外局としての社会局が設置されている。

この頃、公的職業紹介事業に尽力した先覚者として「東の豊原、西の八浜」という言葉が有名である。豊原又男は秀英社勤務の後、東京府中央工業労働紹介所の所長として活躍し、ILO総会にも使用者側顧問として出席している。八浜徳三郎は牧師の後、細民救済の観点から大阪の職業紹介事業に尽力した。

一方、第一次世界大戦終了後ILOが発足し、1919年の第1回会議において失業に関する条約（第2号）と同勧告（第1号）が採択された。第2号条約は加盟国に公の無料の職業紹介所の制度を設けるべきことを求め、第1号勧告は有料・営利の職業紹介所の設立禁止を勧告している。これは日本の労働市場法政策に大きな影響を与えた。

1921年1月、内相は社会事業調査会に職業紹介法案要綱を諮問、その答申を受け、政府は職業紹介法案を帝国議会に提出し、同年4月に成立した。そして、1922年10月には上記ILO第2号条約を批准した。この法律により、職業紹介事業は国の事務と位置づけられた上で、市町村が職業紹介所を設置することとなった。職業紹介は無料とし、その連絡統一を図るために中央及び地方に職業紹介事務局を置くとともに、経費の2分の1以内を国が補助することとされた。中央職業紹介事務局として当初財団法人協調会が指定されたが、後に内務省に設置された。

（5）　職業紹介法による営利職業紹介事業の規制

職業紹介法第14条は、有料又は営利を目的とする職業紹介事業については別に命令で定めるとしていたが、日本の現状から直ちに全面禁止を行うことは困難であるため、1925年12月、内務省令により営利職業紹介事業取締規則を制定した。これにより、それまで取締りが府県令に委ねられ、規制が区々であったものが全国的に統一された。同規則により、営利職業紹介事業は地方長官の許可制とされ、貸金業等の兼業の禁止、職業紹介所の名称使用の禁止など厳重な取締りを行った。このため、紹介業者は激減した。

58　第2部　労働市場法政策

　こうして有料職業紹介事業の取締りが府県から国レベルに移行するのに併せて、労働者募集についても1924年12月、内務省令により労働者募集取締令を制定し、取締りを強化した[4]。同令は募集従事者を地方長官の許可制とし、募集に関し事実を隠蔽し誇大虚偽の言辞を弄しその他不正の手段を用いること、応募を強要すること、応募する女子に風俗を紊す虞ある行為をすること、応募者に遊興を勧誘すること、応募者の外出、通信、面接を妨げその他応募者の自由を拘束し、過酷な取扱いをすること、応募者の所持品の保管を求め、その返還を拒むこと、応募者やその保護者から名義を問わず金銭財物を受けること等を禁止した。この規定を見ると、逆に募集人がどういうことをやっていたかがよくわかる。

2　国営職業紹介体制の確立

(1)　職業紹介所の国営化と勤労動員政策

　1938年4月の職業紹介法改正により、職業紹介所は国営化された。これは一つには失業問題の激化とともに第一線の職業紹介所から国営化を求める声が出されていたことにもよるが、最大の要因はむしろ満州事変や日中戦争が勃発し、軍需産業等への労務要員を充足する必要性が急速に高まったことにある。職業紹介所の位置づけは一変し、失業救済機関としてではなく、労務資源開拓機関として国営化されるに至ったのである。

　改正法は、まずその冒頭で「労務ノ適正ナル配置ヲ図ル為」に政府が職業紹介事業を管轄すると宣言している。提案理由説明では、「支那事変下ニ於ケル当面ノ問題トシテハ、一方ニ於テ軍需労務ノ充足ヲ敏速適確ナラシメルト共ニ、他方ニ於テハ事変ニ伴ツテ生ズル職業転換等ヲ円滑ナラシメ、克ク長期対戦ニ堪エ得ル措置ガ必要」等と述べており、国家主義的発想が前面に出ている。

　国営化された職業紹介所は、同年4月の国家総動員法制定により、職業紹介よりも労務統制、労務動員が主たる業務となっていった。

　労務統制は、まず技術者、熟練工の不足に対して、学校卒業者使用制限令

---

4)　木村清司『労働者募集取締令釋義』清水書店（1926年）。

による技術者の適正配置のための割当制に始まり、1940年一般労働者が不
足するに至ると、青少年雇入制限令、従業者移動防止令が制定された。一方
1939年国民職業能力申告令が出され、16-50歳の一定の国民にその職業能力
を申告させ、労務配置の基礎資料とした。続いて労務動員計画が樹立され、
このため国民徴用令が公布された。1941年には国民労務手帳法により、
14-60歳の労働者に国民労務手帳の所持を義務づけた。

　太平洋戦争が始まると、1941年の労務調整令により労働者の解雇、退職、
雇入れ、就職の制限を強化した。1944年には女子挺身勤労令、学徒勤労令
により女子や学徒の労務動員を行い、これらをまとめて1945年には国民勤
労動員令が制定された。

　この間、職業紹介所の名称も、1941年には国民職業指導所に、1944年に
は国民勤労動員署に改められ、1942年にはその所管が厚生省から内務省（警
察行政）に移管された。国民勤労動員署は、軍隊からの召集令状に次いで怖
がられた徴用令書を発行するところとして大変恐れられたといわれる。

　終戦とともに勤労動員は廃止され、1945年10月、国民勤労動員署は勤労
署と改名した。そして、1947年4月、併せ行っていた労政事務を労政事務所
に分離することとなった機会に、勤労署を公共職業安定所とし、労働力の需
給調整業務に専念することになった。

（2）　職業安定法の制定[5]

　当初職業紹介法の改正を意図していた政府当局は、憲法の改正に伴う新事
態に対応するため、新たな構想の下に法律案の準備を進め、1947年8月職業
安定法案を第1回国会に提出し、これは同年11月に職業安定法として成立し
た。

　同法は、国営職業紹介体制の確立という観点からは、1938年改正職業紹
介法の延長線上にある。ただし、その目的はもはや労務統制、労務動員では
なく、新憲法の精神に則り国民に奉仕することに置かれた。ある意味では、

5）工藤誠爾『職業安定法の解説』泰流社（1948年）、亀井光『職業安定法の詳解』野田
　経済研究所（1948年）。

1938年改正の前に第一線の職業紹介所から挙がっていた国営化の声に対応するような体制がようやく成立したとも言える。ただ、行政体制としては、労働大臣→労働省職業安定局長→国の機関としての都道府県知事→公共職業安定所長という形をとり、しかも都道府県の職業安定課職員は国家公務員たる地方事務官というかなり変則的な形となった。

3 民間労働力需給調整システムの原則禁止

(1) 1938年改正職業紹介法

1938年4月の改正職業紹介法は、「何人ト雖モ職業紹介事業ヲ行フコトヲ得ズ」（第2条）と民営職業紹介事業を原則禁止したが、附則第21条で「本法施行ノ際現ニ行政官庁ノ許可ヲ受ケ有料又ハ営利ヲ目的トスル職業紹介事業ヲ行フ者ハ命令ノ定ムル所ニ依リ引続キ其ノ事業ヲ行フコトヲ得」とされ、この場合の取締規則として営利職業紹介事業規則が制定された。経過措置なので新規の許可はない。1925年規則に比べ、禁止事項が多くなっている。なお、旧法第5条による無料職業紹介所も経過措置として認められた。

一方この改正法は「労務供給事業ヲ行ハントスル者又ハ労務者ヲ雇傭スル為労務者ノ募集ヲ行ハントスル者ニシテ命令ノ定ムルモノハ地方長官ノ許可ヲ受クベシ」（第8条）と、初めて労務供給事業を規制対象とし、これに基づき労務供給事業規則が制定された。1938年の省令では常時30人以上供給する事業が対象であったが、1940年改正で常時10人以上供給する事業となり、1941年改正で全ての労務供給業者に適用されるに至った。これが戦後労働者供給事業の全面禁止につながり、やがて労働者派遣事業としての法認につながっていく。同規則公布後の1939年10月の供給業者数は2461、所属労務者数は約12万人で、主な職種は人夫、雑役、仲仕、派出婦等であった。

同じ第8条は募集従事者ではなく募集そのものを許可制にし、これに基づき労務者募集規則が制定された。ただしこの時は単に広告により募集し就業場においてのみ募集の取扱いをなすとき等は許可を要しないとしたため、求人広告が濫用されたので、1940年改正で全ての募集に適用されることとされた。

（2）　職業安定法による民間職業紹介事業の原則禁止

　1947年11月の職業安定法は、民間職業紹介事業については、有料職業紹介事業を原則禁止とする考え方がさらに徹底され、「何人も、有料で又は営利を目的として職業紹介事業を行つてはならない。但し、美術、音楽、演芸その他特別の技術を必要とする者の職業に従事する者の職業をあつ旋することを目的とする職業紹介事業について、労働大臣の許可を得て行う場合は、この限りでない」（第32条第1項）と、職種をごく限られたものに限定した。1938年改正職業紹介法が民間職業紹介事業の原則禁止を規定したときには、附則で法施行の際現に許可を受けて事業を行っている者は当分の間行えるとしたため実態は余り変わらなかったが、今回は当初指定された11職種以外は現実に禁止されたのである。

　なお1949年5月の改正により、有料職業紹介を実費職業紹介と営利職業紹介に区分した。実費とは、施設を提供し、又は奉仕を行ったことによって直接消費された費用をいい、通信費や消耗品代は含まれるが、当該業務に従事した職員の給料、当該事業の運営資金、設備費等は含まれない。これに対し営利とは、必ずしも継続反復して利益の獲得を図らなくとも、また現実に利益を獲得しなくても、財産上の利益の獲得を目的としさえすれば、営利の目的になる。事業者が当該事業の採算がとれる額を徴収すれば営利に該当する。ただし、原則禁止でごく少数の職種のみ認めるという枠組みに違いはない。手数料の額が異なるほかは、営利の場合は補償金に充てるための保証金を供託しなければならないことくらいである。また、無料職業紹介事業は原則禁止ではないが、全て許可制とされた。

（3）　職業安定法による労働者供給事業の全面禁止

　さらに、1938年改正職業紹介法で許可制が導入された労務者の募集と労務供給事業については、労働者の募集と労働者供給事業と呼び替えられ、特に後者については極めて厳格な禁止規定が導入された。ある意味では戦後職業安定法の最大の特徴は労働者供給事業のほぼ全面的な禁止にあると言うこともできる。この禁止については、法律で「何人も、第四十五条に規定する場合（＝労働組合が許可を受けた場合）を除くの外、労働者供給事業を行つ

てはならない」（第44条）と規定しただけでは足らず、たとえ契約が請負の形式であっても労働力を主体とする作業は労働者供給事業として禁止せよとGHQの厳命が出た。これにより、GHQ指示メモの通りに1948年2月職業安定法施行規則が改正され（第4条）、たとえ契約が請負契約であっても、①作業の完成について事業主としての財政上並びに法律上の全ての責任を負うものであること、②作業に従事する労働者を指揮監督するものであること、③作業に従事する労働者に対し、使用者として法律に規定された全ての義務を負うものであること、④自ら提供する機械、設備、器材（業務上必要な簡単な工具を除く）若しくはその作業に必要な材料、資材を使用し又は専門的な企画、技術を必要とする作業を行うものであって、単に肉体的な労働力を提供するものでないこと、という4要件を全て満たさない限り、労働者供給事業と見なして禁止するというところまで行きついた（請負4要件）。また同年6月、GHQの指示により職業安定法が改正され、労働者を供給することだけでなく、労働者の供給を受けることも禁止された[6]。

　当時労働省で実務に当たった中島寧綱は、「GHQの労働者供給事業絶滅への取組みはすさまじいものがあった。疑義解釈や産業別認定基準などの通達は、すべて事前承認が必要とされた。GHQの担当官コレット氏や都道府県の地方軍政部の係官は、自ら現場の認定に立ち会うこともあった。労働力主体の作業を行う建設、港湾運送、陸上運送などの業界では、『コレット旋風』といって恐れたものである」と回想している[7]。

　当時の疑義解釈[8]によると、「自ら提供し使用する」とは「自己の所有物、

6）GHQの担当官コレットが職業安定法施行に際して述べた談話は、彼の十字軍的な使命感をよく顕している。曰く：「この度新しく実施される職業安定法は今迄日本にあった人夫供給業とか親分子分による口入稼業というものを根本から廃止してこの封建制度が生んだ最も非民主的な制度を改正し労働者を鉄か石炭のように勝手に売買取引することを日本からなくして労働者各人が立派な一人前の人間として働けるように計画されたものである。…この職業安定法を正しく行ってゆき封建制度の最悪の人夫供給業を廃止するならば数世紀にわたって東洋諸国を禍していた最も非民主的な社会制度を日本から追放する第一歩を踏み出すことになるであろう。」

7）中島寧綱『職業安定行政史』雇用問題研究会（1988年）。

8）労働省職業安定局雇用安定課編『労働者供給事業認定基準並に疑義解釈集』労働法令協会（1951年）。

又は注文者以外の第三者の所有物を自己の責任において設備しその作業に従事すること」を意味し、「作業の主要遂行力となる者の大部分を自ら提供すること」であり、「業務上必要な簡単な工具」とは「のみ・かんな・ショベルの如きもの」であった。また、「専門的な企画、技術」とは「その請負作業遂行に必要な専門的な企画又は技術をいい、労働者個々の技術をいうのではない」のであって、「その工事の監督を、企画又は技術の専門家が直接担当しなければ遂行できないような作業を云う」とされていた。従って、大学や専門学校卒業者やこれと同等の技術力を有すると認められる者が対象で、単に長年の経験でよいというものではなかった。

この省令改正に併せて発出された通達は、①労働者は原則として従来の供給先において常用又は臨時の直用労働者とする、②従来の供給先に直用化できないときは、その労働者を公共職業安定所に登録して、積極的に適職の斡旋を行い、就職を確保する、③従来の労働者供給業者が、供給事業以外の事業を持っていてそれに専従する場合、労働者をその専属労働者にする、等の対策を示している（昭和23年職発第81号）。これにより、それまでの供給労働者の多くは臨時工という形で供給先企業に直用された。

GHQの勢いはさらに進み、1950年10月には同規則に、4要件全てに該当する場合であっても、それが故意に偽装されたものであって、事業の真の目的が労働者供給にあるときは禁止を免れないという規定まで付け加えられた（第4条第2項）。中島は、本来労働者供給事業を対象とする職業安定法施行規則で規制法のない請負を規制するというのは法制的に無理があるのに、占領軍の命令なので無理やりやらされた、と述懐している。

（4）　職業安定法とILO条約

このように、1947年職業安定法は、GHQの強い指導のもとに有料職業紹介事業や特に労働者供給事業をほぼ全面的に禁止するという極めて社会民主主義的な色彩の強い法政策であった。この背景にはGHQの強い指導とともに、1933年に採択されたILOの有料職業紹介所に関する条約（第34号）及び有料職業紹介所に関する勧告（第42号）がある。同条約は、条約の効力発効後3年以内に有料職業紹介所を廃止することを求め、例外として特別の

状態の下に行われる職業に従事する種類の労働者について関係労使団体への諮問の上で許可されることを認めている。同条約は余りにも厳格な内容のため批准する国が少なく、日本も批准していなかったが、法政策としては大きな影響を与えていると言ってよい。

　法制定直後の1949年、ILOは新たな有料職業紹介所に関する条約（第96号）を採択した。これは規制の厳格な第2部とより緩やかな第3部からなり、加盟国はいずれかを選択できるという仕組みになっていた。第2部は営利職業紹介所の廃止を定め、ただし公共職業安定組織が確立するまで暫定的に存続させるが厳しい規制のもとに置くというものであり、第3部は廃止方針は含まず、厳しい規制のもとに置くというものである。日本は1956年にこれを批准したが、その際第3部を選択批准している。

　しかしながら、これは現実に存在する有料職業紹介事業を廃止できないという配慮からであって、法政策思想としてはほとんど完全に第2部の考え方に立っていた。実際、後の1960年に出された労働省のコンメンタールにおいても、「しかしながらこの法律の原則とするところは有料の職業紹介を禁止するところにある。労働大臣の許可を得て行うことができる有料の職業紹介事業は例外的に認められるものであって、むしろ公共職業安定所の整備、拡充を行うことにより有料の職業紹介事業は漸進的に廃止してゆくことこそ望ましいのである」と明確に述べている[9]。もっとも、この一節は1970年の改訂版では削除されている。

4　民間労働力需給調整システムの規制緩和の始まり

（1）　請負4要件の緩和

　占領下に禁止政策の極限にまで行き着いた法政策は、占領の終了後、緩和の方向に動き出す。まず真っ先に行われたのは、職業安定法施行規則第4条の請負4要件の緩和であった。法形式的には、1952年2月に規則第4条を改正して「専門的な企画、技術」を「企画若しくは専門的な技術若しくは専門

9）労働省職業安定局編著『職業安定法・職業訓練法・緊急失業対策法』労務行政研究所（1960年）。

的な経験」に改めたというだけであるが、その解釈を大幅に改め、かつこれ
に併せてそれまでの産業別認定基準を全て廃止し、新たな基準は作成しない
こととしたのである。その趣旨について、解釈通達は「…而して民間業界
は右の趣旨を体し、遂次これが悪弊の排除に協力した結果、今日に於ては既
に十分法の精神を理解し、規制の効果は相当に挙がったものと認められる。
然るところ今日における規制の運用の状況を見るに企業運営の実態に適合せ
ざる点もあり、特にわが国経済の資本主義的後進性と産業将来の伸張を考慮
するとき、本規制の運用を企業運営の実情に適合するよう、合理的な調整を
図る必要が認められるに至った」(昭和27年発職第27号)と述べている。

　また、これに関する疑義照会への回答(昭和27年職発第502号)におい
て、「自ら提供使用する」について、注文主から借り入れたものであっても
よいとし、また提供の程度についても量的な制限を設けず、「簡単な工具」
も業界の一般通念を尊重して実情に即した判断をすべきとした。改正された
規則の文言については、「専門的」のとれた「企画」は「請負作業の遂行に
必要な計画又は段取りを行うこと」とされた。また新たに付け加えられた
「専門的な経験」は「作業施行技術上の経験」とされた。どんな仕事をする
にも段取りは必要であるし、また「10年大工の仕事をしていればたいてい
の大工作業などはできる」とすれば、「もう労供の請負規制はなくなったん
だ、実際には撤退したんだと思っておりました」(中島)というのも頷ける。

　上記通達は「最近往々にして一旦直用制を実施した事業所が、その直用労
働者を解雇し、その作業を請負で業者に発注する傾向が見受けられるが、こ
れはその請負作業が合法的に認められる以上、職業安定機関として何ら干渉
すべき筋合いではない」と述べているが、実際この時期には再び外注化が急
ピッチで進み、彼ら構内下請業者の労働者は社外工と称されるようになっ
た。その実態は産業によって差があり、鉄鋼・化学など装置産業では直接部
門は殆ど本工が占め、間接・雑役・修理部門を社外工が占めるのに対して、
造船業では本工より低い職務を担当する貸工と、社外下請親方が企業として
の実態を備えた請負工に分かれるとされている。いずれにせよ、こうしてこ
の時期に製造業においては社外工制度が確立していくことになる。

　請負と労働者供給事業の問題が再燃するのは、事務処理請負業という形で

現在の労働者派遣事業が登場するようになってからである。なお、建設や港湾運送については後に個別法による対応が試みられることになる。

（2）　有料職業紹介事業の対象職種の段階的拡大

　有料職業紹介事業が認められる対象職種は、当初1947年12月の職業安定法施行規則では、美術家、音楽家、演芸家、科学者、医師、歯科医師、獣医師、薬剤師、弁護士、弁理士、計理士（＝後の公認会計士）だけであった。これらはいかにもその技術に精通していなければ職業紹介を行うことが困難であり、公共職業安定所の手に負えそうもない。

　ところが、1948年2月の省令改正で、助産婦と看護婦が追加されている。これは戦前は労務供給事業として許可を受けて営業していたもので、労働者供給事業がほぼ全面禁止になり、しかも請負4要件を満たす形をとることは不可能であるため、病院等からの要望を受けて、有料職業紹介事業という形で許可することにしたものである（職発第1094号）。

　この後、1949年に保健婦、理容師、調理士、マネキン、美術モデル、1951年に家政婦、1952年に配膳人（ウェイター・ウェイトレス）と、対象職種が追加されていく。大部分は常時職業紹介所に登録しておいて、求人があればその都度臨時的に病院、家庭や事業所に紹介され、作業を行うという形のもので、実態は限りなく労働者供給事業に近いものであった。

　こういう形で有料職業紹介事業の規制緩和が進められたのがこの時期である。本来ならば、労働者供給事業の全面禁止政策を緩和し、これら特定の職種については堂々と有料の労働者供給事業を許可制で認めるという法政策をとることの方がふさわしかったと考えられるが、初期にはまだ占領下で労働者供給事業の規制緩和などタブーであったことが、後には既に看護婦等でこのスタイルが確立してしまっていたことが、この臨時派遣型職業紹介事業というやや奇形的な存在を作り出した原因と言えよう。これは実質的意味における労働者供給事業を有料職業紹介事業という形式にくるんだものであって、有料職業紹介事業そのものの規制緩和とは評価し難い。

（3） 職業紹介事業に関する改正

　職業紹介事業プロパーに関しては、1949年5月の法改正で若干の見直しが行われた。

　一つは無料職業紹介事業について、全て許可制となっていたものを、学校が学生、生徒及び卒業生について行う場合には届出制に改めたものである（第33条の2）。このとき併せて、公共職業安定所についても、学生、生徒及び学校卒業者の職業紹介については学校と協力せよとの規定が設けられた。これは学校の行う無料職業紹介も許可制になったことに対して東京大学から苦情が来たため、文部省とともにGHQと折衝して届出制にしたとのことである。なおその後も学校以外の公益団体については基本的に許可制が維持されている。

　もう一つは兼業禁止規定で、料理店業、飲食店業、旅館業、古物商、質屋業、貸金業、両替業等と職業紹介事業との兼業を禁止した（第33条の4）。これは1933年のILO第42号勧告に基づくものであるが、実はそれ以前の1925年の営利職業紹介事業取締規則において既に宿屋、料理店、飲食店、貸座敷、待合、芸妓屋、遊技場、芸妓娼妓酌婦等の周旋業、質屋、古物商、金銭貸付業等の営業及び従業を禁止しており、これが1938年の営利職業紹介事業規則にも受け継がれており、むしろこれの復活という面もある。これは2003年改正で削除されたが、この時国会審議では特に貸金業の兼業解禁についてかなり疑問が呈された。

　この後、1985年に労働者派遣法ができるまで、民間労働力需給調整システムに関する法制度はほとんど変化がなかった。つまり、有料職業紹介事業や労働者供給事業は原則禁止という仕組みが維持され続けたのである。もっとも、後の規制緩和から振り返ってみると、1964年に経営管理者を対象職種に追加するとともに、それまでの科学者を科学技術者に拡大したことが一つのエポックと考えられる。これによって、それまでの特殊な職業に限られた事業から、一般のホワイトカラー労働者の一部をも対象としうる事業になったからである。もっともその運用は極めて限定的なものにとどまっていた。当時の通達（昭和39年職発第1011号）は、経営管理者とは「一般的に課長以上の職にある者、例えば役員、部長、課長のほか、企画室長、統制室

長、社長付調査役、副部長等がこれに該当する」と、科学技術者とは「本社における技術スタッフ、現場における技術指導者、生産管理者、研究施設における研究員等がこれに該当し、現場における職長、組長、研究施設における研究補助員等は含まれない」と、極めて限定的に解釈していた。

5　民間労働力需給調整システムの規制緩和の加速

　日本の民間労働力需給調整システムの規制緩和を進める要因になったのは、人材派遣業といわれる業態の成長である。1966年に最初にマンパワー・ジャパン社が設立されてから、企業側のニーズとともに派遣される労働者のニーズにも応える事業として急速な発展を示し、法制面での対応が求められるようになったのである。マンパワー・ジャパン社はアメリカ企業の子会社であり、GHQの指示によって作られた労働者供給事業禁止法制をアメリカ由来の企業が揺るがすという皮肉な展開となった。

　政府部内では、1978年に行政管理庁が勧告を行い、その後労働省における長期間の検討の結果、1985年に労働者派遣法が制定され、一定の労働者供給事業が労働者派遣事業として法認されるに至った。もっとも、このときには対象業務を限定するポジティブリスト方式がとられ、なお原則禁止という建前のもとにあった。これが転換し、原則自由のネガティブリスト方式になったのが1999年改正である。

　一方、有料職業紹介事業の原則禁止を定めるILO条約の方も大きく揺らぎつつあった。有料職業紹介の原則禁止の法制を有するヨーロッパ大陸諸国において、各国に優越する権限を持つ欧州司法裁判所が、これら法制をEC条約に定めるサービス提供の自由違反で無効という判決を下し、各国は法改正を行うとともに批准したILO条約を破棄し始めた。ILOは有料職業紹介事業を正面から認める新たな条約の制定に追い込まれたのである。

　その結果1997年に採択されたのがILOの民間職業仲介事業所に関する条約（第181号）及び勧告（第188号）であり、これは職業紹介事業だけでなく労働者派遣事業やその他の労働市場サービス業も含め、原則として自由化するとともに、これまで重視されていなかった労働者保護を強調している。労働市場サービスについては、事業活動の禁止といった経済的規制から労働

者保護といった社会的規制に転換するというのが国際的方向性となったわけである。

　日本もこの条約を受け、1999年に職業安定法を改正し、有料職業紹介事業を原則自由化した。同年の労働者派遣法改正と併せて、日本も労働市場サービス自由化時代に入ったと言ってよい。

　その後もさらなる規制緩和が進んできたが、この流れについては節を改め、事業ごとに記述することとする。

第2節　労働者派遣事業の法政策[10]

1　労働者派遣事業の制限的法認[11]

(1)　業務処理請負事業としての登場

　前述のように、日本の民間労働力需給調整システムの規制緩和を進める要因になったのは、人材派遣業といわれる業態の成長である。日本では1966年、マンパワー・ジャパン社が業務処理の請負を行う企業として設立されたが、これに対し労働省は有料職業紹介事業及び労働者供給事業との関係で数度にわたり実態調査を行い、それに基づき同社を告発することについて法務省、警察庁等と協議を行ったが、労働者が同社の社員であると言っていることから職業紹介事業とは解しがたいこと、同社と労働者の間の支配従属関係についての実態把握が十分でない等の指摘を受け、さらに対応を検討していた。この間、同様の事業を行う企業が続々と参入し、事業分野として急速に成長していった。

　政府部内でこの問題を法政策課題として明示的に取り上げたのは、1978年7月に当時の行政管理庁が労働省に対して行った「民営職業紹介事業等の

---

10)　濱口桂一郎「労働者派遣システムを再考する」(1)-(3)（『時の法令』2008年5月15日号-7月15日号）、「労働市場法制－歴史的考察と法政策の方向」（水町勇一郎・連合総研編著『労働法改革　参加による公正・効率社会の実現』日本経済新聞出版社（2010年））。

11)　髙梨昌『詳解労働者派遣法』日本労働協会（1985年）。

70　第2部　労働市場法政策

指導監督に関する行政監察結果に基づく勧告」である。この勧告の中で、近年増加してきている業務処理請負事業について、産業界の多様な需要に応えていること、労働者とりわけ厳しい雇用情勢下にある中高年齢者等に対しても現実に就業の機会を提供していること等事業の有する機能について一定の評価を与えた上で、労働者の派遣先企業での就労状況等から見て労働者供給事業に該当する疑いのあるところも見られると指摘している。そして、職業安定法及び施行規則の認定基準について、産業構造、労働者の社会的地位等が大きく変化してきていることから、業務処理請負事業所に対しこれを一律に適用することはかえって実際的でないとし、労働省に対して「業務処理請負事業に対する指導・規制のあり方について検討する必要があ」り、併せて「労働者供給事業に対する規制のあり方についても職業安定法の立法趣旨、内外の動向等を踏まえて検討する必要がある」と指摘した。

（2）　1985年労働者派遣法

　行政管理庁の勧告を受けて、労働省は1978年10月、労働力需給システム研究会[12]を設置し、検討を行った。その結果、1980年4月に出された「今後の労働力需給システムのあり方についての提言」は、自己の雇用する労働者を他企業に派遣し、派遣先の事業所で業務を処理させる労働者派遣事業が、専門分化してきた職業の労働力需給を迅速に結合させるという観点から有効な機能を果たすとともに、中高年齢者や家庭婦人など就職困難者に多くの雇用機会を提供しており、雇用の創出にも役立っていること等一定の役割を果たしていると積極的に評価し、一方で雇用が不安定になりやすい、社会・労働保険の適用が進まない恐れがあるといった問題点も指摘した上で、具体的に労働者派遣事業制度の創設を提言した。

　このときの構想では、労働者派遣事業は原則として禁止し、労働大臣の許可を受けた者にのみ認めるとした上で、「労働者派遣事業を行う者は、派遣労働者を雇用期間の定めのない労働者としてこれと雇用契約を締結し、その雇用の安定を図り、社会・労働保険が適用できる内容のものとする」と無期

12）学識者5名、座長：高梨昌。

契約派遣のみを認める考え方であった。

これを受けて、今度は一般労使や関係者（労働者供給事業を実施している労働組合及び労働者派遣事業の代表）も含めた形で、その具体的な制度のあり方を検討するために、労働省は1980年5月、労働者派遣事業問題調査会[13] を設置した。しかし、合意形成は容易に進まず、途中1981年6月から約2年半にわたって検討が中断されるという事態になった。ところが、その間にも派遣的事業は増加し、この問題をいつまでも放置できないとして、1983年12月に検討が再開され、結局完全な意見の一致は見ないまま1984年2月に報告書をまとめた。

報告書は、労働者保護の観点から早急に必要な規制措置を講じた上で労働者派遣事業を認めていくべきとした上で、具体的な規制措置として、労働者派遣事業の対象分野は専門的な知識、技術、経験を必要とする分野、他の従業員とは異なる労務管理、雇用管理を必要とする分野に限定することを提示している。ここでいわゆるポジティブリスト方式が打ち出されたわけである。なお、労働力需給システム研究会の提言で示された無期契約限定論は引っ込められた。

労働省はこれを受けて直ちに中央職業安定審議会に検討を依頼し、同審議会に労働者派遣事業等小委員会[14] が設置された。小委員会では、同年8月に髙梨座長の提出した試案をもとに具体的な規制措置のあり方について検討を行い、同年11月に「労働者派遣事業問題についての立法化の構想」と題する報告書を取りまとめた。ここで、従来の労働者供給事業のうち供給元と労働者の間に雇用関係があるものを労働者派遣事業とし、ないものを労働者供給事業とするという形で概念の明確化を行うとともに、対象業務については日本の雇用慣行との調和等を考慮して、専門的知識経験を要する業務と特別の雇用管理が行われている業務に限定すること、労働者派遣事業を許可制による登録型と届出制による常用雇用型の2つのタイプに区分すること、さらに派遣元事業主が原則として使用者としての責任を負うが、業務遂行上の指

13）公労使21名、会長：石川吉右衛門。

14）公労使各3名、座長：髙梨昌。

72　第2部　労働市場法政策

揮命令権の行使に関連する事項については派遣先の事業主が使用者としての
責任を負うこと等、制度の枠組みが構築された。なお、この時労働側委員か
ら、短期若しくは繁忙期の要員確保に限定すべき等の意見が付け加えられて
いる。

　この後、労働省は「労働者派遣事業の制度化に関する法的措置についての
考え方」を中央職業安定審議会に提示し、概ね適当との合意を得て、いよい
よ「労働者派遣事業の適正な運営の確保及び派遣労働者の就業条件の確保等
に関する法律案」を作成し、1985年2月、国会に提出した。政府部内の検討
が開始されてから7年がかりという大法案である。

　国会では、社会党から対案として「情報処理業務に係る労働者派遣事業の
規制及び派遣労働者の就業条件の整備等に関する臨時措置法案」が提出され
ていた。これは、労働者派遣事業をあくまで禁止したいという原則論と、支
持基盤である電機労連が解禁に積極的であることとの折り合いを付けようと
して、情報処理業務に限って認めようとしたものであったが、現実にそれ以
外の業務でも労働者派遣事業が行われている実態を覆すことができようはず
もなく、自民、公明、民社3党により政府提出法案が修正の上、1985年6月、
可決成立した。

　なお、これに対し同年12月、全港湾等27労組がILOに対して、登録型労
働者派遣事業は有料職業紹介事業に当たるとして、ILO第96号条約違反で
提訴した。審理の結果、1987年11月に違反はないとの決定がされた。当時、
ILO自身もこの分野の規制の見直しを迫られていたこともその背景にあろ
う。

(3)　ポジティブリスト方式の意味

　この1985年労働者派遣法は、対象業務を限定列挙するいわゆるポジティ
ブリスト方式をとっているところに最大の特徴がある。その意味では、情報
処理業務のみに限定する社会党案と五十歩百歩と言えないことはない。もっ
とも、この時の法律の構造は単純なポジティブリスト方式ではなく、まず建
設業務、港湾運送業務等をネガティブリストで対象業務から除外した上で、
今度はポジティブリストで対象業務を定めるという複雑な仕組みとなってい

た。当時立法の参考とされた欧米諸国においては、イタリアやスウェーデンのように全面的に禁止している国から、アメリカのようにほとんど規制のない国まで、またフランスやベルギーのように派遣労働者を利用できる事由を限定列挙している国からイギリスのように制限のない国まで、さらに西ドイツのように派遣労働者について無期雇用を原則とし、建設業についてはネガティブリストで除外している国まで様々であったが、ポジティブリスト方式をとっている国はなかった。

　日本でポジティブリスト方式が採られた理由は、日本の雇用慣行との調和という観点からのものであった。すなわち、新規学卒者を常用雇用の形態で雇入れ、企業内でキャリア形成を図りつつ昇進、昇格させ、定年に至るまで雇用するという、いわゆる終身雇用慣行を積極的に評価する立場から、労働者派遣事業を無制限に認めると、企業が自ら雇用する労働者の能力開発・向上を行うことなく派遣労働者を受け入れることのみによって事業活動を遂行し、日本の雇用慣行に悪影響を与える恐れがあるとされたのである。

　そこで、労働者派遣事業として行われてもこの雇用慣行に悪影響を及ぼすことの少ない業務分野や、労働力の需給結合の方法として特に労働者派遣事業として行わせる必要性の高い業務分野に限り認めるという仕組みが採られた。具体的には、①その業務を迅速かつ的確に遂行するために専門的な知識、技術又は経験を必要とする業務と、②その業務に従事する労働者について、就業形態、雇用形態等の特殊性により、特別の雇用管理を行う必要があると認められる業務である。情報処理や事務処理等は前者、清掃やビルメンテナンス等は後者とされた。

　労働者派遣法が成立した1985年当時は、1974年の雇用保険法以来の内部労働市場志向型の労働法政策が最高潮に達していた時期であり、企業内職業能力開発を最重視する職業能力開発促進法や定年引上げを中心とする高年齢者雇用安定法など、この時期の法改正は終身雇用慣行の維持促進の方向を向いていた。こういう法政策思想のただ中で、かつての労働者供給事業の禁止法制がほとんど供給される労働者の保護の観点から行われ、供給先の労働者の保護などという観点はなかったのに対し、労働者派遣事業の規制はむしろ派遣先の常用労働者の保護を第一義的な要因として、ポジティブリスト方式

74　第2部　労働市場法政策

が採られるに至ったのである。従って、労働法政策自体が徐々に外部労働市場に再び目を向けるようになるにつれ、法制のあり方についても見直しがされるようになるのは自然であった。

（4）　原始ネガティブリスト業務

　なお、上述のように、この時の法律は、まず建設業務、港湾運送業務等をネガティブリストで対象業務から除外した上で、今度はポジティブリストで対象業務を定めるという複雑な仕組みであった。このネガティブリスト業務は、そもそも労働者派遣事業として行わせることが適当でない業務という位置づけであるが、実際はやや複雑である。

　建設業務については、現実に重層的な下請関係のもとに業務処理が行われている中で、建設労働者雇用改善法により、労働者を雇用する者と指揮命令する者が一致する請負という形態となるよう雇用関係の明確化、雇用管理の近代化等の措置が講じられており、労働者派遣事業という新たな労働力需給調整システムを導入することはかえって悪影響を及ぼすとの考え方からである。もっとも労働安全衛生法では、建設業及び造船業について、重層下請関係の最上位の注文者を元方事業者とし、関係請負人の労働者が同一場所で作業する際に、労働災害防止のため統括安全衛生責任者、元方安全衛生管理者、店社安全衛生管理者を選任することを求めるとともに、関係請負人及びその労働者に対し安全衛生上の指導、指示を行うなどの措置を講ずべきことを定めている。これは安全衛生面に限ってではあるが、注文者に下請企業の労働者に対する一定の指揮命令権を認めたものであり、使用者と指揮命令者が必ずしも一致しないという意味では労働者派遣に近い面もある。

　港湾運送業務については、1965年の旧港湾労働法において、港湾労働の波動性等に鑑み、日雇港湾労働者を公共職業安定所に登録して職業紹介する特別の雇用調整制度を設けていた。そこで、労働者派遣法制定時には、その適切な運用により対応すべきであり、労働者派遣事業という新たな労働力需給調整システムを導入する必要はないとされたものである。ところがその後、1988年の新港湾労働法において、港湾労働に労働者派遣の仕組みを導入し、指定法人の港湾労働者雇用安定センターが常時雇用する労働者という

形で確保し、非営利の労働者派遣により港湾運送事業主に派遣するということにした。さらに、2000年の法改正により、港湾運送事業主のみに限定して許可制で、その常時雇用する港湾労働者を労働者派遣により相互融通する制度が設けられた。従って、もはやネガティブリスト業務というよりは、特別の派遣形態のみが認められる特例業務というべきであろう。

警備業務は、法制定後の政令でネガティブリスト業務に指定されているが、実はやや複雑な経緯がある。労働者派遣法制定に向けて中央職業安定審議会労働者派遣事業等小委員会で審議されていたときには、その対象業務として「事故、火災等の発生の警戒、防止」というのが入っており、警備業務はむしろポジティブリストで対象業務と考えられていた。法成立直後に出された解説書にもその旨の記述がある。ところが、施行令制定時になって、警備業務は単に適用除外となっただけでなく、そもそも労働者派遣が適切でない原始ネガティブリスト業務として位置づけられた。当時の新聞報道によると、警備業を所管する警察庁が対象業務とすることに反対したためであるという[15]。ちなみに後の解説書によると、適用除外の理由は「警備業法において、警備業務の適正な遂行を確保するため、警備業者が警備員を直接雇用して業務上及び身分上の指導監督を行い、全て請負形態により自らの責任において業務を処理することが求められており、このような分野に労働者派遣形態を導入することは適当でない」からであるという。

（5）　登録型と常用型

なお、立案段階で登録型と常用型の2つのタイプに区分するとされていた点は、法律では派遣労働者が常時雇用される労働者のみであるものを「特定労働者派遣事業」として届出制、それ以外のものを「一般労働者派遣事業」として許可制にする形で実現した。しかしこの「常時雇用される」の具体的な中身が、労働省の業務取扱要領において、期間の定めのない労働契約を締結しているものに限られず、有期労働契約の反復更新を繰り返して実質的に期間の定めがないのと同視できるものも含むとされたため、常用型だからと

15）日本経済新聞（1986年7月11日夕刊）。

いって必ずしも雇用が安定しているとは言い難いこととなった。

　法律上両者の相違は事業開始時点における許可制か届出制かにしかなく、許可や届出の時点ではまだ派遣労働者は一人も派遣されていないはずであるから、その時点で「有期労働契約の反復更新を繰り返して実質的に期間の定めがないのと同視できる」ようになっているかどうかを判断できるはずがない。にもかかわらず、派遣労働者の有期契約を反復更新する予定として特定派遣事業として届け出た派遣会社が、その有期労働契約を更新せずに雇止めすることを禁止できるわけもない。趣旨としては無期契約派遣のみを認めようとした1980年の労働力需給システム研究会報告の趣旨を部分的に受け継ぎ、雇用の安定した常用型を届出制として優遇しようとしたものであったが、実際には不安定な有期契約による派遣を届出で可能にする仕組みとなってしまった。

　この問題は長らく注目されることのないまま放置され、2008年の労働者派遣制度在り方研究会報告で初めて指摘され、両者の区分を廃止して許可制に統一した2015年改正でようやく解消した。

2　労働者派遣事業の段階的拡大[16]

（1）　対象業務の拡大

　1985年にポジティブリスト方式で労働者派遣事業が法認されてから1999年にネガティブリスト方式に転換するまで、労働者派遣制度は段階的に拡大していった。一つは政令で指定される対象業務の拡大であり、もう一つは対象となる労働者を限定する形でネガティブリスト方式を導入する動きである。

　まず、対象業務の拡大についてみると、法施行時にはソフトウェア開発、事務用機器操作、通訳・翻訳・速記、秘書、ファイリング、調査、財務処理、取引文書作成、デモンストレーション、添乗、建築物清掃、建築設備運転・点検・整備、受付・案内・駐車場管理の13業務から始まり、1986年7

16）労働省職業安定局民間需給調整事業室編著『労働者派遣法』労務行政研究所（1999年）。

月に機械設計、放送機器等操作、放送番組等演出の3業務が追加された。この16業務の時代が長く続いたが、1996年12月に研究開発、事業実施体制の企画・立案、書籍等の制作・編集、広告デザイン、インテリアコーディネーター、アナウンサー、OAインストラクション、テレマーケティング、セールスエンジニア、放送番組の大道具・小道具の制作・設置等が追加され、26業務となった。

なお、この間、ファイリング業務について、事実上一般事務として使われているという批判があり、1990年9月に「高度の専門的な知識、技術又は経験を必要とするものに限る」という限定を入れたが、それによって実態が変わるわけのものではなく、現実には制度がネガティブリスト化するまでの抜け道として利用されていたものと思われる。

（2）　部分的ネガティブリストの導入

1999年改正につながる部分的ネガティブリスト方式の導入は、1994年6月の高年齢者雇用安定法の改正によって行われた。この法改正は1986年に努力義務として導入された60歳以上定年を法的義務化することが主たる内容であったが、その際に使用者側への飴として導入されたのが、60歳以上の高年齢者に限って労働者派遣の対象業務をネガティブリスト化するという高年齢者特例労働者派遣事業の創設であった。これは、高齢者に対して自らの選択や裁量のきく働き方をすることのできる雇用機会を提供するために、原始ネガティブリスト業務及び物の製造の業務以外の業務を適用対象としたものである。

物の製造の業務を対象から外したのは、60歳以上の者に係る労働力の需給の状況から判断したものとされているが、実際には労働側の強い抵抗によるものであった。これは根が深い問題で、中央職業安定審議会労働者派遣事業等小委員会[17] の報告書においても、「製造業の直接生産工程に従事する業務のうち、現在請負で行われているものについては、労働者派遣の対象とすることは適当ではないと考える」とされ、また国会の附帯決議においても

17）公労使各3名、座長：諏訪康雄。

「特に、製造業の直接生産工程に従事する業務については、労働者派遣事業の対象とはしないこと」とされるなど、労働組合側としては極めてセンシティブな問題であった。これは1999年改正においても維持され、2003年改正でようやく対象業務に仲間入りした。

　次にネガティブリスト方式が導入されたのは、1996年6月の労働者派遣法改正による育児・介護休業取得者の業務への代替要員の派遣の特例の創設である。この制度では、物の製造の業務も対象業務とされ、原始ネガティブ業務以外は全て対象となった。

　なお、このいずれの特例においても、派遣期間の制限が法律上に導入された。派遣契約の期間ではなく、労働者派遣そのものの期間の制限であり、更新も人の入れ替えも許さない厳格なものである。高年齢者派遣特例では1年、育児・介護休業特例では育児・介護休業期間（上限1年）とされ、これが1999年改正における期間制限につながっていく。

3　労働者派遣事業の一般的法認[18]

(1)　ILOの方向転換

　1999年は労働者派遣事業、有料職業紹介事業いずれについても、原則禁止のポジティブリスト方式から原則自由のネガティブリスト方式に転換した大変革の年となったが、その背景にあるのは、国際的にはこれまで民間労働力需給調整システムに対して敵視政策を貫いてきたILOがその姿勢を大きく転換して新たな条約と勧告を採択したこと、国内的には行政改革の流れから規制緩和推進政策が一躍国政の主役に躍り出たことが挙げられよう。

　まず、ILOの方向転換についてみていく。今まで述べ来たったように、ILOはその創立当初の第2号勧告において有料職業紹介所の設立禁止を求めて以来、1933年の第34号条約で発効後3年以内の禁止を求め、1949年の第96号条約では廃止主義の第2部と規制主義の第3部の選択制とした。これらは有料職業紹介所に係るものであったが、戦後アメリカで労働者派遣事業が発達し、日本と同様ヨーロッパ諸国にも進出して成長を遂げていく中で、こ

―――――――――――
18）髙梨昌『第二版詳解労働者派遣法』日本労働研究機構（2001年）。

れがILO条約の規制・禁止する有料職業紹介事業に該当するかどうかが問題
となってきた。

　この問題に真面目に対応したのはスウェーデン政府で、1966年、移動型
タイプ打ち業者（実質的にタイピストの派遣である）の業務が有料職業紹介
事業に該当するかどうかをILO事務局に問い合わせ、該当するという返事を
もらって禁止した[19]。しかし、多くのヨーロッパ諸国はあえてそういうこと
をせず、各国ごとに一定の規制を加えつつ労働者派遣事業を認める法政策を
とった。むしろ、主たる関心は派遣労働者をパートタイム労働者や有期契約
労働者と並ぶ非典型労働者の一環として、通常の労働者との均等待遇など一
定の労働者保護をいかに加えていくかという点にあった。

　一方、ILO条約に基づいて有料職業紹介事業の禁止法制を採っていたEC
諸国において、各国に優越する権限を有する欧州司法裁判所が、これら法制
をEC条約に定めるサービス提供の自由に違反するとして無効との判決を下
し、各国は法改正を行うとともに批准したILO条約を破棄し始めた。また、
労働市場では労働者派遣事業のほかにも、人材スカウト業、アウトプレース
メント業など様々な労働市場サービス業が発展してきて、第96号条約は時
代遅れとなり、見直しが不可避となってきた。

　こういう中で、ILOは1994年、労働市場の機能における民間職業紹介所
の役割を一般討議の議題とし、第96号条約の改正方針を決定した。そして、
1997年6月のILO総会で新たに民間職業仲介事業所に関する条約（第181号）
及び民間職業仲介事業所に関する勧告（第188号）を採択した[20]。新条約は
職業紹介事業、労働者派遣事業及びその他の求職関連サービスを全て対象と
し、その目的は「民間職業仲介事業所の運営を認め及びそのサービスを利用
する労働者を保護すること」（第2条第3項）におかれた。これまでの事業そ
のものの禁止・規制主義は明確に廃棄され、その代わりに均等待遇、個人情
報の保護、労働者への無料原則その他の保護措置が詳細に定められた。

---

19)「有料職業紹介所に関するILO条約（第96号）についての覚書」（『労働法律旬報』
　　1985年8月10日号所収）。
20）ちなみに、著者はこの時日本政府代表顧問としてこの問題の審議の場に終始居合わせ
　　た。

80　第2部　労働市場法政策

　これまで第96号条約を批准し、その考え方に基づく法政策をとってきた日本も、これにより第181号条約の考え方に立脚した新たな法政策を要請されることになった。

（2）　規制緩和推進政策

　これより先、日本の政治状況においては、行政改革の流れから派生してきた規制緩和推進政策が中心的課題に躍り出ようとしていた。

　1995年12月、行政改革委員会[21]の出した「規制緩和の推進に関する意見（第1次）—光り輝く国をめざして」は、「社会的規制といわれてもそれを鵜呑みにすることなく」、「その規制の目的とコストや便益を見極めて国民全体の立場から議論すべき」とし、「真に必要な社会的規制は、それ自体を目的とする法規制によって行われるのが本来の姿であり、競争抑制や需給調整あるいは行政の恣意的介入などによって行われるべきではない」とした上で、具体的に有料職業紹介事業と労働者派遣事業についてポジティブリスト方式からネガティブリスト方式への転換を求めた。翌1996年3月の規制緩和推進計画の改定、1997年3月の再改定にもこの趣旨が盛り込まれ、これは政府の方針となった。

　この間、有料職業紹介事業については1997年3月の省令改正により、法律上の規定はポジティブリストのまま事実上相当程度ネガティブリスト化がされ、労働者派遣事業については1996年12月に16業務から26業務に拡大されていたが、1997年12月の行政改革委員会最終意見では、ILO第181号条約が採択されたことも踏まえてさらなる規制緩和を求めた。これは同月「経済構造の変革と創造のための行動計画」として閣議決定され、労働者派遣法改正案の提出が謳われた。翌1998年3月に閣議決定された規制緩和推進3か年計画は、「国際的に開かれ、自己責任原則と市場原理に立つ自由で公正な経済社会としていくとともに、行政の在り方について、いわゆる事前規制型の行政から事後チェック型の行政に転換していく」との基本原則を掲げ、有料職業紹介事業についても法改正を行いILO第181号条約を批准する

21）学識者5名（うち使1名、労1名）、委員長：飯田庸太郎。

との方針を示した。なお、この時期まで政府部内で規制緩和の主導力となっていた行政改革委員会には労働組合からも委員が参加しており[22]、決して経営者や一部学者の意見のみで進められていたわけではないことを付け加えておく必要があろう。

(3) 1999年改正

　以上のような国際的及び国内的な規制緩和の流れの中で、労働省はまず労働者派遣事業制度の見直しに着手することとし、1997年1月から中央職業安定審議会民間労働力需給制度小委員会[23]で検討を開始した。この検討の最中にILO第181号条約が採択され、法改正の基本的方向が示されたと言えよう。同年12月には同小委員会の「労働者派遣制度の見直しの基本的方向について」と題する中間報告がまとめられ、「臨時的・一時的な労働力の需給調整に関する対策として労働者派遣制度を位置づける」という方向性が打ち出された。そしてこれに伴い、適用対象業務については「ILO第181号条約第2条の規定の趣旨を十分に考慮すべき」とネガティブリスト化を間接的な表現ながら提示するとともに、「労働者派遣の期間は一定の期間に限るべき」とした。また、派遣労働者の保護のための措置を充実することも謳われた。

　もっともこの時労使の意見は必ずしも一致していたわけではなく、報告書にはそれぞれの意見が添付されている。特に使用者側が「労働者派遣事業制度を『臨時的・一時的な』労働力の需給調整に関する対策と位置づけるのは当面の取扱いであり、今後必要に応じて見直されるものと理解する」と述べているのは、1999年改正後に尾を引くことになる。

　その後同小委員会は、1998年2月及び4月に示された公益委員の見解を叩き台としつつ検討を重ね、1998年5月に最終報告をまとめ、中央職業安定審議会の建議となった。建議は適用対象業務についてネガティブリスト方式を明確に打ち出すとともに、派遣期間については「常用雇用の代替防止の観点から、原則として、派遣先は同一業務について1年を超える期間継続して労

22）1994年12月に設置された行政改革委員会には連合から後藤森重（自治労委員長）が参加していた。

23）公労使各4名、座長：諏訪康雄。

働者派遣の役務の提供を受けてはならないこと」を求めた。また、労働者保護のための措置として苦情処理や中途解除の問題、個人情報保護措置などが言及されている。

労働省はこの建議を受けて労働者派遣法の改正案を作成し、中央職業安定審議会への諮問答申を経て同年8月国会に提出した。なお、この時答申で「適用対象業務については、ネガティブリスト化による激変緩和の視点も踏まえ命令で規定することを含めて適切に対処すること」といっているのは物の製造業務のことである。建議の時点では事業の適正実施のため労働者派遣を認めない業務のほかに労働者の就業条件を確保するために労働者派遣を認めない業務というカテゴリーを設け、労働側が強く主張する製造業の生産工程ラインをこれにより排除することも考えられていたが、おそらくは政府部内の法制的検討の結果それが困難ということになり、諮問時の法律案要綱ではこれが落ちていた。結局、国会提出法律案では、法律の附則で当分の間の規定として物の製造の業務を適用除外とすることで決着をつけた。また、労働側の要求でいくつか保護措置が追加された。

さて、労働者派遣法改正案は国会上程後暫く審議されず、翌1999年3月に国会提出された後述の職業安定法改正案と同時に審議され、同年6月に同時に成立した。また、これら改正案の背後にあるILO第181号条約の批准審議も同時並行して行われた。これはこれら3案が三位一体の関係にあることを示している。労働側が労働者派遣法だけの先行を許さなかったのである。国会審議では、労働側から野党を通して多くの修正要求が出され、派遣期間1年経過後の派遣先への雇入れ勧告など相当部分が取り入れられたが、拡大される業務について登録型を禁止し常用型のみとするという点は受け入れられなかった。

(4) ネガティブリスト方式の意味

1999年労働者派遣法改正の意味はもちろん一般的にネガティブリスト方式を導入したことにあるのだが、その際の理屈の付け方がやや複雑である。すなわち、1985年労働者派遣法制定時にポジティブリスト方式を採用した際の日本的雇用慣行との調和論をそのまま維持しながら、業務を限定するこ

とによって常用代替の恐れを少なくするというポジティブリスト方式と並列する形で、臨時的・一時的な労働力の需給調整であるから常用代替の恐れが少ないという期間限定を条件とするネガティブリスト方式を導入するというやり方を採った。

その意味では、1999年改正においても事業規制の最大の理由は依然として日本的雇用慣行への悪影響の恐れであり、第一次的な保護対象は派遣労働者自身というよりは派遣先の常用労働者の雇用の安定に置かれていたと評することもできる。しかしながら、1年経過後の雇入れの努力義務や国会修正による雇入れ勧告の規定など、派遣労働者自身の派遣先への直接雇用を促進する政策方向も明確に打ち出されてきており、いわば両者の移行形態を示しているということもできよう。

法律の構造は複雑になった。それまでの専門的な知識・技術や特別の雇用管理を必要とする26業務はカテゴリカルに維持され、新たに導入された1年間の期間制限を受けないこととされた。専門職等であるが故に常用代替の恐れがないのであるから、期間制限の必要はないというわけである。これに対し、26業務以外の新たに適用対象業務となった業務については、業務の性格上常用代替の恐れがあるものであるから、そうならないように1年の期間制限を掛けることとされた。派遣期間制限の思想は高年齢者派遣特例で導入されたものであるが、更新や人の入れ替えを認めないだけでなく、派遣元を替えて派遣を受け続けることも認めないというより厳格なものとなった。もっとも、これは法概念上のことであって、従来から例えばファイリング業務などは一般事務との境界が曖昧と指摘されていたわけで、現実にはかなり入り交じっていた。

派遣先の労働者の常用代替論とは区別される派遣労働者自身の直接雇用促進論の法政策的現れとして注目すべきものとして、1年間派遣を受けた派遣先事業主が引き続きその業務に労働者を従事させるために労働者を雇い入れようとするときには、その業務に1年間従事した派遣労働者で希望するものを雇い入れるよう努めなければならないという努力義務規定がある。これにさらに国会修正で労働大臣による雇入れ勧告及びそれに従わないときの公表の規定が付け加えられた。これは2003年改正では派遣先事業主の雇用申込

84　第2部　労働市場法政策

み義務規定に、2012年改正では派遣先事業主の雇用申込みみなし規定に発展することになる。

(5)　1999年の適用除外業務

　前述のように、労働側にとってネガティブリスト方式を採用する際の最大の懸念は製造業の直接生産工程にあった。既に高年齢者派遣特例で部分的ネガティブリスト方式が導入された際に、物の製造の業務は適用除外とされていた。次の育児・介護休業取得者の代替要員の派遣の際にはその性質上物の製造の業務も対象とされたが、一般的ネガティブリスト化の際にこの問題が再燃し、結局法律の附則で当分の間物の製造の業務を適用除外とするという形に落ち着いた。

　実はこのころから製造業における偽装請負の問題はかなり指摘されてきており、連合内でもむしろ派遣契約に変更させて派遣法の枠内でルール化すべきという意見もあったのであるが、この時点では常用代替防止論が主流を占めたということである。

　しかしながら、法律の附則で当分の間の規定にせざるを得なかったということは、本則上は適用対象業務であるということを意味し、やがて附則を削除して本則通りにしなければならないときが来ることを意味する。法案提出に至る経緯は、一般的ネガティブリスト方式を採る以上、物の製造を特別扱いする理屈はつかなかったということであるから、2003年改正のタネは既にこの時に蒔かれていたとも言える。

　もう一つ1999年改正の施行の際に適用除外業務に飛び込んできたのが医療関係業務である。もともと、医療関係業務は原始ネガティブリストには含まれておらず、1994年の高年齢者派遣特例で部分的ネガティブリスト方式が導入された際にも、医療関係業務は適用除外とはされなかった。当時の解説書[24]にも堂々と医師、看護婦等の業務が例示されている。育児・介護休業取得者の代替要員派遣でも当然のように対象業務であった。また、1999年

24）労働省高齢・障害者対策部編著『高年齢者雇用安定法の実務解説』労務行政研究所（1995年）。

改正に至る審議会の議論や国会審議においても、医療関係業務を適用対象から外すといった議論がされた跡は窺えない。ところが、法施行時になって、政令で定める「その業務の実施の適正を確保する上で労働者派遣が不適切な業務」に、なぜか医療関係業務が追加されたのである。

1999年改正後に出された解説書[25]によると、その理由は「医療は、医師又は歯科医師を中心に、看護婦（士）、薬剤師、診療放射線技師等の専門職が一つのチームを形成し、当該チームにより提供されている。従って、適正な医療の提供のためには、チームの構成員が互いの能力や治療方針等を把握しあい、十分な意思疎通の下に業務を遂行することが不可欠である。一方、労働者派遣事業においては、派遣労働者の決定・変更は専ら派遣元事業主が行うものであり、派遣先が派遣労働者を特定できないため、チーム内の派遣労働者が含まれると人も特定されず、派遣元事業主の都合によって差し替えられる労働者が含まれることになり、チームの構成員による互いの能力把握や意思疎通が十分されなくなる恐れが強い。また、医療は、適正に実施されるか否かが即人の身体生命に関わるものであり、業務の適正の確保については特に慎重に判断すべきものである」とのことであるが、言うまでもなく、多くの業務はチームによって行われているし、人の身体生命に関わる業務も医療に限られるわけではない。

（6）　派遣労働者の保護措置

1999年改正では、ILO第181号条約を踏まえ、いくつかの労働者保護措置が講じられている。一つは苦情処理等で、特に違法事案に係る申告制度を創設し、申告を行ったことを理由としての不利益取扱いの禁止が規定された。また、派遣労働者の個人情報の保護を図るため、派遣元事業主等に秘密保持義務を課した。その他にも派遣労働者の適正な派遣就業を図るために、社会保険の適用や派遣先における便宜供与などいくつかの規定が設けられた。

これらに対しては、労働側は保護措置が不十分であると批判して修正を要求し、個人情報保護やセクハラ、母性保護等で一定の国会修正を得たが、後

---

25) 高梨昌『第二版詳解労働者派遣法』日本労働研究機構（2001年）。

86 第2部 労働市場法政策

から振り返ると、派遣労働者をパートタイム労働者や有期労働者と同列の非
典型労働者と位置づけ、通常の労働者との均等待遇を求めるという法政策は
未だ要求課題にも上らなかったことが、当時の労働側の問題意識を窺わせて
興味深い。

4　労働者派遣事業の規制緩和の進展

(1)　総合規制改革会議と経済財政諮問会議

　1999年改正後も、政府内の規制緩和推進の動きはさらに勢いを強めてい
った。1998年1月に設置された行政改革推進本部規制改革委員会[26] は2001
年4月には総合規制改革会議[27] に格上げされ、例えば労働条件法政策におい
ても解雇ルールの緩和といった思い切った提言までも行うに至ったが、労働
力需給調整システムについてもより一層の規制緩和を要求し続けた。この関
係で、規制改革委員会までには労働側の代表も参加していたが[28]、総合規制
改革会議では労働側代表が排除され、逆に民間労働力需給調整システム関係
者が一挙に2人参加したこと[29] が、法政策の推進体制として記憶にとどめら
れる必要があろう。

　2001年12月、総合規制改革会議は「規制改革の推進に関する第1次答申」
において、労働者派遣期間1年制限の撤廃と物の製造の業務等派遣対象業務
の拡大を求め、これを受けた政府は2002年3月、「規制改革推進3か年計画
(改定)」を閣議決定し、派遣期間の延長や対象業務の拡大等の見直し前倒し
を決めた。

　もう一つこの時期の特色として付け加えるべきは、内閣府に設置された経
済財政諮問会議が「構造改革」を旗印に、労働者派遣事業や職業紹介事業の
規制緩和を初めとする労働市場の構造改革を求め、政府も経済財政運営と構
造改革に関する基本方針の閣議決定においてこれを確認するという形で、い

---

26) 学識者14名 (経済界6名、労働界1名、学者7名)、委員長：宮内義彦。

27) 学識者15名 (経済界10名、学者5名)、議長：宮内義彦。

28) 野口敏也 (連合副事務局長) が参加していた。

29) 奥谷禮子 (労働者派遣会社ザ・アール代表取締役社長) 及び河野栄子 (リクルート代
　　表取締役会長兼CEO) が参加していた。

わば厚生労働省内で三者構成による審議が始まる前に政府自らが外堀を埋めてしまうような事態が進行したことである。

（2）　2003年改正[30]

こういう中で、労働政策審議会は厚生労働大臣からの検討依頼を受けて職業安定分科会民間労働力需給制度部会[31]において、職業紹介事業制度、労働者派遣事業制度について検討を行い、2002年12月、建議を行った。この建議は、派遣期間を1年から最高3年まで受け入れ可能にすること、物の製造業務への派遣解禁、紹介予定派遣における事前面接の解禁などが柱となっていた。また、職業紹介事業では、求職者からの手数料制限の緩和や兼業規制の廃止などが盛り込まれていた。政府はこれに基づき法案を取りまとめて2003年3月国会に提出し、同年6月無修正で成立し、2004年3月施行された。

なお、これに先立って、2001年12月に「経済社会の急速な変化に対応して行う中高年齢者の円滑な再就職の促進、雇用の機会の創出等を図るための雇用保険法等の臨時の特例措置に関する法律」が成立し、45歳以上の中高年齢者について、派遣期間の制限が1年から3年に延長されている。雇用対策としての効果は不明であるが、規制緩和要求に対する政府の部分的対応として、また全面的な派遣期間の延長への露払いとしての意味があったのであろう。

労働側は建議に様々な意見を添付しているが、労働側にとってより重大な意味を持つ解雇ルールを含む労働基準法改正案の審議と時期を同じくしたこともあり、また特に物の製造の業務については、連合内にも解禁論が強かったこともあり、国会修正を勝ち取るというところまでの踏み込んだ対応にはならなかったように見える。ただ、派遣労働者の直接雇用促進の観点から労働側が強く主張したみなし雇用制度は採用されなかったとはいえ、派遣先の雇用申込み義務というかなり強めの規定が盛り込まれた。

30）濱口桂一郎「立法状況報告：労働者派遣法・職業安定法改正案の論点」（『季刊労働法』
　　202号）
31）公労使各3名、部会長：諏訪康雄。

（3）　派遣期間制限の緩和と直接雇用の促進

　2003年改正の最大の論点は、1999年改正で「臨時的・一時的な労働力の需給調整」と位置づけたことに基づく派遣期間の1年制限を、あっさりと最長3年まで延長したことである。これは総合規制改革会議の累次の要求事項でもあった。しかしながら、その意を汲んで臨時的・一時的との位置づけを変更したわけではなく、派遣労働者や派遣先のニーズに応える観点から、3年までの期間で臨時的・一時的と判断できる期間については派遣を受け入れることができるという理屈の付け方をした。この場合、臨時的・一時的と判断できる期間は派遣先の事業の状況等によって異なることから、個別事業所ごとに、派遣先事業主が当該事業所の労働者の過半数代表の意見を聞いた上で判断するという仕組みを導入した。この点、労働側は意見聴取ではなく労使協議を求め、経営側は本人の希望で延長すべきとしたが、ある種の妥協の産物として導入されたと言える。ここでの過半数代表の意見聴取には、派遣先の常用労働者の保護という法制定時の政策思想が色濃く映し出されているといえよう。2003年12月の派遣先指針では、この意見聴取について、十分な考慮期間を設けることや過半数組合の意見を十分尊重することを求め、さらに雇用調整により解雇した労働者が就いていたポストに3か月以内に派遣労働者を受け入れようとするときには、派遣期間を必要最小限度とするとともに、派遣先労働者の理解が得られるよう努めることを求めている。

　なお、法改正事項ではないが、この時それまで通達レベルの運用として行われてきたいわゆる26業務の3年ルールが廃止された。もともと派遣法制定時の適用対象業務は常用代替の恐れが少ない業務という位置づけから法律上期間制限はなかった。派遣契約期間については1年等の上限があったが、法律上更新は自由であり、ただ1990年以降通達レベルで3年を超えないよう指導するということになっていたものである。

　この期間制限の緩和に対して、この改正では派遣労働者の直接雇用の促進を図るための措置を講ずることが大きな論点となった。これは、欧米において、ひとまず派遣労働者という形で就業し、一定期間経過したところで派遣先に直接雇い入れられるという就職の形態が普及し、「テンプ・トゥ・パーム」と呼ばれていることなどが影響した。1999年改正では「努力義務＋勧

告・公表」という弱い形で派遣先の雇用義務を規定しているに過ぎなかったが、労働側がドイツの派遣法制に倣った形でみなし雇用制度、すなわち派遣期間を超えて派遣を受け入れた場合には派遣先との間で期間の定めのない雇用が成立したものとみなすという制度の導入を要求し、結果的に雇用申込み義務が規定された。これにより、上記1-3年の派遣の役務の提供を受けられる期間を超えて派遣労働者を使用しようとするときは、当該派遣労働者で希望する者に対し、雇用契約の申込みが義務づけられることになる（第40条の4）。また、期間制限のない26業務についても、3年を超えて同一業務に同一派遣労働者を受け入れている派遣先が、当該業務と同じ業務に従事させるために労働者を雇い入れようとするときは、当該派遣労働者に雇用契約の申込みをしなければならない（第40条の5）。

　また、派遣先指針では、派遣契約の締結に際し、派遣労働者の雇用の安定を図るため派遣期間をできる限り長くすることを求めており、法政策思想の転換が窺える。

（4）　物の製造の業務と構内請負の問題

　上述したように、1999年改正では物の製造の業務は法律の附則で当分の間適用除外という扱いになった。これが2003年改正で解禁されるに至ったのには、もちろん総合規制改革会議等の規制緩和論が強かったこともあるが、労働側内部でも電気・電子・情報関連産業の単産である電機連合を始め解禁論が強まったことが一つの要因といえる。これは、製造業務の派遣は禁止という建前の下で、実質的に労働者派遣と変わらないような製造業の構内請負が横行することは適当でなく、むしろ正面から派遣事業を認めて、労働者派遣法に基づく労働者保護を図っていくことの方が望ましいという判断から来るものであろう。電機連合自ら行った実態調査[32]によれば、電機産業の非正規労働者のうちパート・アルバイトは15％に過ぎず、請負が67％に達していたという。

　請負については、占領下で労働者供給事業との関係で請負4要件が定めら

32）佐藤博樹監修・電機総研編『IT時代の雇用システム』日本評論社（2001年）。

90　第2部　労働市場法政策

れたが、1985年労働者派遣法施行時に「労働者派遣事業と請負により行われる事業との区分に関する基準を定める告示」が制定され、労働者に対する業務の遂行方法に関する指示、労働時間に関する指示、服務上の規律に関する指示、労働者の配置の決定と変更などを自ら行うことなどが請負と判断する要件として規定された。しかしながら、上記調査等では、これら要件を満たした請負を実行できている企業は少ないとされていた。

　2003年改正では、激変緩和措置として当初の3年間は派遣期間を1年に制限し、その後は他の業務と同様3年までとすることとされた。

（5）　紹介予定派遣

　2003年改正事項のうちもっとも経緯の複雑なものが紹介予定派遣であろう。2000年12月以前には許可要件として、求職者を職業紹介する手段として労働者派遣するものでないことが定められ、紹介予定派遣は禁止されていた。

　この理由は、労働者派遣法と職業安定法の法律構造にある。労働者派遣法は労働者派遣を「自己の雇用する労働者を、当該雇用関係の下に、かつ、他人の指揮命令を受けて、当該他人のために労働に従事させることをいい、当該他人に対し当該労働者を当該他人に雇用させることを約してするものを含まない」と定義している。求職者を職業紹介する手段として労働者派遣をすることは、この「当該他人に対し当該労働者を当該他人に雇用させることを約してするもの」に該当する恐れがある。ではこれは法律上何かというと、職業安定法でいう労働者供給、すなわち「供給契約に基づいて労働者を他人の指揮命令を受けて労働に従事させることをいい、労働者派遣に該当するものを含まないもの」に該当する可能性がある。

　しかしながら、欧米では、ひとまず派遣労働者という形で就業し、一定期間経過したところで派遣先に直接雇い入れられるという「テンプ・トゥ・パーム」と呼ばれる仕組みが普及し、就職困難者の雇用促進にも役立っていることから、解禁すべきとの指摘が行われるようになり、2000年12月に紹介予定派遣が実施された。ところが、上述の法律構造から、派遣終了後に派遣先に就職することを目的に派遣前に紹介することは認められず、派遣終了後

に紹介することを予定する派遣というふうに位置づけられた。これをめぐって、規制改革委員会及びそれを受け継ぐ総合規制改革会議と厚生労働省の間で様々なやりとりがあり、結局、2003年改正ではそれまでの法解釈を改め、紹介予定派遣は労働者供給に該当するものではないという解釈に立って、労働者派遣の一類型として紹介予定派遣を位置づけ、派遣前に面接や履歴書の送付を可能とし、派遣中の採用内定を可能にするといった措置が講じられた。もっとも、紹介予定派遣を受け入れる期間は、派遣先指針により6か月以内に制限されている。

　もともと労働者派遣法上の上記定義は、制定時の解説書によれば在籍出向との区別をつけるためであったということからすれば、この規定を根拠に紹介予定派遣を制限することには無理があったとも言える。いずれにせよ、紹介予定派遣を正面から認めることにより、これまで派遣元による単独の配置行為であった派遣が、派遣先の採用の意思決定とも関連する行為となり、男女差別や年齢による差別など派遣先と派遣労働者の雇用関係に関わる問題領域が浮上してくることになる。派遣先指針では、年齢制限や性の特定について詳しい規定を設けている。

（6）　派遣先労働者との均等待遇問題

　医療関係業務など一部に若干の歪みを残してはいるが、2003年改正によって労働者派遣事業の規制緩和はほぼ完成に近づいた。ここに来て、これまで派遣先労働者の常用代替の恐れを最大の懸念事項としてきた労働側が、派遣労働者と派遣先の労働者との均等待遇という新たな政策課題を打ち出してきた。ここには、派遣労働を望ましくない働き方と考えて派遣労働から派遣先の直接雇用への移行を求めるだけでなく、派遣労働という働き方自体を派遣先の常用雇用に劣らないものにしていこうという考え方が示されている。

　2003年12月の派遣元指針では、業務遂行上有用な物品の貸与や教育訓練といった福利厚生等の措置に限ってではあるが、派遣先労働者との均衡に配慮した取扱いを求めている。この背景には、EU諸国において労働者派遣事業の自由化が進むにつれ、パートタイム労働者、有期労働者といった非典型労働者の一環として派遣労働者を捉え、その通常労働者との均等待遇を求め

92　第2部　労働市場法政策

る法制が進展していったことが挙げられる。

（7）　医療関係業務

　前述のように、それまで原始ネガティブリスト業務とはされておらず、高
年齢者派遣特例や育児・介護休業者代替要員特例でも特に問題なく対象業務
とされていた医療関係業務が、1999年改正で突如として労働者派遣が不適
切な業務とされてしまった。この問題も規制改革委員会や総合規制改革会議
が繰り返し取り上げたが、奇妙なことにこの問題だけは労働者派遣法を所管
する職業安定局ではなく本来当該規制の所管ではないはずの医政局が対応し
た。

　2003年7月に医療分野における規制改革に関する検討会[33]が報告をまと
め、紹介予定派遣に限って認めることにした。医療従事者の派遣は、チーム
医療に支障が生じるとされ禁止されていたが、事前面接による人物特定を行
えば防止可能であるとの視点から、「紹介予定派遣」に限り派遣を認めるの
だという理屈である。

　さらに2006年には、労働者派遣事業が禁止される「医業等」の範囲から、
①当該業務が産前産後休業、育児休業及び介護休業中の労働者の業務に該当
する場合、②過疎地域等を派遣就業の場所とする医業を行う場合を除くこと
となった。

　2007年には、医療政策の側から「医師不足地域に対する国レベルの緊急
臨時的医師派遣システムの構築」のために、労働者派遣形態による医師派遣
を可能にすることが求められた。これを受けて同年10月の政令改正により、
労働者派遣事業が禁止される「医業等」の範囲から、さらに「派遣就業の場
所を、地域における医療の確保のためには医業に業として行う労働者派遣に
より派遣労働者を従事させる必要があると認められるものとして厚生労働省
令で定める場所とする医業」を除くこととされた。

　もともとネガティブリスト業務ではなかったのに、医療関係者の要求で
1999年改正で突如として派遣が禁止されてしまったものを、今度は医療関

───────────

33）学識者10名、座長：宮武剛。

係者の都合でつぎはぎ的に緩和するという、いかにも奇妙な事態である。

（8）　製造業務請負の適正化[34]

　2003年改正で製造業務の派遣が解禁されたが、2006年にはキヤノンや松下電器など大手企業で偽装請負が指摘され、社会問題となった。その背景には後述の格差社会の問題意識があり、若者を請負や派遣といった不安定な雇用形態で利用することへの批判があった。それゆえ、実態が派遣であるにも関わらず請負形態としていることを批判する偽装請負という言葉との間には若干のずれもあった。

　しかし、厚生労働省はこれに対し即座に「偽装請負の解消に向けた当面の取組について」（平成18年基発・職発0904001号）により監督指導を強化することとした。さらに2006年10月から製造業の請負事業の適正化及び雇用管理の改善に関する研究会[35]を開始し、翌2007年6月に報告書を取りまとめた。報告書は、製造業の請負労働者について、雇用契約が短期で繰り返される等労働条件、処遇その他雇用管理が必ずしも十分ではなく、技術・技能が蓄積されないといった現状や、労働関係法令が徹底されないといった現状を指摘し、これを改善することが、請負労働者が現在及び将来の職業生活を通じて能力を有効に発揮することができるようにする有効な手段であり、ひいては日本のものづくりを支える人材を育成していくことにもつながると述べ、請負事業主と発注者にそれぞれ向けたガイドラインとチェックシートを提示した。

　厚生労働省は早速これらを通達し（平成19年基発・職発・能発第0629001号「製造業の請負事業の雇用管理の改善及び適正化の促進に向けた取組について」）、その周知啓発に努めた。これは、適切な請負事業を過度に敵視することなく、健全に育成していこうとする政策志向が現れたものと言えよう。これに基づき、2007年度から厚生労働省の委託事業として請負事業適正化雇用管理改善推進事業が実施され、その中で2009年度から製造請負優良適

34）濱口桂一郎「請負労働の本当の問題点は何か？」（『DIO』2007年7・8月号）。
35）学識者5名、座長：諏訪康雄。

94 第2部 労働市場法政策

正事業者認定制度として、適正な運営ができる事業者を認定する仕組みを設けており、毎年10数社が認定を受けている。

5 労働者派遣事業の規制強化への逆転[36]

（1） 規制改革・民間開放推進会議

　総合規制改革会議は2004年4月から規制改革・民間開放推進会議[37]と名を変えて、さらに規制緩和を求めてきた。2005年3月の規制改革・民間開放の推進に関する第1次答申（追加答申）は、紹介予定派遣以外の労働者派遣では依然として事前面接が禁止されていることについて、他の先進国に例を見ないもので、ミスマッチから生じる中途解約等の問題の発生を未然に防止するためにも、紹介予定派遣以外の派遣における事前面接の解禁のための条件整備等について、可及的速やかに検討を行うべきとしている。また、2003年改正で導入された雇用契約の申込み義務について、「派遣契約期間や直接雇用への切り替えなどは、本来当事者間の契約自由に委ねるべきで、このような不自然な規制は撤廃すべきである」とか、派遣先が3年を超えて同一の派遣労働者を使用することに慎重になり、その結果、派遣労働者の雇用がかえって不安定なものとなるといった批判を示し、必要な検討を行うべきであるとしている。これは同月の規制改革・民間開放3か年計画（改定）に盛り込まれた。その後、同年12月の第2次答申では、これが「少子化への対応」という項目の中に入れられ、翌2006年3月の3か年計画（再改定）に盛り込まれた。

（2） 労政審中間報告

　こういった攻勢を受けて、厚生労働省は2006年2月から労働政策審議会労働力需給制度部会[38]において、労働力需給制度に関するフォローアップを開始した。労働者派遣関係でフォローアップ事項として挙げられたのは、対

36）濱口桂一郎「EU労働者派遣指令と日本の労働者派遣法」（『大原社会問題研究雑誌』2009年2月号）、「労働者派遣法改正の動向と今後の課題」（『季刊労働法』228号）。

37）学識者13名（経済界7名、学者6名）、議長：草刈隆郎。労働側はいない。

38）公労使各3名、部会長：清家篤。

象業務の拡大、派遣期間の延長、雇用申込み義務、事前面接などである。同部会では必ずしも方向性を示すことなくフォローアップの議論が進められたが、後述の経済財政諮問会議の動きに尻を叩かれる形で、同年12月には「労働者派遣制度に関する今後の議論の進め方について」が提示された。

なお2006年10月から経済財政諮問会議の民間議員が入れ替わり、これまで規制改革・民間開放推進会議で規制緩和の旗を振ってきた八代尚宏が同会議で活動を開始した。彼は早速「労働ビッグバン」というスローガンを打ち出し、「現行の労働者派遣法は、正社員を派遣社員との競争から守るという役割が含まれている。派遣社員の対象職種や働く期間の制限を見直し、本来の「派遣労働者の保護」という目的に特化させることが、雇用形態による格差を是正するための大きな鍵になるのではないか」という観点からその見直しを求め、同会議に専門調査会を設置し、そちらで集中的に議論を進めてしまうという方向を打ち出した。

ところが、2006年から2007年にかけて格差問題が大きな社会的関心となり、派遣労働者はその典型として注目を集めるようになった。とりわけ、日雇派遣労働者がネットカフェ等に寝泊まりしている実情が報道され、このため、これまでのように規制緩和路線が世論の支持を集めるという方向にはならず、むしろ格差是正のために、労働側が規制強化を強く主張し、その勢いが拮抗するようになってきた。すなわち、まず登録型派遣労働について、労働側は雇用の不安定さ、処遇の低さ、日雇派遣の温床などの問題を指摘し、原則として禁止すべき、少なくとも当面は26業務に限るべきと主張し、経営側は多様な働き方として尊重すべきと主張した。受入れ期間や雇用申込み義務、事前面接の可否、紹介予定派遣などについても両者の意見は対立した。

こうして、労働政策審議会では意見の集約には遂に至らず、2007年12月には「労働者派遣制度の検討状況について」と題する部会の中間報告を取りまとめるのが精一杯であった。中間報告は、「このような意見の相違は、労働者派遣が原則自由であるべきと考えるのか、本来は限定的なものであるべきと考えるのかという基本的な考え方の違いに起因するものであり、労働者派遣制度の根本的な検討を行うことなく、個別の制度の仕組みの議論を続け

96 第2部　労働市場法政策

ても、有意義な結論に到達することは困難」と述べ、こうした根幹に関わる
問題については学識者からなる研究会を設け、労働者派遣制度の趣旨、登録
型派遣の考え方、派遣先の責任の在り方、派遣労働者の処遇の在り方等、幅
広く考え方の整理を行うべきとした。こうして、労働者派遣制度が誕生して
から20年以上経って、改めて労働者派遣制度の根本に関わる議論が行われ
ることとなった。

　ただし、日雇派遣など一部の事項については一定程度労使の意見の一致が
見られたことから、省令や指針によって対応することとされた。

（3）　日雇派遣等の規制

　日雇派遣については、契約期間が短く、仕事があるかどうかが前日まで分
からない、当日キャンセルがあるといったことや、また給与からの不透明な
天引きや移動時間中の賃金不払い、安全衛生措置や教育が講じられず労災が
起きやすい、労働条件の明示がされていない等といった問題点が指摘されて
いた。

　そこで、労働者派遣法施行規則が改正され、それまで「当該労働者派遣の
期間が一日を超えないときは、派遣先責任者を選任することを要しない」と
していたのを、日雇でも選任義務を課し、またそれまで「当該労働者派遣の
期間が一日を超えないときは、派遣先管理台帳の作成及び記載を行うことを
要しない」としていたのを、やはり義務づけた。さらに、派遣先管理台帳の
記載事項に派遣就業をした場所を追加する等の改正を行った。また、派遣元
事業主が定期的に日雇派遣労働者の就業場所を巡回し就業の状況を確認する
こと等を求めた。なお、これと併せて派遣元指針も一部改正し、一般の派遣
事業についても、派遣元事業主が派遣料金の額、派遣労働者の賃金額等の情
報を公開することを求めた。

（4）　労働者派遣事業をめぐる政治的な動き

　上記中間報告を受けて、2008年2月から今後の労働者派遣制度の在り方に

関する研究会[39]が開催され、審議を開始した。その報告書は同年7月にまとめられたが、そこに至る過程で、マスコミ等で日雇派遣労働者の窮状が繰り返し報道されたことや、秋葉原で派遣労働者による大量殺傷事件が起こったことから、労働者派遣制度が格差社会の元凶として政治的に大きく取り上げられるようになった。

とりわけ、与党（自由民主党と公明党）の新雇用対策に関するプロジェクトチーム[40]は、同年7月に、日雇派遣は派遣の中でも特に雇用が不安定であることから原則禁止とし、ただし日雇派遣が常態でありかつ労働者保護に問題がない業務についてポジティブリストで例外的に認めるとの提言を行った。同提言はまた、登録型派遣について常用型派遣を含む常用雇用への切り替え促進措置を求め、また派遣労働者の職務内容にふさわしい待遇の確保、派遣先の災害防止責任が反映される措置も求めている。さらに、マージン率の公開を法的義務とし、もっぱら派遣を規制すること、偽装請負や違法派遣への措置の強化を求めている。

（5）　労働者派遣制度在り方研究会

こういった政治的な動きが進む中で、上述の研究会は、2008年7月に報告書をとりまとめた。

報告書はまず、初めて雇用形態別に見た派遣事業の在り方について検討し、日雇派遣については、「あまりにも多くの問題を生じさせている」ので「禁止することを検討すべき」とした上で、「危険度が高く、安全性が確保できない業務、雇用管理責任が担い得ない業務」を禁止し、「専門業務」など「短期の雇用であっても労働者に特段の不利益が生じないような業務」は禁止する必要がないと述べている。登録型派遣については、問題点を指摘しつつ禁止することは適当でなく、待遇改善の措置や常用派遣への転換・派遣先への常用就職を促進すべきとしている。重要な点として、常用型派遣に解釈上有期雇用を反復更新している者も含まれている点を問題とし、「期間の定

39）学識者5名、座長：鎌田耕一。
40）座長：川崎二郎。

98 第2部 労働市場法政策

めのない」ものと再整理すべきとしている。

　派遣労働者の待遇については、均等・均衡処遇を退ける代わりに派遣元に待遇改善の努力義務を課し、その考慮要素として派遣先の同種の労働者の待遇等を挙げるとともに、派遣先に対しても待遇改善への協力の努力義務を課すことを求めている。派遣料金から派遣労働者の賃金相当額を引いた額（いわゆる「マージン」）を規制することについては不適当としつつ、法律上派遣料金や派遣労働者の賃金についての情報公開を義務づけるべきとしている。ただし個別料金と経費の公開には消極的である。

　派遣先の労災補償責任については否定しつつ、派遣先が安全衛生責任に違反する等故意又は重大な過失によって労働災害を生じさせた場合には被災者の保険給付に係る費用を派遣先から徴収できるようにすることを提起した。

　規制緩和サイドから緩和が要求されていた派遣受入期間制限や雇用契約申込義務については、常用代替防止の観点から退けている。一方、期間制限のない業務についての雇用契約申込義務については、常用型派遣は既に雇用の安定が確保されているとして義務づけを外すべきとしている。

　事前面接については、登録型の場合労働者供給事業に該当する可能性があることから規制を維持すべきとしつつ、常用型については派遣元と派遣労働者との間の雇用関係が継続することが前提となることから認めても差し支えないとし、むしろミスマッチの解消、登録型から常用型への転換促進に役立つとしている。

　グループ企業で派遣会社を設け、グループ内の企業専門に派遣することについては、労働力需給調整の在り方として適当ではないとし、その割合を一定割合（8割）以下とすること、グループ企業から解雇・退職転籍（定年を除く）した労働者をグループ会社の派遣労働者として当該グループ企業に派遣することを、解雇等の後一定期間禁止することを求めている。

　違法派遣の是正措置として、派遣先と派遣労働者の間に雇用関係を成立させる何らかの手法が効果的としつつ、雇用関係の成立みなし、雇用契約の申込みなしについては否定的で、申込義務を生じさせ、かつ申込を行政が勧告する方法を中心に検討すべきとしている。

（6） 労政審建議

　この研究会報告を受けて、7月末から直ちに労働政策審議会労働力需給制度部会[41]で審議が始まった。9月末にとりまとめられた建議は、次のような内容であった。

　まず社会的に関心の集中していた日雇派遣について、「日々又は30日以内の期間を定めて雇用する労働者について、原則、労働者派遣を行ってはならないもの」とした上で、「日雇派遣が常態であり、かつ、労働者の保護に問題ない業務等について、政令によりポジティブリスト化して認めることが適当」とし、具体的に日雇派遣を認める業種として、26業務から特別な雇用管理を必要とする業務（清掃、ビルメン、駐車場管理及びテレマーケティング）及び日雇派遣がほとんど見られない業務（放送関係及びインテリアコーディネーター）を除外したものをポジティブリストとしている。

　また1年以上勤務している有期派遣労働者について、無期派遣労働者への転換、そのための教育訓練、紹介予定派遣による派遣先への直接雇用の促進のいずれかを講ずる努力義務を派遣元事業主に課すこととした。

　待遇については、派遣労働者の職務の内容、職務の成果、意欲、能力又は経験等を勘案し、賃金を決定する努力義務を派遣元事業主に課すこととし、その際の考慮要素の一つとして、派遣先の同種の労働者の賃金を指針に明記するとしている。

　さらに、派遣料金、派遣労働者の賃金、これらの差額の派遣料金に占める割合等の事業運営に関する情報の公開義務を派遣元事業主に課し、また派遣労働者に対し、事業運営に関する状況、具体的な待遇決定の方法、労働者派遣制度の仕組みの説明を行う義務を派遣元事業主に課すこととしている。

　期間の定めのない雇用契約の派遣労働者について、雇用申込義務の適用対象から除外すべきという点は研究会報告の通りであるが、研究会報告ではその前提として、常用型派遣の中に解釈上有期契約を反復更新している者も含まれていることを問題視し、これを「期間の定めのないもの」と整理することを提起していたが、建議ではその部分は落ちている。ということは、雇用

41）公労使各3名、部会長：清家篤。

申込義務の関係では期間の定めのない契約でなければ除外されないが、そもそも派遣事業が許可か届出かという段階では依然として有期契約の反復更新であっても常用型と見なすという事態が続くことになる。

特定を目的とする行為、紹介予定派遣、グループ企業派遣等についてはいずれもほぼ研究会報告の線でまとめられているが、グループ企業派遣で離職した労働者を元の企業に派遣することの禁止期間は離職後1年間とされた。

違法派遣是正のための派遣先での直接雇用については、「適用除外業務への派遣、期間制限違反、無許可・無届事業所からの派遣」については全面的に、またいわゆる偽装請負については「派遣先に一定の責任のある場合」に、派遣先に対し行政が賃金及び雇用契約期間について従前以上の条件で雇用契約を申し込むことを勧告できることとしている。

（7）　2008年改正案

この建議を受けて、厚生労働省は直ちに改正法案要綱を作成し、2008年10月に労働政策審議会に諮問してその答申を得、11月には改正法案を国会に提出した。

ところが、この時には既に2008年9月のリーマン・ショックの影響が日本にも及び始め、自動車産業をはじめとして多くの製造業で派遣労働者や期間労働者など非正規労働者の急激な削減が始まっていた。とりわけ、契約を突然打ち切られた派遣労働者たちが、派遣会社の寮を追い出されて住むところを失うという状況が露わになり、労働者派遣制度に対する世論の風当たりがさらに一層強くなった。この中で、NPO法人の自立生活サポートセンターもやい[42]など20団体により、2008年末から2009年始にかけて日比谷公園内に年越し派遣村が設立され、宿泊用テントや生活物資の支給、炊き出し、労働・生活相談などが行われた。

この事態を受けて、当時の舛添要一厚労相は年明け早々の記者会見で製造業派遣を禁止することを示唆するなど、さらなる労働者派遣法の規制強化に向けた動きが加速し始めた。そうした中で、政府提出の改正案は国会審議が

42事務局長：湯浅誠。

されないままの状態となった。

(8)　3野党の改正案

　政府の労働者派遣法改正案に対する当時の野党の対案は難航した。社会民主党が強く主張する登録型派遣や製造業派遣の原則禁止に民主党が難色を示していたからだと伝えられる。3野党の間で合意が成立したのは2009年6月で、直ちに改正法案が国会に提出された。しかし、政府法案も野党法案も審議されることはなく、衆議院の解散とともに廃案となった。

　3野党法案は、まず専門業務等を除き製造業派遣・登録型派遣の原則禁止を謳っていた。均等待遇については、派遣元、派遣先双方との関係で均等待遇原則を定めているが、規定ぶりはいささか曖昧であった。

　これに対しマスコミではあまり注目されなかったが、年休・育休等を理由とする不利益取扱い、未払賃金等の責任、安全衛生責任等、個人情報の保護、そして何よりも団体交渉応諾義務など、派遣先責任の強化に力を入れていた点が注目される。

　法律的に最大の論点は、派遣先のみなし雇用を設けようとした点である。派遣労働者が派遣先に対して「自己の雇用主とみなす旨を通告することができる」のは、①港湾運送・建設・警備・物の製造の業務に従事させること、②登録型派遣の原則禁止に反して、常用でない派遣労働者を受け入れること、③無許可や無届の派遣元から派遣を受けること、④派遣期間制限の通知を受けたのに制限を超えて派遣を受けること、⑤その他これらに準ずる行為、の場合である。派遣労働者がこの通告をした場合、通告の到達時に、派遣元と派遣労働者との間の雇用契約は派遣先に移転したものとみなされる。この際、④の理由による場合は雇用契約を期間の定めのないものに変更することができるとされている。

　2009年8月の総選挙で民主党が大勝を収め、9月に民主党・社会民主党・国民新党の3党連立による鳩山由紀夫内閣が成立した。この政権交代に伴い、3野党法案をベースにした派遣法改正に向けた動きが進み始めた。

（9） 労政審答申

　政権交代当初、「政治主導」の名の下に各省の審議会は軒並みストップしたが、連合が直後の政労会見で「労働政策の検討に当たっては、ILOの三者構成主義に基づき、公労使による審議会での議論を引き続き行う」旨を要請したため、三者構成による労働政策審議会が従来同様労働政策決定の中心としての機能を維持することとなった。

　2009年10月、長妻昭厚労相から労働政策審議会に諮問が行われたが、諮問文では「製造業務への派遣や登録型派遣の今後の在り方、違法派遣の場合の派遣先との雇用契約の成立促進等」がわざわざ例示されている。労働力需給制度部会[43]では労使の間で激しいやりとりが行われたが、12月には労働政策審議会答申が取りまとめられた。そこでは、2008年法案の内容に加えて、登録型派遣の原則禁止、製造業務派遣の原則禁止、均衡待遇の考慮、マージン率の情報公開、そして違法派遣の場合の直接雇用の促進といった事項が盛り込まれた。

　登録型派遣については、原則として「常用雇用以外の労働者派遣を禁止する」とした上で、例外として「専門26業務」、「産前産後休業・育児休業・介護休業取得者の代替要員派遣」、「高齢者派遣」、「紹介予定派遣」を挙げている。議論で挙がっていた「一定の利用目的による派遣」というフランス型の発想は否定された。

　製造業務派遣も原則禁止とした上で、例外として「常用雇用の労働者派遣」を挙げている。これは今までの議論が（3野党法案も含めて）専門職を例外としてきたことからするとやや意外の感を与えた。労働側からすれば常用型派遣まで禁止しなければならない理由はなかったことが原因と思われる。この修正は、三者構成原則による審議のメリットが生かされた点と言えよう。

　なおこれらについては最終段階で、3年以内の施行日からさらに2年後までの間（つまり最大で5年間）、「比較的問題が少なく労働者のニーズもある業務」（政令で規定）については適用を猶予するという規定が盛り込まれた。

43）公労使各3名、部会長：清家篤。

これは使用者側の反発への最大限のサービスといえよう。

　待遇については、「同種の業務に従事する派遣先の労働者との均衡を考慮する」こととし、また個別の「派遣労働者に対して、一人当たりの派遣料金の額を明示」すべきこととされた。これによりマージン額とマージン率がわかるようになる。

　違法派遣の是正の方法としては、3野党法案（派遣労働者がみなす旨を通告する）と少し異なり「派遣先が派遣労働者に対して、当該派遣労働者の派遣元における労働条件と同一の労働条件を内容とする労働契約を申し込んだものとみなす」こととされた。どちらも派遣先のアクションは必要なく、派遣労働者の行為だけでいいのだが、3野党法案ではそれが「通告」であるのに対し、こちらでは「受諾」になる。また対象となる違法派遣は「禁止業務への派遣受入れ」、「無許可・無届の派遣元からの派遣受入れ」、「期間制限を超えての派遣受入れ」、「いわゆる偽装請負の場合」に加え、「（登録型派遣の原則禁止）に違反して、常用雇用する労働者でない者を派遣労働者として受入れ」も含まれている。また、これにより「みなされた労働契約の申込みを派遣労働者が受諾したにもかかわらず、当該派遣労働者を就労させない派遣先に対する行政の勧告制度を設ける」ともしている。

　これらに対して、派遣先責任の強化等については「さらに検討すべき問題も多数見られる」ことから、「今回の法案では措置せず、当部会において引き続き検討することが適当」としている。また、労働側から「登録型派遣禁止の例外とされている専門26業務について、見直しの検討が必要である」という意見が付け加えられた。

（10）　2010年改正案

　明くる2010年2月、厚生労働省は法案要綱を労働政策審議会に諮問し、妥当との答申を受け、4月に改正法案を国会に提出した。改正法案は2段階ロケット方式で、まず登録型派遣・製造業派遣の禁止以外の改正事項について6か月以内に施行し、第2弾の登録型派遣・製造業派遣の禁止については3年以内の施行である。第1次改正により法律の題名が「労働者派遣事業の適正な運営の確保及び派遣労働者の保護等に関する法律」となり、目的にも

「派遣労働者の保護」という言葉が入る。

　内容はほぼ上記労働政策審議会答申に沿っているが、労働契約申込みみなし制度については、この規定により「労働契約の申込みをしたものとみなされた労働者派遣の役務の提供を受ける者は、当該労働契約の申込みに係る（上記）行為が終了した日から一年を経過する日までの間は、当該申込みを撤回することができない」とされ、申込みみなしは1年間有効である。この期間内にその派遣先が「承諾する旨又は承諾しない旨の意思表示を受けなかったときは、当該申込みは、その効力を失う」ことになる。なお偽装請負の場合は、請負と労働者派遣の区分が必ずしも一義的に明白ではないこともあり、「労働者派遣の役務の提供を受ける者が、その行った行為が次のいずれかの行為に該当することを知らず、かつ、知らなかったことにつき過失がなかったときは、この限りでない」とされ、派遣労働者からの求めに応じて、厚生労働大臣がこれに該当するかどうかについて必要な助言をすることができるとされている。また、みなし申込みに対して派遣労働者が承諾したにもかかわらず、派遣先が当該派遣労働者を就労させない場合には、私法上雇用契約関係が存在することを前提とする請求をすることができることはもちろんだが、厚生労働大臣が当該派遣先に必要な助言、指導、勧告、公表をすることができるとされている。

　また登録型派遣の原則禁止については、禁止の前提として、「派遣元事業主は派遣先に、当該労働者派遣に係る派遣労働者が常時雇用する労働者であるか否かの別（当該労働者が期間を定めないで雇用する労働者である場合にあつては、その旨）を通知しなければならない」という規定が設けられている。その後に変更があったときも、遅滞なく、その旨を当該派遣先に通知しなければならない。この規定ぶりからも、「常時雇用する労働者」が「期間を定めないで雇用する労働者」よりも広く、有期契約労働者も含む概念であることが法案上明らかとなっている。

　さらに、労働契約申込みみなしの対象となる行為として、禁止に違反して常時雇用する労働者でない者について労働者派遣の役務の提供を受け入れることが付け加えられている。この場合、反復更新された期間の定めのある派遣労働者が「常時雇用する労働者」に該当するかどうかが、必ずしも一義的

に明確ではない可能性があるが、おそらくその場合、厚生労働大臣が申込みみなしの対象となる非常用労働者であるのか、それとも申込みみなしの対象とはならない常用労働者であるのかを助言することで解決を図ることになるのであろう。

第2次改正の施行までの3年に加えて最大5年の猶予となるとなる2年間の暫定措置については、「労働者派遣により常時雇用する労働者でない者を従事させても当該労働者の雇用の安定に大きな支障が生じていなかったと認められる業務であって、当該業務に従事する労働者の雇用の安定を図るためには労働者派遣により常時雇用する労働者でない者を従事させることがやむを得ないと認められる業務として政令で定める業務については、常時雇用する労働者でない者について労働者派遣をすることを認める」こととしている。

しかしながらその後、鳩山政権が米軍普天間基地移設問題で揺らぐ中、社会民主党が政権を離脱し、6月には鳩山由紀夫首相が辞任するに至り、結局継続審議となった。さらに7月の参院選で民主党が惨敗し、衆参ねじれ国会となったことから、原案通りの可決は困難となり、事実上の塩漬け状態となった。

（11） 専門26業務派遣適正化プラン[44]

さて、2010年改正法案の提出に先立つ2月、当時の長妻昭厚労相が「専門26業務派遣適正化プラン」（職発0208第1号）の実施を発表し、都道府県労働局において3月及び4月を集中的な期間とする専門26業務の派遣適正化のための指導監督を行うこととした。

これは、とりわけファイリングや事務用機器操作といった「専門業務」を名目として実際には一般事務に派遣されている事案を摘発しようとするものであるが、そもそも派遣法制定時には、「事務処理」として専門業務と論じられていたものが、法制定後の政令作成時に「ファイリング」や「事務用機器操作」とされたものであり、法制定後の四半世紀にわたって事実上容認され続けてきたものであることを考えると、大きな問題を孕むものであった。

44）濱口桂一郎「事務処理派遣とは何だったか？」（『労務事情』2010年9月1日号）。

106　第2部　労働市場法政策

派遣業界側は、これにより派遣先が契約終了したケースが多く発生している
と主張している。ここには、「専門業務」という建前で事務処理派遣を広範
に認めてきた派遣法の運用の矛盾が露呈しているともいえよう。

　なお、下記2012年3月の3党による修正案可決の際の附帯決議において、
「いわゆる専門26業務に該当するかどうかによって派遣期間の取扱いが大き
く変わる現行制度について、派遣労働者や派遣元・派遣先企業に分かりやす
い制度となるよう、速やかに見直しの検討を開始すること。検討の結論が出
るまでの間、期間制限違反の指導監督については、労働契約申込みみなし制
度が創設されること等も踏まえ、丁寧・適切に、必要な限度においてのみ実
施するよう改めること」と釘が刺された。

（12）　2012年改正

　2010年改正案は1年半に亘って国会で塩漬け状態となっていたが、2011
年11月になって、民主党と野党の自由民主党、公明党の3党の間で、登録型
派遣や製造業派遣の原則禁止規定を削除することで大筋合意したという新聞
報道が流れてから急遽動き出し、同年12月の衆議院厚労委でこの3党提出の
修正案が審議されたが、会期末であったため継続審議となり、翌2012年3
月に衆参両院で可決され成立に至った。

　この国会修正では、2010年改正案で第2次改正事項とされていた製造業派
遣の原則禁止と登録型派遣の原則禁止に係る規定を全て削除した。その代わ
りに、附則に施行後「常時雇用する労働者でない者についての労働者派遣の
在り方、物の製造の業務についての労働者派遣の在り方及び特定労働者派遣
事業の在り方について、速やかに検討を行う」という規定が加えられた。

　また日雇派遣の原則禁止については、例外としてさらに「雇用の機会の確
保が特に困難であると認められる労働者の雇用の維持を図るため必要である
と認められる場合その他の場合で政令で定める場合」（具体的には60歳以上
の高齢者、昼間学生、副業として従事する者、主たる生計者でない者）を適
用除外としている。これは、規制を緩和しようとして盛り込まれたものであ
るが、日雇派遣で生計費を稼ぐ必要性の高い者ほど日雇派遣で働くことがで
きないという逆説的な状況をもたらすことになった。

さらに、2010年改正案で盛り込まれた労働契約申込みみなし制度については、施行日を3年遅らせて、こちらを第2弾ロケットとしている。この趣旨について提出者は、特に26業務に該当するかとか偽装請負に該当するかといったことについて、見解の相違で不意打ちで適用される懸念があると述べている。野党議員からの削除すべきではないかとの質問に対し提出者は「3年間猶予を置いて、じっくり考えながら」とか「この3年の間に、このみなし規定自体がなくなるということも含めて、労働政策審議会の方でしっかりと議論をいただければありがたい」と答弁しており、猶予期間中に削除することも念頭に置かれていたが、結局2015年改正の施行とほぼ同時に施行された。

6　非正規労働法制としての労働者派遣法へ

（1）　労働者派遣制度在り方研究会

上記2012年改正時に、登録型派遣・製造業派遣・特定派遣事業の在り方や、いわゆる専門26業務に該当するかどうかによって派遣期間の取扱いが大きく変わる現行制度の在り方について、検討・議論を開始すべきとの附帯決議が付けられ、これを受けて改正法が施行された2012年10月より今後の労働者派遣制度の在り方に関する研究会[45]が開始され、外国法制の検討や、事業団体、労働組合からのヒアリングが行われた。

2013年8月にその報告書がとりまとめられたが、この間2012年末の総選挙で自由民主党が大勝し、自公政権が復活したこともあり、派遣労働法政策に対する考え方は大きく変わった。まず何よりも大きな転換は、これまで日本の労働者派遣法の基本哲学であった（派遣先の常用労働者が派遣労働者に代替されるという意味での）常用代替の防止とそれに基づく26業務という区分を全面的に見直そうとしている点である。代わって、「常時雇用される」を「期間の定めのない」と再整理することで、無期雇用派遣については期間制限を廃止し、有期雇用派遣については派遣労働者自身の雇用安定の観点から、「役務」に着目するのではなく「人」に着目して期間制限をかけること

───────────
45）学識者7名、座長：鎌田耕一。

を提起している。

（2） 各団体や規制改革会議の動向

なおこの間、派遣労働規制の在り方についていくつかの動きがあった。

2013年7月には日本人材派遣協会が「労働者派遣の現状と今後の労働者派遣制度のあり方」を厚生労働省に提出し、その中で26業務の業務区分を撤廃すること、期間制限を人単位に変更すること、未施行のみなし雇用規定や既施行の日雇派遣禁止の廃止などを求めている。興味深いのは、特定派遣を届出制から許可制にするという規制強化も求めている点である。

また同月には日本経団連から「今後の労働者派遣制度のあり方について」が出され、常用代替防止の考え方の廃止を述べつつも、26業務の全面廃止には慎重な姿勢を示し、「本当に専門的な知識等が求められる業務に限定」すべきとしており、人材派遣協会の考え方とはずれが見られる。また均衡処遇に対しては、日本の労働市場や賃金制度が欧米と異なることを強調して否定的な姿勢を堅持している。

一方、自公政権下で2013年1月に設置された規制改革会議は、3月から雇用ワーキンググループ[46]を設け、いくつものテーマについて審議したが、9月に同WGがまとめた「これまでの議論を踏まえた労働者派遣制度に関する論点」では、派遣労働の規制根拠を、正社員の仕事を奪うべきではないとする「常用代替防止」から、「派遣労働の濫用防止」（実態にそぐわない派遣の利用や低処遇・不安定雇用の防止）に転換すべきとの基本的考え方に立って、2012年改正による日雇派遣の原則禁止や申込みみなし制度等の見直しを求めている。

（3） 労政審建議

2013年8月末から、労働政策審議会労働力需給制度部会[47]で審議が開始された。審議会ではとりわけ労働側が常用代替防止を堅持すべきと主張し、使

46）学識者5名、専門委員2名（労働法学者）、座長：鶴光太郎。

47）公労使各3名、労使オブザーバー各2名、部会長：鎌田耕一。

用者側も26業務の廃止に消極的であったが、翌2014年1月にとりまとめられた建議では、基本的に研究会報告のラインで法改正を打ち出している。

　まず、特定派遣事業と一般派遣事業の区別を撤廃し、すべての労働者派遣事業を許可制とすることとしている。これは、研究会報告では特定派遣事業を無期契約に限定するとされていたものであるが、労使ともに届出制の弊害から許可制に一本化した。その際小規模業者への配慮を求めているが、むしろ大規模業者への集積を意識していると思われる。

　26業務を廃止して、個人単位と派遣先単位の2つの期間制限を掛けるという枠組みは研究会報告通りである。個人単位の期間制限が掛かるのは「業務のまとまりがあり、かつ、その長が業務の配分及び労務管理上の指揮監督権限を有する単位」とされる「組織単位」であり、「課」がイメージされている。組織単位を超えて変われば、同一派遣先に同一派遣労働者を派遣し続けることも可能である。一方派遣先単位の期間制限については、研究会報告では派遣先の労使がチェックする仕組みとして、「受入れの可否を決定する」と書かれていたが、過半数組合等からの意見聴取にトーンダウンした。もっとも、無期契約であればいずれの期間制限もかからないのであるから、これはむしろ無期誘導政策ということもできる。

　均等・均衡処遇については、労働市場構造の相違という壁を越えることができず、派遣先が派遣元に派遣労働者と同種の業務に従事する労働者の賃金情報を提供する等の配慮にとどまった。

（4）　2014年改正案

　厚生労働省は2014年2月に労働政策審議会に法案要綱を諮問し、答申を受けて同年3月に改正法案を国会に提出した。

　内容は基本的に建議に沿っているが、「特定有期雇用派遣労働者等」（派遣先の同一の組織単位の業務に継続1年以上就労する見込みがある者等）という概念を設け、それについて、①派遣労働者としての就業機会の確保、提供、②派遣以外の無期雇用の機会の確保、提供、③教育訓練等雇用安定のための措置、を講ずるよう努めることを求めている。また期間制限については、無期雇用派遣労働者と共に、省令で定める雇用機会確保が困難な派遣労

働者、期間限定業務等も除外されている。

　同法案は審議されないまま同年6月廃案となった。同年秋の臨時国会に再度提出したが、審議途中で衆議院が解散され、再び廃案になった。

　その後、2014年10月に公明党が示したと言われる「幻の修正案」を取り入れる形で、2015年3月通常国会にみたび提出された。その内容は、①運用上の配慮に「派遣就業は臨時的かつ一時的なものであることが原則である」と明記すること、②特定有期雇用派遣労働者への措置として派遣先への直接雇用の依頼を明記すること、③派遣先の期間延長にかかる過半数代表の意見聴取で異議を述べたときの説明義務等であるが、均等・均衡処遇の調査研究も盛り込まれている。

　この改正案も成立は容易ではなく、2015年には野党の維新の党と民主党から対案として職務待遇確保法案が提出されるなど紆余曲折を経たが、ちょうど安全保障関連法案のために9月まで通常国会の会期が延長されていたために、ようやく2015年9月のぎりぎりになって成立に至った。

(5)　2015年改正

　2015年改正により、法制定当時から維持されてきた一般労働者派遣事業（許可制）と特定労働者派遣事業（届出制）の区別がなくなり、全ての労働者派遣事業が許可制に移行した。全業者に2,000万円の資産要件が課されることになるので、小規模事業者の淘汰が進むと見込まれる。もっとも施行から3年間は経過措置がある。

　また、1999年改正時からの（26業務か否かという）業務単位での期間制限の発想が、業務に関わりなく適用される個人単位及び派遣先単位の共通ルールに変わった。まず無期雇用の派遣労働者には期間制限がない。60歳以上の者、有期プロジェクト事業等も同様である。

　これに対し、有期雇用の派遣労働者の場合、個人単位では、派遣先の同一の組織単位ごとに上限3年とされ、派遣元は上限に達する派遣労働者に雇用安定措置（派遣先への直接雇用の依頼、新たな派遣先の提供、派遣元での無期雇用等）を講ずることとなる。また派遣先単位では、同一の事業所における継続した派遣労働者の受入れの上限を原則3年としつつ、派遣先の過半数

組合等への意見聴取により延長することができる（過半数組合等が異議を述べれば説明義務がある）。

均等待遇関係では、それまでの規定に加え、派遣元に対しては派遣労働者の均衡待遇の確保の際に考慮した内容の説明義務が、派遣先に対しては同種の業務に従事する派遣先の労働者の賃金の情報提供、教育訓練、福利厚生施設の利用に関する配慮義務が課せられている。また派遣労働者のキャリアアップのために、派遣元に対して計画的な教育訓練やキャリアコンサルティングを義務づけるとともに、派遣先に派遣労働者の能力に関する情報提供の努力義務を課している。

なお、2012年改正法のうち、労働契約申込みみなし制度は2015年10月から施行されたが、その直前に2015年改正により業務単位での期間制限がなくなったので、例えば26業務として長期間派遣されていた派遣労働者が実は一般業務であったとして期間制限違反で申込みみなし規定が発動されるという可能性はなくなった。もっとも、偽装請負の場合の申込みみなし規定はそのまま施行された。ただし、厚生労働省は2015年7月に通達を発し、法律上の要件に「規定を免れる目的で」と主観的要件が明記されていることから、指揮命令を行い、偽装請負等の状態になったことのみをもって、「偽装請負等の目的」を推定するものではないとしている。

（6）　派遣労働者の均等待遇

上述のように、2015年改正はそれまで数年間の規制強化の流れを再度転換し、非正規労働法制としての労働者派遣法を目指すものであったが、均等・均衡待遇に関しては2012年改正時の均衡考慮義務に、派遣元・派遣先の若干の説明義務、配慮義務が追加されるにとどまっていた。ただし、野党から対案として出されて成立した職務待遇確保法が、特に派遣労働者に関して法制上の措置を求めており、対応が迫られていた。

この問題はその後、2016年以降の官邸主導の同一労働同一賃金政策の推進の中で急展開していく。同年6月の「ニッポン一億総活躍プラン」でガイドライン策定とパート法、労働契約法、派遣法の一括改正が示され、同年末には働き方改革実現会議で「同一労働同一賃金ガイドライン案」が示され

た。これは有期労働者とパートタイム労働者については基本給、各種手当、福利厚生の各項目にわたって詳細な例示を示していたが、派遣労働者については「派遣元事業者は、派遣先の労働者と職務内容、職務内容・配置の変更範囲、その他の事情が同一である派遣労働者に対し、その派遣先の労働者と同一の賃金の支給、福利厚生、教育訓練の実施をしなければならない。また、職務内容、職務内容・配置の変更範囲、その他の事情に一定の違いがある場合において、その相違に応じた賃金の支給、福利厚生、教育訓練の実施をしなければならない」というごく概括的な記述があるのみであった。

　ところが翌2017年3月に取りまとめられた働き方改革実行計画では、上記原則の文言はそのまま維持する一方、「派遣労働者に関する法整備」というところで、派遣労働特有の状況に着目した記述がされた。すなわち、「派遣労働者については、同一労働同一賃金の適用により、派遣先が変わるごとに賃金水準が変わることで不安定になり、派遣元事業者による段階的・体系的な教育訓練等のキャリアアップ支援と不整合な事態を招くこともありうる」という懸念から、①同種業務の一般の労働者の賃金水準と同等以上であること、②派遣労働者のキャリア形成を前提に能力を適切に評価して賃金に反映させていくこと、③賃金以外の待遇について派遣元事業者に雇われている正規雇用労働者の待遇と比較して不合理でないことという3要件を満たす労使協定を締結した場合については、派遣先労働者との均等・均衡待遇を求めないこととしている。もっともこの場合でも、単に要件を満たす労使協定を締結することだけでは足りず、3要件を満たす形で協定が実際に履行されていることが求められる。

（7）　2018年改正

　この働き方改革実行計画を受けて、労働政策審議会に労働条件分科会・職業安定分科会・雇用均等分科会同一労働同一賃金部会[48]が設けられた。3つの分科会にわたる事項を1つの部会でまとめて審議するというわけである。同部会は2017年4月から審議を開始し、同年6月にはほぼ働き方改革実行計

48）公労使各6名、部会長：守島基博。

画に沿った建議を行った。

2017年9月には、「働き方改革を推進するための関係法律の整備に関する法律案」として8法の一括改正法案の要綱が労働政策審議会に諮問され、妥当との答申を受けた。その後、2018年に入って労働時間関係の規定をめぐって混乱が続いたが、同年4月には改正法案が国会に提出され、同年6月に成立に至った。そのうち同一労働同一賃金関係の改正は、労働契約法から第20条を削除して、パート法をパート・有期法にするとともに、労働者派遣法にも関係の規定を盛り込むというやり方である。

既に労働者派遣法上では2012年改正で均衡を考慮した待遇の確保、2015年改正で待遇に関する説明義務が派遣元事業主に課せられているが、今回の改正ではパート・有期法と同様の均等・均衡待遇とするか、労使協定方式とするかの選択としている。前者の場合、派遣元がその義務を履行できるよう、派遣先に対して、比較対象労働者の賃金その他の待遇に関する情報を提供させることとし、それが提供されない限り労働者派遣契約の締結を禁止している。そして、派遣元が均等・均衡待遇を遵守できるように、派遣先は派遣料金額について配慮するという規定までおかれている。

後者は派遣法独自の仕組みであり、過半数組合又は過半数代表者との書面協定により、派遣先労働者との均等・均衡待遇は適用除外される。その要件は働き方改革実行計画の記述を具体化したものである。この協定に係る「過半数」は労働者の過半数であって、派遣労働者の過半数ではない。一方、パート法第7条に倣って、派遣労働者に係る事項についての就業規則の作成・変更については、派遣労働者の過半数代表者の意見聴取の努力義務が設けられており、やや不整合の感もある。

また、パート、有期、派遣の非正規3形態全てについて、その均等・均衡待遇に係る問題が全て紛争調整委員会による調停の対象となる。

7　港湾労働法[49]

ここで、特殊な領域における労働力需給調整システムの展開例として、港

49）濱口桂一郎「港湾労働の法政策」（『季刊労働法』239号）。

湾労働法を取り上げる。

（1）　港湾労働法以前

　元来、海運においては、貨物取扱量の変動が激しく、日々の波動性があるため、船会社、荷主等は港湾運送事業を直営せず、下請制を利用することで、常時労務者を雇用することから生ずる経営上のロスを免れようとする。しかし、港湾運送業者もその波動性から生ずる危険を最小限度にとどめるため、元請業者に直属してその取引を独占するという縄張り主義的なあり方と、作業量が増えれば日雇労働者を駆り集めて作業に当たるが、仕事がなくなれば直ちに雇入れを止めることにより危険負担を少なくするというシステムをとった。当時、港にはいわゆるアンコウと呼ばれる農村出身の臨時労働者が多量に存在し、この労働供給の上に港湾運送事業が成り立っていた。

　ところが、戦時統制経済によって港湾運送事業は1港1社主義で統合されるとともに、戦時労働力不足に対して港湾荷役力を確保するために、労務報国会を結成させ、勤労報国隊を編成出動させるという政策をとった。

　戦後、労働民主化の波が港湾運送にも押し寄せ、従来ボス支配の濃厚であった港湾においても労働運動が台頭し、自主的な労働組合が誕生するとともに、職業安定法の制定により労働者供給事業が禁止され、従来のボス的業者が排除されることとなった。1951年5月の港湾運送事業法では、労働者供給事業禁止に違反した業者に対し2年間港湾運送事業の登録を拒否することとされた。同年12月には全日本港湾労働組合から、港湾労働者の登録制と不就労手当の実施を求める港湾労働法制定の請願が衆議院に提出され、1953年7月には初めて社会党から港湾労働法案が提出された。これは港湾労働者と港湾事業者に登録制度を設け、登録港湾労働者が就労できなかった場合に全国港湾労働者補償基金から保障手当を受け、これは国の助成金と雇用主の分担金で賄うというものであった。1956年5月には社会党からさらに詳細な港湾労働者の雇用安定に関する法律案が提出された。これは地方港湾労働委員会が予め登録港湾労働者の中から指定しておいた指定港湾労働者を最優先に雇用すべきとし、指定港湾労働者が就労できなかったときは平均賃金の60％の不就労手当を支給するというものであった。同法案は1963年まで

継続して提案された。

　同月神戸港で発生した労働者撲殺事件を契機に、港湾における労働秩序を正常化すべしとの世論が高まり、同年11月労働省に港湾労働対策協議会[50]が設置され、1957年7月に港湾労働対策に関する意見を提出した。政府はこの意見を尊重して同年12月に港湾労働審議会[51]を設置し、同審議会は港湾労働者手帳制度等に関する建議を出したが、行政改革により閣議決定による審議会の継続設置が不可能となったため1959年3月に廃止され、港湾労働協議会に改組された。

（2）　1965年港湾労働法[52]

　1961年から高度経済成長に伴って主要港では未曾有の船混み現象が生じ、港湾労働者の不足が緊急の問題としてクローズアップされてきたため、港湾労働対策もその方向を労働民主化から労働力確保へと転換させた。1962年8月から総理府に港湾労働等対策等審議会[53]が設置され、1964年3月池田勇人首相に対して、港湾労働者の登録制度の創設、日雇労働者の不就労時対策のほか、港湾運送事業の近代化等も含む総合的な答申を出した。港湾問題の抜本的な解決のためある程度理想的な姿を思い切って描いた答申であった。労働省はこの答申を全面的に尊重して立法作業に入り、慎重な態度であった運輸省と折衝の上、1965年1月成案を得、国会に提出して同年5月に成立に至った。ちなみにこの時職業安定局調整課長であった遠藤政夫は自ら神戸に乗り込み、港湾労働法の制定に反対する山口組三代目の田岡一雄組長と直談判して了解を得たという[54]。

　旧港湾労働法は、東京、横浜、名古屋、大阪、神戸及び関門のいわゆる6大港を対象とし、労働大臣が毎年港湾ごとに港湾雇用調整計画を定めることとした上で、日雇港湾労働者の登録制度を導入し、作業中登録票を携帯させ

50）学識者5名、労使各3名、官庁3名、会長：石井照久。

51）会長：石井照久。

52）有馬元治『港湾労働法』日刊労働通信社（1966年）。

53）会長：石井照久。

54）遠藤政夫『五十年の回想』労働基準調査会（1995年）。

116　第2部　労働市場法政策

ることとした。なお、常用港湾労働者については届出制とし、作業中常用港湾労働者証を携帯させることとした。そして、港湾運送事業者が日雇港湾労働者を雇い入れる場合には、原則として公共職業安定所の紹介によらなければならないこととし、その際まず登録日雇港湾労働者から紹介することとなる。

　登録日雇港湾労働者は公共職業安定所に出頭し、その紹介を受けて港湾荷役に就労することになるが、出頭したにも関わらず就労できなかった場合には、公共職業安定所長の証明により雇用促進事業団が雇用調整手当を支給する。また、訓練や福祉事業等も規定された。

　旧港湾労働法は、港湾運送事業の波動性とそこから生ずる日雇労働者の存在を前提とした上で、登録を中心とするプール制度を設けることでその雇用水準を押し上げ、前近代的雇用慣行の存在を可能にしていた条件を一掃しようと図るものであった。なお、港湾運送の波動性は世界共通の現象であり、先進諸国でも労働力のプール化を軸とする対策が講じられている。この点はILOにおいても1949年の「港湾労働者の雇用の安定に関する決議」（第25号）等で示されている。

（3）　1988年法[55]

　1970年代以降港湾運送は大きく変わり、輸送のコンテナ化や荷役機械の近代化等により在来荷役による日雇求人は激減し、港湾労働対策の抜本見直しが必要となった。そこで、労働省は港湾調整審議会[56]の意見を踏まえて港湾労働法を全面的に改正することとし、1988年5月に成立した。

　新港湾労働法は、港湾運送事業の波動性への対応とともに、輸送革新の進展に伴う良質の技能労働力を確保するために、常用労働者を労働者派遣という形態で活用することが適当と考えられたが、民間営利事業として労働者派遣事業を認めることは手配師による中間搾取など脱法行為の恐れがあることから、労働者派遣の実施主体を公益法人とし、これを労働大臣が港湾労働者

55）岡部晃三『新港湾労働法』日刊労働通信社（1988年）。

56）労使含む港湾関係者7名、会長：平田富太郎。

雇用安定センターとして指定するという方式を採った。港湾運送業務は労働者派遣法では原始ネガティブリスト業務として適用除外されていたが、ここで労働者派遣法とは別建ての労働者派遣という労働力需給調整システムに乗ることとなったわけである。

（4）　2000年改正

　新港湾労働法は2000年5月に改正され、港湾労働者雇用安定センターによる労働者派遣制度は廃止されて、代わって港湾運送事業主が労働大臣の許可を受けて、自己の雇用する常用港湾労働者を相互に派遣して活用することのできる仕組みが設けられた。

　これは1997年12月の行政改革委員会の意見に基づき、1998年3月の規制緩和推進3か年計画が閣議決定され、これを受けて中央職業安定審議会港湾労働部会[57]で審議された結果に基づくものである。これはもうほとんど労働者派遣法による労働者派遣と変わらないが、主たる相違点は派遣元は港湾運送事業者に限り、専ら派遣のみを行う事業主は禁止していること、派遣労働者は常用港湾労働者に限り、登録型派遣は禁止していることである。

8　建設業における労働力需給システム[58]

（1）　労務下請と建設雇用改善法

　前述の通り、占領終了後の請負4要件の緩和によって、とりわけ建設業界においては「労務下請」と呼ばれる重層請負構造が再構築され、労災保険法や労働安全衛生法でもそれを前提とした労災補償責任、安全衛生体制が規定されていった。

　1960-70年代には、政府、建設業界、そして労働組合サイドからそれぞれ、建設業における雇用関係の近代化に向けた提起がなされた。その中でも、大手元請業者を中心とする日本建設業団体連合会が1970年に打ち出した「日建連プール化構想」は、専属度の高い業者については常用化を促進するとと

57）公労使各3名、部会長：白井晋太郎。

58）濱口桂一郎「労働者派遣と請負の間 – 建設業務と製造業務」（『季刊労働法』第209号）、濱口桂一郎「建設労働の法政策」（『季刊労働法』第252号）。

もに、流動する常用外労働力については中央地方に建設労働力センターを設置し、職種別にプールするという案であった。しかし、中小建設業者から労働力の大手独占化構想との批判を受け、撤回された。一方、1975年に日本社会党が提出した建設労働法案は、建設事業主の届出義務と建設労働手帳制度を組み合わせたものであった。しかし、結局1976年に成立した建設労働者の雇用の改善等に関する法律は、建設労働者の雇用の改善及び福祉の増進に関する措置を規定するもので、労働力需給システムに係る法律ではない。

1985年に労働者派遣法が制定されたときに建設業務が原始ネガティブリスト業務とされ、1999年改正でもそれが維持されたことも、また1999年職業安定法改正で有料職業紹介事業が原則自由化されたときに建設業務がネガティブリスト職業とされたことも、上記重層請負による労務請負システムを前提とするものであった。

（2）　建設業務労働者就業機会確保事業

ところが2005年には、建設雇用改善法の改正によって、建設業務にも特別な形での労働者派遣事業が法認されることとなった。

2003年11月、構造改革特区の第4次提案募集に応じて、長野県小谷村が「村内の建設業者が協働で人材派遣業社を設立して建設業の従業員を1カ所に登録し、近隣地域や県内の建設会社の依頼に応じて登録者を派遣する」という提案を行った。この時には厚生労働省は否定的な回答に終始したが、翌2004年6月の第5次提案でも小谷村から「建設業者同士でその雇用する労働者を融通し合うための労働者派遣を行う場合には何らかの例外規定を設けること」という提案がなされた際には、「御提案の趣旨も踏まえながら建設業務における労働力需給調整システムの在り方についても検討する」と前向きな姿勢を示した。この間、2004年1月には岐阜県建設業協会からも、市町村単位で事業協同組合を設立した上で、当該組合に限り、労働者派遣事業の適用除外を緩和するという提案を行っている。これらは、建設業を取り巻く環境が厳しさを増す中で、建設労働者の雇用を維持するための手段として労働者派遣を求める現場からの声と言えるであろう。

これを受けた形で、厚生労働省は2004年9月から労働政策審議会建設労

働専門委員会[59]を開催し、新たな建設労働対策の検討に入った。検討事項には建設業における労働力需給調整システムが含まれている。審議会では、労使の間でかなり鋭いやりとりも見られたが、結局翌2005年1月、「新たな建設労働対策について」と題する報告を取りまとめ、併せて建設雇用改善法の改正案を承認した。なお、ここで興味深いのは、ここで提示された新たな労働力需給調整システムについて「労働者派遣」という言葉は一切用いられず、「建設業務労働者就業機会確保事業」というユーフェミズムが一貫して使われている点である。

　この事業は「地域における雇用の安定を図るため、緊急避難的かつ限定的な形で新たな労働力需給調整システムを創設する」ものとされている。どのように緊急避難的かつ限定的なのかというと、まず各地域の建設業の事業主団体が、建設業務労働者就業機会確保事業又は建設業務有料職業紹介事業を一体として実施することを内容とする計画（「実施計画」）を作成し、厚生労働大臣の認定を受ける。計画の認定を受けることができる建設事業主団体は可能な限り対象を限定する。次に、計画を作成した事業主団体の内部で、適格性要件を満たした構成事業主がその雇用する常用の建設業務労働者を、他の構成事業主に送出し、その指揮命令関係の下で就労する機会を与えることになる。これがいうところの「建設業務労働者就業機会確保事業」である。これで直ちに構成事業主が「建設業務労働者就業機会確保事業」を行えるわけではなく、ここでもう一段厚生労働大臣の許可を受ける必要がある。常用労働者に限った労働者派遣事業に許可制を取っている点で、上述の港湾労働法による労働者派遣システムと似ているといえよう。

　上記報告をもとに、厚生労働省は2005年2月、「建設労働者の雇用の改善等に関する法律の一部を改正する法律案」を国会に提出し、同法は同年7月に成立した。その後同年9月にまとめられた建設雇用改善計画（第7次）では、「建設業務労働者就業機会確保事業については、一時的に労働力の過不足が生じる建設事業主のみが実施可能であり、送出就業に従事させることを目的として労働者を雇用することや、建設業務労働者就業機会確保事業を主

59）公労使各4名、座長：椎谷正。

120　第2部　労働市場法政策

たる業務内容とする部署を設けること等趣旨に反する事業運営を行うことはできないことについて、指導等を行うことが重要」とされている。

9　労働組合の労働者供給事業

　労働者供給事業は、かつては「供給契約に基づいて労働者を他人に使用させること」と大変広範な概念であったが、現在では労働者派遣事業が抜き出された残りという位置づけになっている。しかも、供給元と供給先の双方と雇用関係があるタイプ（在籍出向や紹介予定派遣）は観念的には労働者供給に該当しうるが、労働者供給事業としての規制の対象とはならないので、実際には供給元とは雇用関係がないもののみが労働者供給事業として残っている。

　職業安定法制定時より、（厚生）労働大臣の許可を受けた労働組合（1985年改正で職員団体等が含まれた）が行う無料の労働者供給事業のみが認められているが、許可組合は極めてわずかである。これについては、労働組合であるため事業主性がなく、現在は労働者供給事業と労働者派遣事業を組み合わせた仕組みをとることにより、派遣事業体が雇用する形で社会労働保険を適用している。労働組合の労働者供給事業は、元々労働者のためのものであることから、労働者派遣事業に対するような規制の必要はなく、むしろ労働者供給事業法制定により事業主性を認めて欲しいとの要望がある。

　なお、1999年改正時に、労働組合が派遣事業体を設立し、労働組合から派遣事業体に労働者を供給し、派遣事業体から派遣先に労働者を派遣するという仕組みが認められるようになったが、これでは四者間労務供給契約であり、ますます複雑である。とはいえ、労働組合が組合員を雇用して派遣するという形をとったのでは、もはや使用者であって、そもそも労働組合ではなくなってしまう。そこで、近年、労働組合が母胎となって、中小企業等協同組合法に規定する企業組合を設立し、ここが労働者派遣事業を行うという事業形態をとるものが生まれている。

　2016年12月の労働政策審議会建議では、雇用仲介事業の見直しの一環として、労働者供給事業者に対する指導の強化が盛り込まれるとともに、求人者規制の一環として労働者供給を受けようとする者に対する指導の強化も含

まれ、これを受けて翌2017年1月職業安定法等の改正法案が国会に提出され、同年3月に成立に至った。

第3節　雇用仲介事業の法政策[60]

1　有料職業紹介事業

（1）　1997年省令改正までの推移

　前節で述べたように、労働省が設置した労働力需給システム研究会[61]は1980年4月、労働者派遣事業制度の創設を中心とする提言を行ったが、その中で有料職業紹介事業に関しては、①許可対象職業が労働力需給の実情に適合していないので洗い直すこと、②営利紹介事業と実費紹介事業を統合し、適正な手数料により運営される有料紹介事業に一本化することなどが指摘された。

　これらは1985年の労働者派遣法制定に併せて行われた職業安定法の改正に盛り込まれた。具体的には、実費職業紹介と営利職業紹介を有料職業紹介に統合すること、許可制について、期間満了ごとに新規許可を受ける方式から許可の有効期間を更新する方式に改める等の規制緩和である。なお、この時、兼業規制について、中央職業安定審議会の建議では「真に求職者保護の観点から必要と思われる営業（例えば風俗営業、質屋、いわゆるサラ金）に限定すること」とされながら、業所管官庁との関係でそのままとされた。

　またこの時、労働省サイドが就職情報誌への規制を試み、業界の強い反発で諦めるという裏事情があったらしい。業界側が設置した職業安定法研究会[62]の報告書の内容を、そのメンバーであった岩出誠弁護士が紹介しているが[63]、結局当初意図していた就職情報誌業への職業安定法の適用は諦め、代わりに募集広告適正化の努力義務を設けるにとどまった。

60）濱口桂一郎「雇用仲介事業の法政策」（『季刊労働法』251号）。

61）学識者5名、座長：髙梨昌。

62）座長：手塚和彰。

63）岩出誠「雇用・就職情報誌への法的規制をめぐる諸問題」（『ジュリスト』850号）。

122 第2部 労働市場法政策

　次の動きは、1987年10月に設置され、1990年6月に報告書を取りまとめた民間労働力需給制度研究会[64]である。この報告書は、人材スカウト（ヘッドハンティング）業、アウトプレースメント（再就職援助）業等の新たな民間労働力需給システムに対応することが必要とし、特に人材スカウト業については特定労働者募集受託事業として制度化すべきことを提言していた。具体的には、対象職業を限定し、許可制度の下で、手数料を承認制とするという案である。なお、民営職業紹介事業についても、許可対象職業に事務的分野の専門職種、文化・スポーツ活動の指導者、大学や研究機関の研究者などを追加すること、一律に規制されている手数料の見直し、規制の再検討などが提起されている。また、急速に発達してきた求人情報提供事業についても、不適正な募集広告による被害やトラブルが生じてきているとして、労働者募集広告事業者に対する広告内容の適正化のための指導、業界団体等による自主規制による広告内容の適正化の促進、被害を受けた労働者に対する対応等、一定の対応の必要性を唱えた。

　しかしその後の中央職業安定審議会民間労働力需給制度小委員会[65]では労使間で意見がまとまらず、1992年9月の中間報告では後述の国外にわたる職業紹介を除いていくつもの項目について検討が必要と書かれているだけである。そのうち有料職業紹介事業については、関係団体からのヒアリング結果として「経営管理者に関して、中間管理職や比較的若い層に対する需要が増加しており、専門職（スタッフ職）にまで許可対象職業を拡大すべきである」といった要望が示されている。また募集広告については、労働組合が倫理綱領・掲載基準の法制化を要求する一方、関係団体からは自主規制で成果が上がっているととの意見が示されている。なおこの時、労働側弁護士は求人情報誌被害の実態を訴え、情報誌規制の必要性を強調していた[66]。

　これらは結局この段階では法政策として措置されることはなかったが、国外にわたる労働力需給調整に関する制度を整備すべきとの提言については、

64）学識者5名、座長：高梨昌。

65）公労使各4名、座長：諏訪康雄。

66）中野麻美「求人情報誌規制と民間労働力需給制度研究会報告」（『労働法律旬報』1245号）。

1992年10月から国外にわたる労働力需給調整制度研究会[67] が設置され、1993年2月に報告書が取りまとめられ、これに基づき、同年3月に職業安定法施行規則の改正が行われ、国外にわたる有料職業紹介事業の指定職業を経営管理者、科学技術者及び通訳の3職種に限定し、許可申請手続き等を定めた[68]。もっとも、この職種限定は1999年改正で無意味となり、削除されている。

　ちなみに、上述の人材スカウト業については、後に最高裁はこれが職業紹介事業に含まれるという判決を下している（東京エグゼクティブサーチ事件（1994年4月22日））。

（2）　1997年の擬似的ネガティブリスト化

　前節で見たように、1990年代半ばから日本の政治状況においては規制緩和が中心的課題になりつつあった。有料職業紹介事業についても、1995年12月の行政改革委員会「規制緩和の推進に関する意見（第1次）」がネガティブリスト方式への転換を求め、1996年3月規制緩和推進計画の改定に盛り込まれた。これを受けて、労働省は中央職業安定審議会民間労働力需給制度小委員会[69] で審議を行い、同年12月に事実上のネガティブリスト化を行う内容の建議が出された。

　これに基づき、1997年2月、職業安定法施行規則の改正が行われた。法律上は依然として原則禁止、特定の職種のみ許可制で認めるという形を維持しながら、省令レベルで事実上ネガティブリスト化するというややアクロバティックな形である。具体的には、法律上の「美術、音楽、演芸その他特別の技術を必要とする職業」の範囲を、省令でサービスの職業、保安の職業、農林漁業の職業、運輸・通信の職業並びに技能工・採掘・製造・建設及び労務の職業以外の職業と規定した。ただし、事務的職業及び販売の職業については、新規学校卒業後1年未満の者は除くこととされた。また、従来から対象とされてきた29職業は取扱職業とされた。

67）学識者5名、座長：諏訪康雄。

68）岡山茂『国外にわたる職業紹介の理論と実践』労務行政研究所（1993年）。

69）公労使各4名、座長：諏訪康雄。

124 第2部 労働市場法政策

　これは法改正を行わないでやれるぎりぎりの規制緩和と言えようが、余りにも技巧的であり、法政策としてどちらを向いているのか不明確としか言いようがない。早晩、法律レベルでの明確なネガティブリスト化が迫られるのは明らかであった。時あたかも同年7月にILOが第181号条約及び第188号勧告を採択し、それまでの法政策を一変させた。

（3）　全面的ネガティブリスト化への動き

　労働省は1997年2月に雇用法制研究会[70]を設置し、今後の労働市場法制の基本的な理念と枠組みについて検討を行った。同研究会は1998年10月に「今後の労働市場法制の在り方について」と題する報告書を取りまとめた。同報告書は「今後においては、企業外における労働力需給調整の仕組みの在り方がこれまで以上に重要となるので、労働力需給両面からの多様なニーズに応え、その結合を仲介する労働力需給調整機関の機能の強化が特に重要な課題となる」と、内部労働市場から外部労働市場への大きな流れの中に労働市場法制を位置づけ、その見直しの方向性として、差別禁止や個人情報保護などの共通に適用されるルールの維持強化、参入のルールとしては事前規制中心から事後規制中心への移行、ルールの履行確保や違反行為に対する措置などを提言した。

　これを受けて労働省は中央職業安定審議会民間労働力需給制度小委員会[71]で検討を行い、1999年3月「職業紹介事業等に関する法制度の整備について」と題する建議がまとめられた。建議は、公共及び民間の職業紹介事業に共通するルールとして個人情報の保護、労働条件の明示等を示すとともに、有料職業紹介事業については弊害が明らかに予想される事業を除き許可制で認めることとし、手数料制度も見直すなど、職業安定法上の民間労働力需給調整システム全般にわたる見直しを行い、さらに公共職業安定機関の強化にも言及するものとなっていた。

　この間、規制緩和を求める政府部内の動きも進んでいた。1997年12月の

---

70) 学識者8名、座長：小池和男。なお専門部会は学識者11名、座長：菅野和夫。

71) 公労使各4名、座長：諏訪康雄。

行政改革委員会最終意見では、上記省令改正による擬似的ネガティブリスト化に対して一定の評価をしつつ、なお不十分としてさらなる拡大を求め、これは同月閣議決定の「経済構造の変革と創造のための行動計画」や翌1998年3月の規制緩和推進3か年計画に盛り込まれた。さらに、同年12月に行政改革推進本部規制緩和委員会が出した「規制緩和についての第1次見解」では、「民間の創造性、柔軟性を大幅に活用しうる雇用システムへの転換が求められている」として、有料職業紹介事業について取扱職業の範囲の拡大のほか、許可の有効期間の延長、許可要件の見直し、手数料規制の見直し等を求めるとともに、無料職業紹介事業や労働者募集に関する規制についても見直しを求め、これらは翌1999年3月閣議決定の規制緩和推進3か年計画に盛り込まれた。

　労働省は建議に基づき職業安定法の改正案を作成し、中央職業安定審議会への諮問答申を経て、同年3月国会に提出した。同法案は既に国会に提出されていた労働者派遣法改正案と一括審議され、同年6月成立した。労働側は国会論戦のポイントを労働者派遣法の修正に絞っており、国会審議では職業安定法改正それ自体は余り大きな論点にはならなかった。ILO第181号条約が明確に方向性を転換していたことや、労働者からの手数料の原則禁止が盛り込まれたことであまり問題性はないと考えられていたのであろう。

(4)　1999年改正

　1999年改正は法律上明確にネガティブリスト化し、有料職業紹介事業は本来禁止されるべき例外ではなく、公共職業安定機関とともに労働力需給調整機能を果たすべき主体として位置づけられた。ネガティブリスト職業は法律上に規定する港湾運送業務と建設業務だけであり、省令で何も追加されておらず、すっきりした形となっている。ただし、不適格な業者の参入を排除するために、許可制が維持された。

　また、それまで厳しく規制されていた求人者からの手数料については届出制により大幅に自由化する一方、求職者からの手数料徴収は原則として禁止された。手数料については、それまでは受付手数料と紹介手数料があった。職業安定法の施行時には、受付手数料は求人者、求職者のそれぞれから1件

126　第2部　労働市場法政策

ごとに何円と定められ、紹介手数料は求人者、求職者の双方又は一方から1か月の賃金の10％と決められていた。1965年から紹介手数料は求人者のみから徴収できることになり、求職者から徴収できるのは登録手数料のみとなった。なお、紹介手数料は当初の1か月分から6か月分まで次第に延長されてきていた。

　ところが、ILO第181号条約は、求職者への手数料についてはこれよりも厳格な規制を要求し、「民間職業仲介事業所は、労働者からいかなる手数料又は経費についてもその全部又は一部を直接又は間接に徴収してはならない」と規定し、例外的に「関係する労働者の利益のために、…特定の種類の労働者及び民間職業仲介事業所が提供する特定の種類のサービスについて例外を認めることができる」としている（第7条）。これは条約の審議過程で労働側がもっとも力を入れたところであった。

　そこで、この点については1999年改正でも規制の強化が行われ、法律上「有料職業紹介事業者は、…求職者からは手数料を徴収してはならない。ただし、手数料を求職者から徴収することが当該求職者の利益のために必要であると認められるとき…は、…手数料を徴収することができる」（第32条の3第2項）と規定し、これを受けて省令では、芸能家とモデルについてのみ6か月間の賃金の10.5％を徴収できることとされた。

　ところが、従来からの受付手数料の慣行をすぐに廃止することができなかったため、省令の附則で当分の間の激変緩和措置が規定され、芸能家、家政婦、配膳人、調理師、モデル、マネキンからの求職受付手数料が残された。1回670円で月3回分までとささやかなものである。これらは戦後早い時期に追加された職種であるが、いずれも求人があればその都度臨時的に紹介され、作業を行うという形のものであって、受付手数料を廃止できなかったものであろう。

（5）　労働者保護のためのルール

　さて、1999年職業安定法改正では、公共職業安定機関、職業紹介事業、その他の労働力需給調整システム全てに共通するルールとして差別的取扱の禁止、個人情報の保護、労働条件等の明示を明確に規定した。これについて

は、1999年11月に「職業紹介事業者、労働者の募集を行う者、募集受託者、労働者供給事業者等が均等待遇、労働条件等の明示、求職者等の個人情報の取扱い、職業紹介事業者の責務、募集内容の的確な表示等に関して適切に対処するための指針」を大臣告示として公表した。このうち、個人情報の保護関係では、職業紹介事業者等が求職者等の人種、民族、社会的身分、門地、本籍、出生地その他社会的差別の原因となる恐れのある事項や、思想・信条、労働組合への加入状況といった個人情報を原則として収集してはならないことなどを定めており、労働人権法政策として重要な一歩となっている。これらについては、労働者派遣事業についても「派遣元事業主が講ずべき措置に関する指針」の中に同様に規定された。

（6）　2003年改正[72]

1999年改正後も、規制改革サイドは有料職業紹介事業のさらなる規制緩和を求めた。その中で特に重要なものは求職者からの手数料徴収の拡大である。上述のようにILO第181号条約は求職者からの手数料徴収を原則禁止しているが、規制改革委員会及び総合規制改革会議は「狭すぎるとの感を免れない」（2000年7月の論点公開）、「拡大する方向で検討を行うべきである」（同年12月見解）、「徴収できるようにすべきである」（2001年7月中間取りまとめ）、「年明け早々に省令改正を行うべきである」（同年12月第1次答申）と攻勢を掛け、結局2002年2月に省令改正が行われ、年収1200万円以上の経営管理者及び科学技術者からも、6か月間の賃金の10.5％を徴収できることとされた。

ところが総合規制改革会議はこれで収まらず、2002年7月の中間取りまとめでは「新規事業への求職者が必ずしも高額の年収だけを求めるのではないこと等を考慮し、新規事業への求職者に限らず、例えば年収要件の大幅な引下げ等により、対象者の拡大を図る」ことを求め、同年12月の第2次答申でも「より労働市場のニーズに合致したものとするため、年収要件の大幅な引

72）濱口桂一郎「立法状況報告：労働者派遣法・職業安定法改正案の論点」（『季刊労働法』202号）。

下げ、職種の拡大により対象者の拡大を図る」ことを求めた。

　結局、2003年改正に併せた告示の改正により年収要件を引き下げることとなった。具体的には2002年12月の告示改正により、年収700万円以上となった。また、手数料徴収対象者として、熟練技能者が追加された。

　なお、2003年の職業安定法改正により、1949年に設けられた兼業禁止規定が全部削除された。これはILO第42号勧告に基づくとともに、戦前の営利職業紹介事業取締規則以来の規定でもあり、1985年に兼業を禁止する範囲を風俗営業やサラ金に限定することが検討されながら、業所管官庁との関係でそのままになっていたものである。これは国会審議において、特に貸金業及び風俗営業等について全面解禁に疑念が呈され、許可要件において対応することとされた。

2　無料職業紹介事業

　無料職業紹介事業についてはもともと原則禁止でもなければ職業の限定もなかったので、1999年改正でも技術的なものを除き余り変わらなかった。すなわち、学校以外については許可制が維持された。ところがその後、規制改革サイドから緩和が求められ、2002年3月閣議決定の規制改革推進3か年計画（改定）では「許可制を届出制に改め、事後規制に徹することも視野に入れて検討を行い、可及的速やかに所用の法案を国会に提出する」とされた。ちなみに、総合規制改革会議もさすがに有料職業紹介事業を届出制にせよとは言っていない。

　これについては、中央職業安定審議会の建議は「有料、無料のいずれについても、不適格な業者の参入を排除することにより、事業運営の適格性を確保し、求職者の利益を保護する観点から、原則として許可制を維持することが必要」とし、ただ特別の法律に基づいて設立された団体（商工会議所、農協等）がその構成員のために行う無料職業紹介事業については届出制にすることを求め、2003年そのように法改正された。具体的には、農協、漁協、事業協同組合及び中小企業中央会、商工会議所、商工組合、商工会、森林組合等である。

　無料職業紹介事業は一定の要件下に営利企業も行うことができるが、実際

には事業主体の大部分は社会福祉法人や公益法人、労働組合等であり、こう
いった団体についてまで許可制を維持する必要があるのかどうか、商工会議
所や農協を特別扱いする理由はあるのか等、議論のあるところであろう。も
ともと無料職業紹介が宗教団体や慈善団体から始まったという経緯からして
も、公益的団体の扱いについては今後なお見直しの余地はありそうである。

3 労働者の募集

　職業安定法は制定以来、労働者の募集に対しても厳しい規制を加えてき
た。すなわち、文書募集は原則自由だが通勤圏外から行う場合は公共職業安
定所長への通報制、直接募集（自ら又は被用者による募集）は許可制だが通
勤圏内で行う場合は自由、委託募集（被用者以外による募集）は許可制だが
原則不許可であった。さすがに1985年改正で文書募集の通報制は廃止され、
直接募集の許可制は届出制となり、1999年改正でそれも廃止された。2003
年改正では無報酬で行う委託募集について届出制に緩和した。また、通勤可
能地域から募集すべきとの努力義務も廃止された。

　2016年6月の雇用仲介事業在り方検討会報告では、委託募集の許可制、届
出制及び報酬の認可制の廃止が提言された。一方で、直接募集や文書募集に
ついて虚偽広告に対する罰則の整備も求められている。

　同年12月の労働政策審議会建議では、委託募集の許可制等については「引
き続き検討」と先送りされる一方、求人者規制強化の一環として募集受託者
による労働条件等の明示が盛り込まれ、2017年改正として実現した。

4 雇用仲介事業
（1） 雇用仲介事業在り方検討会

　2013年1月に設置された規制改革会議は3月から雇用ワーキンググルー
プ[73]を設け、5月の同WG報告では有料職業紹介事業の規制改革も取り上げ
られ、参入規制、求職者からの手数料徴収規制の見直しやバウチャー制度の
導入を求めた。翌2014年3月からは本格的に雇用仲介事業の法規制の在り

73）学識者5名、専門委員2名（労働法学者）、座長：鶴光太郎。

方が論じられ、2015年1月には「雇用仲介事業の規制の再構築」に関する意見を公表した。

　そこでは民間雇用仲介事業の役割を積極的に捉え直し、職業紹介事業における「一事業者主義」を撤廃して複数事業者が連携し役割分担できるようにすること、事業所外や非対面による職業紹介も可能とすること、職業紹介と派遣の垣根を撤廃し求人求職情報管理の一元化を可能とすることが求められた。

　これを受けて厚生労働省は、2015年3月から雇用仲介事業等の在り方に関する検討会[74]を開催し、雇用仲介事業者等からのヒアリングを交えつつ検討を進め、翌2016年6月に報告書を取りまとめた。

　これは職業紹介事業の許可要件について、面積要件を撤廃し、事業所外での事業実施を可能にする反面、職業紹介責任者に労働法教育の職責を課すなどを求めている。またより迅速かつ的確なマッチングのため複数の職業紹介事業者との業務提携を認め、その際の責任、手続、手数料配分について明確化すべきとしている。

　なお求職者保護の強化として、固定残業代の明示等求人に際して明示される労働条件において虚偽の条件を提示した求人者に罰則を科すことも言及されている。これは、2015年青少年雇用促進法制定時に労働側が要求した問題の再燃であり、民間職業紹介事業に限らずハローワーク求人も含めた大きな問題であるが、この段階ではここで取り上げられた。これは狭義の雇用仲介事業に係る問題というよりも、労働市場における求職者保護の観点からの求人者責任の問題であり、公共職業安定機関を通じた求人にも適用される問題である。

（2）　労政審建議

　2016年9月、労働政策審議会労働力需給制度部会[75]で雇用仲介事業等の在り方についての審議が始まり、同年12月建議がとりまとめられた。

74）学識者7名、座長：阿部正浩。
75）公労使各3名、部会長：鎌田耕一。

まず職業紹介事業については、労働・社会保険法令で罰金刑に処せられた等の欠格事由を明定し、労働関係法令の教育を職業紹介責任者の職責とすること、職業紹介事業の業務実績の情報提供義務、職業紹介事業者間の業務提携における責任の分配、自らの紹介で就職した無期雇用の労働者について2年間転職の勧奨を行ってはならないこと等が挙げられている。

　ここに併せて書かれているが論理的には労働市場機構全体に関わる問題として、2015年青少年雇用促進法で職業安定所への新規学卒者の求人に限って部分的に導入された求人不受理の一般化がある。すなわち、求人者が労働関係法令違反で処分・公表等の措置が講じられた場合等には公共職業安定所や職業紹介事業者等が申込みを受理しないことができるというものである。これは労働力需給調整システムに係る法制という面もあるが、むしろ後述の労働条件明示規制と併せて、これまで（形式的には存在していても実体的には）ほとんど欠落していた求人者規制が本格的に登場してきたとも言える。求人者規制は労働市場法制と労働契約法制を連結する重要な労働法分野である。

　次に職業紹介事業以外の雇用仲介事業について、特に注目されるのはこれまで法規制の対象外であった募集情報等提供事業について一定のルールを設定しようとしている点である。まず職業安定法に募集情報等提供事業の定義規定を置き、そして同事業を行う者について、募集内容の的確な表示等の努力義務を課し、その具体的内容を指針で定めるとしている。これもまた、上記求人者規制の実質化のために、職業紹介事業だけではなく募集情報等提供事業も規制対象にする必要があるということからきている。なお、委託募集や労働組合の労働者供給事業についても触れている。

　求人者規制としてやはり青少年雇用促進法制定時に議論となり、その時には同法の指針で部分的に規定されるにとどまった労働条件等の明示については、一項目充てて論じられており、2017年改正の最重要事項となっている。すなわち、求人者、労働者の募集を行う者、労働者供給を受けようとする者は、労働契約の締結に際して提示しようとする労働条件等を、変更、一定範囲で明示していた条件を特定、明示されていなかった条件を追加するときには書面等で明示しなければならないこととしている。その具体的内容として

132　第2部　労働市場法政策

は、固定残業代に係る計算方法の他、試用期間の性質を有する有期契約など
も示されている。

　最後の指導監督の項にあるように、2017年改正の最大の特徴は、求人者、
募集情報等提供事業を行う者、労働者供給を受けようとする者についても指
針、指導助言、申告、報告徴収、検査の対象とする点にあり、とりわけ求人
者や労働者供給を受けようとする者に対し、上記労働条件等の明示義務違反
に対する勧告、勧告に従わない場合の公表を規定するとともに、虚偽の条件
を提示して公共職業安定所や職業紹介事業者等に求人の申込みを行った者を
罰則の対象としている。

（3）　2017年改正

　この建議に基づき、翌2017年1月、雇用保険法や育児介護休業法と一緒
に職業安定法改正の法案要綱が労働政策審議会に諮問され、即日妥当と答申
され、同年1月末にこれらと一緒の改正法案として国会に提出され、3月に
は成立に至った。

　2017年改正の最大の眼目はそれまで手薄であった求人者規制の導入であ
る。これまでも職業安定法第5条の3第1項により、職業紹介、募集等に当
たり求職者等への労働条件明示義務があったが、これはあくまでも当初の明
示義務に過ぎない。その後労働契約の締結に至った段階において、求人者等
が当初明示した業務内容や労働条件を変更、特定、削除、追加する場合に
は、その変更、特定、削除、追加する業務内容や労働条件を明示しなければ
ならない（同条第3項及び省令）。なお指針により、変更内容を変更前と対
照できる書面とするべきこと、業務内容の調整終了後求職者等が当該労働契
約を締結するかどうか考える時間が確保されるよう可能な限り速やかにこの
明示を行うこと、さらに「第一項明示は、そのまま労働契約の内容となるこ
とが期待されているものである」とか「第一項明示を安易に変更し、削除
し、又は第一項明示に含まれない従事すべき業務の内容等を追加してはなら
ない」といった訓示的な記述も含まれている。さらに、新卒者については第
1項明示の変更、削除、追加は原則不適当であると釘を刺し、また採用内定
時までに書面で労働条件を明示することを求めている。求人の不受理もこれ

までは求人の申込み規定（第5条の5）の但書に潜んでいたが、2017年改正で6号にわたる各号列記となった。この施行に伴い、これまでの「労働者募集業務取扱要領」は「募集・求人業務取扱要領」となり、求人の申込みの原則が記載されるようになった。

　もう一つの大きな変化は募集情報等提供事業に対する規制であり、新たに「募集情報等提供事業の業務運営要領」が作られ、募集内容の的確な表示、募集情報等提供事業を行う者の責務等が記載されている。また、業界団体である全国求人情報協会に求人情報適正化協議会[76]を設け、2017年2月に「求人情報提供ガイドラインと適合メディア宣言制度」を作成し、同年11月に改訂した。同ガイドラインは業界の自主規制であるが、「掲載明示項目」と「掲載明示に努める項目」が詳しく示されている。

第4節　公共職業安定機関[77]

1　公共職業安定機関の職業紹介等

（1）　ILO条約の基準

　ILOは1919年の第1回総会において、加盟国に公の無料の職業紹介所の制度を設けるべきことを求める第2号条約を採択した。この時同時に採択された第1号勧告以来、有料営利の職業紹介所に対して禁止・規制の法政策を以て臨んできたことは前述の通りであるが、公共職業安定機関に対する基準もその後発展してきた。

　1948年には「職業安定組織の構成に関する条約」（第88号）が採択され、その第1条第1項で「加盟国は無料の公共職業安定組織を維持し、又はその維持を確保しなければならない」と規定するとともに、第2条で「職業安定組織は、国の機関の指揮監督の下にある職業安定機関の全国的体系で構成される」とし、第9条では「職員は身分の安定を保障される公務員でなければ

76）学識者及び業界関係者計15名、座長：阿部正浩。

77）濱口桂一郎「公共職業安定機関の1世紀」（『季刊労働法』257号）。

134　第2部　労働市場法政策

ならない」としている。

　その後、民間労働力需給調整システムに関する法政策は禁止・規制から緩和・自由化へと大きく転換したが、公共職業安定組織に関しては特段の変化はない。ただ、規定の上で変化はなくとも、公共職業安定組織が労働市場を独占することを前提にしていた時と、さまざまな民間労働力需給調整システムが活動することを前提にする時とでは、自ずからその位置づけに相違があろう。

(2)　職業紹介

　職業安定法は職業安定機関の行う職業紹介について、求人・求職の申込み受理の原則、労働条件等の明示、適格紹介の原則、居住地紹介の原則、労働争議への不介入等を定めている。1948年には、GHQの厳命により、職業安定行政運営の基準を全国的に統一して定めた職業安定行政手引が作成された[78]。これは、それまでの通達行政をやめ、アメリカ型のマニュアルに基づく行政をめざしたものである。9編5分冊の3000ページを超える膨大な手引が、1948年12月から訓令によって実施された。これは今日まで「業務取扱要領」という形で維持されている。また、やはりアメリカに倣って職業安定行政の監察官制度が発足した。

　その後、1959年12月の炭鉱離職者臨時措置法に炭鉱離職者を対象とした広域職業紹介の規定が設けられ、1960年3月には職業安定法上に一般的な広域職業紹介の根拠規定が設けられた。

　また、1965年4月には労働市場センターを設置し、職業紹介業務と失業保険業務を全体として処理するために中央官庁としては初のコンピュータシス

---

78)「ある日マックボーイ氏に呼び出され、分厚い米国のマニュアルを前にして、日本の職安行政にも米国で採用しているマニュアル制度を採用することがもっとも望ましいとの勧告を受けた。…その余りにも進歩的な形式（ナムバリングシステム、加除式等）が戦後の荒廃した不自由、不足がちの官庁組織にそぐはない点があると思ったので、率直にその旨を申し述べたところ、人力班長のヘブラー氏に呼ばれ、君は反対のための反対をするのかと首筋の冷たくなるような語気にびつくりして持ち帰り、斎藤局長の指示を受け、いよいよ本格的に取りかゝつた始末である」（江下孝「職業安定行政手引と監察制度の誕生」労働省職業安定局編『職業安定行政十年史』雇用問題研究会（1959年））

テムを導入した[79]。

　なお、特定の求職者のための職業紹介施設として、1967年から人材銀行、1981年からパートバンクが設置されている。これらを生み出したのは労働行政きってのアイディアマンとして知られた氏家麻夫で、当時人材銀行は「近頃のお役所にしては珍しい型破りなクリーン・ヒット」と評された[80]。もっとも後述の求人・求職情報の民間人材ビジネスへの提供が始められることから、人材銀行は2016年3月限りで全て廃止された。

　また1991年にはレディスハローワークが設置され、1996年に両立支援ハローワーク、2006年にマザーズハローワークと改称して現在に至っている。その他に、わかものハローワークも設置されている。さらに1999年からパソコン自己検索装置を設置するとともに、インターネットによる求人情報の提供も始まった。

（3）　職務分析[81]

　職業安定法には、職業安定局長が職業に関する調査の結果に基いて、労働者の募集、選考、配置転換等に関する問題の処理について、雇用主に対して必要な資料、方法及び基準を指示するとか、公共職業安定所に共通して使用されるべき標準職業名を定め、職業解説及び職業分類表を作成するといった規定も設けられた。まさにアメリカ的な職務（ジョブ）型の行政運営が志向されたのである。これに基づき、GHQの強い示唆のもと[82]、アメリカ労働省の方式に倣い、職務分析を開始し、その結果を1948年から全173巻の職務

79）　有馬元治『二千万人を結ぶコンピューター—お役所仕事はこう変わる』日本経済新聞社（1969年）、『労働市場センター二十年史』労働省職業安定局労働市場センター業務室（1985年）。

80）　氏家麻夫『人材銀行とパートバンク』雇用問題研究会（1993年）。

81）　労働省職業安定局編『職務分析手引』（1952年）、濱口桂一郎「雇用ミスマッチと法政策」（『日本労働研究雑誌』2012年9月号）。

82）　1947年の春、GHQのシェークリフ女史から職務分析資料を示され、これを日本でもやってみてはどうかと持ちかけられ、労働省設置に際して予算化したという（松本洋「職安統計や適性検査の研究」労働省職業安定局編『職業安定行政十年史』雇用問題研究会（1959年））。

解説書として刊行し、1953年には『職業辞典』[83]としてまとめた。1969年には雇用促進事業団の付属施設として職業研究所が設置され、適性検査や職務分析など職業指導の基礎に関わる事項について専門的に調査研究を行うこととされ、膨大な職務研究成果を生み出した。

しかしその後、日本社会の中で職務（ジョブ）という観点に対する関心が薄れていくにつれ、職務分析の地位は低下せざるを得なかった。内部労働市場中心の法政策にあっては、重要なのは雇用であって職務ではない。企業内配転で職務は不安定でも雇用が安定していればいいのだから、職務分析など必要ではなかった。1990年代半ば以降、労働政策が徐々に外部労働市場にシフトしていく中でも、職務分析に政策の光が当たることはなかった。職業研究所以来の職務分析を細々と受け継いできた労働政策研究・研修機構のキャリア・マトリックス事業に対しても、民主党政権下の2010年10月、あっさり廃止と判定された。

なお2017年3月の働き方改革実行計画に、職業情報を総合的に提供するサイト（アメリカ労働省に倣って「日本版O-NET」と称する）を創設することが記載され、現在準備中である。

（4）　労働者保護のためのルール

前述のように、1997年のILO第181号条約の採択、1998年の雇用法制研究会の報告等に基づき、1999年に職業安定法が改正され、民間職業紹介事業に関する規制緩和が行われたが、その際、公共職業安定機関と民間職業紹介事業者に共通して適用される労働者保護のためのルールが設定された。

既に制定時から職業安定法においては、人種、国籍、信条、性別、社会的身分、門地、従前の職業、労働組合の組合員であること等を理由として、職業紹介、職業指導等について、差別的取扱を受けることがないという規定（第3条）が設けられている。また、労働者、雇用主その他の者から知り得た労働者又は雇用主の個人的な情報は全て秘密とし、他に漏らしてはならないという規定（第51条）も設けられている。

83）労働省編『職業辞典』雇用問題研究会（1953年）。

1999年改正では、求職者等の個人情報の取扱について、その収集、保管又は使用に当たり、その業務の目的の達成に必要な範囲内で収集し、当該収集目的の範囲内で保管、使用しなければならないこととされた。また、求職者等の個人情報を適正に管理するための必要な措置をとることとされた（第5条の4）。これらは労働市場法政策と労働人権法政策の交錯する領域である。

（5）　2017年改正

2017年3月に行われた職業安定法改正は、主として雇用仲介事業の規制に係るものであったが、その中のいくつかの規定は公共職業安定所にも適用される。

まず、全ての求人を受理しなければならないという原則自体は変わらないが、一定の労働関係法令違反の求人者からの求人は受理しないことができることとされた。これは、2015年9月の青少年雇用促進法で導入された政策の一般化である。不受理の対象は、その内容が法令に違反する求人、賃金・労働時間等の労働条件が通常の労働条件と比べて著しく不適当な求人、労働条件の明示がされない求人、暴力団関係の求人、これらの確認に応じない求人である。なおこの規定は公布後3年以内の施行であり、現時点ではまだ施行されていない。

また、職業紹介事業者に就職者数や早期離職者数、手数料等に関する情報提供を義務づけているが、公共職業安定所においてこれら情報を求人者、求職者に提供することとしている。

2　地方事務官制度

（1）　戦前におけるその淵源

もともと、1921年の職業紹介法においては、職業紹介事業を国の事務と位置づけた上で、市町村が職業紹介所を設置運営し、国がこれに補助を行うという体制であった。市町村立職業紹介所の連絡統一及び監督業務は内務省の中央職業紹介事務局の所管であり、地方長官は関与できない仕組みであった。これに対して地方の職業紹介委員会から関与させるべきとの答申がいく

つもあり、これを受けて1936年、職業紹介法が改正され、中央及び地方の職業紹介事務局が廃止されるとともに、職業紹介所の連絡統一及び監督業務は内務大臣及び地方長官の所管となった。この段階では、国（内務省）→道府県（地方長官）→市町村（職業紹介所）という監督ラインである。

次に、1938年の職業紹介法改正により、それまで市町村営であった職業紹介所が国営化された。これにより、国（厚生省）→道府県（地方長官）→国（職業紹介所）という監督ラインになった。もっとも戦前の地方長官は国の任命する官吏であり、地方自治体の長ではなかったし、道府県の職員の身分も官吏であったから、特段の問題はなかった。戦時中その所管が変わったときも、国（内務省警保局）→道府県（地方長官→警察部）→国（国民勤労動員署）と、官吏の監督ラインであった。

（2）　地方自治法と地方事務官制度の創設

ところが、終戦後地方自治制度が抜本的に改革され、1947年4月に制定された地方自治法によって、都道府県知事その他都道府県におかれる官吏を公吏（地方公務員）に改め、都道府県は市町村と同様の完全な地方自治体となった。ただし、経過措置として、地方自治法附則第8条は「政令で定める事務に従事する都道府県の職員は、…当分の間、なお、これを官吏とする」と規定し、これによって国家公務員たる都道府県職員という存在が生まれた。これを一般に地方事務官と呼ぶ。同法施行規程第69条第3号により、職業安定法、失業保険法の施行に関する事務が規定された。

これに対応する形で、職業安定法第9条第1項は「国、都道府県又は公共職業安定所において、専らこの法律を施行する業務に従事する官吏その他の職員は、労働大臣の定める資格又は経験を有する者でなければならない」と規定し、法律上も都道府県の職業安定行政職員は国家公務員であることを明示した。

なお、地方自治法によって都道府県にも機関委任事務制度が設けられ、多くの事務が機関委任事務として国の機関たる都道府県知事の事務とされた。公共職業安定所の業務の連絡統一及び指揮監督もこの機関委任事務の一つであるが、最大の違いは業務に当たる職員も国家公務員であることであり、し

かも地方事務官であるのは都道府県レベルの職員だけで、指揮監督される公共職業安定所の職員は純粋の国家公務員であることから、他の機関委任事務に比べると国の一元的な行政という感覚が強かった。

（3）　地方事務官制度の意味

　この点は予算と人事の両面から強化されていた。すなわち、職業安定法第55条は「政府は、公共職業安定所その他の職業安定機関がこの法律を施行するために必要な経費を支出しなければならない」と規定し、都道府県レベルの経費も含め、全て国の予算に計上されることとした。

　さらに人事面では、上記第9条により官吏の任命権は全て労働大臣にあることから、都道府県知事に地方事務官の任免権はなく、国の一元的な人事管理のもとに置かれた。実際の運用では、都道府県の職業安定課長は労働省職員から任命され、失業保険課長始め他の地方事務官は公共職業安定所職員との間で人事異動が行われたが、いずれにしても国家公務員と地方事務官を行ったり来たりするわけで、都道府県職員という感覚は薄かったようである。

　こうして、都道府県知事は、国の指揮監督の下、国の予算で行われる国の直轄機関の業務の指揮監督を、たまたま都道府県職員となっている国家公務員たる職業安定課職員に行わせているだけということになり、事実上職業安定行政という分野の独立性が極めて高くなっていた。

　もっとも、上記第55条の第3項は、都道府県知事又は市町村長が国の経費のほかに必要な経費を支出することができると規定しており、特に都道府県レベルではこれに基づき単独事業を実施することが多く見られた。また、地方事務官ではない都道府県職員を職業安定課に配置して、都道府県の単独事業を行わせることもあった。地方性のある雇用対策などの場合、このやり方は国と地方の両方の資源を用いて事業を行うことを可能にし、一定の成果を収めることもあった。

　このように、地方事務官制度はとかく地方自治の本旨に反するという観点から批判の対象となってきたが、運用面では国と地方との接合がそれなりにうまく図られていた面もある。

140　第2部　労働市場法政策

（4）　地方事務官制度の廃止

　地方事務官制度は地方自治の本旨に反するとして繰り返し批判の対象とされてきた。しかしながら、都道府県段階と職安段階との一体性を維持するためには、地方事務官を純粋の国家公務員とするか、国の機関たる公共職業安定所をことごとく都道府県の機関とするかの二者択一となる。

　そういう中で、1968年11月、行政改革の推進に関する閣議決定に関し、労働、自治、行政管理の3大臣の間で確認された「労働行政機構の改革について」という覚書は、職業安定行政のみならず、労働基準行政及び婦人少年行政の都道府県機関も全て都道府県に組み入れるという方向性を打ち出した。すなわち、「都道府県労働基準局及び婦人少年室を廃止し、その事務は原則として都道府県知事に委任し、各都道府県に労働部を設ける」というのである。ただし、「労働基準監督署及び公共職業安定所は、国の機関として存置し、労災、失業保険の適用徴収一元化に伴い設置する労働保険徴収事務所についても同様」と、国－都道府県－国という異様な形である。この点、同年2月の案が出先レベルまで含めて全て都道府県に移管するとしていたのよりも若干緩和されている。とはいえ、この構想は、行政の末端に至るまで大きな動揺を招き、結局遂に実現に至らなかった[84]。

　1995年7月に設置された地方分権推進委員会は、機関委任事務の廃止の問題を中心に様々な勧告や意見を出してきたが、特に1997年9月の第3次勧告では地方事務官制度が取り上げられ、「地方事務官が従事することとされている地方自治法施行規程第69条第3号に規定する事務は、国の地方出先機関である公共職業安定所の指揮監督に関する事務であり国の組織の内部管理事務であるため、国の直接執行事務とする」と裁定された。

　これに基づき、政府は地方分権の推進を図るための関係法律の整備等に関する法律案（地方分権一括法案）を国会に提出し、同法案は1999年7月成立し、2000年4月から施行された。これによる職業安定法の改正により、都道府県知事の行う公共職業安定所長に対する指揮監督等の事務は都道府県労働局長の事務となった。都道府県労働局は、従来の都道府県労働基準局、都

────────────

84）遠藤政夫『五十年の回想』労働基準調査会（1995年）。

道府県女性少年室に都道府県の職業安定関係事務を加えて設置された。

　なお、これに伴い、雇用対策法が改正され、地方公共団体に、国の施策と相まって、当該地域の実情に応じ、雇用に関する必要な施策を講ずる努力義務が規定されるとともに、国及び地方公共団体が、国の行う職業指導及び職業紹介の事業等と地方公共団体の講ずる雇用に関する施策が密接な関連の下に円滑かつ効果的に実施されるように相互に連絡し、協力する旨の規定が設けられた。

　しかしながら、都道府県側にはそれまで関与していた職業紹介事業から排除されたという被害感が残ることになり、地方公共団体みずから無料職業紹介事業を行いたいという要望が強まり、結局2003年改正で届出制により行うことができるとの規定が設けられた。

3　公共職業安定機関の民間開放論

（1）　総合規制改革会議

　総合規制改革会議は2003年7月、「規制改革推進のためのアクションプラン、12の重点検討事項に関する答申」を公表し、その中で「職業紹介事業の地方公共団体・民間事業者への開放促進」という項目が挙げられた。そこでは「民間委託のさらなる拡大に加え、公設民営方式などの導入、独立行政法人化、地方公共団体への業務移管など、その組織・業務の抜本的な見直しについて、検討を進める必要がある」とされている。

　しかし、公開されている議事録からすると、この表現は内部の過激な意見を相当に抑えた表現であり、委員の中には「国が公共安定所を持つこと自体もう不必要」という意見もあり、それを「民間の職業紹介への規制緩和を進めるためにも、無料の公的職業紹介はセーフティネットとして不可欠」という良識的な意見が何とか抑えている状況であった。

　その後、同年12月の第3次答申を経て、2004年3月に閣議決定された「規制改革・民間開放推進3か年計画」では、ひとまず、「ハローワークの職業紹介関係業務については、例えば長期失業者就職支援などを示して、民間委託を拡大する。その際、成果に対する評価に基づく委託費の支給を行う」、「無料職業紹介事業については、地方公共団体、民間事業者、学校等とハロ

ーワークとの総合的連携の下に、地域の新たな取組として、若年者に対して職業に関する情報提供・コンサルティングから職業紹介までの幅広いサービスをワンストップで行うセンターを設置する」という微温的な内容となった。

しかし、同年4月に新たに規制改革・民間開放推進会議に衣替えして、同年8月の「中間取りまとめ」において、「民間開放推進の横断的手法としての「市場化テスト（官民競争入札制度）」が打ち出され、同年12月の第1次答申において、これをハローワークに適用すべきことが主張されている。具体的には求人開拓事業の民間開放等が提起された。これらはいずれも2005年6月から実施に移された。落札者はおおむね人材派遣業者や有料紹介業者となった。

一方、同答申は、今後の課題として、ハローワーク関連事業の抜本的な民間開放の推進や、ハローワークが実施している原則全ての事業を民間事業者等に一括して民間開放（包括的委託等）することを求めている。これに対して、厚生労働省が、ハローワークの公設民営は、ILO第88号条約違反となると反論したのに対し、同会議は翌2005年3月の追加答申において、同条約は批准から半世紀も経っており、字義通りに解釈するのは無理があるとか、同条約の批准国であるオーストラリアが公共職業安定所を民営化しているといった例を挙げて、再反論している。

（2）　公共サービス改革法

2006年2月、政府（内閣府経済社会システム担当政策統括官）は、競争の導入による公共サービスの改革に関する法律案（通称「市場化テスト法案」）を国会に提出した。これは、国の行政機関等又は地方公共団体が自ら実施する公共サービスに関し、その実施を民間が担うことができるものは民間に委ねる観点から、これを見直し、民間事業者の創意と工夫が反映されることが期待される一体の業務を選定して官民競争入札又は民間競争入札に付することにより、公共サービスの質の維持向上及び経費の削減を図る改革を実施しようとするものである。

これによると、政府が対象となるサービス等を定めた公共サービス改革基

本方針を策定し、これに基づいて官民競争入札を実施し、対象公共サービスの質の維持向上、経費の削減の面でもっとも有利な書類を提出した者が実施者となる。民間事業者が落札した場合には、国の行政機関の長は落札した民間事業者と契約を締結し、対象公共サービスの実施を委託することになる。

奇妙なのは、法令の特例のうち特定公共サービスとして、民間事業者による職業紹介事業の取扱い範囲を制限する職業安定法の規定を適用しないこととするという特例がわざわざ規定されていることである。始めから職業紹介事業を対象サービスにするという意図が見え見えの法案といえよう。

(3) ハローワークとILO条約

公共サービス改革法は2006年5月に成立し、同年7月に施行された。これに基づき、同年9月には公共サービス改革基本方針が策定され、対象となる公共サービスとして、ハローワーク関連では、人材銀行、キャリア交流プラザ、求人開拓が盛り込まれた。これを審議する官民競争入札等監理委員会は7月から審議を行い、この中でハローワークの業務を丸ごと民間委託することが論議され、厚生労働省側は政策論に加えて、ILO第88号条約によって、公務員による職業安定機関の全国的体系が求められていることを理由にこれを拒否した。

これに対し、経済財政諮問会議は同年11月、民間議員提案として、ILO第88号条約の下で行う方法として、現在の主要な官のハローワークを維持したままで、その他の運営を民間に包括的に委託する。例えば、東京23区で20のハローワークとその支部があるが、その一部を民間開放する。それから、民間開放したハローワークを官が監督する仕組みを整えることで、官のネットワークを維持してはどうかという提案がなされた。これを受ける形で、大田弘子経済財政担当大臣の下に私的懇談会を設けて、集中的に検討することとされた。

このハローワークとILO条約に関する懇談会[85]は同年12月に設置され、精力的に審議を行った。委員ではないが、八代尚宏経済財政諮問会議議員が

---

85) 学識者5名、座長：花見忠。

144　第2部　労働市場法政策

積極的に関与し、民間委託が可能な方向に向けた報告書のとりまとめを促し、翌2007年3月に報告書が取りまとめられた。そこでは、1名が反対、1名が条件付き賛成、座長を含む3名が賛成という結果であった。同報告書はただちに4月の経済財政諮問会議に報告され、安倍晋三首相から厚生労働省に具体的に考えるよう指示された。

（4）　ハローワークの市場化テスト

　これを受けて同年5月、厚生労働省は経済財政諮問会議に対して、ハローワーク市場化テスト案を提示した。これは、ハローワークの本庁舎内の職業紹介部門について民間委託部門を併設するもので、求職者は設置された官民の窓口を自由に選択できるというものである。ただし、雇用保険受給者も対象とするが、失業認定を厳正に行うための職業紹介は官が行い、福祉機関等と連携した「チーム支援」の対象者（障害者、生活保護・児童扶養手当受給者、刑務所出所者）も官が行う。

　ネットワークについては、民間事業者に対し、ハローワークインターネットサービス上で提供されている最新の全国情報をCD-ROMで提供し、事業所名等が非公開の求人情報も民間事業者に提供する。求人自己検索端末（ブロック内の情報を提供）は官民いずれの窓口の求職者も自由に利用できるとなっている。

　クリームスキミング（民間事業者が求職者を選別し、より就職が困難な者を官の窓口に回す、後回しにする、優良求職者を自らの取引先等に誘導するなど）を行わないための仕組みとして、窓口利用者に対するアンケートを義務づけ、求職者の選別の有無等を確認したり、就職困難度が高い求職者の就職目標を設定した委託費の支給方式とし、ディスインセンティブ方式などを検討するとしている。また、民間事業者が得ることとなる求人求職情報の適正利用、守秘義務などについて受託終了後を含む厳格な行為規制を課す仕組みを整備するとしている。

　当面3年間をテスト期間とし、東京（23区内）の2所で実施されたが、いずれも国の実績が民間を上回った。

（5）　ハローワークの求人・求職情報の提供

2013年6月に閣議決定された「日本再興戦略」は、「民間人材ビジネスの活用によるマッチング機能の強化」を掲げ、ハローワークの有する求人・求職情報を民間人材ビジネスや地方自治体に提供するよう求めた。求人情報については準備を経て2014年9月からオンライン提供が始まっている。しかし求職情報は個人情報であるので、取扱いは慎重さが求められる。

厚生労働省は2014年3月に労働政策審議会職業安定分科会に諮った上で、同年5月ハローワークの求職情報の提供に関する検討会[86]を設置し、同年6月とりまとめを行った。これによれば、希望者のみが対象で、ハローワークシステムに登録された求職情報（氏名、連絡先等の個人情報は除く）を求職情報サイトに自動掲載し、一定の要件をクリアし、IDとパスワードを発行された提供先がこれを閲覧する。以後、閲覧した提供先からの案内と求職者からの返答のやりとりを経て、提供先の職業紹介を希望する求職者が直接求職申込みを行うこととなる。このサービスは2016年3月から実施されている。

4　地方分権と職業安定行政

（1）　地方分権改革とハローワーク

2006年12月、地方分権改革推進法が成立し、これに基づき2007年4月に地方分権改革推進委員会[87]が設置された。同委員会は11月に「中間的なとりまとめ」を公表し、「ハローワークを移譲して国の一定の関与のもとに整備したネットワークにより、地方の雇用・労働情勢を熟知した都道府県が効率的に実施すべき」と述べ、翌2008年5月の第1次勧告では「国は基盤として必要な求人情報に関する全国ネットワークを整備し、これを活用して実施する無料職業紹介事業を都道府県に移譲することが必要」とさらに踏み込んだ。

同年8月の「国の出先機関の見直しに関する中間報告」では、これを踏ま

86）学識者6名、座長：鎌田耕一。
87）学識者7名、委員長：丹羽宇一郎。

えて「国の出先機関で引き続き担うべき事務・権限として残るものは、広域
的な調整事務など、都道府県単位で実施する必然性に乏しいものが多数とな
るのではないかと想定される」として、「現在、都道府県単位の機関が置か
れているものについては、ブロック単位機関（総合的な出先機関を含む。）
への統合についてあわせて検討する」と述べ、同年12月の第2次勧告では、
「将来的には、国のハローワーク…の職員の地方への移管を行う」といい
つつ、都道府県労働局については「現行の組織を廃止して、ブロック機関に
集約し、地方厚生局と統合する。労働基準監督署及びハローワーク（公共職
業安定所）は、ブロック機関の下に置く」と明記し、「国の役割としての全
国ネットワークの維持や雇用保険給付との不可分性にも留意しつつ、将来的
には、国のハローワークの漸次縮小を図るべきである」とされた。

　翌2009年3月に策定された「出先機関改革に係る工程表」では、地方公
共団体が行う無料職業紹介事業は、民間とは明確に異なる公的性格を持つも
のであり、国に準ずるものとして位置づけること、同事業において必要とな
る国のシステム・端末を、地方の職員が利用できるようにすることが明記さ
れた。

　2009年の政権交代を機に、同年11月地域主権戦略会議[88]が設置された。
構成員には上田清司埼玉県知事や橋下徹大阪府知事など急進的な分権論者も
含まれており、ハローワークの地方委譲が大きな論点となった。翌2010年6
月には地域主権戦略大綱が閣議決定され、その中で「国の出先機関の原則廃
止」が謳われ、補完性の原則に基づき、その特性や規模、行政運営の効率
性・経済性等の観点から国の事務・権限とすることが適当と認められる例外
的な場合を除き、地方自治体に移譲することとされた。

　一方、公労使三者構成の労働政策審議会は累次にわたってハローワークの
地方移管反対を表明した。また、連合も繰り返しその旨を明らかにしてお
り、労働問題のステークホルダーの意見は明確に示されている。

　この間、2010年5月には出先機関改革の公開討議が行われ、厚生労働省側
から自治体と労働局の協働を進めるため、自治体が希望する場合自治体と国

88）政治家・学識者19名、議長：野田佳彦。

の協働の内容を定めた「雇用対策協定」を締結し、その実施に当たって自治体から要請があった場合は誠実に対応する義務が発生する、協定を結んだ自治体と国で構成する「運営協議会」を設置するといった案を提示した。さらに同年11月には、特区方式による国と自治体（都道府県・市町村）の一体運営方式のハローワークの創設を提示した。これは、特区において、職業紹介、福祉相談、住宅相談、職業訓練などを総合的に提供する国と自治体の一体運営施設を創設し、一体運営施設においては、都道府県に加え、市町村も参加し、自治体がハローワーク（国）に指示できる制度を創設するというものである。この指示権は、自治体から一体運営施設の職業相談・職業紹介業務に対する指示を可能とするものとされており、かなりの譲歩案といえる。

　同年12月に、ほぼこの方向に沿った「アクションプラン－出先機関の原則廃止に向けて」が閣議決定された。翌2011年1月の地域主権戦略会議において、この改革を実施するための推進体制として公共職業安定所（ハローワーク）チームが設置された。これを受け、各自治体からさまざまな提案がなされ、いくつかの自治体では事業が開始された。同年12月の地域主権戦略会議で了承された「出先機関の原則廃止に向けた今後の取組方針」では、特区制度を活用して、試行的に、東西1所ずつハローワークが移管されているのと実質的に同じ状態を作り、移管可能性の検証を行うこととされた（ハローワーク特区）。

　これに対して埼玉県と佐賀県から提案があり、2012年5月上記ハローワークチームにおいて特区の枠組みが合意された。これを受けて同年7月、厚労相と都道府県知事が協定を結び、都道府県知事が労働局長に指示することができるという省令改正がされた。これは、皮肉な言い方をすれば、かつての地方事務官制度時代に一部先祖返りしたような面がある。この規定は後述の2016年法改正により削除された。

　この特区は浦和所と佐賀所であり、2012年10月から開始された。

148　第2部　労働市場法政策

（2）　2016年職業安定法・雇用対策法改正

　2013年4月には新たに地方分権改革有識者会議[89]が設置され、同年6月にはその中に雇用対策部会[90]が設けられた。2015年6月には全国知事会が「ハローワーク特区等の成果と課題の検証について」を公表し、ハローワークの地方移管の早期実現を求めるとともに、ハローワークの地方移管が実現するまでの間は、一体的実施、ハローワーク特区等の一層の充実を求めた。

　同年11月には雇用対策部会報告書が取りまとめられた。同報告はまず都道府県域を超えた広域的な労働移動への対応や急激な景気の悪化・大規模災害などの緊急時の迅速・機動的な対応を行う雇用のセーフティネット機能、雇用保険制度の健全な運営については、地方に移管した場合に十分に維持することは難しいという認識に立ちつつ、一体的実施やハローワーク特区の成果は全国的、安定的な取組みとして位置づけるべきとしている。そして、①知事が国のハローワークを「実際上、都道府県の組織として活用」できる枠組を創設し、②地方版ハローワークの設置権限を移譲し、地方公共団体が国と同列の公的な立場で無料職業紹介事業を実施できることとし、③国のハローワークと地方公共団体とが同一施設内で無料職業紹介及び相談業務等を行う「利用者の視点に立っての一体的サービス」の提供を全国的かつ継続的に展開し、④国による支援を拡充する、ことにより、国と地方の連携を抜本的に拡充し、新たな雇用対策を法律に基づき全国的かつ安定的な仕組みとして構築すべきとの結論に達している。

　これを受けて、2016年3月に地域の自主性及び自立性を高めるための改革の推進を図るための関係法律の整備に関する法律案が国会に提出され、同年5月に成立した。その中で職業安定法及び雇用対策法が改正されている。職業安定法の改正としては、新たに第2章の2として「地方公共団体の行う職業紹介」を設け、第29条から第29条の9までの9か条にわたって、地方公共団体が無料の職業紹介事業を行う場合の届出義務の廃止、地方公共団体が無料の職業紹介事業を行えるという規定、取扱い職種の範囲を定めることがで

89）学識者9名、座長：神野直彦。
90）学識者5名、部会長：小早川光郎。

きるという規定、事業廃止時の厚労相への通知義務、名義貸しの禁止のほか、地方公共団体の求めに応じて国の求人・求職情報を電子データで提供しなければならないことなどが定められた。

もともと地方事務官制度の下で、公共職業安定機関の一翼を担っていた地方公共団体が、地方分権改革のためにそこから排除されてしまい、2003年改正でも民間と同列の「職業安定機関以外の者の行う」無料職業紹介事業という位置づけに甘んじていたことを考えると、ようやく「民間とは明確に異なる公的性格を持つものであり、国に準ずるものとして位置づけ」られたことになる。地方分権という「大義」にはどういう意味があったのか、いろいろと考えさせる経緯である。

一方、雇用対策法の改正としては、新たに第7章として「国と地方公共団体との連携等」が設けられた。その第31条では、国と地方公共団体が「相互の連携協力の確保に関する協定の締結、同一の施設における一体的な実施その他の措置を講ずることにより、密接な関連の下に円滑かつ効果的に実施されるように相互に連絡し、及び協力する」こととされている。

第2章
労働市場のセーフティネット[1]

第1節　失業保険制度[2]

1　失業保険制度の性格

　失業保険制度は、社会保険制度と雇用政策手段という二つの性格を併せ有する。社会保険制度としては、これは労働者の失業による所得の喪失を保険事故と捉え、再就職するまでのその所得の補償を行うことが制度の目的である。これに対し、雇用政策手段としては、完全雇用という政策目標を実現するために、失業者ができるだけ速やかに再就職できるよう援助することが制度の目的となる。失業保険給付は、この両者の機能を一体的に担うものとして設けられているものであり、失業者が求職活動をする間の生活の安定を確保し、これを通じて求職活動を奨励しようとするものである。

　しかしながら、失業保険制度の両性格は必ずしも常に整合的であるとは限らない。特に大きな問題となるのは、その生活保障のためのセーフティネットとしての性格がかえって再就職促進機能を阻害するモラルハザードとして逆機能しているのではないかという点である。失業保険制度においては保険事故たる「失業」という概念自体に特殊性がある。すなわち「失業」には、労働の意思と能力という主観的要件が含まれ、とりわけ「労働の意思」は外部から客観的に判断することが困難である。これは離職後の失業状態の認定が内心の意思に関わるということだけでなく、離職そのものを任意に創出し

---

1) 濱口桂一郎『労働政策レポート　労働市場のセーフティネット』労働政策研究・研修機構（2010年）。

2) 濱口桂一郎「失業と生活保障の法政策」（『季刊労働法』221号）。

うるという面も含む。このような保険事故の主観性が、他の社会保険制度に比して濫用を容易にしている基本的原因である。つまり、失業保険制度は本質的にモラルハザードの危険性が高く、これを防止するために制度設計上の工夫が必要となってくる。失業保険制度の歴史は、まさにモラルハザードとの戦いの歴史であったと言っても過言ではない。

2　失業保険法への道[3]

（1）　先進諸国の失業保険制度[4]

　失業に対する保険を行うための制度の先駆は、19世紀半ばにヨーロッパの労働組合が共済活動の一環として、その所属組合員に失業給付を支給する制度であった。これは労働者やその家族にとって失業時の経済的困難を軽減する上で非常に助けとなったが、労働者だけで全費用を負担していたために、この制度に加入することができる者の範囲を著しく狭くし、また当時の労働組合はほとんどが熟練労働者から成り立っており、膨大な低賃金の未熟練労働者はごく僅かしか労働組合に加入していなかったため、これら労働者は遙かに失業の危険に晒されていたにもかかわらず、何らの保護の手だてもなかった。また、雇用の安定した労働者は加入をいやがったため、比較的失業の危険の高い者によって構成されることになり、必然的に財政難に陥ることとなった。

　一方、使用者が労働者に支払うべき賃金の一定部分を失業基金として積み立てておき、被解雇者に給付を行うという任意の失業救済制度も特にアメリカ等で発達した。

　やがて、1901年ベルギーのゲントで設立されたものを嚆矢として、地方自治体が民間の失業基金制度に補助金を交付する動きが活発化してきた。これが欧州諸国に広がっていく中で、1905年のフランスを皮切りに、失業保険基金に国の補助金が交付されるようになっていった。

　国が管掌する強制失業保険制度は1911年にイギリスの国民保険法により

3）労働省職業安定局失業保険課編『失業保険十年史』（1960年）。

4）平田隆夫『都市失業保険の成立過程』（上・下）大阪商科大學經濟研究所（1934年、1936年）。

創設された。これは政労使3者が費用を負担し、基金による独立経理を行うものであった。続いてドイツでは1927年、職業紹介・失業保険法により連邦公社が運営する事業として創設された。フランスでは1958年になって全国労使協約によって労使の運営する制度として設立されている。

(2) 日本における失業保険制度への動き

日本では第一次大戦の終了に伴って、激しい不況による解雇者の多発のため、大量の顕在的失業が発生し、失業問題が深刻な社会問題となった。これに対応するため、1918年12月、床次竹二郎内相は救済事業調査会に諮問を行い、同調査会は1919年3月「失業保護ニ関スル施設要綱」を答申した。これを受けて1920年4月、職業紹介所の設置、土木工事の施工、帰農奨励などが内務次官通牒として発せられた。これに対して友愛会等の労働団体は失業防止と失業保険法制定を要求し始めた。

この問題については野党の憲政会が1918年以来調査を進め、1921年8月に試案として失業保険眼目を公表、1922年12月には国民党と共同で帝国議会に失業保険法案を提出している。これは政府が地域ごとに失業保険組合を設立させ、保険料は政労使3分の1ずつ、給付額は失業当時の基本給料の2分の1から3分の2の範囲で勅令で定め、支給期間は失業後1年後までというものであった。

一方、1924年6月に設立された大阪市労働共済会を皮切りに、人夫供給請負制の弊害を防止するために、市の職業紹介所が直接人夫供給事業を行うに当たり、日雇労働者の共済基金を設け、労使が掛金を払い、失業又は業務災害の場合に給付を行う事業が始められた。給付は定額で、連続3日間に限られた。これは神戸、東京、名古屋でも行われた。その後1932年6月、大阪市労働共済会は日雇労働者以外の一般労働者を対象とする失業保険制度を初めて実施した。これは保険料に応じて日額、納付期間に応じて給付日数を増減する仕組みであった。

154　第2部　労働市場法政策

（3）　退職積立金及退職手当法[5]

　この間政府においても、失業保険に関する調査研究を行い、世界大恐慌による不況により失業問題が深刻化する中で、1932年内務省社会局内に設置された失業対策委員会は失業保険制度や解雇手当制度について検討を重ねた。この間、1934年にはILO総会で「非任意的失業者に対し給付又は手当を確保する条約」（第44号）が採択されるなど、国際的にも失業保険制度確立が要請される状況にあった。これに対し経営側は、日本では解雇手当や退職手当を支給する慣行があるから失業保険を設ける必要はないと主張した。失業対策委員会では「事業主別失業手当制度要綱」を作成して検討した。これは事業主に失業手当基金積立金を拠出させ、国が事業主別に勘定を設けて管理し、自己の責めに帰すべからざる事由で解雇又は退職した労働者に一定期間失業手当を支給するというものであったが、これでも事業主の反対が強く、結局自己都合退職の場合も含めて広く労働者が退職する場合の全てに手当を支給する退職手当制度の法制化に向けて検討を進め、紆余曲折の末1936年退職積立金及退職手当法が成立した。

　適用対象は工場法及び鉱業法の適用を受ける50人以上の事業で、事業主は毎月労働者の賃金から100分の2相当額を控除し、労働者名義で退職金として積み立て、退職時に払わなければならない。これが退職積立金である。これに加えて、事業主はその負担能力に応じて行政官庁の認可を受けた額（賃金の100分の3以内）を積み立てなければならない。こちらが退職手当積立金である。

　なお、1941年の労働者年金保険法によって、労働者年金保険の被保険者たる労働者の2分の1以上からその積立をしないとの申出があれば退職積立金の積立義務は適用除外とされ、任意積立制度となった。さらに、1944年に同法が厚生年金保険法に改正された際に、戦時における事務簡素化の見地から類似の制度として退職積立金及退職手当法は廃止された。

　強制的制度としては実質的に5年しか実施されなかったものではあるが、

5）沼越正巳『退職積立金及退職手當法釋義』有斐閣（1937年）、労働事情調査所編『退職積立金及退職手當法詳解』モナス（1936年）。

公的制度として失業保険よりも先に退職手当が作られてしまったことの影響
は意外に大きかったかも知れない。戦後失業保険制度が設けられてからも、
特に労働者の側においてこれを失業という事故に備えるための保険というよ
りも、必ず訪れる退職という時点に向けて積み立てた貯蓄のように考える習
性が抜けきれず、結果的にモラルハザードの原因となったとも考えられる。

（4）　失業保険法の制定[6]

　終戦後、激しいインフレと生活不安の中で失業問題が大きくクローズアッ
プされ、失業保険制度制定に対する社会的要請も高まりを見せた。政府は
1946年3月社会保険制度調査会を設置し、その第3小委員会で失業保険制度
が審議された。ここでは同年7月に提示された3つの案が討議の対象となっ
た。第1案は賀川豊彦の案であり、職域又は地域単位で任意設立主義をとり
国が再保険を行う失業保険組合法案である。財源としては被用者、雇用主の
保険料及び地方自治体、国の補助金として各同額を負担する。また、中央に
失業保険特別会計を設けて、各組合は毎年その剰余金の半額を、国はその負
担すべき額をこの特会に納入し、財政状態の悪い組合に交付するという仕組
みである。第2案は地域（市町村）を単位とし任意設立主義をとる失業保険
組合法案である。そして第3案は全国的かつ強制保険の国営失業保険法案で
あり、これが本命であった。この段階の第2案、第3案では、一定期間給付
を受けない者への保険料の返還という項目もあり、退職手当的色彩が拭い切
れていない。この3案について審議の結果、国営強制保険とすることに決し、
同年12月に失業保険制度要綱案を作成した。この案の興味深い点としては、
官公署に使用される者も強制被保険者としていること、年収一定額以上の職
員を適用除外としていること、自己都合離職者は原則として給付しないこ
と、保険料の返還がなくなったこと、日傭労務者のために地方自治体が失業
保険金庫を設立することが挙げられる。

　その後政府は内閣に失業保険法案及び失業手当法案起草委員会を設置し、
1947年7月両法案要綱を作成した。この案は各号列記の事業で5人以上事業

6）亀井光『失業保険法・失業手當法の逐條解説』労働通信社（1948年）。

156 第2部 労働市場法政策

所の男子労働者を強制被保険者とし、官公吏は現業であっても被保険者にせ
ず、また女子は結婚退職が多いので任意適用とする案になっていたが、この
点はGHQの意向で強制適用とされたという。また日雇労働者や短期労働者、
季節労働者も除外されている。これに基づき、政府は同年8月両法案を国会
に提出、11月に成立した。なお、失業手当法とは、失業保険の受給資格を
備えるまでの間、国庫負担で失業手当を支給するという経過措置であり、
1949年5月廃止された。

　制定当時の失業保険法は現行法に比べると極めて簡素な作りであった。保
険給付の受給要件は離職の日以前1年間に通算して6か月以上の被保険者期
間があることであり、失業保険金日額は賃金日額に応じてその40%-80%、
給付日数は一律に180日であった。また保険料率は労使それぞれ1.1%ずつ
であり、国庫負担が3分の1であった。なお、被保険者のうち、当然被保険
者は製造業、鉱業、運輸業、サービス業、商業で労働者5人以上の事業所に
雇用される者であり、それ以外は任意包括被保険者とされた。

3　失業保険法の展開

(1)　日雇失業保険制度の創設等[7]

　このように失業保険法は制定施行されたが、残された問題も多かったため
政府はその改正を検討し、1948年10月には失業保険委員会に諮問した。そ
の後同年12月に経済9原則が指令され、これに伴い企業整備が行われ、新た
に多数の失業者が発生するという深刻な事態に立ち至り、1949年5月にかな
り大幅な法改正が行われた。

　第1に、従来適用除外とされていた土木建築業、映画・演劇等興業関係事
業、旅館・料理店及び接客娯楽関係事業が新たに当然適用事業とされた。

　第2に、保険金日額を賃金の高低を問わず一律に賃金日額の60%にした。
当時、改正前は平均で54%なので実質的増額だという説明をしている。

　第3は、日雇失業保険制度の創設である。日雇労働者への失業保険の適用

---

7)　亀井光『改正失業保険法の解説』日本労働通信社（1949年）、遠藤政夫『改正失業保
　険法解説』雇用問題研究會（1949年）。

は法制定時からの課題であったが、保険料徴収の仕組みがネックとなっていた。この時に印紙制度が採用され、失業前2か月間に32日分以上印紙保険料が納付されている場合に、1か月間に13日分から17日分までの失業保険金を支給することとされた。これは日雇労働者に対する社会保険制度の適用として先駆的なものである。

（2）　一時帰休労働者への給付

　これは法改正ではないが、雇用保険法への改正によって登場した雇用調整給付金の先駆とも見られるものであり、注目しておく必要がある。

　1954年7月、金融引締措置による企業整備が続発する中で、通達「一時帰休制度による失業保険の取扱について」（職発第409号）が発出され、事業経営が窮境にあり大量の失業者が発生するおそれがあるとき、労使間で3か月の一時帰休及びその後6か月の再雇用について労働協約又は労使協定で合意が確保される場合には、一時帰休率2割以下の限度で一時帰休労働者に失業保険金を支払うことを認めるものであった。

　再雇用が予定されているのであるから本来は失業には該当しないはずであるが、実際に大量失業者の発生をもたらすことになるよりも失業保険財政によって解雇を抑制する方が望ましいという考え方であり、ちょうど同じ1954年に小坂善太郎労相の新労働政策によって解雇制限法の制定が打ち出され、解雇に正当理由を要求し、大量解雇を許可制とする案が示されたのと軌を一にしている。

（3）　給付日数の改正[8]

　次の大きな改正は1955年8月に行われた。これは主として、いわゆる季節労働者による失業保険の濫給の傾向が現れ、デカンショ保険[9]などと批判されたため、これに対する適正化の措置が必要とされるようになったこと

8）労働省職業安定局編『改正失業保険法』労務行政研究所（1955年）。

9）積雪地などで、夏場は公共事業等で働き、冬期は仕事がないため失業保険を受給することを、デカンショ節（「デカンショ、デカンショで半年暮らす、後の半年は寝て暮らす」）に引っかけたもの。

や、失業保険の赤字が10億円に上るといった事態に対処するための改正である。

第1に、給付日数について、それまで一律に180日間であったものを、継続雇用期間に応じて270日、210日、180日、90日の4段階とし、季節労働者など短期被保険者は90日とした。失業給付の歴史はある意味でモラルハザードとの戦いの歴史でもあるが、これはその第1弾ということになろう。

ただ、制度設計としては、給付日数を継続雇用期間にリンクさせることは、確かに短期間に失業と就職を繰り返す者のモラルハザード対策としては有効であるが、逆に失業給付を失業という事故に対する給付というよりは、長期勤続して払い込んだ保険料の退職時の払戻しと見なす別のモラルハザードの源泉ともなりかねない。これはこの後制度につねにつきまとう問題となる。

第2に、不正受給に関する規定を整備するとともに、その防止を図るため被保険者資格得喪確認制度が設けられた。

第3に、これは制度の拡充であるが、保健衛生事業及び社会福祉事業を当然適用事業とした。

継続雇用期間 （被保険者期間）	1年未満		1年以上 5年未満	5年以上 10年未満	10年以上
	9月以下	10月以上			
給付日数	90日	180日	180日	210日	270日

（4）　モラルハザードとの戦い[10]

1960年3月の改正は、エネルギー革命に伴う炭鉱離職者対策の一環として、公共職業訓練受講中の給付日数延長制度や広域職業紹介活動命令地域に係る給付日数の延長制度（90日間）が設けられるとともに、所定給付日数を3分の2以上残して就職した者には50日分、2分の1以上残して就職した者には30日分支給するという就職支度金制度が創設された。

本来失業中の生活保障というセーフティネット機能を果たすべき失業給付

10）労働省職業安定局失業保険課編『改正失業保険法の詳解』労働法令協会（1963年）。

制度が、かえって再就職を阻害するモラルハザードとして逆機能してしまうというのは世界的に見られる現象であるが、日本でもここでこの問題に直面し、本来失業者が望んでいるはずの就職におみやげを付けることで再就職を促進するという制度の複雑化に入り込んでいくことになった。

なお、高度経済成長の中で失業保険制度は黒字が続き、国庫負担率が3分の1から4分の1に引き下げられたほか、労使の保険料率も既に累次引き下げられていたが、さらに各0.8％から0.7％になった。

1963年改正では、同一事業主に継続雇用された期間の長短に応じて給付日数を定める制度を改め、離職後1年以内に被保険者資格を再取得した場合には、その前後の被保険者として雇用された期間を通算して、その期間の長短に応じて給付日数を定めることとする等の改正を行った。

このころ、日本の労働市場は全般的な労働力不足状態に突入していたが、失業保険受給者はいっこうに減少せず、むしろ季節受給者や女子の受給者が急激に増加する傾向にあり、しかも再就職の意欲に乏しいことが世論の批判を浴びていた。そこで、1964年8月、職業紹介との緊密な連携の下に従来ややもすると漫然と支給されていた失業保険給付の適正化を図るため、通達「失業保険給付の適正化について」（職発第651号）が発せられ、窓口指導が強化された。しかしながら、「労働の意思と能力を有するにもかかわらず職業に就くことができない状態」であるか否かの認定を巡って受給者とのトラブルを引き起こし、「カラスの鳴かない日はあっても、求職者の泣かない日はない」とか「職安無情」などと呼ばれる一方、受給者が実績づくりのために職業相談や職業紹介を形式的に受け、面接では意図的に不採用になるよう振る舞うなどの事態が発生し、状況の改善につながらず、挫折してしまった。このモラルハザード問題はこの後も長く後を引くことになる。

（5） 全面適用への道[11]

さて、日本が高度経済成長によって先進国レベルに接近するにつれ、法制定時からの課題である5人未満事業所への全面適用問題が大きく浮上してき

11）住栄作『改正失業保険法精義』日刊労働通信社（1970年）。

た。1964年10月には雇用審議会[12]から全面適用への意見書が出され、これを受けて労働省は失業保険とともに労災保険についても全面適用とする法案を1967年4月に国会に提出した。しかしほとんど審議されないまま流産し、その後1969年3月にも再度全面適用法案を国会に提出するとともに、両保険の適用と保険料徴収を一元化する労働保険徴収法案を提案した。これらは年末の臨時国会でようやく成立に至った。

これにより、まず、5人以上事業所についてはそれまで唯一適用除外とされてきた私立学校における教育研究事業が当然適用事業となった。ところが、私立学校はなかなか加入しようとせず、この問題は長く尾を引くことになる。

重要なのは5人未満事業所で、個人の農林水産業以外は当然適用事業としつつ、激変緩和のため当面製造業、建設業、運輸通信業及び電気ガス水道業のみとし、これら以外は附則で当分の間適用しないこととした。これらが適用されるに至るのは雇用保険法制定時である。

4 雇用保険法の制定[13]
（1） 雇用保険法の制定に向けて

雇用保険法は後述するように、日本の雇用政策の方向を外部労働市場志向の労働力流動化政策から内部労働市場志向の雇用維持政策に大きく転換させた一大転換点に位置するものであるが、制定に向けての政策担当者たちの意図は全くそのようなものではなく、法成立の直前に勃発した第一次石油危機によって結果的にそのような役割を果たすことになったのであり、ある意味で法政策というもののパラドックスをくっきりと浮かび上がらせる存在でもある。

高度経済成長の末期、政策立案者の問題意識は主として、出稼ぎ季節労働者の半ば定期的な受給と女子結婚退職者の退職金的受給が全体の7割を占めるという状態を何とかしなければならないという点にあった。労働力不足の

12）公労使30名、会長：有沢広巳。
13）遠藤政夫『雇用保険の理論』日刊労働通信社（1975年）、関英夫『雇用保険法の解説』ぎょうせい（1975年）。

下で、失業保険受給者の非常に多くが保険金目当ての層に占められるという事態に対し、使用者団体やマスコミから惰民養成との批判が相次ぎ、失業保険無用論すら論議されるに至った。また、1960年に導入された就職支度金についても、支度金を受給したとたんに退職するなど受給目当ての行動が増加していた。一方で、労働力不足の中でも中高年齢者の就職は困難な状態で、所定給付日数が就職の難易度と関わりなく継続雇用期間のみで決められていることが不合理と感じられるようになっていた。

　こういった問題となお残る全面適用問題、費用負担の問題等を含め、1970年1月から中央職業安定審議会失業保険部会[14]で審議が行われ、その中で労働者側から操業短縮手当のような予防的給付を失業保険で行えないかといった論点も出されているが、特に給付の適正化については意見の集約に至らなかった。一方、労働省は1973年5月学識者のみによる失業保険制度研究会[15]を設置し、制度改革に乗り出した。同研究会は同年12月、失業保険制度研究報告を労働大臣に提出し、失業保険制度を抜本的に改正し、雇用に関する総合的機能を持つ雇用保険制度を創設することを提言した。

　そのうち従来の失業保険に相当する失業給付事業については、一律6割から上薄下厚の給付率にするとともに、年齢等の就職難易度に応じて給付日数を定めることとし、また農林水産業労働者及び季節的受給者については30日分の一時金給付とすることなどが求められている。また、新たに事業主負担で雇用改善事業、能力開発事業及び雇用福祉事業の3事業を創設することとし、その中に「経済変動に対処するための雇用調整対策」として「休業を余儀なくされた労働者に休業手当を支給した事業主に対して、交付金を支給する制度を新設する」という一節が含まれていた。

　労働省は同報告に基づき雇用保険法案要綱を作成し、中央職業安定審議会等に諮問し、答申を受けて法案を作成し、1974年2月国会に提出した。

14）公労使各3名、部会長：園乾治。

15）学識者7名、会長：有沢広巳。

162 第2部 労働市場法政策

（2） 文脈の転換

　雇用保険法案に対して、総評と中立労連は真っ向から反対する立場をとった。失業給付事業については給付の切下げや制限として認められないとしつつ、3事業についても雇用保険制度とは別建てにすべきと主張した。一方、同盟からは雇用保険制度の創設を前提にその改善を求める意見が出された。国会でも、社会党や共産党は、出稼ぎ労働者や女子労働者の締出しを図るものだとして強く反対し、雇用保険法案は与野党対決法案となった。審議の結果、自民・民社両党の修正案にも社会・共産・公明各党が反対し、衆議院を通過したが参議院で審議未了廃案となった。

　ところが、実はこの時には既に第1次石油危機が勃発し、企業による雇用調整が発生しつつあったのである。超過勤務の規制、新規採用の中止にとどまらず、一時休業や大量解雇も行われるようになった。この中で、労働組合の姿勢が転換してきた。同盟はもとから雇用保険法を歓迎していたが、反対であった中立労連が雇用保険法制定に回り、総評加盟の民間労組からも制定促進の声が上がりはじめ、総評もついに制度の一部は緊急に立法化すべきだと発言せざるを得なくなった。また、日経連をはじめとする経営者団体も、特に雇用調整給付金の早期実施を求める要望を行った。

　こういう中で、政府は1974年12月再度法案を国会に提出した。今回は超スピードで審議が行われ、自民、社会、公明、民社各党による修正が行われた上、同月末に成立に至った。この修正により、雇用調整給付金制度だけは直ちに、1975年1月1日から施行されることになった。

　もともと主として失業保険制度のモラルハザード対策として立案された雇用保険法が、雇用調整給付金という立案時には法政策のごく一部に過ぎなかった部分をてこにして、労働側の求める制度として実現に至ったというこの経緯は、単にそれ自体として逆説的であるにとどまらず、雇用保険法を日本の雇用政策立法の中心に位置づけるという立案者が想像もしなかった事態をもたらすことになる。しかし、この点については後に考察することにする。

（3） 雇用保険法による失業給付

　雇用保険の失業給付は求職者給付と就職促進給付に再編された。求職者給

付という名称に、あくまでも求職活動の奨励を図るという給付目的が示されている。その基本給付は大きく改正された。まず、それまでの一律6割給付から、賃金日額に応じて6割から8割に逓増する仕組みとするとともに扶養手当を廃止した。

　もっとも大きな改正は給付日数で、それまでの被保険者期間に応じた仕組みから、被保険者期間1年以上の者については30歳未満の90日間から55歳以上の300日間に至るまで年齢階層別に定めるとともに、心身障害者等就職困難者については特に手厚くした。失業給付は失業という事故に対して再就職までの生活の安定を図るための給付を行うのであるから、年齢等による就職の難易度に応じて給付日数を定めることがもっとも合理的であるという考え方である。拠出期間と給付日数をリンクさせる仕組みは私保険的として原則排除されたのであるが、後に1984年改正で再度復活することになる。

　問題となっていた季節労働者については、短期雇用特例被保険者という制度を設け、基本手当の50日分（国会修正で原案の30日分から延長）に相当する特例一時金を支給することとするとともに、これら労働者を多数雇用する業種（農林水産業、建設業及び清酒製造業）については保険料が労使それぞれ0.1％ずつ高く設定され、一種のメリット制が導入された。法政策としては、諸外国のように季節的失業は給付の対象にしないという方式もあり得たが、失業保険金が受給者の生活に組み込まれているという現実に配慮して、一時金という妥協的解決が図られた。

　同じく濫用が指摘されていた常用就職支度金も就職困難者のみに支給されることとされ、一律に30日分とされた。これも1984年改正で再度見直される。

　なお、保険料率はそれまで少しずつ引き下げられて労使各0.65％ずつ折半となっていたが、雇用保険法により総額は1.3％で変わらないまま、労働者側0.5％、使用者側0.8％とされた。これは0.5％ずつ求職者給付を折半し、0.3％は雇用保険3事業に充てるということである。

164　第2部　労働市場法政策

離職日の年齢	30歳未満	30歳以上 45歳未満	45歳以上 55歳未満	55歳以上
一般	90日	180日	240日	300日
就職困難者	240日			300日

5　雇用保険法の展開

　雇用保険法制定以後の改正には、旧失業保険法以来の失業給付に係る改正と、雇用保険法で創設された政策的給付に係る改正があるが、本節では前者についてのみ現在に至る改正経過を概観していくことにする。

（1）　1984年改正[16]

　1980年代にはいると、高齢化が進展する中で、比較的短期間で離職する高齢者にも長期間の給付が保障されることが、比較的若年の長期勤続者と比べて公平を欠くとの意見が出てくるようになり、特に通常労働市場から引退し、求人もほとんどない65歳以降についても同様の扱いとなっていたことが問題となってきた。また、受給者の再就職率が1974年度の40％から年々低下して1983年度には10％を割り、再就職意欲を喚起するための制度の必要性が感じられるようになった。雇用保険財政も悪化し、2年連続赤字で積立金も減少した。

　労働省は1983年8月から中央職業安定審議会雇用保険部会[17]で審議を進め、同部会は同年12月に報告を取りまとめた。これを受けて労働省は法案をまとめ、諮問答申を経て1984年2月に国会に提出し、同年7月に成立した。

　これにより、所定給付日数は、再就職の難易度に応じて定めるという原則を維持しつつも、被保険者であった期間をも要素として決定する仕組みとなった。これは、1-5年、5-10年、10年以上という3段階制とされた。これと従来の年齢階層別及び就職困難者が組み合わさってマトリックスとなったのである。また、65歳以上の高齢者については一時金として高年齢者求職者

16）加藤孝『改正雇用保険の理論』財形福祉協会（1985年）。

17）公労使各3名、部会長：舟橋尚道。

給付金（算定期間に応じて50-150日分）を支給することにした。

　また、正当な理由なく自己都合で退職した場合に基本手当を支給しないこととする給付制限期間をそれまでの1か月から原則として3か月とし、安易な離職を防止しようとした。さらに、受給者の再就職意欲を喚起し、失業者の滞留を防ぐため、所定給付日数を2分の1以上残して再就職した者に再就職手当（30-120日分）を支給することとした。ただし、かつての就職支度金制度の濫用の弊に鑑み、1年を超えて雇用されることが見込まれるような安定した職業に就職先を限定した。

　こういった改正は、失業給付制度を巡るモラルハザードが、あちらを解消しようとすればこちらで増大するというなかなかに困難な性質があることを示している。被保険者期間で差を付ければ就職の容易な長期勤続者にモラルハザードが発生し、年齢で差を付ければ短期勤続の高齢者にモラルハザードが発生する。早期就職者に褒美を付ければ就職の容易な者にモラルハザードが発生し、付けなければ満額受給するまで居座るという形でモラルハザードが発生する。全てに対応しようとすれば制度は限りなく複雑化してゆくことになる。

被保険者期間＼年齢	30歳未満	30歳以上 45歳未満	45歳以上 55歳未満	55歳以上 65歳未満
1年未満	90日			
1年以上5年未満	90日	90日	180日	210日
5年以上10年未満	90日	180日	210日	240日
10年以上	180日	210日	240日	300日
就職困難者	240日			300日

（2）　1989年改正[18]

　1989年6月に行われた改正は、1988年12月の中央職業安定審議会雇用保険部会[19]の報告に基づき、社会保険制度の中で先駆的にパートタイム労働者

18）若林之矩『新版雇用保険の理論』財形福祉協会（1991年）。

19）公労使各3名、部会長：山口浩一郎。

166　第2部　労働市場法政策

を適用対象に含めた改正であり、非典型労働者に係る法政策としても重要な意味を持っている。

　これにより雇用保険制度に短時間労働被保険者という概念が導入された。これは「1週間の所定労働時間が、同一の適用事業に雇用される通常の労働者の1週間の所定労働時間に比し短く、かつ、労働大臣の定める時間数（33時間）未満である者」と定義された。週33時間というのは、この時労働基準法の段階的改正による労働時間短縮の途中であり、法定労働時間が週44時間であったことからその4分の3としたものである。なお、適用対象となるのは法定労働時間の2分の1の週22時間以上の者である。法定労働時間が本則通り40時間となると、これは20-30時間未満の者となる。

　短時間労働被保険者については、被保険者期間について特例を設けるほか、一般被保険者よりも最大90日分短い給付期間のマトリックスを定められた。これは短時間労働者は離職率が高いこと、求人倍率はフルタイム労働者の3倍程度と高い水準にあり就職が容易な状況にあること等が理由とされているが、この後パートタイム労働者に対する均等待遇問題が政策課題として意識されてくると疑問が感じられるようになり、2000年改正でかなり改善され、2003年改正で完全に統一されるに至った。

（3）　2000年改正

　雇用保険制度は2000年、2003年と引き続いて失業給付制度について大きな改正を行ったが、その主たる原因は失業者の急増に伴う雇用保険財政の急激な悪化にあった。失業等給付関係収支でみると、1994年度から支出が収入を上回るようになり、5兆円近くに達していた積立金が急激に減って1999年度には2兆円を割り込み、2001年度にはマイナスになると見込まれた。そこで、真に必要にある者に給付を重点化するとともに保険料負担を引き上げる改正が行われたのである。

　労働省は1999年6月から中央職業安定審議会雇用保険部会[20]で制度の見直しに向けて検討を開始した。同部会は8月に「雇用保険の見直しについて

20）公労使各4名、部会長：樋口美雄。

（中間報告）」を報告し、雇用保険制度が雇用面におけるセーフティネットの中核として引き続き安定的に十分な役割を果たしていくことができるよう、早急に制度の再構築を図る必要があるという認識を示し、いくつもの論点を提示した。その後さらに検討が行われ、同年12月に「雇用保険制度の再構築について」と題する部会報告を取りまとめた。ここでは「再就職の難易度を年齢によって画一的に決定することとなっている現行の給付日数の体系を見直し、真に必要のある者に対する給付の重点化を図る必要がある」として、「定年退職者を含め、離職前から予め再就職の準備ができるような者に対する給付日数は圧縮する一方で、中高年層を中心に倒産・解雇等により離職を余儀なくされた者には十分な給付日数が確保されるようにする必要がある」と、離職理由によって給付日数に差を付ける方向性が打ち出された。

労働省はこれを受けて法案を作成し、2000年2月に国会に提出、同年5月に成立した。この改正によって、所定給付日数のマトリックスは被保険者期間と年齢に加え、倒産・解雇による離職者か自己都合等による離職者かという区分が設けられた。パートタイム労働者か否か就職困難者か否かの区分も残されたため、軸は4つで大変複雑である。象徴的な例を示せば、20年以上勤続の通常の倒産・解雇離職者は概ね30日分ずつ増えて240日分-330日分となったのに対し、自己都合等離職者は一律180日分となり最大120日分減った。なお、これに伴い、パートタイム労働者に対する所定給付日数も倒産・解雇離職者と自己都合等離職者で差がつけられ、それぞれおおむねフルタイム労働者よりも30日分短い水準に設定された。微妙な差を付けたものであるが、完全に均等扱いとなるのは2007年改正においてである。

これと併せて、1993年以来労働者0.4％、使用者0.75％という低水準のまま据え置かれていた雇用保険料率が、労働者0.6％、使用者0.95％に引き上げられた。同じく、求職者給付について本来4分の1である国庫負担額が14％に下げられていたのを元に戻した。これで雇用保険財政は改善に向かうはずであった。

168　第2部　労働市場法政策

離職理由	労働時間	被保険者期間＼年齢	30歳未満	30歳以上 45歳未満	45歳以上 60歳未満	60歳以上 65歳未満
倒産・解雇等による離職者	一般被保険者	1年未満	90日			
		1年以上 5年未満	90日	90日	180日	150日
		5年以上 10年未満	120日	180日	240日	180日
		10年以上 20年未満	180日	210日	270日	210日
		20年以上	－	240日	330日	240日
	短時間労働被保険者	1年未満	90日			
		1年以上 5年未満	90日	90日	180日	150日
		5年以上 10年未満	90日	150日	210日	150日
		10年以上 20年未満	150日	180日	240日	180日
		20年以上	－	210日	300日	210日
自己都合等による離職者	一般被保険者	1年未満・ 1年以上 5年未満	90日			
		5年以上 10年未満	120日			
		10年以上 20年未満	150日			
		20年以上	180日			
	短時間労働被保険者	1年未満・ 1年以上 5年未満	90日			
		5年以上 10年未満	90日			
		10年以上 20年未満	120日			
		20年以上	150日			

（4） 2002年の運用改善

　ところが、そうは行かなかった。2001年以降も失業率は依然として上昇を続け、しかも小泉純一郎内閣の構造改革政策によって、金融機関の不良債権処理等雇用失業情勢への影響がますます深刻化した。雇用保険財政も、収入も増えたが支出がそれを上回って増加し、積立金は減り続けた。こうして、2000年改正法が2001年4月に施行されてからわずか1年後の2002年4月、労働政策審議会雇用保険部会[21]において制度の在り方の検討が始められた。

　同部会は同年7月に「雇用保険制度の見直しについて（中間報告）」を報告し、給付が再就職を阻害することがあってはならず、この趣旨にそぐわない事態が生じているのであれば見直しは必要だといった考え方が示されたが、特に法改正を待たずに実施すべき事項として、再就職の促進や給付の適正化のため、失業認定の厳格化や給付制限の適用基準の見直しが謳われ、また弾力条項を使って雇用保険料率を労使各0.1%ずつ引き上げることが求められた。

　厚生労働省はこれを受けて早速同年10月から保険料率を労働者0.7%、使用者1.05%に引き上げるとともに、9月から失業認定の厳格化や給付制限の積極的適用に乗り出した。通達「失業認定の在り方の見直し及び雇用保険受給資格者の早期再就職の促進について」（職発第0902001号）は、認定日の間の期間に求職活動実績が原則2回以上あることを確認して失業認定を行うとし、単なる職業紹介機関への登録、知人への依頼、新聞・インターネット等での求人情報の閲覧だけでは求職活動に該当しないとし、1%程度のサンプリングで問い合わせを行い、申告が虚偽であれば不正受給として処理するとしている。また、安定所に紹介されたのに事業所の面接で故意に不採用になるような言動をした等の場合にも紹介拒否と解して給付制限を行うとしている。

　これは1964年に行われたモラルハザードに対する給付適正化通達の再現という面があるが、前回の失敗に学んで改善されたところもある。

21）公労使各5名、部会長：諏訪康雄。

170　第2部　労働市場法政策

（5）　2003年改正[22]

　その後、雇用保険部会は審議を続け、11月に厚生労働省が提示した議論の叩き台をもとに、12月に報告を取りまとめた。

　求職者給付の関係では、まず雇用保険法制定以来の給付率6割-8割を5割-8割とし、基本手当日額の上限額を引き下げることが打ち出された。これは、「高賃金・高給付層の中に基本手当日額が再就職時賃金を上回る者が多く見られる」ことへの対応であるが、報告には労働側委員から削減を行うべきでないという意見書が添付されるという形になった。所定給付日数については2000年改正の方向性を徹底し、倒産・解雇による離職者はパートタイム労働者も含めて給付を手厚くし、自己都合等による離職者はフルタイム労働者も含めて給付を切り縮め、パートタイム労働者とフルタイム労働者の給付を一本化することが求められた。また、再就職手当を再編して常用就職以外の形態で就職した場合にも就業促進手当を支給することも盛り込まれている。

　その他、各種給付の見直しなどもあるが、法政策として興味深いのは保険料率の引上げをめぐる政治過程である。厚生労働省が11月に提示した議論の叩き台では、労働者0.8％、使用者1.15％に引き上げるとともに、弾力条項による変更幅を±0.3-0.4％とすることも検討するとしていた。そして、一旦は労働政策審議会の結論として、労使の反対意見を添付しつつ、雇用保険制度の安定的運営を確保するために必要な負担としてやむを得ないと書き込む寸前までいったのである。ところが、この案がまとまる予定の直前に、塩川正十郎財務相が経済財政諮問会議で「給付を見直して保険料を上げずにすむようにすべき」と発言し、これを受けて坂口力厚労相が「一般財源から国庫負担をいただけるのであれば、保険料率の引上げは行わなくてもよくなる」と発言、両省の事務当局は大混乱に陥ったと伝えられる。

　このため保険料率引上げは凍結され、その後与党間で政治レベルの話合いが行われ、補正予算で基金を設ける案が浮上、2500億円の早期再就職者支援基金を2004年度までの時限事業として創設することでまとまった。これ

22）濱口桂一郎「立法状況報告：雇用保険法改正案の論点」（『季刊労働法』202号）。

は雇用保険における就業促進手当を代替するようなものであり、正面から雇用保険財政に一般会計からの国庫負担を入れる代わりに再就職促進という名目で財政援助を行うものといえる。

こういったいきさつを経て、厚生労働省は2003年1月法案を国会に提出し、4月に成立して5月から施行された。内容は上述の通りであるが、このうち就業促進手当については、1984年改正で導入された再就職手当が1年以上の雇用が見込まれる安定した雇用に就職先を限定していたのを、常用就職以外の形態で就職した場合にも対象を広げており、雇用就業形態の多様化に対応した形となっている。別の角度から見れば、雇用保険法以来の内部労働市場重視政策から、外部労働市場志向の労働力流動化政策に回帰しつつある姿を示していると見ることもできる。

離職理由	年齢 被保険者期間	30歳未満	30歳以上 35歳未満	35歳以上 45歳未満	45歳以上 60歳未満	60歳以上 65歳未満
倒産・解雇等による離職者	1年未満	90日				
	1年以上 5年未満	90日			180日	150日
	5年以上 10年未満	120日	180日		240日	180日
	10年以上 20年未満	180日	210日	240日	270日	210日
	20年以上	−	240日	270日	330日	240日
自己都合等による離職者	1年未満・ 1年以上 10年未満	90日				
	10年以上 20年未満	120日				
	20年以上	150日				

（6） 雇用保険基本問題研究会

2003年改正法が施行された直後の同年8月から、厚生労働省は雇用保険基

172　第2部　労働市場法政策

本問題研究会[23]を開催し、雇用保険制度全般にわたる検討を行い、2006年2月に「雇用保険制度の在り方に係る議論の整理」という形でとりまとめた。これは、まさに「議論の整理」であって、一定の政策方向を打ち出しているというわけでは必ずしもないが、議論の大枠についての一定の設定はされている。

　どういう人々に適用すべきかという問題については、前回改正の際から公務員への適用問題が論点になり、また公務員制度改革の関係で、能力主義の導入や労働基本権問題などとも絡めて議論がされているが、ここでは「公務員制度の在り方に係る議論、諸外国の法制度をふまえつつ、将来に向けて検討していくべき課題ではないか」とやや距離を置いた姿勢になっている。

　それよりもむしろ興味深いのは、(1) 非典型労働者（週所定労働時間20時間未満or雇用見込み期間1年未満）への適用拡大、(2) いわゆるマルチジョブホルダー（個々の就業では適用要件を充たさない者）、(3) 非雇用の働き方（テレワーク、在宅就業、請負契約で就業する者）、(4) 65歳以上の者…といったこれまで制度的に対象外にしていた者について、適用対象にするか、するとすれば、何をもって「失業」と捉えるのか、「離職前賃金」「被保険者資格取得」は何か、労使折半の保険料負担はどうするのか、等々といったかなり本質的な議論の出発点になる論点を示していることである。いずれも大きな議論になりうるものである。

　基本手当の在り方については、生活の安定と再就職促進という2つの目的を両立させるという問題設定から、定率制だけでも定額制だけでもまずいという正当な結論を維持しているが、支給期間が一定期間を超えた場合に給付率を逓減させる案や、給付制限をもっと厳しくすることなどが提示されている。英独仏のような手厚い失業扶助は難しいと、先回りして釘を刺しているが、これはむしろ生活保護制度との関係で論じるべきことであろう。

---

23) 学識者6名、座長：山口浩一郎。

（7）　2007年改正

　この論点整理を踏まえて、2006年3月から労働政策審議会雇用保険部会[24]で、雇用保険制度の見直しについての審議が開始され、翌2007年1月に報告が取りまとめられた。

　適用関係では短時間労働者の被保険者区分をなくし、一般被保険者として一本化するとともに、これに伴い受給資格要件（この時、一般は6か月以上、短時間は12か月以上）も一本化するが、その際循環的な受給や安易な給付を未然に防ぐ観点から、解雇・倒産等による離職の場合には6か月、自己都合離職や期間満了の場合には12か月と、離職理由で差をつける方向性を示した。なお、被保険者期間1年未満で雇止めによって離職した者の扱いを適切に見直すべきとしている。

　財政運営については、「雇用保険は必要不可欠なセーフティネットであり、将来にわたり安定的に機能するよう制度の健全な運営を確保することが何よりも重要である。その上で行政改革推進法等で指摘された課題に対応する必要がある」と、基本的な考え方を鮮明にした上で、「雇用保険制度の前身である失業保険法時代より国庫も失業等給付に係る費用の一部を負担しているのは、雇用保険制度におけるもっとも主たる保険事故である失業は、政府の経済政策、雇用対策と無縁ではなく、政府もその責任の一端を担うべきとの考え方によるものである。このような経緯や雇用保険の被保険者等の期待等を勘案すると、失業等給付に係る国庫負担の制度を全廃することは、国の雇用対策に係る責任放棄につながり、適当ではない」と、明確に財務省サイドの発想を否定している。

　ただし、行政改革推進法の趣旨を踏まえ、かつ、現在の雇用保険財政の状況や従前実施した国庫負担率の縮減方法等にかんがみ、雇用保険制度の安定的運営を確保できることを前提に、①高年齢雇用継続給付に係る国庫負担の廃止、②当分の間、国庫負担を本来の負担額の55％に引下げ、という措置を執ることもやむを得ないとしている。

　同年2月に雇用保険法改正案が国会に提出され、4月に成立に至った。な

24）公労使各5名、部会長：諏訪康雄。

おこの際、船員保険法の再編に伴い、船員保険の失業部門が雇用保険に統合された。

6　非正規労働者への適用拡大

（1）　2009年改正

2008年11月から、労働政策審議会雇用保険部会[25]では急遽雇用保険制度の見直しの議論が始められた。これは、この秋から世界的に金融危機による景気後退が進んでいたことへの対応という面とともに、その直前の10月末に決定された追加経済対策において、「国民の負担軽減の観点から、雇用保険料率について、2009年度に限り0.4％までの幅で引き下げることについて検討、結論を得ること」とされたことへの対応という面もある。

新聞報道等によれば、これは雇用保険への国庫負担をやめたい財務省が、積立金が余っているならばまずは保険料を引き下げるのが筋で、国庫負担だけをやめるわけにはいかないことから、麻生太郎首相に景気対策の一環として雇用保険料の引下げを進言したことによるという。ところが、折からの雇用情勢の悪化により国庫負担の廃止は実現には至らず、結局保険料の一時的引下げだけが残された形となった。雇用情勢がこれから悪化しようというときに、その対策の原資となるべき雇用保険料を引き下げるという、顛倒した雇用政策となってしまったわけである。政策決定過程の愚劣さを示す好事例といえよう。同部会では労使双方から保険料率の引下げに対する疑念が示されたが、事務局側としても内心不満を持ちながらであろうが、政府の追加経済対策ですでに決まったことへの理解を求めた。

部会に示された検討課題の第一は「セーフティネット機能の強化」であって、とりわけ非正規労働者に対するセーフティネット機能の強化が中心論点であった。その一つは、今後想定される離職者の増加等に備え、セーフティネットに万全を期す観点からの給付の見直しであり、具体的には契約更新がなされなかったため離職した有期雇用者等に対する受給資格要件等の取扱いについて、いわゆる倒産、解雇等による離職者（特定受給資格者）の扱いを

25）公労使各5名、部会長：清家篤。

勘案し、どう考えるかが提起された。二つ目は雇用のセーフティネットとしてカバーする労働者の範囲の見直しであり、具体的には現在、雇用保険の適用については、「週所定労働時間20時間以上、1年以上の雇用見込み」という基準が設けられていることについて、どう考えるか。特に、1年未満の有期雇用者の中には、「1年以上の雇用見込み」の要件のために適用が受けられない者がいるが、こうした者に対するセーフティネットをどのように考えるかが提起された。

　その後、事務局から報告案が示され、翌2009年1月、おおむねその線で報告がとりまとめられた。そこではまず非正規労働者に対するセーフティネット機能の強化について、第1に倒産・解雇による離職者（特定離職者）に当たらない雇止めによる非正規労働からの離職者についても、受給資格を得るのに必要な被保険者期間を1年間から6か月とすること（恒常的措置）と、その場合の所定給付日数について、被保険者期間1年以上で雇止めされた者について暫定的に（3年間）倒産・解雇による離職者と同じ扱いにすることとされた。なお、労働契約の更新が明示されていたにもかかわらず更新されずに雇止めされた者は被保険者期間が1年未満でも特定離職者として扱われる。これは給付面からの拡大拡充である。

　第2に適用面からの拡大として、「1年以上の雇用見込み」を「6か月以上の雇用見込み」に改めるべきとしている。これは法律事項ではなく運用基準に基づくものである。労働政策審議会では労働側からなぜ6か月で線引きするのかという疑問も提示されたが、回答はされていない。

　その他の改正事項として、特定離職者や上記雇止めされた者でなくても、所定給付日数が短い年齢層や雇用失業情勢の悪い地域の求職者について、暫定的に、個別に60日間延長給付することができることなどが示されている。

　大きな問題であった雇用保険料率については、「雇用保険財政の過去の経験や本来の保険制度の趣旨等からすれば、現在のように雇用失業情勢が急速に悪化しつつある時期には保険事故である失業が増加することが容易に予想される中で、雇用保険料率の引下げについては、本来これを行うべきではなく、慎重に対処する必要があるが、一方で、国民の負担軽減についての政府全体としての強い要請があること等を勘案すると、特例的に平成21年度に

限って、失業等給付に係る雇用保険料について、弾力条項による引下げ幅を超えて0.4％引き下げることとすることも、やむを得ないものと考える」という苦渋に満ちた表現となっている。

　同日付の労働政策審議会に対する法案要綱の諮問答申を経て、同月に改正案が国会に提出され、同年3月に成立した。

（2）　非正規労働者への適用問題の経緯

　ここで、2009年改正、2010年改正で論点になった非正規労働者への適用問題の経緯を概観しておく。もともと1947年に失業保険法が制定された時には、非正規労働者を適用除外する仕組みにはなっていなかった。技術的理由から日雇労働者は除外されたが、1949年に日雇失業保険制度が設けられている。モラルハザードの観点から一定の季節労働者は適用除外されたが、当時臨時工とか社外工と呼ばれた通常の非正規労働者は当然適用されていた。この点は今日に至るまで変わっていない。フルタイム直接有期雇用の非正規労働者は現在まで一貫して雇用保険の適用対象である。

　今日の非正規労働者への適用問題の出発点は、1950年の「臨時内職的に雇用される者に対する失業保険法の適用に関する件」という通達（職発49号）である。ここでは「臨時内職的に雇用される者、例へば家庭の婦女子、アルバイト学生等であつて」「その者の受ける賃金を以て家計費或は学資の主たる部分を賄わない者、即ち家計補助的、又は学資の一部を賄うに過ぎないもの」「反復継続して就労しない者であつて、臨時内職的に就労するに過ぎないもの」は、「労働者と認めがたく、又失業者となるおそれがな」いので、「失業保険の被保険者としないこと」と指示していた。

　その後、累次の通達や業務取扱要領の改正により、一定のパート労働者に適用されるようになったが、適用されるためには（フルタイム労働者には要求されない）1年以上の雇用見込みが要求され、事実上常用パートでなければ適用されないという状況が続いてきた。また、登録型派遣労働者についても1年以上の雇用見込み等が要求され、フルタイムであっても適用されないという状況が生み出されたのである。

　2009年夏の総選挙では、民主党の「マニフェスト」に「雇用保険をすべ

ての労働者に適用する」という項目が掲げられ、民主党を中心とする連立政権が誕生したことにより、これが実現に向かい始めた。

（3）　2010年改正

　政権交代後の9月から労働政策審議会雇用保険部会[26]において本格的な審議が始まった。途中で事務局から示された資料には、家計補助的な労働者のイメージもあったが、結局「6か月以上の雇用見込み」要件のために適用が受けられない者に対しても雇用のセーフティネットが必要であるという結論に至り、その際、離職と受給を繰り返す層の発生の防止や雇用保険財政への影響を考慮して現行の受給資格要件は維持することとされた。これは、明確にそれまでの非正規労働者は家計補助的だから適用除外という発想を放棄し、フルタイム直用有期労働者と同じ土俵に載せることを決めたものとして重要な意義を有する。改正法案は翌2010年3月に成立し、翌4月から施行された。

　この改正によりそれまで業務取扱要領で定めていた適用基準がようやく法律に明記されるようになった。すなわち、①1週間の所定労働時間が20時間未満である者、②同一の事業主の適用事業に継続して31日以上雇用されることが見込まれない者、③季節的に雇用される者のうち、短期雇用特例被保険者に該当しない者、④学校の学生・生徒（定時制等を除く）である。これらに該当しない31日以上雇用されることが見込まれる非正規労働者に適用が拡大されたことになる。

　また、事業主が被保険者資格取得の届出を行わなかったため未加入とされていた者のうち、事業主から雇用保険料を控除されていたことが給与明細等の書類により確認された者については、それまでの2年を超えて遡及適用されることとなった。

26）公労使各5名、部会長：清家篤。

178　第2部　労働市場法政策

7　その後の動き

（1）　2016年改正

　労働政策審議会雇用保険部会[27]は、2015年8月からいくつもの論点について審議を重ね、同年12月に報告を取りまとめた。そのうち労働市場政策として重要なのは65歳以上の者への適用拡大である。もともと失業保険法制定時には年齢制限など存在しなかった。支給の局面において年齢という要件が重要なものとなったのは1974年の雇用保険法への改正時であったが、年齢枠に上限はなかった。ただし、60歳以上の被保険者については、労使双方とも保険料が免除された。

　ところが、その10年後の1984年改正によって、支給日数は年齢と被保険者期間の両方によって決まるマトリックス方式になったが、その際に年齢区分の上限も65歳に設定された。そして、65歳前から引き続いて65歳以降も雇用されている者を一般被保険者ではなく高年齢継続被保険者として、その者が失業した場合には基本手当ではなく、高年齢求職者給付金という一時金を支払うこととした。さらに65歳以上で新たに雇用された者は、原則として被保険者とならないこととされた。なおこの時に、雇用保険法で導入された保険料免除の対象が64歳以上に引き上げられた。

　部会報告はこのような制度について、「現在においてそのまま当てはめることは困難」であるとし、失業者のセーフティネット確保の観点から、新たに65歳以上に雇用される者についても雇用保険の対象とすべきと述べている。ただし、1984年改正前に戻すのではなく、同改正で導入された高年齢求職者給付金の対象とするという意見である。また、高年齢者に対する保険料免除についても、原則通り徴収すべきと述べつつ、一定の経過措置を求めている。

　厚生労働省は育児・介護休業法等と一緒にして2016年1月に雇用保険法等改正案を国会に提出し、同年3月に成立した。

27）公労使各5名、部会長：岩村正彦。

（2）　2017年改正

　2016年9月、労働政策審議会雇用保険部会[28]で急遽審議が始まったが、これは同年8月に閣議決定された「未来への投資を実現する経済対策」において、「雇用保険制度の見直し」として「アベノミクスの成果等により、雇用情勢が安定的に推移していること等を踏まえ、雇用保険料や国庫負担の時限的な引下げ等について、必要な検討を経て、成案を得、平成29年度（2017年度）から実現する」という一節が盛り込まれたことに端を発する。

　同年12月に取りまとめられた部会報告は、3年間に限り雇用保険料率を2/1000引き下げて労使の負担軽減をするとともに、国庫負担も3年間に「厳に」限定して本来負担すべき額の10％にすることも「やむを得ない」とした。労使双方が反対することをやらざるを得ない苦衷がにじんでいる。

　その他の改正事項としては、給付日数の微修正（1-5年勤続の30-45歳層の倒産・解雇等離職者について増加）があるほか、激甚災害や難病治療などの求職者について60日（大震災等は120日）の個別延長給付を可能とすること、教育訓練給付のさらなる増額、そして育児休業の最長2年までの延長に応じた育児休業給付の延長などが盛り込まれている。これらは職業安定法や育児休業法と併せて翌2017年1月に雇用保険法改正案要綱が労働政策審議会に諮問され、即日妥当と答申を受け、同年1月末に国会に提出され、3月成立に至った。

離職理由　＼　年齢／被保険者期間	30歳未満	30歳以上35歳未満	35歳以上45歳未満	45歳以上60歳未満	60歳以上65歳未満
倒産・解雇等による離職者　1年以上5年未満	90日	120日（←90日）	150日（←90日）	180日	150日

28）公労使各5名、部会長：岩村正彦。

180 第2部 労働市場法政策

第2節 無拠出型セーフティネット

1 求職者支援法[29]

雇用保険制度（第1層）と生活保護制度（第3層）の間のいわゆる第2層のセーフティネットに関する議論がされるようになったのは極めて最近のことである。

（1） 連合の提言

日本労働組合総連合会（連合）は2007年6月に公表した「政策・制度要求と提言」の中で、雇用政策と生活保護制度をつなぐ新たな社会的セーフティネットを構築することを提言した。

これは、現在の生活保護制度と雇用保険制度をベースに、積極的な雇用労働政策と連動した社会保険・労働保険制度の機能強化（第1層）、就労・生活支援のための、生活保護制度とは別の新たな給付制度（第2層）、健康で文化的な最低限度の生活を営む権利を保障するための「最後の砦」としての給付制度（第3層）による3層構造のセーフティネットに再構築しようとするものである。

第2層の「就労・生活支援給付」は、生活に困窮するすべての居住者（雇用保険の被保険者であった者は、雇用保険の求職者給付の給付日数を超えてなお失業状態にある者）が受給することができ、現金給付、職業訓練（現物給付および現金給付）、生活支援（現物給付）からなる。受給するには、各人の年齢、能力、経験、健康状態、環境等に即して適切に策定する就労・自立支援プログラム（雇用保険の「教育訓練給付」の指定教育訓練講座や公共職業訓練を含む。）に参加することが要件となる。また、給付期間は最長5年で、1年ごとに申請手続を行うという制度設計である。

---

29) 濱口桂一郎「求職者支援制度の成立」『季刊労働法』235号。

（2）　2008年末の貸付制度

　アメリカのサブプライム問題に端を発した世界的な金融危機の中で、2008年秋以来多くの企業で「派遣切り」「非正規切り」と呼ばれる非正規労働者の解雇や雇止めが続出した。これに対して連合は同年11月、厚生労働省に対し「非正規労働者等の緊急雇用対策」について要請を行った。その中には「ヨーロッパ諸国の失業扶助制度も参考に、未就業者や長期失業者等を対象とした職業訓練中の生活保障制度の抜本拡充を図る」という項目が盛り込まれていた。12月に入り、雇用失業情勢がますます悪化する中で、政府は「生活防衛のための緊急対策」をとりまとめ、その中に大変興味深い制度が盛り込まれた。まず「生活安定資金融資」は、雇用保険でカバーされていなかった失業者に対し、生活・就職活動費として15万円×6か月＝90万円、家賃補助費として6万円×6か月＝36万円を融資し、6か月以内に就職すれば一部返済免除になるという制度である。いわば、就職することを条件にした無拠出の失業扶助ともいえる。

　もう一つ、訓練期間中の生活保障給付制度として、所得200万円以下の者に対し、10万円（扶養家族があれば12万円）を貸し付け、年長フリーター、母子家庭の母、中高年者、若年者など就職困難者が訓練を適切に修了すれば返済を免除するという制度も設けられた。これらは、2008年度の第1次補正予算に盛り込まれ、実施された。

　これら制度は緊急対策として臨時的に設けられたものであり、返済免除も予定されているとはいえあくまでも貸付制度であるという限界はあるが、連合の要求してきた第2層のセーフティネットの萌芽的な第一歩がここに構築されたと見ることもできる。

（3）　訓練・生活支援給付

　翌2009年3月、連合と日本経団連は厚生労働省に対して「雇用安定・創出の実現のための労使共同要請」を行った。この中には、「雇用保険等の給付を受給できない者が職業訓練を受講する際の生活安定を確保するため、「就労支援給付制度（仮称）」を暫定的に創設し、一般会計により拠出すること」が明記されている。この後、政労使の間で協議が進められ、「雇用安

定・創出の実現に向けた政労使合意」がなされた。

　一方、与党自由民主党の雇用・生活調査会は、3年間の暫定措置として緊急人材育成・就職支援基金（仮称）を造成し、雇用保険を受給していない者（雇用保険の受給資格がない者、受給が終了した者、自営廃業者等）を対象に、職業訓練を抜本的に拡充し、訓練期間中の生活保障のための「訓練・生活支援給付（仮称)」を支給するとの提言をまとめた。

　これを受けて4月、政府・与党会議、経済対策閣僚会議合同会議は経済危機対策をとりまとめ、2009年度の第一次補正予算に盛り込まれた。給付の金額は単身者月10万円、扶養家族を有する者月12万円とされ、併せて貸付についても単身者は月5万円まで、扶養家族を有する者は月8万円までとされた。

　一方、野党の民主党は連合からヒアリングを行い、同年3月には3野党で「求職者支援法案」を国会に提出した。そこでは、雇用保険法による求職者給付が終わった求職者、失業している廃業者等に対して、就職及び新たな事業の開始を促進するための能力開発を支援する求職者等能力開発給付を行うこととされている。2009年8月の衆議院総選挙に向けて民主党が作成した「マニフェスト」ではこの第2層のセーフティネットの構築が公約されていた。8月の総選挙で民主党が勝利を収め、9月に民主党、社会民主党及び国民新党の3党連立政権が誕生した。

(4)　求職者支援法

　求職者支援制度の審議は、雇用保険法改正案が国会に提出されて間もない2010年2月に、労働政策審議会雇用保険部会[30]で早速開始された。そこでは制度の位置づけ（個人に着目した給付なのか、世帯に着目した給付なのか）、制度設計の担保である訓練の範囲、給付対象範囲、給付要件、給付額などについて議論が交わされた。審議は難航し、2011年1月になってようやく建議がまとまり、翌2月に職業訓練の実施等による特定求職者の就職の支援に関する法律案という名称で国会に提出され、同年5月に成立した。

30）公労使各5名、部会長：清家篤。

同法では、公共職業安定所に求職申込みをしている者のうち被保険者と受
給資格者以外を「特定求職者」と呼び、この特定求職者のために厚生労働大
臣が職業訓練実施計画を策定し、これに適合する職業訓練を認定し（これが
「認定職業訓練」）、かつ助成するという仕組みをまず設けている。その上で、
公共職業安定所長が特定求職者のために就職支援計画を作成し、この計画に
基づいて認定職業訓練・公共職業訓練などの就職支援措置を受けることを指
示することとし、これを容易にするために特定求職者に対して職業訓練受講
給付金を支給する、という枠組みとなっている。

　職業訓練受講給付金の支給基準は省令で定められ、生活を支援するための
給付という趣旨から、本人の収入が8万円以下、世帯収入が25万円以下、金
融資産が300万円以下といった要件が課されるとともに、世帯で受給できる
のは1人に限定した。また、モラルハザード対策として、認定職業訓練のす
べての実施日に受講していること（やむを得ない場合でも出席率80％以上）
といった要件も課された。

　給付水準は月10万円だが、交通費も支給する。給付期間は原則1年で、資
格取得のために必要な場合に例外的に2年まで認められる。また循環受給を
防止するために、6年間に1回給付という制限を課している。制裁としては、
ハローワークでの就職支援を拒む場合は一定期間給付が受けられず、また不
正受給には3倍返しとしている。

　財源については、国の財政状況が厳しい中でペイアズユーゴー原則が閣議
決定されたため、審議会の議論を抜きにして2010年12月に国家戦略担当相、
財務相、厚労相の間で国庫負担を1/2とする合意がされてしまった。

2　公的扶助制度[31]

（1）　公的扶助制度の生成

　日本最初の公的扶助法令は、1874年12月太政官達第162号として発布さ
れた恤救規則である。「極貧ノ者独身ニテ癈疾ニ罹リ産業ヲ営ム能ハサル者
ニハ一ケ年米一石八斗ノ積ヲ以テ給与スヘシ」と、極貧労働不能の癈疾疾病

31）濱口桂一郎「公的扶助とワークフェアの法政策」（『季刊労働法』224号）。

老衰年少が対象で、しかも原則として独身の者のみが対象となる仕組みであった。これは、家族の中に労働能力のある者がいる限り原則的に恤救規則による救護を受けることはできず、親族扶養が優先されるということである。この規則が1931年に救護法が成立するまでの半世紀間、公的扶助に関する唯一の国家法であった。

　しかしその間に、政府や議員から何回か救貧に関わる法案が提出されている。まず、1890年の帝国議会に政府から窮民救助法案が提出された。1897年には、進歩党の議員より恤救法案と救貧税法案が提出されたが、一度も審議されることなく、廃案になった。翌1898年には、大隈重信内閣の板垣退助内相が恤救規則に代わる窮民法案を企図したが、帝国議会に提出されることはなかった。1902年には立憲政友会の議員より救貧法案が提出されたが、政府の反対で審議未了のまま葬り去られてしまった。

　このように一般の救貧立法は遅々として進まなかったが、軍事関係の扶助立法は一定の進展を見せ、1917年には軍事救護法が成立し、一定の権利性をもった救貧法制の出発点となった。これを機に中央官庁における行政体制の整備が始まり、同年8月、内務省地方局に救護課が設けられた。後藤新平内相は救済局を設置したかったらしい。

　1918年には全国的に米騒動が発生し、本格的な社会政策の必要性が痛感された。政府は同年6月に救済事業調査会を設置し、窮民救済事業、児童保護事業、衛生事業、労働保護事業など多方面にわたる問題を審議した。「失業保護ニ関スル施設要綱」や、労働組合結成を認めるべきとする「資本ト労働トノ調和ニ関スル施設要綱」はその成果であるが、救貧政策には直ちに結びつかなかった。ただ、1919年12月に救護課が社会課と改称された。これが「社会」という文字が中央官庁の官制に現れた最初である。そして、1920年8月にはこれが社会局（内局）に昇格した。救護課設置からわずか3年で内局になったわけである。さらに、1922年10月にはそれまで農商務省で所管していた労働保護や健康保険なども移管され、内務省の外局としての社会局が設置された。戦前期社会政策の中枢たる内務省社会局の誕生である。窮民救済は職業紹介等と共に第二部第一課の所管となった。1925年4月に組織改称により社会部保護課となっている。

（2） 救護法

　こういう中で恤救規則改正への機運が高まってきた。社会局社会部保護課において救貧法に関する調査立案を進め、1926年設置された社会事業調査会に浜口雄幸内相から「社会事業体系ニ関スル件」を諮問した。翌1927年6月に「一般救護ニ関スル体系」として答申された救貧制度の大綱は、「癈疾、老衰、疾病、幼弱者ヲ以テ救貧ノ客体トシ其ノ資格範囲ヲ拡張スルコト」とし、「老年、疾病、癈疾者ニ付キテハ漸次社会保険制度ヲ確立シ又ハ拡張スルコト」と社会保険化を展望するとともに、「失業者労働忌避者等労働能力アル者ハ前各項ニヨル救貧制度ヨリ除外シ特別ナル方法ヲ講ズルコト」としている。これは、並行して社会事業調査会において失業保険制度や失業対策事業について審議されていたことからも判るように、両政策分野がそれぞれ自律的に動き出していたことを物語っている。

　これをもとに立案された救護法案は、1929年3月に帝国議会に提出され、貴衆両院とも満場一致で可決成立した。第1条に掲げる被救護者は、①65歳以上の老衰者、②13歳以下の幼者、③妊産婦、④不具癈疾、疾病、傷痍その他精神又は身体の障碍により労務を行うに故障ある者、の4種類で、労働能力のある者は除かれている。これについて内務省社会局は濫給の弊、惰民養成の害を防ぐためだと説明しており、上記救貧諸法案にあった労働能力ある者も対象にするとともに就労を義務づける発想は影を潜めている。これは、ちょうどこの時期が金融恐慌から世界恐慌に突入し、膨大な失業者が溢れだした時期であったことと無関係ではないであろう。

　救護の種類は、生活扶助、医療、助産、生業扶助の4種で、恤救規則の米穀支給は廃止された。救護費用は原則として被救護者が1年以上居住している市町村が負担し、それ以外の場合は道府県が負担する。国は市町村、道府県の負担の2分の1を、道府県は市町村の負担の4分の1を補助することとされ、結局国2対道府県1対市町村1の負担割合となる。生業扶助という形で、被救護者の経済的自立を視野に入れたことも注目される。

　なお行政組織としては、1937年12月に厚生省が設置され、救護法等を所管していた旧内務省社会局社会部が厚生省社会局となった。この時には職業課も社会局に属していたが、翌1938年4月に職業部となり、同時に傷痍軍

人対策が傷兵保護院となっている。1941年8月に組織再編で生活局となり、さらに1943年11月の行政改革で人口局と合体して健民局となった。これが終戦時の組織であるが、終戦直後の1945年10月に社会局が復活した。

（3）　1946年生活保護法

　終戦後、戦災、引揚、離職等により公的扶助を必要とする者の数が急増した。これに対して、政府は1945年12月、生活困窮者緊急生活援護要綱を決定し、生活困窮者に対し宿泊、給食、救療、衣料、寝具その他の生活必需品の給与、食料品の補給等の生活援護を行った。

　同月政府は新たに総合された救済法規を制定することを企図し、救済福祉ニ関スル件を策定してGHQに提出した。これは援護の対象を失業、精神的又は身体的欠陥その他の理由により生活困難な者としていた。これに対して翌1946年2月、GHQから指令第775号が回答され、差別又は優先的に取扱いをすることなく平等に困窮者に対して適当な食料、衣料、住宅並びに医療措置を与える単一の全国的政府機関を設立すべきこと等が指示された。

　これを受けて政府は生活保護法案を議会に提出し、同年9月に成立し、10月から施行された。保護費の8割を国庫負担とするという破格の措置がとられ、当時の被保護人員は200万人から300万人を推移していた。同法は保護対象について一切の制限を排除し、日本国に居住する外国人にも適用されるとする建前を堅持する一方、「能力があるにもかかはらず勤労の意思のない者、勤労を怠る者、その他生計の維持に努めない者」や「素行不良な者」には保護をしないといった欠格事由が置かれていた（第2条）。

　この時期に、失業者たる要保護者をどう扱うべきかについていくつか通達が出されている[32]。そのうち、昭和22年発社第32号は、「苟くも稼働能力のある者に対しては就職の斡旋等に努め勤労により生活を維持せしめるよう指導せねばなら」ず、具体的には「必ず最寄りの勤労署に出頭せしめて求職の

32）昭和21年9月16日社発第731号「勤労署において取扱う失業者中生活困窮者の保護に
　　関する件」、昭和23年9月6日職発第1077号「公共職業安定所における要援護者に関す
　　る件」、昭和23年12月21日職発第1555号「要保護者に対する職業紹介、失業保険金の
　　支給等に際し職業安定機関と保護救済機関との連携に関する件」。

申込をなさしめると共に、就職の決定するまでの間はとりあえず民生委員等をして、最寄り授産場に就労せしめ、又は適当な内職若しくは地域内において一時的就労の機会を努めて斡旋せしめる等の方途を講じ、出来る限り勤労により自活せしめる指導を」行わなければならない。それでもなお「生計を維持することが困難な場合」にはじめて「緊急已むを得ない措置として」保護を適用すべきであると述べていた。

（4）　1950年生活保護法[33]

　1949年春頃から緊縮財政政策（ドッジ・ライン）の影響で失業者が急増し、それまで未亡人母子世帯が中心であった被保護世帯の様子が変わってきた。そうした中で同年9月13日、社会保障制度審議会が「生活保護制度の改善強化に関する勧告」を行い、3原則と実施要領を示した。これを受けて、厚生省はGHQと協議し、GHQは都道府県を実施機関とし、民生委員への財政援助を廃止すべきと主張したが、結局政府の意見が取り入れられ、1950年4月に新生活保護法が成立した。

　新法第1条は「この法律は、日本国憲法第二十五条に規定する理念に基き、国が生活に困窮するすべての国民に対し、その困窮の程度に応じ、必要な保護を行い、その最低限度の生活を保障するとともに、その自立を助長することを目的とする」と謳っている。保護責任を国に負わせたのは、担当課長であった小山進次郎によると「失業による生活困窮をも保護の原因に取り入れたことが、かかる生活保護の実施を全国的規模において実施することを不可避的たらしめているのである。」という理由である。当時は既に失業保険法が制定施行されていたが、失業者の生活保障は失業保険に全て委ねるというのではなく、生活保護制度自体が失業者に対する給付の一環として（かなり大規模に）活用されることを前提としていたことが窺われる。

　新法第2条は「すべて国民は、この法律の定める要件を満たす限り、この法律による保護を、無差別平等に受けることができる」と、国民の保護請求権を認めた。この点が旧法との大きな違いである。旧法のような絶対的な欠

33）小山進次郎『改訂増補生活保護法の解釈と運用』中央社会福祉協議会（1951年）。

格事由を設けなかったのは、小山によれば「何等かの意味において社会的規準から背理している者を指導して自立できるようにさせることこそ社会事業の目的とし任務とするところであって、これを始めから制度の取扱い対象の外に置くことは、無差別平等の原則からして最も好ましくないところだから」である。

　新法第4条第1項は「保護は、生活に困窮する者が、その利用し得る資産、能力その他あらゆるものを、その最低限度の生活の維持のために活用することを要件として行われる」と規定する。この保護の補足性要件は今日に至るまで生活保護制度をめぐる大きな論点の一つであるが、小山は特に労働能力ある者に対する保護について、「外で働くことのできる者でも、働き口がない場合は、当然その困窮の程度に応じ保護を受け得るが、この場合その者をして努めて勤労による収入で生活させるようにするために、必ず最寄りの公共職業安定所に本人を出頭させて、求職の申込をさせ、公共職業安定所長から本人の勤労能力に適合する就職口のない旨の証明書の発給を受けさせ、これを提出させてから保護を行うことになっているが、これが手続を単に機械的に履行するという結果にならぬよう留意する必要があろう。」と、旧生活保護法時代の通達と同様、求職活動を生活保護の受給の要件とする考え方に立脚している。

　「惰民養成の防止という意味で法第4条第1項と相応する規定」が第60条であり、「被保護者は、常に、能力に応じて勤労に励み、支出の節約を図り、その他生活の維持、向上に努めなければならない」と、明確に「勤労に励」むことを求めている。労働能力のある者に対しては、先ず生活保護を適用した上で、きちんとワークフェア的な措置をとるべきことが、制定当時から法の大原則であったわけである。

　なお新法によって、教育扶助と住宅扶助が生活扶助から独立し、これらの単給が可能となった。教育扶助の範囲を義務教育に限定したことについては、実は厚生省当局の草案段階では、高校に進学することで有利な就職ができ、その結果他の世帯員を扶養することができる見込みがある場合にも道を開こうとしたが、結局政府部内で削除され、国会修正でも復活することはなかった。

生業扶助は旧法に規定があり、さらには戦前の救護法に由来するが、これだけは「困窮のため最低限度の生活を維持することのできない者」に加えて、「そのおそれのある者」も対象となる。いわゆるボーダーライン層をも生活保護の対象とするという意味において、単なる救貧を超えて防貧的な政策と位置づけることもできる。生業扶助を受給するようになる前の段階で生業扶助によって生活を立て直すという活用の仕方ができれば、まさにワークフェア的政策というべきところだが、「その実施の状況は甚だ不活発」であった。これはしかし、伝統的自営業が縮小し雇用労働者が拡大する趨勢の中で、雇用労働者としての就職をめざした職業訓練をそもそも対象から除外した形で制度設計していることにその大きな原因があるというべきであろう。上述のように、失業者も無差別平等に保護の対象にするという制度にしている以上、労働行政が実施する職業訓練とは別建てに小売商人や家内工業のような「生業」につくことのみを目的とするような制度を設けたところで、ほとんど社会的意義がなくなるのは当然ともいえる。生業扶助の不活発ぶりは、時代に合わせて「訓練扶助」として設計すべきであったものを時代錯誤の「生業扶助」のままにしていたことのツケと評すべきであるように思われる。

(5) 生活保護制度運用の見直し

近年の生活保護制度の見直しの出発点は、2000年7月から厚生省社会・援護局において開催された社会的な援護を要する人々に対する社会福祉の在り方に関する検討会[34]の同年12月の報告書であり、「制定50周年を迎えた生活保護制度について、経済社会の変化、貧困の様相の変化（高齢単身者の増加等）を踏まえ、保護要件、適用方法、自立支援機能、保護施設機能、社会保険制度との関係などの諸論点について、最低生活の保障を基本に、本報告書で指摘した新たな形の社会的課題をも視野に入れて検証を行う必要がある」と述べた。

本格的な生活保護制度の見直しは、2003年8月から、社会保障審議会福祉

34）学識者15名、座長：阿部志郎。

部会に生活保護制度の在り方に関する専門委員会[35]が設けられて始まった。翌2004年12月にとりまとめられた報告書は、新生活保護法が制定されて以来、初めて本格的に制度の在り方を正面から論じた公的政策文書として、重要な意味を有する。

制度見直しの基本的視点として提示されているのが「利用しやすく自立しやすい制度へ」という方向性である。すなわち、生活保護制度の在り方を、国民の最低生活保障を行うだけでなく、生活困窮者の自立・就労を支援する観点から見直すべきという視点であり、その中心になるのが自立支援プログラムの導入の提言である。

一方、資産・能力の活用要件も見直し、稼働能力があることをもってのみ保護の要件に欠けると判断すべきものではないと明言している。また資産の活用や扶養義務者の扶養能力の調査についても、見直しを提言した

この専門委員会報告を受けて、厚生労働省は2005年度から自立支援プログラムを開始した。この生活保護受給者等就労支援事業は、日本で初めて「福祉から雇用へ」という課題に正面から取り組んだ政策であり、国と地方自治体という行政組織の違いを超えて実施される事業として、重要な意味を有する。

民主党への政権交代後、中長期的にナショナルミニマムについてどういう哲学をもって考えるべきなのか、という問題について、2009年12月に厚生労働省にナショナルミニマム研究会[36]が設置され、検討を深めていくこととなった。この研究会には、社会保障の専門家などに加えて、湯浅誠や雨宮処凛といった貧困問題に関わる活動家も参加し、これまでにない研究会の体制で議論が進められた。

2010年6月に同研究会の中間報告が出された。そこでは、社会保障をコストではなく未来への投資と位置づける「ポジティブ・ウェルフェア」を推進すべきとしている。

---

35) 学識者12名、委員長：岩田正美。
36) 学識者9名、主査：岩田正美。

第2章　労働市場のセーフティネット　191

（6）　2013年改正

　一方、2010年10月、指定都市市長会は「社会保障制度全般の在り方を含めた生活保護制度の抜本的改革の提案」を行った。これは、「働くことができる人は働く社会へ」という考え方に基づき、稼働可能な生活保護受給者には集中的かつ強力な就労支援を行うことを中心としている。特に、生活保護から就労自立できない場合、3年ないし5年といった一定期間ごとに保護の停止・廃止を判断するとしており、その判断基準として「プログラムへ真摯な態度で参加し、自立に向けて最大限の努力を行ったか」、「生活保護から自立できないことについて、客観的に正当と認めうる理由があるか」が示されるなど、きわめて明確にワークフェア的政策志向を打ち出した提案である。

　2011年1月、細川律夫厚労相は記者会見で、生活保護法の改正について、地方自治体も含めて検討会を立ち上げ、そこで合意された内容で法改正をしていく旨を明らかにした。これを受けて同年5月から「生活保護制度に関する国と地方の協議」が開始され、その下に設けられた事務会合で精力的な議論が行われた結果、同年12月に「中間取りまとめ」が公表された。ここでは基本的な考え方として、「多くの者（特に勤労世代の者）が長期にわたり生活保護に頼って生活することは、本人のみならず社会のあり方として望ましいことではない。そうした者に対して就労による自立を促進するとともに、できる限り生活保護に至らないための仕組みや脱却につながる仕組みを拡充することが重要である」と謳われている。

　2012年4月、社会保障審議会に生活困窮者の生活支援の在り方に関する特別部会[37]が設置され、2013年1月に報告書をとりまとめた。ここでは、支援の中核となる新たな相談支援事業、ハローワーク等と連携した就労準備支援事業、直ちに一般就労を求めることが難しい生活困窮者に対して社会的企業などが中心になって提供する「中間的就労」、さらに居住支援、家計支援、子供・若者支援などが示されているが、生活保護制度の見直しとしては、保護開始直後から脱却後まで稼働可能な者には切れ目のない就労・自立支援とインセンティブの強化が打ち出され、就労収入積立制度の導入が提起されて

37）学識者24名、部会長：宮本太郎。

いる。一方、2012年12月の総選挙で自由民主党が政権を奪還するなど生活保護に厳しい社会風潮の影響もあり、扶養義務の履行確保など不正・不適正受給対策の強化や医療扶助の適正化が盛り込まれている。

　同年5月には生活保護法改正案とととともに生活困窮者自立支援法案が国会に提出された。前者は、安定した職業に就いたことにより保護を必要としなくなった者に対する就労自立給付金、被保護者就労支援事業の創設などのほか、不正・不適正受給対策の強化や医療扶助の適正化などが盛り込まれている。また後者は、福祉事務所設置自治体による必須事業として自立相談支援事業及び住居確保給付金の支給、任意事業として就労準備支援事業、一時生活支援事業及び家計相談支援事業を実施するほか、都道府県知事等による就労訓練事業（いわゆる「中間的就労」）の認定を規定している。両法案は同年6月衆議院を通過したが、国会の混乱の煽りで成立に至らなかった。その後同年10月に再提出され、12月に成立に至った。

（7）　生活困窮者自立支援法

　上記生活困窮者自立支援法は2015年4月から施行された。同法は必須事業として自立相談支援事業の実施及び住居確保給付金の支給を規定している。

　後者はリーマンショックを受けて予算措置として実施されてきた住宅手当を法律上の制度としたもので、収入要件、資産要件に加え、ハローワークでの月2回以上の職業相談、自治体での月4回以上の面接支援等の就職活動要件が課せられており、求職者支援制度と並ぶ労働市場のセーフティネットとしての性格を濃厚に持っている。支給額は賃貸住宅の家賃額で、生活保護の住宅扶助特別基準額が上限である。支給期間は原則3か月と短く、就職活動を誠実に行っている場合は最長9か月まで延長可能である。

　任意事業としては、就労に必要な訓練を日常生活自立、社会生活自立段階から有期で実施する「就労準備支援事業」、住居のない生活困窮者に対して一定期間宿泊場所や衣食の提供等を行う「一時生活支援事業」、家計に関する相談、家計管理に関する指導、貸付の斡旋等を行う「家計相談支援事業」、生活困窮家庭の子どもへの「学習支援事業」その他生活困窮者の自立の促進

に必要な事業が示されている。

さらに、労働条件法政策との関係で議論があるものとして、いわゆる「中間的就労」がある。これは、社会福祉法人、消費生活協同組合、NPO法人、営利企業等の自主事業として、対象者の状態等に応じた就労の機会（清掃、リサイクル、農作業等）の提供と併せ、個々人の就労支援プログラムに基づき、就労支援担当者による一般就労に向けた支援を実施するものであり、対象者としては、就労準備のための支援を受けても一般雇用への移行ができない者等を想定している。事業実施に際し、都道府県等が事業を認定する仕組みであるが、障害者の福祉的就労と同様に、労働者性の問題が指摘されている。

2016年10月、厚生労働省は社会保障審議会での議論の前段として、生活困窮者自立支援のあり方等に関する論点整理のための検討会[38]を開始した。同検討会は2017年3月「生活困窮者自立支援のあり方に関する論点整理」を公表した。その中で就労支援について、就労準備支援事業の必須化、自治体における無料職業紹介事業の積極的な取組、認定就労訓練事業所に対する経済的インセンティブなどが提起されている。同年5月から社会保障審議会に生活困窮者自立支援及び生活保護部会[39]が設置され、同年12月に報告書を取りまとめた。これを受けて2018年2月に生活困窮者自立支援法と生活保護法等の改正案が国会に提出され、同年6月には成立に至った。その内容は、生活困窮者に対する包括的な支援体制の強化、生活保護世帯の子どもの大学等への進学支援、児童扶養手当の支払回数の見直し等の措置を講ずるほか、医療扶助における後発医薬品の原則化等の措置を講ずるものである。

第3節　政策的給付と雇用保険2事業

1974年雇用保険法は失業給付制度の展開の中で見れば何回も行われてき

38）学識者20名、座長：宮本太郎。
39）学識者21名、部会長：宮本太郎。

た改正の一つに過ぎないが、日本の雇用政策の仕組みと方向付けという観点からは大きな転換点を刻している。政策の方向付けという側面については、第3章において詳細に論じることとするが、政策の仕組み、言い換えれば政策の現実的な実施手段のシステムを雇用保険3事業という形で精緻に構築したという点において、雇用保険法は法政策上大きな注目に値する。

その後、1990年代には労使折半による失業等給付の中に、本来の失業給付ではないさまざまな政策的給付を設けるというテクニックも編み出されてきた。

1　政策的給付
（1）　育児休業給付[40]

雇用保険の失業等給付の中に政策的な給付を導入するという考え方は、1992年改正で保険料率が0.3％引き下げられた際の中央職業安定審議会雇用保険部会[41]の報告（1991年12月）における労働側委員の意見の中に登場した。同意見は、保険料率の引下げに対して「育児休業や介護休業などに係る給付制度の導入の検討」を併せて行うべきだとしており、同部会は雇用をめぐる社会経済の変化に対応した雇用保険制度の在り方に関する基本問題について具体的な検討を進めることを条件として引下げ案を了承した。

これを受けて1992年2月から同部会で検討が行われ、1993年2月に「雇用保険制度の在り方に関する基本問題の検討について」を報告した。その中の「各種休業に係る給付について」という項目で、育児休業や介護休業に対して企業が社会保険料の本人負担部分を支給したり、基本給の一定割合を支給したりする例を挙げた上で、今後「雇用保険制度において、労働者の雇用の安定や労働力の確保の観点からの何らかの経済的援助が考えられるかどうかの検討を行うことについて、一定の意義がある」と、かなり遠回しな表現でこれら休業に対する給付制度の創設を示唆した。

40）労働省職業安定局雇用保険課編著『改正雇用保険制度の理論』財形福祉協会（1995年）。

41）公労使各4名、部会長：山口浩一郎。

これを受けた形で同年4月から婦人少年問題審議会婦人部会[42]が審議を開始し、同年9月に「育児休業取得者に対する経済援助のあり方について」と題する建議を行い、そこでは「育児休業取得者に対する経済的援助は、既存の枠組みである労働省所管の雇用保険制度において措置されることが、当面現実的かつ適当であると考える」とされた。これに対しては、育児休業に対する新たな基金制度による所得保障制度を要求する労働者側が遺憾との見解を示している。

　一方、雇用保険部会は引き続き並行して審議を進め、同年11月に素案を、12月に報告を取りまとめた。そこでは高年齢雇用継続給付と並んで育児休業給付の創設が求められている。雇用保険制度で対応する理屈付けとしては、「現実の職業生活においては、『失業』のように雇用関係の断絶を伴わないまでも職業生活の円滑な継続を困難にする要因が存在することから、…これらの要因のうちで上記のようなものについては『失業』に準ずるものとして、職業生活の円滑な継続を援助、促進するための対応が必要」として、「育児に伴う休業のように当該休業が円滑に取得できなければ労働者の職業生活の円滑な継続が困難となってしまうような性質を有する休業については、…雇用保険制度としても、一定の対応を行っていく必要がある」と述べられている。

　これを受けて労働省は1994年3月に法案を提出し、同年6月に成立した。この時の育児休業給付の水準はやや渋めで、休業前賃金の25％相当額（20％を休業期間中に、残り5％は休業後6か月間雇用された後に支給）というものであった。

　この給付水準が引き上げられたのは2000年改正時で、休業前賃金の40％相当額（30％を休業期間中に、残り10％は休業後6か月雇用された後に支給）となった。2007年改正では本則には手を触れず、附則に育児休業者職場復帰給付金に関する暫定措置として、2010年度までに育児休業を開始した者について、休業後支給される額を10％から20％に引き上げ、計50％となった。さらに2009年改正では、育児休業基本給付金と育児休業者職場復

42）公4名、労使各3名、部会長：若菜允子。

帰給付金が統合されて育児休業給付金となり、休業中に50％全額支給となった。

2013年8月の社会保障制度改革国民会議報告書が育児休業期間中の経済的支援の強化を求め、これを受けて2014年改正では最初の6か月間について67％とされた。

（2）　介護休業給付[43]

育児休業給付があれば、介護休業給付があるのは不思議ではない。これは1995年に育児休業法が改正されて介護休業制度が創設され、1999年度から義務化されることを踏まえて、1997年12月の中央職業安定審議会雇用保険部会[44]報告で教育訓練給付とともに提案され、1998年3月の法改正で創設されたものである。

水準は育児休業給付と同じ25％であるが、職場復帰するまで5％お預けとはなっていない。また、休業期間は対象家族1人につき1回、3か月を限度とすることとされた。この水準も、2000年改正で40％に、2016年改正で67％に引き上げられた。

（3）　高年齢雇用継続給付[45]

これは1994年6月の雇用保険法改正により育児休業給付と同時に導入されたものであるが、この日付は高年齢者雇用安定法の改正と同時期である。つまり、両法改正は高齢者雇用対策という一つの政策目的を実現するための2つの法的手段であって、別々のものではない。さらに見れば、両法改正は同年11月に行われた厚生年金の支給開始年齢を65歳まで段階的に引き上げるという社会保障法政策を円滑ならしめるために労働法政策の側から行われた援護射撃としての性格を持ち、これらは一体として観察される必要がある。

43）渡邊信『改正雇用保険の理論』財形福祉協会（1999年）。

44）公労使各4名、部会長：樋口美雄。

45）労働省職業安定局雇用保険課編著『改正雇用保険制度の理論』財形福祉協会（1995年）。

1994年雇用保険法改正の経緯は上記の通りであるが、1993年に年金改正が動き出してから雇用保険制度による高齢者雇用対策の議論が始まり、同年11月の素案、12月の報告に高年齢雇用継続給付という考え方が盛り込まれた。こちらでは、「失業」に準ずる職業生活の円滑な継続を困難にする要因として挙げられているのは、継続雇用中の賃金が定年前に比して相当程度低下することで、そのため定年時に離職して受給する失業給付の額の方が継続雇用されて受け取る賃金額よりも多いという「逆転現象」が生じるため、働くことを希望する定年到達者であっても雇用継続を選択しなくなるので、給付を行うのだと説明している。

もっともらしい説明だが、考えてみればその逆転現象とは雇用保険制度自体が生み出しているモラルハザードであって、雇用保険制度と独立に存在しているわけではない。また、この時の年金改正を実現するための飴としての効果はあったであろうが、将来的に年金支給開始年齢に合わせて定年の引き上げを図っていくという法政策を考えるのであれば、この制度は本質的に暫定的な性格のものというべきであろう。

この制度は1994年創設時には、賃金が定年到達前の85%未満に下落した場合に、賃金の25%まで支給するというものであったが、財政難に対応しなければならなくなった2003年改正では、対象を賃金が定年到達前の75%未満に下落した場合に絞り、かつ給付率を15%に引き下げた。

なお、2006年2月の雇用保険基本問題研究会[46]の「議論の整理」では、給付期間から高齢者雇用安定法（2004年改正）によって継続雇用の義務が課せられている期間を除く等の必要な見直しが必要とされている。もっとも、労使双方にとって継続雇用の重要な前提となっており、激変を避ける観点が必要との指摘もある。2007年1月の労働政策審議会雇用保険部会[47]報告では「改正高年齢者雇用安定法を踏まえ、原則として2014年度までの措置とし、激変を緩和する観点からその後段階的に廃止すべき」としている。

ところが、65歳までの継続雇用義務を例外なく適用する高齢法改正が検

46）学識者6名、座長：山口浩一郎。
47）公労使各5名、部会長：諏訪康雄。

198 第2部 労働市場法政策

討されるのと並行して審議された2011年12月の雇用保険部会[48]報告では、「実態として労使間で広く定着し、高年齢者の雇用促進に重要な役割を果たしている」として「当面の間は存置する」とされた。これは、連合がその存置を強く主張したことによるものであるが、制度導入時の目的が達成されたにもかかわらず一種の既得権として維持されている面がある。

（4） 教育訓練給付[49]

これは1998年改正によって華々しく登場したものである。その背景にあるのは1990年代半ばからの職業能力開発法政策における個人主導の職業能力開発の強調であり、労働者の自己啓発が大きな政策課題となっていた。1997年1月の中央職業能力開発審議会総括部会[50]の報告「職業能力開発制度の改善の基本的な考え方」で「自主的な能力開発に取り組む労働者個人に対し、社会全体での支援の在り方について、その手法や財源も含めて今後速やかに検討する」とされ、同年11月の部会長報告「自発的な職業能力開発を行う労働者に対する費用面における支援制度について」では、「こうした支援を行うことによって労働者の職業能力が高められ、その雇用の安定にも資するものであることなどから、労働者個人に対して直接給付を行う新たな枠組みを雇用保険制度の中で構築することが適当」と踏み込んでいる。

これと並行して審議を進めてきた中央職業安定審議会雇用保険部会[51]は、これを踏まえて同年12月報告書を取りまとめ、労働者が自ら費用を負担して一定の教育訓練を受ける場合について、その教育訓練に要した費用の一部に相当する額を支給する教育訓練給付の創設を求めた。労働省は前述の介護休業給付と合わせて法案を作成し、諮問答申を経て翌1998年1月に国会に提出、同年3月に成立した。被保険者期間5年以上を要件として、かかった費用の80％相当額（上限30万円）という大盤振る舞いである。

これは政策的にはまさに時流に乗ったものであったが、実際に施行される

---

48) 公労使各5名、部会長代理：岩村正彦。

49) 渡邊信『改正雇用保険の理論』財形福祉協会（1999年）。

50) 公6名、労使各3名、部会長：尾高煌之助。

51) 公労使各4名、部会長：諏訪康雄。

と、対象講座があまりにも広範に指定され、初歩的な英会話教室やパソコン教室のような、就職時に求められる職業能力という観点から見てどうかと思われるようなものまで含まれたため、運用に批判を受け、対象が絞られるといったこともあった。

しかし、最大の問題は雇用保険財政にあった。教育訓練給付制度が施行された1998年には既に雇用保険の支出は収入を大きく上回り、積立金は激減を始めていたのである。職業能力開発法政策としては良い政策であっても、雇用保険財政から支出する必要があるのかという問いは避けられない。結局、財政難への対応として、2003年改正では大幅に絞り込まれ、給付率が40％に引き下げられ、上限額も20万円となった。ただ、被保険者期間3-5年未満の者も給付率20％（上限10万円）で対象に含めた。かなり小振りな制度になったと言える。

なお、2006年2月の雇用保険基本問題研究会[52]の「議論の整理」では、失業予防や再就職促進を通じて求職者給付の節約に資する効果も持つことに着目し、このような政策効果が認められるものについては引き続き実施すべきであるとして、不断に講座の見直しを進めるべきとしている。また、被保険者期間3-5年の者と5年以上の者とで給付水準に差をつけていることに疑問を呈している。

2006年8月の労働政策審議会雇用保険部会[53]の中間報告では「教育訓練がさらに効果的なものとなるよう、給付の在り方について検討すべきではないか」とされていたが、翌2007年1月の報告では、給付水準を被保険者期間3-5年の者の方に一本化し、給付率は一律に20％、上限も一律に10万円に引き下げることを提起した。ただし一方で、若年労働者の定着率の向上等のため、初回受給者については当面被保険者期間を3年から1年に短縮することを求めている。2007年改正では本則に手を触れず、附則に暫定措置としてこの旨が規定された。

ところが、2012年末に自公政権に復帰した後、「若者等の学び直しの支援」

52）学識者6名、座長：山口浩一郎。

53）公労使各5名、部会長：諏訪康雄。

というスローガンの下、再び教育訓練給付を手厚くする方向に舵が切られた。すなわち、2014年3月の改正で、「専門実践教育訓練給付」については、給付率を20％から原則40％に、さらに資格取得の上就職すれば60％まで引き上げることとされた。これは2017年改正により原則の給付率が40％から50％へ、資格取得した場合には60％から70％に引き上げられている。また、労働側の意見を入れて、45歳未満の若年離職者に対して基本手当の50％の生活支援が設けられた。その対象は、①業務独占資格・名称独占資格の取得を目標とする課程、②専修学校の職業実践専門課程、③専門職大学院である。その後、2016年度から④大学等における職業実践力育成プログラム、2017年度から⑤一定レベル以上の情報通信技術の資格取得を目標とする課程、2018年度から⑥第4次産業革命スキル習得講座と毎年のように類型が増加している。2019年度からは新たに設けられる⑦専門職大学と専門職短期大学も対象となる予定である。職業教育政策のコストを雇用保険が担っている感もある。

2　雇用政策手段としての雇用保険2事業

(1)　雇用保険3事業の創設[54]

　失業保険法では、1953年以来総合職業訓練所や簡易宿泊所等が失業保険福祉施設として設置されていたが、1955年に明文化された。その後、1963年には福祉施設給付金の制度が設けられ、職業訓練給付金や移転給付金が創設された。雇用保険法制定直前の1973年には定年延長奨励金が新設され、雇用保険の資金を雇用政策の手段として用いるという方向性がかなりくっきりと示されるようになっていた。

　1974年12月に失業保険法が全面改正されて雇用保険法となった際に、事業主負担のみの保険料による雇用保険3事業が創設された。これは、諸外国においても類似の事業が事業主から徴収する雇用税、職業訓練税等により賄われている例を参考にするとともに、3事業の対象とする雇用に関する諸問題が雇用賃金慣行等企業行動に起因するところが多く、またこれらの事業の

54）遠藤政夫『雇用政策の新展開と雇用保険』近代労働経済研究会（1975年）。

効果によって企業が一定の効果を受けるものであることにかんがみ、事業主のみの負担としたものである。これにより、雇用政策は独自の財源を持つことが可能となった。

創設当時の3事業は、雇用改善事業、能力開発事業及び雇用福祉事業の3つであった。第1の雇用改善事業には年齢別の雇用構造の改善（定年延長奨励金、高年齢者雇用奨励金）、地域的な雇用構造の改善（地域雇用促進給付金、工業再配置移転給付金、通年雇用奨励金）、産業間の雇用の不均衡の改善（特定産業離職者雇用奨励金、特定産業離職者住宅確保奨励金）、経済変動に対処する雇用調整対策（雇用調整給付金）及びその他の雇用構造の改善（心身障害者雇用奨励金、同和対策対象地域住民雇用奨励金、寡婦等雇用奨励金、育児休業奨励金）が含まれる。いずれもそれぞれの雇用対策分野における重要な政策手段となったものであるが、一般雇用対策として隔絶した重要性を持ったのが雇用調整給付金である。

前述したように、当初労働側や野党が反対し、国会で審議未了廃案になりながらも、その後雇用保険法が超スピードで成立に至った原因は、第1次石油危機後の不況の中で、この雇用調整給付金の早期実施を求める声を無視できなくなったからであった。そして、後述するように、一般雇用対策の政策方向そのものが、1966年雇用対策法の職業能力と職種を中心とする近代的労働市場を目指した労働力流動化政策から、終身雇用慣行を積極的に評価し失業の予防と企業内部での雇用維持を優先課題とする方向に大きく舵を切られたのである。

第2の能力開発事業には事業主の行う職業訓練に対する助成援助（職業訓練推進事業補助金、認定訓練助成事業費補助金）、公共職業訓練の充実（施設の設置運営、都道府県への補助）、定年退職前職業講習と職場適応訓練、有給教育訓練休暇奨励給付金、職業訓練等受講給付金、職業訓練派遣奨励等給付金が含まれる。この事業は職業能力開発法政策の財源となった。第3の雇用福祉事業は従来の福祉施設に近く、移転就職者用宿舎、労働者福祉施設など雑多な内容が含まれる。

雇用保険法の条文上はこれら各政策の方向性が示されているだけで、各種給付金の具体的な要件や内容は全て労働省令レベルで規定された。雇用政策

202　第2部　労働市場法政策

上重要なことは法律ではなく省令レベルで規定するというこの後一般化した
スタイルの出発点と言える。

（2）　雇用安定事業の創設[55]

　その後、1976年には高齢者雇用対策として継続雇用奨励金が創設される
など雇用改善事業の拡充が行われた。

　1977年5月の雇用保険法改正は、景気の変動、産業構造の変化等に対応し
て失業の予防等雇用の安定を図るための雇用安定事業を創設した。雇用保険
4事業になったわけである。これは雇用改善事業から雇用調整給付金を取り
出して独立させたものである。具体的には、景気変動等雇用調整事業とし
て、雇用調整給付金、訓練調整給付金、訓練調整費助成金及び高年齢者雇用
安定給付金、事業転換等雇用調整事業として、事業転換等訓練給付金、事業
転換等休業給付金、事業転換等訓練費助成金及び事業転換等出向給付金が設
けられた。

　これら雇用安定事業は、景気の変動による波動性が大きく、その経費は、
不況期には多額に支出される一方、好況期にはあまり支出されないという性
格をもっていることから、これに必要な財源は、平常時に段階的に積み立て
ておき、不況期に必要に応じて機動的、集中的に使用できるような仕組みを
設けることとした。これが労働保険特別会計雇用勘定の雇用安定資金制度
で、同勘定からの繰入金と4事業の決算上の剰余金を積み立て、必要があれ
ば雇用安定事業費に支出することができることになった。

　その後、雇用安定事業の一環として雇用開発事業が創設され、中高年齢者
雇用開発給付金、雇用保険受給者等雇用開発給付金及び特定不況業種離職者
雇用開発給付金が設けられた。また、1980年には2つの雇用調整事業を1つ
にまとめ、給付金も雇用調整給付金と出向給付金の2つとした。

55）北川俊夫『詳解雇用安定資金制度』労働基準調査会（1978年）。

（3） 給付金の整理統合[56]

　こういった経緯で、政策手段としての雇用関係各種給付金は100種類を超えるに至り、複雑多岐にわたるが故に必ずしも十分に活用されず、所期の効果を上げていないとの懸念が高まった。そこで1981年4月雇用に係る給付金等の整備充実を図るための関係法律の整備に関する法律によって雇用保険法等の関係法を改正し、給付金を大幅に整理統合した。

　これにより、雇用調整関係の給付金は雇用調整助成金に統合されたが、一番大きな変化は旧雇用安定事業と雇用改善事業にまたがって存在していた就職が困難な者の雇用促進のための諸給付金を特定求職者雇用開発助成金に一本化したことである。高年齢者、心身障害者、同和対策対象地域住民、寡婦その他各種離職者は全てこの中に入れられた。また、高齢者対策関係では、定年延長奨励金は60歳定年制の普及が見込まれる1985年末までで廃止するとともに、継続雇用奨励金に代えて高年齢者雇用確保助成金を設けて60歳以上の継続雇用制度を促進することとした。

　その後、雇用保険4事業は再び給付金の種類を増殖していったが、1989年6月の改正により雇用安定事業と雇用改善事業を統合して新たな雇用安定事業とし、雇用安定資金についても新たな雇用安定事業全体に使用できるようになった。再び雇用保険3事業となったわけである。この背景には、1987年の地域雇用開発等促進法の制定に伴い雇用改善事業として設けられた地域雇用開発助成金が、賃金助成だけでなく設備投資助成にも及び、多額の支出をもたらしたことへの対応という面がある。もっとも、上記整理統合以前には特定不況地域関係の各種給付金は雇用安定事業に属していたものであり、地域雇用対策自体が両者にまたがる性格を有していたということもできる。

　その後も雇用関係各種給付金は増える一方で、1997年には一括の省令改正により複数の給付金を政策目的ごとに整理統合した。これはイタチごっこのようなもので、各政策担当部局としては新たな政策を打ち出したという印象を与えるためにも、新たに助成金を新設しようとする傾向があるし、それ

56）関英夫『雇用関係各種給付金の新体系』労務行政研究所（1981年）、征矢紀臣『新版雇用関係各種給付金の新体系』労務行政研究所（1998年）。

204 第2部 労働市場法政策

が度を過ぎれば雇用保険担当部局が整理統合に乗り出すというわけである。

そして、2001年には雇用対策法等の改正に合わせて、再度整理合理化を図った。これは、1999、2000年と1千億円を超える雇用安定資金取崩しを予定するなど財政的に厳しい状況にあることから、政策目的の重点化に沿って給付金の重点化・体系化を行おうとしたものである。

（4）　雇用保険3事業の廃止への圧力

財務省の財政制度等審議会財政制度分科会歳出合理化部会[57]は、2003年11月に「特別会計の見直しについて－基本的考え方と具体的方策」と題する報告をとりまとめ、その中で、「特別会計からの出資金や補助金、委託費等により運営されている特殊法人等や公益法人の業務のあり方や、公的宿泊施設等の設置・運営については、保険料等の財源を使って安易な事業を進めるなど本来の目的を逸しているものもあるのではないか、その結果として大きな損失をもたらしていたり、運営が著しく不効率となっているのではないか、といった厳しい批判があることを踏まえ、抜本的な見直しを行う必要がある」と厳しく指摘し、勤労者福祉施設の廃止などとともに、「事業者等に対する各種助成金について、政策効果や支給実績を踏まえ、雇用維持支援・雇入れ助成から労働移動支援・ミスマッチの解消等に重点化する観点から、廃止を含めた見直しを行う」ことを求めた。翌2004年11月のフォローアップでは、「原則、全事業を目標管理の対象とし、事業の廃止を含め厳しく見直しを行う」べきことを求めた。

さらに2005年11月の「特別会計の見直しについて－制度の再点検と改革の方向性」においては、「雇用保険三事業については、…保険料財源を使って安易に事業を進めるなど本来の目的を逸しているものもあるのではないかとの批判がある」と厳しく批判し、「単なる事業の効果の評価にとどまることなく、事業のそもそもの必要性にまで遡り、それぞれの事業の廃止を含めた見直しにより、事業全体のさらなる縮減・合理化を厳しく行っていくべき」と指摘している。そして、2005年12月24日の閣議決定「行政改革の重

57）学識者16名、部会長：西室泰三。

要方針」においては、「労働保険特別会計については、原則として純粋な保険給付事業に限り本特別会計にて経理するものとし、労働福祉事業及び雇用保険3事業については、廃止も含め徹底的な見直しを行うものとする」と書かれている。

ターゲットにされている3事業については、現実には「我が国の雇用対策において中心的な役割を果たしており」、「雇用保険制度によって引き続き実施していく必要があるのではないか」というのが実態であるが、とはいえ特別会計改革で「廃止も含め徹底的な見直し」を求められている以上、現状維持というわけにもいかない。そこで、2006年2月の雇用保険基本問題研究会[58]の「議論の整理」では、「失業等給付の付帯事業であるという原点に立ち返り、失業なき労働移動の支援等雇用のミスマッチ縮小のための雇用対策や、人口減少社会を見据えた仕事と家庭の両立支援、高齢者の雇用支援等、できる限り失業を発生させないようにする対策」に集中し、失業予防や再就職促進に直結しない雇用福祉事業は総ざらいして抜本的に再編するという方向が示されている。ただし、その際、「若年者雇用対策や少子化対策等についても、3事業の政策目的に適うものについては、可能な限り3事業でも対応することが適当」とさりげなく対象の拡大も図っている。

翌2006年3月、政府は簡素で効率的な政府を実現するための行政改革の推進に関する法律案を国会に提出し、同年6月成立した。同法は重点分野として特別会計改革を掲げ、その取扱いの原則として「政府は、平成二十三年四月一日において設置されている特別会計について、その存続の必要性を検討するものとし、その後においても、おおむね五年ごとに同様の検討を行うものとする」とした上で、労働保険特別会計について「労災保険法の規定による保険給付に係る事業及び雇用保険法の規定による失業等給付に係る事業に限ることを基本とし、労災保険法の規定による労働福祉事業並びに雇用保険法の規定による雇用安定事業、能力開発事業及び雇用福祉事業については、廃止を含めた見直しを行うものとする」と明記している。また「雇用保険法第六十六条の規定による国庫負担（失業等給付に係るものに限る。）の

58）学識者6名、座長：山口浩一郎。

206　第2部　労働市場法政策

在り方については、廃止を含めて検討するものとする」とも規定している。

（5）　雇用保険2事業への見直し

　こういった動きを受けて、厚生労働省は2006年2月から費用負担者である使用者側の3団体（日本経団連、日本商工会議所及び全国中小企業団体中央会）との間で、雇用保険三事業見直し検討会[59]を行った。検討会は事業内容を精査し、同年7月に「雇用保険三事業の見直しについて」と題する報告を取りまとめた。そこでは、かつて勤労者福祉施設の整備等を行っていた雇用福祉事業は事業類型としては廃止し、個別に失業等給付に資するものは雇用安定事業又は能力開発事業として実施するとしている。また、雇用安定事業及び能力開発事業については、事業の廃止又は見直しを必要とするものや過剰予算となっているものがあるとして、徹底した整理合理化が必要であるとしている。これにより保険料率にして0.05％削減が見込めるとしている。

　これと同時に、今後は人口減少下において、若者、高齢者等すべての人の就業参加の実現を目的とした雇用対策や、雇用のミスマッチ縮小のための求職者・労働者に着目した雇用対策を推進すべきだと述べている。

　同年8月の労働政策審議会雇用保険部会[60]中間報告では、これを引いて「雇用福祉事業の廃止等雇用保険三事業の在り方を検討すべき」とするとともに、その「保険料率について、保険料負担者の負担軽減をより機動的に図る等の観点から、弾力条項の発動基準等の在り方について検討すべき」とした。

　翌2007年1月の報告では、雇用福祉事業を事業類型としては廃止するとともに、既存事業の規模を大幅に縮減し、各個別事業について引き続き不断の見直しを行うべきと述べた上で、「人口減少下において経済社会の停滞を回避し、働く意欲と能力があるすべての人が可能な限り働ける社会の構築を目指すため、特に雇用保険の被保険者となることを希望する若年者等についても、雇用安定事業等の対象として明確化すべきものと考える」としてい

59）経営団体8名、厚生労働省7名。
60）公労使各5名、部会長：諏訪康雄。

る。本来保険原理からすれば、被保険者でない若年者を保険事業の対象とすることはおかしいということになるが、雇用政策手段の観点からすれば若年者対策にこそ雇用保険事業による資源を投入すべきであるわけで、この部分を「雇用保険の被保険者となることを希望する」というロジックでクリアしようとしているわけである。

同年2月に雇用保険法改正案が国会に提出され、4月に成立に至った。この改正により、「被保険者になろうとする者」も事業の対象として明記された。

（6） 事業仕分け

民主党政権は無駄を削ると称して行政刷新会議において「事業仕分け」を行った。その第3弾として2010年10月に特別会計を対象とした「事業仕分け」が行われ、その中に雇用保険2事業も含まれた。

10月27日に行われた仕分け作業においては、「雇用勘定に関し、雇用調整助成金以外の必要性の低い雇用保険二事業は、特別会計の事業としては行わない」とされ、具体的にはジョブ・カード制度関連の事業や職業情報総合データベースは廃止、特定求職者雇用開発助成金などは見直しと判定された。

これに対しては、民主党政権を支持する立場の連合が「十分な議論もなく、このような事業仕分け結果が出されたことはきわめて遺憾である」「一般会計による財源確保が担保されない中での、これらの事業の廃止は容認できない」と強く抗議し、労働政策審議会も12月1日の会長意見で「これらの事業の果たしている役割や経緯を踏まえ、雇用労働の当事者でもある労使及び雇用労働政策に幅広い知見を有する学識経験者の意見を尊重していただきたい」と苦情を述べた。

その結果、12月15日の雇用戦略対話[61] の合意で、「行政刷新会議の指摘を踏まえた無駄の排除の徹底の観点から点検を行い、より効率的・効果的な事業として、必要な見直しを行った上で、今後とも実施する」と明記され、廃止はされないこととなった。

---

61) 閣僚及公労使各3名、主催：首相。

（7） 現在の雇用保険2事業

　現在の雇用保険2事業に基づく助成金は以下の通りである。

　まず雇用安定事業としては、従業員の雇用維持のための雇用調整助成金、離職者の円滑な労働移動のための労働移動支援助成金、高齢者雇用のための六十五歳超雇用推進助成金、地域雇用開発のための地域雇用開発助成金、就職困難者の雇入れ助成として特定求職者雇用開発助成金とトライアル雇用助成金、その他両立支援等助成金、中小企業のための人材確保等支援助成金、非正規労働者の正規化のためのキャリアアップ助成金等がある。

　能力開発事業としては、人材開発支援助成金、キャリアアップ助成金のほか様々な補助金がある。なお、求職者支援法に基づく職業訓練受講給付金も能力開発事業に含まれる。

第3章

雇用政策の諸相

第1節　失業対策事業[1]

1　失業対策事業

（1）　戦前の失業者救済事業

　資本主義経済が成立する前のイギリス、ドイツなどでは、農業革命にともなって大量の農民が土地から切り離されて都市に集まり、職を見出し得ないまま浮浪化する事態が生じたが、失業を怠惰と同様の悪徳と考えるこの時代には、これら失業浮浪者階層に対して刑罰等の苛烈な抑圧政策が採られた。やがて、17世紀にイギリスで救貧法が制定され、無職者を職に就かしめること等の原則が定められたが、あくまで貧者救済策であって、抑圧的性格が強かった。

　産業革命の進展とともに景気の変動が周期的に現れるようになり、不況の度に大量の失業者が発生するようになってきた。これに応じて失業問題が独自の領域として浮かび上がってくるようになり、イギリスでは19世紀半ばから地方公共団体や慈善団体により失業救済土木事業が行われ、1905年の失業労働者法によって国家的事業としての性格を与えられた。同時期にドイツやフランス等でもこの制度が採用された。この時期は失業保険制度や職業紹介制度が整備されていく時期でもあり、近代労働市場法政策の原型が形成された時代である。

1）労働省職業安定局失業対策部編著『失業対策の変遷』日刊労働通信社（1973年）、労働省職業安定局編『失業対策事業通史』雇用問題研究会（1996年）、濱口桂一郎「公的雇用創出事業の80年」『季刊労働法』233号。

210 第2部 労働市場法政策

　日本では、明治維新後産業の発展にともない労働者が増加していったが、農村部に夥しい過剰労働力を抱え、都市部でも行商等零細小売業に不完全就業が広く存在し、失業者は潜在化していた。ところが、第一次大戦による好況後の不況によって、各分野で大量解雇が相次ぎ、顕在的な失業問題が社会問題として現れてきた。これに対応するため、1918年12月、床次竹二郎内相は救済事業調査会[2] に諮問を行い、同調査会は1919年3月「失業保護ニ関スル施設要綱」を答申した。これを受けて1920年4月、職業紹介所の設置、土木工事の施工、帰農奨励などが内務次官通牒として発せられた。

　1923年の関東大震災後の不況で失業者が増大し、社会不安が深刻化する中で、1925年8月、若槻礼次郎内相と浜口雄幸蔵相の協議に基づき、失業者が多発している六大都市関係公共団体に、国庫補助による失業者救済のための公営土木事業を実施させることとした。この第1回失業救済事業は、11月から4月までの冬季限定の季節的失業救済策として1928年度まで実施された。これが日本における失業救済事業の始まりである。

　1929年7月、世界大恐慌のさなかで成立した浜口雄幸内閣は、新設の社会政策審議会[3] に対し失業者救済策を諮問、同審議会は同年9月に「失業ノ防止並救済ノ為ノ事業調節ニ関スル要綱」を答申した。これを受けて、政府は内相を長とする事業調節委員会を設置するとともに、内務・大蔵両次官名の通牒を発し、施行地域を全国に広げるとともに、施行時期を冬季に限定せず、通年化した。その後、1932年には失業応急事業と名称変更するとともに、道路、河川、港湾等の改良工事を産業開発工事として失業者を使用させることとした。

　その後、1935年頃から次第に景気が回復し、失業状況も改善されたが、失業応急事業に依存する失業者が多く残存し、施行の打切りは困難であった。ようやく太平洋戦争中の1942年になって事業は終息した。この経緯は、戦後の失業対策事業を前もって予言するがごとくである。

2）官僚8名、学識者14名、会長：内務次官。
3）政治家、学識者18名、会長：浜口雄幸首相。

第3章　雇用政策の諸相　211

（2）　終戦直後の失業対策諸事業

　終戦直後の日本は、生産活動はほとんど行われない一方、膨大な失業者が発生し、経済は混乱と無秩序の中にあった。その中で、まず学識者と官庁からなる失業対策委員会[4]の建議に基づいて、1946年2月、緊急就業対策が実施された。これは各種土木建築事業を実施して失業者の多数吸収を図り、知識階級失業者には食糧配給、新聞配達等流通部門の整備や徴税職員の拡充で就職を図り、これらで吸収できない者には失業救済応急事業を実施しようとするものであった。

　公共事業については、1946年5月にGHQが日本公共事業計画原則により生産増大と雇用吸収とを目的とする公共事業の実施を命じた。この総合調整機関として1946年8月に経済安定本部が設置され、9月の閣議で公共事業処理要綱が決定され、経済安定本部が失業者吸収と生産増大の2点から各省の公共事業計画を認証することとされた。ところが、実際には失業者の多い都市部の事業は2割程度であったため、同年11月に「公共事業に失業者を優先雇用するの件」が閣議決定された。その後、経済安定本部通達により公共事業について失業者利用率が設定された。これは緊急失業対策法に吸収率として取り入れられた。

　この他に、都市部で簡易公共事業（後に都市失業応急事業）及び知識階級失業応急事業が実施された。

（3）　緊急失業対策法[5]

　1948年にはインフレ終息のためドッジプランが実施され、多数の失業者が発生した。政府は1949年3月の閣議決定「現下の失業状勢に対処すべき失業対策」において、公共事業に失業者を吸収する法的措置を講ずるとともに、公共事業費とは別に失業者救済を主たる目的とする失業対策事業費を設けることを決めた。これを受けて、労働省は当初、公共事業雇用法案を考えていたが、失業対策事業費が公共事業費とは別に計上されることになったこ

4）学識者・官僚28名、会長：田中都吉。

5）労働省失業対策課『緊急失業対策法の解説』雇用問題研究会（1950年）。

とから、緊急失業対策法案として提出することにした。緊急失業対策法は1949年5月に成立した。

この法律はこれまでの公共事業から失業対策事業を分け、労働省の計画により実施することとするとともに、公共事業に失業者吸収率を設けた。かつての労働省コンメンタール[6]は、緊急失業対策法を憲法第27条に直接由来するものであり、同条の勤労の権利を保障することが同法の基本的理念であると述べている。

失業対策事業に使用される労働者は公共職業安定所の紹介する失業者でなければならず、その賃金は労働大臣が定め、しかもその額は一般の賃金額よりも低く定められることとされた。失業対策事業が他にどうしても職のない失業者のために実施される最終的かつ臨時的な労働機会の提供であり、失業者は他に適職ある際はその日からその適職に就くべきとの趣旨からである。

また、この性格から、雇用期間は長期間であってはならないことが要請され、このため法文上は雇用期間の定めはないが、行政運営上雇用期間は1日限りとし、日々適職の有無を確認し、日々失業の認定を行って、その者が他に職なき場合に限り、その日だけ失業対策事業に就労させることとした上に、同一人を長期間にわたって就労させることは事業本来の目的に反するとして、公共職業安定所は原則として6か月以内に定職に就くように就職斡旋に務めることとされた。これがその通り実行されていれば、その後の問題はなかったかも知れない。しかし、現実は、就労者の滞留、固定化が進み、失業対策事業は労働行政に取り憑いた夢魔と化していき、その打切りが数十年間にわたる課題として行政にのしかかっていくことになる。

（4）　1963年改正[7]

膨大な失業者の溢れる終戦直後の時代には、失業対策事業はそれなりの役割を果たしたと評価することができよう。しかしながら、1950年代後半か

6）労働省職業安定局編著『職業安定法・職業訓練法・緊急失業対策法』労務行政研究所（1960年）。

7）労働省職業安定局失業対策部編著『改正職安法・失対法の解説』日刊労働通信社（1964年）。

ら高度経済成長が始まり、労働力不足が進行する中でも、失業対策事業の就労者は増加の一途をたどり、1961年には約35万人に達した。また、1962年には平均就労期間は6年半と滞留、固定化し、転職希望者は30%以下という状況で、「失業対策事業が、一時的に失業者の生活を支えて、再就職までの労働力を保全するという本来の意味を失って、むしろ就労者の『定職』に転化してしまって」[8]いた。

　この実情に対し、地方公共団体から批判が寄せられたほか、世論調査でも民間の仕事に就かせるように強力な対策を立てるべきとの意見が多く見られた。この中で、1962年12月、自由民主党の有志による失業対策問題世話人会が「失対制度刷新改善の推進について」の提案を行ったほか、1963年3月には全国市長会の委託による調査報告が出されるなど、その見直しが求められた。

　失業対策事業の見直しの導きの糸となったのは、炭鉱離職者対策における事業吸収方式から手当方式への転換であった。1959年12月に成立した炭鉱離職者臨時措置法は、広域職業紹介や各種援護措置に加えて、いわば特定分野への失業対策事業として炭鉱離職者緊急就労対策事業を設けたが、これまた早速、失業対策事業の二の舞のように滞留化、定職化の傾向が見られたため、もはや事業に吸収するのではなく、手当を支給して民間雇用への復帰を図るという政策方向が打ち出され、1963年3月に法改正がされた。この炭鉱離職者対策というミクロな政策場における成果を失業対策事業本体に応用する形で遂行されたのが、1963年改正である。

　労働省はまず1962年5月に学識者による調査研究[9]を行うことから始めた。その結果は1962年9月に失業対策問題調査研究報告として取りまとめられ、その中で新たに発生する失業者については、土木事業への安易な吸収はできるだけ避け、失業中の生活の安定を図りながら民間の一般雇用への就職を図る方向が示された。ちなみに、このような労使を含まない学識者のみによる研究で政策の方向性を打ち出すやり方は、後には各分野で三者構成の

8）雇用審議会答申第3号（1960年）の表現。

9）学識者6名。

214 第2部 労働市場法政策

審議会における検討の前段階の政策検討スタイルとして一般化するが、この時期には珍しく、おそらく失業対策の見直しという失対就労者の既得権に直接かかわるような問題について労働側の異論を差し挟むことなく、行政当局の意図をすっきりとした形で示すためにあえて採られたものと思われる。

労働省はこの研究結果に基づいて「失業対策制度の刷新改善に関する構想」を取りまとめ、同年10月雇用審議会[10]に諮問した。雇用審議会は1963年2月に答申第6号で、職業訓練等の充実を求めつつ構想の実施を認めた。なお、そこでは就業に関し好ましくない状況を見せている部落問題等の解消が要請されている。これに基づき労働省は同月法改正案を作成し、国会に提出した。国会では総評や全日自労の意を受けた社会党や共産党が強硬に反対し、衆議院で強行採決して国会がストップするなど混乱の中で同年7月に成立に至った。当時の世論はおおむね見直しに好意的であったのだが、この社会党・総評ブロックの反対がその後の政策展開に対するトラウマと化し、失業対策事業の見直しは最終決着まで30年かかるという超長期戦の泥沼に陥ってしまう。そのコストは大きなものがあった。

1963年改正は、まず職業安定法を改正し、第2章の2として「中高年齢失業者等に対する就職促進の措置」を設け、中高年齢失業者等に対して手当を支給しながら、就職指導、職業訓練、職場適応訓練等の措置を講ずることとするとともに、緊急失業対策法を改正して、失業者就労事業に就労することができる者は、原則としてこの就職促進措置を受け終わってもなお就職できない者であって、引き続き誠実かつ熱心に求職活動を行っている者でなければならないとした。なお、この改正で低賃金原則を廃止して民間準拠決定にするとともに、夏季年末の臨時賃金を明確化するなど、かえって失対就労者の固定化、定職化を追認するかのような改正が行われていることも付記する必要がある。

---

10) 公労使30名、会長：有沢広巳。

（5）　1971年中高年法[11]

　1963年改正は失対事業の入口規制を試みたものであったが、これと併せて労働省は失対就労者の民間企業への常用就職を促進するため、日雇労働者雇用奨励金制度、日雇労働者転職促進訓練制度、女子失業者家事サービス職業訓練制度などを実施した。これに対し、失対就労者を組織する全日自労は、組織の維持拡大のため、「失対流入闘争」と称して、家庭婦人の「掘り起こし」や紹介先への嫌がらせ等の「求職闘争」を行った。特に、1967年には、公共職業安定所に数百人動員して集団陳情を行い、アジ演説や気勢を上げるといった行動が採られ、機動隊が出動するといった事態になっている。また、革新系議員等からなる調査団を組織し、地方議会や国会で質問するという戦術や、就職促進措置の認定等をとらえて法廷闘争を実施するなど様々な抵抗が試みられた。

　そもそも他にどうしても職のない失業者のために実施される最終的かつ臨時的な労働機会の提供の場であるはずの失対事業があたかも定職であるかのごとく見なされ、しかも事業実施主体ではなく紹介者であるはずの公共職業安定所があたかも使用者であるかのごとく集団的労使関係の一方当事者に仕立て上げられてしまったこと自体、この問題のボタンの掛け違いを示していると言えよう。

　さて、1960年代の日本は高度経済成長を謳歌し、労働力不足が深刻化していったが、失対就労者は1970年に至ってもまだ20万人に上っていた。就労者の固定化、高齢化は一層進行し、半数が就労期間14年以上という実態であった。これに対し、政界や世論でも批判が強まり、1970年7月の政務次官会議において全日自労の動向と失業対策事業の非能率な運営が問題となり、同年10月には「失業対策制度の再検討について」として、現在の失対事業は総体的に本来の趣旨と著しく相違する状況にあり、速やかにこれを廃止すべきことを申し合わせた。

　こういった動向の中で、労働省は再び1970年9月に学識者による調査研

11）住栄作『中高年齢者等雇用促進特別措置法の解説』雇用問題研究会（1971年）。

216　第2部　労働市場法政策

究[12) を開始し、同年12月には失業対策問題調査研究中間報告が提出された。そこでは、失業対策はあくまでも労働力政策としての性格を貫徹すべきであるとの考えに基づき、今後発生する失業者は失業対策事業に就労させないことを提起している。これを受けて、労働省は今後の失業対策制度に関する基本構想を取りまとめ、同月雇用審議会に諮問した。雇用審議会は翌1971年2月に基本構想を了承する旨の答申を行った。これと並行して中高年齢者対策について中央職業安定審議会の建議をもらい、労働省は直ちに法案を作成して同月国会に中高年齢者雇用促進特別措置法案を提出した。

　この法案は、本則はすべて中高年齢者対策に充てられ、附則第2条に規定された「緊急失業対策法の効力」という条項が「緊急失業対策法は、この法律の施行の際現に失業者であって、この法律の施行の日前二月間に十日以上失業対策事業に使用されたもの及び労働省令で定めるこれに準ずる失業者についてのみ、当分の間その効力を有するものとする」と規定して、失業対策事業への新規流入を法律上ストップさせるものであった。立法の仕方としても極めて異例のものであるが、国会でもっぱら議論になったのはこの附則であって、本則ではなかった[13)。結局、この「当分の間」を削除するとともに、夏季年末の臨時賃金を廃止しないこととすることで与野党が妥協し、同年5月に全会一致で成立した。

（6）　失業対策事業の終焉[14)

　これ以後の制度改善は、法改正ではなく、運用の改正によって行われることになる。法改正ではないので、三者構成の審議会に諮問することもなく、学識者のみによる調査研究とそれに基づく行政サイドの運用改正によって、少しずつ失業対策事業の終焉に向かっての歩が進められた。この時期の失業対策事業は、労働行政の中でも完全に日陰の存在であり、さまざまな法政策が繰り広げられる裏側でひっそりと先細りしていくだけの存在となってい

12）学識者7名、座長：大河内一男。

13）当時、失業対策部長であった遠藤政夫は、直接真田秀夫法制局長官にお願いして、この前代未聞の法案を作ったという（遠藤政夫『五十年の回想』）。

14）労働省職業安定局編『失業対策事業通史』雇用問題研究会（1996年）。

た。

　さて、1971年法による新規流入ストップにより、失対就労者の高齢化がますます進行し、体力低下が著しくなってきた。1976年1月の失業対策制度調査研究報告[15]に基づく制度改善は、失業対策事業を年齢体力に応じて甲乙2事業に区分し、作業を容易化して、事業の延命を図るものであった。

　1981年には、前年12月の調査研究報告[16]に基づき、高齢者、病弱者の増大に対応して、失業者就労事業の紹介対象者の年齢に65歳未満という上限を設定することとされた。失業対策事業の終息を視野に入れた画期的なものであったが、5年間の経過措置が設けられる上、実施時期は別途定めるとされるなど、問題を先送りするものでもあった。高齢化はさらに顕著になっていた。

　1986年には、前年11月の調査研究報告[17]に基づき、65歳未満の年齢制限を実施することとした。ただし、当面70歳未満とし、以後1年に1歳ずつ引き下げて1991年に65歳未満にするというものであった。皮肉なことに、この制度改善は1986年高年齢者雇用安定法制定と同時並行的に進められた。民間労働者の定年を60歳まで引き上げるための法政策が労使の鋭い対立の中で進められている傍らで、ほとんど就労能力を失いつつある失対就労者の「定年」を70歳に設定する法政策が進められるという事態は、失対事業がもはや労働行政の中でも異次元空間化していることを象徴するものといえよう。

　なお、このときの制度改善で、失業者就労事業からの引退者に対して、150万円の特例給付金（「退職金」！）を支給するとともに、軽易な仕事を提供する任意就業事業が過渡的に設けられた。ほとんど腐れ縁という感じである。

　1991年には、前年11月の調査研究報告[18]に基づき、年齢制限を引き続き実施するとともに、特例給付金を200万円に引き上げ、任意就業事業への就

15）学識者5名。

16）学識者7名、座長：大河内一男。

17）学識者5名、座長：氏原正治郎。

18）学識者5名、座長：髙梨昌。

218　第2部　労働市場法政策

労を2年限りとした。1971年に新規流入がストップされてすでに20年であり、そのとき45歳だった者がすでに65歳であることを考えると、この間のペースはあまりにも遅く、安楽死を待つがごとき政策スタンスである。

　最後に失業対策事業を完全に終息させるためには廃止法が必要である。1994年の調査研究報告[19]に基づき、1995年末に失業対策事業を終息させるため、1995年3月、緊急失業対策法廃止法が成立し、同法はその半世紀近い生涯を閉じた。その法政策として華やかであった時期は極めて短く、その後半生はほとんど脳死状態であった。1つの法政策の歴史として、反省材料の多い素材であることは間違いない。

2　公共事業及び特別の失業対策事業

(1)　公共事業における失業者吸収率[20]

　1949年の緊急失業対策法の制定により、公共事業における失業者吸収の問題は、失業対策的色彩の強い事業を失業対策事業として公共事業から切り離すとともに、公共事業についてはそのうち比較的失業者吸収に適する事業に失業者吸収率を設定するという形で問題点の調整が図られた。

　この公共事業については、労働大臣が（法制定当時は経済安定本部長官と協議して、改正後は単独で）公共事業の種別に従い、職種別又は地域別に、公共事業に使用される労働者数とその内の失業者数の比率を定めることとされた。これはなかなか細かく設定されていた。

　なお、緊急失業対策法上の失業者吸収率は、1971年中高年齢者雇用促進特別措置法附則第2条によって適用対象が失対就労者に限られることになり、事実上意味を失った。これに代わる形で、同法に基づく特定地域における中高年齢失業者等の吸収率制度が設けられた。これは無技能者についてのみ一律40％に設定された。その後、沖縄振興開発特別措置法に基づき、特別の公共事業吸収率制度が設けられ、無技能者について一律に60％と設定された。また、後述1977年の特定不況業種離職者臨時措置法や1978年の特

19）学識者7名、座長：髙梨昌。
20）労働省職業安定局失業対策部編『公共事業の解説』労務行政研究所（1957年）。

定不況地域離職者臨時措置法にも失業者吸収率が設けられた。

　緊急失業対策法が廃止されようとする直前の1995年1月17日、淡路島北端を震源地とするマグニチュード7.2の地震が発生し、死者6千人を超える大震災となった。これを受けて、労働省は急遽「阪神・淡路大震災を受けた地域における被災失業者の公共事業への就労促進に関する特別措置法案」を国会に提出し、2月末には成立した。震災を受けた地域における公共事業への被災失業者の吸収率は無技能者について40％とされた。

（2）　炭鉱離職者緊急就労対策事業等[21]

　終戦直後傾斜生産方式により急激に復興した石炭産業は、その後エネルギー革命の進行にともなって不振の一途をたどった。1955年の石炭鉱業合理化臨時措置法により炭鉱合理化が進められ、筑豊地区をはじめとして炭鉱離職者が発生、滞留し始めた。そこで、1959年12月、炭鉱離職者臨時措置法が制定され、広域職業紹介や職業訓練の実施、移住資金や労働者住宅の貸与等の各種援護措置に加えて、これらによっても直ちに就職できない者に対して暫定的に就労する機会を与えるため炭鉱離職者緊急就労対策事業が設けられた。

　しかし、これまた就労者の滞留、固定化が進み、第二失対事業の色彩を濃くした。そこで、1963年に法改正を行い、新たに発生する炭鉱離職者には炭鉱離職求職手帳制度を設け、3年間就職促進手当を支給しながら再就職促進を図ることとし、緊急就労事業には紹介しないこととした。これは同年の失業対策事業見直しのパイロットケースとなった。もっとも、従来から緊急就労事業に就労していた者については、法律の規定に基づくのではなく、予算措置として事業を継続することとされ、結局これは延々と数十年にわたって続けられた。

　なお、1969年から、産炭地域の開発振興を目的として、産炭地域開発就労事業が予算措置として行われてきた。また、1971年の中高年齢者雇用促進特別措置法により特定地域が設けられたが、この特定地域における就労事

21）労働省職業安定部失業対策部『炭鉱離職者対策十年史』日刊労働通信社（1971年）。

業として、法律の規定に基づくのではなく予算措置として特定地域開発就労事業が実施された。これらいずれも2006年度末で廃止された。

（3）　緊急地域雇用特別交付金制度

　公的資金による事業を行い、これに失業者を吸収するという点では、以上のような失業対策諸事業と類似した仕組みが、1999年から予算措置として行われた。1999年からの緊急地域雇用特別交付金事業と、2001年からの緊急地域雇用創出特別交付金事業である。

　これらはいずれも交付金を都道府県に交付し、これを財源として都道府県に造成した基金を使って、都道府県及び市町村が民間企業、NPO等への委託事業及び直接実施事業を行うもので、推奨事業例としては、社会人を教員補助者として学校に受け入れる、警察支援要員による違法駐車等の監視や地域の安全確保、森林作業員による環境保全などが挙げられている。

　ちなみに、社会党はかつて1978年に、似たような内容の地方公共団体に対する臨時雇用創出交付金の交付に関する法律案を提案したことがある。

　緊急失業対策法をようやく廃止したばかりの時期にこのような事業を開始するのは皮肉な感を否めないが、そもそも失業対策事業がその法律の名称通りに厳格に「緊急」のものとして実施されておれば、廃止までの苦闘も必要なかったし、不況下で機動的に実施することも可能だったはずで、法律の運用について考えさせる好事例と言えよう。

（4）　ふるさと雇用再生特別交付金・緊急雇用創出事業

　2008年秋にサブプライム問題を契機とする金融危機が勃発し、雇用状況は一気に悪化した。この中で、再び失業対策事業的な仕組みが設けられた。

　一つは「ふるさと雇用再生特別交付金」で、地域の当事者からなる協議会が、地域でニーズがあり今後の地域発展に資する事業を選定し、地域求職者を雇い入れて実施する場合に要した費用を支給するというもので、都道府県に基金を造成して補助するという枠組みである。事業の実施は民間企業等への委託に限られ、自治体の直接実施は不可とされている。また、正規雇用化のため、労働者と原則1年の雇用契約を締結し、必要に応じて更新を可能と

している。具体的な事業イメージとしては、地域ブランド商品の開発・販路開拓、旅行商品の開発、高齢者宅への配食サービス、私立幼稚園での預かり保育、食品リサイクル事業とが挙げられており、単なる失業対策事業というよりは、地域雇用開発的な色彩が強いといえよう。

　もう一つは「緊急雇用創出事業」で、こちらは非正規労働者や中高年労働者のためのつなぎの雇用就業機会という位置づけであり、雇用就業期間が6か月未満に制限されている。こちらも都道府県に基金を造成し、原則都道府県や市町村から民間企業やシルバー人材センターへの委託により事業を行うが、直接実施も可とされている。具体的には、森林整備、介護補助、補助教員、雑居ビルの防災・防火などが挙げられている。

　2011年3月11日、東北地方太平洋沖を震源地とするマグニチュード9.0の巨大地震が発生し、これが東北・関東の太平洋岸に数十メートルを超える津波となって襲いかかり、沿岸の市町村をほぼ壊滅させ、2万人を超える犠牲者を出した。

　これに対して政府は、各省庁を横断して総合的な対策を策定し、強力な推進を図るために被災者等就労支援・雇用創出推進会議[22]を設置し、4月5日にはその第1段階対応取りまとめとして、「『日本はひとつ』しごとプロジェクト　フェーズ1」を発表し、その筆頭に「復旧事業等による確実な雇用創出」が挙げられている。とりあえずの対応として、緊急雇用創出事業の対象分野に「震災対応分野」を追加し、避難所での高齢者や子どもの見守り、地域の安全パトロールなど被災した方々を雇用して幅広い事業を展開できるようにするとしている。「原則、被災した方々を雇用するものとする」という記述からも、終戦直後の時期の緊急失業対策と通じる発想であることが分かる。続いて4月27日には「フェーズ2」を発表して雇用創出基金事業を拡充し、10月25日の「フェーズ3」では、被災地雇用復興総合プログラムの一環として、事業復興型雇用創出事業や生涯現役・全員参加・世代継承型雇用創出事業が打ち出された。

　こうした迅速な対応は、震災発生時に緊急雇用創出事業という仕組みが存

22）座長：小宮山洋子厚労副大臣。

222　第2部　労働市場法政策

在したから行えたことは確かであるが、逆にそれゆえ短期的雇用という枠に
縛られ、震災対策として不都合が生じた面もある。

第2節　雇用対策法とその後の雇用政策[23]

1　積極的労働力政策の時代

（1）　失業対策から雇用政策への模索[24]

　戦後形成された労働市場法政策は、公的職業紹介、失業保険、緊急失業対
策事業を三本柱とするものであった。労働力需給調整システムと失業者所得
保障制度の重要性はいつでもどこでも変わらないが、こういったいわば労働
市場インフラの整備に対して、積極的に労働市場に働きかける法政策として
は、前節に見た失業対策事業が中心的存在であった。実際、労働省の組織で
見ても、初期の職業安定局において、企画課という名の課は失業対策部企画
課だけであったし、職業安定行政の年報に当たるものは『失業対策年鑑』と
呼ばれ、失業対策部企画課で編集されてきた。一言でいえば、失業対策事業
こそが雇用政策であったのであり、それ以外に雇用政策はなかったとすらい
える。

　1959年に産業雇用政策の先駆ともいうべき炭鉱離職者臨時措置法が制定
されているが、その所管はやはり失業対策部であり、その主たる政策手段も
緊急就労対策事業という名の公的就労事業であった。1950年代までは雇用
政策が失業対策事業の中に埋もれていた時代といっても過言ではない。

　もちろん、1949年3月に失業対策審議会[25]が設置されて以後、同審議会が
提出してきた累次の答申においては、失業対策事業にとどまらず職業紹介や
失業保険などの労働市場政策、さらには産業の振興による雇用量の増大とし
て、農業の保護や中小企業の育成、国土の開発等といった事項が列記されて

23）濱口桂一郎「雇用助成金の半世紀」（『季刊労働法』243号）。

24）江下孝『完全雇用−問題と政策−』労働法令協会（1957年）、三治重信『日本の雇用
　の展開過程』労務行政研究所（1964年）。

25）公労使30名、会長：有沢広巳。

おり、その意味では総合的な雇用政策を提示していると言えないことはないが、一般雇用政策としてこれらを統括する政策視点は存在しなかった。1955年の同審議会報告「日本における雇用と失業」[26]は、「失業問題が今や、雇用一般の問題として、事後的救済措置から雇用増進政策、すなわち財政経済全般を通ずる政策にその対策の重点を移さなければならぬ」と述べ、1956年の失業対策審議会答申（第6号）でも、「雇用失業対策を総合的に樹立し、その実施につき責任を持つ体制を確立する措置を講ずることとし、その一環として、…調査審議すべき機構を設けること」が求められた。

　これを受けて1956年12月、労働省職業安定局内において、雇用に関する基本的法制たらしめるべく雇用基本法試案が作成され、新聞でも報道されたが、政府部内の意見調整ができず、結局1957年4月、雇用審議会設置法の制定という形で落ち着き、雇用基本法構想は実を結ばなかった。もっとも、同試案の内容は、大部分が雇用閣僚会議と雇用審議会の設置、雇用基本計画と総合雇用実施計画の作成などであり、実質的施策としては特別失業地域の指定と同地域における「産業の振興による有効な雇用機会の増大に資するとともに併せて当面の失業者吸収の確保を図ることを目的とする施策」の実施が規定されているだけで、まだまだ失業対策中心の発想であった[27]。

　とはいえ、雇用審議会設置法の目的規定には「完全雇用の達成を目標として政府の諸施策を運営することに資するため」とあり、またその所掌事務が、まず「雇用構造その他雇用及び失業の状態に関する事項」、「雇用状態の改善のための施策に関する事項」で、その後に「失業対策に関する事項」が出てくるというように、失業対策から雇用政策への脱皮を図ろうとする労働省の思いが伝わってくる。

　新設雇用審議会[28]は1959年5月に答申第2号（完全雇用答申）を行い、長期的な完全雇用政策の目標を示した。そこでは完全雇用に達する前段階として不完全就業の解消がめざされ、具体的には家族のうち主たる働き手の所得

26）失業対策審議会編『日本における雇用と失業』東洋経済新報社（1955年）。
27）「産業の振興による有効な雇用機会の増大に資する」云々は、後の地域雇用開発政策の先取り的発想と見られないこともない。
28）公労使30名、会長：有沢広巳。

224　第2部　労働市場法政策

で最低生活が賄われ家計補助的な不完全就業の必要性が緩和されていること、転職しても社会保障により最低生活が保障され失業が不完全就業に転化することがないことなどが挙げられ、そのための対策として最低賃金制の確立のほか、特に賃金体系の改善、すなわち年功賃金から同一労働同一賃金への移行と、労働移動可能性の増進が謳われている。

（2）　近代的労働市場への志向[29]

　1950年代後半に入ると、高度経済成長が始まり、労働力不足が顕在化し始めた。1960年代になると経済成長は一層昂進し、労働力不足が深刻化してきた。その中で、経済政策の重点課題として「雇用の近代化」が大きく打ち出されてきた。1960年11月の経済審議会答申をもとに同年12月に閣議決定された「国民所得倍増計画」は、「国民生活の将来」の冒頭に「雇用の近代化」を置き、「労務管理制度も年功序列的な制度から職能に応じた労務管理制度へと進化していくであろう。…企業のこのような労務管理体制の近代化は、学校教育や職業訓練の充実による高質労働力の供給を十分活用しうる条件となろう。労務管理体制の変化は、賃金、雇用の企業別封鎖性をこえて、同一労働同一賃金原則の浸透、労働移動の円滑化をもたらし、労働組合の組織も産業別あるいは地域別のものとなる一つの条件が生まれてくるであろう」と、その理念を謳い上げている。

　さらに1963年1月、経済審議会は人的能力政策に関する答申を行い、その中で、近代意識確立の必要性や経営秩序の近代化を高らかに謳った上で、労働市場政策についても賃金体系の近代化や公共職業紹介制度の強化、中高年齢層の移動・活用対策などの具体策を列挙している。この答申は特に職業能力開発政策に焦点を合わせているが、近代的労働市場の確立はその前提として重視されている。

　この近代化思想は、1965年1月の「中期経済計画」でも「雇用賃金制度及び慣行の近代化の促進」として掲げられ、年功的雇用賃金管理体制は労働力の流動化と有効活用を阻害する原因として「近代化」すべきものとされてい

29）住栄作『雇用政策の理論と展開』労務行政研究所（1967年）。

た。

一方労働行政においては、それまでの失業対策中心の雇用政策では十分でなく、全体系にわたって再検討されるべき段階に達したとの考え方が浮上してきた。すなわち、従来の日本の雇用政策は、経済政策に従属し、後塵を拝し、その尻ぬぐいをしてきた。経済の拡大、産業の発展によって雇用失業状勢も好転するという考え方に基づき、雇用失業対策も経済政策から取り残された労働者に対する消極的対策に終始してきた。しかしながら、労働力不足経済への移行という画期的な時期に際し、国の政策は、すべての労働者がその能力を十分に発揮することができるような方向に、民間の雇用や一般の意識が浸透していくよう積極的にリードする段階にきた、というわけである。

その中心的思想は、1965年12月の雇用審議会答申第7号の記の第1の標題ともなっている「近代的労働市場の形成」であり、その中心テーマは「職業能力と職種を中心とする労働市場の形成」であった。その基本認識は、日本の労働市場においては、学歴中心ないしは年功序列型の雇用慣行が一般化しており、これらが労働者の能力を有効に発揮するための阻害要因となっている。すなわち、若年層については、技能を軽視しがちな風潮と相まって、技能労働力、現場労働力の不足の原因となるとともに、中高年齢層については、その一般的な就職難をもたらし、技術革新の進展、産業構造の変化等により、その技能の不要になる人々の職業転換を妨げる結果となっているというものである。職業能力と職種と中心をした近代的な労働市場を形成することによって、労働力の適応性と流動性を向上し、労働力全体の需給をバランスさせていくという政策の構図が描かれる。

このように、この時期の雇用政策は「近代的労働市場」という言葉で彩られているが、そこにはいくつかの意味合いが込められているように思われる。一つは、日本社会を一方では工業化が進みながらなお前近代的な性格が強く残る跛行的な社会と考え、西欧型の近代社会をめざそうとするいわゆる近代主義の考え方である。上記答申第2号における不完全就業の強調や、答申第7号における学歴偏重や年功序列型の雇用賃金慣行の指摘などはこれに当たろう。

もう一つは、1960年代に入って急激な経済成長と技術革新の中で、先進

226 第2部 労働市場法政策

社会共通の課題として労働市場政策をとらえようとする考え方である。後者の考え方の背後には、例えば1964年7月に採択されたILOの雇用政策条約（第122号）や雇用政策勧告（第122号）、同年5月に採択されたOECDの労働力政策に関する理事会勧告がある。より広く社会的な動きの中でいえば、近代化論や近代経済学が流行し始めた時代風潮と対応していたのであろう。

いずれにしても、この時期の日本の労働政策が、日本的雇用慣行に対して極めて低い評価しかしていなかったということは、十分記憶にとどめておかれるべきことである。

（3） 雇用対策法の制定[30]

政府は、1964年2月、内閣総理大臣から雇用審議会に宛てて「産業及び労働面における構造的変化等に伴う雇用に関する政策について」諮問し、同審議会は3つの部会に分けて2年近く審議し、1965年12月、答申第7号を提出した。同答申は、近代的な労働市場が形成されず、学歴偏重や年功序列型の雇用賃金慣行が一般化しているため、中高年層の適応性、流動性を高めること、若年層をその能力を開発向上せしめるような職業に従事させることが十分に進まないまま推移してきており、このような雇用動向を大きく転換させなければ、将来の事態に対処できないと指摘し、産業界、労働界を始めとする各方面の自主的、積極的な活動により、かかる雇用に関する慣行の転換が、円滑かつ速やかに進められていくことが基本的に必要としている。その上で、近代的労働市場の形成、労働力の適応性と流動性の向上、技術者、技能者の養成と職業指導の充実、既婚婦人、高年齢者層に関する施策等の4つの柱に基づく施策を総合的に展開すべきとした。

これと並行して労働省内でも雇用対策について検討を進め、「雇用対策の大綱」として取りまとめ、1966年2月、雇用審議会に諮問した。ここでは、法の目的として、労働力の需給の均衡を促進することを打ち出すとともに、政府による雇用対策基本計画の策定、雇用に関する諸情報の提供と指導、技

30） 有馬元治『雇用対策法の解説』日刊労働通信社（1966年）、有馬元治『雇用対策法とその施策の展開』雇用問題研究会（1968年）。

能労働者の養成確保、中高年齢者等の雇用の促進、職業転換給付金といった項目に分けて、記述されている。審議会では労働側委員（総評）から、労働力確保という経済目的に奉仕するものとの批判があり、3月の答申でも注文が付けられたため、法案では完全雇用の達成を目的に書き加えた。労働省は同月雇用対策法案を国会に提出し、法案は6月に成立した。

（4）　雇用対策法の内容

　雇用対策法は、まず何より雇用対策基本計画の根拠法である。これより先、1964年6月に、労働省職業安定局が地域別産業別雇用計画試案を発表したことがあるが、雇用対策基本計画は国が策定するもの、つまり閣議決定されるものであり、重みが違う。もっとも、それゆえに、雇用対策基本計画は「政府の策定する経済全般に関する計画と調和するものでなければなら」ない。

　それ以外の規定は、他の法律で具体的に規定されている政策事項を概括的に頭出ししたような部分が多い。まず、第3章の求人者及び求職者に対する指導は、職業安定法の職業安定機関の行う職業紹介、職業指導に対応する。この時期においても、労働力需給調整システムとしては公共職業安定機関を中心とするという考え方に揺るぎは見られない。むしろ、日本の雇用慣行では縁故採用等が支配的で、公共職業安定所の利用率が低いために、いたずらな転職の増大や職業選択の偏りが見られ、労働力需給の不均衡に一層の拍車をかけているという認識を示しており、近代的な労働市場を形成するためにこそ、公共職業安定機関の役割はますます重要になるという発想が濃厚に現れている。

　次に、第4章の技能労働者の養成確保は、職業訓練法に対応する。職業能力と職種を中心とする労働市場の形成という政策思想は、遡れば1958年職業訓練法で打ち出されたものであり、同法はそれまでの企業内部の技能者養成制度と外部労働市場における職業補導を技能検定という横軸を差し貫くことで一体化させたものである。雇用対策法はこの方向性をさらに押し進めるものであり、これが再び職業訓練法に跳ね返って1969年法に結実する。

　第5章の職業転換給付金は、今日に至るまで法律上にその名が明記された

228　第2部　労働市場法政策

唯一の雇用助成金である。同給付金は「労働者がその有する能力に適合する職業に就くことを容易にし、及び促進するため」に支給され、具体的には「求職者の求職活動の促進とその生活の安定とを図るための給付金」「求職者の知識及び技能の習得を容易にするための給付金」「広範囲の地域にわたる求職活動に要する費用に充てるための給付金」「就職又は知識若しくは技能の習得をするための移転に要する費用に充てるための給付金」「求職者を作業環境に適応させるため訓練を行うことを促進するための給付金」「前各号に掲げる給付金以外の給付金であって政令で定めるもの」が法律上に明示されている。まさに労働移動を促進しようという時代の精神を体現するような助成金であった。

　第6章の中高年齢者等の雇用の促進は、雇用対策法の中では実体的な法律事項を規定している数少ない規定である。特に、中高年齢者については、ここで初めて雇用率制度が法律上に設けられた。もっとも、雇用対策法では「別に法律で定めるところにより、事業主に雇用されている労働者のうちに中高年齢者又は身体に障害のある者が占める割合が一定率以上になるように必要な措置を講ずる」となっていて、具体的な規定は雇用対策法制定と同時に改正された職業安定法に委ねられている。同法では中高年齢者の適職として選定された職種ごとに雇用率を設定すること、雇用主の中高年齢者雇用率達成努力義務、労働大臣の雇用主に対する雇入れの要請といった規定が設けられた。雇用対策法上に中高年齢者の適職の選定といった規定が設けられていることも含め、ここまで職種にこだわっているのは職業能力と職種を中心とする近代的労働市場への志向のゆえであろう。もっとも、この段階では中高年齢者の雇用率は国、地方公共団体及び特殊法人等についてのみ定められ、民間事業所については空振りであった。

　なお、第7章の雑則の中で、大量雇用変動の場合の届出の規定が設けられている。「生産設備の新設又は増設、事業規模の縮小その他の理由による雇用量の変動」について公共職業安定所長への届出を義務づけているのであるが、それは公共職業紹介機関が広域にわたる求人開拓や職業紹介をするためであって、雇用維持のためのものではなかった。

（5）　雇用対策基本計画[31]

　雇用対策法に基づく最初の雇用対策基本計画は、1967年3月に策定された。計画は法律よりも政策の体系をくっきりと示し、雇用対策に関する基本的事項として、関連施策との有機的連携、技能労働力等の養成確保、中高年齢者の雇用の促進、不安定雇用の改善等、職業能力と職種を中心とする近代的労働市場の形成という項目を立てている。

　最後の項目については、今後10年以内を目途として、日本の労働市場において、能力と職種を中心に、求人、求職が行われ、結びつく体制が確立し、このために必要な技能程度別、職種別の将来見通しを含む雇用情報が、広く求職者、求人者に提供されている状態を達成することが目標とされている。このため、計画期間中に、職業能力と職種を中心とする雇用賃金慣行の確立、学歴偏重、技能軽視の社会風潮の是正について、広く国民一般、特に産業界に訴え、これを促進するとしている。

　この政策思想は他の項目にも浸透している。たとえば、技能労働力の養成確保の項では、今後10年程度を目途として、技能労働者と一般事務労働者との間に処遇等で制度上の差別がなく、技能労働者がその能力にふさわしい社会的評価と処遇を受けているとともに、技能職種に就く人はすべて一定水準の技能を身につけており、新たに労働市場に登場する人は職業に関する基礎的な教育を受け、技術、技能になじみやすいようになっている状態の達成が目標とされている。労務者と職員の身分差別の解消という問題は現在では忘れられた政策課題となっているが、国の政策として正面から取り上げられた時期があったということは記憶されるべきであろうし、今日の非典型労働者問題に対しても一定の視角を提供する可能性がある。

　また、中高年齢者の雇用の促進の項では、今後10年以内に、労働力の需給が年齢別にもほぼ均衡し、中高年齢者が若年者と同等以上の能力を発揮できるような職業分野にはほとんど若年者が就業しておらず、年金の受給開始時期（当時は60歳）までの間、高年齢者の雇用機会が十分与えられるような労働市場の状態の達成が目標とされている。このために、中高年齢者の適

31）有馬元治『雇用対策基本計画の解説』日刊労働通信社（1967年）。

230 第2部 労働市場法政策

職を研究選定し、これら職種の求人については原則として年齢制限を認め
ず、その就職を促進することが謳われている。

なお、計画で1項目割いて臨時雇用、社外工、季節出稼ぎ労働者等の不安
定雇用の改善に触れており、今後10年程度の政策目標として、不安定雇用
がかなり減っているとともに、常用雇用形態の労働者に比べて賃金等の処遇
で差別がなく、その就職経路が正常化している状態の達成を目標としてい
る。当時の労働行政は70年代以後と違って雇用問題を内部労働市場から見
るのではなく、もっぱら外部労働市場の観点から考えており、それゆえにこ
ういった政策スタンスが自然にとられたのであろう。このスタンスはその
後、雇用政策が内部労働市場中心になっていくにつれて次第に薄れていくこ
とになるが、今日の問題意識からは逆に新鮮に見える面もある。

高度経済成長末期の1973年1月に閣議決定された第2次雇用対策基本計画
は、当時の社会風潮に乗って、経済成長の促進が労働者の生活向上につなが
るという経済成長至上主義の反省の上に立ち、雇用政策もより直接的に労働
者の福祉の向上をめざすべきとの考え方から、ゆとりある充実した職業生活
の実現を目標に、政策手段の再編成を打ち出している。「福祉志向の雇用政
策」である[32]。もっとも、同計画は策定後すぐに石油危機にぶつかり、雇用
政策は大きな方向転換を迫られることになる。

ただ、第2次雇用対策基本計画で打ち出された政策方向で、その後20年間
前進し続けたのが定年延長の促進であった。これは高齢者雇用政策を外部労
働市場志向から内部労働市場志向に大きく転換させるものとなった。

2 雇用維持政策の時代[33]

（1） 雇用保険法の制定[34]

日本の失業対策でない雇用政策は、発足後10年足らずで大きく方向転換
した。一言でいえば積極的労働力政策から雇用維持政策への転換であるが、

---

32) 道正邦彦『福祉の時代の雇用政策』労務行政研究所（1973年）。

33) 遠藤政夫『完全雇用政策の理論と実践』労務行政研究所（1976年）。

34) 遠藤政夫『雇用保険の理論』日刊労働通信社（1975年）、関英夫『雇用保険法の解説』
ぎょうせい（1975年）。

これを法制上に跡づけるのは意外に難しい。なぜなら、基本法であるはずの雇用対策法上にその転換が示されることなく、1976年6月閣議決定の第3次雇用対策基本計画で示された形になっているからである。しかしながら、実はそれに先だって、1974年12月に成立した雇用保険法がこの方向転換を明確に示していたのである。雇用保険法はいうまでもなく失業保険法を全面改正して雇用政策手段としての雇用保険3事業を創設したものであるが、この雇用保険3事業、なかんずく雇用調整給付金（後の雇用調整助成金）制度が、それ自体は手段でありながら、実質的に雇用維持政策への舵を大きく切ることになったからである。

　もっとも、雇用保険法自体はそのような趣旨で立案されたものではなかった。むしろ零細事業所への全面適用問題、若年女子受給者や季節的受給者の問題、福祉施設の問題など、各方面から指摘されていた問題を解決するために、石油危機勃発前の1973年5月に設置された失業保険制度研究会[35]で検討が開始されたものである。石油危機勃発直後の同年12月に出された同研究会報告も、それへの対応という発想では必ずしもなく、失業補償機能とは別に、年齢、地域および産業別に見られる雇用の不均衡の是正等の雇用の改善、生涯教育訓練体制の整備その他労働者の福祉の増進を図るために雇用改善事業、能力開発事業、雇用福祉事業を事業主のみの負担で設けようとするものであった。この雇用改善事業の中に、年齢別の雇用構造の改善、地域的な雇用構造の改善、産業間の雇用構造の改善と並んで経済変動に対処するための雇用調整対策が盛り込まれていた。

　雇用保険法案は翌1974年1月に国会に提出されたが、社会党、共産党、公明党は反対し、参議院で審議未了廃案となった。総評が給付の切下げであるとして強く反対していたことが反映している。ところが、ここに石油危機の影響で雇用失業状勢が厳しさを増し、一時休業や一部には大量解雇まで現れるようになって、雇用調整に対する助成措置に対する早期実施の声が高まってきた。同盟はもとから雇用保険法案に賛成であったが、中立労連が賛成に回り、総評加盟の民間労組からも積極的態度を示すものが続出した。こう

35）学識者7名、会長：有沢広巳。

して、雇用保険法案は、いわば雇用維持のための助成措置を規定する法案としての期待を背負って再度国会に提出され、1974年12月に成立に至った。

もっとも、条文の上では、これは雇用改善事業の中の一項目として「事業主に対して、景気の変動、国際経済事情の急激な変化その他の経済上の理由により事業活動の縮小を余儀なくされた場合における失業を予防するために必要な助成及び援助を行うこと」（第62条第1項第4号）を掲げたに過ぎない。膨大な雇用保険法の中では埋もれてしまいそうな小さな条文に過ぎないが、上に見たような制定経緯から、労働法政策の上では、雇用政策の方向を大きく変えた巨大な条項となった。

（2）　雇用調整給付金とその意味[36]

この条項に基づいて労働省令で設けられたのが雇用調整給付金制度である。雇用政策上重要なことは法律ではなく省令レベルで規定するというこの後一般化したスタイルの出発点ともいえる。

雇用調整給付金は、労働大臣が指定する業種に属する事業を行う事業主で、経済的理由により指定業種部門の事業所の事業活動の縮小を余儀なくされたものが、指定業種ごとに定める指定期間内に休業を行い、雇用保険の被保険者に対し休業手当を支払った場合に、休業手当総額の2分の1（中小企業は3分の2）を支給する。

このような制度を設けるに当たっては、西ドイツの操業短縮労働者手当制度がかなり参考にされた。同制度は、1969年雇用促進法に基づくもので、経済的事由による休業の場合に、その労働者に対して事業主を通じ、休業がなければ就業したであろう時間数及び賃金額に応じて手当が支給される。西ドイツでは既に1951年に解雇保護法が制定され、社会的正当性のない解雇は無効とされていた。いわば、労働法政策として解雇規制と失業予防への助成を組み合わせる形をとったわけであるが、日本では解雇規制に当たる法政策は採られず、「余剰労働力を直ちに解雇することなくできるだけ企業内に

36）労働省職業安定局編著『雇用調整給付金制度の解説』労働法令実務センター（1975年）。

温存しようとする我が国特有の雇用賃金慣行」を活用するという方向に向かった。

　もっとも日本では、実定法としては解雇規制立法は行われなかったが、裁判例として整理解雇法理が形成され、企業行動に対する一定の規制原理として働くこととなった。いわば、判例法としての整理解雇法理の形成と雇用調整給付金の制定が組み合わさる形で社会全体としての失業予防政策が形作られたということができる。ちなみに、社会党は1979年に、30人以上の大量解雇の届出義務と都道府県知事の勧告権などからなる雇用対策法改正案を提案している。これは同時期のECの大量解雇指令の影響であろう。1987年の同改正案では、中央及び地方に置かれる雇用調整委員会が勧告を行うこととされている。これらは法制化されることはなかったが、司法まで含めた法政策としては似たような発想で進められていたといってもいいかも知れない。

　これにより、職業能力と職種を中心とする近代的労働市場をめざして労働力流動化政策を採っていた労働行政は、終身雇用慣行を積極的に評価し失業の予防と企業内部での雇用維持を優先課題とする方向に大きく舵を切ったのである。

（3）　雇用安定事業と雇用安定資金制度の創設[37]

　雇用保険法自体は上述のように政策当局としては意図せざる政策転換という面が強かったが、この転換の方向を明示的に法制化したのが1977年5月の雇用保険法改正である。この間に策定された経済計画と雇用対策基本計画が、その政策思想を明確に謳いあげている。すなわち、1976年5月に閣議決定された「昭和50年代前期経済計画」は、「経済変動に際して失業の防止を重点に雇用の安定を図る。このため、配置転換・出向、一時休業、生産調整期間中の教育・訓練等企業の雇用調整方法の多様化等新しい局面に対応しつつ雇用安定対策の整備を図る」と雇用維持政策を正面切って打ち出している。また同年6月に閣議決定された第3次雇用対策基本計画も同様の方針を

---

37) 関英夫『新版　雇用保険法の解説』ぎょうせい（1978年）、北川俊夫『詳解雇用安定資金制度』労働基準調査会（1978年）。

打ち出した上で、「こうした雇用調整に関する施策の実施については…好況期に一定の資金を積み立て不況期に雇用安定のための経費として機動的・集中的に支出しうる基金的な制度の確立について検討を進める」と、その財政面での制度化を打ち出した。

これを受けて、1977年の雇用保険法改正では、雇用保険法の目的に初めて「失業の予防」という言葉を明記するとともに、雇用改善事業から雇用調整給付金を取り出して雇用安定事業として独立させた。給付対象となる企業行動も、休業だけではなく教育訓練や出向にまで広げられた。そして雇用安定事業に必要な財源として労働保険特別会計の雇用勘定に雇用安定資金を設置した。

とりわけ、雇用安定事業の目的がそれまでの景気変動への対応から産業構造の変化への対応にまで拡大された点に注目すべきである。新たな雇用安定事業は「景気の変動その他の経済上の理由により事業活動の縮小を余儀なくされた場合」に休業や教育訓練を行う事業主への助成である景気変動等雇用調整事業と、「産業構造の変化その他の経済上の理由により事業の転換又は事業規模の縮小を余儀なくされた場合」に教育訓練又は休業を行う事業主への助成である事業転換等雇用調整事業の二つからなる。具体的にはそれぞれに、景気変動等雇用調整事業としては、雇用調整給付金、訓練調整給付金、訓練調整費助成金及び高年齢者雇用安定給付金が、事業転換等雇用調整事業としては、事業転換等訓練給付金、事業転換等休業給付金、事業転換等訓練費助成金及び事業転換等出向給付金が設けられた。

一言でいえば、景気の変動すなわち短期的な景気循環に伴う雇用調整に対する対策だけではなく、中長期的な産業構造転換をも対象に含めたことになる。前者は上述のように欧州諸国でもその例が見られるが、後者は産業構造転換に対応する教育訓練という本来的に政府の雇用政策自体の役割と考えられてきたことを、企業内部の雇用維持措置の一環として行わせようとするものとして、日本独自の政策方向に大きく足を踏み出したものと言えよう。

雇用安定資金については、むしろ景気変動に対する対応という面が強い。雇用安定事業は景気変動による波動性が非常に大きく、雇用調整給付金を始めこれに要する経費は、不況期には相当多額に支出される一方、好況期には

ほとんど支出されないという性格を持っているため、雇用安定事業に必要な財源は、平常時に段階的に積み立てておき、必要に応じて機動的かつ集中的に使用できる仕組みを設けようという狙いである。このため、労働保険特別会計の雇用勘定に「雇用安定資金」が設けられた。

なお、1980年には2つの雇用調整事業が再び1つにまとめられ、給付金も雇用調整給付金と出向給付金の2つとなった。さらに、1981年4月に雇用に係る給付金等の整備充実を図るための関係法律の整備に関する法律によって雇用保険法等の関係法を改正し、雇用関係給付金が大幅に整理統合された[38]。これにより、雇用調整関係の給付金はすべて雇用調整助成金に統合された。これ以後は現在に至るまで、雇用調整助成金という名称が使われ続けている。

（4）　雇用維持政策の全面化[39]

その後、雇用政策の中心は雇用維持政策、すなわち失業の予防に置かれ続けた。法制的には、これは産業や地域に着目した雇用対策の形で示された。特に、1977年の特定不況業種離職者臨時措置法は、事業主の責務として「失業の予防に努めること」を明記するとともに再就職援助計画を規定していたが、1988年の改正ではこれが雇用維持等計画に代えられた。また、これと軌を一にして、高齢者雇用政策においても外部労働市場とのかかわりを意識した雇用率制度に代わって定年引上げという企業内部の雇用管理への介入政策が中心となり、また職業能力開発政策においても公共職業訓練施設は傍らに追いやられて企業内職業能力開発への支援が中心となっていった。

この間、高齢者対策関係の規定を除き、雇用対策法がほとんど改正されることなく維持されたことは、考えてみれば驚くべきことである。雇用政策の基本法といいながら、実態は雇用対策基本計画の根拠法以外のなにものでも

38）関英夫『雇用関係各種給付金の新体系』労務行政研究所（1981年）。

39）関英夫『安定成長期の雇用政策』労務行政研究所（1981年）、加藤孝『構造変動期の雇用対策』労務行政研究所（1985年）、岡部晃三『国際化時代の雇用政策』労務行政研究所（1989年）、齋藤邦彦『質の高い雇用構造の実現を目指して』労務行政研究所（1993年）。

236　第2部　労働市場法政策

なかったということであろう。現実に雇用政策の基本法として機能していたのは雇用保険法であった。

　この政策方向に変化の兆しが現れるのは1990年代に入ってからである。先頭を切ったのは職業能力開発政策であり、1991年3月の第5次職業能力開発基本計画において、企業内職業能力開発の促進を冒頭に置きつつも、それに続いて自己啓発の促進を政策目標として設定し、企業の発展へのメリットを強調しつつも、個人主導の職業能力開発への一歩を踏み出した。翌1992年7月の第7次雇用対策基本計画では、労働力供給制約に対応するための基盤を整備し、労働者一人一人の個性が尊重され、その意欲と能力が十分に発揮できる質の高い雇用構造が目標とされ、「産業間、職業間の労働移動の活発化が見込まれる中で、失業という形を経ないで労働者がよりよい雇用機会につけるよう‥‥施策を講ずる」という記述も盛り込まれた。もっとも、これらはいわばバブル景気による労働者の自発的移動を念頭に置いたものであって、バブル崩壊後の不況期における労働移動促進論とは次元が異なるともいえる。

3　労働移動促進政策の時代

（1）　失業なき労働移動促進政策の登場[40]

　新たな政策方向が打ち出されたのは、1995年12月の第8次雇用対策基本計画である。ここでは、雇用対策の基本的事項のトップに「雇用の創出と失業なき労働移動の実現」が設定された。このころの労働行政のスタンスを示すものとして、1994年6月に雇用政策研究会[41]が取りまとめた「中期雇用ビジョン」や、1995年3月に日本的雇用制度研究会[42]の中間報告として公表された「日本的雇用制度の現状と展望」がある。これらでは、長期雇用システムが、雇用の安定と企業内人材育成といった面で労使双方に大きなメリットを持ち、失業の社会的コストを低めることに貢献してきたことを評価しつつ、年功的処遇制度の修正やシステムの外の労働者層への対応が必要であ

40）征矢紀臣『経済社会の変革期における雇用対策』労務行政研究所（1997年）。

41）学識者13名、座長：西川俊作。

42）学識者10名、座長：白井泰四郎。

り、また自発的な労働移動ニーズの高まりに対応した労働市場の整備や、や
むなく必要になる労働力移転ができるだけ失業を経ることなく行われるよう
な対策を求めている。

　当時の政策思想を征矢著の記述で見ていくと、まず景気循環等による一時
的な雇用需要の減少に対しては、今まで通りできる限り企業内での雇用維持
を図ることに変わりない。問題は、生産拠点の海外移転、製品輸入の拡大な
ど、短期的な景気循環に関わりなく進展していく産業構造の変化に対する対
応である。

　第1は、需要の減少に直面している企業自身が新分野等に事業活動をシフ
トし、労働者に対し必要な教育訓練を施しつつ、企業内の配置転換等により
労働者をシフトしていくというこれまでのやり方である。これは、雇用の安
定という点では望ましいが、グローバル化や情報技術革新の進む中で、大企
業でもこういう対応は難しくなっているという認識を示している。

　第2は、需要の減少に直面している企業から需要の増加が見込まれる企業
に労働者をシフトしていくことである。これまでの企業内の配置転換やせい
ぜい系列子会社への出向という手段にとどまらず、転籍、再就職といった形
態も含めた産業間・企業間の労働移動が増加しているという認識に基づき、
それをできるだけ失業を経ずに円滑に実施する必要があるという考え方を示
している。

　この政策方向を法制的に明示したのは、1995年7月の特定不況業種関係労
働者の雇用の安定に関する特別措置法の改正である[43]。ここでは、雇用の回
復が見込めず、労働移動等による雇用調整を余儀なくされている特定雇用調
整業種において、出向や再就職斡旋によって失業を経ずに労働者の送り出し
を行う事業主、労働者を受け入れる事業主に対して、労働移動雇用安定助成
金等を支給することとされ、出向という部分で重なりつつも、雇用維持を求
める雇用調整助成金とは別の政策方向が示された。もっとも、これら助成金
も法律上は雇用維持等計画に基づいて支給されるのであり、失業なき労働移
動といえども雇用維持政策の枠内に位置づけられていることに変わりはなか

43）労働省職業安定局雇用政策課『業種雇用安定法の解説』日刊労働通信社（1996年）。

238　第2部　労働市場法政策

った。ちなみにこの助成金の支給要件は雇用保険法施行規則ではなく、支給業務を担当する雇用促進事業団（現在の高齢・障害・求職者雇用支援機構）の業務方法書に規定されていた。

（2）　労働移動促進政策への転換

　こうした雇用維持から労働移動促進への政策の再転換を、法律思想の上で明確に宣言したのが、2001年4月の雇用対策法改正である。皮肉なことに、雇用保険法の制定以来長らく雇用政策の基本法の地位を失っていた雇用対策法が、ここに来て新たな雇用政策思想を宣言する巡り合わせになった。

　この改正のもとになった2000年12月の中央職業安定審議会雇用対策基本問題小委員会[44]報告では、冒頭、「いわゆる終身雇用慣行が緩やかに変化し、年功序列型賃金体系等企業の人事管理システムの変化が見られるとともに、若年層を中心に一社に長期継続的に雇用されることにこだわらない傾向も見いだされる」と、自発的な労働移動の傾向をかなり肯定的に描いている。

　施策の基本としては、「景気変動等に対応した安定した雇用の維持・確保対策は引き続き重要な課題である」と述べつつ、「経済・産業構造が転換する中で、労働者が安心して働き続けられる社会を構築するためには、企業内での雇用の安定のみならず、企業間移動があった場合の職業生活の安定を図るという観点から、必要な施策を展開することが求められる」と、1995年当時のような言い訳なしに、労働移動支援策を打ち出している。ただし、「その際、労働移動支援については、これが安易な解雇を促進することのないよう配慮を尽くすとともに、趣旨に沿った適切な運用が図られるようにすることが必要」とも述べていて、この後労働契約法政策において大きな論点となっていく解雇規制のあり方に対して釘を刺している。

　さて、この雇用対策法改正は特定不況業種関係労働者の雇用の安定に関する特別措置法の廃止に伴うものとされている。これまでは特定不況業種という枠組で雇用安定政策や労働移動促進策を講じてきたが、これからは業種を問わず労働移動の増加が見込まれるので、業種の枠組みを超えて対策を講じ

44）公労使各3名、座長：仁田道夫。

ていく必要があるというわけである。これに伴って、業種雇用安定法上の
「雇用維持等計画」が、雇用対策法上に「再就職援助計画」という名で移っ
てきた。そして、円滑な再就職の促進のための助成金の支給の根拠規定が置
かれた。

　ここには二重の意味で政策の転換が刻されている。一般雇用政策が何より
も雇用維持を志向しているときには、雇用問題自体が特定の業種とか特定の
地域といった部分的な形で認識される。本来守られているべき雇用の安定が
危うくなっている特定の分野に対していかなる対策を講ずべきかという形で
問題が設定され、危うくなっている雇用の安定を守る方向での援助を講ずる
ことが雇用政策となる。それに対して、一般雇用政策がもはや雇用維持にこ
だわらず、むしろ自発的な労働移動によって産業構造の変化に対応していく
ことが望ましいと考えられるならば、どの分野であれ、労働力の需給調整が
うまくいかず、意に反する失業が発生することが問題として認識され、円滑
な労働移動を促進する方向で政策を講ずることがまさに雇用政策となる。

　その意味で、2001年改正は1974年雇用保険法以来の日本の雇用政策の方
向を、特定業種に着目した雇用維持政策から一般的な労働移動促進政策に転
換させることとなったと言っていいであろう。

　この法改正と同時に、政策実現のための助成金の名称も労働移動雇用安定
助成金という奇妙な名前から労働移動支援助成金に純化された。「雇用安定」
という言葉は消えた。内容も、再就職援助計画の対象労働者に求職活動のた
めの休暇を付与するとか、職業紹介事業者に対象労働者の再就職支援を委託
する（アウトプレースメント）といったことに対する助成に変わっており、
雇用維持政策の色彩は払拭されている。

　このとき雇用保険法の雇用安定事業に第2号が追加され、「離職を余儀な
くされる労働者に対して・・・労働者の再就職を促進するために必要な措置を
講ずる事業主」への助成が明記された。まだ第1号に雇用調整助成金の根拠
規定があるが、継子扱いから堂々たる弟の地位に出世した。一方、長らく総
領息子の地位を享受してきた兄の雇用調整助成金の方は、業種に基づくもの
ではなく、個別事業所ごとに、急激な事業活動の縮小を余儀なくされた場合
の一時的な雇用調整への助成として生き残ったが、その重要性は明らかに下

落した。

(3) 2007年改正

　2007年の雇用対策法改正は、内容的には、若年者対策、地域雇用対策、外国人雇用対策が3つの柱となっており、それぞれの項目で論じることとするが、法律の基本構造にも大きな変化があり、その点に触れておく。

　2006年9月から「人口減少下における雇用対策の検討」について労働政策審議会雇用対策基本問題部会[45]で審議が開始され、同年12月に出された建議においては、雇用対策基本計画は終了させ、これに代わって、都道府県労働局長が毎年度都道府県知事の意見を聞いて「雇用施策の実施に関する方針」（地方方針）を策定し、その策定に資するために厚生労働大臣が毎年度「雇用施策の実施に関する指針」（全国指針）を策定することを求めた。これについては審議の中で、事務局側から、都道府県と国の機関の連携が悪い状況にあるため、地方と一体となって雇用対策を進めていくという観点から、まず地方レベルで方針を策定する仕組みとするのだという説明がされている。

　もっともこれは雇用対策法上には出てこず、省令上に厚生労働大臣が基本方針を定め、公表すると書かれている。これを受けて、2008年2月「雇用政策基本方針」が告示された。そこでは、雇用政策の基本的考え方として、安定の確保、多様性の尊重、公正の確保の3つが示されている。

　なおこれに併せて、基本方針のもとになる法第4条に掲げる国の責務を書き改め、若者、女性、高齢者、障害者の就業促進や地域雇用対策を追加した。

(4) 雇用調整助成金の復活

　雇用調整助成金はずっと存在し続けてきたので「復活」という言葉は厳密には適当ではないが、2008年にリーマンショックの影響で日本経済が不況に陥り、雇用情勢が急激に悪化して以後の雇用調整助成金の支給対象者や支

45）公労使各6名、部会長：諏訪康雄。

給金額の激増ぶりは、「復活」という言葉がふさわしいほどのものであった。

　政府の施策も、雇用調整助成金の要件をかなり緩和することによってこれを促進した。2008年11月に連合が政府に雇用調整助成金の要件緩和や非正規労働者への拡大を要請したことを受けて、翌12月の「生活防衛のための緊急対策」で、生産量減少要件を最近6か月に前年同期比10％以上減少から最近3か月にその直前3か月比5％減少に緩和するとともに、雇用量不増加要件を廃止し、また6か月未満の短期労働者や（この時点では雇用保険の対象とならなかった）短時間労働者も対象に含めることとした。

　さらに2009年4月の政府・与党会議、経済対策閣僚会議合同会議がとりまとめた「経済危機対策」は、解雇等を行わない場合の助成率の上乗せ、残業を大幅に削減して解雇等を行わない場合の助成対象への追加に加え、大企業に対する教育訓練費の引上げ、1年間の支給限度日数（200日）の撤廃等を打ち出し、これらは第一次補正予算成立後の同年6月に実施された。

　2010年10月の円高・デフレ対応のための緊急総合経済対策では、急激な円高の影響により、生産量の回復が遅れている事業主の雇用維持を支援するため、直近3か月の生産量が3年前の同時期比15％以上減少などさらなる要件緩和が行われ、2011年10月には確認期間を直近1か月に緩和した。

　支給額のピークは2009年度の半ばで、その後は経済状況の回復もあって徐々に減少した。こうした状況を背景に、2012年8月から、生産量要件を最近3か月に前年同期比10％以上減少とするとともに、支給限度日数を1年100日とするなど要件の厳格化が行われ、2013年にはさらに、後述の雇用調整助成金の縮小という新たな政策目的に沿った形で、立て続けに支給要件や支給日数、クーリング期間の厳格化などが行われた。

　それにしても、1970年代に石油危機によって日本の雇用政策が雇用維持型に大きく舵が切られた歴史のややスケールの小さなデジャビュとして、2008年のリーマンショックによる雇用維持型へのシフトが起こったと評することができるかもしれない。それを象徴しているのが2010年10月に民主党政権の目玉として行われた「事業仕分け」であろう。ここでは、若者の就職・訓練のためのジョブ・カード制度や、倒産などによる未払賃金の立替払事業など、労働者にとって切実な政策が軒並み不要として仕分けられたが、

雇用調整助成金だけは断固として維持された。雇用調整助成金以外の雇用労働政策は必要性が低いというこの発想に、「雇用維持型」の刻印が強く感じられる。まさに、「雇用維持」の時代の復活と言えよう。

（5）　労働移動促進政策への再転換

　2012年末に自公政権に復帰した後、2013年6月の「日本再興戦略」では「行き過ぎた雇用維持型から労働移動支援型への転換」が掲げられ、具体的には雇用調整助成金から労働移動支援助成金に大幅に資金をシフトさせるとしている。これは単なる労働移動支援策の復活ではなく、送り出し企業が民間人材ビジネスを活用した場合の助成措置を創設するとされているなど、有料職業紹介事業の促進も目指されている点が異なる。

　2014年度予算では、雇用調整助成金が545億円に半減する一方、労働移動支援助成金は301億円と一気に二桁上がり、2015年度予算では、雇用調整助成金はさらに258億円に縮小し、労働移動支援助成金は363億円に膨らんで、逆転した。2016年度予算では、雇用調整助成金が107億円とさらに縮小する一方、労働移動支援助成金も154億円と減少に転じ、2017年度予算では雇用調整助成金が80億円、労働移動支援助成金が97億円と減少しつつ、やはり後者の方が多い。

　ところが、2016年になって労働移動支援助成金の在り方に問題が提起された。マスコミで、人材会社が企業にリストラ方法をアドバイスし、助成金が使われる退職者の再就職支援で利益を得ていることが報じられ、厚生労働省は急遽支給要領を改正し、退職者自身が退職強要を受けなかったことを確認することとした。さらに職業紹介事業等の指針を改正し、「自由な意思決定を妨げるような退職の勧奨を行ってはならない」旨が明記された。ここには、事業経営上の理由による人員削減（本来の意味における「リストラクチャリング」）を前提として考案された制度が、労働者個人の属性や評価に基づく解雇（日本的意味における「リストラ」）に活用されることにより、想定外の矛盾を生み出してしまう皮肉な事態がみられる。

（6）　労働施策総合推進法

　2016年から安倍晋三政権が働き方改革を強力に進め、関係法の一括改正法案を提出するという状況下で、厚生労働省はこれに併せて雇用対策法を労働施策総合推進法といったより一般的な法律に衣替えすることを提起してきた。

　2017年9月の労働政策審議会職業安定分科会[46]に、厚生労働省は「働き方改革を推進するための雇用対策法の改正について（概要案）」を提示し、さらに同月には8法の一括改正法案の要綱を労働政策審議会に諮問し、妥当との答申を受けた。その後、労働時間関係の規定をめぐる紆余曲折を経て、2018年4月に働き方改革を推進するための関係法律の整備に関する法律案が国会に提出され、同年6月には成立に至った。

　これにより、雇用対策法は「労働施策の総合的な推進並びに労働者の雇用の安定及び職業生活の充実等に関する法律」となる。労働政策基本法といったシンプルな名称にできなかったのは、職業転換給付金等個別事項の規定があったからである。

　目的規定は再編され、「労働生産性の向上」が新たに盛り込まれるとともに、基本的理念は「職務の内容及び職務に必要な能力等の内容が明らかにされ、並びにこれらを踏まえた評価方法に即した能力等の公正な評価及び当該評価に基づく処遇その他の適切な処遇を確保する」と同一労働同一賃金政策を謳っている。

　国の施策にも、労働時間の短縮や雇用形態・就業形態の異なる労働者の均衡待遇が書き込まれるとともに、法律上初めてわざわざ1号を立てて「疾病等の治療を受ける者の職業の安定を図るため、雇用の継続、離職を余儀なくされる労働者の円滑な再就職の促進その他の疾病等の治療を受ける者の治療の状況に応じた就業を促進するために必要な施策を充実すること」が盛り込まれた。なお事業主の責務にも労働時間の短縮や仕事と生活の調和が盛り込まれている。

　一方、2007年改正で雇用対策基本計画が消えた後、省令レベルで規定さ

46）公労使各7名、分科会長：阿部正浩。

244 第2部 労働市場法政策

れていた基本方針が再び法律上に明記された。これは閣議決定され、基本方針に定められた施策で他省庁の所管に係るものの実施について、厚生労働大臣は他省庁に必要な要請ができるとなっており、かつての雇用対策基本計画の復活版になっている。

第3節 産業・地域雇用政策

1 炭鉱離職者政策[47]

(1) 炭鉱離職者法の制定[48]

　1873年日本坑法が発布され、主要炭鉱が官営化されたが、当時労働力源として囚人を使役し、これは民間に払い下げられた後もしばらく引き継がれた。やがて囚人労働の廃止によりその代替物として納屋制度が創設されたが、これは誘拐同様の雇入れ、労働強制、逃亡防止のための過酷な私刑など、監獄そのままの拘置的労役制度であり、労働者から賃金をピンハネする中間搾取の機構であった。1922年には国会で納屋制度の廃止が決議されたが、事実上温存され、戦時中には朝鮮人、中国人が導入された。

　戦後、1947年の職業安定法により、労働者供給事業が禁止され、納屋制度は一掃された。終戦直後の政府はいわゆる傾斜生産方式を採り、あらゆる生産資材を炭鉱に振り向け、掘り出した石炭を製鉄に回し、できた鉄鋼を炭鉱に振り向けて、全体の生産水準を引き上げようとした。当時石炭は黒ダイヤと呼ばれた。ところが、1952、53年頃からいわゆるエネルギー革命が進行し、石炭需要者はこぞって重油への転換を図り始め、石炭恐慌が炭鉱を襲った。通産省は1955年8月石炭鉱業合理化臨時措置法を制定し、合理化目標を設定した。これにともない多数の離職者の発生が予想されたことから、失業対策事業や鉱害復旧事業への吸収等の対策がとられた。

---

47) 労働省職業安定部失業対策部『炭鉱離職者対策十年史』日刊労働通信社（1971年）、濱口桂一郎「炭鉱労働の法政策」（『季刊労働法』253号）。

48) 百田正弘『炭鉱離職者臨時措置法の解説』労働法令協会（1960年）、『炭鉱離職者援護業務5年のあゆみ』雇用促進事業団（1966年）。

すでに高度経済成長の始まっていた1959年には、炭鉱離職者問題に対して特別の対策を講ずるべきとの考えが浮上し、通産省から炭鉱離職者の再就職援護のため炭鉱離職者援護会を設立すべきことが提案されるとともに、労働省では炭鉱離職者緊急就労事業の実施が提案され、両省共同提案により炭鉱離職者臨時措置法案として国会に提出され、同年12月に成立した。このときの炭鉱離職者臨時措置法は、広域職業紹介、職業訓練と併せて炭鉱離職者緊急就労事業を実施するとともに、炭鉱離職者援護会を設立して各種の再就職援護措置を行うとするものであった。このころはまだ雇用政策が失業対策事業に埋もれていた時期であり、炭鉱離職者政策もまずは公的就労事業の形をとったわけである。

後の法政策への萌芽という意味では、同法において初めて職業安定法の居住地紹介原則の例外として広域職業紹介の規定が設けられたことが重要である。直後の1960年3月の職業安定法改正によりこれが一般化され、労働大臣による広域職業紹介活動命令の規定が設けられた。さらに1966年6月の雇用対策法では、国の施策として労働者の地域間の移動のために必要な措置が掲げられ、労働力流動化対策が中心に位置づけられた。こちらの面でも、炭鉱労働政策が一般労働政策の先駆けの役割を果たしている。

炭鉱離職者の広域移動を促進するための住宅対策も手厚く講じられた。炭鉱労働者や炭鉱離職者が多数居住している地域からその他の地域へ移住する場合、移住資金が支給され、また炭鉱離職者を雇い入れる事業主に対して労働者用宿舎の貸与や、住宅確保奨励金の支給がされた。この奨励金は、離職者用宿舎の建設の場合は建設費用の2分の1（上限20万円）等である。こうした措置を実施するために特殊法人として炭鉱離職者援護会が設置された。なお、1961年6月には、炭鉱離職者援護会と労働福祉事業団の職業訓練部門を併せて雇用促進事業団が成立した。

（2）　雇用奨励金制度

この時期、三井鉱山三池鉱業所で激烈な労働争議が戦われ、その終結とともに三井三池の離職者対策が迫られることになった。また石炭鉱業の合理化が急速に進み、炭鉱離職者が恒常的に大量発生するようになった。労働省も

246 第2部 労働市場法政策

急遽炭鉱離職者臨時措置法の改正案を国会に提出し、1962年2月に成立した。その内容は、雇用促進事業団の業務として職安紹介により炭鉱離職者を雇い入れる事業主に対して雇用奨励金を支給すること、職業訓練を受ける炭鉱離職者に対して手当を支給することなどである。

この雇用奨励金は、中高年齢層（35歳以上）の炭鉱離職者の再就職を促進するため、これらの者を公共職業安定所の紹介で一定金額（2万円以上）の賃金で常用労働者として雇い入れる事業主に対し、当該炭鉱離職者の職場適応指導に要する費用の補助及び炭鉱離職者の雇用促進という国の政策への協力に対する報償として、1年間、国が、雇用促進事業団を通じて、一定金額（賃金月額の4分の1、上限7500円）を支給するものである。これは、後に雇用保険法に基づく特定求職者雇用開発助成金などに発展していく雇入れ助成金の出発点になる。

その他この時の改正では、炭鉱離職者を雇い入れる事業主に対し労働者住宅や福祉施設の設置整備に必要な資金を貸し付ける雇用促進融資制度が設けられた。これにより、雇用促進事業団が大蔵省の資金運用部から財投資金を借り入れて融資を行うようになった。これもその後拡大していく。また、都道府県を超えて炭鉱離職者対策を講じるために、北九州職業安定事務所を設置したが、これは1965年に廃止された。

（3）　炭鉱離職者求職手帳制度

その後、社会党、総評、炭労で構成する石炭政策転換闘争本部が発足し、炭鉱労働者解雇制限を求め、1962年3月には社会党が「炭鉱労働者の雇用安定に関する臨時措置法案」を発表した。これは鉱業権者に対し解雇を制限するとともに、解雇制限補給金を支給するという内容であった。

これに対し、政府は石炭鉱業調査団[49]を構成し、同年10月第一次答申を得た。この答申は、雇用の安定とは全炭鉱労働者が石炭鉱業内部で雇用を維持することではなく、離職者に安定職場を供給することだとして、求職手帳制度や住宅確保対策を求めた。このころは、社会党が内部労働市場の「雇用

49）学識者7名、団長：有沢広巳。

安定」を求め、政府側は外部労働市場の「雇用促進」を進める立場であったことがわかる。

これに基づき、政府は1962年11月に石炭対策大綱を策定し、近代化合理化対策を強調するとともに、離職者対策として炭鉱離職者求職手帳制度の創設と就職促進手当の支給などを盛り込んだ。これに基づく法改正案は1963年3月に成立し、離職者対策は新たな段階を迎えた。

炭鉱離職者求職手帳は通称「黒手帳」と呼ばれ、3年間有効で、その間就職促進手当を受給しながら就職指導を受けることとなる。この発想のもとになったのは、諸外国で失業保険の受給資格が切れた後に支給される失業手当であったらしい。それを手帳制度という形にしたのは、資格保証ないし資格認定の証拠という意味だったという。産炭地域にはろくな求人はないが、いちいち求人をぶつけて失業の認定を受けるということでは保証にならないということで、職業安定所に出頭すれば支給する、言い換えれば紹介拒否は欠格要件にならないという形に仕組んだわけである[50]。

ちなみにこの「手帳」方式は、1971年の中高年齢者雇用促進特別措置法において中高年齢失業者等求職手帳として盛り込まれ、その後も1977年の特定不況業種離職者臨時措置法に基づく特定不況業種離職者求職手帳、同年の国際協定の締結等に伴う漁業離職者に関する臨時措置法に基づく漁業離職者求職手帳、1981年の本州四国連絡橋の建設に伴う一般旅客定期航路事業等に関する特別措置法に基づく一般旅客定期航路事業等離職者求職手帳など、政策手法として細々と残った。

一方、緊急就労事業の規定が削除されたわけではないが、職業安定局長通達により、手帳受給者は緊急就労事業や失対事業には紹介しないこととして、事業吸収方式から手当方式への切り替えを明確に示した。これは同年の失業対策事業の見直しの先行型となった。この面においても、炭鉱労働政策が一般労働政策の先駆けの役割を果たしている。もっとも、従来から緊急就労事業に就労していた者については、法律の規定に基づくのではなく、予算

---

50) 小粥義郎（当時職業安定局調整課法規第一係長）（『証言資料シリーズ労働行政史関係 No.1』日本労働研究機構（2001年））。

248　第2部　労働市場法政策

措置として事業を継続することとされ、結局これは延々と数十年にわたって続けられていく。

（4）　産炭地域開発就労事業

　その後も炭鉱の閉山が続き、特に筑豊地域は疲弊の極にあった。数千人の従業員を抱えている炭鉱が閉山すると、その炭鉱を中心として動いていた地域ぐるみの一切の活動が停止する。関連企業の転廃業はむろんのこと、地域住民の住宅、電気、水道、衛生関係等、生活全般にわたった被害が顕在化し、地域住民すべての死活問題となる。炭鉱離職者で他産業、他地域に転換できる人々は早期に下山し転地していくとしても、諸種の事情でその地域を離れられない人々にとっては、一瞬にして死の町と化した地域での生活を余儀なくされてしまう。

　こういう状況の下で、閉山にあえぐ産炭地域に対する対策として、福岡県の亀井光知事の構想により産炭地域雇用安定法案大綱がまとめられ、第二種公共事業の新設を求めて陳情が行われた。これを受けて、1969年度から予算措置として開始されたのが産炭地域開発就労事業である。また、1971年の中高年齢者雇用促進特別措置法により特定地域が設けられたが、この特定地域における就労事業として、法律の規定に基づくのではなく予算措置として特定地域開発就労事業が実施された。これらはいずれも2006年度末で廃止された。

（5）　炭鉱労働者雇用安定法への改正と廃止[51]

　その後、臨時措置法としての廃止期限を何回も延長してきたが、1987年延長時には特定不況業種に指定して同法の措置が講じられた。1992年3月の改正では、離職者対策だけでなく、石炭企業の新分野の開拓にともなう炭鉱労働者の職業の転換を容易に進めるための措置を創設し、題名も炭鉱労働者等の雇用の安定等に関する臨時措置法と改めた。皮肉にも、これはかつて社会党が提案した法案とほぼ同じ名称である。

51）征矢紀臣『炭鉱労働者雇用対策の新展開』労働新聞社（1993年）。

第3章　雇用政策の諸相　249

炭鉱労働者に関する過去の法政策の歴史は、どれも炭鉱労働政策で先駆的に始められた新たな政策手法が、その後他分野に広げられ、一般政策化してきたことを物語っている。言い換えれば、炭鉱労働政策は常に労働政策の実験場であった。しかし、その歴史の最終章を彩る炭鉱労働者雇用安定臨時措置法は、次の時代の労働政策の先行型であるどころか、既に終わりつつある労働政策思想のしんがり役になってしまった。

その後、日本の石炭鉱業が最終的に終わりを迎えたことを受けて、2000年3月に石炭鉱業の構造調整の完了等にともなう関係法律の整備等に関する法律により、他の石炭関係諸法とともに、2002年3月限りで廃止された。

2　不況業種・不況地域の雇用政策[52]
(1)　特定不況業種離職者法[53]

個別の業種を対象にした雇用対策立法としてはすでにエネルギー革命を背景にした炭鉱離職者臨時措置法があったが、それをいわば一般化した形で制定されたのが1977年12月に成立した特定不況業種離職者臨時措置法である。

この立法の背景にあるのはいうまでもなく1973年の石油危機以後の景気の停滞とそれにともなう雇用失業状勢の急激な悪化であった。加えて、引き続く景気停滞の中で需要構造の変化、発展途上国の追い上げ等の理由により、造船、繊維、平電炉といったいわゆる構造不況業種問題が表面化し、これら業種から一時に多量の離職者が発生することが懸念されるに至った。1977年夏以降、関係業種の事業主団体、労働組合等が、当該業種からの離職者に対する特別立法の制定を求めて、政府や与野党に強力に働きかけを行い、その後与党試案と野党試案の間ですりあわせが行われ、同年11月衆議院社会労働委員長提案という形で提案され、12月に全会一致で成立した。労働関係としては異例の議員立法という形であった。

その考え方の基本となっているものは、構造不況業種の中で国の施策によっ

52）征矢紀臣『業種雇用対策の変遷と展開』雇用問題研究会（1996年）。
53）橋本龍太郎『特定不況業種離職者臨時措置法』労務行政研究所（1978年）。

250　第2部　労働市場法政策

て事業規模の縮小がなされ、その結果離職を余儀なくされる者、すなわち国
の施策による離職者については、国の責任で失業の予防と再就職の援助のた
めの措置を講じようとするもので、事業主に再就職援助計画の作成を義務づ
けるとともに、当該離職者に特定不況業種離職者求職手帳を発給し、就職促
進手当等の給付金を支給すること、当該離職者を雇い入れた事業主に助成金
を支給すること等、さまざまな措置を講ずるものであった。雇用政策思想と
しては、事業主の責務として「失業の予防に務めること」が明記されたこと
が重要である。

（2）　特定不況地域離職者法[54]

特定不況業種離職者臨時措置法や雇用調整助成金制度によって業種別の雇
用対策のメニューは整備されたが、その過程で、下請企業や関連企業などの
離職者問題に対処するには限界があることが認識されてきた。また、特に構
造不況業種が集積している地域では、地域経済全体が停滞し、一時に多数の
離職者が発生すること等により雇用問題が深刻化し、地域の振興等の施策と
相まってその地域における離職者の職業と生活の安定を図ることが課題となっ
てきた。

そこで、こちらは労働省が法案を作成し、1978年10月に成立を見た。こ
ちらはあくまでも特定不況業種対策の補完としての性格から、各種助成金の
他には、失業給付の延長、公共事業への吸収率などが規定されるにとどまっ
ている。

（3）　不況業種・不況地域雇用安定法[55]

上記2法が期限切れになる1983年6月の直前、5月に成立した特定不況業
種・特定不況地域関係労働者の雇用の安定に関する特別措置法は、単に2法
を合体延長しただけではなく、考え方に大きな転換を示している。すなわち、
それ以前は離職者法であって、なお外部労働市場に施策の焦点があったが、

54）労働省職業安定局編著『特定不況地域離職者法の解説』労働法令協会（1979年）。
55）労働省職業安定局編『不況業種・地域雇用安定法早わかり』労務行政研究所（1983
　　年）。

新法は雇用安定法であって、事業主による失業予防対策に重点が移っている。

これは、終身雇用制を始めとする日本的雇用慣行のもとでは、いったん離職して失業した場合には再就職が容易でないにもかかわらず、中長期的に雇用減が避けられない構造不況業種における失業予防策が十分でなく、過剰労働者が失業者として大量に排出されて行かざるを得ないという問題意識に基づくもので、雇用調整助成金制度を充実するとともに地域雇用促進給付金制度を適用することとしたものである。

（4）　その後の不況業種法政策[56]

その後、1987年3月に地域雇用開発促進法が成立するとともに、特定不況地域は特定雇用開発地域としてそちらに吸収され、法律名は特定不況業種関係労働者の雇用の安定に関する特別措置法となった。

こちらは1988年4月に廃止期限を延長するとともに、特定不況業種以外であっても事業規模の縮小にともない相当数の労働者が離職を余儀なくされるおそれがある事業所を、個別に特例事業所として指定することとするとともに、それまでの再就職援助等計画を雇用維持等計画に改め、産業雇用安定助成金など失業予防のための措置を充実した。この頃が雇用維持政策の最盛期といえよう。

その後、1995年3月の改正では新たに特定雇用調整業種という概念を設け、労働移動雇用安定助成金や労働移動能力開発助成金を支給することとした。この背景にあるのは企業活動のグローバル化にともなう海外進出によって国内雇用の空洞化が起こるとの懸念であり、構造的要因から労働移動が避けられない場合に雇用安定に取り組む企業に支援するという考え方で、雇用維持政策から労働移動促進政策への過渡期の法政策を示している。

そして、2001年4月には、これからは業種を問わず労働移動の増加が見込まれるので、業種の枠を超えて対策を講じていく必要があるという理屈から、特定不況業種関係労働者の雇用の安定に関する特別措置法が廃止され、

56）労働省職業安定局編著『改正不況業種雇用安定法早わかり』労務行政研究所（1988年）、労働省職業安定局雇用政策課『業種雇用安定法の解説』日刊労働通信社（1996年）。

252 第2部 労働市場法政策

雇用対策法に再就職援助計画が規定されるに至った。こうして、業種に着目した政策とともに、雇用維持とか雇用安定といった言葉は一般雇用政策に関わる法律上から消え去ったのである。

3 地域雇用開発政策[57]

（1） 地域雇用開発政策以前[58]

　地域に着目した雇用政策ということで拾い上げていけば、1987年3月の地域雇用開発等促進法以前にも地域雇用政策はいくつも存在した。業種雇用政策の先行型である炭鉱離職者政策は同時に地域雇用政策たる産炭地域の就労事業をともなったし、失業対策事業の後始末の中で、特定地域開発就労事業が生み出された。

　一方、労働力需給調整システムとしては、1959年12月の炭鉱離職者臨時措置法において初めて、職業安定法の居住地紹介原則の例外として広域職業紹介の規定が設けられ、1960年3月の職業安定法改正によりこれが一般化され、労働大臣による広域職業紹介活動命令の規定（第19条の2）が設けられた。1961年6月の雇用促進事業団法では、法律上の業務として移転就職者のための宿舎の設置・運営等が明記され、以後同事業団は労働者の広域移動を前提に雇用促進住宅を続々と建設していく。さらに1966年6月の雇用対策法では、国の施策として労働者の地域間の移動のために必要な措置が掲げられ、労働力流動化政策が中心に位置づけられた。

（2） 地域雇用開発政策の形成

　これに対し、地域開発という観点から地域内に新たな雇用機会を創出していこうという政策志向は、1970年代半ばから始まる。

　ただそれに先立ち、地域開発政策はその当初から地域住民への雇用機会の創出という側面が大きな位置を占めていた。例えば、1971年6月の農村地域工業導入促進法は、出稼ぎが社会問題化し、農村地域の就業機会確保が課題

57） 濱口桂一郎「地域雇用開発の半世紀」（『季刊労働法』259号）。

58） 濱口桂一郎「忘れられた地域移動雇用政策」（『労基旬報』2013年11月25日号）。

になる中で、都市の過密解消をもめざして制定されたもので、農村地域に工業を導入して農業従事者を工業に就業させようという法政策であり、そのための援助措置の一環として職業紹介等も規定されていた。1972年6月の工業再配置促進法では労働者の移転の円滑化のための措置が講じられた。

これに対し、労働行政の中に地域雇用開発が明確に位置づけられたのは、1974年の雇用保険法によってである。同法は雇用改善事業の一つとして「事業主に対して、雇用機会を増大させる必要がある地域への事業所の移転による雇用機会の増大、季節的に失業する者が他数居住する地域における通年雇用の促進その他地域的な雇用構造の改善を図るために必要な助成及び援助を行うこと」（第62条第1項第2号）を明示し、これに基づいて地域雇用促進給付金が設けられた。そのうちの地域雇用奨励金は、労働大臣が指定する雇用機会不足地域において、製造業その他雇用機会の増大に資すると認められる業種の事業所を新設・増設し、それに伴い地元から10人以上の者を公共職業安定所の紹介により常用労働者として雇い入れた事業主に1年間支給される。雇用機会不足地域は公共職業安定所単位で指定され、その大部分は北海道、東北、四国、九州に集中していた。

さらに1982年度からはモデル事業として地域雇用開発推進事業が開始された。雇用開発地域に関係者からなる地域雇用開発推進会議を設置し、諸事業を行うとともに、地域雇用促進給付金が支給されるのだが、金額が雇用機会不足地域よりもかなり高く設定されていた。雇用開発地域は全国まんべんなく毎年10地域ずつ指定され、1985年度からは一般型10地域に加えて農山村型5地域も指定され、初年度指定地域が最終年度となる1986年度には計60地域となっていた。

（3）　地域雇用開発等促進法[59]

1987年3月の地域雇用開発等促進法は、こうした1970年代後半から80年代前半期の地域雇用政策の総まとめと位置づけられる。法律の条文上で見れ

59）白井晋太郎『地域雇用対策の理論』労務行政研究所（1987年）、労働省職業安定局雇用政策課編著『地域雇用開発等促進法の早わかり』財形福祉協会（1987年）、労働省職業安定局編『地域雇用開発をめざして　地域雇用開発助成金活用の仕方』労働法令協会（1987年）。

254 第2部 労働市場法政策

ば、地域雇用開発等促進法は、それまで予算措置として行われてきた雇用機会不足地域と雇用開発地域における地域雇用促進給付金を雇用開発促進地域における地域雇用開発助成金に置き換えたことが中心で、それに特定不況地域を特定雇用開発促進地域に呼び替えるとともに、前年12月に予算措置として設けられた緊急雇用安定地域を付け加えたものに過ぎない。しかしながら、単なる賃金助成に過ぎなかった地域雇用促進給付金に対して、地域雇用開発助成金は賃金助成と設備投資助成を組み合わせる形になっており、ある意味では労働行政が産業政策に足を踏み入れたといえる面もある。

　もっとも、これは法律上には全く現れず、省令（雇用保険法施行規則）上にも「地域雇用特別奨励金は…当該対象労働者の雇入れに係る費用の額を限度として支給する」と書かれているだけであった。ところが、通達（支給要領）では、この雇入れに係る費用とは事業所の施設・設備の設置・整備に要した費用のことであり、最大限でその費用の半分まで（金額としては50-1000万円を3回ないし5回）助成金として給付してしまうという大変気前のいい内容であった。税制や貸付、債務保証の特例がせいぜいである通産省の法政策に比べると、労働保険特別会計の威力がよく表れている。この設備投資助成の特別奨励金という仕組みは、他の労働法政策でも用いられるようになる。とはいえ、雇用保険財政も無尽蔵であるわけはなく、後にこの助成率は大幅に引き下げられた。

（4）　1990年代の地域雇用開発政策[60]

　地域雇用開発等促進法制定までの政策は、基本的に雇用機会が量的に不足している地域に雇用機会を確保することであったが、1991年4月の改正の考え方はこれとはかなり異なり、総量的には雇用機会の不足が改善された地域であっても、魅力ある雇用機会が乏しい等の理由から、新規学卒者を中心に若年者の流出が止まらないという問題意識が根本にある。そこで新たに「雇用環境整備地域」という概念を設け、雇用福祉事業として、労働者の職業生

60）伊藤欣士『地域雇用政策の新たなる展開』労働新聞社（1992年）、征矢紀臣『詳解地域雇用開発等促進法』労務行政研究所（1998年）。

活上の環境の整備改善に資する福祉施設を設置・整備する事業主への地域雇用環境整備助成金を新設した。なお、雇用開発促進地域、特定雇用開発促進地域の名称が雇用機会増大促進地域、特定雇用機会増大促進地域とされた。

次に1997年3月の改正では、新たに高度技能活用雇用安定地域が設けられた。これは、いわゆる基盤的技術産業の集積する地域において、生産拠点の海外移転や製品輸入の増大等の影響が増大する中で、日本のものづくりを支える高度な熟練技能者の持つ技能を生かした新事業の展開を図ることにより、新たな雇用機会を創出しようとするもので、地域高度技能活用雇用安定助成金が支給される。

（5）　21世紀の地域雇用開発政策[61]

21世紀の地域雇用政策を見る上で必要な補助線として地方分権の動きがある。1990年代の第一次地方分権改革で地方事務官制度が廃止されることとなり、国と地方で綱引きをした結果、1997年7月の地方分権一括法により職業安定法が改正され、都道府県知事の行う公共職業安定所長に対する指揮監督等の事務は都道府県労働局長の事務となった。またこれに伴い雇用対策法が改正され、職業安定行政においても国と地方は他人の関係になった。

2001年4月の改正は、雇用維持から再就職促進への転換を画した雇用対策法改正と一括で行われたが、地域雇用開発等促進法の改正も、国と地方の役割分担を大きく変えるなどそれなりに大きな改正であった。すなわち、それまでの国の一方的な地域指定方式から、都道府県が各地域類型ごとに計画を策定し、国がこれに同意して初めてさまざまな施策の対象となるという仕組みに大きく転換したのである。また、地域類型は雇用機会が不足している地域（雇用機会増大促進地域）、労働力需給のミスマッチが発生している地域（能力開発就職促進地域）、求職活動の促進を図る地域（求職活動援助地域）、高度技能が集積している地域（高度技能活用雇用安定地域）の4つに再編した。また、この改正で法律名から「等」が取れた。すなわち、失業予防と再就職の促進を講ずる特定雇用機会増大促進地域（旧特定不況地域）と緊急雇

61）厚生労働省職業安定局編『詳解地域雇用開発促進法』労務行政（2002年）。

用安定地域がなくなったということである。また1991年改正で導入された雇用環境整備地域もなくなった。また助成金の名称も少し変わり、「地域雇用開発促進助成金」になった。

新たな地域類型は2つある。まず「能力開発就職促進地域」は、求人が相当数あり、かつ求職者の一定数以上が希望している職業があるにも関わらず、当該職業に適合する能力を有する者が相当程度に少ないため、就職が困難な地域と定義されている。能力のミスマッチが原因なので、能力開発援助が必要だというわけで、雇用保険の能力開発事業として地域人材高度化能力開発助成金が支給される。もう一つは求職活動援助地域だが、こちらは情報の収集提供、説明会の開催等のメニューが並んでいる。

2007年6月の改正も雇用対策法との一括改正であった。この改正は、雇用情勢が特に厳しい地域と、雇用創造に向けた市町村等の意欲が高い地域に支援を重点化するため、4つある地域類型を「雇用開発促進地域」と「自発雇用創造地域」の2つに再編した。雇用機会が不足している雇用開発促進地域は元の名前に戻ったが、そこで事業所の設置・整備と雇入れをした事業主への「雇用開発奨励金」は賃金助成がなくなり、従来の特別奨励金に当たるものが設置・整備費用と雇入れ労働者数のマトリックスで支給される。

この改正により設けられた自発雇用創造地域とは、雇用機会が不足して就職が困難であることに加えて、「その地域内の市町村、当該地域をその区域に含む都道府県、当該地域の事業主団体その他の地域の関係者が、その地域の特性を生かして重点的に雇用機会の創出を図る事業の分野及び当該分野における創意工夫を生かした雇用機会の創出（＝雇用の創造）の方策について検討するための協議会を設置しており、かつ、当該市町村が雇用の創造に資する措置を自ら講じ、または講ずることとしていること」という、実に主観的な要件となっている。ここでは地域雇用創造推進事業というパッケージ事業が行われる。

第3章　雇用政策の諸相　257

第4節　外国人労働法政策[62]

1　出入国管理法制

（1）　戦前の外国人政策

　日本最初の入国管理法制は、1918年2月の内務省令第1号「外国人入国ニ関スル件」である。これは、本邦に渡来する外国人のうち「帝国ノ利益ニ背反スル行動ヲ為シ又ハ敵国ノ利便ヲ図ル虞アル者」や「公安ヲ害シ又ハ風俗ヲ紊ル虞アル者」など一定の者の上陸を禁止することができるというものであるが、その中に「心神喪失者、心神耗弱者、貧困者其ノ他救助ヲ要スベキ虞アル者」という規定があり、中国人労働者はこれに該当するとして厳しく入国を制限した。

　これに対し朝鮮人は以前から内地雑居が可能な外国人であったが、日露戦争の結果日本が韓国を保護国化していき、1910年の韓国併合条約によって韓国政府は廃止され、朝鮮人は大日本帝国臣民となり、外国人ではなくなった。外国人ではないのだから、内地への移動は本来自由のはずだが、1919年の三・一運動を期に警務統監部令第3号「朝鮮人旅行取締規則」を発し、内地に旅行する朝鮮人に警察署の発行する旅行証明書の携帯を義務づけた。また1923年の関東大震災で朝鮮人虐殺事件が発生したことを受け、一時的に渡航禁止措置をとっている。しかし、在留朝鮮人数は一貫して増え続け、1910年の2千人から、1920年には約3万人、1930年には約30万人と増加し、1940年には100万人を超えるに至った。中国人とは異なり、朝鮮人は労働力として活用するというのが基本的な政策であったと言える。

　日中戦争開始後、日本の労働市場は急激に人手不足になり、1938年の国家総動員法により大規模な勤労動員政策がとられるようになった。その一環

62）濱口桂一郎「外国人労働者の法政策」（『季刊労働法』218号）、濱口桂一郎「日本の外国人労働者政策」（五十嵐泰正編『労働再審2　越境する労働と〈移民〉』（大月書店）所収）、濱口桂一郎「日本の外国人労働者政策－労働政策の否定に立脚した外国人政策の形成と破綻」（『経済危機下の外国人労働者に関する調査報告書　－日系ブラジル人、外国人研修・技能実習生を中心に－』（連合総合生活開発研究所）所収）。

258 第2部 労働市場法政策

として朝鮮人労働力の動員も始まった。当初は1939年7月の内務次官・厚生次官通牒「朝鮮人労働者内地移住ニ関スル件」「朝鮮人労働者募集要綱」に基づき、企業の募集による鉱業及び土木建築業への雇入れを認めた。しかし、太平洋戦争が始まり、日本人労働力の不足が著しくなってくると、募集方式では充足することができなくなり、1942年2月の朝鮮総督府「労務動員実施計画ニヨル朝鮮人労務者ノ内地移入斡旋要綱」に基づき、朝鮮総督府による官斡旋方式に移行した。

これより先、1939年に国民徴用令が制定され、「政府ハ戦時ニ際シ国家総動員上必要アルトキハ勅令ノ定ムル所ニ依リ帝国臣民ヲ徴用シテ総動員業務ニ従事セシムルコトヲ得」ることになった。これにより日本人労働者の軍需工場等への徴用が進められたが、戦争末期の1944年9月からこれが朝鮮人にも適用され、朝鮮総督府が直接徴用を実施するようになった。これらの結果、終戦時には内地居住の朝鮮人は200万人に達していた。なお、上記内務省令第1号は1939年5月に内務省令第6号「外国人ノ入国、滞在及退去強制ニ関スル件」に代わり、防諜的観点から外国人の在留管理が強化された。

(2) 戦後の出入国管理法制

敗戦により日本はGHQの間接統治下に置かれ、入管政策もGHQの指導の下に置かれた。1946年5月の「日本人及び非日本人の引揚に関する件」は、中国人、台湾人、朝鮮人及び琉球人の引揚の方針を示している。GHQの目には沖縄県民も外国人並みに映っていたようである。

占領下ではGHQが日本への入国の許可を行っていたが、GHQの指示により1947年5月に旧憲法下最後の勅令として外国人登録令（勅令第206号）が施行された。同勅令は占領下にあることを反映して連合国関係者を適用対象から除き、外国人の原則的入国禁止を定めるとともに、違反者に対して懲役等の刑罰、退去命令、退去強制を規定した。また、外国人に対しては居住地変更の登録、登録証の常時携帯、警察官への呈示など一連の義務を課した。

同勅令のうち最も重要で、その後の問題の原因となっていくのが、台湾人、朝鮮人については同勅令の適用上、当分の間外国人と見なすという規定（第11条）である。いうまでもなく、旧植民地出身者も日本国籍を有する日

本国民であったわけだから、これは日本人の一部を新たに入国してきた外国人と同じ地位に置くものであった。しかし、外国人登録令上は外国人と見なされても、朝鮮人、台湾人が日本国民であることは変わりはない。

その後、1949年8月の出入国管理に関する政令（政令第299号）により外務省に入国管理部が設置され、1950年9月には外務省の外局たる出入国管理庁となった。さらに1951年10月に出入国管理令（政令第319号）が制定された。同政令は、出生地主義の国籍法を有するアメリカの移民法をモデルに、純粋に入国、出国という人の移動とそれに随伴する人の在留を管理する法制として作られ、詳細な外国人の入国・上陸規定を有し、日本在留の条件として旅券又は上陸許可証を要求し、在留資格と在留期間の制度によって外国人の在留管理を行おうとするものであった。ところが、原案では附則で朝鮮人、台湾人に対して外国人登録令と同様、当分の間外国人と見なすという規定が盛り込まれていた。さすがにこれに対してはGHQが強く反対し、この附則は削除された。

ところがその半年後、サンフランシスコ講和条約の発効を9日後に控えた1952年4月19日、法務府は「平和条約に伴う朝鮮人台湾人等に関する国籍及び戸籍事務の処理について」（民事甲438号）を発出し、朝鮮及び台湾は条約発効の日から日本国の領土から分離するので、これに伴い朝鮮人及び台湾人は内地に在住している者も含めすべて日本の国籍を喪失すると通達した。1950年5月に制定されていた国籍法は、国籍喪失の原因を志望による外国国籍の取得、国籍を留保しないことによる当然喪失及び国籍離脱に限定していた。この通達は累次の最高裁判決で合憲と判断されているが、一片の通達によってそれまで半世紀にわたり日本国民であった人々を一律に外国人にしてしまったことになる。この頃までにかなりの朝鮮人が帰国していたとはいえ、まだ50万人もの人々が在住していたのである。

とはいえ、旅券も持たず、査証も受けずに国民として居住していた人々に入管令をそのまま適用できるはずもないので、講和条約が発効する同年4月28日に「ポツダム宣言の受諾に伴い発する命令に関する件に基づく外務省関係諸命令の措置に関する法律」（法律第126号）を制定し、入管令に法律としての効力を与えるとともに、「日本国籍を離脱する者で、昭和二十年九

月二日以前からこの法律の施行の日まで引き続き本邦に在留する者（同期間に出生したその子を含む）は、…別に法律で定めるところによりその者の在留資格及び在留期間が決定されるまでの間、引き続き在留資格を有することなく本邦に在留することができる」（第2条第6項）こととした（126-2-6）。当時、この措置はあくまで一時的、暫定的なものとされ、政府も在日朝鮮人に永住権を保障する法律を準備していたようである。ところが、その別の法律は実現せず、在日韓国・朝鮮人にも入管令が適用されるという状態が継続することになる。

　その後に生まれた126-2-6該当者の子については、同年「特定の在留資格及びその在留期間を定める省令」（外務省令第14号（後に法務省令第89号））により、3年の在留資格を認めた（4-1-16-2）。つまり戦後日本で生まれた在日二世は3年ごとに法務大臣の在留更新許可を受けなければならないわけである。その子（在日三世）はさらに法務大臣が特に在留を認める者として3年未満の在留資格となる（4-1-16-3）。

　なお、1952年8月に入管行政が法務省に移管され、以後入国管理局が出入国管理という観点からの外国人対策を司ることになる。その後、1981年6月に日本が難民条約及び同議定書に加入したことに伴い、入管令が改正され、出入国管理及び難民認定法となった。しかしながら、入管行政はあくまでも出入国管理という観点からの外国人対策に専念し、それ以外の観点からの外国人労働者政策の必要性が意識されることはなかった。この時に技術研修生という在留資格（4-1-6-2）が創設されているが、留学、就学と並んで非就労活動という位置づけであった。研修が就労でないという後々に尾を引く奇妙な論理の出発点と言えよう。

　ちなみに、在日韓国・朝鮮人問題のその後を辿っておくと、1965年12月に締結された日本国に居住する大韓民国国民の法的地位及び待遇に関する日本国と大韓民国との間の協定（条約第28号）（「日韓法的地位協定」）により、1945年8月15日以前から引き続き日本に居住している者及びその直系卑属として1945年8月16日以後同協定の発効から5年以内に日本で出生し引き続き日本に居住している大韓民国国民については、その申請により永住を許可することとされた。また、その後に出生した者は出生から60日以内に申

請すれば永住が許可される（協定永住者）。

その後、上記1981年入管法改正により、126-2-6該当者及びその子孫からの申請により永住を許可するという規定が附則に設けられた。韓国国民だけでなく朝鮮人や台湾人についても在留継続を唯一の要件として永住を許可するものである。さらに、1991年4月には日本国との平和条約に基づき日本の国籍を離脱した者等の出入国管理に関する特例法（法律第71号）が制定され、126-2-6該当者及びその子孫については、同法施行の際在留していることを要件に、何らの申請を要せず特別永住者としての資格が付与された。また、1952年に外国人登録法が制定された際に導入された指紋押捺制度についても、1992年改正により永住者及び特別永住者については廃止された。いずれにせよ、こういう複雑な在日韓国・朝鮮人の状況が、やがて外国人労働者問題が政策課題に上ってきたときに、それを歪ませる大きな原因となっていく。

2　外国人労働者政策の提起と否定

（1）　雇用許可制の提起と撤退

戦後長らく、在日韓国・朝鮮人問題とは別問題としての外国人労働者問題は政策課題とはならなかった。高度成長期には人手不足対策として外国人の受入れが論じられたこともあるが、1968年、1973年、1976年と3度にわたって、雇用対策基本計画の閣議決定に際し、「外国人労働者の受入れは行わない」という口頭了解がされてきた。

外国人労働者問題が政策課題として取り上げられるようになったのは、バブル景気が始まった1986年頃からで、フィリピン、パキスタン、バングラデシュといったアジア諸国からの不法就労者が急増したためである。労働省は1987年12月から外国人労働者問題研究会[63]を開催し、1988年3月に発表された報告書は雇用許可制を提起した。欧米諸国では労働者に対して許可を与える労働許可制をとっていたが、雇用許可制は事業主が外国人労働者を雇い入れる場合に事前に雇用許可を取得することを求めるという政策であった。

63）学識者7名、座長：小池和男。

262　第2部　労働市場法政策

　これに対し、出入国管理行政を所管する法務省入国管理局が猛反発し、同年5月には法務省米沢慶治審議官が個人的見解として、雇用許可制度を厳しく批判する文書を発表したが、外国人のみに雇用許可を要求するのは内外人平等に反するなど論理的に奇妙な批判であり、要は労働省の「縄張り荒らし」に怒ったと見られる。しかしその中の「70万人にのぼる在日韓国・朝鮮人の就職や企業活動に差別的な悪影響が及ぶおそれがある」という点については、在日本大韓民国居留民団中央本部からも「在日韓国人の就職差別を助長する」と批判を浴び、結局労働省はこの問題に恐れをなし、撤退戦に転じた。

　形としては、同年5月に公労使代表からなる外国人労働者に関する調査検討のための懇談会[64]を設けて検討を開始し、9月に中間報告、12月に最終報告を取りまとめ、その中でなお雇用許可制度を提起しているが、実際には棚上げするものであった。

　そもそも、在日韓国・朝鮮人問題とは、大日本帝国臣民として合法的に移住してきた人々に対し、サンフランシスコ講和条約を利用して、1952年の法務府民事局長通達によって一律に日本国籍を剥奪したことにその原因がある。本来日本国籍を有する韓国・朝鮮系日本人であるべき人々を在日韓国・朝鮮人という外国人にしてしまった法務省自身が、在日韓国・朝鮮人の利益代表のような顔をして雇用許可制に反対したのだから皮肉な話である。しかし法務省の意を受けた在日本大韓民国居留民団から在日韓国人への就職差別を生むとの批判がされると、労働省は撤退に転じ、労働政策としての外国人労働者対策はいったん終息した。

（2）　1989年入管法改正と日系南米人の導入[65]

　両省の権限争いに決着がつき、法務省は1989年3月に出入国管理法改正案を国会に提出し、同年12月に成立に至った。その主眼は不法就労助長罪の新設であり、労働政策の痕跡は同改正法附則により職業安定法第53条の2

64）学識者18名（労使各5名を含む）、座長：圓城寺次郎。
65）坂中英徳・高宅茂『改正入管法の解説』日本加除出版（1991年）。

として、労働大臣が法務大臣に連絡・協力を求めることができ、法務大臣は
「本来の任務の遂行を妨げない範囲で」できるだけその求めに応じるという
気休め的規定にとどまる。

しかし、1989年改正は表面的には「労働に従事することを目的として在
留する外国人」ではないという法形式をかぶせながら、日系二世・三世に
「定住者」という就労に一切制限のない在留資格を付与するという形で、実
質的には企業側が要求していた外国人労働力の「サイドドア」からの導入政
策として機能した。

労働政策の否定の上に立脚した外国人導入政策の帰結は、労働市場規制が
全く存在しないまま、労働力導入プロセスを全面的にブローカーや業務請負
業と称する労働者派遣業に委ねることであった。労働省は1992年から国外
にわたる労働力需給調整制度研究会[66]を開催し、公的就労経路の確立により
ブローカーの介在を排除することを目指したが、結局職業安定法施行規則に
国外にわたる有料職業紹介事業の許可制が規定されただけで（後に規制緩和
で削除）、入管法上「労働に従事することを目的として在留する外国人」で
はない日系人の労働力需給調整に労働行政が関与することはできず、2008
年にリーマンショックにより発生した大量の日系人失業者は、失業して初め
て地元のハローワークに向かうこととなった。

(3) 研修生という「サイドドア」

1993年に導入された研修・技能実習制度の源流である「研修生」は、こ
の1989年入管法改正により、留学生や就学生と同じく「収入を伴う事業を
運営する活動又は報酬を受ける活動」を行ってはならないとされ、就労活動
ではないとされた。しかし、とりわけ日本企業においては雇用関係の下で実
際に仕事をしながら技能を習得するOJT方式が一般的であり、「研修」とい
う言葉もそのように受け取るのが普通であった。法務省入管局は研修が就労
ではないといいながら、基準省令でその要件として、研修生用の宿泊施設の
確保、生活指導担当職員の設置、傷病保険への加入等、労働者性の判断基準

66）学識者5名、座長：諏訪康雄。

とは無関係な要件ばかりを挙げていた。そして、研修手当は学生に払われる奨学金のようなものであって労働に対する対価としての性格を有するものではないと強調していた。

法務省入管局は1990年、労働者ではないはずの研修生の受入基準を大幅に緩和し、これにより中小企業協同組合などによる団体監理型が創設された。現実に労働者以外の何者でもない研修生の労働者性を自らの権限維持のためにあくまで否定しながら、本音ではその労働者性に着目して規制緩和を求める企業の声には、建前を崩さない形で柔軟に対応するというこの法務省のやり方が、その後の研修・技能実習制度の性格を決定づけたと言えよう。

3　技能実習制度

（1）　研修・技能実習制度の創設[67]

入管法改正の前後、経済団体から外国人研修制度の拡充を求める提案が相次いだ。1989年3月には経済同友会が、送出国に研修センターを設け、現地で基礎研修を終えた労働者を国内に迎え入れ、企業内ではOJTを中心に教育訓練を行うという提案をしている。同年12月には東京商工会議所が、政府間協定で単身者を2年間受入れ、就労しつつ技能・知識を習得するという外国人労働者熟練形成制度を提唱した。翌1990年4月には関西経済連合会が労働許可制と雇用届出制を併用した単純労働者受入れ制度を、5月には大阪商工会議所が一般労働という在留資格の新設を求めるなど、法務省への圧力が高まった。

雇用許可制の導入に失敗した労働省も、この研修というルートによる外国人労働者の受入れ政策に力を入れていった。この問題についての労働省案のポイントは、入管法上の「研修」とは異なる在留資格で雇用関係の下で「研修」するという点である。これに対し法務省は自ら上記「研修生」の規制緩和により企業の要望に応えつつ、入管法の枠内で対応することに努めた。

この政府部内のせめぎあいの中で、1991年12月の行革審第二次答申の中に外国人技能実習制度の創設が盛り込まれた。期間は2年で、「その後の技

67）伊藤欣士『技能実習制度』労務行政研究所（1994年）。

能の移転を効果的に行うため、必要最小限の期間の研修を行う」とされた。必要最小限なのだから、労働法上労働者と扱われるべきOJTを含める必要性はないはずであるが、その後の実務的な制度設計はそのような正論を容認しなかった。法務省はあくまで自らが権限を有する労働者性なき「研修」を中心に据え、「将来は研修後に賃金を得て一定期間就労できるようにする」程度にとどめようとした。

　結局、1993年3月の外国人労働者問題関係省庁連絡会議において「技能実習制度の基本的枠組み」が決定され、そこでは「当面は『研修』から『特定活動』への在留資格の変更で対応」するが、「その実施状況等を踏まえ、入管法改正による在留資格『実習』（仮称）の新設等につき検討する」とされていたが、法務省には入管法上に新たな「労働に従事することを目的」とする在留資格を設ける気はなかった。

　こうして、最初の問題意識は明確に「技能実習生」という新たな「労働に従事することを目的として在留する外国人」カテゴリーを作るはずの政策が、入管局の縄張りを守ることが最優先されたため、労働ではないことにされたままの「研修」と、「法務大臣が個々の外国人について特に指定する活動」という間に合わせの枠組みの中で、研修・技能実習制度は動き出すことになってしまった。

　1993年4月、法務省告示として「技能実習制度に係る出入国管理上の取扱いに関する指針」が制定された。この時点で技能実習制度に関わる法令はこの指針だけであった。労働省は同月「技能実習制度推進事業運営基本方針」を策定したが、これは予算措置として行われる事業の運営方針であって、技能実習生の権利義務を直接規定するものではない。労働省にそのような権限を与えないことがすべてに優先されたのである。

　労働行政側で技能実習制度に関わる法令改正と呼びうるのは、技能評価のために、技能検定制度に新たな等級として基礎1級及び基礎2級を創設したことである。研修の修了時に基礎2級、技能実習の修了時に基礎1級を受検する。

266 第2部 労働市場法政策

（2） 2009年入管法改正

　このように歪んだ形で出発した研修・技能実習制度が、とりわけその労働ではない（ことにされた）「研修」部分において矛盾を露呈するのは当然であった。三和サービス事件やプラスアパレル事件の地裁、高裁の諸判決は、就労の実態から研修生の労働者性を明確に認め、入管法の見直しを迫った。

　それに先立ち、行政内部からも見直しの動きが進んでいた。2005年3月の規制改革・民間開放推進会議の第1次答申（追加答申）は「実務研修中における法的保護のあり方について検討」を求め、同年12月の第2次答申ではさらに、技能実習生の在留資格が「特定活動」のままになっていることについて、その安定的な法的地位を確立する観点から技能実習生に対する在留資格を創設するよう求めた。また、規制を指針レベルから政省令へ格上げすることも求めた。

　これを受けて2006年10月に見直しの検討を始めたのは厚生労働省であり、2007年5月の研修・技能実習制度研究会[68]報告書で、「研修生の法的保護の実効性を図るためには、『研修（1年）』＋『技能実習（2年）』について、これを統合し、最初から雇用関係の下での最長3年の実習として法律関係を明確にした上で、労働関係法令の適用を図ることとし、入管法上においても、技能実習に係る新たな在留資格を設ける」ことを提言した。これに対し、経済産業省の外国人研修・技能実習制度に関する研究会[69]も同時に報告書を出したが、研修生を労働者として位置づけることに否定的で、保守的態度に終始していた。日本経団連も非労働者たる「研修」の維持を主張したが、経済財政諮問会議労働市場改革専門調査会[70]の第2次報告（2007年9月）はやはり3年間通じた「技能実習」という在留資格を設け、労働法を適用することを求めた。

　こうした動きを受けて2009年7月に入管法が改正されたが、1年目の実務研修を「技能実習1号」、これまでの特定活動とされていた技能実習を「技能実習2号」として別立てされ、しかもそれぞれに企業単独型と団体監理型

68） 学識者8名、座長：今野浩一郎。

69） 学識者12名、座長：依光正哲。

70） 学識者9名、会長：八代尚宏。

があるという複雑な形となった。「研修」は非実務研修に限り、企業単独型のみとして残った。座学以外は雇用関係の下での就労と位置づけたことは、遅きに失したとはいえ正しい改正である。しかし、団体監理型をあえて法律上に明記したことは、ブローカー頼みの需給調整の在り方の見直しを否定しようとするもので、問題を後に残した。

(3) 技能実習法

　その後も技能実習制度をめぐっては各方面から問題点の指摘が相次いだ。2013年4月には総務省が、地方入国管理局が認定した不正行為、労働基準監督機関が是正勧告した法令違反を監理団体による監査で指摘できていなかったことを踏まえ、その適正化を図るよう勧告した。また累次のアメリカ国務省人身売買報告書において、技能実習制度を「労働搾取目的の人身売買」であると強く批判し続けており、日弁連も人権の観点から制度の廃止を求めてきた。そこまで行かなくても、連合など労働組合側からは制度の厳格化を求める声が強く投げかけられてきた。

　一方、とりわけ第2次安倍晋三内閣が発足してから、産業競争力会議や経済財政諮問会議から、再技能実習を認めることや介護分野でも認めることなどが要請されるなど、制度をめぐる政治状況は大きく変わろうとしていた。こうした中で、法務省は出入国管理政策懇談会の外国人受入れ制度検討分科会[71] において、2013年11月から審議を行い、2014年6月に「技能実習制度の見直しの方向性に関する検討結果」を公表した。その間、産業競争力会議や経済財政諮問会議から、再技能実習を認めることや介護分野でも認めることなどが要請されたことが結論に影響を及ぼす一方、監理団体や受入機関をめぐる様々な問題への対応を図ろうとしている。同年6月に閣議決定された「『日本再興戦略』改訂2014」では、管理監督の在り方を抜本的に見直し、2015年度中の新制度への移行を目指すとともに、実習期間の延長、受入れ枠の拡大等について、2015年度中の施行に向けて、所要の制度的措置を講ずるというスケジュールが示されている。これを受けて2014年11月から技

---

71) 学識者7名、座長：多賀谷一照。

能実習制度の見直しに関する法務省・厚生労働省合同学識者懇談会[72]が開かれ、2015年1月末に報告書をまとめた。

　これに基づき、同年3月には技能実習制度を規制する初めての単独法として「外国人の技能実習の適正な実施及び技能実習生の保護に関する法律案」が提出された。同法案は法務省と厚生労働省の共管であり、いわば20年以上経ってようやく当初の外国人労働政策としての問題意識に立脚する制度に立ち返ってきたといえよう。

　同法案は2015年には全く審議されず、2016年の通常国会では衆議院法務委員会で質疑が行われたが、採決されないまま継続審議となり、ようやく同年11月に成立に至った。翌2017年1月には外国人技能実習機構が設立され、同年11月に施行された。

　同法の最大のポイントは、優良な監理機関・受入機関について、実習生の一旦帰国後2年間の実習を認め、これを（これまでの当初1年間の技能実習1号、後の2年間の技能実習2号と並んで）技能実習3号と位置づけることである。これを認めるための実習生の要件として、技能検定3級相当の実技試験への合格を示している。これまでは、1号修了時に基礎2級相当の技能評価試験を受検することを求めていただけだが、2号修了時に3級相当、3号修了時に2級相当の受検を義務づけ、いずれも実技試験の受検を必須とするので、ようやく技能実習という名にふさわしい制度になる。

　一方、制度の厳格化については、上記技能評価試験の受検義務化と並んで、監理団体及び実習実施機関のガバナンス強化や問題のある機関の排除が目指されている。具体的には監理団体に許可制を導入し（今までそうでなかったことの方が不思議だが）、指導監督を行い、場合によっては許可を取り消すという仕組みである。また、実習実施者については届出制とし、技能実習計画は個々に認定制として、認定基準や改善命令なども規定する。さらに新たな外国人技能実習機構（認可法人）を創設し、技能実習計画の認定、実習実施者や管理団体に報告を求め、実地に検査する等の業務を行うとされている。さらに技能実習生に対する人権侵害行為について禁止規定と罰則を設

72）学識者14名、座長：多賀谷一照。

けるとともに、外国人技能実習機構に通報・申告窓口を整備し、また技能実習生の転籍の連絡調整を行うこととされている。

4 特定職種・業種の外国人労働者受入れ政策

　以上は全て何らかの意味でサイドドアからの外国人労働者の導入政策であり、単純労働力は受け入れないという建前を形式的にでも維持しようとして設けられた仕組みであったが、第2次安倍晋三内閣になってから外国人労働者受入れ政策が拡大している。それには、グローバル化推進のための高度人材の受入れを進めるという政策と、国家戦略特区という枠組を用いて、当面は地域を限定した形で単純労働力としての外国人労働者の受入れを進めるという政策の両面がある。

（1） 高度専門職

　以前から専門的・技術的分野の外国人は積極的に受け入れるという方針があったが、2007年6月の雇用対策法改正により「高度の専門的な知識又は技術を有する外国人の我が国における就業を促進する」ことが国の施策として明記された（第4条第1項第10号）。

　2008年7月、内閣府に高度人材受入推進会議[73]が設置され、実務作業部会で議論した上で、2009年5月「外国高度人材受入政策の本格的展開を」と題する報告書をまとめた。同報告書はアメリカのグリーンカード制等を参考に、ポイント制導入による高度人材優遇制度の創設を求めている。これは2010年6月の新成長戦略に盛り込まれた。

　厚生労働省は2011年7月から外国人高度人材に関するポイント制導入の際の基準等に関する検討会[74]を開催して同年8月に報告書をまとめ、これも踏まえて2012年5月に、学歴や職歴等のポイントの合計が一定点数を超えた者に在留の優遇資格を与える高度人材ポイント制が法務省令により導入された。当初は在留資格「特定活動」の下で実施されていたが、2014年6月の

73）閣僚2名、労使2名、学識者8名。
74）学識者9名、座長：後藤純一。

入管法改正により、「高度専門職」という在留資格が設けられた。

さらに2016年6月の「日本再興戦略2016」では、高度外国人材をさらに呼び込むため、高度外国人材の永住許可申請に要する在留期間を5年から大幅に短縮する世界最速級の「日本版高度外国人材グリーンカード」を創設すると打ち上げ、これを受けて2017年4月から、70点以上の者は3年、80点以上の者は1年に短縮された。これは事実上、初めから「永住者」としての在留資格を認めるのに等しく、一種の選別移民制度の導入といってよいであろう。

(2)　介護労働者

介護労働者は介護福祉士という国家資格があり、その観点からは（高度？）専門職であることは確かであるが、一方日本社会の現実では人手不足に悩む介護現場が求める一種の単純労働力であるという側面を持つ。既に、インドネシア（2008年）、フィリピン（2009年）及びベトナム（2014年）との経済連携協定（EPA）に基づき、これら諸国からの外国人看護師・介護福祉士候補者の受入れを実施してきている。

一方、2014年10月から社会・援護局が開いた外国人介護人材受入れの在り方に関する検討会[75]が2015年2月に中間まとめを公表し、技能実習の対象職種に介護を追加することとするとともに、外国人留学生が介護福祉士資格を取得した場合に在留資格を付与することを求めた。これらも「『日本再興戦略』改訂2014」で提起されていたことである。

これを受けて、技能実習法案と同時に提出された入管法改正案で「介護」という在留資格が新たに設けられた。同改正は2016年11月に成立し、2017年9月に施行された。

(3)　建設業と造船業

「『日本再興戦略』改訂2014」では、2020年東京オリンピック・パラリンピックによる一時的な建設需要の増大に対応するため、緊急かつ時限的措置

75）学識者10名、座長：根本嘉昭。

として、即戦力となり得る外国人材の活用促進を図ることを決定し、2015年度から技能実習修了者を対象に、外国人建設就労者受入事業が行われている。在留資格は特定活動で、在留期間は2-3年とされている。

なお、建設業との間で人材の相互流動が大きいという理由で、造船業においても外国人造船就労者受入事業が行われている。

（4）　家事労働者

一方、国家戦略特区という枠組を用いて、当面は地域を限定した形で単純労働力としての外国人労働者の受入れを進めるという政策の第一歩は家事労働者である。「『日本再興戦略』改訂2014」で女性の活躍推進、家事支援ニーズへの対応のための外国人家事支援人材の活用が掲げられ、2015年7月の改正国家戦略特別区域法により国家戦略特区における外国人家事支援人材の受入れが可能となり、2017年から大都市部で開始されている。「家事支援活動」とは、炊事、洗濯、掃除、買物等の家事一般並びにこれと併せて実施される児童の日常生活上の世話及び必要な保護と定義されている。特区の自治体が法務、厚生労働、経済産業各省の地方機関及び内閣府地方創生推進室と連携して第三者管理協議会を設置し、ここが家事労働者を受け入れる特定機関の基準適合性の確認や年1回以上の監査を実施するとされているが、特別な監視機関は置かれていない。

（5）　農業労働者

2017年6月の国家戦略特別区域法改正により、農業に従事する外国人材の就労も解禁された。その目的は産地での多様な作物の生産を推進し、経営規模の拡大、経営の多角化・高度化による「強い農業」の実現とされているが、家事労働者とは異なり産業活動を支える基幹労働力に正面から外国人を導入しようとするものであり、特区という形ゆえほとんど注目を集めないまま実現したが、外国人労働政策の方向性を大きく変えるものと言える。

同年12月には国家戦略特別区域農業支援外国人受入事業における特定機関等に関する指針が決定され、特定機関は外国人農業支援人材を派遣労働者としてフルタイムで雇用し、派遣先農業経営体との間の労働者派遣契約に基

づき、外国人農業支援人材による農業支援活動を提供すること、外国人農業支援人材の農業支援活動は通算して3年までとすることなどが定められた。

5　外国人労働者の本格的受入れ政策

(1)　2000年代における議論の提起

　以上のように展開してきた断片的局部的な受入れ政策に対し、より本格的な外国人労働者受入れ政策が2018年に始まろうとしている。しかしその前に、2000年代半ばの時期に法務省の政治家から提起された議論を見ておく。

　2005年12月、法務省内で河野太郎副大臣を主査として今後の外国人の受入れに関するプロジェクトチームが設置され、2006年9月に「今後の外国人の受入れに関する基本的な考え方」と題する最終報告をまとめた。そこでは「本音と建前の乖離を解消し、本音に近づけるべき制度は本音に合わせて制度を再構築し、正しい制度は不正を許さない運用を行うべき」と、かなり大胆に政策転換を打ち出した。

　それは、現在専門的、技術的とは評価されていない分野における外国人労働者について、一定の日本語能力があること等を要件とした上で、入国当初から受入れ企業との雇用契約の下で労働者として受け入れるというものである。受入れを可能とする産業分野は、国内対策を尽くしてもなお外国人を受け入れることが産業の発展のために必須であると評価され、また技能評価制度や受け入れた外国人の実態把握等総合的な受入れ態勢が整っている分野に限定するとしている。また、受入れには送出国政府も関与し、送出体制が整っていると認められる国についてのみ枠組みを構築すること、雇用開始後一定期間内に一定の技能の習得及び日本語能力の向上が認められた場合には当該受入れ企業における就労を継続することを可能にすることとされている。とりわけ、日本入国後一定期間が経過し、一定の技能及び日本語能力等を取得した場合には家族の呼び寄せを考慮するとしている点は、移民政策という性格を示している。

　一方2007年5月、長勢甚遠法相は私案として、研修・技能実習制度を廃止し、新たな短期外国人就労制度を創設するという案を提示した。彼は研修・技能実習制度について、国際技能移転という目的が実態と合っていない

ため、目的自体を国内の労働力確保という視点に転換することを提起した。そのため、一定の要件で受入れ団体の許可制度を設け、その受入れ団体に受入れ枠を設定し、その枠内で受入れ団体が外国人労働者の希望を募り、日本の企業に紹介し、日本の企業が雇用契約を結ぶこととし、かつ受入れ企業と受入れ団体が在留管理や雇用管理について共同して責任を負うという形を示し、長期滞在・定住化を避けるため、期間は3年を限度とし、再入国は認めないとしている。

　しかしその後政府部内からこのような正面からの外国人労働者受入れ論は提起されてこなかった。

（2）　技能労働者の本格的受入れ

　2018年2月の経済財政諮問会議で外国人労働政策を大きく見直す方針が打ち出された。これを受けて、直ちに官邸に専門的・技術的分野における外国人材の受入れに関するタスクフォース[76]が設置された。同タスクフォースはその下に幹事会[77]を設け、主要業種の実態を論じた後、制度構築に当たって考慮すべき事項として、経済政策、労働政策、治安への影響及び外交上の観点について検討した。

　この動きの背景にあるのは、2017年11月に日本商工会議所・東京商工会議所が公表した「今後の外国人材の受入れの在り方に関する意見－『開かれた日本』の実現に向けた新たな受入れの構築を」という意見書である。そこでは、「受け入れる外国人材は『専門的・技術的分野の外国人』に限定するという、これまでの原則に縛られない、より『開かれた受入れ体制』を構築すること」と、明確に「非技術的分野」の外国人の受入れを求め、そのために「移民政策とは異なる非技術的分野の受入れ制度のあり方について、課題等を整理する『検討の場』を政府において早急に設置すること」を求めていた。

　タスクフォースの議論を経て2018年6月に閣議決定された「骨太の方針」

76）構成員：各省庁局長級、議長：内閣官房副長官補（内政担当）。

77）構成員：各省庁課長級、議長：内閣官房内閣審議官（内閣官房副長官補付）。

には、新たな労働を目的とする在留資格の創設が明記された。そこでは、中小・小規模事業者の人手不足が経済社会の持続可能性を阻害する可能性から、「専門・技術的分野」に限らず「一定の専門性・技能を有し即戦力となる」外国人材を幅広く受け入れていく仕組みを構築するとしている。そのため、受入れに関する業種横断的な方針を閣議決定するとともに、法務省等制度所管官庁と業所管官庁において業種の特性を考慮した業種別受入れ方針を決定する。技能水準は業所管官庁が定める試験で確認し、日本語能力は「ある程度日常会話ができる」を原則とするが、技能実習（3年）修了者は免除する。わざわざ「移民政策とは異なる」と断って、在留期間の上限を通算5年、家族の帯同を原則認めないとしているが、「専門・技術」在留資格に移行すれば上限なく家族帯同も認められる。

　同年7月には外国人材の受入れ・共生に関する関係閣僚会議[78]が設置され、法務省が企画立案・総合調整に当たるとする外国人の受入れ環境の整備に関する業務の基本方針が閣議決定されるとともに、外国人材の受入れ・共生のための総合的対応策を策定していくこととされた。なお、新聞報道ではこのため入国管理局を入国在留管理庁に格上げするとも報じられている。

78）構成員：各大臣、議長：内閣官房長官・法務大臣。

第**4**章
高齢者・障害者の雇用就業法政策

第1節　高齢者雇用就業法政策[1]

1　失業対策事業の後始末としての中高年齢失業者対策

（1）　中高年齢失業者等就職促進措置[2]

　日本の高齢者雇用就業政策は、失業対策の後始末の中から始まった。終戦直後、膨大な失業者の溢れる中で開始された失業対策事業は、当初は失業者の生活の安定と国土の建設・復興にかなりの役割を果たしてきたが、1950年代後半に入り、高度経済成長が始まり、労働力不足が進行する中で、就労者が滞留、固定化し、「定職」化している実態に批判が向けられ始めた。そこで、労働省は、日雇労働者転職促進訓練制度、日雇労働者雇用奨励制度等、失業対策事業就労者の民間雇用への復帰促進施策を講じたが、1962年3月においてもなお34万人の多きを数え、失業対策事業の見直しが求められた。

　そこで、1962年に学識経験者による調査研究[3]を行い、同年9月に失業対策問題調査研究報告が提出された。これに基づき労働省で失業対策制度の刷新改善に関する構想が取りまとめられ、雇用審議会[4]への諮問・答申を受けて、1963年7月に職業安定法と緊急失業対策法の改正を行った。これによ

1）濱口桂一郎『日本の雇用と中高年』ちくま新書（2014年）。

2）労働省職業安定局失業対策部編著『改正職安法・失対法の解説』日刊労働通信社（1964年）。

3）学識者6名。

4）公労使30名、会長：有沢広巳。

り、職業安定法に第2章の2として「中高年齢失業者等に対する就職促進の措置」が設けられ、中高年齢失業者等に対して手当を支給しながら、就職指導、職業訓練、職場適応訓練等の措置を講ずることとし、失業対策事業については、新たに就労する者をこの就職促進措置を受け終わってもなお就職できない者であって、引き続き誠実かつ熱心に求職活動を行っている者に限ることとした。作業吸収から手当方式への転換であり、いわば失業対策事業の入口規制をするためのアメとして中高年齢失業者対策が導入されたわけである。

もっとも、この時の中高年齢失業者等とは、35歳以上の失業者その他就職が特に困難な失業者（身体障害者、刑余者等、その他社会的事情により就職が著しく阻害されている者（＝同和対策対象地区住民・同和対策対象地区出身者））を指す言葉であり、適用範囲は相当に広い一方、実際の適用対象は失業対策事業に流入しようとする者に限られるのであって、この改正は高齢者雇用就業政策の始まりというよりは失業対策事業の打切りへの一歩と見た方がよい。

（2）　中高年齢者雇用促進法[5]

1960年代の日本は高度経済成長を謳歌し、労働力不足が深刻化していったが、失業対策事業就労者は1970年に至ってもなお20万人に上っていた。そこでまた学識経験者による調査研究[6]を行い、1970年12月に「失業対策問題調査研究中間報告」が提出された。これに基づき労働省で今後の失業対策制度に関する基本構想が取りまとめられ、雇用審議会[7]への諮問・答申を受けて、1971年5月に中高年齢者等の雇用の促進に関する特別措置法が成立した。

この法律は、職業安定法の中高年齢失業者等就職促進措置と、後述の中高年齢雇用率制度を拡充して一本の法律として独立させたものであったが、政

5）住栄作『中高年齢者等雇用促進特別措置法の解説』雇用問題研究会（1971年）、遠藤政夫『中高年雇用促進特別法の早わかり』労働法令実務センター（1971年）。

6）学識者7名、座長：大河内一男。

7）公労使30名、会長：有沢広巳。

治的には附則第2条に規定された「緊急失業対策法の効力」という条項がもっとも重要なものであった。すなわち、同条は「緊急失業対策法は、この法律の施行の際現に失業者であって、この法律の施行の日前二月間に十日以上失業対策事業に使用されたもの及び労働省令で定めるこれに準ずる失業者についてのみ、当分の間その効力を有するものとする」と規定し、失業対策事業への新規流入をストップした。

　今から見ればあまりにも遅きに失し、またあまりにも緩やかな措置に見えるが、当時は失業対策事業就労者の労働組合である全日自労を始め、総評、社会党、共産党などが強く反対し、与野党対決法案と目された。国会で夏季年末の臨時賃金を支払わないとする部分を削除してようやく全会一致で成立したのである。いずれにせよ、これで中高年齢者政策を失業対策事業打切りの道具として使う時代は終わった。

2　高年齢者雇用率制度

(1)　中高年齢者職種別雇用率制度[8]

　これより先、高度成長の中で労働力不足基調に移行していく過程で、年齢による労働力需給の不均衡が顕著になり、学卒者の著しい不足の一方で中高年齢者はなお就職困難の状況にあった。その中で、1964年には国、地方公共団体その他政府機関が民間に率先して中高年齢者を雇い入れる旨の閣議決定が行われ、翌年には34職種を指定して官公庁等における中高年齢者の充足目標率が定められた。また、民間についても1965年に中央雇用対策協議会で中高年齢者の適職78職種を決定した。こういった動きを法制化したのが1966年6月に成立した雇用対策法である。

　なお、これより先、1963年3月より毎年、民主社会党が雇用割合の設定による雇用義務を創設する中高年齢者雇用促進法案を提出していた。ここでは、国その他の公的団体は30%-40%、それ以外の大企業は20%-30%、中小企業は15%-20%の雇用義務が設定され、新規雇用、解雇等の異動の際にこの雇用割合を達成、維持しなければならないこととされていた。当時この問題

---

8) 有馬元治『雇用対策法の解説』日刊労働通信社（1966年）。

278　第 2 部　労働市場法政策

にもっとも熱心だったのは民主社会党であった。

　雇用対策法は労働力不足時代に対応して、完全雇用を目標として掲げつつ、「職業能力と職種を中心とする近代的労働市場の形成」（労働省の「雇用対策の大綱」の表現）を目指すものであったが、特に第 6 章として「中高年齢者等の雇用の促進」が設けられ、「別に法律で定めるところにより」中高年齢者及び身体障害者の雇用率を設定することとこれらへの適職の選定が規定された。

　中高年齢者についての「別の法律」は職業安定法である。1963 年改正では中高年齢失業者等に関する規定が挿入されたが、1966 年改正によって今度は第 3 章の 2 として「中高年齢者の雇用」が設けられ、中高年齢者の適職として選定された職種ごとに雇用率を設定すること、雇用主の中高年齢者雇用率達成の努力義務、労働大臣の雇用主に対する雇入れの要請といった規定が設けられた。もっとも、この段階では中高年齢者の雇用率は国、地方公共団体及び特殊法人等についてのみ定められ、民間事業所については空振り規定であった。その意味ではいまだ中高年齢者雇用政策がスタートを切ったとはいいがたい。なお、この時も中高年齢者とは 35 歳以上の者であった。これもその後の感覚からすると違和感がある。

（2）　中高年齢者雇用促進法[9]

　前述のように 1971 年に中高年齢者等の雇用の促進に関する特別措置法が成立し、附則第 2 条により失業対策事業への新規流入をストップさせたが、法律の本体はそれまで職業安定法に規定されていた中高年齢者の雇用率関係の規定と中高年齢失業者等に関する規定を合体させたものである。

　職業安定法時代から変わったのは対象年齢である。ここで中高年齢者は 45 歳以上の者と定義された。なお、中高年齢失業者等の方も 45 歳以上 65 歳未満に限定された。

　雇用率制度は中高年齢者の適職として選定した職種ごとに設定した雇用率を達成する努力義務である。職種別労働市場を前提とした典型的な外部労働

9）住栄作『中高年齢者等雇用促進特別措置法の解説』雇用問題研究会（1971 年）。

市場志向型の政策であり、この後に開始される企業内雇用管理への介入政策である定年延長政策とは対照的な位置にある。職業安定法時代には保留されていた民間事業所に対する雇用率の設定がこの法律で初めて行われたことを考えれば、民間企業への中高年齢者雇入れ促進政策はここに始まったといってよいであろう。

雇用率の実効性確保のために、雇入れの要請に加えて、求人申込みの受理の特例が規定された。雇用率未達成の事業主が中高年齢者でないことを条件としてその職種についての求人の申込みを行った場合には、公共職業安定所はこれを受理しないことができるという規定である。求人不受理によって事業活動に支障を来すことを前提にした制裁規定は、労働力不足時代という当時の状況を彷彿とさせるが、ある意味では中高年齢者に対する年齢差別への制裁規定とも評することができ、現代の問題意識と直結する面もある。

さて、このときの雇用率制度は適職として選定した職種別の雇入れの際の雇用率制度であった。中高年齢者の適職とはどういう考え方で選定したのであろうか。制定時の解説書によれば、肉体的な負荷が重くないなど中高年齢者でも容易に就ける職種、中高年齢者の特質から向いている職種、中高年齢者でも容易に技能を習得できる職種であり、職業研究所で開発したSDCHEMP Scaleにより選定したとしている。そしてこれら職種について、例えば守衛・監視人の100分の70から一般事務員の100分の20まで雇用率が設定された。雇用率は企業単位ではなく、事業所単位での達成が要求される。当時の労働行政が西欧型の職種別労働市場をあるべき姿と考え、それに基づいて政策立案していたことを窺わせる。

なお、中高年齢失業者等については、それまでの認定制度に代えて中高年齢失業者等求職手帳制度が創設された。この手帳制度は炭鉱離職者求職手帳制度に倣ったものであり、手帳に一定の有効期間を設けることにより対策の期間を明確にしようとしたものであった。この中高年齢失業者等求職手帳制度は現在もなお高年齢者雇用安定法に化石のように残存している。また、このときに併せて失業者多発地域として特定地域を定め、中高年齢失業者等の雇用促進措置を講ずることとし、公共事業への中高年齢失業者等の吸収率を設定するとともに、予算上の措置として特定地域開発就労事業を実施するこ

ととした。これは一種の失業対策事業であるが、緊急失業対策事業法の枠外で行うものである。この法律によって失業対策事業への新規流入をストップすることの部分的代償措置という面があったのであろう。

（3） 高年齢者雇用率制度[10]

　1973年の第1次石油危機の後日本経済は低成長時代に入り、企業は雇用調整を強化し、高年齢者の希望退職や解雇が行われ始めた。これに対して、これまでの中高年齢者雇用率制度では、雇入れについての制度であるため雇用不拡大期には機能しにくく、特に雇用維持には効果がないことが指摘されるとともに、そもそも日本では職種別労働市場が確立しておらず、職種概念も不明確であるため実効を上げることが困難であること、事業所単位であるため企業にとっても煩雑であること、中高年齢者全体を対象としているため高年齢者に十分な効果が及ばないことが指摘された。そこで1976年5月、身体障害者雇用促進法と併せて法改正が行われ、中高年齢者雇用率制度に代えて高年齢者雇用率制度が制定された。

　高年齢者雇用率制度は、まず高年齢者すなわち55歳以上の者のみを対象とする。中高年齢者は、労働政策の対象からは（ごく一部の周辺的なものを除いて）消えた。再び現れるのは1990年代末になってからである。

　高年齢者雇用率制度は、職種別ではなく、事業所単位でもなく、企業全体で常用労働者の一定割合、具体的には6％以上の高年齢者を雇用するよう努めなければならないという制度である。これは雇入れの際だけでなく、一定の雇用関係の変動、つまり離職が発生する際にも努力義務がかかる。雇用失業情勢の悪化という状況の中で、労働行政が現実の労働市場に対応した政策に転換していく姿が窺われる。より立ち入っていえば、日本社会全体が西欧型社会構造を志向する考え方から、現実の日本社会の在り方を評価し、それを前提とする方向に変化しつつあった時代の空気を示しているともいえる。

　もっとも、なお、定年のような企業の雇用管理制度そのものを対象とするのではなく、雇用率という外部労働市場との連結点を政策対象としている点

---

10) 遠藤政夫『新しい身体障害者雇用促進法の早わかり』国際労働経済研究所（1976年）。

が、いわば過渡期的政策としての性格を示している。55歳以上の高年齢者の雇用率を問題とすることは、55歳定年の引上げという問題意識を明らかに踏まえたものではあるが、しかしそのつながりは間接的であり、直接的ではない。逆に、設立後日の浅い企業では、定年は60歳以上であっても、高年齢者雇用率はゼロに近いことも十分ありうるわけで、この点は高年齢者雇用率制度の欠陥として、使用者側から指摘されることになる。

高年齢者雇用率を達成するための制度として、求人受理の特例や雇入れの要請に加えて、高年齢者雇用率達成計画の作成命令や適正実施勧告の規定が設けられた。この仕組みは後に60歳定年の努力義務が設けられたときにも用いられた。また、事業主から高年齢者雇用状況報告を求める旨の規定が置かれた。

この高年齢者雇用率制度は1986年改正で廃止され、その後はもっぱら定年引上げや継続雇用といった企業の雇用管理への介入が高齢者雇用政策の中心となり、外部労働市場との関連は政策関心から希薄化していくことになる。

なお、このときに高年齢者雇用率制度に移行したのは民間事業主であって、国、地方公共団体及び特殊法人等は従前の職種別中高年齢者雇用率制度が維持された（附則第3条）。これはおそらく、組織全体の雇用率制度ということになると公務員の人事政策そのものを見直す必要が出てくることから、除外されたものであろう。この附則第3条は、驚くべきことに、民間企業の雇用率制度が廃止された後も、特殊法人が独立行政法人となった現在に至るまでそのままの形で残存している。

3　定年引上げの法政策[11]

（1）　定年制の法的意義

定年制とは、労働者が一定の年齢に達したときに労働契約が終了する強制退職制度である。しかしながら、有期労働契約の期間の定めとは異なり、定年到達以前の退職や解雇が（定年の存在によって）制限されるわけではな

11）濱口桂一郎「定年・退職・年金の法政策」（『季刊労働法』215号）。

282　第 2 部　労働市場法政策

い。この点だけで見れば、これは一定年齢到達を理由として労働関係を終了させる制度に過ぎず、労働者の雇用を保障する制度ではない。しかしながら、一般的に期間の定めのない労働契約であっても合理的な理由がなければ解雇することができないという法規範が存在しているならば、これは定年年齢までは雇用の継続を保障するという機能をも有することになる。2003 年改正後は労働基準法第 18 条の 2（2007 年以後は労働契約法第 16 条）という形で、それ以前は累次の判例法理という形で存在したこの解雇制限法政策が、定年制にある種の雇用保障的性格を与えていた。

（2）　厚生年金支給開始年齢の引上げ

　1941 年に成立した労働者年金保険法の養老年金は、20 年以上被保険者であった者に対し、55 歳から支給されることとされた。55 歳という支給開始年齢は、各工場等における定年が概ね 55 歳とされている事情によったとされている[12]。企業の定年年齢が公的年金の支給開始年齢を規定したのである。同法は 1944 年に厚生年金保険法に改正された[13]。しかし終戦直後から大変な勢いでインフレーションが進行し、長期保険である厚生年金はほとんど機能停止状態に陥った。

　1954 年の厚生年金保険法改正は、老齢年金受給者が本格的に発生するのを目前にして、インフレで機能停止した制度を再建するために行われたものであるが、改正に向けた議論の中で支給開始年齢を 55 歳から 60 歳に引き上げるという案が提起された。社会保険審議会では、労使いずれも引上げには絶対反対との態度であった。しかし、結局労使の反対にもかかわらず男子の支給開始年齢を 60 歳に引き上げる形で答申がなされ、20 年間かけて段階的に引き上げるという形で法改正がされた。現在から考えると、それまで男女平等であったものにわざわざ差をつけるような改正をしたことになるが、労働側にも野党側にも問題意識は見当たらない。それはともかく、これにより男子の支給開始年齢は 3 年ごとに 1 歳ずつ引き上げられて、最終的には 1974

12）後藤清・近藤文二『労働者年金保険法論』東洋書館（1942 年）。
13）『厚生年金保険十年史』厚生団（1953 年）。

年に60歳に到達することになった[14]。

　実際にこの改正により支給開始年齢が引き上げられていくようになってから、労働組合による定年延長要求が現れてくる。例えば電機労連では1964年に58歳、1966年には60歳への定年延長を要求しているし、ナショナルセンターでは総評、同盟いずれも1967年の運動方針で60歳定年を目標に掲げている。これに対して経営側は人件費の増大を理由に難色を示し、年功賃金制度や退職金の改善が先決だと反論していた。

（3）　定年引上げ政策の登場

　定年問題が政策課題に登場してきたのは、高度成長の中で、全体的に労働力不足が進んでいながら、中高年齢者、特に高年齢者の就職が困難である状況に変わりはなく、その背景に「年功序列型賃金体系と結びついた終身雇用慣行」及びそのもとでの若年定年制があるという認識からであった。すでに1967年3月に閣議決定された第1次雇用対策基本計画でも「定年制については、企業の生涯雇用、年功序列賃金制度等密接につながっているので、これらの制度、慣行の改善等と相まって適正な労働条件を確保しながら、その延長、定年後の勤務延長、再雇用等により、高年齢者の雇用機会の確保を図るよう、産業界の自主的な努力を一層促進する」としている。

　定年制を正面から論じた最初の政策文書は1972年8月の雇用政策調査研究会[15]中間報告である。同報告は「平均寿命が男子でも70歳をこえた現状においては55歳定年制は労働者の労働能力の実態にそぐわなくなっており、中高年齢層の雇用の安定を脅かす大きな障害となっている。このため、定年の延長をはじめとして中高年層の能力再開発と雇用の安定を図るための施策の充実を図る必要がある」と定年延長の必要性を強調し、「定年問題の解決は労使の自主的努力にまつところが大きいが、政府としても、今や具体的な目標とプランを提示すべき時期にきて」おり、「当面60歳を目標として定年年齢の延長をはかるのが実際的であ」り、「定年の延長を妨げている大きな

---

14) 『厚生年金保険二十五年史』厚生団（1968年）。

15) 学識者8名、会長：馬場啓之助。

要因」である「年功的な賃金体系に基づく賃金原資の増大と人事の停滞」を解決するための「積極的な指導援助をはかることが政府の責務である」としている。

続いて同年12月に出された賃金研究会[16]報告「定年延長と賃金制度について」は、定年延長を促進するための賃金制度の方向として、近代的な労働市場のもとにおける労働の質と量に応じた機能的な賃金制度に向かうべきとし、「高年齢になってまで勤続年数が伸びたことのみを理由として賃金を増加させる必要は疑問」であり、「少なくとも、現在の定年年齢である55歳を過ぎてまで持続する必要はない」と断じ、当面の対処の方向として、「55歳定年時の賃金のままで定年を延長し、その後は定期昇給を行わない」という方法を提示している。

さらに同月に出された労働者生活ビジョン懇談会[17]中間報告「定年延長の考え方とその推進について」も、「定年は労働者が一般的に職業生活から引退する年齢を意味するようになることが本来の姿」とし、「職業生活からの通常の引退年齢としての定年は65歳と考えることが自然」としつつ、「長年にわたって一体となって運用されてきた賃金・雇用制度、慣行を変えるには相当の期間が必要」なことから「今後5年間程度の間に60歳定年が一般化することを目標とするのが適当」と述べている。

これら報告を背景に、1973年度から定年延長が高齢者雇用政策の最重点課題として推進されることになった。同年1月に閣議決定された第2次雇用対策基本計画において、計画期間中に60歳を目標に定年を延長することが打ち出され、2月には経済社会基本計画にも盛り込まれた。同年5月には労働事務次官から都道府県知事・労働基準局長あて「定年延長の促進」（発基第48号）が通達された。

この時期の定年延長指導は、通達が労働基準局から出されていることからわかるように、労働市場政策の問題というよりは労働基準行政が所管する企業内の雇用管理政策の問題として取り上げられていた面がある。

16）学識者10名、会長：中山伊知郎。
17）公労使14名、会長：大来佐武郎。

（4）　1973年雇用対策法改正

このような状況の中で、定年の引上げの促進を国の政策として明示するための法改正が行われた。1973年9月の雇用対策法の改正である。皮肉にも第1次石油危機の直前であった。

内容的には、国は、定年の引上げを円滑に促進するために必要な措置を総合的に講ずるとともに、定年の引上げの促進のため、資料の提供その他の援助を行うという権利も義務も設定しない宣言的規定であるが、搦め手からの施策として、60歳未満定年の事業主に対し、定年に達する労働者の再就職援助計画の作成・提出義務、再就職援助担当者の選任義務等が規定された。

また、これに合わせて同年10月、予算措置として、定年の引上げを行った中小企業事業主に対して、定年延長奨励金を支給することとされた（後に大企業に拡大）。この後10年あまり、定年延長はもっぱら予算措置を伴う行政指導ベースで行われていくことになる。なお、1978年6月に高年齢者雇用開発協会が設立され、賃金コスト計算サービスや後に定年延長アドバイザー業務を行った。後に同協会は高年齢者雇用安定センターに指定され、助成金支給業務をも行うことになる。

この時期も、1975年8月に労働省の臨時雇用対策本部で策定された「当面の雇用対策」で、定年延長後は「労働能力、労働内容に応じ横ばいないし低下するような賃金体系」を基本とすると述べているように、賃金政策からの視点が大きかった。

なお、1976年6月に閣議決定された第3次雇用対策基本計画では、高年齢者雇用対策の基本的考え方が次のように明確化された。

（イ）60歳までについては企業の定年延長の促進等により雇用の安定に努める。

（ロ）60-64歳については定年後の再雇用、勤務延長を含め再就職を促進する。

（ハ）65歳以上層についてはこれらの者の能力に対応して社会参加の機会の確保に努める。

（5） 定年延長の立法化問題

　定年延長の立法化問題が政治課題として提起されたのは、第2次石油危機に揺れる1979年の第87回国会であった。野党の社会党及び公明党からそれぞれ定年制及び中高年齢者の雇入れの拒否の制限等に関する法律案が提出されたのである。これらは、60歳（公明案では本則65歳、附則で当面60歳）未満の定年を禁止するほか、60歳未満で年齢を理由として退職させること、年齢を理由とする中高年齢者の雇入れ拒否、職業紹介拒否、中高年齢者を除外する募集広告等を包括的に禁止しようとするもので、むしろ年齢差別禁止法案と呼ぶのがふさわしい。

　同国会には雇用開発事業を創設する雇用保険法の改正案が提出されており、上の野党法案と絡んで、衆参両院で「定年延長の推進については、立法化問題を含め、審議会の議を経て検討すること」等の附帯決議が行われ、労働大臣から「定年延長の促進については、立法化問題を含め、できるだけ早い時期に、雇用審議会に諮問する」旨表明された。こうして、ボールは政府側に渡された。

　なお、野党法案は審議未了廃案となったが、その後4野党共同提案として繰り返し国会に提出された。これは政府側に立法化への圧力として働いた。

　政府は直ちに同年6月、雇用審議会[18]に対して「高年齢者の雇用の安定を図るため、定年延長の実効ある推進策について、立法化問題をも含めて、貴会の意見を求める」との諮問を行った。雇用審議会は定年延長部会[19]を設けて審議を行った。ところが、これは意外に手間取った。労使の意見の対立が大きくて、なかなか決着がつかなかったのである。

　まず、1981年1月に答申第16号が提出されたが、「定年延長の法制化については、概ね、使用者側は反対、組合側は賛成の態度」で、「労使の意見に隔たりがある現状から見て、今後、定年延長の進展の動向を見極めつつ検討を続ける必要がある」と先送りし、「昭和60年度までの60歳定年の一般化の実現をより確実なものとするため」行政指導の強化等の施策を求めてい

18）公労使30名、会長：隅谷三喜男。

19）公労使各3名、部会長：氏原正治郎。

る。

1982年8月に出された答申第17号でも基本的な対立は解消せず、定年延長の今後の展望についても、「労使の自主的な努力と政府の行政指導の強化により、60歳定年は一般化に向けて今後一層進展すると見込まれ、さしあたりは定年延長の立法化は必要ない」という意見と「今後のわが国の経済動向から見て、定年延長の立法化を行わないと昭和60年60歳定年の一般化の実現は期待しにくい」という意見が平行線をたどり、「当審議会としては、定年延長を推進するため労使及び政府の努力が続けられている現段階において直ちにこれを立法化することには困難があると考える」といったん投げ出してしまった。ただ、「定年延長の今後の進展の動向を見ながら、昭和60年頃の適当な時期に改めて当審議会において検討が行われることが適当」と辛うじて火口はつないだ形であった。

ちなみに、昭和60年と60歳定年をかけ言葉にしたこの標語は、1979年8月閣議決定の第4次雇用対策基本計画において「計画期間中（1985年まで）に60歳定年が一般化するよう努める」としたことに基づくが、立法化の検討に期限を設定したような形で、この問題の決着に思わぬ効果をもたらすことになる。

（6）　60歳台前半層問題の提起

定年延長の立法化問題が手詰まりになる状況の一方で、高齢者雇用就業政策をもっと広い観点から論議しようとする動きも始まった。結果的には、高年齢者の雇用・就業の場の確保に関する総合的な法的整備を行う必要があるという枠組みの中で定年問題にも決着がつけられることになったわけで、こちらの地固めが法政策的に重要な意味を持った。

すでに上記第4次雇用対策基本計画において、1985年以降は60歳台層が大幅に増加することから、就業意欲の強い60歳台前半層を中心に実質的な就業の場の確保を図ることが強調されている。1980年に設置された高齢化社会問題懇談会[20]が1982年10月にまとめた「高齢化社会の雇用と生活－社

20）公労使20名、会長：隅谷三喜男。

288　第2部　労働市場法政策

会の活力維持へ向けて」は特に60歳台前半層に焦点を当て、同一企業グループ内での65歳までの雇用延長を望ましい方向であるとしつつ、併せて高齢者のための新しい労働市場の整備と円滑な引退への対応を求めている。

　前記雇用審議会答申第17号の末尾でもこの問題の検討の場の設置を求めており、これを受けて1983年6月、60歳台前半層雇用対策研究会[21] が設置された。同研究会は1984年4月に「65歳程度までの雇用延長の推進について」と題する第1回報告を、1985年5月には「高年齢労働者に関する需給調整機能の強化等について」と題する第2回報告を公表した。前者は、60歳台前半層の雇用の確保のためには同一企業あるいは同一企業グループ内における65歳程度までの雇用延長が望ましいとし、雇用延長は定年延長、再雇用、勤務延長、高齢者会社における雇用、短時間勤務制度の導入等多様な雇用形態により推進することが必要だとした。また後者は、高年齢労働者の需給調整機能の強化のため、公共職業安定機関、企業内の再就職援助、シルバー人材センターなどの充実強化が必要とし、また長期的視点に立った退職後の生活設計の援助にも言及した。これらは1986年改正の実質的な内容を準備するものであった。

　なお、1982年4月には労働省の組織改正により、失業対策部が廃止され高齢者対策部が設置された[22]。高齢者対策はそれまでは業務指導課中高年係が担当していたのであるから、二階級特進である。

(7)　1986年高齢法[23]

　1986年改正は形式は一部改正であるが、実質的には全く新しい法律を作ったのに等しい。すなわち、それまでの高年齢者雇用率制度を廃止し、60歳定年の努力義務とこれに関わる行政指導の根拠規定を設け、さらに雇用促進と退職後の就業機会に関する規定を盛り込んだ総合的高齢者雇用政策立法と

21）公労使10名、座長：氏原正治郎。

22）高齢者対策部には企画課、職業対策課及び失業対策事業課の3課が置かれた。高齢者対策は実質的に1課半というところである。

23）清水傳雄『高年齢者雇用安定法の解説』労務行政研究所（1986年）、白井晋太郎『高年齢者雇用対策の確立』労働法令協会（1987年）。

したのであり、その法的枠組みは現在にいたるまでほぼそのまま維持されている。

この立法化に向けて、労働省当局は宿題になっていた定年延長立法化問題とそれ以外の高齢者雇用就業問題を絡ませながら決着を図る連結二正面作戦をとった。前者については、答申第17号の「昭和60年頃に改めて検討」を受けて、1984年12月、雇用審議会定年延長部会[24]における審議を再開した。また、これと並行する形で、後者については1985年2月から中央職業安定審議会雇用対策基本問題小委員会[25]において審議を始めた。

雇用審議会では、定年延長問題を巡る対立図式の再燃を避けて、まず今後の高年齢者の雇用・就業問題についての基本認識をとりまとめることがめざされた。1985年6月の定年延長部会報告は、「21世紀を展望した今後の高年齢者の雇用・就業のあり方の方向としては、当面、65歳程度までは雇用・就業の場の確保が図られ」ることが適当とし、そのためには「同一企業又は同一企業グループにおいて継続して雇用・就業の場が確保されること」が望ましいとし、その「基盤として60歳定年を据え、60歳までは普通勤務雇用が継続されるようにするとともに、65歳程度までは多様な形態での雇用・就業の場の確保」を図るべきと述べている。60歳台前半層の多様な雇用就業形態の基盤としての60歳定年というロジックで問題の解決がめざされたわけである。

その後、具体的な立法化のあり方について議論が進められ、同年10月にはついに答申第19号がとりまとめられた。60歳定年の努力義務規定と公表を含む行政措置という組み合わせで労使の合意が得られたのである。同月、中央職業安定審議会も、60歳台前半層までを含めた継続雇用の推進、高年齢者の再就職の促進、定年退職後の就業の場の確保等について建議を提出した。労働省はこれらをもとに法案を作成、国会に提出し、1986年4月、成立した。

1986年改正により、まず法律の名称が中高年齢者等の雇用の促進に関す

---

24) 公労使各3名、部会長：氏原正治郎。

25) 公労使各3名、座長：氏原正治郎。

る特別措置法から高年齢者等の雇用の安定等に関する法律に変わった。実質的に新法である。そして長年の懸案であった定年延長の立法化問題に決着をつけ、「事業主は、定年を定める場合には、六十歳を下回らないように努める」旨の努力義務規定を設けた。これを実効あらしめるための行政措置規定として、定年引上げの要請、定年引上げ計画の作成命令、その適正実施勧告、さらには従わない場合の公表の規定を盛り込んだ。義務化を拒む使用者側の意向と、強制的規定を求める労働側の意向をぎりぎりのところで釣り合わせた法的技巧であった。

　なお、これに伴い、高年齢者雇用率制度は廃止され、60歳以上の高齢者の雇用率3％以上の事業主に対して支払われる多数雇用報奨金という名の助成金制度に代えられた。雇用率制度という、内部労働市場における定年引上げと外部労働市場からの雇入れの両面から高齢者雇用を進めようという政策手法は、規制的法政策としてはもっぱら内部労働市場政策たる定年引上げ政策に純化され、外部労働市場政策は助成的法政策に縮減された形である。これが再び転換を始めるのは、2000年になり、年齢差別禁止政策が浮上してくるようになってからである。

　再就職関係では、事業主に65歳未満の高齢者が離職する際の再就職援助の努力義務を規定するとともに、これを実効あらしめるために再就職援助計画の作成要請を規定した。また、定年退職者に対する退職準備援助の努力義務を設けるとともに、定年退職者等に対する就業機会の確保の規定を盛り込んだ。後者はシルバー人材センターの根拠規定である。

4　継続雇用の法政策

　その後、もっぱらシルバー人材センターにかかわる1996年改正を除き、高年齢者雇用安定法は1990年、1994年、2000年、2004年、そして2012年と繰り返し改正されてきている。これらはいずれも、65歳までの継続雇用をめざして少しずつ前進しようとするものであった。

　その背景にあるのは年金制度改革、とりわけ厚生年金の支給開始年齢を60歳から65歳に引き上げていく必要性であった。もともと、老後生活の所得保障という観点から、年金の支給開始年齢と退職年齢とは密接な関係があ

る。年金の支給が65歳からになるのであれば、65歳までの雇用確保が政策課題として重要になってくる。

　実は1985年の年金法改正により被用者にも非被用者にも共通の基礎年金が設けられ、被用者もその支給開始年齢は65歳とされたのだが、附則の暫定措置による特別支給という名目で引き続き60歳から支給が行われていたのである（女性については1987年から1999年まで段階的に60歳に引上げ）。

(1)　1990年高齢法改正（再雇用の努力義務）[26]

　継続雇用法政策の第1ラウンドは、1989年3月、厚生省が厚生年金の基礎年金部分の支給開始年齢を1998年から2010年まで3年ごとに1歳ずつ引き上げて65歳にするという改正法案を国会に提出したところから始まる。野党の反対で国会審議は進まず、自由民主党の高齢者雇用と年金に関するプロジェクト・チームは同年7月「65歳までの雇用確保に関する緊急提言」を発表し、「高年齢者雇用安定法を速やかに改正し、65歳までの雇用機会の確保を図る」べきとした。この状況を受け、労働省は同年10月、雇用審議会[27]に65歳までの雇用機会確保について法的整備も含めて諮問した。当然このときには、年金支給開始年齢の引上げが前提となっていた。ところが、年金法案そのものは、結局同年12月、支給開始年齢の引上げスケジュール規定を削除し、先送りすることで決着してしまった。後から駆けつけた労働省は梯子を外された格好になり、使用者側は法整備に強い反対を表明した。

　結局、事業主に対し、60歳以上の定年に達した労働者が再雇用を希望するときには65歳まで再雇用する努力義務を設け、公共職業安定所長の条件整備勧告を規定する形で法案を作成し、1990年6月成立を見たが、あまり大きな改正とはいえない。なお、高年齢者職業安定対策基本方針策定の根拠規定が設けられた。その間、中央職業安定審議会[28]の労働者側委員から、60歳定年を実現している企業は65歳までの再雇用努力義務を負うのに、60歳定年すら実現していない企業はこの努力義務を免れることになることが指摘

26）清水傳雄『高年齢者雇用対策の展開』労働法令協会（1991年）。

27）公労使30名、会長：大内力。

28）公労使各7名、会長：髙梨昌。

され、60歳定年の努力義務を義務規定に強化すべきだとの意見が出された
が、こちらの問題も先送りした。

　以上に並行して、1990年10月には長寿社会雇用ビジョン研究会[29]におい
て長寿社会雇用ビジョンを策定し、「65歳雇用システム」を提唱した。1993
年4月には65歳雇用システム研究会[30]の報告が出され、「65歳現役雇用シス
テム」が求められた。同年10月には高齢者雇用就業対策研究会[31]の報告が
出され、高齢期の新しい働き方が提唱された。

（2）　1994年高齢法改正（継続雇用制度の努力義務）[32]

　一方、1993年には年金改正が再び動き出した。同年10月には年金審議会
から「21世紀初頭には本格的な年金を支給する年齢は65歳からとするのが
大方の意見」とする意見書が出された。今度は労働省は厚生省と歩調を合わ
せて、同じ10月、雇用審議会[33]に対し、65歳までの雇用機会を確保するた
めの実効ある推進策を諮問した。同年12月には答申第23号が出された。ま
た、1986年改正に倣って、それ以外の高齢者雇用政策については中央職業
安定審議会雇用対策基本問題小委員会[34]で検討を行い、1994年1月、建議が
出された。

　今回は年金改正が大きな担保となり、労働側が要求する60歳以上定年の
法的義務化、65歳までの継続雇用制度導入努力義務と改善計画作成指示、
適正実施勧告という行政措置規定に加え、高年齢者に係る労働者派遣事業の
特例創設まで労使間で合意された。この法案は同年3月に国会に提出され、
同年6月に成立した。同年3月、厚生省も厚生年金の基礎年金部分の支給開
始年齢を2001年から2013年まで3年ごとに1歳ずつ引き上げて65歳にする
という年金改正法案を国会に提出し、同年11月、成立に至った（女性につ

29）公労使14名、座長：白井泰四郎。

30）学識者6名、座長：稲上毅。

31）公労使17名、座長：白井泰四郎。

32）七瀬時雄『高年齢者雇用対策の発展』労務行政研究所（1995年）。

33）公労使30名、会長：大内力。

34）公労使各3名、座長：小野旭。

いては2006年から2018年まで段階的に65歳に引上げ)。

　60歳定年問題についていえば、1970年代初頭の問題提起以来、20年あまりの紆余曲折の末、1994年に至ってようやく法的義務化という形で最終決着を見たことになる。なお、この部分は施行までの期間を長くとり、1998年4月に全面施行された。また高年齢者派遣特例は、結果的に労働者派遣事業のネガティブリスト化への道を開くものとなった。

　なお、これと併せて、雇用保険法も改正され、高年齢雇用継続給付が創設された。これは、65歳までの雇用継続を援助促進するため、賃金が60歳時点に比べて85%未満に低下した状態で働き続ける高齢者に対して賃金の25%を支給するものであり、財政面から継続雇用を推進しようとするものである。これまで雇用保険の資金を政策手段として使うのは事業主のみが負担する雇用保険3事業に限られていたが、これにより労使折半による失業等給付の一部を政策的給付に用いるというやり方が初めて導入された。政府は、雇用保険は雇用喪失に起因する所得喪失に対して給付を行うものであり、失業に加えて雇用の継続が困難となる事由をも保険事故として取り扱うことは制度の趣旨に合致すると説明したが[35]、現実に雇用保険財政が窮地に陥り対応を迫られた2003年改正では、支給要件を厳格化し、給付率を15%に下げた。

（3）　65歳現役社会の模索[36]

　1990年代には雇用政策の方向性が、それまでの内部労働市場中心の雇用維持政策から、外部労働市場にも再び軸足を置き、失業なき労働移動を目指す方向にシフトし始めた。高齢者雇用政策においても例外ではない。1994年改正による60歳定年の義務化が1つの転換点となり、その後いかなる方向を目指すべきであるのかが模索され始めた。

　1997年6月に出された65歳現役社会研究会[37]の「65歳現役社会の政策ビ

35）労働省職業安定局雇用保険課編著『改正雇用保険制度の理論』財形福祉協会（1995年）。

36）征矢紀臣『高年齢者雇用対策の推進』労務行政研究所（1997年）、渡辺信『高年齢者雇用対策の推進』労務行政研究所（1999年）。

37）学識者6名、座長：稲上毅。

ジョン−構築のためのシナリオと課題」は、年金支給開始年齢の引上げ時期が迫る中で、65歳現役社会の具体的な政策ビジョンとして、

① 60歳定年を基盤にした65歳までの継続雇用という政策体系の維持強化、

② 65歳定年制の実現、

③ 年齢に関係なく能力に応じて働くことのできるエージレス社会を目指す、

というシナリオを提示し、①では足りず、③は定年制の雇用保障機能がなくなることから国民的議論が必要だとして、②を基軸とすべきだとし、脱年功に向けた雇用管理の見直しを行うことで65歳定年制は可能だと主張した。内部労働市場型高齢者雇用政策のさらなる前進が説かれたわけである。

しかし、1999年10月に出された65歳現役社会政策ビジョン研究会[38]の「高齢者が参加する経済社会とそれに対応した労働市場の展望と課題−活力ある高齢化（アクティブ・エージング）の実現を目指して」は、公労使からなることもあってより現実的になり、「現時点においては、定年制・・・の性急な見直しを避けることが適当」としつつ、「向こう10年程度の間においては、個々の企業において、定年の段階的な引上げ、定年後の継続雇用制度、あるいは他企業への再就職斡旋等により、・・・何らかの形で65歳までの雇用を確保するよう努めることが必要」と、65歳定年制の主張も和らげられた。一方で、継続雇用のみでは65歳までの雇用確保はきわめて困難という状況認識から、「可能な限り雇用の中断が生じないような労働移動」「できるだけ早期の再就職」が必要だと外部労働市場にも軸足を移動し、この関係で「事業主に対して、労働者募集の段階における年齢制限の緩和を求めていくことも必要」と年齢差別禁止政策への接近を見せ始めた。

ほぼ同時期に策定された第9次雇用対策基本計画も、この政策の揺らぎを示している。一方で「向こう10年程度の間において、65歳に向けて定年年齢を引き上げていくことが必要」としながら、そのすぐ後で「65歳定年制の普及を目指しつつも、少なくとも、意欲と能力のある高齢者が再雇用又は他企業への再就職などを含め何らかの形で65歳まで働き続けることができることを確保」するとし、そのため「労働者募集の段階における年齢制限を

38）公労使17名、座長：神代和欣。

緩和していくことを求める」と両睨みのスタンスである。

(4) 2000年高齢法改正[39]

　こういういわば政策の混迷状態の中で、労働省は中央職業安定審議会雇用対策基本問題小委員会[40]で議論を開始し、1999年12月の建議を受けて法案を国会に提出し、2000年5月に成立した。そこにはいくつもの方向性が同時多発的に示されている。

　第1は内部労働市場法政策である。定年後の継続雇用の努力義務の規定が「定年の引上げ、継続雇用制度の導入又は改善その他の高年齢者の六十五歳までの安定した雇用の確保を図るために必要な措置」を講ずる努力義務に変わった。ここには65歳定年という方向性も含まれるが、定年制の廃止という方向性も含まれる。継続雇用は政策としての優先性を失い、1994年改正で導入された計画作成指示規定も削除された。

　第2は外部労働市場法政策である。条文上では目立たないが、再就職援助に係る規定の対象がこれまでの高年齢退職者から在職者も含む中高年齢者に拡大された。1976年に法律上から消えた中高年齢者が復活した形である。この背景には、1990年代半ば以降の厳しい雇用情勢の中で、特に中高年離職者問題の深刻さが指摘され、予算措置の上で中高年労働者対策が繰り出されていたことがある[41]。このことの含意は意外に大きい。

　もともと高年齢者が55歳以上の者とされていたのは、55歳定年が一般的であったからであった。その意味では、1994年改正で60歳未満定年が禁止された後になお高年齢者の定義を変えなかったことに疑問もある。しかしながら、逆に言えば、定年前であっても解雇や希望退職等によって離職する可能性がかなりあるのであれば、再就職援助の努力義務をかける意味は十分にあることになる。高年齢者を55歳以上の者のままにすること自体が暗黙のうちに、定年制の雇用保障機能を低く評価し、外部労働市場政策に若干シフ

39）厚生労働省職業安定局編『高年齢者雇用対策の推進』労務行政研究所（2001年）。

40）公労使各3名、座長：仁田道夫。

41）1999年6月の緊急雇用対策では、中高年求職者就職支援プロジェクト、中高年労働移動支援特別助成金といったメニューが並んでいる。

トする効果を持っていた。その対象を45歳以上の者まで広げるということ
は、このシフトをさらに進め、失業なき労働移動が中高年齢者にとって重要
な政策課題であることを明示するものといえる。

　この時点では法律上の規定とはならなかったが、法改正のもととなった
1999年12月の中央職業安定審議会[42]の建議「活力ある高齢社会の実現に向
けた高齢者雇用対策の確立について」では、「中高年齢者に係る募集時にお
ける年齢制限の緩和に向けた事業主の努力が促進されるよう、…指導、啓
発を推進する」という一節が盛り込まれており、改正法が施行された2000
年10月、労働省は求人年齢制限の緩和を事業主団体に働きかけた（雇政発
第17号「高年齢者雇用促進月間における求人年齢制限緩和に向けた事業主
団体等に対する働きかけについて」）。

5　継続雇用と年齢差別禁止の法政策[43]

　上述のように、1990年代からの高年齢者雇用法政策は、定年引上げと同
じく内部労働市場型の政策である継続雇用の推進が軸となって進んできた
が、2000年前後からは、再び外部労働市場に着目する政策として年齢差別
禁止政策が浮上してきた。これは法政策としては主として雇用対策法改正の
形をとるが、高齢者雇用安定法の中に顔を出すこともある。いずれにして
も、2000年代以降の高齢者雇用政策は、継続雇用と年齢差別禁止が螺旋状
に絡まり合いながら進められていく様相を呈している。

（1）　年齢差別禁止政策の浮上

　1990年代の末期、雇用における年齢差別の問題は労働省を超えて他の官
庁でも取り上げられ始めた。1999年7月に閣議決定された「経済社会のある
べき姿と経済新生の政策方針」では、「年齢にとらわれない経済社会」とい
う節で「定年制については、定年年齢になれば、意欲と能力にかかわらず雇
用契約を終了させるという側面を持つ一方で、その年齢までは概ね雇用が保

42）公労使各7名、会長：西川俊作。

43）濱口桂一郎「高齢者雇用政策における内部労働市場と外部労働市場」（『季刊労働法』
　　204号）。

障されるという制度であり、年功序列型の給与体系や昇進システムとも密接な関係がある。今後、個人の能力、貢献度に応じた賃金・処遇制度の普及状況等を踏まえながら、高齢者の雇用促進の観点から、年齢差別禁止という考え方について、定年制と比較し、検討していくことが求められる。その検討をも踏まえ、高齢者雇用対策を推進する」と明記された。これを受けて経済企画庁に設置された雇用における年齢差別禁止に関する研究会[44]は、2000年6月、中間報告を発表した。これは労働行政のように過去の経緯も労使の制約もないので、かなり思い切った議論を展開している。

　同報告は、今後は一企業だけでなく社会全体で雇用を保障していく必要があるとした上で、定年制の存在によって意欲と能力にかかわらず一律に雇用がそこで終了してしまう点、労働移動面では中途採用の年齢制限の存在のため中高年労働者の再就職が困難となっている点を指摘し、こういった年齢による一律の取扱いを改め、年齢による差別の禁止という手段を真剣に検討していく必要があるとする。その上で、賃金処遇制度を成果主義に変えることや新卒一括採用に代わる採用方法、さらには定年制以外の雇用調整手段として雇用保障の緩和も検討すべきだとする。なお、これは中間報告と題されているが最終報告は出されていない。

（2）　2001年雇用対策法改正（求人年齢制限緩和努力義務）

　労働省はこの時期、雇用維持から再就職促進へという雇用政策の方向転換の仕上げにかかっていた。中央職業安定審議会雇用対策基本問題小委員会[45]が2000年9月から議論を開始し、同年12月に報告をまとめ、それを受けて2001年の国会に提出された経済社会の変化に対応する円滑な再就職を促進するための雇用対策法等の一部を改正する等の法律案は、雇用対策法など5法を一括改正する内容であった。そのうち雇用対策法の改正の中に、事業主の責務として「事業主は、労働者がその有する能力を有効に発揮するために必要であると認められるときは、労働者の募集及び採用について、その年齢

44）学識者7名、座長：清家篤。

45）公労使各3名、座長：仁田道夫。

にかかわりなく均等な機会を与えるように努めなければならない」（第7条）という規定が盛り込まれた。これは前述の行政指導の延長であるとともに、年齢差別禁止を求める意見の高まりをも反映している。

　同法案は2001年4月に成立し、同年9月にはこの規定に基づき「労働者の募集及び採用について年齢にかかわりなく均等な機会を与えることについて事業主が適切に対処するための指針」が告示された。この指針では、まず原則として「労働者の年齢を理由として、募集又は採用の対象から当該労働者を排除しないこと」を求めるとともに、その基礎として「職務の内容、当該職務を遂行するために必要とされる労働者の適性、能力、経験、技能等の程度その他の労働者が応募するに当たり必要とされる事項をできる限り明示すること」を求めている。この考え方は、近代主義の時代における「職業能力と職種を中心とした近代的労働市場の形成」という政策思想を彷彿とさせるものがある。

　しかしながら、高齢者雇用政策においては他の雇用政策領域に比べると外部労働市場志向に舵を切り替えるのはそう容易ではない。そのことを示しているのがこの後に羅列された募集採用に当たって年齢制限することが認められる10の場合である。そのうち、

① 長期勤続によるキャリア形成を図る観点から、新規学卒者等である特定の年齢層の労働者を対象として募集及び採用を行う場合、

② 企業の事業活動の継続や技能、ノウハウ等の継承の観点から、労働者数が最も少ない年齢層の労働者を補充する必要がある状態等当該企業における労働者の年齢構成を維持・回復させるために特に必要があると認められる状態において、特定の年齢層の労働者を対象として募集及び採用を行う場合、

③ 定年年齢又は継続雇用の最高雇用年齢と、労働者がその有する能力を有効に発揮するために必要とされる期間又は当該業務に係る職業能力を形成するために必要とされる期間とを考慮して、特定の年齢以下の労働者を対象として募集及び採用を行う場合、

④ 事業主が募集及び採用に当たり条件として提示する賃金額を採用した者の年齢にかかわりなく支払うこととするためには、年齢を主要な要素とし

て賃金額を定めている就業規則との関係から、既に働いている労働者の賃金額に変更を生じさせることとなる就業規則の変更が必要となる状態において、特定の年齢以下の労働者を対象として募集及び採用を行う場合、の4つは、明らかに長期雇用、年功制を維持することとのトレードオフで一定の年齢差別を容認しようとするものであり、事実上雇用慣行を理由にした適用除外を全面的に容認している形となっている。このように年齢制限緩和の努力義務は、定年制の雇用保障機能を評価する内部労働市場法政策と年齢差別禁止を志向する外部労働市場法政策の間でその方向づけに悩みを示す形となっている。

　なお、同改正法施行により、年齢不問求人は1％台から16％台に増えたが、その後はむしろ減少気味で推移している。厚生労働省は2003年1月、年齢不問求人の割合を2005年度までに30％とする目標を掲げた（職発第0122001号「労働者の募集及び採用に係る年齢制限の緩和に向けた取り組みについて」）。

（3）　年齢にかかわりなく働ける社会の模索

　改正雇用対策法が成立した2001年4月、厚生労働省は年齢にかかわりなく働ける社会に関する有識者会議[46]とその下で専門的検討を行う年齢にかかわりなく働ける社会に関する研究会[47]を設置した。研究会は9回にわたり議論を行い、有識者会議に報告して、2002年6月、中間とりまとめを発表した。その後2003年1月にほぼそのまま最終報告となった。

　研究会でもっとも議論が対立したのはやはり年齢差別禁止の考え方を巡ってであった。報告は「年齢にかかわりなく働ける社会の実現のためには、年齢差別禁止というアプローチをとる必要があるという意見がある一方、年齢にかかわりなく働ける社会というのは雇用における年齢差別を禁止することとイコールではなく、人権保障政策的観点と雇用政策的観点とを区別すべきとの意見や、年齢に代わる基準が確立されていない中で年齢差別禁止という

46）公労使18名、座長：宮崎勇。

47）公労使13名、座長：樋口美雄。

手法を導入すれば、労働市場の混乱を招きかねないという意見があった」と述べ、この問題にはあえて決着をつけていない。しかしながら、定年延長・継続雇用方式と年齢差別禁止方式のいずれのアプローチをとるにせよ、年齢よりも能力を評価軸とする雇用システムの構築が重要であり、このためには、職務の明確化、企業横断的な能力評価システムの整備、能力・職務を重視した賃金・人事処遇制度の普及、多様な働き方の定着が大前提になるとする。そして、「これらの取組みを進めることが、学卒一括採用、年功処遇、定年退職といった日本の雇用システムのあり方を決定してきた年齢という要素の重要性を減少させるものであり、結果として、年齢にかかわりなく働ける社会により近づくこと」になると主張している。労働市場政策としては、雇用対策法の求人年齢制限緩和指針を年齢制限の見直しに向けた第一歩ととらえ、今後さらなる年齢制限是正への取組みを展開していくことが適当としている。

　かつて1970年代に定年延長が論じられた際には年功型賃金制度の是正が不可欠とされたが、その論点がより大きな枠組みで蘇ってきたようにも見える。今回は特に職務の明確化や能力評価システムといった問題がクローズアップされてきており、問題意識としては、近年の職業能力開発政策の転換と軌を一にするものがあるといえる。

（4）　2004年高齢法改正（継続雇用制度の部分義務化）

　厚生年金の基礎年金部分の支給開始年齢の段階的引上げが2001年に始まってからしばらくして、2003年4月には今後の高齢者雇用対策に関する研究会[48] が始まり、同年7月「今後の高齢者雇用対策について」と題する報告をまとめた。同報告は、法律による全般的な年齢差別禁止を行うことについては、採用、処遇、退職において年齢に代わる基準が確立されていない中で労働市場の混乱を招くことや、定年制の有する事実上の雇用保障機能が失われ、高齢者の雇用機会の確保にかえって悪影響を招くおそれがあるとして、現時点では適当でないとし、雇用確保策としては、「雇用と年金の接続を確

48）学識者6名、座長：諏訪康雄。

保し、少なくとも年金支給開始年齢となる65歳まではその雇用する労働者を年齢を理由としては離職させないというルールを作」ることが必要だとし、65歳への定年引上げか、希望者全員を対象とする継続雇用制度の導入を求めた。

この報告を受けて、厚生労働省は2003年10月から、労働政策審議会雇用対策基本問題部会[49]において、高齢者雇用対策についての審議を開始した。そして、翌2004年1月に「今後の高齢者雇用対策について」と題する建議が出された。そしてこれに基づいて高年齢者雇用安定法の改正案が2004年2月に国会に提出され、同年6月に成立した。

同法は、第8条の60歳未満定年の禁止規定は維持したまま、第9条の努力規定を義務規定に格上げし、65歳未満の定年の定めをしている事業主は、定年の引上げ、継続雇用制度の導入又は定年の廃止を行わなければならないこととした。ところが、2003年10月に坂口力厚労相がこの旨の発言をしたところ経営側が猛反発し、その結果、各企業の実情に応じ、労使の工夫による柔軟な対応がとれるよう、過半数代表との労使協定により継続雇用制度の対象となる労働者に係る基準を定めたときは、当該基準に該当する労働者を対象とする制度を導入することができることとされた（第9条第2項）。さらに加えて、事業主が労使協定をするため努力をしたにもかかわらず協議が不調に終わった場合には、継続雇用制度の対象となる労働者に係る基準を作成し就業規則等に定めたときは、当該基準に該当する労働者を対象とする制度を導入することを施行から一定期間認めた（附則第5条）。この一定期間は大企業は3年間、中小企業は5年間である。なお、この規定の施行は2006年4月とされており、対象年齢は厚生年金の基礎年金部分の引上げスケジュールに合わせて、2007年3月までは62歳、2010年3月までは63歳、2013年3月までは64歳と段階的に引き上げていくこととされた。

2004年改正法の施行に先立ち、同年11月に施行通達（職高発第1104001号）が出された。この中で継続雇用制度の対象となる高年齢者に係る基準の設定について労使協定で定めることとしているのは、継続雇用の対象者の選

49）公労使各6名、部会長：諏訪康雄。

定に当たっては、企業によって必要とする能力や経験等が様々であると考えられるため、労使間で十分に話し合い、その企業に最もふさわしい基準を労使納得の上で策定するという仕組みが適当であるとの理由からであるとし、その内容については、原則として労使に委ねられるものであるとしている。

　しかしながら、労使で十分に協議の上、定められたものであっても、事業主が恣意的に継続雇用を排除しようとするなど本改正の趣旨や、他の労働関連法規に反する又は公序良俗に反するものは認められないものであると釘を差している。適切でない例としては、具体的に、会社が必要と認めた者に限る（基準がないことと等しく、これのみでは本改正の趣旨に反するおそれがある）、上司の推薦がある者に限る（基準がないことと等しく、これのみでは本改正の趣旨に反するおそれがある）、男性（女性）に限る（男女差別に該当）、組合活動に従事していない者（不当労働行為に該当）などが挙げられている。逆に望ましい基準としては、意欲、能力等をできる限り具体的に測るものであることや、必要とされる能力等が客観的に示されており、該当可能性を予見することができるものであることが挙げられている。

（5）　2004年高齢法改正（年齢制限の理由明示義務）

　上記建議はまた、募集・採用時の年齢制限について、「個人の能力や適性にかかわらず年齢のみを理由として就職の機会を奪うもの」とし「本来は原則として禁止することが求められる」としながらも、「現在の労働市場においては未だに年齢を条件とする募集・採用慣行が多く見られること」から「直ちに禁止することは労働市場に混乱をもたらすこととなり困難」として、当面の措置として、募集・採用時の年齢制限に理由明示義務を課すことを求めた。

　これを受けて2004年改正では、事業主が労働者の募集・採用時に、やむを得ない理由により一定年齢（65歳以下）を下回ることを条件とするときは、求職者に対しその理由を示さなければならないとし、これに関して厚生労働大臣が事業主に報告を求めたり、助言、指導、勧告を行うことができることとした（第18条の2）。

　上記施行通達（職高発第1104001号）によると、やむを得ない理由として

認められるのは、上述の雇用対策法に基づく指針において年齢制限が認められている10の場合に限られ、しかも当該労働者の募集及び採用に係る事業主の具体的な事情を反映した理由を示す必要があり、書面又は電磁的記録によって行わなければならない。とはいえ、もとの指針が極めてゆるやかであり、雇用慣行を維持するためのものであればおおむね認められるようなものであることからすると、どの程度の効果があるかは必ずしも明らかではない。

この点については、野党の民主党が2003年7月に「労働者の募集及び採用における年齢に係る均等な機会の確保に関する法律案」を国会に提出している。その中で求職者の年齢を理由とする募集・採用における差別的な取扱いを禁止し、例外としては、芸術又は芸能の分野における表現の真実性の要請から特定の年齢階層に属する者が求められる場合、労働基準法等で特定年齢階層の者の就業が禁止・制限されている場合及び定年の定めをしている場合（に当該年齢未満の者に限ること）のみを認めている。厚生労働大臣は事業主に報告徴収、助言、指導及び勧告をすることができ、これに従わないときは公表するという規定まである。

（6）　2007年雇用対策法改正（年齢制限の禁止）[50]

このように、高齢者雇用政策の基本線はなお内部労働市場に視座を置いた定年引上げ政策以来の継続雇用の促進に置かれ、外部労働市場志向の年齢差別禁止政策は傍流的地位にとどまっていたが、2007年の雇用対策法改正によってこれまでの努力義務規定が法的な義務付け規定に格上げされ、年齢差別禁止政策の方向へさらに一歩進んだ。しかしそれは政治主導によるものであった。

もともと、この雇用対策法改正作業が労働政策審議会雇用対策基本問題部会[51]で進められていたときには、この問題は取り上げられていなかったのであるが、2006年12月に建議が出されて法案の立案作業に入ったところで、与党からこの問題が提起されてきたのである。すなわち、2007年1月、自由

50）濱口桂一郎「年齢差別」（『法律時報』2007年3月号）。濱口桂一郎「雇用対策法改正と年齢差別禁止」（『地方公務員月報』2008年3月号）。

51）公労使各6名、部会長：諏訪康雄。

304　第2部　労働市場法政策

民主党雇用・生活調査会[52]が「企業が労働者を募集・採用する際に、年齢による制限を原則禁止する方向で検討に入った」と報じられた。それによれば、現行雇用対策法の努力義務規定を禁止規定にし、就職氷河期に希望の職につけなかった年長フリーターや定年を迎えつつある団塊世代を念頭に、年齢差別による門前払いをなくすのが狙いだという。その後、自民・公明両党が雇用・労働問題に関する与党協議会の実務者会合を開き、企業が労働者を募集・採用する際の年齢制限を禁止することで合意し、通常国会に政府が提出予定の雇用対策法改正案で、現行の努力義務を禁止事項に改めることを厚生労働省に要請したとも報じられた。

　このため、厚生労働省が1月に労働政策審議会に諮問し答申を受けた法案要綱では建議に沿った規定であったにもかかわらず、同年2月に国会に提出した雇用対策法改正案においては、これまでの第7条を第10条として、「事業主は、労働者がその有する能力を有効に発揮するために必要であると認められるときとして厚生労働省令で定めるときは、労働者の募集及び採用について、その年齢にかかわりなく均等な機会を与えなければならない」との規定に改めている。努力義務から法的義務になるが、その適用される範囲を限定してショックを和らげようとしたわけである。

　同改正案は同年6月に成立したが、その際附帯決議で、例外事由は抜本的に見直し、必要最小限に限定することとされた。これを受けて厚生労働省が労働政策審議会に提示したのは、①長期勤続によるキャリア形成を図る観点から、若年者等を募集・採用する場合（経験不問に限り）、②技能・ノウハウ等の継承の観点から、特定の職種において労働者数が相当程度少ない特定の年齢層に限定して募集・採用する場合、③芸術・芸能の分野において表現の真実性等の要請がある場合、④60歳以上の高年齢者又は特定の年齢層の雇用を促進する施策の対象となる者に限定して募集・採用する場合、⑤労働基準法等の規定により年齢制限が設けられている場合、⑥定年年齢を上限として、当該上限年齢以下の求職者を期間の定めのない雇用契約の対象として募集・採用する場合、の6つの場合である。

52）会長：川崎二郎。

7月にこの省令が公布されたが、そこでは①について、期間の定めのない労働契約を締結することを目的とする場合に限り、かつ、当該労働者が職業に従事した経験があることを求人の条件としない場合であって学校、専修学校等を新たに卒業しようとする者と同等の処遇で募集及び採用を行う場合に限ると、大変厳しい限定がつけられているし、②についても、当該事業主が雇用する特定の職種に従事する労働者の年齢について、30歳から49歳までの範囲内において、5歳から10歳までの任意の幅で一定の範囲を特定した場合に、当該特定範囲の年齢層の労働者数が、当該特定範囲の幅と同一の幅でその両側に設定したそれぞれの範囲の年齢に属する労働者数のそれぞれの2分の1以下であることという厳格な条件がつけられ、かつ期間の定めのない労働契約を締結することを目的とする場合に限られている。

（7）　2012年高齢法改正（継続雇用制度の完全義務化）[53]

　2012年改正の源泉は2000年の年金法改正である。これにより、厚生年金の2階部分（報酬比例部分）についても、2013年から2025年まで（女性は2018年から2030年まで）段階的に65歳に引き上げることとされていた。その開始を目前に控えた2010年には再び継続雇用政策が動き始めた。同年11月、厚生労働省は今後の高年齢者雇用に関する研究会[54]を開始し、希望者全員の65歳までの雇用確保策と年齢に関わりなく働ける環境の整備について検討を始めたのである。

　2011年6月にとりまとめられた報告書では、ただちに法定定年年齢を65歳とすることは困難としつつ、当面の施策としては「希望者全員の65歳までの継続雇用」を掲げ、対象者選定基準制度は廃止すべきと明記した。さらに、勧告を行っても雇用確保措置を講じない場合に企業名の公表も検討すべきとしている。

　同年9月から労働政策審議会雇用対策基本問題部会[55]の審議が始まり、翌2012年1月に建議がされた。建議は研究会報告に沿って「雇用と年金を確実

53）濱口桂一郎「高年齢雇用法政策の現段階」（『季刊労働法』236号）。

54）学識者7名、座長：清家篤。

55）公労使各6名、部会長：大橋勇雄。

に接続させるため、現行の継続雇用制度の対象となる高年齢者に係る基準は廃止することが適当である」という結論に達しているが、いくつかの附帯的な記述がされている。

一つは「その際、就業規則における解雇事由又は退職事由（年齢に係るものを除く）に該当する者について継続雇用の対象外とすることもできるとすることが適当である（この場合、客観的合理性・社会的相当性が求められると考えられる）」という記述である。これは、内容的には確認的なものであり、こういう規定がなければ継続雇用の対象から外すことができないような性格のものではないが、それを法文上に明記することで経営側に安心感を与えるという政策意図があろう。またこれについて、「企業現場の取扱いについて労使双方にわかりやすく示すことが適当」とされている。

しかし、これでもなお経営側の基準廃止への反発が収まりきらなかったため、建議は「引き続き当該基準制度を維持する必要がある」、「新しい基準制度を認めるべき」との経営側意見を付記した上で、厚生年金の報酬比例部分の支給開始年齢の引上げスケジュールに従って、段階的に基準を廃止していくという妥協案で決着している。これは最終段階で急遽盛り込まれたものである。

これに続き、経団連の意見書で強く求められていた転籍先の拡大が示されている。これまで運用で認めていた親会社と子会社の間に加えて、「事業主としての責任を果たしていると言える範囲」として同一親会社の複数の子会社間、さらに子会社に当たらない関連会社との間にも拡大するということである。一方、連合が求めていた高年齢者雇用確保措置を導入しない場合における私法上の効力規定は盛り込まれず、指導に従わない企業に対する企業名の公表で妥結した。

同年3月改正法案が国会に提出され、8月に修正を加えて成立した。修正点は建議で記述された継続雇用の対象外とすることができる者の要件を指針（大臣告示）で示すというもので、同年11月に告示された指針では「心身の故障のため業務に堪えられないと認められること、勤務状況が著しく不良で引き続き従業員としての職責を果たし得ないこと等就業規則に定める解雇事由又は退職事由（年齢に係るものを除く）に該当する場合には、継続雇用し

ないことができる」と明記された。

(8)　有期継続雇用の特例

　2012年改正自体は使用者側の同意の下に行われたものであるが、同じ2012年に改正された労働契約法によって、有期契約を反復更新して5年を超えると無期契約に転換する権利が生じることから、両者を組み合わせると60歳以降1年契約の更新等で継続雇用していくと65歳で無期雇用に転換するのではないかとの危惧が高まった。

　ちょうど国家戦略特別区域法が2013年12月に成立し、これに基づき特定の高度専門労働者について無期転換の期限を5年から10年に延長するという法改正を行わなければならなくなった機会をとらえ、労働政策審議会労働条件分科会に有期雇用特例部会を設けるのと併せて、2014年1月には職業安定分科会に高年齢者有期雇用特別部会[56]を設け、両者一体で議論をすることとし、結局同年2月に、定年到達後継続雇用されている高齢者については無期転換申込権が発生するまでの通算契約期間に算入しないこととする旨の建議を行い、同年3月に専門的知識等を有する有期雇用労働者等に関する特別措置法案を国会に提出した。同法案は同年11月衆議院解散の寸前に成立した。同法の特例では、事業主が計画を作成し、厚生労働大臣の認定を受けることをその要件としている。

6　シルバー人材センター
(1)　高齢者事業団運動[57]

　1970年代以来高齢者雇用政策は、定年引上げと継続雇用という内部労働市場政策を中核とし、再就職促進という外部労働市場政策を周縁とする形で政策形成してきたが、これら通常の雇用労働とは異なる就業形態による高齢者の社会参加という問題意識に基づく政策も進められてきた。東京都の高齢者事業団運動から始まるシルバー人材センターは、労働法政策の中で雇用関

56）公労使各4名、部会長：岩村正彦。
57）小山昭作『高齢者事業団』碩文社（1980年）。

308 第2部 労働市場法政策

係でない就業形態を正面から取り込んだ数少ない事例である。

　1970年代に入り、東京都において、都民団体、労働団体、一般住民を始め特別区議会議長等から都議会に対して高齢者のための事業ないし施策を求める請願や要請が高まり、都議会各党議員による討論が活発化してきた。東京都は1973年9月、労働局を主管局として東京都高齢者就労対策協議会を設置して検討を開始し、1974年に高齢者事業団構想の骨子をまとめた。そして、同年6月、学界を始め商工団体、労働団体、高齢者団体、社会福祉団体等の代表による東京都高齢者事業団（仮称）設立準備会[58]を発足させた。そして、同年10月には東京都高齢者事業団設立発起人会を設け、同年12月には東京都高齢者事業団[59]の設立総会が開催された。

　設立準備会の都知事宛て提言は、一般の労働市場における雇用には適さず、かつ望まないが、さればといって単なる社会参加、健康の保持等のための仕事を求めるというだけではない高齢者の就労ニードが広汎に存在するとし、労働と社会福祉の中間にまたがる就労ニードの解決が求められるとした上で、高齢者の自主的な組織を作り、その能力と希望に応じた就労事業の確保を行うことが高齢者事業団の目的であると述べ、したがってそれは職業紹介事業ではなく、高齢者を主体とする仕事をする組織であるという。

　この提言に基づき、1975年2月、第1号のモデル地区事業団として江戸川区高齢者事業団が設立された。そしてその後続々と高齢者事業団が設立されていき、1985年までにほぼ都内全域をカバーするに至った。さらに、この運動は東京都を超えて全国に波及していった。すでに1975年に伊丹市と姫路市に、1976年には高知市に設立され、1980年には100団体を突破した。その中で全国的連携が提案され、交流会が繰り返されたのち、1979年全国高齢者事業団連絡会議準備会[60]が設けられた。

　なお、東京都の設立準備会からのち、つねにこの運動の象徴的リーダーとして大河内一男がいたことは、この事業に国が関与し、法制化されていく上で重要な役割を果たしたと思われる。

───────────

58）会長：大河内一男。

59）会長：大河内一男。

60）会長：大河内一男。

（2） シルバー人材センター

　労働省は当初、従来の失業対策事業の弊害を憂慮し、高齢者事業団の事業には関与しない方針であったが、1979年に至って政策を転換し、積極的に関与する方向に転じた。

　労働省は1980年度から高齢者に対する任意就業機会を提供する団体への補助を内容とする高年齢者労働能力活用事業の予算要求を行ったが、当時すでに国の財政事情は厳しく、新規補助金は強く抑制されており、予算折衝は難航し、竹下登蔵相と藤波孝生労相の大臣折衝によってようやく創設にこぎ着けた。また、厚生省との関係でも問題となったが、労働力の新たな需給システムとして労働政策に位置づけられた。なお、この予算折衝の過程で、補助対象団体の名称について議論があり、竹下・藤波会談で「シルバー」に決定されたと伝えられている。

　こうして、国の予算措置としてシルバー人材センター事業が開始されると、さらに全国的に設立気運が高まり、1985年には260団体を超え、全国主要都市のほとんどに設立された。会員数も12万人を超えた。連絡協議会も1982年7月、全国シルバー人材センター協議会[61]に改組された。

（3） シルバー人材センターの法制化[62]

　この中で、東京都高齢者事業団時代からの課題であるシルバー人材センターの法制化が、繰り返し要望され、決議されている。労働省でも1983年から具体的な検討を開始し、1986年高齢法改正の一環として実現することになるが、全国シルバー人材センター協議会でも数十万人の署名を集めて国会への強力な要請活動を行った。

　1986年改正によってシルバー人材センターは法律上に位置づけられた。ただ、東京都高齢者事業団以来のこの運動の思想的側面を考えれば、どちらかといえば周辺的な業務によって法律上に位置づけられた感がある。すなわち、自立自助、協働共助というスローガンを掲げ、労働政策と福祉政策を架

---

61) 会長：大河内一男。
62) 長勢甚遠『シルバー人材センター』労働行政研究所（1987年）。

橋するこの運動を、高年齢者雇用安定法上は高年齢者の労働力需給調整機能の一端を担うものとして、それゆえに指定法人として位置づけた。具体的には、シルバー人材センターは、雇用によらない臨時的かつ短期的な就業の機会を確保、提供するとともに、臨時的かつ短期的な雇用について無料職業紹介事業を行う指定法人として規定したのである。

しかしながら、運動の趣旨に合致するような法制化をしようとすれば、既存の雇用関係を前提とする労働法体系とは別個の法体系を確立しなければならず、当時の状況下ではきわめて困難であった。ややご都合主義的な手法ではあるが、シルバー人材センターを社会的に認知されたものとしたいといういわば情緒的な法制化要望に応える上では、有効なやり方であったといえるかも知れない。

なお2000年改正では、それまでの「臨時的かつ短期的」な就業・雇用に加え、「その他の軽易な業務に係る」就業・雇用が業務に含まれることとなった。これは日数の制限をなくす代わりに就業時間を短くするもので、おおむね週20時間以内とされている。具体的には教室や家庭における教授、家庭生活支援、自動車運転などが例示されている。

（4） 労働者派遣事業・有料職業紹介事業への拡大

その後の2004年改正では、シルバー人材センターが届出により構成員のみを対象に一般労働者派遣事業を行うことができる旨の規定が設けられた。もともと、シルバー人材センターは雇用ではない形態での就業を前提とするものであったが、高年齢者雇用安定法において無料職業紹介事業を届け出て行うことができることとされていた。その意味では非雇用と雇用の双方にまたがる就業をカバーする形にはなっていた。しかしながら、実際には就業先の指揮命令を受ける就業形態であるにもかかわらず職業紹介の形態によらず請負の形態をとることが多かった。これが労働災害の関係で問題を生ずることもあった。そこで、1999年8月、シルバー人材センターの新しい発展方向についての懇談会[63]は、無料職業紹介事業の強化とともに登録型労働者派遣

63）学識者5名、座長：髙梨昌。

事業の実施を提言していた。2004年改正による労働者派遣事業への進出は、さまざまな就業形態による高齢者の就業機会の確保の一環として位置づけられているが、雇用と非雇用の境界領域の作業を実施しているシルバー人材センターに対し、とりうる契約形式の選択肢を増やすという意味があるであろう。

さて、シルバー人材センターができたときには、日本の法人制度は営利法人と公益法人に分けられ、営利でも公益でもない中間法人は特別法がなければ設立できなかったが、2006年に公益法人制度改革が行われ、それまでの公益法人は原則一般社団法人か一般財団法人となり、特に公益が認められるものだけが公益社団法人や公益財団法人となることとされた。もともとシルバー人材センターは、公益というよりも会員の共益を図るものであり、公益法人との位置づけにやや無理があったとも言える。この改革に伴う改正で、シルバー人材センターは一般社団法人または一般財団法人から指定することと規定された。

おそらくこれによって、「公益性」という縛りがなくなったことが背景にあるのであろうか、2008年11月に提出された労働者派遣法改正案において、シルバー人材センターが厚生労働大臣に届け出て、有料職業紹介事業を行うことができる旨が規定された。この改正案は廃案となったが、2010年4月に民主党政権下で提出された同法改正案においても同じ規定が設けられており、その形で2012年3月に成立した。

規定ぶりは、シルバー人材センターによる「届出」を「許可」と見なして有料職業紹介事業に係る法令を適用することとされている。無料職業紹介事業については、職業安定法上原則許可制とはいえ、学校や各種協同組合など届出制の団体も多いが、有料職業紹介事業について届出制としている例は他になく、規制の均衡という点でいささか問題を孕んでいる。

なお、2012年に健康保険法上の被扶養者であるシルバー人材センター会員の就業中の負傷が健康保険法の給付を受けられないことが社会問題となり、厚生労働省は急遽健康保険と労災保険の適用関係の整理プロジェクトチームを設置して検討を行い、同年10月のとりまとめにおいて、健康保険における業務上外の区分を廃止し、シルバー会員やインターンシップ等の請

負でも労災保険の対象とならない場合は健康保険の対象とするとしつつ、特にシルバー人材センターについて「一般企業や公共機関から受注している作業を中心に、可能なものは全て、労災保険が適用される「職業紹介事業」や「労働者派遣事業」による就業への転換を進めていくよう指導する」とされた。

2015年労働者派遣法改正は、特定派遣事業の届出制をなくし、すべて許可制とする改正であるが、シルバー人材センターは引き続き唯一の届出制派遣事業として残されている。こちらも規制の均衡という点でいささか問題を孕んでいると言えよう。

(5) シルバー人材センターの機能強化

2015年6月の生涯現役社会の実現に向けた雇用・就業環境の整備に関する検討会[64] 報告は、65歳以降も働く意欲のある高齢者が生涯現役で活躍し続けられるような雇用・就業環境を整えていくべきとし、その一環としてシルバー人材センターの機能強化策として、介護・保育支援等の福祉サービス分野への職域拡大や、臨時・短期・軽易という3要件を緩和することなどを提起している。

これを受けて同年10月から審議した労働政策審議会雇用対策基本問題部会[65] は同年12月に建議を行った。シルバー人材センターの機能強化については、取扱業務に係る要件の緩和（週40時間までの業務を可能とする）を求めつつ、民業を不当に圧迫することのないよう、①職業紹介事業及び労働者派遣事業に限って実施すること、②都道府県知事が対象となる業務の範囲や地域を指定して可能とすること、③要件緩和に係る地域関係者の意見を聴取し、国の関与を必要とすること、④指定解除が可能なこと、といった措置を必要としている。これを受けて2016年1月には雇用保険法等改正案の一部として国会に提出され、同年3月に成立した。

64）学識者8名、座長：清家篤。

65）公労使各6名、部会長：阿部正浩。

第2節　障害者雇用就労法政策[66]

1　障害者雇用率制度の展開

(1)　障害者雇用政策の前史

　日本の障害者雇用政策は戦前の傷痍軍人対策に始まる。傷痍軍人の雇用問題は日華事変勃発当初は極めて憂慮される状況で、政府は諸外国の身体障害者強制雇用制度を調査し、制度の実施の準備を整えた。しかし、日華事変拡大とともに労働力不足が顕著になり、雇用主も身体障害者は召集がないため健常者よりも好ましいという理由で雇用する傾向も見られ、必要性が感じられなくなったため、遂に立法化は行われず、もっぱら雇用主の愛国的道義心に訴えて、傷痍軍人の雇用を勧奨するにとどまった。政府自らも極力傷痍軍人を雇用する旨、1939年4月閣議決定している。

　戦後1949年に身体障害者福祉法が制定され、広く身体障害者に対し医療、生活相談、更生訓練を行う体制を整備した。1952年5月、労働省は身体障害者雇用促進中央協議会を設置するとともに、身体障害者職業更生援護対策要綱を策定し、職業斡旋確保、職業補導訓練の強化、雇用の勧奨等の措置を講ずることとした。

　戦後も、政府自らが民間雇用主に率先して身体障害者の雇用に積極的に取り組むべきとの考え方から、1952年6月の次官会議申合せで、公共職業安定所に登録した身体障害者の中からできる限り採用することを申し合わせ、1953年2月には閣議決定により、行政制度改革に伴う欠員不補充においても、身体障害者の採用による欠員補充は認めることとした。

(2)　身体障害者雇用促進法（努力義務時代）[67]

　障害者雇用法制はまず野党法案として、1959年3月、参議院社会党から身体障害者雇用法案が提出された。これは、身体障害者の都道府県知事への登

66）永野仁美・長谷川珠子・富永晃一編『詳説障害者雇用促進法』弘文堂（2016年）、濱口桂一郎「障がい者雇用就労の法政策」（『季刊労働法』229号）。

67）堀秀夫『身体障害者雇用促進法解説』労働法令協会（1961年）。

録制度、身体障害者に特に適する職種（指定職種）への一定率の雇用義務、雇用率は3％（国、地方公共団体及び公法人は5％）、身体障害者の妻2人を雇用すると雇用義務1人分に換算、雇用義務を履行しない者には警告を付して履行を督促、期限内に履行されないときは身体障害者を指名して強制的に雇用契約を締結、身体障害者の解雇には労働大臣又は都道府県知事の承認を要し、承認には正当な理由が必要、身体障害者の賃金は特に低能力の場合を除き通常賃金の8割以上とし、低能力の場合国が差額を支給、身体障害者への職業訓練や作業設備費用は国が補助、等と包括的な規定ぶりとなっていた。

　これに対して政府も翌1960年2月に身体障害者雇用促進法案を提出し、1960年7月に初めての障害者雇用法制として身体障害者雇用促進法が制定された。この法律により雇用率制度が導入されたが、一般事業主については努力義務にとどまり、ただ公共職業安定所長が事業主に対し身体障害者雇入れ計画の作成を命令しうるとされた。国、地方公共団体及び特殊法人は義務であり、任命権者は雇用率以上となるよう、採用計画を作成しなければならない。このときの雇用率は民間事業所は現場的事業所1.1％、事務的事業所1.3％、官公庁は現業的機関1.4％、非現業的機関1.5％であった。

　なおその他、身体障害者であることのみを理由として採用対象としない求人申込みの不受理、訓練を受ける障害者に対する訓練手当の支給等も規定された。

　ところで法制定当時は、1955年のILO身体障害者職業更生勧告（第99号）で精神薄弱者も身体障害者に当たるとしていることからそのように考えられていたが、精神薄弱者は判定が困難として雇用率から外されていた。ところが、1960年に精神薄弱者福祉法が制定されたことで、精神薄弱者は身体障害者に含まれず、両者併せて心身障害者という考えが有力になった。その間、法に基づき設置された身体障害者雇用審議会においては精神薄弱者への雇用率適用問題が長く審議されたが、判定方法や適職選定の問題から困難という判断が続いた。なお、1970年5月には議員立法として心身障害者対策基本法が制定されている。

（3） 1976年改正（身体障害者の雇用義務化）[68]

　日本の障害者雇用法制に大きな時期を画したのは1976年5月の改正である。これにより事業主の身体障害者雇用が努力義務から法的義務に強化されるとともに、これを経済的側面から裏打ちする雇用納付金制度が創設された。

　まずこれまでの努力義務を改め、事業主は常に一定率以上の身体障害者を雇用していなければならないこととした。その際、これまでの事業所単位から企業単位に適用することとされた。これは同時に改正された中高年齢者職種別雇用率制度から高年齢者雇用率制度への変化と同じである。雇用率は民間企業については1.5％に引き上げられ、官公庁も現業機関1.8％、非現業機関1.9％に引き上げられた。厳密に言うと、一定の「雇用関係の変動がある場合」に義務が発生するのであるが、それは事業主の意思によって生ずる行為、即ち採用と解雇の際であって、労働者の任意退職や定年退職等は含まれない。雇用義務の実効を確保するために最も重要なのは後述の納付金制度であるが、対象は限定されている。雇用率未達成企業に対しては、身体障害者雇入れ計画の作成を命ずることができ、必要があればその適正実施勧告をし、さらにそれに従わない場合には企業名を公表するという制裁措置も規定されている。また、一律の雇用率を適用することになじまない性質の職種があるという理由で、除外率制度が導入された。

　特に注目すべきは身体障害者雇用納付金制度である。これは、身体障害者の雇用には健常者の雇用よりも経済的負担を伴うことから、雇用義務を誠実に履行している事業主と履行していない事業主では経済的負担のアンバランスが生じ、事業主間の不公平感も見られることに基づき、身体障害者の雇用は事業主が共同して果たしていくべき責任であるとの社会連帯責任の理念に立って、事業主間の身体障害者雇用に伴う経済的負担を調整するとともに、身体障害者を雇用する事業主に対する助成、援助を行うために設けられた。

　具体的には雇用率（1.5％）未達成企業から納付金（1人当たり月額3万円）

68）遠藤政夫『新しい身体障害者雇用促進法の早わかり』国際労働経済研究所（1976年）、望月三郎『改正身体障害者雇用促進法の解説と手続』労務行政研究所（1976年）、遠藤政夫『身体障害者雇用促進法の理論と解説』日刊労働通信社（1977年）。

316 第2部 労働市場法政策

を徴収するとともに、雇用率を超えている企業に調整金（1人当たり月額1.4万円）を支給し、さらに身体障害者雇用のための施設設備の設置整備にさまざまな助成金を支給するものである。これにより、障害者雇用政策は自前の財源を持つ完結した政策体系となり、他の雇用政策からの独立性を強めた。なお、この時の納付金業務の実施主体は雇用促進事業団とされ、これとは別に身体障害者雇用促進協会が設立された（1984年に納付金業務が雇用促進事業団から身体障害者雇用促進協会に移管された[69]）。

このほか、重度身体障害者については1人雇用すれば2人雇用したものとみなすダブルカウント制度や、法定雇用率未達成企業の公表制度、障害者を解雇する際の届出制度も導入された。

精神薄弱者についてはこの時点では雇用率や納付金制度の対象とすることは困難とされたが、ただ他の措置の対象とはされ、また雇用されている精神薄弱者は身体障害者と見なして納付金を減額するとともに助成金を支給する等の措置が執られた。

（4） 1987年改正（精神薄弱者への雇用率適用）[70]

次の大きな改正は1987年の改正である。これにより法制定時からの課題であった精神薄弱者に対する雇用率適用問題に一定の進展が見られた。

1981年の国際障害者年を契機にこの問題が再び検討され始めたが、1984年に納付金業務の移管の法改正がされた際に、国会の附帯決議で精神薄弱者の雇用率適用問題の検討を進めるよう求められたことから、労働省は同年5月に精神薄弱者雇用対策研究会[71]を設けて検討を進めた。しかし1985年6月の報告書は雇用率制度適用については賛否両論を紹介するにとどめ、最終的な結論は身体障害者雇用審議会[72]に委ねた。身体障害者雇用審議会は1986

69）加藤孝『障害者雇用対策の新たな展開』労務行政研究所（1984年）。

70）白井晋太郎『障害者雇用対策の理論と解説』労務行政研究所（1987年）、若林之矩『障害者雇用対策の新展開』労務行政研究所（1993年）、七瀬時雄『障害者雇用対策の理論と解説』労務行政研究所（1995年）。

71）学識者9名、座長：三沢義一。

72）公益8名、労使各4名、障害者4名、会長：白井泰四郎。

年7月に意見書を提出した。そこでは精神薄弱者については雇用義務は課さないが、雇用率制度上実雇用率の算定に当たりカウントするとともに、調整金、報奨金の支給対象に加えることとされた。

これに基づき1987年6月に法改正が行われ、法律自体が身体障害者雇用促進法から障害者の雇用の促進に関する法律に変わり、対象を精神薄弱者、精神障害者を含むすべての障害者に拡大した。もっとも雇用率適用上カウントされるのは身体障害者と精神薄弱者のみで、精神障害者は適用対象外である。この年、雇用率は1.6％に引き上げられた（国・地方公共団体は現業1.9％、非現業2.0％）。

なお、この改正では既に通達レベルで認められていた特例子会社制度を法律上に明記した。これにより、一定の要件を満たした子会社で雇用されている障害者を親会社で雇用されているものとみなして雇用率に算定することができる。また、1983年のILOの障害者の職業リハビリテーション及び雇用に関する条約（第159号）を踏まえて、それまでの職業紹介、職業訓練等の規定を職業リハビリテーションとして位置づけなおした。

その後、1992年の改正で重度障害者を短時間雇用する場合にも雇用率制度及び納付金制度を適用するとともに、重度精神薄弱者についても二人分にダブルカウントできることとするなどした。

（5）　1997年改正（知的障害者の雇用義務化）[73]

1987年改正に続く雇用率制度の枠組みの見直しは1997年4月に行われた。まず、障害者雇用問題研究会[74]が1996年4月に設置され、同年8月に報告書をまとめた。これを受けて障害者雇用審議会[75]で議論がなされ、翌1997年1月に意見書がとりまとめられ、同年4月に法改正に至った。

これにより、身体障害者雇用率は障害者雇用率に改められ、身体障害者又は知的障害者（精神薄弱者を改称）である労働者が障害者雇用率相当数以上でなければならないことになった。知的障害者は雇用義務はないが身体障

73）征矢紀臣『障害者雇用対策の理論と解説』労務行政研究所（1998年）。

74）座長：三澤義一。

75）公益8名、労使各4名、障害者4名、会長：三澤義一。

318　第2部　労働市場法政策

者としてカウントされるというのではなく、知的障害者として雇用義務が正面から課せられるようになったわけである。これで長きにわたる知的障害者問題に最終決着がつけられた。ちなみに、厚生省関係の法律で精神薄弱者の呼称が知的障害者に変わったのは2008年9月の法律によってであるので、雇用政策は一歩先んじたことになる。なおこの年、雇用率は1.8％に引き上げられた（国・地方公共団体は2.1％、但し一定の教育委員会は2.0％）。

2　精神障害者等への適用

（1）　2002年改正

　残された問題である精神障害者については、2000年代に少しずつ前進が試みられた。

　2001年8月の精神障害者の雇用の促進等に関する研究会[76]報告「精神障害者に対する雇用支援施策の充実強化について」は、精神障害者の雇用義務制度について、採用後精神障害者の実態把握、プライバシーに配慮した把握・確認方法の確立、本人の意思に反して雇用義務制度の対象とされる「掘り起こし」の防止といった課題を指摘した。

　同年11月に障害者雇用問題研究会[77]が発表した「今後の障害者雇用施策について」では、「精神障害者も雇用義務制度の対象とする方向で取り組むことが適当と考えられるがそのためには雇用支援施策の積極的展開と拡充を図りつつ、その実績を周知することにより、当事者を含む関係者の十分な理解を得るとともに、対象とする精神障害者の把握・確認方法の確立、採用後精神障害者を含む精神障害者の実態把握等制度適用に必要な準備を的確に講じるべきであり、関係機関・組織の十分な連携の下に、こうした課題を解決するための取組を図ることがまず必要である」とした。

　これを受けた2002年4月の改正では、障害者雇用促進法上に精神障害者の定義規定を設け、精神障害者が施策の対象であることが明確化された。その際、衆参両院において「精神障害者に対する障害者雇用率制度の適用につ

76）学識者13名、座長：岡上和雄。
77）学識者12名、座長：保原喜志夫。

いては、雇用支援策の展開を図り、関係者の理解を得るとともに、人権に配慮した対象者の把握・確認方法等の確立を早期に解決し、実施されるよう努めること」との附帯決議が行われた。

なお同改正では併せて、特例子会社制度の要件を緩和し、企業グループ単位での雇用率適用を可能とするとともに、ノーマライゼーションの理念から除外率制度を原則廃止した。

（2） 2005年改正（精神障害者への雇用率適用）

上記附帯決議を受けて開かれた精神障害者の雇用の促進等に関する研究会[78] の2004年5月の報告「精神障害者の雇用を進めるために－雇用支援策の充実と雇用率の適用」は、将来的には精神障害者を雇用義務制度の対象とすることが考えられるとしながらも、現段階ではその前提として雇用環境を改善する必要があるとし、本格的実施の前に何らかの形で雇用を奨励し、精神障害者を雇用している企業の努力に報いるような形をとることが適当として、精神障害者を雇用すれば実雇用率に算定することとするとともに、納付金制度の取扱いも身体障害者、知的障害者と同様とすることを提案した。これは上記1987年改正における知的障害者の取扱いと同じものであり、雇用義務化に至るまでのいわば過渡的な制度ということができる。

なお、精神障害者を実雇用率に算定する際の対象者の把握・確認方法については、精神障害の特性を踏まえ、本人の意に反した雇用率の適用が行われることのないよう、プライバシーに配慮して公正かつ一律性を保った判定を行うため、専門家からなる第三者機関によって行われるべきことや、便宜上精神障害者保健福祉手帳の所持をもって把握・確認することが適当としている。精神障害者雇用の問題は、労働安全衛生法政策におけるメンタルヘルス不全の問題とも関連するし、健康情報として特に機微な個人情報でもある。

これと同年4月の障害者の在宅就業に関する研究会[79] の報告書を受けて、2004年6月から障害者雇用問題研究会[80] が開催され、同年8月に報告書をま

78）学識者19名、座長：高橋清久。
79）学識者11名、座長：諏訪康雄。
80）学識者12名、座長：諏訪康雄。

320　第2部　労働市場法政策

とめた。その後同年9月から労働政策審議会障害者雇用分科会[81] において審議が進められ、12月に意見書が提出された。翌2005年2月には障害者雇用促進法の改正案が国会に提出され、審議の結果同年6月に成立した。

　これにより、まず障害者雇用率制度の適用に当たって、精神障害者（精神障害者保健福祉手帳所持者）である労働者及び短時間労働者を各事業主の雇用率の算定対象とすることとなった。短時間労働者は1人をもって0.5人分と計算する。なお、法定雇用率の1.8%は変わらない。また、障害者雇用納付金制度の徴収額、調整金・報奨金の支給額の算定に当たっても、これと同様に取り扱うことになる。

　また、通勤等移動に制約を抱えたり、健康上の理由から企業での勤務に耐えられない障害者にとって、多様な働き方の選択肢が準備されることが重要で、雇用によらない在宅就業や雇用される在宅勤務などの推進を図るべきとの考え方に基づき、自宅等において就業する障害者（在宅就業障害者）に仕事を発注する事業主については、障害者雇用納付金制度において、特例調整金・特例報奨金の支給を行うこととなった。事業主が、在宅就業障害者に対する支援を行う団体として厚生労働大臣の登録を受けた法人（在宅就業支援団体）を介して在宅就業障害者に仕事を発注する場合も同様である。

(3)　2008年改正

　2008年改正は精神障害者に関わるものではなく、短時間労働への雇用率の適用と中小企業への適用拡大が中心であった。

　厚生労働省は2006年7月から多様な雇用形態等に対応する障害者雇用率制度の在り方に関する研究会[82] と中小企業における障害者の雇用の促進に関する研究会[83] 等を開催し、2007年8月にそれぞれ報告書を取りまとめた。

　第1の報告書は、まず、短時間労働は障害者の就業形態の選択肢の一つとして有効な面があり、福祉的就労から一般雇用へ移行していくための、段階的な就業形態としても、有効との観点から、障害者雇用率制度において、週

81）公益8名、労使各4名、障害者4名、分科会長：諏訪康雄。

82）学識者11名、座長：岩村正彦。

83）学識者12名、座長：今野浩一郎。

所定労働時間が20時間以上30時間未満の短時間労働についても、雇用義務の対象としていくこと、具体的には、雇用義務の基礎となる労働者数及び雇用している障害者数の算定において、短時間労働者も加えることを提起している。そのさい、0.5カウントとして算定することが適当としている。

また派遣労働についても、福祉的就労から一般雇用への移行等に関して、そのチャンネルの一つとして機能することが期待されるとして、実際に働く場所となる派遣先が、障害者である派遣労働者の受入を前向きに考えることが不可欠であることと、派遣元事業主に障害者の雇用義務があることを前提であることから、1人の障害者である派遣労働者について、派遣元事業主及び派遣先においてそれぞれ0.5人分ずつと算定することを提起していた。

第2の報告書は、まず、中小企業において障害者の雇用機会を拡大していくためには、職務の分析・再整理を通じて仕事を切り出す（生み出す）ことが重要であるが、中小企業においては、個々の企業では障害者雇用を進めるのに十分な仕事量を確保することが困難な場合もあるとして、事業協同組合等を活用して、複数の中小企業が共同して障害者の雇用機会を確保するような仕組みについて、今後検討を進めていくことが必要と述べている。

また、障害者雇用納付金制度においては、300人以下の規模の中小企業は障害者雇用納付金の徴収対象となっていないため、障害者雇用調整金が支給されず、障害者を4％又は6人のいずれかを超えて雇用している場合に支給される報奨金を受けている中小企業はごくわずかという状況を問題視し、法定雇用率を超えて障害者を雇用している中小企業と法定雇用率を達成していない中小企業との間の経済的負担の不均衡を調整していくためにも、300人以下の規模の中小企業についても、障害者雇用納付金制度の適用対象、すなわち、障害者雇用納付金を徴収し、障害者雇用調整金を支給する対象とすることを提起した。

これら報告書を受けて同年8月から労働政策審議会障害者雇用分科会[84]において審議が始まったが、派遣労働者について派遣元と派遣先で0.5人分ずつと算定する点が消えてしまった。同年12月にとりまとめられた労働政策

84）公益6名、労使各5名、障害者4名、分科会長：今野浩一郎。

322 第2部 労働市場法政策

審議会の意見書は、短時間労働を雇用義務の対象とし、具体的には雇用義務の基礎となる労働者数に短時間労働者を加えるとともに、雇用している障害者数に短時間労働者を加え、その際短時間労働者及び短時間労働の重度以外の障害者については0.5人分にカウントすることとしている。これに対して派遣労働については、「障害者の派遣労働に関して、派遣元事業主と派遣先の双方がともに配慮すべき事項、あるいは、いずれかが配慮すべき事項について、明確化」することとが求められただけで、雇用率については「障害がある派遣労働者が働くためには、派遣先が受け入れることが必要であり、派遣先に一定のインセンティブを与えることも考えられるが、現時点では、派遣労働に対する障害者の理解やニーズの動向を慎重に見極める必要がある」と消極的である。

　中小企業についてはほぼ研究会報告の通りで、事業協同組合等において障害者を雇用する場合に雇用率制度を適用することとするほか、納付金制度の適用拡大については具体的に、企業規模101人以上の中小企業に雇用納付金制度を適用して経済的負担の調整を行うこと、ただし当初は201人以上規模の企業から対象にすることとしている。また、十分な期間、納付金と調整金の額を減額することとしている。

　注目すべき点として、意見書の中に「障害者権利条約の締結に向けた検討」という項目がおかれ、差別の禁止ととりわけ合理的配慮の提供について、「十分な議論が必要であることから、労使、障害者団体等を含めて、考え方の整理を早急に開始し、必要な環境整備などを図っていくことが適当」と述べており、後述の障害者差別禁止法政策が提示されている。

　翌2008年2月に労働政策審議会に改正案要綱を諮問し、その答申を得て、厚生労働省は同年3月、法改正案を国会に提出した。同法案は同年12月に成立した。納付金制度の中小企業への適用拡大については、2010年7月から201人以上企業に、2015年7月から101人以上企業に拡大された。

（4）　障害者の範囲在り方研究会

　2010年6月に「障害者制度改革の推進のための基本的な方向について」が閣議決定され、「障害者雇用促進制度における「障害者」の範囲について、

就労の困難さに視点を置いて見直すことについて検討し、平成24年度内を目途にその結論を得る」、「障害者雇用率制度について、…精神障害者の雇用義務化を図ることを含め、積極的差別是正措置としてより実効性のある具体的方策を検討し、平成24年度内を目途にその結論を得る」とされたことを受けて、厚生労働省は2011年11月に障害者雇用促進制度における障害者の範囲等の在り方に関する研究会[85]を開始した。

2012年8月に取りまとめられた報告では、「精神障害者を雇用義務の対象とすることが適当である」と明確に述べつつ、「義務化の意味合いは非常に重く、企業の経営環境や企業総体としての納得感といった観点からは、実施時期については慎重に結論を出すことが求められる」と慎重さも示している。なお、2011年改正障害者基本法では「精神障害（発達障害を含む。)」としていたが、障害者の定義については現行障害者雇用促進法通りとしており、障害者手帳を持たない発達障害は精神障害には含まれない。

（5）　2013年改正（精神障害者の雇用義務化）[86]

同年9月から労働政策審議会障害者雇用分科会[87]において、後述の障害者権利条約への対応とともに審議が始まり、翌2013年3月に意見書がとりまとめられた。そこでは、使用者側委員の実施時期をあらかじめ定めることは時期尚早との意見を付記しながらも、「精神障害者を雇用義務の対象とすることについては、企業が精神障害者の雇用に着実に取り組むことができるよう、十分な準備期間を設けることを前提とした上で、企業に対する大幅な支援策の充実を進めつつ、実施することが必要である」と明確に述べている。また、「対象者の把握・確認方法は、精神障害の特性やプライバシーへの配慮、公正、一律性、事業主の予見可能性の担保等の観点から、精神障害者保健福祉手帳で判断することが適当」、「本人の意に反し、手帳の取得が強要されないようにすべき」と指摘している。

同月には直ちに法案要綱の諮問答申が行われ、4月には国会に法案が提出

85）学識者11名、座長：今野浩一郎。

86）永野仁美・長谷川珠子・富永晃一編『詳説障害者雇用促進法』弘文堂（2016年）。

87）公益6名、労使各5名、障害者4名、分科会長：今野浩一郎。

され、6月に成立に至った。施行期日は2018年4月と5年先に設定された。

　ちなみに、この精神障害者の雇用義務化について、立法担当課長であった山田雅彦は「四面楚歌」であったと回想しているが、それは規制強化に対する使用者側の猛反発に加えて、「障害者雇用対策は差別禁止法制を軸にした仕組に変更し、雇用義務制度は廃止すべき」という差別禁止至上主義からの批判にもさらされたからである。山田は、障害者の就労能力が多様であることから、就労能力が障害がない者と同視できるまたは差が小さい障害者であれば差別禁止アプローチが有効であるが、同視できないまたは差が大きい障害者の場合は差別禁止アプローチでは就労上の困難に対応できず、雇用義務アプローチが必要になると論ずる[88]。後述の差別禁止法制の立法化と同時並行の形で精神障害者の雇用義務化が実現したのは、担当課長にこの強い信念があったからであろう。

　なお政令で定める障害者雇用率自体は2017年5月に改正され、精神障害者が雇用義務の対象となった2018年4月から2.2%（国・地方公共団体等は2.5%、都道府県等の教育委員会は2.4%）に引き上げられた。さらに2021年3月までにそれぞれ2.3%、2.6%、2.5%となる予定である。

3　障害者差別禁止法政策
（1）　障害者基本法の改正

　高齢者とともに、障害者についても差別禁止法政策の動きが浮上してきた。アメリカの「障害を持つアメリカ人法」やEUの一般雇用均等指令の影響で、障害者差別禁止法の制定を求める声が高まる中、2003年になって与党内部で障害者基本法の基本理念に差別禁止を盛り込む等の改正が検討され、同年7月与党3党から議員提案で提出された。これに対し民主党は賛成せず対案を作成することを決め、法案要綱を策定した。

　2004年5月に衆議院内閣委員会委員長提案の形で改正案が提案され、同月成立した。改正法においては、第3条の基本的理念に第3項として「何人も

88）山田雅彦「行政実務者が振り返る「障害者雇用促進法改正」」（永野・長谷川・富永編『詳説障害者雇用促進法』弘文堂（2016年）所収）。

障害者に対して障害を理由として差別することその他の権利利益を侵害する行為をしてはならない」と明確に差別禁止を謳っている。また国及び地方公共団体の責務として「障害者の権利の擁護及び障害者に対する差別の防止を図りつつ障害者の自立及び社会参加を支援すること」が明示され（第4条）、さらに国民の責務として「社会連帯の理念に基づき、障害者の人権が尊重され、障害者が差別されることなく、社会、経済、文化その他あらゆる分野の活動に参加することができる社会の実現に寄与するよう努めなければならない」こととされた（第5条）。

本改正はあくまで基本的理念のレベルにおいて差別禁止を明確にしたものであるが、雇用分野を始めとする具体的なレベルにおける差別禁止法政策としては、2002年3月に国会に提出された人権擁護法案において、障害を理由とする不当な差別的取扱いが禁止されていた。同法案は2003年10月に廃案となっている。

（2）　障害者権利条約対応在り方研究会

2006年12月に国連総会で障害者権利条約が採択され、日本政府も2007年9月に署名した。2008年4月、厚生労働省は労働・雇用分野における障害者権利条約への対応の在り方に関する研究会[89]を設置し、議論を開始した。

研究会では諸外国の対応状況や障害者関係団体からのヒアリングを行い、2009年4月中間整理をとりまとめた。ここではまず基本的枠組みとして、労働・雇用分野において、①障害を理由とする差別の禁止や②職場における合理的配慮の提供について、実効性を担保するための仕組みも含めて、国内法制において位置づけることが必要だとしている。差別禁止法制と雇用率制度の関係については、実際問題として雇用率制度は障害者の雇用の促進に有効であり、差別禁止の枠組みと矛盾しない、積極的差別是正措置（ポジティブアクション）に当たるとしている。

差別禁止及び合理的配慮の枠組みの対象となる障害者の範囲は、雇用率制度の対象となる障害者に限定せず、広範な障害者を対象とすべきであるとし

89）学識者11名、座長：今野浩一郎。

ている。かなり重要な問題として「雇用（employment）」の範囲がある。条約仮訳では「雇用」となっているが、正確にはいわゆる代替雇用（alternative employment）や自営業等も含む概念なので「就労」と訳す方が適切であろう。条約上は「あらゆる形態の就労（all forms of employment）」に関する差別禁止を定めていることから、一般就労と福祉的就労の垣根をなくすことが条約の方向性ではないかとの意見と、現実に労働関係法令の適用を前提とすると、事業そのものができなくなり、福祉的就労の場がなくなってしまうおそれもあるという意見が対比されている。

差別の定義については、条約上直接差別のほか合理的配慮の否定がこれに含まれることが明記されているが、間接差別や労働能力に基づく差異が差別に当たるのかどうかが問題となった。また合理的配慮の否定をどのように法制上位置付けるかについても、それ自体を第3の類型の差別と構成するのか（合理的配慮の不提供自体が差別）、直接差別に組み込んで考えるか（合理的配慮の不提供により差が生じている場合が差別）という問題がある。

合理的配慮については、条約上は差別禁止の構成要件として位置付けられているが、実際に確保していくためには、関係者がコンセンサスを得ながら障害者の社会参加を促すことができるようにするために必要な配慮として捉える必要があるとし、その具体的内容は指針で定めるべきとしている。なお合理的配慮と現行の納付金制度に基づく助成金との関係も問題になる。雇用率制度の対象でない事業主も含めて全事業主を対象とする場合、合理的配慮に対する財政支援をどのような形で行うかという問題である。

権利保護（紛争解決手続）については、企業の提供する合理的配慮について障害者が不十分と考える場合に、それを直ちに外部の紛争解決に委ねるのではなく、企業内で当事者による問題解決を促進する枠組みが必要と述べる一方、企業内で解決されない場合には、訴訟によらなければ解決しないような仕組みは適切ではなく、簡易迅速に救済や是正が図られる仕組みが必要として、第3者が間に入って、斡旋や調停など、調整的に解決を図ることが適当としている。

現行障害者雇用率制度については、積極的差別是正措置として存続させるべきとしているが、そのあり方について、医学的・機能的観点からの障害者

等級ではなく、職業能力に応じた障害等級を創設する必要があるのではないかとか、視覚障害、聴覚障害、肢体不自由、内部障害、知的障害及び精神障害それぞれの枠を定めるべきではないかといった意見も示されている。

(3) 労政審中間取りまとめ

2009年7月、労働政策審議会障害者雇用分科会[90]に上記研究会の中間整理が報告され、以後同分科会で審議が進められ2010年4月に「中間とりまとめ」がまとめられた。基本的枠組みとして、差別の禁止と合理的配慮の提供を担保措置を含めて国内法制に位置づけること、障害者雇用率制度を引き続き残すことは異論がない。

職場における合理的配慮の提供の義務づけ、具体的な内容を指針等で定めるべきこと、最初から細部まで固定した内容とすべきでないことは異論がない。また、配慮の提供が過度の負担になる場合には事業主が提供義務を負わないこと、過度の負担かどうかは個別に判断する必要があり、一律の数値基準はなじまないことには異論がない。

権利保護（紛争解決手続）についても、できる限り自主的に問題が解決されるべきこと、外部の第三者機関による解決も、刑罰法規や準司法的手続のような判定的な形ではなく、調整的な解決を重視すべきという点、さらにすでに存在する紛争調整委員会を活用すべきという点は異論がない。

(4) 障がい者制度改革推進会議と障害者基本法改正

一方2009年12月、障害者権利条約の締結に必要な国内法の整備を始めとする我が国の障害者制度の集中的な改革を行うため、内閣に障がい者制度改革推進本部が設置された。推進本部のもとに障がい者制度改革推進会議[91]が設置され、2010年1月から精力的に活動した。同推進会議の「障害者制度改革の検討に当たっての論点」には、差別の禁止等障害者の権利利益の保護や虐待等の防止のほか、雇用等という項目も含まれている。

90）公益6名、労使各5名、障害者4名、分科会長：今野浩一郎。

91）学識者24名、議長：小川榮一。

同年6月の「障害者制度改革の推進のための基本的な方向」（第1次意見）では、障害を理由とした差別の禁止法（仮称）の制定に向けた検討を進めるとし、推進会議の下に差別禁止部会を設け、2012年末までに結論を得、2013年に法案を提出するとしている。また、個別分野についてもいくつもの課題を提示し、2012年度内に結論を得るとしている。

これを受けて同年6月には「障害者制度改革の推進のための基本的な方向について」が閣議決定された。そのうち労働・雇用分野については、「障害者雇用促進制度における『障害者』の範囲について、就労の困難さに視点を置いて見直すことについて検討し、平成24年度内を目途にその結論を得る」、「障害者雇用率制度について、…精神障害者の雇用義務化を図ることを含め、積極的差別是正措置としてより実効性のある具体的方策を検討し、平成24年度内を目途にその結論を得る」、「労働・雇用分野における障害を理由とする差別の禁止、職場における合理的配慮の提供を確保するための措置、これらに関する労使間の紛争解決手続の整備等の具体的方策について検討を行い、平成24年度内を目途にその結論を得る」といった課題が示された。なお、「いわゆる福祉的就労の在り方について、労働法規の適用と工賃の水準等を含めて、推進会議の意見を踏まえるとともに、障がい者制度改革推進会議総合福祉部会における議論との整合性を図りつつ検討し、平成23年内にその結論を得る」という課題もある。

同年12月の第2次意見では、障害者基本法の改正について具体的な案が示されているが、その中でも「障害者雇用義務の対象を身体障害、知的障害から、他のあらゆる種別の障害に拡大するとともに、職業上の困難さに着目した障害認定を行うために必要な措置を講ずること」が求められている。

これを受けて2011年7月に障害者基本法が改正され、障害者の定義のうち「精神障害」に「発達障害を含む」と明記されるとともに、身体、知的、精神に「その他の心身の機能の障害」が付け加えられ、さらに「障害及び社会的障壁により継続的に日常生活又は社会生活に相当な制限を受ける状態にある」と「社会的障壁」が明記された。「社会的障壁」は「障害がある者にとつて日常生活又は社会生活を営む上で障壁となるような社会における事物、制度、慣行、観念その他一切のものをいう」と極めて広範に定義されて

いる。

なお同法に基づき、2012年7月推進会議に代わって障害者政策委員会[92]が設置された。

（5）　差別禁止部会

上記第1次意見を受けて、2010年11月に差別禁止部会[93]が設置され、障害者差別禁止法についての議論が始められた。

2012年9月にその最終意見が取りまとめられたが、雇用についても「雇用分野における不均等待遇や合理的配慮の不提供が障害に基づく差別であることを明確にして、これを禁止する」ことを求めている。「不均等待遇」とは、直接差別、間接差別、さらに関連差別（例えば車いすを使うことを理由とする差別）の3類型を包括する概念である。

同とりまとめで注目すべきは、労働能力に基づく異なる取扱いをどう考えるかについて、特に採用の場面について、事業主が合理的配慮を提供すべきことを前提としつつ、対象となる職務の遂行に必要とされる本質的な能力がないこと（あるいは劣ること）を理由として採用拒否されたとしても障害を理由とした採用拒否とならないが、能力・資質だけで判断されれば採用されて然るべきであったのに障害があることによって採用拒否された場合には不均等待遇として禁止すべきとしている点である。

また合理的配慮の不提供が差別として禁止されることとの関係で、下記厚生労働省研究会報告書が維持するとしている経済負担の調整や助成について、「助成を受けてもなお過度の負担であることを主張できるのかどうか、検討が必要」とし、そもそも「助成の目的が合理的配慮を行うことにある以上、助成を受けたことは過度の負担であるかどうかの判断に当たって、考慮すべき要素の一つ」と述べている。通勤支援や職場内の身体介助が合理的配慮なのか福祉サービスなのは引き続き検討としている。

なお紛争解決については、職場内の自主解決が望ましいとしつつ、個別労

92）学識者32名、委員長：石川准。

93）学識者19名、部会長：棟居快行。

330　第2部　労働市場法政策

働紛争解決促進法に基づく斡旋等の仕組みを利用することが妥当と述べている。

（6）　第2次障害者権利条約対応在り方研究会

　上記2010年6月の閣議決定を受けて、2011年11月には再度、厚生労働省において労働・雇用分野における障害者権利条約への対応の在り方に関する研究会[94]が始まった。その検討課題は、①障害を理由とする差別禁止等枠組みの対象範囲、②合理的配慮の内容及びその提供のための仕組み、③合理的配慮を行う事業主の負担に対する助成の在り方等であるが、特に③を中心に議論するとしている。その問題意識は、合理的配慮を条約に従って事業主の義務と位置づけるとすると、それに対する公的助成をどう整合的に位置づけるのかという点にある。

　2012年8月に取りまとめられた報告では、「労働・雇用分野における障害者権利条約への対応は、障害者雇用促進法を改正して対応を図るべきである」とした上で、①障害者の範囲については障害者雇用促進法第2条に規定する障害者（「身体障害、知的障害又は精神障害があるため、長期にわたり、職業生活に相当の制限を受け、又は職業生活を営むことが著しく困難な者」）とすること、直接差別は禁止するが、間接差別は現段階では困難であること、②合理的配慮については、まずは事業主に義務づけ（作為義務）それを確実に担保することで対応すべきこと、法律で概念や枠組みを定め、具体的な中身についてはガイドラインなどで定めること、③合理的配慮の提供に係る経済的な負担に対する支援に関しては、「合理的配慮の提供が事業主に対する義務づけであることから、原則、個々の事業主により負担するものであると整理した上で、現行の納付金制度の大枠は変えない範囲で、合理的配慮の導入に伴い対応可能な部分についての見直しを図る」としている。

94）学識者11名、座長：岩村正彦。

（7）　2013年改正と障害者差別解消法[95]

　同年9月から労働政策審議会障害者雇用分科会[96]において、前述の精神障害者の雇用義務化とともに審議が始まり、翌2013年3月には意見書がとりまとめられた。そこでは、おおむね上記研究会報告に沿って、差別の禁止や合理的配慮の提供について記述されている。

　同月には直ちに法案要綱の諮問答申が行われ、4月には国会に法案が提出され、6月には成立に至った。その中身は以下の通りである。事業主は、労働者の募集及び採用について、障害者に対して、障害者でない者と均等な機会を与えなければならず、賃金の決定、教育訓練の実施、福利厚生施設の利用その他の待遇について、労働者が障害者であることを理由として、障害者でない者と不当な差別的取扱いをしてはならない。問題の合理的配慮については、過重な負担を及ぼすものとならない限り、募集・採用については、障害者からの申出により当該障害者の障害の特性に配慮した必要な措置を講じなければならず、待遇等については、その雇用する障害者である労働者の障害の特性に配慮した職務の円滑な遂行に必要な施設の整備、援助を行う者の配置その他の必要な措置を講じなければならない。これら差別禁止規定は2016年4月から施行されている。

　これに先立ち、2013年9月より、改正障害者雇用促進法に基づく差別禁止・合理的配慮の提供の指針の在り方に関する研究会[97]が開催され、指針の内容について検討が行われ、2014年6月に報告書が取りまとめられた。これを受けて同年9月から労働政策審議会障害者雇用分科会[98]で「障害者に対する差別の禁止に関する規定に定める事項に関し、事業主が適切に対処するための指針」と「雇用の分野における障害者と障害者でない者との均等な機会若しくは待遇の確保又は障害者である労働者の有する能力の有効な発揮の支障となっている事情を改善するために事業主が講ずべき措置に関する指針」について審議が行われ、2015年3月には両指針が策定された。

95）永野仁美・長谷川珠子・富永晃一編『詳説障害者雇用促進法』弘文堂（2016年）。
96）公益6名、労使各5名、障害者4名、分科会長：今野浩一郎。
97）学識者13名、座長：山川隆一。
98）公益6名、労使各5名、障害者4名、分科会長：山川隆一。

332　第2部　労働市場法政策

　合理的配慮の手続としては、まず募集・採用時に障害者から事業主に対し支障となっている事情などを申し出、採用後事業主から障害者に対し、職場で支障となっている事情の有無を確認し、合理的配慮に関する措置について事業主と障害者で話合った上で、合理的配慮に関する措置を確定し、内容・理由を障害者に説明するとされている。

　一方、内閣府の障害者政策委員会差別禁止部会で審議されていた一般的な障害者差別禁止法制についても、2013年4月、障害を理由とする差別の解消の推進に関する法律案が国会に提出され、6月に成立した。同法は、まず国民に「障害を理由とする差別の解消の推進に寄与するよう努め」ることを求めるとともに、行政機関と事業者に対して「障害を理由として障害者でない者と不当な差別的取扱いをすることにより、障害者の権利利益を侵害してはならない」とし、障害者から意思の表明があれば負担が過重でない時は「社会的障壁の除去の実施について必要かつ合理的な配慮をしなければならない」としている。こちらでも2013年7月より障害者政策委員会で障害者差別解消法に基づく基本方針の検討を行い、2015年2月に障害を理由とする差別の解消の推進に関する基本方針を閣議決定し、2016年4月から施行されている。

4　障害者福祉法政策における就労支援[99]

（1）　福祉的就労と授産施設

　障害者の雇用就労政策は以上のような障害者雇用政策に尽きるわけではない。行政分野からいえば福祉政策に当たる部分にも雇用労働ではない形での障害者の就労政策が含まれている。

　1949年に制定された身体障害者福祉法は、その第31条で「雇用されることの困難なもの又は生活に困窮するもの等を収容し、必要な訓練を行い、且つ、職業を与え、自活させる施設」として身体障害者収容授産施設を規定した。その後、精神薄弱者（知的障害者）福祉法に基づく精神薄弱者（知的障害者）授産施設、精神保健及び精神障害者福祉法に基づく精神障害者授産施

99）松井亮輔・岩田克彦編『障害者の福祉的就労の現状と展望』中央法規（2011年）。

設なども設けられてきた。これらは雇用ではないとはいえ障害者の就労による社会参加をめざすという意味では同じ目的を持つものであり、さらに授産施設のうち福祉工場は雇用による就労を行うもので、より障害者雇用政策に接近していた。

そして、こういった法律に基づく授産施設の外側に、無認可の就労施設として小規模作業所といわれるものが多数存在していた。これらにも一定の補助金が出されていたが、その運営は苦しいところが多かった。こういった授産施設や小規模作業所における就労は一般に福祉的就労と呼ばれてきた。

（2）　障害者総合支援法

2004年3月から社会保障審議会障害者部会[100]において、施策の総合化と自立支援システムへの転換を基本とする抜本的な法改正を目指して障害保健福祉施策の改革について審議が進められ、2005年3月障害者自立支援法案を国会に提出した。同法案は障害者団体等の反対もあり、一旦廃案となったが、同年9月再提出され、11月成立に至った。

この法律は、障害者の地域生活と就労を進め、自立を支援する観点から、これまで障害種別ごとに異なる法律に基づいて自立支援の観点から提供されてきた福祉サービス、公費負担医療等について、共通の制度の下で一元的に提供する仕組みを創設することとし、自立支援給付の対象者、内容、手続き等、地域生活支援事業、サービスの整備のための計画の作成、費用の負担等を定めるものである。

この新たな給付は「自立支援給付」と呼ばれ、ホームヘルプサービス、ショートステイ、入所施設などの介護給付費と自立訓練（リハビリ等）、自立訓練、就労移行支援、就労継続支援などの訓練等給付費などからなり、その額は費用の90％である。これにより、それまでの各障害者福祉法に基づく授産施設等は障害者自立支援法に基づく就労移行支援事業及び就労継続支援事業に移行することになった。なお、従来の小規模作業所は地域活動支援センターⅢ型となった。

100）学識者31名、部会長：京極高宣。

同法で就労移行支援とは、「就労を希望する障害者につき、厚生労働省令で定める期間にわたり、生産活動その他の活動の機会の提供を通じて、就労に必要な知識及び能力の向上のために必要な訓練その他の厚生労働省令で定める便宜を供与することをいう」とされている。また、就労継続支援とは、「通常の事業所に雇用されることが困難な障害者につき、就労の機会を提供するとともに、生産活動その他の活動の機会の提供を通じて、その知識及び能力の向上のために必要な訓練その他の厚生労働省令で定める便宜を供与することをいう」とされている。

さらに就労継続支援について、同法施行規則はＡ型とＢ型の二つにわけ、就労継続支援Ａ型を「通常の事業所に雇用されることが困難であって、雇用契約に基づく就労が可能である者に対して行う雇用契約の締結等による就労の機会の提供及び生産活動の機会の提供その他の就労に必要な知識及び能力の向上のために必要な訓練その他の必要な支援」、就労継続支援Ｂ型を「通常の事業所に雇用されることが困難であって、雇用契約に基づく就労が困難である者に対して行う就労の機会の提供及び生産活動の機会の提供その他の就労に必要な知識及び能力の向上のために必要な訓練その他の必要な支援」と定義している。なお2012年６月に同法は障害者の日常生活及び社会生活を総合的に支援するための法律（障害者総合支援法）と名称が変わったが、以上の枠組み自体に変化はない。

ここでは、Ａ型とＢ型の区別を、民法の典型契約である雇用契約を締結するか否かという点に求めているわけであるが、いうまでもなく労働基準法その他労働法令の適用は、民法上の契約類型によって定まるものではなく、就労の実態により労働者に該当するか否かによって判断されるものであるから、Ａ型であれば労働者であり、Ｂ型であれば労働者ではないとは限らない。実際、労働基準監督署が作業所の就労実態を労働と判断した事例がある。

現行法を前提とした就労実態による判断とは別に、そもそもこういった福祉的就労分野にも労働法を適用すべきではないかという法政策上の議論もある。これは、特に障害者権利条約第27条（労働及び就労）において、「あらゆる形態の就労に係るすべての事項（募集、採用及び就労の条件、就労の継続、昇進並びに安全かつ健康的な作業条件を含む。）に関し、障害を理由と

する差別を禁止すること」と規定しており、いわゆる代替雇用も含む形になっていることから、福祉的就労分野にも労働者に準じた労働保護制度を導入すべきではないかという形で、議論が提起されている。

5　障害者虐待防止法

2011年6月には障害者虐待の防止、障害者の養護者に対する支援等に関する法律（障害者虐待防止法）が成立している。同法の障害者虐待には、養護者による虐待（主に家庭内虐待）、障害者福祉施設従事者による虐待に加えて、使用者（派遣先も含む）による虐待も含まれている。

虐待の類型としては、①身体的虐待（暴行傷害、身体拘束）、②性的虐待（猥褻な行為）、③心理的虐待（暴言、拒絶的対応、差別的言動）、④ネグレクト（衰弱に至る減食、長時間の放置）、⑤経済的虐待（財産の不当処分等）が挙げられている。

何人も障害者を虐待してはならないと宣言した上で、虐待を受けたと思われる障害者を発見した者に地方公共団体へ速やかな通報を義務づけている。使用者による虐待については、そこから都道府県労働局に報告がなされ、監督権限を行使するとともに、場合によっては公表もする。

第*5*章
職業教育訓練法政策

第1節　職業能力開発法政策[1]

1　徒弟制から技能者養成制度へ
（1）　徒弟制

　職業訓練制度の源流は徒弟制度に溯る。徒弟制度は年少者が親方の家庭に長年住み込んで、技能のみならず、しつけ、社会常識等の訓練を受け、5-6年後の年季明けに職人となり、さらに恵まれた者は後に親方になるという私的訓練制度である。徒弟は仕着せ、小遣い銭等のほかに給与を受けず、はじめの1-2年は子守り、飯炊き等の家事手伝いや弁当運び、後片付け等の雑役に使われ、後年に至って技能の訓練が行われるが、それも系統的組織的なものではなく、親方の傍らで見よう見まねでコツを習得する。年季明けには半年-1年のお礼奉公を勤め、その後一人前の職人となる。

　徒弟奉公については、早くも1872年の太政官布告（第295号）で、「年限七年ニ過クヘカラサルコト」が規定されている。1890年に公布されたが施行されなかった旧民法においては、この徒弟制が典型契約の一類型として挙げられている。もっとも名称は原案では「徒弟契約」であったが、「坊主みたい」ということで「習業契約」とされた。「工業人、工匠又ハ商人ハ習業契約ヲ以テ習業者ニ自己ノ職業上ノ知識ト実験トヲ伝授シ習業者ハ其ノ人ノ

1）隅谷三喜男編著『日本職業訓練発展史（上・下）』日本労働協会（1970，1971年）、隅谷三喜男・古賀比呂志編著『日本職業訓練発展史〈戦後編〉』日本労働協会（1978年）、職業能力開発行政史研究会『職業能力開発の歴史』労務行政研究所（1999年）、濱口桂一郎「デュアルシステムと人材養成の法政策」（『季刊労働法』213号）。

労務ニ助力スルヲ約スルコトヲ得」（第267条）というもので、具体的には「師匠又ハ親方ハ習業者ニ衣服及ヒ職業ノ器具ヲ与ヘ且ツ日常ノ便用ヲ足ラシムル」ようにするとともに、「習業者ニ其ノ習業契約ノ目的タル職業ヲ学フコトヲ得セシムル為メ必要ナル時間ヲ与ヘ世話ヲ為シ及ヒ諸般ノ便利ヲ図」り、「未成年ノ習業者カ未タ算筆ヲ知ラサルトキハ何等ノ反対ノ合意アルモ習業者ニ算筆修習ノ為メ休憩時間外ニ於テ毎日少クトモ一時間ヲ与」えなければならない（第270条）。しかし、1896年の現行民法では習業契約は雇傭契約に含められ、期間の上限を10年とするという特例の外には特段の規定はなくなった。

（2）　工場法における徒弟制

　一方、工場法は1882年に制定の検討が始まってから制定に至るまで30年もかかったが、その間作成された草案に徒弟に関する規定がいくつか見受けられる。当初は職工条例とは別に徒弟条例を制定することも考えられていた。1887年の職工徒弟条例案では、「徒弟修業約定ハ一期十年ヲ超ユルコトヲ得サルコト」とか「十六歳未満ノ徒弟ニハ授業者ヲシテ読書、習字及ヒ算術ヲ授ケシムルコト」、あるいは「徒弟解約後二年間ハ前工芸者ノ承諾ヲ得スシテ同職業ニ従事シ得サルコト又他人情ヲ知リテ其ノ徒弟ヲ傭入ルルコトヲ得サルコト」といった規定が置かれている。

　結局、1911年に成立し、1916年に施行された工場法においては、同法第17条に「職工ノ雇入、解雇、周旋ノ取締及徒弟ニ関スル事項ハ勅令ヲ以テ之ヲ定ム」と規定され、これに基づき工場法施行令に徒弟に関する規定が設けられた。徒弟養成には地方長官の認可を受けた規程に基づくことが必要で、その記載事項には教習の事項と時間、就業の方法と時間、休日と休憩、給与の方法などが含まれている。工場主がこの規程に従わず、あるいは徒弟教習の目的を全うし得ないと認めるときは、地方長官が矯正命令又は認可の取消を行う。もっとも、適用対象は当初職工15人以上、後に職工10人以上の工場のみであり、認可工場の徒弟は毎年2000人程度で、多くの徒弟制度は旧来のままであった。

　しかし、大企業においては私立実業補習学校を設置したり、職工養成施設

を設けることもかなり行われた。1935年に青年学校制度が設けられると、企業内の技能者養成施設はほとんどがこれに基づく私立青年学校となった。

(3) 戦時下の技能者養成と技能検査

その後、戦時体制が進む中で、軍需産業拡充に伴う基幹工を養成することを目的として、1938年の国家総動員法に基づき、1939年に工場事業場技能者養成令が制定され、男子労働者200人以上の工場事業場及び指定を受けた男子労働者50人以上の工場事業場に対し、命令により技能者養成を義務づけた。養成期間は原則として3年で、中堅職工たるに必要な知識及び技能を所定の時間数以上授けるものであった。また、養成指導員の給料手当、教室その他の営繕費に対し国庫補助を交付した。養成工の数は終戦までに10万人を超えた。なお、この制度について注目すべきは後述の青年学校との連携で、工場事業場に設置される青年学校と同令に基づく養成施設が併設され、両者の教育が一体として行われるようになった。1940年1月には4府県に幹部機械工養成所が開所された。これは機械関係の職工を入所させ、幹部機械工の不足を緩和しようとするものであった。

一方1939年には、国家総動員法に基づき、国民の有する職業能力についてその所在と量を明確に把握することを目的とする国民登録制度が創設され、この制度の一環として技能検査制度が設けられ、1940年から実施された。この技能検査制度は、技能程度申告標準に従って要申告者が申告したものを前提として、これを検討し、訂正確認する制度で、広く一般労働者を対象としてその技能を評価し、これを公に格付けする制度としては、日本最初のものと言える。

技能申告標準は56職種について定められ、機械検査工、溶接工など44職種については技能程度を3段階に分け、採炭夫など12職種については2段階に分けた。技能検査は逐次実施されたが、事変の急速な推移に比べて実施が遅れがちで、戦時労務動員という目的のためにはほとんど活用されなかった。しかしながら、技能検査が広く一般人を対象として実施されたことは、画期的な事業として特筆に値する。

1940年には、厚生省令によって機械技術者検定制度が設けられた。当時、

340 第2部 労働市場法政策

熟練技能労働者の供給はなお十分とは言えない状況で、これに対する方策として、技術者としての実力を有しながら埋もれている優秀な技能労働者を発見して一定の資格を与え、現場作業に明るい新しい型の技術者として登用する道を開き、正規の学校を出ないで生産に参加しているこれら技能労働者の前途に希望を与えようとしたものである。

続いて1942年には、大日本産業報国会が第1回の技能競錬を実施している。技能競錬は、当時技能労働者不足の中で作業能率の増進を図るための方策として、ナチスドイツの全国職業競争にヒントを得て実施された。この制度は技能検定制度とはやや異なるが、一定の課題により一定の採点基準に基づき技能の程度を判定するという点では相通ずるものがあった。

そのほか、戦時中に計画された技能の格付けとしては、大日本労務報国会が主催し、土木建築作業に従事する労務者の技能を66職種にわたり、1級、2級、3級に区分格付けしようとした試みがある。この格付けで注目されるのは、労務者に支払われるべき1日の作業手当を、1級は3円、2級は2円、3級は1円とし、級別に差異を設けたことである。この制度は戦争末期に計画され、ついに実施に至らなかった。

(4) 労働基準法における技能者養成制度[2]

終戦後、これら技能者養成制度はすべて廃止され、中小企業で命脈を保っていた徒弟制度も著しく減少した。一方、戦時中停止されていた工場法等の労働保護法規も復活し、1947年には労働基準法が制定された。労働基準法には第7章として技能者の養成の規定が設けられた。その第69条は、「使用者は、徒弟、見習、養成工その他名称の如何を問わず、技能の習得を目的とする者であることを理由として、労働者を酷使してはなら」ず、「使用者は、技能の習得を目的とする労働者を家事その他技能の習得に関係のない作業に従事させてはならない」と規定した。ここには戦前の徒弟制度の弊害を排除し、年少労働者を保護しつつ、近代的な技能者養成制度を作り出そうとする

---

2) 労働省労働基準局技能課編『技能者養成のあらまし』日本労務研究会（1949年）、労働省労働基準局技能課編『技能者養成規程解説改訂版』日本労務研究会（1950年）。

政策意図が見て取れる。

そして、同法第70条以下に基づいて技能者養成規程が制定され、契約期間、労働時間、賃金等の基準を定めた。この技能者養成規程は、旧民法の習業契約が消えて以来初めて、「使用者が技能習得者に系統的技能訓練を与えることを約し、技能習得者がこれに対し約定の条件に従って労働に服することを約する労働契約」として「養成契約」を法令上定義した。これは、契約期間については労働基準法の上限1年の例外として最長4年まで認められ、賃金の支払いについては特別の控除、最低賃金については技能の進展に応ずる例外、危険有害業務については別途の防護基準による就業制限の適用除外が認められた。なお、未成年者については年次有給休暇を通常の倍の12労働日とした。これは後に原則が10労働日になっても改正されていない。また、使用者、技能習得者双方とも契約解除事由が制限されているのも注目される。

また技能者養成規程には、「使用者は、教育の進度に応じ、少なくとも年一回技能を検定し、技能習得者の技能の等級を定めなければならない」「使用者は、養成期間の満了した場合には、技能習得者の技能を検定し、…所轄労働基準監督署長に報告しなければならない」（第14条）という規定があった。同規程は1954年に改正され、「使用者は、各教習年度ごとに一回以上、関連学科及び実技について、技能者養成工の技能の試験を行わなければならない」（第16条）とされた。

このように、労働者保護の観点からの技能者養成制度が設けられたが、当初その実施状況は低調を極めた。しかし、産業の復興に伴い、養成実施事業場は飛躍的に増加し、1951年には9000事業所を超えた。この間、1949年には労働基準局に技能課が設けられた。

2　職業補導制度の展開

（1）　職業補導の始まり

公的職業訓練はかつて職業補導と呼ばれていた。その出発点は1923年、東京市が職業補導会を設立し、失業者の職業再教育を行ったことにある。翌年には東京市立職業補導所が開設され、その後経済不況の進展とともに、各

地に職業補導施設が設置された。1927年の社会事業調査会の「失業保護施設に関する体系に関する決議」は、職業補導及び授産施設を地方公共団体及び公益法人に行わせ、国は国庫補助等により助成することを要望し、政府はこれが助成奨励を図り、次第に増設されていった。

その後、軍需産業拡充に伴う技能工養成と平和産業不振に伴う失業救済を目的として、1935年東京府立機械工養成所が開設されたが、満州事変を契機とした軍需産業の活況による熟練工の不足から、職業補導事業は漸次これに対処するための養成施設への脱皮を余儀なくされ、1938年4月の職業紹介法改正により初めて国が職業補導事業を行うことになり、職業紹介所に機械工補導所を付設して短期速成訓練を行った。同時に授産事業は生活困窮者に対する施設として職業行政から切り離された。

その後も労働力不足に対処するため、1942年には転廃業者を対象とする国民勤労訓練所、1943年には女子職業補導所が設置された。また、1938年には傷痍軍人職業補導所が設置されている。

（2）　失業対策としての職業補導

終戦後、復員者、戦災者、引揚者等の膨大な失業者の発生とともに、これらは都道府県や職業補導協会の運営する職業補導所となり、失業対策の一環として再出発した。1947年、職業安定法が成立し、その第2章第5節（第26条-第31条）に職業補導が規定され、「特別の知識技能を要する職業に就こうとする者に対し、その職業に就くことを容易にさせるために必要な知識技能を授ける」ための労働力需給調整システムの一環として位置づけられ、国の監督のもと都道府県が一元的に公共職業補導所を設置運営することとされた。組織的には、1947年の労働省設置とともに、職業安定局に職業補導課が設けられた。もっとも、当時の補導生の実態は19歳未満の者が6割で、すでに失業対策というよりは新規中卒者の職業教育機関としての性格を持ち始めていたようである。

1949年のドッジ・プランや1950年の朝鮮動乱を契機として、職業補導事業はそれまでの失業対策的性格を脱し、産業合理化に合わせて技能労働力の開発向上を図る役割を担い始めた。補導期間も延長され、募集・入所も新規

中卒者が中心となった。なお、公共職業補導においても、職業補導所を修了しようとする者の技能を、全国統一的に測定することを目的として、1953年からいくつかの種目について技能検定と称して技能の測定が行われた。これは技能検定制度の先行型と言えよう。

なお、1953年以降、失業保険積立金の運用収入により全国各地に総合職業補導所が設置され、1957年に労働福祉事業団が設立されると同事業団が運営することとされた（後に雇用促進事業団に移管）。

3　職業訓練と技能検定[3]

（1）　1958年職業訓練法

以上のように、戦前から1950年代半ばに至るまで、職業訓練法制は長らく企業内部の技能者養成に係る制度と外部労働市場における職業補導に係る制度に分かれ、前者は労働条件政策の、後者は労働市場政策の一環として行われてきた。しかしながら、1950年代に経済成長が始まり、技術革新が進展する中で、両者を統合して独立した政策として確立しようとする動きが始まった。

まず、技能者養成審議会[4]は1952年5月に、「技能行政の運営に関する答申」で監督行政と技能行政の未分化からくる欠陥等を指摘し、技能行政の指導助長行政としての性格を明確にするために労働基準法による監督行政から切り離すことを求め、技能者養成に関する新たな法令を早急に制定する必要があると、単独法制定を要請した。1954年4月の技能者養成規程改正案の答申でも「各種の技能訓練を系統づけた包括的な法令を新たに制定する必要がある」とした。経営団体からも同様の意見が出され、例えば1956年11月に日経連が提出した「新時代の要請に対応する技術教育に関する意見」は「現行の労働基準法による技能者養成制度は監督行政の見地に立って制定され、画一的な拘束が存するため、…この制度を積極的に助長する建前の単行法の制定が急務」と主張している。

3）渋谷直蔵『職業訓練法の解説』労働法令協会（1958年）、山見豊『昭和33年職業訓練法の成立過程』職業訓練大学校調査研究部（1972年）。
4）公労使各5名、会長：桐原葆見。

344　第2部　労働市場法政策

　こういった各界の要望を受けて、労働省は1957年1月、大臣官房に職業
訓練審議室を設置し、調査研究を行うとともに、さらに8月、閣議決定によ
り臨時職業訓練制度審議会[5]を設置した。同審議会は諮問を受けて同年12
月、「職業訓練制度の確立に関する答申」を提出し、労働省は職業訓練法案
を作成、第28回国会に提出し、1958年4月に成立した。

　この法律は、それまでの技能者養成と職業補導を職業訓練という新たな用
語で統一した。おそらく当時は新鮮で高級な印象を与える言葉であったので
あろう。これが後年職業能力開発という用語に取って代わられるころには、
逆の印象を与える言葉になっていたことは興味深い。

(2)　公共職業訓練と事業内職業訓練

　同法によって、それまでの職業安定法上の職業補導は公共職業訓練と、労
働基準法上の技能者養成は事業内職業訓練として規定し直され、さらに新た
に技能検定の規定が設けられた。正確に言うと、労働基準法の技能者養成規
定のうち、労働条件に係る部分は残し、それを超える部分を職業訓練法に移
したのである。その後さまざまな規定が付け加えられたが、この基本構造自
体は現行法に至るまで本質的には変わっていない。

　公共職業訓練は、都道府県の設置する一般職業訓練所、労働福祉事業団
（後に雇用促進事業団）の設置する総合職業訓練所及び中央職業訓練所、
国・都道府県の設置する身体障害者職業訓練所において、原則無料で行うこ
ととし、その基準は労働省令で定めた。なお、自ら技能者養成所を持つ数少
ない労働組合であった土建総連の運動により衆議院で修正が行われ、市町
村、公益法人及び労働組合その他の非営利法人が認可を受けて行う職業訓練
も公共職業訓練と見なすこととされた。

　事業内職業訓練は、それまでの技能者養成の認可という監督規制を中心と
した制度を、事業内職業訓練の認定という助長指導を主とする制度に改める
とともに、中小企業で支配的であった共同養成方式を共同職業訓練団体とし
て法制化した。認定を受けた事業内職業訓練及び共同職業訓練団体の行う職

5）公益5名、使用者8名、労働者2名、会長：内田俊一。

業訓練に対しては、職業訓練所の施設利用、職業訓練指導員の派遣等の援助を行うとともに、労働基準法の特例（危険有害業務の就業制限の例外等）が認められ、また認定職業訓練の修了者は技能検定の受験資格を得た。

なお、この時技能者養成規程は廃止され、養成契約という概念も法令上から消えた。残ったのは労働基準法施行規則における職業訓練を受ける労働者に係る特例である。

（3）　技能検定[6]

職業訓練法で導入された技能検定制度は、ドイツやスイスの技能検定制度を見倣って設けられたものである。西欧諸国では中世ギルドの徒弟制における職人試験以来、熟練工の検定制度が確立しているが、50年代における西ドイツやスイスの産業発展の姿からこれが注目された。その意味ではまさに先進事例導入型法政策といえる。

もう一つの問題意識は、中央職業訓練審議会[7]の技能検定の実施に関する答申の言葉を引けば、「我が国においては、従来、精神労働を尊び肉体労働を卑しむ風潮があり、このことはホワイトカラー優先、学歴偏重の弊を生む結果となっている。生産加工に従事する労働者が自らの技能に誇りを持ち、安んじて自己の経験と熟練を十分に発揮することができ、かつ、一般国民からはこれらの階層が尊敬されるような社会を形成することが労働者の地位の向上を図る上からきわめて肝要である」ということであった。この問題意識は終戦直後の工職身分差別撤廃から流れ込み、現代のものづくり対策に連なるものであって、戦後労働法政策の基調低音の一つをなしている。

社会学的には、当時の中卒者の多くは家庭の経済事情のため高校進学をあきらめ就職の道を選んだ層であり、その低学歴は成績格差ではなく所得格差ゆえであった。こうした優秀な労働者層が戦後の熟練工を形成し、職場の中核となり、組合運動を担っていた。この状況は1970年前後に大きく変化す

6）有馬元治『技能検定』労働法令協会（1959年）、労働省職業能力開発局編『職業能力評価制度の発展と課題　技能検定30年史』労務行政研究所（1991年）、濱口桂一郎「職業能力評価システムの半世紀」（『季刊労働法』241号）。

7）公労使各8名、会長：内田俊一。

346 第2部 労働市場法政策

る[8]。

　公共職業訓練又は認定職業訓練を修了した者は2級技能検定を受けることができ、さらに5年の実務経験等で1級技能検定を受けることができる。合格者は技能士と称することができる。立法当時は、西欧諸国のように、技能士の資格を有することで労働協約上の高賃金待遇を受けることができるような、企業横断的職種別労働市場を念頭に置いていたのであろう。現実には企業内で技能検定はかなり普及したが、年功制や終身雇用制の中で、賃金や昇進などの処遇とあまり結びつく形にならなかった。

　なお、職業訓練法の施行に伴い、労働省職業安定局に職業訓練部が設置され、1961年には職業訓練局に昇格した。また、雇用促進事業団が設置され、労働福祉事業団から訓練業務を引き継いだ。

4　積極的労働力政策時代の職業訓練[9]

(1)　経済政策における人的能力政策

　1960年12月策定された国民所得倍増計画は、人的能力の向上問題を初めて大きく取り上げた。すなわち、従来経済問題と切り離していた教育訓練の問題を積極的に取り上げ、職業訓練の重要性、緊急性が増大しているのに国民の理解が不十分であるとし、中等教育を学校教育に限定することなく職業訓練も中等教育の一環と見なすべきとして、職業訓練を社会的慣行として確立する必要があると指摘した。そして科学技術者の養成のため理工系大学の定員増、技術者、技能者の不足を補うため工業高校の増設、定員増及び公共職業訓練機関の拡充が打ち出されている。

　これを受けて経済審議会[10]は1963年1月、人的能力政策に関する答申を行った。そこではまず、近代的意識の確立と人間の主体性と題して、国民が近代的合理的職業意識と生活意識を持つことを求め、社会全体が能力を尊重する気風を持ち、労働移動に対する心理的偏見を変革すべきとしている。そ

---

8)　桝本純「学校教育と職業教育－一つの視角」『生涯学習「しごと」社会の構築をめざして』連合総研（1996年）。

9)　和田勝美『職業訓練の課題と方向』労務行政研究所（1967年）。

10)　学識者30名、会長：石川一郎。

して、人事の判断基準は年功を前提とし、賃金も終身雇用を前提に、学歴、勤続年数、年齢等の属人的要因に重きを置くような日本的年功秩序を近代化し、賃金の職務給化を進め、同一労働同一賃金の原則が貫かれるように改革すべきだとしている。

こうした考え方は、1965年1月の中期経済計画、1967年3月の経済社会発展計画でも等しく打ち出されており、高度成長期の経済政策の一つの軸となった。

(2) 雇用政策における技能者養成[11]

この問題意識を雇用政策において受け止めたのが1966年6月に成立した雇用対策法であり、これに基づき1967年3月に策定された雇用対策基本計画である。同法は目的として完全雇用政策を謳うとともに、高度経済成長に対応した具体的な施策としては労働力流動化政策を打ち出したが、とりわけ第4章を技能労働者の養成確保等に充て、職業訓練の充実と技能検定制度の確立を雇用政策の重点課題として明記した。

雇用対策基本計画は今後10年の目標として、技能労働者と一般事務労働者との間に処遇等で制度上の差別がなく、技能労働者がその能力にふさわしい社会的評価を受けているとともに、技能職種に就く人はすべて一定水準の技能を身につけており、新たに労働市場に登場する人は職業に関する基礎的な教育を受け、技術、技能になじみやすいようになっていることを掲げ、そのための政策課題として、技能評価体制の飛躍的な拡充と技能に対する社会的評価の向上、一定水準の養成訓練を社会慣行として実施する体制の確立、職業に関する基礎的な教育の確立を挙げた。

(3) 1969年職業訓練法[12]

経済政策、雇用政策におけるこうした考え方を職業訓練法政策に投影したのが、1969年7月に旧法を全部改正して成立した新職業訓練法である。

---

11) 有馬元治『雇用対策法の解説』日刊労働通信社（1966年）、有馬元治『雇用対策法とその施策の展開』雇用問題研究会（1968年）。
12) 労働省職業訓練局編著『改正職業訓練法』日刊労働通信社（1969年）。

348　第2部　労働市場法政策

　その問題意識は、1968年7月の中央職業訓練審議会[13]答申に明確に示されている。すなわち、「今日のわが国は史上最初の労働力不足時代に直面するとともに、めざましい技術革新の進展に伴う技能労働の急激な変化を体験しつつある」。にもかかわらず、旧職業訓練法は技能者養成と職業補導という旧制度の色彩が残存し、公共職業訓練と事業内職業訓練の二本立てとなっている。そこで、「両者を通ずる一貫した体系建てを行って」、「職業生活を通じ、必要に応じ段階的に訓練を受け」、「腕と頭を兼ね備えた職業人を創る」必要がある、ということである。

　この考え方に基づき、改正法は職業訓練の種類を、労働者の技能の発展段階に応じて養成訓練、向上訓練、能力再開発訓練等に分け、公共職業訓練施設の行う職業訓練と事業主の行う認定職業訓練を通じた体系建てと基準の統一を図った。養成訓練は従来の一般職業訓練所における基礎的な技能の訓練（改正後の専修訓練課程）、総合職業訓練所における専門的な技能の訓練（改正後の高等訓練課程）及び認定職業訓練に、向上訓練は従来の追加訓練、昇進訓練、監督者訓練、職長訓練等に、能力再開発訓練は従来の転職訓練、職業転換訓練に相当する。この枠組みは1992年の職業能力開発法改正に至るまで基本的に維持された。

　また、公共職業訓練施設の名称が、一般職業訓練所→専修職業訓練校、総合職業訓練所→高等職業訓練校等と変更され、イメージアップが図られた。社会の知育偏重、学歴万能の風潮のため、高校進学率の飛躍的増大と対照的にその伸びが鈍化していることに対処するためであったが、学校の「校」の字がつくことによって社会的には名実ともに職業教育体系の一つに位置づけられてしまったという面もある。それも、職業高校より格下の底辺校的存在としてである。この位置づけは、後述する戦前の徒弟学校を想起させるものがある。実際、この後も、今度は職業訓練校という名称が泥臭く感じられるようになり、新たな名称変更に向かうことになる。

　なお、事業内職業訓練は職業訓練の認定というタイトルになり、認定職業訓練施設も職業訓練校と称することができるようになった。さらに、旧法の

――――――――――
13）公労使各8名、会長：内田俊一。

共同職業訓練団体を発展させて職業訓練法人制度を創設した。「認定」という用語からもわかるように、この時期の企業内職業訓練はあくまでも「職業能力と職種を中心とする近代的労働市場」を形成するための公共職業訓練の一環であり、そこで習得されるべきものは社会的通用性のある技能であって、70年代以降の雇用維持政策時代に重視された企業特殊的技能ではなかった。

政策手法としては、雇用対策法に基づく雇用対策基本計画にならって、労働大臣が職業訓練基本計画を策定することとされ、1971年4月第一次職業訓練基本計画が策定された。

なお、この改正で中央地方に技能検定協会を設け、それまで国と都道府県が中心となって実施してきた技能検定を行わせることとした。また新たに技能照査の規定が設けられた。これは、職業訓練施設で養成訓練を受ける者に対し、その訓練終了前に必要な技能及びこれに関する知識を習得したかどうかを検証するために行うもので、技能照査に合格した者は技能士補と称することができるという仕組みである。

5 企業内職業能力開発政策の時代

(1) 企業内職業訓練の促進[14]

1973年の第一次石油危機は長きにわたる高度経済成長をストップさせ、日本は低成長時代に入った。景気の低迷とともに企業は雇用調整を強化し、人員整理が進行した。この状況を受けて、日本の雇用政策はそれまでの労働力流動化政策から雇用維持政策に大きく舵を切った。労働市場法政策でこれを代表するのが1974年の雇用保険法の制定である。

雇用保険法は新たに全額事業主負担による雇用保険3事業を創設したが、そのうちの能力開発事業が職業訓練法政策における大きな転機を画した。もともとそれは失業保険制度研究会報告において、企業間労働移動の活発化を

---

14) 関英夫『雇用保険法の解説』ぎょうせい（1975年）、中原晃『生涯訓練　その課題と方向』労務行政研究所（1976年）、岩崎隆造『これからの職業訓練の課題　職業訓練法の改正の考え方』労働基準調査会（1979年）、森英良『職業訓練の現状と課題』労務行政研究所（1982年）。

予期して、企業の共同連帯によって個別企業の枠を超えた職業訓練が必要であるという認識に基づいて、「近代的労働市場の形成」路線の上に設けられたものであった。例えば1974年から労働者に教育訓練休暇を与える事業主に対して有給教育訓練休暇奨励給付金が設けられており、これは後述の自発的職業能力開発を強調する政策の先駆ということができる。

　ところが労働市場法政策としては、雇用改善事業の雇用調整給付金により、事業主が労働者を解雇せずに雇用関係を維持することが新たな政策方向の中核であった。これに対応する形で、職業訓練法を一部改正し、事業主はその雇用する労働者に対し、必要な職業訓練を行うとともに、その労働者が職業訓練を受けることを容易にするために必要な配慮をするよう努めるとの規定が設けられた。もっとも、これに基づく具体的な助成援助は、認定職業訓練に対する助成と職業訓練派遣奨励給付金であって、重視されているのはなお社会的通用性のある技能であった。

　この段階における職業訓練法の改正は1978年4月に行われた。職業訓練の種類の規定であった第8条は「多様な職業訓練を受ける機会の確保」と題され、「労働者は…配慮されるものとする」という規定となった。そして3か条にわたり「事業主等の行う職業訓練に対する援助助成等」の規定が新設された。訓練主体としては事業主のウェイトを高めつつ、その内容はなお企業特殊的技能にシフトしていない政策段階における規定ぶりであった。

　公共職業訓練については、専修職業訓練校と高等職業訓練校の区分を廃止するとともに、国の設置する公共職業訓練施設として、高度の技能を有する労働者となるための養成訓練を行う職業訓練短期大学校と、向上訓練及び能力再開発訓練を行う技能開発センターが規定された（ともに雇用促進事業団が運営）。

　なおこの改正により、職業訓練法人連合会と技能検定協会を統合して、中央と地方に職業能力開発協会が設立されることとされた。

（2） 企業特殊的技能へのシフト[15]

　この発想をさらに進め、社会的通用性ある公共職業訓練の一環としての認定職業訓練ではなく、企業特殊的技能を身につけるための企業内職業能力開発に財政的支援を行うという方向に大きく舵を切ったのは、1981年4月の「雇用に係る給付金等の整備充実を図るための関係法律の整備に関する法律」による給付金の整理統合であった。これにより職業訓練関係は認定訓練助成金と生涯訓練助成金に集約された。

　後者の根拠として職業訓練法第9条第2項に、事業主がその雇用する労働者に対する職業訓練を段階的かつ体系的に行うための計画を作成する努力義務が規定され、これを受けて生涯職業訓練促進助成金が設けられた。対象となる訓練は、配置転換、出向等により新たな職務に就かせるための訓練、技能の進歩等に適応するための訓練などであり、企業外の教育訓練施設で行われるものと並んで、企業が行う集合訓練の実施に要する運営費が助成対象経費とされた。ここに、1960年代の労働力流動化を前提とした社会的通用性のある技能ではなく、終身雇用を前提とした企業特殊的技能へのシフトが明確に示されたと言えよう。

　この時期は、アカデミズムにおいても終身雇用や年功制など日本的雇用慣行が内部労働市場論の立場から再評価され始めた時期に当たり、企業内職業能力開発の強調という政策方向も、企業内の熟練形成を重視する労働経済学の新潮流と対応する面もあった。

　社会学的には、高校進学率の急上昇とそれに続く大学進学率の上昇の中で、中卒者に対する養成訓練を行う職業訓練校は高校進学ができない「落ちこぼれ」の集団と見られるようになっていたことがこれらの背景にある。この時期設置されるようになった「職業訓練短期大学校」という名称には、公共職業訓練が高学歴化社会に必死に適応しようとする姿が浮かび上がる。これもまた、戦前徒弟学校が実業学校に昇格していったことを想起させる。

---

15) 関英夫『雇用関係各種給付金の新体系』労務行政研究所（1981年）。

（3） 職業訓練法から職業能力開発促進法へ[16]

　そういう中で、かつては新鮮であった職業訓練という言葉もすでに泥臭く感じられるようになっており、1984年7月には行政改革の一環として職業訓練局が職業能力開発局に改名され、1985年6月には職業訓練法の名称が職業能力開発促進法に変わった。

　この改正に向けて1984年11月に出された企業内教育研究会[17]の報告書は、職業能力開発パラダイムの転換として、OJTを基底に据えて、日本的人材育成システムをより活性化させ、その機能をフルに発揮させていくことを挙げている。そして、企業は新時代に求められる職業人を積極的に育成する新しい「学習企業」に移行すべきだと主張した。

　この発想に基づき、新法は構成を大きく変えた。まるで旧職業訓練法に戻るかのように、事業主等の行う職業能力開発と国及び都道府県による職業訓練を節を分けて規定し直したのである。ただし、今回は企業内職業能力開発が最初に規定され、公共職業訓練はその後に登場するという形で、重点の置き所が明確にシフトした。

　内容的にも企業内職業能力開発の規定が大きく充実した。まず、事業主の行う職業能力開発の一類型として「その労働者の業務の遂行の過程内において」行われる職業訓練、すなわちOJT（オン・ザ・ジョブ・トレーニング）を明確に位置づけた。また、専修学校や大学で行われる教育訓練を受けさせることについても事業主による職業能力開発と位置づけるとともに、有給教育訓練休暇の付与も法律上規定を置いた。これは企業内職業能力開発の一環であるとともに自発的職業能力開発の第一歩でもある。さらに、事業主に対して事業内職業能力開発計画の作成と職業能力開発推進者の選任の努力義務を課した。

　一方、公共職業訓練については、これまで特定不況業種離職者等に限定されていた委託訓練の対象者を雇用保険受給者や一般の求職者に大きく拡大するとともに、職種の限定も取り払った。これによりその後、専修学校、各種

16）宮川知雄『解説職業能力開発促進法　未来を拓く人材開発』日刊労働通信社（1986年）、野見山眞之『新時代の職業能力開発』労務行政研究所（1987年）。

17）学識者10名、座長：奥田健二。

学校といった民間の教育訓練機関において実施される公共職業訓練が拡大していくことになる。

なおその後1986年6月に出された生涯職業能力開発研究会[18]の報告は、OJTを基底とする日本的人材育成システムは狭い職種にとらわれずME化等の技術変化に柔軟に対応していると評価しつつ、高齢化、女子化、サービス化といった変化に対応して見直しが必要になりつつあると指摘し、大学や大学院を活用した高度な職業能力の開発システムの構築、自己啓発の促進といった方向を提言しており、既に90年代の政策を先取りしていた。

（4） 企業主義時代の職業能力検定制度

このような流れの中で、技能検定制度と併存する形でいくつかの制度が設けられていった。1973年度からは、技能審査認定規程（昭和48年労働省告示第54号）に基づき、民間非営利法人が実施する技能審査について労働大臣が認定する技能審査認定制度が行われた。

また、1984年からは社内検定認定規定（昭和59年労働省告示第88号）に基づき、社内検定認定制度が設けられた。これは、企業特有の技術、技能及び知識すなわち企業における最先端の技術、企業内の作業工程上特有な技術等については企業の特殊性が加味された職業能力として、国が実施する技能検定に包摂するのが難しいことから、企業内や事業主団体が実施する社内検定を労働大臣が認定するものである。1985年に日本電装で第1号が認定されて以後、いくつかの企業の社内検定が認定を受けている。

こういったものを含めた「職業能力検定」という上位概念が、1992年の改正職業能力開発促進法の第1条（目的）に書き込まれた。これは、1958年職業訓練法の技能検定制度が企業横断的職種別労働市場を念頭に置いていたのに対し、むしろ内部労働市場志向の政策の現れというべきであろう。

18）学識者7名、座長：髙梨昌。

354　第2部　労働市場法政策

6　自発的職業能力開発政策の時代

（1）　教育訓練休暇[19]

　1990年代に入ると、それまでの企業内職業能力開発中心の政策が、徐々に自発的職業能力開発を強調する方向にシフトしていく。しかしその前に、企業内職業能力開発が強調されるようになる直前の1974年という時期に、先駆的に登場していたある政策を見ておく必要がある。それは、雇用保険法によって奨励するための給付金が設けられた教育訓練休暇制度である。同法により設けられた雇用保険3事業の能力開発事業のうちで、新機軸的な政策が有給教育訓練休暇奨励給付金であった。

　これは直接には、その直前の1974年のILO総会で有給教育訓練休暇条約（第140号）が採択されたことを反映しているが、制定時の解説書が「有給教育訓練休暇とは、自己啓発をしようとする労働者に対し、賃金を支払いながら与える休暇のことをいい、労働者の職業生活の全期間にわたる教育訓練の機会を確保し、労働者の職業能力の開発向上を図る上で極めて効果的」と述べているように、事業主への助成という形を取ってはいるが、実質的には自己啓発へのシフトの先行型というべきものである。

　対象となる教育訓練は、公共職業訓練施設と高校、大学、高専及び各種学校の行うもので、労働者の申出に基づいて与えられることが要件であるから、まさに個人主導の職業能力開発である。

　これが職業訓練法上に姿を現したのは、既に企業内職業訓練の促進に舵を切った1978年改正によってであった。すなわち事業主の責務として「その雇用する労働者に対し…その労働者が職業訓練又は技能検定を受けることを容易にするために必要な援助を行う」努力義務を課し、事業主に対する助成として「職業訓練を受ける労働者に有給休暇を与えること」を奨励するための助成を明記した。

　しかしその後は、前述のように政策そのものが企業特殊的技能を身につけるための企業内職業能力開発に財政的支援を行うという方向に舵が切られ、

19）遠藤政夫『教育訓練休暇』日本労働協会（1974年）、遠藤政夫『雇用保険の理論』日刊労働通信社（1975年）、関英夫『雇用保険法の解説』ぎょうせい（1975年）。

制度自体はずっと存続し続けてはいたが、その位置づけは極めて低いものであった。

（2） 自己啓発へのシフト[20]

　1991年6月に策定された第5次職業能力開発基本計画は、政策目標の筆頭に従来どおり「企業内職業能力開発の促進」を置いているが、その次には「労働者の自己啓発の促進」を掲げ、「公共部門による職業能力開発」はその後に置くという形で、自発的職業能力開発の重要性を強調している。

　この基本計画を受けて、1992年6月に職業能力開発促進法が改正された。構成としては、事業主の行う職業能力開発と公共職業訓練の間に「国及び都道府県による職業能力開発促進の措置」という節が割って入る形となっている。もっとも、その中に申し訳程度に労働者の自己啓発援助を示唆する規定が含まれてはいるが、実際には企業内職業能力開発への援助と公共職業訓練のインデックス規定となってしまっており、必ずしも基本計画の考え方の法制化という意図が実現してはいない。

　この改正で大きく変わったのは1969年の新職業訓練法以来の訓練体系である。これまでの訓練対象者の属性に着目した養成訓練、向上訓練、能力再開発訓練という3区分を再編成し、習得すべき技能知識の程度により普通職業訓練と高度職業訓練に分け、期間によりそれぞれ長期課程と短期課程に分けて、4区分とした。

　また、公共職業訓練施設の名称が再度変わった。今度は普通職業訓練を行う職業能力開発校と高度職業訓練を行う職業能力開発短期大学校である。そして、その他ひっくるめて公共職業能力開発施設と総称される。職業訓練校という言葉は法律上からは消えてしまった。

---

20) 松本邦宏『生涯職業能力開発の新たな展開』労務行政研究所（1992年）、労働省職業能力開発局編『改正職業能力開発促進法の解説』雇用問題研究会（1993年）。

356 第2部 労働市場法政策

（3） 個人主導の職業能力開発の強調[21]

　自発的職業能力開発を強調する方向性をさらに推し進めたのが1996年2月の第6次職業能力開発基本計画であり、「労働者の個性を活かす職業能力開発」「個人主導の職業能力開発」といった言葉が散りばめられているが、その具体的な考え方を提示しているのがこれに先行して1995年12月に自己啓発推進有識者会議[22]の報告書として提出された「個人主導の職業能力開発の推進に向けて」である。そこでは、これまで企業内人材育成の一環と位置づけられてきた自己啓発を、企業を超えた労働移動への対応や、労働者個人の職業生活の生涯設計といった観点から位置づけ直し、労働者個人が自主的能力開発を行うに当たっての時間の確保や費用負担の軽減など障害の除去が最大の政策課題として提示されている。

　さらに1996年11月に出された職業能力開発推進研究会[23]の報告は、「キャリアは財産」というキャッチフレーズを掲げ、個人主導の職業能力開発を進めるために、個人のコストを軽減するとともに、自発的な取組みへのインセンティブを与える環境整備を求めている。同年10月の産業社会の変化に対応した職業訓練のビジョンを考える懇談会[24]の報告書が高度職業訓練の充実強化を求めていることと合わせて、1997年5月に職業能力開発促進法の改正が行われた。

　自己啓発関係では、事業主が自ら行う職業能力開発措置と並べて自己啓発支援措置に1条を充て、事業主の配慮の内容として、これまで規定されていた有給教育訓練休暇だけでなく、長期教育訓練休暇の付与や、始業・終業時刻の変更など教育訓練を受ける時間を確保するための措置を明記した。また、公共職業能力開発関係では、高学歴化はついに短大を超えて大学に至り、これまでの職業訓練指導員養成のための職業能力開発大学校を職業能力

21）松原東樹『転換期の職業能力開発』労務行政研究所（1995年）、中井敏夫『ホワイトカラーの職業能力開発の新たな展開』労務行政研究所（1997年）、伊藤庄平『変化への対応を図る職業能力開発の実現を目指して』労務行政研究所（1999年）。

22）学識者12名、座長：辻村江太郎。

23）学識者5名、座長：諏訪康雄。

24）学識者11名、座長：辻茂。

開発総合大学校と改名し、専門的かつ応用的な職業訓練を行う機関として職業能力開発大学校が設置されることとなった。

（4）　教育訓練給付[25]

　1998年3月、雇用保険法が改正され、教育訓練給付制度が創設された。これは、労働者の主体的な職業能力開発の取組みを支援するため、被保険者期間5年以上の者に教育訓練に係る費用の8割を支給するものであり、1997年改正の政策方向を国による直接支援という次元に進めたものといえる。労働者の自己啓発援助という趣旨から事業主のみの負担による雇用保険事業としてではなく、労使折半の失業等給付の一環として位置づけられたが、逆に失業しているわけでもないのになぜ失業したときのために拠出した保険料から支出するのかという問題が残った。政府は、教育訓練のコストは労働者共通のリスクであるから失業等給付の中に創設するのだと説明したが、現実に雇用保険財政が窮地に陥り、対応を迫られた2003年改正では、あっさりと給付率を2-4割に落とすこととなった。

（5）　ビジネス・キャリア制度[26]

　このように個人主導の職業能力開発政策が進められる中で、職業能力評価制度のあり方についても、新たな時代に対応した仕組みが模索され始めた。

　1990年代初頭から、ホワイトカラー層の職業能力開発が課題として浮上し、1992年7月に産業人生涯職業能力開発システム整備推進委員会[27]の報告、1995年2月にホワイトカラーの職業能力開発のあり方に関する研究会[28]の報告が出されている。そこで提示されたのが、ビジネス・キャリア制度である。

　これは、ホワイトカラーの職務遂行に必要な専門的知識の体系化、教育訓練の認定による具体的な学習手段の提示、さらに受講者に対する能力開発の

25）渡邊信『改正雇用保険制度の理論』財形福祉協会（1999年）。
26）中央職業能力開発協会監修『ビジネス・キャリア制度活用読本』厚有出版（1999年）。
27）学識者9名、座長：髙梨昌。
28）学識者5名、座長：髙梨昌。

履歴の証明を行うことにより、ホワイトカラーの段階的かつ体系的な専門的能力の開発及び向上を促進しようとするものである。

まず、ホワイトカラーの職務分野ごとに、その職務に必要な専門的知識を領域とレベルにより「ユニット」と呼ばれる単位に分類し、その全体像を「マトリックス」として体系化し、教育訓練の「認定基準」とあわせて公表する。次に、労働大臣が、民間及び公共の教育訓練機関、企業等が行う教育訓練のうち、上記認定基準に適合するものを認定し告示する。そして、認定された教育訓練の受講者に対し、中央職業能力開発協会が「ユニット」ごとに、当該教育訓練の履修が適切になされたことを確認する修了認定を行う。

1993年の「職業に必要な専門的知識の習得に資する教育訓練の認定に関する規程」（平成5年労働省告示第108号）により、まず「人事・労務・能力開発」、「経理・財務」の2分野についての認定基準が示され、その後、「法務」、「総務」、「営業・マーケティング」、「情報・事務管理」、「広報・広告」、「生産管理」、「物流管理」、「経営企画」、「国際業務」などにも分野が拡大されてきた。

なお、同規程は若者雇用対策の一環である「YES－プログラム」を盛り込むために2004年に改正され、「職業に必要な知識等の習得に資する教育訓練又は職業能力試験の認定に関する規程」となった。社会に通用する能力を持った人材を育てるため、「一般事務・営業」の職種について実際に企業が若年者に求めている就職基礎能力（＝コミュニケーション能力、職業人意識、基礎学力、ビジネスマナー、資格取得）の内容や、それらを身に付けるための「目標」を若年者に提示するとともに、このような就職基礎能力を修得するための認定講座を修了した若年者に対し、若年者就職基礎能力修得証明書を本人あてに発行するものである。

7 職業能力開発政策の模索

(1) キャリア形成支援への政策転換[29]

2000年代初頭から、職業能力開発政策は「キャリア」という言葉を愛好するようになる。これは、上記職業能力開発推進研究会の座長を務めた諏訪康雄が、1999年7月にキャリア権という概念を提示したことが大きく影響していると見られる[30]。

2001年4月に行われた職業能力開発促進法の改正では、個々の労働者のキャリア形成を促進する体制を整備するために、事業主による情報提供、相談等の援助及び労働者の配置等雇用管理上の配慮を規定し、そのための指針を大臣告示で定めることとした。

この「労働者の職業生活設計に即した自発的な職業能力の開発及び向上を促進するために事業主が講ずる措置に関する指針」は、事業主による情報提供、相談等の援助として、キャリアコンサルティングを行うことを挙げている。キャリアコンサルティングとは、具体的には、「労働者自らの職業経験及び適性に関する十分な理解を促進すること。その際、労働者の希望等に応じ、キャリアシートの記入に係る指導その他の労働者自らの取組を容易にするための援助を行うこと」及び「労働者自らの職業生活設計及びこれに基づく実務の経験、職業訓練の受講、職業能力検定の受検等を容易にするための相談を行うこと」とされている。

2001年5月には第7次職業能力開発基本計画が策定され、基本的施策の筆頭に「キャリア形成支援システムの整備」が掲げられた。また、2002年7月にキャリア形成を支援する労働市場政策研究会[31]が提出した「キャリア形成の現状と支援政策の課題」は、明示的にキャリア権という概念を提示しており、この時期の職業能力開発政策の方向性をよく示している。

---

29) 職業能力開発研究会編『キャリア形成を基軸とした職業能力開発の推進』日刊労働通信社（2002年）。

30) 諏訪康雄「キャリア権の構想をめぐる一試論」（『日本労働研究雑誌』1999年7月号）。後に諏訪康雄『雇用政策とキャリア権』弘文堂（2017年）に所収。

31) 学識者11名、座長：諏訪康雄。

360 第2部 労働市場法政策

　さらに、2004年6月から職業能力開発の今後の在り方に関する研究会[32]が開催され、翌2005年6月にまとめられた「人材による成長を導くために」では、「職業能力開発の推進において個人の自発性は重要であるものの、単純に個人の自発性のみに委ねることは、職業能力開発の取組を行うことに理解があっても、具体的にどのような取組を行うべきかについて理解が不足している個人にとっては、いたずらに不安感を増し、効果的な職業能力開発が行われないおそれもあると考えられる」と、自発的職業能力開発を強調する路線に変化の兆しが見えてきたことが注目される。これに続けて「個人の自発性を引き出しつつ適切な職業能力開発の取組へと導いていくため、企業における取組を推進するとともに、企業による支援が受けられない労働者に対しては公的なサービスとして適切な指導・助言・相談等の支援や能力開発機会の提供が不可欠である」とか、「特に、若年者や主婦、非正規労働者など、本人の努力や企業のみに任せていただけでは十分な教育訓練機会が得られない者に対するその機会の提供・確保について、今後、社会の支え手を増やしていく必要があるという視点からも、十分な配慮が必要である」と、公的なキャリア形成支援の重要性が明確に打ち出されてきている。

（2）　日本版デュアルシステムの導入

　1990年代後半以後、若年者の失業率の上昇、無業者、フリーター、早期離職者の増加等、若年者の雇用・就業に係る問題が深刻化していった。その中で、厚生労働省は2002年11月から若年者キャリア支援研究会[33]を開催し、2003年9月に報告書「若者の未来のキャリアを育むために」を公表した。

　ここでは、上のような事態を放置すれば、若年期に習得すべき職業に関する知識や技能を習得できず、当面の就職困難をもたらすだけでなく、将来にわたっても本人の能力不足、不安定就労を招来すること、若年者の能力蓄積不足、不安定就労状況の長期化が、将来にわたり国全体の技能・技術レベルの向上を阻害し、日本の唯一の資源である優秀な労働力という強みを失わ

32）学識者10名、座長：諏訪康雄。
33）学識者8名、座長：諏訪康雄。

せ、成長力の低下や社会の衰退をもたらすこと、若年の不安定就労の長期化が、家庭を持ち、子供を産み育てる生活基盤の形成を妨げ、社会の一層の少子化を進行させること、そして若年期に能力蓄積ができた者とできなかった者の間に、経済格差の拡大や、それが世代間で繰り返されることによる子孫を含めた階層化の恐れ、さらには社会不安の増大が懸念されることを指摘している。

そして、若年者のキャリア形成支援のための施策として、これまでの学校卒業即雇用という仕組みだけでなく、試行錯誤を経つつも、職業的自立を可能とする仕組みが必要とし、若年者に対する職業能力開発機会の抜本的な拡充を図るとともに、労働市場システム、教育訓練システムの全般的改革が必要としている。具体的には若年向けのキャリアコンサルティングを行うとともに、目玉として日本版デュアルシステムの導入を提言している。これは、若年者が企業現場との接点をできるだけ多く持ちながら効果的に能力向上をしていくことができる新しい枠組みであり、具体的には企業と教育機関をコーディネートし、企業実習と一体となった教育訓練を行うとともに、終了時に実践力の能力評価を行う仕組みを想定している。

これを受けて、厚生労働省は2004年度から日本版デュアルシステムという名の下に、教育訓練機関における座学（Off-JT）と企業における実習及びOJTを組み合わせた新たな実務・教育連結型人材育成システムを開始した。

2004年3月に公表された日本版デュアルシステム協議会[34]報告書は、35歳未満の未就職者無業者、フリーター等を対象に、教育訓練機関が若年者を訓練生として受け入れ、企業実習については企業に委託するタイプと、企業が若年者を有期パート労働者として採用し、Off-JTについては教育訓練機関が行うタイプの2類型を提示している。

なお、フリーターや無業者（ニート）の増加は、労働政策だけでなく、教育政策や産業政策からも深刻な問題として受け止められ、2003年6月には、厚生労働省、文科省、経産省及び内閣府により「若者自立・挑戦プラン」が策定された。上記日本版デュアルシステムもその一環であるが、若年者のた

34）学識者12名、座長：寺田盛紀。

362　第2部　労働市場法政策

めのワンストップサービスセンターとして「ジョブカフェ」を設置したり、企業に短期間雇用されることにより実践的な能力を取得させ常用雇用に移行するための「若年者トライアル雇用」を実施したりといった施策を講じた。

　2005年度からは、いわゆるニート対策として、若者自立塾創出推進事業が行われた。これは、社会生活や職業生活の前提となる生活習慣や就労意欲が欠如し、親への依存から脱却できないことから、教育訓練も受けず就労することもできないでいる若年者に対し、3か月程度の合宿形式による集団生活の中で生活訓練、労働体験等を通じて、社会人、職業人として必要な基本的能力の獲得、勤労観の醸成を図るとともに、働くことについての自信と意欲を付与することにより、就職、職業訓練等へと導こうとするものである。

　また、安定した就労を望みながら職場におけるコミュニケーション能力や基礎的なビジネスマナーの修得が不十分であるために就職が困難なフリーター等に対し、これら修得を図るための就職基礎能力速成講座も実施された。

（3）　実践型人材養成システム[35]

　上述のように、日本版デュアルシステムは2004年度から試行的に開始されたが、その実施に当たっては、フリーターや若年失業者等の若者の自立支援策の一環として進められ、当面は教育訓練機関主導型の普及を中心とし、企業主導型については順次企業への普及を進めるという方針がとられた。しかしながら、本来デュアルシステムは就労、就学に次ぐ、就労と就学の双方の要素を併せ持った第三の選択肢として位置づけられるべきものという考え方から、2005年9月より日本版デュアルシステムの今後の在り方についての研究会[36]が開かれ、同年11月には新たな「実践型人材養成システム」の創設を求める報告書をまとめた。

　同報告書では、教育訓練機関の様々なコースの一つに過ぎない教育訓練機関主導型デュアルシステムはフリーター等対策として引き続き推進するが、それにとどまらず、企業が有期雇用のもと、実習を行いつつ、教育訓練機関

35）濱口桂一郎「デュアルシステムと人材養成の法政策」（『季刊労働法』213号）。

36）学識者7名、座長：今野浩一郎。

において座学等を進め、企業現場の中核的人材を養成する企業主導型デュアルシステムの実施を推進すべき段階にきていると述べている。その具体的な姿として、訓練全体を通じた企業の主導性を確保しつつ、Off-JTによる基本的な知識の習得については訓練希望者本人の負担のもとに行うことを提起し、この形態を「実践型人材養成システム」と呼んでいる。これは「実践的職業能力の涵養に必要な負担を企業と個人が分かち合い、双方にとって新しいメリットを生み出す形態」として、かつての徒弟契約、養成契約の発想と通ずるものがある。

　既に同年7月から審議を開始していた労働政策審議会職業能力開発分科会[37]は、この研究会報告を受けて同年12月に「今後の職業能力開発施策の在り方について」と題する報告をとりまとめ、その中で実践型人材養成システムの創設を求めた。具体的には、これを職業能力開発促進法に規定する事業主の行う多様な職業訓練の一形態として位置づけると共に、その質を確保するため、適切かつ有効な実施を図る上で必要な事項を同法に基づく指針で定めることとした。

　翌2006年3月、厚生労働省は職業能力開発促進法等の改正案を提出した。ここでは上記「実践型人材養成システム」を「実習併用職業訓練」という名で法律に明記している。定義規定によると、「事業主が、その雇用する労働者の業務の遂行の過程内において行う職業訓練と次のいずれかの職業訓練又は教育訓練とを効果的に組み合わせることにより実施するものであって、これにより習得された技能及びこれに関する知識についての評価を行うもの」をいう。前者はオンザジョブトレーニング（OJT）であり、後者は公共職業訓練、認定職業訓練、その他適切な教育訓練が各号列記されている。改正案は同年6月に成立し、同年10月から施行されている。なお、費用負担については、キャリア形成促進助成金による高率助成制度が設けられた。

　なおこの改正では、熟練技能の習得の促進についても新たに1条をたてている。熟練技能とは「労働者がその習得に相当の期間を要する熟練した技能及びこれに関する知識」と定義され、これに基づく指針では、熟練技能の程

37）公労使各6名、分科会長：今野浩一郎。

364　第2部　労働市場法政策

度ごとに情報を管理し、労働者に提供することや、労働者が熟練技能を要する業務に従事する機会を確保したり、労働者が習得した熟練技能の十分な発揮が可能となるような的確な配置・処遇、職業能力検定を受けさせることなどへの配慮を求めている。

（4）　求職者支援制度と認定職業訓練[38]

　2010年、雇用保険と生活保護の間の「第2のセーフティネット」として求職者支援制度を創設する議論が労働政策審議会雇用保険部会[39]で審議されるとともに、その制度で実施される職業訓練の在り方についても職業能力開発分科会[40]で議論された。翌2011年1月にまとめられた「求職者支援制度における新たな職業訓練の在り方について」は、まず「当該給付の受給を第一の目的として新訓練を受講しようとするケースや、就職によらない個人的関心や興味等により受講しようとするケースが生じうる」とモラルハザードの危険性を指摘し、訓練を真剣に受講し、それにより就職しようとする意欲と能力が認められることを要件とすべきと述べている。

　一方、これまでの職業訓練の範囲を超え、「就職に必要なコミュニケーション能力等のヒューマンスキルを含めた基礎的能力から実践的能力までを付与する」（場合によっては基礎的能力のみ）ものである必要を指摘し、訓練コースの設定はさまざまな民間教育訓練機関の創意工夫や柔軟なアイディアを尊重すること、そのため各実施機関が作成する訓練の内容が基準に適合するか否かを審査認定する仕組みとすることを提示している。

　不適切な流入を防ぐため、求職者の新訓練への誘導はハローワークがジョブ・カードを活用したキャリアコンサルティングを行うとし、また訓練実施機関に対して就職実績に応じた財政支援を行うこととしている。

　これを受けて2011年5月に成立した職業訓練の実施等による特定求職者の就職の支援に関する法律では、特定求職者のために厚生労働大臣が職業訓練実施計画を策定し、これに適合する職業訓練を認定し（これが「認定職業

38）濱口桂一郎「求職者支援制度の成立」（『季刊労働法』235号）。

39）公労使各5名、部会長：清家篤。

40）公労使各6名、分科会長：今野浩一郎。

訓練」）、かつ助成するという仕組みをまず設けている。その上で、公共職業安定所長が特定求職者のために就職支援計画を作成し、この計画に基づいて認定職業訓練・公共職業訓練などの就職支援措置を受けることを指示することとし、これを容易にするために特定求職者に対して職業訓練受講給付金を支給する、という枠組みとなっている。

認定職業訓練という言葉は、1969年職業訓練法において、公共職業訓練に沿った形で事業主等がその労働者に対して行うものに対して使われた言葉であり、なお法律上に現存するにもかかわらず、同じ用語がそれとはまったく異なる文脈でセーフティネット機能の一環として民間教育訓練機関が行うものに使われることとなったのは、皮肉の感もある。

（5）　学び直し支援[41]

2012年末に自公政権に復帰した後、2013年6月にとりまとめられた「日本再興戦略」において、「行き過ぎた雇用維持型から労働移動支援型への政策転換」の一環として、「若者等の学び直しの支援のための雇用保険制度の見直し」が盛り込まれた。「キャリアアップ・キャリアチェンジできるよう、資格取得につながる自発的な教育訓練の受講を始め、社会人の学び直しを促進する」という目的で、これに先立つ産業競争力会議の動きなどに応じて、他の論点と併せ同年5月から労働政策審議会雇用保険部会及び職業能力開発分科会で審議が開始された。

同年12月に雇用保険部会[42]、職業能力開発分科会[43]それぞれの報告が出された。「学び直し」は「中長期的なキャリア形成支援」というタイトルになり、特定の教育訓練給付の給付率を20％から40％に、さらに資格取得の上就職すれば60％まで引き上げる。また、労働側の意見を入れて、45歳未満の若年離職者に対して基本手当の50％の生活支援が設けられた。これらを盛り込んだ雇用保険改正法案が2014年1月に国会に提出され、同年3月成立に至った。その後、指定基準の諮問答申を経て、2014年10月から専門実践

41）濱口桂一郎「「学び直し」その他の雇用保険制度改正」（『季刊労働法』244号）。

42）公労使各5名、部会長：岩村正彦。

43）公労使各6名、分科会長：小杉礼子。

366　第 2 部　労働市場法政策

教育訓練という名称で実施されている。なお 2017 年雇用保険法改正により専門実践教育訓練の原則給付率が 40％から 50％へ、資格取得した場合には 60％から 70％に引き上げられた。

　具体的に対象となるのは、①業務独占資格・名称独占資格の取得を訓練目標とする課程、②専修学校の職業実践専門課程、③専門職大学院である。なお 2016 年度から④大学等における職業実践力育成プログラム、2017 年度から⑤一定レベル以上の情報通信技術の資格取得を目標とする課程、2018 年度から⑥第 4 次産業革命スキル習得講座と毎年のように類型が増加している。さらに、2019 年度からは新たに設けられる⑦専門職大学と専門職短期大学も対象となる予定である。職業教育政策のコストを雇用保険が担っている感もある。

8　職業能力評価制度の展開[44]

（1）　ジョブ・カード制度

　2007 年 3 月、官邸に成長力底上げ戦略円卓会議[45]が設置され、働く人全体の所得・生活水準を引き上げつつ、格差の固定化を防ぐことを目的とする成長力底上げ戦略を推進することとされた。同円卓会議は、12 人の委員の内訳が経営側 4 名、労働側 3 名と、三者構成に近くなっていたことも注目に値する。

　この円卓会議の下に、戦略の 3 つの矢の一つである人材能力戦略を推進する観点から、職業能力形成システムと実践型教育システムを構築するため、ジョブ・カード構想委員会[46]が設置され、7 月に中間報告、12 月に最終報告を提出した。

　ジョブ・カード制度は、企業現場・教育機関等で実践的な職業訓練等を受け、修了証を得て、就職活動などに活用する制度であり、社会全体で通用するものを指向している。具体的には、フリーター、子育て終了後の女性、母子家庭の母親等が、企業現場等での実践的な職業訓練（職業能力形成プログ

44）濱口桂一郎「職業能力評価システムの半世紀」（『季刊労働法』241 号）
45）関係閣僚及び学識者 12 名、議長：樋口美雄。
46）学識者 11 名、委員長：森下洋一。

ラム）を受け、あるいは、大学・短大・高専・専門学校で、職場で活かせる実践的な教育プログラム（実践型教育プログラム）を受けて、それらの履修証明（「職業能力証明書（ジョブ・カード・コア）」）を得る。このほか自分の職歴や教育訓練歴、取得資格などの情報をまとめたものを「ジョブ・カード」と総称し、本人が保持して求職活動に活用できるようにするというものである。

翌2008年3月には、本制度の本格実施と普及拡大を図るためジョブ・カード推進協議会[47]が設置され、6月には全国推進基本計画が策定された。その後これに基づき各都道府県の地域ジョブ・カード運営本部で地域推進計画が策定され、具体的な取組みがなされていった。

(2) ジョブ・カード制度の見直し

ところが、民主党政権の目玉商品として喧伝されたいわゆる「事業仕分け」の一環として、2010年10月にこのジョブ・カード制度が廃止と判定されてしまった。これに対し、とりわけ民主党を支持してきた労働組合から批判の声が上がり、同年12月、官邸に設けられた三者構成の雇用戦略対話[48]において、「ジョブ・カード制度については、企業・求職者にともに役立つ社会的インフラとして、より効率的・効果的な枠組みとなるよう見直しを図るとともに、関係府省が一体となって、制度を推進する」と方向転換した。

これを受けて内閣府のジョブ・カード推進協議会において、外部労働市場での汎用性のある職業能力証明ツールという本来の目的に立ち帰って検討が進められた。2011年4月に取りまとめられた「ジョブ・カード制度新全国推進基本計画」によると、これまでの能力開発機会に恵まれない者を対象にした訓練とカードとコンサルティングの三位一体を改め、社会インフラとしてのキャリアコンサルティング等による職業能力証明ツールとOJT等による職業能力開発という2つの機能が切り分けられる。前者については一般求職者や学生に対するジョブ・カードの交付促進が課題となるが、企業の採用面

47）学識者12名、会長：樋口美雄。
48）閣僚及び公労使各3名、主催：首相。

368 第2部 労働市場法政策

接での活用促進、ハローワークや民間紹介機関での活用が挙げられている。特に学生については、現在行われているエントリーシートによる応募がミスマッチを生んでいるとの認識から、学生用ジョブ・カード様式を開発し、活用を図っていくとされている。一般求職者や学生も活用する一般的な職業能力証明ツールという発想は、近代主義の時代に立ち戻ったかのような印象を与える。

　これを受けて、厚生労働省は2011年8月から大学等におけるキャリア教育推進に当たってのジョブ・カード活用・普及促進等に関する実務者会議[49]を開催し、大学におけるキャリア教育のツールとしてのジョブ・カード様式のあり方や、その活用方法等、大学等におけるジョブ・カードを活用したキャリア形成支援の普及促進策、学生の就職活動での活用についての検討、活用実践を通じた検証を行い、翌2012年4月に報告書を取りまとめた。そこに提示されている学生用ジョブ・カードを一般用ジョブ・カードと比較すると、学校の課程で関心を持って取り組んだこと、学校の課程以外で学んだ学習歴、インターンシップ歴、アルバイト活動、社会体験活動（サークル、ボランティア活動、留学等）といった記入欄がある。

（3）　日本版NVQ制度

　2009年12月、政府は「新成長戦略（基本方針）－輝きのある日本へ－」を策定し、その「雇用・人材戦略」の中で、「非正規労働者を含めた、社会全体に通ずる職業能力開発・評価制度を構築するため、現在の『ジョブ・カード制度』を『日本版NVQ（National Vocational Qualification）』へと発展させていく」と述べた。同戦略の注に「NVQ は、英国で20年以上前から導入されている国民共通の職業能力評価制度。訓練や仕事の実績を客観的に評価し、再就職やキャリアアップにつなげる役割を果たしている」とある。

　第一次職業訓練法で技能検定制度が導入されてから半世紀、その後スキルは企業内で身につけ、企業内で認定されるものという認識が一般化してからも長い時間が流れ、ようやく日本版NVQが政府の戦略に打ち出されるに至

49）学識者12名、座長：今野浩一郎。

った。

2010年5月には官邸の緊急雇用対策本部に実践キャリア・アップ戦略推進チーム[50]が設けられ、「肩書社会からキャリア社会へ」という基本的考え方に基づき、新成長分野を中心にキャリア段位制度を導入すべく、各分野ごとのプログラムを策定することとされた。同年8月からその下に専門タスクフォース[51]が設置され、さらに介護人材、省エネ・温室効果ガス削減等人材及び6次産業化人材の3業種についてワーキンググループを設けて審議を進め、2011年5月に基本方針をまとめた。

実践キャリア・アップ戦略基本方針によれば、職業能力評価の階層（ランク）は、職業準備教育を受けた段階のエントリーレベルから、プロレベルに至る7段階とし、それぞれのレベルが示す度合いは業種が異なっても概ね同程度とすること、評価方法は①認証された育成プログラムの履修、②既存資格の取得による代替評価、③アセッサー（評価者）による実践的スキルの評価、の3つの方法の中から組み合わせてできるようにすること、「分かる（知識）」と「できる（実践的スキル）」の両方を評価すべきこと、評価基準に職位を当てはめるべきでないこと、ジョブ・カードとの連携などが書かれている。

ところが、2012年6月には内閣府の事業仕分けでキャリア段位までも「抜本的に再検討」と判定され、既存の資格制度との関係を整理して実施することとされた。その後、介護分野については、厚生労働省老健局が2013年度から補助事業として実施している。2015年10月から介護プロフェッショナルキャリア段位制度の在り方に関する検討会[52]を開催し、翌2016年3月に報告書をとりまとめた。

（4）　職業能力評価制度あり方研究会

2012年末に自公政権に復帰した後、2013年6月にとりまとめられた「日本再興戦略」において、「多元的で安心できる働き方」の導入促進のため、

50）主査：仙谷由人国家戦略担当大臣。
51）学識者5名、労使3名、教育3名、人材5名、主査：大久保幸夫。
52）学識者6名、事業者5名、産業界1名、労働界2名、介護福祉士2名、座長：田中滋。

370 第2部 労働市場法政策

「業界検定等の能力評価の仕組みを整備し、職業能力の『見える化』を促進する」とされたことを受け、厚生労働省は同年9月、労働市場政策における職業能力評価制度のあり方に関する研究会[53]を設置した。

2014年3月にとりまとめられた報告書は、重点分野として、キャリア形成上の重大な問題を抱える非正規雇用労働者層をターゲットに、ジョブ型労働市場を形成する業種・職種の業種・職種固有かつ業界内共通の知識・技能について、入職レベルから中堅までの水準で、企業内キャリアアップや同一業種・職種内企業間の労働移動を挙げている。そして、現状と課題を分析した上で、非正規労働者のキャリアアップ上の必要性の高い対人サービス職種等を重点に、人材ニーズを把握し、採用・人事の主体である業界団体等が検定等の評価方法を開発・運用し、国の関与の下で質保障するという在り方を提示している。

併せて、ものづくり分野など技能検定制度の強化や、職業能力評価と教育訓練プログラムとの一体的な開発・運用にも言及し、特に「多様な正社員」モデルの普及のために業界検定等の「職業能力の見える化」ツールを活用することが強調されている。

(5) キャリア・パスポート構想

官邸に設置された産業競争力会議の雇用人材分科会[54]が2013年12月にまとめた中間整理において、ジョブ・カードを抜本的に見直してキャリア・パスポート（仮称）とし、学生段階から職業生活を通じて活用できるものとすることが提起され、2014年6月の「『日本再興戦略』改訂2014」に盛り込まれた。

これを受けて、厚生労働省は2014年5月からキャリア・パスポート（仮称）構想研究会[55]を開催し、同年11月に報告書をとりまとめた。ここでは、名称は新ジョブ・カードとし、生涯を通じたキャリア・プランニングのツールと職業能力証明のツールの2つの機能をコンセプトとして、職業訓練受講

53）学識者9名、座長：今野浩一郎。

54）主査：長谷川閑史。

55）学識者10名、座長：今野浩一郎。

者、求職者のみならず、在職労働者を含む各層の個人が、入職段階から職業
生活を通じて、職業経験の棚卸し、職業能力証明などの関係情報を、様式ご
とに独立させて蓄積・保存し、自ら抽出・編集して活用するものという基本
的考え方に基づき、当該情報を、原則、電子化し蓄積するとともに、労働者
も容易に活用できる様式等としている。

　構成は、様式1：キャリア・プランシート（個人が記入）、様式2：職務経
歴シート（個人が記入、企業担当者が確認）、様式3-1：職業能力証明（免
許・資格）シート（個人が記入）、様式3-2：職業能力証明（学習歴・訓練
歴）シート（個人が記入）、様式3-3：職業能力証明（訓練成果・実務成果）
シート（教育訓練機関・企業の評価担当者が記入）からなり、活用の仕方と
しては、在職中を含めたキャリアプランニングや業界検定、離職予定者への
活用、職安などでの求職者向けの活用、教育訓練の場面での活用、学生向け
の活用などが想定されている。

（6）　2015年改正

　前述の能力評価に関わる諸研究会と一部時期的に重なりつつ、厚生労働省
は2014年6月から職業能力開発の今後の在り方に関する研究会[56]を開催し
て、産業界のニーズに合った職業能力開発の推進、個人主導のキャリア形成
支援、外部労働市場型の職業能力評価制度の構築、ものづくり人材その他産
業政策と連携した人材育成の推進等について議論し、同年9月に報告書をと
りまとめた。

　同月には直ちに労働政策審議会職業能力開発分科会[57]を開始し、翌2015
年1月に報告書をとりまとめた。その内容は、ニート等の若者支援を行う地
域若者サポートステーションの機能強化、対人サービス分野を重点とする新
たな職業能力検定の整備、生涯を通じて職業能力証明ツールとして活用でき
る観点からのジョブ・カードの見直し、キャリアコンサルタント資格の位置
づけの明確化、都道府県労働局を地方における職業能力開発行政の拠点とす

56）学識者9名、座長：今野浩一郎。
57）公労使各6名、分科会長：小杉礼子。

ること、等である。

　これに基づき、同年2月後述の青少年雇用促進法案と一緒に職業能力開発促進法の改正案要綱が労働政策審議会に諮問され、即日答申を受けて、同年3月改正法案が国会に提出され、2015年9月に成立に至った。

　ここではまず、ジョブ・カードは職務経歴等記録書という名称になり、「労働者の職務の経歴、職業能力その他の労働者の職業能力の開発及び向上に関する事項を明らかにする書面」と定義されるとともに、国がその様式を定め、普及に努めることが規定された。またその際青少年が活用しやすいものとなるように配慮することとされた。

　職業選択や能力開発に関する相談・助言をする専門家としてのキャリアコンサルタントはカタカナのまま法定化され、登録制（5年の更新）、守秘義務や定期的な講習受講義務が規定された。キャリアコンサルティングは2001年改正時の指針で登場して以来、厚生労働省で毎年のように研究会が開催され、それに基づいて政策が進められてきた。すなわち、2002年から民間機関が実施するキャリアコンサルタント能力評価試験をキャリア形成促進助成金の対象として指定する仕組みが設けられ、2008年度からは技能検定にキャリアコンサルティング職種を創設し（2級：熟練レベル）、2011年度には1級（指導レベル）の検定試験も開始した。その延長線上に、2015年改正による国家資格化があるといえる。

　職業能力評価制度については、これまでの技能検定の規定に加えて上位概念として「職業能力検定」を設け、その補則に、職業能力検定に関する基準の整備として、技能検定以外の「職業能力検定の振興を図るため、事業主その他の関係者が職業能力検定を適正に実施するために必要な事項に関する基準を定める」こととされた。これは主として対人サービス分野等を対象にした業界検定制度を想定している。

第5章　職業教育訓練法政策　373

第2節　職業教育法政策[58]

　職業教育は戦前は実業教育と呼ばれていた。戦後職業教育と呼ばれるように
なったが、また産業教育という呼称もあり、若干その範囲にずれもある。

1　戦前の実業教育
(1)　実業教育の始まり

　日本の実業教育制度は、1872年の学制において中学の一種として工業学
校、商業学校及び農業学校が規定されたことに始まるが、実際の産業教育は
工部省工学寮（後の東京帝国大学工学部）や駒場農学校（後の東京帝国大学
農学部）で行われた。1880年には教育令改正により小学校、中学校、大学
校、師範学校、専門学校と並んで、農学校、商業学校及び職工学校が位置づ
けられた。農学校は「農耕ノ学業ヲ授クル所」、商業学校は「商売ノ学業ヲ
授クル所」、職工学校は「百工ノ職芸ヲ授クル所」である。

　これに基づき1881年には東京職工学校が設立された。その目的は、細民
子弟の教育、年期徒弟教育の是正と近代的職工教育の充実、工業経営者の憑
式、全国職工学校の教員養成にあったが、結局職工長、製造所長の養成が目
的となり、1890年には東京工業学校、1901年には東京高等工業学校、1929
年には東京工業大学へと昇格していき、細民教育はどこかへ行ってしまっ
た。ちなみに一橋大学の出発点は1875年森有礼が設立した商法講習所であ
り、1884年東京商業学校、1887年東京高等商業学校、1920年には東京商科
大学へと昇格していった。これらは高等教育レベルの職業教育機関である。

(2)　実業学校

　これに対し、中学校も依然1886年の中学校令において「実業ニ就カント
欲シ又ハ高等ノ学校ニ入ラント欲スルモノニ須要ナル教育ヲ為ス所」と位置

58）文部省『学制百年史』帝国地方行政学会（1972年）、文部省『産業教育百年史』ぎょ
　うせい（1986年）、濱口桂一郎「職業教育とキャリア教育」（『季刊労働法』242号）。

374　第2部　労働市場法政策

づけられ、農業・工業・商業等の専修科を置くことができるなど、普通教育と実業教育は未分化であった。これを明確に分化したのは1899年の中学校令改正と実業学校令である。これにより、「工業農業商業等ノ実業ニ従事スル者ニ須要ナル教育ヲ為ス」実業学校の制度が設けられ、「須要ナル高等普通教育ヲ為ス」中学校及び高等女学校から切り離された。

　実業学校の種類は工業、農業、商業、商船及び実業補習の5種類で、蚕業、山林、獣医、水産の各学校は農業学校、徒弟学校は工業学校とされた。実業学校はその卒業生の大部分を実業界に送り出し、多くは実業学校で学んだ専門分野に就職した。

　戦時下の1943年、教育審議会の答申に基づき、中等学校令は中学校、高等女学校及び実業学校を中等学校と位置づけ（「新制中等学校」と呼ばれた）、戦後の高等学校につながる枠組みを作った。

　これに対して、中学校及び高等女学校卒業程度を対象とする高等教育機関たる実業学校は、1903年の実業学校令改正と専門学校令により実業専門学校に昇格した。これらの一部はやがて、1918年の大学令により帝国大学以外にも大学の名称が許されると大学に昇格していった。

（3）　徒弟学校[59]

　一方、1890年の小学校令において、小学校の一種として徒弟学校及び実業補習学校が規定された。これらについては、1894年に徒弟学校規程が、1896年には実業補習学校規程が設けられた。

　徒弟学校は「職工タルニ必要ナル教科ヲ授クル所」とされたが、制定に当たって学理を中心とするのか実技を中心とするかで文部省を二分する大きな議論がされたという。入学資格は尋常小学校卒業以上で、修業年限は6か月以上4年以下とされた。しかしながら実習設備は予算の関係で貧弱であり、肝心の実技を練ることができなかったらしい。

　1899年の実業学校令によって、徒弟学校は小学校ではなく実業学校に位置づけられ、工業学校の一種とされた。工業学校の一種ではあるがなお徒弟

59）貴村正『徒弟学校の研究』職業訓練大学校調査研究部（1972年）。

学校と名乗っていたのであるが、1920年の実業学校令改正により、徒弟学校は制度的に廃止され、工業学校に統合された。その際、既存の工業学校は甲種工業学校とされ、徒弟学校から移行したものは乙種工業学校とされたが、中には甲種工業学校に昇格したものもかなりあった。一方、現実にはかなり多くの徒弟学校が工業学校に移行することなく廃止されている。

　なお、徒弟学校の過半数は裁縫、手芸、家事、機織等の内職的職業教育を中心とする女子型徒弟学校であった。こちらは1910年に高等女学校令が改正され、実科を置くことや実科高等女学校を新設することが認められたのを機に、ほとんどこちらに移行した。

（4）　実業補習学校と青年学校

　これに対し、実業補習学校は、「諸般ノ実業ニ従事セントスル児童ニ小学校教育ノ補習ト同時ニ簡易ナル方法ヲ以テ其ノ職業ニ要スル智識技能ヲ授クル所」とされ、義務教育を修了し各種の職業に従事する青少年に対して、普通教育の補習と基礎的な職業教育を施すという二つの目的を持っていた。しかしその内容は貧弱であった。

　一方、1926年に軍事教練を主目的として青年教練所が設けられたが、1935年にこれと実業補習学校が統合され、青年学校となった。青年学校はできるだけ多くの勤労青少年に教育の機会を与えようという趣旨から、公立だけでなく工場や事業場にも設置できることとされ、技能者養成の機能も果たした。そして、1939年には青年学校令が改正され、義務制となった。同年小学校は国民学校となり、初等科6年、高等科2年の計8年が義務教育となり、それに接続して青年学校が普通科1年、将来的には普通科2年、本科4年すべて義務化するという計画であったが、戦時非常措置により延期され、遂に実施されることなく終わった。しかし、戦時中青年学校の生徒数は300万人に及んだ。

2 戦後の職業教育[60]

(1) 後期中等教育における職業教育

　戦後教育改革によって6・3・3・4制がとられ、義務教育となった3年制の中学校に続く後期中等教育機関として高等学校が設けられた。これは戦前の中学校、高等女学校及び実業学校を引き継ぐものであったが、その考え方はすでに1943年の中等学校令にあったということもできる。新制高等学校は学区制、共学制、総合制の3原則によることとされたため、単独職業高校が減少し、総合高校の職業学科は十分な職業教育を行うことができず、職業教育は沈滞した。

　そこで、全国の職業高校など関係者は1950年、職業教育法制定委員会を結成し、全国運動を展開した。その結果、1951年、議員立法として産業教育振興法案が国会に提出され、同年6月成立した。同法は国及び地方に産業教育審議会を設け、産業教育に関する施設設備や教員の現職教育に対し国が財政的の援助をするというものであった。その後1958年には職業教育に従事する教員に産業教育手当が支給されるようになり、これらによりようやく職業教育は充実し始めた。また、1951年以降、単独職業高校が増加し、大部分となっていった。

(2) 職業教育制度改正の試み

　1951年5月のリッジウェー総司令官の声明により、占領中の諸制度、諸法令の再検討が許されることとなり、教育制度の改正も急速に具体的問題となった。政府はリッジウェー声明に応じて政令改正諮問委員会[61]を設置、11月「教育制度の改革に関する答申」を提出した。

　これは6・3・3・4制を原則的に維持するとしながらも、中学校についても普通教育偏重に陥ることを避け、普通課程に重点を置くものと職業課程に重点を置くものに分けることを提起するとともに、中学校3年と高校3年（又はそのうち2年）を併せた6年制（又は5年制）の職業課程に重点を置く

60）佐々木輝雄『高等学校制度改革の今日的課題』職業訓練大学校調査研究部（1975年）。

61）学識者7名。

高等学校を認めることや、高校3年と大学2年又は3年を併せた5年制又は6年制の職業教育に重点を置く専修大学を認めることを求めている。

日経連も1954年12月の教育制度改善に関する要望で、5年制職業専門大学、6年制職業高等学校の制度化を求め、学校教育システムによる中堅技術者養成に期待を寄せていた。

一方、1957年5月、中央青少年問題協議会の首相への意見具申においては、定時制職業課程、通信制高校及び技能者養成施設の拡充と提携を一歩進めて、これらを母体とする修業年限4年の定時制教育機関として産業高等学校の制度化を提案し、義務教育終了後の18歳未満のすべての勤労青少年が修学しなければならない学校として構想した。これは明らかに1939年青年学校令で制度的には確立しながら戦時非常措置でついに実施されなかった拡大義務教育構想の復活である。

（3） 技能連携制度[62]

一方、戦前の青年学校を受け継ぐものとして戦後定時制高等学校が設けられたが、設置基準が厳しく、工場事業場の青年学校はほとんど定時制とならず消えてしまった。1949年6月の教育刷新審議会建議「職業教育振興方策について」では、定時制高校分校設置基準を緩和し容易に設置できるようにすることとともに、定時制高校と技能者養成所との提携を密にし、労働省は定時制高校の課程を技能者養成の一部と認め、文部省は技能者養成に対し単位制クレジットを与える措置の導入を求めたが、文部省は学校制度内の機会均等を盾にこれに否定的であった。

こういう文部行政に対して産業界は批判的で、日経連は1956年11月の「新時代の要請に対応する技術教育に関する意見」（これは前述したように職業訓練法制定の源泉の一つであるが）において、「昼間の職業を持つ青少年に対する定時制教育は、労働と教育が内容的に一致するように、普通課程よりも職業課程に重点をおく」べきとするとともに、「養成工の向上心に応えるため、必要により定時制高校・通信教育とも結びつけ、高等学校修了の資

62）村上有慶『技能連携制度の研究』職業訓練大学校調査研究部（1973年）。

格を付与する道を開いておく」ことを求め、技能連携制度によって勤労青少年の二重負担を軽減すべきだと主張した。

　こういった動きを受けて、ついに文部省も技能連携制度の法制化に動き出し、1958年3月、学校教育法改正案を提出したが、これが野党の反対で審議未了廃案を繰り返し、ようやく1961年10月に成立に至った。当時の野党が後期中等教育は高校全入で学校教育（それもできれば普通教育）を受けるべきとの考え方に立っていたことが背景にあろう。この改正により、定時制又は通信制の課程に在学する生徒が文部大臣の指定する施設で教育を受けているときは、当該施設における学習を高校における教科の一部の履修と見なすことができるようになった。

　しかし指定の基準は、修業年限が高校に倣って3年以上であることを要し、技能教育担当者は高校教諭免許状を有するか同等の学力を有するものであることを要し、教科は工業に限定された上科目指定まで文部省が細かく定めるなどなかなか厳しく、期待されたほど普及しなかった。これに対し、労働省や日経連からも批判がなされ、文部省も1967年8月、連携制度調査研究会を設置し、同年11月報告書を提出した。これを受けて指定基準が改正され、修業年限は1年以上に引き下げられ、対象も商業、農業、看護、家政などに拡大され、普通学科についても連携が可能になった。

　この制度に基づく神奈川県の技術高校の例を見ると、第1学年は全日制で高校の教科と職業訓練校の実習を行い、第2〜第4学年は就職先で就業しつつ、週1回昼間、週3回夜間登校して工業高校卒の資格を得るというもので、日本型のデュアルシステムと呼んでいいものであった。しかしながら1970年代以降、技能連携制度は急速に衰退していった。

(4)　近代主義時代の職業教育

　1963年1月の人的能力政策に関する経済審議会答申は、「能力に基づかないで、学歴によって人の評価を行おうとする社会的風潮」による「アカデミックな普通教育を尊重し、職業教育に対するいわれのない偏見」を指摘し、「職業課程だけでなく、普通課程そのもののあり方が根本的に検討されなければならない」と主張していた。具体的には、アカデミックな性格のB

類型に対し、プラクチカルな性格のA類型の普通課程では、技術革新時代にふさわしい実践的教科をその中核とすること、適性に応じて普通課程から職業課程相互の転換を可能にすること、中学校の技術・家庭科を高校まで一貫した教科とすることなどを提言している。また、職業教育については、学校と企業が連携して、定時制だけでなく、全日制職業高校でも生産現場で実習を行うことや、定時制や通信制高校の課程を認定職業訓練として履修できるようにすることなどが提示されている。

　また1965年12月に文部省と労働省の間で交わされた「社会・経済的需要に応ずる学校教育及び技能訓練について」でも、後期中等教育の内容形態を再検討し、職業教育を主とする学科の拡充を図るとともに、高等学校教育全般について、職業及び実際生活に必要な教育をより拡充するとしていた。

　こうした中で、1966年10月の中央教育審議会答申「後期中等教育の拡充整備について」は、普通科、職業科を通じて、生徒の適性・能力・進路に対応して、職種の専門的分化と新しい分野の人材需要に即応するよう改善し、教育内容の多角化を図ることを求めた。これを受けて設置された理科教育及び産業教育審議会は、1967年8月と1968年11月に「高等学校における職業教育の多様化について」答申し、これに基づいて金属加工科、電気工作科、事務科、経理科、営業科、貿易科、秘書科等々の多様な学科が設置された。

（5）　職業教育の地位低下と復活

　こういう政策方向は、職業能力と職種に基づく近代的労働市場の形成を目指す労働政策と対応していたが、現実の企業行動が終身雇用慣行や年功制を捨てることなく、逆にそれを強化する方向に動いていく中では、決して主流化することはなかった。高校卒業者を採用する企業側が、「工業科卒でも農業科卒でも、ともかく一定の基礎学力と体力があればよいというわけで、とりたてて工業の専門的知識・技術の習得を必要としな」くなったのである。職務意識が希薄化する日本社会においては、過度に細分化された職業学科はかえって無意味なものとなってしまったのである。

　そういう時代状況の中で、1973年3月、文部省の理科教育及び産業教育審議会の産業教育分科会は、「高等学校における職業教育の改善について」を

まとめ、基礎教育の重視、教育課程の弾力化などを提言し、これが学習指導要領に取り入れられた。ちなみに、同じ頃日教組が提起した案では、普通高校、職業高校を廃止して全て総合高校とし、普通教育を行うこととするなど、この方向性が極端に現れているが、マクロに見れば日本社会全体の流れを反映したものであったといえよう。

石油ショック後、労働政策も日本的雇用慣行を評価し、維持強化する方向に大きく舵を切るが、これは職業教育であれ、職業訓練であれ、企業内能力開発以前の公的な職業教育訓練システムの社会的地位を引き下げるものでもあった。企業内のOJTを称揚する労働経済学の知的熟練理論からすれば、職業高校や職業訓練校の存在意義は極小化される。こうして、職業訓練校ほどではないにしても、職業高校は普通科にいけない「落ちこぼれ」の集団という社会的スティグマがより強く押されることになる。江戸時代の士農工商をもじった「普商工農」なる言葉が人口に膾炙した。みんなが普通科にいけるようにしようという「進歩的」な考え方ほど、職業教育をおとしめるものはなかったというべきであろう。企業主義の時代は、職業教育にとって冬の時代であった。

1990年代になり、ようやく再び職業高校に政策の焦点が当てられるようになってきた。文部省は1994年4月から職業教育の活性化方策に関する調査研究会議を開催し、1995年3月に「スペシャリストへの道」という報告をまとめた。そこでは職業教育は職業高校だけで行われるものではなくすべての人にとって必要な教育であること、職業高校においては将来のスペシャリストとして必要とされる専門性の基礎・基本を重点的に教育し、生徒はここで学んだことを基礎に、卒業後も生涯にわたり職業能力の向上に努めることから、従来の「職業高校」という呼称を「専門高校」と改めることとし、産業界、大学から専門家を講師として招聘すること、大学入試における特別選抜制度の導入、専修学校との接続等具体的な提言をしている。

さらに理科教育及び産業教育審議会は1997年5月に文部大臣の諮問を受け、1998年7月に「今後の専門高校における教育の在り方等について」を答申し、とりわけ地域や産業界とのパートナーシップの確立を強調している。具体的には、生徒の在学中における就業体験（インターンシップ）を推進す

ることを求めている。

こうした機運に乗って、文部科学省は2003年度から2011年度まで、先端的な技術・技能等を取り入れた教育や伝統的な産業に関する学習を重点的に行っている専門高校を「目指せスペシャリスト」（スーパー専門高校）として指定し、将来のスペシャリストの育成を図る事業を行ってきた。毎年学科と地域バランスを見ながら10校前後が指定され、経費が援助される。

また、2004年度から2006年度まで、企業での実習と学校での講義等の教育を組み合わせて実施することにより若者を一人前の職業人に育てるための「日本版デュアルシステム」も実施された。これは、2004年の調査研究協力者会議報告「専門高校等における日本版デュアルシステムの推進に向けて」に基づき、同年度から通達による3年間の予算措置として始められたが、その内容は専門高校生が1年間に20日程度の企業実習を行うというもので、ドイツの「デュアルシステム」とはほど遠く、インターンシップというべきものである。もっとも、東京都立六郷工科高校ではデュアルシステム科を設置し、1年次には3社10日ずつ実習を行う程度であるが、2年次には2か月の長期就業訓練を1回（5、6月）、3年次にはそれを2回（5、6月と10、11月）行うこととされ、しかも企業と生徒双方の合意により就業訓練先に就職することも可能というかなり本格的な制度設計になっていた。

3 高等教育における職業教育
(1) 戦後の大学

新制大学は戦前の多様な高等教育機関を全て単一の4年制大学に再編統一したものである。すなわち、戦前の大学に加え、普通教育機関としての高等学校と、実業教育機関としての専門学校、教員養成機関たる（高等）師範学校が統合昇格したものであり、職業教育機関の一環であることは明らかであった。しかし、学校教育法上は「学術の中心として、広く知識を授けるとともに、深く専門の学芸を教授研究し、知的、道徳的及び応用的能力を展開させること」（第52条、現第83条）が目的とされ、職業能力という言葉は出てこない。これは、アメリカ教育使節団報告書が戦前日本の高等教育機関に対して「専門化が狭すぎ、職業的色彩が強すぎる」と批判したことを反映

している。とはいえ、実際は相当程度に職業教育機関であるにもかかわらず、あたかもアカデミックな学術研究機関であるかのように思い込む悪弊の原因になったことは確かであろう。もっとも、1951年の産業教育振興法は議員立法であるが、「産業教育」を「中学校、高等学校又は大学が、生徒又は学生に対して、農業、工業、商業、水産業その他の産業に従事するために必要な知識、技能及び態度を習得させる目的をもつて行う教育」と定義しており、大学も「産業教育」機関と位置付けている。

ただ、1949年の新制大学への切り替えに際し、旧制専門学校の中に4年制大学に転換できなかったものがあり、これらを救済するために暫定的に短期大学を設けた。当時の設置基準は「実際的な専門職業に重きを置く大学教育を施し、よき社会人を育成すること」が目的とされている。その後、高等専門学校の制度化を機に1964年には恒久的な制度となった。学校教育法上、短期大学は「深く専門の学芸を教授研究し、職業又は実際生活に必要な能力を育成すること」（第69条の2、現第108条）が目的とされており、正面から職業教育機関として位置づけられている。

なお、1971年6月の中央教育審議会答申「今後における学校教育の総合的な拡充整備のための基本的施策について」は、高等教育の多様化を打ち出し、とりわけ大学を（A）将来の社会的進路のあまり細分化されない区分に応じて、総合的な教育課程により、専門的な教養を身につけさせようとするもの（総合領域型）、（B）専攻分野の学問体系に即した教育課程により、基礎的な学術または専門的な技術を系統的に修得させようとするもの（専門体系型）、（C）特定の専門的な職業に従事する資格または能力を得させるため、その目的にふさわしい特色のある教育課程と特別な修練により、職業上必要な学理と技術を身につけさせようとするもの（目的専修型）に類型化するという考え方を示したが、各方面から反発を受け、実現しなかった。

（2）　高等専門学校

一方、1951年の政令改正諮問委員会答申は、高校と大学を合わせた5-6年制の職業教育に重点をおく専修大学を認めることを求めていた。また、1958年の中央教育審議会の答申は、短期大学と高校を合わせた5-6年制の技

術専門の学校を早急に設けることを求めた。そこで、文部省はいわゆる専科大学法案を国会に提出したが、これは上記暫定措置で設けられた短期大学を恒久化するとともに中堅技術者養成のための専門教育機関を創設しようとするものであった。これに対し、短大をあくまでも大学として恒久化することを求める私立短大関係者の強い反対で審議未了が続いたため、両者を切り離し、中堅技術者養成のための専門教育機関として高等専門学校を創設する法案を国会に提出し、1961年に成立に至った。高等専門学校は「深く専門の学芸を教授し、職業に必要な能力を育成すること」（第70条の2、現第115条）を目的とする中学校卒業を入学資格とする5年制の高等教育機関である。当初は工業のみであったが、その後商船及び電波が加わった。

(3)　専修学校

各種学校は、学校教育法第1条に定める「学校」以外の「学校教育に類する教育を行うもの」として雑則で規定される継子的存在であったが、産業の発展に伴う技術・技能者の要請に応えて急激に増加した。やがて、その職業教育、技術・技能教育面での役割が評価されて、その振興を積極的に図るべきとの声が上がり、1975年には各種学校のうち一定の水準を有するものが「職業若しくは実際生活に必要な能力を育成し、又は教養の向上を図ること」（第82条の2、現第124条）を目的とする専修学校として位置づけられた。ただし、同法第1条に並ぶ「1条校」とは別扱いとされた。専修学校は中卒者向けの高等課程（高等専修学校）と高卒者向けの専門課程（専門学校）及び一般課程の3種がある。

この専修学校の課程のうち、職業実践専門課程が、雇用保険法の教育訓練給付のうち手厚い専門実践教育訓練の対象となっている。

(4)　専門職大学院

以上、大学、短期大学、高等専門学校及び専修学校（のうち専門学校）は、レベルはさまざまであれ高等職業教育機関という点では一致しているが、大学院は「学術の理論及び応用を教授研究し、その深奥を極めて、文化の進展に寄与すること」（第65条、現第99条）を目的とする純粋にアカデ

ミックな存在として規定されていた。

しかしながら、1999年の大学院設置基準の改正により、高度専門職業人養成のための大学院修士課程を「専門大学院」と称することができるようになった。ただ、これはなお修士課程の枠内にあったが、その後司法制度改革の中で法曹養成のための法科大学院が構想されてきたことから、2002年に学校教育法が改正され、「大学院のうち、学術の理論及び応用を教授研究し、高度の専門性が求められる職業を担うための深い学識及び卓越した能力を培うことを目的とするもの」（第99条第2項）は「専門職大学院」として、職業教育機関の一環に位置づけられた。現在、法曹、会計、ビジネス・技術経営、公共政策、公衆衛生、教職など広い範囲で開設されており、学生数は2万人を超え、うち社会人学生も1万人に近づいている。

この専門職大学院の課程も、雇用保険法の教育訓練給付のうち手厚い専門実践教育訓練の対象となっている。

(5) 専門職大学

専門職大学の出発点は専修学校の1条校化を目指す運動である。2006年の教育基本法改正で同法第2条第2号に、教育の目標の一つとして「職業及び生活との関連を重視し、勤労を重んずる態度を養うこと」が明記されたことから、職業教育を行う専修学校を学校教育法の1条校に位置づけるべきとの主張が強まった。文部科学省は2007年9月に専修学校の振興に関する検討会議[63]を設置し、翌2008年11月に報告をまとめたが、とりわけ短大関係者からの反発は強く、「新しい学校種」の創設について明確な方向は打ち出せなかった。

その後、文部科学省の中央教育審議会は、2008年12月からキャリア教育・職業教育特別部会[64]を設置し、審議を重ねて2011年1月に「今後の学校におけるキャリア教育・職業教育の在り方について」を答申した。これは各段階とりわけ後期中等教育、高等教育、さらには生涯学習の観点から課題と

63）学識者15名、座長：丹保憲仁。
64）学識者29名、部会長：田村哲夫。

基本的方向性を論じているが、その中でも特に注目を浴びたのが、高等教育レベルにおいて新たな「職業実践的な教育に特化した枠組み」を提起したことである。

　ここでは学校教育法上の位置づけの問題、実践的な知識・技能を有する人材の育成ニーズなどを踏まえ、卓越した又は熟達した実務経験を主な基盤として実践的な知識・技術等を教授するための教員資格、教員組織、教育内容、教育方法等やその質を担保する仕組みを具備した新たな枠組みを制度化し、その振興を図ることを求めている。その際、経済成長を支える人づくりへの対応、生涯にわたる学習活動と職業生活の両立、教育の質の保証、進路選択の拡大と職業実践的な教育の適切な評価といった課題を指摘し、修業年限2-4年、職業実践的な演習型授業が4-5割、教員資格は実務卓越性を重視など、具体的な構想を示している。

　ところが、その後これは文部科学省の専修学校の質保証・向上に関する調査協力者会議[65]で検討され、2013年7月の報告では、専修学校の枠内に「職業実践専門課程」を設けるということに矮小化された。同報告のサブタイトルは「職業実践的な教育に特化した枠組の趣旨を生かした先導的試行」であり、「おわりに」で「大学等も含めた高等教育段階における職業教育の充実につながる‥‥こととなれば幸い」とあるが、その見通しが明示されているわけではない。この職業実践専門課程が、雇用保険法の教育訓練給付のうち手厚い専門実践教育訓練の対象となった。

　ところが、官邸に設置された教育再生実行会議[66]が2014年7月に、「今後の学制等の在り方について」という第5次提言を出し、その中で「実践的な職業教育を行う高等教育機関を制度化する」とされ、再び政策課題として提起された。そして、文部科学省も2014年10月から実践的な職業教育を行う新たな高等教育機関の制度化に関する有識者会議[67]を開催し、本格的に大学という枠組みの中で実践的な職業教育機関を作っていく議論が始まった。2015年3月に取りまとめられた「実践的な職業教育を行う新たな高等教育機

65）学識者15名、座長：黒田壽二。

66）学識者17名、座長：鎌田薫。

67）学識者18名。座長：黒田壽二。

関の在り方について（審議のまとめ）」では、大学の一類型として位置づけることを想定し、専門職業大学、専門職大学という名称が想定されている。産業界のニーズへの対応を重視することから、「企業等の参画を得ながら教育の質を確保できる体制やプロセス」の確立が提起され、具体的には、教育内容については教育課程編成へ企業等が参画することが、教員の一定割合については各職業分野において卓越した実績を伴う実務経験を有する者（実務家教員）を配置することが義務づけられ、事後評価については企業等が参画すると共に専門分野別の第三者評価を行うとしている。

　その後文部科学省は2015年5月から中教審に実践的な職業教育を行う新たな高等教育機関の制度化に関する特別部会[68]を設けて議論を進め、同部会は2016年5月に答申案をまとめ、同月中教審本審が「個人の能力と可能性を開花させ、全員参加による課題解決社会を実現するための教育の多様化と質保証の在り方について」を答申した。

　そして2017年3月、文部科学省は学校教育法の改正案を国会に提出し、同年5月に成立した。そこでは、大学に係る第83条のすぐ後に、「大学のうち、深く専門の学芸を教授研究し、専門性が求められる職業を担うための実践的かつ応用的な能力を展開させることを目的とするもの」（第83条の2）を専門職大学と定義し、修業年限を前期課程2年＋後期課程2年または前期課程3年または後期課程1年に区分できるとしている。また、第108条に専門職短期大学の規定を置き、両者併せて専門職大学等と称している。さらに実務経験者についての修業年限への通算（第88条の2）等を規定している。2019年度からの開学に向けて現在準備中である。この専門職大学・専門職短期大学の課程も、雇用保険法の教育訓練給付のうち手厚い専門実践教育訓練の対象となる予定である。

(6)　大学等の職業実践力育成プログラム

　高等教育における職業教育の強化というテーマに関しては、上記専門職大学の外にも、社会人向けのプログラムがある。これは、官邸の教育再生実行

68）学識者27名、座長：永田恭介。

会議が2015年3月に第6次提言を出し、学び続ける社会という考え方の下、「社会人が産業界のニーズに対応した実践的・専門的な学びを行う際の受講料等の経済的支援を充実する」ことが謳われたのがきっかけである。これを受けて、文部科学省が大学等における社会人の実践的・専門的な学び直しプログラムに関する検討会[69]において検討を進め、2015年5月に「『職業実践力育成プログラム』認定制度の創設について（報告）」を取りまとめた。

このプログラムの対象は検討会の名称に示されている通り、社会人が対象である。つまり、大学、大学院、短期大学、高等専門学校において、社会人や企業のニーズに応じた魅力的なプログラムを提供し、社会人がその受講を通じて職業に必要な能力を取得することを促進するため、そうしたプログラムを文部科学省が認定する制度であり、中でも特に奨励されるのは、女性活躍、非正規労働者のキャリアアップ、中小企業活性化、地方創生（地域活性化）などである。

認定基準のうち注目すべき点を拾うと、総授業時数の一定以上を、実務家教員や実務家による授業、双方向・多方向の討論、実地の体験活動、企業と連携した授業などが占めていることとされている。また、対象職業分野を明確に設定公表していること、プログラムで習得可能な能力を具体的かつ明確に設定公表していることが求められており、つまり職業的レリバンスを示すことが求められている。

このような政策が打ち出される背景として、大きくは少子化の中で学生の数が減っていくという危機感があろう。日本は世界的に見ても、高等教育在学生が一定の若年層に集中しており、社会人の学び直しの機関としての性格が極めて希薄な国である。これまでは（学生の親の財布を当てにして）若者を集めて特段職業的意義のない教育を施しても、企業側が喜んで引き取ってくれていたので、特に問題を感じていなかったのであろうが、これから若年層が激減していく中で、積極的に社会人に客層を拡大していかないと、膨れ上がった大学が大量に経営危機に陥っていくことは目に見えている。この制度についても、2016年度から雇用保険法の教育訓練給付のうち手厚い専門

69）学識者10名、座長：荻上紘一。

実践教育訓練の対象となっている。

4　キャリア教育

（1）　職業人教育の推移

　前述したように、教育制度創設期には小学校や中学校も実業教育を行うこととされ、両者は未分化であった。1899年の実業学校令により実業教育と普通教育が組織的に分離された後も、高等小学校や中学校において手工、農業、商業等の一定の実業教育が行われた。1931年には中学校に作業科が加えられ、園芸、工作その他の作業に分けられた。

　戦時下には1941年に国民学校高等科に必修として実業科をおき、これを高等科教育の根幹とした。また、中学校、高等女学校では芸能科及び実業科がおかれた。しかし、戦争が激しくなると、実業教育的学習は勤労動員の中に吸収されてしまい、これが戦後非難の的になり、勤労に対する拒否反応が強く、普通教育における実業教育の伝統を正当に評価できなくなってしまった。

　戦後、新制中学校では、国民学校高等科の実業科を受け継いで必修教科として職業科をおいた。これは農業、工業、商業、水産、家庭の諸科目と職業指導を合わせ、一般教育、職業指導及び職業準備の3つの目標を持つものとして設けられた。ところが、この趣旨は理解されず、ほとんどなおざりとなり、混乱と不振を極めた。そこで、1951年には職業・家庭科として生活技術学習とされた。その後、1962年からは技術・家庭科として、男子向けには工業中心の内容、女子向けには家庭科中心の内容となった。職業指導的側面は教科からは消え、進学指導とともに「進路指導」とされ、学級活動の一部となってしまった。

　さて、戦前から女子については小学校及び中等学校レベルで裁縫と家事が必修とされており、戦後の高等学校でも家庭科が必修とされてきた。女子差別撤廃条約の批准を契機として、1989年の学習指導要領の改正によりようやくこの男女差別が解消された。これはすべての男女生徒に職業人教育を課すようにするためのいい機会であったが、家庭科関係者の反対で実現しなかった。

（2） キャリア教育の提唱

　文部科学省は2002年11月からキャリア教育の推進に関する総合的調査研究協力者会議[70]を開催し、2004年1月「児童生徒一人一人の勤労観、職業観を育てるために」という副題のついた報告書をとりまとめた。

　ここではキャリアを「個々人が生涯にわたって遂行するさまざまな立場や役割の連鎖及びその過程における自己と働くことの関係づけや価値付けの累積」と捉え、キャリア教育を「児童生徒一人一人のキャリア発達を支援し、それぞれにふさわしいキャリアを形成していくために必要な意欲・態度や能力を育てる教育」と捉え、端的には「児童生徒一人一人の勤労観、職業観を育てる教育」としている。

　同報告は、進路指導と職業教育がキャリア教育の中核としながらも、それにとどまらず学校の全ての教育活動を通して、つまり普通教育や道徳、総合的学習等の中で推進されるべきとし、キャリア教育と教科学習を二者択一的に考えることを戒めている。進路指導についても、現状は出口指導に終始しがちで、キャリア発達の指導が乏しいと指摘し、また職業教育についても、専門的知識・技能の修得に偏り、キャリア発達支援が不十分だと指摘している。

　そこで、キャリア教育の基本方向として、一人一人のキャリア発達への支援に加え、働くことへの関心と意欲の高揚、職業人としての資質・能力の向上、自立意識の涵養などを挙げ、推進方策として、学習指導要領上の取扱いも含め教科課程に明確に位置づけること、職場体験やインターンシップのような体験活動の活用、労働者の権利・義務に関する知識も含め社会や経済の仕組みについての現実的理解の促進、大人世代など幅広い人間関係の構築を挙げている。また条件整備として、全ての教員がキャリア・カウンセリングを出来るようにすること、地域の事業所との関係づくりなどを挙げている。

　2003年6月の「若者自立・挑戦プラン」では、キャリア教育の推進が大きな柱とされ、義務教育段階からの組織的、系統的なキャリア教育や、インターンシップ等の職業体験が打ち出された。翌2004年のアクションプラン

70）学識者20名、主査：渡辺三枝子。

では、中学校を中心に、5日間以上の職場体験の実施が進められ、今後さらに小学校段階からの小・中・高一貫したキャリア教育が目指されている。

その後2006年11月には高等学校におけるキャリア教育の推進に関する調査研究協力者会議[71]の報告書「普通科におけるキャリア教育の推進」が取りまとめられた。ここでは、普通科にあっても、生徒が進学希望であるか就職希望であるかを問わず、将来の生き方にかかわる問題として、生徒が将来への夢や希望をはぐくみ、その実現に努力する指導・援助として、キャリア教育に取り組むことが大切であるとし、学校では学校教育目標や教育方針等、学校経営方針にキャリア教育を明確に位置付けるとともに、学校のすべての教育活動を通じた組織的、体系的なキャリア教育がなされるよう配慮すること、国に対しても、学習指導要領の見直しにおいて、キャリア教育の推進のための手だてを十分検討することを求めている。そしてキャリア教育の推進体制として、全校的な委員会の設置、すべての教職員に対するキャリア教育の研修、キャリア教育の中核となる教職員のための研修、また社会人講師等、外部人材の積極的活用や、インターンシップやジョブシャドウィングによる体験の機会の充実を求めている。

(3) 中教審答申におけるキャリア教育

文部科学省の中央教育審議会は、2008年からキャリア教育・職業教育特別部会[72]を設置し、審議を重ねて2011年1月に「今後の学校におけるキャリア教育・職業教育の在り方について」を答申した。

これは、キャリア教育を「一人一人の社会的・職業的自立に向け、必要な基盤となる能力や態度を育てることを通して、キャリア発達を促す教育」と定義し、幼児期の教育から高等教育まで、発達の段階に応じ体系的に実施するとしている。基礎的・汎用的能力を中心に育成するという点で、一定の職業に従事するために必要な知識、技能、能力、態度を育てる教育である職業教育と対比される。

---

71) 学識者8名、主査：渡辺三枝子。
72) 学識者29名、部会長：田村哲夫。

各段階といってもやはり重要なのは後期中等教育と高等教育である。前者においては、特に普通科で進路意識や目的意識が希薄であることから、職業科目の履修機会の確保や就業体験活動などが、また専門学科では約半数が高等教育に進学することから編入学等接続の在り方などが論じられている。

後者については、高等教育進学率が8割に達し、多くの若者にとって社会に出る直前の教育段階であることから、社会的・職業的自立に向けた体制整備を求めている。

なおその後、文部科学省はキャリア教育における外部人材活用等に関する調査研究協力者会議[73]を設置し、2011年12月に報告書「学校が社会と協働して一日も早くすべての児童生徒に充実したキャリア教育を行うために」を公表した。そこでは、「なぜ『キャリア教育』が必要なのか」、「学校が社会と協働して『キャリア教育』を行うため学校や教育委員会は何をすべきなのか」、「どうすれば学校以外の人材と連携した『キャリア教育』が行われるようになるのか」、など実践事例を交えてまとめている。

5　労働教育[74]

労働教育とは、終戦後10年余りの間労政行政の重要な一環として存在していた行政分野である。初期はGHQ自らが行政職員や労使に対して労働組合の在り方などについて教育活動を行ったが、1947年労働省創設後は労政局に労働教育課が置かれ、労働者教育、使用者教育を開始した。諮問機関として労働者教育諮問委員会、使用者教育諮問委員会が設けられ、1949年には労働教育審議会となった。当時の活動は、刊行資料、視聴覚資料、講座・講習会、催物が主で、労働組合の健全な発展が主眼とされた。

その後、労使関係が安定化するとともに、労働教育は行政課題から次第に薄れていった。1958年には労働教育課が廃止され、代わって日本労働協会が設立されて労働教育事業を引き継いだが、高度成長期には労使協調による生産性向上で労働者の生活水準が上昇していき、石油ショック後の低成長期

73）学識者13名、座長：鹿嶋研之助。

74）濱口桂一郎「労働教育の形成・消滅・復活」（『季刊労働法』247号）

にも労使は雇用の安定を第一として協力し、労働者の権利をいかに教えるかといった問題を正面から取り上げる状況になかった。

ところが1990年代末から、パート、フリーターなど非正規労働者の激増の中で、労働者自身が労働法制を知らず、自分の権利が侵害されていてもそのことに気がつかないといった状況が拡大しているとの指摘がされるようになった。一方、労働組合組織率の低下傾向の中で、労働者が個人で自らの権利を守らなければならない状況は拡大している。

こういった指摘は、近年政府の諮問機関からもされるようになった。2008年3月には国民生活審議会総合企画部会「働く」ワーキンググループ[75]の報告が、「学校教育段階から社会に出てからの教育を含め，働くことの意味や労働関係法令，働くことの権利と義務など働くことに関する教育の充実等のための取組を進めることが必要」と述べ、4月には経済財政諮問会議労働市場改革専門調査会[76]が、「労働を巡る権利・義務に関する正しい知識を教える学校教育の充実が図られ、そうしたなかで、就職・転職時における職業選択もよりスムーズに行われるようになる」と指摘した。半世紀間死語となっていた労働教育が、再び政策課題として浮かび上がってきたのである。

こうした中、2008年8月に厚生労働省は今後の労働関係法制度をめぐる教育の在り方に関する研究会[77]を立ち上げ[78]、2009年2月に報告書を公表した。そこでは、労働者自身が自らの権利を守っていく必要性が高まっているにもかかわらず、必要な者に必要な知識が十分に行き渡っていないという現状認識から、学校、職場、地域や家庭などが連携して取り組んでいくことを求めている。同研究会では、地域で労働法教育に取り組むNPOや行政の労働相談窓口の人々、そしてとりわけ高校の現場でアルバイターでもある生徒たちに労働法を伝えようとしている教師からヒアリングがされている。

なお、日本労働弁護団は2013年10月、ワークルール教育推進法の制定を求める意見書を採択し、消費者教育について消費者教育推進法ができたよう

75）学識者7名、主査：樋口美雄。
76）学識者9名、会長：八代尚宏。
77）学識者6名、座長：佐藤博樹。
78）ちなみに、著者はこの研究会の立ち上げに若干関わった。

に、国は、ワークルール教育の推進についても基本法を制定すべきであると訴えている。

こうした動きの中で、2015年9月に成立した青少年雇用促進法の中に、労働に関する法令に関する知識の付与の規定が設けられた。条文としては「国は、学校と協力して、その学生又は生徒に対し、職業生活において必要な労働に関する法令に関する知識を付与するように努めなければならない」（第26条）という国の努力義務規定に過ぎないが、この「国」には文部科学省も含まれるので、学校教育の中で労働法教育がなされるべきことが宣言されたことになる。

さらにその後、超党派の非正規雇用対策議員連盟においてワークルール教育推進法案の検討が進められ、2016年12月に骨子案をまとめ、2017年の通常国会に議員立法として提出する予定であったが、現在まで提出に至っていない。

第3節　若年者労働法政策[79]

労働法政策における若年者対策は広範な領域に広がっている。かつては労働条件法政策の中の年少労働者保護政策が、女子労働者保護政策と並んでそのもっとも古典的な分野であった。しかし21世紀になってからは、若年者雇用対策が大きな柱となってきている。

1　年少労働者保護法政策
（1）　工場法における年少者保護

1911年に成立し、1916年に施行された工場法においては、女子とともに年少者を保護職工として、種々の就業制限規定を設けた。まず、年少者の使用禁止として、工場法施行の際10歳以上の者を引き続き就業させる場合を除き、12歳未満の者を工場で就業させることを禁止し、ただ軽易な業務に

79）濱口桂一郎「若者のための労働法政策」（『季刊労働法』249号）。

ついては行政官庁が就業に関する条件を付して10歳以上の者の就業を許可することができるものとした（第2条）。また、尋常小学校の教科を修了していない学齢児童を雇備する場合は、工業主は就学に必要な事項を定め、地方長官の認可を受けるべきこととされた（工場法施行令第26条）。

次に就業時間規制として、15歳未満の者については、1日12時間を超える就業を禁止する（第3条）とともに、午後10時から午前4時までの就業（深夜業）を禁止した（第4条）。ただ、使用者側の反対のため、法施行後15年の長きにわたって就業時間制限は1日14時間とされるとともに、交替制による場合及び特定の業務については深夜業制限も適用されないこととされた。ただ、法施行15年後からは、14歳未満の者についてはこれらの業務についても深夜業を禁止することとされた。

休日については、15歳未満の者に対して毎月少なくとも2回、交替制等により深夜業をさせる場合には毎月少なくとも4回の休日を設けることを求めるとともに、休憩については、1日の就業時間が6時間を超えるときは30分、10時間を超えるときは1時間の休憩時間を就業時間中に設けることとしている（第7条）。

なお、以上には例外規定があり、例えば避くべからざる事由により臨時必要ある時は行政官庁の許可を受けて就業時間を延長し、深夜業を行わせ、休日を廃止することができた（第8条）。

労働安全衛生関係では、15歳未満の者については、運転中の機械や動力伝導装置の危険な部分の掃除、注油、検査又は修繕をさせたり、運転中の機械や動力伝導装置に調帯、調索の取付けや取外しをさせるなどの危険な業務に就かせることを禁止する（第9条）とともに、毒薬、劇薬その他有害料品又は爆発性、発火性若しくは引火性の料品を取り扱う業務、著しく塵埃、粉末を飛散したり有毒ガスを発散する場所の業務その他衛生上有害な業務に就かせることも禁止した（第10条）。前者は女子と共通であるが、後者は年少者のみの規定である。

なお、鉱業については、1916年に鉱夫労役扶助規則が制定され、上記工場法と同水準の保護が規定された。

（2）　年少者の就業禁止

　幼年労働者の排除については工場法及び鉱夫労役扶助規則にすでに規定があったが、第1回ILO総会で採択された「工業ニ使用シ得ル児童ノ最低年齢ヲ定ムル条約」（第5号）を批准する必要に迫られ、最低年齢法の立案に着手した。政府は1922年12月に工業労働者最低年齢法案を議会に提出し、翌1923年3月成立した。

　これにより、従来15人以上の工場及び鉱業法適用の鉱山に限られていた労働者の最低年齢の規定は、一切の工場、一切の鉱区の外、砂鉱業、石切業、土木建築業、運輸業等にも及ぶこととなった。また、最低年齢もそれまでの原則12歳、工場の軽易な業務は10歳という低水準から、一挙に14歳を以て最低年齢とし、12歳以上であって尋常小学校の教科を修了した者、及び12歳以上であって現に就業している者について例外を認めることとした。

　一方、1928年の鉱夫労役扶助規則改正により、原則として16歳未満の者の坑内労働を禁止し、主として薄層を採掘する石炭坑については鉱山監督局長の許可を条件に例外を認めた。ところが、実施が迫って一部中小炭坑の鉱業権者から坑内労働禁止がそのまま実施されれば経営不可能に陥り休山のやむなきに至る旨の陳情があり、結局省令で主として残炭を採掘する炭坑についても年少者の坑内労働禁止の特例を認めた。

　なお戦時下の1940年には、工場事業場技能者養成令に基づく技能者養成の場合には、1週2回以内通じて8時間を限度として16歳未満の年少者の坑内労働の特例を認めた。1943年にはこの制限もなく16歳未満の男子について坑内労働を認めた。

（3）　工場法の改正

　同じ1923年3月に工場法が改正され、対象が10人以上の工場となり、保護職工たる年少者の範囲が16歳未満の者に1歳分拡大された（3年の猶予期間）。就業時間についてはそれまで12時間を1時間短縮して11時間とした。また、就業が禁止される深夜業の範囲をこれまでの午後10時から午前4時までから1時間延ばして午後10時から午前5時までとし、交替制の場合の深夜業禁止適用除外規定を削除し（3年の猶予期間）、特定業務の深夜業も例外

なく禁止した。また、従来は避くべからざる事由により臨時必要ある時は行政官庁の許可を受けて就業時間を延長し、深夜業を行わせ、休日を廃止することができたが、年少者についてはこれをできなくした。

その後、1929年の工場法改正で、原動機を使用するすべての工場に適用対象を拡大したが、省令で撚糸業及び織物業に限り適用した。

なお、1938年の商店法は、使用人50人以上の店舗について、16歳未満の者の就業時間を1日11時間に制限し、毎月少なくとも2回の休日を義務づけた。

(4) 労働基準法における年少者保護

1947年労働基準法は、第6章として女子及び年少者に関する規定を置いた。これは戦前の工場法、工業労働者最低年齢法等を集大成し、拡充したものである。

まず、最低年齢については、1937年に採択されたILOの新たな工業最低年齢条約（第59号）が最低年齢を15歳としたことや、当時草案中であった新教育制度の6・3制を考慮して、「満十五歳に満たない児童は、労働者として使用してはならない」と規定した。ただし例外として、非工業的事業における児童の健康及び福祉に有害でなく、かつその労働が軽易なものについては、行政官庁の許可を受けて、満12歳以上の児童を、その者の就学時間外に使用することができることとされた。なお、映画の制作又は演劇の事業については、企業経営の必要性と児童労働保護の必要性を勘案すると必ずしも全面的に禁止すべきではないとして、満12歳に満たない児童でも行政官庁の許可を受けて使用することができることとした（第56条）。

労働時間については、工場法時代と異なり、成人男子についても1日8時間1週48時間労働制となったため、15歳以上18歳未満の年少者については同じ水準とされたが、4週間単位の変形労働時間制、労使協定による時間外・休日労働及び非工業的事業の特例は適用除外とされ、結果的に非常災害時、官公吏の時間外労働及び第1次産業の適用除外のほかは厳格な8時間制となった。ただし、年少者特有の変形労働時間制として、週48時間の範囲内で、1日の労働時間を4時間以内に短縮すれば他の日の労働時間を10時間

まで延長できることとした。一方、最低年齢未満の年少者（非工業的事業の軽易な労働）については、修学時間を通算して1日7時間、週42時間とされた（第60条）。1日6時間修学すると考えると、実質的には1日1時間労働、土曜日は3時間労働ということになる。ただし、学校の休日にまとめればフルに就労可能である。

深夜業については、対象を満18歳未満に引き上げるとともに、満16歳以上の男子については交替制の場合に深夜業を認める等若干の変更を行っただけで、基本的に工場法の規定を受け継いでいる。ただし、最低年齢以下の児童が非工業的事業における軽易な労働に従事する場合は深夜業の開始時間を2時間繰り上げて午後8時から午前5時までとした。この例外のさらに例外が映画演劇に従事する子役で、午後10時まで労働可能とされた（第62条）。

安全衛生関係では、工場法を受け継いで、危険業務及び有害業務の就業制限を18歳未満の年少者に適用するとともに、重量物の運搬業務が加えられた（第63条）。これについては立法過程で、危険業務に関する就業制限が熟練の機会を奪うとの指摘があり、施行規則で発破係員など一定の業務が解除された。また、鉱夫労役扶助規則を受け継いで18歳未満の者の坑内労働を禁止したが、今度は例外を認めなかった（第64条）。

(5) 年少者に係る労働契約法制

労働基準法は、工場法等を受け継ぐ労働条件規制のほかに、年少者に係る労働契約を規制する規定を設けた。すなわち、親権を濫用して子供を収入の資源として工場に質入れするが如き慣習を防止するために、「親権者又は後見人は、未成年者に代つて労働契約を締結してはならない」（第58条第1項）と定めた。この点について立法当時、ドイツ民法に倣って労働契約を締結した場合に当該労働関係に関しては成年者と同一の法律行為を独立して行う能力を有することとすることも考えられるとしつつ、それでは正当な親権の行使による保護まで排除することになり、かえって労働保護に欠けるとして、こういう規定とした。そして、親権者、後見人又は行政官庁に、労働契約が未成年者に不利であると認める場合に、将来に向かって解除する権限を与えた（同第2項）。こちらは現在から見ると、ややパターナリズムが強すぎる

398　第2部　労働市場法政策

感もある。

　また、多数の年少者を寄宿舎に収容して賃金を本人に払わず、本人には少額の小遣いのみを与え、賃金の大部分は強制貯蓄によって留保し、親元に送金するという弊害をなくすため、使用者に対する強制貯金の禁止や賃金直接払いの規定だけでなく、親権者や後見人の賃金代理受領を禁止した（第59条）。

（6）　戦後初期の年少労働問題

　戦後初期に注目を浴びた年少者関係の問題は人身売買事件である。戦災孤児の身売り事件の発覚から端を発し、特に東北農村の子女が農業、炭鉱や接客婦に売買されるという実態が明らかになり、徹底した監督が行われた。また、靴磨きをはじめとした街頭労働を行う年少者が多く出現した。

　労働基準法とは別に、1947年12月に制定された児童福祉法は、満18歳未満の者を児童と定義した上で、不具奇形の児童を公衆の観覧に供すること、児童にこじきをさせ又は児童を利用してこじきをすること、児童に淫行をさせること等を禁止し、満15歳未満の児童については、これに加えて公衆の娯楽を目的として軽業又は曲馬をさせること、道路等で歌謡、遊芸その他の演技を業務としてさせること、酒席に侍する行為を業務としてさせることを禁止した。さらに1952年の改正で、深夜道路等で物品の販売や役務の提供をさせること、その目的でカフェー・キャバレー等に立ち入らせることも禁止された。

（7）　1987年改正

　1987年の労働基準法改正で法定労働時間が週48時間から40時間に段階的に短縮されたが、これに伴い、15歳未満の年少者の労働時間は修学時間を通算して1日7時間、1週40時間（しばらくは経過措置で42時間）とされた。改正前の規定は1日7時間×週6日＝42時間であったが、これを1日7時間×週5日＝35時間とはしなかったわけである。これは、当時まだ学校の週5日制が全く導入されていなかったからであろうが、1992年に月1回、1995年に月2回、そして2002年から完全週5日制となっていることを考えれば、修

学時間が減った分だけ実労働時間が増えたことになる。もっとも、1日の上限はあるので、学校の休日に就労可能な時間が増えたということである。このことの評価は難しい面はあるが、あまり注意されていないように思われる。

　なお、この時の改正で導入された新たな変形労働時間制やフレックスタイム制は年少者には適用されないこととされた。ただし、年少者特有の変形制は上限を法定労働時間（段階的に40時間）として維持された。また、休日増による時短のため1日8時間を超えない変形制が導入された。

　逆に、裁量労働制は法文上適用除外とはされていない。この時の施行通達（基発第1号）では「みなし労働時間制に関する規定は、法第4章の労働時間に関する規定の範囲に係るものであり、第6章の年少者及び第6章の2の女子の労働時間に関する規定については適用されない」といっているが、その根拠は示されていない。章が異なっても労働時間に変わりはないし、そもそもみなし制は時間計算の特例という位置づけで、時間計算の規定（第38条）自体は当然年少者にも適用があるのであるから、みなし制だけ適用除外という解釈は取り得まい。とはいえ、適用されるとなると、時間外・休日労働の厳格な制限を事実上免れることになってしまう。

(8)　1998年改正

　1998年の改正に向けては、1995年4月に年少者労働問題研究会[80]の報告が出されている。同報告は、高校進学率が高水準を維持する中で、中学卒業による正社員ではなく、学業と並行してのアルバイトなどの雇用形態が多く見られるようになり、また意識の変化等により、アルバイトなどにおいては、娯楽費を稼ぐことなどが労働の中心的な目的となってきていること等の現状認識に立ち、年少労働者の労働条件に係る法制度のあり方についての検討を行った。内容的には多くの部分について現行規定の維持を適当としているが、最低年齢については、義務教育期間中であっても満15歳になると保護が受けられないこととなる点については検討すべきとしている。また、

80）学識者6名、座長：奥山明良。

400 第2部 労働市場法政策

4-10時間の変形制についても、就業規則で各日の労働時間を特定することを要する成年労働者の変形労働時間制よりも規制が緩やかであり、年少労働者の保護の面からは不合理な制度として廃止する方向で検討すべきとしている。

これらについては中央労働基準審議会[81]の建議には含まれていなかったが、改正法では、最低年齢について、15歳に達する日以後の最初の3月31日まで児童を使用してはならないこととするとともに、非工業的事業の軽易な労働を許可しうる最低年齢を12歳から1歳引き上げて13歳とした。一方、上記報告で廃止が求められていた4-10時間の変形制は維持された。

2 勤労青少年福祉法[82]

経済復興が進むとともに、労働行政としても年少労働者保護から広く勤労青少年対策としての取組みが発展していき、1957年以降各地に勤労青少年ホームの設置を進めるとともに、産業カウンセリング制度の導入を進めた。

1960年代には高度成長によって初任給の上昇等労働条件の改善が見られる一方、学歴構成が大きく変化し、高卒就職者のブルーカラー化が進んだため、意識構造面に種々の問題を生じさせた。特に勤労青少年の離転職傾向が高まり、技能習得の機会を逸したり、職業生活設計を立てられなくなったりして社会的問題となった。

こういう中で、1968年8月、婦人少年問題審議会は「今後における勤労青少年対策に関する建議」を行い、勤労青少年に対する施策は、学生に対する教育援助、企業に対する経済援助に比べて立ち遅れているとし、職業人としての成長を促進するための施策等を求めた。また、1970年2月には10都道府県議会議長会議から、勤労青少年対策の総合的な推進を図るため、勤労青少年福祉法を制定するよう求められた。

これらを受けて、労働省婦人少年局は勤労青少年福祉法の策定にかかり、同年3月国会に提出され、同年5月に成立した。本法は「すべて勤労青少年

81）公労使各7名、会長：花見忠。
82）高橋展子『勤労青少年福祉法の解説』中央法規出版（1972年）。

は、心身の成長過程において勤労に従事する者であり、かつ、特に将来の産業及び社会をになう者であることにかんがみ、勤労青少年が充実した職業生活を営むとともに、有為な職業人としてすこやかに成育するように配慮される」とともに、「勤労に従事する者としての自覚をもち、みずからすすんで有為な職業人として成育するよう努め」るものとされた。また、事業主や国、地方公共団体の福祉増進の責務を規定していた。

内容的には、勤労青少年が職業訓練法の準則訓練や定時制、通信制の高校教育を受ける場合に、必要な時間を確保することができるような配慮をするよう事業主が努めるというのが法律事項らしきもので、あとは基本方針の制定、職業指導と職業訓練、勤労青少年福祉推進者の選任、勤労青少年ホームの設置といった規定が並んでいた。

3 新規学卒者の就職システム

(1) 少年職業紹介の始まり

戦前における少年職業指導は、第一次大戦後の不況の中で年少者で職を求める者が増加したことを受けて始まった。当時はまだ新規学卒一括採用の慣習などほとんど確立していなかった時代である。この頃、年少者が職業を選択する場合には多くが目前の賃金の高い日雇、雑役などの不安定な職業に就職するため、やがて転職し失業者となる場合が少なくなかったので、自己の性能、体質に応じた将来性ある職業を選び、将来失業の機会を少なくし、求人先に適材を斡旋することを目的として、年少者に対する職業紹介事業が始められた。

まず1920年に大阪市に少年職業相談所が設立され、翌1921年に東京中央職業紹介所に性能診断相談所が設けられた。1922年には文部省で小学校を対象とする職業指導講習会が催され、さらに1925年には大阪、東京で教職員と職業紹介所との協議会が開催、さらに東京府職業紹介所内に東京府少年職業相談所が開所された。

こうした流れの中で、同年7月には社会局第二部長及び文部省普通学務局長連名で「少年職業紹介ニ関スル件依命通牒」(社発第275号) が出され、これに基づいて中央職業紹介事務局長は「少年職業紹介ニ関スル施設要領」

を各地方職業紹介事務局長宛通知して、職業紹介所と連絡すべき小学校を指定し、これにより全国の職業紹介所と小学校が連絡提携して少年の職業指導及び紹介を開始した。次いで1926年には「少年求人求職者取扱並就職後ノ指導保護ニ関スル要領」により、少年求人者については、その経営状態、作業の危険度、労働条件等についての調査に万全を期するとともに、少年の就職後もその指導に適宜の措置を講ずべきことを指示している。

　さらに、1927年には中央職業紹介委員会の答申「少年職業紹介事業改善施設要綱」に基づき、内務次官より各府県知事宛「少年職業紹介事業施設ニ関スル件」（発社第116号）により、なるべく少年のための専門職業紹介機関を設置すること、補助諮問機関として職業委員を設置することを勧奨した。その後文部省は「児童生徒ノ個性尊重及職業指導ニ関スル件」という訓令を発し、職業選択に適切な指導を求めた。

（2）　学徒動員

　1938年4月の国家総動員法制定以後、国営職業紹介所は職業紹介よりも労務統制、労務動員が主たる業務となっていった。まず技術者及び基幹職工の不足に対応するため、同年8月の学校卒業者使用制限令は、厚生大臣の指定する学校（大学の工学部、工業専門学校及び工業学校等）の学卒者の使用を厚生大臣の認可制とした。1940年には労働者不足が著しくなるとともに青少年労働者の需要が激増してきたので、一般青少年の不急産業への雇入れを規制し、配置の適正を図るため、同年2月青少年雇入制限令が制定され、12-30歳未満の男子と12-20歳未満の女子の雇入れを認可制とした。商業等「不急産業」とされた業界には大きな影響があった。この他にもさまざまな勤労動員法令が制定され、労働市場は厳しく規制された時代である。

　太平洋戦争勃発直前の1941年11月には、国民勤労報国協力令が制定され、学徒も緊急産業部門の臨時要員として労務動員に協力するに至った。そして一般労働力の不足が顕著となるに及んで、1943年1月閣議決定の「生産増強勤労緊急対策要綱」において「学生生徒ノ勤労報国隊組織ニ付テハ特ニ之ガ拡充強化ヲ図ルコト」が挙げられ、次いで6月には「学徒戦時動員体制確立要綱」が決定され、学徒動員を国民動員の一環として行うこととなった。

1944年になると一般労働力給源はほとんど絶無となったので、学徒動員はその量及び質においてますます重要となった。1月の「緊急学徒勤労動員方策要綱」では学徒勤労動員期間は1年におおむね4か月とされ、2月の「決戦非常措置要綱」では中等学校程度以上の学生生徒はすべて1年常時出動できる体制におくこととされた。同年4月には文部省に学徒動員本部が設置されている。

さらに同年8月には学徒勤労令が制定され、翌1945年2月には国内学校の授業停止を決定し、学徒動員は全面化した。終戦直前の7月には文部省に学徒動員局が設置されている。1944年以降の労務動員計画においては、常時要員の充足はほとんど学徒動員によっており、終戦時の動員学徒数は約193万人に達していた。

(3) 職業安定法の制定と改正

1947年11月に成立した職業安定法は、年少者の職業指導、職業紹介に関する規定をいくつも設けた。すなわち、公共職業安定所は、新たに職業に就こうとする者に対し職業指導を行うこと（第22条）、適性検査を行うこと（第23条）、学校を卒業する者に対し、学校の行う職業指導に協力すること（第24条）などである。

1949年5月の改正によって、学生、生徒及び学校卒業者の職業紹介の制度がかなり変わった。それまでは学校の無料職業紹介事業もすべて許可制となっていたが、この時に学生、生徒及び学校卒業者について行う場合には届出制に改められた（第33条の2）。これに併せて新たに「学生若しくは生徒又は学校卒業者の職業紹介」の節を設け、公共職業安定所と学校の間の協力体制を強化する（第25条の2）とともに、学校の同意を得て、又はその要請により、学校長に公共職業安定所の業務の一部を分担させることができることとした（第25条の3）。

これにより卒業期のおおむね6か月前（10月1日）からその翌年の5月まで、学校と協力して職業相談を開始し、求人を受理して1月中旬より就職斡旋を行った。1952年からは一般の求職票とは別に新規学校卒業者用の職業相談票を用いた。

404　第2部　労働市場法政策

（4）　その後の新規学卒者の職業紹介[83]

　1950年代後半から高度経済成長が始まり、労働力不足は若年労働者、特に新規学校卒業者に対する求人難の形で表面化した。大都市周辺の産業地帯では学卒者への求人が激増し、地元に好条件の就職先の少なかった東北や九州から多数の新卒者が団体臨時列車に乗って集団就職した。1960年代には求人者間の競争が激烈になり、安定所をめぐる贈収賄事件にまで発展した。

　1960年代後半になると進学率が上昇し、中卒者は激減、主力は高卒者に移行した。中学校については職安法第25条の3に基づき安定所が学校の協力を得て職業紹介を行うが、高校については同法第33条の2に基づき学校が主体性をもって行うものが圧倒的に多く、安定所と新規学卒者とのかかわりが大きく変化した。

　1970年代になると大学・短大への進学率の上昇に伴い、大学・短大卒業生の就職問題が次第に注目を集め、いわゆる青田買いが問題となった。このため、労働省と日経連、大学側の間で採用選考開始期日の設定に関する申し合わせ（いわゆる就職協定）が行われるようになった。これは法的拘束力を持たない紳士協定であり、必ずしも実効があがらず、1982年には労働省が手を引いた。

　一方、景気後退期には大学・短大卒業者の採用が減り、就職難が生じたことから、1976年以降各地に学生職業センターを設置した。1999年には東京六本木に学生職業総合支援センターが開設された。

（5）　一人一社制の見直し

　文部科学省と厚生労働者が共同で設置した高卒者の職業生活の移行に関する調査研究会[84] は、2002年3月報告書をとりまとめた。そこでは、「可能な限り多くの生徒に均しく希望する事業所や職種に応募することができるようにする上で、指定校制、一人一社制、校内選考といった慣行が一定の役割を果たしてきた」としつつ、「高校生の就職を取り巻く環境が大きく変化する

83）労働省職業安定局監修『新規学卒者採用の手引』労働法令協会（1969年）。

84）学識者12名、座長：佐藤博樹。

中、これらの慣行がもたらす弊害も出てきている」との認識を示し、特に職業選択の自由という観点から見て、原則として一度に1社にしか応募できないため、学校の指導の下、応募先企業を絞り込むことになり、ややもすると生徒の希望や適性にあった職業・就職先、あるいは生徒自身が納得した職業・就職先を選定する視点が軽視され、生徒の成績や出欠状況のみを重視した選考になっているのではないかと指摘し、適性のあった生徒を紹介できていないというミスマッチを生み出している可能性があると指摘している。また、不況により求人の絶対数が減少している中、現行の仕組みの下では就職を希望していても応募することすらできないという生徒も見られるようになってきていることも指摘している。

　このような問題の改善を図るため、生徒の意思等に基づく選択・決定を一層重視するとともに、採用選考機会を拡充するという視点が大切であるとしている。具体的には各高校における求人の一層の共有化を推進するとともに、一次募集の時点から複数応募・推薦を可能にする、あるいは一次募集までは1社のみの応募・推薦とするが、それ以降（例えば、10月1日以降）は複数応募・推薦を可能にするといった選択肢を提示している。

　また、新たな雇用形態・雇用経路へ柔軟に対応していくことで、高校生が応募可能な求人先を広げていくことも大切であるとし、具体的には民間資源の活用（民間職業紹介や紹介予定派遣の活用モデルの提案）や学校における新規高卒者に対する有期雇用への条件付き職業紹介の検討を提起している。

　これを受けて、全ての都道府県で一人一社制の見直しが進められ、一定期日以降の複数応募・推薦が可能となっている。

4　若年者雇用法政策[85]

（1）　若者自立・挑戦プラン

　上記高卒者の職業生活の移行に関する調査研究会報告を受けて、2002年度から未就職卒業者就職緊急支援事業が始まったが、これが日本における狭義の若年者雇用政策の出発点である。その中で、若年失業者を短期の試用雇

85）濱口桂一郎『若者と労働』中公新書ラクレ（2013年）。

406 第2部 労働市場法政策

用として受け入れる企業に助成金を支給する若年者トライアル雇用事業が開始された。

　若年者雇用問題が政府の課題として取り上げられたのは、2003年4月に文部科学省、厚生労働省、経済産業省及び内閣府からなる若者自立・挑戦戦略会議が設置され、同年6月に「若者自立・挑戦プラン」が取りまとめられたときである。ここでは、「職業探索期間の長期化や就業に至る経路の複線化に対応して、これまでの卒業即雇用という仕組みだけでなく、各個人の能力、適性に応じ、試行錯誤を経つつも、職業的自立を可能とする仕組みが必要」と述べ、インターンシップや日本版デュアルシステムの導入、若年者のためのワンストップサービスセンター（ジョブカフェ）の設置などが示された。

　日本版デュアルシステムは厚生労働省版と文部科学省版の二つがあり、前者は教育訓練機関における座学と企業における実習とを組み合わせた人材育成システムであったが、後者は専門高校において1年間に20日程度の企業実習を行うというものであった。

（2）　2007年雇用対策法改正

　フリーター等の若年者の雇用問題に対しては、職業能力開発の観点からのキャリア形成支援政策とともに、労働市場政策としての政策対応も求められるようになった。

　2006年3月に当時の安倍晋三官房長官のもとに設置された再チャレンジ推進会議[86]が、同年6月に「中間報告」を発表し、その中で、「新卒一括採用システムの見直し」を打ち出し、具体的には「フリーターやボランティアの経験を企業の採用評価に反映させる仕組みを整備するとともに、学歴等にとらわれない人物本位の採用を目指し、第2新卒、フリーター等新卒者以外にも広く門戸を拡げた複線型採用の導入や採用年齢の引き上げについて、法的整備等の取組…を進める」ことを提案した。

86）各省庁担当者23名、議長：再チャレンジ担当大臣。

第5章　職業教育訓練法政策　407

　これを受けて、労働政策審議会雇用対策基本問題部会[87]は、2006年9月から人口減少下における雇用対策について検討を開始し、同年12月の建議「人口減少下における雇用対策について」では、雇用対策法における事業主の努力義務に、若者の能力を正当に評価するための募集方法の改善、採用後の実践的な職業訓練の実施その他の雇用管理の改善を図ることにより、雇用機会の確保を図ることを加えるとともに、国は事業主が適切に対処するために必要な指針（大臣告示）を策定することが適当としている。

　その後法案が国会に提出され、2007年6月に成立した。この改正により、雇用対策法第7条として、「事業主は、青少年が将来の産業及び社会を担う者であることにかんがみ、その有する能力を正当に評価するための募集及び採用の方法の改善その他の雇用管理の改善並びに実践的な職業能力の開発及び向上を図るために必要な措置を講ずることにより、その雇用機会の確保等が図られるように努めなければならない」という茫漠たる努力義務が規定された。

(3)　青少年雇用機会確保指針

　これに基づいて策定された「青少年の雇用機会の確保等に関して事業主が適切に対処するための指針」では、事業主が青少年の募集及び採用に当たって講ずべき措置として、①既卒者も新卒者の採用枠に応募できるような募集条件を設定することや、新卒者を募集する際にできる限り年齢の上限を設けないようにすること、②通年採用や秋季採用の導入等を積極的に検討することなどを求めている。

　一方、日本学術会議は文部科学省の依頼を受けて大学教育の分野別質保証の在り方検討委員会を設けて審議してきたが、その中に大学と職業との接続検討分科会[88]を設け、大学教育の職業的意義の向上、新しい接続の在り方に加えて、当面とるべき対策として就職活動の在り方の見直しを議論した。その報告書は2010年7月に公表されたが、その中で、企業の採用における「新

87）公労使各6名、部会長：諏訪康雄。
88）学識者15名、委員長：高祖敏明。

卒」要件の緩和を取り上げ、具体的には「卒業後最低3年間は、若年既卒者に対しても新卒一括採用の門戸が開かれること」を当面達成すべき目標として提示した。

これを受ける形で、2010年11月に青少年の雇用機会の確保等に関して事業主が適切に対処するための指針が改正された。これにより、青少年の募集及び採用にあたり、学校等の卒業時期にとらわれることなく人物本位による正当な評価が行われるよう、事業主は、学校等の新規卒業予定者の採用枠について、学校等の卒業者が学校等の卒業後少なくとも3年間は応募できるようにすべきものとしている。

（4）　若者雇用戦略

2011年12月に策定された「日本再生の基本戦略」において、若者雇用戦略を策定することとされたことから、官邸に設置された三者構成の雇用戦略対話[89]では、若者雇用のワーキンググループ[90]を設けて議論を行い、2012年6月に若者雇用戦略をまとめた。

そこでは、雇用のミスマッチ解消のために「学校とハローワークの完全連結」を打ち出すとともに、この種の文書としては初めてであるが、若者が働き続けられる職場環境の実現が項目として挙げられている。その背景には、若者の働く場における過重労働や労働法違反の問題がブラック企業として論じられるようになってきたことがある。

（5）　青少年雇用促進法[91]

2015年の青少年雇用促進法制定の動きのもとは公明党である。公明党の雇用・労働問題対策本部と青年委員会は、2014年5月田村憲久厚労相に若者が生き生きと働ける社会の実現に向けた提言を申し入れ、若者の雇用の促進に関する法律（仮称）を制定するよう提唱した。その中には既に、若者の企

89）閣僚及び公労使各3名、主催：首相。

90）労使学各3名及び雇用戦略対話の有識者3名、若者雇用の専門家7名。

91）濱口桂一郎「青少年雇用促進法案が目指すもの」（『月刊人事労務実務のQ&A』2015年7月号）。

業選択に資する情報開示の強化といった項目が含まれていた。

これを受けて、同年6月に閣議決定された「『日本再興戦略』改訂2014」において、「就職準備段階から、就職活動段階、就職後のキャリア形成に至るまでの若者雇用対策が社会全体で推進されるよう」「法的整備が必要なものについては、次期通常国会への法案提出を目指す」とされた。

これを受けて同年9月より労働政策審議会雇用対策基本問題部会[92]で、若年者雇用対策について審議が始まり、翌2015年1月に報告をとりまとめて大臣に建議を行った。同年2月の諮問答申を経て、同年3月に法案が国会に提出され、同年9月に成立に至った。しかしそれは、1970年の勤労青少年福祉法を改正して青少年の雇用の促進等に関する法律にするという形であった。勤労婦人福祉法の一部改正で男女雇用機会均等法を作ったようなものであるが、旧来の規定はほとんど削除され、それに代わって新たな規定が盛り込まれているので事実上全面改正である。

法律事項として重要なのは青少年雇用情報の提供で、新規学卒者の募集に対する応募者や応募の検討を行っている新卒者が求めた場合には、過去3年間の離職者数や平均勤続年数、男女別採用数、育児休業、有休、所定外労働時間の実績等の項目を、事業主が選択して情報提供しなければならない。応募者や応募検討者以外に対しては努力義務であり、また職安等に求人を出す場合には、職安等にこれら情報を提供することになる。

また公共職業安定所での求人不受理も重要で、すべての求人を受理しなければならない現行職業安定法の例外として、新規学卒者の求人に限って、労働基準法、最低賃金法、男女均等法、育児介護休業法などの違反を繰り返す（具体的には1年間に2回以上是正指導を受けたなどの）悪質な求人者からの求人申込みを、一定期間（法違反を重ねないことを確認する期間として、具体的には6か月間）受理しないことができるという特例を設けた。

以上のような規制的な手法とともに、促進的な手法として優良事業主の認定制度がある。予算措置としての若者応援宣言企業事業を法律上の認定制度に引き上げるものであるが、過去3年間の就職者の離職率が20％以下、平均

92）公労使各6名、部会長：阿部正浩。

残業時間が月20時間以下、年休取得率70%以上、女性の育児休業率75%以上など、認定基準はかなり厳格である。

また、ニート（法律上は「無業青少年」であり、「就業、修学及び職業訓練の受講のいずれもしていない青少年であって、職業生活を円滑に営む上での困難を有するもの」と定義されている。）対策として、その特性に応じた相談の機会の提供、職業生活における自立を支援するための施設（地域若者サポートステーション）の整備等も規定されている。さらに、職業安定法の改正により、職安や学校が行う職業指導・職業紹介の対象に学校中退者が明記された。

なお、厚生労働大臣が定める「青少年の雇用機会の確保及び職場への定着に関して事業主、特定地方公共団体、職業紹介事業者等その他の関係者が適切に対処するための指針」においては、固定残業代など労働条件の的確な表示の徹底が規定されている。この労働条件の明示の問題はその後2017年3月の職業安定法改正における最重要事項となった。

第3部　労働条件法政策

第1章 労働基準監督システム

第1節 労働基準監督システムの形成

1 工場法と工場監督制度

(1) 労働問題の発生

　明治維新によって成立した新政府は、一連の政治的改革を経て政治機構を確立するとともに、経済的には強力な保護助成策を行い資本主義的近代産業の振興を促進した。このような政策の裏付けとして、封建的身分関係からの解放、農地所有の自由等の近代化施策を通じて、封建社会から資本主義社会への再編成が積極的に行われた。こうした資本主義社会への移行過程において、封建的職人層の崩壊、農民の窮乏化と都市への流出、士族層の解体といった現象が発生し、これらを通じて資本主義的近代産業に対応するいわゆる賃労働階層が形成されていった。

　この中で、低賃金長時間労働、女子年少者の酷使、施設の不備による災害疾病の発生、さらには封建的労働関係の残滓としての強制労働等が一般的現象として発生した。このような状態に対して労働者の自然発生的な反抗運動は明治初期から見られ、こうした労働問題の発生は、一部の識者の注目を惹き、次第に世の批判の対象ともなったが、政府としてもまず産業政策の見地から労働問題に対処する必要に迫られることになった。

(2) 工場法の制定過程

　工場法は1882年に制定の検討が始まってから制定に至るまで30年もかかった明治期最大の政策立法である。制定時の担当局長であったであった岡

414 第3部 労働条件法政策

実の『工場法論』[1] はその冒頭で、「工場法ハ、其ノ条文僅ニ二十五箇条ニシテ、規定ノ内容モ亦極メテ簡短ナル小法律ナリト雖モ、之レカ制定ニ至ル迄ニハ実ニ約三十箇年ノ星霜ヲ積ミ、此ノ間主務大臣ノ交迭ヲ重ヌルコト二十三回、工務局長又ハ商工局長トシテ主任者ヲ換フルコト十五人、稿ヲ更ムルコト亦実ニ百数十回ニ及ヒタルモノナリ」と述べている。

　農商務省は1882年、工務局に調査課を設け、労役法及び工場条例立案のための資料収集に着手し、東京商工会や勧業諮問会の意見、興業意見を踏まえ、1887年6月職工条例案及び職工徒弟条例案を作成した。しかし、各局の意見が一致せず発表されなかった。

　1897年6月、農商務省は職工法案を起草し、議会に提出しようとしたが、議会解散のため廃案となった。1898年には職工法案を修正して工場法案とし、各商業会議所及び農商工高等会議に諮問し、成案を決定したが、大隈重信内閣更迭のため議会に提出されなかった。

　農商務省は1900年、工場及び職工の実態把握のため詳細な調査を行い、1903年『職工事情』[2] を刊行した。この調査結果に基づき1902年11月、工場法案要領を作成し、地方長官、商業会議所に回付したが、日露戦争のため進展しなかった。戦争後労働争議が増大し、世論が工場法制定に傾いてきたため、1908年10月、前回に比べて労働者保護規定を強化した工場法案を公表した。しかし、これが議会に提出されるや夜業禁止に対する非難の声が高く、特に綿糸紡績業界は猛烈な反対運動を展開した。「唯一偏ノ道理ニ拠ツテ欧州ノ丸写シノヤウナモノヲ設ケラルルト云フコトハ絶対ニ反対ヲ申シ上ゲタイ」（渋沢栄一）とか、「折角発達シ来タリタル我ガ紡績業モ、タチマチ衰退ノ悲運ニ陥ルナキヲ保証セズ、コレ我ガ寒心ニ堪エザル所」（鹿島万兵衛）などといった調子である[3]。政府は遂にこれを撤回せざるを得なかった。

　農商務省は引き続き法案の検討を重ね、女子年少者の夜業禁止を5年間猶予し、その後も5年間一定の条件で認めるという緩和を図って工場法案を作成し、1911年2月議会に提出され、適用範囲を貴族院で10人から20人以上

1）岡実『工場法論』有斐閣（1913年）。
2）犬丸義一校訂『職工事情』（上・中・下）岩波文庫（1998年）。
3）風早八十二『日本社会政策史』（上）青木文庫（1951年）。

の工場に修正し、衆議院で15名以上に再修正して、同年3月ようやく成立に至った。

　工場法は1911年3月に公布されたが、施行期日は勅令で定めることになっていた。農商務省は1913年から施行する予定であったが、法制定後も根強い経営者の反対と財政難を理由に大蔵省は施行準備費を認めず、1916年施行に向けた工場監督官養成準備費も認めなかった。ようやく社会政策の実行を掲げた第二次大隈重信内閣によって、シーメンス事件の余波で生じた剰余金から本省費、工場監督費が認められ、1916年施行が決まったが、今度は工場法施行令が枢密院で問題になり、さらに数か月施行が遅らされ、同年9月ようやく施行にたどり着いた。

（3）　工場監督制度の整備

　農商務省では、1915年10月、まず商工局に工場課を設置、12月には本省に工場監督官4名、工場監督官補5名を置いた。さらに1916年1月には各府県の警察部に工場監督官及び工場監督官補199名を置いた。208名での出発である。

　しかしながら、工場法施行に当たっては、業界ではこれによって生産が制限され、負担が加重し経営は打撃を受けるという考え方が一般的であり、このため当局は実施に際し慎重な注意を払い、いたずらに検挙告発をこととせず、指導に重点を置く方針を採り、印刷物の配布、説明会の開催等により業者の啓蒙に務めるとともに、商業会議所、同業組合その他と協力して鋭意法の周知に務めた。

　当時の工場監督年報によると摘発違反の大部分は職工名簿の記載懈怠等形式違反で、実質的な労働条件の監督はわずかであった。産業の発達とともに労働者数が増加しても、工場監督官の増員もほとんど行われず、警察官吏による補充的臨検が多くなった。もっとも、サーベル着けての工場臨検で工業主に対しては効果的であったともいわれる。

　また、工場法と並行して鉱山法も施行され、農商務省鉱山局に鉱業監督官が、各地方鉱務所に鉱務監督官と鉱務監督官補が配置された。

（4） 工場法の改正

　第一次大戦後の社会不安の中で、社会政策の必要性が強く叫ばれるようになり、1922年11月、内務省の外局として社会局が設置され、各省に分属していた労働行政のほとんどが社会局に統合された。新生社会局は早速工場法の改正に取りかかり、同年12月、適用対象を常時15人以上の職工を使用する工場から常時10人以上使用する工場に改めるほか保護職工の就業時間規制を強化する等の改正案をまとめて商業会議所等に諮問した。これに対して工業主側から強い反対は出なかったが、農商務省が「労働者偏重で著しく産業の発達を阻害するおそれがある」と反発した。先には社会政策の先頭に立っていた農商務省が、今度は産業界の代弁者として反対に回ったわけである。しかし社会局側は農商務省の同意を得る必要なしとして、内務大臣の単独稟議で閣議に提出、1923年3月成立した。

　その後、職工10人未満の工場でも数十台の織機を使用できるにもかかわらず、労働者数により適用非適用を区別していることが不公平との観点から、1929年にも工場法が改正され、原動機を使用する一切の工場に対し、就業時間、夜業、休日、休憩の規定を適用することができるようになった。ただし、省令で撚糸業及び織物業に限って適用した。

（5） 戦時体制下の工場監督制度

　近衛文麿内閣は1938年、国民体力の向上及び国民福祉の増進を図るため厚生省を設置した。労働関係は社会局と労働局の所管となり、工場法は労働局の所管となった。

　その後、1941年には従来の工場監督官の名称が労務監督官に改められた。その理由は労働条件関係法制が充実し、その職務が工場法だけでなく、賃金統制令、工場就業時間制限令、退職金積立金及退職手当法、労働者災害扶助法、商店法など広範な分野に拡大されてきたからである。また、従来の取締行政から積極的な指導行政に移行してきたことから、厚生省労働局に労務官が置かれた。

　その後、戦争が激化するにつれて、工場法戦時特例が勅令として公布され、労働保護法規が機能停止するに至った。敗戦後、1945年10月、厚生省

に新たに労政局が設けられ、「勤労条件に関する事項」と「勤労管理に関する事項」を所管することになった。言葉はまだ戦時中を引きずっているが、ここが新たな労働基準行政の出発点となっていく。

2　労働基準法と労働基準監督システム[4]

　日本の労働法政策の中でも、もっとも急進的な改革を行ったのが労働条件法政策における1947年労働基準法であろう。戦後労働改革による新法制についても、労働市場法制はある意味で戦時体制突入直前のシステムに戻ったものといえるし、激変したように見える労使関係法制ですら、戦前ついに陽の目を見なかった労働組合法案の実現という面がある。それに対し、1947年労働基準法は戦前の工場法等を引き継ぎながらも、その保護水準を一気にILO条約レベルに引き上げるとともに、独自の全国的な労働基準監督システムを一時期に完成させてしまったものであり、戦前の工場法制度との間には大きな断絶がある。そして、制定後10年以上にわたって、労働基準法はその急進性ゆえに使用者側からの批判に晒され、つねにその規制緩和が求められたのである。

（1）　労働基準法の制定[5]

　1947年労働基準法の制定経緯について、まず読むべきはなんといっても松本岩吉『労働基準法が世に出るまで』[6]である。松本は当時厚生省労政局労働保護課の理事官として、寺本広作課長のもとで法案作成から実施準備までに携わり、戦後日本の労働基準監督システムの基礎を作った人物であり、その回想録は法政策研究の宝庫である。また、彼の残した資料も復刻さ

4）廣政順一『労働基準法 − 策定経緯とその展開』日本労務研究会（1979年）、廣政順一
　「労働基準法の制定とその歩み」（労働省労働基準局編『労働基準行政五〇年の回顧』日
　本労務研究会（1997年）所収）。
5）寺本廣作『勞働基準法解説』時事通信社（1948年）。
6）松本岩吉『労働基準法が世に出るまで』労務行政研究所（1981年）。

418　第3部　労働条件法政策

れ[7]、日本労働法学会でも突っ込んだ検討がされている[8]。従って、詳細はこれらに譲り、事実関係だけを簡述する。

　1945年12月に戦後労働改革の先頭を切って労働組合法が成立した後、続いて労働関係調整法を制定しようという政府の方針に対し、労働組合側からはそれよりも実体的な労働保護法の制定を先にすべきとの声が高まり、政府も労働保護法の作成に向け検討を始めた。1946年3月から4月にかけてまず労働保護課内で労働保護法作成要領が作成され、全国の工場監督官を集めて会議を開き、意見を聞いた。

　政府が外部に労働保護法制定の意思を正式に明らかにしたのは、同年7月に吉武恵市労政局長名で、全国の事業主団体及び労働組合に質問状を発送したことに始まる。ついで同月、有力労働組合及び業界団体の代表を呼んで座談会を開催し、意見を聞いている。

　こうして行政内部で草案が作成されている最中に、突如対日理事会のソ連代表デレヴィヤンコ中将が会見を行い、労働立法に関する勧告を発表した。その大部分は労働保護立法に関するものであった。これに対し、GHQは直ちに反駁声明を発表したが、その中でまだ労働保護課内で検討中の草案が日本政府草案として引用され、翌8月にはほぼそのラインによるアメリカ労働諮問委員会の報告が発表された。このため、「事務当局で作っていた案が司令部のお墨付きをもらったような非常な権威を持つ」ことになった。

　また、7月には労働保護法制定審議のため労務法制審議会[9]が開催され、法案起草のため小委員会[10]を設置することとされ、政府草案をもとに急ピッチで審議が進められた。8月に労務法制審議会の総会で了承された草案をもとに、9月に使用者団体、労働組合、婦人問題研究家、女子労働者及び一般希望者を集めて11回にわたり公聴会を行い、その意見を踏まえて再び小委

7）渡辺章編集代表『日本立法資料全集労働基準法』（1）～（4下）信山社（1996－2011年）。

8）『日本労働法学会誌第95号』総合労働研究所（2000年）。

9）官庁17名、学識9名、事業主側8名、労働者側7名、政治家5名、会長代理：末弘厳太郎。

10）公労使各4名、委員長：末弘厳太郎。

第1章　労働基準監督システム　419

員会で審議が重ねられた。そして同年12月の最終総会で答申案が決定された。労働基準法という名称は末弘厳太郎委員長の発案といわれる。

　翌1947年1月には法律案文作成作業が行われたが、これは口語ひらがな書きの法律として、条文に見出しを付けた立法例第1号である。翌2月に閣議決定されたが、この時河合良成厚生大臣が時間外割増率と罰則の緩和を要求し、GHQがはねつけたという。法案は翌3月に国会に提出され、同月中に成立を見た。制定の検討が始まってから制定まで僅か1年であり、30年かかった工場法に比べると、やはり占領下という時の利を得たことが極めて大きかったといえる。

（2）　労働基準監督システムの形成

　労働基準法の制定に伴い、新たに本省労働基準局−都道府県労働基準局−労働基準監督署という独自の全国的な労働基準監督システムが一気に形成された。

　工場法のもとでは国の直轄機関は設けず、工場法の実施は都道府県知事（東京は警視総監）に委任され、警務部がその事務を司っていた。戦前の知事は国の任命する官吏であり、都道府県の職員の身分も官吏であったから問題はなかったとも言えるが、松本岩吉は監督業務が時の政治勢力や地方権力に左右されることも多かったと示唆している。また、工場監督官及び官補も独立官職ではなく補職官であって、特別の資格を要せず、一般職である警察官、事務官又は技官が兼任補職され、特別な身分保障もなかったことから「不統一かつ微温的監督」をもたらし、工場法施行以来30年間、多くの違反事件は注意書、始末書、請書等の行政指導措置によって処理され、工場監督官の手によって司法事件として送検された事例は皆無であったという。

　これらの反省の上に立ち、さらに戦後新憲法が制定され、都道府県が自治体となり、知事が選挙で選ばれることとなっていたことから、ILO労働監督条約（第81号）の「労働監督は、…中央機関の監督及び管理の下に置かなければならない」、「監督職員は、分限及び勤務条件について、身分の安定を保障され、且つ、政府の更迭及び不当な外部からの影響と無関係な公務員でなければならない」という原則に則った新たな労働基準監督システムの構築

が図られたわけである。もっとも、松本によればこれには産みの苦しみがあり、吉武恵市労政局長は従来通り知事に委任すべきとの意見であり、法案作成の最終段階になるまで確定しなかったという。担当課と局長の意見の相違に決着を付けたのは最終的にはGHQの指示だった。

これにより、地方行政から独立した労働省労働基準局 − 都道府県労働基準局（46局）− 労働基準監督署（336署）という直轄ラインが一気に形成されるとともに、3000人近くの労働基準監督官という新たな官職の国家公務員が設置された。1937年の工場監督官の定員は全国で250人に過ぎなかったことを考えれば、革命的な変化である。

さらに、労働基準監督官の身分保障として、監督官を罷免するには労働基準監督官分限委員会（後に労働基準監督官分限審議会）の同意が必要とされた。この分限委員会は中央労働基準委員会の公労使委員3名、一般官吏3名に加え、同僚代表として各級別監督官の代表3名を含めていた（後に変更）。

なお、警察行政から完全に分離するため、ILO条約の「監督官は、その確知したる法令違反を権限ある司法機関に直接提起するの機能を付与せられるべきこと」という趣旨に従い、労働基準監督官に司法警察官の権限が与えられ、労働基準法上に明記された。

（3）　ILO労働監督条約

さて、ILOにおいて労働監督システムの確立は重要な原則であり、ヴェルサイユ平和条約第427条において既に「各国は、被用者の保護のための法律、規則の実施を確保するため、監督の制度（それには婦人も参加すべきである）を設置しなければならない」としていた。また、1919年には労働監督（保健機関）に関する勧告（第5号）、1923年には労働監督に関する勧告（第20号）が採択されるなど、国際基準の設定に向かって進んでいた。

ILOで初めて労働監督条約が採択されたのは、奇しくも労働基準法が成立したのと同じ1947年である。これは正式には「工業及び商業における労働監督に関する条約」（第81号）といい、批准国は労働監督の制度を保持しなければならないとし、監督の機能として、労働保護に関する法規の実施を確保すること、労使に専門的情報と助言を与えること、現行の法規の欠陥又は

濫用について権限ある機関の注意を喚起することを挙げている。

労働監督の組織としては、中央機関の監督及び管理下に置かれるべきこと、監督職員は身分の安定を保障され、政府の交代や外部からの不当な影響に無関係でなければならないことが規定されている。また、監督官の権限として、事業場に昼夜何時でも自由に、予告なしに立ち入ること等が定められ、設備の欠陥に対し矯正措置をとる権限を有し、法規違反には司法上の手続に付されるが、監督官の裁量により警告及び助言を与えることもできる。

この条約は工業及び商業事業場にのみ適用されるので、その他の非営利サービス部門にもこの条約を拡大する議定書が1995年に採択されている。もっとも、公務との関係で除外規定が設けられている。

第2節　労働基準監督システムの展開

1　労働基準監督システムをめぐる問題

(1)　公務員への労働基準法適用問題

労働基準法第112条は「この法律及びこの法律に基いて発する命令は、国、都道府県、市町村その他これに準ずべきものについても適用あるものとする」と明記している。反対解釈される恐れがあるので念のために設けられた規定である。ところが占領期のうちに、公務員の集団的労使関係法制の改正のあおりを食らう形で全面的ないし部分的な適用除外とされてしまった。

1948年7月、マッカーサー書簡を受けて制定された政令第201号は公務員の団体交渉権及びスト権を否定したが、その中で労働基準法第2条の「労働条件は、労働者と使用者が、対等の立場において決定すべきもの」との規定が、マッカーサー書簡の趣旨に反するとして適用されないこととされた。これはまだ集団的労使関係法制に関わる限りの適用除外であったが、同年11月の改正国家公務員法により、労働組合法と労働関係調整法にとどまらず、労働基準法と船員法についてもこれらに基づいて発せられる命令も含めて、一般職に属する職員には適用しないとされた（原始附則第16条）。そして「一般職に属する職員に関しては、別に法律が制定実施されるまでの間、国

家公務員法の精神にてい触せず、且つ、同法に基く法律又は人事院規則で定められた事項に矛盾しない範囲内において、労働基準法及び船員法並びにこれらに基づく命令の規定を準用する」（改正附則第3条第1項本文）とされ、準用される事項は人事院規則で定める（同条第2項）とされたが、そのような人事院規則は制定されていない。また、「労働基準監督機関の職権に関する規定は、一般職に属する職員の勤務条件に関しては、準用しない」（同条第1項但書）と、労働基準監督システムについては適用排除を明確にした。

　この改正はどこまで正当性があったか疑わしい。後述の地方公務員法が一部適用除外方式をとっていることからしても、最低労働条件を設定する部分まで適用除外する根拠はなさそうである。時の勢いとしか説明のしようがなかろう。

　1950年12月に成立した地方公務員法では、少し冷静になって規定の仕分けがされている。労働組合法と労働関係調整法は全面適用除外であるのに対し、労働基準法については原則として適用されることとされた。ただし、地方公務員の種類によって適用される範囲が異なる。地方公営企業職員と単純労務者は全面適用である。教育・研究・調査以外の現業職員については、労使対等決定の原則（第2条）及び就業規則の規定（第89-93条）を除きすべて適用される。公立病院などは、労使関係法制上は地公労法が適用されず非現業扱いであるが、労働条件法制上は現業として労働基準法がほぼフルに適用され、労働基準監督機関の監督下におかれるということになる。

　これに対して、狭義の非現業職員（労働基準法旧第8条第16号の「前各号に該当しない官公署」）及び教育・研究・調査に従事する職員については、上の二つに加えて、労働基準監督機関の職権を人事委員会又はその委員（人事委員会のない地方公共団体では地方公共団体の長）が行うという規定（地方公務員法第58条第3項）が加わり、労働基準法の労災補償の審査に関する規定及び司法警察権限の規定が適用除外となっている。人事委員会がない場合には、自分で自分を監督するという、労働基準監督システムとしてはいかにも奇妙な制度である。

（2） 労働基準監督行政の地方移管問題[11]

　前述の通り、労働基準法制定過程においては監督機関を国が直轄する案と都道府県知事に委任する案との対立があり、最終的に直轄案で落ち着いた経緯があったが、その後は特段の組織的変更はなく、労働省労働基準局−都道府県労働基準局−労働基準監督署というラインで行政が行われてきた。ただし、1968年ごろには、労働基準監督行政を都道府県に移管するという方向が打ち出されたことがある。

　これはそもそもは職業安定行政における地方事務官の廃止問題から波及したものであった。職業安定行政では公共職業安定所の職員は純粋の国家公務員であったが、都道府県の職業安定課と失業保険課の職員は国家公務員たる都道府県職員という複雑な存在であり、この地方事務官という存在が地方自治の本旨に反するとして繰り返しその廃止が提言された。しかしながら、都道府県段階と職安段階との一体性を維持するためには、地方事務官を純粋の国家公務員とするか、国の機関たる公共職業安定所をことごとく都道府県の機関とするかの二者択一となる。

　そういう中で、1968年11月、行政改革の推進に関する閣議決定に関し、労働、自治、行政管理の3大臣の間で確認された「労働行政機構の改革について」という覚書は、職業安定行政のみならず、労働基準行政及び婦人少年行政の都道府県機関も全て都道府県に組み入れるという方向性を打ち出した。すなわち、「都道府県労働基準局及び婦人少年室を廃止し、その事務は原則として都道府県知事に委任し、各都道府県に労働部を設ける」というのである。ただし、「労働基準監督署及び公共職業安定所は、国の機関として存置し、労災保険、失業保険の適用徴収一元化に伴い設置する労働保険徴収事務所についても同様」と、国−都道府県−国という異様な形である。この点、同年2月の案が出先レベルまで含めて全て都道府県に移管するとしていたのよりも若干緩和されている。また、「労働基準監督官制度はこれを堅持」し、「都道府県労働部の部課長等のうち労働基準関係のものは労働基準監督官とする」という形で、地方事務官制度がなくても人事上の一定のコント

11）労働省編『昭和43年労働行政要覧』労働法令協会（1969年）。

ロールを行えるように配慮されている。とはいえ、それまで純粋の国の機関
として活動してきた都道府県労働基準局を地方に移譲するという構想は、行
政の末端に至るまで大きな動揺を招き、結局遂に実現に至らなかった。松本
岩吉はこの件についてかなり辛辣な批評をしている。

（3）　都道府県労働局の設置とその後の動向

　地方事務官問題は結局、1997年9月の地方分権推進委員会[12]で国の直接執
行事務とすることで決着が付き、従来の都道府県職業安定課、雇用保険課と
都道府県労働基準局、女性少年室を併せて都道府県労働局とすることとな
り、2000年4月から施行された。これにより、各都道府県労働局に労働基準
部が置かれることとなった。

　2006年12月、地方分権改革推進法が成立し、これに基づき2007年4月に
地方分権改革推進委員会[13]が設置された。同委員会は11月に「中間的なと
りまとめ」を公表し、その中で労働基準行政についても、「国において統一
的な基準を策定し、指導監督するにとどめ、具体的な運用は都道府県が行う
という体制も考えられる」と述べた。もっとも翌2008年5月の第1次勧告で
は労働基準行政には触れていない。

　しかし、同年8月の「国の出先機関の見直しに関する中間報告」では、「現
在、都道府県単位の機関が置かれているものについては、ブロック単位機関
（総合的な出先機関を含む。）への統合についてあわせて検討する」とされ、
同年12月の第2次勧告では、都道府県労働局についてはっきりと、「現行の
組織を廃止して、ブロック機関に集約し、地方厚生局と統合する。労働基準
監督署及びハローワーク（公共職業安定所）は、ブロック機関の下に置く」
と明記された。

　2009年の政権交代後は、2010年12月の「地域主権戦略大綱」等において、
補完性の原則に基づき国の出先機関は原則廃止すると書かれているが、具体
的な機関としては取りあげられていない。この問題は消滅したと考えて良い

12）学識者7名、委員長：諸井慶。
13）学識者7名、委員長：丹羽宇一郎。

であろう。

（4） 労働基準監督業務の民間活用問題

　2016年9月に新発足した規制改革推進会議は、翌2017年3月に「労働基準監督業務の民間活用タスクフォース」[14]を設置することを決め、同月さっそく開催された。

　そこで八代尚宏主査は、「労働基準監督官が定めた様式の定期監督業務について社会保険労務士等の資格者を雇用する民間事業者に委託することで、本来の基準監督官をより重大な違反の可能性の大きな申告監督業務に重点的に配置できるのではないか」と主張し、特別法で公務員と同じ権利義務を民間事業者にも義務づけ、民間事業者の守秘義務や公正な監査を規定し、民間事業者による監査への妨害行為には業務執行妨害を適用するといったことを提言した。八代主査は前例として、2006年道路交通法改正により、駐車違反の取締り業務に民間事業者を活用していることを挙げている。

　これに対し厚生労働省は、労働基準監督官は予告なく事業場に立ち入り、書面等の確認や関係者からの聞き取りを行い、労働基準法などの法律違反の有無を確認し、その結果に応じて是正勧告等行政指導を行ったり、場合によっては即座に行政処分を行うなど、一体不可分なプロセスを通じて労働者保護を行うものであり、委託を受けた民間事業者が任意の調査を行い、問題がある場合に監督官に取り次ぐ場合、調査から監督官による指導までタイムラグが生じることから、その間に証拠帳簿の隠蔽等の不適切な行為がなされる可能性があり、また迅速な労働者保護が行えない蓋然性が高いと反論した。

　結局5月の「取りまとめ」では、入札で決定する民間の受託者が、36協定未届事業場への自主点検票等の送付や回答の取りまとめを行い、指導が必要と思われる事業場や回答のない事業場等について、同意を得られた場合に、労務関係書類等の確認及び相談指導を実施すること、労働基準監督官はこれらに応じなかった事業場や、確認の結果問題があった事業場に必要な監督指

14）学識者3名、主査：八代尚宏。

導を実施することが盛り込まれた。監督官が行っている業務のコア部分は維持し、コアでない部分を切り出す形で取りまとめたわけである。

2　労働基準監督行政の展開[15]

(1)　戦後復興期の監督行政

　労働基準法の施行当初は、まず法令の普及徹底と管内労働事情の把握に重点が置かれた。その後、1949年から重点的に掘り下げた監督を行うよう監督方針を改め、同年12月に労働基準監督官規程、翌1950年2月に労働基準監督官執務規範を定めた。また同年より本省及び都道府県労働基準局の示す計画大綱に従い、各労働基準監督署が毎月監督計画を樹立し、これに基づいて監督を実施することとされた。

　この時期の監督行政は封建的労働慣行の排除を主眼とし、年少者の人身売買事件に積極的に取り組んだ。また、ドッジラインによるデフレの中で賃金不払いが急増し、これに対応して、賃金債権優先支払いの原則を確立した。また、紡織業、機業地で女子・年少者の長時間労働や深夜業が広く行われ、監督に入ると猛犬に襲われたり女子労働者が物陰に隠れたり同業者に通報されたりといった事が多く、これの監督のため早朝深夜臨検や休日臨検が行われたという。

(2)　高度成長期の監督行政

　1950年代半ばは監督行政にとって大きな転機となった。1957年5月の臨時労働基準法調査会[16]答申は、労働基準法の改正（規制緩和）を明確に否定する一方で、一律に違反を取り締まるのではなく、「事の軽重緩急に従い、重点的段階的に是正せしめるよう措置する必要がある」と述べたが、その前年1956年度の労働基準行政運営方針は、既に「監督の効果が忍耐と手数の上に築き上げられることを認識して、具体的妥当性ある法の運用により、違反の実態と原因を把握して、労使の納得と協力を得る指導的監督を実施す

---

15)　立岡文雄「労働基準監督の展開」（労働省労働基準局編『労働基準行政五〇年の回顧』日本労務研究会（1997年）所収）。

16)　学識者18名、会長代理：中山伊知郎。

る」ことを強調している。労働時間についてはこれ以後違反の摘発よりも一斉週休制、一斉閉店制の普及促進といったソフトな法政策に転換した。なお、自動車運転者の労働条件改善指導はかなり強力に行われた。

1960年代に入ると、特に高度経済成長に伴って労働災害が増加・多様化する中で、労働災害の防止が最重点課題に位置づけられ、監督行政本来の原点である全国的な斉一性・公正性を堅持しつつ厳正な法の施行を図ることとし、特に悪質な法違反については司法処分、使用停止処分を積極的に行うこととした。1967年が司法処理のピークとなった。これは、1950年代後半以降行われてきた納得と協力の段階的監督指導行政が、社会経済情勢の進展と積み重ねた行政努力に伴い、法定労働条件の確保はもはや企業経営の当然の前提として受け入れられるべきであるとの認識を持つに至ったものであり、このような基本的態度を打ち出した本省の方針に対し、第一線の局署も積極的に呼応し、監督官活動は本格的に展開されるようになった。この時期、人命尊重の観点から労働災害の防止を最重点とし、特に五悪災害（墜落、クレーン、飛来崩壊、感電、爆発災害）の減少に力点を置いて努力が重ねられた。

(3)　安定成長期の監督行政

安定成長期以降の監督指導行政も、基本的にはこのラインの延長線上にあるが、いくつか特記すべきこともある。1975年の日本化工小松川工場における六価クロムによる障害の発生が大きな社会問題になり、職業性疾病対策に対する行政批判も見られた中で、翌年から労働衛生特別監督指導計画を立てて鋭意実施した。

また、同年に発生した興人の倒産事件では、20億円近い労働債権が支払不能になったが、労働基準行政の活動により全額支払われるに至った。ちなみにこの事件が1976年の賃金の支払の確保等に関する法律の制定に拍車を掛けたとも言われている。また、この頃から労働時間短縮が大きな政策課題となり、様々な形で監督指導が行われた。

なお、厚生労働省は2001年に「労働時間の適正な把握のために使用者が講ずべき措置に関する基準」（基発第339号）を発出し、さらに2003年には

「賃金不払残業総合対策要綱」（基発第0523003号）を策定し、これに基づき監督指導の重点課題として「サービス残業」の排除を行ってきた。その詳細は労働時間法政策の章で述べる。

（4）　臨検監督と司法処分

　労働基準監督官は、「事業場、寄宿舎その他の附属建設物に臨検し、帳簿及び書類の提出を求め、又は使用者若しくは労働者に対して尋問を行うことができる」（第101条第1項）。この臨検監督には、定期監督、申告監督、再監督の3種がある。定期監督は、労働局や労働基準監督署が定めた年度業務計画に基づき、その年度の行政課題に見合った事業場を選んで立入調査をするものである。申告監督は、事業場に労基法令違反があるとの労働者からの申告（第104条）に基づいて行うものである。

　臨検監督は事前通知なしに行われる。そして法違反があれば（ほとんどの場合何らかの法違反があるが）是正勧告書が交付される。その場合使用者は、指定された期日までに是正措置を講じ、労基署に是正報告書を提出しなければならない。是正措置の実施状況を確認するために行われるのが再監督である。

　是正勧告自体は行政指導であり、法的な強制力はないが、これに従わないような場合、あるいは極めて悪質な事案などでは、労働基準監督官が「この法律違反の罪について、刑事訴訟法に規定する司法警察官の職務を行う」（第102条）。これがいわゆる司法処分であり、具体的には検察庁に送検（現在はほとんど書類送検）する。もっとも近年は、送検しても起訴されるのは半分以下であり、不起訴となることが多い。

第2章
労災保険制度と認定基準

第1節　労災保険制度[1]

1　戦前の労働者災害扶助制度

（1）　工場法以前

　日本の労災補償制度は官業から始まった。官営工場を通じて殖産興業政策に懸命な政府は、1975年官役人夫死傷手当規則、1879年各庁技術工芸ノ者就業上死傷手当内規を制定した。いずれも恩恵的な性格のものであった。

　その後、工場法の制定検討が進められる中で、個別業種に向けた災害扶助規定がいくつか設けられた。1890年には鉱業条例が公布され、鉱山における労働災害率が高いことから扶助に関する規定を詳細に定めた。1899年には商法上に船員に対する災害扶助規定が設けられた。また、官業労働者についても、1903年に砲兵工廠職工扶助令、1907年に官役職工人夫扶助令が制定された。しかし、民間工場労働者に対する保護法の制定は困難を極めた。

（2）　工場法の災害扶助制度

　1911年、ようやく工場法が成立を見た。もっとも施行はさらに5年後の1916年であった。これが日本における一般的な労災補償制度の始まりである。もっともこのときの規定は「職工自己ノ重大ナル過失ニ依ラスシテ業務上負傷シ、疾病ニ罹リ又ハ死亡シタルトキハ工業主ハ勅令ノ定ムル所ニ依リ

1）労働省労働基準局労災補償部『労災補償行政史』労働法令協会（1961年）、労働省労働基準局『労災補償行政三十年史』労働法令協会（1978年）、田中清正「労災保険五〇年の回顧と展望」（労働省労働基準局編『労働基準行政五〇年の回顧』日本労務研究会（1997年）所収）。

本人又ハ其ノ遺族ヲ扶助スヘシ」（第15条）と、職工の重大な過失による場合を除外していたが、1923年改正により「工業主ハ勅令ノ定ムル所ニ依リ職工カ業務上負傷シ、疾病ニ罹リ又ハ死亡シタル場合ニ於テ本人又ハ其ノ遺族若ハ本人ノ死亡当時其ノ収入ニ依リ生計ヲ維持シタル者ヲ扶助スヘシ」とこの要件が削除された。

　扶助の内容は、療養の扶助、休業扶助料、傷害扶助料、遺族扶助料、葬祭料、打切扶助料からなり、その履行確保は主として行政的、公法的指導に委ねられた。もっとも、労働者15人未満の企業が適用除外された上（1923年改正で10人以上に拡大）、建設業等の屋外労働も適用対象外であった。この土木建築業への適用問題が昭和期に大きな問題となる。

（3）　健康保険による災害扶助保険

　戦前の日本では、業務災害に対する保険制度は、災害扶助制度の延長としてではなく、一般の疾病保険と年金保険の中で具体化された。

　まず、1922年制定の健康保険法において、業務上外を問わず、労働者の負傷、疾病、死亡等が保険事故とされ、業務上傷病については同一傷病について180日まで、業務外傷病については合算して1年180日まで、保険給付の対象とされた。もっとも健康保険で社会保険化されたのは療養扶助、休業扶助料及び葬祭料にとどまり、傷害扶助と遺族扶助は1941年制定の労働者年金保険法を待たなければならない。

　政府提案に先立って1920年に議会に提出されていた憲政会の疾病保険法案では、業務上傷病は対象とされていなかった。業務上傷病をも健康保険法の対象としたことは両面からの評価が可能であろう。工場法によって工業主の災害扶助責任が規定されていたとは言え、その履行がもっぱら行政的指導に委ねられていた状況を考えれば、これを労働者を被保険者とする社会保険制度として確立したことは一定の進歩と評価することができる。しかしながら、業務上外を区別せず一括して保険事故として包括したために、本来労使が分担して負担すべき業務外傷病に係る保険料と、もっぱら事業主が負担すべき業務上傷病に係る保険料が一緒になり、結果的に労働者が事業主の扶助責任を負担させられることになるという批判が生じた。もっとも、制定時の

政府の説明では、業務上と業務外の比率は4分の1と4分の3であり、業務上については全額事業主負担、業務外については事業主が3分の1、労働者が3分の2の負担で、事業主は1/4+3/4×1/3=1/2、労働者は3/4×2/3=1/2で、結果として労使折半になるということであった。ややこじつけの理屈という感が強い。

その後、1938年に国民健康保険法、1939年に職員健康保険法が制定され、疾病保険の適用範囲が拡大された。後者は1938年の商店法制定の影響によるもので、販売、金融、保険業に従事する事務職員を強制適用とした。なお、工場の事務職員については1934年の健康保険法改正で対象とされていた。1942年には職員健康保険法が健康保険法に統合された。

（4）　労働者災害扶助法[2]

1925年のILO第7回総会で、「労働者災害補償に関する条約」（第17号）、「労働者職業病補償に関する条約」（第18号）が採択され、工場法及び鉱業法の適用されない土木建築業、土石採取業、交通運輸事業等における業務災害への災害扶助の拡大が問題となった。そこで内務省社会局は1927年11月「労働者災害扶助法案要綱」を作成して関係業者に諮問、翌1928年1月「労働者災害扶助法案」を帝国議会に提出したが審議されず、1929年1月にも提出したが貴族院で審議未了廃案となってしまった。

その理由は土木建築請負業界が猛烈に反対したからである。上記法案は当初案は元請業者に、次の案は各請負人連帯して扶助責任を負わせるものであったが、業界は義務を履行できない業者が続出すると反発、国営業務災害保険制度の導入を要求し、マスコミもこれを支持した。政府は、保険制度では災害予防の効果が薄れ、濫給の防止ができないと反論したが、廃案という結果に直面して国営保険制度の導入に舵を切った。この間、内務省社会局における担当も労政課から監督課に変わっている。

1930年7月、元請人に扶助責任を負わせるとともに、その扶助責任を保険するために国営災害扶助保険を設けるという「労働者災害扶助法制要綱」を

---

2)『労働者災害扶助責任保険事業沿革史』厚生省保険院社会保険局（1942年）。

432　第3部　労働条件法政策

諮問し、業界の賛意を受けて翌1931年3月「労働者災害扶助法案」「労働者
災害扶助責任保険法案」の二本立てで議会に提出し、同月成立して翌1932
年1月から施行された。この制度の特徴は、労働者を直接被保険者とせず、
事業主を被保険者とする責任保険制度を採用したことである。すなわち、事
業主が各種扶助法規によって扶助責任を履行した場合にその損害を補填する
という日本独特のやり方であった。社会局労働部監督課長であった北岡寿逸
曰く「外国に全くその例を見ない珍無類な保険制度であって、かかる保険制
度を考案する人を主務課に持ち合わせるまで、労働者災害扶助法はできな
かった」のである。[3]

　その後1935年、工場法、鉱業法及び労働者災害扶助法を統一しようと試
みたが、結局災害扶助と損害賠償請求権の関係について共通の改正を行うに
とどまった。

(5)　年金保険による災害扶助保険

　上述のように、1922年の健康保険法によって工場法の療養扶助、休業扶
助料及び葬祭料は社会保険化されたが、傷害扶助及び遺族扶助はそのまま残
されていた。これらが社会保険化されたのは1941年の労働者年金保険法の
制定及び1944年の厚生年金保険法への改正によってである。

　まず労働者年金保険法により癈疾年金（終身）、癈疾一時金、遺族年金
（10年間）が設けられた。これも業務上外を区別しないものであり、これと
工場法等による扶助責任との調整は厚生年金保険法に持ち越された。

　厚生年金保険法では、癈疾を障害と呼び変え、障害年金と障害手当金の額
を増額し、遺族年金を増額しかつ終身化した。また、附則で健康保険法を改
正し、業務上の傷病による療養給付と傷病手当金の給付期間制限を撤廃して
傷病の転帰に至るまで支給することとした。そして工場法等を改正し、労働
者が健康保険法又は厚生年金保険法によって工場法等の扶助に相当する給付
を受けるときには、事業主は工場法等の扶助を行わなくてよいこととされ、

---

3) 北岡壽逸『社会政策概論』有斐閣（1942年）。この「かかる保険制度を考案する人」と
　はもちろん北岡本人である。最初の法案は労政課が担当し、その失敗後監督課が担当し
　た（北岡寿逸『我が思い出の記』（1976年））。

事実上工場法等の扶助は両保険の保険給付に吸収された。

2 戦後の労災保険制度

（1） 労働基準法と労災保険法の制定[4]

　終戦後、新たな労働保護法制として労働基準法が成立するが、それに向けて1946年8月にGHQの労働諮問委員会が勧告を発し、その中で、日本の災害補償は一部疾病保険制度により供され、しかも費用の約半分は労働者の負担となっているが、その改善に当たり大部分の費用は使用者が負担すべきであるとした。

　こういった情勢を背景に、1947年4月労働基準法が制定され、第8章として災害補償が規定された。その特徴は第1に、戦前の諸法における扶助がその語が示すとおり労働者に対する恩恵的、救済的な施策と考えられていたのに対し、労働基準法では事業主の無過失賠償責任の理念が確立され、補償は労働者の権利であることが明確になったことである。第2に労働基準法の適用範囲が全産業にわたり、かつ規模の大小を問わないものとなったことである。もっとも、その内容は、療養補償、休業補償、障害補償、遺族補償、葬祭料及び打切補償と、工場法時代と同じであり、ただ補償の内容がかなり拡充された[5]。療養開始後3年を経過しても負傷又は疾病が治らない場合には、使用者は打切補償を行えばよい。

　労働基準法と併せて、業務上の災害の発生に際し、事業主の一時的補償負担の緩和を図り、労働者に対する迅速かつ公正な保護を確保するため、新たに労働者災害補償保険法が制定された。その給付内容は労働基準法上の災害補償と全く同一であった。この法律の性格について、法案作成過程において、労働基準法による使用者の災害補償についての責任保険とするか、労働者を直接対象とする労働者保険とするかにつき議論があった。まず最初に作成されたのは、保険者を労働者災害補償保険金庫とする労働者災害補償保険金庫法案要綱であり、土木建築業、貨物取扱業、林業のみを強制適用とし、

4）池辺道隆『最新労災保険法釈義』三信書房（1952年）。

5）休業補償は平均賃金の100分の60。障害補償は障害等級に応じ1340日分〜50日分。遺族補償は1000日分。葬祭料は60日分。打切補償は1200日分。

434　第3部　労働条件法政策

製造業も含め他の事業はすべて任意適用という案であった。次に作成された
のは労働者災害補償責任保険法案要綱であり、これは強制適用事業を大きく
拡大するとともに、かつての扶助責任保険と同じく、保険者を政府とする政
府管掌保険としたが、保険金受取人を被災労働者ではなく保険契約者たる使
用者としているなど責任保険らしい特徴を備えていた。しかしながら、
GHQはそこを労働者保護の見地から問題とした。使用者が保険金を中間搾
取するおそれがあることと、使用者の保険料滞納等で労働者が支給制限を受
けるのは不合理である等の問題であり、30余回にわたる折衝の結果、同年3
月の労働者災害補償保険制度要綱では、保険契約者が保険加入者に、保険給
付の受取人が被災労働者又はその遺族に改められ、使用者の責任保険ではな
く、労働者を直接対象とする労働者保険とされた。すなわち、労働者災害補
償保険法は、労働基準法の災害補償の裏付けの機能を有する制度として労働
基準法と表裏一体であるが、制度そのものとしては独立性を有し、それゆえ
に労働基準法の規定を超える給付をすることも可能となった。

　ちなみに、労災保険法の所管について、新設される労働省と厚生省の間で
権限争いがあり、片山哲首相が労使の代表を呼んで意見を聞いたところ、全
員一致して労働省移管の意見であったため、ようやくけりが付いたという経
緯がある。

　なお労災保険法の制定とともに、健康保険は業務外の傷病に限ることとさ
れた。もっとも、国民健康保険は引き続き業務上も対象に含めていたので、
給付水準が低いことを別にすれば特に問題はないとも言えた。ところが
1949年7月、厚生省は、法人の代表者又は業務執行者であっても、法人から
労務の対償として報酬を受けている者は、法人に使用される者として健康保
険の被保険者とする旨の運用通知（同月28日付保険局長通知）を発した。
このため法人代表者等は医療保険上は労働者として業務外の傷病について高
い給付水準を享受できることとなったが、労災保険上は労働者ではないため
その給付を受けられず、かといって国民健康保険には加入していないのでそ
の業務外傷病給付を受けることもできないという、いわば制度の谷間にこぼ
れ落ちてしまった。長らく労災保険の特別加入という形で対応されてきた
が、2003年7月になって、5人未満事業所の代表者には業務上の傷病に対し

ても健康保険から給付を行うこととなった。

初期の改正として、1951年3月に、災害多発事業については保険料を引き上げ、災害の少ない事業については保険料を引き下げる、いわゆるメリット制を導入している。

（2）　長期補償の導入[6]

労災保険制度改善の第一の課題は、長期の療養を要する労働者の保護の問題であった。この時期、特に長期の療養と休業を要する業務上の傷病の大半は珪肺であった。石炭増産という時代の要請の中で、炭鉱労働者の間に炭塵の吸入による珪肺が多発していたのである。珪肺は江戸時代から「よろけ」として知られていたが、珪肺患者は結核にかかりやすく、結核を発病すると私病の肺結核として扱われがちであった。また、炭鉱の落盤事故によって脊髄損傷（脊損）が多発していたが、脊損は下半身麻痺の重度障害を残し、廃人の余生を強いられるのが通例であった。当時の労災保険給付は労働基準法上の災害補償と同内容であり、療養開始後3年で補償が打ち切られる制度のもとで、より長期の補償を導入することが課題となっていた。

まず、1952年7月の労働基準法改正時の国会修正により、労働基準法上の休業補償及び労災保険法上の休業補償給付について賃金水準による自動スライド制が導入され、長期療養中の被災労働者の保護が図られた。

長期補償の導入は、まず特別法の形で始まった。すなわち、1955年7月にけい肺及び外傷性せき髄障害に関する特別保護法が制定され、労働基準法による補償及び労災保険法による給付に加え、国庫及び事業主の折半負担のもとにさらに2年間の特別の給付として、必要な療養と休業給付を支給することとし、長期療養を要する傷病の長期保護への足がかりとなった。しかし同法による特別給付には2年間という期限が設けられていたため、1957年にはまた問題が再燃し、1958年4月には議員提案によりけい肺及び外傷性せき髄障害に関する臨時措置法が制定され、上記特別保護法による給付期間が切れなお療養を必要とする者に対し、さらに2年間同様の給付を行うこととする

6）村上茂利『労災補償の基本問題：労災保険法改正の法理』日刊労働通信社（1960年）。

とともに、政府に対して珪肺等の特別保護措置について根本的検討を加え、法案提出を義務づけた。

これを受けて労働省では根本的検討を行い、珪肺を含む塵肺の安全衛生関係については新たにじん肺法を制定するとともに、労災保険法を改正し、珪肺及び外傷性脊髄障害に限らず、重度の身体障害を存する者に対し必要な補償を行うため、これらの者に対する一時金による打切補償又は障害補償費に代えて、長期給付を行うこととした。すなわち、療養開始後3年経過しても治らないすべての傷病について、必要の存する期間、打切補償費に代えて長期傷病者補償を行うこととするとともに、これとの均衡を図るため、重度の身体障害者に対して、療養開始後3年以内に症状が固定した場合でも、障害等級3級以上の重度の障害を残す者については、従来の一時金による障害補償費に代えて長期給付金である障害補償費を支給することとした。これに併せて一定率の国庫負担が導入された。この改正案は1960年3月に成立した。

ちなみに、このとき社会保障制度審議会[7]からは、労働基準法をそのままにして労災保険法を改正することに疑問が呈されている。これは、使用者がその企業を廃止することは自由であり、かかる恒久的存続の補償のない個別企業に年金たる補償を行う義務を課することは論理的矛盾であるので、かかる長期的補償は労働基準法上の個別使用者責任としてではなく、国が管掌する労災保険で行うこととしたものである。

なお、炭鉱と労災保険との関係はさらに続き、1963年から1966年にかけて三井三池、北炭夕張、空知などの坑内爆発が相次ぎ、膨大な死亡者とともに一酸化炭素中毒患者が発生した。緊急の救済措置として、1967年7月、炭鉱災害による一酸化炭素中毒症に関する特別措置法が制定され、重症の一酸化炭素中毒患者には介護料が支給されることになった。これは後に一般的な介護補償給付に発展した。

---

7) 会長：大内兵衛。

（3）　給付の年金化[8]

　1960年改正は、珪肺問題に一応の終止符を打つとともに、労災保険の給付体系に長期補償給付を導入する画期的なものであったが、なお長期補償化も部分的なものにとどまり、過渡的な性格であった。このため、1961年11月から、労災保険審議会に労災問題懇談会[9]を設け、2年間活発な議論を行い、その結果が労災保険審議会[10]に報告された。労働省は同懇談会の問題意識を尊重して法改正することに踏み切り、労災保険審議会に改正を諮問、抜本的な改正を求める答申が出され、これに基づいて労働省は法改正案を国会に提出し、1965年6月に成立に至った。

　この改正は、労災保険制度発足以来の、給付の延長、長期補償の一部導入といった給付改善の総仕上げをする画期的なものであり、ここにようやく、3年を限度とした一時金中心の打切補償の給付体系から、長期療養給付と各種の年金による長期補償の給付体系へ、歴史的な制度改革が実現した。また、使用者が保険料を滞納した場合に給付を制限する責任保険の名残のような規定も廃止された。もっとも、答申で求められていた全事業への全面強制適用は時期尚早として見送られた。

　この改正により、労災保険法による保険給付の種類は、療養補償給付、休業補償給付、障害補償給付、遺族補償給付、葬祭料及び長期傷病補償給付となり、障害等級7級以上の障害補償給付、遺族補償給付及び長期傷病補償給付は年金化された。

　なお、このとき併せて、中小事業主の労災保険加入促進と事務負担軽減のための労災保険事務組合制度を設けるとともに、中小事業主や一人親方など労働者に準ずる者の業務災害のための特別加入制度を設けている。これにより、ほぼ今日の労災保険法の姿が形成されたと言える。

8）労働省労災補償部編著『新労災保険法』日刊労働通信社（1966年）。
9）労使各3名、公益4名、会長：川村秀文。
10）公労使各6名、会長：清水玄。

（4）　全面適用への道[11]

　この改正による給付改善によって、労災保険の保険給付と労働基準法による災害補償との間の格差が一層拡大することになった。労災保険法の適用される事業では年金給付が受けられるのに、適用されない零細事業では、依然として療養開始後3年経てば打切補償で終わりである。そこで、労災保険の全面適用による災害補償の一元化が要請されることになり、上記1965年改正時の附則第12条で「政府は、労働者災害補償保険の強制適用事業とされていないすべての事業を強制適用事業とするための効率的方策について…二年以内に成果を得ることを目途として調査研究を行い、その結果に基づいて速やかに必要な措置を講ずるものとする」とされた。これを受けて、失業保険とともに労災保険についても全面適用を図るための法案が1967年4月に国会に提出されたが、ほとんど審議されないまま流産した。その後、1969年3月にも再度全面適用法案を国会に提出し、併せて失業保険と労災保険の適用と保険料徴収を一元化する労働保険徴収法案も提案した。これらもいったん流産したが、年末の臨時国会でようやく成立に至った。

　これにより、労働者を使用するすべての事業は当然に労災保険に加入しなければならなくなり、制度上は全面適用となった。ただ、零細事業を一挙に適用することは実際問題として困難なため、当分の間政令で暫定任意適用事業を設け、段階的に適用拡大していくこととした。当初は労働者5人未満の商業、サービス業など非工業的事業が指定されたが、1975年4月から商業、サービス業等も当然適用事業となり、依然として暫定任意適用事業にとどまっているのは労働者5人未満の個人経営の農林水産業のみとなり、ほぼ全面適用となった。

　また、失業保険、労災保険の全面適用化に伴い、その適用と徴収が一元化された[12]。

11）桑原敬一『労災保険論：昭和45年労災保険法改正の法理』労務行政研究所（1972年）。
12）徴収一元化については、一時、地方労働行政組織を再編成し、地方労働局、都道府県労働部労働保険課のもとに労働保険徴収事務所を設置するという案が検討されたが、実現に至らず、組織はそのままに徴収事務のみ一元化された。

（5）　通勤災害保護制度[13]

　これまで通勤災害は業務外の災害として健康保険等により保護されてきたが、労働者側から、給付水準を始め問題があり、西欧諸国の例からも、業務災害として考えるべきであると問題を提起した。上記労災問題懇談会の議論の過程においても労働者側委員から通勤途上の災害の取扱いについて意見が述べられるとともに、労働組合の各種大会の決議、陳情等においても終始一貫して通勤途上の災害を業務上とすべきだと主張した。これに対し、使用者側は通勤途上の災害と業務上の災害とは明らかに区別すべきであり、通勤災害を業務上とすることは保険料負担の点で問題があるとの主張を繰り返した。

　労働省は1963年12月に労災保険審議会[14]に「通勤途上の災害を業務上の範囲に含めるかどうか」も含めて諮問したが、1964年7月の答申は「できるだけ早い機会に検討すること」であった。1969年8月の同審議会の建議では「通勤途上にからむ諸問題についてすみやかに関係審議会に委員会を設け、これに各方面の専門家を加えて検討を行うこと」とされ、これを受けて1970年2月、労働大臣の私的諮問機関として通勤途上災害調査会[15]が設置された。

　審議の過程では、当初労働者側と使用者側は通勤が使用者の支配従属下にある業務であるかどうかをめぐって対立したが、通勤災害問題の緊急性、重要性からして、業務上外に関する議論は一応棚上げし、具体的にどのような給付制度を設けるべきかに絞って議論を進めるべきとの大局的判断が関係者間で支配的となった。そして、公益委員から労働者の一部負担の考えが示され、これに基づき、1972年8月意見の一致を見て大臣に報告がされた。これは、現行法制上、通勤災害を業務上災害と捉えることは困難であるが、通勤は労務提供に不可欠の行為であり、単なる私的行為ではないこと、何らかの

13）労働省労働基準局労災管理課編集『通勤災害保護制度：労災保険法改正の経緯と内容』
　　日本労務研究会（1973年）、労働省労働基準局編『通勤災害保護制度：その創設経過』
　　日刊労働通信社（1974年）。

14）公労使各6名、会長：近藤文二。

15）公労使各4名、交通事故問題の学識者4名、会長：上山顕。

440　第3部　労働条件法政策

社会的な保護制度によって対処すべきこと、業務上災害と同程度の保護を、労災保険の仕組みを用いて創設すべきこと、を求めるものであった。

　これは、日本の労災補償法制が、戦前の工場法以来、労働基準法上の事業主の無過失責任に基づく災害補償が基本であって、それに相当する給付が労災保険から行われる場合に使用者がその責任を免れるという仕組みになっていることから生ずる問題である。当時、労働側や野党が引き合いに出したドイツやフランスにおいては、労働基準法上の使用者の無過失責任に相当する規定は存在せず、直接業務災害を労災保険で保護する形をとっているために、通勤災害の扱いについても労災保険という純粋の公法上の政策において政策判断をすればすむのに対し、日本の場合、労働基準法上も通勤災害を使用者の責任として補償責任を負わせることとするのか、という私法上の効果を左右する政策判断になってしまう。この時期、法律上は全面適用になったとはいえ、現実には暫定任意適用事業として労働基準法の災害補償規定しか適用されない事業がかなり残っていたことも、この判断を難しくしたと言えよう。

　これを受けて、労働省は直ちに、これを忠実に法制化することとし、法案を国会に提出、1972年9月に成立に至った。これにより、労災保険法は業務災害と同時に通勤災害にも適用され、業務災害とほぼ同様の給付が通勤災害にも給付されることとなった。違いは労働者に200円以下の一部負担金があること、特別加入者に適用がないこと、メリット制の適用がないこと、労働基準法上の解雇制限が適用されないこと等である。

(6)　労働福祉事業の創設

　労災保険はいうまでもなく労働災害補償のための保険であり、保険給付の他には労災病院の設置運営を主たる附帯事業としていたが、1960年代に入り、労働災害が増加、多様化していく中で、災害防止を保険制度の第一の目的に掲げる西ドイツの労災保険制度の実情が研究され、労災保険財政によって労働災害防止活動を支えていくという新政策が打ち出された。これが1964年6月の労働災害防止団体等に関する法律に結実し、労災保険は補償のみならず労働安全衛生のための保険制度でもあることを宣明した。

1976年5月の労災保険法改正は、いくつかの給付の改善に加えて、労働福祉事業を創設したことが重要である。これはそれまで附帯事業として行われていた被災労働者の援護や労働安全衛生といった労働災害と密接な関係のある事業だけでなく、労働条件等労働者の福祉の増進を図るための事業といった広範な事業を行える規定ぶりとなっている。これより先、石油危機の直後、1974年12月に成立した雇用保険法の国会の附帯決議において、「中小企業の倒産等による不払い賃金の救済制度の確立について、早急に検討すること」が求められ、これを受ける形で労働省は賃金の支払いの確保等に関する法律を立案したのであるが、その中の未払賃金立替払い事業の財源としても、この労働福祉事業を用いることとした。なお、後には労働時間関係の各種助成金の財源としても用いられることになる。これにより、先に雇用保険が雇用をめぐる使用者の責任分野に関する総合的な保険制度に発展したのに続いて、労災保険も労働条件をめぐる使用者の責任分野に関する総合的な保険制度に発展したことになる。

（7）　民事損害賠償との調整[16]

　業務上生じた災害については、労働基準法上の災害補償や労災保険法の給付とは別に、民事上不法行為（民法第709条又は第715条）や債務不履行（民法第415条）を理由として損害賠償責任が生ずることがある。しかし、両者は労働者の損失の填補を図るという点で共通性を持っていることから、労働基準法において同法による補償を行えば民法による損害賠償の責を免れることとされていた。労災保険給付が労働基準法の災害補償と同一である間は問題は生じなかった。労災保険給付が年金化した後も、しばらくは年金の既支給分及び将来給付分いずれも一時金に換算した上で、その額を使用者の賠償すべき額から差し引いて算定するという実務が一般的であり、多くの裁判例もこれに従っていた。

　ところが、1977年10月の最高裁判決[17]により、労災保険の年金の将来給

16）倉橋義定『詳解民事損害賠償と労災保険給付の調整』労務行政研究所（1981年）。
17）三共自動車事件（1977年10月25日）。

442 第3部 労働条件法政策

付分と民事損害賠償との調整が否定されたことに対応するため、労働省は、いくつかの給付の改善に加えて、労災保険給付と民事損害賠償との調整規定を設ける改正案を国会に提出し、1980年11月に成立した。これは、障害補償年金又は遺族補償年金の受給権者に対し、使用者から同一の事由についてこれらの給付に相当する民事損害賠償が行われる場合には、当該民事損害賠償は、これらの給付の将来給付分に関し、これらの給付の前払い一時金の最高額の限度で調整することができることとするとともに、保険給付の受給権者に対し使用者から同一の事由について保険給付に相当する民事損害賠償が行われた場合は、政府はその価額の限度で保険給付を行わないことができることとした。もっとも、これは附則で「当分の間」の暫定措置として規定されている。

これに対して、なお実効のあがる調整方式になっておらず、完全調整を図るべきとの議論もある。1988年に労働基準法研究会（災害補償関係）[18]がまとめた中間報告[19]においても、現行調整方式の問題点が指摘され、完全調整を確実に行うための法律上の仕組みを検討すべきとしていた。ちなみに、ドイツやフランスでは、事業主に故意・重過失がある場合を除き、労災訴訟が禁止されている。

(8) 年功賃金制への対応[20]

労災保険の現金給付は全て被災直前3か月間の平均賃金を給付基礎日額として算定される。もっとも、一律の最低補償額が定められ、また被災以後の賃金水準の変動に応じたスライド制が採られているが、日本の賃金体系の特色の一つである長期勤続に伴う賃金の年功的上昇の要素は考慮されていなかった。このため、一般に賃金水準の低い若年時に被災した労働者は終身その低い水準の賃金を基礎として算定された年金が支給される一方、年功カー

---

18) 学識者8名、座長：花見忠。

19) 労働省労働基準局編『今後の労災補償法制のあり方』労災保険情報センター（1988年）。

20) 稲葉哲『労災保険の変遷と展望』労働福祉共済会（1987年）、寺園成章『労災保険の現状と課題』労務行政研究所（1985年）。

ブの頂点近くで被災した労働者には相対的に高額の年金が終身にわたり支給されることになる。また、被災直前3か月間に業務の繁閑等があった場合、労働者の本来の稼得能力に比較して歪みが生じ、将来にわたって是正されない。

そこで、労働者の年齢階層別の賃金実態を基礎とし、20歳から65歳まで5歳刻みの年齢階層ごとに大半の労働者の受けている賃金水準から著しく乖離した賃金に基づいて算定された給付基礎日額を排除し、最低限度額を下回る場合は当該最低限度額、最高限度額を上回る場合は当該最高限度額を給付基礎日額とすることとした。

この改正は1982年から3年間労災保険基本問題懇談会で検討を行い、1985年12月の労災保険審議会[21]の建議を経て、1986年5月に成立した。この時期は、労働市場法政策や職業能力開発法政策においても、内部労働市場中心の考え方がもっとも強くなった時期であり、終身雇用制や年功賃金制を前提とした労働法政策がこういう形で労災保険法政策にも浸透した実例ということができよう。1990年6月には、長期療養者の休業給付にも年齢別最低・最高限度額が導入された。

なお、上記1988年の労働基準法研究会（災害補償関係）中間報告では、年功制への対応をさらに進めて、年金の給付基礎日額に年齢スライドを導入するという提案をしていた。この中間報告は休業補償を1年半で打ち切ることなどを提起したため大きな反発を呼び、労働省は法案の国会提出を断念し、他の事項も含めて法改正に至らなかった。ちなみに同報告は労基法と労災保険法の二本立てを見直し、暫定任意適用事業の廃止を前提に労基法第8章の削除をも提起していた。

（9） 労災保険財政の見直し[22]

労災保険は創設当初は全て短期給付であったから、その時期の使用者負担でその時期の給付を賄う純賦課方式の財政方式で問題はなかった。しかし上

21）公労使6名、会長：有泉亨。

22）岡山茂・浜民夫『新・労災保険財政の仕組みと理論』労務行政研究所（1989年）。

444 第3部 労働条件法政策

述のように1960年改正、1965年改正と徐々に年金給付化が進み、労災年金
受給者数が年々増加していく中で、財政方式のあり方に問題が生じてきた。
そこで労働省は1983年5月、労災保険支払準備金等研究会[23]を設け、1985
年9月に「労災保険における支払準備金等保有金のあり方について」が報告
された。労働省は従来の財政方式では対応しきれないとの問題意識を強め、
翌1986年に労災保険財政研究会[24]を発足させ、本格的な検討を開始した。
同研究会は1987年10月に中間報告、翌1988年12月に最終報告をとりまと
めた。

　この報告はまず、「損害保険としての性格を持ち、それでいて、年金給付
のある労災保険では、財政の健全性及び負担の公平性から、事故発生時に将
来の年金給付の費用を全額積み立てておく充足賦課方式による財政方式を採
用することが望ましい」と原則を述べる。そして、災害率を基礎として業種
別に保険料率を定めるメリット制は、いわば小集団単位の保険制度だとした
上で、その集団の規模が縮小したときに破綻が生じやすいと指摘し、とりわ
け石炭鉱業のような衰退産業では過去の積み残し分の債務が大きく、収支を
立てることが事実上不可能であると指摘した。

　そこで、これまでのようなインフレによる積立金の目減りが懸念された時
代には修正賦課方式をとることもやむを得なかったが、今後はこのような事
態を招来しないためにも、充足賦課方式に切り換え、保有金規模を増やすべ
きとした。また現に積み残しの年金債務に苦慮している衰退産業について
は、新規裁定年金受給者は賦課方式に移行する一方で、既裁定年金受給者に
ついては産業間の相互扶助機能を強化して償却すべきとしている。

　この新財政制度の導入とそれに基づく料率の引上げについて、日経連との
間で合意に達し、また労災保険審議会で了承が得られ、1989年3月に労働保
険徴収法施行規則が改正されて同年4月から施行された。

23）座長：庭田範秋。
24）学識者5名、座長：庭田範秋。

（10）　過労死予防への第一歩[25]

　2000年11月の法改正は、それまで業務上外の認定基準において問題となり、労働省が批判を浴びてきたいわゆる過労死問題に、労災保険制度が予防という観点から積極的に政策展開を行ったものである。

　もともと労働省の認定基準は災害主義的な立場に立ち、長期疲労による脳・心臓疾患の労災認定には消極的であったが、様々な下級審裁判例の影響で徐々に判断期間を伸ばしてきていた。これが大きく転換するのは2000年7月の最高裁判決を受けて出された2001年12月の認定基準であるが、これに先だって、予防という観点から過労死問題に取り組む新たな政策方向が打ち出されてきた。労働安全衛生法政策としては、1996年6月に過労死防止のために健康管理体制の整備等に係る労働安全衛生法の改正が行われている。こういう大きな流れの中で、労災保険制度としても事後的な補償給付という形だけではなく、事前の予防給付という形で過労死問題に取り組もうという法政策が打ち出されることになった。労災保険審議会の労災保険制度検討小委員会[26]で1999年8月から検討され、2000年1月に健康確保支援給付の創設が建議され、その後二次健康診断等給付という形で法案化され、2000年11月に成立に至った。

　これは、労働安全衛生法の定期健康診断等で、肥満、血圧、血糖、血中脂質の4項目全てに異常がある者について、脳・心臓疾患を発症し、過労死につながる危険性が高いことから、脳血管及び心臓の状態を把握するために必要な二次健康診断及びその結果に基づく医師等による保健指導の費用の全額を、労災保険から支給するというものである。金額的には僅かなものに過ぎないが、労災保険制度において、業務災害、通勤災害に並ぶ第3の給付カテゴリーが創設されたことになる。職業病と一般疾病の中間に位置する作業関連疾病という概念が、近年世界的に注目されるようになってきているが、2000年改正は労災保険制度が作業関連疾患に積極的に取り組み始めた第一歩として重要な意味を有する。

25）厚生労働省労働基準局労災管理課『明説　労災保険法』労務行政研究所（2001年）。
26）公労使10名（労使各3名、公益4名）座長：野見山眞之。

446 第3部 労働条件法政策

(11) 通勤災害保護制度の見直し

厚生労働省は2002年2月から労災保険制度の在り方に関する研究会[27]を開催して、通勤災害保護制度の在り方について検討を行い、2004年7月に、二重就業者と単身赴任者の問題について中間取りまとめを行った。

これまでの労災保険制度では、通勤とは労働者が住居と就業の場所を合理的な経路と方法で往復することとされ、二重就業の場合における本業の勤務先と副業の勤務先の間の移動、単身赴任の場合における赴任先住居と帰省先住居の間の移動は対象外であった。また、二重就業者の給付基礎日額は、一方の事業場の賃金のみをもとに算定していた。

就業形態の多様化の中で二重就業者が増加し、また子供の教育等の理由による単身赴任が増加する状況を踏まえ、中間取りまとめはこれらの場合を保護対象に含めるとともに、複数事業場の賃金を合算した額をもとに給付基礎日額を裁定すべきと提言した。

これを受けて、同年10月から労働政策審議会労災保険部会[28]において審議が進められ、同年12月には建議が出された。この中で、複数就業者の事業場間の移動については、移動先の事業場における労務の提供に不可欠なものであること、通常一の事業場から他の事業場に直接移動する場合には私的行為が介在していないこと、事業場間の移動中の災害はある程度不可避的に生ずる社会的な危険であると評価できること等から、通勤災害保護制度の対象とすることとされている。また、単身赴任者の赴任先住居・帰省先住居間の移動については、単身赴任は、労働者を自宅からの通勤が困難な場所で就労させなければならないという事業主の業務上の必要性と、労働者の家庭生活上の事情を両立させるためにやむを得ず行われるものであること、労働者が労務を提供するため家族と別居して赴任先住居に居住していることから、赴任先住居・帰省先住居間の移動中の災害はある程度不可避的に生ずる社会的な危険であると評価できること等から、就業に関する赴任先住居・帰省先住居間の移動を通勤災害保護制度の対象とすることとされている。これに対

---

27) 学識者7名、座長：島田陽一。
28) 公労使各6名、部会長：西村健一郎。

し、複数就業者に係る給付基礎日額の算定方法の在り方については、専門的な検討の場で引き続き検討を行うことが適当と、先送りした。

その後、労働安全衛生法及び時短促進法の改正案と合体されて、翌2005年3月国会に提出され、一旦国会の解散で廃案となったが、同年9月に再提出され、11月に成立した。

(12) 労働保険審査制度の改正

2008年4月、簡易迅速な手続による国民の権利利益の救済充実等のため、異議申立を審査請求に一元化し、再審査請求を廃止する等の内容の行政不服審査法の全部改正案が国会に提出されたが、これに伴い労働保険に係る不服審査制度についても見直しが行われることとなった。

内容はまず審理の一段階化で、保険給付に関する決定に不服のある者は、原処分をした行政庁に対して、再調査の請求をすることができることとし、その上で労働保険審査会に対して、審査請求をすることができることとするものである。また、標準審理期間を設定するなど、審査の迅速化に努めることとしている。しかしながら、この見直しを含む行政不服審査法案は継続審議の後審議未了廃案となった。

その後民主党政権下で2010年8月より、総務大臣と行政刷新担当大臣を共同座長とする行政救済制度検討チームが行政不服審査法の改革など行政救済制度のあり方を検討し、2011年12月に取りまとめを行った。そこでは、新たに独立して職権を行使する審理官制度を設け、審査庁の指揮監督に服さず、法令の解釈基準や裁量基準が通達として示されている場合であっても、当該通達に拘束されることなく裁決意見書を作成することが打ち出されていた。

自公政権になると、2013年4月から行政不服審査制度の見直しに係る検討が行われ、6月に見直し方針がまとめられた。おおむね2008年法案と同じだが、再調査請求の前置はやめ、審査請求と自由選択としている。また、再審査請求も全廃ではなく、有意義な場合には存置し、訴訟と自由選択としている。

この改正案に盛り込むべき労働保険審査制度の改正案要綱を、厚生労働省は2014年2月に労働政策審議会に諮問し、答申を得た。同年3月に、行政不服審査法案とともにその施行に伴う関係法律の整備等に関する法律案の一部

448　第3部　労働条件法政策

として国会に提出され、同年6月に成立した。2008年法案と比べると、審査官及び審査会を存置していることが特徴である。処分を受けた者は労働保険審査官に審査請求するが、その際利害関係者を招集し意見を聴取する等の手続規定が充実されている。この決定に対しては、労働保険審査会に再審査請求をすることもできるし、裁判所に訴えることもできる。

第2節　労災認定基準と過労死・過労自殺問題

1　業務災害の認定基準[29]

（1）　業務災害の認定

　労災保険は、業務上の事由による労働者の負傷、疾病、傷害又は死亡に対して必要な保険給付を行うものである。この業務上とは業務が傷病等の原因となったということであり、業務と傷病等との間に一定の因果関係が存する場合である。これを業務起因性と呼ぶ。ところが、業務起因性が認められるための前提として、労働者が労働関係のもとにあること、すなわち労働者が労働契約に基づいて事業主の支配下にあることを要する。これを業務遂行性と呼ぶ。つまり、業務上の傷病と認められるためには、業務遂行性と業務起因性が必要ということになる。

　もっとも、これらは労働基準法上にも労災保険法上にも規定はなく、法施行当初は個々の事例ごとに判断されていた。そのため、業務上の災害であるか否かの判定についての解釈例規は、地方官署で取り扱った具体的事例についての本省照会に対する回答の形で累積され、その数は膨大な数に及んでいた。しかし、必ずしも理由を明示せずに処理方針だけを指示するものが多く、部外者には由らしむべしの感もあった。やがて、1954年9月の青函連絡船洞爺丸沈没事故によって死亡した労働者の業務上外の判定を契機に、業務上外の認定基準の理論的確立の必要性が痛感され、従来の解釈例規を整理分

29）内田勝久「労災補償行政（昭和40年代〜50年代）」、明石智成「労災補償行政（昭和50年代以降）」（労働省労働基準局編『労働基準行政五〇年の回顧』日本労務研究会（1997年）所収）。

析するとともに、諸外国の取扱い等を参考にして、上記業務起因性と業務遂行性を判断基準とする認定理論を形成し、1961年にはほぼ完成に達し、『業務上外認定の理論と実際』として刊行された[30]。これはその後も事例が積み重なっており、極めて膨大なものとなっている。

(2) 業務上の疾病

業務上の疾病は、事故による疾病を除き、長期間にわたって業務に伴う有害作用が蓄積して発病に至る場合には、疾病にかかる原因となった時間的に明確にしうる事故がないため、業務遂行性、業務起因性を判断することが困難な場合が多い。そこで、予めそのような疾病の種類を特定しておき、一定の職業に従事する労働者に当該種類の職業性の疾病が発生したならば、一応業務との因果関係を推定し、当該疾病を発生させるに足る作業内容、作業環境等が認められれば、反証のない限り業務上として取り扱うこととしている。

この業務上疾病リストは、労災保険法ではなく、労働基準法施行規則第35条と別表第1の2及びこれに基づく告示に列挙されている。業務上外の判断はあくまでも労働基準法上の事業主の補償責任に係るものであり、労災保険独自のものではないということを示す形となっている。

もっとも、業務上の疾病についても、個々の具体的な疾病の業務起因性の判断に医学的知識を必要とすることから、腰痛、騒音による難聴、チェーンソー使用者の振動障害、キーパンチャーらの頸肩腕症候群等、認定基準を通達で示したものが膨大な量に上る。これらはいずれも医学専門家からなる専門家会議を設け、その検討結果に基づいて策定通達したものである。

例えば、頸肩腕症候群については、1960年代に入り事務作業の機械化が急速に進んでから、キーパンチャーをはじめとして電話交換手、チェッカー、速記者、ベルトコンベア作業者などに上肢の症状を訴える者が続出し、社会的に問題となった。頸肩腕症候群は、上肢のこり、しびれ、痛みといった病訴が主体で、有効な他覚的検査方法に乏しく、認定困難な疾病の一つであっ

---

30) 労働省労働基準局労災補償部編著『労災補償における業務上外認定の理論と実際－負傷の部－』『労災補償における業務上外認定の理論と実際－疾病の部－』労働法令協会（1961年）。

450　第3部　労働条件法政策

た。また、療養を開始すると治療が長引いたことや、認定をめぐって団体等
の陳情や不服申立が続出した。労働省は1969年10月に専門家の検討を経て
頸肩腕症候群を加えた新認定基準を発し、その後、1975年2月、1997年2月
に見直しが行われている。

　また振動障害とは、チェーンソーや削岩機などの振動工具の使用により、
身体に著しい振動を受け、白蝋病などの末梢循環障害、末梢神経障害を生じ
るものであるが、1960年代半ばから社会問題化した。振動障害に係る認定
基準は1975年9月に策定され、専門家会議の検討を踏まえて1977年5月に
新たな認定基準を策定した。また、振動障害についても病像の不明確性等か
ら必要以上の期間療養を継続しているとの問題があり、適正給付対策が進め
られたが、国会や関係団体から批判があった。

　なお、労働基準法施行規則第35条に基づく業務上疾病リストは、1947年
制定以来実質的な改正はされてこなかったが、1978年3月に抜本的な改正が
行われた。これにより、業務上疾病について有害因子ごとに大分類項目を設
け、さらに各大分類項目を業務に従事することによって受ける有害因子の類
型別に細分した。

　なお、疾病が具体的に列挙されているか否かにかかわらず、業務との因果
関係が明らかであるものは当然補償の対象となるものであり、列挙疾病に限
るものではないことを明確にするために、このリストには制定以来「その他
業務に起因することの明らかな疾病」という一般条項が設けられている。こ
れは工場法が業務上疾病を限定していなかったことを受け継いでいる。

2　過労死・過労自殺の認定基準[31)]
(1)　脳・心臓疾患（過労死）の性質

　いわゆる過労死、過労自殺問題は、日本の労災保険制度が業務上疾病につ
いて限定主義を採らず、「その他業務に起因することの明らかな疾病」をも

31）厚生労働省労働基準局労災補償部補償課編『改正脳血管疾患・虚血性心疾患の労災認
　定』労働調査会（2002年）、労働省労働基準局補償課編『労災保険精神障害等の認定と
　事例』労務行政研究所（2000年）、濱口桂一郎「過労死・過労自殺と個人情報」（『季刊
　労働法』208号）。

対象にしていることから生じた。

　通常過労死と呼ばれているものは、医学的には脳血管疾患（脳内出血、蜘蛛膜下出血、脳梗塞及び高血圧性脳症）及び虚血性心疾患（心筋梗塞、狭心症、心停止及び解離性大動脈瘤）を指すが、これらはいずれも血管病変等が長い年月の生活の営みの中で徐々に進行し、増悪するといった自然経過をたどり、発症に至るものがほとんどで、生活習慣病と呼ばれている。また、医学的には血管病変等の形成に業務が直接の要因とはならないとされていることから、一般的には私病増悪型の疾病であり、労災補償で一般に取り扱われる職業性疾病とは異なる疾病である。そのため、脳・心臓疾患を自然経過により発症した場合には、労災補償の対象にはならない。

　しかしながら、血管病変等がその自然経過を超えて著しく増悪し、脳・心臓疾患を発症する場合があることは医学的にも認知されており、その増悪の原因が業務による場合には、「その他業務に起因することの明らかな疾病」として労災補償の対象になりうる。こういう一般疾病ではあるが、業務が何らかの関連を持ち、労働者の健康に大きな影響のある疾病を、1976年のWHO総会は作業関連疾患と呼び、産業医学の領域で注目を集めていた。日本は労災保険制度において一般条項を有することから、いわばこの問題に先駆的に対応することとなったと言える。

（2）　脳・心臓疾患の認定基準の変遷

　脳・心臓疾患に関する労働省の最初の認定基準は1961年2月の「中枢神経及び循環器系疾患（脳卒中、急性心臓死等）の業務上外認定基準について」（基発第116号）である。ここでは、非災害性の脳・心臓疾患を業務上と認定するためには、発病の直前又は少なくとも発病当日に、当該労働者の従来の業務内容に比し、質的又は量的に過激な業務就労したことによる精神的又は肉体的負担（＝災害）が認められることを要求していた。これは業務起因性について事実上災害的な要因を求めるものであった。これは西ドイツの労災保険制度において、職業病リスト以外の疾病については災害に該当する場合に限ることとしていたことの影響と見られる。

　ところが、1960年代後半以降、下級審の裁判例において、突発的又は一

452　第3部　労働条件法政策

定期間内の災害的要因ではなくても、業務に伴う強度の精神的緊張の持続や過度の肉体的負担による疲労の蓄積により業務上と判断した事案が続出した。そこで、労働省は1982年8月、脳血管疾患及び虚血性心疾患等に関する専門家会議[32]を設置し、この問題についての医学的検討を求めた。同専門家会議は1987年9月、「過重負荷による脳血管疾患及び虚血性心疾患等の取扱いに関する報告書」を取りまとめた。同報告書はそれまでの災害主義を改め、業務による明らかな過重負荷が発症前に認められるか否かによって認定すべきだとし、期間については、発症前1週間以内の精神的、身体的負荷まで含めることを求めた。

　この報告に基づき、労働省は1987年10月、「脳血管疾患及び虚血性心疾患等の認定基準について」（基発第620号）を発出した。ここでは日常業務に比較して特に過重な業務の判断基準として、まず第一に発症直前から前日までの間の業務を挙げつつ、それが特に過重と認められない場合であっても、発症前1週間以内に過重な業務が継続している場合には急激で著しい増悪に関連があるとしている。この点では災害主義から過重負荷主義に転換したものと言える。しかしながら発症前1週間より前の業務については急激で著しい増悪に関連したとは判断しがたく、付加的要因として考慮するにとどめるよう求めており、その拡大に一定の限定をかけたものであった。

　しかし、これでもなお労働者に対して厳しすぎ、労働者の保護に欠けるとの批判があり、また下級審裁判例でも国が敗訴する事案が増加した。そこで、1994年6月、脳・心臓疾患等に係る労災補償の検討プロジェクト委員会を設置し、同年12月にその結果を取りまとめた。これに基づき、1995年2月、「脳血管疾患及び虚血性心疾患等（負傷に起因するものを除く）の認定基準について」（基発第38号）が発出された。ここでは、発症1週間より前の業務については、この業務だけで急激で著しい増悪に関連したとは判断しがたいが、発症前1週間以内の業務が日常業務を相当程度超える場合には、発症前1週間より前の業務を含めて総合的に判断するとしている。

　なお、不整脈による突然死については、これに追加する形で1996年1月

32）座長：坂部弘之。

第2章　労災保険制度と認定基準　453

付けの通達（基発第30号）により、対象疾病に追加された。

（3）　長期疲労による脳・心臓疾患の認定へ

　ここまでは、判断期間を徐々に伸ばしてきたとはいえ、基本的には発症の直前の時期における負荷を重視する認定基準であった。これを大きく転換させたのは2000年7月に出された2つの最高裁判例[33]である。これらはいずれも発症直前に過重負荷をもたらす業務はなかったが、最高裁は長期間にわたる蓄積された疲労や具体的な就労態様を考慮すべきだとして、国を敗訴させた。

　具体的には、業務の過重性の評価に関し、業務による慢性の疲労や過度のストレスが基礎疾患を増悪させ蜘蛛膜下出血の発症に至ったとし、相当長期間にわたる業務による負荷を評価している。また、業務の不規則性、拘束時間の長さ、精神的緊張等の就労態様による影響を考慮している。これらは個別事案に係るものとはいえ、最高裁判決として労働省の認定基準と異なる考えを明確に示したもので、労働省はその見直しをせざるを得なくなった。

　労働省は2000年11月に脳・心臓疾患の認定基準に関する専門検討会[34]を設置し、検討を行った。同検討会は2001年11月報告を取りまとめた。同報告は、「最近では、脳・心臓疾患の発症に及ぼす負荷として、…長期間にわたる業務による疲労の蓄積も認識されるようになってきた」とし、慢性疲労を正面から評価要因として認めた。かつての1961年認定基準で「災害のない単なる疲労の蓄積があったのみでは、それの結果を業務上の発病又は増悪とは認められない」としていたことに比べると180度の転換である。

　この報告を受けて、厚生労働省は2001年12月付けで新たな認定基準を通達した（基発第1063号）。ここでは、長期間にわたる疲労の蓄積の評価期間は、発症前概ね6か月間とされた。業務の過重性の評価に当たっては、疲労の蓄積をもたらす最も重要な要因と考えられる労働時間に着目して、発症前1か月ないし6か月間にわたって1か月あたり概ね45時間を超えて時間外労

33）横浜南労基署長（東京海上横浜支店）事件（2000年7月17日）、西宮労基署長（大阪淡路交通）事件（2000年7月17日）。

34）学識者10名（臨床4名、病理学1名、公衆衛生3名、法学2名）、座長：和田攻。

454　第3部　労働条件法政策

働が長くなるほど、業務と発症との関連性が強まると評価できるとし、発症前1か月間に概ね100時間又は発症前2か月ないし6か月間にわたって1か月あたり概ね80時間を超える時間外労働が認められる場合には、業務と発症との関連性が強いと評価できるとしている。また、業務の過重性の評価に当たっての負荷要因として、労働時間、不規則な勤務、拘束時間の長い勤務、出張の多い業務、交替制勤務・深夜勤務、作業環境（温度環境、騒音、時差）、精神的緊張を伴う業務が示された。

　判断期間が6か月に延びたことはもちろん極めて重要であるが、労働法政策としてのこの2001年認定基準の最大の意義は、労災補償法政策と労働時間法政策とを交錯させた点にあるといえる。具体的な数字を提示して、一定時間以上の長時間労働は使用者の災害補償義務の対象となりうる過重業務であることを認めたわけで、交替制や深夜勤務等の労働時間制度も含め、労働時間法政策へのインパクトは極めて大きいものがある。

（4）　精神障害及び自殺（過労自殺）の性質と従来の取扱い

　脳・心臓疾患と並んで近年注目を集めてきたのが、業務上のストレスや過労に起因する精神障害や自殺、いわゆる過労自殺の問題である。経済情勢の悪化を背景とした人員削減、一人あたり仕事量の増大、長時間労働の中で、労働者が疲労困憊し、精神を病み、高じて自殺に至るという構図で語られ、1990年代に入ってから労災請求が急増するようになった。

　従来、精神障害について労災補償では、精神障害の伝統的な区分、すなわち外因性精神障害（外傷・薬物によるもの）、心因性精神障害（神経症・反応性鬱病等）、内因性精神障害（精神分裂病・躁鬱病等）に分け、外因性と心因性は業務上疾病の可能性があるが、内因性はそもそも補償の対象になり得ないと考えられてきた。もっとも、実際に認定されたのはほとんど外因性であって、心因性の認定は僅かであった。これは、1948年5月の通達（基収第1391号）が、自殺が業務上の負傷又は疾病による発した精神異常のためかつ心神喪失状態において行われ、しかもその状態が当該負傷又は疾病に原因しているときにのみ業務上とするとしていたためである。

　1983年2月に、心因性精神障害について初めて、業務遂行の困難性から鬱

病を発症し、自殺未遂によって両下肢を切断した事例に対して業務起因性が認められた（基収第330号）が、これも自殺企図を鬱病の症状である自殺念慮が発作的に生じた結果で、心神喪失状態にあり、故意が認められず、一般にいう自殺ではないという理屈付けをした上での認定であった。心神喪失状態になく、故意で自殺した場合には、「労働者が故意に負傷、疾病、障害若しくは死亡又はその直接の原因となった事故を生じさせたときは、保険給付を行わない」[35]という規定に基づき、補償の対象とはならないと考えられたからである。

　ところが、1990年代に入ってから過労自殺の労災請求や訴訟が急増し、1996年には地裁レベルで相次いで自殺と業務との因果関係を認める判決[36]がなされ、社会的関心が高まった。そこで、法律事項、医学事項等総合的にこの問題を検討するため、1997年12月、精神障害等の労災認定に係る専門検討会[37]を設置し、検討を行った結果、1999年7月に報告を取りまとめ、これに基づき同年9月、「心理的負荷による精神障害等に係る業務上外の判断指針」（基発第544号）を策定した。

（5）　精神障害・自殺の判断指針

　これはそれまでの精神障害の考え方を根本から転換し、外因、心因、内因という分類に代えて、ストレス－脆弱性理論[38]を採用し、いわゆる内因性とされる精神分裂病や躁鬱病も対象に取り入れた。そして、精神障害が業務上と認められるための要件として、対象疾病に該当する精神障害を発病していること、対象疾病の発病前概ね6か月の間に客観的に当該精神障害を発病させるおそれのある業務による強い心理的負荷が認められること、並びに業務以外の心理的負荷及び個体側要因により当該精神障害を発病したとは認めら

35）労災保険法第12条の2の2第1項。

36）電通事件東京地裁判決（1996年3月28日）、加古川労基署長事件神戸地裁判決（1996年4月26日）。なお、前者は2000年2月18日最高裁判決で確定。

37）学識者9名（精神医学者4名、法律学者3名、心理学者2名）、座長：原田憲一。

38）精神障害の発病をストレスの強さと個体側の反応性・脆弱性との関係で理解し、どの精神障害にも、その原因としてストレスが程度の差はあれ関与していると考える。

456 第3部 労働条件法政策

れないこと、を挙げている。業務による心理的負荷としては、転勤や上司とのトラブルといった出来事の他に、仕事量の変化、責任の増加、作業困難度等の出来事に伴う変化等も含めて評価される。

同時に出された通達「精神障害による自殺の取扱いについて」（基発第545号）は、従来の故意の解釈を改め、精神障害によって正常な認識・行為選択能力が著しく阻害され、又は自殺行為を思いとどまる精神的な抑制力が著しく阻害されている状態で自殺が行われた場合には、故意には該当しないとした。上記判断指針では、遺書等が存在しても、それを理由に心神喪失ではなかった、すなわち故意があったと判断するのではなく、自殺に至る経緯の一資料として評価するとしている。もっとも、精神障害によらないいわゆる覚悟の自殺は依然として故意として扱われる。

（6）　セクハラやいじめ等による精神障害の判断指針

その後2005年12月、厚生労働省は通達（基労補発第1201001号）を発し、セクシュアルハラスメントが原因となって発病した精神障害について、セクシュアルハラスメント指針で示された事業主の雇用管理上の義務について十分検討して、心理的負荷の強度を評価する必要があるとし、事実上認定範囲を拡大した。

また2008年2月の通達（基労補発第0206001号）は、上司によるパワーハラスメントによる自殺事件判決[39]を受けて、いじめの内容・程度が、業務指導の範囲を逸脱し、被災労働者の人格や人間性を否定するような言動（ひどいいじめ）と認められる場合は、心理的負荷の強度をⅡからⅢに修正した。

そして、労働環境の急激な変化等により、業務の集中化による心理的負荷、職場でのひどいいじめによる心理的負荷など、新たな心理的負荷が生ずる出来事が認識され、評価表における具体的出来事への当てはめが困難な事案が少なからず見受けられるようになったとの認識から、2008年12月から職場における心理的負荷評価表の見直し等に関する検討会[40]を開催し、評価

39）名古屋高判平成19年10月31日、東京地判平成19年10月15日。

40）学識者4名、座長：岡崎祐士。

表に係る具体的出来事の追加又は修正等を検討課題とし、主として、ストレス評価に関する委託研究結果を基に精神医学的見地からの検討を行い、同検討会は2009年3月報告書をまとめた。

厚生労働省はこの検討結果を踏まえて判断指針の評価表等を改正し、同年4月通達（基労補発第0406001号）を発出した。そのうち社会的に注目されたのは、職場におけるひどいいじめ、嫌がらせ、暴行を受けたことを心理的負荷を評価する新たな出来事として明示したことである。これまでは、上司のいじめ、嫌がらせについては「上司とのトラブル」（強度Ⅱ）で評価していたが、その内容・程度が業務指導の範囲を逸脱し、人格や人間性を否定するような言動が認められる場合には、ひどいいじめ・嫌がらせ（強度Ⅲ）と評価することとされた。

その他、複数名で担当していた業務を一人で担当するなど業務集中化による心理的負荷、違法行為を強要されたことによる心理的負荷、顧客や取引先から無理な注文を受けたり、達成困難なノルマが課されたことによる心理的負荷が新たに強度Ⅱとして評価されている。

これらは、現代の職場においてこのような形の心理的負荷が高まってきていることを物語っているといえよう。

（7）　過労死・過労自殺の省令への例示列挙

さてここに至るまで脳・心臓疾患や精神障害・自殺の労災認定は、労働基準法施行規則第35条に基づく同規則別表第1の2の一番最後の第9号「その他業務に起因することの明らかな疾病」の解釈として行われてきていた。

厚生労働省は2009年3月から労働基準法施行規則第35条専門検討会[41]を開催し、12月に報告書をとりまとめた。その中で、新たに別表に追加すべきものとして、過重負荷による脳・心臓疾患と心理的負荷による精神障害が提起された。

厚生労働省はこの報告書に基づき、翌2010年2月に労働基準法施行規則を改正した。具体的な規定ぶりは、前者は「長期間にわたる長時間の業務そ

41）学識者14名、座長：櫻井治彦。

の他血管病変等を著しく増悪させる業務による脳出血、くも膜下出血、脳梗塞、高血圧性脳症、心筋梗塞、狭心症、心停止（心臓性突然死を含む。）若しくは解離性大動脈瘤又はこれらの疾病に付随する疾病」であり、後者は「人の生命に関わる事故への遭遇その他心理的に過度の負担を与える事象を伴う業務による精神及び行動の障害又はこれに付随する疾病」である。

(8)　心理的負荷による精神障害の新認定基準

　2010年5月、厚生労働省の自殺・うつ病等対策プロジェクトチーム[42]は「誰もが安心して生きられる、温かい社会づくりを目指して」と題する報告書をまとめ、その5つの柱の1つに「職場におけるメンタルヘルス対策・職場復帰支援の充実」を掲げ、その1項目として「労災申請に対する支給決定手続の迅速化」が挙げられた。業務上のストレスにより鬱病等を発症した労働者が的確な治療及び円滑な職場復帰等に向けた支援を受けられるよう、労災申請に対する支給決定手続の迅速化を進めるというものである。

　これを受けて、2010年10月より精神障害の労災認定の基準に関する専門検討会[43]を開催し、現状では請求が出てから決定までに約8.7か月かかっているが、事実関係を明確化するために省略できない調査もあることから、どのように迅速化が可能であるかを検討し、2011年11月にこの報告書が取りまとめられた。続いて、2011年2月より、同検討会にセクシュアルハラスメント事案に係る分科会[44]が設置され、2011年6月に報告書が取りまとめられている。

　これを受けて、2011年12月、「心理的負荷による精神障害の認定基準について」（基発1226第1号）が発出された。1999年の通達は「判断指針」であったが、他と共通の「認定基準」となった。ここでは、強い心理的負荷となるとなる時間外労働時間数を、発病直前の連続した2か月間に1月当たり約120時間以上、発病直前の連続した3か月間に1月当たり約100時間以上

42）主査が障害保健福祉部長、副主査が安全衛生部長、幹事が精神・障害保健課長と労働衛生課長。

43）学識者9名、座長：岡崎祐士。

44）学識者5名、座長：山口浩一郎。

と記載し、極度の長時間労働を月160時間程度と明示するとともに、心理的負荷が極度のものに強姦や猥褻行為を例示している。また評価期間についても、セクシュアルハラスメントやいじめが長期間継続する場合には6か月を超えて評価するとか、既に発病していた者の悪化についても特に強い心理的負荷で悪化した場合には労災対象とするなど、かなりの改善が行われている。審査方法の改善としては、医師の意見は全数ではなく判断が難しい事案のみ協議するとか、業務以外の要因の調査を簡略化する等が示されている。

第*3*章
労働安全衛生法政策

第1節　労働安全衛生法制の展開[1]

1　工場法から労働基準法へ

（1）　工場法以前

　明治維新後日本に近代産業が発展していくが、明治後期の工場労働者は、女子が6割を超え、そのうち20歳未満が6割近く、15歳以下が約4分の1と、女子年少者が中心であるうえに、長時間労働、深夜労働など労働条件が劣悪で、衛生環境も悪く、結核を中心とする疾病罹患率は高かった（例えば紡績工場で罹病率84％等）。

　1911年の工場法制定以前は、工場及び職工に関する行政上の取締りは全て警察命令に基づき府県に任せていた。その内容は工場の建設、汽罐汽機に関するもので、1877年大阪府が製造所取締規則、1881年東京府が製造所管理布達を制定などしているが、労働者保護よりも公害防止に重点があった。また、典型的な危険機械である汽罐汽機（ボイラー）についても1883年福岡県の汽罐汽機取締規則を始め規則が制定された。いずれも全国統一基準ではなく、府県により寛厳の差があった。

（2）　工場法の制定

　工場法は前述のように1882年に制定の検討が始まってから制定に至るまで30年もかかって、1911年にようやく成立に至り、5年後の1916年にようやく施行された。安全衛生関係の規定ぶりの変遷を見ると、1887年の職工

1）中央労働災害防止協会編『安全衛生運動史』中央労働災害防止協会（1984年）。

462 第3部 労働条件法政策

条例案では「農商務大臣ハ職工ノ使用方法カ健康又ハ品行其ノ他経済ノ発達
ヲ害スト認ムルトキハ特別ノ制限ヲ加ヘ又ハ職工ノ使用ヲ禁シ得ルコト」と
あり、1898年の工場法案では「工場ニハ危険予防、健康保全、風儀維持、
並公益保護ノ為メ必要ナル設備ヲ為スヘシ」（第5条）とあるほか、「農商務
大臣ハ婦女子及ヒ十四歳未満ノ職工徒弟ノ就業ニシテ特ニ危険ナルカ又ハ健
康若ハ風儀ニ害アリト認ムルトキハ之ヲ制限又ハ禁止スルコトヲ得」（第27
条）という規定もあった。

　最終的に成立した工場法では、第13条として、「行政官庁ハ命令ノ定ムル
所ニ依リ工場及附属建設物並設備カ危害ヲ生シ又ハ衛生、風紀其ノ他公益ヲ
害スル虞アリト認ムルトキハ予防又ハ除害ノ為必要ナル事項ヲ工業主ニ命シ
必要ト認ムルトキハ其ノ全部又ハ一部ノ使用ヲ停止スルコトヲ得」という規
定が置かれたが、施行時にはこれに基づく施行令、施行規則は制定されず、
工場施設の取締りは従来通り府県令に一任された。また、女子年少者につい
ては、「工業主ハ十五歳未満ノ者及女子ヲシテ運転中ノ機械若ハ動力伝導装
置ノ危険ナル部分ノ掃除、注油、検査若ハ修繕ヲ為サシメ又ハ運転中ノ機械
若ハ動力伝導装置ニ調帯、調索ノ取附ケ若ハ取外シヲ為サシメ其ノ他危険ナ
ル業務ニ就カシムルコトヲ得ス」（第9条）と、年少者については「工業主
ハ十五歳未満ノ者ヲシテ毒薬、劇薬其ノ他有害料品又ハ爆発性、発火性若ハ
引火性ノ料品ヲ取扱フ業務及ヒ著シク塵埃、粉末ヲ飛散シ又ハ有害瓦斯ヲ発
散スル場所ニ於ケル業務其ノ他危険又ハ衛生上有害ナル場所ニ於ケル業務ニ
就カシムルコトヲ得ス」（第10条）と就業制限の規定が設けられた。また、
第12条に病者と産婦の就業制限の根拠規定が設けられた（施行規則第8、9
条で規定）。

　1922年11月、内務省の外局として社会局が設置され、各省に分属してい
た労働行政のほとんどが社会局に統合された。工場法の施行は同局労働部監
督課に移った。翌年3月に工場法が改正され、第13条に第2項として、「前
項ノ場合ニ於テハ行政官庁ハ工業主ニ命シタル事項ニ付必要ナル事項ヲ職工
又ハ徒弟ニ対シ命スルコトヲ得」という規定が設けられた。

　工場法第13条に基づく規則の制定は昭和に入ってからで、1927年に工場
附属寄宿舎規則が、そして安全衛生関係では1929年6月に初めて工場危害

予防及衛生規則が制定された。この規則は全36条からなり、その内容は機械設備の安全基準から原材料の安全衛生、食堂炊事場等の衛生基準にまでわたっていた。現在から見れば極めておおざっぱな規定であったが、技術的な内容であるため、監督官の解釈を統一するために通牒（昭和4年発労第58号）により施行標準という細則を設けた。

なお、1921年には黄燐燐寸製造禁止法が制定され、また、1935年にはそれまで府県でばらばらであった汽罐の規則を統一し、汽罐取締令が制定された。

1931年4月には、工場法の適用対象でない建設業等の屋外労働に対する業務災害補償を規定する労働者災害扶助法が成立したが、その第5条に行政官庁が危害の防止等に関して命令できるという規定が置かれ、これに基づき、1934年には土石採取場安全及衛生規則、1937年には土木建設場安全及衛生規則、1941年には土木建設工事場附属宿舎規則がそれぞれ制定された。

なお、1938年には商店法が制定され、その第9条により行政官庁は使用人の危害の防止等に関し命令できることとされたが、具体的な規則は遂に制定されなかった。

（3） 戦時体制下の安全衛生

1938年1月、戦時体制が進む中で、結核対策と国民の体位向上に熱心な陸軍のイニシアティブで厚生省が設置された。工場法の施行も厚生省労働局監督課に移った。労働災害防止も、聖戦完遂のための人的資源確保のためと位置づけられた。

安全衛生関係では、1938年4月に工場危害予防及衛生規則を改正し、職工50人以上の工場には安全管理者を選任すべきこと、500人以上の工場には工場医を選任すべきこと、10人以上の工場には安全委員を選任すべきことを規定した。これにより、従来の物的施設だけでなく人的施設に関する規定が定められることになった。1940年10月には工場医選任工場の規模を100人以上に拡大した。

安全管理者は工業主の指揮を受け、工場及びその附属建物の危害予防及び衛生に関する一切の事項を管理する（第34条の2）。安全委員は工業主、安

464 第3部 労働条件法政策

全管理者及び工場医の指揮を受け、毎日工場及びその附属建設物を巡視し、設備又は作業方法が危険又は有害のおそれある時は応急処置又は適当は予防処置をすることとされた（第34条の5）。特に注目すべきは工場医の規定で、工場医は毎月少なくとも1回工場及びその附属建設物を巡視し、設備又は作業方法が衛生上有害のおそれある時は応急処置又は適当な予防処置をするとともに、「工場主ハ工場医ヲシテ毎年少クトモ一回職工ノ健康診断ヲ為サシムベシ」と、ここに初めて労働者の健康診断に関する規定が設けられたのである（第34条の3）。

1939年4月には全国4千近い事業所に産業報国会が設置され、大日本産業報国会中央本部では「産業戦士」の技術や体力向上のための事業を行った。しかし、青壮年で徴兵される者が急増するにつれ、労働力不足を補うため学徒動員や女子挺身隊の動員が行われ、未熟練労働に労働条件の悪化が加わって労働災害は急増した。

戦時下、労働者の体位は著しく低下し、労働力の維持培養の見地から憂慮すべき問題となった。このため、厚生省は1942年2月、工場法施行規則を改正し、健康診断に関する規定を7か条にわたって新設した。1938年に工場危害予防及衛生規則改正で設けられた健康診断に関する規定の大幅な拡充である。すなわち、工業主は職工の雇入れ後30日以内に健康診断を行うこと（新第8条）、一般工場では年1回、有害業務に従事する職工に対しては年2回の健康診断を行うこと（第8条の2）が義務づけられ、その結果注意を要すると認められる者に対しては、医師の意見を徴し、療養の指示、就業の場所又は作業の転換、就業時間の短縮、休憩時間の増加、健康状態の監視その他健康保護上必要な処置をとるべきこととされた（第8条の5）。健康診断結果は記録に作成し、3年間保存せねばならず（第8条の4）、さらに「工業主其ノ他健康診断ノ事務ニ従事シ又ハ従事シタル者ハ其ノ職務上知リ得タル職工ノ秘密ヲ故ナク漏洩スベカラズ」（第8条の7）という守秘規定まであった。

しかしながら、一方1943年6月には戦時行政特例法に基づく工場法戦時特例により、行政官庁の許可を受けたときは保護職工を危険有害業務に従事させることができることとされた。これは1945年10月の勅令で旧に復した。

（4） 労働基準法の制定

　終戦後、政府が労務法制審議会への諮問答申を経て立案した労働基準法が1947年3月に成立した。こちらは占領下ということもあり、工場法の30年に比べ極めて短期間に、驚くほど先進的な内容の法律が誕生した。

　労働基準法には第5章として「安全及び衛生」が置かれ、危害の防止、安全装置、性能検査、有害物の製造禁止、危険業務の就業制限、安全衛生教育、健康診断など14条にわたる規定が設けられた。工場法との最大の相違は、労働者を1名でも使用している全ての事業に適用されることになったことであるが、内容的に見ても、工場法が特定の場合に行政官庁が命令を出すという建前であったのに対して、一般的に使用者の義務として、設備及び原材料（第42条）と建設物（第43条）に分けて危害防止の義務が規定され、併せて労働者にも危害防止のために必要な事項を遵守する義務を課した（第44条）。これは改正工場法第13条第2項を受け継ぐもので、制定過程で反対意見もあったが、安全衛生に関する厳格な規定も労働者が遵守しなければ効果を期しがたいとして、罰則付きで規定されたものである。

　危険な作業を必要とする機械・器具については、戦前は1935年の汽罐取締令で汽罐の設置を行政官庁の許可制としていたが、労働基準法第46条は一般的に必要な規格又は安全装置を具備することを譲渡、貸与、設置の条件としつつ（第1項）、特に危険な作業を必要とする機械・器具については、製造、変更、設置を行政官庁の事前認可制とした（第2項）。後者に該当するのは汽罐、特殊汽罐の製造及びこれら並びに揚重機等の設置である。そして、これら特に危険な作業を必要とする機械・器具については、認可を受けた後も一定期間ごとに行政官庁の行う性能検査に合格しなければ使用できないこととした（第47条）。なお、1921年の黄燐燐寸製造禁止法を踏襲して、有害物の製造禁止規定（第48条）も設けられた。

　工場法では女子年少者についてのみ危険業務の就業制限が規定されていたが、労働基準法第49条第1項ではこれを経験のない労働者に拡大した。「経験のない労働者に就業させなければ、これらの者は永久に経験者となれないではないか」という疑問に対して、寺本広作は「工場及び機械に馴れ、作業を見聞し、運転休止中の機械について必要な動作を練習する等の経験があれ

466 第3部 労働条件法政策

ば災害率は激減する」と反論し、「ここではこういう意味で経験という文字を使っている」のだと述べている[2]。これに対応するのが新規採用者に対する安全衛生教育の規定（第50条）である。また、同条第2項では、経験があっても必要な技能を有さない労働者を特に危険な業務（汽罐、揚重機等）に就かせることを禁止した（免許制）。なお、病者の就業制限規定（第51条）は工場法第12条及びこれに基づく施行規則第8条を踏襲している。

第52条は、1938年に導入され、1942年に拡充された健康診断の規定を受け継ぎ、一定の事業については雇入れ時及び定期の健康診断を義務づけた。工業及び商業的企業については年1回、特定の有害業務については年2回というのも戦時中の規則を受け継いでいる。ただし、さすがに戦後の立法だけあって、健康診断の必要性と労働者の自由権を調整するために、労働者が使用者の指定した医師の診断を受けることを希望しないときは、他の医師の健康診断書を提出するという規定（第2項）が設けられた。

安全衛生管理体制についても1938年規則を受け継ぎ、使用者に安全管理者及び衛生管理者の選任義務を課した（第53条）。衛生管理者は工場医を受け継ぐ者という位置づけであったが、工場危害予防及衛生規則が「工場医ハ医師タルコトヲ要ス」（第34条ノ3第4項）としていたのに対し、衛生管理者は必ずしも医師でなくてもいいので、ここは若干後退した感もある。ただ、労働安全衛生規則に下りると、医師である衛生管理者と医師でない衛生管理者に分かれ、50人以上事業場では医師である衛生管理者を選任することとされていた。

また労働安全衛生規則で、安全に関する事項、衛生に関する事項について「関係労働者の意見を聴くため、適当な措置を講じ」ることとされ、安全に関する委員会や衛生に関する委員会を設けた場合には、労働者の選んだ委員を参加させなければならないとされた。これは安全委員会・衛生委員会の設置義務ではないが、その萌芽的規定と言える。これが各委員会の設置義務となるのは1966年の労働安全衛生規則改正によってである。

その他、監督上の行政措置として、企業設備の新設について届出制とし、

---

2) 寺本廣作『労働基準法解説』時事通信社（1948年）。

安全衛生上不備があれば工事の差止め又は計画の変更を命ずること（第54条）や、施設設備及び原材料が安全衛生基準に反するときに使用停止又は変更を命ずること（第55条）が規定された。工場法第13条の拡充である。

　これらに基づき、従来の各規則を統合して労働安全衛生規則が制定され、事業者が講ずべき措置が具体的に定められ、同年11月に施行された。なお、女子年少者の安全衛生については女子年少者労働基準規則、寄宿舎の安全衛生については事業附属寄宿舎規則がそれぞれ制定された。

　これに先立ち、厚生省労政局から労働基準局が独立し安全課と衛生課が置かれた。各都道府県には労働基準局が設置され、東京局と大阪局には安全課と衛生課、25局には安全衛生課が設けられた（他の局は監督課が所掌）。各地域には労働基準監督署が設置され、施行に当たることになった。さらに厚生省から労働省が独立して、労働基準行政体制が完成した。

（5）　労働基準法と鉱山保安法

　さて、労働基準法は（戦前の工場法等と異なり）全産業に適用される法律として立案されたので、鉱山の労働安全衛生についても適用除外などはなく、労働基準法の安全衛生規定が適用されることとなっていた。そして1947年9月労働省が設置されるとともに、労働基準局に鉱山課が置かれ、7道県労働基準局には鉱山課が、それ以外の局には監督課に鉱山主務係官が置かれた。

　法制的には労働基準法の施行と合わせて鉱業法第71条第2号の「生命及衛生ノ保護」が削除され、労働省の所管となったはずであった。ところが、商工省と労働省の間で話合いがつかず、労働省は労働安全衛生規則の制定に当たって、鉱業における安全については当分の間規則を適用しない旨の除外規定を設け、折衝を進めた。その結果、労働基準法及び鉱業法に基づく命令として「鉱業保安規則」を作成し、両省の共同省令とすることで成案を得たのだが、その後鉱山保安の実効を全うするにはこれを単独省令とすべしとの意見が有力となった。炭労はじめ労働組合側は労働省所管を主張し、鉱山経営者側は商工省所管を主張した。

　両省間の折衝が進まない中、1948年6月与党の社会党政務調査会で「炭

鉱、鉱山の労働保安行政は労働省の所管」との決議がされたがそれ以上進展せず、同年8月GHQから早く決定せよと指令を受け、その後自由党の吉田茂内閣になってから同年12月、「鉱山（炭鉱を含む）における保安行政は、石炭増産の必要上、商工大臣が一元的に所管すること」、「商工大臣は、鉱山における労働者の生命の保護及び衛生に関する労働大臣の勧告を尊重すること」という閣議決定がなされ、鉱山の安全行政は業から独立した労働行政ではなく業所管行政が併せて所管するという奇妙な姿が維持されてしまった。労働者の生命よりも石炭の増産の方が大事だったというわけである。

　ちなみに、上記結論に至る一つの背景事情として、この時期いわゆる傾斜生産方式として、基幹産業である鉄鋼、石炭に資材・資金を重点的に投入し、それを契機に産業全体の拡大を図るという政策が採られていたことがある。石炭増産が国策だったのである。また、社会党・民主党による片山哲及び芦田均内閣において最優先課題として石炭産業の国家管理が進められ、これをめぐって激しい政治的対立があったことも念頭に置く必要があろう。

　こうして1949年に鉱山保安法が成立し、その第54条に「労働大臣は、鉱山における危害の防止に関し、商工大臣に勧告することができる」、「労働省労働基準局長は、鉱山における危害の防止に関し、鉱山保安局長に勧告することができる」という申し訳のような規定が設けられた。労働基準法第55条の2には鉱山保安の適用除外が規定され、労働省労働基準局の鉱山課も廃止された。

　しかし、労働安全すなわち労災の防止は商工省の所管になっても、その不備の結果として生じる労働災害への対応は労働省の所管に変わりはない。戦後炭鉱労働政策の軸の一つは、いわば商工行政（＝通産行政）の尻ぬぐいとしての労災補償対策となっていった。

2　戦後の労働安全衛生法政策

(1)　珪肺対策の展開[3]

　もともと江戸時代から鉱夫の間で「よろけ」と呼ばれて恐れられていた珪肺が業務上疾病となったのは、1930年の鉱夫硅肺及眼球震盪症ノ扶助ニ関スル件という通牒によってであった。戦後労働衛生対策の最重点課題として珪肺問題が取り上げられ、1948年1月けい肺対策協議会を設置、1950年には正式の労働大臣の諮問機関としてけい肺対策審議会[4]となった。労働省は全国の鉱山で巡回検診を実施し、その結果に基づき1949年8月「けい肺措置要綱」を全国の労働基準局長に通達した。また、療養を要する珪肺患者のため栃木県に珪肺療養所（後に珪肺労災病院）が創設されるとともに珪肺試験室が併置された。

　労働省は1950年2月、けい肺法案を作成したが、当時は予防問題に関して通産省鉱山保安局との間に所管問題があり、かつ経営者側からの反対もあり、特にGHQでは労働基準法の改正にとどめて特別法の制定の必要がないとの意見があったので、この法案は見送られた。

　1951年以降、関係労働組合が珪肺の診断、予防、治療及び補償に関する法的根拠を確立するために、国会、労働省への陳情等特別法制定の本格的運動を行った。これを受けて1952年2月参議院労働委員会にけい肺対策小委員会が設置され、1953年3月には同委員会委員長の命令で事務局がけい肺法案を作成し、社会党と無所属有志議員によって同法案が提出され、政府の立法機運を促進した。これに対して経営側は時期尚早と主張した。同法案を審議する参議院労働委員会で小坂善太郎労相は予算措置を伴うことから政府としての法案提出を表明した。

　労働省は1955年4月けい肺に関する特別保護法案を作成してけい肺対策審議会に諮問し、その答申を得て同年5月国会に提出した。国会ではちょうど従来の労働委員会と厚生委員会が社会労働委員会として合併したばかりで案件が山積みとなり、審議が停滞した。これに対して、法案早期成立を求め

3）労働省労働基準局編『けい肺及び外傷性せき髄障害に関する特別保護法解説』日本労務研究会（1955年）。

4）労使各4名、学識者5名、官庁2名、会長：大西清治。

470 第3部 労働条件法政策

る総評、全鉱の組合員が国会議事堂横に座り込み、ハンストを行った。国会審議の過程で外傷性脊髄障害者をも特別の保護をなすべきとの意見が採り上げられ、同年7月にけい肺及び外傷性せき髄障害に関する特別保護法として成立した。この法律は実質的には労災保険の特例法として2年間の特別給付を行うものであるが、労働衛生政策としては、珪肺に罹るおそれのある労働者に対して組織的な珪肺健康診断を実施して常にその病状管理を行い、珪肺に罹った労働者については作業転換を図るなどが規定されるだけで、予防措置は含まれていなかった。

その後、1957年に問題が再燃し、社会党議員提案による上記特別保護法の改正案の審議の中で、当面暫定措置を講ずることに与野党が合意し、与野党共同提案によって1958年5月、けい肺及び外傷性せき随障害の療養等に関する臨時措置法が成立した。同法は特別保護法の給付期間満了者にさらに療養給付と傷病手当を支給することが中心であるが、その第13条において根本的検討を加え1959年末までに法案を国会に提出することを求めていた。

（2）　じん肺法[5]

臨時措置法による義務を課せられた政府は、1958年6月けい肺審議会[6]に法改正について諮問するとともに、労働基準局にけい肺法改正準備本部を設置した。けい肺審議会は医学的事項については医学部会[7]を設置して検討した。翌1959年9月に医学部会から「けい肺に関する医学上の問題点についての意見書」が出され、これを受けて同月公益側委員から「けい肺等特別保護に関する基本構想」が出されたが、労使の意見は一致せず、同年11月公益意見に労使意見を付記した答申をまとめた。この公益意見は、予防及び健康管理を補償とは別に切り離して単独法とし、その規制対象を鉱物性粉塵によるもの全般に及ぼすこと等が中心であった。

これを受けて政府はじん肺法案及び労災保険法改正案を同年12月に提出し、いずれも翌1960年3月に成立に至った。後者については前章で述べた

5）渋谷直蔵『じん肺法・改正労災保険法の詳解』労働法令協会（1960年）。

6）公労使各6名、官庁2名、会長：勝木新次。

7）学識者17名。

ように、労災保険法の長期補償制度として組み込まれた。じん肺法は、対象を珪肺に限らず、石綿、セメント、アルミニウム等の鉱物性粉塵の吸入によって起こる塵肺に拡大したことが重要であるが、併せて、定期的な塵肺健康診断の義務づけ、その結果を地方労働基準局長に提出し、塵肺審査医の審査により健康管理区分を決定し、その区分に基づき地方労働基準局長が粉塵作業からの転換を勧告できること、この勧告に従って粉塵作業から転換させる労働者に対して使用者が1か月分の転換手当を支払うべきこと、等々が規定された。

なお、労働安全衛生法制定後になるが、1977年6月にじん肺法が改正されている。旧法では鉱物性粉塵に限定していたが、有機性粉塵による塵肺病変も適用対象とするよう、「鉱物性」を削除した。また、旧法では塵肺と合併した肺結核を含めて塵肺と定義してきたが、塵肺を不可逆的な病変として定義するとともに、肺結核以外のものも合併症に含めた[8]。

（3）　一酸化炭素中毒症特別措置法

上述のように1948年、鉱山保安は石炭増産の必要上商工大臣が一元的に所管することとされたが、エネルギー革命で炭鉱が次々に閉山縮小していく時代になっても、石炭増産の必要はもはやないはずだが、依然として業所管官庁が労働者の安全衛生にも責任を持つという奇妙な体制が維持されていた。

そうした中で、1963年11月、三井鉱山三池炭鉱三川鉱において、日本炭鉱災害史上空前の大事故が起こった。炭塵爆発により坑道が破壊され、さらに爆発によって発生した一酸化炭素ガスが坑道内の作業箇所に流れ、20人が爆死、438人が急性一酸化炭素中毒で死亡、さらに生還した839人も一酸化炭素中毒に苦しんだ。患者の中には精神神経症状を呈する者が多く、職場復帰できない重傷者も少なくないことから、本人とその家族はより一層の援護措置を求めて激しい運動を展開した。その後も1965年から66年にかけて北炭夕張、日鉄伊王島、山野炭鉱、空知炭鉱、住友奔別と、ガス爆発事故が

8）桑原敬一『改正じん肺法の詳解』労働法令協会（1978年）。

472 第3部 労働条件法政策

続発し、多数の死亡者や一酸化炭素中毒者を輩出した。

　事故から3年経つと、療養給付と休業給付が長期傷病補償給付に切り換えられるとともに、労働基準法上の解雇制限が解除されることになる。また労働省に設置された三池災害一酸化炭素中毒患者医療委員会[9]が1966年10月、労働大臣に医学的意見を提出し、これに基づいて労働省が患者を職場復帰可能として給付を打ち切る者、さしあたり療養が必要で職場復帰の可能性のある者、長期にわたって療養の必要のある者に3分して措置を講じたことが非難を浴びた。

　社会党は既に1965年から特別措置法案を国会に提出しており、政府は慎重な姿勢であったが、翌1966年に参議院社会労働委員会が「政府は、一酸化炭素中毒被災者援護措置について、差当り炭鉱労働者に限り今後1か年以内に立法措置を講ずるよう努力すること」と決議したことで特別法の立案に踏み切り、労災保険審議会の審議を経て、翌1967年に炭鉱災害による一酸化炭素中毒症に関する特別措置法案を国会に提出し、修正の上成立に至った。これは介護料（省令で月1万円）とアフターケアを保険施設として行うものである。また労働衛生面では、被災労働者に対して、専門医による健康診断を義務づけ、その結果必要があれば作業転換等を求めている。

　このように安全衛生行政が通産省の鉱山保安行政の尻ぬぐいに振り回される中で、労働基準局長は唯一残された権限である鉱山保安局長への「勧告」を前後6回にわたり繰り返し行った。

（4）　電離放射線障害防止規則

　1950年、戦後初めて放射性物質が輸入されるようになり、当時総理府に設置されていた科学技術行政協議会は放射性物質に基づく障害の防止についても討議し、1952年には放射性物質取締法案検討委員会を設け、1954年には放射性物質による障害予防勧告を決定した。労働省は関係労働者の放射線障害防止を目的として、「労働基準法施行規則第35条第4号の取扱いについて」（昭和27年基発第547号）、「有害放射線による障害の防止について」（昭

9）委員長：勝木司馬之助。

和29年基発第461号）等を通達した。

1956年4月、労働省は「放射線業務における衛生管理方法に関する研究」を専門家に委嘱するとともに、特別規則制定に必要な技術的内容についての検討を開始し、翌1957年規則案要綱を中央労働基準審議会の審議に付した。翌1958年7月、規則案を公聴会に付し、また同年6月には放射線障害防止の技術的基準に関する法律の規定に基づいて総理府の放射線審議会に規則案を諮問し、その答申に基づいて修正した案を再度中央労働基準審議会にかけ、1959年3月に省令として電離放射線障害防止規則が制定された。

放射線障害を防止するためには放射線を受けないようにするのが一番だが、それは実際問題としてまず不可能なので、放射線を受けても障害を起こすに至らない量、すなわち許容量がもっとも重要な問題となる。本規則の規定は国際放射線防護委員会（ICRP）の1954年勧告を基礎に定められ、具体的には1週300ミリレム（手足等については1500ミリレム）、1週にこの10分の1を超えて放射線を受ける労働者については個別的な健康管理を要するとされた。

その後ICRPの新勧告等を踏まえて、1963年に同規則は全面改正され、放射線業務従事者の集積線量について、年平均5レムの範囲で抑え、かつ3か月間の被曝線量の限度を3レムと規定した。なお、その後1988年に線量単位がレムからシーベルトに変わり、放射線業務従事者の被曝限度は5年間で100ミリシーベルト、かつ1年間で50ミリシーベルトとされた（第4条）。平均すれば1年間で20ミリシーベルト、1月当たりであれば2ミリシーベルト以下ということになる。ただし、遮蔽物が放射性物質の取扱い中に破損した場合など緊急事態には、特例として100ミリシーベルトまで可能となっている。

2011年3月11日の東日本大震災により、東京電力福島第一原子力発電所で炉心溶融事故が発生する中、3月15日に「平成二十三年東北地方太平洋沖地震に起因して生じた事態に対応するための電離放射線障害防止規則の特例に関する省令」が制定され、14日に遡って施行された。これにより、東京電力福島第一原発で緊急作業にあたる作業員の被曝線量の上限を、1人当たりができる作業時間を長くすることで作業効率を上げるために、この本来特

474　第3部　労働条件法政策

例規定である100ミリシーベルトをさらに250ミリシーベルトに引き上げたのである。

　厚生労働省は2014年12月に東電福島第一原発作業員の長期健康管理等に関する検討会[10]を設け、翌2015年5月報告書を取りまとめ、緊急作業期間中の被曝線量管理の見直しを求めた。これに基づき同年8月電離放射線障害防止規則が改正された。これにより「特例緊急被曝限度」が設けられ、原子力緊急事態等には厚生労働大臣が250ミリシーベルトを定めることができることとし、緊急作業中の測定記録や健康管理等も規定している。また、原子力施設における緊急作業従事者等の健康の保持増進のための指針において、緊急作業後の長期的健康管理についても定めている。

（5）　有機溶剤中毒予防規則

　1958年7月大阪市生野区、1959年7月東京下町地区のサンダル製造工場やサンダル製造内職主婦の間から重症の貧血患者が続発し、死亡者が出るに及んで社会問題化したが、これは接着用ゴム糊に含まれるベンゼンであることが判明した。労働省は1959年11月の省令でベンゼンを含有するゴム糊を労基法48条の有害物に指定し、製造、販売、輸入、販売目的の所持を禁止した。これが後年の家内労働法につながっていく。

　この省令の審議の際、中央労働基準審議会からベンゼンはゴム糊以外に染料、印刷インキその他の用途にも使われているのでそれらの規制も早急に検討するよう要望された。そこで労働省は有機溶剤中毒予防規則案を作成して中央労働基準審議会にかけ、同審議会は労働衛生部会、さらに専門部会を設け、公聴会も開いて慎重な検討を行い、翌1960年5月に答申、同年10月にようやく省令として公布された。これにより51種類の有機溶剤について第1-3種溶剤に区分するとともに、衛生管理基準を示した。

（6）　石綿対策

　石綿（アスベスト）は繊維状の天然鉱物で、断熱、耐火、防音などに優れ

10）学識者8名、座長：森晃爾。

かつ安価であることから、世界中で大量に使用されてきた。一方、石綿は石綿肺、肺癌、中皮腫という深刻な疾病を引き起こし、しかもこれらは曝露後10-40年後に発症する。

日本では1960年のじん肺法が初めて石綿作業を粉塵作業として位置づけ、塵肺健診や労働基準局長の勧告の対象となった。1971年5月には特定化学物質等障害予防規則（特化則）が制定され、石綿に発癌性があることが分かってきたことから、石綿粉塵が発散する屋内作業場に局所排気装置を設置することや呼吸用保護具を備え付けることなどを定めた。

1972年労働安全衛生法制定に伴い、旧特化則は安衛法に基づく新特化則になり、さらに1975年には大幅に改正された。これはILO職業癌条約を受けたもので、曝露の可能性の高い石綿の吹付作業を原則禁止する他、石綿作業を特殊健康診断の対象とするなどを定めた。また省令改正とともに発出した通達（昭和51年基発第408号）において、石綿を可能な限り代替化することや作業衣による二次被曝の防止などを指示した。

一方、高度成長期から職業癌に係る労災請求が増加してきたことから、1978年に労働基準法施行規則第35条の改正が行われ、石綿に曝される業務による肺癌又は中皮腫を業務上疾病とし、認定基準を定めた。

1980年代に入ると、戦後期に石綿を大量に使用して建設された建物（特に学校施設）の老朽化が進み、その解体・改修工事で労働者が石綿に被曝する危険性が高まったことから、1986年、1988年に通達（昭和61年基安発第34号、昭和63年基発第200号）を発出し、曝露防止に努めた。建物の解体工事における石綿被曝の防止については、屋内作業を想定した特化則では対応しきれないため、2005年2月に石綿障害予防規則が制定された。同規則は保温材等の除去作業について、当該作業に従事する労働者以外の立入を禁止すること、発注者が請負人に情報を提供することなどを規定している。同規則はその後、2006年8月、2009年2月、2011年7月、2014年6月と改正されてきている。

さて、世界的に石綿の使用禁止の動きが進む中で、1992年12月には社会党と社民連から石綿製品の規制等に関する法律案が提出された。同法案は石綿製品の製造、輸入、販売の原則禁止、代替物質の使用促進等を規定してい

476 第3部 労働条件法政策

たが、審議されることなく廃案となった。新聞報道によれば、産業界だけでなく関係労働組合も原則禁止には消極的だったという。

1995年1月には安衛法施行令、安衛則及び特化則が改正され、石綿繊維のうちクロンドライト（青石綿）とアモサイト（茶石綿）の製造等が禁止されるとともに、吹付石綿の除去等を行う作業場所とそれ以外の作業場所から隔離するなどの規制を講じた。

さらに2003年10月の安衛法施行令改正により、非石綿製品への代替が困難なものと除く全ての石綿製品の製造等が禁止され（ネガティブリスト方式）、2006年8月の政令改正で猶予（除外）品目のみを指定したポジティブリスト方式に移行した。そしてこの猶予品目は徐々に減らされていき、2012年1月の政令改正で除外品目なき石綿の全面禁止が達成された。この間、クボタやニチアスを始めとする大企業で多くの従業員や関係者が肺癌や中皮腫で死亡していたことが明らかにされ、日本中が大騒ぎになった。

2 労働安全衛生法の体系

(1) まぼろしの安全衛生局

1950年代後半から高度経済成長が始まり、技術革新とともに新たな労働災害や職業病が発生し、災害件数も急増し始めた。この中で、政府は1958年8月、産業災害防止5カ年計画を策定し、災害発生件数を半減させることを目標とした。同年9月には臨時産業災害防止懇談会[11]が総理府に設置され、11月、産業災害防止対策に関する意見書を提出した。同懇談会は総理府の附属機関として産業災害防止対策審議会[12]となった。同審議会は翌1959年12月、内閣総理大臣に対して産業災害防止の国民運動に関する答申を行い、産業人に対する安全教育をはじめとする国民運動の展開を政府に求めた。

一方、1958年9月、中央労働基準審議会[13]も労働安全衛生法規の検討整備等について労働大臣に建議している。その後、新たなリスクに対応した安全衛生法規の整備はもっぱら省令レベルで行われた。

---

11) 各界30名、議長：三村起一。
12) 会長：三村起一。
13) 公労使各7名、会長：石井照久。

なお、これに伴い、安全衛生行政体制も充実され、1959年には全都道府県労働基準局に安全衛生課が設置され、1965年には本省に労災防止対策部が設置され、さらに1967年にはこれが安全衛生局に昇格した。ところが1年も経たないうちに、いわゆる1省1局削減のため廃止され、「まぼろしの安全衛生局」と言われた。ちなみに、上記鉱山保安局長への勧告のうち1回は安全衛生局長名である。以来、行政体制は労働基準局安全衛生部のままである。

（2）　労働災害防止団体法の制定[14]

このように労働災害が増加、多様化していく中で、労働基準法に基づく監督指導行政のみによっては安全衛生を効果的に進めることに限界があると認識され、むしろ安全衛生に直接責任を持つ事業主の自主的な災害防止活動を促進することの重要性が見直されるようになった。そのためには、活動の中心母体となる事業主の団体を組織させ、事業主に対して技術面できめ細かな指導を行わせるとともに、国が助成措置を講ずる必要がある。

この考え方に基づき、労働省は欧米諸国における労働災害防止体制を参考にして、1963年労働災害の防止に関する法律案を提出したが、国会で労働災害防止団体等に関する法律と改められて1964年6月成立した。

内容は3つの柱からなり、第1は自主的な安全衛生運動を進める団体として、中央労働災害防止協会と、建設業、陸上貨物運送業、港湾貨物運送業、林業、鉱業の5つの労働災害防止協会を設立することである。これは現行労働災害防止団体法に引き継がれている。

あと2つは、労働災害防止計画の規定と重層請負関係で行われる事業の特例規定であり、充実強化されて労働安全衛生法に引き継がれている。前者については、5年ごとの基本計画と毎年の実施計画からなるものであった。後者については、建設業と造船業について、統轄管理者の選任や協議組織の設置、作業間の連絡調整、安全巡視など元方事業主の義務を規定するとともに、注文者にも労働災害防止義務を課した。

14）村上茂利『労働災害防止団体法解説』日刊労働通信社（1964年）。

478 第3部 労働条件法政策

（3） 労働安全衛生法の制定[15]

　戦後、労働者の安全衛生の基本法は労働基準法であったが、1960年代には変化する社会の実態に対応すべく見直しが迫られるようになった。そこで1969年9月、労働省は「客観的専門的に労働基準法施行の実状と問題点について実態的、法制的な調査研究を行う」ことを目的に、労働基準法研究会[16]を設置した。中でも、労働者の生命身体の問題である安全衛生問題が最も急を要する検討事項であるとして、1970年7月安全衛生小委員会[17]が発足した。同委員会は第3小委員会と改称し、1971年7月に報告書を提出した。これはこの後労働条件法政策の各分野で行われる労働基準法研究会方式のトップバッターになる。

　同報告は、労働基準法に基づく労働災害防止対策が総合的予防対策の面で不十分であり、産業社会の急激な進展に即応できないこと、最低基準による規制のみでは十分でなく、指導勧告を含む幅広い行政が必要であること、中小企業、構内下請企業への対策が不十分であることなどを指摘し、新たに労働者の安全と衛生を確保する観点から総合的立法を行う必要があると提言した。

　同報告を受けて、労働省は1971年8月「労働安全衛生法（仮称）の制定」と題して新法制定の方針を明らかにした。これに対して労働側は、総評が「労働基準法から第5章のみを引き抜き、独立立法として安全衛生法を制定することは、労基法の総合性を損なう」と批判する一方、同盟は「基本的には賛同の方向」としつつ「新法制定によって労働基準法のなし崩し的改悪が行われてはならない」と注文をつけた。これに対して労働省は中央労働基準審議会[18]への説明において、①現行労働基準法の建前に基づいて規制の対象を直接の使用従属関係のみに限定していては災害を効果的に防止できないこと、②最低基準の確保にとどまらずより厚みのある行政展開を必要とすること、③特に中小企業については取締りだけでなく労働災害を防止しやすい環

15）渡辺健二『労働安全衛生法の詳解』労働法令協会（1973年）。

16）学識者20名、会長：石井照久。

17）学識者6名、小委員長：石井照久。

18）公労使各7名、会長：石井照久。

境整備が必要であること、④規定条文数が多くなること、を単独法制定の理由としている。

中央労働基準審議会は答申に当たり労働基準法との関係の明確化を求め、これに基づき法案が提出され、1972年6月全会一致で成立した。世界的に見ても、総合的な労働安全衛生立法としては1970年のアメリカに次ぐ2番目のものであった。なお、労働基準法の安全衛生関係規定のうち、女子及び年少者に関する規定及び寄宿舎に関する規定は労働基準法に残された。

（4）　労働安全衛生法の体系

労働安全衛生法は、それまでの労働基準法の第5章と労働災害防止団体法の一部を併せ、さらに大幅に拡充したものである。まず、義務主体を使用者から事業者に代え、下級管理者に責任を転嫁させず事業経営者の責任を明確化させた。

内容的には、労働基準法旧第42、43条の危害防止措置規定を中心に、元方事業者の義務や注文者の義務などを加えて第4章（労働者の危険又は健康障害を防止するための措置）とし、旧第46、47条の機械器具の製造許可や性能検査の規定を拡充するとともに、旧第48条の有害物の製造禁止についても製造許可を導入するなどによりまとめて第5章（機械及び有害物に関する規制）とした。また、旧第49、50条の就業制限や安全衛生教育を拡充して第6章（労働者の就業に当たっての措置）とし、旧第52条の健康診断を拡充するとともに作業環境測定等を含めて第7章（健康管理）とした。

一方、労働災害防止団体法の基本計画と実施計画を一本化して、包括的な労働災害防止計画を策定することとする（第2章）とともに、都道府県労働基準局長が事業主に対して安全衛生改善計画の作成を指示する旨の規定（第9章）も設けた。

最も大きな変化は第3章にまとめられた安全衛生管理体制の規定である。旧第53条から引き継いだ安全管理者、衛生管理者の上に、工場長のように当該事業場で事業の実施を統括管理する者を総括安全衛生管理者として選任し、安全衛生業務を全体として取り仕切らせることとしたほか、労働者の健康管理を行う産業医の選任、労働災害防止団体法の統轄管理者から引き継い

だ元方事業主による統括安全衛生責任者の選任等が規定された。

　安全管理者と衛生管理者は総括安全衛生管理者の下でそれぞれの業務を分掌するが、産業医は事業者に直属し、衛生管理者（今までの医師でない衛生管理者）に指導・助言するとともに、事業者や総括安全衛生管理者に対し勧告をすることができる。

　さらに、1966年に省令レベルで設置が義務づけられていた安全委員会及び衛生委員会（中小企業では安全衛生委員会）を法律上に位置づけ、当該事業場の労働災害防止について労働者の意見を反映させるようにした。これは特定分野ではあるが日本における労使協議法制の確立と言える。その他、省令レベルから法律事項に引き上げられた規定が多い。

（5）　建設業等の重層請負関係における安全衛生管理体制[19]

　労働災害防止団体法及び労働安全衛生法において特に注目すべきは建設業と造船業に見られる重層請負関係における安全衛生管理体制の整備である。

　1963年に労働省が中央労働基準審議会に示した「労働災害防止対策の現状と問題点」では、阻害要因として、「同一作業現場において、数個の請負業者が関連作業を実施する場合等に、当該作業相互間の災害防止を統括する責任の所在が不明確な場合が多い」とか「請負等による作業においては、利用を余儀なくされる施設等が、発注者、元請負業者等によって所有されているため、当該下請業者がその危険性に対する検討を行うことができず、また、責任を持ち得ない状況にある」等と指摘し、現行労働基準法の枠内では実効を期し得ず、むしろ元請事業主に対して統轄的に安全管理の責任を負わせた方が適切な場合が多いと述べていた。

　しかし、労基法の建前からいって、直接雇用関係のない下請労働者の安全管理について元請事業主を規制することはできないので、災防団体法の特別安全規制を設けたわけである。これにより、建設業その他の事業（省令で造船業を規定）では、元請事業主は下請労働者の安全管理についても、統轄管理者の選任、協議組織の設置、作業間の連絡及び調整、作業場所の巡視その

19）濱口桂一郎「建設労働の法政策」（『季刊労働法』252号）。

他の必要な措置を講じなければならないとされた。また、この場合、数次の請負契約によって仕事が行われる時は、その請負業者の中の最上位の者が統轄管理措置を講じなければならず、さらに分割発注の場合には発注者又は元請人がこれらの業者の中から一人を指名することとされた。

さらに、労働安全衛生法制定に向けた労働基準法研究会第3小委員会報告は、下請混在企業の現状として、「災防団体法による統轄管理者は、法律上その資格、職務権限等が明確に規定されていないこともあって、他の使用者及びその労働者に対する指揮監督を行うことが困難であり、十分な効果を発揮していない」、「下請企業を含めた下請混在企業全体の安全衛生管理を活発に展開するためには、親企業の総合的な完全衛生管理の責任を強化することが必要」等と指摘した。その結果1972年に成立した労働安全衛生法では、安全衛生管理体制（第3章）において綿密な規定が置かれた。

まず建設業と造船業で重層請負で作業が行われる事業の特定元方事業者には統括安全衛生責任者を選任する義務が課せられた。災防団体法の統轄管理者は法律上は誰でも良かったのだが、今回は「当該場所においてその事業の実施を統括管理する者をもって充てなければならない」ので、概ね所長クラスとなる。また職務も請負人が行う安全衛生教育の指導援助が加えられた。これに対し、請負人の側では安全衛生責任者を選任して統括安全衛生責任者との連絡調整等に当たらせる必要がある。

事業者の講ずべき危険防止措置のうち、元方事業主の講ずべき措置等が、関係請負人及び関係請負人の労働者が当該仕事に関し、この法律又はこれに基づく命令の規定に「違反しないよう指導を行わなければなら」ず、「違反していると認めるときは、是正のため必要な指示を行わなければならない」上に、その「指示を受けた関係請負人又はその労働者は、当該指示に従わなければならない」と規定した。職業安定法施行規則第4条第1項は変更なく生きており、そこには「作業に従事する労働者を指揮監督するもの」は契約の形式が請負であっても労働者供給事業になると書かれているので、さすがに労働基準法研究会報告のように「指揮監督」とは書けず、「指導」とか「指示」と規定したのであろう。しかしむしろ労務下請が実態であることを前提として、事実上安全衛生面に限って「指揮監督」させることを目指した

482 第3部 労働条件法政策

ものと見るべきであろう。

（6） その後の労働安全衛生法改正（建設業関係）

1980年改正は建設業の労働災害が依然多発している状況から、大規模建設工事についての計画届出制、重大事故発生時の安全確保のための措置、下請混在作業現場における元方安全衛生管理者の選任等を規定したものである。このうち三つ目について見ておくと、元方安全衛生管理者は統括安全衛生責任者の指揮を受けて、その統括管理すべき事項のうち、技術的事項を管理する者である。また、特定元方事業者の講ずべき措置として仕事の工程に関する計画や作業場所における機械、設備の配置に関する計画を策定することが加えられた[20]。

1992年改正も建設業の労働災害対策が中心である。まず、中小規模の建設現場における統括安全衛生管理について、当該建設現場の現場所長、安全担当者に対して指導を行う店社安全衛生管理者を設けた。元方下請併せて50人（隧道・橋梁建設工事は30人）以上であれば、元方が統括安全衛生責任者、元方安全衛生管理者を、請負人が安全衛生責任者を選任して管理体制を整えているが、それ以下の規模（20人以上）の場合は、請負契約を締結している事業場ごとに（具体的には元方の本店、支店、営業所等）店社安全衛生管理者を選任して、現場の担当者（現場所長、工事主任等）を指導することとされている。その他、元方事業主の講ずべき措置を充実し、注文者にも建設機械等の安全確保措置を義務づけた[21]。

なお2016年12月、建設業の一人親方の団体である日本建設職人社会振興連盟が推進する「建設工事従事者の安全及び健康の確保の推進に関する法律」が議員立法により成立した。同法は建設工事の請負契約で適正な請負代金の額、工期等が定められることにより、建設工事従事者の安全と健康を確保することを基本理念として唱っている。

20）吉本実『労働安全衛生法の詳解』労働法令協会（1981年）。
21）佐藤勝美『労働安全衛生法の詳解』労働基準調査会（1992年）。

（7） 製造業の構内下請における安全衛生管理体制

　労働力需給調整システムの章でみたように、2000年代前半には製造業における構内下請の拡大が注目を浴びるようになった。労働市場政策の観点からは、これは偽装請負の問題として取り上げられ、製造業派遣を認める原動力ともなったが、労働条件政策の観点からは、上述した建設業や造船業の重層請負関係における安全衛生管理体制を部分的に製造業一般にまで拡大する必要性として認識された。

　この問題を初めて提起したのは、2004年3月から開催され、同年8月に報告書をまとめた今後の労働安全衛生対策の在り方に係る検討会[22]である。そこではまず現状認識として、業務請負等のアウトソーシングの増大などにより、製造業においても同一場所において指揮命令系統の異なる労働者が混在して作業することによる危険が増大することが懸念されていると述べている。そして、同一の作業場所において元方事業者と請負事業者が作業を行う場合には、同一作業場で作業する労働者について、一元的に連絡調整等の安全衛生管理を行う統括的な管理を行うべきであり、その主体は元方・請負の契約関係から元方事業主であることが適当であるとし、特に製造業等においては、元方事業主が請負事業者との間でより緊密な連携を図り、労働災害の発生を防止するための対策を講じることが必要としている。

　この報告書は、過重労働・メンタルヘルスの報告書や健康情報保護の報告書とともに、同年9月からの労働政策審議会安全衛生分科会[23]に提出され、審議の材料となった。そして、年末の12月に出された建議では、元方事業者が請負人との間又は請負人相互間の連絡調整を十分に行わなかったことを原因として、元方事業者や請負人の労働者が被災する挟まれ・激突等の労働災害が発生していると述べ、製造業等の業種に属する事業の元方事業者（自らも仕事を行う最先次の注文者）が、作業間の連絡調整、合図の統一等など必要な措置を講じなければならないことを求めた。厚生労働省は翌2005年3月に改正法案を国会に提出し、曲折の末同年11月に成立した。

---

22) 学識者11名、座長：櫻井治彦。

23) 公労使各7名、分科会長：櫻井治彦。

484 第3部 労働条件法政策

　これにより、製造業の元方事業者（発注者にも準用）が、その労働者及び関係請負人の労働者の作業が同一の場所において行われることによって生ずる労働災害を防止するため、作業間の連絡及び調整を行うことに関する措置その他必要な措置を講じることが義務づけられた。労働安全衛生法政策の世界で言えば、労働災害防止団体法や労働安全衛生法によって建設業や造船業に導入されていた元方事業者責任が、他の製造業にも広がってきたということになるが、労働市場法政策における請負認識との間で微妙なずれを生じさせてきているともいえる。

(8)　産業医の位置づけ

　ここまで述べてきたように、産業医制度の源流は1938年工場法改正で導入された「工場医」であるが、1947年労働基準法では衛生管理者の中の「医師である衛生管理者」となり、1972年の労働安全衛生法で常時50人以上の労働者を使用する事業場に産業医の選任が義務付けられたことで明確に位置づけられた。その任務は作業管理、作業環境管理及び健康管理の3分野であるが、かつては化学物質など危険有害業務に対する労働衛生対策が中心であった。しかし、近年はとりわけ過重労働対策やメンタルヘルス対策の関係で、産業医に求められる役割が増大してきており、2015年9月から産業医制度の在り方に関する検討会[24]が開催された。翌2016年12月に同検討会の報告書が出され、長時間労働者の健康管理が的確に行われるよう、長時間労働者に関する情報を産業医に提供することを義務付けることや、健診の異常所見者について、就業上の措置等に関する意見具申が適切に行われるよう、労働者の業務内容に関する情報を医師等に提供することを義務付けることが必要である、等の指摘がなされた。

　2017年4月からは労働政策審議会安全衛生分科会[25]で審議が始まり、同年6月に「働き方改革実行計画を踏まえた今後の産業医・産業保健機能の強化について」を建議した。これを受けて2018年4月に国会に提出され、同年6

24）学識者21名、座長：相澤好治。
25）公労使各7名、分科会長：土橋律。

月に成立した働き方改革推進法において労働安全衛生法が改正され、産業医が勧告を行った場合には衛生委員会に報告しなければならず、産業医の業務について労働者に周知させなければならないといった活動環境の整備に関する規定、長時間労働者に関する情報を産業医に提供すべきという規定などが盛り込まれた。

第2節　近年の労働安全衛生法政策

1　労働者の過重労働

（1）　健康の保持増進のための措置[26]

　1988年改正では、第7章の標題が「健康管理」から「健康の保持増進のための措置」とされ、労働安全衛生法政策の目的が消極的な健康管理から積極的な健康保持増進に拡充された。この目的の実現方策として、法第69条は事業者に、「労働者に対する健康教育及び健康相談その他労働者の健康の保持増進を図るため必要な措置を継続的かつ計画的に講ずる」努力義務を課した。この健康保持増進措置については、法第70条の2に基づき「事業場における労働者の健康保持増進のための指針」が公表されている。

　この指針では、事業者が健康保持増進計画を策定するよう努めることが必要とし、計画に定める事項には健康保持増進体制の整備、労働者に対する健康測定、運動指導、メンタルヘルスケア、栄養指導、保健指導等の実施、必要な人材の確保や施設設備の整備が挙げられている。体制整備としては衛生委員会のほか、産業医を長とし、ヘルスケアトレーナー、ヘルスケアリーダー、心理相談員、産業栄養指導者、産業保健指導者等のスタッフから構成される健康保持増進専門委員会の設置を望ましいとしている。また、企業外労働者健康保持増進サービス機関の利用も認めている。

　同時に作業環境管理についても、作業環境測定の結果の評価に基づいて労働者の健康保持のため必要な施設設備の設置整備や健康診断の実施の義務が

26）野見山眞之『労働安全衛生法の詳解』労働法令協会（1989年）。

486　第3部　労働条件法政策

規定された（第65条の2）。また作業管理についても、「事業者は、労働者の健康に配慮して、労働者の従事する作業を適切に管理する」努力義務（第65条の3）が課された。これには具体的には、一連続作業時間と休憩時間の適正化、作業量の適正化等が含まれる。特に潜水業務や高圧室内業務のように健康障害を生ずる恐れのある業務については、作業時間の制限の規定が設けられた（第65条の4）。

(2)　過労死防止のための健康管理[27]

　1996年改正では過労死予防対策が大きな課題として浮かび上がった。1994年2月に設置されたこれからの産業保健のあり方に関する検討委員会[28]は、1995年4月に労働者の健康に関して求められる産業保健サービスの内容等について報告書を取りまとめた。これを受けて同年7月から中央労働基準審議会労働災害防止部会[29]で検討が行われ、1996年1月「労働者の健康確保対策の充実強化について」建議を行った。

　この建議は、「動脈硬化や高血圧等の基礎疾患を有する労働者が、著しい長時間労働等による過重負荷を受けたことにより、その基礎疾患が急激に著しく増悪し、脳・心臓疾患を発症することがある。これが『過労死』として、社会的に大きな問題となっており、その予防のための労働者の健康確保対策や長時間労働の排除等の総合的な対策が必要」と過労死問題を取り上げ、脳・心臓疾患等に対応した一般健康診断の実施の徹底や健康診断結果に基づく効果的な健康管理、そして事業者による適切な事後措置の実施等を求めている。

　労働省はこれを踏まえて3月法案を国会に提出し、6月成立した。これにより、事業者は有所見者の健康診断結果について、医師又は歯科医師の意見を聴かなければならず（第66条の2、現第66条の4）、その意見を勘案して必要があると認めるときは、就業場所の変更等適切な事後措置を講じなければならない（第66条の3、現第66条の5）こととなった。この事後措置につ

27）労働省労働基準局安全衛生部編『労働安全衛生法の詳解』労働基準調査会（1998年）。
28）学識者10名、座長：館正知。
29）公労使各5名、部会長：野原石松。

いては同条第2項に基づき「健康診断結果に基づき事業者が講ずべき措置に関する指針」が公表されている。この指針では、健康診断の結果異常の所見があると診断された労働者について、通常勤務、就業制限、要休業の区分によって判断を求めることとされ、このうち就業制限については「勤務による負荷を軽減するため、労働時間の短縮、出張の制限、時間外労働の制限、労働負荷の制限、作業の転換、就業場所の変更等の措置を講じる」ものとされている。また、一般健康診断を受けた労働者に対してその結果を通知する義務や、その結果に基づいて必要な労働者に対して医師又は保健婦等による保健指導を行う努力義務も規定された。

　なお、この時の改正では健康管理体制の充実として、産業医が労働者の健康確保のため必要あるときは事業者に対して勧告をすることができること、及び事業者はこの産業医の勧告を尊重しなければならないことも規定された（第13条第3、4項）。また、産業医の選任義務のない中小事業場について、労働者の健康管理に関する知識を有する医師等に労働者の健康管理を行わせる努力義務も設けられた（第13条の2）。

　こういった過労死対策がこの時期に労働安全衛生法政策に登場してきたのは、労災保険法政策において1995年2月に「脳血管疾患及び虚血性心疾患等（負傷に起因するものを除く）の認定基準について」（基発第38号）が発出され、発症1週間より前の業務については、この業務だけで急激で著しい増悪に関連したとは判断しがたいが、発症前1週間以内の業務が日常業務を相当程度超える場合には、発症前1週間より前の業務を含めて総合的に判断するとしたことも影響を与えていると思われる。

（3）　深夜業従事者の健康管理[30]

　1999年改正もこうした健康管理法政策の一環であるが、直接的には1998年の労働基準法改正時の国会附帯決議が契機となっている。

　連合は労働基準法改正時の対案として、深夜業については4週間につき8

30）労働省労働基準局安全衛生部編『労働安全衛生法の詳解:改正安衛法全条文の逐条解説』労働調査会（2000年）。

回、53時間までとし、かつ深夜業従事者については最長1日10時間労働とする男女共通規制を要求した。国会における審議の結果、附則（原始附則ではなく改正法の附則）第12条に「深夜業に関する自主的な努力の促進」として、「国は、深夜業に従事する労働者の就業環境の改善、健康管理の推進等当該労働者の就業に関する条件の整備のための事業主、労働者その他の関係者の自主的な努力を促進するものとする」という規定が設けられた。また、この時の衆参の附帯決議で「深夜業に従事する労働者の健康確保を図るため、労働者が自発的に受診する健康診断の費用を助成すること及びこれら自発的に受診した健康診断についてもその結果に基づく医師の意見を勘案して深夜業の回数の減少や作業の転換等の措置を講じなければならないこととするよう労働安全衛生法の改正を行う」ことが求められた。

　労働省はこれを受けて中央労働基準審議会労働災害防止部会[31]において、1998年10月から深夜業に従事する労働者の健康管理について検討を行い、1999年1月「労働安全衛生対策の見直しについて」を建議した。建議は、深夜業従事者については労働安全衛生法で定められている集団健康管理に加え、労働者個々人の自主的な健康管理を促進し、これを活用した健康確保対策の充実を図る必要があるとして、具体的な法改正を求めた。

　これを受けて労働省は同年3月法案を国会に提出、5月には成立した。これにより、深夜業回数が一定以上の深夜業従事者は、自発的に受けた健康診断の結果を証明する書面を事業者に提出することができ、事業者はこれを記録しておかなければならないこととされた（新第66条の2、新第66条の3）。またこれに伴い旧第66条の2が改正され、事業者はこの自発的健康診断結果（有所見者に係るもの）に基づき、労働者の健康を保持するために必要な措置について、医師等の意見を聴かなければならないこととされた（新第66条の4）。さらにその意見を勘案して必要があると認めるときは、作業の転換、深夜業の回数の減少等適切な事後措置を講じなければならない（新第66条の5）。

31）公労使各5名、部会長：加來利一。

第3章　労働安全衛生法政策　489

（4）　過重労働による健康障害防止対策

　さらに、2001年12月の脳血管疾患及び虚血性心疾患等の認定基準の改正を受けて、2002年2月、「過重労働による健康障害防止のための総合対策」（基発第0212001号）が発出された。この通達は、時間外労働を月45時間以内とするよう求めるとともに、「事業者は、裁量労働制対象者及び管理監督者についても、健康確保のための責務があることなどにも十分留意し、過重労働とならないよう努めるものとする」と、裁量労働制についてもその対象外ではないことを明らかにした。

　そして、労働者の健康管理に係る措置の徹底として、健康診断の実施等の徹底とともに、月45時間を超える時間外労働をさせた場合には、労働時間等の情報を産業医に提供してその助言指導を受けることを、月100時間を超える時間外労働を行わせた場合（又は2か月間ないし6か月間の1か月平均の時間外労働を80時間を超えて行わせた場合）には、当該労働者に産業医の面接を受けさせ、産業医が必要と認める項目について健康診断を受けさせ、その結果に基づき産業医の意見を聴いて必要な事後措置を行うことを求めている。

　裁量労働制対象者にもこういった考え方が適用される以上、使用者にはその実労働時間を把握すべき責務が当然あることになる。このようにこの時期、労働安全衛生法政策は労働者の健康という概念を鍵として、労働時間法政策との連関が深まってきた。

（5）　2005年改正[32]

　以上のように労災保険法政策の転換を受けて事実上進められてきた過重労働対策を、労働安全衛生法制の上に明確に規定しようとしたのが2005年労働安全衛生法改正である。これに向けてまず厚生労働省は2004年4月から過重労働・メンタルヘルス対策の在り方に関する検討会[33]を開催し、同年8月には報告書を取りまとめた。

32）濱口桂一郎「過労死・過労自殺と個人情報」（『季刊労働法』208号）。
33）学識者10名、座長：和田攻。

490　第3部　労働条件法政策

　同報告書は、労働者に長時間の時間外労働など過重な労働をさせたことにより疲労が蓄積している場合には、脳・心臓疾患発症のリスクが高まるとされていることから、このような状況となった労働者の迅速な把握が不可欠であり、また、その健康の状態を把握し、適切な措置を講じるようにするため、医師が直接労働者に面接すること及び健康確保上の指導を行うことを制度化すべきであるとし、この医師による面接指導が必要な場合としては脳・心臓疾患発症との関連性が強いとされる月100時間を超える時間外労働又は2ないし6か月間に月平均80時間を超える時間外労働をやむなく行った場合を挙げている。

　この報告書をもとに2004年9月から労働政策審議会安全衛生分科会[34]で審議がなされたが、事業者への義務づけについては使用者側委員から相当の反発があり、そのため予定より遅れて同年12月27日に建議が出された。事務局の原案では、検討会報告書に沿って、1月100時間又は2ないし6か月間に月平均80時間を超える時間外労働を行った者について医師の面接指導を義務づけるというものであったが、使用者側の反発により、1月100時間を超える時間外労働を行った場合に限定し、かつ面接指導を申し出た者に限るという形で要件が絞られた。

　厚生労働省は、その他の改正事項も含めて労働安全衛生法の改正案を作成し、労災保険法及び時短促進法の改正案と合わせて、2005年3月に国会に提出した。同法案は国会の解散のため一旦廃案になったが、同年9月再提出され、11月には成立に至った。

　これにより、労働安全衛生法に第66条の8として過重労働に対する面接指導義務の規定が設けられた。法律上は「その労働時間の状況その他の事項が労働者の健康の保持を考慮して厚生労働省令で定める要件に該当する労働者」となっているが、省令で「休憩時間を除き一週間当たり四十時間を超えて労働させた場合におけるその超えた時間が一月当たり百時間を超え、かつ、疲労の蓄積が認められる者」とされ、この者に対し、医師による面接指導（問診その他の方法により心身の状況を把握し、これに応じて面接により

────────────
34）公労使各7名、分科会長：櫻井治彦。

必要な指導を行うこと）を行わなければならない。この「超えた時間」の算
定は、毎月一回以上、一定の期日を定めて行わなければならないとされてい
る。

労働者は、原則としてこの面接指導を受けなければならないが、事業者の
指定した医師が行う面接指導を受けることを希望しない場合は、他の医師の
行う面接指導を受け、その結果を証明する書面を事業者に提出することも可
能である。

事業者は、この面接指導の結果に基づき、当該労働者の健康を保持するた
めに必要な措置について、遅滞なく医師の意見を聴かなければならず、その
意見を勘案し、その必要があると認めるときは、当該労働者の実情を考慮し
て、就業場所の変更、作業の転換、労働時間の短縮、深夜業の回数の減少等
の措置を講じなければならない。

以上は事業主の義務規定であるが、ここまで行かない者についても次の第
66条の9で努力義務規定が設けられた。すなわち、前条の「規定により面接
指導を行う労働者以外の労働者であつて健康への配慮が必要なもの」（具体
的には、長時間の労働により疲労の蓄積が認められ、又は健康上の不安を有
している労働者及び事業場において定められた基準に該当する労働者）につ
いては、必要な措置を講ずるように努めなければならないとされている。

（6）　過労死等防止対策推進法

2008年に過労死弁護団全国連絡会議と日本労働弁護団が過労死防止基本
法の制定を求める決議をあげたことがきっかけとなり、全国過労死を考える
家族の会の会員たちが、過労死防止基本法の立法化の取組みを始めた。そし
て、2011年11月に過労死防止基本法制定実行委員会が組織され、2013年4
月に過労死防止基本法案を作成、同年12月には野党6党から過労死等防止基
本法案が国会に提出された。

同年11月には与党自由民主党の雇用問題調査会に過労死等防止に関する
ワーキングチームが設けられ、与野党間の議論が進められた結果、2014年5
月に与野党共同の議員立法として過労死防止対策推進法案が提出され、同年
6月に成立した。

492　第3部　労働条件法政策

　その内容は、調査研究の推進等、国民に対する啓発、相談体制等の整備等、民間団体の活動に対する支援などで、直接権利義務に関わるものではないが、2016年10月に電通の新入女子社員過労自殺事件が明らかになったことも相まって、労働時間法制における時間外労働の上限規制の導入につながるものとなった。

（7）　長時間労働に対する健康確保措置

　後述のように、2016年になってから安倍晋三政権が急速に長時間労働の是正を政策課題に掲げるようになり、2017年3月の働き方改革実行計画に時間外労働の上限規制が盛り込まれた。これを受けて、労働政策審議会労働条件分科会[35]は2017年4月から審議を開始し、同年6月には建議を行った。その中に、長時間労働に対する健康確保措置が挙げられている。そして、これを含む働き方改革推進法案が同年4月に国会に提出され、同年6月に成立に至った。

　まず、時間外労働の上限規制の適用除外とされる新技術、新商品等の研究開発業務について、時間外労働が1月100時間を超える場合に医師の面接指導を義務づけ、その結果を踏まえた事後措置（代替休暇の付与）の実施を義務づけている（第66条の8の2）。

　これに対して、既存の第66条の8の医師による面接指導については、2005年改正時には使用者側の反発で1月100時間を超える時間外労働を行った場合に省令で限定されたが、今回の上限規制で例外の場合でも1月100時間未満とされたことから、これを1月80時間超とした。

　さらに、これはむしろ労働時間法政策の一環というべきだが、建議ではこの面接指導の適切な実施を図るため、管理監督者を含む全ての労働者を対象として、労働時間の把握について、客観的な方法その他適切な方法によらなければならない旨を省令に規定するとしていた。もっともこれは高度プロフェッショナル制度を導入しようとした2015年労基法改正案に向けた労働政策審議会建議で既に明記されていたことである。同法案は国会で審議され

35）公労使各8名、分科会長：荒木尚志。

ないままとなっていたが、2017年の建議で再度明記された。

　ところが2018年1月に、安倍晋三首相と加藤勝信厚労相が国会答弁で、裁量労働制で働く人の方が一般労働者よりも労働時間が短いというデータもあると述べ、その根拠となったデータに疑問が呈されたことから、同年2月に安倍首相は裁量労働制に係る改正部分を法改正案から削除すると表明したが、さらに混乱が続いたことから、労働時間の把握に関する規定を省令ではなく、労働安全衛生法上に規定することとされた。

　これにより、労働安全衛生法に第66条の8の3が新設され、事業者は長時間労働者の面接指導を実施するため、厚生労働省令で定める方法（パソコンのログイン・ログアウト時間、タイムカード等の客観的な方法）により、労働者の労働時間の状況を把握しなければならない。この義務は管理監督者や裁量労働制適用者にもかかる。ちなみに、高度プロフェッショナル制度の場合は、労基法上で健康管理時間を把握する措置が制度導入の要件となっているので、その次の第66条の8の4において、健康管理時間が厚生労働省令で定める時間を超える者に対する面接指導が義務付けられている。

2　労働者のメンタルヘルス[36]

（1）　労働者のメンタルヘルスへの取組み

　脳・心臓疾患によるいわゆる過労死と並んで、業務上のストレスや過労に起因する精神障害や自殺、いわゆる過労自殺の問題も、労災保険法政策で取り上げられるようになるのに応じて労働安全衛生法政策においても登場するようになってきた。労働省は1999年5月、労働者のメンタルヘルス対策に関する検討会[37]を設置し、翌2000年6月「労働の場における心の健康づくり対策について」と題する報告を取りまとめた。

　同報告は、心の健康づくり対策を健康の保持増進を図る上で重要な活動と位置づけ、労働者自らによるセルフケア、管理監督者によるラインによるケア、産業医等の事業場内産業保健スタッフによるケア、産業保健推進セン

36）濱口桂一郎「メンタルヘルスの労働法政策」（『季刊労働法』232号）。

37）学識者12名、座長：櫻井治彦。

ター等の事業場外資源によるケアの4つに分類して、実施すべき事項を整理している。

労働省はこれを受けて同年8月、「事業場における労働者の心の健康づくりのための指針」を公表した。上記4つのケアに分けて具体的な進め方を示しているが、特にラインによるケアについて、職場環境、労働時間、仕事の量と質、職場の人間関係、人事労務管理体制等の問題点の改善を図る必要を強調し、また管理監督者に対する情報提供や支援を求めている。

(2) 2005年改正時の状況とメンタルヘルス指針

上述の過重労働・メンタルヘルス対策検討会では、過重労働対策に併せてメンタルヘルス対策についても取り上げた。2004年8月の報告書では、メンタルヘルスについて、精神障害による自殺の事案は長時間労働であったことが多いことから、長時間の時間外労働を行ったことを一つの基準として対象者を選定し、メンタルヘルス面でのチェックを行う仕組みをつくることが効果的であるとし、具体的には月100時間又は2ないし6か月間に月平均80時間を超える時間外労働を行った者等に対して面接指導を行う際に、メンタルヘルス面にも留意した面接指導を行うようにするべきとしている。

これを受けて労働政策審議会安全衛生分科会[38]で審議が行われ、2004年12月の建議では、メンタルヘルス対策について、「自殺予防といった観点からもメンタルヘルス不調となったときに介入が可能となる仕組み作りが求められる」として、①過重労働対策の面接指導において、メンタルヘルス面にも留意すること、②メンタルヘルス教育の実施、相談体制の整備、外部機関の活用等について、法律に基づく指針で示すこと、③メンタルヘルス対策を衛生委員会の調査審議事項として追加すること、④産業医等の確保、中小企業における地域産業保健センターの活用促進等を図ること、が求められた。

2005年の労働安全衛生法改正では、上述のように月100時間を超える時間外労働を行った者への面接指導が義務づけられたが、その面接指導において「当該労働者の勤務の状況、当該労働者の疲労の蓄積の状況、その他当該労

---

38) 公労使各7名、分科会長：櫻井治彦。

働者の心身の状況について確認する」と、「心」の文字が法文上に現れた。もっとも、まだメンタルヘルス対策が法文上に明記されたとはいえない。

これと前後して中央労働災害防止協会に委託して職場におけるメンタルヘルス対策の在り方検討委員会[39]が開催され、その報告書をもとに2006年3月「労働者の心の健康の保持増進のための指針」を策定した。ここでは、上記4つのケアを挙げた上で、その適切な実施のために、①労働者、管理監督者及び事業場内産業保健スタッフ等への教育研修・情報提供、②職場環境の把握と問題点の把握、それに基づく職場環境の改善、③メンタルヘルス不調への気づきと対応、具体的には労働者による自発的な相談とセルフチェック、管理監督者、事業場内産業保健スタッフ等による相談対応等、労働者の家族による気づきや支援の促進、④職場復帰への支援といった具体的な進め方が示されている。一方で、メンタルヘルスに関する個人情報保護への配慮についても詳細に記述されている。

（3）　2014年改正

2014年改正への動きの出発点は自殺対策にある。年間自殺者が3万人を超える状況に対処するため、2006年6月、議員立法により自殺対策基本法が制定された。民主党政権になって2009年11月には「自殺対策100日プラン」が、2010年2月には「命を守る自殺対策緊急プラン」が策定され、同年3月を自殺対策強化月間として睡眠キャンペーンが行われるなど、自殺対策はますます強調され始めた。

厚生労働省でも2010年1月に自殺・うつ病対策プロジェクトチーム[40]が設置され、同年5月に「誰もが安心して生きられる、暖かい社会づくりを目指して」と題する報告書をとりまとめた。その中で特に注目すべきは、「職場におけるメンタルヘルス不調者の把握及び対応」という項目である。ここでは、労働安全衛生法に基づく定期健康診断において、労働者が不利益を被らないよう配慮しつつ、効果的にメンタルヘルス不調者を把握する方法につい

39）学識者14名、座長：櫻井治彦。

40）主査が障害保健福祉部長、副主査が安全衛生部長、幹事が精神・障害保健課長と労働衛生課長。

496　第3部　労働条件法政策

て検討すると書かれている。これを受けて、いよいよ労働安全衛生行政サイドにおける立法プロセスが動き始めた。

2010年5月から職場におけるメンタルヘルス対策検討会[41]における議論が開始され、2010年9月に報告書を取りまとめた。報告書はそれまでの方向性を転換し、健康診断結果は事業者に通知されること、労働者にとって不利益な取扱いが行われるおそれがあることなどから、一般健康診断を通じた積極的発掘に対しては消極的姿勢を示した。そして、労働者のプライバシーが保護されること、労働者が健康の保持に必要な措置を超えて、人事、処遇等において不利益を被らないことなどを満たすよう、一般健康診断とは別の枠組みを導入することが適当としている。

具体的には、まず一般定期健康診断でストレスに関連する症状・不調について医師が適切に確認し、この医師が必要と判断した場合に当該労働者にその旨を通知し、労働者は医師による面接を受けることができるようにする。この医師は、個人情報の保護の観点から、労働者のストレスに関連する症状・不調の状況及び面接の要否等について事業者に伝えず、意見を述べる医師が労働者と面接を行った結果、事業者に対し就業上の措置について意見を述べる場合には、その内容を示した上で労働者の同意を得ることとされている。さらに、労働者がメンタルヘルス不調であることのみをもって、事業者が客観的に合理的な理由なく労働者を解雇すること等の不利益な取扱いを行うことがあってはならない。

このように、検討会報告は「効果的にメンタルヘルス不調者を把握する方法」を検討した結果として、事業者を通じて早期発見や積極的発掘を進めるという政策志向はむしろ否定されたように読める書き方になっている。

この報告書を受けて労働政策審議会安全衛生分科会[42]の議論が2010年10月から始まり、12月に建議が出されたが、またもや方向が転換し、再び事業者が大きな役割を担う仕組みが提起された。建議は「事業者が労働者のプライバシーに配慮しつつ適切な健康管理を行い、職場環境の改善につなげて

41）学識者17名、座長：相澤好治。

42）公労使各7名、分科会長：相澤好治。

いくことが重要」と述べ、医師が労働者のストレスに関連する症状・不調を確認し、この結果を受けた労働者が事業主に対し医師による面接の申出を行った場合には、現行の長時間労働者に対する医師による面接指導制度と同様に、事業者が医師による面接指導及び医師からの意見聴取等を行うことを事業者の義務とする「新たな枠組み」を導入することが適当としている。

この建議の後、厚生労働省は法案を2011年通常国会に提出する予定でいたが、同年3月11日に東日本大震災が発生し、福島第一原発で炉心溶融が起こり、原発作業員の被曝上限問題など安全衛生上の大きな問題が生じたため、法案作成は延期された。

その後同年10月になって、厚生労働省は労働政策審議会安全衛生分科会に、メンタルヘルス対策、受動喫煙防止対策等を内容とする法律案要綱を諮問し、妥当との答申を得て、12月に法案を国会に提出した。

改正案では、第66条の健康診断から精神的健康状況に係るものを除き、第66条の10として新たに「精神的健康の状況を把握するための検査等」の条文を置いている。事業者は労働者に対し、医師・保健師による精神的健康の状況を把握するための検査を行わなければならず、労働者はこの検査を受けなければならない。検査結果は検査を行った医師・保健師から労働者に通知されるようにしなければならず、医師・保健師は労働者の同意を得ないで検査結果を事業者に提供してはならない。省令の要件に該当する場合、労働者の申出により医師による面接指導を行わなければならず、申出をしたことを理由として不利益取扱いをしてはならない。この面接指導の結果に基づき医師の意見を聴き、必要があれば就業場所の変更、作業の転換、労働時間の短縮、深夜業の回数の減少その他の措置が求められる。同法案は2012年8月に趣旨説明までいったが、時間切れで成立に至らず、同年11月の衆議院解散で廃案になった。この間、精神医療関係者などから、批判が集中した。

その後、2013年6月から労働政策審議会安全衛生分科会で再提出に向けた審議が始まり、同年12月に建議がとりまとめられ、翌2014年1月に法案要綱を諮問し、2月に答申を受けた。内容は2011年改正案とほぼ同じであるが、「精神的健康の状況を把握するための検査等」が「心理的な負担の程度を把握するための検査等」となっている。つまり、精神疾患の発見を一義的

な目的としたものではなく、メンタルヘルス不調となることを未然に防止するためのストレスチェックであると位置づけ直したわけである。

ところがその後、与党自由民主党の審査で、「検査結果が悪用されるおそれがある」、「結果がきちんと管理される保証がない。企業に知られると労働者の不利益が大きい」という反対意見が出たため、厚生労働省はさらに修正を加えて同年3月に法改正案を国会に提出した。これは2011年改正案（2014年2月諮問案）に比べて、労働者が上記検査を受けなければならないという規定を削除し、希望者のみが受けるように改めるとともに、事業者の上記義務を産業医選任義務のある50人以上規模企業に限定し、それ未満の中小企業は努力義務にとどめた。この法案は同年6月にようやく成立に至った。

その後具体的な実施方法等について議論すべく専門検討会を開いた。具体的には7月から9月にかけてストレスチェック項目等に関する専門検討会[43]を開き、「中間とりまとめ」を行った後、10月からストレスチェックと面接指導の実施方法等に関する検討会[44]とストレスチェック制度に関わる情報管理及び不利益取扱い等に関する検討会[45]を同時並行的に進め、12月には報告書をとりまとめた。翌2015年4月には、ストレスチェックに係る省令（労働安全衛生規則の改正）が制定されるとともに、「心理的な負担の程度を把握するための検査及び面接指導の実施並びに面接指導結果に基づき事業者が講ずべき措置に関する指針」が公表され、2015年12月に施行された。

3　職場の受動喫煙[46]

(1)　前史

職場の受動喫煙防止対策としては、1992年7月の快適職場指針で作業場内における喫煙場所を指定すること等が規定され、これを受けた1996年2月のガイドライン（基発第75号）で時間分煙と空間分煙が、2003年5月の改正ガイドライン（基発第0509001号）では空間分煙で、かつ可能な限り喫煙

43）学識者9人、座長：相澤好治。
44）学識者11人、座長：相澤好治。
45）学識者11人、座長：相澤好治。
46）濱口桂一郎「たばこのけむりの労働法政策」（『季刊労働法』238号）。

室を設置することとされた。

　一方、公衆衛生関係での受動喫煙防止としては、2003年5月健康増進法が施行され、多数の者が利用する施設を管理する者は受動喫煙を防止するために必要な措置を講ずる努力義務が設けられた。事業場もこれに含まれる。なお、厚生労働省健康局は2008年3月から受動喫煙防止対策の在り方に関する検討会を開催し、2009年3月に「多数の者が利用する公共的な空間については原則として全面禁煙であるべき」という報告書をとりまとめている。さらに国際的には、2003年5月にWHOたばこ規制枠組条約が採択され、2005年2月に発効している。

(2)　2014年改正

　こうした状況の中で、厚生労働省は労働者の健康障害の防止のための措置としての受動喫煙の防止対策のあり方について検討するため、2009年7月より職場における受動喫煙防止対策に関する検討会[47]を開催し、翌2010年5月に報告書をとりまとめた。

　報告書は、一般の事務所や工場などの施設については、「全面禁煙」又は「空間分煙」とすることが必要とし、顧客が喫煙するため、この措置が困難な職場については、原則として「全面禁煙」又は「空間分煙」としつつも、これが困難な場合には、事業場の状況に応じ、換気等による有害物質濃度の低減、適当な場合は保護具の着用等の措置により、可能な限り労働者の受動喫煙を防止することを求め、さらに、上乗せの対策メニューとしては、曝露時間を短縮するための禁煙タイムの導入などが考えられるとしている。

　この報告書を受けて、労働政策審議会安全衛生分科会[48]の議論が2010年10月から始まり、12月に建議が出された。建議では上記検討会報告に沿って、一般の事務所、工場等については全面禁煙や空間分煙とすることを事業者の義務とすることが適当とし、飲食店、ホテル・旅館等の顧客が喫煙できることをサービスに含めて提供している場所についても、労働者の受動喫煙

47）学識者11名、座長：相澤好治。
48）公労使各7名、分科会長：相澤好治。

防止という観点からは、全面禁煙や空間分煙の措置をとることを事業者の義務としつつ、とはいえ顧客の喫煙に制約を加えることにより営業上の支障が生じ、全面禁煙や空間分煙の措置をとることが困難な場合には、当分の間、可能な限り労働者の受動喫煙の機会を低減させることを事業者の義務とするとしている。またこれらに罰則は付さず、当面は指導中心でいくとしている。

上述のような経緯の後、2011年12月厚生労働省は法案を国会に提出したが、その過程では、小宮山洋子厚労相が就任後記者会見でたばこ増税に言及したことが愛煙家の忌避に触れたことも響き、与野党から「受動喫煙部分を切り離さないと審議に応じない」との声が続出し、一旦は法案の国会提出を見送るとの報道も流れた。

改正案では、本則において事業者は労働者の受動喫煙を防止するため、屋内作業場等について、もっぱら喫煙のために利用されることを目的とする室を除き、喫煙を禁止すること等の措置を講じなければならないとしているが（第68条の2）、附則第27条で一定の「飲食物の提供その他の役務の提供の事業」については当分の間適用しないとしつつ、「労働者の受動喫煙の程度を低減させるための措置」を求めている。

国会提出後も受動喫煙防止対策のゆくえは不透明な状況が続いた。2012年4月には上記義務づけを努力義務に修正する方向で検討に入ったと報じられ、5月にはその努力義務すらも削除し、事業主は何ら対策を講じる必要はなく、その代わりに客離れが懸念される飲食店などに配慮した新たな受動喫煙防止策を政府に検討するよう求める規定を附則に盛り込むと報じられた。7月にも、民主党が「職場に全面禁煙か完全分煙を求めた義務規定を削除し、事業者の事情に応じ適切な措置を講じることを努力義務とした」と報じられた。おそらくそれを受けて、8月にようやく趣旨説明が行われた。

ところがここで消費税引上げ法案をめぐって政治の世界が緊迫し、これが決着したところで政界は夏休みに入り、その間に公明党が受動喫煙防止対策の後退に異議を呈したこともあり、国会審議は動き出さず、同年11月の衆議院解散で廃案になった。

その後、2013年6月から労働政策審議会安全衛生分科会で再提出に向けた

審議が始まり、同年12月に建議がとりまとめられ、翌2014年1月に法案要綱を諮問し、2月に答申を受けた。こちらは、2011年改正案の義務づけを全面的に努力義務に落とすとともに、国の努力義務として、労働者の健康の保持増進に関する措置の適切かつ有効な実施を図るため、受動喫煙の防止のための設備の設置の促進その他の必要な援助を挙げている。政治状況からするとやむを得ない修正だったようである。同法案は3月に国会に提出され、6月にようやく成立に至った。

その施行準備のため、同年11月から職場の受動喫煙防止対策に係る技術的留意事項に関する専門家検討会[49]が開催され、翌2015年2月に報告書をとりまとめた。同年6月から施行されている。

(3) 2018年健康増進法改正

ところが、2020年に東京オリンピック・パラリンピックが開催されることが決まると、労働安全衛生政策としてはあれほど難産であった受動喫煙対策が再び政策課題として持ち上がってきた。同じ厚生労働省でも健康局主導で、2016年10月に受動喫煙防止対策強化検討チームワーキンググループが設置され、そこに提示された叩き台は、「日本の受動喫煙防止対策をオリンピック開催国と同等の水準とするため、従来の努力義務よりも実効性の高い制度とする」として、かなり厳格な規制を示している。

これによると、（1）多数の者が利用し、かつ、他施設の利用を選択することが容易でないものは、建物内禁煙とする（官公庁、社会福祉施設等）。（2）（1）の施設のうち、特に未成年者や患者等が主に利用する施設は、受動喫煙による健康影響を防ぐ必要性が高いため、より厳しい「敷地内禁煙」とする（学校、医療機関等）。（3）利用者側にある程度他の施設を選択する機会があるものや、娯楽施設のように嗜好性が強いものは、原則建物内禁煙とした上で、喫煙室の設置を可能とする（飲食店等のサービス業等）、とされている。この（3）には、飲食店、ホテル等のサービス施設の他、「事務所（職場）」というのも入っている。2011年に国会提出された労働安全衛生

49）学識者6名、座長：名古屋俊士。

法改正案では全面禁煙、空間分煙が事業主の義務とされていながら、その後の政治状況の中で2014年には全面的に努力義務にされて成立した職場の受動喫煙問題が、その射程に入っているのである。叩き台によると、これら建物内禁煙、敷地内禁煙、原則建物内禁煙のいずれにも当てはまらないのは、個人の住宅やホテルの客室など極めてプライベートな空間だけであり、およそ人が労働する空間はこの三つのいずれかに該当することになる。

　もっとも、その後の公開ヒアリングでは、業界団体から反対の声が上がり、与党内からも反対の声が強まった。2017年3月に同ワーキンググループに提示された「受動喫煙防止対策の強化について（基本的な考え方の案）」では、飲食店のうち、小規模のバー、スナック等（主に酒類を提供するものに限る）は喫煙禁止場所としないことなどいくつか修正されている。一方、自由民主党のたばこ議員連盟は同月、上記叩き台が「敷地内禁煙」や「屋内禁煙」とした小中高校や医療施設、官公庁など、ほとんどの施設で「喫煙専用室を設置可」とし、喫煙専用室による「分煙」案を示している。さらに、飲食店などについては「屋内禁煙」とはせず、「禁煙・分煙・喫煙」の表示を義務化して対応するとしている。これに対して塩崎恭久厚労相は妥協を拒み、結局2017年の通常国会に法案の提出はできないままとなった。

　その後、水面下で自由民主党との折衝が進められ、2018年3月にようやく健康増進法改正案が国会に提出され、同年7月に成立した。これは、医療施設、小中高、大学等や行政機関は、敷地内禁煙とする一方、それ以外の施設（事務所、飲食店、ホテル、老人福祉施設、運動施設等）は、屋内原則禁煙としつつ、喫煙専用室（室外への煙の流出防止措置を講じており、専ら喫煙を行うもの）内でのみ喫煙を可能としている。とりわけ大きく変わったのは既存特定飲食提供施設に対する措置で、既存の飲食店のうち、中小企業や個人が運営する店舗であって、客室面積が100㎡以下のものについては、別に法律で定める日までの間、「喫煙」「分煙」の標識の掲示により喫煙を可能としている。この場合、20歳未満の者は、客も従業員も立入禁止である。

　そのほか、従業員に対する受動喫煙対策として、関係者に受動喫煙を防止するための措置を講ずる努力義務等を設け、これに基づく対応の具体例を国のガイドラインにより示して助言指導を行うとともに、助成金等によりその

第3章　労働安全衛生法政策　503

取組を支援するとしている。また、今回の法律とは別に関係省令等により、
従業員の募集を行う者に対しては、どのような受動喫煙対策を講じているか
について、募集や求人申込みの際に明示する義務を課すこととしている。

第4章
労働時間法政策[1]

第1節　労働時間法制の展開

1　工場法の時代
（1）　先進諸国の労働時間法制

　労働時間問題は、工場制生産が発展し、機械と分業による生産様式が一般化して労働が単純化され、この結果女子や年少者による作業が可能となった段階で顕在化した。産業資本家は機械に投下した資金の回収を早め、製品1単位当たりの機械の償却コストを削減するため機械をできるだけ長期間稼働させようとし、労働時間も必然的に長くなった。産業革命前にはせいぜい1日10-12時間であった労働時間は14-16時間と極めて長くなった。また、女子の深夜労働も通常のこととなったほか、10歳前後から労働に従事する児童も多く、綿業などではそれら児童の労働時間が深夜業を含め1日12時間以上になった。

　やがてこのような長時間労働は種々の弊害をもたらすことになったが、とりわけ女子と児童に強く現れた。このような状況の中で、労働者の側から労働時間短縮の要求が強く出されるとともに、政府の人道上の観点や人的資源の保護育成、軍事上の観点から長時間労働に対する対策を迫られることになった。

　イギリスでは、1802年の徒弟の健康及び道徳に関する法律により、徒弟について1日最高12時間という労働時間規制が設けられた。1833年には工

1）濱口桂一郎「労働時間法制－混迷の原因とあるべき法規制」（水町勇一郎・連合総研編著『労働法改革　参加による公正・効率社会の実現』日本経済新聞出版社（2010年））。

506　第3部　労働条件法政策

場法が成立し、繊維産業について、18歳未満の年少者の夜業を禁止し、その労働時間を1日12時間以内とするとともに、13歳未満の児童の労働時間を1日8時間以内に規制した。さらに、法の実施を担保するため工場監督官制度を設けた。工場法は1844年に改正され、18歳以上の女子労働者についても1日12時間以内に規制し、深夜業を禁止した。さらに1847年には繊維産業の女子・年少労働者について1日の労働時間を10時間以内とした。

　こうしたイギリスの動きは後発諸国にも影響を与え、独仏やアメリカでも年少者や女子の労働時間規制が導入された。一方、19世紀中頃から労働組合の組織化が進み、10時間労働の次の段階として8時間労働制を求める運動が活発に展開されるようになった。アメリカでは1866年5月1日に8時間労働制を要求する大規模なストライキが行われ、20万人が参加したといわれる。これがメーデーの起源である。8時間制を立法化したオーストラリアやニュージーランドを除き、この時代は主として労働協約によって8時間労働制が進められた。

　第1次大戦末期にロシアで成立した社会主義政府が8時間労働制を宣言したことが刺激となり、戦後フランスやドイツなどで相次いで8時間労働制が実現し、1919年に締結されたヴェルサイユ平和条約の第427条において、1日8時間又は週48時間労働制、週1回の休日制などの原則が唱われた。このヴェルサイユ条約に基づいて同年創設されたILOは、第1回総会において、「工業的業種における労働時間を1日8時間週48時間に制限する条約（第1号）」を採択し、これにより1日8時間労働が国際基準として確立した。

（2）　工場法の制定

　日本は明治維新後、富国強兵、殖産興業の旗印の下、製糸、紡績等の軽工業を中心に工業化をめざしたが、日清日露の両戦役を経て工業化が進むにつれて労働時間は長くなり、基幹的輸出産業であった繊維産業では、通常でも12時間程度、時には14-16時間にも及んだ。そして紡績工場などでは女子を中心に深夜業を含む2交替制が始まった。当時の長時間労働の実態は1903

年に農商務省商工局が作成した『職工事情』[2]に詳しい。

このような過長な労働時間が労働者の疲労や結核を中心とする疾病の原因となるなど社会問題化したことから、特に次代を担う年少者や女子の健康確保の観点から、1911年、日本初の労働者保護法である工場法が成立した。この1911年工場法では、職工15人以上の工場を対象に、女子と15歳未満の児童について、就業時間（休憩を含む拘束時間）を1日12時間に制限し、午後10時から午前4時までの深夜業を禁止するとともに、月2回の休日などが定められた。

しかしながら、使用者側の反対のため、同法の施行は1916年まで延期された上、法施行後15年間という長期間にわたって就業時間は1日14時間、交替制による場合は深夜業は可能とされた。

なお、時間外・休日労働はかなり厳格で、「避クヘカラサル事由ニ因リ臨時必要アル場合」に行政官庁の許可を得て行えるほか、「臨時必要アル場合」にはその都度予め行政官庁に届け出て、1か月に7日まで就業時間を2時間以内延長できるという道と、「季節ニ依リ繁忙ナル事業」について予め行政官庁の認可を受けて、1年に120日まで就業時間を1時間延長できるという道があった。

さらに、これより先、1890年に鉱業条例が制定され、その中で1日12時間以上の就業時間を制限し、女子年少者の保護のため就業時間及び職種を制限するため省令を設ける旨の規定があったが、これは実現しなかった。1916年に至って鉱夫労役扶助規則がようやく制定され、工場法と同水準の保護が規定された。

（3）　工場法の改正

上述のように1919年にILOが創設され、その第1号条約として1日8時間労働、週48時間労働が規定されたことは、日本にも影響を及ぼし、同年9月には大日本労働総同盟友愛会が8時間労働、週48時間制度を綱領として掲げた。しかし、日本では労働組合の力は弱く、政府（内務省社会局）主導によ

2）犬丸義一校訂『職工事情』（上・中・下）岩波文庫（1998年）。

る工場法改正の努力によって法定就業時間の短縮が進められた。

1923年、新設された内務省社会局が農商務省の反対を押し切って工場法の改正を行い、10人以上の工場に対象を拡大し、女子と16歳未満の児童の1日の就業時間を12時間から11時間へと1時間短縮し、深夜業の禁止は午後10時から午前5時まで（ただし交替制の場合は1929年6月まで適用せず）と改正され、3年後の1926年から施行された。これにより、女子の多い産業部門では若干の前進が見られた。

その後、1929年の工場法改正で、原動機を使用する全ての工場に適用対象を拡大したが、省令で撚糸業及び織物業に限り適用した。

一方、鉱夫保護についても、1922年に検討の末お蔵入りとなった鉱業労働法案を経て、1926年に鉱夫労役扶助規則の改正が行われ、1923年改正工場法と同水準の保護が規定された。その後、1928年の鉱夫労役扶助規則改正は、女子・年少者の坑内労働を原則禁止するとともに、一般鉱夫についても就業時間を原則10時間に制限した。

（4） 商店法の制定

さらに、商店使用人の保護についても検討が進められ、1931年初めて営業時間制限や休日制等の商店法案要綱を発表し、各団体の意見を徴したが、賛否分かれ提案に至らなかった。その後、1937年に至りようやく商店法案を議会に提出し、成立に至った。商店法は物品販売業及び理容業に適用され、閉店時刻を原則として午後10時とし、閉店時刻後の営業を禁じるとともに、使用人に対し月1回の休日を与えることとした。また、使用人50人以上の店舗については、工場法と同様、女子・年少者については就業時間1日11時間、休日月2回と定めた。

その後、1940年には厚生次官名の通牒で閉店時間を午後9時に繰り上げるよう求めた。

（5） 戦時体制下の労働時間規制

日中戦争から日本は全面的な戦時体制に入っていき、1938年には国家総動員法が制定された。戦争遂行のためには軍需生産力の急速な拡大を図る必

要があったが、成年男子が兵力に徴用されたため、女子・年少者を労働力として活用する必要が起こり、1937年7月に「軍需品工場ノ年少者及ビ女子労働者ノ就業時間並ニ休日ノ取扱ニ関スル件」という通牒が発せられ、労働保護規制の緩和が行われた。

　一方、同年10月、内務省社会局は「軍需品工場ニ対スル指導方針」を発し、それまで一切就業時間規制のなかった16歳以上の成人男子に対しても、1日の就業時間を残業時間を含め原則として12時間以内とすること、特に長時間労働を必要とする場合でも14時間以内とすることを求め、勧奨的にではあるが、成人男子の就業時間制限に踏み出した。

　しかし、その後戦局の拡大とともに軍需生産が増大し、就業時間は長時間化し、健康の悪化や労働災害の増加が顕著になってきた。そこで、政府は1939年3月、工場就業時間制限令を勅令として発布し、機械製造業、船舶車両製造業、器具製造業、金属品製造業及び金属精錬業について、16歳以上の男子職工の1日の就業時間を12時間以内とし、就業時間が6時間を超えるときは少なくとも30分、10時間を超えると1時間の休憩を設け、さらに月2回の休日を与えるべきことを定めた。これも「已ムヲ得ザル事由ニ依リ臨時必要アル場合」の許可制に加え、「臨時必要アル場合」の届出による1か月7日まで2時間以内の延長が規定されていた。これは鉱夫労役扶助規則を除けば、成人男子に対する労働時間の上限規制の先行事例と言える。

　ところがさらに戦局が厳しくなってくると、工場就業時間制限令を緩和する必要が生じ、1942年1月には厚生省労働局長より、交替制による連続操業を行う場合には12時間以内の時間延長を認める通牒を発し、さらに1943年6月には同制限令は遂に廃止された。これと同時に、工場法戦時特例が勅令として公布され、工場法の保護職工たる女子・年少者に対する就業時間、深夜業、休日、休憩の制限規定が適用されないことになり、労働時間規制そのものが機能停止するに至った。

　終戦後、1945年10月、勅令でこれら戦時労働法令が廃止され、工場法等の労働保護法令が復活した。

2 労働基準法の制定[3]

(1) ILO条約と先進諸国の動向

　この間、ILO条約や先進諸国の法制はさらに前進していた。前述のように1919年の第1回ILO総会で第1号条約が採択された。これは工業的企業を対象とし、一般的な基準として1日8時間、1週48時間を超えてはならないと規定し、時間外労働については、使用者及び労働者団体と協議した上で許される最長限度が規定されなければならず、少なくとも25％の割増賃金が払われなければならないとする。その後、1930年には「商業及び事務所における労働時間の規律に関する条約」（第30号）が採択され、同様に1週48時間、1日8時間制が規定された。一方、1921年には「工業的企業における週休の適用に関する条約」（第14号）が採択され、工場労働者に対し7日ごとに1回連続24時間の休日を付与すべきことが規定され、1957年に「商業及び事務所における週休に関する条約」（第106号）で商業及び事務所に拡大された。

　また、有給休暇についても、1936年の「年次有給休暇に関する条約」（第52号）は1年勤続後に6労働日の年次有給休暇を求めている。その他、女子の夜業禁止についても、1919年の第4号条約、1931年の第41号条約と採択されてきた。

　これらが戦後労働基準法に取り入れられた国際標準を形作るものとすると、1935年の週40時間条約（第47号）は、世界大恐慌のさなかに失業解消の手段として労働時間短縮を取り上げたかなり特殊な条約であって、現在のワークシェアリング政策のはしりとも言える。

　アメリカではルーズベルト大統領のニューディール政策により、1933年産業復興法に基づき最長労働時間と最低賃金の業者間協定に法的拘束力を持たせる政策が採られ、これが最高裁で違憲とされた後1938年に公正労働基

3）寺本廣作『労働基準法解説』時事通信社（1948年）、廣政順一『労働基準法－策定経緯とその展開』日本労務研究会（1979年）、廣政順一「労働基準法の制定とその歩み」（労働省労働基準局編『労働基準行政五〇年の回顧』日本労務研究会（1997年）所収）、渡辺章編集代表『日本立法資料全集労働基準法』（1）～（4下）信山社（1996－2011年）。

準法が制定され、週40時間を超える労働に対しては50％の割増賃金の支払いが義務づけられた。これによりそれまで一部の企業に限られていた週休2日制が広まることになった。フランスでも1936年に人民戦線内閣が成立し、失業者に仕事を与えることを主目的とする週40時間労働法が制定された。

（2）　労働基準法の制定

　第1章で述べたように、1947年3月、労働基準法が制定された。同法はいくつもの面において画期的な法制であったが、特に労働時間法制については、工場法時代の水準を遙かに超える当時の日本からすれば極めて急進的な内容の規定を設けた。戦前の労働時間法制は女子・年少者についてのみ最長11時間の就業時間を定め、成人男子には原則的には規制がなかったのに対し、1947年労働基準法は一部を除き原則として8時間労働制を導入した。しかも、工場法の適用対象とならなかった10人未満の工場をはじめ、さまざまな非工業的業種に対しても原則的に全て適用されることとされたのであるから、その間には著しい飛躍がある。

　もちろん、上述のように鉱夫や軍需品工場については成人男子労働者への労働時間規制が存在していたし、実際にも工場における所定就業時間は平均10時間強、実際の就業時間も平均して10時間から11時間程度であって、就業時間と労働時間の差たる休憩時間を差し引けば、これら工業的業種については程度問題という面もあったと思われる。しかしながら、非工業的業種については商店法で午後10時という閉店時間を定めてはいたが、労働時間規制という発想自体がかなり異質なもので、それが戦後10年以上にわたる規制緩和を巡る攻防の背景となる。

（3）　法定労働時間

　法制定の際、「敗戦後の我が国のごとく多くの生産設備を破壊せられ労働の生産性が低下している場合、8時間労働を以て労働者の最低生活を保障するに足る生産を確保しうるやについて議論の分かれるところであった」が、「8時間制を画一的に強制することを避け、賃金計算等に関し8時間制の原則を維持しつつも、労働者が自覚して求めない限りなお時間外労働を認める軟

式労働時間制」を導入することで実現に至った（寺本広作）。なんといっても ILO 条約で1日8時間が国際標準として確立していたことが大きいであろう。ちなみに、労働保護課内の第1次案では女子・年少者は1日8時間1週48（44）時間、成人男子は1日9時間1週50時間とし、逆に無限定の時間外労働は認めない硬式労働時間制であったが、すぐに協約又は書面協定による適用除外が挿入され、軟式化した。

なお、週労働時間については、ILO 条約としては第1号条約の48時間制だけでなく第47号条約の40時間制も存在しており、「これを44時間に制限する案もあったが、土曜半休は必ずしも未だ我が国の一般的労働慣習となっていないということで採用されなかった」。週40時間制の実現は1980年代から90年代の労働時間法政策の最大の課題となる。

また、工場法をはじめ戦前の労働時間法制は休憩時間を含めた就業時間を規制するものであったが、労働基準法以後は ILO 条約に従い休憩時間を除く実労働時間を規制するものに変わっている。この点、国会で社会党は「休憩時間を除き」を「休憩時間を含め」に改め、就業時間8時間、実労働時間7時間制とする修正案を提出したが否決されている。

さらに、この法律で4週間単位の変形労働時間制が設けられたが、ILO 第1号条約では変形制でも1日の限度を1時間としており、これがその後同条約を批准できない理由の一つとなった。また、一気に適用範囲を拡大したことから、かなり多くの特例を設けることとなった。制定時には、運送業における特殊日勤・一昼夜交代勤務、中小郵便局、警察・消防職員については1日10時間制、小売商業、保健・衛生、接客娯楽業等は1日9時間制とされた。

（4）　時間外・休日労働

1947年労働基準法の労働時間法制としての最大の特色は、過半数組合又は労働者の過半数代表者との書面協定による同意を条件として無制限の時間外・休日労働を認めた点にある。寺本広作はこの点について、「8時間労働制が労働者の健康保持のための最長労働時間としてよりも、労働者のために余暇を確保しその文化生活を保障するために必要な最長労働時間として規定されるものであることは一般の定説の通りであるが、かような意味で確保さ

れる余暇は労働者は自覚してこれを求めるときに初めて有効にその目的のために利用されることとなる」、「労働者の自覚といっても個々の労働者は余暇確保のために8時間制の維持を主張することは困難であるから、この法律では、労働者の団体意思による同意を条件として時間外労働を認めることとした」、「かような方式による労働時間制は外国にはその立法例を見ないのであるが、我が国の現状に即応し民主主義的な方法により8時間労働制の意義を実現するためには必要な方法であると考えられた」と述べている。これは現在からすると大変皮肉に聞こえる。工場法等が時間外労働に関しては臨時の必要等を要求する硬式労働時間制を採っていたことを考えると、パンドラの箱を開けてしまったと言えるかも知れない。

　なお、制定過程では時間外労働の上限設定も検討されていた。第4次案では1日3時間、1週9時間、1年150時間という上限を規定していたが、第6次案で落とされ、結局採用されなかった。ILO第1号条約は、一定の事由に限りかつ一定の限度内でのみ時間外労働を認めているので、これも同条約が批准できない理由である。

　時間外・休日及び深夜の割増賃金を25％としたことにも、アメリカが50％としていることなどから議論があり、第1次案では最初の2時間は30％、その後は50％とし、第2次案では50％としていたが、第4次案でILO条約の基準である25％に落ち着いた。これも1980年代以降の論点となっていく。

(5)　年次有給休暇

　年次有給休暇は工場法等に全く規定がなく、ILO条約等に基づき新たに導入されたものであった。1年勤続の後に6労働日の有給休暇というのはILO条約の求める水準であるが、8割の出勤率を要件にしたのは「他に例はないが、終戦後一般に労働意欲の低下して居った我が国の現状に鑑み、特に一定率の出勤を要件とすることが必要と認められたため」とされている。また、ILO条約は基礎日数たる6日については分割を認めておらず、第4次案では継続6日を要求していたが、「一定期間継続的に心身の休養を図るという年次有給休暇制度本来の趣旨は著しく没却されることになるが、我が国の現状

では労働者に年次有給休暇を有効に利用させるための施設も少なく、労働者は生活物資獲得のため、週休以外に休日を要する状況にあり」分割を認めることとなった。これらは現在に至るまで維持されているが、法政策としては再検討の余地があるであろう。

なお、法施行から1954年までの数年間は、年次有給休暇の取得の在り方が現在とは異なっていたことを指摘しておく必要がある。労働基準法施行規則第25条が、「使用者は、法第三十九条の規定による年次有給休暇について、継続一年間の期間満了後直ちに労働者が請求すべき時季を聴かなければならない」と規定していた。すなわち、年休付与義務を負った使用者は、労働者の意向を聞いて、年休付与計画をまとめ上げ、これにより計画的に年休を付与していくというのが、労基法施行当初に描かれていた姿であったわけである。

ところが、後述の1954年省令改正で、法律の委任なく定められた省令の全面見直しを行う必要があり、法律の根拠がない規定なら法律に書くべきとの労働側の主張にもかかわらず、使用者の年休請求時季聴取義務も削除されてしまったのである。その結果、使用者は自ら労働者に年休取得時期を聴かなくてもよく、労働者が申し出てくるのを待っていればよくなった。これが日本人の年休取得率の低さに影響している可能性は高い。

3 規制緩和の攻防[4]

(1) 1949年省令改正

こうして制定された労働基準法に対しては、当初から使用者側を中心として行き過ぎだとし、日本経済の自立を妨げる悪法と批判する声が絶えなかった。その中心的論点はいうまでもなく労働時間法制であった。1947年から1957年までの10年間は、労働基準法の保護水準を引き下げようとするこうした規制緩和論との攻防の時代と言える。

規制緩和論の先駆をなしたのは、かつてGHQにいたカウフマンが1947年

4）廣政順一『労働基準法－策定経緯とその展開』日本労務研究会（1979年）、山中篤太郎『労働政策の歩み』総合労働研究所（1973年）。

末、ニューズウィーク誌に企業集中排除法、農地調整法及び労働基準法を日本における行き過ぎの法律と述べたことで、翌1948年に企業3原則及び経済9原則が指令され、ドッジプランが実施されるに伴い経営側の発言力が増大し、労働基準法の改正が論じられ始めた。しかし、同年3月にハバナで採択された国際貿易憲章で公正な労働条件基準の維持が唱われたこと、ILOでも日本の労働基準に懸念を表明したこと等の国際的な動向もあり、1949年3月にはGHQが日本の労働基準という談話を発表し、「日本は世界市場で競争するときには労働基準法を守る余裕はないと信じている者がある。しかし本当は日本はこの法律なしにはやっていけないというのが事実である。世界が日本の製品は長時間労働、低賃金の悪労働条件の下に生産されたものでないことを首肯しない限り、日本製品を世界市場から閉め出すために強力な手段が執られるであろう」と警告するに及んで、財界や政界の一部で高まりつつあった労働基準法改正の要望は表面から消え去った。

　なお、労働基準法が施行されてから指摘された法違反の過半数が労働者保護の実体規定よりも手続規定違反であったことから、相当程度手続の簡素化、廃止が行われた。ただ、時間外労働協定の期間の定めについては、3か月の制限を撤廃せよとの使用者側の意見は容れられなかった。この意見の背景には、当時労働組合が争議戦術として36協定締結拒否闘争を繰り返していたことがある。

　なお笑い話のようだが、1950年7月の金閣寺炎上の際、「労働基準法により深夜の夜廻りをしていなかったから」との文部省談話がまことしやかに出され、労働省が厳重抗議したことがある[5]。

(2)　1952年改正[6]

　1951年5月、平和条約締結を前にして発表されたリッジウェー最高司令官の声明は、占領政策に基づく各種法令制度の再検討を許し、これを受けて経営側から労働基準法の改正を求める意見が堰を切ったように噴出した。その

5）廣政順一「法批判の動きと行政の対応」（労働省労働基準局編『労働基準行政五〇年の回顧』日本労務研究会（1997年）所収）。
6）堀秀夫『改正労働基準法－解説と運用』雇用問題研究会（1952年）。

代表が同月東京商工会議所が出した労働基準法改正意見書で、10人未満の小企業への適用は当分の間延期することをはじめ、労働協約により基本労働時間を10時間にできること、商店では休日を月1回にできることなどが含まれ、事実上労働基準法を骨抜きにしようとするものであった。

リッジウェー声明を受けて、同月内閣に占領下の諸法令を検討するための政令改正諮問委員会[7]が設置され、労働関係諸法についても検討の結果、7月「労働関係法令に関する意見」を答申した。そこでは「労働関係法令は経済民主化の根幹であるからその基本原則は今後も確保強化すべきであるが、過去5年の経験から見て日本経済の実情に適しない点は国際的水準を下らない限り率直に修正を考えるべき」として、5人以下の事業について家内労働との関係で別の規定を設けること、時間外労働協定の有効期間を3か月に限定せず労働協約と一致させること、年次有給休暇を1年ごとに打ち切り、買い上げを認めることなどが提起された。これは経営側の要求に比べると慎重なものにとどまっていたが、小企業の適用除外という労働省として受け入れがたいものも含まれていた。

これを受けて労働省は9月、中央労働基準審議会[8]に政府原案なしに白紙で諮問した。これは、政令諮問委員会答申には5人以下事業の適用除外などの問題点も含まれていたため、あえてそうしたもので、審議は「国際的な公正労働基準を守るという基本的立場」を尊重して行われ、その結果翌1952年3月に出された答申はさらに穏当な内容となった。労働省はこれに基づき法案を作成して同年5月に国会に提出、7月に成立を見た。

その内容は技能者養成のための年少者の坑内労働の緩和、女子深夜業禁止の例外などにとどまった。なお、この法改正に伴う省令改正により、時間外労働協定の有効期間を1年にできることや物品販売業等で1日11時間の範囲で変形9時間制を認める等の改正が行われた。

この背景にあるのは、対日平和条約を控えたイギリスの動向で、ちょうど日本がILO復帰を認められる時期に当たり、日本の労働条件引下げ問題がク

---

7) 学識者7名、労働法については中山伊知郎が中心。
8) 公労使各7名、会長：山中篤太郎。

第4章　労働時間法政策　517

ローズアップされ、通商上の競争に対する危惧の念が示された。貿易立国を
めざす日本政府としては、労働基準をILO水準以下に切り下げるという選択
肢は採りうるものではなかったのである。

(3)　1954年省令改正[9]

　しかしながら、経営側の労働基準法改正要求はなおも根強く、1953年11
月にはまたも東京商工会議所が労働基準法改正意見書を発表し、10人以下
の小企業には簡素にして弾力性ある法律を制定すること等を要求した。一方
同年7月から、内閣法制局において、占領下の法律に基づく命令体系が乱れ
ているとして、特に法律の委任なく定められた省令等の見直しが求められ
た。そこで労働省も省令の全面見直しを行うこととなり、1954年2月中央労
働基準審議会に諮問された。同審議会は4月に答申を行い、これに基づき6
月に改正規則が公布された。

　その内容であるが、法律に基づかない省令規定として、時間外労働協定の
3か月の期間制限が撤廃され、単に有効期間の定めをするものとされた。ま
た、年次有給休暇につき使用者に対して請求すべき時季を聴かねばならない
という義務を課していた規定を削除した。あるいは、就業規則の届出に労働
協約の添付を要求していたのを不要とした。これらは確かに法律の根拠なき
手続規定であるが、労働者保護の観点からはかなり重要な役割を果たしてい
た規定であった。さらに、実体的な規定としては、商業の9時間労働制が認
められる範囲が10人未満から30人未満に大きく拡大された。この点につい
ては公益委員の反対を押し切って改正されている。

　この改正時、労働側は法律の根拠がない規定なら法律に書くべきとの主張
も行ったが、経営側が労働基準法の全面改正を要求して攻勢を掛けている中
で、今回は有利な外圧もなく、労働省としては法律本体にはさわらないで省
令改正だけですませるという戦略で取り組んだものであり、結果的には何と
かこの程度でしのいだということであろう。

9）亀井光『改訂増補労働基準法解説』労働法令協会（1955年）。

518　第3部　労働条件法政策

（4）　1957年臨時労働基準法調査会答申

　ところが、使用者側は労働基準法改正問題が省令改正でごまかされたと感じ、さらに規制緩和を求めた。この引き続く改正論議に終止符を打ったのが1957年の臨時労働基準法調査会答申である。

　1955年8月、閣議決定に基づき臨時労働基準法調査会[10]が設置された。調査会は中小企業問題を中心に審議し、1957年5月に労働基準法改正の要否に関する答申を行った。この答申は「最低労働条件立法の在り方について基本的な検討を加えるに当たり、このような大きな労働条件の格差を肯定する立場に立って考えることは労働保護政策の本旨に反する」と明確に言い切り、「中小企業の労働条件を低位におくことによって中小企業の状態を改善しうるということは全く本末転倒の誤謬」であって、「労働基準法の定める最低基準と中小企業の実態との間の懸隔の問題についての基本的態度としては、我が国経済規模の拡大を図りつつ中小企業を育成振興することによってこの懸隔をできる限り縮めるという積極的な方向を採るべきである」と結論づけている。

　従って、「法の基本部分に触れるような改正はこれを行うべきでない」と明言した上で、当面とるべき措置として、労働基準法に違反したからといって一律形式的に取り締まるのでなく、「事の軽重緩急に従い、重点的段階的に是正せしめるよう措置する必要がある」とした。この答申に基づき、労働基準行政が中小企業問題を意識しつつ自主的な遵守意欲を出させる方向に転換したころから、日本は高度経済成長に突入していき、労働力不足時代が到来し、それが中小企業にも労働条件改善への目を開かせることになり、10年に及んだ労働基準法とりわけ労働時間規制をめぐる規制緩和の攻防は現実に終止符を打つことになった。

10）学識者18名、会長代理：中山伊知郎。

4 労働時間短縮の時代[11]

(1) 一斉週休制・一斉閉店制

労働時間法制の規制緩和をめぐる攻防が終わった地点から、今度は労働時間短縮に向けた行政指導の時代が始まる。まずは、中小企業を労働基準法の求める水準まで持っていくための行政指導が行われた段階である。

そのきっかけになったのは、1955年春、大阪市内で起こった休日もなく働かされることを恨んだ店員による店主殺害事件であった。これを契機に、翌1956年5月から、大阪労働基準局の指導のもとに、大阪松屋町地区商店街が毎日曜日一斉休日に踏み切った。続いて1957年9月から東京労働基準局の指導のもと、東京日本橋横山町問屋街が毎日曜日一斉休日を実施し、以後全国に広がり、1958年9月末までに2000以上の団体で実施されるに至った。同業者が軒を並べ互いに競争関係にある中小商業サービス業においては、自分の店だけ休むと他の店に客を取られるということから、一斉休業方式が有効な手段であり、労働省は同年10月「週休制の推進及びこれに伴う余暇の善用について」（基発第663号）を発出して、全産業に週休制を普及することとした。

また、戦前は商店法で規制されていたが戦後規制のなくなった閉店時刻についても、1960年10月から千葉労働基準局の勧奨により全県下一斉に閉店時刻を午後9時とする一斉閉店制を実施し、ついで労働省も同年12月「商店街等一斉閉店制普及推進要領」（基発第1007号）を発出して、その普及を図った。

(2) 先進諸国における週休2日制・長期休暇の普及

さて、先進諸国では1950年代から労働時間短縮への関心が高まり、イギリスやドイツでは労働協約により週休2日制の普及が進んだ。ドイツのDGBが1956年のメーデーに掲げた「土曜日のパパは僕のもの」というスローガ

---

11) 望月三郎「労働時間対策（昭和35年～59年）」（労働省労働基準局編『労働基準行政五〇年の回顧』日本労務研究会（1997年）所収）、谷口隆志『労働時間問題の現状と課題』労務行政研究所（1986年）、野見山眞之『労働時間－その動向と課題』労働基準調査会（1989年）。

520　第3部　労働条件法政策

ンは人口に膾炙した。フランスでもやや遅れて1968年の学生運動を契機と
する5月危機で政労使間でグルネル協定が結ばれ、週休2日制による週40時
間労働が取り決められた。

　この頃から、年間の労働時間短縮にも大きな関心が向けられるようにな
り、年次有給休暇の長期化が進んだ。1970年代には、労働協約ではほぼ4週
間以上の有給休暇が定着するようになった。こういう動きはフランスを除き
労使の自主的な交渉によって進められたが、ILOでも1970年に新たな有給
休暇に関する条約（第132号）が採択され、1年勤続で3労働週以上の年次
有給休暇の権利を定めた。分割は可能だが、その一つは2連続週でなければ
ならない。

（3）　高度成長期における週休2日制の普及促進

　日本でも高度経済成長に伴い、特に大企業において週休2日制が少しずつ
普及していった。ただ、日本では月1回の週休2日を含めても数％で、本来
の週休2日制（これを「完全週休2日制」と称した）は1970年段階でも1％
以下であった。

　こういう中で1971年12月、労働大臣の私的諮問機関である労働基準法研
究会[12]の第2小委員会[13]は、労働時間・休日・休暇関係の報告を行った。そ
こでは、週休2日制が一般的に実現されるようその普及促進を図るとともに、
時間外・休日労働については36協定の適正化のための指導を進め、年次有
給休暇については計画的取得による完全消化、夏季連続取得を図ることを求
めている。これは労働行政機関から初めて出た労働時間問題の総括報告であ
り、以後の労働省の労働時間政策を規定した。翌1972年10月には労働者生
活ビジョン懇談会[14]の中間報告「週休2日制普及促進の考え方と推進策につ
いて」が発表され、行政の目標を週休2日制の推進に絞った。

　ところが、1973年秋に第1次石油危機が起こり、週休2日制の普及が足踏

---

12) 学識者20名、会長：石井照久。
13) 学識者8名、小委員長：有泉亨。
14) 公労使14名、会長：大来佐武郎。

み状態になった。不況のために時間外労働が減少したため、総実労働時間は過去最低を記録したが、これ以降企業が減量経営を進め、先行き見通しの不安からその後の景気回復に対して雇用の増加よりも所定外労働の増加によって対処しようとしたため、総実労働時間はむしろ長くなる傾向を示した。このため、労働側から、労働基準法の改正によって労働時間の短縮を進めるべきであるという声があがった。

（4）　安定成長期における週休2日制の普及促進

そこで、1976年から中央労働基準審議会[15]で労働時間短縮に関する労働行政の在り方について検討が行われ、1977年11月に「労働時間対策の進め方について」という建議が出された。そこでは、労働基準法の改正により労働時間短縮を図ることは、日本の労働時間が業種、規模別に大きな格差が見られること、罰則を伴う法律によって一律に行うことは適当ではないなどの理由から、行政指導によって短縮を図るべきとし、具体的には週休2日制の普及促進に併せて過長な所定外労働の削減、年次有給休暇の消化促進に重点を置くことを求めていた。これに基づき、1978年5、6月に次官及び局長名の通達を発し、業種別等の集団指導を行った。

1979年8月に閣議決定された新経済社会7カ年計画と第4次雇用対策基本計画は、日本の労働時間の目標を「昭和60年度に欧米主要国並みの水準」と設定した。これを受けて労働省は1980年12月、「週休2日制等労働時間対策推進計画」を策定し、「年間総労働時間が2000時間を割る」という具体的な数値目標を設定した。1983年8月の「1980年代経済社会の展望と指針」を受けて1985年6月に策定された「労働時間短縮の展望と指針」でも、引き続き2000時間が目標とされている。

（5）　金融機関・公務員の週休2日制

この時期の労働時間法政策の中心は、金融機関と公務員の週休2日制の促進におかれた。中小企業への週休2日制の普及を進めるには、取引関係等で

15）公労使各7名、会長：峯村光郎。

522　第3部　労働条件法政策

影響力の強い金融機関や広く労働条件設定の目安となっている公務員につい
てまず実現することが効果的との考え方からである。

　旧銀行法第18条は銀行の休日を日曜及び祝祭日に限定しており、また手
形法、小切手法など関連法規には期日に関する定めがあり、閉店制による週
休2日制のためにはこれらの改正が必要であった。1975年以来関係省庁連絡
会議で検討され、1981年5月に改正法が成立し、1983年5月に銀行法施行令
に毎月第2土曜日が休日として追加され、同年8月からようやく月1回第2土
曜に閉店による週休2日制が実施された。郵便局もこれに合わせた。その後、
1986年8月には第3土曜日閉店も実施され、1989年2月には全ての金融機関
が完全土曜閉店制を実施した。

　一方、公務員については勤務条件法定主義からやはり法改正が必要であっ
た。1976年、1978年の2回の試行を経て、1979年には人事院が4週5休制の
導入を勧告し、1980年11月一般職の職員の給与に関する法律が改正され、
1981年3月から4週1回交替半休制が実施された。これに準じて多くの地方
自治体でも4週1回交代半休制が実施された。その後、1987年には人事院が
4週6休制を勧告するとともに将来の土曜閉庁方式を提起し、翌1988年4月
から4週6休制が実施され、1989年1月から月2回土曜閉庁制が実施された。
国家公務員の完全週休2日制の導入は1992年5月からである。

　なお、同年9月から学校の月1回土曜休校が始まり、1995年には月2回と
なり、2002年には完全週5日制となっている。もっともこれは教職員の労働
時間問題であると同時に生徒児童の生活教育問題という面が大きい。

5　労働時間短縮から労働時間弾力化へ
（1）　労働時間短縮の国政課題化

　1980年代半ばは、それまで労働政策という枠の中の政策課題であった労
働時間短縮問題が国政の重要課題の一つに位置づけられるに至った時代であ
る。その流れを決定づけたのが、日本の経済構造を国際協調型に変更するこ
とを目的とした前川レポートと呼ばれる2度にわたる提言であった。

第4章　労働時間法政策　523

1986年4月、国際協調のための経済構造調整研究会[16]が報告書（「前川レポート」と呼ばれた）を中曽根康弘首相に提出し、内需拡大のための重要な柱として労働時間の短縮による自由時間の増加を挙げ、「欧米先進国並みの年間総労働時間の実現と週休2日制の早期完全実施」を求めた。

1987年5月には経済審議会経済構造調整特別部会[17]から「構造調整の指針」と題する建議（「新前川レポート」と呼ばれた）が行われたが、これは労働時間の短縮を内需拡大、産業構造調整、雇用などと並ぶ大きな柱に位置づけ、「2000年に向けてできるだけ早期に、現在のアメリカ、イギリスの水準を下回る1800時間程度をめざすことが必要である」という新たな数値目標を設定した。

その後、1988年5月に策定された新経済計画「世界と共に生きる日本」や同年6月の第6次雇用対策基本計画及び新たな労働時間短縮推進計画でも計画期間中に1800時間の達成が盛り込まれ、1800時間という数字が国を挙げての目標となった。もっとも、この1800時間という数字は米英（1900時間台）と独仏（1600時間台）の中間をとったもので、余り根拠はなかったようである。

いずれにしても、この時期に労働時間短縮が国政の重要課題として位置づけられるという状況になければ、後述の労働基準法改正は遙かに困難であったはずであり、経済構造調整という政策課題が日米・日欧の経済摩擦を背景に登場してきたことを考えれば、日本の労働時間法政策は再び国際通商問題のおかげで発展することができたと評することができるかも知れない。当時の平賀俊行労働基準局長は後に「天の時、地の利、人の和の三拍子が揃って何とか実現に漕ぎ着けた」と述懐している[18]。

（2）　短縮と弾力化の2正面作戦

1980年代半ばには労働時間法政策も大きく転換した。といっても、労働

16）学識者17名、座長：前川春雄。

17）部会長：前川春雄。

18）平賀俊行「労働基準法改正を中心とした労働時間対策」（労働省労働基準局編『労働基準行政五〇年の回顧』日本労務研究会（1997年）所収）。

524 第3部 労働条件法政策

時間短縮という政策目標には何の変わりもない。変わったのは政策手段の選
択であり、1977年時点では適当でないと否定していた労働基準法の改正に
よる労働時間の短縮という法政策に踏み出していったのである。これは、
1982年5月に労働基準法研究会における検討を開始してから1987年9月に1
回目の改正（法定労働時間を本則40時間としつつ当面46時間とする）が行
われるまで約5年、1993年5月に2回目の改正（40時間制に移行する）が行
われるまで約6年、1997年4月に中小企業への猶予措置が終了して完全に週
40時間制が実施されるまで約4年、合わせて15年に及ぶ超長期の法政策過
程であった。

　しかしながら、この時期は単に労働時間短縮をめざす法政策の時代と考え
るわけにはいかない。1987年改正は同時に（労働時間短縮のためという大
義名分のもとではあるが）変形労働時間制やフレックスタイム制などの労働
時間弾力化法政策を打ち出しており、さらに本質的に労働時間短縮とは無関
係の純粋な弾力化法政策として裁量労働制も登場しているのである。その
後、累次の労働基準法改正によってこの裁量労働制は次第に拡大を遂げ、
1998年改正、2003年改正においては法改正の中心的論点の一つとなるに
至った。

　この時期は、これらに加え、さまざまな個別労働時間分野の法政策も複雑
に展開しており、編年的に考察することはかえって事態を不明瞭にする恐れ
があるので、以下節を改め、個別分野ごとに法政策の進展を見ていくことに
する。

第2節　労働時間短縮の法政策

1　法定労働時間の段階的短縮[19]

（1）　週48時間制の特例の廃止

　さてしかし、労働基準法の改正によって労働時間を短縮するといっても、

19）平賀俊行『改正労働基準法−背景と解説』日本労働協会（1987年）。

その労働基準法のもとでなお1日8時間制、週48時間制の特例が存在し、特に商業等では30人未満規模事業で広く1日9時間、週54時間労働制が適用されていた。週48時間制からさらなる短縮を図るというのであれば、まずこれらを廃止することが先決となる。1971年の労働基準法研究会報告でもこれらの廃止が提言されており、使用者団体から強い反対はあったが、労働省は1981年2月に省令改正を行い、段階的に廃止することとした。すなわち、商業等では10人以上事業については1983年8月まで、10人未満事業については1985年3月（その後さらに1988年3月）まで猶予措置がとられた。さらに、5人未満事業については1991年3月までこれが延長された。なお、その他の特例措置も運送業の特殊日勤の10時間制は1981年に、郵便局及び警察・消防職員の10時間制は1983年に廃止されている。

（2）　労働基準法研究会

　第1世代の労働基準法研究会[20]は1969年に設置され、広範な分野についてそれぞれ報告書をまとめ、それらが労働安全衛生法、賃金支払確保法などの立法政策につながったが、労働時間関係では上記特例の廃止や時間外労働の適正化指針を生み出した。

　第2世代の労働基準法研究会[21]は、社会経済情勢や就業実態の変化に伴う労働基準法の諸問題を検討するため1982年5月に開始され、労働時間関係は第2部会[22]で研究されることになった。同部会は、1984年8月に中間報告を行った。ここでは、1週の法定労働時間を短縮し、1日の法定労働時間を弾力化して、当面、1週45時間、1日9時間とするという基本的方向を打ち出すとともに、年間総労働時間の考えを取り入れ、1週平均40時間以内であれば労使協定により1年単位の変形制を認めること、時間外労働は労使協定方式を維持しつつ、指針に法的根拠を与えること、年次有給休暇は最低付与日数10日とすることなどが提示されている。

　ところが、これに対しては労働側から特に1日9時間というところに批判

20）学識者20名、会長：石井照久。
21）学識者26名、会長：石川吉右衛門。
22）学識者8名、部会長：花見忠。

526　第3部　労働条件法政策

が集中し、1日8時間、週40時間とすべきだと主張された。一方、使用者側は労働時間短縮は法律によらず労使の自主交渉に任せるべきだと主張した。研究会としては1日単位の規制から1週単位の規制にシフトするという考え方に立って45時間制を打ち出し、その上で1日の労働時間を弾力化するといっても上限設定が必要だということで9時間という数字を出したのであったが、週休2日制を前提とすると9時間×5日＝45時間という形で計算が合ってしまい、1日の労働時間の延長を狙っているという批判を受けることとなってしまったようである。

　結局、1985年12月にまとめられた最終報告書「今後の労働時間法制のあり方について」23)は、「労働時間の規制は1週間単位の規制を基本として1週の労働時間を短縮し、1日の労働時間は1週の労働時間を各日に割り振る場合の基準として考えていく」とこの考えを示した上で、法定労働時間としては1週45時間、1日8時間という数字を示し、中間報告の9時間案からは撤退した。また、長期の変形労働時間制についても中間報告の1年から最長3か月程度とした。その他1週間単位の非定型的変形制やフレックスタイム制等が取り上げられているが、注目すべきものとして「手待ち時間が多い等労働の態様に特殊性を有する一定の零細規模の商業・サービス業について、週45時間を超える一定の労働時間を週45時間と評価するような換算的取扱いを行うこと」が提示された。これはフランスの法制を参考にしたものである。また、労働時間の算定について特別の取扱いをする必要がある業務として、事業場外労働とともに裁量的な労働にも言及している。

(3)　中基審建議

　労働基準法研究会報告を受けて、労働省は1986年3月、中央労働基準審議会に審議を依頼し、舞台は公労使3者構成のもとで労使の意見が正面からぶつかり合う段階に入った。同審議会は総会での審議の後、7月に労働時間部会24)を設置し、9月まで意見をぶつけ合ったが、労使の意見の隔たりが大

---

23)　労働省労働基準局編『労働基準法の問題点と対策の方向：労働基準法研究会報告書』日本労働協会（1986年）。

24)　公労使各5名、部会長：辻謙。

きいことから、10月以降公益委員が労使各側委員と個別に調整することとし、公労会議、公使会議を計15回開いて精力的に意見の調整を行い、労使とも意見を残しながらぎりぎりのものとして12月に報告を取りまとめ、公労使一致で建議を行った。

建議では、法定労働時間について、週40時間制を法定労働時間短縮の目標として定めるという点で労働側の意見を入れつつ、当面の法定労働時間は週46時間とし、なるべく早い時期に週44時間とするという形でその衝撃を緩和するとともに、中小企業に対しては一定の猶予期間を置くとして、使用者側の意見に配慮している。目標は高く設定しつつ、当面の変化は最小限に控えることで、労使の対立する意見をぎりぎりのところで釣り合わせた法的技巧と言える。

その他、変形労働時間制、年次有給休暇等については概ね労働基準法研究会報告のラインで建議がまとめられている。時間外・休日労働については、事由を限定し上限を設定すべきとする労働側と規制強化に反対する使用者側の対立が激しかったが、建議では指針に年間の時間外労働の限度を加えるというややみみっちい案となった。労働基準法研究会報告では、時間外割増率とは切り離して法定休日労働についてのみ割増率を引き上げることが提起されていたが、これも労使の対立が激しく建議では落とされた。零細規模の商業・サービス業について労働時間の換算的取扱いをするという特例は、労働側の反対にもかかわらず建議には含まれている。興味深いのは、後に労働時間弾力化の焦点となる裁量労働制の導入に対して、労働側から特に意見が付されていないことである。

（4） 1987年改正

建議を受けて、労働省は直ちに法案作成に入り、1987年2月法案要綱を中央労働基準審議会に諮問し、その答申を得て同年3月国会に提出した。なお、建議に含まれていた零細規模の商業・サービス業について労働時間の換算的取扱いをするという特例は法案要綱では消えているが、もともと労働基準法上には第40条に「公衆の不便を避けるために必要なものその他の特殊の必要あるもの」について労働時間の特例が規定されているので、わざわざ換算

的取扱いといった説明をすることをやめただけとも言える。

国会では、当面の労働時間を44時間とし、猶予措置は小・零細規模に限定すること等を含む社会党、公明党、民社党及び社民連4党の共同要求が自由民主党に提出されたが、3か月単位の変形制に1日、1週等の上限を定める等の修正が盛り込まれることで自民、公明、民社3党の賛成多数で衆議院を、妊産婦が請求した場合には変形制の適用除外とする修正で同じく参議院を通過し、同年9月成立した。

こうして、労働基準法の本則には「使用者は、労働者に、休憩時間を除き一週間について四十時間を超えて、労働させてはならない」（第32条第1項）と40時間労働制が高らかに唱われるとともに、附則第131条で「当分の間、『四十時間』とあるのは『四十時間を超え四十八時間未満の範囲内において命令で定める時間』とする」と規定され、段階的短縮の第一歩が踏み出された。当面の法定労働時間を定める政令は同年12月に制定され、翌1988年4月から施行された。この政令は事業の種類と事業規模を組み合わせてマトリックスにした複雑なもので、例えば金融広告業は全て46時間だが、保健衛生業は30人以下事業が48時間のまま、製造業は100人以下事業が48時間のまま、建設業は300人以下事業が48時間のまま、交通運輸業は全て48時間のままといった具合であった。これに第40条に基づく恒常的特例として省令で10人未満の商業・サービス業は48時間とされた上に、過去の遺物としての週54時間制がなお5人未満の商業・サービス業にかかるということで、まことに複雑な様相を呈した。

（5） 1990年政令改正

1987年改正で当面の法定労働時間が46時間とされたが、これについては国会でも概ね3年で44時間制に移行すると答弁されていたこともあり、1990年12月、政令が改正され、法定労働時間を44時間にするとともに、中小企業の猶予措置についても1993年3月までという期限付きで46時間に短縮し、段階的短縮の第2歩目が踏み出された。圧倒的に多くの中小企業にとっては、これが初めての法定労働時間短縮となったわけである。

（6） 1993年改正[25]

　次はいよいよ法定労働時間を40時間とする段階である。法律の附則には「当分の間、四十時間を超え」云々とあるので、この段階に到達するためにはもう一度法改正をする必要があった。また、法定労働時間以外にもいくつか再検討すべき事項もあり、このため労働省は第3世代の労働基準法研究会を開き、1991年7月から労働時間法制部会[26]で検討を行った。翌1992年9月に報告が取りまとめられ、1994年4月からの40時間制移行を打ち出すとともに、1年単位の変形制の導入、休日労働の割増率の引上げ、企画業務への裁量労働制適用のための列挙方式への移行、年次有給休暇付与要件の6か月勤続への短縮等を提言した。

　これより先、1991年4月から中央労働基準審議会労働時間部会[27]で公労使交えた審議が行われ、上記労働基準法研究会報告を踏まえて、1992年12月建議がまとめられた。ここで、1994年4月から法定労働時間の原則を40時間とするとともに、1996年度末まで中小企業に44時間制（進展によっては期間中に42時間制）の猶予措置を講じるという方針が決まった。その他の事項もほぼ労働基準法研究会報告のラインであったが、企画業務型裁量労働制については議論を先送りした。

　これに基づき労働省は法改正に取りかかったが、この時既に景気後退が深刻になっており、日本商工会議所は改正反対を自由民主党に陳情するなど活動を活発化させ、翌1993年1月の法案要綱諮問答申時には使用者側から46時間の猶予措置の延長を求める意見が出されるに至った。中小企業の46時間制は1990年の政令改正時に1993年3月までという期限付きで導入されており、期限が切れれば原則に従い44時間になるということは既に織り込み済みであったはずであるが、景気の悪化が予想以上に深刻な中で40時間制

25）石岡慎太郎『明解改正労働基準法』労務行政研究所（1994年）、石岡慎太郎「週40時間労働制の実現」（労働省労働基準局編『労働基準行政五〇年の回顧』日本労務研究会（1997年）所収）。

26）学識者6名、座長：保原喜志夫。

27）公労使各5名、部会長：小粥義郎。

530　第3部　労働条件法政策

への移行法案を国会に提出するためには一定の妥協が必要となったわけである。同年2月には自由民主党の労働部会長と商工部会長、中小企業調査会長の間で、中小企業の労働時間は1993年度46時間とし、なお状況によっては1994年度に延長することを検討するということで合意が行われ、その後も抵抗があったが何とか同月国会への提出に漕ぎ着けることができた。

　労働省は急遽3月、緊急避難的措置として100人以下の事業に限り46時間制の猶予措置を1年間延長する政令案を審議会に諮問したが、労働側は臍を曲げて退席する事態となり、結局公使委員のみで答申を行い、政令を制定、施行した。

　改正法案は6月に成立し、翌1994年4月から施行された。この時も、上記の経緯もあってかなり複雑な仕組みとなった。まず原則労働時間は40時間となった。ただし、金融広告業は全規模40時間制だが、製造業、建設業、商業等ほとんどは300人以下事業は44時間制となった。ここまでは法律が本来予定している猶予措置であるが、10人未満の製造業、建設業、運輸交通業等は実態が悪いということで、特例措置に準じて1年間46時間とすることとされた。100人以下事業の緊急避難措置をもう1年延長せよという使用者側と直ちにやめろという労働側の意見の対立の間で、なんとか政令をまとめたわけである。

　なおこれとは別に、法第40条に基づく零細商業・サービス業の特例が省令で46時間に短縮された。ここで特例措置について振り返ると、1日9時間、1週54時間の旧特例が5人-9人規模では1988年3月まで、5人未満規模では1991年3月まで継続されていたという経緯があり、使用者側からの要望を踏まえ、5人未満の商業及び接客娯楽業については特例の暫定措置として1年間48時間制とされた。40時間から48時間までずらりと揃った時期である。これら特例に準じた措置や特例の暫定措置は、1995年3月末で解消された。

　なお、この改正で、3か月単位の変形労働時間制が1年単位の変形労働時間制になり、年間単位の労働時間管理が容易になった。

(7)　週40時間制への完全移行

　1993年改正時には、猶予措置については法律上に「平成九年三月三十一

日までの間は、…『四十時間』とあるのは『四十時間を超え四十四時間以下の範囲内において命令で定める時間』とする」と明記していたので、何もしなくても1997年4月から猶予措置は終了し、特例を別として週40時間制に完全に移行した。もっとも、その際使用者側から猶予の延長を求める強い要求があり、結局完全移行後2年間は指導期間として懇切丁寧な指導や援助に徹することとするとともに、変形労働時間制を弾力的に運用することで対応した。

　こうして、15年間に及ぶ法定労働時間の段階的短縮という法政策は終了し、労働時間法政策においては弾力化が中心的課題として大きく浮かび上がってくることになる。

2　労働時間設定改善法

(1)　時短促進法の制定[28]

　労働時間短縮の法政策の中心に位置するのは言うまでもなく労働基準法上の法定労働時間の段階的短縮であるが、これを円滑に進めるためには企業内の体制作りや国の支援策が不可欠であると考えられたことから、1992年6月に労働時間の短縮の促進に関する臨時措置法が制定された。一定の政策目的を実現するための政策手段として企業への支援助成策を用いるというやり方は、職業安定行政においては既に多くの分野で行われていたが、労働基準行政では労働基準監督システムの存在感が大きく、労働安全衛生政策において一部活用されているに過ぎない状況であった。時短促進法は、その意味で、企業支援型法政策を労働時間法政策に初めて導入したものである。

　もっとも、1992年に制定された最初の時短促進法は、企業に対する支援というほどの内容はなかった。国が労働時間短縮推進計画を策定すること、企業内の労働時間短縮推進体制としての労働時間短縮推進委員会の設置等の努力義務に加えて、業種ごとに作成された労働時間短縮実施計画を行政が承認し、援助を行う仕組みを設けたが、その援助の内容はアドバイザーの派遣や取引先への協力依頼といったものであり、法律的に意味があるのは労働時

---

28)　佐藤勝美『詳説時短促進法』労務行政研究所（1992年）。

532　第3部　労働条件法政策

間短縮実施計画が独占禁止法に違反しないかどうかについて行政が公正取引委員会と調整するという規定であった。

　もっとも、労働基準法との関係で重要なのは、労働時間短縮推進委員会が設置された場合の効果である。すなわち、この委員会の委員全員の合意による決議により、時間外・休日労働の労使協定に代えることができるとともに、3か月単位、1週間単位の変形制及びみなし労働時間制について監督署への届出が免除される。これは、後に1999年労働基準法改正において、企画業務型裁量労働制の導入要件たる労使委員会に発展するものであり、労使協議制という労使関係法政策の発展の見地からも、かなり重要な歴史的意義を有する。

（2）　その後の改正[29]

　ところが、翌1993年6月、法定労働時間を40時間とする労働基準法の改正と同時に、時短促進法が改正され、企業に対する支援措置が大きく拡充された。仕組みとしては、指定法人である労働時間短縮支援センターを通じて労働時間短縮のための相談援助や助成金の支給を行うという仕組みである。この時設けられた中小企業労働時間短縮促進特別奨励金は、省力化投資や労働者の雇入れと所定労働時間の短縮をリンクさせて一定の金額を支給するもので、地域雇用開発政策における助成金の影響も見られる。

　その後、1997年4月から週40時間に完全移行する際に、2年間は指導期間とし、時短促進法を改正して、中小企業における週40時間制の定着を図るための助成金が時限的に設けられた。

（3）　労働時間設定改善法への改正

　このように時短促進法は主として所定労働時間の短縮を目指す法政策手段として機能してきたが、2002年1月に閣議決定された新たな経済計画「経済社会のあるべき姿と経済新生の政策方針」では1800時間目標が消滅してし

29）労働省労働基準局賃金時間部編著『時短促進法』労務行政研究所（1994年）。労働省労働基準局賃金時間部編『改正時短促進法の詳解』労務行政研究所（1997年）。

まった。一方、労働時間の分布が長時間労働者と短時間労働者に二極化し中間が減少するという「長短二極化」が進行し、特に週60時間以上の労働者が増加するという現象が見られ、また過重労働による健康障害やメンタルヘルスの問題が深刻し、仕事と生活の調和を図る必要性が高まるなど、労働時間法政策の基本的方向性の見直しが迫られてきた。

　このような中で、2004年9月から労働政策審議会労働条件分科会[30]において、時短促進法の見直しの検討が進められ、同年12月に建議が取りまとめられた。この建議に基づき、厚生労働省は改正案を作成し、労働安全衛生法改正案及び労災保険法改正案と合わせて翌2005年3月国会に提出し、同年11月に成立した。

　その内容は、まず法律の名称を「労働時間等の設定の改善に関する特別措置法」に変更し、その目的も「労働時間の短縮の円滑な推進を図り、もって労働者のゆとりのある生活の実現…に資する」ことから、「労働者がその有する能力を有効に発揮することができるようにし、もって労働者の健康で充実した生活の実現…に資する」（第1条）ことに書き換えられた。この表現の中に、80年代から90年代にかけて進められた所定労働時間短縮中心の法政策はほぼ完全に終わりを告げ、労働時間に関わる政策課題は、過労死・過労自殺問題を通じて労働安全衛生法政策と密接にリンクした長時間労働政策と、男女労働者共通の問題として立ち現れてきた仕事と生活の両立政策に移行していることを雄弁に物語っているといえる。

　事業主の責務も、労働時間の短縮から「業務の繁閑に応じた労働者の始業及び終業の時刻の設定、年次有給休暇を取得しやすい環境の整備その他の必要な措置を講ずるように努める」（第2条第1項）こととなり、さらに加えて労働時間等の設定に当たって、「その雇用する労働者のうち、その心身の状況及びその労働時間等に関する実情に照らして、健康の保持に努める必要があると認められる労働者に対して、休暇の付与その他の必要な措置を講ずるように努める」ことや「その雇用する労働者のうち、その子の養育又は家族の介護を行う労働者、単身赴任者、自ら職業に関する教育訓練を受ける労働

30）公労使各7名、分科会長：西村健一郎。

者その他の特に配慮を必要とする労働者について、その事情を考慮してこれを行う等その改善に努める」ことが求められるようになった（同条第2項）。

　国が策定する労働時間短縮推進計画は労働時間等設定改善指針となり、事業主が設置する労働時間短縮推進委員会は労働時間等設定改善委員会となった。同委員会の決議が労使協定の効果を有するという点はそのままである。ただし、労働時間等設定改善委員会が設置されていない事業場であっても、労働安全衛生法によって設置された衛生委員会が、その委員の半数が過半数組合又は過半数代表の推薦で指名され、議事録が作成、保存されるといった要件を満たせば、労働時間等設定改善委員会と見なすこととされている。この点にも、労働時間問題が特に健康に関わる安全衛生問題としての性格を強めてきたことがくっきりと現れているといえよう。

　なお2006年3月に労働時間等設定改善指針が制定されたが、その中で「労働時間の管理の適正化」というタイトルのもとに、時間的に過密な業務の運用により、労働者の疲労の蓄積や作業の誤りが生じ、健康障害や重大な事故につながる懸念があるとして、事業主に時間的に過密とならない業務の運用を求めている。これは法令の中で労働密度の問題に言及した初めての例である。

3　時間外・休日労働[31]

（1）　時間外労働協定の適正化指針[32]

　労働基準法の労働時間法制としての最大の特色は、過半数組合又は労働者の過半数代表者との書面協定による同意を条件として無制限の時間外・休日労働を認めた点にある。これは、「労働者の団体による闡明された意思に基づく同意を要件とすることが労働時間制に対する労働者の自覚を促進」することになるとの立案者の考え方によるものであるが、実態はこの期待を裏切り、恒常的な時間外労働が見られた。

　この点については、既に1971年12月の労働基準法研究会第2小委員会[33]

31）濱口桂一郎「労働時間の上限規制とインターバル規制」（『季刊労働法』第258号）。
32）労働省労働基準局監督課『時間外労働協定の適正化指針』労務行政研究所（1982年）。
33）学識者8名、小委員長：有泉亨。

報告が指摘し、「労使協定による時間外・休日労働制度については、この制度が本来恒常的な長時間労働を認める趣旨でないことに鑑み、その運用の適正化について…行政指導を進めること」や「延長時間につき限度を設定することの可否につき検討を行うこと」を求めた。また、1977年11月の中央労働基準審議会[34]建議でも当面の重点事項として過長な所定外労働時間の削減が取り上げられた。

　これらを受けて、1982年6月、省令を改正し、時間外労働協定の必要的協定事項として、1日についての時間外労働時間だけでなく、一定の期間についての時間外労働時間を追加し、この一定期間当たりの時間外労働の限度に関する目安を大臣告示により「労働基準法第三十六条の協定において定められる一日を超える一定の期間についての延長することができる時間に関する指針」（通称「適正化指針」）として定めた。この時の目安時間は、1週間15時間、2週間28時間、3週間39時間、4週間48時間、1か月50時間であり、法的拘束力のあるものではなかった。

　法定労働時間の短縮に向けた動きの中で、1984年8月の労働基準法研究会第2部会[35]中間報告では、時間外・休日労働の事由・限度を労使協定に委ねる方式は維持するとしつつ、適正化指針に法的根拠を付与し、制度として整備することが提言された。これは後に1998年改正でようやく実現する内容であるが、1985年12月の最終報告では落とされている。その後の中央労働基準審議会労働時間部会[36]の審議では、労働側から事由を限定するとともに、上限を原則として1日2時間、4週24時間、3か月50時間、1年150時間とせよという要求が出されたが、使用者側は現行以上に規制すべきでないという態度で、結局1986年3月の建議では、従来通り労使の自主的努力に委ねることとしつつ、指針に年間の時間外労働時間数の限度を加えることを検討するというややみみっちい案となった。これは国会の附帯決議にも盛り込まれた。

　労働省はこれらを受けて、1989年2月、指針と省令の改正を行った。これ

34）公労使各7名、会長：峯村光郎。

35）学識者7名、部会長：花見忠。

36）公労使各5名、部会長：辻謙。

は、1か月50時間までに加えて、2か月95時間、3か月140時間、1年間450時間を追加するものである。

その後、1992年8月にも指針の改正が行われ、1週間15時間はそのままに、例えば1か月45時間、3か月120時間、1年間360時間と長期間ほど短縮する形で目安が定められた。

（2） 所定外労働削減要綱[37]

1991年8月、労働省はゆとり創造社会の実現に向けての専門家会議[38]の議を経て所定外労働削減要綱を策定した。これは行政指導の参考資料といった程度のものであるが、その中で所定外労働は本来臨時、緊急の時にのみ行うものという考え方に立ち、所定外労働を当面（3年程度の間）毎年10%ずつ削減する、サービス残業はなくす、休日労働はやめる、という3つの具体的目標を示した。

これはサービス残業問題に労働省として初めて触れた文書である。また、休日労働をやめるという目標は、1993年改正で休日労働割増率引上げにつながった。なお、2001年10月に改定された。

（3） 1993年改正（休日労働割増率の引上げ）

1993年改正に向けた1992年9月の労働基準法研究会労働時間法制部会[39]報告では、時間外・休日労働について目安制度を法律に位置づけることに言及するとともに、恒常的な時間外労働を削減するために割増賃金率を引き上げる必要があると提起し、特に一定時間を超える時間外労働に対して割増率を引き上げることや、休日労働自体の割増率を高くすることが提示された。

しかし、中央労働基準審議会労働時間部会[40]では適正化指針の法制化は先送りされ、割増率の引上げについても労使の意見が鋭く対立する中で、公益委員から少なくとも法定休日の割増率は引き上げるべきだとされ、結局法律

37） 佐藤勝美『所定外労働削減のすすめ』労務行政研究所（1991年）。

38） 学識者15名、座長：神代和欣。

39） 学識者6名、座長：保原喜志夫。

40） 公労使各5名、部会長：小粥義郎。

上は今までの「二割五分」を「二割五分以上五割以下の範囲内でそれぞれ命令で定める率」に改め、具体的には政令で、時間外労働は25％のまま、休日労働が35％に引き上げられた。

（4）　1998年改正[41]

1998年改正に向けた1995年9月の労働基準法研究会労働時間法制部会[42]報告は、再度目安制度を法令に位置づけることを提起するとともに、一定時間を超える部分の時間外労働の割増率を超えない部分より高くすることや、新たに代償休日の法制化についても検討を求めた。

議論が中央労働基準審議会労働時間部会[43]に移ると、時間外労働の問題は男女雇用機会均等法の改正に伴う労働基準法の女子保護規定の廃止の問題とも絡み合って、複雑な様相を呈した。これより先1997年6月、男女雇用機会均等法がそれまでの努力義務規定から実体的な差別禁止規定に改正されるのに合わせて、労働基準法上の時間外、休日、深夜業における女子に対する保護規定が全面的に廃止され、1999年4月から施行されることとなっていた。これに対して労働側は、それまで女子労働者に適用されていた1年間150時間という時間外労働の上限規制を男女共通の時間外労働規制として設けること、当面1年間360時間を上限とする法的規制を設けるべきことを求めたが、使用者側は上限規制には反対の態度を崩さず、公益委員は、まず適正化指針に法的根拠を設け、その実効性を担保することを検討すべきとした。

結局、1997年12月の建議では、長時間にわたる時間外労働の抑制方策として、労働基準法に時間外労働の上限基準を定めることのできる根拠、使用者はその基準に留意すべきこととする責務、基準に関し使用者に対して必要な指導助言を行う旨の一連の措置に関する規定を設けることが示された。これに基づいて労働省が法案を作成し、国会に提出したが、この時使用者の責

41）労働省労働基準局監督課監修・労働基準調査会編『改正労働基準法』労働調査会（1999年）。

42）学識者6名、座長：保原喜志夫。

43）公労使各5名、部会長：小粥義郎。

務は「留意」から「基準に適合したものとなるようにしなければならない」と、法的義務ではないが若干強化された。また、女子保護規定が切れた後の激変緩和措置ということで、育児又は介護を行う女子（特定労働者）に関してはこの限度基準を一般の時間外労働協定で定める限度よりも短いものとして定めることとされた。

改正法は1998年9月に成立し、今度はその規定に基づく大臣告示として、同年12月には一般及び特定労働者の時間外労働の限度基準が制定された。一般の限度基準は1993年の時と同じ水準とされたが、特定労働者の限度基準は1年間150時間で、あとは業種ごとに製造業は1週間6時間、商業は4週間36時間等と定められた。もっともこの激変緩和措置も2002年3月までの時限措置であり、その後は育児・介護休業法の中で措置されている。

なお、従来の適正化指針以来、但書で臨時的に限度時間を超えて時間外労働をせざるを得ない事態が予想される場合の対応措置が設けられている。すなわち、限度時間以内の時間を一定期間についての延長時間の原則として定めた上で、特別の事情が生じたときに限って労使当事者間で定める手続きを経て限度時間を超える特別延長時間まで労働時間を延長することができる旨が規定されている。こういう時間外労働協定を特別条項付き協定と呼ぶ。2003年改正に向けた2002年12月の労働政策審議会建議では、この特別条項付き協定について、「働き過ぎの防止の観点から、この『特別の事情』とは臨時的なものに限ることを明確にすることが必要である」と指摘し、これを受けて2003年10月に告示が改正され、「特別の事情（臨時的なものに限る）」となった。「臨時的」とは全体として1年の半分を超えないことが見込まれるもので、具体的な事由を挙げず、単に「業務の都合上必要なとき」などというのは該当しないとされている（基発第1022003号）。

また従来から、限度基準には適用除外が設けられている。それは、工作物の建設の事業、自動車の運転の業務、新技術・新商品等の研究開発の業務等である。このうち、自動車の運転の業務については後述の自動車運転者の労働時間の改善基準によって規制されている。

なお、以上とは少し次元が異なるが、1998年改正によって企画業務型裁量労働制が導入された際、制度導入要件として事業場において賃金・労働時

間等の労働条件に関する事項を調査審議する労使委員会の決議を要求したが、この労使委員会の決議は時間外・休日労働の労使協定に代わる効果を持つこととされた。一種の労使協議制であるが、これも「労働者の団体による闡明された意思に基づく同意」ということになろう。

（5） 時間外・休日労働の上限規制の欠如

時間外・休日労働の上限規制については、それまでの累次の労働基準法研究会報告において否定的な見解が示されてきていた。

まず、1985年12月の労働基準法研究会第2部会[44]報告は「時間外・休日労働の事由、限度等を労使協定に委ねる現行方式は、既に我が国の社会に定着している」上に、「時間外・休日労働の弾力的運用が我が国の労使慣行の下で雇用維持の機能を果たしていること」を挙げて、「現行方式を維持することが適当」と述べていた。当時は内部労働市場政策の最盛期であり、雇用維持という労働政策にとって最も重要な機能を果たしている時間外・休日労働に下手に手を付けるべきではないという発想が関係者間で共有されていたのであろう。

1992年9月の労働基準法研究会労働時間法制部会[45]報告においても、この発想は基本的に維持されている。すなわち、「時間外・休日労働については、本来臨時・緊急のときににのみ行うもので、恒常的に行われるのは好ましいものではない」と言いつつ、「そこで、時間外・休日労働の上限設定を考えるべきだとの意見があるが、・・・我が国の労働慣行の実情に合うような上限設定が可能かどうか定かでない面もあり、慎重な検討が必要である」と腰が引けている。慎重にならざるを得ないのは、もちろん時間外・休日労働の上限規制が「我が国の労働慣行」と矛盾すると認識されていたからである。

しかしながら、1990年代半ばという時期は既に雇用維持を至上命題とする内部労働市場型の政策から労働移動をも視野に入れた外部労働市場型の政策に徐々に移行しつつあった時期である。労働時間法制においても裁量労働

44）学識者8名、部会長：花見忠。

45）学識者6名、座長：保原喜志夫。

制という形で弾力化への方向性が高まりつつあった。こうした中で、1995年9月の労働基準法研究会労働時間法制部会[46]報告は、主として企画業務型裁量労働制の導入を認めるものであったが、時間外・休日労働の上限規制についても、「時間外・休日労働については、労使協定の締結と労働基準監督署長への届出及び現行の割増賃金の抑制力だけでは必ずしも十分な効果が期待できない現状」を認め、「さらに有効な方法として、直接時間外・休日労働の上限を規制する方法が考えられる」と述べて、「この方法は、時間外・休日労働を一律に抑制するという意味において、最も効果的な方法と考えられる」と積極的な姿勢をも垣間見せながら、それに続けて「一方で、我が国の労働慣行全体に与える影響等についても十分に考慮することも必要と考えられる」と消極的な姿勢を示し、結論としては「我が国の労働慣行全体の中における時間外・休日労働の位置づけも考慮しつつ、基本的には平成9年4月の週40時間労働制への移行後の実態を見極めて、再度そのあり方を検討することが適当」と述べていた。

　しかしながら、その後労働法政策の方向性がますます市場主義の方向に向かっていく中で、この「検討」が正面から行われることはなかった。雇用維持が法政策上の目標としての地位を下げてくるのであれば、それといわばトレードオフ関係にあった時間外・休日労働の上限規制が法政策上の地位を上げてきても不思議ではないはずであるが、そのような声が上がることはなかった。

　2004年の当初テキスト（『労働法政策』ミネルヴァ書房）においては、上記1998年改正の次の項として「課題－法律上の時間外労働の上限の是非」を置き、「以上が現時点における日本の時間外・休日労働に関する規制の姿であるが、1947年に労働基準法が制定されたとき以来の『労働者の団体による闡明された意思に基づく同意』に基づき少なくとも法律上は無制限の時間外・休日労働を認めるという法政策に変わりはないといってよい。…労働法政策として考えた場合に、今まで法律上の上限を設定してこなかったことの背景にある社会経済状況のどれだけがなお有効であり、どれだけが既に

46）学識者6名、座長：保原喜志夫。

変わりつつあるのかを再考してみる必要はありそうである。」と述べていた。しかしながら、その後10年以上にわたって労働時間法政策は上限規制の方向に向かうことはなかったのである。

(6) 2008年改正

　むしろその後の時間外・休日労働に関する法政策の議論は、時間外・休日労働自体の上限設定のような本筋の議論よりは、枝葉末節ともいうべき割増賃金の在り方の議論に集中していくことになる。

　2003年10月に開始され、2004年6月に報告書をまとめた仕事と生活の調和に関する検討会議[47]は、パートタイム労働者について所定外割増制の法定化を提起した。

　2005年4月から開催された今後の労働時間制度に関する研究会[48]が翌2006年1月にまとめた報告書は、裁量労働制に代わる新たな適用除外制を提起するとともに、時間外労働の時間数が一定の時間を超えた場合などについて、労働者の選択により、割増賃金の支払いに代えて、その時間外労働の時間数に相応する休日（有給の代償休日）を付与することを義務づける制度の検討を求めた。その際、時間外労働をした時間よりも割増をした比率で代償休日の日数を算定することや、代償休日を与えられなかった部分について高い割増率を設定することも提起されている。

　この他、36協定を締結せずに時間外労働をさせた場合や、時間外労働の限度基準を超えて時間外労働をさせた場合には、使用者に対し、通常より高い割増率（例えば5割増）による割増賃金の支払いを義務づけること、前者の場合の罰則（32条違反）を強化することも提起しているが、総じて時間外労働の問題を割増賃金の問題に矮小化する傾向がかなり強い。驚くべきことに、1995年の労働基準法研究会報告が今後検討と先送りしていた時間外・休日労働の上限規制には一言も触れておらず、問題意識自体が消えてしまったかのようである。

47）学識者8名、座長：諏訪康雄。
48）学識者8名、座長：諏訪康雄。

542　第3部　労働条件法政策

　2006年2月からは、労働政策審議会労働条件分科会[49]において審議が開始された。同年6月に提示された「労働契約法制及び労働時間法制の在り方について（案）」では、割増遷増制について、1か月について30時間程度を超えて時間外労働をさせた場合の割増率を例えば5割に引き上げることとし、労使協定で金銭に換えて有給休日の付与を選択できるようにすることを提示した。これに対し、中小企業を中心とする経営側が猛反発した。その結果、事務局の審議会運営に反発を強めていた労働側もこれに同調し、分科会の審議は一時中断された。事務局側は、ホワイトカラーエグゼンプションを労働側に呑ませるために、それ以外の労働者の割増率を上げれば労働側が同意するだろうという安易な発想でいたようだが、それが中小企業の猛反発で足を掬われることになったわけである。

　その後、同年12月に答申がまとめられたが、「長時間労働者に対する割増賃金率の引上げ」として、①使用者は、労働者の健康を確保する観点から、一定時間を超える時間外労働を行った労働者に対して、現行より高い一定率による割増賃金を支払うこととすることによって、長時間の時間外労働の抑制を図ることとする。なお、「一定時間」及び「一定率」については、労働者の健康確保の観点、中小企業等の企業の経営環境の実態、割増賃金率の現状、長時間の時間外労働に対する抑制効果などを踏まえて引き続き検討する。②割増率の引上げ分については、労使協定により、金銭の支払いに代えて、有給の休日を付与することができることとする。とされた。

　答申が出された後、マスコミや政治家からホワイトカラーエグゼンプションに対する疑念や批判が噴出し、翌2007年3月に国会に提出された改正案では、政令で定めるとしていた時間数や割増率が法律上に具体的に書き込まれた。すなわち、第37条の但書として、1か月につき80時間を超えた時間外労働に対して、通常の労働時間の賃金の5割以上の率で計算した割増賃金を支払わなければならないと明記された。もっとも、附則において重大な変更がされている。すなわち、中小企業については「当分の間」この第37条但書の規定は適用しないとされており、この部分は大企業にのみ適用される

――――――――――――
49）公労使各7名、分科会長：西村健一郎。

ということになってしまった。

　その後継続審議を繰り返す中で、与党の公明党から割増率を5割以上とする時間外労働を、1か月80時間超から1か月60時間超に引き下げるとの案が提示され、2008年12月にその形で成立した。

　2009年5月には時間外労働限度基準告示が改正され、特別条項付き協定では、限度時間を超える時間外労働に係る割増賃金率を定めるべきこと、労使当事者は特別条項付き協定を締結する場合には、限度時間を超える時間外労働をできる限り短くするように努めるべきこと、労使当事者は限度時間を超える時間外労働に係る割増賃金率を定めるに当たっては、2割5分を超える率とするよう努めるべきことが定められた。法律上の最低基準は月60時間超えで初めて25％から50％になるわけだが、告示による努力義務としてはその手前の月45時間超えで25％を超える率とするようにということである。

（7）　労働時間の量的上限規制の提起

　このように、政府の労働時間法政策から時間外・休日労働の上限規制という発想が消えてしまった後で、それを再び政策議論の土俵に持ち出したのは（意外なことに）規制改革会議であった。2012年末の総選挙で自由民主党が大勝し、第2次安倍晋三内閣が成立してすぐ、2013年1月には規制改革会議が設置され、同年3月には雇用ワーキンググループ[50]が置かれた。同WGの議論をもとに同会議が12月にまとめた「労働時間規制の見直しに関する意見」では、健康確保のための労働時間の量的上限規制、ワーク・ライフ・バランスのための休日・休暇の取得に向けた強制的取組み、一律の労働時間管理がなじまない労働者に適合した労働時間制度の創設、という三位一体の改革を主張している。政府の公式機関の提言で、労働時間の上限規制が正面から打ち出されたのはこれが初めてである[51]。

　この労働時間の量的上限規制としては、一定期間における最長労働時間の

50）学識者5名、専門委員2名（労働法学者）、座長：鶴光太郎。

51）ちなみに、著者は2013年10月に同WGの有識者ヒアリングにおいて「労働時間規制に関する3つの大誤解」を論じている（西谷敏他『日本の雇用が危ない』旬報社（2014年）所収）。

設定や、翌日の労働開始まで健康安全確保のための最低限のインターバルの導入が提示されている。ただし、経営層に近い上級管理職等については、労働事件の量的上限規制に代えて健康管理のための適切な措置の義務づけを行うことも考えられるとしている。

しかし、その後の法政策を事実上規定したのは産業競争力会議の「労働時間と報酬のリンクを外す新たな労働時間制度の創設」であった。これが2014年6月の「『日本再興戦略』改訂2014」を経て、2015年改正案に高度プロフェッショナル制度として盛り込まれていく一方、規制改革会議が提起していた労働時間の上限規制は改正案に盛り込まれることはなく、再びその機会を逸してしまった。

(8)　2015年改正案

労働行政サイドでは、2013年9月から労働政策審議会労働条件分科会[52]で2008年改正時の附則による中小企業への適用猶予についての議論が開始され、2015年2月の建議では施行時期を2019年4月と先延しつつ、中小企業にも適用することを求めた。また同建議では「健康確保のための時間外労働に対する監督指導の強化」が強調されている。法律事項としては、時間外限度基準を定めるに当たり考慮する事項として労働者の健康を追加すること、限度基準に関する助言指導を行うに当たっては、労働者の健康が確保されるよう配慮することがある。さらに建議には、時間外労働の特別条項を労使間で協定する場合の様式を定め、当該様式には告示上の限度時間を超えて労働する場合の特別の臨時的な事情、労使がとる手続、特別延長時間、特別延長を行う回数、限度時間を超えて労働した労働者に講ずる健康確保措置及び割増賃金率を記入することなどが示されている。

時間外労働の上限規制と勤務間インターバル規制については、労働側がかなり強く主張したが、経営側が強硬に反対し、盛り込まれるに至らなかった。建議では「労働者代表委員から、長時間労働の抑止が喫緊の課題となる中、過労死その他長時間労働による労働者の健康被害の予防とワーク・ライ

52）公労使各7名、分科会長：岩村正彦。

フ・バランスの確保を図るため、実効的な労働時間法制を整備すべきであり、とりわけ、すべての労働者を対象に労働時間の量的上限規制及び休息時間（勤務間インターバル）規制を導入すべきとの意見があった」と付記されている。

なお、労働安全衛生法関係であるが、医師の面接指導に関し、管理監督者を含むすべての労働者を対象に、労働時間の把握について客観的な方法その他適切な方法によらなければならない旨を省令に規定するとしている。労働時間等設定改善指針に休息時間を規定することも含め、法律上の時間外労働の上限設定をしないという枠組みの中で、最大限長時間労働の抑制を果たそうとして様々な策をめぐらせていることが窺える。

これらを盛り込んだ改正案は2015年4月に国会に提出されたが、全く審議もされないまま店晒しとなっていた。2018年に時間外労働の上限規制を盛り込んだ改正案が提出される際に、これらも併せて盛り込まれた。

(9) 野党の長時間労働規制法案

2015年改正案に対して、民進・共産・生活・社民の野党4党は、2016年4月に「長時間労働規制法案」という略称で、対案たる労働基準法改正案を国会に提出した。その中心は労働時間、休息時間の絶対規制の導入である。

まず現在の法律上は実質的に青天井である36協定について、法律上の上限規制を設けることとしているが、法案上は具体的な数値はなく、「労働者の健康の保持及び仕事と生活の調和を勘案して厚生労働省令で定める時間を超えない範囲内」という規定ぶりである。

また、これまで日本の法制にはほとんど存在しなかった新機軸として、休息時間（インターバル規制）が盛り込まれている。法案上「使用者は、労働者ごとに始業から二十四時間を経過するまでに、労働者の健康の保持及び仕事と生活の調和を勘案して厚生労働省令で定める時間以上の継続した休息時間を与えなければならない」と規定され、具体的な数値は省令に委ねられている。

その他、いくつか現行の労働時間の柔軟化規定が厳格化されている。例えば、事業場外労働に係るみなし労働時間制について、その要件である「労働

546　第3部　労働条件法政策

時間を算定し難いとき」を具体的に「使用者が当該業務の遂行の方法に関し具体的な指示をすること及び当該業務の遂行の状況を具体的に把握することが困難であるとき」と明確化している。さらに、裁量労働制（専門業務型、企画業務型共通）について、事業場内にいた時間と事業場外で労働した時間の合計である「健康管理時間」を把握・記録することを労使協定で定め、その健康管理時間が厚生労働省令で定める時間を超えないことを要件とすることとしている。これは、政府提出法案にある高度プロフェッショナル制度の対象者の健康確保措置として、3択で課せられている要件のひとつを裁量労働制に持ち込んできたものといえる。野党法案にはもちろん高度プロフェッショナル制度は存在しないが、政府法案の中にあった長時間労働規制のための仕組みが使われているわけである。

　また、野党法案では「実効性の担保」にも重点が置かれており、「使用者が労働時間管理簿を調製し、始業・終業時刻、労働時間等を記録すべきこと」「法令違反行為を行った場合の公表、罰則の強化」などが盛り込まれている。

（10）　時間外労働規制への大転回

　こうした中で、2016年になってから安倍晋三政権が急速に長時間労働の是正を政策課題に掲げるようになってきた。同年6月にまとめられた「ニッポン一億総活躍プラン」では、働き方改革の柱の一つとして長時間労働の弊害を訴え、具体的な施策としては「法規制の執行の強化」として、36協定で健康確保に望ましくない月80時間超を設定した事業者に対する指導の強化などが示されているが、法改正についても「労働基準法については、労使で合意すれば上限なく時間外労働が認められる、いわゆる36（サブロク）協定における時間外労働規制の在り方について、再検討を開始する」と言及しており、これまでにない踏み込みとなっている。

　これを受けて、厚生労働省は2016年9月仕事と生活の調和のための時間外労働規制に関する検討会[53]を設置し、2017年2月に「論点整理」を取りま

53）学識者10名、座長：荒木尚志。

とめた。そこでは「労使協定で定める範囲内で、割増賃金を払えば上限なく時間外労働が可能となる現在の仕組みを改め、一定期間内の総労働時間の枠を定め（つまり労働時間の総量規制を行い）、その枠の中で健康を確保しつつ効率的に働くことを可能とする制度への転換を志向すべき」と述べている。

同じ2016年9月には官邸に働き方改革実現会議[54]が設置され、同一労働同一賃金の具体化と併せて長時間労働の是正を議論することとされた。政治的にはむしろこちらが主導する形で、時間外労働規制への検討が急ピッチで進められ、2017年2月に事務局案が提示された後、とりわけ1か月の上限をめぐって連合と経団連の間で交渉が進められ、同年3月に「時間外労働の上限規制等に関する労使合意」がまとめられた。これは「両団体は、罰則付きの時間外労働の上限規制導入という、労働基準法70年の歴史の中で特筆すべき大改革に合意した」と述べている。その後同月にまとめられた「働き方改革実行計画」では、次のような時間外労働規制の枠組が示されている。

まず原則として、36協定により週40時間を超えて労働可能となる時間外労働時間の限度を月45時間、年360時間とし、違反には罰則を科す。これは現行大臣告示と同様、休日労働を含まない。

これに対して特例として、臨時的な特別の事情がある場合として労使が合意して労使協定を結ぶ場合においても上回ることができない年間の時間外労働時間を1年720時間（＝月平均60時間）とする。これも休日労働を含まない数字である。

この年間720時間の範囲内で、一時的に事務量が増加する場合について、最低限上回ることのできない上限が設けられる。これは、原案では1月100時間となっていたものが、労働側が反発したため事務局案で数字が落ちたものであり、その後連合と経団連の間で交渉が進められた結果、労使合意では「休日労働を含んで、2か月ないし6か月平均は80時間以内とする」、「休日労働を含んで、単月は100時間を基準値とする」となっていた。労働側としては扱いが不明確であった休日労働を含めるとともに、事務局案になかった

54）閣僚9名、学識者15名（労1名、使3名を含む）、議長：安倍晋三。

「月45時間を超える時間外労働は年半分を超えないものとする」ことも明記された。もっとも、これを提示された安倍首相は、労働側の主張に沿って「100時間未満」とするよう求めた。

その結果、同月の働き方改革実行計画では、①2か月、3か月、4か月、5か月、6か月の平均で、いずれにおいても、休日労働を含んで、80時間以内を満たさなければならず、②単月では、休日労働を含んで100時間未満を満たさなければならず、③加えて、上記原則に鑑み、月45時間を上回る特例の適用は、年半分を上回らないよう、年6回を上限とすることとされた。

また、「さらに可能な限り労働時間の延長を短くするため、新たに労働基準法に指針を定める規定を設けることとし、行政官庁は、当該指針に関し、使用者及び労働組合等に対し、必要な助言・指導を行えるようにする」という一節も盛り込まれた。

なお、上記労使合意では、勤務間インターバル制度やパワーハラスメント対策にも言及し、これが実行計画にも盛り込まれている。すなわち、労働時間設定改善特別措置法を改正し、「事業者は、前日の終業時刻と翌日の始業時刻の間に一定時間の休息の確保に努めなければならない」旨の努力義務を課し、制度の普及促進に向けて労使を含む有識者検討会を立ち上げると明記された。また、パワーハラスメントについても労使関係者を交えた検討会の設置が書かれている。

一方、労使合意には含まれていなかったが、連合が現在時間外限度基準で適用除外とされている建設業と自動車運転業務について、実態を踏まえて罰則付きの上限規制を適用し、上限規制の施行までの措置として労働時間改善措置を設けることを要請したことを受け、実行計画では次のような方針が示された。

まず自動車運転業務については、上記時間外労働規制の適用除外とはせず、改正法の一般則の施行期日の5年後に、年960時間（＝月平均80時間）以内の規制を適用することとし、かつ将来的には一般則の適用を目指すとしている。5年後の施行に向けて、荷主を含めた関係者で構成する協議会で検討する予定である。

建設事業についても上記時間外労働規制の適用除外とはせず、改正法の一

般則の施行期日の5年後に一般則を適用するが、復旧・復興の場合は単月100時間未満、2-6か月平均で80時間以内の条件を適用しない。

これに対して大臣告示で適用除外になっているわけではなかったが、医師について議論があり、「時間外労働規制の対象とするが、医師法に基づく応召義務等の特殊性を踏まえた対応が必要」とされ、具体的には改正法の施行5年後を目途に規制を適用することとし、医療界の参加の下で検討の場を設け、2年後を目途に規制の具体的なあり方、労働時間の短縮策等を検討するとされた。

一方、現行大臣告示で適用除外とされている研究開発業務については、実行ある健康確保措置を課すことを前提に、現行範囲を超えた職種に拡大しないよう対象を明確化した上で、適用除外とするとしている。

(11) 2018年改正

この働き方改革実行計画を受けて、労働政策審議会労働条件分科会[55]は2017年4月から審議を開始し、同年6月にはほぼそれに沿った建議を行った。ただ、原則360時間、特例720時間には休日労働を含まないのに対し、2-6か月平均で80時間、単月100時間未満の方は休日労働を含むという不整合があることから、新たな指針に特例による時間の延長をできる限り短くする努力義務と並んで、休日労働も可能な限り抑制するよう努めなければならない旨の規定を盛り込むこととされた。

また、2015年改正案時点で提起されていたことであるが、労働安全衛生法に基づく長時間労働者への面接指導の適切な実施を図るため、管理監督者を含む全ての労働者を対象として、労働時間の把握について、客観的な方法その他適切な方法によらなければならない旨を省令(労働安全衛生規則)に規定することも明記された(後述の法案提出前の混乱の中で、労働安全衛生法に明記することとされた)。

2017年9月には、「働き方改革を推進するための関係法律の整備に関する法律案」として8法の一括改正法案の要綱が労働政策審議会に諮問され、妥

---

55)公労使各8名、分科会長:荒木尚志。

当との答申を受けた。そのうち時間外労働の上限規制については、上記働き方改革実行計画や労働政策審議会建議に示されていたことを、ほとんど全て法律上に規定しようとしている。完全適用除外の研究開発業務、施行後5年間適用除外の建設事業、自動車運転業務及び医師に加えて、これまで限度基準告示ですら明示されず、「労働基準局長が指定するもの」とされていた鹿児島県及び沖縄県の砂糖製造業まで施行後5年間の適用除外が法律上に明記された。

なお、2015年改正案に盛り込まれていた中小企業への1か月60時間超への割増賃金率適用猶予廃止も再度盛り込まれている。

この法律案の国会提出を目前にした2018年1月に、安倍晋三首相と加藤勝信厚労相が国会答弁で、裁量労働制で働く人の方が一般労働者よりも労働時間が短いというデータもあると述べ、その根拠となったデータに疑問が呈されたことから、同年2月に安倍首相は裁量労働制に係る改正部分を法改正案から削除すると表明したが、さらに混乱が続いた。この混乱の中で、それまで表面化してこなかった時間外労働の上限規制への批判が自民党内から噴出し、政務調査会や総務会において、中小企業を適用除外すべきとの意見が出された。その結果、大企業の施行期日は2019年4月のままだが、中小企業については1年遅らせて2020年4月施行に修正された。さらに、附則第3条第4項に、行政官庁が労働時間に関する助言・指導を中小事業主に行う際、人材確保や取引の実態などの事情に配慮する旨の規定が盛り込まれて、ようやく同年4月に国会に提出された。

これに対して同年5月、国民民主党と立憲民主党から対案が提出された。国民党の改正案は、時間外労働の上限規制に関してはほぼ政府法案と同じであるが、立民党の改正案は単月80時間未満、2-6か月平均で60時間以内と上限を下げている。

国会では裁量労働制や高度プロフェッショナル制度ばかりが論戦の対象となり、肝心の時間外・休日労働規制については議論が深まらなかったが、結局同年6月に働き方改革推進法案が成立し、日本の労働時間法制の歴史上初めて一般的な時間外労働の上限規制が確立するに至った。

4 勤務間インターバル規制

　2000年代に入ってから、EU労働時間指令において1日11時間の休息時間が義務づけられていることが紹介されるようになり、また一部労組が先駆的に勤務間インターバル制度という名称でこれを実現してきたことから、終業から翌日の始業までの休息時間の規制という問題が急速に注目されるようになった。

　2015年改正案に向けた審議会の議論の中で、労働側は繰り返しこの勤務間インターバル規制の導入を要求したが、使用者側が強硬に反発したため、2015年改正案では、労働時間設定改善特別措置法の「労働時間等の設定」の定義に、深夜業の回数と終業から始業までの時間を追加するという極めて微温的な対応にとどまった。

　2016年4月の野党4党の長時間労働規制法案では、休息時間規制がかなり詳細に盛り込まれた。法案上「使用者は、労働者ごとに始業から二十四時間を経過するまでに、労働者の健康の保持及び仕事と生活の調和を勘案して厚生労働省令で定める時間以上の継続した休息時間を与えなければならない」と規定され、具体的な数値は省令に委ねられている。EU指令では1日11時間であるが、日本では現在休息時間を規定する企業はほとんどなく、あったとしても11時間まではいかないところがほとんどである実態をふまえ、あまり厳しい規定ぶりにはできないという判断であろう。このため、労使協定による休息時間の短縮が規定されており、その協定の基準を指針で定め、行政が助言指導をできるという、36協定に倣った規定も設けられている。さらに、「災害等で臨時の必要がある場合の休息時間の短縮」や「公衆の不便を避けるために必要な事業その他特殊の必要がある事業について省令により休息時間の別段の定め」ができる規定もあり、全体として激変を緩和して漸進的に進めようという意図が窺われる。

　その後2018年改正に向けた働き方改革実現会議の終盤において、上述の通り同年3月の労使合意に勤務間インターバル制度の努力義務規定の創設が盛り込まれた。これを受けて2018年4月に提出され、同年6月に成立した働き方改革推進法により、労働時間設定改善特別措置法の事業主等の責務の規

定として、健康及び福祉を確保するために必要な終業から始業までの時間の設定を講ずるよう努めなければならない旨が追加された。

　また、上記労使合意に基づいて同年5月には勤務間インターバル制度普及のための有識者検討会[56]が始まり、企業、労働組合、有識者等からヒアリングを重ねながら、制度の普及促進を図るための方策（導入マニュアルの作成等）を検討している。

　なお同年5月に働き方改革推進法案への対案として国民民主党と立憲民主党から提出された改正案では、いずれも労働基準法に休息時間の規定を盛り込んでいる。国民党案では2016年野党法案と同じく省令で定める時間であるが、立民党案では11時間以上とされている。ただいずれも労使協定による休息時間の短縮が可能である。また、立民党案では、管理監督者にも休息時間が適用される。

　なお、2018年7月に改正された過労死防止対策大綱では、2020年までに、勤務間インターバル制度について、労働者数30人以上の企業のうち、勤務間インターバル制度を知らなかった企業割合を20％未満とするとともに、勤務間インターバル制度を導入している企業割合を10％以上とするという数値目標を書き込んだ。

5　労働時間の適正な把握

（1）　サービス残業問題

　サービス残業とは、使用者が労働者の正確な時間外労働時間を把握する努力を故意にせず、かつ使用者の明示又は黙示の意思によって、労働者が時間外労働時間に対する正当な賃金の請求を行うことができにくい環境を作ることによって、結果的に労働者本人が時間外労働に対する正当な賃金を請求しないことが直接の原因となって、使用者が時間外労働に対する賃金を正当に支払わない事態を一般的に通称している。

　このような事態はもちろん経営者の責任によるところが大きいが、それだけでなく、労働者の側にも、トータルな労働条件としての一定の満足感、こ

56）公労使各5名、座長：今野浩一郎。

のような慣行を許容・助長する労働者間の競争意識、労働は美徳であるとする勤労観、仕事に対する責任感、企業への忠誠心などが多かれ少なかれ存在していることが背景にある。サービス残業はもちろん労働基準法違反であるが、こうしたことから対処の難しい問題であった。

労働省は1991年の所定外労働削減要綱で初めて「サービス残業をなくす」という目標を掲げたが、具体的には「適正な労働時間管理を実施し、サービス残業を生むような土壌をなくしていく」として、労働時間管理の適正化を謳った。

（2） 労働時間適正把握基準

2000年代に入ってからサービス残業問題をめぐる動きも急激に活発化してきた。2000年11月に中央労働基準審議会[57]が行った「労働時間短縮のための対策について（建議）」は、サービス残業の解消という項目を立て、「時間外・休日・深夜労働の割増賃金を含めた賃金を全額支払うなど労働基準法の規定に違反しないようにするため、使用者が始業、終業の時刻を把握し、労働時間を管理することを同法が当然の前提としていることから、この前提を改めて明確にし、始業、終業時刻の把握に関して、事業主が講ずべき措置を明らかにした上で適切な指導を行うなど、現行法の履行を確保する観点から所要の措置を講ずること」を求めた。

これを受けて、2001年4月に、厚生労働省は「労働時間の適正な把握のために使用者が講ずべき措置に関する基準」（基発第339号）を発出し、これに基づき監督指導の重点課題として不払残業の排除を行ってきた。この基準は、使用者に、労働時間を適正に管理するため、労働者の労働日ごとの始業・終業時刻を確認し、これを記録することを求め、その方法としては、原則として、使用者自らの現認又はタイムカード、ICカード等の客観的な記録によることとしている。そして、自己申告制により行わざるを得ない場合にも、適正な申告を阻害する目的で時間外労働数の上限を設定するなどの措置を行わないこと等を求めている。

57）公労使各7名、会長：菅野和夫。

554　第3部　労働条件法政策

　また、労働組合の側でも、連合が2002年9月の中央執行委員会において、「労働時間法制遵守の取組みについて」を確認し、「ノーペイ・ノーワーク」をスローガンに取り組んでいくとした。さらに同年10月の中央執行委員会で「労働時間管理徹底の取組み指針」を策定、9つの指針とチェックシートにより、全単組で点検することとした。連合は「サービス残業」ではなく「不払い残業」と呼んでいる。

　これをさらに受けて、厚生労働省は2003年5月に「賃金不払残業総合対策要綱」（基発第0523003号）を策定し、対応をさらに強化するとともに、事業場における不払残業の実態を最もよく知る立場にある労使に対して主体的な取組みを促した。また、同時に「賃金不払残業の解消を図るために講ずべき措置等に関する指針」（基発第0523004号）を策定し、労使が取り組むべき事項として、労働時間適正把握基準の遵守に加え、賃金不払残業が存在することはやむを得ないとの労使双方の意識（職場風土）の改革、労働時間を適正に把握するための責任体制の明確化とチェック体制の整備等を挙げている。

（3）　労働時間適正把握ガイドライン

　厚生労働省は2017年1月、それまでの労働時間適正把握基準に代えて、新たに「労働時間の適正な把握のために使用者が講ずべき措置に関するガイドライン」（基発0120第3号）を策定した。これは働き方改革の中で長時間労働規制への動きが本格化する中で出されたもので、その重点が不払残業から長時間労働そのものへシフトしている。

　ガイドラインは労働時間の定義（使用者の指揮命令下に置かれている時間）を示し、使用者の明示または黙示の指示により労働者が業務に従事する時間は労働者に当たることが明記されている。とりわけ、参加することが業務上義務づけられている研修・教育訓練の受講や、使用者の指示により業務に必要な学習を行っていた時間を労働時間として取り扱うことを明確化した。

　また、自己申告による時間と入退出記録やパソコン使用記録などからわかる事業場在場時間に著しい乖離がある場合に、実態調査を行って確認、補正

第4章　労働時間法政策　555

をすることを求めている。

（4）　労働時間適正把握義務

　以上は通達レベルの動きであるが、法令上に労働時間適正把握義務を明記することについては、2015年改正案の提出時に、労働安全衛生規則上に規定することとされていた。同法案は国会で審議されないままとなっていたが、2017年に時間外労働の上限規制等を盛り込んだ法改正が労政審で審議された際にも、再度省令に規定することとされていた。

　ところが2018年1月に、安倍晋三首相と加藤勝信厚労相が国会答弁で、裁量労働制で働く人の方が一般労働者よりも労働時間が短いというデータもあると述べ、その根拠となったデータに疑問が呈されたことから、同年2月に安倍首相は裁量労働制に係る改正部分を法改正案から削除すると表明したが、さらに混乱が続いたことから、労働時間の把握に関する規定を省令ではなく、労働安全衛生法上に規定することとされ、同年4月に国会に提出され、同年6月に成立に至った。

　これにより、労働安全衛生法に第66条の8の3が新設され、事業者は長時間労働者の面接指導を実施するため、厚生労働省令で定める方法（パソコンのログイン・ログアウト時間、タイムカード等の客観的な方法）により、労働者の労働時間の状況を把握しなければならない。この義務は管理監督者や裁量労働制適用者にもかかる。ちなみに、高度プロフェッショナル制度の場合は、労基法上で健康管理時間を把握する措置が制度導入の要件となっているので、その次の第66条の8の4において、健康管理時間が厚生労働省令で定める時間を超える者に対する面接指導が義務付けられている。

6　深夜業の問題

　欧米でも日本でも労働時間法制の原初形態は女子・年少者に対する労働時間規制と深夜業の禁止であった。その意味では深夜業は古典的問題である。しかし、労働時間規制の方が成人男子労働者にも拡大していったのに対し、深夜業規制は長らく女子・年少者だけの問題にとどまってきた。

　ILO条約についても、1919年の第1回総会で採択された「夜間に於ける婦

人使用に関する条約」(第4号)を始めとして、1934年の「夜間に於ける婦人使用に関する条約」(第41号)、1948年の「工業に使用される婦人の夜業に関する条約」(第89号)と、女子の深夜業のみが規制され、成人男子の深夜業の規制は存在しなかった。これが大きく転換するのは女性に対する深夜業の禁止を差別と考える男女雇用機会均等の考え方が興隆してきてからで、ILOも1990年には新たに「夜業に関する条約」(第171号)を採択し、夜業を一律に禁止するのではなく、深夜業従事者の健康の保護、母性保護、家族的責任を果たすための援助等、男女労働者共通に適用されるさまざまな保護措置を規定した。

日本では、深夜交替制労働専門家会議[58]報告を踏まえて、1985年12月に労働基準法研究会第2部会[59]報告「深夜交替制労働に関する問題点と対策の方向について」が出され、国際的な基準も存在せず、専門家の意見も一致しないことから、当面は労使が考慮すべき事項を指針で示すことが適当としたが、指針も出されなかった。

再びこの問題が取り上げられたのは、男女雇用機会均等法が改正され、女性に対する深夜業禁止規定が廃止された時である。この時併せて育児・介護休業法が改正され、小学校就学の始期に達するまでの子の養育又は要介護状態にある家族の介護を行う男女労働者が請求すれば深夜業が免除されるという規定が設けられた。

連合は労働基準法改正時の対案として、深夜業については4週間につき8回、53時間までとし、かつ深夜業従事者については最長1日10時間労働とする男女共通規制を要求した。国会における審議の結果、附則(原始附則ではなく改正法の附則)第12条に「深夜業に関する自主的な努力の促進」として、「国は、深夜業に従事する労働者の就業環境の改善、健康管理の推進等当該労働者の就業に関する条件の整備のための事業主、労働者その他の関係者の自主的な努力を促進するものとする」という規定が設けられた。

なお、この時の衆参の附帯決議で「深夜業に従事する労働者の健康確保を

---

58) 学識者6名、座長：高田勗。

59) 学識者8名、部会長：花見忠。

第4章 労働時間法政策　557

図るため、労働者が自発的に受診する健康診断の費用を助成すること及びこれら自発的に受診した健康診断についてもその結果に基づく医師の意見を勘案して深夜業の回数の減少や作業の転換等の措置を講じなければならないこととするよう労働安全衛生法の改正を行う」ことが求められ、これを受けて1999年5月に労働安全衛生法の改正が行われ、深夜業従事者の健康管理に関する規定が設けられた。

　こうして、職業家庭両立法政策と労働安全衛生法政策の2つの観点から男女共通の深夜業に対する規制が行われるようになったが、連合が求めたような労働時間法政策としての深夜業規制は未だに存在していない。ILO第171号条約には夜業自体の規制はないが、同時に採択された夜業に関する勧告（第178号）は夜業従事者の労働時間を8時間以下とし、交替制の場合11時間以上の休息期間を求めている。1993年のEU労働時間指令の場合、労働安全衛生法規という位置づけからほぼ同様の規定を設けている。

　日本でこの方向が検討されるとすれば、やはり労働安全衛生法政策の一環としてということになろう。1998年改正時に労働省に設置された深夜業の就業環境、健康管理等のあり方に関する研究会[60]の中間報告が1998年11月に出されており、その中で過度の深夜業を抑制し、健康確保、社会生活の維持等を図るために考慮すべき事項を盛り込んだガイドラインが労使により自主的に設定され、定着することが望ましいとしている。1998年改正時の参議院附帯決議でも深夜業の総合的なガイドラインの策定が求められている。

7　自動車運転者の労働時間

（1）　1967年の2・9通達[61]

　1952年前後から東京都など大都市でハイヤーやタクシーの運転者による交通事故が頻発し、これが大きな社会問題となり、警視庁が調査したところ、労働時間が極めて長く、また給与はオール歩合給又は固定給部分が極めて少ない歩合制で、運転者が過労に陥っても無理な運転をせざるを得ない

60）学識者7名、座長：稲上毅。

61）労働省労働基準局監督課・賃金部編著『自動車運転者労務改善基準の解説』（1967年）労働法令協会。

状態であることが判明した。このため、1953年6月、東京労働基準局が是正勧告を行った。さらに1954年6月省令を改正し、1956年からタクシー運転手の労働時間の特例（1日10時間、週60時間）を廃止して一般産業並みの1日8時間、週48時間に短縮した。また1955年2月ハイヤー・タクシー運転手の労働時間等に関する指導要領を作成し、重点的に監督指導を行った。

一方、高度経済成長の開始に伴う建設工事の激増で、ダンプカーや砂利トラックによる重大事故が続発し、労働省も1961年4月「ダンプカー・砂利トラック事故防止対策について」を発出し、重点監督を行った。また一般路線トラックについても1962年4月「一般路線貨物自動車運送事業における乗務員の労務管理改善対策要綱」を策定し、監督指導を行った。

しかしながら、自動車運転者の労働時間等労働条件は容易に改善せず、労働時間対策としても交通事故防止対策としても放置できない状況にあったため、1967年2月「自動車運転者の労働時間等の改善基準」（基発第139号、通称「2・9通達」）を発出し、実作業時間を2週平均で1週48時間以内とすること、1日の実作業時間を11時間以内とすることを規定するとともに、時間外・休日労働の排除、適正な割増賃金の支払、累進歩合給制度の廃止等について強力な監督指導を行った。事業場だけでなく、路上現認監督も果敢に実施したという。また、労働大臣委嘱による自動車労務管理改善推進員制度も設けた。しかし、2・9通達は実作業時間規制を中心とするものであったため、実作業時間以外の労働時間を多く含む自動車運転者については十分な効果を上げ得なかった。

（2）　1979年の27通達[62]

1979年6月に新たなILO条約として「路面運送における労働時間及び休息期間に関する条約」（第153号）が採択され、国際的にも自動車運転者の労働時間問題に目が向けられるようになった。同条約は休息期間を継続10時間とするほか、連続運転時間を4時間に制限し、最大運転時間を1日9時間

62）労働省労働基準局編著『新自動車運転者労務改善基準の解説』労働法令協会（1980年）。

週48時間としている。

こういった動きを踏まえ、運送事業の労働者の労働時間が依然長時間労働の実態にあることから、2・9通達に代わる新たな基準として、1979年12月「自動車運転者の労働時間等の改善基準」（基発第642号）（通称「27通達」）が発出された。新基準はILO条約に倣って運転時間と休息期間による規制が中心となっている。

まず、ハイヤー・タクシーとトラック等共通の規制として、拘束時間と休息期間が規定されている。1日の拘束時間はハイヤー・タクシーについては時間外労働を含め2週間平均で14時間以内、トラック等については1日の拘束時間は2週間平均で13時間以内、いずれも1日の最大拘束時間は16時間で、従って休息期間は連続8時間、隔日勤務の場合は2暦日の拘束時間は21時間以内で、休息期間は連続20時間とされた。またトラック等については1日の運転時間は2日平均で9時間以内、1週間の運転時間は2週平均で48時間以内、連続運転時間は4時間以内とされた。こういう内容の規制を何ら法律上の根拠もなく行政庁の通達だけで実施していたのである。

（3）　1989年告示とその改正[63]

その後、1985年の労働基準法研究会第2部会[64]報告は「これを法制化することの是非を含め」検討せよとしたが、中央労働基準審議会では自動車運転者労働時間問題小委員会[65]を設けて審議した結果、1988年10月の報告で規制の形式を大臣告示とし、ハイヤー・タクシーについて若干規制を強化することを求めた。

これに基づき、労働省は1989年2月「自動車運転者の労働時間等の改善のための基準」を告示した。これにより、1日の拘束時間は1時間減って13時間以内とし、1か月の総拘束時間を325時間以内とした。

その後この告示は労働基準法本体の改正に合わせて累次改正されてきている。1991年10月の改正では、トラックの拘束時間を2週間143時間かつ4週

63）労働省労働基準局編『自動車運転者労務改善基準の解説』労働基準調査会（1999年）。
64）学識者8名、部会長：花見忠。
65）公労使各3名、3業界の労使各2名、小委員長：和田勝美。

間273時間とした。これまでの1日13時間は週6日労働では2週間156時間、4週間312時間であったわけで、かなりの短縮である。また同じくトラックの運転時間を2週平均で44時間とした。バスについても拘束時間、運転時間とも若干短縮した。

1994年11月の改正では、ハイヤー・タクシーについて1か月の拘束時間を312時間に短縮し、バスについて1週間の拘束時間を2週平均で71.5時間に、1週間の運転時間を2週平均で44時間とした。

さらに1997年1月の改正では、ハイヤー・タクシーの1か月の拘束時間を299時間に、トラックについては1か月293時間に、バスは4週平均で1週間65時間にそれぞれ短縮した。またバス運転時間について4週平均1週間40時間とした。

なお、上述の2017年3月の働き方改革実行計画では、改正法の一般則の施行期日の5年後に、年960時間（＝月平均80時間）以内の規制を適用することとし、かつ将来的には一般則の適用を目指すとしている。

8　医師の労働時間

上述のように、2018年改正に向けた2017年3月の働き方改革実行計画に、突然医師に関する記述が入り込んできた。もともと労働基準法上や時間外労働の限度基準告示に医師の労働時間について特例があったわけではないが、「時間外労働規制の対象とするが、医師法に基づく応召義務等の特殊性を踏まえた対応が必要」とされ、具体的には改正法の施行5年後を目途に規制を適用することとし、医療界の参加の下で検討の場を設け、2年後を目途に規制の具体的なあり方、労働時間の短縮策等を検討するとされたのである。

その背景には、医師の宿直勤務を長年労働基準法施行規則第23条の宿日直で対応してきたことがある。医療法16条は「医業を行う病院の管理者は、病院に医師を宿直させなければならない」と規定しているが、それが直ちに労基法上の宿日直になるわけではない。これは労基法第41条第3号の監視・断続労働を受けたものであり、1948年の通達（基収第855号）以来、かなり厳格な宿日直の許可基準が示されている。しかし、現実には到底監視断続的と言えないような勤務実態があり、近年裁判所の判決や労基署の監督によっ

てようやく問題視されるようになってきた。

上記実行計画を受けて2017年8月、厚生労働省医政局は医師の働き方改革に関する検討会[66]を設置し、新たな医師の働き方を踏まえた医師に対する時間外労働規制の具体的な在り方と医師の勤務環境改善策について検討した。

2018年2月、同検討会は「中間的な論点整理」と「医師の労働時間短縮に向けた緊急的な取組」を取りまとめた。前者はまずなぜ今医師の働き方改革が必要なのかを確認した上で、医師の勤務実態の分析状況、勤務環境改善に関する取組の現状、経営管理の観点、時間外労働規制の在り方、関係者の役割等に関する論点を示している。後者は、医師の時間外労働規制の施行を待たずとも、勤務医を雇用する個々の医療機関が自らの状況を踏まえ、できることから自主的な取組を進める必要があるとされたことから、個々の医療機関で取り組むべき項目を挙げている。具体的には、医師の労働時間管理の適正化、36協定の自己点検、既存の産業保健の仕組みの活用、タスク・シフティング（業務の移管）の推進、女性医師等に対する支援、医療機関の状況に応じた医師の労働時間短縮に向けた取組等である。

同検討会は同年7月に再開されたが、そこに提示された日本医師会の「医師の働き方改革に関する意見書」は、医師と医療の特殊性を前面に打ち出している。具体的には、まず現行の宿日直許可基準通達について、看護師には適合しているが医師の業務には適合していないため内容を見直す必要があると主張し、「許可を受けた宿日直」と「通常業務と同じ宿日直」の間に位置する「中間業務」について、新たな制度を創設すべきと述べている。

時間外上限については、現状の医師の労働時間の分布状況や時間外労働時間規制を導入した場合の地域医療への影響等を考えると、一律の上限規制を設定すること自体が難しいと主張し、長時間労働の歯止めとして「医師の特別条項」、特別条項で対応が困難な場合の「医師の特別条項の『特例』」という医師独自の制度を提言している。この「特別条項」は「脳・心臓疾患の労災認定基準（いわゆる過労死ライン）を基に時間を設定する」とされている

66）学識者22名、座長：岩村正彦。

562　第3部　労働条件法政策

が、「特例」の方は「精神障害の労災認定基準・・・を手掛かりとし」とあり、同基準の月160時間という極度の長時間労働を想定しているようにも見える。

9　年次有給休暇

(1)　1987年改正

前述のように、日本においては年次有給休暇制度は労働基準法によって初めて導入されたが、1年勤続で6日という水準はILO第52号条約を満たしているものの、8割出勤率要件や分割取得を認めるなどその趣旨に反する面があった。

1985年の労働基準法研究会第2部会[67]報告では、「年次有給休暇制度は、元々それぞれの国の雇用慣行、生活習慣等によって強く影響される制度であると考えられ、我が国はこれらの点で欧米諸国と大きな相違があるため、欧米諸国の制度にそのまま倣うことは必ずしも適当でない」として、これらの改正の必要を認めていないが、そもそも制定時の理由は「終戦後一般に労働意欲の低下して居った我が国の実情」や「年次有給休暇を有効に利用させるための施設も少なく、労働者は生活物資獲得のため、週休以外にも休日を要する状況」であった。こういった状況が今日まで続いているとは考えられないので、おそらく長期雇用慣行の中で出勤率要件の撤廃や連続取得の義務づけは困難という判断であったと思われる。その意味では、制度は変わっていないが理由付けは変わってしまっている。

同報告では、ILO第132号条約の1年勤続3労働週という水準に照らして、10日程度という数字を出した。また、所定労働日数の少ない労働者（パートタイム労働者と呼んでいるが若干紛らわしい）についてその比率に応じた日数を付与すること、労使協定による計画的付与制度、不利益取扱いの是正などを提言した。

中央労働基準審議会労働時間部会[68]では労使から様々な意見が出されたが、概ね労働基準法研究会報告の線に沿い、最低付与日数の引上げについて

67）学識者8名、部会長：花見忠。

68）公労使各5名、部会長：辻謙。

は中小企業に猶予期間を置くこととされた。結局法律では、300人以下の事業場については、1991年から8日、1994年から大企業並みの10日となった。

なお、労使協定による計画的付与は5日を超える部分とされたが、これは労働者の病気その他の個人的事由による取得のために労働者の指定した時期に与えられるものとして一定の日数を留保しておく必要があるからと説明されており、制定当時の「労働者が年次有給休暇をこれら（病気等）の目的に充用することは制度本来の趣旨に添わないが、分割を認めている以上これを違法と解することは困難」という状況がそのまま続いている。

（2）　その後の改正

1993年改正では、勤続要件を1年から6か月に短縮した。さらに1998年改正では、勤続年数による付与日数の増加ペースを加速させた。具体的には、それまでは6か月勤続で10日、以後1年勤続するごとに1日ずつ増えていって、10年半で20日になり、これで頭打ちであったが、改正後は1年半で11日、2年半で12日というところまでは同じであるが、その後3年半で14日、4年半で16日、5年半で18日、6年半でめでたく20日取得できることとなった。

この改正のもとになった1995年の労働基準法研究会労働時間法制部会[69]報告では、ある程度まとまった日数の連続取得が望ましいことから、例えば5日間を連続した不可分のものとして付与することや、ILO条約の水準（3労働週）への最低付与日数の引き上げの検討を求めるとともに、病気休暇制度のあり方についても議論を深める必要があると言及していた。しかし、これらは余り労使の関心を引くこともなく、忘れられたような格好になっている。

（3）　2008年改正

年次有給休暇に関する法政策の議論も、その後は時間単位での取得などという法の趣旨に反する方向に向けて進められていくことになる。

69）学識者6名、座長：保原喜志夫。

564　第3部　労働条件法政策

　仕事と生活の調和に関する検討会議[70]の2004年6月の報告書は、時間単位での年次有給休暇の取得について前向きに検討する必要があるとか、失効した年次有給休暇を改めて付与できる仕組みを検討する余地はあるなどと提起した。

　今後の労働時間制度に関する研究会[71]の2006年1月の報告書も、育児の送り迎えや通院などのために、年次有給休暇の時間単位取得を可能にすることも、これは本来病気休暇等の制度で対応すべきであり年休の本来の趣旨と異なるとの正論を意識しつつ、一定の条件付きで提起した。もっとも、これら報告書では使用者による時季指定方式の部分的導入も打ち出されていた。これは部分的とは言え、1954年の省令改正によって使用者の年休請求時季聴取義務が削除される以前の、本来の年次有給休暇制度への復帰ということもできる。

　しかしながら、2006年2月以降の労働政策審議会労働条件分科会[72]の議論では、途中まであった使用者による時季聴取制は消えてしまい、時間単位による取得だけが残された。結局、12月の答申では、「法律において上限日数（5日）を設定した上で、労使協定により当該事業場における上限日数や対象労働者の範囲を定めた場合には、時間単位での年次有給休暇の取得を可能にする」とした。その後、国会提出を経て、2008年12月にその形で成立した。1日単位の取得すら「制度本来の趣旨は著しく没却される」（寺本広作）のに、時間単位の取得に突き進んでいくというのはいかにも筋の悪い法政策である。

（4）　2018年改正

　2013年9月から労働政策審議会労働条件分科会[73]で労働時間法制のあり方についての議論が開始され、2015年2月の建議では年次有給休暇についてかなり思い切った提案をしている。具体的には、有給休暇の日数のうち年5日

70）学識者8名、座長：諏訪康雄。
71）学識者8名、座長：諏訪康雄。
72）公労使各7名、分科会長：西村健一郎。
73）公労使各7名、分科会長：岩村正彦。

については、使用者が時季指定しなければならないとしている。そして省令により、時季指定に当たって使用者は、年休権を有する労働者に対して時季に関する意見を聴くこと、時季に関する労働者の意思を尊重するよう努めることとされている。これはいわば年休の指定を部分的に労働者の請求権から使用者の指定義務に転換しようとするものであり、1954年省令改正で年次有給休暇につき使用者に対して請求すべき時季を聴かねばならないという義務を課していた規定を削除したものを、部分的とはいえ半世紀以上ぶりに逆転させるものとも言える。

　これらを盛り込んだ改正案は2015年4月に国会に提出されたが、全く審議もされないまま店晒しとなっていた。2017年9月に諮問答申された一括改正法案要綱では、これも併せて盛り込まれた。そして2018年4月に国会に提出され、同年6月に成立した働き方改革推進法により、この改正がようやく実現に至った。

第3節　労働時間弾力化の法政策

　労働時間の弾力性ということで言えば、1947年の制定以来労働基準法が過半数組合又は労働者の過半数代表者との書面協定による同意を条件として無制限の時間外・休日労働を認めている点こそが日本の労働時間法制の最大の弾力性なのであり、それ以外のさまざまな制度は、極論すれば、時間外労働として割増賃金を払わなくてもいい部分を増やすための制度に過ぎないとも言える。

　しかしながら、1987年改正で導入された裁量労働制や、特に1998年改正で導入された企画業務型裁量労働制は、労働時間規制の基本的考え方に関わるような面もあり、過去20年間議論の焦点となってきたいわゆるホワイトカラーの適用除外問題とも絡んで、労働時間法政策のあり方に大きな変化をもたらしつつある。

566　第3部　労働条件法政策

1　変形労働時間制とフレックスタイム制

(1)　4週間／1か月単位の変形労働時間制

　日本の労働時間法制に変形労働時間制が導入されたのは1947年労働基準法の制定時で、この時は4週間単位であった。すなわち、就業規則等において4週間平均で1週間の労働時間が48時間以内との定めをすれば、1日8時間、週48時間を超えて労働させることができるというものであり、「主として鉄道事業、化学工業などで必要とされる所謂隔日勤務の必要に応えるための規定」であった。ILO第1号条約は変形制でも1日の限度を1時間としており、「立法例として他に類例のない規定」である。立法担当者の寺本広作自身、「満18歳未満の者には適用されないが、有害業務や満18歳以上の女子の労働についても本項が適用される結果法第36条但書や法第61条で協定による労働時間延長の最大限を制限した法の趣旨が稍通りにくくなっている」と批判的なコメントをしている。

　1987年改正でこれが1か月単位の変形制に変わった。業務の繁閑の周期が必ずしも週単位ではなく、通常の賃金計算期間が1か月であることが理由である。その他の要件に変化はなかった。ないということが重要な意味を持つ。すなわち、この時導入された新たな変形制やフレックスタイム制、さらには裁量労働制が時間外労働協定に倣って過半数組合又は労働者の過半数代表者との書面協定を要求しているのに対して、1か月単位の変形制は従来通り就業規則のみで導入できたからである。

　この点、1998年改正では、中央労働基準審議会労働時間部会[74]に1997年7月事務局が提出した文書（「今後の労働時間法制及び労働契約法制の在り方について－中間的取りまとめに向けての議論のために」）において、1か月単位の変形制の導入要件を労使協定の締結に改めるという案が提示されたが、結局12月の建議では「労使協定の締結又は就業規則その他これに準ずるものにより定めること」となり、余り意味のない改正となった。これは就業規則法制とも絡む問題であるが、少なくとも法制上は1日や1週間についての上限のない変形制を「労働者の団体による闡明された意思に基づく同

74）公労使各5名、部会長：小粥義郎。

意」もなく、その意見の聴取のみで導入できるという制度は、他の弾力的労働時間制度との均衡を欠いており、依然として今後の改正課題であり続けている。

(2) 3か月／1年単位の変形労働時間制

　これはもともと1984年8月の労働基準法研究会第2部会[75] 中間報告では1年単位として提案されながら、翌年12月の最終報告で3か月程度とされ、1987年改正で3か月単位の変形労働時間制として導入されたものである。趣旨としては季節によって業務の繁閑の差がある場合に労働時間のより効率的な配分を可能にしようというものであるから、四半期ごとに繁閑があるのなら良いが、1年ごとに繁閑があるのでは対応し切れまい。1993年改正で1年単位の変形制に改正されたのは当然のことであった。

　この制度は1か月単位の変形制と異なり労使協定が必要であるだけでなく、1日10時間、1週52時間という労働時間の上限が設定され、かつ連続して労働させることができる日数の限度は1週間に1日の休日が確保できる日数とされるなど行き届いた内容であった。1993年改正で1年単位となると、変形期間が3か月を超える場合には1日9時間、1週48時間と上限が短縮されたが、1998年改正で一律1日10時間、1週52時間と延長された。ただ、1998年改正では連続して労働させる日数の限度は逆に6日に短縮された。また、労働日数を原則として1年当たり280日までという規制も導入した。いわば休日増にウェイトを置いた形にシフトされている。

(3) 1週間単位の非定型的変形労働時間制

　本来の変形労働時間制は寺本広作の言うように「使用者の都合のままに何時でも労働させることを認める趣旨の規定ではない。…就業規則では必ず始業終業の時刻はこれを定めることが必要である」。ところが、日ごとに業務の著しい繁閑の差が生じることが多いが、その業務の繁閑が定型的に定まっていない事業では、就業規則で予め労働時間を特定して業務の繁閑に対

---

75) 学識者8名、座長：花見忠。

応することができない。そこで、1987年改正で30人未満の小売業、旅館、料理店及び飲食店について1週間単位の非定型的変形労働時間制が導入された。この場合、各自の労働時間は予め労働者に通知する必要がある。

この変形制も労使協定が必要であり、かつ1日10時間という上限が付けられた。

(4) フレックスタイム制

以上の変形制が使用者側の都合による変形制とすれば、一定の期間の総労働時間を定めておいて労働者がその範囲内で各自の始業終業時刻を選択して働くフレックスタイム制は労働者側の都合による変形制と言える。フレックスタイム制は西ドイツで発生し、日本でも既に導入する企業があったが、労働基準法との関係で問題があり、1987年改正で正式に法律上の制度となったものである。

なお2015年改正案では、清算期間の上限を1か月から3か月に延長し、1か月ごとに上限を週50時間とする（超えれば割増賃金）こととしており、これが2018年改正で成立した。

2 事業場外労働とテレワーク

(1) 事業場外労働のみなし労働時間制

事業場外労働のみなし時間制が法律に規定されたのは1987年改正によってであるが、省令には労基法施行時から存在していた。すなわち、労働基準法施行規則第22条は「労働者が出張、記事の取材その他事業場外で労働時間の全部又は一部を労働する場合で、労働時間を算定し難い場合には、通常の労働時間労働したものとみなす。但し、使用者が予め別段の指示をした場合はこの限りでない」と規定していた。ちなみにこれも法律上の根拠なき省令規定のはずであるが、1950年代の規制緩和時代に問題になった形跡はない。

1987年改正ではこれを法律上の制度に格上げするとともに、その業務を遂行するためには通常所定労働時間を超えて労働することが必要な場合には通常必要な時間労働したものとみなし、労使協定で定めたときには協定で定

めた時間労働したものと見なすこととした。

　なお通達では、無線やポケットベル等により随時使用者の指示を受けながら労働している場合は見なし制の適用はないとしている（昭和63年基発第1号）。携帯電話もいわんやスマートフォンも存在しなかった30年前の情報通信環境を前提にした記述であるが、今日でもなおこの通達は生きている。

（2）　在宅勤務の扱い

　在宅勤務も事業場外で業務に従事することに変わりないが、その扱いを初めて明示したのは2004年3月の通達（基発0305001号）である。京都労働局長からの照会に対する回答という形で、情報通信機器を活用した在宅勤務について、①当該業務が、起居寝食等私生活を営む自宅で行われること、②当該情報通信機器が、使用者の指示により常時通信可能な状態におくこととされていないこと、③当該業務が、随時使用者の具体的な指示に基づいて行われていないこと、の3要件を満たす場合に事業場外労働のみなし制が適用されるとした。

　この通達は2008年7月に改正され（基発0728002号）、上記要件についてやや詳しい解説がつけられている。すなわち、「使用者の指示により常時」とは「労働者が自分の意思で通信可能な状態を切断することが使用者から認められていない状態の意味」であり、「通信可能な状態」とは「使用者が労働者に対して情報通信機器を用いて電子メール、電子掲示板等により随時具体的指示を行うことが可能であり、かつ、使用者から具体的指示があった場合に労働者がそれに即応しなければならない状態（即ち、具体的な指示に備えて手待ち状態で待機しているか、又は待機しつつ実作業を行っている状態）の意味であり、これ以外の状態、例えば、単に回線が接続されているだけで労働者が情報通信機器から離れることが自由である場合等は『通信可能な状態』に当たらないもの」であり、「具体的な指示に基づいて行われる」には「例えば、当該業務の目的、目標、期限等の基本的事項を指示することや、これらの基本的事項について所要の変更の指示をすることは含まれない」ことが明示されたのである。

　なおこれら2004年、2008年の通達は「情報通信機器を活用した在宅勤務

570 第3部 労働条件法政策

の適切な導入及び実施のためのガイドライン」と一緒に発出されている。

(3) 事業場外勤務ガイドライン

　2017年3月の働き方改革実行計画では、上記在宅勤務ガイドラインをサテライトオフィス勤務やモバイル勤務といった新たなテレワークにも拡大し、併せて長時間労働を招かないように労働時間管理の仕方も整理すると述べている。これを受けて2017年10月に厚生労働省に柔軟な働き方に関する検討会[76] が設置され、同年12月に報告を取りまとめるとともに、「情報通信技術を利用した事業場外勤務の適切な導入及び実施のためのガイドライン（案）」を示した。厚生労働省はこれを受けて、2018年2月、新たなガイドラインを公表した。旧ガイドラインと比較してみると、まずタイトルが「情報通信機器を活用した在宅勤務の適切な導入及び実施のためのガイドライン」から「情報通信技術を利用した事業場外勤務の適切な導入及び実施のためのガイドライン」に変わっている。労働者の自宅で業務を行う在宅勤務だけでなく、労働者の属するメインのオフィス以外に設けられたオフィスを利用するサテライトオフィス勤務、ノートパソコンや携帯電話等を活用して臨機応変に選択した場所で業務を行うモバイル勤務も含めて情報通信技術を利用した事業場外勤務として把握し、労働基準関係法令の適用とその注意点を明らかにしようとしている。

　労働条件の明示で問題になるのが就業の場所の明示である。旧ガイドラインでは「労働者の自宅」を明示せよといって済ませていたが、新ガイドラインではモバイル勤務について「就業の場所についての許可基準を示したうえで、『使用者が許可する場所』といった形で明示することも可能」としている。

　労働時間については、旧ガイドラインが在宅勤務には事業場外みなし労働制が適用されるというところから始まっているのに対して、むしろ通常の労働時間制度を原則に持ってきている点が特徴であり、そのうえでテレワークの特性に応じた留意点に3点言及している。第1はいわゆる中抜け時間で、

76）学識者9名、座長：松村茂。

「使用者が業務の指示をしないこととし、労働者が労働から離れ、自由に利用することが保障されている場合には、その開始と終了の時間を報告させるなどにより、休憩時間として扱い、労働者のニーズに応じ、始業を繰り上げる、若しくは終業時刻を繰り下げることや、労使協定の締結により、その時間を時間単位の年次有給休暇として取扱うことが考えられる」としている。第2は通勤時間や出張旅行中の移動時間中のテレワークで、「使用者の明示又は黙示の指揮命令下で行われるものについては労働時間に該当する」としている。第3は、午前中だけ自宅やサテライトオフィスで勤務をしたのち、午後からオフィスに出勤するケースなど、勤務時間の一部にテレワークを利用する場合で、「使用者の指揮命令下に置かれている時間であるか否かにより、個別具体的に判断される」としている。

　旧ガイドラインでは前提になっていた事業場外みなし労働時間制については、テレワークだから直ちにみなし制が適用できるわけではなく、「情報通信機器が、使用者の指示により常時通信可能な状態におくこととされていないこと」「随時使用者の具体的な指示に基づいて業務を行っていないこと」の要件をいずれも満たす必要があると、その内容を詳しく述べている。「情報通信機器が、使用者の指示により常時通信可能な状態におくこととされていないこと」とは「情報通信機器を通じた使用者の指示に即応する必要がない状態であること」を指す。「使用者の指示に即応する必要がない状態」とは「使用者が労働者に対して情報通信機器を用いて随時具体的指示を行うことが可能であり、かつ、使用者からの具体的な指示に備えて待機しつつ実作業を行っている状態、又は手待ち状態で待機している状態にはないこと」を指す。したがって、回線が接続されているだけで労働者が自由に情報通信機器から離れることや、通信可能な状態を切断することが認められている場合や、会社支給の携帯電話等を所持していても労働者の即応の義務が課されていないことが明らかである場合等は「使用者の指示に即応する必要がない」場合に当たるというわけである。事業場外みなし労働時間制である以上、当該業務の遂行に通常必要とされる時間労働したものとみなされるので、実労働時間を厳密に把握する義務はないが、「労働者の健康確保の観点から、勤務状況を把握し、適正な労働時間管理を行う責務を有する」と釘を刺してい

る。

「長時間労働対策」は、働き方改革で長時間労働の是正が至上命題になっている情勢を反映して、テレワーク特有のいくつもの対策が並べられている。第1はメール送付の抑制である。「役職者等から時間外、休日、深夜におけるメールを送付することの自粛を命ずる」ことが挙げられている。第2はシステムへのアクセス制限である。「深夜・休日はアクセスできないよう設定することで長時間労働を防ぐことが有効」というのだが、これは逆に労働者側から苦情が出る可能性もありそうである。第3はテレワークを行う際の時間外・休日・深夜労働の禁止であるが、社内で勤務する労働者であれば可能であろうが、どうやって実効性を担保するのだろうか。第4は長時間労働等を行う者への注意喚起であるが、これも同様である。

3 裁量労働制[77]

(1) (専門業務型) 裁量労働制の導入

1987年改正で導入された労働時間制度のうちで、長期的に見て最もインパクトの強かったものは裁量労働制であろう。ところが、導入の際にはそれほど議論の焦点にはなっていなかった。労働基準法研究会第2部会[78]報告でも事業場外労働のついでのような形でさりげなく提示されている。しかし、事業場外労働が「使用者の指揮監督が及ばず、労働時間の算定が困難な業務」であるのに対して、裁量労働制は「業務の性質上その業務の具体的な遂行については労働者の裁量に委ねる必要があるため、使用者の具体的な指揮監督になじまず、通常の方法による労働時間の算定が適切でない業務」であり、両者を労働時間の算定という形で一括して論ずるには制度の基本思想に相違がある。もっとも、中央労働基準審議会労働時間部会[79]においてもこの点については労働側から明確な意見が出されていない。

裁量労働制が具体的に適用される業務は、法律上は「研究開発の業務その他の業務（当該業務の性質上その遂行の方法を大幅に当該業務に従事する労

---

77) 濱口桂一郎「労働時間法政策の中の裁量労働制」（『季刊労働法』第203号）。

78) 学識者8名、座長：花見忠。

79) 公労使各5名、部会長：辻謙。

働者の裁量に委ねる必要があるため、当該業務の遂行の手段及び時間配分の決定等に関し具体的な指示をしないこととするものとして当該協定で定める業務に限る)」と規定され、制定時には通達で例示された。新商品・新技術の研究開発等、情報処理システムの分析・設計、新聞・出版・放送の取材・編集・制作、デザイナー、プロデューサー・ディレクターの5業務である。もっともそれ以外の業務が違法であったわけではない。労使協定で定めれば後の企画業務型裁量制の対象になるような業務であっても適用することができたのであり、専門業務型という形容詞がついていたわけでもない。制度上だけで言えばこの時期の方が弾力的であったと言えないこともない。

(2) 1993年改正[80]

1993年改正は裁量労働制に関して言えば皮肉なものであった。企画業務への拡大を意図してかえって道を閉ざす結果に終わったのである。

1992年9月の労働基準法研究会労働時間法制部会[81]報告では、「いわゆるホワイトカラーの中には、管理監督者以外の者でも、業務の遂行について使用者から具体的な指示を受けずに自律的に働いている労働者が相当数存在しており、このような労働者については、一律に労働時間管理を行うことは困難であり、また必ずしも妥当ではない」という基本的考え方に立脚し、「現在の裁量労働制は対象業務等において厳格な運用がなされており、利用が進んでいないので、法制面、運用面の両面における改善を検討し、裁量労働制の活用を図るべきである。例えば、管理監督者に準ずる者、専門的な業務を行う者のうち、本社において高度な経営戦略上の問題の企画に携わる者のように労働時間の配分など労働の態様について自律的に決定している者などを対象業務に加えて命令で列挙することとし、列挙業務以外については許可制とすることが適当」と述べている。後の企画業務型裁量労働制の問題意識がこの段階で明確に現れている。

ところが、中央労働基準審議会労働時間部会[82]ではこの問題は難航し、12

---

80) 石岡慎太郎『明解改正労働基準法』労務行政研究所（1994年）。

81) 学識者6名、座長：保原喜志夫。

82) 公労使各5名、部会長：小粥義郎。

574　第3部　労働条件法政策

月の建議では「いわゆる研究開発の業務以外にも企業の中には高度な経営戦略上の問題の企画に携わる者のように裁量的に働いている層が存在すると考えられるが、これらの者のうち裁量労働になじむ業務の具体的な範囲について、現時点において結論を出すことは困難であり、できるだけ早い機会に別途検討の場を設け、その検討結果を待って対象業務を検討することとする」と事実上先送りするとともに、「対象業務の範囲の特定を命令で定めること」とされた。

　法成立後制定された省令では、それまで通達レベルで例示されていた5業務を省令レベルに格上げし、それ以外は「中央労働基準審議会の議を経て労働大臣の指定する業務」とされ、事実上これまで違法ではなかった例示以外の業務への裁量労働制適用が違法になってしまったのである。

(3)　裁量労働制研究会

　上記「別途検討の場」として1994年4月労働省に裁量労働制に関する研究会[83]が設置され、労働大臣の指定する業務についての検討を開始したが、これに対して使用者団体の代表である日経連は自ら裁量労働制研究会を設け、同年11月に「裁量労働制の見直しについて（意見）」を発表し、抜本的見直しを要求した。その中で、本来はアメリカのイグゼンプション（適用除外）制を導入すべきであるが、一挙にそうするのは無理な面もあるので当面非定型的な職務を行う者に裁量制を拡大すべきである、と述べている。

　翌1995年4月、労働省の裁量労働制研究会報告が出された。同報告は当面の措置として裁量労働制の対象業務にコピーライターの業務など7業務を追加することを求めた上で、裁量労働制のあり方について立法論も含めて検討を行い、「高度に専門的又は創造的な能力を必要とする業務であって、自律的で、使用者との指揮命令関係が抽象的、一般的なもの（いわば請負的な性格を有するもの）」を対象業務とすることを提言し、具体的には高度な経営戦略の企画の業務、高度な法務関係業務、高度な特許・知的財産関係業務、経済アナリストの業務などを例示している。また、労働者の利益への配

83）学識者6名、座長：菅野和夫。

慮に欠けることのないよう、手続的要件を厳正にすることが必要とし、現行の労使協定方式と併せて企業内労使委員会方式を提示している。また、裁量労働制は本人の自発的意思を基礎としているという考え方から、本人の同意を要件とすることを求めている。さらに、健康への配慮、休日・休暇が確保されるための措置も求められている。

ここで、その後企画業務型裁量労働制と呼ばれることになる新たな裁量労働制の基本設計図が描かれたことになる。その後、同年9月には労働基準法研究会労働時間法制部会[84]の報告が出され、裁量労働制に関する研究会報告の内容を確認した。

ところで、この頃から日本の政治状況の中で、行政改革の流れから派生してきた規制緩和推進政策が中心的課題に躍り出ようとしつつあった。行政改革委員会は、1996年12月の「創意で造る新たな日本－平成8年度規制緩和推進計画の見直しについて」において、「労働者の自律性や創造性の発揮、生活と仕事のバランスや自由度を高める方向で、より柔軟で多様な勤務形態がとれるようにしていくべき」との考え方に立ち、「ホワイトカラーの業務に関し、裁量労働制が適用できる対象業務を、業務遂行の方法に係る裁量が認められるものについて、大幅に拡大すべきである」と主張した。

これを受けて、政府は翌1997年3月の規制緩和推進計画の再改定に、「労働者の健康への配慮等の措置を講じつつ、ホワイトカラーの業務に関し、裁量労働制が適用できる対象業務を、業務遂行の方法に係る裁量が認められるものについて、大幅に拡大する」との趣旨を盛り込み、これは政府の方針となった。

なお、上記裁量労働制研究会報告を受けて、1997年2月に、専門業務型裁量労働制に6業務を追加する告示が出された。追加業務は、コピーライター、公認会計士、弁護士、一級建築士、不動産鑑定士、弁理士である。

84）学識者6名、座長：保原喜志夫。

576 第3部 労働条件法政策

(4) 1998年改正[85]

　これと並行して、労働行政サイドにおいては1996年11月から中央労働基準審議会労働時間部会[86]において労働時間法制の見直しの審議が開始され、翌1997年12月に建議が取りまとめられたが、労働側及び使用者側委員の意見が付記された形で、必ずしも意見がまとまっていないことを示すものとなった。結局労働側の納得のないまま1998年2月に国会に法案が提出されたが、通常国会では結局継続審議となった。

　秋の臨時国会で審議が再開され、自由民主党、民主党、平和・改革、自由党及び社会民主党の5派共同で主として裁量労働制に関する修正がなされた。すなわち、対象労働者の本人同意を要件とすること、労使委員会の委員の要件を細かく規定すること、指針を策定すること、実施状況のチェックのための報告、そして施行期日を1年延期すること等であり、こういった譲歩をすることで何とか成立に漕ぎ着けることができたという状況であった。

　こうして難産の中からようやく企画業務型裁量労働制が創設されたが、特に国会修正で導入のための手続要件が煩雑化されたため、企業側から見ると「裁量労働制をやりたいという動機に対して、ことごとくそれを満たさないようないろんな仕掛けが施された仕組み」と評された。具体的には、企画業務型裁量労働制を導入するためには、労使委員会の委員の全員の合意により決議をすること、この労使委員会の委員の半数は当該事業場の労働者の過半数代表者により任期を定めて指名され、かつ当該事業場の労働者の過半数の信任を得ていること、労使委員会の設置を行政官庁に届け出ること、健康・福祉確保措置、苦情処理措置の実施状況及び労使委員会の開催状況を行政官庁に報告することなど、やたらに細かい要件が法律で求められている。

　施行も1年遅らされ、その間労働省に設置された裁量労働制の指針のあり方に関する研究会[87]で1年近い検討の末1999年9月に出された報告に基づき、同年12月に「労働基準法第三十八条の四第一項の規定により同項第一

85）労働省労働基準局監督課監修・労働基準調査会編『改正労働基準法』労働調査会（1999年）。

86）公労使各5名、部会長：小粥義郎。

87）学識者7名、座長：今野浩一郎。

号の業務に従事する労働者の適正な労働条件の確保を図るための指針」が策定され、2000年4月からようやく施行されるに至った。

（5）　2003年改正

　企画業務型裁量労働制は、施行後直ちに規制緩和サイドの批判を浴びることになる。2000年7月の行政改革推進本部規制改革委員会[88]の論点公開では「労使委員会の設置に伴う手続について簡素化を図るべき」とか「労使委員会の決議事項の内容を再検討すべき」といった意見が出され、翌2001年7月の総合規制改革会議[89]の中間取りまとめでは企画業務型裁量労働制の見直しとともに、11業務に限定されている専門業務型裁量労働制（旧来の裁量労働制はこう呼ばれるようになった）の拡大も求められた。これらはその後総合規制改革会議の答申に入り、閣議決定による規制改革推進3か年計画にも盛り込まれていった。

　厚生労働省は、まず2001年から専門業務型裁量労働制の業務拡大を検討し、2002年2月に新たに8業務を追加した。システムコンサルタント、インテリアコーディネーター、ゲーム用ソフトウェアの創作、証券アナリスト、金融工学等の知識を用いて行う金融商品の開発、税理士、中小企業診断士の7業務プラス、これまでの一級建築士に二級建築士と木造建築士を加えて建築士の業務とした。

　その後、企画業務型裁量労働制の見直しについて、解雇法制や有期雇用など他の法改正事項と合わせて労働政策審議会労働条件分科会[90]で審議を進め、同年12月に建議を取りまとめ、翌3月に法案を国会に提出、7月に成立に至った。この2003年改正では解雇法制が最大の論点となったこともあり、裁量労働制の見直しは修正協議の対象にはならなかった。1998年改正で挿入された導入煩雑化規定の緩和が主であったことも、その原因の一つであろう。

　2003年改正により、対象事業場についてそれまでの「事業運営上の重要

88）学識者14名（経済界6名、労働界1名、学者7名）、委員長：宮内義彦。

89）学識者15名（経済界10名、学者5名）、議長：宮内義彦。

90）公労使各7名、分科会長：西村健一郎。

な決定が行われる事業場」という限定がなくなり、本社・本店等に限らず、役員が常駐していないような支社・支店等であっても、企画・立案・調査・分析の業務に従事するホワイトカラー労働者に裁量労働制を適用することができるようになった。もっとも、同年10月の告示により、対象業務は企業全体の事業運営に係る事項や、本社・本店の指示を受けることなく支社・支店が独自に策定する事業計画や営業計画についての企画・立案・調査・分析に限定され、それほどの規制緩和にはならなかった。また、労使委員会が決議を行うための委員の合意は委員の5分の4以上の多数で足りるとか、労働者代表委員は改めて労働者の過半数の信任を得なくてもよいとか、届出の廃止、簡素化など手続の簡素化を行った。なお、このとき同時に専門業務型裁量労働制の対象に、大学における教授研究の業務（主として研究に従事するもの）が付け加えられた。具体的には、講義等の授業の時間が1週間の所定労働時間の半分以下程度のものが対象となる（基発第1011004号）。

　一方、2003年改正によって、これまで健康・福祉確保措置や苦情処理措置の対象となっていなかった専門業務型裁量労働制についても、これらの措置を導入することとされた。これは、専門業務型裁量労働制についても長時間労働を助長する危険性があり、健康上の不安を感じている労働者が多いという労働側の指摘を踏まえて、裁量労働制が働き過ぎにつながることのないよう導入されたものである。

　裁量労働制にしても、管理監督者の適用除外にしても、労働時間の長さで処遇されるよりは業績や成果で処遇されるべきという考え方であるには違いないが、そのことが過重な長時間労働を正当化するわけにはいかないという考え方も明確に出てきたといえよう。

(6)　その後の経緯

　その後、労働時間弾力化の焦点はホワイトカラーエグゼンプションと呼ばれる新たな適用除外制度の方に移っていったが、2006年12月の労働政策審議会労働条件分科会[91] の建議では、企画業務型裁量労働制の見直しとして、

91）公労使各7名、分科会長：西村健一郎。

中小企業については、労使委員会が決議した場合には、現行において制度の対象業務とされている「事業の運営に関する事項についての企画、立案、調査及び分析の業務」に主として従事する労働者について、当該業務以外も含めた全体についてみなし時間を定めることにより、企画業務型裁量労働制を適用することができるようにし、一定の条件下で労働時間の状況及び健康・福祉確保措置の実施状況に係る定期報告を廃止するなども提起されていた。しかし翌2007年3月、ホワイトカラーエグゼンプションと一緒に断念された。

　2013年からの労働時間規制の見直しの議論も、焦点はやはり新たな適用除外制度の導入であり、2015年改正案では高度プロフェッショナル制度として提案された。それに向けた2015年2月の労働政策審議会労働条件分科会[92]の建議では、高度プロフェッショナル制度の対象者があまりにも限定されてしまうことへの配慮か、企画業務型裁量労働制の拡大が併せて提示されていた。すなわち、企画立案調査分析と一体的に行う商品やサービス内容に係る営業の業務や運営管理と企画立案調査分析を一体的に行う業務をも対象とし、また本社一括届出など手続きを簡素化するとしていた。

　同年4月に国会に提出された改正法案では、「事業の運営に関する事項について繰り返し、企画、立案、調査及び分析を行い、かつ、これらの成果を活用し、当該事項の実施を管理するとともにその実施状況の評価を行う業務」と「法人である顧客の事業の運営に関する事項についての企画、立案、調査及び分析を行い、かつ、これらの成果を活用した商品の販売又は役務の提供に係る当該顧客との契約の締結の勧誘又は締結を行う業務」が対象とされた。しかし2015年の通常国会では、労働者派遣法改正案が対決法案となったあおりで全く審議されないまま継続審議となり、2016年の通常国会でもまったく審議されないまま継続審議となった。

　一方、2016年から時間外労働の上限規制に向けた働き方改革の議論が急展開し、その改正案は2017年秋の臨時国会に提出される予定であったが、国会には上記2015年改正案が全く審議されないまま塩漬けとなっていた。

92）公労使各7名、分科会長：岩村正彦。

580　第3部　労働条件法政策

この二つの労働基準法改正案が別々ではなく一体として国会に提出される予定であることが明らかになる中で同年7月、連合の神津里季生会長は安倍晋三首相に対して法案の修正を要請した。注目されたのは高度プロフェッショナル制度の導入要件であったが、企画業務型裁量労働制の拡大についても、商品販売のみを事業内容とする営業所等で働く労働者は対象となり得ないことや、一定の勤続年数に関する基準に該当する者のみが企画業務型裁量労働制の対象となることを法律上明確にすることを求めた。ところが、連合傘下の産別組織の一部や連合以外の労働団体、さらには労働弁護士などから激しい批判が巻き起こり、中央執行委員会でも同意が得られず、政労使合意を見送る方針を決めた。

　2017年9月には、「働き方改革を推進するための関係法律の整備に関する法律案」として8法の一括改正法案の要綱が労働政策審議会にかけられた。その中の企画業務型裁量労働制の規定は、上記連合の要請内容を忠実に盛り込んでいる。すなわち、提案型営業の規定に「主として」「専ら」という字句を加え、「主として商品の販売または役務の提供を行う事業場において当該業務を行う場合を除く」と明記し、さらに「厚生労働大臣が定める基準に該当する知識、基準等を有するもの」（＝3年勤続）に限るとしている。

　ところが、この改正法案が国会に提出されようとしていた2018年1月に、安倍晋三首相と加藤勝信厚労相が国会答弁で、裁量労働制で働く人の方が一般労働者よりも労働時間が短いというデータもあると述べ、その根拠となったデータに疑問が呈されたことから、同年2月に安倍首相は裁量労働制に係る改正部分を法改正案から削除すると表明した。結局同年4月に国会に提出された「働き方改革を推進するための関係法律の整備に関する法律案」では、裁量労働制の拡大に係る部分はすべて削除される一方、高度プロフェッショナル制度はそのままの形で提案され、同年6月に成立した。

4　労働時間の適用除外[93]

（1）　管理監督者

　労働基準法は1947年の制定以来、「事業の種類にかかわらず監督若しくは管理の地位にある者又は機密の事務を取り扱う者」を労働時間規制の適用除外としている。制定経緯を見ると、これが初めて登場するのは第7次案覚書であるが、その直前の第6次案修正案で「事業の種類に拘らず事務並びに間欠的な労働に従事する者」には適用しないという文言が現れており、この「事務」は後のホワイトカラーエグゼンプションを予告するかのようにも見える。しかし、事務労働者一般の適用除外ではなく、管理監督者（及び「機密の事務を取り扱う者」）のみの適用除外に落ち着いた。

　この「管理監督者」について、寺本広作は「労務管理について経営者と一体的立場にある者をいうのであるが労務管理方針の決定に参与するか否か及び自己の勤務について自由裁量の権限を持っているか否か等を参考としてその範囲を定めるべきものである」と述べた上で、「外国にはその給与額をも一の参考として監督管理の地位を解釈する事例もあるが我が国の現状では採用しがたい」と、高給ゆえの適用除外には否定的見解を示している。

　実際、施行当時の通達（発基第17号）は「一般的には部長、工場長等労働条件の決定その他労務管理について経営者と一体的な立場にある者の意であり、名称にとらわれず出社退社等について厳格な制限を受けない者について、実態に即して判断すべきもの」と厳格に解しており、この考え方は現在まで一貫している。もっとも、監視断続労働の適用除外が行政官庁の許可制をとっているのに対し管理監督者はそうではなく、違反として摘発されるまでは自由に利用できるという面があり、利用条件にさまざまな制約のある裁量労働制よりも使いやすいともいえる。

（2）　スタッフ管理職への拡大

　ところが高度成長期を過ぎ、職能資格制度が一般に普及してきた1977年

93）濱口桂一郎「時間外手当と月給制」（『季刊労働法』211号）。濱口桂一郎「ホワイトカラーエグゼンプションの虚構と真実」（『世界』2007年3月号）。

の通達（基発第104号の2、第105号）は、金融機関のいわゆるスタッフ職について、企業内における処遇の程度から法の規制外においても労働者の保護に欠けるところがないとして、管理監督者に含めることとした。ここでは、役員、支店長、部長、課長ときて、次にそれら「の者と銀行内において同格以上に位置づけられている者」という言い方で、いわゆるスタッフ職を管理監督者に含めて取り扱うとしているが、その理由は「これらスタッフの企業内における処遇の程度によっては、管理監督者と同様に取扱い、法の規制外においても、これらの者の地位からして特に労働者の保護に欠けるおそれがないと考えられ」たからである。これは、本来の管理監督者でないものを政策的に含めたものといえ、後のホワイトカラーエグゼンプションの先行型と位置づけることができる。

　これが1987年改正後の施行通達（昭和63年基発第150号）に盛り込まれた際に、併せて一般論として管理監督者であるかの判定に当たっての「待遇に対する留意」が盛り込まれた。すなわち、「定期給与である基本給、役付手当等において、その地位にふさわしい待遇がなされているか否か、ボーナス等の一時金の支給率、その算定基礎賃金等についても役付者以外の一般労働者に比し優遇措置が講じられているか否か等について留意する必要がある」と述べている。これは上記寺本広作の見解には明らかに反するが、管理監督者概念自体を管理監督という機能だけではなく企業内における賃金処遇の程度によっても判断しようとする方向にシフトさせたものと言える。

　1970-80年代という時期にこうした解釈変更がなされた背景には、この時期が内部労働市場志向の政策の最盛期であったことがあろう。日本型雇用慣行の典型的な現れである職能資格制度において同格に位置づけられ同等に処遇されているにもかかわらず、本来の労働保護法の発想に忠実に管理監督の機能の有無のみによって一方には残業代が出ないのに他方には出るという「不公平」を「是正」することが適切と考えられたと思われる。この発想がさらに拡大していったのが、1990年代の企画業務型裁量労働制であり、2000年代以降のホワイトカラーエグゼンプションである。

（3） ホワイトカラーエグゼンプションに向けた動き

　2001年から総合規制改革会議[94]の議論は裁量労働制を超えてホワイトカラー適用除外制に向かい、これを受けて政府も2005年3月に閣議決定された規制改革・民間開放推進3か年計画（改定）において、「米国のホワイトカラーエグゼンプション制度を参考にしつつ、現行裁量労働制の適用対象業務を含め、ホワイトカラーの従事する業務のうち裁量性の高いものについては、改正後の労働基準法の裁量労働制の施行状況を踏まえ、専門業務型裁量労働制の導入が新たに認められた大学教員を含め、労働者の健康に配慮する措置等を講ずる中で、労働時間規制の適用を除外することを検討する。また、その際、管理監督者等を対象とした現行の適用除外制度についても、新たに深夜業に関する規制の適用除外の当否も含め、併せて検討を行う」と明記した。

　あまつさえ、翌2006年3月に閣議決定された「規制改革・民間開放推進3か年計画（再改定）」では、「仕事と育児の両立を可能にする多様な働き方の推進」という項目のトップに「労働時間規制の適用除外」が位置づけられ、「ホワイトカラーを中心として、自らの能力を発揮するために、労働時間にとらわれない働き方を肯定する労働者も多くなっており、自己の裁量による時間配分を容易にし、能力を存分に発揮できる環境を整備するためには、そうした労働時間にとらわれない働き方を可能にすることが強く求められている」という認識が示されるに至った。

　一方2005年6月には、日本経団連が「ホワイトカラーエグゼンプションに関する提言」を発表した。ここでは労働時間規制の本質について深く検討された見解が示されている。すなわち、まずホワイトカラー特に知的労働者層の労働時間概念について、「考えること」が一つの重要な仕事であり、「労働時間」と「非労働時間」の境界が曖昧であると指摘し、賃金計算の基礎となる労働時間については、出社時刻から退社時刻までの時間から休憩時間を除いたすべての時間を単純に労働時間とするような考え方を採ることは適切ではないとする一方、労働者の健康確保の面からは、睡眠不足に由来する疲

94）学識者15名（経済界10名、学者5名）、議長：宮内義彦。

584 第3部 労働条件法政策

労の蓄積を防止するなどの観点から、在社時間や拘束時間を基準として適切な措置を講ずることとしてもさほど大きな問題はないとして、「労働時間の概念を、賃金計算の基礎となる時間と健康確保のための在社時間や拘束時間とで分けて考えることが、ホワイトカラーに真に適した労働時間制度を構築するための第一歩となる」という考え方を示している。これは極めて重要な指摘であるにもかかわらず、厚生労働省の研究会ではあまり正面からきちんと検討されていない点である。

次に、ホワイトカラーの労働には、仕事の成果と労働時間の長さが必ずしも合致しないという特質があるため、労働時間の長さではなく、役割・成果に応じて処遇を行っていく方が合理的であり、労働者にとってもその方が、公平感が保て、モチベーションも上がると指摘し、賃金と労働時間の長さとを関連させている現行の労働時間法制には大きな限界があり、ホワイトカラーについては、こうした労働時間と賃金の直接的な結びつきを分離することが急務であるとしている。

もっともその後は、「労働時間にとらわれず、納得のいく仕事、満足のいく仕事をしたい、自由に自分の能力を発揮したい、仕事を通じて自己実現をしたいと考える者もいる」と「自律的な働き方」論に移り、「自己の裁量で労働時間を弾力的に運用できる制度が必要」という議論になってしまっている。そして、現行裁量労働制の問題点を指摘して、新たにホワイトカラーエグゼンプション制度を創設することを提起しているのであるが、その対象者の要件として、①業務要件：法令で定めた業務、又は労使協定・労使委員会決議で定めた業務、②賃金要件：月給制又は年俸制であること、及び年収400万円以上（労使で業務を定める場合は年収700万円以上）を示している。この要件は、割増賃金の適用除外の要件としてはおかしくないが、「自律的な働き方」の担保としては緩やかに過ぎよう。せっかく、労働時間概念について的確な指摘をしていながら、政策提言としてはそれが生かされていない。

（4）　労働時間制度研究会

なお厚生労働省においても、2004年6月に発表された仕事と生活の調和に

関する検討会議[95] 報告書において、「労働時間規制にとらわれない働き方」という項目で、「ベンチャー企業創設時の研究開発者、大学や研究機関で高度な研究を行う者などには、一定期間は集中的に働き、その後はまとまった休暇を取得することを希望する者が少なからず存在するとともに、職務内容に照らしてみても、労働時間規制が必ずしもなじまない仕事がみられるが、現在の労働時間制度は事業主による労働時間管理を前提として構成されているために、こうした実情に必ずしも十分対応したものとなっていない」という認識を示し、現行の変形労働時間制や裁量労働制は「労働時間の量的な規制を行うという考えを前提とした制度設計となっているために、量的なものも含め労働時間規制にとらわれない働き方を希望する者にとっては、その多様なニーズに十分に応えることにはなっていない」として、「その者が希望するならば量的なものも含め労働時間規制にとらわれない働き方を可能とする新たな仕組みを導入すること」を提起していた。ただし、こうした働き方を希望しない労働者が、これを強いられたり、過重労働を余儀なくされてしまうといったことがないように、過重労働防止のための措置、健康確保のための措置、苦情処理のための措置、本人同意、自主的な労働時間管理を認める期間の上限などを組み込む必要があるとしている。

　2005年4月から、厚生労働省は今後の労働時間制度に関する研究会[96] を開催した。その中では「割増賃金を支払われなくても問題がないと思われる者を対象とすることを考えれば、一定の年収があり、本人の同意があれば、労働時間規制の適用除外とする考え方もあるのではないか」という意見も示されてはいるが、本筋としては「自律的な働き方」という概念に基づいて業務の態様に着目する方向に向いており、割増賃金適用除外の是非という賃金法政策の問題と、実体的労働時間規制の適用除外の是非という問題がもつれてしまっているように見える。明けて2006年1月にとりまとめられた報告書では、この懸念が当たった形となり、節のタイトルは「労働時間の長短ではなく成果や能力で評価されることがふさわしい労働者のための制度」と、賃

95）学識者8名、座長：諏訪康雄。
96）学識者8名、座長：諏訪康雄。

金法政策としての問題意識が前面に出たものとなっているにもかかわらず、その検討の視点は「労働時間に関する規制から外されることにより、より自由で弾力的に働くことができ、自らの能力を十二分に発揮できると納得する場合に安心してそのような選択ができる制度」と、必ずしもそれとそぐわないものになっている。

なお、現行企画業務型裁量労働制については、そもそも制度創設の目的が労働時間の長短と賃金の関係を切り離すことにより労働者に自律的な働き方を促すための制度であったという理解から、その廃止を提起しつつ、当面維持することも考えられるとしている。また現行専門業務型裁量労働制については、一部新適用除外に移行することとし、残った企画業務型裁量労働制と統合してみなし労働時間制と総称することを提起している。さらに、現行管理監督者については、スタッフ職は新適用除外に移行させ、深夜割増も適用除外とし、一般的な健康確保措置も検討するとしている。

(5) 労政審答申

2006年2月には労働政策審議会に対し、今後の労働時間法制の在り方について諮問がなされ、労働条件分科会[97]において審議が開始された。同年4月に事務局より提示された「検討の視点」でも「自律的労働時間制度」という奇妙な名称のままであり、「高付加価値の仕事を通じたより一層の自己実現や能力発揮を望み、緩やかな管理の下で自律的な働き方をすることがふさわしい仕事に就く者について、一層の能力発揮をできるようにする観点から」見直しを行うと書かれていた。

その後審議が一時中断した後、11月になって改めて示された「今後の労働時間法制について検討すべき具体的論点（素案）」では、それまでの「自律的」が「自由度の高い」に変わっている。自律も自由も大して変わりないように見えるが、賃金と労働時間のリンクを外す制度なのだというホンネを言えないままに議論を進めなければならない事務局の苦衷が感じられる表現ではある。なおこの素案では、「4週4日以上かつ一年間を通じて週休2日分

---

97) 公労使各7名、分科会長：西村健一郎。

の日数（104日）以上の休日を確実に確保できるような法的措置を講ずる」と具体的な数値を示したが、エグゼンプションの対象とならないより下位の労働者は労働基準法に基づき週休1日が最低基準であるのに、それより上位（管理監督者の手前）の労働者が週休2日を確保しうるというのはかなり無理のある設計である。

こうして同年12月、労働政策審議会労働条件分科会は報告を取りまとめ、同審議会は厚生労働大臣に答申を行った。

まず、「自由度の高い働き方にふさわしい制度の創設」という標題の下、「一定の要件を満たすホワイトカラー労働者について、個々の働き方に応じた休日の確保及び健康・福祉確保措置の実施を確実に担保しつつ、労働時間に関する一律的な規定の適用を除外することを認めること」を提起している。対象労働者の要件は、①労働時間では成果を適切に評価できない業務に従事する者であること、②業務上の重要な権限及び責任を相当程度伴う地位にある者であること、③業務遂行の手段及び時間配分の決定等に関し使用者が具体的な指示をしないこととする者であること、④年収が相当程度高い者であること、を挙げ、「対象労働者としては管理監督者の一歩手前に位置する者が想定されることから、年収要件もそれにふさわしいものとすることとし、管理監督者一般の平均的な年収水準を勘案しつつ、かつ、社会的に見て当該労働者の保護に欠けるものとならないよう、適切な水準を当分科会で審議した上で命令で定めることとすること」としている。

制度の導入に際しての要件として、労使委員会を設置し、一定事項を決議し、行政官庁に届け出ることとともに、健康・福祉確保措置として、「週当たり40時間を超える在社時間等がおおむね月80時間程度を超えた対象労働者から申出があった場合には、医師による面接指導を行うこと」を必ず決議し、実施することとすることが求められている。

さらに、制度の履行確保として、対象労働者に対して、4週4日以上かつ一年間を通じて週休2日分の日数（104日）以上の休日を確実に確保できるような法的措置を講ずることとすることなどの措置を講じ、また対象労働者には年次有給休暇に関する規定を適用することとしている。

次に企画業務型裁量労働制の見直しとして、中小企業については、労使委

員会が決議した場合には、現行において制度の対象業務とされている「事業の運営に関する事項についての企画、立案、調査及び分析の業務」に主として従事する労働者について、当該業務以外も含めた全体についてみなし時間を定めることにより、企画業務型裁量労働制を適用することができるようにし、一定の条件下で労働時間の状況及び健康・福祉確保措置の実施状況に係る定期報告を廃止するなどが提起されている。

最後に管理監督者の明確化として、管理監督者となり得るスタッフ職の範囲について、ラインの管理監督者と企業内で同格以上に位置付けられている者であって、経営上の重要事項に関する企画立案等の業務を担当するものであることという考え方により明確化することや、監理監督者である旨を賃金台帳に明示することが提起されている。

(6) 迷走の挙げ句の蹉跌

ところが、答申が出されたとたんに、マスコミや政治家が大騒ぎをはじめ、しかもそれが残業代ゼロ法案といった形でフレームアップされる中で、議論はどんどん迷走していった。

まずホワイトカラーエグゼンプションに疑問を提起したのは連立与党の公明党で、答申の前日に同党の太田昭宏代表が安倍晋三首相に対し法制化に慎重な姿勢を示したと伝えられる。年が明けた2007年1月、安倍首相が「ホワイトカラーエグゼンプションを導入すれば労働時間短縮につながり、少子化対策にもなる」という趣旨の発言をしたことで火に油がつき、その後マスコミによる意図的な「残業代ゼロ法案」というフレームアップの効果がよく効いて、慎重論が大勢を占めるに至った。安倍首相は記者会見で、「働き過ぎを助長してはならない。ましてやサービス残業を奨励する結果になってはならない。なんと言っても働く人たちの理解が不可欠だ」と強調し、各紙とも揃って、政府がホワイトカラーエグゼンプション制の国会提出を断念したと伝えた。

しかし厚生労働省側は、首相は国会提出は断念していないとの理解のもとに、同月は労働政策審議会労働条件分科会に労働基準法改正案を諮問した。ここではまたも制度の名称が変わり、「自己管理型労働制」となっている。

同年2月には労働側の反対がついた形で答申がなされたが、結局3月に国会に提出された改正法案には、自己管理型労働制の姿は全くなくなっていた。迷走の挙げ句の蹉跌であった。

（7） 産業競争力会議等の動き

その後5年間、公式的には労働時間法制に係る動きはなかった。しかし2012年末の総選挙で自由民主党が大勝し、第2次安倍晋三内閣が成立してすぐ、2013年1月には規制改革会議が設置され、同年3月には雇用ワーキンググループ[98]が置かれた。同WGの議論をもとに同会議が12月にまとめた「労働時間規制の見直しに関する意見」では、健康確保のための労働時間の量的上限規制、ワーク・ライフ・バランスのための休日・休暇の取得に向けた強制的取り組み、一律の労働時間管理がなじまない労働者に適合した労働時間制度の創設、という三位一体の改革を主張している。最後のものがホワイトカラーエグゼンプションの再来である。

一方、2014年4月の経済財政諮問会議・産業競争力会議合同会議に産業競争力会議[99]雇用・人材分科会の長谷川閑史主査が提示した「個人と企業の成長のための新たな働き方　多様で柔軟性ある労働時間制度・透明性ある雇用関係の実現に向けて」では、労働時間と報酬のリンクを外す新たな労働時間制度の創設が謳われ、労使合意で導入できる「Ａタイプ（労働時間上限要件型）」と年収1千万円以上の「Ｂタイプ（高収入・ハイパフォーマー型）」を提示している。しかし、働き過ぎ防止という言葉はあるがＡタイプにおいても労働時間の量的上限は不明確であり、むしろ自由な働き方が女性の活躍に資するという発想が目立つ。これは同年5月の産業競争力会議課題別会合に提示された「個人と企業の持続的成長のための働き方改革」では統合され、長時間労働・過重労働の防止という言葉も書かれているが、やはり労働時間の法的上限設定は明示されていない。この背景には経営側の強い抵抗があると思われる。

98）学識者5名、専門委員2名（労働法学者）、座長：鶴光太郎。

99）閣僚10名、学識者9名、議長：安倍晋三。

590　第3部　労働条件法政策

　なお、これより先の2013年4月に日本経団連が公表した「労働者の活躍と企業の成長を促す労働法制」は、労働時間法制改革に多くの紙数を割き、企画業務型裁量労働制の対象業務と対象労働者の範囲を大幅に拡大し、その手続を簡素化し、さらに「事務系や研究・技術開発系等の労働者の働き方に適した労働時間制度」の導入を求めている。また、フレックスタイム制や変形労働時間制についても見直しを求めている。さらに、もともと日本の労働時間法制を柔軟なものにしている36協定について、特別の事情がある場合の特別条項の運用を柔軟にするように要求している。

（8）　労政審建議

　2013年6月に閣議決定された「日本再興戦略」では、「多様な働き方」の一つとして「労働時間法制の見直し」が取り上げられ、「本年秋から労働政策審議会で検討を開始する。ワーク・ライフ・バランスや労働生産性向上の観点から、総合的に議論し、1年を目途に結論を得る」と書かれた。また、「規制改革実施計画」においても「企画業務型裁量労働制やフレックスタイム制をはじめ」労働時間法制について総合的に検討することとされた。これを受けて、同年9月から労働政策審議会労働条件分科会[100]において、「企画業務型裁量労働制及びフレックスタイム制の見直しについて」審議が開始された。

　上記産業競争力会議の動きを経て2014年6月に閣議決定された「『日本再興戦略』改訂2014」では、「働き方改革の実現」の中で「時間ではなく成果で評価される制度への改革」と題して、一定の年収要件（例えば少なくとも年収1000万円以上）の下で労働時間と賃金のリンクを外した新たな労働時間制度を創設することとしている。いうまでもなく現行法制上、法定労働時間内である限り賃金を労働時間に比例させなければならないという規制は存在しないが、法定労働時間を超えると労働基準法施行規則第19条により、月給制や年俸制でも一旦時間給に割り戻して、残業時間に比例して割増賃金を計算しなければならず、その限りでは法律が賃金を時間にリンクさせてい

100）公労使各7名、分科会長：岩村正彦。

るように見える。

これに先だって2013年9月から、労働政策審議会労働条件分科会では長時間労働の抑制等についても審議が始まっていた。「『日本再興戦略』改訂2014」では「次期通常国会を目途に所要の法的措置を講ずる」とされており、2015年2月には建議がとりまとめられた。

そこでは、時間ではなく成果で評価される働き方を希望する労働者のニーズに応え、その意欲や能力を十分に発揮できるようにするため、一定の年収要件を満たし、職務の範囲が明確で高度な職業能力を有する労働者を対象として、長時間労働を防止するための措置を講じつつ、時間外・休日労働協定の締結や時間外・休日・深夜の割増賃金の支払義務等の適用を除外した新たな労働時間制度の選択肢として、特定高度専門業務・成果型労働制（高度プロフェッショナル制度）を設けるとしている。対象業務は省令で定めるが、金融商品の開発業務、金融商品のディーリング業務、アナリストの業務等が挙げられており、限定的である。また、対象労働者の年収は省令で定めるが、1075万円が提示されている。

とりわけ重要なのは、一般労働者にも存在しない健康管理時間、長時間労働防止措置という概念が初めて導入されていることである。すなわち、本制度の適用労働者については、割増賃金支払の基礎としての労働時間を把握する必要はないが、その健康確保の観点から、使用者は、健康管理時間（事業場内に所在していた時間と事業場外で業務に従事した場合における労働時間との合計）を把握することが求められ、制度導入要件として次の3つが選択的に示されている。

① 労働者に24時間について継続した一定時間以上の休息時間（省令）を与えること。

② 健康管理時間が1か月について一定の時間（省令）を超えないこと。

③ 4週間を通じ4日以上かつ1年間を通じ104日以上の休日を与えること。

大変興味深いことに、割増賃金とは切り離された長時間労働それ自体の上限設定という発想が、この特殊な制度の設計において初めて姿を現している。

なお、これでは対象労働者があまりにも限定されてしまうことへの配慮か、企画業務型裁量労働制の拡大が併せて提示されていた。

（9） 2015年改正案

2015年3月の労働政策審議会への諮問答申を経て、同年4月には改正案が国会に提出された。高度プロフェッショナル制度は第41条の2に労働時間規制の適用除外として規定された。その適用要件は、労使委員会の決議と労働者本人の同意という形式要件のほか、積極的な側面では「高度の専門的知識を必要とし、その性質上従事した時間と従事して得た成果との関連性が通常高くないと認められる業務」（省令）、「書面等による合意に基づき職務が明確に定められていること」、年収が平均給与額の3倍を相当上回ることであり、健康確保のための消極的な側面では「健康管理時間」（在社時間と社外で労働した時間の合計）を把握すること、そして、建議を若干修正した3択要件である。

① 労働者ごとに始業から24時間以内に継続した一定時間以上の休息時間（省令）を確保し、かつ深夜業の回数を1か月一定回数（省令）以内とすること。

② 健康管理時間を1か月又は3か月について一定の時間（省令）以内とすること。

③ 4週間を通じ4日以上かつ1年間を通じ104日以上の休日を確保すること。

その他苦情処理や不同意への不利益取扱いの禁止も規定されている。いずれにせよ、かつての企画業務型裁量労働制以上に適用しにくい要件を何重にもかけた制度設計となっており、かつ、さりげなく長時間労働の実体的規制への出発点になり得るような要件を潜り込ませている点が注目される。

なお、かくも適用しにくい制度だけでは経営側の要望に応えることが困難であることを考慮したためか、企画業務型裁量労働制の対象業務の拡大が講じられていた。

2015年の通常国会では、労働者派遣法改正案が対決法案となったあおりで全く審議されないまま継続審議となり、2016年の通常国会でもまったく

審議されないまま継続審議となった。

（10）　2018年改正

　前述の通り、2016年になってから安倍政権が急速に長時間労働の是正を政策課題に掲げ、翌2017年3月の働き方改革実行計画には、原則として年360時間、特例でも年720時間、2-6か月平均で80時間、単月100時間未満等の時間外労働の上限規制が盛り込まれた。これを受けて、労働政策審議会労働条件分科会[101]は同年4月から審議を開始し、同年6月にはほぼ実行計画に沿った建議を行った。

　この改正案は2017年秋の臨時国会に提出される予定であったが、国会には上述の通り2015年改正案が全く審議されないまま塩漬けとなっていた。この二つの労働基準法改正案が別々ではなく一体として国会に提出される予定であることが明らかになる中で同年7月、連合の神津里季生会長は安倍晋三首相に対して、労働基準法等改正法案の修正を要請した。それは、上記3択要件のうち③の4週4休及び年間104休日を義務化するとともに、選択的措置として①の勤務間インターバルの確保及び深夜業の回数制限と②の1か月又は3か月についての健康管理時間の上限設定に加えて、2週間連続の休暇の確保、又は疲労の蓄積や心身の状況等をチェックする臨時の健康診断の実施を求めるものであった。また、企画業務型裁量労働制の拡大についても、商品販売のみを事業内容とする営業所等で働く労働者は対象となり得ないことや、一定の勤続年数に関する基準に該当する者のみが企画業務型裁量労働制の対象となることを法律上明確にすることを求めた。

　これが報じられると、連合傘下の産別組織の一部や連合以外の労働団体、さらには労働弁護士などから激しい批判が巻き起こり、中央執行委員会でも同意が得られず、政労使合意を見送る方針を決めた。これは、連合という組織の内部的意思決定プロセスの問題ではあるが、極めて強い政治主導、官邸主導の政治プロセスの中で、排除されてしまいかねない労働側がいかに官邸主導の政治プロセスに入り込んでいくかが試された事例とも言える。労働側

101）公労使各8名、分科会長：荒木尚志。

594　第3部　労働条件法政策

を政策決定のインサイダーとして扱う三者構成原則がややもすると選択的恣意的に使われる政治状況下にあって、単なる「言うだけ」の抵抗勢力に陥ることなくその意思をできるだけ政治プロセスに反映させていくためにはどのような手段が執られるべきなのかを、まともに労働運動の将来を考える者の心には考えさせた事例でもあった。

　内容的には、本来三者択一の要件のうち一つ（休日確保）を義務化するのであれば、残りの二つ（休息時間と深夜業、健康管理時間）を二者択一とするのが素直な提案であったはずだが、連合提案では2週連続休暇や臨時健康診断までもが選択肢として入っている。これは恐らくあらかじめ経営側とすり合わせをした時に、二者択一では受け入れられないと拒否されたため、やむを得ず緩やかな選択肢を盛り込んだものと推測されるが、そのために、原案の三者択一を厳格化したはずであるにもかかわらず、義務化された休日確保と健康診断を選択すればそれ以外に実質的に労働時間を規制する要件はなくなってしまうことになってしまった。その意味では、2013年の規制改革会議の意見よりも後退していることになる。

　2017年9月には、「働き方改革を推進するための関係法律の整備に関する法律案」として8法の一括改正法案の要綱が労働政策審議会にかけられた。その中の高度プロフェッショナル制度と企画業務型裁量労働制の規定は、上記連合の要請内容を忠実に盛り込んでいる。すなわち、前者については4週4休及び年間104休日を必須要件とするとともに、2週連続休暇と臨時健康診断を加えた4択の要件を課している。また後者については、提案型営業の規定に「主として」「専ら」という字句を加え、「主として商品の販売または役務の提供を行う事業場において当該業務を行う場合を除く」と明記し、さらに「厚生労働大臣が定める基準に該当する知識、基準等を有するもの」（＝3年勤続）に限るとしている。

　同月の労働政策審議会答申は、法案要綱について概ね妥当としつつ、裁量労働制の対象拡大と高度プロフェッショナル制度の創設には「長時間労働を助長するおそれがなお払拭されておらず、実施すべきではない」との労働側意見が付記されている。

　その後2018年1月に、安倍晋三首相と加藤勝信厚労相が国会答弁で、裁

量労働制で働く人の方が一般労働者よりも労働時間が短いというデータもあると述べ、その根拠となったデータに疑問が呈されたことから、同年2月に安倍首相は裁量労働制に係る改正部分を法改正案から削除すると表明したが、さらに混乱が続いた。結局同年4月に国会に提出された「働き方改革を推進するための関係法律の整備に関する法律案」では、裁量労働制の拡大に係る部分はすべて削除される一方、高度プロフェッショナル制度はそのままの形で提案された。なお併せて、労働時間の把握に関する規定を省令ではなく労働安全衛生法上に規定することとされた。

しかし、その後も国会では労働時間調査データの誤りの問題が繰り返し提起され、同年5月には与党の自民党、公明党に加え、日本維新の会、希望の党により、高度プロフェッショナル制度の適用を受けた労働者が同意を撤回し、適用を解除できることとする修正が行われた。そして同年6月には成立に至った。

第5章
賃金処遇法政策

第1節　賃金法制の展開

1　労働契約における賃金

（1）　民法雇傭契約における賃銀、報酬

　1890年の旧民法では、「使用人、番頭、手代、職工其ノ他ノ雇傭人ハ年、月、日ヲ以テ定メタル給料又ハ賃銀ヲ受ケテ労務ニ服スルコトヲ得」（第260条）と、雇傭契約を労務と金銭の交換として定義し、金銭の支払い方として年、月、日を明示した。これに対し、習業契約には賃金の規定はなく、「工業人、工匠又ハ商人ハ習業契約ヲ以テ習業者ニ自己ノ職業上ノ知識ト実験トヲ伝授シ習業者ハ其ノ人ノ労務ニ助力スルヲ約スルコトヲ得」（第267条）と、労務と労務の交換として定義していた。

　1893年の現行民法では、旧習業契約も含めて雇傭契約の定義を大幅に緩和した。2004年の口語化後の表現で見ると、「当事者の一方が相手方に対して労働に従事することを約し、相手方がこれに対してその報酬を与えることを約することによって、その効力を生ずる」（第623条）と、金銭以外の報酬でも構わない制度とし、またその支払い方についても年、月、日払いの制限をなくす一方で、「労働者はその約した労働を終わった後でなければ、報酬を請求することができない」（第624条第1項）として、労務者側の同時履行の抗弁を否定した。もっとも「期間によって定めた報酬は、その期間を経過した後に、請求することができる」（同第2項）。

　ちなみに現行民法制定の際、原案では細民を救うという観点から、労務者が自己の責めに帰すべからざる事由により期間に対し割合に僅少なる時日間労務に服することができなくても、そのために報酬を受ける権利を失わないと

いう規定が盛り込まれていた。立案者の梅謙次郎は、細民が病気で1日休んだから1日分減らすというのは酷だからと説明したが、それでは親が病気だから帰りますということになってしまう等と反対され、削除されてしまい、社会政策的規定の可能性は失われてしまった[1]。

（2） 工場法の賃金規定

　1911年の工場法では、「職工ノ雇入、解雇、周旋ノ取締及ヒ徒弟ニ関スル事項ハ勅令ヲ以テ之ヲ定ム」（第17条）こととなり、具体的な規定は1916年の工場法施行令に委ねられた。そこでは「職工ニ給与スル賃金ハ通貨ヲ以テ毎月一回以上之ヲ支給スヘシ」（第22条）と通貨払い及び毎月最低1回払いの原則を明記するとともに、「工業主ノ受クヘキ違約金ヲ定メ若ハ損害賠償額ヲ予定スル契約」を禁止した（第24条柱書）のであるが、「職工ニ貯蓄ヲ為サシメ又ハ職工ノ利益ノ為賃金ノ一部ニ代ヘ他ノ給付ヲ為スコト」を地方長官の許可制で認めた（同第1号）ため、尻抜けになってしまった。

　なお同令第23条は、職工の死亡、解雇、1か月以上の帰郷、婚礼又は葬儀の費用に充てるとき等には、請求があれば遅滞なく賃金を支払い、貯蓄金を返還すべきことを規定している。

（3） 労働基準法の賃金規定

　1947年の労働基準法は一般の賃金保護に関する4か条と最低賃金に関する4か条を規定したが、実際に効力を持ったのは前者だけであった。

　まず、賃金の支払いについて、工場法施行令よりもさらに進め、通貨払い、直接払い、全額払い、毎月最低1回払い、一定期日払いの5原則を確立した（第24条）。また同様に同施行令を受け継いで、労働者が出産、疾病、災害等非常の場合の費用に充てるために請求する場合には、支払期日前でも既往の労働に対する賃金を支払うべきことを定めた（第25条）。

　新たな規定としては、使用者の責めに帰すべき事由による休業の場合に平均賃金の60％以上の賃金支払を義務づける休業手当制度（第26条）が設け

1）『日本近代立法資料叢書4法典調査会民法議事録速記録四』商事法務研究会（1984年）。

られた。民法上も使用者の責めに帰すべき時は報酬を受ける権利があるが、こちらは強行規定ではない。制定過程では労働者側から使用者の責めに帰すべき事由の時は原則通り100％支払うべきであり、60％とするのは使用者の責めにも労働者の責めにも帰すべからざる事由の時とすべきであるとの意見が出されたが、受け入れられなかった。これは現行民法制定時にもあった議論であると同時に、病気休暇や看護休暇といった今日的問題にもつながる論点である。

またもう一つ、出来高払い制の場合に一定額の最低保障給を定めることを求めている（第27条）。

2　賃金債権の保護

（1）　民法・商法における賃金債権保護

1890年の旧民法では、債権担保編の物上担保として先取特権を規定したが、まず動産及び不動産に係る一般の先取特権として、訟事費用、葬式費用、最後疾病費用に次ぐ第4順位として雇人給料を挙げ、その担保範囲は最後の1年間の給料とした（第141条）。

これに対して1893年の現行民法では、債務者の総財産の上に存する一般の先取特権として、共益の費用、葬式の費用に次ぐ第3順位として雇人の給料を挙げているが、その担保範囲は最後の6か月間の給料に縮小され、しかも50円を上限とされた（第308条）。その理由は、給料全額に先取特権を認めると往々にして額が巨大となり他の債権者の利益を害するからだという。

一方、旧民法では動産に係る特別の先取特権として農業の稼人及び工業の職工を挙げ、「耕耘収穫ノ為メ労動シタル稼人」はその収穫物につき1年間の給料の先取特権を、工業の職工は工業より生ずる産出物又は製造品につき最後の3年間の給料の先取特権を有することとされた（第154条）。これは現行民法では農工業の労役（2004年口語化後は「農業労務」「工業労務」）と表現が変わっただけでそのまま引き継がれている（第324条）。

商法では制定時には特段の先取特権の規定はなかったが、1938年の改正により株式会社使用人の先取特権が設けられ、「身元保証金ノ返還ヲ目的トスル債権其ノ他会社ト使用人トノ間ニ雇傭関係ニ基ツキ生シタル債権ヲ有ス

ル者ハ会社ノ総財産ノ上ニ」先取特権を有することとされ、その担保範囲を限定せず、しかもその順位は民法の共益費用に次ぐものとされた（第295条）。これはまさに社会政策的観点から設けられた規定であって、1936年に退職積立金及退職手当法が制定され、退職手当金の支払を確保する必要性が高まったことがその背景にあろう。有限会社、保険相互会社にも同様の規定が設けられた。

戦後になり、1949年に民法が改正され、債務者の総財産に対する賃金の先取特権の順位は共益の費用に次ぐ第2順位に引き上げられるとともに、50円という上限も撤廃された。しかし、なお最後の6か月間の給料に制限されており、商法による先取特権とは格差が残された。

(2)　賃金債権強化の検討

石油危機直後の1975年、後述の賃金支払確保法の制定に向けた過程において、未払賃金を公的に救済する前提として使用者責任を明確にし、賃金債権を他の債権よりも可能な限り上位に近づけて、しかる後に最終的手段として政策的に救済するという基本的な枠組みが構想された。賃金不払いを安直に救済したのでは、正直者が馬鹿を見るという批判を考慮したためである。当時の労働基準局長（藤縄正勝）は賃金債権を最優先の「スーパー先取特権」とする案について、「高名な民事法学者の意見を求め、法務当局に折衝すべし」との強い指示を発し、そんな無茶なと思いながら猛暑・酷暑の中を大学の研究室やら法務省の刑事局・民事局を成算もなしに歩き回ったが、賃金債権の順位の格上げは民事法の根幹を揺るがす大問題であり、学会の議論、法制審議会の議論をはじめ、手続だけで10年かかるということで断念せざるを得なかったという。

使用者責任については、法務省刑事局に対し、賃金不払いは単なる債務不履行ではなく、労働者の生存権の侵害であり、国が公的資金で救済措置を講じなければならないほどの問題であるから、体刑を以て対処すべきと主張し、刑事局の理解は得られたものの、当時は国鉄が財政危機にあり、仮に体刑がついたら国鉄総裁が懲役になり、内閣の責任問題となるのでだめだという意見で断念したという。

また、子会社が賃金不払いを起こしたら親会社が子会社に代って支払わなければならないという案も、労働基準法研究会での了解は得たものの、対外的にオープンにしたところ、そんなことをしたら下請に出すメリットがなくなるという批判が経済界から来て、やはり断念せざるを得なかったという。

当時賃金福祉部企画課補佐であった菊地更旨は、「法学部で学んだ書生論が役に立つ仕事」と言いつつ、「民事・刑事両面にわたって、よくも大胆な論戦に挑んだものだと当時の向こう意気の強さに懐かしい思い出が走る」と回想している[2]。

（3） 労働債権保護研究会

その後、ILOでは1992年に「使用者の支払不能の場合における労働者債権の保護に関する条約」（第173号）及び同勧告（第180号）を採択した。これは優先権による労働債権の保護と保証機関による労働債権の保護を定めているが、前者については労働者債権に他の大部分の優先的債権、特に国家及び社会保障制度より高い順位の優先権を与えることを求めている。

一方、1999年12月に民事再生法が成立する際、国会決議において、倒産手続における賃金債権等の労働債権と担保付債券、租税債権、公課債権等との優先順位を見直すこと、再生手続から破産手続に移行した場合に労働債権の優先性が維持されるよう配慮することなどが決議された。

こういった動きを受けて、労働省は1999年6月に労働債権の保護に関する研究会[3]を設置し、2000年12月に報告書を取りまとめた。

そこでは、一般先取特権の労働債権の範囲について、民法と商法で差があることは公平の見地から望ましくないとし、その同一化を図るべきとした。また、労働債権が必ずしも十分な保護が与えられていないとして、その保護の強化を図る方向で順位の引上げがなされるべきとした。ただし、労働債権をどの順位まで引き上げるべきかについては、労働債権、抵当権等の被担保債権及び租税債権の3者間で配当順位が決まらない3すくみの問題、範囲の

2）菊地更旨「賃金の支払の確保等に関する法律の制定をめぐって」（労働省労働基準局編『労働基準行政五〇年の回顧』日本労務研究会（1997年）所収）。

3）学識者6名、座長：山口浩一郎。

限定の問題、公示の原則との関係等検討を深めるべき論点が多く、広範な観点からの議論が必要と先送りしている。なお、労働債権の優先順位の引上げを行う場合でも、他の債権者との関係もあり、一定の範囲に限定すべきとしている。

引上げを行う場合の方法として、同報告は立木の先取特権や船舶債権者の先取特権のように特別の規定を設ける方法、民法第324条の農工業の労役から生じた債権の特別の先取特権をサービス業にも拡充し、特別の先取特権の中で順位を引き上げるという方法、登記することによって実質的に順位を引き上げる方法、具体的には担保付社債信託法のような特別の制度を設けて被担保債権の入れ替わりに対応でき、債権発生前に物上担保権が成立しうることとし、労働組合等を権利者として登記することが可能な制度とすることが検討されている。

（4）　労働債権の保護拡大

法務省は2001年1月から法制審議会倒産法部会で労働債権の保護も含めて検討を開始した。また、5月からは担保・執行法制部会でも検討を開始した。

これに向けて、連合は同年9月意見を公表し、労働債権の保護を抜本的に強化すべきとして、次のような要求を行った。まず一般実体法では、民法の規定を商法に合わせ、その対象範囲を請負、委託等による契約労働者にも拡大すること、労働債権を租税・社会保険債権等公租公課より優先させること、労働債権の一部（最後の6か月分）について被担保債権に優先する特別な先取特権とすることを求めている。また倒産法関係では、破産法においては労働債権を全て財団債権とし、会社更生法及び民事再生法においては労働債権を全て共益債権とすることを要求している。

2002年3月には担保・執行法制部会が見直しに関する要綱中間試案を公表した。そこでは民法の雇人の先取特権の範囲を商法上の先取特権に拡大することが謳われる一方、労働債権の一定範囲について公示手段を要さず抵当権等に優先させる優越的一般先取特権制度についてはなお検討を要するとして消極的な姿勢を示した。また、租税、社会保険料債権については触れていな

い。

　その後、2002年10月には倒産法部会が破産法等の見直しの中間試案をまとめたが、その中で労働債権の取扱いについては、破産宣告前の一定期間内に生じた給料債権は財団債権とし、退職手当についても一定範囲（退職前の一定期間の給料総額と退職手当の一定割合の多い方）を財団債権とすることが提示された。

　2003年2月には、法制審議会から担保・執行法制の見直しに関する法案要綱が答申され、民法の先取特権規定を改正して商法に合わせることとされた。そして担保物権及び民事執行制度の改善のための民法等の一部を改正する法律案が国家に提出され、6月に成立した。これにより、民法第308条が改正され、「雇用関係の先取特権は、給料その他債務者と使用人との間の雇用関係に基づいて生じた債権について存在する」（2004年口語化後）となった。株式会社、有限会社及び保険相互会社の労働者以外の労働者も、その先取特権の範囲が限定されなくなった。もっとも、労働債権の優先順位の引上げは見送られてしまった。

3　未払賃金の立替払[4]

（1）　労働基準法研究会

　1973年の石油危機に端を発する不況を契機に賃金未払が深刻化し、1974年末の国会で雇用保険法が成立する際に、衆参の社会労働委員会において「中小企業の倒産等による不払賃金の救済制度の確立について早急に検討すること」との決議がなされた。1975年11月には社会党から「雇用及び失業対策緊急措置法案」が提出され、その中に事業主からの賦課金と国の支出金を財源として、不払賃金の全額と一定限度額までの不払退職金を国が支給し、当該賃金債権は国が取得するという規定が含まれていた。

4）労働省労働基準局賃金福祉部編著『賃金支払確保法の解説』労務行政研究所（1977年）、五十畑明『賃金支払確保法の解説』労務行政研究所（1996年）、菊地更旨「賃金の支払の確保等に関する法律の制定をめぐって」（労働省労働基準局編『労働基準行政五〇年の回顧』日本労務研究会（1997年）所収）。

604 第3部 労働条件法政策

　これより先、労働省では1972年から賃金債権研究会[5]を設けて、賃金債権の保護に関する法制の研究を行っており、これに基づいて省内で賃金債権の確保対策を立案しつつあった[6]。そこに、国会の附帯決議が飛び込んできた形となり、急遽労働基準法研究会[7]の第1小委員会[8]に素案を示し、早急に検討を行うこととした。同研究会は翌1975年7月に「労働基準法研究会報告（労働債権の履行確保関係）」を取りまとめた。

　同報告は、賃金不払の危険から労働者を保護し、その生活の安定を図ることは社会的公正の確保からも早急に取り組むべきとし、使用者に支払能力があるにもかかわらず支払が遅延している場合にはその支払を促進する措置を講ずるべきとして、労働基準監督署の監督指導の強化や遅延損害金制度の充実等を求めている。

　これに対して企業倒産により使用者に支払能力がないため賃金不払が生じている場合には、使用者の責任を追及するだけでは実質的な保護となり得ないので、実質的に労働者を保護するための何らかの救済制度を設けるべきとして、フランスやドイツの例に倣って、専ら使用者の負担により救済制度を導入することを提起している。その際、中小企業では倒産法上の手続が利用されることが少ないことから、事実上倒産状態に陥った場合も対象とすべきとしている。また、会社更生の際の人員整理の場合にも不払となった賃金について所要の措置を講ずるべきとした。

　一方、退職金についても救済制度の対象とすることが望ましいとしつつ、一般賃金と同列に扱うことには問題があるとし、また社内預金について確実な保全措置を講ずることを求めた。

5）座長：石川吉右衛門。
6）最初に素案を作成したのは畠中信夫であり、これがその後もたらされたフランスやドイツの新制度と類似していたという（岸良明・仙田明雄「対談賃金の支払の確保等に関する法律について」（『労働基準』1976年7月号所収））。
7）学識者20名、会長：峯村光郎。
8）学識者8名、委員長：千種達夫。

（2）　賃金支払確保法の制定

同年11月には中央労働基準審議会[9]に労働債権小委員会を設置してこの問題を審議した。それを受けて労働省は法案を作成し、諮問答申を経て1976年2月に法案を国会に提出した。なお、この過程で、労災保険審議会[10]では労災保険料を賃金の支払に充てるということから大きな問題となり、政策的な合意を形成するのに大汗をかいたという。

国会での審議の結果、同法は同年5月に成立し、予定より施行日を3か月早めて同年7月から施行された。

同法は、社内預金を行っている事業主は受入金全額について所定の保全措置を講ずべきこと、退職手当制度を設けている事業主はその支払に充てるべき額のうち所定の額について保全措置を講ずるよう努めるべきこと、賃金支払義務があるにもかかわらず退職労働者に賃金を支払わなかった事業主は年14.6％の遅延利息を支払わなければならないこと、そして未払賃金の立替払制度を規定している。

（3）　未払賃金の立替払制度

この制度の大きな特徴は、破産宣告、特別清算開始命令、整理開始命令、和議開始決定、更生手続開始決定といった裁判上の倒産に加えて、実態上の95％に及ぶ事実上の倒産状態をも対象に含めたことにある。これは中小企業について、事業活動が停止し、再開する見込みがなく、かつ、賃金支払能力がない状態になったことについて、退職労働者の申請に基づき、労働基準監督署長の認定した場合とされており、制度の実効性を著しく高めた[11]。

立替払の額は、当初は平均賃金の3か月分の80％とされ、平均賃金の上限を13万円としていた（よって立替額の上限は31.2万円）が、1979年に政令が改正され、未払額の上限を51万円に設定し、その80％を立替払することとされた（よって立替額の上限は40.8万円）。1988年には、定期賃金や退職

---

9) 公労使各7名、会長：峯村光郎。

10) 公労使各6名、会長：隅谷三喜男。

11) 当時、法務省民事局は「倒産の判断は裁判所しかできない」と主張したため、「倒産」という言葉を使わずに事実上の倒産認定を行うこととしたという。

606　第3部　労働条件法政策

金には年齢階層ごとに相当の差があることから年齢に応じて上限を設定することとされ、45歳以上は150万円（立替額120万円）、30歳以上45歳未満は120万円（立替額96万円）、30歳未満は70万円（立替額56万円）とされた。その後額は何度か引き上げられたが、年齢別の枠組みは変わっていない（現在は未払額の上限がそれぞれ370万円、220万円、110万円。立替額はそれぞれ296万円、176万円、88万円）。これは1986年の労災保険法の改正にも見られる内部労働市場中心の考え方の政策的反映と言えるが、外部労働市場を重視しつつある現在においては疑問が呈せられる可能性もある。

　労働法政策としての本制度のミソは労災保険料を財源としたことであった。事業主の責任による賃金不払の損害を補填するのであるから、事業主の連帯による保険方式をとることになるが、新たに独立の公的保険制度を創設するのは時間的に間に合わないし、新たな負担を課することへの抵抗を考えると、既存の労災保険か雇用保険を用いることになる。日本では基本的な労働条件の確保という範疇の措置であり、労働基準法体系の一つということから労災保険システムを活用することに落ち着いた。これはその後労災保険が労働時間政策など幅広く活用されるようになるきっかけともなった。

　なお、財務省の財政制度等審議会財政制度分科会歳出合理化部会[12]は2003年以来特別会計の見直しを主張してきたが、2005年12月の閣議決定「行政改革の重要方針」においては、「労働保険特別会計については、原則として純粋な保険事業に限り本特別会計にて経理するものとし、労働福祉事業及び雇用保険3事業については、廃止も含め徹底的な見直しを行うものとする」と書かれた。ここでターゲットにされた労働福祉事業の中に未払賃金の立替払事業があるので、これは大きな問題となる。

　このため、2006年3月から厚生労働省と使用者団体で労働福祉事業見直し検討会[13]を開催し、廃止・整理する事業を洗い出すとともに、新たな事業を①被災労働者の社会復帰、②遺族の援護、③保険給付事業の健全な運営のために必要な事業（労災保険給付の抑制に資する労働災害の防止、職場環境の

─────────

12）学識者16名、部会長：西室泰三。
13）経営団体7名、厚生労働省5名。

改善等の事業）に限定することをまとめたが、この段階では未払賃金立替払事業の扱いは先送りとされた。

これを受けて、同年10月から労働政策審議会労災保険部会[14]で審議が始まり、12月には建議が取りまとめられたが、そこでは課題であった未払賃金立替払事業は③の事業と位置づけることとした。

なお、翌2007年1月に諮問答申された法案要綱では、事業の名称は「社会復帰促進等事業」となっている。未払賃金の立替払を社会復帰の促進に類するものと位置づけるのはいかにも苦しいが、他に余裕のある財源があるわけでもなく、現実に制度を維持しないわけにはいかない中で、やむを得ない選択と言えよう。この改正案は同年2月国会に提出され、4月には成立した。

2009年に民主党政権になってその看板政策として「事業仕分け」が行われるようになったが、2010年10月の第3弾において、未払賃金の立替払を含む社会復帰促進等事業が廃止と判定された。ところが、連合を始めとする労使の強い批判を浴びて、同年12月には継続が決定された。

第2節　最低賃金制の法政策[15]

1　前史

（1）　最低賃金制への前史

最低賃金制とは、国家が賃金額について法的強制力をもって最低限度を定め、それ未満での賃金の支払いを許さない制度である。労働条件法制の中では、安全衛生や労働時間の規制に比べ発達が遅れたが、1884年にニュージーランドで制定された産業調停仲裁法を嚆矢として欧米諸国で累次設けられるようになり、1928年の第11回ILO総会で「最低賃金制度の創設に関する条約（第26号）」が採択されるに至った。

14）公労使各6名、部会長：西村健一郎。

15）労働省労働基準局賃金時間部『最低賃金法三〇年の歩み』日本労働協会（1989年）、藤縄正勝『日本の最低賃金』日刊労働新聞社（1972年）、濱口桂一郎「最低賃金制の法政策」（『季刊労働法』226号）。

608　第3部　労働条件法政策

　日本では、1919年、大日本労働総同盟友愛会が最低賃金制の確立を要求したのに始まり、労働組合のスローガンとして取り上げられた。上記ILO第26号条約の採択を受けて、内務省社会局では調査検討を行っているが、最低賃金制度が立法化されたのは戦時下の1939年4月の賃金統制令によってであった。

　もっとも、行政内部ではそれ以前に、戦後の業者間協定方式の先行型のような案が検討されたことがある。内務省社会局は1934年10月、労働条件の適正化のため、同業組合の決定した請負価格を地域内同業者に命じ、また最低賃金、労働時間を決定する権限を地方長官に与え、違反者を処罰するとともに、中央、地方に労働統制委員会を置くという中小企業統制法案を検討した。また1935年1月には工場監督官に命じ、小工場に組合を組織させ、労働時間、休日、最低賃金、請負価格を協定させて、労働者を保護する案を検討したという。

（2）　賃金統制令[16]

　日本における最低賃金制は、戦時下における賃金統制令という形で、最高賃金とともに導入されたが、第一次賃金統制令の目的は軍需産業の飛躍的な活況に基づく労働者不足に伴って生ずる賃金の不当な高騰を抑制し、賃金による労務需給の混乱を調節することにあった。つまり賃金の上限を定めることに主目的があったもので、最低賃金制というにはほど遠い。とはいえ、これにより初めて賃金の最低額が法定されたことも事実である。具体的には未経験労働者の初任給の最低額と最高額を公定し、雇入れ後3か月間はその範囲内の賃金を支払うべき義務を課した。また、その他の一般労働者の賃金額についても変更命令を行うことができることとされた。

　その後、1939年10月には賃金臨時措置令が制定され、雇用主は賃金を引き上げる目的で現在の基本給を変更することができないこととされ、ただ内規に基づいて昇給することは許された。

　翌1940年10月にはこれらを統合して第二次賃金統制令が制定され、賃金

16）厚生省大橋賃金課長述『最低賃金と最高初給賃金』大日本産業報国会（1941年）。

に関する総合的な規制法制が整備された。すなわち、常時10人以上の労働者を雇用する雇用主は賃金規則を作成し、地方長官に報告せねばならず、地方長官はその変更を命じうる。重要なものは第9条で、「厚生大臣又ハ地方長官ハ賃金委員会ノ意見ヲ聴キ一定ノ労務者ニ付キ最低賃金ヲ定ムルコトヲ得」とし、「雇傭主ハ前項ノ最低賃金ノ定メアル労務者ニ付キ其ノ最低賃金ノ額ヲ下ル賃金ヲ以テ之ヲ雇傭スルコトヲ得ス」と、明確に最低賃金制が導入された。これは生活必需品の高騰に伴う労働者の生活不安を除き、労働力の維持培養を図るため、一般労働者についても広く最低賃金を定めたのである。

　一方、日雇労働者等については最高賃金を、一般労働者については平均時間割賃金を定め、賃金の高騰を抑制しようとしている。また、雇傭主同士で賃金協定を結び地方長官の認可を受けた場合はこの協定によらねばならず、協定に加わっていない雇傭主に対しても従うことを命ずることができた。

（3）　最低賃金制への模索

　終戦後、急速に発達した労働組合は最低賃金制の確立を運動の主要目標に掲げた。政府は1946年1月、賃金統制令に基づく中央賃金委員会を開催し、理論生計費に基づき男女別、年齢別、地域別に最低賃金を設定しようとした。これに併せて、賃金統制令、会社経理統制令に代わる新たな「給与統制令」を制定することも企図された。これらは同年2月に閣議決定され、3月から施行される寸前までいったが、経済が安定するまで実施すべきでないとのGHQの意向で中止された。その後、電産争議を契機として、1947年1月政府に給与審議会[17]が設置され、最低賃金の策定を図ったが、具体的結論に至らなかった。

　一方、1947年3月には労働基準法が成立し、最低賃金に関する規定が設けられた。「行政官庁は、必要であると認める場合においては、一定の事業又は職業に従事する労働者について最低賃金を定めることができる」（第28条）というものであるが、実施は見合わせられた。しかし、1948年から

17）会長：内閣総理大臣、大臣2名、公労使各6名、労使参与6名。

1949年にかけてのデフレ政策で最低賃金制に対する論議が高まり、政府は1950年11月中央賃金審議会[18]を設置した。中央賃金審議会は3年半に及ぶ審議の結果1954年5月「最低賃金制に関する答申」を提出した。答申は基本方針として、一般産業の労働者を対象とするものと低賃金業種の労働者を対象とするものの二本立てを原則としつつ、さしあたり低賃金業種に設定することとし、具体的には絹人絹織物製造業、家具建具製造業、玉糸座繰生糸製造業及び手漉和紙製造業の4業種を選定し、最低賃金制の施行がこれら業種の経営に与える圧迫を緩和するために、金融、税制などの優遇措置を講ずべきとした。ところが、業界関係官庁が優遇措置に反対したため、4業種に対する最低賃金の実施も困難とされ、結局実現に至らなかった。

一方、1954年4月には当時左右両派に分裂していた社会党がそれぞれ全国一律方式の最低賃金法案を国会に提出し、1956年左右合同後はこれを一本化した。

2 業者間協定方式の最低賃金制

(1) 業者間協定方式の登場[19]

この状況に転機をもたらしたのは、1956年4月、静岡缶詰協会が缶詰調理工の初給賃金の業者間協定を行ったことである。この背後には、中央最低賃金審議会の事務局を務め、労働省給与課長から静岡労働基準局長に異動していた宮島久義がいた。同年同月労働省に給与審議室が設けられ、この業者間協定方式を普及することにより実質的な最低賃金制の実施が図られるのではないかということになり、労働問題懇談会[20]に諮問した。労働問題懇談会は1957年2月「最低賃金に関する意見書」を提出し、法制による最低賃金制は中央賃金審議会で改めて議論することとし、現実に労働条件の向上になるので業者間協定を実施すべきという意見で労使がまとまった。

---

18) 公労使各5名、会長：赤松要。公益委員には有沢広巳、中山伊知郎ら、労働側委員には太田薫、滝田実らがいた。

19) 労働大臣官房給与審議室編『最低賃金の問題点と業者間協定』日刊労働通信社（1957年）。

20) 公労使30名、会長：中山伊知郎。

そこで、労働省は1957年4月、労働事務次官から都道府県労働基準局長にあてて「業者間協定による最低賃金方式の実施について」（労働省発基第61号）を通達し、自主的協定締結の機運の醸成と積極的な援助を行うよう指示した。その結果、1959年4月末で127件、協定参加事業所数約1万、適用労働者数約12万人に及んだ。

法制による最低賃金制についての議論は、1957年7月に中央賃金審議会[21]で開始され、労使の意見対立の中、公益委員のみによる小委員会を設けて意見をとりまとめ、労使も了承して12月に答申を提出した。その内容は、業者間協定、業者間協定の拡張適用、労働協約の拡張適用及び以上が困難な場合に行政官庁が最低賃金審議会の意見を聞いて定める方式の4方式を並列し、実質的には業者間協定方式を中心とするものであった。政府はこれに基づく最低賃金法案を、1958年3月国会に提出した。

（2） 1959年最低賃金法[22]

上述のように国会には社会党の最低賃金法案が提出されており、政府提出法案はこれと一括審議され、2回衆議院を通過したが審議未了となり、1959年4月にようやく成立した。法律上は業者間協定による最低賃金、業者間協定による地域的最低賃金、労働協約による地域的最低賃金を原則とし、これらが困難なときに一定の事業、職業、地域の労働者についての最低賃金審議会の調査審議に基づく最低賃金という規定となった。また、最低賃金が決定された場合に必要があれば家内労働者の最低工賃を定めることができるとの規定も設けられた。

法律に基づく業者間協定による最低賃金は、静岡缶詰協会及び焼津水産加工協同組合連合会からの申請に基づき、静岡地方最低賃金審議会への諮問答申を経て、1959年8月に決定された。その後1960年末には、決定件数260件、適用労働者数45万人に至った。とはいえ、これは全労働者の数％にすぎない。労働省は1961年1月、最低賃金普及計画をたて、3年間で適用労働

21）公労使各5名、会長：中山伊知郎。
22）堀秀夫『最低賃金法解説』労働法令協会（1959年）。

者数を250万人にすることを目指した。実績は290万人に達した。

　しかし、業者間協定方式という「世界に類例を見ない独特の最低賃金決定方式」に対しては、1961年3月広島県労働組合会議加盟の組合員から広島労働基準局長を相手取って最低賃金の取消しを求める訴えが出されるなど、批判も根強かった。総評は「ニセ最賃」と呼んだ。

　もっとも、このときの法も業者間協定のみでなく、労働協約による最低賃金も規定していたのであるが、実際に自らが締結した労働協約に基づき全国レベルの最低賃金を申請し、決定に至ったのは全繊同盟（現在のUAゼンセン）だけであり、地域レベルのものも8件に過ぎなかった。急進的な要求を掲げながら企業別組合の実態から最低賃金の労働協約すら締結できない日本の労働組合の実状を示すものと言える。

　また、最低賃金審議会の調査審議に基づく最低賃金は、エネルギー革命の中で合理化を迫られる石炭鉱業において、炭労の申請に基づき1962年12月に決定されたものがある。これは炭鉱労働政策の一環と見るべきであろう。

(3)　労働協約による最低賃金

　なお、最低賃金法で労働協約による最低賃金が規定されたが、これは既に1945年に旧労働組合法が制定されたときから地域的一般拘束力という形で存在していたものを、最低賃金法に基づく最低賃金として再構成したものである。

　労働協約の地域的一般的拘束力とは、一の地域において従業する同種の労働者の大部分が一の労働協約の適用を受けるに至った場合に、当事者双方又は一方の申請に基づき、労働委員会の決議により、労働大臣又は都道府県知事が拡張適用の決定をしたときには、当該地域において従業する他の同種の労働者及びその使用者も当該労働協約が適用されるという制度である（旧労働組合法第24条、現行法第18条）。これは集団的労使関係システムの一環であるが、労働組合のイニシアティブによる最低労働条件確保手段として労働条件法政策の一環でもある。当該労働協約の当事者でない使用者にもその効力が及ぶのであるから、その限りでは最低賃金が公定されたのと変わるところはない。しかしながら、この制度は現在に至るまで未だ10件足らずし

か活用されていない。

　最低賃金法では、労働協約そのものに一般的拘束力を与えるのではなく、労働大臣又は都道府県知事が最低賃金の決定をすることとされており、従って労働協約が失効しても最低賃金自体は有効である。このため要件も微妙に違っており、一般的拘束力の方は労働者の大部分適用であるが最低賃金の方は労使の大部分適用であり、また一般的拘束力の方は一の労働協約に限るが、最低賃金の方は実質的に内容を同じくする2以上の労働協約でもよいとされている。これは企業別に同じ内容の労働協約が結ばれた場合も対象にしようとしたものである。

3　審議会方式の最低賃金制

（1）　1968年改正（業者間協定方式の廃止）[23]

　さて、最低賃金に関しては1928年にILO第26号条約が採択されている。政府は1958年に最低賃金法案を国会に提出した際に、同条約を満たすものとして、早急に批准したいとの意図を表明した。国会審議の中で、使用者側のみによる業者間協定方式は労使が平等に参与すべきことを定めた同条約に抵触するのではないかとの指摘がなされたが、労使が平等に参加する最低賃金審議会の審議を経るから問題はないと答弁していた。しかし、労働側や野党から抵触するとの意見が強く示され、ILO事務局からも解釈は示されず、批准できないまま推移した挙げ句、1966年2月国会で労働大臣が「最低賃金法がILO第26号条約に適合するよう速やかに諮問する」と答弁した。

　これより先1965年8月、労働省は中央最低賃金審議会[24]に将来の最低賃金制の在り方について諮問しており、1966年2月には上の答弁を踏まえて「最低賃金法がILO第26号条約に適合するよう答申いただきたい」と要望した。審議会では全国一律方式を主張する総評がボイコット戦術を採ったが、同盟は一歩前進を目指し、結局1967年5月に中間答申が出された。そこでは業者間協定が最低賃金普及に大きな機能を果たしてきたことを評価するととも

23）村上茂利『改正最低賃金法の詳解』労働法令協会（1968年）。

24）公労使各5名、会長：有沢広巳。

に、今後より効果的な最低賃金制に進むためにはこれを廃止することが適当だとした。

これに基づく最低賃金法改正案は1968年5月に成立した。これによりILO第26号条約との関係で問題となっていた業者間協定方式は廃止され、これまでは業者間協定や労働協約により難い場合に限り審議会方式が可能であったのが、労働大臣又は都道府県労働基準局長が必要と認めるときには審議会方式により最低賃金を決定できることとなった。この時は使用者側が地域包括最低賃金には強く反対していたため、行政は大くくりの産業別最低賃金を設定するやり方で進めた。なお国会修正で、審議会方式について関係労使からもその申出ができることとされたが、これが後の新産業別最低賃金の原則となっていく。これに対し、社会党と公明党は全国一律制を骨子とする最低賃金法案を国会に提出したがいずれも廃案になった。

その後も中央最低賃金審議会は最低賃金制の在り方について審議を行い、1970年9月に、未だ適用を受けていない労働者についても適切な最低賃金が設定され、全国全産業の労働者があまねくその適用を受ける状態が実現されることを求めるとともに、全国一律制は現状では実効性を期しがたいとする答申を提出した。これにより、長年の最低賃金制を巡る議論に一応の終止符が打たれ、1971年4月にはILO第26号条約が批准された。

ちなみにこの時の審議では、使用者側が全国一律制だけでなく地域包括最低賃金も妥当ではないと否定的であり、途中の公益試案でも産業別又は職業別に設定すべしとされていたことは記憶に値する。全国一律制を主張する労働側との妥協で、産業別、職業別に並べて「地域別」が答申に入ったのである。

これに基づき、労働省は最低賃金の年次推進計画を策定し、1975年度までに全産業の全労働者に最低賃金の適用を図るべく積極的な行政指導を行い、1976年1月に47都道府県すべてで地域別最低賃金が決定されるに至った。この時期、総評はなお全国一律最低賃金制の旗を掲げてはいたが、実質的には同盟の地域別最低賃金重視論に近づいたと言える。

（2） 全国一律最低賃金制を巡る動き[25]

　1970年の中央最低賃金審議会答申は、労働組合側が要求する全国一律最低賃金制については、たとえば東京と九州、東北各県では100対60の格差があり、現状では実効性を期待し得ないという結論を出していた。これに対し、労働組合側は、1974年の「国民春闘」の制度要求の一つとして全国一律最低賃金制を掲げ、1975年には同盟等も加わった労働4団体の統一要求として内閣総理大臣に提出され、その内容が野党4党共同提案の最低賃金法案として国会に提出された。そこでは、全国一律最低賃金を決定するとともに、産業、業種、地域に関して上積みをすることができるとなっていた。

　こういった労働組合や野党の動きを受けて、政府は1975年5月、中央最低賃金審議会[26]に対し、全国一律最低賃金制の問題も含め、今後の最低賃金の在り方について諮問を行った。諮問文の中でも「全国一律最低賃金制に対する労働4団体の要求、4野党の法案提出が重要な契機となったところであるので」云々と明記してある。同審議会は公労使4名ずつの小委員会を設けて議論し、1976年3月に中間報告、1977年3月に現段階の結論、同年9月に最終報告をとりまとめ、同年12月に審議会の答申に至った。

　労働側は、全国的な最低賃金を中央最低賃金審議会で決定し、上積みの必要な地域については中央最低賃金審議会が基準を提案するか各ランクごとの上積み最低額を決定すべきだとし、使用者側は、地方最低賃金審議会の自主性を尊重すべきで、中央最低賃金審議会は援助助言にとどめるべきとの立場であった。この両者を妥協させた結論は、地方最低賃金審議会が審議決定するという仕組みは維持しつつ、その決定の前提となる基本的事項は中央最低賃金審議会が考え方を整理して地方最低賃金審議会に提示するとともに、最低賃金額の改定についてはできるだけ全国的に整合性のある決定が行われるよう、中央最低賃金審議会が47都道府県を数ランクに分けて目安を作成して地方最低賃金審議会に提示するというものであった。どちらかといえば、使用者側が名を、労働側が実を取った感じである。この目安制度は1978年

25）労働省労働基準局賃金課編『わが国の最低賃金制』日本労働協会（1977年）。
26）公労使各7名、会長：石川吉右衛門。

616　第3部　労働条件法政策

度から行われることとなった。

(3)　目安制度による地域別最低賃金制

　1978年度から導入された目安制度が運用されていくに従い、地域別最低賃金の改定のパターンが定着してきた。すなわち、労働大臣から中央最低賃金審議会に対し、春季賃金交渉の結果が固まってくる毎年5月中旬にその年の地域別最低賃金改定の目安を諮問し、同審議会の目安に関する小委員会が数回会議を開いて、7月下旬に答申を行う。この答申は直ちに各地方最低賃金審議会に提示され、各地方最低賃金審議会はこの答申を参考にしつつ審議を行い、8月から9月にかけて答申を行い、9月から10月に発効するという形である。制度として安定した形になっているといえよう。

　1981年の答申では、地域別最低賃金を賃金についてのナショナル・ミニマムとして位置づけ、全国・全産業のすべての労働者を適用対象とすることが明記された。しかし一方で、地域別最低賃金はパートタイマーやアルバイトといった縁辺的労働力に主として関わる制度という性格が強まっていった。そして、もともと最低賃金制が想定されていた初任給との関連が強い産業別最低賃金が、80年代以降の議論の焦点になっていく。

(4)　新産業別最低賃金制度[27]

　もともと日本の最低賃金は業者間協定から始まったことでもわかるように産業別最低賃金であり、使用者側はそれが中心であるべきだと主張したのに対して、労働側が全国全産業一律の最低賃金を求めるという対立構図であった。ところが、地域別最低賃金が全国全産業の労働者に及ぶようになって、逆に使用者側の方から、地域別最低賃金よりも高水準の産業別最低賃金に対する疑問が呈されるようになってきた。

　1978年から中央最低賃金審議会[28]で検討が開始された。産業別最低賃金の全面廃止を主張する使用者側と存続強化を主張する労働側の対立の中で、

---

27) 小粥義郎『最低賃金制の新たな展開』日本労働協会（1987年）、五十畑明『新たなる最低賃金制』日本労務研究会（1996年）。

28) 公労使各5名、会長：金子美雄。

1981年7月に「最低賃金額の決定の前提となる基本的事項に関する考え方について」答申がなされた。ここでは、現行の大くくりの産業別最低賃金が、最低賃金適用の効率的拡大という役割を果たしてきたが、地域別最低賃金が定着した現在、かかる経過措置的な役割・機能を見直すことが必要とし、今後の産業別最低賃金は労働協約に基づくものか事業の公正競争を確保するための小くくりのものに限定すべきとしている。

その具体的運用方針について引き続き審議が行われ、1982年1月「新しい産業別最低賃金の運用方針について」答申に至った。これは、新しい産業別最低賃金について、「同種の基幹的労働者の相当数について最低賃金に関する労働協約が適用されている場合」と「事業の公正競争を確保する観点から設定される産業別最低賃金の場合」の二つを設けることとしている。いずれも法律上は審議会方式に含まれるが、それまで行われてきた行政側が職権で最低賃金審議会に調査審議を求めるというやり方ではなく、1968年改正時の国会修正で盛り込まれた関係労使からの申出に基づく調査審議であって、労使の主体性が強まっている。

その後、旧産業別最低賃金の廃止と新産業別最低賃金への転換について1986年2月に答申が出され、これに基づき同年3月に労働基準局長通達が発出されて、新制度が発足した。これは、上記2種類の産業別最低賃金の申出要件として、労働協約ケースについては労働者の3分の1、公正競争ケースについては労働者又は使用者の3分の1という要件を課している。この労働協約ケースは、最賃法上の労働協約方式では労働者及び使用者の「大部分」（実際には3分の2）をクリアできるものがほとんどないため、審議会方式の中により緩やかな要件で設けたものと言える。さらに同答申では、現行産業別最低賃金（1968年改正後、行政主導で大くくりで設定されてきたもの）を新産業別最低賃金に転換するための経過措置として、労働者又は使用者の3分の1以上の合意による申出があればよいとした。これにより、労働側はその後産別組織を中心に個人署名を集めて、なんとか新産業別最低賃金の設

618　第3部　労働条件法政策

定にこぎ着けた業種が多かった[29]。

　この新産業別最低賃金制度の考え方については、当時の金子美雄中央最低賃金審議会会長の全国最低賃金審議会会長会議における報告に明確に示されている。すなわち、労働組合組織率が3割を切り（当時）、全労働者の3分の2に近代的な賃金決定機構が欠けているという状況において、団体交渉や労働協約の補完的制度として新たな産業別最低賃金制度を設けていくという考え方である。いわば、企業別に比べて発達の遅れた産業別労使関係を育成支援していくための制度として位置づけられている。

4　最低賃金の見直しから大幅引上げへ
（1）　最低賃金制度在り方研究会

　総合規制改革会議[30]は2003年12月の「規制改革の推進に関する第3次答申」で、産業別最低賃金制度について意義が乏しいとして見直しを求め、2004年3月閣議決定の「規制改革・民間開放推進3か年計画」に盛り込まれた。これを受けて、厚生労働省は、2004年9月から最低賃金制度のあり方に関する研究会[31]を開催し、2005年3月に報告書を取りまとめた。ここではまず、最低賃金制度の第一義的な役割は全ての労働者を不当に低い賃金から保護する安全網を設定すること（一般的最低賃金）であるとし、公正な賃金の決定という役割はあくまでも第二義的、副次的なものであるとしている。それゆえ地域別最低賃金については安全網としての役割を一層強化して、設定を義務づけることとする一方、産業別最低賃金については抜本的な見直しが必要としている。

　具体的に、産業別最低賃金については、公正競争ケース（事業の公正競争を確保する観点から同種の基幹的労働者について最低賃金を設定することが必要であることを理由とする場合）については、その必要性がわかりにくく廃止せざるを得ないとする一方、労働協約ケース（同種の基幹的労働者の2

29）　日本労働組合総連合会最低賃金制対策委員会編『最低賃金制の新展開』経営書院（1992年）。

30）　学識者15名（経済界10名、学者5名）、議長：宮内義彦。

31）　学識者8名、座長：樋口美雄。

分の1以上について賃金の最低額に関する労働協約が適用されている場合）については、見直して存続するという意見と廃止すべきという意見が併記されている。これは、労使交渉、労使自治の補完、促進という役割を産業別最低賃金制度に担わせることについての判断の違いを反映している。また、労働協約拡張方式については、実効が上がっていないことから、廃止しても差し支えないとしている。

　一方、報告書は安全網としての最低賃金の在り方について、決定基準として類似の労働者の賃金だけでなく様々な要素を今まで以上に総合的に勘案すべきであるとし、水準としても地域の一般的賃金水準や低賃金労働者の賃金水準との関係が地域的整合性を保ちつつ経年的にある程度安定的に推移するように、一定の見直しが必要としている。さらに生活保護との関係にも言及し、政策的に定められる生活保護の水準に直接リンクして決定することは必ずしも適当ではないとしつつも、最低生計費という観点やモラル・ハザードの観点、生活保護制度において自立支援が重視される傾向にあることから、単身者について少なくとも実質的に見て生活保護の水準を下回らないようにすることが必要であるとしている。

（2）　2007年改正

　その後、厚生労働省は2005年6月から、労働政策審議会最低賃金部会[32]で、産業別最低賃金制度の見直し及び地域別最低賃金の水準等の見直しについて審議を開始した。同部会では、特に産業別最低賃金の廃止をめぐって労使間で意見が対立したが、11月になって公益委員から「今後の最低賃金制度の在り方の骨子について」と題する試案が提示され、新たな方向性が出てきた。しかしながら使用者側が反対の姿勢を崩さず、翌2006年1月に一旦審議は中断された。

　その後、同年4月に部会の審議が再開された。そして同年12月に出された答申は、まず地域別最低賃金の在り方について、国内の各地域ごとに、すべての労働者に適用される地域別最低賃金を決定しなければならないものと

32）公労使各6名、部会長：今野浩一郎。

すること（必要的設定）を明記し、決定基準については、「地域における労働者の生計費及び賃金並びに通常の事業の賃金支払能力」に改めるものとするとともに、「地域における労働者の生計費」については、生活保護との整合性も考慮する必要があることを明確にするとしている。また、地域別最低賃金の実効性確保の観点から、地域別最低賃金違反に係る罰金額の上限を労働基準法第24条違反よりも高いものとするなど罰則の強化も謳われている。

　一方、産業別最低賃金の在り方については、労働者又は使用者の全部又は一部を代表する者は、一定の事業又は職業について、厚生労働省令で定めるところにより、厚生労働大臣又は都道府県労働局長に対し、最低賃金の決定を申し出ることができ、厚生労働大臣又は都道府県労働局長は、上述の申出があった場合において必要があると認めるときは、最低賃金審議会の意見を聴いて、一定の事業又は職業について、最低賃金の決定をすることができると、基本的に産業別最低賃金を維持しつつも、「一定の事業又は職業について決定された最低賃金については、最低賃金法の罰則の適用はないものとする（民事効）」と、その法的効力を大きく変更している。

　なお、労働協約拡張方式（最低賃金法第11条）は廃止され、その他、派遣労働者に係る最低賃金は、派遣先の最低賃金を適用するとともに、最低賃金の表示単位を時間額に一本化し、併せて所定労働時間の特に短い者についての適用除外規定を削除するとしている。

　翌2007年1月に最低賃金法改正案要綱が諮問され、即日答申された。ここでは、産業別最低賃金が「特定最低賃金」という名称になっており、その内容も「当該労働者若しくは使用者に適用される一定の事業若しくは職業に係る最低賃金」と、産業別、職業別双方を含んだものとなっている。この特定最低賃金については「最低賃金法の罰則の適用はない」と規定されている。この「最低賃金法の罰則はない」というところが微妙な表現であって、労働基準法第24条の罰則の適用はあり得るわけである。

　地域別最低賃金については、答申通り、必要的設定、設定基準（生計費、賃金及び通常の事業の賃金支払能力を考慮）、そして「生計費について生活保護に係る施策との整合性に配慮すること」が明記された。改正案は同3月に国会に提出されたが、継続審議となり、同年11月にようやく成立に至っ

た。

　一方、民主党は3月に格差是正のための緊急措置等に関する法律案を提出し、その中で全国最低賃金と地域最低賃金を設けることとし、これらは「労働者及びその家族の生計費を基本として定められなければならない」としている。

（3）　最低賃金の国政課題化

　ところが、2006年から2007年にかけては、それまでの構造改革への熱狂が醒め、格差社会問題が大きく取り上げられるに至り、その関連で最低賃金が国政の重要課題となるに至っていた。既に2006年から官邸に再チャレンジ推進会議が設置されていたが、そこではまだ最低賃金への言及はなかった。しかし、2007年2月の経済財政諮問会議で了承された「成長力底上げ戦略」では、人材能力戦略、就労支援戦略と並ぶ中小企業底上げ戦略の中において、「生産性向上と最低賃金引上げ」を政策目標として打ち出した。そこでは、官民からなる成長力底上げ戦略推進円卓会議[33]を設置し、「生産性の向上を踏まえた最低賃金の中長期的な引上げの方針について政労使の合意形成を図る」ことが明記されたのである。

　この円卓会議で7月にまとめられた「合意」は、「働く人の格差の固定化を防止する観点から、中小企業等の生産性の向上と最低賃金の中長期的な引上げの基本方針について、今後継続的に議論を行い、各地域の議論を喚起しながら、年内を目途にとりまとめる」とした上で、「最低賃金法改正案については、上記の趣旨に鑑み、次期国会における速やかな成立が望まれる」と述べ、「中央最低賃金審議会においては、平成19年度の最低賃金について、これまでの審議を尊重しつつ本円卓会議における議論を踏まえ、従来の考え方の単なる延長線上ではなく、雇用に及ぼす影響や中小零細企業の状況にも留意しながら、パートタイム労働者や派遣労働者を含めた働く人の賃金の底上げを図る趣旨に沿った引上げが図られるよう十分審議されるように要望する」と、かなり踏み込んだ見解を示した。

33）経営側4名、労働側3名、公益5名、議長：樋口美雄。

622　第3部　労働条件法政策

　これを受けた中央最低賃金審議会[34]においては、大臣の諮問文の中に「現下の最低賃金を取り巻く状況を踏まえ、成長力底上げ戦略推進円卓会議における賃金の底上げに関する議論にも配意した、貴会の調査審議を求める」という異例の文言が入った。これに対し、使用者側委員から、初めから引上げありきの一方的な審議ではなく、冷静な議論、実態を踏まえた議論をすべき等の意見が出されたが、結局8月に、例年よりもかなり高めの引上げ（Aランクで19円、Bランクで14円、Cランクで9-10円、Dランクで6-7円）で決着した。なお、継続審議になっていた最低賃金法改正案は2007年11月に成立し、その施行は2008年7月であるので、2008年最低賃金からが改正法に基づく最賃決定になる。

　その後、2008年のリーマンショック、2011年の東日本大震災という逆風にもかかわらず、地域別最低賃金は毎年大幅に引き上げられていき、2014年には生活保護との逆転現象も解消した。しかし、2017年3月の『働き方改革実行計画』でも、年率3％程度を目途に引き上げていき、全国加重平均1000円を目指すという目標を掲げている。

第3節　公契約における労働条項[35]

　最低賃金とは異なり、公的機関が一方当事者となる公契約において公正な労働条件を確保し、低賃金を除去することを目的とするのが、1949年の第32回ILO総会で採択された公契約における労働条項に関する条約（第94号）及び同勧告（第84号）である。日本は本条約を批准していないが、占領下でこれに類した制度を設け、また立法を試みたことがある。

（1）　一般職種別賃金[36]

　労働省が一般職種別賃金を公定したのは1947年である。これはGHQの指

34）公労使各6名、会長：今野浩一郎。
35）濱口桂一郎「公契約における労働条項」（『季刊労働法』254号）。
36）労働省給与課編『一般職種別賃金並に法令集』日本労働通信社（1949年）。

令により、1947年12月の政府に対する不正手段による支払請求の防止等に関する法律に基づき、国、GHQ、地方公共団体等のために工事等役務の提供をした者に支払う報酬の要素としての労務費を職種別に定めたもので、大工、左官から雑役まで都道府県ごとに最高額、標準額、最低額を大臣告示で定めた。その後何回かの改正の後、1950年5月に同法が廃止され、GHQ関係政府直用労務者及び公共事業関係直用労務者についてのみ効力を残した。これらはそれぞれ1952年、1962年まで維持された。

(2) 1950年公契約法案

　1950年の上記法律を廃止する法律は、但書として上記2種の労務者については「国等を相手方とする契約における条項のうち、労働条件に係るものを定めることを目的とする法律が制定施行される日の前日まで、なお、その効力を有する」と規定していた。労働省はこれを受けて法律案を内部的に作成したことがある。

　同法案によると、国及び公社公団等の注文を受けて対価が一定額以上の工事の完成、物の生産及び役務の提供を行う者との契約には、①労働基準法その他の労働関係法令の遵守、②役務等に使用する労働者に対し、当該労働者の職種及び就労地域について一般職種別賃金が定められている場合は、その額を下らない賃金を支払うこと、といった労働条項を含まなければならず、この一般職種別賃金は、その地域における同種の職業に従事する労働者に対し一般に支払われている賃金を基準として、労働大臣が定める。

　行政官庁は、役務等提供者が労働条項に違反して一般職種別賃金を下回る賃金を支払った場合には、当該契約に対する対価のうち、その未払賃金相当額の支払いを留保することができ、この場合労働者は国等に直接未払賃金相当額の支払いを請求することができる。さらに、役務等提供者が相当な理由なく労働条項のうち重要な事項に違反した場合には、労働大臣は閣議決定を経て国等の機関に対し当該契約の解除を請求することができる。これらに対する損害賠償請求はできない。なおもしばしば違反した場合にはその者の氏名名称を国等の機関に通知して、その後2年間はその者との契約の締結が禁止される。

624 第3部 労働条件法政策

　これは、役務等が数次の契約によって行われる場合には各契約に適用され、下請人が労働条項に違反した場合には、元請との契約が解除されることになる。

　このように、大変厳しい内容の法案であり、建設業界始め建設省や運輸省から批判が集まり、労働法学者の松岡三郎までも憲法違反との批判を行い、結局閣議決定に至ることなくお蔵入りとなってしまった。[37]

（3）　公契約条例

　2000年代に入って、この公契約規制の考え方が蘇ってきた。全国の多くの自治体の議会で、公契約法や公契約条例に関する意見書が続々と採択され、こういった動きの先駆けとして、2009年9月に千葉県野田市で野田市公契約条例が採択された。

　同条例が適用される労働者は、①受注者に雇用され、②下請負者に雇用され、③受注者又は下請負人に派遣されて、専ら当該公契約に係る業務に従事する者である。これら受注者、下請負者、派遣元は、市長が定める賃金以上の賃金を支払わなければならない。条例上に金額は規定されず、工事・製造請負の業務については公共工事設計労務単価を、それ以外については野田市現業職員の初任給を勘案して定めるとされている。受注者は下請負者や派遣元の違反に対して連帯責任を負う。報告と立入検査、是正措置の規定に加えて、一定の場合には公契約の解除が制裁として設けられている。

　その後、2010年12月には川崎市で契約条例の改正により公契約条項が盛り込まれた。こちらでは一人親方も対象に含まれている。さらに2011年12月、多摩市と相模原市で、2012年6月には渋谷区と国分寺市で、同年12月には厚木市でも制定された。2013年12月には西日本で初めて直方市でも制定された。2014年3月には千代田区、三木市でも制定された。さらに都道府県レベルでも同じ2014年3月に長野県で、同年7月には奈良県でも制定された。同年10月には高知市と世田谷区でも制定された。2015年4月は加西市、8月には加東市で制定されている。2017年3月には越谷市で制定された。

37）『労働週報』Vol.13No.522（1950年10月21日号）。

（4） 公共サービス基本法

国レベルではより一般的なものとして、2009年5月に公共サービス基本法が制定されている。これは「安全かつ良質な公共サービスが、確実、効率的かつ適正に実施されること」といった基本理念を掲げた法律であるが、その中に第11条（公共サービスの実施に従事する者の労働環境の整備）として、「国及び地方公共団体は、安全かつ良質な公共サービスが適正かつ確実に実施されるようにするため、公共サービスの実施に従事する者の適正な労働条件の確保その他の労働環境の整備に関し必要な施策を講ずるよう努めるものとする」という規定が盛り込まれている。

2006年に制定された競争の導入による公共サービスの改革に関する法律が、民間が担うことができるものは民間に委ねる観点から、官民競争入札又は民間競争入札により経費の削減を図る改革を推進してきたことに対する、理念上での反転の第一歩といえる。

なお、民主党内部では2009年に「国等が発注する建設工事の適正な施行を確保するための公共工事作業従事者の適正な作業報酬等の確保に関する法律案」を作成し、国会に提出しようとしていたが、提出に至らなかった。

（5） 連合の公契約基本法構想

公契約に関して、連合は2008年6月、「公契約に関する連合見解と当面の取組み」において、「国レベルでは、公契約に関する基本法を制定し、その中で公契約における公正労働基準や労働関係法の遵守を徹底させるとともに、地方レベルでは、『公契約条例』の制定をめざす」との方針をまとめた。

その後2011年7月には、「公契約基本法の制定に向けた連合の考え方」をまとめ、公契約の対象範囲、労働者の対象範囲（派遣労働者、一人親方、個人請負も対象）、事業者の対象範囲（下請、孫請事業者も対象）、公契約の受注者の決定方式（判定・審査基準は、「公契約に働く者の公正労働基準と労働関係法の遵守、社会保険の全面適用」及び「公契約への障害者など多様な人材の雇用促進」を実現する観点を踏まえたものとする）、契約に盛り込む事項、条例化に向けた規定などが示されている。なお、2012年1月には「公契約条例モデル（案）」を作成している。

626　第3部　労働条件法政策

第4節　均等・均衡処遇（同一労働同一賃金）の法政策[38]

1　賃金制度の推移[39]

　近年、非正規労働者をめぐる法政策の中心は均等・均衡処遇となり、その関係で同一（価値）労働同一賃金原則が論じられることが多くなっているが、この問題を的確に論ずるためには、日本型雇用システムの基軸である年功賃金制度の歴史を理解することが不可欠である。

（1）　生活給思想と賃金統制

　明治期の流動的な労働市場では、勤続年数に応じた年功賃金制など存在しなかった。日露戦争や第一次大戦後、子飼い職工たちを中心とする雇用システムが確立するとともに、長期勤続を前提に一企業の中で未熟練の仕事から熟練の仕事に移行していくという仕組みが形成され、それに対応する形で定期昇給制が導入された。これが年功賃金制、年功序列制の出発点となる。しかし、これは大企業の基幹工にのみ適用された仕組みで、臨時工や請負業者が送り込む組夫はそこから排除されていたし、多くの中小企業も労働移動が頻繁な流動的な労働市場で、年功的ではなかった。

　1930年代には、政府の中から、賃金制度を合理化して、職務給に一本化すべきだという思想が出てきたが、日中戦争から太平洋戦争へと進む中で、賃金制度は全く逆の方向、すなわち全員画一的な年齢給の方向に向かった。

　生活給思想を最初にまとまった形で提唱したのは、呉海軍工廠の伍堂卓雄である。1922年に彼が発表した論文は、従来の賃金が労働力の需給関係によって決まり、生活費の要素が考慮されなかったことを、労働者の思想悪化（＝共産主義化）の原因として批判し、年齢とともに賃金が上昇する仕組み

38）濱口桂一郎「同一（価値）労働同一賃金の法政策」（『季刊労働法』230号）。濱口桂一郎「雇用形態による均等待遇」（『季刊労働法』237号）、濱口桂一郎「性別・年齢等の属性と日本の非典型労働政策」（『日本労働研究雑誌』2016年7月号）、濱口桂一郎「非正規雇用の歴史と賃金思想」（『大原社会問題研究所雑誌』2016年1月号）。

39）濱口桂一郎「賃金制度と労働法政策」（『季刊労働法』212号）。

が望ましいとしている。家族を扶養する必要のない若年期には、過度な高給を与えても酒食に徒費するだけで本人のためにもならず、逆に家族を扶養する壮年期以後には、家族を扶養するのに十分な額の賃金を払うようにすべきだというのである。この生活給思想が、戦時期に賃金統制の形で現実のものとなる。

　まず1939年の第一次賃金統制令は、未経験労働者の初任給の最低額と最高額を公定し、雇入れ後3か月間はその範囲の賃金を支払うべきという義務を課した。続いて同年、賃金臨時措置令により、雇用主は賃金を引き上げる目的で現在の基本給を変更することができないこととされ、ただ内規に基づいて昇給することだけが許された。初任給を低く設定し、その後も内規による定期昇給しか認めないということになれば、自ずから賃金制度は年功的にならざるを得ない。ホワイトカラー職員についても1939年の会社職員給与臨時措置令で、主務大臣の許可を得た給料手当の準則によらない増給等を禁止した。

　1940年にはこれらを統合して第二次賃金統制令が制定され、労働者1人1時間当たりの平均時間割賃金を公定したが、地域別、業種別、男女別、年齢階層別に規定されており、従って勤続給よりは年齢給に近づいた。ホワイトカラー職員についても1940年の会社経理統制令で初任給の上限や昇給幅（7％以内）をかけて、事実上年功制を強制した。

　一方、1940年には扶養家族ある労働者に生活補給のため臨時手当の支給を認める閣議決定がされ、これに基づき「扶養家族アル労務者ニ対シ手当支給方ニ関スル件依命通牒」（発労第7号）が発出され、家族手当はその後累次にわたって拡大された。

　1942年の重要事業場労務管理令は、事業主に従業規則、賃金規則（給料規則）及び昇給内規の作成を義務づけ、その作成変更について厚生大臣の認可制とした。さらに1943年の賃金統制令改正により、その他の事業場についても賃金規則及び昇給内規が認可制となった。これにより、年功賃金制が法令によって強制されるものとなり、しかも昇給格差まで規制されていた。

　こうした賃金統制は「皇国の産業戦士」の生活を保障するという思想に基づいたものであった。1943年6月に政府の中央賃金専門委員会が決定した

「賃金形態ニ関スル指導方針」では、「賃金ハ労務者及ヒ其ノ家族ノ生活ヲ恒常的ニ確保スル」ものとし、「労務者ノ性、年齢及勤続年数ニ応シ定額給ノ基準ヲ定ムル」こととしていた。

（2） 電産型賃金体系とその批判

　賃金制度は、戦時中の皇国勤労観に基づく政策方向が、戦後急進的な労働運動によってほとんどそのまま受け継がれていった典型的な領域である。

　戦後賃金体系の原型となったのは1946年10月に当時の日本電気産業労働組合協議会が勝ち取ったいわゆる電産型賃金体系であるが、これは詳細な生計費実態調査に基づいて、本人の年齢と扶養家族数に応じて生活保障給を定め、これに能力給や勤続給を加味した典型的な年功賃金制度であった。

　こうした生活給思想に基づく賃金制度を痛烈に批判し、「同一労働同一賃金原則」の導入を求めたのは、終戦直後期のGHQの労働諮問委員会と世界労働組合連盟（世界労連）の報告であった。

　GHQ労働諮問委員会はアメリカの労働行政官が中心で、1946年8月に最終報告を発表したが、その中で「基本賃金率を年齢、性等の個人的特性に結びつけるよりはむしろ、仕上げられた仕事の性質にできるだけ緊密に結びつけること」を要求していた。

　また世界労連視察団が同年6月にプラハで開かれた総理事会に行った予備報告においても、「賃金は勤労者の資格、その労働能力に基礎が置かれねばならぬ。妻子、老齢血族者等、家族扶養義務に対する追加報酬は切り離すべきで、そして受益者の年齢、資格を問わず、かれら全部に平等な特別の基準のものでなければならぬ」と日本の賃金制度を手厳しく批判し、「同一の量と、質の労働に対する賃金には、労働者の性、年齢による差別を設けぬこと」を求めていた。

　このように、当時占領軍や国際労働運動の勧告は年功賃金制を痛烈に批判していたのだが、労働側は戦時中の賃金制度を捨てるどころか、むしろそれをより強化する方向で闘い、年功賃金制度が普及していった。これに対して、政府や経営側は「仕事の量及び質を正確に反映した」職務給制度の導入を訴えていた。実際、1948年の国家公務員法では、この考え方に基づいて

職階制が導入されているが、これは実際には全く骨抜きになった。

（3） 労働基準法における男女同一賃金規定

こういう中で制定された労働基準法は、第4条として男女同一賃金を規定している。これは、1946年7月にソ連代表デレヴィヤンコの勧告で取り上げられた直後の第5次案で初めて登場したもので、そのときは「男女同一価値労働同一賃金の原則」とされていた。この点は同月のGHQ労働諮問委員会報告でも、性による賃金差別が「日本の慣習的賃金構成の一番悪い部面の一つ」とされ、「明白に法律によって禁ぜられるべき」とされ、「同一労働に対する同一賃金の規定は有効な端緒を開くことになるであろう」という展望を述べていた。

これが同年8月4日の労務法制審議会[40]の小委員会[41]で討議されたときの主要問題として、「同一価値労働同一賃金の原則を性別だけでなく年齢別にも適用するか」というのが挙げられていたが、「年齢の差別を認めないならば定期昇給の原則が行われないし現在日本の賃金制度を破壊する」（桂皋委員）という意見が出て、年齢差別禁止は沙汰止みになった。同月7日の第2回審議会では総同盟から出ている西尾末広委員がこの問題を追及している。「労働の価値によつて賃金を払ふといふよりは、その労働者の家族が多ければその家族に手当を与へる、いはゆる生活賃金、生活をし得る程度の賃金を与へるといふ考へ方と、男女同一価値労働に対する同一賃金といふ観念とには矛盾がある。この問題をもつと整理しなければいかんぢやないかと思ふのですが」と、きわめて本質を突いた議論を提起している。

公聴会終了後の第7次案では「同一価値労働」も「同一労働」も消え、「使用者は女子であることを理由として賃金について男子と差別的取扱いをしてはならない」と、現行の規定ぶりに変わった。男女の明確な賃金差別は禁止するが、賃金制度の在り方自体については法的介入は避けるという決断がここでされたと見ることができる。これによって、労働基準法第4条の射程は

40）官庁17名、学識9名、事業主側8名、労働者側7名、政治家5名、会長代理：末弘厳太郎。

41）公労使各4名、委員長：末弘厳太郎。

女子であることを理由とする賃金差別のみに限定され、賃金制度に基づく同一労働ないし同一価値労働に対する男女間賃金格差は問題にならなくなった。

（4）　政府の賃金制度政策

一方、GHQ労働諮問委員会報告を受けて、政府部内で賃金制度改革への動きが始まった。経済安定本部は1946年11月、「賃金支払方法に関する基本方針案」を策定し、その中で「一、賃金は職務及び作業の遂行に対して支払わるるものなることの原則を堅持すること。二、賃金はなるべく能率給によること」と規定するとともに、さらに能率給の方法についても「標準生産又は標準作業は科学的及び統計的の客観資料により、経営協議会、労働組合又は専門委員会等と協議の上経営者に於て決定する」とした。もっとも、実際にはまったく効力がなく、その実施も円滑に行われなかった。

労働省労働基準局もこの時期、賃金制度の合理化指導に力を入れていた。1946年以来、通信工業、繊維工業、製薬業の各部門について職務給研究会を設置し、職務給与制度についての指導研究を行うとともに、1949年には各地で給与問題講演会や懇談会を開催するなど、熱心に取り組んだ。その後も民間企業への職務給の導入に主力を注ぎ、通運業、硫安業、綿紡業の工場を実験対象として長期にわたる研究会を組織していたが、1952年8月に「賃金制度改善について」（基発第571号）と題する通達を発出し、これに基づき都道府県労働基準局が主体となって賃金制度改善運動が開始された。この通達では「地方賃金研究会の運営に当たっては、…同一価値労働同一賃金に即応した賃金制度及び賃金体系の単純化等に関する資料の提示について、特に重点を置かれたいこと」と述べている。

（5）　労使の姿勢

経営権の確立を掲げて1948年に結成された日経連は、賃金制度の在り方について続々と見解を明らかにしていった。1950年の「新労務管理に関する見解」では、生活給偏重の傾向を完全に揚棄し、職階制を導入することによる同一労働同一賃金の徹底が掲げられている。1955年に出版した『職務

給の研究』[42) の中では、「賃金の本質は労働の対価たるところにあり、同一職務労働であれば、担当者の学歴、年齢等の如何に拘わらず同一の給与額が支払われるべきであり、同一労働、同一賃金の原則によって貫かるべきものである」と宣言している。

1960年代には目前緊急の課題として職務給に移行することを打ち出し、とりわけ1962年の「賃金管理近代化の基本方向」は、「職務評価は同一労働同一賃金の原則と…報酬に差をつけるとの原則の実現を図りうるもの」と位置づけている。その実現の道筋として、まず大企業の職務給化を行い、次にそれらの企業間でいわゆるキイ・ジョッブを設定し、これについて協定を結んで標準的職務の賃率を横に揃える努力を行い、さらにこれを異業種異規模間に及ぼして全国的な標準化を実現していくとしていた。

これに対して労働側は、口先では「同一労働同一賃金」を唱えながら、実際には生活給をできるだけ維持したいという姿勢で推移していた。産別会議が崩壊し、総評が結成された後も、賃金闘争はもっぱら誰もが同意する「大幅賃上げ」要求一本槍で、労働者内部に対立をもたらすおそれのある賃金制度の問題は慎重に避けられていた。1962年度運動方針では、「職務給は同一労働同一賃金を実現するものだという宣伝によって労働者を巻き込もうとする。しかし、それは格差をちじめるだけで労働者の要求とはまったく違う」「われわれが要求しているのは、たんに、年功なり、男女なりの賃金格差が縮小すればよいということではなく、年配者、男子の賃金を引き上げながら、青年なり婦人なり、臨時工なりの賃金を一層大きく引き上げて短縮する。言い換えれば、同一労働同一賃金は賃金引き上げの原則であって、たんなる配分の原則ではない」と、苦肉の表現をしている。

（6）　高度成長期における政府の積極姿勢

1960年代の政府の政策文書には、賃金制度改革に向けた積極姿勢がくっきりと現れている。

1960年11月の「国民所得倍増計画」は、「わが国の場合、終身雇用制、年

42）日本経営者団体連盟編『職務給の研究』日本経営者団体連盟広報部（1955年）。

632　第3部　労働条件法政策

功序列型賃金制度等の諸要素が労働力の流動性をより著しく阻害している」
との認識に立ち、「生涯雇用的慣行とそれに基づく年功序列型賃金体系を技
術革新の進展に適合して職業能力に応じた人事待遇制度へ改善してゆくこ
と」が必要と説いていた。

　これをさらに細かく敷衍しているのが1963年1月の「人的能力政策に関
する経済審議会答申」であり、年功賃金と年功人事を二本の柱としたわが国
の経営秩序を近代化することを大きく打ち出している。その第一歩は職務要
件の明確化であり、今後の賃金制度の方向は公平な職務要件に基づく人事制
度を前提とする職務給であると断言している。「職務給のもとで職務評価に
よって公平に職務間の賃率の差を定めることができるとともに、個々の職務
においては同一労働同一賃金の原則が貫かれる」からである。同答申はさら
に、本来、本工、臨時工という身分差に基づく雇用条件の差は認められるべ
きではないという立場から、「職務要件に基づく人事が徹底すれば、同一職
務における身分差は消滅するであろう」と、非正規労働問題の解決も展望に
入れていた。

　労働行政においても、1959年5月の雇用審議会[43]答申第2号が、「単なる
年功による賃金の格付けを同一労働同一賃金の方向に漸次接近させることに
よって、労働市場の封鎖性の解消に資すべきである」と述べるなど、労働力
の流動性を重視する外部労働市場政策に立っていた。パートタイム労働政策
の初期において、1970年の婦人少年局長通達が「パートタイマーは労働時
間以外の点においてはフルタイムの労働者と何ら異なるものではない」(婦
発第5号)と述べているのも記憶に値する。

　この流れの中でも、とりわけ賃金制度改革に積極的であったのは労働基準
行政であった。1962年5月にそれまでの賃金課を拡充して賃金部が設置され
たが、その業務として「賃金制度の整備改善に関する資料及び情報の提供等
を通じて企業の賃金管理改善を援助する」ことが明記された。賃金部は早速
「賃金制度改善事例」「職務給の解説」などの資料を作成し、都道府県労働基
準局や監督署を通じて指導援助を行った。この事業は1960年代を通じて積

―――――――――――

43)　公労使30名、会長：有沢広巳。

極的に進められていく。

1963年10月には、「最近における雇用労働諸情勢の推移に伴って生じつつある賃金制度等に関する諸問題について」調査研究を行うため、賃金研究会[44]を設置した。労使から意見を聞いた後、1964年8月に労働力流動性小委員会[45]から報告された「賃金制度と労働力の流動性について（中間報告）」では、「労働力の流動性を促進するための賃金制度の方向は、…基本的には近代的な労働市場の下における労働の質と量とに対応する賃金を形成することであると考えられる」と述べている。

行政面では1967年6月から主要労働基準局及び監督署に賃金相談室を設け、賃金相談員を置いて懇切な相談に応じることとした。1971年12月には、この相談に資するための浩瀚なハンドブック『賃金制度改善要領』が作成されている。

なお1965年8月、中央雇用対策協議会が示した「中高年齢者雇用促進のための企業における労務管理近代化の方向」においても、「年功賃金体系は中高年齢者の受入れ、あるいは流動化について重要な阻害要因となっている」として「その基本的な解決は人事管理の合理化と同じく、…近代的賃金体系を漸進的に導入すること以外にはない」と述べている。

（7）　ILO第100号条約の批准

1967年に政府がILOの「同一価値労働についての男女労働者に対する同一報酬に関する条約」（第100号）を批准したのも、こういう時代精神を抜きにしては理解しにくい。批准に際して、条約の趣旨は労働基準法第4条に規定されているから新たな立法措置は必要ないという国会答弁がされているが、これはむしろ解釈による立法改正とすら言える。当時の辻英雄官房長は「従来の日本の年功序列賃金体系というものが、年齢なり勤続年数によって賃金がきめられてまいりますと、比較的勤続年数の短い者の多い女子の場合には、その意味からも賃金が不利な結果に相なっておるというような事実

44）学識者10名、会長：中山伊知郎。
45）学識者3名：有沢広巳、大河内一男、氏原正治郎。

がございます。‥‥非常にそういう賃金体系に対する世間の考え方も変わってきております。労働省としましても、基本的な方向としましては、同じ労働に対しては同じ賃金が払われるということで、男女の賃金の差を基本的にはそういう方向に持っていくことによってこの条約の趣旨が実現されるであろう。そういう努力もいたしてまいりたい」（昭和42年7月11日参議院外務委員会）とまで言い切っている。

(8) 「能力主義」の形成と確立

こういう60年代の動きからすると、日本でも職務給が一般化し、同一労働同一賃金原則が確立する方向に動いていっても不思議でなかったように見えるが、あに図らんや事態は全く逆の方向に進んでいった。それを一言でいえば、仕事に着目する職務給からヒトに着目する職能給への移行であり、これをリードしたのも、職務給に反対していた総評ではなく、職務給を推進していたはずの日経連であった。

この転換を画する重要な政策文書が、日経連労務管理委員会能力主義管理研究会が1969年にとりまとめた報告書『能力主義管理－その理論と実践』[46]である。ここでは「われわれの先達の確立した年功制を高く評価する」と明言し、全従業員を職務遂行能力によって序列化した資格制度を設けて、これにより昇進管理や賃金管理を行っていくべきだと述べている。「能力」を体力、適性、知識、経験、性格、意欲からなるものとして、きわめて属人的に捉えている点において、明確にそれまでの職務中心主義を捨てたと言えよう。

そして、これを契機にしてこれ以後賃金制度の問題が労使間でもはや議論にならなくなってしまった。口先では同一労働同一賃金を唱えながら、本音では年功制を維持したいと考えていた労働組合側にとって、日経連の転換は好都合なものであった。政府は1973年の第2次雇用対策基本計画でもなお「職業能力と職種を中心とする労働市場の形成」を唱っていたが、翌年の石油ショックで遂に態度を転換し、内部労働市場中心の雇用維持政策を追求す

---

46) 日本経営者団体連盟編『能力主義管理－その理論と実践』日本経営者団体連盟弘報部（1969年）。

るようになる。

大変皮肉なことに、1975年の国際婦人年を契機にして日本でも男女雇用均等法政策が動き出し、1985年の努力義務規定化で一応の決着がつけられ、1997年の法的義務化で最終決着がつけられたが、この間同一労働同一賃金原則を基盤として男女均等待遇を論ずるという欧米で一般的な問題意識はほとんど見られず、暗黙のうちに男性正規労働者と同様のキャリアパスに乗って、女性も年功賃金制を享受できるようにすべきとの発想が中心的であった。1967年にILO第100号条約を批准したときの政策思想は、10年もたたないうちに雲散霧消していたのである。

同一労働同一賃金原則が政策課題として復活するのは、パートタイム労働をめぐる議論の中からである。そこで、いったん高度成長期に戻ってパートタイム対策の流れを見ていく。

2　パートタイム労働法政策[47]
（1）　婦人雇用としてのパートタイム労働[48]

パートタイム労働者が増加し始めたのは、日本経済が高度成長期に入って労働力不足が若年層から次第に中年層に及び始めた1960年代前半からであり、労働力需給の逼迫傾向、中高年齢女性の就労意欲が高まるにつれ、パートタイム労働は急速なテンポで増大していった。しかし、その就業に関しては種々の問題が指摘された。

そこで、1964年11月、婦人少年問題審議会婦人労働部会が「婦人労働力の有効活用についての中間報告」をとりまとめ、「パートタイム雇用は、家庭責任を持つ婦人が、家事負担を果たしつつ雇用の機会を得る制度として、欧米諸国で行き渡っている雇用形態で、…中高年齢層婦人の特性並びに通常雇用との関連に十分留意しつつ我が国社会の実情に即したパートタイム雇用の導入について、婦人労働力活用の見地から検討を行うこと」とされた。

その後、1966年11月、婦人少年問題審議会が「中高年齢婦人の労働力有

47）濱口桂一郎「パートタイム労働の法政策」（『季刊労働法』250号）。
48）労働省婦人少年局編著『パートタイム雇用の現状と課題』日本労働協会（1969年）。

636 第3部 労働条件法政策

効活用に関する建議」を労働大臣ほか4大臣あて行うとともに、1967年12月には女子パートタイム雇用に関する専門家会議[49]が設置され、1969年2月に「女子パートタイム雇用の現状と当面の諸対策について」を報告した。

さらに同年8月、婦人少年問題審議会[50]は「女子パートタイム雇用の対策に関する建議」を行った。この建議には、「パートタイム雇用は、短時間の就労形態をさすものであって、身分的な区分ではないことを明確にし、その周知徹底を図ること」という記述があり、これを受けた1970年1月の婦人少年局通達「女子パートタイム雇用に関する対策の推進について」（婦発第5号）も、「パートタイム雇用は身分的な区分ではなく、短時間就労という一つの雇用形態であり、パートタイマーは労働時間以外の点においては、フルタイムの労働者となんら異なるものではないことを広く周知徹底する」と述べていた。しかしながら内部労働市場政策にシフトした1970年代半ば以降、こういう視点は希薄化していく。

その後、職業安定行政において、1981年から、パートタイム雇用の需給が集中している大都市を中心に、パートタイム労働者の職業紹介を専門に取り扱うパートバンクを順次設置していった。

（2） 労働基準法研究会[51]

第2世代の労働基準法研究会[52]は1982年5月に開始され、労働契約関係は第1部会[53]で研究されることになった。その先頭を切って、1984年8月、「パートタイム労働対策の方向について」が取りまとめられた。ここでは広範な問題を取り上げているが、まずパートタイム労働者について特別の対策を検討するにはその定義を明確化する必要があるとして、1日、1週、1か月等の所定労働時間が通常の労働者より一定時間下回るものとし、本来の臨時

49）学識者5名、座長：神田道子。

50）公労使24名、会長：田辺繁子。

51）労働省労働基準局編『労働基準法の問題点と対策の方向：労働基準法研究会報告書』日本労働協会（1986年）。

52）学識者26名、会長：石川吉右衛門。

53）学識者8名、座長：萩沢清彦。

労働者（有期雇用）は含めないこと、パートの名目で通常労働者と同様の業務に従事している者について、定義から除外するのみでなく実質的な保護を図る途を検討することを求めている。

　具体的な対策としては、まず基本的な労働条件は書面により明示すべきものとすることを検討すべきとし、またパートタイム労働者に適用される就業規則の作成変更に当たっては、パートタイム労働者の意見を聴くことが望ましいとしている。

　反復更新された期間の定めのある労働契約の終了については、少なくとも30日前にその予告をしなければならないことも検討に値するとしている。これは本質的にはパートタイム労働問題というよりも有期労働契約の問題であるが、この時期にはパートタイム問題として取り上げられていた。後に有期労働契約法政策の重要な論点となっていく。

　労働時間については、所定時間外労働は雇入れの際その取扱いを明確にしておくとともに、1日、1週間の限度を明らかにさせるべきであり、通常の労働者の所定労働時間を超えて労働させないようにすることが望ましいとしている。また、年次有給休暇については勤務実績を考慮しての比例付与が適当としており、これは1987年労働基準法改正によって導入された。

　後に中心的論点になっていく通常労働者との労働条件の取扱いの違いについては、「基本的には、我が国の雇用慣行を背景に、パートタイム労働者の労働市場が需要側、供給側双方の要因に基づき通常の労働者のそれとは別に形成され、そこでの労働力の需給関係によりパートタイム労働者の労働条件が決定されていることによるもの」とし、「労働基準法に違反する場合は別として、この点について行政的に介入することは適当とは考えられ」ないとあっさり退けている。

（3）　パート労働対策要綱[54]

　これより先、社会党が1983年10月短期労働者及び短時間労働者の保護に

54）労働省労働基準局監督課編著『パートタイム労働対策要綱の解説』労働新聞社（1985年）。

638　第3部　労働条件法政策

関する法律案を、公明党が1984年3月短時間労働者保護法案を提出するなど、野党からパートタイム労働法政策が提示された。これらは契約締結時の書面による労働条件の明示のほか、賃金、昇進、有給休暇について不利益取扱いを禁止し、所定時間外労働を禁止する等の内容であった。

　こういった動きも踏まえ、労働省は中央労働基準審議会[55]にパートタイム労働小委員会を設けて審議し、1984年12月「パートタイム労働対策要綱」（発基第97号）を次官通達として発出した。これは、主要な労働条件を書面で明示する雇入れ通知書のモデル様式の普及による労働条件の明確化指導、監督指導を通じてのパートタイム労働者に係る労働基準法等の履行確保の徹底、労使への啓発指導等を掲げている。

　なお、1984年度から労働省の内部組織が再編成され、婦人少年局が婦人局となって、年少労働関係事務が労働基準局に移管された代わりに、パート労働及び家内労働関係事務が婦人局に吸収された。

（4）　パート労働指針[56]

　その後、労働省は財団法人婦人少年協会に委託して女子パートタイム労働対策に関する研究会[57]を開催し、1987年10月に報告書「今後のパートタイム労働対策のあり方について」を取りまとめた。さらに、1988年6月からパートタイム労働専門家会議[58]が開催され、同年12月に中間的整理として「今後のパートタイム労働対策の在り方について」が公表された。

　これらを踏まえ、労働省は従来次官通達で示していた内容を大臣告示に格上げすることとし、1989年6月「パートタイム労働者の処遇及び労働条件等について考慮すべき事項に関する指針」が制定され、同時に指針の定着とパートタイム労働市場の円滑な需給調整を促進するため、「総合的パートタイム労働対策」（発婦第9号）が次官通達として発出された。

　この指針では、労働条件の明確化として、使用者に雇入れ通知書の交付の

55）公労使各7名、会長：石川吉右衛門。

56）労働省労働基準局監督課編著『パートタイム労働指針の解説』労働新聞社（1991年）。

57）学識者6名、座長：髙梨昌。

58）公労使各5名、座長：髙梨昌。

努力を求めるとともに、就業規則の作成変更への意見聴取が望ましい旨が記され、労働時間については、できるだけ所定外労働をさせないよう努め、させる場合には雇入れ時にその旨明示するよう努めることを求めている。通常の労働者への優先的応募機会の付与に努めることも求められている。

また、有期労働契約の更新により1年を超えて使用しているパートタイム労働者について、期間をできるだけ長くするように努め、更新しないときには少なくとも30日前に予告するよう努めることを求めている。

ここまでは1984年の要綱とあまり変わらないが、その次に、賃金、賞与及び退職金について「労使において、その就業の実態、通常の労働者との均衡等を考慮して定めるように努める」と、また福利厚生施設について「通常の労働者と同様の取扱いをするように努める」と書かれたのは、後の均等待遇をめぐる議論に直接つながるものである。

(5) 野党法案の展開

上述のように、社会党は1983年から、公明党は1984年からパートタイム労働者に関する法案を提出していたが、1989年には民社党と共産党も法案を発表し、また連合も同年4月に「パートタイム労働法案（仮称）についての考え方」を取りまとめた。これらはいずれも、賃金、昇進、福利厚生等における差別を禁止し、時間外労働を制限、一般労働者への優先雇用の努力義務を規定しようとするものであった。

1991年3月、社会党、公明党、民社党及び社会民主連合の4野党は共同でパートタイム労働法案を国会に提出する旨の申し合わせを行い、各党間の調整を経て1992年2月、短時間労働者の通常の労働者との均等待遇及び適正な就業条件の確保に関する法律案を国会に提出した。この法案は、短時間労働者であることを理由として、賃金、休暇、休業、休憩時間等、配置、昇進、異動、定年又は解雇、教育訓練、福利厚生について通常の労働者と差別的取扱いをしてはならないと定め、さらに賃金等に関する事項を書面で明示すべきこと、通常の労働者を募集する場合現に雇用する短時間労働者を優先雇用すべきこと、その意に反して所定時間外労働をさせてはならないこと等を規定し、罰則を定め、労働基準監督官に監督させようというものであっ

640 第3部 労働条件法政策

た。

　衆議院労働委員会は同年3月、パートタイム労働に関する小委員会を設置し、自由懇談の後、労働委員会調査室の説明、労働省の説明を聴取し、「パートタイム労働に関する総合的な対策について、法的整備も含め、なお一層積極的に検討することが必要」と報告した。

（6）　パート労働法[59]

　このような中で、労働省は1992年7月、パートタイム労働問題に関する研究会[60]を開催し、同年12月に、パートタイム労働指針の周知徹底と実効性の確保、パートセンターを通じての労使への相談援助のための法的整備を行うべきとの報告を取りまとめた。

　労働省はこれを受けて短時間労働者の雇用管理の改善等に関する法律案を作成し、翌1993年3月国会に提出した。その過程で、婦人少年問題審議会[61]の労働者側委員から通常の労働者との均等待遇及び適正な就業条件の確保のための明確な法的措置が必要である旨の意見が添付されている。

　衆議院労働委員会は再びパートタイム労働に関する小委員会を設置して参考人からの意見聴取を行った後、政府法案と野党法案を審議した。その結果、自由民主党、社会党、公明党、民社党からの修正により、第3条の事業主の責務の規定に「その就業実態、通常の労働者との均衡等を考慮して」という一句が盛り込まれた。この表現は上記パートタイム労働指針と同じであるが、その法的意味は不明確なままであった。修正案提出者の永井孝信は、参議院において農業基本法等の用法を引きながら「同じかるべきものと同じにする」という意味であると答弁している。

　また、雇入れ時に労働条件に関する文書を交付すべき努力義務（第6条）、就業規則作成、変更時に短時間労働者の過半数を代表する者の意見を聴く努力義務（第7条）、労働大臣が事業主に対して原案の指導、助言に加えて、

59）松原亘子『短時間労働者の雇用管理の改善等に関する法律：パートタイム労働法の解説』労務行政研究所（1994年）。

60）公5名、労使各3名、座長：高梨昌。

61）公労使24名、会長：赤松良子。

報告の徴収と勧告をすることができる旨の規定（第10条）など、かなり大幅な修正が行われている。そもそも、政府原案は関係者の責務のほか、短時間労働者対策基本方針、指針の策定、短時間雇用管理者の選任、職業訓練と職業紹介、短時間労働援助センターと、あまり法律事項にならないようなものが多かったので、この国会修正で現在の形を整えたということもできる。

　修正された法案は同年6月に成立し、同年12月には「事業主が講ずべき短時間労働者の雇用管理の改善等のための措置に関する指針」が告示され、翌1994年8月には「短時間労働者対策基本方針」が告示された。

（7）　累次の研究会

　国会修正で挿入された「通常の労働者との均衡」については、女性少年問題審議会[62]が1998年2月に行った「短時間労働対策の在り方について」の建議において、「パート労働法における重要な原則であるが、具体的にどのように『通常の労働者との均衡』を考えるかについての指標（モノサシ）が形成されておらず、具体的な取組につながりにくいという問題がある」と指摘し、「異なる賃金形態間の比較や職務の異同に係る評価が必要になる等技術的・専門的事項を整理した上で取り組む必要がある」として「労使は比較の物差し作り及び処遇の均衡又は均等に取り組みやすくするため、…労使も含め、技術的・専門的な検討の場を設ける」ことを求めた。

　そこで、労働省は同年12月からパートタイム労働に係る雇用管理研究会[63]を開催し、2000年4月に「通常の労働者との均衡を考慮したパートタイム労働者の雇用管理のための考え方の整理について」という副題のついた報告を取りまとめた。ここでは、正社員と同じ職務を行うパートタイム労働者（Aタイプ）と職務が異なるもの（Bタイプ）に分け、まずAタイプについて処遇や労働条件の決定方法を合わせること、雇用管理上の合理的な理由から決定方式を異にする場合でも処遇や労働条件の水準（時間当たり賃金等）について正社員とのバランスを図ることを提示している。その際のモノサシ

62）公労使24名、会長：野田愛子。

63）公労使11名、座長：佐藤博樹。

642　第3部　労働条件法政策

の目盛りは労使に委ねている。一方、Bタイプについては職務レベルや職務遂行能力に応じた合理的な雇用管理とすること、納得性を高めることを挙げている。

　これに続き、厚生労働省は2001年3月からパートタイム労働研究会[64]を開催し、2002年2月に中間取りまとめを、同年7月に「パート労働の課題と対応の方向性」と題する最終報告をまとめた。

　最終報告は法制のタイプについて、均等処遇原則タイプと均衡配慮義務タイプの二者択一ではなく、同一職務で合理的理由がない場合には均等処遇原則タイプに基づいてパートの処遇決定方式を正社員に合わせること、処遇を異にする合理的理由があっても現在の職務が正社員と同じ場合には幅広く均衡配慮義務タイプに基づく均衡配慮措置を求めること、の2つを組み合わせることを提示した。

(8)　改正パート指針

　これより先、連合は2002年5月にパートタイム労働取組方針を決定し、雇用・就労形態が異なることを理由として労働条件の差別的取扱いを行うことを禁止し、均等待遇を確保するため、パート・有期契約労働法を制定すること、企業内最低賃金協定の締結や労働協約の拡張適用、パートタイム労働者の組織化などを目標に掲げた。これまで正社員中心の運動を行ってきたことの反省の上に、パートタイム労働者にも運動を広げようという組織論と政策論がないまぜになった形で、この後連合はかなり強硬な姿勢をとり続けることになる。

　2001年10月にまとめられた連合のパート・有期契約労働法案要綱は、パートタイム労働者について時間当たり賃金で類似の通常の労働者と差別的取扱いをしてはならないとし、また労働者のその都度の同意を得なければ所定時間外労働を命じてはならない等と規定している。

　厚生労働省の方は、上記パートタイム労働研究会報告を受けて、そこで指摘されているガイドライン策定のため、同年9月労働政策審議会雇用均等分

―――――――――――――
64）学識者10名、座長：佐藤博樹。

科会[65]において審議を開始した。その中で翌2003年1月に日本経団連が「パートタイム労働者の処遇問題に関する見解」を発表し、「パートタイム労働者についての公正な処遇の考え方は企業の人事処遇管理に深甚な影響を及ぼすもので、これを一律に法律で規制しようとすることは絶対に反対」とこちらも強硬な姿勢を示した。

結局、労働側の粘りを振り切る形で同年3月に報告が取りまとめられた。これには労働側委員の反対意見書が添付されており、均等待遇原則の法制化を明記することを強く求め、「施行後10年経った見直しのこの時期になお、強制力を持たない努力義務規定の法律のまま、どんな立派な指針と力説されても、処遇改善に効果をもたらすことは期待できない」と力説している。

その後、同年8月に改正指針が告示された。そこでは、「人事異動の幅及び頻度、役割の変化、人材育成の在り方等その他の労働者の人材活用の仕組み、運用等について、通常の労働者と実質的に異ならない状態にある短時間労働者については、当該短時間労働者と通常の労働者との間の処遇の決定の方法を合わせる等の措置を講じた上で当該短時間労働者の意欲、能力、経験、成果等に応じて処遇することにより、通常の労働者との均衡の確保を図るように努める」とするとともに、「人材活用の仕組み、運用等について、通常の労働者と異なる状態にある短時間労働者については、その程度を踏まえつつ、当該短時間労働者の意欲、能力、経験、成果等に応じた処遇に係る措置を講ずることにより、通常の労働者との均衡を図るように努める」とされている。

(9) 民主党の法案

2004年6月、野党の民主党から国会に短時間労働者の雇用管理の改善等に関する法律の一部を改正する法律案が提出された。これは、標題を短時間労働者と通常の労働者との均等な待遇の確保等に関する法律に改めるとともに、事業主の責務としてその雇用する短時間労働者について、通常の労働者との均等な待遇の確保（同様の労働に対しては同等の待遇を確保すべきとの

65）公益6名、労使各5名、分科会長：若菜允子。

644　第3部　労働条件法政策

観点から、短時間労働者の就業の実態に応じ、賃金の支払い等につき、通常
の労働者とできる限り同等の待遇を確保すること）を求め、賃金その他の労
働条件について、労働者が短時間労働者であることを理由として、通常の労
働者と差別的取扱いをしてはならないと、明確に均等待遇・差別禁止を定め
ている。

　これに加え、短時間労働者に係る事項について就業規則を作成、変更しよ
うとするときは、当該事業所で雇用する短時間労働者の過半数を代表する者
の意見を聴かなければならないと、短時間労働者代表者を正面から位置づけ
ている。

　一方、通常の労働者を募集、採用しようとするときは、現に雇用する同種
の業務に従事する短時間労働者であって通常の労働者として雇用されること
を希望するものに対し、応募の機会を優先的に与える等の措置を講ずるよう
努めなければならないと、パートからフルへの転換についても努力義務とい
う形で規定を設けている。

（10）　2007年改正[66]

　さて、2006年に男女雇用機会均等法が改正される際、国会で「パートタ
イム労働者が意欲を持ってその有する能力を十分発揮できるようにするた
め、正社員との均衡処遇に関する法制化を進めること」という附帯決議が付
せられた。同改正の審議ではいわゆる間接差別をめぐってパートタイム労働
者の問題も取り上げられたが、省令で定める間接差別にはパートタイムであ
ることが含まれなかったことがその背景にある。

　この附帯決議を受ける形で、同年9月から労働政策審議会雇用均等分科
会[67]において、パートタイム労働対策についての審議が開始された。大きな
論点は均衡処遇の確保と通常の労働者への転換であるが、労働側は当初から
繰り返し、短時間労働者ではないいわゆるフルタイムパートの問題を取り上
げるよう要求、事務局側はこれを有期労働の問題であるとして拒否し続け

66）髙﨑真一『コンメンタール　パートタイム労働法』労働調査会（2008年）。
67）公益6名、労使各5名、分科会長：横溝正子。

た。短時間労働者に関する法律である以上、短時間労働者でない者を対象に
することができないのは当然だが、そもそも政府のパートタイム対策自体法
制化以前は有期労働問題を含む形であったし、有期労働問題が独立した形で
議論されるようになったのは最近であることを考えれば、労働側の要求にも
それなりの理由があることは否定できない。いずれにせよ、10月には公益
委員から論点整理（案）が示され、これをめぐって審議が行われ、同年12
月に建議が取りまとめられた。

　この中で最も注目されるのは、「通常の労働者と職務、職業生活を通じた
人材活用の仕組み、運用等及び就業の実態（労働契約の形態等）が同じであ
るパートタイム労働者については、パートタイム労働者であることを理由と
して、その待遇について差別的取扱いをすることを禁止することが適当」
と、一気に差別禁止規定に持っていったことである。ちょうど安倍晋三内閣
が成立し、再チャレンジ政策が勢いに乗っていた時期であったこともあり、
相当に規制強化の方向に舵が切られたと言えよう。

　翌2007年2月、厚生労働省は改正法案を国会に提出し、同年5月成立した。
もっとも注目される差別的取扱が禁止される「通常の労働者と同視すべき短
時間労働者」（第8条）の範囲については、「業務の内容及び当該業務に伴う
責任の程度（＝「職務の内容」）が当該事業所に雇用される通常の労働者と
同一の短時間労働者（＝「職務内容同一短時間労働者」）であって、当該事
業主と期間の定めのない労働契約を締結しているもののうち、当該事業所に
おける慣行その他の事情からみて、当該事業主との雇用関係が終了するまで
の全期間において、その職務の内容及び配置が当該通常の労働者と同一の範
囲で変更されると見込まれるもの」と規定した。これは、日本的な「正社
員」の定義を裏側からではあるが初めて法律上に明示したものと言える。

　一方、「通常の労働者と同視」できない短時間労働者については、特に賃
金について何段階にも分けて詳しく規定した。最上位の「通常の労働者と同
視」できる短時間労働者の次にくるのは、それを含む「職務内容同一短時間
労働者」のうち「当該事業所における慣行その他の事情から見て、当該事業
主に雇用される期間のうちの少なくとも一定の期間において、その職務の内
容及び配置が当該通常の労働者の職務の内容及び配置の変更の範囲と同一の

646 第3部 労働条件法政策

範囲で変更されると見込まれるもの」である。つまり、有期契約のパートであっても、実態として通常の労働者と同じように配置転換されている者については、そういう実態が行われている期間においては「通常の労働者と同一の方法により賃金を決定するように努める」ことが求められている。具体的には、職務関連賃金に関しては同一の賃金表を適用し、欠勤日を有給にするか無給にするかも同一にすることを意味する。いわば均等待遇の努力義務といえよう（第9条第2項）。

それ以外の短時間労働者、すなわち通常の労働者と職務が異なる短時間労働者と職務は同じであるが人材活用の仕組み・運用が異なる短時間労働者については、努力義務の内容がより緩やかで、「通常の労働者との均衡を考慮しつつ」、「職務の内容、職務の成果、意欲、能力又は経験等を勘案し」、「その賃金を決定するように努める」ことが求められており、これは従前の指針における均衡処遇の努力義務に相当するといえる（第9条第1項）。

教育訓練については、賃金と異なり、職務内容同一短時間労働者かそうでないかによって差を付けている。つまり、人材活用の仕組み・運用が異なっていても、職務内容が同じである以上、通常の労働者と同じ教育訓練（職務遂行に必要な能力付与のためのもの）を実施しなければならない。これは努力義務ではなく法的義務である。この教育訓練の重視は、本改正の一つの特徴といえる。これに対して職務内容が異なる短時間労働者については、「通常の労働者との均衡を考慮しつつ」、「職務の内容、職務の成果、意欲、能力及び経験等に応じ」、教育訓練を実施する努力義務にとどまる（第10条）。

一定の福利厚生については特に区別することなく、全ての短時間労働者について、利用の機会を与えるように配慮することが求められているだけである（第11条）。

3 同一労働同一賃金法政策の復活

(1) 2007年労働契約法における「均衡」

改正パート法と同じく2007年に成立した労働契約法においては、国会修正によって第3条第2項として「均衡の考慮」規定が挿入された。具体的には「労働契約は、労働者及び使用者が、就業の実態に応じて、均衡を考慮し

つつ締結し、又は変更すべきものとする。」といういささか意味不明瞭な規定である。

改正パート労働法では義務や努力義務の名宛人が事業主であることは明らかであるが、本法では労働契約締結主体である労働者と使用者が並べて名宛人となっており、労働者と使用者が均衡を考慮せずに労働契約を締結したり変更した場合に、いかなる法的効果があり得るのかも不明である。

ただ、本規定は、経緯的には、パート労働法改正の議論のなかで労働側から繰り返し提起されたフルタイムパート問題に対応するものであったという性格がある。高度成長期までの労働政策においては臨時工・社外工問題が大きな課題として存在していたが、高度成長終了後における日本における非正規労働問題は、フルタイム有期契約労働者の問題にきちんと向き合うことなく、もっぱらパートタイム労働者に集約される形でのみ議論されてきた。そのツケがフルタイムパート問題に現れていたと考えるならば、この問題は本来有期契約労働政策のなかで正面から論じられるべきであったといえる。しかし、さまざまな事情から労働契約法の審議は収縮に次ぐ収縮を重ね、結果的に労働政策審議会の建議の段階ではこの「均衡」規定も脱落するに至り、それが国会修正で復活したという経緯をたどった。

(2) 2012年改正労働者派遣法における「均衡」

一方、2006年ごろから格差問題が社会問題として取り上げられるようになり、その中で労働者派遣法の改正案が自由民主党政権下と民主党政権下で繰り返し提案された。いずれも改正の主眼は日雇派遣の原則禁止ないし製造業派遣と登録型派遣の原則禁止といった事業規制の強化に関わる点であったが、やや影が薄い形ながら派遣労働者の「均衡」待遇に関わる規定も設けられていた。

2008年7月の今後の労働者派遣制度の在り方に関する研究会[68]報告は、均等・均衡処遇について、企業の内部労働市場で決定される派遣先の正規労働者と、臨時的・一時的に派遣先で就業する派遣労働者を比較することは困難

---

68) 学識者5名、座長：鎌田耕一。

であるとして、現状においては導入すべきではないと退け、その代わりに派遣労働者の待遇改善の努力義務を課すべきとした。

同年9月の労働政策審議会建議はこれを具体化し、派遣労働者の職務内容、職務の成果、意欲、能力又は経験等を勘案し、賃金を決定する努力義務を派遣元事業主に課すとともに、派遣先の同種の労働者の賃金を考慮要素の一つとして指針に明記すべきとした。これは、均等・均衡処遇を言葉の上では否定しているが、内容的には一種の均衡処遇に踏み込んだと評価することもできよう。なお、派遣元事業主には派遣労働者の適切な教育訓練や就業機会の確保の努力義務も課すほか、派遣先にこれら待遇改善への協力の努力義務を課している。

これを受けて同年11月に国会に提出された改正案では、「派遣労働者の職務の内容等を勘案した賃金の決定」という見出しのもとに、「派遣元事業主は、その雇用する派遣労働者の従事する業務と同種の業務に係る一般の賃金水準その他の事情を考慮しつつ、その雇用する派遣労働者の職務の内容、職務の成果、意欲、能力又は経験等を勘案し、その賃金を決定するように努めなければならない」と規定していた。しかし、この改正案は審議されないまま廃案となった。

これに対し2009年6月に当時野党であった民主党、社会民主党及び国民新党3党が共同提出した改正案では、均等待遇について「労働者派遣をし、又は労働者派遣の役務の提供を受ける場合は、労働者の就業形態にかかわらず、就業の実態に応じ、均等な待遇の確保が図られるべきもの」と規定し、派遣元、派遣先双方との関係で均等待遇原則を定めているが、規定ぶりはささか曖昧で、どの程度の法的効果をもたらそうとしているのか、必ずしも明確ではなかった。

政権交代後、労働政策審議会労働力需給制度部会[69]で再度審議が行われ、2010年3月に改正案が国会に提出され、紆余曲折の末2012年3月に成立した。そこではこの問題について、「均衡を考慮した待遇の確保」という見出しのもと、「派遣元事業主は、その雇用する派遣労働者の従事する業務と同

---

69) 公労使各3名、部会長：清家篤。

種の業務に従事する派遣先…に雇用される労働者の賃金水準との均衡を考慮しつつ、当該派遣労働者の従事する業務と同種の業務に従事する一般の労働者の賃金水準又は当該派遣労働者の職務の内容、職務の成果、意欲、能力若しくは経験等を勘案し、その賃金を決定するように配慮しなければならない」と、配慮義務という形ではあるが明確に均衡待遇を規定している。この規定ぶりは、2008年改正案の文言にパート労働法第9条第1項の努力義務の内容を加えた形である。

　また、教育訓練や福利厚生についても、「派遣元事業主は、その雇用する派遣労働者の従事する業務と同種の業務に従事する派遣先の労働者との均衡を考慮しつつ、当該派遣労働者について、教育訓練及び福利厚生の実施その他当該派遣労働者の円滑な派遣就業の確保のために必要な措置を講ずるように配慮しなければならない」と、パート法第10条第2項及び第11条の規定ぶりに近づいている。

（3）　2012年改正労働契約法における「不合理な労働条件の禁止」

　厚生労働省は2009年2月より有期労働契約研究会[70]を設置して検討を行った。その中心課題は有期契約の反復更新にかかる入口規制や出口規制の是非と正社員への転換問題であったが、同時に均等・均衡処遇の問題も取り上げられた。

　2010年9月に取りまとめられた報告書は、「有期契約労働者の待遇について正社員との格差を是正するための規制方法として、EU諸国のような『有期契約労働者であることを理由とした合理的理由のない差別の禁止』のような一般的な規定を法に置き、具体的な適用については個々に裁判所等が判断するという枠組みが一つの例となる。この枠組みを考える場合、我が国においては、諸外国のように職務ごとに賃金が決定される職務給体系とはなっておらず、職務遂行能力という要素を中核に据え、職務のほか人材活用の仕組みや運用などを含めて待遇が決定され、正社員は長期間を見据えて賃金決定システムが設計されていることが一般的であることから、何をもって正社員

70）学識者8名、座長：鎌田耕一。

650 第3部 労働条件法政策

と比較するのか、また、何が合理的理由がない差別に当たるかの判断を行うことが難しく、民事裁判における判断も区々となることが懸念され、十分な検討が必要である。」と述べ、2007年改正パート法の正社員と同視しうるパートには厳格な差別禁止、それ以外には均衡処遇の努力義務という規制手法とは異なる考え方を提起していた。

研究会報告を受けて2010年10月から労働政策審議会労働条件分科会[71]で審議が行われ、翌2011年12月に「有期労働契約の在り方について」建議がとりまとめられた。均等・均衡問題については、「労働条件については、職務の内容や配置の変更等を考慮して、期間の定めを理由とする不合理なものと認められるものであってはならない」と書かれている。これは有期労働契約研究会報告を受けているとともに、下記今後のパートタイム労働対策に関する研究会報告の趣旨をも受けている。

建議を受けて厚生労働省は2012年3月に労働契約法改正案を国会に提出し、同年8月に成立に至った。新たに設けられた第20条は、「期間の定めがあることによる不合理な労働条件の禁止」という見出しの下に、有期労働者と無期労働者の労働条件が相違する場合には「当該労働条件の相違は、労働者の業務の内容及び当該業務に伴う責任の程度（＝「職務の内容」）、当該職務の内容及び配置の変更の範囲その他の事情を考慮して、不合理と認められるものであってはならない」と規定した。

この規定は、2007年改正パート法第8条のように対象を厳格に絞って差別禁止とするのではなく、全ての有期労働者を対象に含めつつ「合理性」という柔軟な基準で対処し得るようにしたという点で重要な転換であった。

(4) 2014年改正パート労働法における「不合理な待遇の禁止」

一方、2011年2月から厚生労働省は今後のパートタイム労働対策に関する研究会[72]を開催し、積み残しになっている論点についての議論を開始した。その背景には、後述2010年6月の新成長戦略において「同一価値労働同一

―――――――
71）公労使各7名、分科会長：岩村正彦。
72）学識者7名、座長：今野浩一郎。

賃金に向けた均等・均衡待遇の推進に取り組む」と明記され、対応が必要となっていたこともある。

同研究会では、諸外国のパート対策、労使団体からのヒアリングを経て委員の間で白熱した議論が行われ、2011年9月報告書を取りまとめた。これは明確な方向性を示すというよりもさまざまな意見を列記するものとなっているが、その中に一定の方向性が滲み出る面もある。

最大の論点である法第8条の均等待遇のための3要件については、職務内容同一要件のみ、人材活用同一要件のみ、賃金制度の違いに着目すべきとの意見、さらに「パートタイム労働者であることを理由として、合理的な理由なく不利益な取扱いをしてはならない」としつつその考慮要素についてガイドラインで示すとの意見が挙げられている。この最後の意見は、この直前の2011年7月に取りまとめられた労働政策研究・研修機構の雇用形態による均等処遇についての研究会[73]で提起されていたもので、EUにおける雇用形態差別の運用実態に即して考えられており、事務局の意図もこの辺りにあるように見られる。

この報告書を受けて、同年9月にはさっそく労働政策審議会雇用均等分科会[74]で審議が始まり、翌2012年6月建議が取りまとめられた。これは、前年末に有期労働契約に関する建議が出され、既に労働契約法改正案が国会に提出されていたことの影響を強く受けている。まず、差別禁止（第8条）の3要件から無期契約要件を削除し、「職務の内容、人材活用の仕組み、その他の事情を考慮して不合理な相違は認められない」とする法制を提示した。これに伴い、一定期間人材活用の仕組みが同一という第9条第2項は第8条に含まれることになるので削除される。

ところが、その後1年半以上にわたって、この建議に基づく改正法案は提出されなかった。ようやく改正への動きが始まったのは2014年1月で、それまで審議してきた次世代育成支援対策推進法改正案と一緒に、パート法の改正案要綱も諮問され、即日答申された。そして、同年2月に改正法案が国

---

73) 学識者8名、座長：荒木尚志。
74) 公益6名、労使各5名、分科会長：林紀子。

会に提出され、4月には成立に至った。

これは2012年の建議に加え、短時間労働者の待遇の原則として、通常の労働者と待遇が相違する場合は「当該待遇の相違は、当該短時間労働者及び通常の労働者の業務の内容及び当該業務に伴う責任の程度（「職務の内容」）、当該職務の内容及び配置の変更の範囲その他の事情を考慮して、不合理と認められるものであってはならない」（新第8条）と、労働契約法における有期労働者の不合理な労働条件の禁止とまったく同じ文言を規定するものである。

しかし、後者は有期契約労働者と無期契約労働者の待遇に関わる規定であり、「通常の労働者」との関係の規定ではない。このようなずれが生じる原因は、本来パートタイムの対義語はフルタイムであるはずなのに、正社員に対する非正規労働者という意味を含めてパートタイム法政策を進めてきたために、「通常の労働者」という概念を中心に据えてしまったことがある。これは解きほぐすのが難しい。

(5) 同一（価値）労働同一賃金原則に係る検討の開始

このように非正規労働法政策として均等・均衡処遇問題が焦点となり、パート、派遣、有期と各分野ごとにかつ相互に影響を与え合いながら立法が進められてくる中で、2010年代以降政府の政策アジェンダとして再び「同一（価値）労働同一賃金原則」という言葉が登場するようになってきた。

たとえば、2010年6月に策定された政府の「新成長戦略」では、全体戦略として「強い経済」「強い財政」「強い社会保障」の実現を唱い、その「雇用・人材戦略」の中では、「『ディーセント・ワーク（人間らしい働きがいのある仕事）』の実現に向けて、『同一価値労働同一賃金』に向けた均等・均衡待遇の推進…に取り組む」という文言が盛り込まれている。もっとも、三者構成の雇用戦略対話においてとりまとめられた「2020年までの目標と達成に向けた施策」を見る限り、その内容は上述した改正パート労働法、有期労働契約研究会、労働者派遣法改正案の3点であって、それを超えた一般的な法原則を念頭に置いているかどうかはよく分からない。

一方同時期に、野党になった自由民主党から同一（価値）労働同一賃金を

めぐる興味深い国会質問がなされている。2010年5月18日の衆議院決算行政監視委員会第三分科会で、元厚生労働副大臣の大村秀章議員は、「アメリカとかヨーロッパは、それぞれの国の国柄も違うと思いますが、同一価値労働同一賃金、例えば同じ業種、自動車なら自動車業で働いていれば、会社が違ってもこの仕事は幾らというような、こういう職種別のもの、産業別のものが決まっているわけですね。そこら辺までいかないと、この問題は最終的に、正規、非正規の均等待遇というのは実現できない」と述べ、同年5月21日の衆議院厚生労働委員会においても「この同一価値労働同一賃金ということを、もし仮にといいますか、日本で実現をするとしたら、何が必要で、何が足らなくて、どういうことが論点になるのか、その研究会や勉強会をやはりできるだけ早く前広にスタートをさせていただきたい」と問いかけている。

　これに対して民主党政権の細川律夫厚生労働副大臣から「本当にこの同一価値労働同一賃金は大事なことでありますので、まず、どういう論点があって、これをどういうふうに解決していったらいいかということについて、専門家、有識者の方から御意見をいただきまして、そこで研究会を立ち上げることが必要かというようなことになりましたら、そのような形で進めてまいりたいというふうに思っております。」という答弁がなされ、これを受ける形で上記労働政策研究・研修機構の「雇用形態による均等処遇についての研究会」が開催されたという経緯がある。

　なお2010年7月に行われた参議院選挙においては、多くの政党がマニフェストを提示したが、その中に「同一（価値）労働同一賃金」という言葉が数多く書かれていた。たとえば与党の民主党は「同じ職場で同じ仕事をしている人の待遇を均等・均衡にして、仕事と生活の調和を進めます」と述べている。また与党から離脱した社会民主党は「同一価値労働・同一賃金原則を確立し、男女差別、雇用形態の差別をなくし、雇用の平等を徹底します」と述べ、一方野党の自由民主党は、「国としては『同一労働・同一賃金』『社会保障の充実』『労働環境の法整備』を前提に、…強力なセーフティネットを構築します」と述べていた。また、みんなの党が「同一労働同一待遇（賃金等）や正規・非正規社員間の流動性を確保」を掲げるなど、この問題が政治

の舞台で一つの大きな課題になりつつあることを示していた。

(6) 職務待遇確保法

　2014年11月には、民主、維新、みんな、生活の4野党が、政府提出の労働者派遣法改正案に対する対案として、労働者の職務に応じた待遇の確保等のための施策の推進に関する法律案を国会に提出した。略称は同一労働同一賃金推進法案であった。同月の解散で行われた衆議院総選挙では、民主党と維新の党が共通政策としてマニフェストで同一労働同一賃金を謳っていた。

　政府の派遣法改正案は、2012年法の「均衡を考慮した待遇」はそのままにしつつ、派遣労働者の求めに応じて派遣元がその決定にあたり考慮した事項を説明する義務を新たに課していた。これに対して「近年、雇用形態が多様化する中で、雇用形態により労働者の待遇や雇用の安定性について格差が存在し、それが社会における格差の固定化につながることが懸念されていることに鑑み、それらの状況を是正するため、労働者の職務に応じた待遇の確保等のための施策に関し、基本理念を定め、国の責務等を明らかにするとともに、労働者の雇用形態による職務及び待遇の相違の実態、雇用形態の転換の状況等に関する調査研究等について定めることにより、労働者の職務に応じた待遇の確保等のための施策を重点的に推進し、もって労働者がその雇用形態にかかわらず充実した職業生活を営むことができる社会の実現に資する」ことを目的として、対案として提出されたわけである。

　安全保障関連法案をめぐって政治状況が変転する中、2015年6月には、対決法案となった労働者派遣法改正案と同時に、与野党をまたぐ形で自民・公明・維新3党による修正を経てこの法案が衆議院を通過し、同年9月には成立に至った。略称は職務待遇確保法となった。

　同法は基本理念として、「労働者が、その雇用形態にかかわらずその従事する職務に応じた待遇を受けることができるようにすること」、「通常の労働者以外の労働者が通常の労働者となることを含め、労働者がその意欲及び能力に応じて自らの希望する雇用形態により就労する機会が与えられるようにすること」などを挙げている。

　政府は「労働者の職務に応じた待遇の確保等のための施策を実施するた

め、必要な法制上、財政上又は税制上の措置その他の措置を講」じ、労働者の雇用形態による職務の相違及び賃金、教育訓練、福利厚生その他の待遇の相違の実態等について調査研究を行うとされている。同一労働同一賃金に関わりそうな規定としては、「国は、雇用形態の異なる労働者についてもその待遇の相違が不合理なものとならないようにするため、事業主が行う通常の労働者及び通常の労働者以外の労働者の待遇に係る制度の共通化の推進その他の必要な施策を講ずるものとする」（第6条第1項）がある。また特に派遣労働者を対象としてその「賃金の決定、教育訓練の実施、福利厚生施設の利用その他の待遇についての規制等の措置を講ずる」こととされ、こちらは法施行3年以内に法制上の措置を含む必要な措置を講ずることとされている。

　派遣法という対決法案の隙間から飛び出してきて成立してしまった感もあるが、上述のように2010年頃から同一労働同一賃金原則が与野党を超えて関心事項となってきていたことの反映でもある。少なくとも実定法の上で「職務に応じた待遇の確保」が理念として明記されたことは重要な意義がある。

（7）　一億総活躍国民会議における官邸主導の動き

　2016年に入ると、この状況が官邸主導で一気に加速した。同年1月の施政方針演説で安倍晋三首相が「本年取りまとめる『ニッポン一億総活躍プラン』では、同一労働同一賃金の実現に踏み込む考えであります」と述べたのを皮切りに、2月の衆議院予算委員会では「一億総活躍国民会議で議論いただき，今春まとめる『ニッポン一億総活躍プラン』で同一労働同一賃金実現の方向性を示したい。法律家などによる専門的検討もおこないつつ、制度改正が必要な事項は労働政策審議会で議論を行う。わが国の雇用慣行に留意しつつ、待遇の改善に実効性のある方策としたい。」と答弁した。

　安倍首相はまた官邸の一億総活躍国民会議[75]で2月、「我が国の雇用慣行には十分に留意しつつ、同時に躊躇なく法改正の準備を進め」る旨、また、「どのような賃金差が正当でないと認められるのかについては、政府として

---

75) 閣僚13名、学識者13名、議長：安倍晋三。

も、早期にガイドラインを制定していく」旨を指示した。ちなみにこの会議で東京大学の水町勇一郎教授から提出された「同一労働同一賃金の推進について」が、官邸が想定している同一労働同一賃金の姿を描き出している。それによると、同一労働同一賃金とは「職務内容が同一または同等の労働者に対し同一の賃金を支払うべきという考え方」であり、「職務内容が同一であるにもかかわらず賃金を低いものとすることは、合理的な理由がない限り許されない」。そしてEU諸国の例を引きつつ「基本的には、客観的な理由がない限り、非正規労働者に対し不利益な取扱いをしてはならない」が、逆に「客観的な理由があれば、賃金に差を設けるなどの取扱いも認められる」と述べ、その客観的な理由の例としてフランスでは提供された労働の質の違い、在職期間（勤続年数）の違い、キャリアコースの違い、企業内での法的状況の違い、採用の必要性（緊急性）の違いなど、ドイツでは、学歴、（取得）資格、職業格付けの違いなどを挙げている。

　ここで、欧州は職務給であるのに対して日本は職能給であるから、日本に同一労働同一賃金原則を導入するのは難しいという議論に反論し、「欧州でも同一労働に対し常に同一の賃金を支払うことが義務づけられているわけではなく、賃金制度の設計・運用において多様な事情が考慮に入れられている」から「これらの点を考慮に入れれば、日本でも同一労働同一賃金原則の導入は可能と考えられる」と主張している。そして、客観的な理由の中身は最終的には裁判所で判断されるとしつつ、「裁判所の判断は、事案に応じた事後的判断であり、その蓄積・定着には時間がかかる」ので、「法律の整備を行うとともに、欧州の例などを参考にしつつ、『合理的な理由』の中身について、政府として指針（ガイドライン）を示すことが有用ではないか」と提起している。

　こうした議論を経て同年6月、「ニッポン一億総活躍プラン」が閣議決定された。そのうち「働き方改革」の項では、「できない理由はいくらでも挙げることができる。大切なことは、どうやったら実現できるかであり、ここに意識を集中する」という政府文書らしからぬ表現まで飛び出している。そこでは今後行われることとして、①どのような待遇差が合理的であるか不合理であるかを事例等で示すガイドラインの策定と、②不合理な待遇差に関す

る司法判断の根拠規定の整備、非正規雇用労働者と正規労働者との待遇差に関する事業者の説明義務の整備などを含む労働契約法、パート労働法、労働者派遣法の一括改正が示され、「正規労働者と非正規労働者の賃金差について、欧州諸国に遜色のない水準を目指す」とされている。ロードマップではガイドラインの策定・運用と制度の検討、法案提出が2018年度までであり、2019年度から新制度の施行と書かれている。

（8）　同一労働同一賃金検討会

　こうした状況下で、厚生労働省職業安定局派遣・有期労働対策部と内閣官房一億総活躍推進室が事務局を務める形で、同年3月に同一労働同一賃金の実現に向けた検討会[76]が設けられた。検討事項は、EU諸国における制度の現状と運用状況（裁判例等）、日本の制度の現状と課題及び日本企業の賃金の実態と課題、日本とEUにおける雇用形態間の賃金格差に影響を与える諸条件の違い、そしてガイドラインの策定、必要な法的見直し等に向けた考え方の整理である。

　同検討会は同年12月に中間報告を取りまとめた。各委員からの意見を見ると必ずしも見解の一致が見られたとは言いがたいように思われるが、基本線としては上記水町理論に沿った形で記述されている。公約数としては、（1）正規社員・非正規社員両方に対し、賃金決定のルールや基準を明確にし、（2）職務や能力等と、賃金を含めた待遇水準の関係性が明らかになり、待遇改善が可能になるようにし、（3）教育訓練機会を含めた能力開発機会の均等・均衡を促進することで一人ひとりの生産性向上を図ること、という3つの柱が示された。

　さらに働き方改革実現会議で下記ガイドライン（案）が示された後は法整備に向けた議論が行われ、翌2017年3月に報告書が取りまとめられた。もっともこれは、論点整理として委員のさまざまな意見がずらりと並べられており、必ずしも一定の方向を指し示すものとはなっていない。ただ、まずパート・有期関係として、労働者が司法判断を求める際の根拠となる規定を整備

76）学識者7名、座長：柳川範之。

658　第3部　労働条件法政策

すること、労働者に対する待遇に関する説明を義務化すること、集団的労使
コミュニケーションの促進、行政による裁判外紛争解決手続の整備などが項
目として挙がっている。また派遣関係としてもこれらの論点について多くの
意見が示されている。

(9)　同一労働同一賃金ガイドライン（案）

　一方2016年9月には官邸に働き方改革実現会議[77]が設置され、長時間労働
の是正や同一労働同一賃金の具体化を議論し、年度内に実行計画をまとめる
とされた。

　現場との意見交換会も含めて議論がされ、同年12月には「同一労働同一
賃金ガイドライン案」が示された。これは有期雇用労働者とパートタイム労
働者について、法律に基づかない指針（案）に過ぎないにもかかわらず、か
なり細かい点にわたって問題となる例、問題とならない例を示している。

　具体的に見ていくと、まず基本給について、①労働者の職業経験・能力に
応じて支給しようとする場合には、これらに応じた部分につき同一の支給を
しなければならず、これらに一定の違いがある場合はその相違に応じた支給
をしなければならないとしている。つまり、職能給部分は正規・非正規両方
に同じように職能給で支給せよということである。同様に、②労働者の業
績・成果に応じて支給しようとする場合には、これらに応じた部分につき同
一の支給をしなければならず、これらに一定の違いがある場合はその相違に
応じた支給をしなければならない。③労働者の勤続年数に応じて支給しよう
とする場合には、やはりこれに応じた部分につき同一の支給をしなければな
らず、これに一定の違いがある場合はその相違に応じた支給をしなければな
らない。これのコロラリーとして、④勤続による職業能力の向上に応じて昇
給しようとする場合には、それに応じた部分につき同一の昇給をしなければ
ならず、これに一定の違いがある場合はその相違に応じた昇給支給をしなけ
ればならない。

　これらをまとめると、職能給、成果給、年功給、いずれをとっても自由だ

77）閣僚9名、学識者15名（労1名、使3名を含む）、議長：安倍晋三。

が、無期フルタイム労働者と有期又はパート労働者とで同じように適用しなければならないということである。日本の労働法がいかなる賃金制度をとるべきかについて何ら制限を課していない以上、その下で同一労働同一賃金を形式的に厳密に定義しようとするとこういうことにならざるを得ないであろう。この点、上記同一労働同一賃金の実現に向けた検討会中間報告では、「正規・非正規間の賃金格差にとってより本質的な差異は、正規・非正規間で、賃金決定方法が『分離』している（日本）か、雇用形態を問わず『共通的』である（フランス・ドイツ）かである」という指摘がされており、賃金決定方法の共通化を目指した指針と言える。

　次に手当についても、その手当の趣旨に応じて同一の支給、相違に応じた支給をしなければならないとされている。例えば、会社の業績等への貢献に応じて賞与を支給しようとする場合、役職の内容・責任の範囲・程度に対して役職手当を支給しようとする場合が典型である。その他特殊作業手当、特殊勤務手当、精皆勤手当、時間外労働手当、深夜・休日労働手当、通勤手当・出張旅費、食事手当、単身赴任手当、地域手当も挙げられている。

　また福利厚生については、福利厚生施設（食堂、休憩室、更衣室）は「同一の事業場で働く」者に同一の利用を認め、転勤者用社宅は「同一の支給要件を満たす」者に同一の利用を認め、慶弔休暇や健康診断に伴う勤務免除・有給保障は同一の付与をしなければならず、法定外休暇も勤続期間に応じて同一の付与とされている。さらに教育訓練や安全管理にも言及している。

（10）　働き方改革実行計画

　翌2017年3月に取りまとめられた働き方改革実行計画では、同月の同一労働同一賃金の実現に向けた検討会報告書を受けて、具体的な法改正の方向性を示した。

　まず、労働者が司法判断を求める際の根拠となる規定の整備である。有期労働者について均等待遇の、派遣労働者について均等・均衡待遇の規定を設けるとともに、パート労働者を含めて均衡待遇の規定の明確化を図るとしている。

　重要なポイントが次の労働者に対する待遇に関する説明の義務化である。

660 第3部 労働条件法政策

裁判上の立証責任よりも、企業側しか持っていない情報のために労働者が訴訟を起こせないことがないように、実効ある法制度となっていることが重要との観点から、今般の法改正において、有期雇用労働者についても雇入れ時に待遇の内容等の説明義務を課するとともに、雇入れ後に、パート、有期、派遣労働者の求めに応じ、比較対象となる労働者との待遇差の理由等についての説明義務を課するとしている。

さらに、裁判に訴えることは経済的負担を伴うことから、行政による裁判外紛争解決手続を整備し、均等・均衡待遇を求める当事者が身近に無料で利用できるようにするとしている。

なお、実行計画では派遣労働者に関しては、「同一労働同一賃金の適用により、派遣先が変わるごとに賃金水準が変わることで不安定になり、派遣元事業者による段階的・体系的な教育訓練等のキャリアアップ支援と不整合な事態を招くこともありうる」という懸念から、①同種業務の一般の労働者の賃金水準と同等以上であること、②派遣労働者のキャリア形成を前提に能力を適切に評価して賃金に反映させていくこと、③賃金以外の待遇について派遣元事業者に雇われている正規雇用労働者の待遇と比較して不合理でないことという3要件を満たす労使協定を締結した場合については、派遣先労働者との均等・均衡待遇を求めないこととしている。もっともこの場合でも、単に要件を満たす労使協定を締結することだけでは足りず、3要件を満たす形で協定が実際に履行されていることが求められる。

(11)　2018年改正

この働き方改革実行計画を受けて、労働政策審議会に労働条件分科会・職業安定分科会・雇用均等分科会同一労働同一賃金部会[78]が設けられた。3つの分科会にわたる事項を1つの部会でまとめて審議するというわけである。同部会は2017年4月から審議を開始し、同年6月にはほぼ働き方改革実行計画に沿った建議を行った。2017年9月には、「働き方改革を推進するための関係法律の整備に関する法律案」として8法の一括改正法案の要綱が労働政

78）公労使各6名、部会長：守島基博。

策審議会に諮問され、妥当との答申を受けた。その後、2018年に入って労働時間関係の規定をめぐって混乱が続いたが、同年4月に改正法案が国会に提出され、6月には成立に至った。

そのうち同一労働同一賃金関係の改正は、労働契約法から第20条を削除して、パート法をパート・有期法にするとともに、労働者派遣法にも関係の規定を盛り込むというやり方である。

これによりパート法が短時間労働者及び有期雇用労働者の雇用管理の改善等に関する法律となる。やや皮肉だが、社会党が1983年に提出した短期労働者及び短時間労働者の保護に関する法律案に近づいた感もある。ただし、両者統一されるのは均等・均衡待遇に関する部分だけであって、反復更新による無期化や雇止め法理に係る規定は労働契約法に残される。

これまでのパート法における短時間労働者に有期雇用労働者が追加されるので、労働契約法第20条がパート法第8条に合体するのに加え、第9条の通常の労働者と同視すべきものの差別禁止、第10条の賃金に関する均衡待遇の努力義務、第12条の福利厚生にも有期雇用労働者が加わることになる。もっとも、有期労働者－無期労働者という対立軸は消え、短時間・有期労働者－通常の労働者というパート法型の対立軸に一本化されている。

第14条の措置内容についての説明義務にも有期雇用労働者が加わるのに加えて、第2項として、通常の労働者との間の待遇の相違の内容と理由、上記均等・均衡の措置を決定するに当たって考慮した事項について、当該短時間・有期雇用労働者に説明しなければならないこととされ、さらにこの説明を求めたことを理由とする解雇その他不利益な取扱いを禁止した。

これまでのパート法では2014年改正で追加された第8条については紛争解決の対象からあえて外されていたが、今回有期雇用労働者と併せて紛争解決の対象に含まれることとなる。労働者派遣法にも同様の規定が設けられるので、結局非正規雇用3形態の均衡待遇に係る問題は全て紛争調整委員会による調停の対象となるわけである。

なお、労働時間関係の問題で国会提出が遅れている間に、中小企業関係の政治家から異論が提起されたこともあり、当初案では大企業と派遣は2019年4月、中小企業は2020年4月を施行期日としていたが、1年ずつ遅らされ

662　第3部　労働条件法政策

て、大企業・派遣は2020年4月、中小企業は2021年4月となった。

第5節　退職金と企業年金の法政策[79]

1　退職金[80]

（1）　退職金の形成

　日本型雇用システムが大企業セクターに成立したのは第一次世界大戦後の不況期であり、自己負担で養成した子飼い職工を中心とするシステムが確立した。子飼いの職工に対してはこの時期に概ね55歳の定年制が普及していったが、その定年までの長期勤続のインセンティブとなるべく導入拡大されたのが退職手当制度である。大正末期から昭和初期にかけて、退職手当制度を導入する企業が相次いだ。しかし、この時期の退職手当制度には、長期勤続の奨励とともに、会社都合による解雇者に対して高額の手当を支給することにより争議に発展するのを避けるという意図も込められていた。いわば個別企業による失業手当という意味合いもあった。このため、労使拠出の共済組合方式から、経営側の費用負担に変わっていき、また自己都合退職は大幅に減額したり全く支給しないといった対応になっていった。

　そのため、戦前の労働法政策においては、退職手当はもっぱら解雇や失業の問題との関係で議論されることになった。昭和期に退職手当が大きな政策課題となったのは、解雇手当や失業保険との関係でクローズアップされたからである。

（2）　退職積立金及退職手当法[81]

　これはもともと失業対策の一環として、失業保険制度又は解雇手当制度等の金銭救済方法について検討される中で、失業保険制度については使用者側

79）濱口桂一郎「退職金と企業年金の法政策」（『季刊労働法』261号）。

80）岩崎隆造『退職金制度』労務行政研究所（1979年）。

81）沼越正巳『退職積立金及退職手當法釋義』有斐閣（1937年）、労働事情調査所編『退職積立金及退職手當法詳解』モナス（1936年）。

の反発が強く、また解雇手当制度については事業都合の解雇というややもすれば客観的に不明確な事実を制度の基礎とすることが妥当でないことから、広く労働者が退職する場合の全部に対して一定の標準により手当を支給するという制度の法制化を行ったものである。

　1936年6月に制定された退職積立金及退職手当法の適用対象は工場法及び鉱業法の適用を受ける50人以上の事業で、事業主は毎月労働者の賃金から100分の2相当額を控除し、労働者名義で退職金として積み立て、退職時に払わなければならない。これが退職積立金である。これに加えて、事業主はその負担能力に応じて行政官庁の認可を受けた額（賃金の100分の3以内）を積み立てなければならない。こちらが退職手当積立金である。

　ところが、1941年の労働者年金保険法によって、労働者年金保険の被保険者たる労働者からその2分の1以上の積み立てをしないとの申し出があれば適用除外とされ、任意積立制度となった。さらに、1944年に同法が厚生年金保険法に改正された際に、戦時における事務簡素化の見地から類似の制度として退職積立金及退職手当法は廃止された。

（3）　戦後期の退職金をめぐる動き

　終戦直後の1945年8月、軍需産業から大量の離職者が出て解雇手当問題が突発したことから、厚生省は「離職者に対する給与基準」を発し、「従業者の意思によらず離職した労務者の給与は、当該事業場の定める退職手当の他、標準報酬月額を下回らない慰労金を支給すること」を求めた[82]。

　その後、1946年8月になって政府が軍需補償打切りを決め、会社経理応急措置法に基づき特別経理会社の退職金を支払うべきことを定めた。退職金規程がない場合の退職金の額は、省令により過去3か月間の平均月収額プラス勤続1年に付き月収の半額とされ、最低限度は本人500円、扶養家族1人に付き100円、一方最高限度は1.5万円とされた。これは法令により民間企業の退職金の額を直接規制したほとんど唯一の事例であろう。また同年10月には企業再建整備法が制定され、第二会社が設立されるまで退職金の支給を禁止す

82）北里忠雄『退職金の問題』同文館（1949年）。

るとともに、旧会社の在職期間を第二会社に通算することが規定された。

　労働法において重要なのはいうまでもなく、1947年の労働基準法の就業規則に関する規定において、「退職に関する事項」が絶対的必要記載事項として、「退職手当その他の手当」が相対的必要記載事項として規定されたことである。しかし制定経過を見ると、いくつか興味深いことが分かる[83]。

　1946年4月の第1次案欄外注記に「事業主が労働者を解雇するときは…少なくとも勤続1年に付き賃金12日分に相当する退職手当を支給」せよとの規定が検討されている。これは自己都合退職を含まない解雇手当であるが、「前項の規定により退職手当を受ける者が同一の事由について厚生年金保険法の保険給付を受けたときは、事業主はその限度で前項の責を免れる」という規定からすると、概念的には定年退職も対象に含まれていたようである。続く第2次案への修正では、金額が勤続1年に付き賃金15日分に増えたのに加え、対象が「労働者を解雇したとき」から「労働者が退職したとき」に拡大している。ただし、労働者の責めに帰すべき事由により解雇され、その事由について地方長官の認定を受けた場合はこの限りでないと、懲戒解雇の例外を設けている。また退職手当は「命令で定める退職年金」でもよいこととされている。5月の第3次案への修正では、金額がさらに勤続1年に付き24日分に膨れ、退職手当や退職年金について異議のある者は地方長官に審査と調停を請求することができるという規定まで設けられている。6月の第4次案への修正でこれが再び勤続1年に付き12日分に削られるとともに、厚生年金との調整規定がなくなっている。退職手当に関する規定自体も、7月の第5次案修正案まで残ったが、8月の第6次案で全て削除されてしまった。従って9月に開催された公聴会に示された案には全く出てこない。その理由は、労務法制審議会の議事録からすると、厚生年金制度で対応するからということだったようである。しかし、終戦直後から大変な勢いでインフレーションが進行し、長期保険である厚生年金はほとんど機能停止状態に陥っていた。公聴会で総同盟の代表は「厚生年金法はやめたい。退職手当法は今後大に必要になる。退職手当をなぜ規定しないか」と迫っている。

83）渡辺章編『日本立法資料全集51労働基準法〔昭和22年（1）〕』信山社。

しかし結局労働基準法上に残ったのは、就業規則の相対的必要記載事項としての「退職手当」だけであった。労働法制としては、退職金は設けるのも設けないのも、その内容をどうするのかも、すべて使用者に委ねられたわけである。しかしながら、この時代は猛烈な勢いで労働組合が結成され、労働運動が盛り上がった時代でもあった。退職金問題をめぐって各地で争議が続発した。その中でも有名なのが電産争議である。1946年10月の電産型賃金体系は生活保障給を中心とする典型的な年功賃金制度であるが、退職金については、勤続20年で定年退職後20年間の生活保障を求める組合側の要求を経営側が受け入れず、結局1949年の中労委調停により、定年まで30年勤続で基本給の93.5か月分で妥結した。この他にも多くの企業で退職金をめぐる争議が頻発し、労働協約に基づく退職金規程が設けられた。

　この時期に退職金制度が急激に広まったのは、厚生年金制度の機能停止状態の中で、労働者が企業に退職後の生活保障を要求することが当然と考えられたからであろう。使用者側はこれに抵抗し、退職金は勤続に対する功績報償ないし慰労金であって、生活保障は国の社会保障制度が担うべきだと主張した。しかし、全国で解雇をめぐる争議が頻発している時期において、退職金制度とこれに伴う定年制の導入は、企業側にとって過剰人員を整理解雇という形をとらないで退職させることができるという意味でプラスの面もあった。

　これに対して税制上の措置がいくつか行われた。1952年には退職給与引当金制度が創設され、社内留保型の退職金について、毎事業年度の決算において退職金に充てる所定限度内の費用を退職給与引当金勘定に繰り入れれば、損金算入が認められるようになった。しかしこれは何ら支払いを保証するものではない。退職金の支払確保は、賃金の支払確保とともに、1976年の賃金支払確保法によって一定程度行われた。

（4）　中小企業退職金共済制度[84]

　中小・零細企業の従業員は賃金その他の待遇の面で大企業従業員に比べて

84）亀井光『中小企業退職金共済法の詳解』日刊労働通信社（1960年）、三治重信『中小企業退職金共済法解説』日刊労働通信社（1965年）、松﨑朗『中小企業退職金共済法の解説』労働法令協会（1999年）。

666 第3部 労働条件法政策

はなはだ恵まれない状態にあることから、これを改善するために最低賃金制の確立とともに、退職金共済制度を国の援助によって確立し、中小・零細企業の従業員の福祉を増進することを目的として、1959年5月に中小企業退職金共済法が制定された。

これは単なる積立制度や預金制度ではなく、中小企業者の共済制度とすることにより、中小企業でもいわゆる勤続年数に応じて給付される退職金の額の増分が逓増していくいわゆる退職金カーブを描く給付が可能となっている点に特色がある。退職金共済契約を締結できるのは中小企業者のみで、有期雇用等を除き原則として従業員全員加入である。この制度を運営するために中小企業退職金共済事業団が設立され、同事業団が被共済者ごとに退職金共済手帳を作成し、共済契約者に渡す。被共済者が退職したら、事業団から一定の算式に従い退職金が支給される。なお被共済者の責めに帰すべき事由で退職した場合には減額支給が可能である。被共済者死亡の場合は遺族に支給される。

これだけでは単なる個別企業退職金への援助であるが、共済制度であることから企業を超えた通算が可能となっている点が本制度の特徴である。すなわち、被共済者が退職後1年以内に退職金を請求しないで再び中小企業に雇用されて被共済者となった場合には、掛け金納付月数を通算することができるとされている。中小・零細企業では従業員の勤続年数がかなり短いのが通常であり、業種によっては職人としての腕を磨くために職場を変えることが慣行となっているものも多いことを反映したものである。

しかし中小企業退職金共済法では、転々と移動する建設現場労働者等については適用が除外されていた。これに対して全国建設業協会は1961年8月、建設関係短期日雇労働者にも適用を拡大することを陳情すると同時に、業界内に任意組合として建設業退職金共済組合の設立を検討し、制度を法制化すべく再度労働省に陳情を行った。そこでは、事業主が変わり、現場が変わっても、その職業生涯を通じて、建設業という一つの業種に専属的に就労する雇用関係の特性を活かして、各業者の雇用期間を通算してゆく業界退職金制度という在り方が打ち出されている。重層請負の場合は元請業者を使用者とみなして、下請業者の労働者も一括して被共済者とし、退職金共済手帳に就

労日数に応じて証紙を貼付し、被共済期間900日以上で退職した時等に退職金を支給するという、日雇失業保険制度にヒントを得た仕組みであった。

これに対し労働省は1963年8月中小企業退職金共済審議会に諮問し、同年11月の答申を受けて改正法案が作成され、1964年6月には中小企業退職金共済法が改正され、「特定業種退職金共済組合」の規定が追加された。「特定業種」とは、「建設業その他従業員の相当数が、通常、当該業種に属する多数の事業の間を移動してこれらの事業の事業主に雇用される業種であって、労働大臣が指定するもの」であり、この時点では建設業だけであったが、1967年に清酒製造業、1982年には林業も追加された。改正を受けて早速設立準備が進められ、1964年10月に建設業退職金共済組合（建退共）が設立された。その後1967年9月に清酒製造業退職金共済組合が設立されたが、1981年10月に両者が統合し、1982年1月には林業も加わって建設業・清酒製造業・林業退職金共済組合となった。

その後1998年4月には特殊法人の整理・合理化の一環として、中小企業退職金共済事業団とこの共済組合が統合され、勤労者退職金共済機構となった。この時、両制度間の通算制度も設けられた。

2 企業年金

(1) 自社年金から適格退職年金へ

退職金制度は退職一時金がその中心であったが、高度成長が始まり、労働力需給の逼迫から毎年賃金水準が上昇し、これに伴って退職金の支払額も年々増大傾向を示すようになり、企業の中には退職金制度を見直し、退職一時金の支払いを分散、平均化することによりその負担を平準化する目的で退職一時金の一部を年金化するものが現れた。

こうして登場した企業年金については、しかしながら極めて長きにわたってそれ自体を対象とする法律が制定されることはなかった。1962年に法人税法施行令の中に税制特別措置としていわゆる適格退職年金が規定され、1965年には厚生年金保険法の中に厚生年金基金が規定され、それ以外の自社年金は特段の規制もないというばらばらの状態が続いたのである。

前者については、1957年、1961年に日経連と信託協会、生命保険協会か

668 第3部 労働条件法政策

ら企業年金の課税政策に関する要望が行われ、1961年12月の税制調査会の答申に基づき、1962年4月に法人税法及び所得税法が改正され、一定の要件を充たす社外積立型の退職年金または一時金について、その掛金を損金又は必要経費に算入することができるようになった。これは後述の厚生年金基金に比べて要件がゆるいため、中小企業で多く利用されていたが、2001年の確定給付企業年金法によりその後10年間で規約型確定給付企業年金に移行していくこととされ、現在は存在しない。

（2）　厚生年金基金[85]

　その後1965年6月の厚生年金保険法の改正により厚生年金基金制度（調整年金制度）が創設された。これは企業が設立する特別の公法人である厚生年金基金が公的年金である厚生年金の報酬比例部分を代行する部分と、企業独自の加算部分を上乗せして給付する部分を組み合わせたもので、やはり税制上の優遇措置がとられている。

　この制度は日経連が強く主張して成立したものであるが、その背景にはいよいよ20年勤続による老齢年金受給者が出現してくる中で、その給付水準が生活保護以下と大変低いことが大きな問題となってきたことがある。給付水準引上げのために、厚生省は保険料の大幅な引上げを試みたが、既に多額の退職金や退職年金を負担している大企業にとっては、これは労働者の老後の生活保障という政策目的に対する二重負担に外ならず、それなら既存の企業年金でもって厚生年金を代替できるようにしたいと要求したのである。厚生年金は戦前の退職積立金及退職手当法を吸収して設けられたはずなのに、それが機能不全に陥っていたから退職金で対応していたのであり、両者それぞれについて企業が負担しなければならないのはおかしいという発想である。私立学校職員共済組合のように、厚生年金から脱退して独自の給付を行う業種も現れ始めた。この要請を受け入れつつ、定額部分は公的年金に残し、報酬比例部分を代行という法形式で組み合わせたのがこの制度である。

85）厚生省年金局年金課・社会保険庁年金保険部厚生年金保険課編『厚生年金保険法解説』社会保険法規研究会（1966年）、厚生省年金局・厚生年金基金連合会『厚生年金基金十年誌』厚生年金基金連合会（1979年）。

この代行部分は、公的年金としての性格と企業年金としての性格を併せ持つ形になった。

この制度の導入に当たっては労使の間で激しい対立があった。厚生年金の給付改善の前提条件として企業年金との調整を強く主張する事業主側に対し、被保険者側は既得権としての退職一時金がこの調整措置によってなし崩しにされるおそれがあることや、労務管理として実施されている私的な企業年金と公的な厚生年金との間に調整を行うことは筋違いであり、国の責任を持って行うべき社会保障の後退であるとして強く反対した。その結果、1964年4月の社会保険審議会答申は、公益、事業主、被保険者の各側の意見を併記する異例の形となった。

厚生省は同年同月法改正案を国会に提出したがいったん廃案となり、同年12月に再度提出した法案が、修正の上1965年5月に成立した。厚生年金基金にかかる修正点としては、原案では基金の設立には事業所ごとに被保険者の2分の1以上の同意を必要としていたが、これに加えて、当該事業所に使用される被保険者の3分の1以上で組織する労働組合があるときはその同意を得なければならないという要件が課せられた。

(3) 企業年金制度全般の見直し[86]

企業年金は公的年金と異なり賦課方式はとり得ず、給付に必要な原資を退職時までに積み立てる事前積立方式が必須であるが、バブル崩壊後の低金利、株価の下落から積立金の運用利回りが低迷し、当時5.5%に固定されていた予定利率を下回って、利差損の発生が続く状況となっていた。このため代行部分の存在が母体企業にとって重荷に感じられるようになり、代行返上できるよう求める声が経済界を中心に高まった。

さらに1998年6月の企業会計審議会[87]意見書に基づき、2000年4月から新たな退職給付に係る会計基準が導入されることになり、そこでは退職給付を賃金の後払いと捉えて、当期までに発生した（とみなされる）将来の退職給

86）坪野剛司『総解説・新企業年金』日本経済新聞社（2002年）。

87）学識者24名、会長：森田哲彌。

670 第3部 労働条件法政策

付の現価相当額を退職給付債務とし、その積立不足を母体企業のバランスシートにおいて負債とみなされることとなっていた。そのため、アメリカの401kに倣った確定拠出型年金制度の導入が声高に叫ばれるようになった。

一方1997年3月、自由民主党の行財政改革推進会議が年金関係の規制緩和として、アメリカのエリサ法のような基本法の制定を求め、同月閣議決定された「規制緩和推進計画（再改訂）」において、「企業年金に関する包括的な基本法を検討する」こととされるとともに、「確定拠出型年金について…位置づけ等を検討する」とされた。これを受けて同年6月には大蔵省、厚生省、労働省による「企業年金基本法に関する関係省庁連絡会議」が発足し、同年11月には検討事項が公表された。そこでは、受給権保護（加入者に勤続年数に応じて受給権を付与すること）、受託者責任、情報開示、チェック体制などが並んでいる。この時期には確かに企業年金基本法が検討されていたのである。しかし、確定拠出年金制度の制定が急がれたため、その動きはしばらく先送りされた。

(4) 確定拠出年金[88]

上記規制緩和推進計画を受けて、自由民主党内でも政務調査会労働部会に勤労者拠出型年金等に関する小委員会が設置され、1998年6月に提言を取りまとめた。これは勤労者に限定した個人型の確定拠出年金であり、既に存在する財形年金貯蓄制度の再編に近かったため、企業年金の受け皿としての企業型確定拠出年金を求める声に対応するものではなかった。

そこで同年9月には自由民主党年金制度調査会に私的年金等に関する小委員会が設置され、本格的な検討が開始された。同年11月にまとめた長勢試案は、企業拠出型と個人拠出型の両方を設け、個人拠出型については雇用者と自営業者の双方を設けるというものであった。その後、大蔵省、厚生省、労働省、通産省の4省を含めて検討が行われ、同年末の税制改正大綱で2000年導入の方針が決定された。

その後大蔵省主税局との攻防を経て、2000年3月に確定拠出年金法案が国

88）長勢甚遠『確定拠出型年金が産ぶ声をあげるまで』労務行政研究所（2000年）。

会に提出された。しかし衆議院の解散により廃案となり、翌2001年1月に再度提出され、同年6月成立に至った。

同制度は個人拠出型のように企業年金を超える部分もあるが、企業拠出型については、新企業会計基準に対する対応や積立不足問題の解消という企業側の要求に対応した制度として急いで設けられたという面が否定できない。

なお2016年6月に確定拠出年金法が改正され、第3号被保険者や企業年金加入者、公務員等共済加入者も個人型確定拠出年金に加入が可能となった。

（5）　確定給付企業年金

しばらく後回しにされた企業年金基本法の検討については、2000年3月の規制緩和推進3か年計画において「企業年金の統一的基準を定める企業年金法の制定の検討等、包括的な企業年金制度の整備を促進する」と、実体法の制定に移行していた。同年8月には関係5省庁連絡会議が「企業年金の受給権保護を図る制度の創設について（案）」をまとめ、その中で契約型と基金型の2つの運営形態を創設し、厚生年金基金の他制度への移行を認めるとともに、適格退職年金を一定期間内に他制度に移行させることが打ち出された。

その後自由民主党の年金制度調査会等での検討を経て、2001年2月確定給付企業年金法案が国会に提出され、確定拠出年金法案とともに審議されて、同年6月成立に至った。同法では上記契約型は規約型となっている。規約型は廃止される適格退職年金からの移行の受け皿、基金型は厚生年金基金からの代行返上の受け皿であるが、代行を返上せずに厚生年金基金として活動していく途も含めて、ほぼ3つの選択肢が提示されたことになる。

このうち労働法政策として重要なのは、これまでの適格退職年金では事業主と信託会社等との契約だけで可能であったのに対して、規約型確定給付企業年金では当該事業所の被保険者の過半数組合又は過半数代表者の同意を得て規約を作成（変更も同様）しなければならないという点である。基金型確定給付企業年金も同様に基金の設立には過半数組合又は過半数代表者の同意が必要であるが、厚生年金基金の方は上述の国会修正経緯のため、被保険者の2分の1プラス被保険者の3分の1で組織する組合（があればそ）の同意と

672　第3部　労働条件法政策

いう形のままであり、いささか不整合になっている。

(6)　厚生年金基金の廃止

　しかし、2001年確定給付企業年金法で3つの選択肢が提示されたことで話は終わらなかった。2000年代に入ってもITバブル崩壊やリーマンショックなどで基金の運用環境は浮き沈みを繰り返し、その中で基金の積立金が基金解散時に厚生年金本体に返すべき最低責任準備金を下回る代行割れといわれる事象に注目が集まるようになった。さらに2012年には、多くの厚生年金基金が運用委託していたAIJ投資顧問（株）が運用資産の大部分を消失していたというスキャンダルが発生した。

　これを受けて厚生労働省は有識者会議を開催し、さらに社会保障審議会で審議した末、代行制度を段階的に縮小・廃止するという方向を打ち出した。そして、2013年6月の公的年金制度の健全性及び信頼性の確保のための厚生年金保険法等の一部を改正する法律により、5年間の期限のうちに代行割れ基金を早期解散させるとともに、代行割れ予備軍基金を確定給付企業年金や確定拠出年金、それに中退金など他制度に移行させることとされ、厚生年金保険法から厚生年金基金の規定が削除された。健全な厚生年金基金はなお存続することが可能であるが、ほとんどの基金が解散するか代行返上することになり、法制度としては事実上廃止された。

第6章 労働契約法政策

第1節　労働契約法制の展開

1　労働法以前

（1）　雇傭契約の源流[1]

　律令制社会における労働関係は不自由労働が主であり、社会身分としての奴婢のほか、出挙（利息付消費貸借）に基づく債務を返済し得ないときに債権者の使役に従って債務を弁済する役身折酬という制度があり、また物的担保として妻子を質に入れる（人質契約）こともあった。

　中世社会では古代の奴婢制度は崩壊したが、半自由労働としての下人、所従、被管、名子、譜代等の制度が一般化した。これらは親が子を売却することや略取誘拐によって発生し、年序の法によって受け継がれた。これは江戸時代になっても特に山間僻地に残り、明治になってようやく禁止された。

　今日の雇傭契約に直接つながる労働関係は近世社会の奉公契約であるが、奉公という言葉はもともと古代には官職に服務することであり、中世になって私的な主従関係において主君に臣従することを指すようになった。いわゆる御恩と奉公であり、保護と忠勤の双務契約である。近世に至って、武家に仕える町人を武家奉公人と呼ぶようになり、やがて町方に居住する商人や職人の使用人も奉公人と呼ばれるようになった。これらは年季奉公とか出替奉公とか呼ばれ、身分上の主従関係を維持しつつ既に自由労働制となっている。

1）瀧川政次郎『日本勞働法制史研究』（東京大学経済学部図書館所蔵）、金田平一郎「德川時代に於ける雇傭法の研究」（『國家學會雜誌』第41巻7、8、9、10号所収）、牧英正『雇用の歴史』弘文堂（1977年）。

674　第3部　労働条件法政策

　なお、当時の雇用形態は、上級武士の終身奉公、職人の徒弟や商家の丁稚、手代、番頭などの年季奉公、足軽、中間など軽輩の武家奉公人や商家の下男下女等の出替奉公、そして日傭取りの4種類に分けられる。日傭人が年々増加してくるのに対して、幕府は治安対策上無宿人を取り締まるために日傭座を設置し、日傭人別帳を作らせ、日傭座は日傭人から札役銭を集めて日傭札を交付し、日傭札がなければ江戸では働けないこととした。また、日傭人には最高賃金が設定され、その決定や監督も日傭座が行った。

　このような労働法制の展開はヨーロッパにおいても見られる。古代ローマ法においては物の賃貸借（locatio conductio rei）と雇傭（locatio conductio operarum）と請負（locatio conductio operaris）を全て賃貸借という概念の下に総括し、これを受け継いだヨーロッパ諸国では雇傭を労務の賃貸借と位置づける法制をとっていた。一方、古代ゲルマン社会の忠勤契約（Treudienstvertrag）は主君と家臣の軍事及び宮廷における奉仕の双務契約であったが、やがて身分上の上下を保ちつつ労務と報酬の債務契約と化し、貴族だけでなく僕婢や職人等にも広がっていき、雇傭契約となっていった[2]。

　近代法制としては、フランスのナポレオン法典がローマ法に従って雇傭を労務の賃貸借と位置づけたのに対し、ドイツ民法は雇傭を賃貸借とは別概念として位置づけた。ちなみにイギリスのコモンローはローマ法の影響を受けず、雇傭関係を主従法（master and servant）と捉えている。

　なお、ローマ法と同じ発想は古代オリエント法や中国法にもあり、賃貸借と雇傭と請負は全て「賃約」と呼ばれた[3]。

(2)　民法の制定と雇傭契約の成立

　明治になり、民法を制定する過程において、雇傭契約をめぐっていくつかの紛余曲折があった。1890年の旧民法の原案では財産取得編の第21章とし

2）末川博「雇傭契約發展の史的考察」（『民法に於ける特殊問題の研究第2巻』弘文堂書房（1925年）所収）、平野義太郎『民法に於けるローマ思想とゲルマン思想』有斐閣（1924年）。

3）原田慶吉『楔形文字法の研究』弘文堂（1949年）、仁井田陞『中国法制史』岩波全書（1952年）。

て「雇使及ヒ工作又ハ工業ノ賃貸」を置き、フランス法系の労務の賃貸借という考え方を示していたが、最終的には「雇傭及ヒ仕事請負ノ契約」という表現になった。それでも、医師、弁護士及び学芸教師は雇傭人とならない（第266条）というローマ法以来の考え方に立脚している。逆にご丁寧に、角力、俳優、音曲師その他の芸人と座元興行者との間の雇傭契約には適用すると明記している（第265条）。旧民法で注目すべきは、雇傭契約とは別に習業契約（原案では徒弟契約）を立てている点である。

　雇傭契約については「使用人、番頭、手代、職工其他ノ雇傭人ハ年、月又ハ日ヲ以テ定メタル給料又ハ賃銀ヲ受ケテ労務ニ服スルコトヲ得」（第260条）とし、使用人、番頭、手代といった商業使用人については期間の上限を5年、職工その他については1年と区別している。また、習業契約は例外とされている。

　周知のような事情で旧民法が施行されず、1896年に現行民法が制定される際には、医師、弁護士及び学芸教師も雇傭契約の対象となるということで整理された。また、旧民法の習業契約は雇傭契約に統合され、期間の上限10年となる商工業見習者にその痕跡を残している。これを除き、期間の上限は5年に統一された。

　なお、2004年12月に民法が全面改正された。もっとも内容に係る改正はわずかで、大部分は文語カタカナ文を口語ひらがな文に改めたものである。この改正により契約類型としての「雇傭」は「雇用」となり、「労務」は「労働」に、「労務者」は「労働者」にそれぞれ言い換えられた。言い換えられただけで、内容は全くそのままである。つまり、労働基準法等によって事実上修正されている部分についても、それらを取り入れることなく、そのまま規定し直されたのである。

（3）　商法の制定と使用人規定

　商法における雇用関係規定も若干の変遷がある。1890年の旧商法では、商業使用人について現行商法と同様の商業代理に係る規定を置くほか、期限の定めのない雇傭契約の予告期間を1か月とする（第59条第1項）とか、雇用期間中は商業主人が商業使用人を全く使役しなくても契約上の給料を受け

676　第3部　労働条件法政策

る権利がある（第60条第2項）とか、使用人が独立して営業を始めようとするときは期限前であっても1か月の予告期間で辞任することができる（第64条第2項）といった、現代の観点から見ても興味深い規定が見られる。

　1899年の現行商法では、支配人、番頭、手代といった言葉は残ったが、こういった民法雇傭法制の特例的な規定は姿を消した。さらに2005年商法改正により、番頭、手代という言葉も姿を消した。

（4）　民法（債権法）の改正と労働法

　2009年10月、法務大臣は法制審議会[4]に対して、「民事基本法典である民法のうち債権関係の規定について，同法制定以来の社会・経済の変化への対応を図り，国民一般に分かりやすいものとする等の観点から，国民の日常生活や経済活動にかかわりの深い契約に関する規定を中心に見直しを行う必要があると思われるので，その要綱を示されたい」との諮問第88号を行った。

　これを受けて同年11月から、法制審議会に民法（債権関係）部会[5]が設置され、審議が開始された。1回目に出された「改正検討事項の一例（メモ）」には、雇用契約自体を取り上げた項目は存在しないが、雇用契約にも影響する改正事項が並んでいる。また、この時に出された資料の中には、審議会に先立って民間ベースで進められてきた2つの民法改正案[6]も含まれており、その中には雇用契約に関わる改正事項も多く含まれている。

　2013年3月には「民法（債権関係）の改正に関する中間試案」が決定された。そこでは、労働側が懸念していた「準委任」に代わる役務提供契約の受け皿規定の創設は見送られている。2015年3月には、民法（債権関係）の改正案が国会に提出され、2017年5月に成立に至った。

（5）　賃金等請求権の消滅時効

　この民法改正により1年の短期消滅時効が廃止され、一般債権の時効は債

4）学識者19名、会長：青山善充。
5）学識者19名、部会長：鎌田薫。
6）民法（債権法）改正検討委員会「債権法改正の基本方針」、民法改正研究会「日本民法典財産法改正　国民・法曹・学会有志案（仮案）」。

権者が権利を行使することができることを知った時から5年、権利を行使することができる時から10年に統一された。ところが、労働基準法第115条でこの法律の規定による賃金等の請求権の時効は2年のままであり、労働者保護のための法律が却って一般法よりも保護に欠けることとなる。なお退職手当の消滅時効は1987年改正により5年となっている。

　そこで、厚生労働省は2017年12月から賃金等請求権の消滅時効の在り方に関する検討会[7]を開催し、労働基準法の改正の要否を検討している。

2　工場法から労働基準法へ
（1）　工場法における労働契約関係規定

　1911年に制定された工場法は、第17条で「職工ノ雇入、解雇、周旋ノ取締及徒弟ニ関スル事項ハ勅令ヲ以テ之ヲ定ム」と規定し、これを受けて1916年の工場法施行令で7か条にわたって「職工ノ雇入及解雇」に関する規定が設けられた。賃金の毎月1回・通貨払いの原則、死亡解雇時の金品の返還、賠償予定の禁止、貯蓄金管理の場合の認可、解雇職工帰郷時の旅費といった規定であり、その多くは戦後労働基準法に取り入れられている。

　1923年の工場法改正を受けて1926年工場法施行令が改正され、初めて解雇制限規定が設けられた。すなわち、同施行令第27条の2として、工場主が職工を解雇しようとするときは少なくとも14日前に予告をするか、又は賃金14日分以上の手当を支給することを求めた。また、解雇時に請求があれば雇傭証明書を交付すべきこと、常時50人以上の職工を使用する工場の工場主は就業規則を作成し、地方長官に届け出ることも規定された。ちなみに就業規則の記載事項には「解雇ニ関スル事項」もちゃんと入っていた。

　なお、これより早く1905年の鉱業法は、全ての採掘権者に鉱夫の雇傭及び労役に関する規則を定め、鉱山監督所長の許可を受けるべきことを規定するほか、解雇時の証明書、賃金の毎月1回・通貨払いの原則なども規定していた。

7）学識者6名、座長：岩村正彦。

678　第3部　労働条件法政策

（2）　戦時法令

　1938年の国家総動員法制定以降、労働行政は勤労管理、勤労動員中心となり、当初は従業者移動防止令等により主として雇入れの規制により移動防止が図られたが、1941年に制定された労務調整令では、解雇、退職を直接制限するに至った。すなわち、厚生大臣の指定する範囲の労働者（鉱工業関係の技術者、経験工、学校卒業者、養成工及び検定試験合格者）の解雇、退職は国民職業指導所長の認可を受けなければならず、さらに雇用期間満了等による雇用関係の終了の場合にも原則として引き続き雇用関係を存続せしめることとした。一方、技能者については国民職業指導所の認可、学卒者、一般青壮年については国民職業指導所の紹介なく雇入れ、就職することは禁止され、違反した場合には解雇、退職を命令できることとされた。これらの規定は1945年の国民勤労動員令に盛り込まれた。

　一方、1942年の重要事業場労務管理令では、指定事業場の事業主は就業時間等に関する従業規則、労働者の賃金に関する賃金規則、職員の給料に関する給料規則及び昇給内規を作成し、その作成変更について厚生大臣の認可を受けなければならず、厚生大臣はその変更を命ずることができることとされ、事業主と従業者に遵守義務を課した。また、厚生大臣はこれらの規定にかかわらず、就業時間、就業者の解雇・退職、賃金・給料等について事業主に対して、場合によっては従業者に対しても命令することができた。

　こういう全体主義的労働政策の行き着くところに、1943年から厚生省内で制定作業が開始された勤労根本法案がある。この法案の第30条は、行政官庁が経営長に対し勤務者の選任若しくは解任を命じ又は経営長若しくは勤務者に対し勤務者の解職若しくは退職を命ずることができると規定し、ほとんど企業を国家機関と化そうとしていた。

（3）　労働基準法の制定

　終戦後これら戦時法令は廃止され、工場法関係法規が復活した。その後、GHQの招きにより来日した労働諮問委員会が1946年7月に提出した勧告等

も踏まえ、政府が労務法制審議会[8]への諮問答申を経て立案した労働基準法が1947年3月に成立した。労働契約法制としては、「第3章　労働契約」及び「第9章　就業規則」として合わせて14か条が規定された。そのかなりの部分は戦前勅令レベルで規定されていた工場法関係法規を拡充して法律レベルに格上げしたものであるが、全く新たな規定もいくつかある。

　そもそも民法上に雇傭契約の節が置かれていることとの関係で、「立法当初はむしろ民法の雇傭契約の一節を外して、それに代わる基本的な事項を労働契約の章に規定するがよいという意見もあったが、この法律では尚適用を除外されている事業もあるので、民法の雇傭契約はその儘としてこれに対して大幅の例外規定を設けることと」したということである。そうは言っても、適用除外は始めから同居の親族のみを使用する事業及び家事使用人のみであって、例外規定が適用されない労働者はごく僅かに過ぎない。制定当時はそれでも家事使用人が女子労働者に占める割合が多かったようであるが。

　労働条件の明示と事実に相違する場合の帰郷旅費（第15条）、違約金・賠償予定の禁止（第16条）、強制貯金の禁止と貯蓄金管理の場合の許可（第18条）、解雇予告（第20・21条）、退職時の使用証明書（第22条）、死亡退職時の金品の返還（第23条）、就業規則の作成と届出の義務（第89条）、違法な就業規則の変更命令（第92条）及び法令規則の周知義務（第106条）といった規定は、工場法施行令及び施行規則の規定をもとに拡充強化されたものである。

　例えば、解雇予告は工場法施行令では民法の雇傭契約の解約の規定に従い14日としていたが、労働基準法では30日とされた。また、日々雇用や短期・季節雇用の例外を新たに設けたが、それぞれ1か月及び所定の期間を超えて引き続き雇用された場合は解雇予告を要求するなど、戦前の臨時工問題の法文化という面も見られる。

　拡充強化された規定の中で興味深いのは就業規則で、作成義務は常時10人以上の労働者を使用する使用者に広げられ、作成の手続として過半数組合

8）官庁17名、学識9名、事業主側8名、労働者側7名、政治家5名、会長代理：末弘厳太郎。

又は労働者の過半数代表者の意見を聴かなければならないとされた。この点は労務法制審議会でも議論になったところで、意見を聴くだけでなく同意を必要とせよという主張がされたが「労働組合に不当な拒否権を与える結果になり、労働条件を労働組合と使用者の自由な取引によって決定させようという現在の労働法制の基本原則に反することとなる」という理由で退けられたという。また、「本法の就業規則のごとく広範な内容を規定するものの作成に労働組合の同意を要することとすれば、これは取りも直さず労働協約の締結を法律で強制するのと同じ結果になる」という説明もされている。

　新たに設けられた規定として重要なのは労働契約、就業規則と法令、労働協約との関係を定める一連の規定で、労働基準法の基準に達しない労働条件を定める労働契約はその部分が無効となり、労働基準法の規定で補充されること（第13条）、就業規則で定める基準に達しない労働条件を定める労働契約もその部分が無効となり、就業規則の規定で補充されること（第93条）、さらにその就業規則も法令又は労働協約に反してはならないこと（第92条）が規定された。もっとも、工場法時代にも明文の規定はないが工場法違反の雇傭契約は当然その部分は無効と解されており、労働基準法の新味は補充規定にある。

　もう一つ労働基準法で登場したのが第14条の契約期間の規定である。もともと、民法第626条により、一般の雇傭契約は5年、商工業見習の場合は10年を経過したときは3か月の予告で解除しうるとされていたが、「長期の契約労働は身分的な隷属関係を生ずる原因となるので労働契約の最長期に制限を設けるのは近代労働立法の例である」という理由で1年を上限とした。これについては労務法制審議会に提出された法案では3年となっていたが、労働側の要求もあり1年となった。この雇用契約期間の上限の問題は近年になって再燃し、労働契約法政策の重要問題となった。

3　労働契約法制の政策課題化
（1）　第2期労働基準法研究会の報告とその帰結
　労働基準法制定後長らく労働契約法制は法政策の焦点から外れていた。1950年代半ばまでは労働時間法制の規制緩和が焦点であったし、高度成長

開始後は労働安全衛生法制が実務面でもっとも活発な領域となった。また最低賃金をめぐる攻防もこれに重なった。

広い意味の労働契約法制が議論の中心に入ってくるようになったのは1970年代になって労働基準法研究会[9]が設置されてからである。同研究会の第1小委員会[10]は1979年9月「労働基準法研究会報告（労働契約・就業規則関係）」[11]を公表したが、いくつかの問題点を指摘しているだけで、具体的な立法を提起するものではなかった。

具体的な法政策につながっていくのは第2期の労働基準法研究会[12]からで、1984年8月に第1部会[13]が「パートタイム労働対策の方向について」、同年10月に「派遣・出向等複雑な労働関係に対する労働基準法等の適用について」、翌1985年12月に「労働基準法の『労働者』の判断基準について」と「就業規則に関する問題点と対策の方向について」「退職手当の労働基準法上の問題について」を公表した[14]。

このうち、パートタイム労働については1984年12月にパートタイム労働対策要綱が策定され、その後婦人局の所管となり、1989年にはパートタイム労働指針の策定、1993年6月には短時間労働者の雇用管理の改善等に関する法律（いわゆるパートタイム労働法）の制定と進み、均等待遇問題がその中心である。

また、派遣・出向問題については、1985年6月に労働者派遣法が成立し、派遣労働関係については立法的な措置がなされた。その意味ではその部分は労働市場法政策に移行したとも言えるが、近年派遣労働問題の焦点が労働者派遣事業の是非よりも派遣労働者の待遇に移ってきつつある。

しかし、それ以外の労働契約法制の問題については、この1980年代半ば

9）学識者20名、会長：石井照久。

10）学識者8名、委員長：千種達夫。

11）労働省労働基準局編『労働基準法研究会報告：労働契約・就業規則関係』労働法令協会（1979年）。

12）学識者26名、会長：石川吉右衛門。

13）学識者8名、座長：萩沢清彦。

14）労働省労働基準局編『労働基準法の問題点と対策の方向：労働基準法研究会報告書』日本労働協会（1986年）。

682　第3部　労働条件法政策

の時期には特段の法制的整備がなされることのないままであった。1980年代半ばから1990年代にかけての時期は、労働基準行政としては労働時間法政策が最重要課題であり、それ以外の必ずしも喫緊の課題ではないと考えられた問題はいわば先送りされた面があるかも知れない。また、この時期は労働法政策において内部労働市場重視の考え方がもっとも強かった時期であり、労働契約法制を下手にいじることは日本的雇用慣行に悪影響を与えるとの懸念も背後で働いていた可能性もある。

（2）　1998年労働基準法改正

　労働契約法政策が本格的に目覚めたのは1993年5月に出された労働基準法研究会労働契約等法制部会[15]報告「今後の労働契約等法制のあり方について」[16]である。これが1998年9月の労働基準法改正につながった。ただ、この改正時にはまだ労働時間法制が中心であり、企画業務型裁量労働制の導入の是非が労使の鋭く対立する最大の論点であって、労働契約法制はまだ付けたりという感じであった。

　上記研究会報告自体は、労働契約法制の適用と当事者の範囲、労働契約の締結（契約内容の明確化、採用内定、試用期間及び労働契約の期間）、労働契約の内容（労働関係の拘束、配転、出向（在籍出向と移籍出向）、服務規律と懲戒制度、年俸制）、労働契約の終了（解雇、定年制、退職、競業避止義務）、就業規則、さらには労働者代表制や民事紛争の解決に至るまでかなり広範な分野にわたってやや総花的な検討を行っている。これを受けて中央労働基準審議会では就業規則等部会[17]で審議を開始し、1995年5月に「中間取りまとめ」を本審に報告した。そこでは、今後議論を深めていくべき事項として、労働契約締結時の労働条件の明示、解雇に当たっての理由の明示、就業規則の整備等労働契約の手続面でのルールのあり方、労働契約期間の上限についての見直し等、労働契約に係る個別紛争の調整のためのシステムの

15）学識者9名、座長：安枝英訷。
16）労働省労働基準局監督課編『今後の労働契約等法制のあり方について：労働基準法研究会報告』日本労働研究機構（1993年）。
17）公労使各5名、部会長：諏訪康雄。

あり方が挙げられた。

その後、1997年7月に事務局が合同会議に提出した試案では、労働契約の上限については、新商品・新技術の開発、有期のプロジェクト及び高齢者について5年以内とすること、労働条件締結時における労働条件の書面による明示、退職事由の明示、労働条件に関する紛争に対する指導、助言、勧告といった事項が盛り込まれていた。これに対し、特に契約期間の上限については、使用者側から範囲を限定しすぎで包括的に5年とすべきとの意見が、労働側からは雇用の安定への悪影響が懸念されるとの意見が出されるなど対立が見られた。

結局労働時間関係も含めて同年12月に建議が取りまとめられたが、契約期間の上限については、対象は試案に沿いつつ「新たに雇い入れる場合」という限定を加え、その期間の上限を3年に引き下げた。また、「有期労働契約の反復更新の問題等については、その実態及び裁判例の動向に関して専門的な調査研究を行う場を別に設けることが適当である」との記述もあり、有期労働問題の材料が出揃った。

その後、1998年1月に法案要綱の諮問答申を経て、同年2月に国会に提出、紆余曲折の結果同年9月に成立に至った。この間、議論は企画業務型裁量労働制など労働時間法制に集中し、労働契約法制については特段の修正もなく成立している。

(3) 2003年労働基準法改正

労働契約法政策が労働基準法改正の中心テーマの位置を占めるに至ったのは2003年7月の労働基準法改正においてである。ここでは解雇法制と有期労働契約が最大の論点となった。なお、この時の改正は労働基準法研究会の検討を経ることなく、総合規制改革会議等の規制改革サイドの動きが終始議論をリードしたという点で、立法過程の分析の立場からも注目すべきものである。詳細は第2節及び第3節で述べるが、有期労働契約については期間の上限を原則1年から3年にするとともに、1998年改正で3年とされた高度専門職と高齢者の上限を3年から5年に延長した。また、初めて解雇権濫用法理を実定法上に書き込んだ。その際、解雇の金銭補償制度も立法化しようと

684　第3部　労働条件法政策

したが、実現に至らなかった。

　そして重要なのは、この立法過程において、包括的な労働契約法の制定を求める声が公的に出てきたことである。すなわち、2002年12月の労働政策審議会建議において「労働条件の変更、出向、転籍、配置転換等の労働契約の展開を含め、労働契約に係る制度全般のあり方について、今後引き続き検討していくことが適当である」とされた。また衆・参の厚生労働委員会の附帯決議でも、「労働条件の変更、出向、転籍など、労働契約について包括的な法律を策定するため、専門的な調査研究を行う場を設けて積極的に検討を進め、その結果に基づき、法令上の措置を含め必要な措置を講ずること」が求められた。

　一方、労働側では連合が2001年10月に「新しいワークルールの実現を目指して」の中で労働契約法案要綱骨子を提示した。

(4)　2007年労働契約法

　こういった動きを受けて、厚生労働省は2004年4月から今後の労働契約法制の在り方に関する研究会[18]を開催し、2005年4月に中間とりまとめが、同年9月には最終報告書がとりまとめられた。同月には労働政策審議会に対し、今後の労働契約法制の在り方について諮問がなされ、10月より労働条件分科会[19]において審議が開始された。

　数回にわたって審議がされた後、2006年4月には労働時間法制に係るものと併せて、労働契約法制に係る「検討の視点」が事務局より提示され、同年6月には「労働契約法制及び労働時間法制の在り方について（案）」が事務局から提示された。

　その後、とりわけ労働時間法制をめぐって経営側から反発が噴き出し、事務局の審議会運営に反発を強めていた労働側も同調して、分科会の審議は一時中断された。ようやく8月末に審議再開に漕ぎ着けた後は、研究会報告において提起されていた論点が次々に剥落していき、同年12月の答申は極め

18）学識者10名、座長：菅野和夫。

19）公労使各7名、分科会長：西村健一郎。

て乏しい内容のものとなってしまっていた。その答申をもとに労働契約法案が2007年3月に国会に提出され、一部修正の上同年11月に成立した。

　以下では、労働契約法制に属する個別分野ごとに節を立て、改めて戦前から今日に至るその法政策の流れを概観していくが、その前に研究会報告から労働契約法成立に至る中で示された労働契約法制の基本的考え方を一瞥しておく。

（5）　労働契約法制の基本的考え方

　研究会報告は、労働契約法にその基本的理念などを定めた総則規定が必要であるとし、具体的には「労働契約は労使当事者が対等の立場で締結すべきこと」を提示した。また、権利の行使や義務の履行に当たっての信義誠実の原則や、権利を濫用してはならないこと、さらには「労働契約においては、雇用形態にかかわらず、その就業の実態に応じた均等待遇が図られるべきこと」も明らかにすべきとしている。

　「検討の視点」と「在り方（案）」は、これをさらにパラフレーズし、「労働契約は、労働者及び使用者が実質的に対等な立場における合意に基づいて締結され、又は変更されるべき」、「使用者は契約内容について情報を提供し、労使双方は良好な労働契約関係を維持するよう努める」、「労働者及び使用者は、良好で継続的な労働契約関係を維持しつつ、紛争を予防する観点から、労働契約内容についてできるだけ書面で確認する」、「労働契約の両当事者は、各々誠実にその義務を履行しなければならず、その権利を濫用してはならない」、「使用者は、労働者が安心して働くことができるように配慮するとともに、労働契約において、雇用形態にかかわらずその雇用の実態に応じ、その労働条件について均衡を考慮したものとなるようにする」といった事項を挙げている。

　中断再開後の「今後の検討（案）」ではこれがやや縮小しつつも基本的には維持されている。そして、11月の「具体的論点（素案）」でも、対等原則、理解原則、書面確認原則、信義誠実と権利濫用の禁止、安心して働けるような配慮、そして雇用の実態に応じた均衡の考慮が挙げられている。

　これらのうち、最後の均衡考慮規定は使用者側の反発が強く、結局12月

686 第3部 労働条件法政策

の答申では項目としては落とされ、その代わりに、労使双方の見解を付記して先送りする形になった。すなわち、「労働条件に関する労働者間の均衡については、労働者代表委員から、就業形態の多様化に対応し適正な労働条件を確保するため均等待遇原則を労働契約法制に位置づけるべきとの意見が、また使用者代表委員から、具体的にどのような労働者についていかなる考慮が求められるのか不明であり、労働契約法制に位置づけるべきでないとの意見がそれぞれあった」とした上で、「このため、労働条件に関する労働者間の均衡の在り方について、労働者の多様な実態に留意しつつ必要な調査等を行うことを含め、引き続き検討することが適当である」と今後に火口をつないだのである。

こうして国会提出法案には均衡考慮規定はなくなっていたのであるが、国会修正で再び「労働契約は、労働者及び使用者が、就業の実態に応じて、均衡を考慮しつつ締結し、又は変更すべきものとする」という規定が挿入された。

なお、併せて国会修正により、「労働契約は、労働者及び使用者が仕事と生活の調和にも配慮しつつ締結し、又は変更すべきものとする」というワーク・ライフ・バランス規定も挿入された。

第2節　解雇法政策[20]

1　解雇法制の展開

(1)　民法における雇傭契約終了法制

1890年に公布されたが施行されなかった旧民法においては、「雇傭ハ地方ノ慣習ニ因リ定マリタル時期ニ於テ又ハ確定ノ慣習ナキトキハ何時ニテモ一方ヨリ予メ解約申入ヲ為スニ因リテ終了ス。但其解約申入ハ不利ノ時期ニ於テ之ヲ為サス又悪意ニ出テサルコトヲ要ス」(第260条第2項)と、基本的

---

20) 濱口桂一郎「解雇規制の法政策」(『季刊労働法』217号)、濱口桂一郎『日本の雇用終了』労働政策研究・研修機構 (2012年)。

には解約自由の原則を掲げつつも、相手方に不利な時期に突然解約すること
や相手方を害そうとする悪意に基づいて解約することを制限していた。

1896年の現行民法（2004年の口語化後）では解約自由の原則が前面に出
て、「当事者が雇用の期間を定めなかったときは、各当事者は、いつでも解
約の申入れをすることができる」（第627条第1項前半）とあっさり規定し
て、相手方に不利な時期であろうが悪意に出たものであろうが顧慮していな
い。一律に「雇用は、解約の申入れの日から二週間を経過することによって
終了する」（同後半）としているだけである。

（2）　工場法における解雇関係規定

1911年の工場法では、「職工ノ雇入、解雇、周旋ノ取締及ヒ徒弟ニ関スル
事項ハ勅令ヲ以テ之ヲ定ム」（第17条）こととされ、具体的な規定は1916
年の工場法施行令に委ねられた。しかし、その内容は賃金に関わることがほ
とんどで、解雇の日から15日以内に帰郷する場合に工業主がその必要な旅
費を負担すべきというのがあるくらいであった（第27条）。

解雇に関する一般的な規定が設けられたのは、1926年の改正工場法施行
令によってである。これにより、第27条の2として、工業主が職工に対し雇
傭契約を解除しようとするときは、少なくとも14日前にその予告をするか、
又は賃金14日分以上の手当を支給しなければならなくなった。ただし、天
災事変により事業の継続が不可能となったときと職工の責めに帰すべき事由
による場合は例外とされた。これは労働基準法第20条のもとになった規定
であり、違いは日数が14日であることくらいである。

この工場法施行令第27条の2の第2項として、大変興味深い規定が設けら
れた。規定の仕方は大変持って回っており、一見解雇の手続に係る形式的な
計算規定に過ぎないように見えるが、実体法的な解雇規制の嚆矢と評価しう
るものである。同項は、「前項ノ規定ニ依ル予告期間ノ計算ニ付テハ左ニ掲
クル期間ハ之ヲ算入セス」として、具体的に①業務上負傷又は疾病に罹り
療養の為休業する期間（その期間が引き続き2月を超えるときはその後の期
間はこの限りでない）、②産前又は産後の女子が休業する（内務省令で定め
る）期間、③工業主の都合に依り職工臨時に休業する期間（休業中賃金を受

688　第3部　労働条件法政策

け取るときはこの限りでない）を挙げている。これらの休業期間は解雇予告期間に算入しないというのであるから、これらの休業期間中は解雇予告の進行が停止することになり、結局解雇することができないということになる。なお、これは試の雇傭期間中の職工には適用されないが、雇入れ後14日を超えていれば適用される。

　これは立法意図としても実体法的な解雇規制として考案されたものであり、行政官による解説書でも、第1回ILO会議で採択された「産前産後における婦人使用に関する条約」（第3号）が産前産後休業期間中に解雇し又は休業中に満了するような解雇予告をすることを禁止していることなどを引用して、「職工中特別の事情ある者に対しては解雇の禁止又は特別の制限を必要とする」と述べている[21]。この工場法施行令による解雇禁止のうち、①と②を若干拡充して正面から解雇制限として規定し直したのが、労働基準法第19条になる。

　なお、この時の改正によって、「職工解雇ノ場合ニ於テ雇傭期間、業務ノ種類及ヒ賃金ニ付キ証明書ヲ請求シタルトキハ工業主ハ遅滞ナク之ヲ交付スヘシ」（第27条の3）という規定も設けられ、労働基準法第22条に「解雇」が「退職」に変わって受け継がれている。また、第27条の4で就業規則作成義務が初めて規定されたが、その必要的記載事項として「解雇ニ関スル事項」（第2項第5号）が明記された。これも戦後労働基準法では「退職に関する事項」になってしまい、2003年改正でようやく「解雇に関する事項」が含まれることが条文上に明記されたのである。

　なお、このときに内務省社会局が示した就業規則参考案には、「勤続五年以上ニシテ事業主ノ都合ニヨリ又ハ疾病ニヨリ其ノ他已ムヲ得ザル事由ニヨリ解雇スル時ハ別ニ定ムル解雇手当ヲ支給ス」（第58条）という規定が盛り込まれており、もちろん法的拘束力はないが一定の影響はあったであろう[22]。

21）吉阪俊蔵『改正工場法論』大東出版社（1926年）。
22）石津三次郎『改正工場法解説』白水社（1926年）。

（3） 労働組合法案の解雇関係規定

　戦間期にもっとも議論を呼んだ立法政策は労働組合法の制定をめぐる問題であったが、その累次の法案の中に、労働組合員であることを理由とする解雇の禁止規定が繰り返し提案されている。

　まず1920年の原敬内閣時に内務省が臨時産業調査会に提出した労働組合法案（南原繁起草）は、「雇傭者又ハ其ノ使用人ハ労働者カ労働組合ノ組合員タルノ故ヲ以テ解雇シ又ハ組合ニ加入セス若ハ組合ヨリ脱退スルコトヲ雇傭条件トナスコトヲ得ス」（第9条）、「第九条ニ違背シタル者ハ五百円以下ノ過料ニ処ス」（第17条）と、罰則つきで組合加入を理由とする解雇を禁止していた。内務省社会局が1925年に公表した法案でも、「雇傭者又ハ其ノ代理人ハ労働者カ労働組合ノ組合員タルノ故ヲ以テ解雇スルコトヲ得ス」「雇傭者又ハ其ノ代理人ハ労働者カ組合ニ加入セサルコト又ハ組合ヨリ脱退スルコトヲ雇傭条件ト為スコトヲ得ス」（第11条）、「第十一条の規定ニ違反シタル者ハ五百円以下ノ過料ニ処ス」（第21条）と、行為規範＋罰則を定めていた。

　ところが経営側はこれに強く反発し、労働者を雇用し、解雇するのは経営者の自由であるとしてその削除を強く要求した。この反発を受けた妥協の産物が1926年に若槻内閣が提出した労働組合法案であり、「雇傭者カ労働者ニ対シ労働組合ノ組合員タルノ故ヲ以テ為シタル解雇ノ意思表示ハ之ヲ無効トス」「労働組合ニ加入セサルコト又ハ組合ヨリ脱退スルコトヲ定メタル雇傭契約ノ約款亦前項ニ同シ」（第14条）と、民事上の効力規定に変わった。妥協の産物ではあるが、一定の解雇について無効という規定を設けた最初の法案である。しかし、経営側の猛烈な反発のため、この労働組合法案は衆議院で審議未了廃案になってしまった。

　その後、1929年に浜口内閣が成立して労働組合法制定を打ち出した。諮問を受けた社会政策審議会は、「労働者ノ団結権ヲ認ムル以上組合員タルノ故ヲ以テ解雇スルヲ禁ズルハ当然ナリ然リトイヘドモ制裁規定ヲ設クルコトハ不穏当ナルニ付キ之ヲ省ク」と答申し、これを受けた社会局草案は「雇傭者ハ労働者ガ労働組合ノ組合員タルノ故ヲ以テ之ヲ解雇スルコトヲ得ズ」「雇傭者ハ労働者ガ組合ニ加入セザルコト又ハ組合ヨリ脱退スルコトヲ雇傭

条件ト為スコトヲ得ズ」(第12条)と、罰則なしの行為規範という規定ぶりになった。しかし、内務省法令審査委員の修正により、第3項として「前二項ノ規定ニ違反スル解雇ノ意思表示又ハ雇傭契約ノ約款ハ之ヲ無効トス」という民事効規定が復活した。こうして1931年に提出された浜口内閣の労働組合法案は、衆議院を通過し貴族院で審議するところまで進んだが、遂にそこで審議未了廃案になってしまった。

この間1930年には、日本大衆党、社会民衆党、労農党といった無産政党が共同で労働組合法案を議会に提出しているが、そこでは「雇主又ハ其ノ事務員ハ労働組合員タル故ヲ以テ被傭者ヲ解雇シ又ハ雇傭ノ申込ヲ拒絶スルコトヲ得ズ」(第9条)、「第九条ノ規定ニ違反シタル雇主又ハ其ノ事務員ハ六月以上三年以下の懲役ニ処ス」(第16条)と、罰則が体刑のみになっていた。

なお、以上とは流れが異なるが、企業内労使協議制を規定する労働委員会法案を内務省が1919年に作成したとき、「選出委員ハ委員会ニ於テ発表シタル意見ニ関シ其ノ意ニ反シテ解雇セラルル事ナシ」(第31条)という身分保護規定が設けられていた。これは1921年の協調会の労働委員会法案、1929年に議会に提出された産業委員会法案にも受け継がれている。

(4) 入営者職業保障法

これとは別の政策領域において、一定の労働者に事実上解雇規制と同様の効果をもたらしたものとして、1931年の入営者職業保障法がある。

兵役服務者の復員後の就職確保の問題はかねてから意識されていたが、昭和初期の不況の中で深刻な社会問題となった。そのため、1931年入営者職業保障法が制定され、除隊者の復職を保障しようとした。同法はまず第1条で「何人ト雖モ被傭者ヲ求メ又ハ求職者ノ採否ヲ決スル場合ニ於テ入営ヲ命セラレタル者又ハ入営ヲ命セラルルコトアルヘキ者ニ対シ其ノ故ヲ以テ不利益ナル取扱ヲ為スヘカラス」と均等待遇を求めた上で、第2条で「雇傭者ハ入営ヲ命セラレタル被傭者ヲ解雇シタルトキ又ハ被傭者ノ入営中雇傭期間ノ満了シタルトキハ、其ノ者カ退営シタル日ヨリ三月以内ニ更ニ之ヲ雇傭スルコトヲ要ス」と、雇入れの義務づけを行っている。もっとも、陸軍では2年、海軍では3年を超える期間の服役を志願して採用された場合などいくつかの

例外が規定されている。この場合の労務及び給与は入営直前の労務及び給与と同等でなければならず、これは被傭者が解雇されずに復職する場合にも同じである。

これはもとより徴兵制のあった時代の法制ではあるが、より広く国家社会の需要と企業の雇用行動とを調和させようとする法制の先駆的事例として、現代にも示唆するところは多いように思われる。

(5) 退職積立金及退職手当法[23]

これも解雇に関わる戦前の制度の一環をなすものである。もともと失業対策の一環として、1932年から失業対策委員会で失業保険制度又は解雇手当制度等の金銭救済方法について検討された結果、広く労働者が退職する場合の全部に対して一定の標準により手当を支給するという制度の法制化を行ったものである。失業対策委員会で検討された「解雇手当制度要綱」では、事業主が被傭者を解雇しようとするときは一定額以上の解雇手当を支給せねばならず、そのために事業主に基金を設け積立をさせることとされていたが、創立以来解雇者を出していない優良企業もあり、将来の解雇の予測は困難で積立額を的確に定めることができないという理由で、退職手当に化けたわけである。失業保険の絡みで議論されたために、支払義務の問題が支払確保の問題にすり替わった感もある。

紆余曲折の末1936年6月に制定された退職積立金及退職手当法の適用対象は工場法及び鉱業法の適用を受ける50人以上の事業で、事業主は毎月労働者の賃金から100分の2相当額を控除し、労働者名義で退職金として積み立て、退職時に払わなければならない。これが退職積立金である。これに加えて、事業主はその負担能力に応じて行政官庁の認可を受けた額（賃金の100分の3以内）を積み立てなければならない。こちらが退職手当積立金である。

もともと解雇手当として検討されたという経緯もあり、事業主が事業の都

23）沼越正巳『退職積立金及退職手當法釋義』有斐閣（1937年）、労働事情調査所編『退職積立金及退職手當法詳解』モナス（1936年）。

合により労働者を解雇したときは、特別手当を加算して支給しなければならない。特別手当の額は、勤続1年-3年未満の者は標準賃金20日分、勤続3年以上の者は同35日分である。この特別手当は政府原案では「解雇手当」となっていたものが議会で修正されたものである

ところが、1941年の労働者年金保険法によって、退職積立金については任意積立制度となり、1944年に同法が厚生年金保険法に改正された際に、戦時における事務簡素化の見地から類似の制度として退職積立金及退職手当法は廃止された。ところが、厚生年金では解雇の場合の特別手当などなく、全て円満退職と擬制して支給することとされたため、せっかくの解雇手当的な制度も10年も経たないうちに消滅してしまった。

（6）　労務調整令

1938年の国家総動員法制定以後、学校卒業者使用制限令や青少年雇入制限令、従業者移動防止令などにより労務統制が進んでいったが、1941年12月、大東亜戦争開始に合わせて労務調整令が制定され、これまでの雇入れの制限から解雇、退職の制限に踏み出した。

これにより、指定工場の従業者又は厚生大臣の指定する範囲の従業者については、「解雇及ビ退職ハ…国民職業指導所長ノ認可ヲ受クルニ非ザレバ之ヲ為スコトヲ得ズ」と厳しく制限されただけでなく、「雇傭期間ノ満了其ノ他解雇及ビ退職以外ノ事由ニ依リ雇傭関係ノ終了スル場合ニ於テハ引続キ雇傭関係ヲ存続セシムルコトヲ要ス」と、有期契約すらも規制の対象となった。

（7）　労働基準法の解雇関係規定

労働基準法の解雇関係規定は、1926年の改正工場法施行令を若干拡充しただけで、内容的にはほとんど変わらない。むしろ上述のような戦前・戦中期の解雇規制法規が敗戦に伴って廃止されたため、20年前の段階に戻ったような面もある。

労働基準法の制定過程を見ても、解雇関係規定については当初案からほとんど変化なく公聴会案、国会提出案、成立条文に至っている。

第19条は、工場法施行令第27条の2第2項を実体規定として書き直したものである。ただし、①業務上負傷し又は疾病に罹り療養の為休業する期間と②産前産後の女子が休業する期間についてはその後30日間も解雇制限期間として拡充する一方、③工業主の都合により臨時に休業する期間については計算規定であった第2次案まではあったが実体規定に書き直した第3次案で削除されている。また、第4次案で使用者が打切補償を払う場合が、第9次案でやむを得ない事由のため事業の継続が不可能となった場合がそれぞれ例外として規定された。

第20条は、工場法施行令第27条の2第1項の解雇予告期間14日間を1か月に拡充したものである。これについては公聴会で、労働側から3か月ないし6か月に延長すべきとか、30日前に予告しかつ30日分の解雇手当を支払うこととすべきとの意見があり、また使用者側からは労働者の退職時にも30日前の予告義務を課すべきとの意見が出されているが、いずれも採用されていない。労働側の要求は、本条に基づく予告手当を戦前の退職積立金及退職手当法に基づく解雇特別手当に類するものと考えたことによるものであろう。この点について寺本広作は「ここに規定された30日分の平均賃金は退職手当に替わるものではなく、解雇予告に替わる予告手当であって退職手当とは全然別個のものである」と強調している。それはその通りであろうが、では予告手当とは別に解雇手当を設ける必要はないのかという問いに対しては答えになっていないように思われる。

ちなみに労働基準法制定過程では、第1次案欄外注記において「事業主労働者を解雇するときは命令の定むる所に依り少なくとも勤続1年に付き賃金12日分に相当する退職手当を支給すべし」という規定が検討されており、解雇手当を設けるという選択肢はあったのである。ところがこれは第3次案では解雇手当ではなく全ての退職事由に適用される退職手当の規定となり、第5次案修正案まで残ったが第6次案で削除されるという経過をたどっている。結果的に工場法施行令時代とあまり変わらない規定に落ち着いたわけであるが、裏側ではいろいろな検討がされていたのである。

なお、第21条は解雇予告の例外とそのまた例外を規定しており、新たな規定である。その趣旨は、戦前内務省社会局が工場法施行令の解釈という形

694 第3部 労働条件法政策

で示していた臨時工の取扱いを法文化したものであり、①日々雇用者が1か月を超えて引き続き使用されるに至った場合、②2か月以内の有期労働者及び4か月以内の季節労働者が所定の期間を超えて引き続き使用されるに至った場合、③試用期間中の者が14日を超えて引き続き使用されるに至った場合にはこの限りでない、つまり「之を期間の定めのない契約と同一に取扱って、解雇予告を要することとし、脱法行為を防いだ」のである。

また、前述のように、第22条（使用証明）と第89条（就業規則）では工場法施行令で解雇としていたところを退職と書き換えて規定している。退職は当然解雇を含むので拡充したと考えたのであろうが、解雇を含む旨が法文上明記されたのは2003年改正によってであった。

(8) 旧労働組合法と労働関係調整法の解雇関係規定

これより早く、労働組合法が1945年に制定され、「使用者ハ労働者ガ労働組合ノ組合員タルノ故ヲ以テ之ヲ解雇シ其ノ他之ニ対シ不利益ナル取扱ヲ為スコトヲ得ズ」、「使用者ハ労働者ガ組合ニ加入セザルコト又ハ組合ヨリ脱退スルコトヲ雇傭条件ト為スコトヲ得ズ」（第11条）、「第十一条ノ規定ノ違反アリタル場合ニ於テハ其ノ行為ヲ為シタル者ハ六月以下ノ懲役又ハ五百円以下ノ罰金ニ処ス」、「前項ノ罪ハ労働委員会ノ請求ヲ待テ之ヲ論ズ」（第33条）と、ほぼかつての社会局案に沿った形の規定を設けた。なお、労働委員会の請求については、「当該違反行為アリタル地ヲ管轄スル地方労働委員会ノ決議ニ依リ其ノ会長書面ヲ以テ検事ニ之ヲ行フ」（施行令第46条）と規定されていた。

翌1946年に制定された労働関係調整法の附則によって、上記第11条第1項の規定は「使用者ハ労働者ガ労働組合ノ組合員ナルコト労働組合ヲ結成セントシ若ハ之ニ加入セントスルコト又ハ労働組合ノ正当ナル行為ヲ為シタルコトノ故ヲ其ノ労働者ヲ解雇シ其ノ他之ニ対シ不利益ナル取扱ヲ為スコトヲ得ズ」と改正された。また、労働関係調整法自体の中に「使用者は、この法律による労働争議の調整をなす場合において労働者がなした発言又は労働者が争議行為をなしたことを理由として、その労働者を解雇し、その他これに対し不利益な取扱をすることはできない。但し、労働委員会の同意があつた

第6章　労働契約法政策　695

ときはこの限りでない」（第40条）という新たな解雇規制が設けられ、同様の罰則と労働委員会の関与が規定されている。ちなみに、この「労働者が争議行為をなしたこと」には「この法律による労働争議の調整をなす場合において」はかからないので[24]、これは一般的に争議行為を理由とする解雇を禁止した規定である。

（9）　1949年改正労働組合法の解雇関係規定

　これら規定は1949年の労働組合法改正によって不当労働行為制度に組み替えられる。その制定過程を見ると、同年2月の労働省試案では、解雇等不利益取扱いに係る不当労働行為として、旧労組法第11条各項が第15条第2号、第3号に、労調法第40条が第5号に移行し、さらに第6号、第7が設けられている。

　試案第2号は「労働者が労働組合を組織し、若しくは組織せず、又はこれに加入し、若しくは加入しないことを理由として、労働者を解雇し、その他これに対し不利益な取扱をすること」と、消極的団結権の侵害も不当労働行為と定義した上で、「但し、労働協約の定めるところにより労働組合に加入せず、又は労働組合から脱退し、若しくは除名された労働者を雇入れず、又は解雇することは、この限りでない」と、ユニオンショップ協定による解雇は不当労働行為に当たらないと明記した。

　消極的団結権保護は最終的に削除されたが、それを前提とする例外規定のはずのユニオンショップ協定に関する但書は、「但し、労働組合が特定の工場事業場に雇用される労働者の過半数を代表する場合において、その労働者がその労働組合の組合員であることを雇用条件とする労働協約を締結することを妨げるものではない」（改正法第7条第1号但書）という形で残された。この点について担当局長は「一工場に二つの労働組合があり、その一方が従業員の大多数を占めて、使用者とユニオンショップの協約を結んだときは、他方の労働組合に加入している労働者は、その組合から脱退して大きい方の組合に加入しなければ解雇されることとなるので、これが本文後半の規定に

24）昭和22年5月15日労発第263号「労働関係調整法解釈例規第1号」に明記。

696 第3部 労働条件法政策

抵触するのではないかとの疑いがあるので、念の為に規定したものである」と述べている[25]。

　試案第3号は旧第11条第2項の黄犬契約禁止であるが、改正法では第1号に統合された。上記ユニオンショップ協定の但書は、文言上はこの黄犬契約禁止の例外のような規定ぶりになっているが、試案と同様にユニオンショップ協定に基づく解雇を認める趣旨であったことは明らかである。

　試案第5号はほとんど労調法第40条そのままであるが、「労働者が争議行為をなしたこと」が「労働者が正当な争議行為をしたこと」に修正されている。これはまさに、正当でない争議行為を理由とする解雇を認めるための改正である。ところが、この規定は最終的に、問題となる「労働者が争議行為をなしたこと」の部分を削除して労調法に戻され、第1号に「労働組合の正当な行為をしたことの故をもって」と従前の規定を復活している。しかしその趣旨は、「新労組法においては、労働組合の正当な行為をなした労働者のみを保護しているのであるから、争議行為の保護も正当な争議行為のみに限られるのである」、「労働者及び労働組合の不当の行為が許されてよいということは毛頭ないのであって…かかる不当行為があった場合に、使用者がその正当な権限を行使して解雇その他の処分をすることは毫も妨げるものではない」と賀来局長が述べるように、試案のそれと変わらない。

　試案第6号は、不当労働行為の手続を理由とする解雇等の不利益取扱いを不当労働行為とするものであったが、この時は最終的に消え、1952年改正で復活する。また、試案第7号は、これら以外の「労働者が自ら労働組合を組織し、これに加入し、これらの行為を援助し、自由に代表者を選出し、この代表者を通じて団体交渉をし、その他労働組合の正当な行為をし、又はこれらのことをしようとすることにつき」「労働者を解雇し、その他これに対して不利益な取扱をすること」を不当労働行為とするものであったが、やはり最終的に消えた。

　1949年改正の最大の特色は、旧法の直罰規定を改めて、労働委員会による救済命令方式をとった点にあるが、改正当時の立法意図は「旧法の規定で

25）賀來才二郎『改正勞働組合法の詳解』中央勞働學園（1949年）。

は、使用者が処罰されてもなお不当労働行為の中止又は原状の回復を肯んじ
ないときは、労働者は民事訴訟をもって解雇無効確認等の裁判を求めなけれ
ばならず、これは時間的金銭的余裕を持たない労働者にほとんど不可能なこ
とであった。…かかる旧法の欠陥を是正し、労働者及び労働組合の権利を
現実に即して擁護するのが改正法の目的である」というものであった。

　なお1952年改正では、1949年改正で労調法第40条に残された労働争議調
整手続に係る解雇等の不利益取扱いと、試案で提起されながら削除された不
当労働行為手続に係る解雇等の不利益取扱いを合体させて、第4の不当労働
行為として新たに起こした。これにより現在の不当労働行為の4類型が確定
し、以来今日まで一切改正されていない。

2　解雇ルールの法制化

（1）　小坂労相の新労働政策

　日本の解雇法制は2003年改正に至るまでほとんど変わらなかった。とい
うことは、手続規定については1926年の改正工場法施行令の枠組みが、実
体規定については1896年の現行民法の枠組みが維持され続けてきたという
ことである。とはいえ、実は1954年という時期に、政府側から解雇制限法
制が提示されたことがある。

　1954年9月、小坂善太郎労相は「政策の重点を個々の労働者の福祉向上に
置き、労働組合育成過重の行き過ぎはこれを是正する」という基本方針を掲
げて、新労働政策構想を打ち出した。その中に「反社会的な解雇の濫発を防
止するとともに、解雇に伴う労使間の無用の摩擦を避けるための必要な立法
措置を講じ、以て社会不安の防止を図る」ことが提起された。

　この最後の項目が「解雇制限法（仮称）の制定」と題され、次のような具
体的な提案となっている。すなわち、①不当な解雇を制限する。法律で定め
る社会的に正当な理由に基づかない解雇は無効とし、裁判所に対する救済手
段の方途を講ずる。②大量解雇については、行政庁の認可制を設ける。③前
項の認可申請後一定の期間内までは使用者は解雇することができず、労働組
合は争議行為を行うことができない。というものである。

　自由党の吉田茂政権のもとで、労働組合活動の制限という施策との合わせ

技の形ではありながら、かなり思い切った解雇制限法を提案したものである。実はこれの背景には、1951年に西ドイツで制定された解雇保護法がある。これが、労働組合育成から個別労働者保護へという政策転換に乗っかる形で打ち出されてきたものであろう。

ところが、労働側はこれに猛反発した。総評法規対策部は新労働政策を「労働組合を極力弾圧し、憲法に明記された権利を奪い取り、団結としての労働組合の抵抗力を弱め、これに伴う措置として労働者個人個人を引き離すための、おこぼれ的福祉を与えよう」とするものだとし、解雇制限法についても「政府の狙うところは一時に大量の失業者が全国に充満することによって社会不安が生まれ、積み重なっている悪政下にこれが大衆の苦しみの結果として表現される一大衆行動の導火線となることを恐れること、労働組合が組織的な力を持って首切り反対闘争を行うことを除去すること、失業対策について政府に何等の方針が見いだせないためのギマン策であること」などと口を極めて非難した[26]。

結局小坂構想は煙と消えてしまったが、同じ1954年、失業保険制度において、一時帰休労働者への保険給付が認められたのも、よりソフトな形による解雇規制政策の一環と見ることができる。こちらは後に雇用調整給付金に発展していくことになる。

(2) 解雇権濫用法理の形成[27]

上述のように日本では解雇制限法が制定される機会を逸してしまったが、実質的にその欠を補うものとして、判例において解雇権濫用法理が蓄積、定着してきた。これは、民法上使用者に解雇権が存することを認めつつも、その行使について、一定の場合に民法第1条第3項の権利濫用禁止の一般規定を適用して、不当な解雇を制限しようとするものである。

民法第1条第3項は「権利の濫用は、これを許さない」という（口語化後でも）僅か13文字の条項である。これは現行民法制定時にはなく、戦後

26）『労働法律旬報』1954年10月上旬号。
27）濱口桂一郎「日本型雇用システムと解雇権濫用法理の形成」（ディスカッションペーパー）労働政策研究・研修機構（2017年）。

1947年に主として親族相続編を全面改正する際に、国会修正で追加された条文である。政府提案では公共の福祉と信義誠実の原則を規定することとしていたが、国会で権利濫用の禁止も追加された。このときに解雇権濫用の問題が意識されていた形跡はない。

　1950年代には個別解雇事案についての地裁レベルの判決が多く出され、そこでは解雇自由説、解雇権濫用説、正当事由説が拮抗していたが、やがて解雇権濫用説が主流となっていった。しかしその実体は権利濫用説といいながら立証責任を事実上使用者に負わせるものであった。かかる事態の原因は、この時期のレッドパージ解雇事件と駐留軍労務者解雇事件において、解雇有効という結論を導くためにあえて権利濫用説を採ったことにあるとみられる。1950年代の解雇権濫用法理による判決においては、日本型雇用システムを論拠とするようなものはほとんど見られない。この法理は1975年には最高裁判所も承認した。リーディングケースである日本食塩製造事件で、最高裁は「使用者の解雇権の行使も、それが客観的に合理的な理由を欠き社会通念上相当として是認することができない場合には、権利の濫用として無効になる」と述べている。さらに、1977年の高知放送事件では「普通解雇事由がある場合であっても、解雇に処することが著しく不合理であり、社会通念上相当なものとして是認することができないときには、解雇権の濫用として無効になる」とした。

　これに対し、日本型雇用システムを解雇無効とする論拠に挙げる判決が大量に現れてくるのは1970年代の不況期に行われた整理解雇に対する判決においてであった。当時の下級審判決は揃って終身継続的な雇傭関係の期待を根拠に、整理解雇に対する厳しい司法審査を正当化している。また、当時盛んに行われた配置転換の可能性が整理解雇の必要性判断の厳格さに影響したとの指摘もあり、この時期に日本型雇用システムの判例的表現としての解雇権濫用法理、とりわけ整理解雇法理が確立したと言える。

　これらにより、日本は実定法上は解雇自由の原則が維持されていながら、判例法上は法律で解雇を一般的に規制しているヨーロッパ諸国に近づいた。とはいえ、判例はあくまでも当該事件についての裁判所の判決でしかない以上、実定法で定めているのとは自ずから違いがある。特に、日本における裁

700 第3部 労働条件法政策

判手続の使い勝手の悪さから、実際に解雇権濫用法理によって救済されているケースはヨーロッパ諸国に比べると遙かに少なくなっている。

（3） 労働基準法研究会の微温的見解

解雇規制の問題については、労働基準法研究会は微温的見解を維持してきた。1979年9月に出された第1小委員会[28]の「労働基準法研究会報告（労働契約・就業規則関係)」[29]では、「解雇の有効・無効の判断は本来裁判所に委ねられているのであるが、個々の労働者が訴訟を提起することは実際問題として困難であるため、解雇をめぐる紛争に対して勧告的、調整的機能を有する行政サービスにより簡易迅速な解決を図ることが望まれる」と、紛争解決手続の問題として処理することを求め、「法律により解雇の規制を強化すべき」との見解に対しては、「解雇制限の強化が、企業の新規雇用に対する姿勢を慎重にし、短期雇用者、下請雇用者等の不安定な雇用形態を増加させるおそれもある」として、「直接的に解雇の制限を強化することには問題があるように思われる。ただ、解雇、特に経営上の理由による大量解雇のような場合に生ずる問題については、企業内の労使の十分な話し合いが必要」と言うにとどめている。もっとも、「労働契約に関する解釈を斉一化し、前もって労使の権利義務関係を明確化することによって紛争の予防を図るという観点に立つならば、画一的な処理によって紛争の解決がある程度可能になると思われる事項については、立法的解決も考慮に値する」として、労働契約の終了についても「判例理論の抽出等により法制の整備を図る方途が検討されてよい」と、法制化を否定はしていない。

1993年5月の労働基準法研究会労働契約等法制部会[30]報告も、「解雇の理由、態様等は多様であり、解雇の効力に関し一般的な基準を設けることは極めて困難であることからすれば、現状においては、解雇の具体的理由について法律をもって一律に規制することは適当でなく、立法による対応は解雇の

---

28) 学識者8名、委員長：千種達夫。

29) 労働省労働基準局編『労働基準法研究会報告：労働契約・就業規則関係』労働法令協会（1979年）。

30) 学識者9名、座長：安枝英訷。

手続等にとどめることが適当」と微温的見解を維持している。具体的には、紛争の予防のため、解雇するに当たって、書面により解雇の理由及びその記述を明示することを求めている。

これに基づき、1998年改正において、労働者が退職の場合に使用者に証明書を請求できる事項として、退職の事由（解雇の場合には解雇の事由）が追加された。

（4）　解雇規制緩和論と法制化論

1990年代末になって、判例による解雇規制を見直すべきとの議論が、規制改革委員会[31]や総合規制改革会議[32]で提起されてきた。まず、1999年12月の「規制改革についての第2次見解」において、「裁判所は整理解雇を含む解雇を容易には認めない傾向にあり、このことが企業の採用意欲を削いでいるとの指摘もある」とし、「解雇規制のあり方について立法化の可能性を含めた検討を行うことが適当」とした。2000年7月の「規制改革に関する論点公開」では、「企業内における雇用維持から社会全体としての雇用確保へと雇用政策の軸足を移していく必要があ」り、「こうした観点からも、解雇規制のあり方について、立法の可否を含めた検討を進めるべき」とした。同年12月の「規制改革についての見解」では具体的に「事業開始後又は採用後の一定期間に限り、解雇規制の適用を除外する」ことや「解雇回避の努力義務に代えて、再就職の援助や能力開発の支援を企業が選択肢としてとりうることを示す」ことを提起している。

さらに、2001年7月の「重点6分野に関する中間とりまとめ」では「解雇の基準やルールを立法で明示することを検討するべき」と踏み込み、同年12月の「規制改革の推進に関する第1次答申」では同様の記述のあとに「なお、解雇ルール等の明示に当たっては、これが労働市場に与える影響についても留意することが適当」と、その方向性を明示した。そして、2002年7月の「中間とりまとめ」ではやはり同様の記述のあとに「その際には、いわゆ

31）学識者14名（経済界6名、労働界1名、学者7名）、委員長：宮内義彦。

32）学識者15名（経済界10名、学者5名）、議長：宮内義彦。

る試用期間との関係についても検討するとともに、解雇の際の救済手段として、職場復帰だけでなく、金銭賠償方式という選択肢を導入することの可能性を検討すべき」というところまで踏み込んだ。

これに対して、労働側も解雇ルールの法制化を要求してきたが、それはもちろん規制緩和という発想からではなく、判例法の実定法化を求めるものである。

連合は1991年から労働基準法に関する検討を開始し、1993年には労働契約の見直しに関する当面の見解として、解雇には正当事由を必要とし、整理解雇4要件を法制化すること、解雇手続として理由書の交付と労働組合との協議を義務づけること等を求める見解を決めた。

法制化の具体案が初めて示されたのは2001年6月の「新たなワークルールの実現をめざして」においてである。まず使用者は契約関係を維持しがたい正当な理由が存在しなければ労働者を解雇できないと正当事由説の法制化を打ち出した上で、2種に分けて規定を設けている。

労働者の労働能力又は行為を理由とする解雇については、労働者の労働能力若しくは行為に関して解雇しなければならない客観的理由が存在すること、解雇回避の努力が尽くされたこと、使用者が解雇理由に関する説明を尽くし、労働者に弁明の機会が付与されたこと、そして過半数代表の労働組合又は労働者代表から説明協議の求めがあったとき誠実にこれが尽くされたことのいずれも充足しなければ正当とならないとしている。

経営上の理由による解雇については、解雇しなければならない客観的な経営上の必要性が存在すること、解雇回避の努力が尽くされたこと、解雇対象者の人選基準が客観的合理性を有し、かつその適用が公平になされること、そして労働者及び過半数代表の労働組合又は労働者代表との間で説明協議が誠実に尽くされたことのいずれも充たさなければ正当とならないとしている。このうちの人選基準については、さらに、使用者は経営上の理由により複数の労働者の中から解雇対象者を選定する場合には、労働者の勤続年数、年齢、再就職の容易さ及び扶養責任等を考慮して、より社会生活上の不利益の少ない労働者を選定しなければならないとしている。

次に解雇の手続規定として、使用者が労働者を解雇する場合原則60日の

予告期間をおき、やむを得ず予告期間をおくことができない場合は予告期間の賃金に相当する解雇予告手当を支払うとしており、勤続期間に伴う予告期間の延長については引き続き検討するとしている。また、使用者は労働者から請求あるときは、解雇理由及び選定理由について、請求から7日以内に書面で通知しなければならないとしている。

興味深い規定として準解雇に関する規定も設けており、労働者が辞職せざるを得ない状態を使用者が故意に作り出しその結果として労働者が辞職したときは、労働者の一方的解約告知又は労働者と使用者の合意解約であっても、労働者は解雇予告手当の支払い及び解雇理由等の告知の権利を行使することができるとしている。

最後に辞職について、労働契約に期間の定めがないときには、労働者はいつでも解約の申入をすることができ、この場合、労働者は解約申入から1週間以内であれば理由の如何を問わずに解約申入の撤回ができ、解約申入から2週間の経過により労働契約は終了するとしている。また、労働者が使用者に対し労働契約の終了の申込を行い、使用者がこの申込に承諾の意思表示をした場合でも、労働者は使用者の承諾から1週間以内であれば理由の如何を問わずに申込の撤回ができることとしている。

これに対して、日経連は2002年版労働問題研究委員会報告で初めてこの問題に触れ、「解雇規制の法制化が問題になっているが、解雇制限規定の設定や整理解雇の要件の法制化は行政の介入の増加やケースに応じた柔軟な判断の阻害につながるので反対である」としている。

このように、解雇ルールの法制化については、規制緩和に熱心な総合規制改革会議と規制強化を求める労働側が推進派で、中間に位置する使用者側が慎重派という特異な配置となっており、通常の労働問題をめぐる対立図式とは異なっているところが特色であった。

（5）　労政審建議

こういう流れの中で2002年2月以降、厚生労働省は労働政策審議会労働

条件分科会[33) において審議を開始した。

　同年11月には、事務局から「使用者は労働基準法等の規定により、その使用する労働者の解雇に関する権利が制限されている場合を除き、労働者を解雇できるが、使用者が正当な理由なく行った解雇は、その権利の濫用として無効とすることとしてはどうか」という案が示されたが、特に注目されたのは、「解雇が無効である場合において、雇用関係を継続し得ない事由があり、かつ、一定の要件を満たすときは、労働者又は使用者は、当該雇用契約を終了させ、使用者に対し、労働者に一定の金銭の支払いを命ずることを裁判所に請求できる制度を設けることとしてはどうか」という金銭解決の提案であった。

　審議会では主として労働側から金銭解決を使用者側にも認めることについて疑義が出されたが、12月に取りまとめられた建議では、「労働基準法において、判例において確立している解雇権濫用法理を法律に明記することとし、使用者は、労働基準法等の規定によりその使用する労働者の解雇に関する権利が制限されている場合を除き、労働者を解雇できるが、使用者が正当な理由なく行った解雇は、その権利の濫用として、無効とすることとすることを規定することが必要」とし、解雇理由を記載した文書の交付請求権や就業規則の必要的記載事項に解雇を明示することとした上で、裁判における救済手段としてやや詳しく記述している。すなわち、「解雇の効力が裁判で争われた場合において、裁判所が当該解雇を無効として、解雇された労働者の労働契約上の地位を確認した場合であっても、実際には原職復帰が円滑に行われないケースも多いことにかんがみ、裁判所が当該解雇は無効であると判断したときには、労使当事者の申立てに基づき、使用者からの申立てにあっては当該解雇が公序良俗に反して行われたものでないことや雇用関係を継続しがたい事由があること等一定の要件の下で、当該労働契約を終了させ、使用者に対し、労働者に一定の額の金銭の支払いを命ずることができることとすることが必要」と述べている。この「使用者からの申立てにあっては」云々は、当初の事務局案に対して労働側が反発し、導入するのであれば労働

---

33) 公労使各7名、分科会長：西村健一郎。

者が申し立てた場合に限るべきであり、解雇の金銭解決を使用者が求められるというのは世間の常識からするとおかしい等と主張したため、労使の場合の要件に差を付けるために書き込んだものである。

なお、審議の最終段階で、「労働者を解雇することができる」という文言に労働側から疑問が呈され、これによって立証責任が労働者側に求められるのではないかといった疑念が示されたが、実質的な主張立証の負担は解雇権者が負うであろうとの公益委員の発言で一応納得した形になった。

（6）　金銭補償の枠組みとその撤回

翌2003年2月に、法律案の検討の内容が労働条件分科会に示されたが、ここでは金銭補償の枠組みがかなり詳しく示されている。

それによると、まず労働者は判決で解雇が無効であることが確定した場合において、当該労働者が職場復帰したとしても、労働契約の本旨に従った義務を履行することが困難となる状況が生ずることが明らかであるときは、退職と引き換えに、当該解雇を行った使用者に対して補償金の支払いを請求することができることとされている。

問題の使用者側からの請求であるが、使用者の行った解雇が労働基準法や他の法律の規定に反するものでなく、かつ公序良俗に反しないものであって、しかも当該労働者の言動が原因となって、当該労働者が職場復帰したとしても、職場の秩序や規律が維持できず、当該労働者又は当該事業場の他の労働者が労働契約の本旨に従った義務を履行することが困難となることが明らかであるような場合には、補償金の支払いを約して、労働者との間の労働契約の終了を裁判所に請求することができることとしている。

なお、補償金の額は「平均賃金の〇日分」となっていて、具体的に決めていない。また、使用者による補償金の支払いは、労働者の使用者に対する損害賠償の請求を妨げないとしている。

しかしながら、これに対しても労使双方から批判が集中した。労働側からは、使用者からの請求の要件が緩すぎ、補償金の額が和解金の相場を左右する可能性がある、裁判手続上も、一旦解雇無効を勝ち取った後で、使用者から訴えられ、労働契約が終了する可能性がある、との批判が出された。また

706　第3部　労働条件法政策

使用者側からも、労働者の申立て要件が緩く、額を決めるのは困難との意見が出された。その結果、法案提出までに労使の合意を取り付けることは困難と判断され、民事訴訟手続との関係で法務省から問題点が指摘されたこともあり、金銭補償は法案には盛り込まれないこととなった。

(7)　2003年労働基準法改正

　こうして、金銭補償規定が抜けた形で、同年3月労働基準法改正案が国会に提出された。その後問題点として大きく浮上してきたのは、審議会の最終段階で労働側が提起した立証責任の問題であった。その中で与党と民主党の間で修正協議が始められ、結局「使用者の労働者を解雇することができる権利」は削除するが、「その権利を濫用したものとして」は残すことで決着した[34]。

　このように国会審議で大きな問題となったのは第18条の2の規定ぶりであったが、2003年改正では他にもいくつか解雇関係の規定を設けている。一つは解雇理由証明書の交付義務である。解雇の予告がされた日から退職の日までの間に、労働者が請求した場合には使用者は遅滞なく解雇理由証明書を交付しなければならない。また、労働条件締結の際書面の交付により明示すべき労働条件として「解雇の事由」が含まれることや、就業規則の絶対的必要記載事項に「解雇の事由」が含まれることが明確化された。衆議院での修正の後、法案は6月に参議院を通過し、成立に至った。

(8)　2007年労働契約法

　2007年の労働契約法は、結局上記労働基準法第18条の2の規定をそのまま労働契約法第16条に移しただけに終わったが、その立法過程ではさまざまな案が検討された。

　2005年9月の今後の労働契約法制の在り方に関する研究会[35]最終報告は、解雇を中心とする労働契約の終了に関する論点を詳細に検討していた。

34）ハーバーマイヤー乃里子「労働基準法改正案：修正のプロセス」（『季刊労働法』第203号所収）。

35）学識者10名、座長：菅野和夫。

まず解雇権濫用法理について、客観的に合理的な理由となる解雇事由を分類しその基本的な類型を明らかにするため、「解雇は、労働者側に原因がある理由によるもの、企業の経営上の必要性によるもの又はユニオン・ショップ協定等の労働協約の定めによるものでなければならない」ことを法律で明らかにすることを提案している。これに併せ、解雇に当たり使用者が講ずべき措置を指針等により示すことが適当であるとしている。

　いわゆる整理解雇4要件については、解雇権濫用の有無を判断するに当たって考慮に入れるべき事項として、人員削減の必要性、解雇回避措置、解雇対象者の選定方法、解雇に至る手続等を法律で示すことが必要であるとしている。また、整理解雇に当たり使用者が講ずべき措置を指針等で示すことが適当であるとしている。

　この研究会報告でもっとも注目されたものの一つが2003年に先送りにされた解雇の金銭解決制度であった。とりわけ、使用者からの金銭解決の申立てについて、人種、国籍、信条、性別等を理由とする差別的解雇や、労働者が年次有給休暇を取得するなどの正当な権利を行使したことを理由とする解雇等を行った場合には認めず、使用者の故意又は過失によらない事情であって労働者の職場復帰が困難と認められる特別な事情がある場合に限る等の予防線を張った上で、使用者の申立ての前提として、個別企業における事前の集団的な労使合意（労働協約や労使委員会の決議）がなされていることを要件とすることが考えられるとした。

　解決金の額の基準については、個別企業において労使間で集団的に解決金の額の基準の合意があらかじめなされていた場合にのみ申立てができることとし、その基準によって解決金の額を決定することが適当であるとしている。また、使用者から申し立てる金銭解決の場合に、その最低基準を設けることも考えられるとしている。このように、解決金の額という面からも、二重三重に縛りをかけ、特に集団的な労使合意という縛りをかけることによって、この制度の濫用の危険性をなくそうとしているわけである。

　2005年10月より労働政策審議会労働条件分科会[36]において審議が開始さ

36）公労使各7名、分科会長：西村健一郎。

れたが、2006年4月に事務局が提示した「検討の視点」では、「裁判におい
て解雇が無効とされた場合であっても労働者の原職復帰が困難な場合に、こ
れを円満解決できるような仕組みが必要ではないか」「その場合、どのよう
な論点があり、それを解決するためにどのような手法があるのか整理する必
要があるのではないか」と、金銭解決制度の実現にはあまり熱意は感じられ
ない記述であり、6月の「在り方（案）」でも「解雇が無効の判断が出る前
に、一回的に解決できる裁判手続が考えられないか」などと述べている程度
で、審議がいったん中断した後は論点としてはほとんど消えてしまった。

　12月の答申は、実質的な内容としては「労働基準法第18条の2（解雇権
の濫用）を労働契約法に移行する」というだけのものとなり、解雇の金銭解
決については「労働審判制度の調停、個別労使関係紛争制度の斡旋等の紛争
解決手段の動向も踏まえつつ、引き続き検討する」と、先送りを明記するだ
けのものになってしまった。

　こうして、2007年11月に成立した労働契約法に、第16条として労働基準
法第18条の2の規定がそのまま移転した。

（9）　解雇ルール見直し論の再浮上[37]

　2012年12月の総選挙で自由民主党が大勝し、第2次安倍晋三政権が誕生
すると、翌2013年初めから経済財政諮問会議、規制改革会議が復活すると
ともに、新たに産業競争力会議[38]が設置され、再び解雇規制の在り方が政策
の論点として浮上してきた。

　このうち産業競争力会議では「行き過ぎた雇用維持型から労働移動支援型
への政策転換」が掲げられ、その議論を受けて2014年6月に閣議決定され
た「『日本再興戦略』改訂2014」では、「予見可能性の高い紛争解決システ
ムの構築」という名の下に、解雇の金銭解決制度の導入が慫慂されている。

37）濱口桂一郎「『労使双方が納得する』解雇規制とは何か―解雇規制緩和論の正しい論じ
　方」（『世界』2013年5月号）、濱口桂一郎「金銭解決したくても復職を求めるパラドッ
　クス」（『労基旬報』2014年10月25日号）、濱口桂一郎「解雇の金銭解決と訴訟物」（『生
　産性新聞』2015年3月5日号）。
38）閣僚10名、学識者9名、議長：安倍晋三。

細かくいうと、個別労働紛争解決手段としての斡旋、労働審判、裁判上の和解における解決金額の状況を調査すること、主要先進国における金銭救済制度の実態の調査が求められた。これらの調査研究は労働政策研究・研修機構において実施され、2015年6月に公表された[39]。

　一方やはり同年1月に設置された規制改革会議では、雇用ワーキンググループ[40]の検討項目として、「労使双方が納得する解雇規制の在り方」が立てられ、「解雇に係る規制を明確化するとともに、解雇が無効であった場合における救済の多様化により、使用者及び労働者の双方が納得するルールの下で仕事ができるよう労働環境の整備を行うべきではないか」と提起されている。もっとも、その後の同WGでは後述のジョブ型正社員の議論が中心となった。2014年に入って、「労使双方が納得する雇用終了の在り方」の議論が再開され、2015年3月には「『労使双方が納得する雇用終了の在り方』に関する意見—紛争解決の早期化と選択肢の多様化を目指して—」が公表された。

　ここでは、今後取り組むべき課題として、都道府県労働局が行う斡旋への参加を促す方策、労働委員会の機能活用・強化と司法的解決との連携と並んで、「裁判所の訴訟における解決の選択肢の多様化に向けた解決金制度の検討」が提起されている。具体的には、解雇無効時において、現在の雇用関係継続以外の権利行使方法として、金銭解決の選択肢を労働者に明示的に付与し（解決金制度の導入）、選択肢の多様化を図ることを検討すべきであるとしている。労働側の懸念に対しては、労働者側からの申立てのみを認めることを前提とすべきであるとしている。

　さらに2015年6月に閣議決定された「『日本再興戦略』改訂2015」では、引き続き「予見可能性の高い紛争解決システムの構築等」として、「労働紛争の終局的解決手段である訴訟が他の紛争解決手続と比較して時間的・金銭的負担が大きいこと等から訴訟以外の解決手続を選択する者もあり、その場

39）労働政策研究報告書No.174『労働局あっせん、労働審判及び裁判上の和解における雇用紛争事案の比較分析』（濱口桂一郎、高橋陽子執筆）労働政策研究・研修機構（2015年）、濱口桂一郎『日本の雇用紛争』労働政策研究・研修機構（2016年）。
40）学識者5名、専門委員2名（労働法学者）、座長：鶴光太郎。

合には、訴訟と比較して低廉な額で紛争が解決されていることや、労使双方の事情から解雇無効判決後の職場復帰比率が低いこと等の実態があることから、『あっせん』『労働審判』『和解』事例の分析・整理の結果や諸外国の関係制度・運用に関する調査研究結果も踏まえつつ、透明かつ公正・客観的でグローバルにも通用する紛争解決システムを構築する必要がある。このため、解雇無効時における金銭救済制度の在り方（雇用終了の原因、補償金の性質・水準等）とその必要性を含め、予見可能性の高い紛争解決システム等の在り方についての具体化に向けた議論の場を直ちに立ち上げ、検討を進め、結論を得た上で、労働政策審議会の審議を経て、所要の制度的措置を講ずる」と、立法対応を正面から求めた。

(10) 解雇金銭救済制度の検討

これを受けて2015年10月から厚生労働省において透明かつ公正な労働紛争解決システム等の在り方に関する検討会[41]が設けられ、検討が行われた。2017年1月からはいよいよ本格的に解雇無効時における金銭救済制度の在り方とその必要性について議論が始まり、同年5月に報告書が公表された。同報告書は、政治的配慮から使用者申立制度の選択肢を排除し、労働者申立のみを認めるとしている。しかしそのことが却って問題をもたらす。

この問題のネックは政策論としての対立にあるだけでなく、それよりもむしろ法律構成上の困難さにある。過去2回（2003年、2005年）の検討がうまくいかなかったのは、現行訴訟制度の枠内で解雇が無効であるとする判決を要件とする金銭救済の仕組みには一定の限界があるからである。つまり、それは使用者申立に親和的な構成であり、労働者申立のみを想定する制度には適合しないのである。そこで、それとは異なる法的仕組みを工夫している。

一つは解雇を不法行為とする損害賠償請求の裁判例を踏まえた仕組みであるが、やはり損害賠償請求と金銭を支払った場合に労働契約が終了するという効果を結びつけることは論理的に困難としている。そこで、実体法に労働

---

41) 学識者22名、うち労使各4名、労使弁護士各2名、座長：荒木尚志。

者が一定の要件を満たす場合に金銭の支払を請求できる権利を置くというやり方を提示している。問題を訴訟法から実体法の領域に移すことで打開を図ろうというわけである。

この場合、権利の発生要件として、①解雇がなされていること、②当該解雇が客観的合理的な理由を欠き、社会通念上相当であると認められないこと、③労働者から使用者に対し、一定額の金銭の支払を求めていることが、法的効果として①金銭の支払請求権が発生し、使用者に金銭の支払義務が発生し、②使用者が一定額の金銭を支払った場合に労働契約が終了することが考えられるとしている。この金銭のことを労働契約解消金と称している。

この労働契約解消金の支払を請求できる権利を金銭救済請求権と呼んでいるが、その法的性質については形成権的構成（支払請求後の取下げができない）としつつ、請求権的構成（取下げができる）も考えられるともしている。形成権的構成では地位確認の選択肢を考えることなく金銭請求した場合でも取下げができないのでは労働者保護に欠けるという意見の一方で、請求権的構成では権利関係が不安定になるとの意見もあり、そもそもその権利行使を裁判上に限定するのか、裁判外の請求も認めるのかという論点とも絡んで複雑な様相を呈しており、引き続き議論を深めると先送りしている。

また労働契約解消金の法的性質に関しても論点が多く、①職場復帰せずに労働契約を終了する代わりに受け取る解消対応部分（＋その他慰謝料的な「損害賠償的部分」）と②バックペイ分（解雇が無効な場合に民法第536条第2項（債務者の危険負担）に基づき発生する未払賃金相当分）の要素のうち、①が基本となると述べつつ、②については労働契約解消金に含めず従前と同様未払賃金債権と位置づけるやり方と、労働契約解消金に含めるやり方を示し、それらのメリットとデメリットを詳しく論じた上で、やはり引き続き議論を深めるとしている。

なおバックペイの発生期間についてもその要件たる就労の意思が認められる期間をどう考えるか、つまり金銭救済請求権を行使した時点までか、労働契約解消金が支払われて労働契約が終了した時点までか、という難問がある。これと関わって、そもそも労働契約の終了はいつかという問題も論じており、労働契約解消金が支払われたときに労働契約が終了するという結論に

しているが、議論の余地はある。

　その他、労働契約解消金の金銭的予見可能性を高める方策として、それに上限や下限をつけることについてもかなり詳細に論じられているが、やはり引き続き議論を深めるとしている。また時間的予見可能性として、金銭救済請求権の消滅時効の在り方を検討すべきとか、斡旋や労働審判など他の紛争解決システムへの影響も論じられている。なお、使用者申立制度についても議論されているが、「現状では容易でない課題があり、今後の検討課題とすることが適当」と、否定的なニュアンスがにじみ出ている。

　その後の2018年6月、厚生労働省は解雇無効時の金銭救済制度に係る法技術的論点に関する検討会[42]を設置して、透明かつ公正な労働紛争解決システム等の在り方に関する検討会報告書が提起した金銭解決制度の法技術的論点の検討を開始した。

第3節　有期労働契約法政策

1　有期労働契約の期間の上限

（1）　民法における雇傭契約期間の上限

　前述のように、1890年に公布されたが施行されなかった旧民法においては、雇傭期間の上限は使用人、番頭、手代については5年、職工その他の雇傭人については1年とされていた（第261条）。ただし、旧民法では雇傭契約とは別に習業契約があり、こちらは未成年者が結んだ習業契約は未成年の期間を超えることができないとされていた（第268条）。その理由は長期の雇傭契約は労務者の自由を拘束し、人格を傷つけるからだとされている[43]。

　1896年の現行民法では、規定ぶりを少し変えて、雇用期間が5年を超えるか又は当事者の一方若しくは第三者の終身の間継続すべきとき（言葉の正確な意味における「終身雇用」というべきか）は、5年経過後いつでも契約を

42）学識者6名、座長：岩村正彦。

43）岸本辰雄『民法正義』（復刻版）信山社（1995年）。

解除できると定めており（第626条）、事実上雇用契約の上限を5年に設定した。制定当時、この理由については、長期雇傭契約だからといって契約を無効にすることは適当でなく、一定期間経過後に自由に契約を解除して雇傭関係を脱却できるようにしておくことが適当だとしている[44]。それにしても、制定当時の「終身雇傭」とは、例えば僕婢が主人又は主人の親や子の終身間その者に仕える契約が想定されており、現在の「終身雇用」とは全く位相を異にするものである。

　なお現行民法では旧民法の習業契約は雇用契約に含められたが、商工業見習者についてはこの拘束期間は10年とされた。これは通常年少であるため契約期間5年以上であることが多い上、見習者にようやくその業を習得させた使用者がこれに対する一種の報酬として相当の期間見習者を利用することができなければ、いたずらに授業の労を費やしたような不利益を被るからだとしている。

　なお、5年経過後は自由に解除できるといっても、突然解除することは相手方に意外な不利益を与えることがあるので、3か月間の予告期間を要求している。また、雇用の期間を定めた場合でも「やむを得ない事由」があるときは直ちに契約解除をすることができ（第628条）、雇用の期間が満了した後「労働者が引き続きその労働に従事する場合において、使用者がこれを知りながら異議を述べないときは、従前の雇用と同一の条件でさらに雇用をしたものと推定する」（第629条）。この時、報酬、時間等の条件は同一となるが、雇用期間については前雇用と同一期間とはならず、期間の定めなき雇用として「いつでも解約の申入れをすることができる」。つまり、より拘束度の少ない雇用契約に移ったものとみなすわけである。

（2）　労働基準法による労働契約期間の上限

　実定法上の規定としては、1947年に労働基準法が制定されるまで雇傭契約期間に関する民法の規定が全てであったが、日本では特に女子労働者を長期労働契約で拘束することの弊害が多かったため、かつて内務省社会局時代

44）松波仁一郎他『帝國民法正解』（復刻版）信山社（1997年）。

714 第3部 労働条件法政策

に一般の製糸女工については1年、伝習工については3年を原則とすること
とし、この契約期間を超える契約をする製糸工場には労働者募集を許可しな
い方針を決定したことがあったという。

労働基準法は第14条で「労働契約は、期間の定めのないものを除き、一
定の事業の完了に必要な期間を定めるものの外は、一年を超える期間につい
て締結してはならない」と規定した。この時の問題意識も民法制定時代と変
わっておらず「長期の契約労働は身分的な隷属関係を生ずる原因となるの
で、労働契約の最長期に制限を設けるのは近代労働立法の例である」、「最近
は契約期間の定めのないのが普通であり長期の労働契約を締結するのは比較
的少なくなったが、これに伴う弊害を一掃するため法律で最長1年の原則を
確立することとした」と、もっぱら拘束の弊害を強調している。ちなみに制
定過程では、第1次案では上限1年であったものが第3次案で上限3年とさ
れ、労務法制審議会にかけられたが、これに対する労働者側の意見に「1年
に限定すべき」というのが現れたこともあり、第7次案で再び1年に戻され
た。アメリカ労働諮問委員会の最終報告で「個人的労働契約…の期間は1
年又は2年より長くない期間に限られるべきである」とされたことも、最終
的に1年に修正されたことにかなり影響しているであろう。

その後、長い間この規定は改正されることなく維持された。しかし、その
間に期間の定めある労働契約と定めなき労働契約の存在のあり方は大きく変
化した。高度経済成長が始まるとかつてこういった規定がおかれる原因と
なった長期労働契約による人身拘束の恐れは次第に薄れていった。一方で、
期間の定めなき労働契約については1947年の民法改正で規定された権利濫
用法理を活用する形で判例法理により使用者の解雇権が制約され、「当事者
カ雇傭ノ期間ヲ定メサリシトキハ各当事者ハ何時ニテモ解約ノ申入ヲ為スコ
トヲ得」るとは必ずしも言い難い状態となった。これに対し、契約期間の終
了は解雇ではないから、有期契約を反復継続して雇止めされても直ちには解
雇権濫用法理が適用されるわけではない。つまり、有期労働契約は人身拘束
の恐れがある故に好ましくない存在から、解雇権濫用法理で雇用が守られな
いが故に好ましくない存在へと、その存在のあり方を大きく変えていたので
ある。

第6章　労働契約法政策　715

（3）　1998年改正

　初めて労働基準法上の労働契約法制を正面から取り上げた1993年5月の労働基準法研究会労働契約等法制部会[45]の報告「今後の労働契約等法制のあり方について」[46]は、労働契約の期間制限について「その趣旨は長期労働契約による人身拘束の弊害を排除することにあるとされているが、今日の経済社会情勢の下では人身拘束の恐れは極めて小さいと考えられる」とした上で、「一方、労働者、使用者双方に、1年を超える長期の労働契約についてのニーズが高まってきている」とし、労働契約の期間に関する制限を緩和することを求め、具体的には「民法の雇傭の期間に関する取扱いを考慮し、期間の上限を5年に延長することが適当」だとした。

　これを受けて中央労働基準審議会就業規則等部会[47]で審議が行われ、1995年5月に「中間取りまとめ」がまとめられた。ここでは、期間制限そのものについて「労働者の柔軟・多様な働き方を阻害する方向で働いており、これを緩和ないし廃止すべき」との使用者側の意見と「1年を超えるものについては、雇用保障期間として設定するならば現行法においても適法であるので現行法の規定を改廃する必要はない」との労働側の意見の対立が示されるとともに、労働側から労働契約に期間を設定すること自体に対する規制を要求する意見が上がり始めたことが注目される。

　その後、1997年7月に事務局が合同会議に提出した試案は、労働契約の上限については、新商品・新技術の開発、有期のプロジェクト及び定年退職者等の高齢者について5年以内とするという形で、対象を絞り込む案となっている。しかし、これに対しても労働側はかなり反発を見せ、5年ではなく3年がぎりぎり限度だとし、とりわけ従来の正規雇用が期間雇用に転化して雇止めされることのないよう、3年の有期雇用は新たに雇い入れられる者に限定すべきだと主張するとともに、対象範囲は高度な専門的職種に限るべきだと主張した。この時の中央労働基準審議会は労働時間法制特に企画業務型裁

45）学識者9名、座長：安枝英訷。

46）労働省労働基準局監督課編『今後の労働契約等法制のあり方について：労働基準法研究会報告』日本労働研究機構（1993年）。

47）公労使各5名、部会長：諏訪康雄。

量労働制の是非をめぐって労使が鋭く対立していたこともあり、労働省は労働時間法制で強行突破する引換えとして労働契約法制ではかなり労働側に妥協的な姿勢を見せたようである。

同年12月の建議では、労働側の意見がかなり容れられ、対象者は「新商品又は新技術の開発等の業務に必要とされ、当該事業場で確保が困難な高度の専門的な知識、技術又は経験を有する者を新たに雇い入れる場合」、「新規事業又は海外活動の展開等経営上の必要により一定の期間内に完了することを予定して行うプロジェクトに係る業務に必要とされ、当該事業場で確保が困難な高度の専門的な知識、技術又は経験を有する者を新たに雇い入れる場合」、「定年退職者等高齢者に係る場合」と非常に限定的になった。

また、「有期労働契約の反復更新の問題等については、その実態及び裁判例の動向に関して専門的な調査研究を行う場を別に設けることが適当である」との記述もあり、この問題が政策課題として明確に取り上げられることとなった。

こうして1998年9月に労働基準法は改正され、極めて限定的な形ではあるが有期労働契約の期間の上限は3年に延長された。

(4) 2003年改正

ところが、この改正は施行後間もなく規制改革サイドからの批判を受けることになる。2000年12月の行政改革推進本部規制改革委員会[48]の「規制改革についての見解」では、「これでは60歳以上の高齢者を別として、期間3年の労働契約は認めないと言っているに等しい」とし、「少なくとも新たにベンチャー企業を立ち上げる等の場合には、最長3年の有期労働契約を締結しやすくなるよう」検討せよと述べている。さらにこれが衣替えした総合規制改革会議[49]の2001年7月の中間取りまとめでは、「労働契約期間の上限を現行の3年から5年に延長し、適用範囲を拡大する等の方向で早期の法改正」を求め、これは2002年3月閣議決定の規制改革推進3か年計画に盛り込まれ

---

48) 学識者14名（経済界6名、労働界1名、学者7名）、委員長：宮内義彦。
49) 学識者15名（経済界10名、学者5名）、議長：宮内義彦。

た。

　こういった流れの中で、厚生労働省はまず2001年11月から対象となる専門職の拡大の審議を進め、2002年2月に告示した。その後、いよいよ労働基準法本体の議論に入り、裁量労働制や解雇法制などの事項と合わせて労働政策審議会労働条件分科会[50]で審議を進め、同年12月には建議が取りまとめられた。

　ここでは「有期労働契約が労使双方にとって良好な雇用形態として活用されるようにしていくことが必要」という認識の下、「有期契約労働者の多くが契約の更新を繰り返すことにより一定期間継続して雇用されている現状等を踏まえ、有期労働契約の期間の上限について、現行の原則である1年を3年に延長するとともに、公認会計士、医師等専門的な知識、技術又は経験であって高度なものを有する労働者を当該専門的な知識、技術又は経験を必要とする業務に従事させる場合及び60歳以上の高齢者に係る場合については5年とする」ということで何とかまとめたが、労働側の強い要求に応える形で「有期労働契約の期間の上限を延長することに伴い、合理的な理由なく、企業において期間の定めのない労働者について有期労働契約に変更することのないようにすることが望まれる」という一文を入れ、さらに「労働者側委員から・・・意見があった」という形で「有期労働契約の期間の上限を延長することに伴い、企業において、期間の定めのない労働者の雇用に代えて有期契約労働者の雇用にするケースや、新規学卒者の採用に当たって3年の有期労働契約とすることにより事実上の若年定年制となるケースが増大するのではないか」との懸念と、「常用代替が進まぬよう、一定の期間を超えて雇用された場合の常用化や期間の定めのない労働者との均等待遇等を要件とすべき」との意見を付け加えている。

　その後2003年3月に法案が国会に提出され、同年7月に成立に至った。条文上では専門職の規定はかなり変わり、1998年改正で規定された新商品・新技術の開発とか一定期間内に完了する業務といった限定はなくなって高度な専門的な知識、技術又は経験を有する労働者を雇い入れる場合に拡大さ

50）公労使各7名、分科会長：西村健一郎。

れ、また新たに雇い入れる場合という限定もなくなった。つまり、1998年改正では最初に3年契約で雇い入れても次に更新するときは1年契約であるが、2003年改正では最初に5年契約で雇い入れれば次に更新するときも5年契約である。なお、衆参の附帯決議で「専門的な知識、技術を有しており、自らの労働条件を決めるに当たり、交渉上劣位に立つことのない労働者を当該専門的な知識、技術及び経験を必要とする業務に従事させる場合に限定すること」とされたことを受けて、2003年10月の大臣告示（第356号）でその対象を指定した。具体的には、①博士の学位を有する者、②公認会計士、医師、歯科医師、獣医師、弁護士、一級建築士、税理士、薬剤師、社会保険労務士、不動産鑑定士、技術士、弁理士の資格を有する者、③システムアナリスト及びアクチュアリー試験合格者、④特許発明者及び登録意匠創作者等、⑤高賃金（年収約1075万円以上）の技術者、システムエンジニア等である。

　なお、衆議院における修正により、上限5年の専門職と一定の事業の完了に必要な期間を定めるものを除き、1年以上の期間の定めのある有期労働契約については、民法第628条の規定にかかわらず、労働契約の初日から1年経過後は、使用者に申し出ることによりいつでも退職することができるものとする修正が行われた。これは改正法の施行状況を勘案して検討を行い、その結果に基づいて必要な措置を講ずるまでの特例とされている。「民法第628条の規定にかかわらず」というのは、「やむを得ない事由」がなくても契約期間の途中で一方的に契約解除することができるということで、まさに雇用保障期間としては3年まで延長されたが、拘束期間としては1年のままという状況になったわけである。検討結果までの特例と言いながら、現在まで見直す気配はない。

2　有期契約労働者の雇止めと無期化[51]

（1）　臨時工問題

　有期契約労働者の更新雇止め問題の歴史はかなり古い。1926年頃から、

51）濱口桂一郎「有期労働契約と雇止めの金銭補償」（『季刊労働法』210号）。

景気変動の安全弁としての臨時工と常用工との労働条件格差が問題化し、メーデーの標語に臨時雇用制度の撤廃が掲げられ、臨時工の中からも差別撤廃の要求が起こるなど、労働行政上重要視されるに至った。特に、事業主は臨時工を使用するに当たり、労力供給業者の供給する人夫、期限付職工、請負人の使用する職工等の形式を採り、工場法中解雇に関する規定の適用を免れようとする傾向があった。このような事業主の脱法行為や賃金の中間搾取を防止するため、内務省社会局は数次にわたり、臨時工に対する工場法の適用について通牒した。

例えば、1930年6月の「定期臨時工ニ関スル件」（収労第85号）は、「期限付雇傭契約ト雖モ従来ノ事例作業ノ状況等ノ客観的事情ヨリ見テ期限ニ至リ契約更新セラルルヤ期限ト共ニ終了スルヤ不明ニシテ期限終了ニ際シテ更新セラレザル場合ニハ新ニ其ノ旨ノ申渡ヲ為スコトヲ要スルガ如キモノニ就テハ斯ル申渡ハ工場法施行令第二十七条ノ二ノ雇用契約ノ解除ト同視スベキモノニシテ二週間ノ予告ヲ為スカ或ハ賃金十四日分以上ノ手当ヲ支給スルコトヲ要ス」としている。

また、1933年11月の「工場法施行令第二十七条ノ二ノ解釈ニ関スル件」は、「同条ノ雇傭契約ナル語ハ形式上ノ契約書等ニ関スルコトナク事実上ノ使用関係ヲ云ヒ、雇傭契約ノ解除トハ工場主ノ一方的意思ニヨリ雇傭関係ヲ終了セシメルモノヲ云フモノニシテ、日々ニ雇入ノ形式ヲ採ルモノ又ハ請負人ノ供給スルモノト雖モ事実上特定セラレ且相当継続シテ使用セラルル場合ニハ事実上期間ノ定メナキ雇傭関係成立シタルモノト見ルベク其ノ雇入ノ停止ハ事実上契約解除ト見ルコトヲ要スル」とし、具体的には「三十日ヲ超エテ継続使用セラレタル職工ハ日々雇入又ハ労務供給ノ形式ニ依ル場合と雖モ施行令第二十七条ノ二ノ適用アルモノ」としている。

こういった経緯を踏まえて、戦後労働基準法が制定されるときに第21条として解雇予告の例外に関する若干込み入った規定が設けられた。すなわち、日々雇い入れられる者、2か月以内の期間を定めて使用される者、季節的業務に4か月以内の期間を定めて使用される者及び試の使用期間中の者については、30日の解雇予告の規定を適用しないとしつつ、①日々雇用者が1か月を超えて引き続き使用されるに至った場合、②2か月以内の有期労働者

及び4か月以内の季節労働者が所定の期間を超えて引き続き使用されるに至った場合、③試用期間中の者が14日を超えて引き続き使用されるに至った場合にはこの限りでない、つまり「之を期間の定めのない契約と同一に取扱って、解雇予告を要することとし、脱法行為を防いだ」のである。

戦後もある時期まで臨時工問題がかなり大きな労働問題であり、これに対して行政解釈においても「形式的に労働契約が更新されても、設例のごとく短期の契約を数回に亘って更新し、且つ同一作業に引き続き従事させる場合は、実質において期間の定めのない契約と同一に取り扱うべきものであるから法第21条第2号に該当するものではない」（1949年基収第2751号）とか、「又、『解雇予告の趣きを附して契約を更新していた』とある意味が判然しないが解雇の予告が数次に亘り1月毎に繰り返された場合には、法第20条の法意に鑑み使用者労働者双方にとって最終の契約についての解雇の予告として確定的に意味を持つものと客観的に認められるのでなければ予告期間の満了によって当該契約が終了するとは考えられない」（1952年基収第503号）といった形で、有期労働契約の更新によって（たとえ更新のつど形式的に解雇予告をしていても）実質的に期間の定めなき労働契約と取り扱うという立場を打ち出している。

しかし、その後高度経済成長の進行とともに臨時工は減少していき、労働問題から姿を消していった。

（2）　パートタイム労働者問題

臨時工に代わって非正規労働者の代表格に収まったのはパートタイム労働者であった。パートタイム労働者とは本来所定労働時間が通常の労働者よりも短い者というだけの意味であるはずであったが、実際には有期労働契約の問題がパートタイム労働者の問題という形で取り上げられた。労働時間が通常の労働者と変わらない「フルタイム・パート」などという存在は、本来有期契約労働者の問題として取り上げられるべきものであったが、一切合切パート問題にされてしまったのである。1970年の婦人少年局長通達では「パートタイマーは労働時間以外の点においては、フルタイムの労働者と何ら異なるものではない」と言っていたのが、1984年8月の労働基準法研究会

報告では反覆更新された期間の定めのある労働契約の終了という本来有期労働契約に係る問題が「パートタイム労働者の問題点及び対策の方向」として示されるに至っている。前述のようにその背景にはこの時期の労働法政策全体が内部労働市場重視に傾いていったという事態が考えられる。

さて、同報告では、「それぞれの労働契約の終期は契約更新の都度明らかにされているにしても、現実に労働契約が終了する時点はそれと異なり不明確であるわけであるから、使用者の契約更新拒絶の意思表示により突然に労働契約が終了することによって労働者が被る不利益を緩和する措置が必要」だと述べ、さらに具体的に「期間の定めのある労働契約の更新により一定期間を超えて引き続きパートタイム労働者を使用するに至った場合は、当該労働契約を更新することなく期間の満了により終了させるときであっても、少なくとも30日前にその予告をしなければならないこと」を提起している。これを受けて同年12月に発出されたパートタイム労働対策要綱では、この旨が努力規定として書き込まれた。

以後、パートタイム労働対策の一項として必ず期間の定めのある労働契約について言及され、1989年のパートタイム労働指針では、1年を超えて使用しているパートタイム労働者について期間をできるだけ長くすることや更新しないときは30日前に予告するよう努めることとされた。

（3）　社会党の法案

法政策として初めて有期労働問題をそれ自体として提起したのは、社会党が1983年10月に提出した「短期労働者及び短時間労働者の保護に関する法律案」である。名称から分かるようにこれはパートタイム労働者と短期労働者を対象とした法案であるが、短期労働者に係る規定が多く盛り込まれていて、いずれも今日の有期労働契約問題においても重要な課題となっている。

同法案は、まず「就労させる業務が、季節的業務、事業の期間が予定される事業に係る業務その他短期労働者を雇い入れることについてやむを得ない事情がある業務である場合を除き、短期労働者を雇い入れてはならない」と、有期労働契約の原則禁止を打ち出し、これに違反した場合は期間の定めなき雇用が締結されたものとみなすとしている。そして「短期労働者が当該

722　第3部　労働条件法政策

雇用期間を超えて引き続き使用されるに至った場合には、当該労働契約の当事者間に、引き続き使用されるに至った日に、一般労働者としての労働契約が締結されたものと見なす」と、適法な短期労働者も期間を超えれば直ちに期間の定めなき雇用に転化するという仕組みを示している。

　均等待遇関係では、賃金と有給休暇や福利厚生については短期労働者も不利益な取扱いをしてはならないとしているが、昇進、異動、解雇については短時間労働者のみを規定し、短期労働者は外されている。また、短期労働者の優先雇用の規定もある。

　前述のように、この法案は審議未了廃案を繰り返し、結局1992年2月に4野党共同で短時間労働者の通常の労働者との均等待遇及び適正な就業条件の確保に関する法律案が提出されるのと入れ替わりに消えていった。同法案はもっぱらパートタイム労働者のみを対象とするものであり、有期契約労働問題は一旦法政策の土俵から消えることになった。

(4)　1998年労働基準法改正

　1998年労働基準法改正の過程では、労働契約期間の上限の延長が提起されたことから、特に労働側から有期労働契約の反復更新と雇止めの問題が繰り返し提起された。

　1993年5月の労働基準法研究会労働契約等法制部会[52]報告では、労働契約の期間設定について「長期間の雇用を予定しているにもかかわらず有期の労働契約を締結しこれを繰り返し更新する場合、…労働契約の締結に際し合理的に期間設定がなされることが望ましい」とする一方、「有期の労働契約を締結した場合であって、当該更新した労働契約の終了により、引き続き労働契約を締結しないこととするとき（いわゆる雇止めを行うとき）は、解雇予告の場合と同様の予告を行うこととすることが適当」としている。

　中央労働基準審議会就業規則等部会[53]の議論では、労働者側委員から「有期労働契約の反復更新があった場合は一定の要件で期間の定めのない契約と

52）学識者9名、座長：安枝英訷。
53）公労使各5名、部会長：諏訪康雄。

みなすことを含め、有期労働契約に係る問題全般にわたり検討し、所要の措置を併せ講ずべきであるとの意見」が出されたが、結局1997年12月の建議では「有期労働契約の反復更新の問題等については、その実態及び裁判例の動向に関して専門的な調査研究を行う場を別に設けることが適当」という形で一応の決着が図られた。国会でも1998年9月、衆参両院で「有期労働契約について、反復更新の実態、裁判例の動向等について専門的な調査研究を行う場を設け検討を進め、その結果に基づいて法令上の措置を含め必要な措置を講ずること」という附帯決議が附された。こうしてボールは労働省側に投げられた。

（5）　有期労働契約反復更新調査研究会と指針

　労働省は1999年5月、有期労働契約の反復更新に関する調査研究会[54]を開催し、報告が2000年9月に公表された。

　この報告を受けて、2000年12月労働省は「有期労働契約の締結及び更新・雇止めに関する指針」（基発第779号）を労働基準局長名の通達として発出した。この指針は有期労働契約を「パートタイマー、契約社員、嘱託、臨時社員、アルバイト等…呼称を問わず期間を定めて締結されている労働契約をいう」と定義した上で、有期労働契約の締結及び更新・雇止めに当たり、手続及び契約期間に関して使用者が考慮すべき事項として次のようなものを挙げている。使用者は有期労働契約の締結に際して、当該有期労働契約の更新の有無及びその考え方並びに更新及び雇止めを行う場合の判断基準を労働者に説明するよう努めること、説明内容を変更したときも速やかに説明するよう努力すること、更新により1年を超えた有期労働者について労働契約の期間をできるだけ長くするよう努めること、更新により1年を超えた有期労働者を更新しないときは少なくとも30日前に予告するよう努めること、またこの場合「契約期間の満了」という理由とは別に、退職時の解雇理由の証明に準じて更新しない理由を告知するよう努めること、である。

54）学識者6名、座長：山川隆一。

724　第3部　労働条件法政策

（6）　2003年労働基準法改正と有期労働契約基準告示

　2003年改正に向けて、有期労働契約の上限の延長が審議されていった過程は前述の通りであるが、規制改革サイドの動きに対して、連合は上限延長を批判するだけでなく、むしろ有期労働契約の規制強化を主張していった。

　2001年10月にまとめられた連合のパート・有期契約労働法案要綱は、有期労働契約の締結を一定の事由に限定しようとするもので、1983年の社会党案に近い。具体的には、一定の事業の完了に必要な期間を定める場合と1998年改正による3年有期（新商品開発等や高齢者）のほかには、休業中の労働者の補充、一時的な業務の増大への対応、業務の性質上一時的な労働又はこれらに準ずる合理的理由がある場合に限定して1年以内で認め、これに違反するときは期間の定めのない契約とみなすこと、契約締結時の期間を定める理由の書面による明示、更新は1回に限ること、時間当たり賃金で類似の通常の労働者と差別的取扱いをしないこと、などが規定されている。

　労働政策審議会労働条件分科会[55]においても、労働側は、労働契約の原則は期間の定めのない契約であって、有期労働契約は臨時的・一時的な業務に限定し、反復更新に制限を加えるべきと主張し、また2000年12月の指針は十分でなく実効性に欠けるとしてその法制化を求めた。こういったことも踏まえて2002年12月に取りまとめられた建議では、「労働基準法において、有期労働契約の締結及び更新・雇止めに関する基準を定めることができる根拠規定を設け、有期労働契約を締結する使用者に対して必要な助言及び指導を行うこととし、当該基準においては、一定期間以上雇用された有期契約労働者について使用者が契約を更新しないこととするときは、当該労働者に対して更新しない旨を予告すること等を定める」ことを求めている。

　指針の根拠規定を設ける2003年の法改正に基づき、同年10月、これまで通達レベルであった指針が大臣告示に格上げされ、有期労働契約の締結、更新及び雇止めに関する基準が策定された。

　まず、契約締結時の明示事項として、使用者は有期労働契約の締結に際し、労働者に対して当該契約の期間満了後における当該契約に係る更新の有

55）公労使各7名、分科会長：西村健一郎。

無を明示しなければならず、使用者が当該契約を更新する場合がある旨明示したときは更新する場合しない場合の判断基準を明示しなければならず、これらを変更するときは速やかにその内容を明示しなければならないとしている。そして、雇止めの予告として、雇入れから1年を超えて継続勤務している有期労働者に対して契約を更新しないこととしようとする場合には、契約期間満了30日前までにその予告をしなければならないとしている。さらにこの場合、労働者が更新しない理由について証明書を請求したときは、使用者は遅滞なくこれを交付しなければならず、事後にもやはり更新しなかった理由の証明書を交付しなければならない、として、解雇の場合の解雇予告と解雇理由の明示とパラレルな規定を設けている。

(7)　労働契約法制在り方研究会

　2003年労働基準法改正時の衆参両院の附帯決議において、「有期上限5年の対象労働者の退職の自由、雇止め予告の在り方を含めた有期雇用の反復更新問題、『期間の定めのない』契約とするみなし規定の制定、有期雇用とするべき理由の明示の義務化、正社員との均等待遇、育児・介護休業の適用など、有期労働契約の在り方について、期間の上限を延長した場合におけるトラブルの発生についての状況を調査するとともに、雇用形態の在り方が就業構造全体に及ぼす影響を考慮しつつ、早急に検討を行い、その結果に基づき必要な措置を講ずること」が求められた。

　これも受けて、2004年4月から開始された今後の労働契約法制の在り方に関する研究会[56]は、2005年4月に中間報告を、9月に最終報告を発表した。

　そこではまず、労働契約の期間は契約締結時の明示義務に含まれていることから、使用者が契約期間を書面で明示しなかったときには、これを期間の定めのない契約であるとみなすことを提案している。また、「有期労働契約の締結、更新及び雇止めに関する基準」に定める更新の可能性の有無や更新の基準の明示の手続を法律上必要とすることとし、使用者がこれを履行したことを雇止めの有効性の判断に当たっての考慮要素とすることが適当である

56）学識者10名、座長：菅野和夫。

726　第3部　労働条件法政策

としている。

　使用者がこのような雇止めの制限を免れるために、実際には契約の更新を予定しているにもかかわらず、更新をしない旨を明示しつつ、実際には更新を繰り返すことや、有期契約労働者を長期間継続して雇用し、特に反復継続して更新を繰り返し、期間の定めのない契約と実質的に異ならない状況や、労働者が契約の更新を期待することに合理性が認められる状況となっていながら、最後の更新時のみ次回の更新はない旨を明示して雇止めすることに対しては、使用者が労働者に更新の可能性がない旨を明示した場合であっても、その契約の期間満了後一定期間（例えば3か月）以内に同じ使用者と労働者が再度有期労働契約を締結したときは、再度締結した有期労働契約の更新については、更新の可能性がある旨が明示されたものと扱うこと、また有期契約労働者が同じ使用者に一定期間（例えば5年）を超えて引き続き雇用されたときも同様に、有期労働契約の締結又は更新に際して更新の可能性がない旨が明示されていたとしても、更新の可能性がある旨が明示されたものと扱うことを提案している。これは、更新可能性の判断基準という裏側からのアプローチではあるが、契約上の明確な期間限定を実態上の雇用継続によって制限するのと同様の効果を持つものであり、事実上一定の要件を満たす有期労働契約を一定の側面については期間の定めなき契約として扱うものと評しうる。

　また、契約を更新することがありうる旨が明示されていた場合でも、人種、国籍、信条、性別等を理由とする差別的な雇止めや、有期契約労働者が年次有給休暇を取得するなどの正当な権利を行使したことを理由とする雇止めはできないことが提唱されている。これもまた、更新の可能性のある有期労働契約を、公序に反する悪質な雇止めとの関係においては、実質的に期間の定めのない契約と同様に取り扱おうとするものといえよう。

　なお研究会報告は、試用雇用契約と試用期間との区別を明確にするため、有期労働契約が試用の目的を有する場合には、契約期間満了後に本採用としての期間の定めのない契約の締結がない限り、契約期間の満了によって労働契約が終了することを明示するなど、一定の要件を満たしていなければ試用期間とみなすことを提案している。また、試行雇用契約については、差別的

な理由や有期契約労働者が正当な権利を行使したことを理由とする本採用の拒否はできないこととすることを求めている。

(8) 2007年労働契約法

2005年9月には労働政策審議会に対し、今後の労働契約法制の在り方について諮問がなされ、10月より労働条件分科会[57]において審議が開始された。

2006年4月に事務局から提示された「検討の視点」では、「有期労働契約が更新されながら一定期間（又は一定回数）を超えて継続している場合において、労働者の請求があったときには、次の更新の際、期間の定めのない労働契約が締結されることとなるような方策が考えられないか」との提起がなされ、同年6月の「在り方（案）」では、「一定期間（例えば1年）又は一定回数（例えば3回程度）を超えて継続している場合において、労働者の請求があったときには、使用者は期間の定めのない契約の優先的な応募機会の付与を行わなければならない」と変わったが、いったん審議が中断した後はこの論点は落ちてしまい、結局同年12月の答申では、契約期間中の解約制限、不必要に短期の労働契約を反復更新しない配慮、そして雇止め予告の対象範囲の3回以上更新された場合への拡大の3点が示されるにとどまった。

翌2007年3月に国会に提出され、11月に成立した労働契約法では、第17条の第1項で「使用者は、期間の定めのある労働契約について、やむを得ない事由がないときは、その契約期間が満了するまでの間において、労働者を解雇することができない」、第2項は「使用者は、期間の定めのある労働契約について、その労働契約により労働者を使用する目的に照らして、必要以上に短い期間を定めることにより、その労働契約を反復して更新することのないよう配慮しなければならない」と規定した。翌2008年1月、有期労働契約の締結、更新及び雇止めに関する基準が改正され、雇止めの予告について、有期労働契約が3回以上更新された場合を追加した。

57）公労使各7名、分科会長：西村健一郎。

（9）　野党の有期労働法案

2008年12月、金融危機による雇用情勢の悪化の中で、野党の民主党、社会民主党及び国民新党は、期間の定めのある労働契約の規制等のための労働契約法の一部を改正する法律案を提出した。

その最も重要な点は、有期労働契約の締結事由を限定してしまおうとするもので、具体的には、①臨時的又は一時的な業務に使用するため労働者を雇い入れる場合には当該業務の存続期間であって3年を超えない期間、②休業又は欠勤する労働者に代替する労働者を雇い入れる場合には当該休業又は欠勤の期間、③一定の期間内に完了することが予定されている事業に使用するため労働者を雇い入れる場合には当該事業の完了に必要な期間、④専門的な知識、技術又は経験であって高度のものとして厚生労働大臣が定める基準に該当する専門的知識等を有する労働者を雇い入れる場合には5年、⑤満60歳以上の労働者を雇い入れる場合には5年、⑥労働者がその都合により当該有期労働契約の期間の満了後に退職することが明らかな場合等相当な理由に基づいて、労働者が期間の定めをすることを求めた場合には3年、⑦法令上特に認められた場合には当該法令により認められた期間、⑧①から⑦までに掲げるもののほか、有期労働契約を締結することに正当な理由があるものとして厚生労働省令で定める事由に該当する場合には3年とされている。

また、有期労働契約の締結に当たっては、その期間、期間の定めをする理由、期間満了後の更新の可能性の有無、更新する場合としない場合の判断基準等を書面で通知しなければならないとしている。

これにより「更新の可能性を明示された有期労働契約を締結している労働者が、当該有期労働契約の更新を希望した場合においては、使用者は、当該労働者に係る従前の有期労働契約の更新の回数、継続的に勤務をしている期間その他の事情に照らして、当該有期労働契約を更新しないこととすることが客観的に合理的な理由を欠き、社会通念上相当であると認められない場合は、更新を拒んではならない」と、雇止めの制限を明記している。なお、1年を超えて継続勤務している有期労働者に対して更新しないこととするときには、30日前に予告することを求めている。

もう一つの柱として、「使用者は、有期労働契約を締結している労働者又

は短時間労働者の賃金その他の労働条件について、合理的な理由がある場合でなければ、通常の労働者と差別的取扱いをしてはならない」と差別禁止を明示している。この法案は、他の雇用関連法案と同様、与党によって否決された。

（10） 有期労働契約研究会

　厚生労働省は2009年2月、新たに有期労働契約研究会[58]を発足させた。2010年9月に取りまとめられた報告書は、雇用の安定・公正な待遇の確保を目的に挙げ、有期労働契約の不合理・不適正な利用を防止するとの視点を強調している。

　具体的な論点のうち最大のものは有期契約の反復更新をめぐる入口から出口に至る規制の是非である。このうち入口、つまり有期労働契約の締結の時点で利用可能な事由を限定することについては、一応「検討する必要がある」と述べているが、新規雇用の抑制につながるとの懸念や、ドイツやスウェーデンで入口規制が緩和された事例を挙げて、やや否定的なトーンとなっている。

　これに対して出口、つまり更新回数や利用可能期間の上限を設定することについては、「有期労働契約の利用を基本的には認めた上で、・・・いわば濫用といえる状態を排除するという手法であり、今後稀少となっていく労働力の有効な活用にも資する」とかなり積極的な評価がされる一方、韓国の例から上限手前の雇止めを誘発するという副作用も指摘している。これに併せて、雇止め法理（解雇権濫用法理の類推適用）の明確化も示している。

　大きな第2の柱は均衡待遇と正社員への転換である。前者については基本的にパートタイム労働法の枠組みに沿って、正社員と同視しうるものは均等待遇を義務づけ、その他の者には均衡待遇の努力義務と説明責任を課すという考え方を示している。その根拠として日本が一般的に職務給体系をとっておらず、何が合理的理由のない不利益取扱いかの判断が難しいことを挙げている。

58）学識者8名、座長：鎌田耕一。

730　第3部　労働条件法政策

　一方、正社員への転換措置を義務づけたり、そのためのインセンティブを付与することを提起しつつ、一挙に正社員に転換することはハードルが高いことから、勤務地限定、職種限定などの無期労働契約を選択できるようにすることを検討すべきとしている。

（11）　労政審建議

　研究会報告を受けて、2010年10月から労働政策審議会労働条件分科会[59]において公労使による審議が開始され、翌2011年12月に「有期労働契約の在り方について」建議が取りまとめられた。

　まずいわゆる入口規制については、「例外業務の範囲をめぐる紛争多発への懸念や、雇用機会の減少の懸念等を踏まえ、措置を講ずべきとの結論には至らなかった」と、導入を否定した。

　最大の問題になった出口規制については、「有期労働契約が、同一の労働者と使用者との間で5年を超えて反復更新された場合には、労働者の申出により、期間の定めのない労働契約に転換させる仕組みを導入することが適当」と、2005年の「検討の視点」に類した結論に至った。ただし、「転換に際し、期間の定めを除く労働条件は、別段の定めのない限り従前と同一とする」というかっこ書きが加えられている。

　また「仮に更新回数や利用可能期間の議論をするのであれば、同一労働者との再契約を認めるというクーリング期間についても、雇用機会確保の視点から議論が必要」との経営側の主張を容れて、6か月（期間が1年未満の場合はその2分の1の期間）のいわゆるクーリング期間を認めている。さらに、利用可能期間到達前の雇止めの抑制策の在り方について労使を含め十分に検討すること、上記仕組みによる転換が生じうる時期の3年経過後に仕組みの再検討を行うことが付記されている。

　出口規制の一環であるが、「雇止め法理については、法制化の方向で検討する必要がある」という労働側の主張の基本部分を容れて「いわゆる雇止め法理について、これを、より認識可能性の高いルールとすることにより、紛

59）公労使各7名、分科会長：岩村正彦。

争を防止するため、その内容を制定法化し、明確化を図ることが適当である」としている。

パート労働者等とも共通する均等・均衡問題については、「労働条件については、職務の内容や配置の変更の範囲等を考慮して、期間の定めを理由とする不合理なものと認められるものであってはならないこととする」とされた。

契約締結・終了時の手続については、契約更新の判断基準について労働条件明示義務に含めるとする一方、有期労働契約締結時に締結理由を明示させることや雇止め予告を法律上の義務とすることについては、「措置を講ずべきとの結論には至らなかった」としている。

(12) 2012年労働契約法改正

翌2012年3月に厚生労働省は労働契約法改正案を国会に提出し、同年8月に成立に至った。

この法改正により、まず出口規制のうち有期から無期への転換（第18条）について、「通算契約期間」が「五年を超える労働者が……期間の定めのない労働契約の締結の申込みをしたときは、使用者は当該申込みを承諾したものとみなす」とされた。労働者の申込みを要件としているのは、言い換えれば、労働者が申し込まなければ有期契約のまま更新されていくということである。また、無期転換後の労働条件は「現に締結している有期労働契約の内容である労働条件と同一の労働条件」（別段の定めがある部分を除く）とされている。

雇止め法理の法文化（第19条）はかなり工夫の跡があり、東芝柳町事件判決の内容を「当該有期労働契約が過去に反復継続して更新されたことがあるものであって、その契約期間の満了時に当該有期労働契約を更新しないことにより当該有期労働契約を終了させることが、期間の定めのない労働契約を締結している労働者に解雇の意思表示をすることにより当該期間の定めのない労働契約を終了させることと社会通念上同視できると認められること」と、日立メディコ事件判決の内容を「当該労働者において当該有期労働契約の契約期間の満了時に当該有期労働契約が更新されるものと期待することについて合理的な理由があるものであると認められること」とまとめた上で、

732　第3部　労働条件法政策

これらの「いずれかに該当するものの契約期間が満了するまでの間に労働者が当該有期労働契約の更新の申込みをした場合又は当該契約期間の満了後遅滞なく有期労働契約の締結の申込みをした場合であって、使用者が当該申込みを拒絶することが、客観的に合理的な理由を欠き、社会通念上相当と認められないときは、使用者は、従前の有期労働契約の内容である労働条件と同一の労働条件で、当該申込みを承諾したものとみなす」という技巧的なやり方をしている。

　期間の定めを理由とした差別（第20条）については「労働条件の相違は、労働者の業務の内容及び当該業務に伴う責任の程度、当該職務の内容及び配置の変更の範囲その他の事情を考慮して、不合理と認められるものであってはならない」と規定している。なおこの規定は、2018年改正でパート法の均衡待遇規定に統合された。

（13）　国家戦略特区関係の規制緩和

　2012年末の総選挙で自由民主党が大勝し、第2次安倍晋三内閣が成立してすぐ、2013年1月に産業競争力会議[60]が設置された。同会議で竹中平蔵委員から立地競争力の強化のためにこれまでとは次元の違う特区制度の創設が提案され、これを受ける形で地域活性化担当大臣の下に国家戦略特区ワーキンググループ[61]が設置された。そこに同年5月提示された「規制改革事項」の中に、「有期労働契約期間（5年）の延長」（契約型正規雇用制度の創設等）なる項目が盛り込まれた。そこでは「一定期間を経過した有期雇用は、終身雇用に切り替えない限り、打ち切りにすることを雇用者に義務付けていることが問題である」という誤解に基づき、「有期雇用の自由な再契約を可能とする制度改革を緊急に行うべきである」という提案がされている。

　同年10月に日本経済再生本部が決定した「国家戦略特区における規制改革事項等の検討方針」において、「有期雇用の特例」として、「例えば、これからオリンピックまでのプロジェクトを実施する企業が、7年間限定で更新

60）閣僚10名、学識者9名、議長：安倍晋三。
61）学識者9名、座長：八田達夫。

する代わりに無期転換権を発生させることなく高い待遇を提示し優秀な人材を集めることは、現行制度上はできない。したがって、新規開業直後の企業やグローバル企業をはじめとする企業等の中で重要かつ時限的な事業に従事している有期労働者であって、『高度な専門的知識等を有している者』で『比較的高収入を得ている者』などを対象に、無期転換申込権発生までの期間の在り方、その際に労働契約が適切に行われるための必要な措置等について、全国規模の規制改革として労働政策審議会において早急に検討を行い、その結果を踏まえ、平成26年通常国会に所要の法案を提出する。」と書き込まれた。これに基づき、同年11月に国家戦略特別区域法案が国会に提出され、同年12月に成立した。

　これを受けて、労働政策審議会労働条件分科会では2013年12月に有期雇用特別部会[62]を設け、審議を始めた。なお、経営側から2012年改正高齢法による65歳までの継続雇用についても、60歳から65歳まで有期契約を更新した結果無期化することを防ぐ措置を求める声があり、職業安定分科会に高年齢者有期雇用特別部会[63]を設けて、合わせて審議することとされた。労働側からは、現行労基法第14条でも7年間のプロジェクトのために7年間の労働契約を締結できるのではないかというもっともな疑問が提示されたが、結論先にありきであった。

　結局2014年2月に、一定の期間内に完了する業務に従事する高収入かつ高度な専門的知識等を有する有期契約労働者について、プロジェクトの完了までは無期転換申込権が発生しない（ただし10年を超えると無期転換申込権が発生する）こととする旨の建議を行い、同年3月に専門的知識等を有する有期雇用労働者等に関する特別措置法案を国会に提出した。同法案は同年11月衆議院解散の寸前に成立した。同法の特例では、事業主が計画を作成し、厚生労働大臣の認定を受けることをその要件としている。

62）公労使各4名、部会長：岩村正彦。
63）公労使各4名、部会長：岩村正彦。

（14） 研究者の有期契約特例

　一方、改正労働契約法の施行（2013年4月）により有期契約の若手研究者が5年未満で雇止めされてしまうとの懸念が噴出した。もともと総合科学技術会議は2011年5月時点では、無期転換しても合理的な理由で解雇することができるとしていたのだが、施行直前の2013年2月に山中伸弥京都大学iPS細胞研究所長が、5年で雇止めしなければならず優秀な人材が集まらないと発言したことがきっかけで議論が再燃し、4月の総合科学技術会議有識者懇談会でもこの問題が取り上げられ、産業競争力会議に働きかけた。こうした動きを受けて同年6月に閣議決定された「日本再興戦略」では、「研究者等への労働契約法をめぐる課題に関する検討」という項目が立てられ、「関係省が連携して直ちに検討を開始し、1年を目途に可能な限り早急に結論を得て、必要な措置を講じる」とされた。また同月、日本私立大学団体連合会は私立大学における有期契約労働者を無期転換ルールから除外することを求めた。

　この問題を公労使三者構成の労働政策審議会で審議すると時間もかかるし成立も危ぶまれるということで、議員立法によるスピード改正が図られ、同年11月には「研究開発システムの改革の推進等による研究開発能力の強化及び研究開発等の効率的推進等に関する法律及び大学の教員等の任期に関する法律の一部を改正する法律案」が国会に提出され、わずか9日で成立した。これにより科学技術に関する研究者、技術者について労働契約法第18条の5年が10年とされた。

　ちなみに、同法でいう科学技術とは人文科学を除いているが、この労働契約法の特例規定だけはなぜか人文科学も含むこととされている。

第6章　労働契約法政策　735

第4節　就業規則と労働条件変更の法政策[64]

1　就業規則法制の展開

(1)　戦前の就業規則法制

　制定時の工場法には就業規則に関する規定はなく、法制として登場するのは1926年の改正工場法施行令においてである。ただし、法制定過程では就業規則に関する規定が検討されていた。例えば1898年の工場法案では、「工業主ハ職工トノ関係ヲ定ムル為メ職工規則ヲ設ケ当該官庁ノ認可ヲ受クヘシ。之ヲ変更セントスルトキ亦同シ」「当該官庁ニ於テ必要ト認ムルトキハ職工規則、社宅寄宿舎規則ノ変更ヲ命スルコトヲ得」（第16条第1,3項）と、就業規則作成変更の認可制を提起していた。さらに、「職工規則ハ工業主及職工ヲ羈束ス」（第17条第2項）と労使双方への拘束力を認め、「職工規則、徒弟規則、社宅寄宿舎規則、雇傭契約又ハ修業契約ニ付キ工業主ト職工又ハ徒弟間ニ起リタル紛議ハ工場監督官吏ノ裁定ヲ受クルコトヲ得」（第30条）と、就業規則をめぐる紛争処理システムについても目配りをしていた。同案が諮問された農商工高等会議では審議の結果修正案をまとめたが、そこでは「工業主ハ職工、徒弟規則ヲ設ケ地方長官ニ届出ツヘシ。之ヲ変更スルトキ亦同シ」（第12条）と、就業規則作成変更の届出制に後退し、原案の紛争処理システムも削除されている。しかし、その後も工場法制定は紆余曲折を続け、結局1911年の工場法は「職工ノ雇入、解雇、周旋ノ取締及徒弟ニ関スル事項ハ勅令ヲ以テ之ヲ定ム」（第17条）という根拠規定を置いただけで、工場法施行令に就業規則に関する規定は置かれなかった。もっとも災害扶助に関しては、工場法施行令に「工業主ハ扶助規則ヲ作成シ…地方長官ニ届出ツヘシ。扶助規則ヲ変更セムトスルトキ亦同シ」（第19条）と規定されている。

　これに対して鉱山労働法制においては就業規則作成変更の許可制が導入されていた。1905年の鉱業法は、「採掘権者ハ鉱夫ノ雇傭及労役ニ関スル規則

64）濱口桂一郎「集団的労使関係法としての就業規則法理」（『季刊労働法』219号）。

736　第3部　労働条件法政策

ヲ定メ鉱山監督署長ノ許可ヲ受クヘシ」（第75条）と規定し、さらに1916年の鉱夫労役扶助規則では、「雇傭労役規則ニ違背シタル採掘権者…ハ百円以下ノ罰金又ハ科料ニ処ス」（第38条）と、使用者の就業規則違反に刑事罰を科していた。

　工場法制に就業規則が登場するのは1926年である。工場法施行令第27条ノ4として「常時五十人以上ノ職工ヲ使用スル工場ノ工業主ハ遅滞ナク就業規則ヲ作成シ之ヲ地方長官ニ届出ツヘシ。就業規則ヲ変更シタルトキ亦同シ」（第1項）、「地方長官必要ト認ムルトキハ就業規則ノ変更ヲ命スルコトヲ得」（第3項）という規定が設けられた。具体的な変更命令の基準については通牒（大正15年労発第71号）が示され、「労働組合ニ加入セサルコト又ハ組合ヨリ脱退スルコトヲ雇入ノ条件トナスモノハ之ヲ削除セシムルコト」とか、「早出、残業、徹夜又ハ臨時出勤ヲ命セラレタル者之ヲ拒ミタルトキ制裁ヲ加フルモノハ自己及家族ノ病気其他已ムヲ得サル事由アルトキハ此ノ限ニ在ラスト改メシムルコト」等と指示している。

　改正担当の監督課長であった吉阪俊蔵は、「我工場法ハ就業規則ノ制定又ハ変更ノ手続ニ付テハ何等規定ヲ設ケテ居ラナイ。思フニ就業規則ノ制定又ハ変更ニ労働者ノ関与ヲ認メルノハ望マシコトテアルトシテモ一般的ニ之ヲ強要スルノハ労働者ノ意見ヲ代表スル工場委員会又ハ労働組合ノ組織ノ発達トモ関係ノアルコトテアルカラ我国ノ現状ニ於テハ尚早トシ特ニ之ヲ規定セス一方ニ於テ就業規則ノ内容ニ付テ官庁ノ変更権ヲ認メ不法又ハ不当ナル規定ニ付テハ変更ヲ命シ以テ就業規則ノ妥当性ヲ保障シ得ルコトトシタ」[65]と解説している。この当時、既に行政当局内部では就業規則の制定変更への労働者の集団的関与の是非が論じられていたことが分かる。

　この点、労働法学者の末弘厳太郎は、より率直に「之ヲ諸外国ノ立法例ト比較スル時ハ其処ニハ尚幾多ノ望マルヘキモノノ存在スルコト勿論テアツテ殊ニ規則ノ制定ニ対シテ労働者ヲ参加セシムル制度ヲ全然採用セサリシコトハ吾人ノ最モ遺憾トスル所テアル。私ハ今後地方長官カ上記ノ変更命令権ヲ行使スルニ際シ単ニ規則ノ内容カ不法乃至不当ナリヤ否ヤヲ形式的ニ審査ス

65）吉阪俊蔵『改正工場法論』大東出版社（1927年）。

ルノミナラスソレカ職工大多数ノ意見ニモ合致スルヤ否ヤノ実質的審査ヲ行ヒ以テ規則ノ制定ヲ極力立憲的ナラシメンコトヲ希望シテ已マナイモノテアル」[66]と、立法論としては明確な労働者参加を主張しつつ、変更命令権を通じて事実上の労働者参加を実現することを提起していた。就業規則制定変更への労働者参加を、産業民主主義（当時の言葉で言えば「産業立憲」）の一環として理解している点が重要である。

なお、法的拘束力のあるものではないが、この改正時に内務省社会局が作成した就業規則参考案の第2条には、さりげなく「本規則ノ改正ハ工場委員会ニ諮リ其ノ意見ヲ聴場シタル上之ヲ行フ」と書かれていた[67]。

（2）　戦時中の就業規則法制

戦時下では就業規則法制についても国家統制が強められた。まず、1939年の賃金統制令により、「常時五十人以上ノ労働者ヲ使用スル工場又ハ事業場ノ事業主ハ賃金規則ヲ作成シ地方長官…ニ届出ヅベシ。之ヲ変更シタルトキ亦同ジ」（第4条）と規定された。工場法施行令では、賃金に関する記載事項は「賃金支払ノ方法及時期」だけであったが、賃金統制令では「所定就業時間及所定休憩時間」、「未経験労働者ノ初給賃金」、「定額賃金ノ等級別標準額」、「所定就業時間外労働ニ対スル割増率又ハ手当」等々と、賃金労働時間に関する多くの事項が対象となっている（施行規則第2条）。また同年の賃金臨時統制令では、昇給内規も地方長官に報告し、不適当なときは変更させることとされている。これらの基準となるべき具体的な額は累次の通牒で厚生省から示された。

1940年の第二次賃金統制令では、賃金規則作成義務が「常時十人以上ノ労務者ヲ雇傭スル雇傭主」に拡大されるとともに、作成変更時の労働者への周知義務も規定された（令第4条）。以上はブルーカラー労働者に対する賃金統制であるが、ホワイトカラー職員についても1939年の会社職員給与臨時措置令で主務大臣の許可を得た給料手当の準則によらない増給等を禁止

66）末弘厳太郎『労働法研究』改造社（1926年）。
67）石津三次郎『改正工場法解説』白水社（1926年）。

738 第3部 労働条件法政策

し、1940年の会社経理統制令も初任給や基本給の増額を許可制として厳しく統制した[68]。

1942年の重要事業場労務管理令は総動員業務を行う事業場が対象であるが、工場法制と賃金統制法制を統合し、事業主に従業規則、賃金規則、給料規則、昇給内規の作成を義務付け、その作成変更を厚生大臣の認可制とした。厚生大臣の規則変更命令、事業主の規則周知・遵守義務、従業者の規則遵守義務なども規定されている。こういった戦時法制は終戦直後全て廃止されたが、こういった包括的な就業規則への規制の在り方は戦後労働基準法制の中にも流れ込んでいる。

(3) 労働基準法における就業規則法制

労働基準法の制定過程において、就業規則についてどのような規定が検討されたのかを見ていく[69]。

1946年4月12日に作成された労働保護法草案（第1次案）に就業規則は姿を現さないが、同月24日の第2次案では第8章として就業規則に関する規定が設けられている。「常時十人以上ノ労働者ヲ使用スル事業主ハ左ノ事項ニ付就業規則ヲ作成シ之ヲ地方長官ニ届出ヅベシ。就業規則ヲ変更シタルトキ亦同ジ」（第42条第1項柱書）とか「地方長官必要アリト認ムルトキハ就業規則ノ変更ヲ命ズルコトヲ得」（同条第3項）という規定ぶりは戦前と全く変わらないが、「事業主ハ就業規則ノ作成ニ付当該事業場ニ労働組合アルトキハ労働組合ノ代表者、労働組合ナキトキハ労働者ノ多数ヲ代表スル者ノ意見ヲ徴スベシ」（同条第2項）という労働者関与の規定が登場している点が注目される。これは同じ第2次案が、労働時間規制について「事業主ガ当該事業場ニ労働組合アルトキハ労働組合トノ協約、労働組合ナキトキハ労働者

68）ちなみに、会社職員給与臨時措置令はその第3条において、「賃金臨時措置令第三条ノ賃金ヲ受クル労務者ヲ除クノ外会社ノ業務ニ従事スル者ニシテ閣令ヲ以テ定ムルモノ及会社ニ雇傭セラルル者」を「社員」と呼んでおり、会社経理統制令もこれを受け継いでいる。日本の法令において、出資者でないホワイトカラー労働者を「社員」と呼んだ恐らく唯一の立法例である。

69）渡辺章編集代表『日本立法資料全集51労働基準法(1)』信山社（1996年）。

ノ多数ヲ代表スルモノトノ書面ニ依ル協定ヲ為シタルトキハ前項規定ニ拘ラ
ズ其ノ協約又ハ協定ノ定ムル所ニ依ル」（第14条）という、労働者関与によ
る規制緩和を導入しているのと揆を一にしているが、後者が協約（協定）と
いう合意を要求しているのに対して、前者は意見聴取に過ぎない。

　5月13日の第3次案では、就業規則が法令や当該事業場に適用される労働
協約に反してはならず、これに抵触する就業規則の変更を命ずることができ
る旨と、就業規則に反する労働契約の部分の無効が規定され、一般的な変更
命令権は削除された。また意見聴取に関わって、「事業主は前項の意見を証
する書面を前条の届出書に添付しなければならない」という規定も置かれて
いる。

　これでほとんど現行労働基準法の規定ぶりに近づいたのだが、6月3日の
第4次案への修正で大きな変化があった。作成手続について「意見を徴しな
ければならない」を「同意を得なければならない」と書き換え、事実上の共
同決定を義務づけたのである。これが入った7月26日の第5次案では、「労
働者は使用者と対等の立場に於て労働条件を決定する権利を有する」（第2
条）という規定が設けられているので、同じ思想に基づくものであろう。7
月下旬から8月上旬にかけての労務法制審議会小委員会に提出されたのはこ
の第5次案である。この小委員会で末弘厳太郎から「組合があるときは組合
と協議すべしとしたらどうか」という意見があり、それを受けて再び「同意
を得なければならない」が「意見を徴さなければならない」と修正されてい
る。

　8月27日から公聴会が開かれ、労働側から「就業規則の作成について使用
者は単に労働者の意見を徴するだけでなく、労働者の同意を得るのでなけれ
ばならない。第2条の原則－対等の地位－からすれば本条はこのやうに改め
られるべきである」という意見が寄せられているが、審議会ではその後議論
されていない。以後微修正はあったが、翌1947年3月に労働基準法が成立
した。

　法施行後、意見聴取に関する通牒がいくつか出されている。まず1948年5
月には「労働組合が意見を表明しない場合又は意見書に署名捺印しない場合
でも、意見を聴いたことが客観的に証明できる限りこれを受理するよう取り

扱われたい」（基発第735号）と、同年10月には「前記通牒は、使用者が就業規則を作成するに当たって労働組合が故意に意見の表明又は意見書の署名捺印を拒否する場合を予想して出されたものである」（基発第1575号）と、翌1949年3月には「意見書の内容が当該規則に全面的に反対するものであると、特定部分に関して反対するものであるとを問わず、又その反対事由の如何を問わず法令又は当該事業場について適用される労働協約に反しない限り、就業規則の効力には影響がない」（基発第373号）と指示している。

　また、施行当初の労働基準法施行規則第57条は「労働協約を締結し又は変更した場合」に「遅滞なく所轄労働基準監督署長に報告」することを求めていたが、1949年改正で削除され、代わりに第49条の就業規則の届出規定に「労働協約がある場合には、これを添付して」と追加したが、これも1954年改正で削除され、就業規則と労働協約のつながりを行政的に担保する規定はなくなってしまった。

（4）　就業規則の一方的不利益変更問題

　労働基準法制定の数年後、就業規則をめぐる論争が巻き起こった。その原因は1949年の労働組合法改正にあった。建前上は労働組合の自主性を確立するために支配介入を不当労働行為として使用者に禁止する等という形をとっているが、実際の効果としては管理職を組合から排除し、経費援助を困難にすることによって、急進的な企業別組合の力を削ぐことが目的であった。この時の改正の中で、組合側にかなり致命的な打撃を与えたのが、労働協約の有効期間の規定であった。

　もともと1945年労働組合法では「労働協約ニハ三年ヲ超ユル有効期間ヲ定ムルコトヲ得ズ」（第20条）と規定するのみで、期間の定めのない労働協約は当事者の合意による以外その終了はあり得ず、また期間の定めがあっても自動延長条項や自動更新条項が規定されることが多く、その改定は不可能に近かった。そこで、1949年改正法は「労働協約は、有効期間を定めた条項を含まなければならず、且つ、いかなる場合においても、三年を超えて有効に存続することができない」、「労働協約は、その中に規定した期限が到来した以後において、その当事者のいずれか一方の表示した意思に反して、な

お有効に存続することができない」（第15条）と規定し、自動延長中の協約は一方的な廃棄通告によって即時に終了させることができるようにした。

この改正に伴って、多くの自動延長中の労働協約が使用者側から一方的に破棄され、無協約状態が出現した。そうすると就業規則が残るが、その就業規則の多くは労働組合との協議や同意条項を含むものであった。ところが一方、労働基準法上は就業規則は（意見聴取義務があるだけで）使用者が一方的に制定変更しうるものと位置づけられている。ここから1950年代前半に労働法学の注目を集めた就業規則の不利益変更問題が発生した。

下級審レベルでは様々な判決が出されたが、その議論に終止符を打ったのが1952年7月4日の三井造船玉野製作所事件最高裁判決である。最高裁は「就業規則は本来使用者の経営権の作用としてその一方的に定め得るところであつて、このことはその変更についても異なるところがない」と判示し、一方的不利益変更を有効と認めた。労働協約の場合、有効期間を過ぎれば使用者側が一方的に廃棄することができ、その結果無協約状態になっても責任を問われないが、就業規則の場合有効期間の定めはないし、労働基準法上就業規則のない状態は許されないので、結果的に旧規則を永遠に強制することになってしまう。これを解決するためには、いかに乱暴な論理であっても、「就業規則は本来使用者の経営権の作用としてその一方的に定め得るところ」と言わざるを得なかったのであろう。

(5) 最高裁の合理的変更理論とその推移

その後、労働法学の世界では就業規則の法的性質をめぐって「四派十三流」といわれる論争が闘わされるが、そうした理論的問題を飛び越す形で、1968年12月25日に有名な秋北バス事件最高裁判決が登場する。これは、管理職の地位にあった労働者が就業規則の改正により定年を55歳に設定され、既に定年に達していることを理由に解雇された事案であり、「団体交渉によってその解決が図られない」という状況にあった。

これについて最高裁判決は、「多数の労働者を使用する近代企業において」は、「労働条件についても統一的かつ画一的に処理する必要」があり、「この労働条件を定型的に定めた就業規則は、一種の社会規範としての性質を有す

るだけでなく、それが合理的な労働条件を定めているものである限り、経営主体と労働者の間の労働条件は、その就業規則によるという事実たる慣習が成立しているものとして、その法的規範性が認められるに至っている」とし、それゆえ「当該事業場の労働者は、就業規則の存在及び内容を現実に知っていると否とにかかわらず、また、これに対して個別に同意を与えたかどうかを問わず、当然にその適用を受けるもの」と、就業規則の規範的効力を認めた上で、不利益変更の効力について「新たな就業規則の作成又は変更によって、既得の権利を奪い、労働者に不利益な労働条件を一方的に課することは、原則として許されないと解すべきであるが、労働条件の集合的処理、特にその統一的かつ画一的な処理を建前とする就業規則の性質からいって、当該規則条項が合理的なものである限り、個々の労働者において、これに同意しないことを理由として、その適用を拒否することは許されないと解すべきであり、これに対する不服は、団体交渉等の正当な手続による改善に待つほかはない」と述べた。これが最高裁の合理的変更理論として、その後の裁判実務に定着していくことになる。

　その後の判例の中で、合理性という抽象的な判断基準の中で徐々に集団的労使関係の枠組みが重みを増してきたが、この流れを明確に示したのが1997年2月28日の第四銀行事件最高裁判決である。これは就業規則上は定年55歳、実際は58歳まで在職という運用がされていたが、労働組合の要求により団体交渉を行い、労働協約に基づいて就業規則を改正して60歳定年とし、55歳以降の賃金を切り下げた事案で、最高裁は「本件就業規則の変更は、行員の約90パーセントで組織されている組合…との交渉、合意を経て労働協約を締結した上で行われたものであるから、変更後の就業規則の内容は労使間の利益調整がされた結果としての合理的なものであると一応推測することができ、また、その内容が統一的かつ画一的に処理すべき労働条件に係るものであることを考え合わせると、被上告人において就業規則による一体的な変更を図ることの必要性及び相当性を肯定することができる」と述べ、合理的変更理論という抽象的な枠組みの中で、実質的には集団的労使関係法の原理に沿った労使の利益調整を中心に据えた判断をするようになった。

ところが、その後2000年9月7日のみちのく銀行事件で、最高裁はこの方向性を否定するかのような判決を下した。これは従来から60歳定年であった企業で、55歳以上の者を役職から外して専任職とし、給与を引き下げた事案であるが、複数組合併存の下で、原告らが加入する少数組合（1％強）とは合意しないまま、多数組合（約73％）と合意して実施したものである。最高裁は「本件における賃金体系の変更は、短期的に見れば、特定の層の行員にのみ賃金コスト抑制の負担を負わせているものといわざるを得ず」、「一方的に不利益を受ける労働者について不利益性を緩和するなどの経過措置を設けることによる適切な救済を併せ図るべきであり、それがないままに右労働者に大きな不利益のみを受忍させることには、相当性がない」と、就業規則変更の合理性を否定し、「上告人らの被る前示の不利益性の程度や内容を勘案すると、賃金面における変更の合理性を判断する際に労組の同意を大きな考慮要素と評価することは相当ではない」と、集団的労使関係法の原理に対して極めて消極的な姿勢になった。

2 労働契約法政策における労働条件の不利益変更問題
（1） 労働契約法制在り方研究会

前述のように、厚生労働省は2004年4月から今後の労働契約法制の在り方に関する研究会[70]を開催し、2005年4月に中間とりまとめが、同年9月には最終報告書がとりまとめられた。研究会報告は、労働条件の不利益変更問題を就業規則による労働条件の変更と、雇用継続型契約変更制度という二つの側面で論じた。

就業規則によって労働条件を変更する効力については、現行の判例法理をそのまま法制化し、「就業規則による労働条件の変更が合理的なものであれば、それに同意しないことを理由として、労働者がその適用を拒否することはできないことを法律で明らかにする必要がある」と、明確に一定の立場を打ち出した。これは、長期雇用慣行の中で、労働契約を継続しつつ、事情の変化に応じて労働条件を柔軟かつ合理的に調整することに役立つものという

70）学識者10名、座長：菅野和夫。

744　第3部　労働条件法政策

この判例法理に対する高い評価からもたらされている。

　労働条件の不利益変更における合理性判断については、多数組合の合意が
あることのみによって変更後の就業規則の合理性を直ちに認めることは適当
でないとしつつ、企業における多様な労働者の意見の適正な集約により労働
条件を決定することを促進することや、合理性の判断について予測可能性を
高めることが必要との立場から、「一部の労働者のみに対して大きな不利益
を与える変更の場合を除き、労働者の意見を適正に集約した上で、過半数組
合が合意した場合又は労使委員会の委員の5分の4以上の多数により変更を
認める決議があった場合には、変更後の就業規則の合理性が推定される」と
いう提案を行った。これは推定規定ではあるが、事実上多くの場合には、過
半数組合又は労使委員会に労働条件の不利益変更の合理性の判断権を付与す
るに近い思い切った立法提案である。このうち、労使委員会については、委
員の選出方法や意思決定方法などこれから詰めるべき問題も多いことは意識
されているが、むしろ過半数組合に労働条件の不利益変更に関するこれだけ
大きな権限を与えることの法政策上の意義に注目すべきであろう。

　この就業規則の変更法理は統一的集団的労働条件変更法理であるが、個別
契約で職務内容や勤務地が特定されているなどの場合の変更については、解
雇という社会的コストを避け、労働者が雇用を維持した上で変更の効力を争
うことができるようにするための制度として、雇用継続型契約変更制度を設
けることを提案している。これは現行判例法理の法文化ではなく、新たな法
制を導入しようというものである。

　報告書はこの制度構成として2つの提案を示した。第1は、労働契約の変
更の必要が生じた場合には、使用者が労働者に対して、一定の手続に則って
労働契約の変更を申し込んで協議することとし、協議が整わない場合の対応
として、使用者が労働契約の変更の申入れと一定期間内において労働者がこ
れに応じない場合に効力を生ずることとなる解雇の通告を同時に行い、労働
者は労働契約の変更について異議をとどめて承諾しつつ、雇用を維持したま
ま当該変更の効力を争うことを可能にするような制度である。

　これに対して、第2の案は、労働契約の変更の必要が生じた場合には、変
更が経営上の合理的な事情に基づき、かつ変更の内容が合理的であるとき

は、使用者に労働契約の変更を認める制度であり、企業が経営環境の変化に適応して存続し発展するための労働条件の変更の必要性に応じるため、使用者に合理的な範囲内で労働契約の一方的な変更権を与えるものである。

（2） 労政審建議と労働契約法

この報告書を受け、2005年9月には労働政策審議会に対し、今後の労働契約法制の在り方について諮問がなされ、10月より労働条件分科会[71]において審議が開始された。

数回にわたって審議がされた後、2006年4月には労働時間法制に係るものと併せて、労働契約法制に係る「検討の視点」が事務局より提示され、同年6月には「労働契約法制及び労働時間法制の在り方について（案）」が事務局から提示された。

その後、とりわけ労働時間法制をめぐって経営側から反発が噴き出し、事務局の審議会運営に反発を強めていた労働側も同調して、分科会の審議は一時中断された。ようやく8月末に審議再開に漕ぎ着けた後は、労働側から「過半数組合の合意があるだけで合理性があると本当に判断できるのか。労働組合はどのようにすれば非組合員の意見まで集約できるのか分からない」とか「就業規則の変更の合理性を推定するために過半数組合を利用するのは安直すぎる」といった反論があったこともあり、就業規則の変更による労働条件の変更について、その変更が合理的なものであるかどうかの判断要素として、①労働組合との合意その他の労働者との調整の状況（労使の協議の状況）、②労働条件の変更の必要性、③就業規則の変更の内容、を挙げるにとどまる内容となった。これは、労働組合運動の立場からしても、過半数組合に就業規則変更の合理性判断への関与権を与える方が望ましいのか、与えない方が望ましいのかについて、きちんとその利害得失を議論した上での結論とは思えないところがある。

同年12月に出された労働政策審議会の答申では、この収縮がさらに進み、最終的な文言は「就業規則の変更による労働条件の変更については、その変

71）公労使各7名、分科会長：西村健一郎。

746　第3部　労働条件法政策

更が合理的なものであるかどうかの判断要素を含め、判例法理に沿って明らかにすること」となった。

　こうして成立した2007年の労働契約法では、第9条で「使用者は、労働者と合意することなく、就業規則を変更することにより、労働者の不利益に労働契約の内容である労働条件を変更することはできない。ただし、次条の場合は、この限りでない。」と規定した上で、その例外として第10条で、「使用者が就業規則の変更により労働条件を変更する場合において、変更後の就業規則を労働者に周知させ、かつ、就業規則の変更が、労働者の受ける不利益の程度、労働条件の変更の必要性、変更後の就業規則の内容の相当性、労働組合等との交渉の状況その他の就業規則の変更に係る事情に照らして合理的なものであるときは、労働契約の内容である労働条件は、当該変更後の就業規則に定めるところによるものとする」と定めた。

　なお後になって、この労働契約法第9条の「合意」が反対解釈され、労働者個人と合意すれば就業規則を変更して不利益変更することができるという解釈が一般化したが、皮肉なことにその根源は、研究会報告が打ち出した集団的合意原則を否定し、労働者個人の市民法的合意原則の明記を強く要求した労働側の主張にあった[72]。

第5節　企業組織再編と労働契約承継法政策[73]

1　背景としての企業組織再編法制

（1）　企業組織再編法制の推移

　企業の国際的な競争が激化し、経済のグローバル化が急速に進行する中で、企業がその経営の効率性を高め、企業統治の実効性を確保し、柔軟に組織の再編成ができるようにすることによって国際的な競争力を向上させることを目的として、経済界からの要望を受けて、政府は会社の組織の基本法で

72）濱口桂一郎「労働契約法9条『合意』の出所」（『労基旬報』2017年9月25日号）。
73）労働省労政局労政課『労働契約承継法』労務行政研究所（2000年）。

ある商法等の見直しを行ってきた。

1997年には、独占禁止法改正による、いわゆる純粋持株会社の解禁がなされた。

さらに、同年の商法改正により合併法制を見直し、債権者保護手続を合理化し、また簡易な合併手続の制度を創設する等会社の合併手続の簡素合理化を図るとともに、会社は株主総会に先立って合併契約書等を、また合併の効力発生後には合併手続等について記載した書面をそれぞれ開示すべきこととして、株主及び債権者の保護を図るための改正が行われた。

1999年8月には産業活力再生特別措置法が成立し、営業譲渡、分社化の手続に関する商法の特例規定が整備された。

同月、持株会社の設立を容易にするための制度として、親会社が子会社の発行した株式の全てを保有する完全親子会社関係を形成する株式交換及び株式移転制度の導入を内容とする商法改正が行われた。これにより、既存会社は、他の既存会社を買収して完全子会社としたり（株式交換）、あるいは既存会社が完全親会社を新設して持株会社とすること（株式移転）が容易になった。

(2)　会社分割法制の創設

従来、会社分割は、営業譲渡、現物出資等の既存の法制度に基づいて行われてきた。具体的には、①分割する営業を現物出資して新会社を設立する方法（商法第168条第1項第5号）、②新会社を設立するに当たり、予め設立後に分割する営業を財産引き受けとして譲り受けることを約しておく方法（商法第168条第1項第6号）、③新会社が事後設立の形で営業を譲り受ける方法（商法第246条）、④既に設立されている会社の新株発行に際し、分割する営業を現物出資する方法（商法第280条の2第1項第3号）、⑤既に設立されている会社に分割する営業を譲渡する方法（商法第245条第1項第1号）がある。しかし、いずれの場合においても、営業の承継に伴う債務の移転については、債権者の同意を得なければならず、また、営業の現物出資、財産引受け及び事後設立に関しては一定期間営業を停止しなければならないなど問題が多く、会社がその事業部門の一部を子会社とする分社化を円滑に行うこと

ができるようにするために、債務の免責的かつ包括的な承継が可能となり、かつ簡易迅速な会社分割制度の導入を求める声が高まった。

そこで政府は法制審議会商法部会において1999年4月から審議を開始し、同年7月には会社分割法制の創設等を内容とする商法改正案要綱案中間試案を取りまとめ、各界の意見を求めた。同部会はその結果を踏まえて審議を行い、翌2000年1月に要綱案を取りまとめ、翌2月法制審議会から答申した。その後これに基づき法務省は商法等改正案を策定し、3月国会に提出し、5月成立に至った。

この改正により、株式会社及び有限会社につき、会社がその営業の全部又は一部を他の会社に承継させる会社分割制度が創設された。会社分割の形態としては、分割会社の営業を、新設の会社（設立会社）に承継させる「新設分割」と、これを既存の他の会社（承継会社）に承継させる「吸収分割」がある。また、設立会社又は承継会社が分割に際して発行する株式の割り当ての方法として、これを分割会社自体に割り当てる物的分割（分社型）と、分割会社の株主に割り当てる人的分割（分割型）がある。

設立会社又は承継会社は、分割計画書等の定めるところにより、分割会社の権利義務を包括的に承継する。この結果、分割会社の負担していた債務についても、債権者の個別の同意を得ることなく、設立会社又は承継会社に免責的に承継されることになる。

なお、審議の過程で、自由民主党、民主党、公明党、保守党及び自由党による修正が行われ、分割会社は分割計画書又は分割契約書を本店に備えおくべき日までに、労働者と協議することが規定された（附則第5条第1項）。これは労働組合でもなければ労働者の過半数代表者でもなく、労働者一人一人と協議すべきというやや類を見ない規定である。もっとも、労働者が個別に民法の規定により労働組合を代理人として選定した場合には、分割会社は当該労働組合と協議することになる。

2 労働契約承継法政策

(1) 企業組織変更労働関係法制研究会

民法は第625条第1項において、「使用者は、労働者の承諾を得なければ、

その権利を第三者に譲り渡すことができない」（2004年口語化後）と規定し、労働者の同意がない限り労働者を別の会社に移転させることはできないことを定めている。しかし、これは合併や上記会社分割のような包括承継の場合には適用されない。

1999年に産業活力再生特別措置法が成立した際、衆参両院で「企業の組織変更が円滑に実施され、かつ、実効あるものとなるためには、従業員の権利義務関係等を明確にする必要があることにかんがみ、労使の意見を踏まえつつ、企業の組織変更に伴う労働関係上の問題への対応について、法的措置も含め検討を行うこと」との附帯決議がされた。

また、同年12月に民事再生法が成立した際にも、衆参両院で「企業組織の再編に伴う労働関係上の問題への対応について、法的措置も含め検討を行うこと」との附帯決議がされた。

こうした中で、法制審議会商法部会では会社分割法制の検討が行われていたこともあり、労働省は同月より企業組織変更に係る労働関係法制研究会[74]を開催し、調査研究を開始した。研究会では連合及び日経連から意見を聴取するとともに裁判例や外国法制等を検討し、翌2000年2月に報告を取りまとめた。

報告は、会社分割法制について、労働関係の権利義務についても他の権利義務と同様、会社の意思のみによって承継される労働者の範囲を定めることができ、それが分割計画書等に記載された場合は分割会社から設立会社等に包括的に承継されることから、承継を望まない者が承継され、承継を望む者が承継されないことが生じうること、これまで従事してきた職務の全部又は一部と切り離される可能性があること等の問題点を指摘し、①承継営業を主たる職務とする労働者のうち承継させる労働者については当然に承継させること、②承継営業を主たる職務とする労働者のうち残留させる労働者及び承継営業を従たる職務とする労働者のうち承継させる労働者については異議申立ての機会を付与し、異議を述べたときにはそれぞれ承継され又は承継されないこと、③労働組合の組合員が承継された場合は設立会社等と当該労働組

74）学識者6名、座長：菅野和夫。

合の間で同一の内容の労働協約が締結されたものと見なすこと、④これら労働者及び労働組合に対して、分割前に分割に関する情報を書面で通知しなければならないこととする等の立法措置を求めるものであった。

なお、合併については、労働関係の権利義務は包括的に承継されることが明確で、労働者に不利益が生ずる場合はほとんど想定されないため立法措置は不要とした。

また、営業譲渡については、譲渡労働者の範囲は会社間の合意により画されるため、労働者によっては承継されない不利益や従事していた職務から切り離される不利益が想定されるとしつつ、労働関係の権利義務は個別に承継され、かつ、労働者の個別の同意が必要であることから、また労働協約の規範的部分は労働契約の内容として承継されるため、立法の必要は認められないとし、仮に当然承継とすると、営業譲渡における権利義務の承継が特定承継であることと相反し、また営業譲渡契約の成立に重大な支障を及ぼす等の問題点があるとして、現時点では立法措置は不要とした。

(2) 野党法案

この研究会における意見聴取で、連合は、営業譲渡、合併、会社分割等の企業組織再編に際して、労働者の雇用や労働条件を保護する企業組織等の再編に伴う労働者保護法制定を求めていた。ほぼその内容に沿った形で、2000年2月、民主党は企業再編に伴う労働者保護法案骨子を発表し、翌3月それを法案化した企業再編における労働者保護に関する法律案を国会に提出した。

同法案は、合併、営業譲渡及び分割を企業組織の再編と定義し、企業組織の再編を理由とした解雇を禁止するとともに、合併及び全部譲渡の場合には労働契約は当然承継されることとし、一部譲渡及び分割の場合には当該営業に主として従事する労働者の労働契約は当然承継されるが、当該労働者が同意しない旨を通知すれば承継されないこととしている。また、企業組織の再編を理由とした労働条件の不利益変更の禁止、労働協約の承継等を規定するとともに、企業組織の再編の事前手続として過半数組合又は労働者の過半数代表者との協議義務を課している。

この法案は、EUの企業譲渡指令（既得権指令）の内容を基礎としつつ、労働者の同意権などを付け加えた形になっている。

なお、同年3月、共産党も企業組織の再編を行う事業主に雇用される労働者の保護に関する法律案を提出した。こちらは、企業組織の再編を理由とする解雇だけでなく、予め企業組織再編後の企業の負担を軽くするための解雇も禁止、再編前の企業に所属するか後の企業にするかは、労働者の同意がなければ決められず、どちらを選択するかにかかわらず不利益取扱いを受けないことなどを規定している。

（3）　労働契約承継法の成立

労働省は企業組織変更に係る労働関係法制等研究会報告に基づき、2000年3月会社の分割に伴う労働契約の承継に関する法律案を国会に提出した。国会では審議の結果、分割会社はその雇用する労働者の理解と協力を得るよう努める旨の規定が追加され、5月に成立に至った。その後、労働省は労働契約承継法の指針の在り方研究会[75]を開催し、その意見を踏まえて省令及び指針を策定した。

同法はおおむね上記研究会報告に沿った規定となっている。まず、会社分割に当たり、承継される営業に主として従事する労働者及び分割計画書等に承継される旨の記載がある労働者については、分割を承認する株主総会等の2週間前までに当該労働者に必要な情報を書面で通知すること、労働協約を締結している労働組合に対しても同様に通知することを義務づけている（第2条）。

承継される営業に主として従事する労働者で分割計画書に設立会社が承継する旨の記載がある者の労働契約については、分割の効力が生じたときに設立会社等に承継される（第3条）。この場合には労働者が異議を申し立てることはできない。

これに対して、承継される営業に主として従事する労働者であるが分割計画書に設立会社が承継する旨の記載がない者の労働契約については、株主総

75）労使各2名、学識4名、座長：山川隆一。

会の2週間前から前日までに書面により異議を申し立てることができ、この場合は分割計画書の記載にかかわらず労働契約が承継される（第4条）。これは労働者の方の職務に従って移動したいという希望を優先させる規定である。

　一方、これとは逆に、承継される営業に主として従事しない労働者で分割計画書に設立会社が承継する旨の記載がある者の労働契約についても、同様に株主総会の2週間前から前日までに書面により異議を申し立てることができ、この場合は分割計画書の記載にかかわらず労働契約が承継されない（第5条）。これも労働者の職務を重視する希望を優先させる規定である。

　以上3か条を合わせると、分割計画書の記載を基本としつつ、職務を優先させる方向への修正を認めるという形になっている。就職よりも就社が一般的な日本の雇用慣行を踏まえつつも、労働者側からの異議申立権を職務優先の場合にのみ認めるという形で一定の整理を図っており、野党法案のように行くも残るも労働者次第という仕組みに比べるとバランスがとれていると言えよう。

　労働協約については、債務的部分は分割会社の権利義務に関わるものであるので分割計画書に記載されれば効力が生ずるはずであるが、労働組合の利益の保護の観点からその合意がある場合に限り承継させ、合意がなければ分割会社と設立会社を共同債務者又は債権者とすることにより本旨に従った解決を図ろうとしている。一方、規範的部分については、当該労働組合の組合員の労働契約が承継されるときには、分割の効力を生じたときに設立会社と労働組合との間で旧労働協約と同一内容の労働協約が締結されたものとみなすこととされた（第6条）。

（4）　企業組織再編労働関係問題研究会

　労働契約承継法の国会審議では、会社分割以外の企業組織再編、特に営業譲渡の際に労働契約の承継に係る特段の措置が講じられていないことについて、労働者の保護に欠けるとの指摘がなされ、また衆参両院において、商法改正案及び労働契約承継法案への附帯決議として「合併・営業譲渡をはじめ企業組織の再編に伴う労働者の保護に関する諸問題については、学識経験者

を中心とする検討の場を設け、速やかに結論を得た後、立法上の措置を含めその対応の在り方について十分に検討を深めること」が求められた。

そこで、厚生労働省は2001年2月から企業組織再編に伴う労働関係上の諸問題に関する研究会[76]を開催し、特に営業譲渡の問題を中心に立法上の措置の要否を含めて調査研究を行い、2002年8月に報告を取りまとめた。もともと、2000年の企業組織変更に係る労働関係法制等研究会報告においても、営業譲渡についてはいくつか問題点を指摘しており、「現時点では立法措置は不要」としていたものである。

同報告は、営業譲渡の際の労働契約承継について法的措置を講ずることは適当ではないという考え方を示した。その理由としては、営業譲渡に伴って転籍する労働者が増えれば譲渡価値が低下し、営業譲渡が成立せず、不採算部門を閉鎖したり企業倒産に至ったりして雇用が失われることもあることを考えれば、営業譲渡に向けた交渉を阻害するような規定を設けることには慎重にならざるを得ないという点、日本では会社に就職するという意識が強く、営業施設と労働者との間に有機的一体性があるとは捉えがたく、EU既得権指令のような形での整理は困難な点、解雇規制に関しては判例による権利濫用法理でしか対応されていないのに、営業譲渡に伴う労働契約承継ルールについてのみ法定することはバランスを失する点などを挙げている。

ただし、労働契約の承継に伴い考慮すべき事項をいくつか指摘し、それらを中心に企業再編に当たって企業が講ずべき措置、配慮すべき事項等に関する指針を策定するよう求めている。

上記理由のうち、最後のものは既に解雇規制が法制化されており理由にならなくなっているし、日本の就社意識は確かにその通りであるが、それは会社分割の際も同じであり、会社分割についてはあえてそこを、分割計画書の記載を基本としつつ、職務を優先させる方向への修正を認めるという形で割り切ったわけで、問題状況は営業譲渡についても変わらないはずである。逆に、会社帰属を優先させる方向への修正を認めるという法政策もあり得るわけで、それは決めの問題であろう。従って、真の問題は最初の経済的配慮に

76）学識者7名、座長：西村健一郎。

尽きる。この点については、労働条件の不利益変更を認めない形での労働契約承継を義務づけるのか、それとも労働契約の承継と引き替えに一定の不利益変更を認めるかという問題や経済的理由による解雇をどこまで認めるのかという問題とも絡み、単純には割り切れない面があると思われる。

2002年12月の会社更生法改正時の附帯決議で、「企業組織の再編に伴う労働関係上の問題への対応については、現在、政府において検討を進めているガイドラインを早急に策定するとともに、施行後、当該問題の実態把握に努めた上で、法的措置を含め必要な検討を行うこと」が求められたが、この段階で特段の検討は行われなかった。

なお2005年7月、商法典の中から会社法が独立の法律として抜き出されるとともに、会社分割に関する規定も下記に見るように大幅に改正されたが、この時点では労働契約承継法において若干の字句修正がされるとともに、指針にいくつかの修正が加えられるにとどまった。

(5) 組織変動労働関係研究会

厚生労働省は2014年12月から、医療法人や農業協同組合など、会社以外の組織の再編に対応するために、組織の変動に伴う労働関係に関する研究会[77]を開催し、検討を行った。2015年3月には中間とりまとめで、これら法人についても労働契約承継法及び2000年商法等改正法附則第5条と同様の労働者保護の仕組みを導入することを提言した。

その後同研究会は、2005年会社法制定やこの間の裁判例の蓄積を踏まえて、諸課題を検討し、2015年11月に報告書を取りまとめた。その主たる論点は、2005年会社法への対応である。2005年会社法により、会社分割についても、それまでは分割の対象が有機的一体性のある営業（＝事業）だったのが、「事業に関して有する権利義務の全部又は一部」となり、またそれまでは債務の履行の見込みがあることが前提だったのが、債務の履行の見込みがなくても分割できるようになった。いわゆる泥船分割である。しかし、その時には労働契約承継法は改正されず、指針で最小限の対応がされただけで

77）学識者7名、座長：荒木尚志。

あった。

　同報告書は、まず事業に当たらない権利義務の会社分割の場合について、①従来通り事業に主従事かどうかで判断し、事業たり得ない権利義務に従事していても非主従事と整理、②承継される権利義務に主従事か否かで判断、の二つの立場を示し、雇用や職場の確保の観点から①が望ましいとしている。しかしこの場合、どの範囲が「事業」に当たるのかが問題になるので、その判断基準を明確にすべきだとし、その上で、今までは5条協議の対象は承継される事業に主従事及び従従事の労働者だけであったが、通知の対象となる不従事労働者についても対象とすることが望ましいとしている。

　次にいわゆる泥船分割の場合について、不採算事業に承継される労働者に何らかの保護が必要かを論じ、債務超過の状況についても7条措置（過半数組合／過半数代表者への協議等）の対象となることを明確に周知すること、5条協議の対象に含めることとする一方、不採算事業に承継される主従事労働者や不採算事業に残留する非主従事労働者にも異議申出権を付与すべきではないかという議論に対しては、承継法の趣旨から否定的な考えを示している。

　日く付きの事業譲渡の問題については、「将来の雇用の確保にもつながるような有用な組織再編への影響や全体としての雇用の維持の観点からも慎重な検討を要する」として、「事業譲渡に労働契約の承継ルールを設けることについては、未だ慎重に考えるべき」としつつ、手続面でのルールを整備することは考えられるとし、まずは例えば指針を定めて取組を促していくことを提案した。

（6）　組織変動労働関係対応方策検討会

　2016年1月、厚生労働省は組織の変動に伴う労働関係に関する対応方策検討会[78]を設置し、同年4月に報告書を取りまとめた。これは法改正には踏み込まず、省令や指針の改正で対応するという方向にとどめた一方、会社分割に限定せず、これまで労働政策として踏み込むことを避けてきた事業譲渡や

78）学識者8名（うち労使各1名）、座長：鎌田耕一。

合併についても、指針レベルで一定の対応を図ろうとした。

　前者については、上記研究会報告の内容に加え、いわゆる泥船分割の場合について、債務の履行の見込みのない分割に伴う労働者の承継が生じうることから、会社制度の濫用に対する法人格否認の法理の適用の可能性等について周知、紹介することとし、一般法理の適用可能性でもってなだめた形となっている。

　後者については、研究会報告の示唆を受けて、事業譲渡における手続きについて、労働契約の承継には労働者の同意が必要であること、労働契約の承継への不同意のみで解雇が可能となるものでないこと、労働者の選定について労働組合員に対する不利益取扱い等を行ってはならないことなどを周知すべきとしている。

　同年8月にこの方向で省令・指針が改正され、同年9月から施行されている。

第6節　近年の論点

1　多様な正社員
（1）　多様な正社員

　ジョブ型正社員に関する議論の出発点は、2004年6月にとりまとめられた仕事と生活の調和に関する検討会議[79]の報告書にある。同報告書は、働き方の現状認識として「労働時間、就業場所、仕事の種類など様々な面で経営側に広汎な裁量が存すると同時に雇用保障の強い働き方と、これとは対照的に労働時間や就業場所をはじめ様々な面で働く側の意向が一定程度尊重される反面雇用保障の弱い働き方との二極化が続いてきた」、「いわゆる正社員という固定的な働き方と、いわゆる非正社員というもう一つの固定的な働き方が、距離を置いて存在してきた」と述べている。同報告書はその後むしろその中で提起された労働時間規制にとらわれない働き方がホワイトカラーエグ

79）学識者8名、座長：諏訪康雄。

ゼンプションの議論につながっていき、前述のような蹉跌に帰結したが、働き方の二極化という問題意識は違う形で受け継がれていった。

2012年3月にとりまとめられた「多様な形態による正社員」に関する研究会[80]報告書は、この二極化に対する処方箋として、いわゆる正社員と同様に無期労働契約でありながら、職種、勤務地、労働時間等が限定的な多様な形態による正社員の導入を提起した。それが非正社員にとって正社員転換の機会を拡大するとともに、正社員にとってもワーク・ライフ・バランスの実現の一つの手段となりうるというのである。その際の留意事項として、非正社員から正社員へのステップアップのために活用すること、相互転換しやすい柔軟な仕組みとすること、実質的な男女差別を生じさせないこと、労使の協議を踏まえ、働き方に応じていわゆる正社員との均等・均衡を考慮すること、事業所閉鎖時等にもいわゆる正社員に関する取組と均衡が図られるよう最大限努力することなどが挙げられている。

同月とりまとめられた非正規雇用のビジョンに関する懇談会[81]の報告書「望ましい働き方ビジョン」でも、正規、非正規という二つの考え方を超えて、雇用労働の安定、公正、多様性と企業経営の自由との共存を実現するという理念を提示し、不本意非正規就業者の正規雇用への転換を促進する際、業務や勤務地等が限定的な多様な正社員も視野に入れるべきことを強調している。また、正規雇用の働き方の問題にも着目し、非正規雇用で働く労働者の処遇改善やキャリア形成を進める一方、正規雇用の働き方を変えていくことで、正規、非正規の連続性を確保し、雇用形態に関わりなくディーセント・ワークを実現するという将来像を描いている。

このように、限定正社員は非正規労働者の正規化や正規労働者のワーク・ライフ・バランスという観点から労働政策において検討が進められてきたものである。

80）学識者5名、座長：佐藤博樹。
81）学識者9名、座長：樋口美雄。

758　第3部　労働条件法政策

（2）　規制改革会議の提起

　これが2013年になると解雇規制緩和と絡まる形で議論の焦点となった。

　2012年末の総選挙で自由民主党が大勝し、第2次安倍晋三内閣が成立してすぐ、2013年1月に規制改革会議が設置され、同年3月には雇用ワーキンググループ[82]が置かれた。同WGが示した検討項目には、解雇規制の項とは別立てで「勤務地や職務が限定された労働者の雇用に係るルールを整備することにより、多様で柔軟な働き方の充実を図るべきではないか」とあり、これがその後同WGでの議論の焦点となった。

　同年5月の同WG報告や、同年6月の規制改革会議答申では、これがジョブ型正社員という名称で取り上げられ、無期雇用、フルタイム、直接雇用だけでなく、職務、勤務地、労働時間（残業）が無限定な日本の正社員のあり方を改革し、職務、勤務地、労働時間が特定されているジョブ型正社員に関する雇用ルールの整備を行うことを提起している。ところが、同WGでの議論では、これが解雇しやすい労働者の創設という文脈で議論された面もあり、野党や労働組合から批判を浴びることとなった。

（3）　有識者懇談会

　同年6月の「日本再興戦略」では、この問題について「職務等に着目した『多様な正社員』モデルの普及・促進を図るため、成功事例の収集、周知・啓発を行うとともに、有識者懇談会を今年度中に立ち上げ、労働条件の明示等、雇用管理上の留意点について来年度中のできるだけ早期に取りまとめ、速やかに周知を図る。これらの取組により企業での試行的な導入を促進する」としている。

　2013年9月には厚生労働省に「多様な正社員」の普及・拡大のための有識者懇談会[83]が設置され、制度導入のプロセス、労働契約締結・変更時の労働条件明示のあり方、労働条件のあり方、いわゆる正社員との均衡のあり方、相互転換制度を含むキャリアパスなど、多様な正社員の雇用管理上の留意点

82）学識者5名、専門委員2名（労働法学者）、座長：鶴光太郎。

83）学識者10名、座長：今野浩一郎。

について調査検討を行うこととされた。

　同懇談会の報告書は2014年7月に取りまとめられた。勤務地限定正社員、職務限定正社員、勤務時間限定正社員それぞれについて、効果的な活用が期待できるケースを示し、労働者に対する限定の内容の明示、事業所閉鎖や職務の廃止等への対応、転換制度、均衡処遇などについて具体的な提言を行っている。このうち解雇に関しては、事業所閉鎖や職務廃止の際に直ちに解雇が有効となるわけではなく、解雇法理の適用において、人事権の行使や労働者の期待に応じて判断される傾向があるとしている。

2　副業・兼業
(1)　労働契約法制在り方研究会
　副業・兼業の労働法上の問題について法政策として初めて提起したのは、2005年9月の今後の労働契約法制の在り方に関する研究会[84]報告書であった。同報告書は、労働時間以外の時間をどのように利用するかは基本的には労働者の自由であり、労働者は職業選択の自由を有すること、近年、多様な働き方の一つとして兼業を行う労働者も増加していることにかんがみ、労働者の兼業を禁止したり許可制とする就業規則の規定や個別の合意については、やむを得ない事由がある場合を除き、無効とすることが適当であると述べた。その上で、やむを得ない事由としては、兼業が不正な競業に当たる場合、営業秘密の不正な使用・開示を伴う場合、労働者の働き過ぎによって人の生命又は健康を害するおそれがある場合、兼業の態様が使用者の社会的信用を傷つける場合等を例示している。

　ただし、こうして兼業の制限を原則無効とする場合、現行の労働基準法の解釈通達（昭和23年基発第769号）において、労働基準法第38条第1項（事業場を異にする場合の労働時間の通算）については、事業主を異にする場合も含まれると解釈してきていることとの間で乖離が生じうる。そこで同報告書は、使用者の命令による複数事業場での労働等の場合を除き、複数就業労働者の健康確保に配慮しつつ、これを適用しないこととすることが必要だと

84）学識者10名、座長：菅野和夫。

760 第3部 労働条件法政策

している。そして、それが労働者の過重労働を招き、結果として社会的なコストが増大するのではないかとの指摘を想定しつつ、それに対しては、個々の使用者に労働時間を通算することの責任を問うのではなく、国、使用者の集団が労働者の過重労働を招かないよう配慮し、労働者自身の健康に対する意識も涵養していくことがより妥当だと述べていた。

しかしこの時点では、この問題は労働政策審議会では全く議論にならず、その後法政策としてもまったく論点から落ちていた。

(2) 働き方改革実行計画

この問題を再び議論の俎上に上げたのは経済産業省である。中小企業庁が2016年11月から開催した兼業・副業を通じた創業・新事業創出に関する研究会[85] が、2017年3月に「パラレルキャリア・ジャパンを目指して」という副題を付した提言を取りまとめた。

同提言は企業にとってのメリット、デメリット、従業員にとってのメリット、デメリットを企画検討した上で、今後の方向性として「兼業・副業は、企業からの許可を得て行うのが原則とされるべきではなく、むしろ企業は正当な理由がなければ兼業・副業を制限することはできないものとされるべきである」と述べ、個人のより自由な活動を促進するという観点を維持しつつ、労働時間の通算の問題や、企業による従業員の健康管理の在り方について、政府として検討・整理することを期待している。さらに、兼業・副業が原則禁止となっている厚生労働省のモデル就業規則の第11条の改正や指針の策定なども求めている。

この考え方がほぼそのまま盛り込まれたのが2017年3月の働き方改革実行計画である。同計画の「柔軟な働き方がしやすい環境整備」の中に、雇用型テレワーク、非雇用型（自営型）テレワークと並んで、副業・兼業の推進を挙げ、「労働者の健康確保に留意しつつ、原則副業・兼業を認める方向で、副業・兼業の普及促進を図る」と明記された。そこではまず、ガイドラインの策定と副業・兼業を認める方向のモデル就業規則の改定が求められるとと

---

85) 学識者4名、労働法学者として大内伸哉。

もに、その先の法政策として雇用保険、労災保険、社会保険の在り方、労働時間管理や健康管理の在り方について検討することとされている。

（3）　副業・兼業の促進ガイドライン

　厚生労働省はこれを受けてまず2017年10月に柔軟な働き方に関する検討会[86]を設置し、同年12月に報告を取りまとめるとともに、「副業・兼業の促進に関するガイドライン（案）」と、その趣旨に沿った「モデル就業規則改定（案）（副業・兼業部分）」を示した。厚生労働省はこれを受けて、2018年1月、副業・兼業促進ガイドラインと改定モデル就業規則を公表した。

　同ガイドラインは、副業・兼業には労働者と企業それぞれにメリットと留意すべき点があると何点か挙げているが、メリットに対してデメリットではなくわざわざ「留意すべき点」と表現している点に、促進の方向に前のめりになっている姿が現れている。そして、「自身の能力を一企業にとらわれずに幅広く発揮したい、スキルアップを図りたいなどの希望を持つ労働者がいることから、こうした労働者については、長時間労働、企業への労務提供上の支障や企業秘密の漏洩等を招かないよう留意しつつ、雇用されない働き方も含め、その希望に応じて幅広く副業・兼業を行える環境を整備することが必要」と、促進の方向を打ち出している。

　企業の対応としては、「原則、副業・兼業を認める方向とすることが適当」とし、「副業・兼業を禁止、一律許可制にしている企業は、副業・兼業が自社での業務に支障をもたらすものかどうかを今一度精査した上で、そのような事情がなければ、労働時間以外の時間については、労働者の希望に応じて、原則、副業・兼業を認める方向で検討すること」を求めている。とはいえ、労働時間の通算についての解釈を変えるわけでもなく、それを前提に、使用者は労働者からの自己申告により副業・兼業先での労働時間を把握することが考えられる、とやや無責任な姿勢を示している。働きすぎにならないようとか、安全配慮義務についても触れているが、法的な対応を後回しにして、促進するという政策的宣言だけを先出ししてきた感は否めない。またそ

86）学識者9名、座長：松村茂。

の最後のところで、副業・兼業に関わるその他の現行制度についてとして、労災保険の給付、雇用保険、厚生年金保険、健康保険の現行の扱いを単に記述しているにとどまっている。

もっとも、検討会報告の本文では、労働時間・健康管理（労働時間通算）について「通達発出時と社会の状況や労働時間法制が異なっているという社会の変化を踏まえて、見直すべき」と、労災保険について「副業・兼業先の賃金を合算して補償できるよう、検討すべき」と、雇用保険や社会保険について「複数就業者の適用について、検討すべき」という記述が盛り込まれている。

（4）　副業・兼業に関わる諸制度の見直し

こうした諸制度の見直しのうち、先頭を切って検討が始まったのは雇用保険制度である。2018年1月、複数の事業所で雇用される者に対する雇用保険の適用に関する検討会[87]が設置され、具体的な法制度の議論が始まった。

現在は、同時に2以上の雇用関係にある労働者については、当該2以上の雇用関係のうち、当該労働者が生計を維持するに必要な主たる賃金を受ける1の雇用関係（週所定労働時間20時間以上）についてのみ被保険者となり、1の雇用関係が解除されたとしても、他の雇用関係が被保険者となりえる形で維持されていれば、雇用保険制度の保険事故である失業状態には当たらず、給付は行われないが、これをどう考えるかが論点である。

続いて同年6月、労働政策審議会労災保険部会[88]で複数就業者への労災保険給付の在り方についての議論が開始された。

ここでの論点は、給付額については、複数就業者の全就業先の賃金合算分を基に労災保険給付が行われないことの是非と、複数就業者の全就業先の賃金合算分を基に労災保険給付を行う場合の労働基準法の災害補償責任である。また労災認定については、複数就業者の全就業先の業務上の負荷を合わせて評価して初めて業務起因性が認められる場合、労災保険給付が行われな

87）学識者4名、座長：岩村正彦。
88）公労使各6名、部会長：荒木尚志。

いことについてどう考えるかという点と、複数就業者の全就業先の業務上の負荷を合わせて業務起因性の判断を行い、労災保険給付を行う場合、労働基準法の災害補償責任についてどう考えるかである。

さらに同年7月には、副業・兼業の場合の労働時間管理のあり方に関する検討会[89]が設置され、労働者の健康確保や企業の予見可能性にも配慮した、事業主を異にする場合の実効性ある労働時間管理についての議論が開始された。

---

89) 学識者8名、座長：守島基博。

第7章
非雇用労働の法政策

第1節　家内労働と在宅就業の法政策[1]

1　家内労働法と最低工賃[2]
（1）　家内労働問題

　家内労働の歴史は古く、江戸時代における織物生産の一形態である問屋制家内工業にその発生が見られる。明治時代になっても、横山源之助『日本の下層社会』に貧民家庭の内職としてマッチ箱張りなどが記録されている。大正から昭和期には繊維関係の内職が過半を占めており、近代的大資本経営ではどうしても不向きな生産工程については、下請仕事として次々と家内工業に生産工程の一部が下請けされ、それが各家庭に委託され、内職者の手仕事によって分散生産されたものもかなりあった。

　家内労働者は一般に自宅でほとんど作業設備を用いずに作業に従事し、生産性も低い上に個々に分散し、委託者からの縦のつながりだけで横のつながりがなく、多くの場合家計補助的労働力であることから労働条件は低く、日本の経済構造の底辺を形成してきた。

　諸外国でも19世紀後半から家内労働者の労働条件の低さが注目されはじめ、その生活改善向上のために最低賃金法制定が必要であるという世論が高まり、例えばイギリスでは1909年に最低賃金法が制定されたが、その主たる対象は家内労働者の工賃であった。また、ILOにおいて最低賃金制が審議された際にも、ドイツ、オランダの政府代表から家内労働にのみ限るべきと

1）濱口桂一郎「在宅労働の法政策」（『季刊労働法』227号）。
2）藤縄正勝『日本の最低賃金』日刊労働新聞社（1972年）。

の意見が出されるほどであった。これは、労働者が組織化できるような分野には最低賃金制は適用すべきでなく、組織化が期待できない家内労働のような分野に限るべきという考え方である。これに対して、日本では雇用労働者に対する最低賃金制が先行し、家内労働者の問題は後回しにされた。

（2）　家内労働対策の黎明

　家内労働者は委託者の直接の指揮監督の下で作業に従事するのではなく、労働時間や作業方法は家内労働者自身の責任に委ねられており、形式的には自営業者に近いが、経済的実態からすれば委託者に従属しており、労働者に準じた者として労働保護立法の対象とすべきとの議論は古くからあった。

　しかし、1947年に制定された労働基準法は家内労働者を対象外とした。そのため、労働基準法の改正の度に家内労働者の保護の必要性が論じられた。1951年には中央労働基準審議会で最低工賃の設定を含む家内労働法の制定が提案されているし、労使団体からも家内労働法の制定の必要性が述べられ、1957年3月には社会党が家内労働者を賃労働者ととらえ、労働基準法や労働組合法を準用するとともに最低工賃を設定する家内労働法案を国会に提出した。同法案の特徴は、家内労働者が家内労働者組合を結成し、委託者又はその団体と団体協約を締結することができ、この団体協約は規範的効力を有するとし、また交渉が調わない場合に労働委員会が斡旋又は調停を行うと規定している。さらに、委託者は家内労働者が組合員であることを理由に製品の委託について不利益な取扱をすることなど「不当行為」を禁止し、違反の申立があった場合には労働委員会が命令を発するとしている。

　中央賃金審議会[3] は、1954年5月に「最低賃金制に関する答申」を提出し、家内労働についても「本制度の施行を確保し、公正競争の実を上げるために、別途家内工業法の制定を考慮し、その制定に至るまでの期間については、関連家内工業の加工賃に対する行政的手段による調整等特段の措置を講じられたい」と述べたが、この答申は実現しなかった。同審議会は1957年4月に再開され、同年12月に答申を出したが、その中で「最低賃金法の中に

3）公労使各5名、会長：赤松要。

最低工賃に関する規定を設けること及び総合的家内労働対策のための調査準備に着手すべきこと」を求めている。

この答申に基づき1959年4月に最低賃金法が成立したが、その中で初めて第3章として家内労働者の最低工賃制が設けられた。しかし、それは雇用労働者の最低賃金の実効性を確保するための規定であって、家内労働者自体の保護のための規定ではなかった。すなわち、1959年法では、一定地域で一定の事業又は職業に従事する全ての雇用労働者に適用する最低賃金が決定されている場合にのみ最低工賃を決定できることとされている。雇用労働者を使用する使用者のみに最低賃金が適用されると、家内労働者に委託する委託者との間の競争条件が異なり、前者が倒産するおそれがあるからである。ちなみに施行後7年間、最低工賃は決定されなかった。

（3）　家内労働法への道[4]

ちょうどこの時期に、東京の下町で、ヘップサンダル製造に従事する家内労働者にベンゼン中毒が続出し、死亡者まで出すに至り、家内労働者の安全衛生問題がクローズアップされ、これを契機として、労働省は1959年11月、臨時家内労働調査会[5]を設置した。同調査会は実態調査と審議を重ねて、1960年9月中間報告を提出した。この報告は「家内労働の実態は予想以上に複雑であるが、政府はさしあたり家内労働対策実施のための地ならし的措置として、家内労働手帳、標準工賃の設定、安全衛生等の行政措置を実施すべき」と述べ、これを受けて労働省は労働基準局長通達によりこれら措置を実施した。これにより家内労働法施行までに135件の標準工賃が設定され、対象家内労働者数は20万人を超えた。

同調査会はその後も審議を重ね、1965年12月「わが国家内労働の現状に関する報告」及び「今後の家内労働対策の進め方に関する見解」をとりまとめた。その中で最低賃金法に既に規定されている最低工賃の決定等を図ることを求めた。これを受けて労働省は最低工賃決定推進を通達し、1966年8月

4）岡部実夫『家内労働法の解説』労務行政研究所（1972年）。
5）公労使20名（家内労働者とか主婦（内職者）といった肩書の委員が入っている。）、会長：長沼弘毅。

768　第3部　労働条件法政策

に第1号として奈良県靴下製造業最低工賃がが決定された。以後家内労働法施行までに16件の最低工賃が決定され、対象家内労働者数は4万人弱であった。

　同見解はまた長期的に継続して調査審議を行う機関を設ける必要があるとしており、これに基づき1966年6月家内労働審議会[6]を設置した。同審議会では公益委員からなる小委員会[7]を設けて家内労働法制検討上の問題点を整理し、1967年3月報告した。これに基づき起草委員会が報告をとりまとめ、総会審議を経て1967年12月に家内労働対策に関する答申を提出した。その過程では、家内労働者についても雇用労働者と同様の保護を図るべきとする意見とそれは困難だとする意見が対立し、その結果「当面はまず、家内労働者の家内労働条件の向上のためにもっとも基本的事項で、かつ緊急の必要が認められるものについて法制的措置を講ずべきである」とし、「その他の事項については、条件の成熟を待って逐次段階的に法制の整備を進めることが望ましい」としている。

　政府はこの答申に基づき1969年3月家内労働法案を国会に提出した。これより先、社会党は1957年から、公明党は1968年から家内労働法案を国会に提出しており、一括審議された。また、総評、同盟のほか全日本家内労働者組合総連合等から意見が示された。審議を経て、家内労働法は1970年5月にようやく成立した。

（4）　家内労働法に基づく家内労働対策[8]

　現行家内労働法は基本的に1970年法のままである。この間、家内労働法の定義に該当する家内労働者、すなわち「物品の製造、加工等若しくは販売又はこれらの請負を業とする者…から、主として労働の対償を得るために、その業務の目的物たる物品について委託を受けて、物品の製造又は加工等に従事する者」（第2条）は、1970年の181万人から2017年の11万人弱へと大きく減少してきた。その代わりに情報通信機器を利用して在宅で自営的に働

6）公労使/関係者20名、会長：長沼弘毅。
7）学識者8名、小委員長：石川吉右衛門。
8）寺園成章『家内労働法の解説』労務行政研究所（1981年）。

く在宅就労は2013年に126万人（推計）と増加してきているが、物品の製造・加工業務でないので家内労働者とはされていない。

家内労働法によって新たに設けられた規定はいくつかある。委託者の家内労働手帳交付義務（第3条）、就業時間適正化の努力義務（第4条）、委託打切りの予告義務（第5条）のほか、安全衛生に関する措置（第17、18条）などであるが、安全衛生と表裏の関係にある労働災害補償については、労働基準法上の使用者の無過失責任と同様の責任を委託者に課しうるかについて疑問があり、規定されなかった。ただし、業務上災害疾病のおそれのある特定の業務に従事する家内労働者を、暫定的に労働者災害補償保険法上の特別加入制度に加入させるものとした。

最低工賃については、最低賃金法時代の最低賃金を前提とするものから、家内労働者の労働条件の改善を図るために独自に決定しうるものとなった。決定方式は最低賃金と同様、地域別、業種別に決定する方式である。最低賃金における最低賃金審議会に相当するものとして、中央・地方に家内労働審議会を設置し、その調査審議を経て最低工賃を決定することとされている。なお、最低工賃違反の委託契約は、その部分は無効となり、最低工賃で補充される。

2　在宅就業
（1）　在宅就業問題研究会

上述のように、家内労働法はその対象を「物品の製造又は加工等に従事する者」に限定しているため、近年増加してきた情報通信機器を利用してサービスの提供を行う在宅形態での働き方は対象とされないが、産業分類上印刷業は製造業とされていたため、印刷業者の委託を受けてタイプ打ちをする者は家内労働者とされていた。これが急速にワープロ作業に変わることに対応して、労働省は1989年から在宅就業問題研究会[9]を開催し、翌1990年2月に第1次報告をまとめ、フロッピーディスクによって受け渡しをする場合であれば「物品の製造又は加工等」に該当するとして家内労働法を適用すること

9）学識者4名、労使各1名、座長：諏訪康雄。

770　第3部　労働条件法政策

とした。

　しかし、急速に進む技術革新の中で、フロッピーディスクを使えば家内労働だが、通信回線なら家内労働ではないなどというやり方はすぐに時代遅れとなった。

(2)　在宅就労問題研究会

　その後、労働省は1998年7月に在宅就労問題研究会[10]を開催し、翌1999年7月に中間報告、2000年3月に最終報告をまとめた。

　同報告は、在宅ワーカーの契約条件をめぐる問題点を挙げた上で、今後の施策のあり方として、契約条件の明確化、契約条件の適正化、報酬決定の適正化、在宅ワーカーの健康管理及びプライバシーの保護など在宅ワークの適正な実施確保に加え、円滑な需給調整や仲介的機能の整理、能力開発・能力評価の促進や相談指導体制の整備など在宅ワーカーに対する支援の必要性を強調した上で、在宅ワークの契約条件の文書明示や契約条件の適正化等に係るルールを確立して、発注者及び仲介業者、さらには在宅ワーカーがそれに沿った契約を行うよう誘導していくことが必要としている。

　ただ、その手法としては、在宅ワークがなお成熟途上の働き方であることに鑑み、法令等による規制などのような強制的な手段よりも、むしろ緩やかな形での誘導策を講ずることが適当として、行政としては最低限確保されるべき事項を盛り込んだガイドラインを策定し、関係当事者による自主的な遵守を促すことが適切としている。そして、具体的なガイドラインを示している。労働省は同年6月にほぼそのままの形で在宅ワークの適正な実施のためのガイドラインを策定通知した。

(3)　在宅ワークガイドライン

　このガイドラインでは、在宅ワークを「情報通信機器を活用して請負契約に基づきサービスの提供等を行う在宅形態での就労のうち、主として他の者が代わって行うことが容易なものをいい、たとえば文章入力、テープ起こ

10）学識者8名、座長：諏訪康雄。

し、データ入力、ホームページ作成などの作業を行うもの」と定義し、「ただし、法人形態により行っている場合や他人を使用している場合などを除く」としている。

注文者が守っていくべき事項として、まず契約条件の文書明示及びその保存を挙げている。すなわち、在宅ワーク契約締結時に、仕事の内容、報酬額、その支払期日及び支払方法、諸経費の取扱い、納期や納品先及び納品方法、成果物が不完全だったり納入が遅れた場合の取扱いなどを明らかにした文書を交付することとし、これを3年間保存することとしている。ただし電子メールにより明示してもよい。

次に契約条件の適正化として、報酬の支払期日は成果物受取から30日以内（長くても60日以内）、報酬額は在宅ワーカーの適正な利益が可能となるように決定することとされ、最低賃金を参考にすることも考えられると付け加えている。また、納期は在宅ワーカーの作業時間が長時間に及ばないよう設定し、通常の労働者の1日の労働時間（8時間）を目安とすることとされ、継続的な注文を打ち切ろうとする場合には事前に予告することも求めている。

さらに、注文者が在宅ワーカーの個人情報を無断で漏洩しないこと、ＶＤＴ作業や腰痛防止など健康確保措置、能力開発機械の付与、問い合わせや苦情を受け付ける担当者の明確化なども求めている。

なお、2010年3月に若干の改正がされている。

（4） 在宅就業施策在り方検討会

厚生労働省の委託事業（在宅就業者総合支援事業）により設けられた今後の在宅就業施策の在り方に関する検討会[11]は2015年3月に報告書をまとめ、その中で家内労働のように厳格な最低工賃の仕組みは適当ではなく、安全衛生確保規定をそのまま適用することもできないとしている。一方で、在宅就業者と発注者の間や、仲介機関を介する三者構成であることに起因するトラブル、報酬額の決定に関する問題を指摘し、家内労働法を抜本的に改正する

11）学識者7名、座長：鎌田耕一。

772　第3部　労働条件法政策

ことにより、契約上の課題や秘密保持に関する規定等を盛り込んだ立法措置を講じることも考えられるとしつつ、在宅ではない請負等、在宅就業と類似の課題が存在する可能性がある就業形態が存在する中で、在宅就業についてのみ施策を講じることについて整理がされていないとして、「将来的に必要な課題ではあるが、現時点では機が熟しているとはいえない」と否定的である。そして当面は上記ガイドラインの見直しで対応すべきとしている。

　2016年3月の検討会報告書は具体的なガイドラインの見直しを議論した。現行ガイドラインが注文者と在宅ワーカーの二者構成を基本とし、仲介機関は注文者に含まれると整理しているのを維持しつつ、委託型、純粋紹介型に分けて仲介機関についての規定を設けることや、契約条件の変更、成果物が不完全な場合の取扱い（補修、損害賠償請求）、知的財産権の取扱い、秘密保持義務と個人情報の取扱、報酬の支払期日・報酬額、納期、解除等について、具体的な見直し案を提示している。

（5）　自営型テレワークガイドライン

　2017年3月の「働き方改革実行計画」に、非雇用型テレワークのガイドライン刷新と働き手への支援が盛り込まれ、仲介業者を想定せず、相対契約を前提とする現行の非雇用型テレワーク（＝在宅ワーク）のガイドラインを改定し、仲介業者がいったん受注して働き手に再発注する際にも守るべきことを示し、また仲介事業者に求められるルールを明確化するとしている。

　2017年10月に柔軟な働き方に関する検討会[12]が設置され、同年12月に報告を取りまとめるとともに、自営型テレワークの適正な実施のためのガイドライン（案）を示した、厚生労働省はこれを受けて、2018年2月、新たなガイドラインを公表した。名称が在宅ワークから自営型テレワークとなっているのは、家内労働法の延長線上から個人請負型就労形態全般を対象としていく姿勢の変化を表している。

　新ガイドラインは仲介事業者を、①他者から業務の委託を受け、当該業務に関する仕事を自営型テレワーカーに注文する行為を業として行う者、②自

12）学識者9名、座長：松村茂。

営型テレワーカーと注文者との間で、自営型テレワークの業務の斡旋を業として行う者、③インターネットを介して注文者と受注者が直接仕事の受発注を行うことができるサービス（いわゆるクラウドソーシング）を業として運営している者と定義している。そして、旧ガイドラインが契約条件の文書明示とその保存から始まっていたのに対し、その前段階として募集内容の明示と、その際に留意すべき事項を詳しく規定している。クラウドワークでは、応募された複数の提案から採用案を選び報酬を支払ういわゆるコンペ式が見られることから、その旨の明示や、採用に至らなかった提案の知的財産権を提案者に無断で公開・使用しないこと、さらには採用された提案の応募者に対して納品後の成果物の大幅な修正を指示するなどは望ましくないことまでが記述されている。

　その他報酬額や契約条件の変更など各項目で記述が詳しくなっているが、注目すべきは契約解除という新たな項目である。労働者ではないので解雇権濫用法理が適用されないことを前提としつつ、「契約違反等がない場合に、注文者が任意で契約を解除する場合は、注文者は、契約解除により自営型テレワーカーに生じた損害の賠償が必要となること」とか「継続的な取引関係にある注文者は、自営型テレワーカーへの注文を打ち切ろうとするときは、速やかに、その旨及びその理由を予告すること」を求めている。

　しかし、改定されてもガイドラインは所詮通達に過ぎず、法的効力を有するものではない。今後雇用類似の働き方が社会の中で大きな割合を占めていくことになれば、後述の雇用類似の働き方検討会で議論されている「法的保護の必要性を中長期的課題として検討する」ことの重要性が高まっていくであろう。

第2節　その他の非雇用労働者への法政策

　非雇用労働者への法政策としては、高齢者の就業対策としてのシルバー人材センター、障害者の就労対策としての福祉的就労など、特定の人々を対象とした労働市場法政策のほかに、労働条件法政策や労使関係法政策の観点か

774　第3部　労働条件法政策

らもいくつかの法政策を拾うことができる。

1　労働者性の問題

　雇用就業形態の多様化の一環として自営業者の問題が世界的に注目を集め
つつある。これは既存の労働法の枠そのものを問い直す契機をはらんでお
り、契約労働とか経済的従属労働といった形で取り上げる動きもあるが、あ
くまでも既存の労働法の枠組みの中で労働者性の判断の問題として捉えるこ
ともできる。日本ではまず後者の形で政策課題となった。

（1）　民法、工場法及び労働基準法

　まず日本の法制を振り返ってみると、1890年の旧民法では、医師、弁護
士、学芸教師は雇傭人とならないとする一方で、角力、俳優、音曲師その他
の芸人と座元興行者との関係は雇傭契約としていた。1896年の現行民法で
医師、弁護士、学芸教師も雇傭契約の対象と整理されたが、芸能人やスポー
ツ選手が雇傭契約の対象から外されたわけではない。

　1911年の工場法は職工を対象としていた。これは工場内で主として身体
的労役に従事する者に限られるが、逆に雇傭関係の存在は必要条件ではな
く、報酬の有無も問わなかった。家族従業者も職工たりえた[13]。

　1947年の労働基準法は、労働者を「前条の事業又は事務所に使用される
者で、賃金を支払われる者」（第9条）と定義した。もっともここでいう「賃
金」は単なる金銭給付にとどまらず、「ある種の接客業に従事する女子の如
く、唯単に客より報酬を受けるに過ぎない者」であっても、「客より報酬を
受けうる利益」も賃金に含まれると立法担当者は考えていた。この点、制定
時の「解説及び質疑応答」では、「労働の対償として一定の営業設備の使用
が認められておれば、それもまた賃金」としており、公聴会に提示された法
案の「賃金、給料その他これに準ずる収入を得て前条の事業に使用される
者」と内容的に変わっているわけではない。

13）岡實『改訂増補工場法論』有斐閣（1917年）。

第 7 章　非雇用労働の法政策　775

（2）　労働基準法研究会報告 [14]

　1985年12月、労働基準法研究会第1部会 [15] は「労働基準法の『労働者』の判断基準について」と題する報告書を取りまとめた。ここでは、労働者性の判断基準を、指揮監督下の労働という労務提供の形態及び賃金支払という報酬の労務に対する対償性に求め、この二つを合わせて使用従属性と呼びつつ、限界事例では事業者性、専属性など補強的要素も加えて総合判断するとしている。

　まず、指揮監督下の労働であるかどうかについては、仕事の依頼、業務従事の指示等に対する諾否の自由の有無、業務遂行上の指揮監督の有無、拘束性の有無、さらに補強要素として代替性の有無を挙げている。

　報酬の労務対償性については、報酬の名称に関わりないことを確認している。また、事業者性については、機器具の負担関係、報酬の額などを判断要素として挙げている。

　具体的事案としては、傭車運転手と在宅勤務者を挙げて具体的な判断基準を示している。

　その後1996年3月には、同研究会の労働者性検討専門部会 [16] 報告として、建設業手間請け従事者及び芸能関係者についての判断基準がまとめられた。

（3）　労働契約法制在り方研究会

　2005年9月に発表された労働契約法制の在り方に関する研究会 [17] の報告書は、総論の中で「労働契約法制の対象とする者の範囲」についても言及し、特に「労働基準法の労働者以外の者への対応」と題して、「労働基準法上の労働者として必要とされる使用従属性まではなくとも、請負契約、委任契約等に基づき役務を提供してその対償として報酬を得ており、特定の者に経済的に従属している者については、相手方との間に情報の質及び量の格差や交

14）労働省労働基準局編『労働基準法の問題点と対策の方向：労働基準法研究会報告書』日本労働協会（1986年）。

15）学識者8名、部会長：萩沢清彦。

16）学識者5名、座長：奥山明良。

17）学識者10名、座長：菅野和夫。

渉力の格差が存在することから、労働契約法制の対象とし、一定の保護を図ることが考えられる」と述べた。ところが、労働政策審議会ではまったく議論すらされず、この問題はそのままとなっている。

(4) 労組法上の労働者概念

2010年11月、厚生労働省は労使関係法研究会[18]を開始した。開催要綱は、「今後の集団的労使関係法制の在り方について検討を行う」ときわめて広範な趣旨を述べつつ、当面の検討事項としては、「近年、労働者の働き方が多様化する中で、業務委託、独立事業者といった契約形態下にある者が増えており、労働組合法上の労働者性の判断が困難な事例が見られる。このため、本研究会は、当面、労働組合法上の労働者性について検討を行う」と、いわゆる労組法上の労働者性が論点となっている。これは当時、業務委託、独立事業者といった契約形態下にある者について、中労委の命令と裁判所（下級審）の判決で異なる結論が示されたものがあることから問題意識が高まっていたものである。

2011年7月に報告書が取りまとめられ、事業組織への組み入れ（労務供給者が相手方の業務の遂行に不可欠ないし枢要な労働力として組織内に確保されているか）、契約内容の一方的・定型的決定（契約の締結の態様から、労働条件や提供する労務の内容を相手方が一方的・定型的に決定しているか）、報酬の労務対価性（労務供給者の報酬が労務供給に対する対価又はそれに類するものとしての性格を有するか）の3つを基本的判断要素とし、業務の依頼に応ずべき関係（労務供給者が相手方からの個々の業務の依頼に対して、基本的に応ずべき関係にあるか）、広い意味での指揮監督下の労務提供（労務供給者が、相手方の指揮監督の下に労務の供給を行っていると広い意味で解することができるか）、一定の時間的場所的拘束（労務の提供にあたり日時や場所について一定の拘束を受けているか）を補充的判断要素とし、顕著な事業者性（労務供給者が、恒常的に自己の才覚で利得する機会を有し自らリスクを引き受けて事業を行う者と見られるか）を消極的判断要素とすると

---

18) 学識者7名、座長：荒木尚志。

いう基準を提示した。

2 労災保険の特別加入

　労災保険は本来、労働基準法適用労働者の労働災害に対する保護を目的とした制度であり、労働者でない中小事業主や自営業者は対象としていないが、これら非雇用労働者の中には業務の実態から見て労働者に準じて保護するにふさわしい者が存在することから、1965年改正により一定範囲について特に労災保険への加入を認めることとされた。

　しかしながら、実はそれ以前から通達による擬制適用という形で特殊な取扱いが認められてきていた。まず1947年11月、土木建築事業に従事する労働者の中には、いわゆる一人親方として、その実態が一般労働者と変わらない者があることから、任意組合を組織させ、その組合を便宜上使用者として保険加入させたのが始まりである（基発第285号）。これがその後次第に拡大されていった。

　やがて、1963年10月の労災問題懇談会[19]報告において「自営業主、家内労働者への適用を考慮すべき」との意見が出され、これを受けた労災保険審議会[20]は1964年7月、「一人親方、小規模事業の事業主及びその家族従業者その他労働者に準ずる者であって、労働大臣の定める者については、原則として団体加入することを条件として、特別加入することを認める」と答申した。労働省は翌1966年3月法案を提出、6月には成立に至った。

　これにより、中小規模事業主とその家族従業者、一人親方とその家族従業者及び特定作業従事者について、特別加入制度が設けられた。中小事業主に特別加入を認めたのは、事業主が労働者とともに労働者と同様に働くことが多く、労働者に準じて保護するにふさわしいことに加えて、特別加入を通じて中小企業の労災保険への加入を促進しようという政策意図が働いていた。一人親方については、土木建築事業のほか、自動車運送（個人タクシーやトラック）、漁業が認められた。また特定作業従事者としては、危険な農機具

19）労使各3名、公益4名、会長：川村秀文。
20）公労使各6名、会長：清水玄。

778　第3部　労働条件法政策

を使用する自営農業者が指定された。

　その後、1970年に家内労働法が制定され、危険性の高い作業を行う家内労働者等が特定作業従事者に指定された。具体的には金属加工、研磨作業、履物製造加工、陶磁器製造、動力織機等である。また、1976年には一人親方に林業と配置薬販売業が加えられ、1980年には廃品回収業も加えられた。

3　協同組合の団体協約締結権[21]

　労働組合法上の「労働者」は「賃金、給料その他これに準ずる収入によって生活する者」とされており、労働基準法上の「使用される者で、賃金を支払われる者」よりもやや広くなっている。実際に、プロ野球選手や建設業の一人親方の労働組合も存在する。

　しかし、それだけではなく、法制的には明らかな自営業者に対しても、日本の法制は既に集団的労使関係システムに類似した法制度を用意している。すなわち、各種協同組合法は組合員の経済的地位の改善のためにする団体協約の締結を各種組合の事業として挙げ、しかもこれに相手方の交渉応諾義務や団体協約の規範的効力、行政庁による介入規定などが付随している。

　このうち、特に労働者との連続性の強い商工業の自営業者を対象とした中小企業等協同組合法についてみると、1949年7月の制定時に既に事業協同組合の事業として「組合員の経済的地位の改善のためにする団体協約の締結」（第70条第1項第5号）を挙げ、この「団体協約は、あらかじめ総会の承認を得て、同項同号の団体協約であることを明記した書面をもつてすることによつて、その効力を生」じ（同条第4項）、「直接に組合員に対して効力を生ずる」（同条第5項）とともに、「組合員の締結する契約でその内容が第一項第五号の団体協約に定める規準に違反するものについては、その規準に違反する契約の部分は、その規準によつて契約したものとみなす」（同条第6項）とその規範的効力まで規定した。これらは協同組合連合会の締結する団体協

21）磯部喜一『中小企業等協同組合法』有斐閣（1952年）、中小企業庁編著『中小企業等協同組合法逐条解説』中小企業調査協会（1971年）、中小企業庁経営支援部組織課『逐条解説中小企業団体の組織に関する法律・中小企業等協同組合法』ぎょうせい（2000年）。

約についても同様である。

　これら規定は1955年改正で第9条の2に移されたが、その後1957年改正で団体交渉権の規定が設けられた。すなわち、「事業協同組合又は事業協同小組合の組合員と取引関係がある事業者（小規模の事業者を除く）は、その取引条件について事業協同組合又は事業協同小組合の代表者（これらの組合が会員となつている協同組合連合会の代表者を含む）が政令の定めるところにより団体協約を締結するため交渉をしたい旨を申し出たときは、誠意をもつてその交渉に応ずるものとする」（第9条の2第5項、現第12項）とされており、この「誠意をもつて」とは、下記商工組合について「正当な理由がない限り、その交渉に応じなければならない」と規定しているのと同趣旨と解されている。

　さらに同改正によって斡旋・調停の規定も設けられた。すなわち、「交渉の当事者の双方又は一方は、当該交渉ができないとき又は団体協約の内容につき協議が整わないときは、行政庁に対し、そのあつせん又は調停を申請することができ」（第9条の2の2第1項）、「行政庁は、前項の申請があつた場合において経済取引の公正を確保するため必要があると認めるときは、速やかにあつせん又は調整を行」い（同条第2項）、その際「調停案を作成してこれを関係当事者に示しその受諾を勧告するとともに、その調停案を理由を附して公表することができる」（同条第3項）。

　なお、これら改正と同時に中小企業団体の組織に関する法律が制定され、商工組合及び商工組合連合会に組合協約締結権が認められ（第17条第4項）、商工組合の組合員と取引関係にある事業者等は「正当な理由がない限りその交渉に応じなければならない」（第29条第1項）。もっとも組合協約は「主務大臣の認可を受けなければその効力を生じ」ず（第28条第1項）、また主務大臣は商工組合又はその交渉の相手方に対し、組合協約の締結に関し必要な勧告をすることができる」（第30条）と、行政介入が強化されている。商工組合等に関しては、1999年に中小企業の事業活動の活性化等のための中小企業関係法律の一部を改正する法律によって組合協約関係の規定がばっさりと削られ、上記事業協同組合の規定を準用する（第17条第7項）という形になった。

780 第3部 労働条件法政策

なおこの外に、自営業者の団体による団体協約の締結を規定している法律としては、1947年の農業協同組合法（組合員の経済的地位の改善のためにする団体協約の締結、規範的効力あり）、1948年の水産業協同組合法（同前）、1954年の酪農及び肉用牛生産の振興に関する法律（規範的効力の規定なし）、同年の輸出水産業の振興に関する法律（規範的効力あり）、1957年の内航海運組合法（認可制、規範的効力あり）、1978年の森林組合法（規範的効力あり）がある。

ちなみに、こういった自営業者よりも実態としては労働者に近いはずの家内労働者については、家内労働法において特に団体協約締結権の規定は置かれていない。なまじ、労働法制の枠組みの中におかれると、かえって柔軟な対応は困難になるように見える。もっとも、かつての社会党の法案には家内労働者組合と委託者との団体協約の規範的効力や、斡旋、調停、委託者の不当行為に対する命令といった規定が盛り込まれていた。

4 雇用類似就業者の法政策

(1) 個人請負型就業者研究会

2009年8月、厚生労働省は個人請負型就業者に関する研究会[22]を開催し、その就業実態を踏まえた施策の方向性について検討した。翌2010年4月に取りまとめられた報告書では、就業者や活用企業にとって労働者性の判断がしやすくなる方法を検討することの他、企業が個人請負型就業者を活用する場合に守るべき事項、注意すべき点等を盛り込んだガイドライン作成を検討すること、求人情報の利用者が不利益を被らないよう、求人情報の掲載基準について行政と求人情報業界とが連携してガイドライン作成を検討すること、トラブルの相談窓口について行政が分かりやすく情報発信することなどが示されている。

(2) 経済産業省の動き

安倍晋三内閣の下で働き方改革が進められる中、経済産業省は2016年11

---

22) 学識者5名、座長：佐藤博樹。

月に「雇用関係によらない働き方」に関する研究会[23]を開催し、翌2017年3月には報告書を取りまとめた。同報告書は雇用関係によらない働き方を日本型雇用システムの対極にあるものと位置づけ、働き方の選択肢として確立することを目指している。そのための環境整備として、いくつかの提言をしている。

まず働き手のセーフティネットとして、休業時の公的な補償制度（労災保険・産休育休制度）が不足していること、受注減や廃業時の公的な保障制度が不足していることを指摘し、民間保険を活用することを提示している。一種の民間失業保険である。

次に報酬（受注単価）が低額であり、生活を成り立たせることが困難な場合が多いことを指摘し、著しく低い対価を不当に定めることを禁止する下請代金支払遅延等防止法による保護のほか、「その従属的立場を踏まえて、一定の範囲で労働法制による保護を及ぼすことが、中長期的には検討されてよい」と踏み込みつつ、そうすると「逆に労働時間や場所の柔軟性・自立性という…メリットを失わせることにもなりかねない」と慎重な姿勢も見せている。

また、報酬の不払いが起こったときの交渉が難しいなど報酬回収の不確実性についても、上記下請法による代金の支払遅延の禁止の遵守とともに、実際に支払いの遅延や不履行が生じた場合のための金銭的補償手段が設けられることが望ましいとしている。未払賃金立替払い制度の民間版であろう。

（3）　公正取引委員会の動き

一方、公正取引委員会もこの問題に競争法の観点から乗り出してきた。2017年8月、公正取引委員会は競争政策研究センターに人材と競争政策に関する検討会[24]を設置し、翌2018年2月に報告書を取りまとめた。これは、発注者の共同行為と単独行為に分けて、前者は不当な取引制限、後者は自由競争減殺、及び優越的地位の濫用という観点から、世上問題となっている様々

23）学識者4名、労働法学者として大内伸哉。
24）学識者12名、座長：泉水文雄。

782　第3部　労働条件法政策

な行為について競争法上問題となり得るものを指摘する形になっている。

（4）　雇用類似の働き方検討会

　2017年3月の働き方改革実行計画では、「非雇用型テレワークのガイドライン刷新と働き手への支援」という項目で注目すべき記述が見られる。すなわち、インターネットを通じた仕事の仲介事業であるクラウドソーシングが急速に拡大する中で、仕事内容の一方的な変更やそれに伴う過重労働、不当に低い報酬やその支払遅延、提案形式で仮納品した著作物の無断転用など、発注者や仲介業者との間でさまざまなトラブルに直面していると指摘し、「非雇用型テレワークをはじめとする雇用類似の働き方が拡大している現状に鑑み、その実態を把握し、政府は有識者会議を設置し法的保護の必要性を中長期的課題として検討する」と述べている。中長期的課題とはいえ、この問題に法政策として本格的に取り組む意欲が明示されたことになる。

　厚生労働省は2017年12月に雇用類似の働き方に関する検討会[25]を開始し、その実態等を把握・分析し、課題整理を行った。同検討会は2018年3月に報告書を取りまとめたが、そこでは、雇用類似の働き方の者として保護の必要性があるかを検討する対象者はどのような者と考えるか、雇用と自営の中間的な働き方であることを踏まえ、経済法等との間で留意すべき点はあるか、これらについて検討した結果、仮に雇用類似の者を保護するとした場合に、その方法としてどのようなものが考えられるか、といった問題を提起している。これは労働政策審議会労働政策基本部会に報告された。同年秋以降、再度有識者会議を設置して、中長期的課題を議論していく予定である。

25）学識者9名、座長：鎌田耕一。

第4部　労働人権法政策

第1章
男女雇用均等法政策[1]

第1節　男女雇用機会均等法以前

1　女子労働者保護法政策

(1)　工場法における女子保護

　1911年に成立し、1916年に施行された工場法においては、年少者とともに女子を保護職工として、種々の就業制限規定を設けた。

　まず就業時間規制として、女子については、1日12時間を超える就業を禁止する（第3条）とともに、午後10時から午前4時までの就業（深夜業）を禁止した（第4条）。ただ、使用者側の反対のため、法施行後15年の長きにわたって就業時間制限は1日14時間とされるとともに、交替制による場合及び特定の業務については深夜業制限も適用されないこととされた。ただ、法施行15年後からは、20歳未満の女子についてはこれらの業務についても深夜業を禁止することとされた。

　なお、時間外・休日労働はかなり厳格で、「避クヘカラサル事由ニ因リ臨時必要アル場合」に行政官庁の許可を得て行えるほか、「臨時必要アル場合」にはその都度予め行政官庁に届け出て、1か月に7日まで就業時間を2時間以内延長できるという道と、「季節ニ依リ繁忙ナル事業」について予め行政官庁の認可を受けて、1年に120日まで就業時間を1時間延長できるという道があった。

1）濱口桂一郎「OL型女性労働モデルの形成と衰退」（『季刊労働法』234号）、濱口桂一郎『働く女子の運命』文春新書（2015年）。

休日については、女子に対して毎月少なくとも2回、交替制等により深夜業をさせる場合には毎月少なくとも4回の休日を設けることを求めるとともに、休憩については、1日の就業時間が6時間を超えるときは30分、10時間を超えるときは1時間の休憩時間を就業時間中に設けることとしている（第7条）。

労働安全衛生関係では、女子については、運転中の機械や動力伝導装置の危険な部分の掃除、注油、検査又は修繕をさせたり、運転中の機械や動力伝導装置に調帯、調索の取り付けや取り外しをさせるなどの危険な業務に就かせることを禁止した（第9条）が、年少者に禁止された衛生上有害な業務については禁止しなかった。ただし、有害業務のうち、砒素、水銀、黄燐、鉛といった有害料品の粉塵、蒸気、ガス又は酸性ガスを発散する場所の業務、多量の高熱物体を取り扱う業務などについては、工場法施行規則で、15歳以上の女子についても禁止の対象となった。

なお、鉱業については、1916年に鉱夫労役扶助規則が制定され、上記工場法と同水準の保護が規定された。

1923年に工場法が改正され、就業時間についてはそれまで12時間を1時間短縮して11時間とした。また、就業が禁止される深夜業の範囲をこれまでの午後10時から午前4時までから1時間伸ばして午後10時から午前5時までとし、交替制の場合の深夜業禁止適用除外規定を削除し（3年の猶予期間）、特定業務の深夜業も例外なく禁止した。

その後、1929年の工場法改正で、原動機を使用するすべての工場に適用対象を拡大したが、省令で撚糸業及び織物業に限り適用した。

一方、1928年の鉱夫労役扶助規則改正により、原則として女子の坑内労働を禁止し、主として薄層を採掘する石炭坑については鉱山監督局長の許可を条件に例外を認めた。ところが、実施が迫って一部中小炭坑の鉱業権者から坑内労働禁止がそのまま実施されれば経営不可能に陥り休山のやむなきに至る旨の陳情があり、結局省令で主として残炭を採掘する炭坑についても女子の坑内労働禁止の特例を認めた。なお、戦時下の1939年、労働力不足を補うため、25歳以上の女子（妊娠中の者を除く）の坑内就業を解禁した。1943年には20歳以上の女子に拡大した。

（2） 労働基準法における女子保護

　1947年労働基準法は、第6章として女子及び年少者に関する規定を置いた。

　労働時間については、第36条による時間外労働を認めつつも、1日2時間、1週間6時間、1年150時間という上限を設定し、これを超えた時間外労働を禁止した。また、休日労働は全面的に禁止した（第61条）。逆に年少者に禁止された変形労働時間制や非工業的業種の特例は適用される。時間外労働の上限の根拠は、「一般の労働日数を1年大略300日前後と見、その半分の日数だけ1時間残業を認めることとしたもの」であり、また「製糸工場において晩春より初夏にかけ約5か月間、特に女子労働者の残業を必要とする事情」が考慮されたという。

　深夜業については原則禁止であり、16歳以上の男子に認められる交替制の場合の例外も認められない。これは工場法を受け継いでいる。ただし、病院、旅館、料理店、電話交換等については、社会生活上の必要性と、女性としての職場維持の必要性が考慮されて適用除外とされた（第62条）。

　危険有害業務についてもほぼ工場法を踏襲し、危険業務に加えて重量物運搬業務も女子の就業禁止、有害業務は施行規則で定める一定の業務につき就業禁止とされた（第63条）。また、鉱夫労役扶助規則を受け継いで坑内労働を禁止し、例外を認めなかった（第64条）。

　なお、ILO条約や各国の立法にも例を見ない規定として、生理休暇の規定が設けられた。使用者は生理日の就業が著しく困難な女子又は生理に有害な業務に従事する女子が生理休暇を要求したときは、その者を就業させてはならないというもので、終戦後女子の地下労働禁止に当たり、猶予期間中の女子坑内労働者に対して生理休暇を与えることが猶予の条件として定められ、また立法時労働側から強い要望があり導入されたとされる。

（3）　1952年改正と1954年省令改正

　1951年5月のリッジウェー声明を受けて、経営側から労働基準法の改正を求める声が溢れだした。東京商工会議所が出した労働基準法改正意見書では、女子保護関係について、軽労働については女子の時間外労働の制限を緩

和し、1日2時間の制限を撤廃すること、休日労働を認めること、生理休暇を廃止することなどが挙げられていた。その後、政令諮問委員会が同年7月に答申した「労働関係法令に関する意見」の中では、女子の時間外労働の制限につき「業態によっては不便があるので」1日2時間1週6時間の制限を撤廃すること、軽作業労働者について生理休暇の規定を撤廃することが指摘された。

　翌1952年3月の中央労働基準審議会[2]の答申は、女子の時間外労働について、年間特別時期に起こる決算あるいはこれに伴う棚卸しの場合に限り、非工業的業務において、1週6時間の制限を2週12時間とすること、女子の深夜業について、社会通念上女子の深夜業を是非必要とする極めて特殊な場合に限り、女子の健康福祉に有害でない特定の業務について例外を認めることを求めた。この答申に基づいて同年7月に労働基準法が改正され、女子深夜業禁止の例外業務として、省令で航空機に乗り込むスチュワーデスの業務と女子を収容する寄宿舎の管理人の業務が規定された。

　その後もなお労働基準法改正を求める声は強く、1954年に中央労働審議会の審議を経て省令改正が行われた。女子保護関係では、女子深夜業禁止の例外業務として、映画の制作における演技者、スクリプター及び結髪の業務、放送事業におけるプロデューサー及びアナウンサーの業務、かに又はいわしの缶詰の事業における第一次加工の業務が追加された。

2　母性保護法政策

(1)　工場法における母性保護

　1911年の工場法第12条は「主務大臣ハ病者又ハ産婦ノ就業ニ付制限又ハ禁止ノ規定ヲ設クルコトヲ得」と規定し、これを受けて工場法施行規則は産後5週日を経過していない者を就業させることを禁止した。但し、産後3週日経過後医師の意見を聴いて支障がないと認める業務に就かせる場合は認められる（第9条）。

　1923年の改正により、「産婦」を「産前産後若ハ生児哺育中ノ女子」に改

---

2) 公労使各7名、会長：山中篤太郎。

め、省令による就業制限期間を産前4週間及び産後6週間に延長するとともに、医師の意見により産後就業を認める期間を産後4週間経過後とした。さらに、生児哺育中の女子について、生後満1年に達しない生児を哺育する女子は就業時間中において、1日2回各30分以内を限り哺育時間を請求できること、及びその時間中はその使用を禁止する旨の規定を設けた（第9条の2）。

さらに、1926年の工場法施行令の改正により、上の休業期間中は解雇予告期間に算入しないこととされ（第27条の2第2項）、これにより産前産後休業期間中の解雇が禁止されることになった。

（2）　労働基準法における母性保護

1947年の労働基準法は、工場法施行規則の水準をさらに進め、産前産後6週間について選択的就業制限とするとともに、産後5週間については絶対的就業制限とした（第65条第1項・第2項）。この産前産後休業の期間及びその後30日間は解雇することができない（第19条）。また、産前6週間より前であっても、妊娠中の女子が請求した場合には他の軽易な業務に転換させなければならない（第65条第3項）。

育児時間については、1日2回、各少なくとも30分請求できるという規定は工場法施行規則と同じであるが、休憩時間以外に確保すべきことを明記した（第66条）。

3　勤労婦人福祉法[*3]

（1）　勤労婦人問題の登場

高度成長とともに勤労婦人（当時は女性労働者をそう呼んだ。男性労働者に対する女性労働者ではなく、家庭婦人に対する勤労婦人なのである。）が増加し、女子が職場に雇用されて勤労婦人として働くことは極めて普通の現象となってきた。またその構成においても既婚婦人の増加がめざましく、平均年齢も30歳を超えた。こういう中で、勤労婦人が職業生活と育児、家事

3）労働省婦人少年局婦人労働課『勤労婦人福祉法早わかり』婦人少年協会（1973年）。

790 第4部 労働人権法政策

等の家庭生活との調和を図ることができるようにすることが重要な課題となってきたという観点から、労働省は1971年3月、婦人の就業に関する懇話会[4]を開催し、婦人特に主婦の就業に関する考え方を国民経済、育児、家庭責任、婦人の地位の面から客観的かつ専門的に検討することとした。

　同懇話会は、国民経済的観点、母性、育児、教育の問題、そして婦人の地位、家庭、地域社会の問題の3部会に分かれ、同年6月報告書を取りまとめた。報告書は「婦人の就業は助長すべきか」という問いに対して、婦人一般の就業は社会的要請に応ずるとともに婦人の地位の向上にもつながるので一般には助長すべきとしつつ、主婦が家計補助的労働力として低賃金不熟練労働に大量に就くことは問題があるとしている。これに対して、乳幼児を持つ主婦の就業については、婦人の職業活動と母性の両者はともに重視されるべきとし、家庭にとどまるべきか就業すべきかについては社会的に断定すべきものではなく、婦人自身の主体的な選択により決めるべきとし、その上で主婦が真に自由な選択をできるためには諸条件の整備が必要であるとして、保育施設の整備や勤務時間の配慮などを求めている。

　なお、この報告が「終身雇用を基調とする我が国の雇用慣行は、婦人の育児による就業の中断、再就業という場合に不利に作用しがち」と指摘し、「このことからも近代的な労働市場、労働慣行の形成への努力が必要」と述べているのは、時代の影響もあるが現在に連なる話でもある。

（2）　勤労婦人福祉法の制定

　労働省は上記懇話会報告を受け、勤労婦人の福祉に関する立法の基本構想を取りまとめ、1971年12月婦人少年問題審議会婦人問題部会[5]に諮問し、翌1972年2月に答申を得て、同年3月に勤労婦人福祉法案を国会に提出した。国会では衆議院において、基本的理念の中に「性別により差別されることなく」という文言が盛り込まれる等の修正が行われ、同年6月成立に至った。

4）学識者15名、座長：藤田たき。

5）学識者9名、部会長：田辺繁子。

政府原案では、基本的理念は「勤労婦人は、次代をになう者の生育について重大な役割を有するとともに、経済及び社会の発展に寄与する者であることにかんがみ、勤労婦人が職業生活と家庭生活の調和を図り、及び母性を尊重されつつその能力を有効に発揮して充実した職業生活を営むことができるように配慮される」（第2条）ことと、「勤労婦人は、勤労に従事する者としての自覚をもち、みずからすすんで、その能力を開発し、これを職業生活において発揮するように努めなければならない」（第3条）ことであった。

勤労婦人という概念自体、家庭婦人に対するもので男性労働者に対するものではなく、「次代をになう者の生育に重大な役割を有」したり、「職業生活と家庭生活の調和を図」るのは勤労婦人だけの問題であるかのような政策枠組みであって、今日の目からすれば「これは一体なんという差別的な法律だ」という感想すら抱かれるかも知れないが、そもそも「婦人の就業は助長すべきか」という問いが入り口にでんと腰を据えている中で、これは決して主婦の職場へのかり出しをねらいとしたものではなく、婦人の就労については中立の立場に立つものだというお断りを入れながら成立に至ったものだという時代背景を考慮に入れる必要がある。

それにしても、国会修正で基本的理念に「性別により差別されることなく」という文言が入ったことで、ごくごくわずかながらも男女平等法的色彩を得たと評することができよう。その意味では、日本の男女雇用均等法制の出発点と位置づけることもできなくはない。もっとも、「事業主は、その雇用する勤労婦人の福祉を増進するよう努め」ればよい（第4条第1項）ので、差別されないよう配慮するのは誰なのかよく分からないが。

法律の規定の中で実質的に意味のあるのは、母性保護に関する第9条及び第10条と、育児休業に関する第11条くらいで、それも配慮努力義務や努力義務であって、あとは勤労婦人福祉対策基本方針を作り、勤労婦人向けに職業指導や職業訓練を行い、働く婦人の家を設置する等、あまり中身はない。後代への連続性という点でいえば、勤労婦人への努力義務という形ながら、初めて育児休業に関する規定が設けられたことが最大の意義ということもできよう。

（3） 勤労婦人福祉法の母性保護

　勤労婦人福祉法では、福祉の措置の一環として、母性の健康管理に関する規定が置かれた。事業主は、その雇用する勤労婦人が母子保健法に基づく保健指導又は健康診査を受けるために必要な時間を確保することができるような配慮をするように努めなければならない（第9条）という配慮努力義務と、勤労婦人がこの保健指導又は健康診査に基づく指導事項を守ることができるようにするため、勤務時間の変更、勤務の軽減等必要な措置を講ずるよう努めなければならない（第10条）という努力義務の規定であり、政府原案では第10条も単純な配慮努力義務であったものが、国会修正で配慮の代わりに勤務時間の変更、勤務の軽減とやや具体的な規定になったもので、いずれにせよいかにも申し訳なさそうな遠慮気味の規定であった。

4　男女雇用機会均等法の前史
（1）　労働基準法における男女平等

　1947年労働基準法は第3条で均等待遇、すなわち賃金、労働時間その他の労働条件において差別的取扱いをしてはならないという旨を規定したが、その対象は労働者の国籍、信条又は社会的身分のみであって、憲法第14条の人種、信条、性別、社会的身分又は門地と若干異なっている。立法担当者は「本条に列記されなかった人種、性別、門地については、労働条件に関する差別的取扱いが処罰の対象となっていないというだけであって、差別待遇を許すという如く反対に解釈さるべきものでないことはもちろんである」というが、現実にはそうならなかったことはいうまでもない。

　一方、第4条（男女同一賃金）については、公聴会にかけられた原案では「使用者は同一価値労働に対しては男女同額の賃金を支払わなければならない」となっていたが、表現を変えたのは「現在我が国における給与形態が著しく複雑化し生活給の色彩を強くしてきており男子同士の間でも同一価値労働に対して同一賃金が支払われない場合が多いとき、男女に賃金比較においてのみ同一賃金労働を表面に持ち出すことが不適当であるためかかる表現を避けたまでのこと」であり、「やはり男女が同一価値の労働をすることを前提としているのである」とされている。

ちなみに、ILOは1951年に同一価値労働についての男女労働者に対する同一報酬に関する条約（第100号）及び同勧告（第90号）を採択し、日本も労働基準法第4条があることから、1967年に批准している。

（2） 退職・定年制に関する判例法理

その後、男女雇用均等法政策は立法面ではほとんど進まなかったが、司法面では退職・定年制に関する判例法理が確立するに至った。

最初のケースは1966年12月の住友セメント事件[6]で、女子について結婚又は35歳で退職と定めていた事案であるが、結婚退職制を公序良俗違反として民法第90条により無効とした。その後、地裁、高裁レベルで同様の判決が多数出されたが、1981年3月、その集大成ともいうべき日産自動車事件の最高裁判決[7]が出された。これは男子55歳、女子50歳という定年の定めを、性別のみによる不合理な差別を定めたものとして、民法第90条により無効と判示した。

これに対し、解雇については、地裁レベルでは判断は分かれていたが、1977年12月の古川鉱業事件の最高裁判決[8]では、人員整理基準として既婚女子を選んだことを合理的理由があるとして認めている。

なお、上記判決に先立って、1965年4月、労働省婦人少年局長名で「女子のみに適用される若年定年制は、労働基準法上の規定に直接抵触するものではないが、同法の精神に反することは明らかであり、憲法第14条の趣旨に鑑みても好ましくない」との通達（婦収第206号）を発出している[9]。また、前述のように、1972年の勤労婦人福祉法には国会修正により「性別により差別されることなく」という文言が挿入されたが、この時点では気休め以上の効果は期待できなかった。

6）東京地裁1966年12月20日。

7）最高裁1981年3月24日。

8）最高裁1977年12月15日。

9）この時、婦人少年局の係長であった赤松良子は、「合理的理由なしに女性を差別するものであるから、憲法の趣旨に反し、公序良俗に反して無効」という原案を作ったが、局長が同意せず、「好ましくない」という通達になったという（赤松良子『均等法を作る』勁草書房（2003年））。

794　第4部　労働人権法政策

（3）　国連の婦人差別撤廃条約

　日本で男女均等法政策が動き出すきっかけになったのは、なんといっても国連の動きが大きい。1967年の国連総会は婦人差別撤廃宣言を採択し、その第10条で雇用の分野を取り上げている。その後、1975年を国際婦人年と定め、メキシコシティで世界会議を開催した。ここで1985年までの10年間の世界行動計画が採択され、この10年間は国連婦人の10年と呼ばれることになった。

　この世界行動計画は、雇用において性又は婚姻上の地位を理由とする差別を撤廃する原則を定めた法律の整備を含め、男女の機会と待遇の平等を確保するための政策及び行動計画を策定すべきであるとし（第90項）、母性保護に関する規定は男女不平等な待遇とみなされるべきでない（第100項）とする一方、女子のみを対象とする保護立法は科学的、技術的見地から再検討を加え、必要に応じ、改正、廃棄又はすべての労働者にその適用を拡大すべきとしている（第102項）。

　世界会議の終了後1975年9月、政府は内閣総理大臣を本部長とし、各省次官を構成員とする婦人問題企画推進本部を発足させた。また、総理大臣の私的諮問機関として婦人問題企画推進会議が設置された。1977年1月、婦人問題企画推進本部は、世界行動計画を国内に取り入れるため、国内行動計画を策定した。この計画では、法制上の婦人の地位の向上の中で、「雇用、職業における男女平等の確保のための婦人労働関係法令・・・の問題点について検討を行う」とするとともに、男女平等を基本とするあらゆる分野への婦人の参加の促進の中で、「職業生活のあらゆる領域で男女が平等の機会と待遇を得られるよう、雇用制度、慣行の改善に努める」と述べている。

　1979年には婦人に対するあらゆる形態の差別の撤廃に関する条約が国連総会で採択された。同条約第11条は、雇用の分野における女子に対する差別を撤廃するため、立法措置を含め、すべての適当な措置をとるよう求め、また母性保護は差別とみなしてはならないとする一方で、女子一般に対する保護は女子に対する差別として解消を求めている。1980年6月には婦人問題企画推進本部において婦人差別撤廃条約の批准のため国内法制等諸条件の整

第1章　男女雇用均等法政策　795

備に努める旨の申し合わせが行われ、翌7月には条約に署名した。その後中曽根康弘首相及び安倍晋太郎外相は、1985年までに批准できるよう条件整備を行う旨国会で答弁した。1981年2月には国内行動計画後期重点目標が取りまとめられ、「雇用における実質的な男女平等についてのガイドラインの策定を進め、男女平等を確保するための諸方策について、あるべき法制を含め検討し、その結果必要な整備を行う」と、男女雇用平等法制の検討が明確に打ち出された。

第2節　男女雇用機会均等法

1　1985年努力義務法の制定[10]

（1）　労働基準法研究会報告[11]

　1969年9月に労働大臣の私的諮問機関として設けられた労働基準法研究会[12] は、1970年10月以降、労働時間、休日、女子、年少者の問題を第2小委員会[13] で検討してきた。女子に関しては、1972年12月からまず医学、生理学、労働衛生学、心理学等各分野の専門家による調査研究を進めることとし、1974年10月「医学的・専門的立場から見た女子の特質」と題する専門委員報告を取りまとめた。その後、女子労働とそれを取り巻く諸条件の変化、諸外国の法制、日本の法制の問題点等について検討が行われ、1978年11月「労働基準法研究会報告（女子関係）」が報告された。

　報告は基本的考え方として、男女平等と職業選択の自由は憲法によって保障された基本的人権であり、就業の分野においても男女の機会均等と待遇の平等が確保されなければならないとし、そのために新しい立法その他各種の方策が必要とする一方で、男女の生理的諸機能等に基づく合理的理由のある

10）赤松良子『詳説男女雇用機会均等法及び改正労働基準法』日本労働協会（1985年）、赤松良子『均等法を作る』勁草書房（2003年）。

11）労働省婦人少年局編『男女平等への道』労務行政研究所（1979年）。

12）学識者20名、会長：石井照久。

13）学識者8名、委員長：有泉亨。

796 第4部 労働人権法政策

女子に対する特別措置は必要であるが、その合理的範囲は固定的なものではないとし、女子がいわゆる女子向き職種に限らず、能力、個性に応じて幅広い職業分野に進出してきている今日、合理的理由のなくなった特別措置を存続することは、女子の保護というよりも、かえって女子の職業選択の幅を狭め、それ自体差別となる可能性もあるとした。そして、女子に対する特別措置は、母性機能等男女の生理的諸機能の差から規制が最小限必要とされるものに限ることとし、それ以外の特別措置については基本的に解消を図るべきという立場を打ち出した。

まず男女平等については、就業の場における性別による差別を解消していくには、明文をもって男女差別を禁止し、司法上の救済だけでなく、迅速かつ妥当な解決を図りうる行政上の救済が必要であるとした。

その具体的制度としては、募集、採用から定年、解雇に至るまで雇用の機会と待遇の全般にわたって規制しうるものであること、労使の自主的解決を促すなど弾力的方法により救済が図られるものであること、行政機関の是正命令などの措置が設けられているものであること、男女平等についての啓発、指導が積極的に進められるものであることといった条件を備えることが望ましいとし、男女平等のガイドラインを策定するとともに新たな立法を行い、雇用の機会と待遇の全般にわたる性差別を禁止することが必要であるとしている。併せて、指導、斡旋、勧告、是正命令等の根拠規定を設け、行政機関がこれらの措置を積極的に活用して、労使の自主的解決を促しつつ、最終的には命令によって是正を確保しうるようにすべきであるとしている。

一方、女子保護規定について見ると、時間外・休日労働については、女子が職場において能力を有効に発揮するとともに、男子と同じ基盤に立って就業し、平等の雇用機会を得るためには、女子についての時間外労働の規制も男子と同様とすべきであるとし、ただ現在の時間外労働の規制が緩やかであることにかんがみ、男子も含めて総合的検討が必要としている。とはいえ、まだ女子の方に家事、育児の負担がかかる場合が多いことなどを考慮し、当面女子について必要最小限の規制の特例を設けることはやむを得ないと述べている。

深夜業については、基本的には男女とも深夜業は望ましくないが、国民生

活上必要な深夜業には、男女とも社会を支える一員として従事せざるを得ないという考え方で、基本的方向としては女子深夜業規制は解消し、男子と同一に取り扱うべきとしつつ、女子の社会的状況を考慮し、必要最小限の規制の特例を設けることはやむを得ないとしている。

危険有害業務については、そもそも「女子は男子に比して其の体格劣小に智能亦男子に如かず」という工場法以来の考え方を踏襲しており、労働態様の変化、法規制の強化、女子の能力向上と就業分野の拡大などを考えると、母性機能等から規制が必要なものを除き、原則的に男女同一に扱うべきであるとし、特に試験による資格制度のある業務については、女子の就業制限業務として指定する必要はないとした。もっとも、坑内労働については、全面的就業禁止については改める必要があるとやや腰が引けている。

生理休暇については、医学的根拠がなく、雇用機会と待遇を男女平等にするという観点からも本来廃止すべきものとしつつ、30年間の実情に鑑み、関係者の十分な理解を得つつ解決すべきとしている。

これらに対し、女子本来の特質である妊娠、出産に係る母性保護については、女子自身の健康と福祉だけでなく、次代を担う国民の健全な育成という観点からも重要であるとして、その充実を求めている。

産前休業については、現行の6週間に問題はないとしつつ、多胎妊娠については国家公務員について10週間が認められていることから、労働基準法でも別に規定すべきとしている。一方、産後休業については、現行の6週間は十分ではなく、8週間とすべきとし、強制休業5週間も見直しを求め、また妊娠4か月以上の流早産を満期産と同等に扱うことの見直しも求めた。なお、妊娠悪阻、妊娠中毒症等妊娠に起因する疾病や産褥の異常のための休業制度を設けるべきとの意見については、最低基準として義務づけるべき客観的基準が見いだせず法技術的に困難としている。

妊産婦の就業制限としては、深夜業については、原則として妊娠中の深夜業は禁止すべきとし、分娩後についても一定期間は深夜業を禁止すべきとした。時間外労働については、現行法では一般の女子と同様1日2時間、1週6時間、1年150時間の上限があるだけであるが、むしろ妊娠中及び産後の一定期間、時間外労働の禁止を図るべきと規制強化を求めている。危険有害業

798 第4部 労働人権法政策

務については、妊娠中の健康や胎児の発育に悪影響を及ぼすおそれのある業
務を指摘し、規定の整備を図るべきとしている。

(2) 男女平等問題研究会議と婦少審建議

　労働基準法研究会における検討と並行して、1974年12月に設置された就
業における男女平等問題研究会議[14]は、1976年10月報告書を取りまとめた。
ここでは、若年定年制、結婚退職制等職場における女子に対する差別的な制
度、慣行について、その是正のため関係労使の自発的な改善に必要な援助、
協力を進める必要があるとするとともに、女子について妊娠・出産等に係る
合理的理由のある保護の範囲を明確にし、必要のないものは対象を限定ない
し廃止して、このことを理由として女子が不利益な取扱いを受けることがな
いようにすることを求めている。

　同月、婦人少年問題審議会婦人労働部会[15]は「雇用における男女の機会の
均等と待遇の平等の促進に関する建議」を提出した。建議は、今後10年間
に推進すべき最重点事項として雇用における男女の機会の均等と待遇の平等
を挙げ、婦人の就業の制約となっている特別措置の改善を逐次図るととも
に、若年定年制、結婚・妊娠・出産退職制等については年次計画により早急
な改善を図るための行政指導を強化すべきとした。

(3) 男女平等問題専門家会議

　婦人少年問題審議会婦人労働部会[16]では、1978年春から雇用における男
女の機会の均等と待遇の平等を確保するための諸方策について、あるべき法
制度を含めて審議を行ってきたが、その議論の過程で1979年12月、確保
されるべき男女平等の具体的姿について専門家からなる会議で検討すること
が適当との申し合わせがなされ、同月男女平等問題専門家会議[17]が設けられ
た。専門家会議は2年以上審議を行い、1982年5月、その検討結果を「雇用

---

14) 学識者8名、座長：大河内一男。

15) 公労使各3名、部会長：西清子。

16) 公労使各3名、部会長：渡辺道子。

17) 公労使15名、座長：三渕嘉子。

における男女平等の判断基準の考え方について」として報告した。

　この報告では、女子労働者一般に対する社会通念や男女の平均的な就業実態の差を理由として男女異なる取扱いをすることは妥当でないとしつつ、勤続年数が短い又は勤続期間の予測が困難であるという点については意見の一致を見なかった。また、法律制度において男女異なる規定が設けられていることのみを理由として男女異なる扱いをすることも妥当性がないとした。法律制度については、女子固有の妊娠出産機能を持つことに係る母性保護は重要であるとする一方、体力、筋力等妊娠・出産機能以外の生理的機能における男女差や、一般的に女子は家事・育児負担等のいわゆる家庭責任を負っていることなど、男女の平均的な差異、社会通念等を理由にして男女異なる規定を設けることは本来妥当でないとしつつ、家庭責任が女子により重くかかっている状況等を考慮に入れると、経過的措置をとることはやむを得ないとした。

（4）　婦少審における意見対立

　婦人少年問題審議会婦人労働部会は上記専門家会議報告を受けて審議を再開し、1983年10月に「雇用における男女平等実現のための諸方策の検討に当たっての問題点」を公表し、同年12月には「婦人少年問題審議会婦人労働部会における審議状況について」が公表された。ここでは労使の意見対立の姿が浮かび上がっている。

　基本的な考え方として、労働者側は、現行労働基準法第3条に「性」を規定し、かつ、ガイドラインを明示した罰則付きの強行規定ですべての差別を禁止するとともに、差別を救済する機関として中央・地方に独立の行政委員会を設けることが必要であると主張し、また女子保護規定の解消は労働環境の基盤整備や女子の家庭責任を軽減する諸方策を進めた上で行うべきであり、深夜業は男女とも規制すべきで緩和は反対と主張した。

　これに対し使用者側は、企業の雇用管理においては勤続年数が重要な要素となっているのでその平均的男女差を無視することはできないことから、法的措置の内容は漸進的に機会均等及び待遇の平等を達成するようなものとすべきで、罰則はもとより直ちに一律に法律をもって強制するのは反対であ

り、特に昇進・昇格は評価にかかる問題であり、法律の規制になじまないと主張し、また雇用における男女平等を推進するのであれば、男女が同じ基盤に立って働くことが前提であり、妊娠出産に係る母性保護を除いては保護規定を廃止すべきと主張した。

なお、この時、男女平等、女子保護規定と並ぶ第3のテーマとして育児休業問題が浮上し、労働側が法制化を、使用者側が時期尚早を主張した。また、この関係で再雇用制度についても検討が行われた。

（5）　公益委員たたき台

女子差別撤廃条約批准予定時期との関係で、1984年の国会に法案を提出したい労働省は、審議会に早い時期に意見を取りまとめることを要請し、これに応えて翌1984年2月に公益委員から「審議のためのたたき台」が提示された。

ここでは、まず募集については、採用と密接な関連を有するその前段階の行為であり、採用については企業に強制することが困難なことから、仮に募集だけを直ちに強制すれば、形式だけの募集や縁故募集が増加することになり、労働市場に著しい混乱を引き起こすことになるとして、当面は努力義務にとどめ、指針に基づき行政指導を行うこととしている。

採用については、女子労働者の就業実態・職業意識、我が国の雇用慣行、女子の就業に関する社会的意識等を考慮して、直ちに企業に強制することは適当でないとして、当面努力義務規定にとどめるとしている。

配置、昇進・昇格、教育訓練、福利厚生及び定年・退職・解雇は、採用の時点で同一職種、同一資格に属する労働者として採用された者についての待遇の平等の問題であり、特に教育訓練については、勤続年数の男女差の影響は大きいものの女子労働者に労働能力の開発・向上の機会を確保する意義が極めて大きいこと、福利厚生については勤続年数の男女差の影響が軽微であること、定年・退職・解雇については判例の集積もあることから、これらについては合理的理由のない男女の差別的取扱いをしてはならないこととしている。

そして、法律の実効を確保するために、事業主に対する指針を作成するこ

と、企業内における労使の自主的解決を促すとともに、簡便な紛争解決のため、各都道府県ごとに労使の代表を参加させた調停機関を新設し、有効な救済措置がとられるようにすることを求めている。

　一方、時間外・休日労働については、当面、肉体的負荷の大きい労働が多くを占める工業的業種・職種従事者（管理職及び専門職を除く）については現行規制を若干緩和して存続し、その他の者については現行規制を廃止すること、深夜業についてもほぼ同様に、工業的業種・職種従事者（管理職、専門職及び短時間労働者その他スチュワーデス等を除く）については現行規制を存続し、その他の者については現行規制を廃止することを提示している。

　また、生理休暇については、医学的にも母性保護とは言えず、家庭責任を考慮した暫定措置とも考えられず、廃止すべきであるが、生理日の就業が著しく困難な女子については何らかの形での配慮が必要とした。

(6)　婦少審建議

　婦人労働部会ではさらに審議を重ね、同年3月に部会報告をまとめ、「雇用における男女の機会の均等及び待遇の平等の確保のための法的整備について」と題して大臣に建議された。この建議は、主要な部分において公益側、労働側、使用者側の意見が分かれ、三論併記ないし少数意見が付記されるという異例のものとなった。建議は「法律の制定、改廃を行う場合には、その内容は将来を見通しつつも現状から遊離したものであってはならず、…我が国の社会、経済の現状を十分踏まえたものとすることが必要」と断り書きをした上で、定年・退職・解雇とそれ以外をこう書き分けている。

　定年・退職・解雇については公益委員たたき台の通り「合理的理由のない男女異なる取扱いを禁止すること」としているが、募集、採用を除く配置、昇進・昇格、教育訓練、福利厚生については本文では「強行規定によること」としながらも、全て強行規定によるべきという意見と当分の間全て努力義務規定によるべきという意見があると労使の意見が付記されている。そして、努力義務規定とすべきとの意見においては、労働大臣が努力目標を具体的に明らかにする指針を作成することが適当と書かれ、努力義務規定に落ち着く可能性が高いことを示唆している。

802　第4部　労働人権法政策

　一方女子保護についても概ね公益委員たたき台の線に沿って記述されているが、時間外・休日労働、深夜業及び生理休暇については「〜という意見と〜という意見がある」という形で、労働側の意見と使用者側の意見が付記されている。

(7)　法案提出

　労働省は建議を踏まえ、雇用の分野における男女の均等な機会及び待遇の確保を促進するための関係法律案要綱をまとめ、同年4月関係審議会に諮問した。この要綱では、建議では曖昧であったところが明確になっているところがあるとともに、かなり後退したところもある。

　まず立法形式として、新たに法律を制定するのではなく、既存の勤労婦人福祉法を改正して雇用の分野における男女の均等な機会及び待遇の確保等女子労働者の福祉の増進に関する法律と改称するというやり方を取った。これはやや意外だったようで、労働側は「新しい立法措置を前提として審議をしてきた審議会の討議経過からしても単独立法とすべきであり、働く婦人の福祉促進を目的とする勤労婦人福祉法の枠組みの中へ基本的に性格の異なる男女平等を確保する措置を持ち込むべきではない」という意見を添付している。労働省は「福祉は地位の向上を含む広い概念だ」と説明したが、一般の用語法からすると違和感があるのは否めない。これは、男女均等法案と労働基準法改正案を一本の関係法律整備法案で出すために、あえて前者を既存法の一部改正法案としたという経緯がある。もっとも、前述のように勤労婦人福祉法の中には既に「性別により差別されることなく」というわずかながらも男女平等法的色彩のある文言が入っており、連続性があると言えないこともない。

　内容的には、まず募集、採用については、建議に沿って「女子に対して男子と均等な機会を与えるように努めなければならない」とされた。また、定年・退職・解雇についても、建議に従って定年についての差別的取扱いや婚姻、妊娠又は出産を退職事由としたり、これらを理由として解雇することを禁止している。

　ここまではいいのだが、配置及び昇進については募集・採用と同様全くの

努力義務にしてしまった。建議では強行規定としていたのであるからかなりの後退である。教育訓練と福利厚生については折衷的な解決を図っている。「業務の遂行に必要な基礎的な職業能力を付与するために必要な教育訓練」と「供与の条件が、明確な労働者の福利厚生のための資金の貸し付けその他の相当程度の経済的価値を有する福利厚生の措置」について男子と差別的取扱いをしてはならないとしたのである。逆にいうとこれらに当たらない教育訓練や福利厚生は差を付けてもいいということになる。

その他、指針、苦情の自主的解決、婦人少年室長による紛争解決援助に加えて、雇用機会均等調停委員会の設置が規定されている。調停は当事者の双方又は一方から調停の委託の申請がなされ、他方当事者の同意を得たときに行われることとされた。これに対しては労働側から有名無実であるので有効な救済措置（勧告・命令）を取りうる行政機関を設置すべきとの意見が出されている。

一方、時間外・休日労働では、工業的事業従事者について、時間外労働の制限を2週間12時間、1年150時間とした。建議では「若干緩和」となっていたところであるが、現行規制に比べると1日の上限がなくなり、1952年改正で決算及び棚卸し業務について認められた2週間の特例を一般化しようとするものであった。非工業的事業従事者については、建議通り廃止するが、これに伴い、労働大臣が、時間外及び休日労働協定により延長することができる労働時間等に関する指針を定めることができるとの規定が挿入された。管理職及び専門職の範囲は省令で定めることとし、制限は単純に廃止である。

この点については中央労働基準審議会の労働者側から、工業的業種については1週間についての制限を存続すべきという意見、非工業的業種については法的拘束力のない指針に基づく行政指導に委ねることは時期尚早であり、省令で時間外・休日労働を認める範囲を明確にすべきという意見が出された。

また、深夜業については、建議で示されていた管理職、専門職及び腐敗しやすい物の製造加工の短時間業務に加えて、省令で定める事業に限り「本人から申し出のあった者」が追加されていた。これは、女性タクシードライ

バーを構成員とするグループから、深夜業を禁止されていると収入が上がらないため、深夜業を認めて欲しいという要望があったことによるが、中央労働基準審議会の労働者側から、タクシー運転手について本人申し出により深夜業を認めることには問題があるという意見が、同じく使用者側から、問題があるなら本人申し出に関係なく業種として認めるべきとの意見が出された。

生理休暇については、休暇制度としてではなく、生理日の就業が著しく困難な女子が請求したときの就業禁止として規定した。労働側は休暇として存続すべきと、使用者側は疾病による就業不能と同様当然であり、あえて規定する必要はないとの意見を示した。

こういった審議会で出された意見を斟酌して、労働省はさらに法案を固め、同年5月国会に提出した。これは諮問した法案要綱からさらにいくつか修正されている。

まず、時間外・休日労働につき、工業的業種については2週12時間から1週6時間に戻し、1952年改正で設けられた決算時の計算、書類作成業務についての2週12時間の特例を復活した。また、非工業的業種について法律上の規制は廃止するが省令で規制することとし、4週間以内の週について1週当たり6〜12時間の範囲で、1年について150〜300時間の範囲で省令で定める時間を上限とするとともに、休日労働を4週間につき省令で定める日数とした。相当程度に労働側の要求を呑んだ形である。また、生理休暇について、「休暇」を請求できることとした。

(8) 野党法案の展開

これより先、1976年には社会党が男女平等委員会法骨子を発表し、1978年5月には「雇用における男女の平等取扱いの促進に関する法律案」を国会に提出した。その後審議未了、廃案、再提出を繰り返した。1980年には公明党も男女平等法案要綱を発表し、1983年5月には同法案を国会に提出した。これも審議未了、廃案、再提出を繰り返した。1979年には民社党と共産党も法案要綱を発表している。これらは、雇用の全ステージにおける差別を禁止する点では一致しているが、執行機関や不服審査機関、適用範囲など

に相違があった。

　政府法案が提出された後の1984年7月、社会党、公明党、民社党及び社民連の野党4党が共同で男女雇用平等法案を国会に提出した。この法案は性別を理由とする差別を禁止しており、女子に対する差別のみを禁止する政府法案とは異なっている。また、差別禁止の名宛人を使用者だけでなく、職業安定機関及び職業訓練を行う者にも広げているところが特徴である。労働行政機関も信用されていないわけである。

　すなわちまず、労働条件等についての差別の禁止として、使用者は、募集若しくは採用又は賃金、配置、昇進、定年、退職、解雇その他の労働条件について、性別を理由とする差別をしてはならないと規定している。福利厚生はその他の労働条件に含まれるのであろう。次に、公共職業安定所及び各種職業紹介事業者は、職業紹介又は職業指導において、性別を理由とする差別をしてはならないと規定している。そして、職業訓練を行う者（国、都道府県及び事業主）は、職業訓練について性別を理由とする差別をしてはならないとされている。事業主の教育訓練はこちらに含まれる。

　監督機関として都道府県婦人少年室に雇用平等監督官を置くこととされ、雇用平等監督官は立入検査、報告徴収、出頭命令など労働基準監督官と同様の権限を行使し、婦人少年室長は使用者に対し是正勧告、是正命令（国や地方公共団体の機関に対しては是正指示）を発することができる。これらに従わないと罰則がある。是正命令や指示、申請に対する不作為に対する不服申立は地方雇用平等審査会に、その裁決に不服があれば中央雇用平等審査会に審査請求又は再審査請求をすることになる。申請や審査請求をしたことを理由とした不利益取扱いは罰則付きで禁止されている。

　行政機関に関する規定はやや膨らませすぎの嫌いもあるが、規制内容としては雇用の全ステージにおける性別を理由とする差別を禁止しており、本来の姿に近いと言える。ただし、野党法案では労働基準法の女子保護規定には一切手を付けず現行通りとすることとされており、甚だしくバランスを欠いている。

806 第4部 労働人権法政策

(9) 1985年法の成立

国会ではまず衆議院で審議が行われ、1984年7月衆議院を通過し参議院に送られたが、8月時間切れで継続審査となった。翌1985年4月に法案審議が再開され、改正法の附則第20条として、施行後適当な時期に、施行状況を勘案し、必要があると認めるときは検討を加え、必要な措置を講ずる旨の検討条項が与党修正で盛り込まれ、同年5月に成立した。

この法律は女性に対する差別の撤廃という大きな政策課題を受けて立法されたものであったが、「法律の制定、改廃を行う場合には、その内容は将来を見通しつつも現状から遊離したものであってはならず、…我が国の社会、経済の現状を十分踏まえたものとすることが必要」という壁を超えることができず、定年、退職、解雇といった既に判例法理が確立している分野に加えて、一定の教育訓練と福利厚生における差別を禁止したに過ぎなかった。特に、もともと困難と見られていた募集、採用に加えて、建議では強行規定とすることが求められていた配置、昇進の差別を努力義務にとどめざるを得なかったことは、男女雇用機会均等法といいながら努力義務法に過ぎないという印象を与えた。これは、もちろん使用者側の抵抗の大きさによるところも大きいが、それ以上に労働側が労働基準法の女子保護規定の緩和に強硬に抵抗し、その相当部分を受け入れざるを得なかったことの見合いという面があると思われる。その意味では、保護をかなり残す代わりに平等もあまり進めないというのは当時の労使自身の判断だったと評することもできよう。

このことは法の基本的理念にも反映されている。立法形式上勤労婦人福祉法の改正という形をとったからといって基本的理念をそのまま引き継ぐ必要はないはずであるが、1985年男女雇用機会均等法の基本的理念は1997年改正後のものよりは勤労婦人福祉法時代のものに近い。すなわち、勤労婦人が女子労働者になったほかは、経済社会の発展への寄与と次世代生育の役割の順番が変わり、母性尊重かつ性差別なく能力発揮と職業と家庭の調和の順番が変わった程度である。また、「勤労に従事する者としての自覚をもち」が「労働に従事する者としての自覚の下に」と微妙に変わっただけで、職業意識の自覚を求められていることに変わりはない。関係者の責務も福祉の増進に努めることであるし、啓発活動も女子労働者の職業意識を高めることが先

である。

（10）機会均等調停委員会

紛争処理システムとしては、まず企業内に労使双方から構成される苦情処理機関を設置して苦情の処理を委ねる等の自主的な解決を図る努力義務を課している（第13条）。また、都道府県婦人少年室長が関係当事者の双方又は一方から解決につき援助を求められた場合に、当該関係当事者に必要な助言、指導又は勧告をすることができることとされている（第14条）。これに加えて第三者機関による紛争処理システムとして、機会均等調停委員会による調停の制度が設けられた（第15条）。

機会均等調停委員会は都道府県婦人少年室に設置され、学識経験者からなる委員3人で組織される。法律上、調停自体は婦人少年室長の権限として構成され、調停委員会に行わせることとされている。調停の対象となる紛争は募集・採用に関するものを除外している。労働契約締結以前の問題であるので調停になじまないという理由からである。重要なのは、調停開始の要件であって、「関係当事者の双方又は一方から調停の申請があつた場合において当該紛争の解決のために必要があると認めるとき（関係当事者の一方から調停の申請があつた場合にあっては、他の関係当事者が調停を行うことを同意した場合に限る）」とされ、結局相手側が同意しない限り調停にかけることもできないということになってしまった。ほとんど国際司法裁判所並みである。

調停手続については、労使団体からの意見聴取や行政機関への資料提供依頼などが規定され、委員会は調停案を作成してその受諾を勧告することとされているが、1997年改正までに調停が開始された事案は1件にとどまる。実際には柔軟に対応できる婦人少年室長の助言、指導、勧告が活用された。

（11）　改正後の女子保護規制

この改正により、労働基準法の第6章は年少者だけの規定となり、別に第6章の2として女子に関する規定がまとめられた。また、省令もこれまで女子年少者労働基準規則であったものが分けられ、1986年1月女子労働基準規

則が制定された。

　女子則では、法律で委任された事項が規定されている。非工業的業種の時間外労働の上限は、4週24時間、1年150時間、休日労働は4週間について2日未満とされた。ただし、そのうち保健衛生、接客娯楽の事業については、2週12時間、1年150時間と時間外労働は若干緩和する一方、休日労働は4週間について1日未満とされた。これは従来から深夜業が認められていたことが考慮されている。

　時間外・休日労働及び深夜業が全面解禁される管理職については、業務を遂行するための最小単位の組織の長である者又はその上位者と規定され、労働時間規制が適用除外される管理監督者よりもかなり広くなっている。一方専門職は公認会計士、医師、弁護士などの士業のほか、研究開発、システム設計、新聞出版の取材編集、放送番組の取材編集、デザイナー、プロデューサー又はディレクターの業務が規定された。

　深夜業については管理職、専門職に加え、従前の除外業務を映画撮影業務や放送番組制作など若干拡大し、さらに品質が急速に変化しやすい食料品の製造又は加工の短時間業務として、惣菜・弁当・サンドイッチ製造業、生麺製造業、水産練り製品製造業、卸売市場の仕分け等、新聞配達が規定された。なお、曰わく付きの「使用者に申し出た者」はハイヤー・タクシーの運転手に限られた。

　また、坑内労働は女子原則禁止としつつ、診療や取材の業務を認めた。これは1935年に採択されたILOの「すべての種類の鉱山の坑内作業における女子の使用に関する条約」（第45号）が女子の坑内作業を原則として禁止しながら、一定の例外を認めていることを踏まえたものである。

　なお、1994年3月に省令が一部改正され、非工業的事業の時間外労働の上限が同年4月から4週32時間、1995年4月から4週36時間に緩和された。

(12)　コース別雇用管理の問題

　男女雇用機会均等法が1986年4月に施行され、多くの企業で雇用管理の見直しが進められる中で、男女別雇用管理を見直し、労働者を総合職、一般職などのコースに区分し、各区分ごとに採用、配置、昇進を行うコース別雇

用管理制度を導入する企業が、金融関係を中心に増えてきた。そこで労働省は財団法人女性職業財団に委託してコース別雇用管理に関する研究会[18]を設け、制度の導入状況、運用実態の把握、女性の活用に向けての適切な運用の在り方等について研究を行い、1990年6月報告書を取りまとめた。

　労働省はこれを受けて、1991年10月、「コース別雇用管理の望ましいあり方」（婦発第239号）を発出した。これは第1にコースの定義と運用方法を明確にすること、具体的には各コースの職務内容、処遇について、各コースごとに対比できるような形で明確に定めておくことや、コース設定に際しては、各コースについて適正な処遇とするよう配慮することを求めている。第2に各コースにおいて男女公平な採用、選考を実施すること、具体的には採用基準、選考基準が性別によって差を設けないものであること、各コースの説明方法、説明内容が性別によって差を設けないものであること、制度導入時の振り分け基準を性別を基準とせず、個々人の意欲、能力によるものとすることを求めている。第3に各コースが男女ともに開かれていること、これはつまり一般職が男性にも開かれていることを求めている。第4にコース間の転換を認める制度を柔軟に設定すること、具体的には転換がコース間相互に可能であること、転換のチャンスが広いこと、転換の可否の決定、転換時の格付けが適正な基準で行われること等を求めている。第5に各コースにおいて男女公平な雇用管理を実施すること、具体的には各コース内における配置、昇進、教育訓練等の雇用管理は性別によって差を設けないことを求めている。

2　女性差別の禁止と女子保護規定の解消[19]

（1）　婦少審建議

　労働省は1995年10月から、婦人少年問題審議会婦人部会[20]で、法施行後10年の評価と問題点、雇用の分野における男女の均等取扱いをさらに進めるための具体的方策の在り方等について検討を行い、1996年7月に中間的取

18）学識者4名、主査：高木晴夫。

19）労働省女性局編『詳説男女雇用機会均等法』労務行政研究所（2000年）。

20）学識者4名、労使各3名、部会長：若菜允子。

りまとめを報告し、同年12月に建議を取りまとめた。かつてと異なり、労働側が女子保護規定の解消について男女均等取扱い確保の観点からやむなしとする一方、使用者側も女性に対する差別の禁止については了解するというように、いわば同じ土俵に乗った上で、セクシュアルハラスメントの防止、間接差別の禁止、法の実効性確保措置など各論レベルで対立しているという状況であった。努力義務法とはいいながら、施行後10年余りの実績の積み重ねが、ここまでの立場の接近をもたらしたものと評価してもよいであろう。

建議は前文で、今回の法的整備に当たっては、まず、雇用の分野における男女の均等な機会及び待遇の確保を確固たるものとするため、企業の募集、採用から定年・退職・解雇に至る雇用管理における女性に対する差別を禁止し、その実効性を確保するための措置を強化するとともに、時間外・休日労働、深夜業に係る労働基準法の女子保護規定を解消することが必要とし、その上に立って、新しい課題として、ポジティブアクションやセクシュアルハラスメントの問題に対しても併せて取り組むことを求めている。

具体的には、均等法において事業主の努力義務となっている募集・採用、配置・昇進に係る規定については、女性に対する差別を禁止する規定とすること、教育訓練については、配置・昇進と密接な関係があることから、差別を禁止する対象の範囲を限定せず、教育訓練としてのOJTも含むこととしている。

また、一定の職種・職務について女性のみを募集、配置する等、女性のみを対象として又は女性を有利に取り扱うものとして実施される措置のうち、女性の職域の固定化や男女の職務分離をもたらす弊害が認められるものについては、女性に対する差別に当たるものとする一方、企業において、男女労働者の間に事実上生じている差に着目し、このような状況の分析、女性の能力発揮を促進するための計画の作成等の積極的な取組を促進するための措置を法律中に盛り込むことを求めている。

さらに、均等法の実効性を確保する手段としては現行制度が不十分であるとして、法に違反している事業主がその是正を求める勧告に従わない場合には、労働大臣がその旨を公表する制度を盛り込むこと、調停制度が有効に機

能するように、紛争の一方当事者からの申請により調停ができるようにすること、紛争解決援助を求めたり調停申請を理由とする解雇その他の不利益取扱いを禁止することを求めている。

なお、女性に対する職場におけるセクシュアルハラスメントについては、女性が不利益を受ける職場環境をもたらし、その能力を有効に発揮することを阻害するものとして、企業においてこれを事前に防止するよう配慮すべきことを法律に盛り込むとともに、国が指針を示すことを求めている。

一方女性保護関係では、時間外・休日労働、深夜業に係る女子保護規定を解消すること、これに伴い、育児や家族の介護の問題を抱えた一定の範囲の労働者の深夜業の免除に係る法的措置を講ずることが適当とされ、また事業主が新たに女子労働者に深夜業をさせようとするときは、業務上又は通勤における負担の軽減、安全の確保等就業環境の整備に努めることが付記された。

この建議には労働側の意見も使用者側の意見も添付されていない。各論レベルでは労使双方に若干不満の残る内容となったはずであるが、形として全会一致となったことは、1984年の建議が三論併記という異例の形となっただけに、当事者としては思い半ばに過ぎるものがあったであろう。

（2）　1997年改正

労働省はこれを受けて法案要綱を作成し、翌1997年1月に婦人少年問題審議会への諮問答申を経て、翌2月に国会に提出した。国会では、共産党以外の5党の賛成で6月に可決成立した。この改正により、法律の名称もそれまでの「雇用の分野における男女の均等な機会及び待遇の確保等女子労働者の福祉の増進に関する法律」から「雇用の分野における男女の均等な機会及び待遇の確保等に関する法律」となった。ようやく勤労婦人福祉法のしっぽがとれたことになる。

このことは基本的理念の規定にも表れている。すなわち「女性労働者が性別により差別されることなく、かつ、母性を尊重されつつ充実した職業生活を営むことができるようにすること」と単純明快であり、次世代生育の役割も家庭と職業の調和も男女共通の問題としてここからは切り離されている。

812 第4部 労働人権法政策

いわんや、女性労働者についてのみ「勤労に従事する者としての自覚」を云々する規定もない。

法成立後、翌1998年3月に省令及び「募集及び採用並びに配置、昇進及び教育訓練について事業主が適切に対処するための指針」をはじめとする大臣告示が制定され、同年4月から施行された。なおそれに先立ち、この法律及び施行政省令により、「婦人」「女子」の用語は「女性」に変更された[21]。

またこの改正により、労働基準法の第6章の2から時間外・休日労働及び深夜業の規定が削除され、母性保護の規定が主となった。母性保護と言い難いのは、坑内労働の禁止（第64条の2）と生理日の就業が著しく困難な女性に対する措置（第68条）の2つである。深夜業の制限は、育児・介護休業法において、小学校就学の始期に達するまでの子を養育する労働者及び要介護状態にある対象家族を介護する労働者の請求権として規定し直された。

（3）　激変緩和措置とその後

もっとも、時間外労働についてはこれではまだ話は終わらず、1999年4月の施行までに舞台を中央労働基準審議会に移してもう一ラウンド議論が行われた。これより先、1996年11月から中央労働基準審議会において労働時間法制の見直しの議論が開始され、労働側はそれまで女子労働者に適用されていた1年150時間という時間外労働の上限規制を男女共通の時間外労働規制として設けること、当面1年間360時間を上限とする法的規制を設けるべきことを求めたが、使用者側は上限規制には反対の態度を崩さなかった。

結局、1997年12月の建議では、労働基準法上に時間外労働の上限基準を定めることのできる根拠を設けるとともに、女子保護規定が切れた後の激変緩和措置ということで、育児又は介護を行う女性労働者については一般の時間外労働協定で定める限度よりも短いものとして定めることとされた。改正労働基準法は1998年9月に成立し、これに基づく告示として、育児又は介護を行う女性労働者については1年150時間が上限とされた。なお製造業は1週6時間、商業は4週間36時間の上限も設けられた。

21）濱口桂一郎「女子と婦人と女性」（『労基旬報』2014年11月25日号）。

この激変緩和措置も2002年3月までの措置であり、その後のポスト激変緩和措置として2001年11月に育児・介護休業法が改正され、小学校就学前の子の養育又は家族の介護を行う男女労働者は1年150時間、1月24時間を超える時間外労働の免除を請求することができることとされた。こうして、かつて労働基準法に規定されていた時間外労働と深夜業の規定は完全に育児・介護休業法に移されたのである。

（4）　ポジティブアクション

　上記改正作業に先立ち、1993年11月から開始された男女雇用機会均等問題研究会[22] は1995年10月に報告を取りまとめた。そこでは、日本においても欧米諸国と同様に、男女双方に対する差別的取扱いを禁止する「性差別禁止法」とすることを求めるとともに、機会均等を実効あるものとするため、過去の取扱いが原因で一方の性に生じた事実上の格差を是正するために、当該性についてのみ特別な措置を講ずることは性差別には当たらないとする法制度が追求されるべきとしている。

　そして当面の対応の一つとして、各企業における女性の能力発揮のための取組みを進めるため、望ましい「女性のみ」「女性優遇」措置に関するガイドラインの策定や企業の自主的取組みに対する支援を講ずることを求めた。

　これを受けて21世紀職業財団において1996年4月に女性労働者の能力発揮促進に関する研究会[23] を設け、改正法案国会提出直後の1997年3月に報告を公表した。その報告書自体がガイドラインとワークシートとなっており、労働省は直ちにこれらを「女性労働者の能力発揮促進のための企業の自主的取組に関するガイドライン」として活用することとした。

　ここでは具体的目標として、女性の採用拡大、女性の職域拡大、女性管理職の増加、女性の勤続年数の伸長及び職場環境・風土の改善を挙げ、具体的な取組計画例を示している。また、積極的取組を行うための体制の整備とコンセンサス作りとして、経営トップの理解と関与、実行機関の確立と必要な

22）学識者5名、座長：安枝英訷。
23）学識者5名、座長：奥山明良。

権限委譲、取締役会等の経営陣の意思決定と社内でのコンセンサス作りが重要だとしている。

1997年法は「女性のみ」「女性優遇」措置に対して、第9条で「事業主が、雇用の分野における男女の均等な機会及び待遇の確保の支障となっている事情を改善することを目的として女性労働者に関して行う措置」については差別とならないものとして認めているが、逆にそういったポジティブアクションを義務づけているわけでもない。

ただ、第20条において、ポジティブアクションを実施する事業主に対して国が援助を行うことができる旨を規定することによって、一定の政策方向付けをしようとしている。

3 性差別禁止法へ

(1) 男女雇用機会均等政策研究会

2002年11月、厚生労働省は男女雇用均等政策研究会[24]を開催した。その検討課題は、男女雇用機会均等法の片面性（女性に対する差別のみを禁止）の解消、間接差別の問題、ポジティブアクションの問題及び妊娠・出産を理由とする差別的取扱いについての4つである。同研究会は2004年6月、報告書を取りまとめた。

このうち特に注目されたのは間接差別の禁止である。ここではまず間接差別を「外見上は性中立的な規定、基準、慣行等が、他の性の構成員と比較して、一方の性の構成員に相当程度の不利益を与え、しかもその基準等が職務と関連性がない等合理性、正当性が認められないもの」と定義し、格差の存在自体を問題とし数値上の平等という結果自体を直接目的とする結果の平等とは異なるという点を強調して、この点の理解の徹底が必要であるとしている。

そして、どのようなものが間接差別に該当する可能性があるかについて、あらかじめイメージを示し、予測可能性を高め法的安定性を高めることが必要として、典型的な事例として7例を示している。これは①募集・採用に当

24）学識者8名、座長：奥山明良。

たって一定の身長・体重・体力を要件とすること、②総合職の募集・採用に
当たって全国転勤を要件とすること、③募集・採用に当たって一定の学歴・
学部を要件とすること、④昇進に当たって転居を伴う転勤経験を要件とする
こと、⑤福利厚生の適用や家族手当等の支給に当たって住民票上の世帯主を
要件とすること、⑥処遇の決定に当たって正社員を有利に扱うこと、⑦福利
厚生の適用や家族手当の支給等に当たってパートタイム労働者を除外するこ
となどで、当該基準等の合理性、正当性に関する使用者の抗弁が認められな
い場合とされているが、このうち②④⑥⑦については職業に関する当該女性
自らの意思や選択に基づく結果であって、これを差別の俎上に載せることが
かえって性別役割分担等現状の固定化につながるので、そもそも間接差別の
俎上に載せるべきではないという強い意見があったことが付記されている。
しかし、その意味では③も女性自身の選択の結果であるし、逆に②④などは
家庭生活と職業生活の両立という観点から、本人の選択にのみ帰すべきか問
題も残る。

（2）　労政審建議

　この研究会報告を受けて、2004年9月から労働政策審議会雇用均等分科
会[25]において男女雇用機会均等法の改正に向けた議論が開始された。審議の
中で、男女双方への差別を禁止すること及びポジティブアクションは当面女
性を対象とすることについては公労使が一致した。その後、2005年12月に
は雇用均等分科会報告の素案、続いて案が提示され、最終的に建議がとりま
とめられた。

　最後まで問題となった間接差別については、「外見上は性中立的な基準等
であって、他の性の構成員と比較して、一方の性の構成員に相当程度の不利
益を与える基準等として定めるもの（「対象基準等」）について、職務との関
連性がある等合理性・正当性が認められる場合でなければ均等法が直接差別
を禁止している各雇用ステージについて対象基準等に基づく取扱いをしては
ならない旨を法律の中に盛り込む」こととし、具体的な対象基準等としては

25）公益6名、労使各5名、分科会長：若菜允子。

816 第4部 労働人権法政策

「募集・採用における身長・体重・体力要件」「コース別雇用管理制度における総合職の募集・採用における全国転勤要件」「昇進における転勤経験要件」を定めることとしつつ、「今後これ以外の基準等にかかる判例の動向等を見つつ、必要に応じて対象基準等の見直しができるような法的枠組みとする」としており、いわば判例の進展に応じた限定列挙制となっている。この点は最後まで労使双方が突っ張り合った点で、建議にも労働側の「間接差別基準は限定列挙ではなく例示列挙にすべき」との意見と、使用者側の「間接差別概念の導入について懸念がある」との意見が付記されている。

妊娠・出産等を理由とする不利益取扱いに関しては、解雇以外の雇止め、退職勧奨、雇用形態変更の強要等も禁止すべきとし、また産休以外の母性保護措置や母性健康管理措置を受けたことを理由とする不利益取扱いも禁止すべきとしている。さらに、解雇禁止の実効性確保のため、妊娠中及び産後1年以内に行われた解雇は、事業主が妊娠・出産を理由とする解雇ではないことを証明しない限り、無効とするとしている。

(3) 2006年改正

翌2006年1月、労働政策審議会雇用均等分科会への改正法案要綱の諮問答申を経て、同年3月に法案が国会に提出され、6月に成立した。

男女共通規制という理念は第2条に示されている。これまでは「女性労働者が性別により差別されることなく」だったのが、「労働者が性別により差別されることなく」となり、女性は「また、女性労働者にあつては母性を尊重されつつ」というところで初めて出てくる。メインに当たる第2章第1節の標題も、「女性労働者に対する差別の禁止等」から「性別を理由とする差別の禁止等」となり、規定の構造が大きく変わっている。すなわち、これまで雇用のステージごとに各条ごとに分けて規定していたものを、まとめた形にしている。

具体的には、「性別を理由とする差別の禁止」という標題のもと、募集・採用に関する第5条と、それ以外を一括した第6条を置き、前者については「女性に対して男性と均等な機会を与えなければならない」を「その性別にかかわりなく均等な機会を与えなければならない」と、後者については「女

性であることを理由として、男性と差別的取扱いをしてはならない」を「労働者の性別を理由として、差別的取扱いをしてはならない」と変えている。

そして、後者については、これまでの各条列記の事項を各号列記にし、さらにこれに加えて、新たに「労働者の職種及び雇用形態の変更」と「退職の勧奨…並びに労働契約の更新」が加えられている。また、「労働者の配置」には括弧書きで「業務の配分及び権限の付与を含む」と明記された。

一方、定年や解雇と一緒に規定されていた婚姻・妊娠・出産を理由とする退職の定めや解雇の禁止は、独立の第9条になり、不利益取扱いの禁止も規定された。本条で大きい意味があると思われるのは、「妊娠中の女性労働者及び出産後一年を経過しない女性労働者に対してなされた解雇は、無効とする。ただし、事業主が当該解雇が前項に規定する事由を理由とする解雇でないことを証明したときは、この限りでない」という一種の挙証責任転換規定が設けられていることである。もっとも、これはむしろ労基法第19条のような一定期間に対する解雇制限規定であり、ただ使用者側に弁明を許しているだけだと見ることもできる。

この他に、紛争調整委員会の調停手続について、関係者の出頭を求めて意見を聴くことができるとか、解決の見込みがなければ打ち切るとか、時効の中断とか訴訟手続の中止とか、紛争処理制度としての規定の整備がされている。

一番ホットな問題となった間接差別は第7条に規定されているが、「間接差別」という言葉では出てこない。標題は「性別以外の事由を要件とする措置」である。「事業主は、募集及び採用並びに前条各号に掲げる事項に関する措置であつて労働者の性別以外の事由を要件とするもののうち、措置の要件を満たす男性及び女性の比率その他の事情を勘案して実質的に性別を理由とする差別となるおそれがある措置として厚生労働省令で定めるものについては、当該措置の対象となる業務の性質に照らして当該措置の実施が当該業務の遂行上特に必要である場合、事業の運営の状況に照らして当該措置の実施が雇用管理上特に必要である場合その他の合理的な理由がある場合でなければ、これを講じてはならない」。この「実質的に」「差別となるおそれ」という規定ぶりが「間接差別」を定義したといえるのかは疑問がある。むし

ろ、「差別」だけでなく一定の「差別のおそれ」も禁止するという規定ぶりに見える。

実はそもそも改正前の規定は直接差別のみを禁止するとは規定しておらず、間接差別も差別に含まれるのであれば改正前の規定で読めるはずであって、改めて間接差別の禁止規定を設ける必要はないということになるし、いわんや、建議のような形で、本来差別に含まれる間接差別の中から禁止の対象を省令で定めるというのはナンセンスということになる。だとすると、改正法のように、差別とは別に、その外枠として「実質的に」「差別となるおそれ」がある措置を禁止するという規定ぶりにならざるをえないということになろう。

もっとも国会の附帯決議では、「間接差別は厚生労働省令で規定するもの以外にも存在しうるものであること、及び省令で規定する以外のものでも、司法判断で間接差別法理により違法と判断される可能性があることを広く周知し、厚生労働省令の決定後においても、法律施行の5年後の見直しを待たずに、機動的に対象事項の追加、見直しを図ること。そのため、男女差別の実態把握や要因分析のための検討を進めること」とされ、法文に出てこない「間接差別」が登場している。

(4) 坑内労働禁止の見直し

1997年改正で母性保護とは言えない女性保護規定はほとんどなくなったが、労働基準法第64条の2の坑内労働の禁止だけはなお残っていた。これは、ILOのすべての種類の鉱山の坑内作業における女子の使用に関する条約（第45号）がなお管理職等を除き女性の鉱山における坑内労働を禁止しており、日本もこれを批准しているためである。

日本では労働基準法第64条の2により、鉱山のみならず隧道工事等の坑内労働も女性については禁止されており、これに対し、2004年に東京都や日本経団連から規制改革・民間開放推進会議に対して、女性技術者が入坑できるようその見直しが求められた。そこで男女雇用機会均等法の改正に向けた審議が開始されたのに合わせて、厚生労働省は2004年12月から女性の坑内

労働に係る専門家会合[26)] を開始した。

同専門家会合は2005年7月に報告書を取りまとめた。そこでは、現在では女性の就労を一律に排除しなければならない事情は乏しくなってきているとし、ただし妊産婦の安全・衛生にとっては好ましくないと考えられるので、母性保護の観点から十分な配慮が必要とした。

その後、労働政策審議会雇用均等分科会において審議が進められ、2005年12月の建議では「女性技術者が坑内の管理・監督業務等に従事することができるよう、妊産婦が行う坑内業務及び一部の業務（作業員）を除き、規制緩和を行うことが適当」とされた。

2006年6月に成立した改正労働基準法では、これまでなお残存していた「第6章の2　女性」という章題が「妊産婦等」に変わった。実質的には1997年改正で女性保護規定はほとんどなくなっていたのだが、坑内労働だけはとにかく女性であればだめという規定を残していたので、「女性」が規制対象だったのであるが、それが「妊産婦等」になったわけである。もっとも、この「等」として、「坑内で行われる業務のうち人力により行われる掘削の業務その他の女性に有害な業務として厚生労働省令で定めるもの」は、妊産婦でない一般女性も従前通り禁止される。これに含まれるのは、ショベル、スコップ等の器具を用いて人力で行うもののほか、削岩機、車両系建設機械等の機械を操作して行うもの、発破によるもの、それらに伴って行われるものである。

(5)　指針の見直し

2006年改正法の附則で施行5年後の検討が規定されていたため、2012年10月より労働政策審議会雇用均等分科会[27)] において審議が始められ、2013年9月に報告がまとめられた。内容的には法改正事項はなく、男性労働者のみ又は女性労働者のみ結婚していることを理由とする職種の変更等を配置・昇進差別とすること、コース別雇用管理における総合職の限定を外し、募

26）学識者6名、座長：櫻井治彦。

27）公益6名、労使各5名、分科会長：林紀子。

820　第4部　労働人権法政策

集・採用に加え、昇進・職種の変更に当たり転居に伴う転勤に応じることができることを要件とすることを間接差別とすること、セクシュアルハラスメントには同性に対するものも含まれることを明記することなどについて、指針の見直しを求めるのみである。この改正省令及び改正指針は同年12月に公布された。

第3節　女性の活躍促進

（1）　男女共同参画社会基本法制定の経緯[28]

　前述したように、日本で男女均等法政策が動き出すきっかけは、1975年のメキシコシティでの国際婦人年世界会議における世界行動計画の採択である。世界会議の終了後1975年9月、政府は内閣総理大臣を本部長とし、各省次官を構成員とする婦人問題企画推進本部を発足させた。また、総理大臣の私的諮問機関として婦人問題企画推進会議が設置された。以後、婦人問題企画推進本部は、1977年、1981年、1987年及び1991年の4回にわたり国内行動計画を策定してきた。

　1979年には婦人に対するあらゆる形態の差別の撤廃に関する条約が国連総会で採択され、1980年6月には婦人問題企画推進本部において婦人差別撤廃条約の批准のため国内法制等諸条件の整備に努める旨の申し合わせが行われ、翌7月には条約に署名した。この一環として1985年に男女雇用機会均等法が制定され、同条約も批准されたことは前述の通りである。

　婦人問題企画推進本部は1994年、総理府から内閣に置かれる男女共同参画推進本部に改組され、全閣僚が本部員となった。翌1995年北京で開かれた第4回世界女性会議では北京宣言及び行動綱領が採択され、男女の固定的な役割分担意識やそれに基づいた制度・慣行を見直し、法令上の男女平等にとどまらず、事実上の男女平等を目指す男女共同参画社会の実現を目指す運

28）大沢真理編集代表『21世紀の女性政策と男女共同参画社会基本法』ぎょうせい（2000年）。

動が盛り上がってきた。

　このような情勢の中で、1994年に政令に基づき総理府に設置された男女共同参画審議会が1996年7月に答申した男女共同参画ビジョンの中で、基本法制定の必要性を指摘した。これは同年10月の衆議院選挙において与党の公約となった。同ビジョンを受けて、政府は同年12月5番目の国内行動計画である男女共同参画2000年プランを策定し、その中で「男女共同参画社会の実現を促進するための基本的な法律について検討を進める」旨を明らかにした。

　翌1997年4月、男女共同参画審議会[29]が新たに法律に基づき設置された。同年6月、橋本龍太郎首相は同審議会に基本法に盛り込むべき内容等について諮問を行った。同審議会は基本問題部会を設置し、さらに原案作成のため基本法検討小委員会を設置して基本法に盛り込むべき事項について検討し、1998年11月「男女共同参画社会基本法について」と題する答申を小渕恵三首相に行った。政府はこれを受けて直ちに法案を作成し、1999年2月国会に提出され、同年6月成立に至った。

（2）　男女共同参画社会基本法

　本法の題名となっている男女共同参画社会とは、第2条で「男女が、社会の対等な構成員として、自らの意思によって社会のあらゆる活動に参画する機会が確保され、もって男女が均等に政治的、経済的、社会的及び文化的利益を享受することができ、かつ、ともに責任を担うべき社会」と定義されている。もっとも、英語ではジェンダー・イクオリティと訳されており、男女平等ないし男女均等と表現して何か問題があるのかは必ずしも明らかではない。国会修正で設けられた前文では「男女が互いにその人権を尊重しつつ責任も分かち合い、性別に関わりなく、その個性と能力を十分に発揮することができる」社会と書かれ、よりジェンダー・フリー的な色彩がにじみ出ている。

　本法は第3条から第7条まで5つの基本的理念を規定している。第3条は男

29）学識者23名、会長：岩男寿美子。

女の人権の尊重と題して、個人の尊厳、性別による差別的取扱いを受けないこと及び個人の能力の発揮の3原則を示している。第4条は、社会における制度又は慣行が性別による固定的な役割分担等を反映して男女の社会における活動の選択に対して中立的でない影響を及ぼすことがあるとして、そのような影響をできる限り中立的なものとするよう配慮すべきとしている。第5条は、政策等の立案及び決定への共同参画を定めている。第6条は、家族を構成する男女が相互の協力と社会の支援の下に、子の養育、家族の介護等の家庭生活における活動と他の活動の両立の必要性を規定している。第7条は国際的協調である。

　あと第2章は男女共同参画基本計画等、第3章は男女共同参画審議会の規定であったが、後者は2001年の中央省庁再編により男女共同参画会議となった。これは経済財政諮問会議、総合科学技術会議、中央防災会議と並ぶ内閣府の合議体で、男女共同参画に関する基本方針等の審議にとどまらず、政府の施策に男女共同参画の視点が反映されるよう関係大臣に意見を述べること、男女共同参画に関して講じられる施策の実施状況を調査監視することも任務としている。いわゆるジェンダー・メインストリーミングの考え方を政府組織上に示したものといえよう。また、このとき内閣府に男女共同参画局が設けられた。

（3）　女性活躍推進法

　2014年初頭より急に女性の活躍推進が論じられるようになった。同年3月の産業競争力会議雇用・人材分科会で示された「成長戦略としての女性の活躍推進について」という「長谷川（閑史　産業競争力会議 雇用・人材分科会主査）ペーパー」は、女性就労の量の拡大（就業継続・再就職に対する支援）と女性就労の質の向上（キャリア形成支援）を打ち出し、それが同年6月の「『日本再興戦略』改訂2014」に盛り込まれた。その際、「女性の活躍推進に向けた新たな法的枠組みの構築」という項目で、「2020年に指導的地位に占める女性の割合30％」を実現するため、国・地方公共団体、民間事業者における女性の登用の現状把握、目標設定、目標達成に向けた自主行動計画の策定及びこれらの情報開示を含め、各主体がとるべき対応等について

検討し、同年度内に国会への法案提出を目指すことが明言された。

　これを受け、直後の8月から民間部門の対応は厚生労働省の労働政策審議会雇用均等分科会[30]で、公的部門の対応は内閣府の男女共同参画局で検討され、同年10月の臨時国会に女性の職業生活における活躍の推進に関する法律案が提出された。同法案は衆議院解散の余波を受けて同年11月廃案となったが、2015年2月に再度提出され、同年8月成立した。

　同法では、国、地方公共団体及び従業員300名超の民間企業は、国が策定する基本方針に基づき、女性の活躍に関する状況を分析し、それを踏まえて計画期間、女性活躍推進の取組みによる達成目標、取組み内容や実施時期に関して「事業主行動計画」を策定・公表することが義務付けられた。従業員300名未満の民間企業は努力義務である。この分析すべき事項の中に、「採用した労働者に占める女性労働者の割合、男女の継続勤務年数の差異、管理的地位にある労働者に占める女性労働者の割合等」が含まれている。国は優れた取組を行う企業を認定するとともに、さまざまな支援措置を講ずるとされているが、裾野を広げることも含めて間接的な形で女性管理職比率を引き上げることを目的とする法律と言える。

30）公益6名、労使各5名、分科会長：田島優子。

第2章
ワーク・ライフ・バランス

第1節　職業生活と家庭生活の両立

1　育児休業制度の政策課題化

（1）　勤労婦人福祉法と育児休業奨励金

　1972年の勤労婦人福祉法は、その基本的理念として「勤労婦人は、次代をになう者の生育について重大な役割を有するとともに、経済及び社会の発展に寄与する者であることにかんがみ、勤労婦人が職業生活と家庭生活の調和を図り、及び母性を尊重されつつしかも性別により差別されることなくその能力を有効に発揮して充実した職業生活を営むことができるように配慮される」（第2条）ことを謳い、職業生活と家庭生活の調和のための具体的な施策として、第11条に育児に関する便宜の供与の努力義務を規定した。

　すなわち、事業主は、その雇用する勤労婦人について、必要に応じ、育児休業の実施その他の育児に関する便宜の供与を行うように努めなければならないとされた。育児休業とは、事業主が、乳児又は幼児を有する勤労婦人の申し出により、その勤労婦人が育児のため一定期間休業することを認める措置と定義され、その他の便宜供与としては、勤労婦人が乳幼児を保育所等に預ける場合の勤務時間に関する配慮、又は輸送機関の便宜の供与、勤労婦人が乳幼児に対する健康診査等を受ける場合の勤務時間に関する配慮、事業場内における授乳のための設備の設置等が含まれると、通達で示している。

　なお、国会の附帯決議で、休業中の生活安定等についての専門的な検討を含め必要な措置を講ずることが求められた。これを受けて、労働省婦人少年

826 第4部 労働人権法政策

局に育児休業に関する研究会議[1]を設けて検討を行った。同研究会議は1975年1月、「育児休業中の生活安定等の措置について」と題する報告を取りまとめ、勤労婦人が安心して休業できるためには、何らかの経済的援助の方式の確立が望ましく、その実現が将来への課題だとしたが、一定の方向性を明確な形で打ち出すには至らなかった。

　一方、1974年に失業保険法が全面改正されて雇用保険法となった際、事業主負担のみの保険料による雇用保険3事業が創設されたが、その一つ雇用改善事業の中のその他の雇用構造の改善という項目によって、翌1975年育児休業奨励金制度が設けられた。

(2)　男女雇用機会均等法制定時の議論

　男女雇用機会均等法制定に向けた検討の中では、1978年11月の「労働基準法研究会報告（女子関係）」において、「労働基準法に規定するのが妥当であるか否かは別にして、（国公立学校の教職員）以外の者についての育児休業請求権のあり方を検討すべき」とし、この場合「次代を担う健全な子供を育成するという責務は男女等しく負うべきものとの観点から、育児休業は男女にかかわらず取得できるようにすること」を検討すべきとした。

　この問題については1978年から婦人少年問題審議会婦人労働部会[2]で審議が行われ、1983年12月に公表された「婦人少年問題審議会婦人労働部会における審議状況について」においては、男女平等、女子保護規定と並ぶ第3のテーマとして育児休業問題が浮上している。

　労働者側は、次代を担う子の育成は社会全体の責任であるので、企業はその社会的責任の一環として育児休業制度を受け入れるべきである、我が国の雇用慣行では長く働き続けることで能力が高められるが、実際は妊娠、出産、育児のためにやむなく退職せざるを得ない女子が多い実態にあり、使用者が問題にしている勤続年数を伸ばすためにも必要である、労使の自主交渉では普及は進まないことから、法律により制度化する必要があると主張し、

---

1 ）学識者9名、座長：西清子。
2 ）公労使各3名、部会長：渡辺道子。

使用者側は、代替要員の確保、要員計画上の困難性、能力低下、コスト増、女子の雇用回避等の問題があり、特に中小企業では対応が困難であるので一律法制化には反対、我が国の女子労働者の多くが結婚、出産により退職し、子供が学齢期に達してから再就職するという実態から見て、法制化によって女子の勤続年数が伸びるとは思われない等と主張し、労働者側が休業期間を短くすることや規模別業種別に段階的に実施するという案を出しても、使用者側は拒否した。

　翌1984年2月の公益委員たたき台では、育児休業請求権の問題は婦人差別撤廃条約批准のための条件整備として必要不可欠でなく、普及率も1割強に過ぎないとして、現段階で実施を強制することは困難としている。その代わりに、子育てが一段落して再就職する女子に対する労働能力の開発向上の機会を拡充するとともに、事業主がこれらの女子を再雇用する制度を奨励することを求めている。3月の建議も同様の線でまとめられた。

　結局、育児休業に関しては、勤労婦人福祉法の規定がそのまま男女雇用機会均等法に（勤労婦人を女子労働者に代えただけで）残された（第28条）。男女均等を謳う法律でありながら、育児休業は女子労働者のみに対する努力義務として規定したわけである。

　新たに規定されたのは、妊娠、出産又は育児を理由として退職した女子に対する国による再就職のための措置の配慮（第24条）と、事業主による再雇用特別措置の努力義務（第25条）である。後者については、婦人少年問題審議会に諮問された法案要綱では「妊娠、出産、育児等の理由により退職した女子であって、その就業が可能となったときに退職時に雇用されていた事業主に再び雇用されることを希望する旨退職時に申し入れていたものを、当該事業主が、労働者の募集又は採用に当たって他の者に優先して取り扱う制度」とされていたが、使用者側からの意見を容れて、国会提出法案では「…当該事業主が、労働者の募集又は採用に当たって特別の配慮をする措置」と弾力化された。努力義務としてでも優先雇用を規定されるのは嫌ったわけである。

828 第4部 労働人権法政策

2 特定職種育児休業法[3]

(1) 女子教育職員に関する立法の試み

1966年1月、ILO・ユネスコの教員の地位に関する勧告は、子のある女子教員が失職することなく、かつ雇用の権利を保護されて無給の休暇を取得できることを求めた。

これを受けて、社会党は1967年5月に女子教育職員育児休暇法案を国会に提出し、審議未了、廃案、再提出を繰り返した。その内容は、1歳未満の子を育てる国公立学校の女子教育職員の請求によってその子が1歳に達する日までの育児休暇を承認しなければならず、育児休暇中は給与の80％が支給される等であった。

審議未了が3回繰り返された後、与野党間で参議院文教委員会に女子育児休暇制度に関する小委員会を設置することが合意され、1971年12月から検討を行い、翌1972年6月に成案を得、義務教育諸学校等の女子の教育職員の育児休暇に関する法律案を委員会提出法案として参議院本会議で可決し、衆議院に送付した。同法案は、請求権については、代替教育職員の臨時的任用が著しく困難な場合等特別な事情がある場合を除いて、1回に限り育児休暇の承認をしなければならないとし、育児休暇の期間は学期単位となるように任命権者が定め、給与も支給されないが毎月3日以内の日数の勤務を命ずることができ、それに見合う給与を支給する等の内容であった。

ところが、この法案は与野党合意して出したものであったにもかかわらず、衆議院で審議未了、廃案となった。その理由は、自民党内に、対象を保母、看護婦などにも拡張すべきこと、育児休暇中の無給原則を貫くべきこと等の反対意見が強く、意見調整ができなかったためといわれる。その後1973年8月、社会、共産、公明、民社4野党共同提案で全く同じ内容の法案が参議院に提出され、翌1974年5月参議院本会議で可決、衆議院に送付されたが、やはり審議未了、廃案となった。

---

3) 峯嶋誠『詳解育児休業法』ぎょうせい（1976年）。

（2） 看護婦・保母等に関する立法の試み

　一方、社会党は1974年、看護婦等の育児休暇及び進学休暇等に関する法律案を国会に提出した。対象は医療施設及び社会福祉施設の看護婦、准看護婦、保健婦、助産婦及び保母で、育児休暇については女子教職員に関する社会党の法案とほぼ同様であるが、准看護婦について無給の進学休暇（保健婦、助産婦、看護婦となるため養成所での修業のための休暇）の請求権を付け加えている。

　これに対して同年、自民党においても看護婦、保母等の人材確保に関する特別措置法案を提出する動きがあった。内容は社会党の法案とよく似ていたようであるが、結局提出されなかった。

（3） 特定職種育児休業法の成立

　以上のような経緯の中で、与党自民党内及び同党と各省庁間の意見調整、与野党間の折衝が精力的に行われ、1975年6月に成案を得、議員提案として衆議院に提出され、同年7月に義務教育諸学校等の女子教育職員及び医療施設、社会福祉施設等の看護婦、保母等の育児休業に関する法律として成立を見た。その間、当初案では休業中の貸付制度を設け、一定額を貸し付けて、復職後5年経ったら返済義務をなくすという案であったが、大蔵省が強く反対し、結局人事院勧告によって国が何らかの形で支給することに落ち着いたという。

　本法は、第17条で私立学校や民間の医療・社会福祉施設にも育児休業制度に準じた措置の努力義務を課しているとはいえ、実質的には公務員であるこれら職種の女子に関する法律である。規定ぶりも育児休業の許可というかたちで、許可の申請があったときは、臨時的任用が著しく困難な事情がある場合を除き、育児休業の許可をしなければならない羈束行為とされた。それまでの野党法案や参議院法案が育児休暇という言葉を使っていたのに対し、本法が育児休業という言葉に変えたのは、一般の休暇に比して極めて長期にわたるため休暇制度になじまないし、またその効果も休職に近いこと、しかし任命権者の一方的判断に基づく分限処分としての休職ではなく、利用者の選択に委ねられるものであることから、休暇でも休職でもない休業という言

830 第4部 労働人権法政策

葉が作られたという。育児休業の効果については「その身分を保有するが、職務に従事しない」とされ、「給与を支給しない」と明記されており、実体法的には公務員制度上の休職として処理されている。

もっとも、附則第2項で当分の間の措置として、「法律又はこれを基準として定める条例の定めるところにより、必要な給付を行うことができる」という規定を設け、同第3項で人事院が必要な事項を勧告する旨を規定している。これに基づき給与法が改正され、共済組合掛金分を育児休業給として支給することとされた。

なお、参議院の法案では育児休暇期間は学期単位とされていたが、本法では看護婦や保母も含まれたことから、育児休業期間は子が1歳に達する日までの間で任命権者が定める日までとされている。

3 育児休業法の制定[4]

(1) 与野党の動き

特定職種育児休業法成立後、自民党は1979年6月に「家庭基盤の充実に関する対策要綱」の中で、「乳幼児期の子供と母親のスキンシップの有無は、後の子供の成長発達に大きな影響を及ぼすといわれていることから、特定職種以外の勤労婦人も育児期間中は休業（最低1年間）して育児に専念し、休業期間終了後、再び職場に復帰できる権利を保障する育児休業制度の確立を図るべき」とし、同年9月には幼児問題調査会幼保問題に関する小委員会[5]の委員長試案として「乳幼児の保育に関する基本法（仮称）の制定」の中で、「職業を持つ婦人・片親世帯などやむなく家庭保育の機会を制約されている婦人のために、0〜2歳までの3年間程度の育児休業保障制度と、併せて育児手当の創設等を検討し、安んじて家庭保育に専念できるようにすべき」とした。

その後、自民党の有志議員（早川崇、友納武人）が1981年9月、育児休業制度骨子をまとめ、生後1歳に達するまでの子を養育する母である労働者

---

4) 高橋柵太郎『詳説育児休業等に関する法律』労務行政研究所（1991年）、高橋柵太郎『育児休業法の理論と実務』日刊労働通信社（1992年）。

5) 委員長：石川要三。

に育児休業請求権を与え、使用者は育児休業期間中の労働・社会保険料に相当する額を育児休業手当として支払う等の法制化を提唱した。

こうした動きに対して日経連は反対の決議を行い、翌10月には経団連、日本商工会議所及び経済同友会と連名で育児休業制度法制化反対の要請書を労働大臣に提出し、「本制度のみ先行し法制化することは、女子労働者の職域を狭め、雇用における男女平等促進をさらに困難なものとする」と主張した。

このようにこの時期自民党における法制化への動きは活発であったが、乳幼児を持つ女性は育児に専念すべきという考え方に立脚するものであり、経営側の反発もあって1982年には収まっていった。

一方、社会党は1982年5月、職種を限らず育児休業を制度化する育児休業法案を国会に提出し、以後1986年まで毎年提出しては審議未了、廃案を繰り返した。民社党、公明党、共産党も法案要綱を発表し、1985年4月には公明党も育児休業法案を国会に提出した。これも審議未了、廃案となり、再提出された。

1987年3月には、総評、同盟、中立労連、新産別の労働4団体及び全民労協が社会、公明、民社、社民連の4野党に対し、育児休業の法制化についての要請を行った。4野党はこの要請を受けて、同年8月、育児休業法案を提出した。この法案は、使用者は労働者が育児休業を請求したときはその請求を拒んではならないとしつつ、共働きで他の一方が育児休業する期間及び他の一方が家事専従でその子と同居する期間は拒むことができるとしている。育児休業を理由とした不利益取扱いの禁止や原職又は原職相当職への復帰を義務づけているほか、育児休業手当として賃金の60％を支給することとしている点が特色である。その費用負担は労働者、事業主及び国が3分の1ずつ負担し、事業主から掛金を徴収することとされていた。この4野党法案も継続審査になったり審議未了、廃案になったりで実質審議は行われないまま推移した。

（2）　国会の動きと婦少審建議

このような中で、参議院社会労働委員会は1989年11月、育児休業問題に

関する小委員会を設置し、4野党法案の説明が行われた。翌1990年5月、育児休業制度検討小委員会が設置され、同年11月には自民党の考え方と4野党法案、共産党の要綱とを対比させて検討が行われた。その結果、労働者が求めたときには男女とも子が1歳に達するまで育児休業を取得できることとすることについては3者とも一致していること、育児休業手当については自民党はノーワークノーペイの原則から適当でないとしていること、その他若干の相違が確認された。

　そして、12月の小委員会で、自民党側から「このへんで政府に預け、立案作業を行わせてはどうか」との提案があり、男女労働者が等しく育児休業を取得しうる制度とすること、育児休業制度についての労働者の権利を実質的に確保できるような法律とすること、育児休業期間中の何らかの経済的援助の措置について検討すること、中小零細企業については、その経営の実態を踏まえ、弾力的な措置を講ずることの5つの柱が示された。

　ちなみに、この時期このように参議院がイニシアティブをとる形で育児休業の議論が進んでいったことの背景には、参議院において与野党逆転していたことに加え、与野党ともに参議院に女性議員が多かったこと、特に与党自民党については参議院側に集中していたことが挙げられるかも知れない。またこの時期、育児休業制度に対するフォローの風として、合計特殊出生率が1989年に1.57、1990年に1.53と著しく低下し、出生率向上策が求められたという背景事情も無視できない。

　こうして、労働省は1990年12月、婦人少年問題審議会婦人部会[6]に対し、育児休業制度確立に向けての法的整備のあり方について検討を依頼した。

　翌1991年3月に取りまとめられた建議は、男女労働者が育児休業を申し出たときに、子が1歳に達するまで認めることを事業主の義務とするという法的枠組みを作る必要があるとしつつ、一定範囲の小規模事業には一定期間猶予する必要があるとし、また育児休業取得を理由とする解雇は禁止するものの、不利益取扱いはケースバイケースの問題であるので法律で規定せず、原職復帰も法規定は困難とするものであり、かなりの項目について労働側と

───────────
　6）公益4名、労使各3名、部会長：赤松良子。

使用者側の意見が添付されている。これを受けて、労働省は同月、育児休業
等に関する法律案を国会に提出した。

(3) 育児休業法の成立

1991年5月に成立した育児休業等に関する法律は、男女労働者に共通の育
児休業という概念を初めて法律上に確立した。それまでは勤労婦人福祉法及
び男女雇用機会均等法における努力義務にせよ、特定職種育児休業法におけ
る請求権にせよ、女性のみを対象とする制度であった。もっとも、法律技術
的なことであるが、この法律では育児休業を「労働者が、この法律に定める
ところにより、その一歳に満たない子を養育するためにする休業をいう」と
定義してしまったため、例えば1人について2回目に取得した休業や子が1
歳を超えて取得した休業はこの法律でいう育児休業ではなくなってしまった
が、これはいかにも奇妙な概念構成である。

規定の仕方もなかなか技巧的で一読しただけではわかりにくい。第2条第
1項で、労働者はその事業主に申し出ることにより育児休業をすることがで
きると規定した上で、第3条第1項で、事業主は労働者からの休業申し出が
あったときは当該休業申出を拒むことができないと受けている。前者の労働
者の定義において日々雇用者及び有期雇用者を適用除外とし、その但書にお
いて同じ子について2回目の休業はできないことを定め、後者の但書におい
て勤続期間1年未満の者や配偶者が常時子を養育することができる場合等を
労使協定で対象外とすることができることとしている。

この有期雇用者の適用除外はこの後大きな問題となっていくことになる
が、この時点では、最大限子が1歳に達するまでの1年にわたる長期的な休
業という育児休業の性質になじまない雇用形態の労働者であることによると
説明されている。

一方、育児休業の権利は家庭単位ではなく労働者個人に与えられるもので
あるので、勤続期間1年未満の者や配偶者が専業主婦である場合等には社会
一般の認識から育児休業を与えないことができる仕組みを、労働者の過半数
組合ないし過半数代表者との協定に係らしめている。

解雇制限としては、労働者が休業申出をし、又は育児休業をしたことを理

由として解雇することができないと規定した（第7条）。不利益取扱いの禁止は上述の経緯から規定しなかった。ただし、第12条に基づき事業主が講ずべき措置に関する指針が制定されており、この指針で、労働者が法に基づく育児休業の権利を行使したことを理由として当該労働者を不利益に取り扱うものであってはならないとされた。これは2001年改正でようやく法文上に盛り込まれることになる。

　また雇用管理に関しても、指針で、原則として原職又は原職相当職に復帰させることが多く行われていることに配慮することを求めている。この点は現在でも指針上の配慮規定のままである。

（4）　育児休業以外の措置

　育児休業法は、1歳未満の子の養育のための休業を権利として確立したが、それ以外の措置についても一定の規定を設けた。

　一つには1歳未満の子を養育するが育児休業をしない労働者に関して、労働者の申出に基づく勤務時間の短縮等の措置を講じることを義務づけた（第10条）。具体的な措置は省令で規定され、短時間勤務の制度、フレックスタイム制や時差出勤等の制度、所定外労働の免除、託児施設の設置運営等が挙げられている。

　これは、育児休業のように全面的に休業するばかりがその雇用の継続に資するとは言えず、これら制度の方が職業生活を継続できるため、収入が途絶えることがない、職業能力の低下を防止できる、職場の情報に絶えず接していられる等のメリットがあるということから規定されたものである。ただ、育児休業のような労働者の権利としてではなく、事業主が選択的に措置を講じればよい形での規定となっているため、労働者のニーズに応じたものとなる保証はない。なお、この措置については日々雇用者のみが適用除外で、有期雇用者は措置の対象に含まれている。これは、長期の休業である育児休業と異なり、期間を定める雇用契約の形態と本質的になじまないわけではないからと説明されている。

　もう一つは1歳から小学校就学の始期に達するまでの子を養育する労働者に関する措置の努力義務である。この時期は学校教育開始前の時期であり、

その養育について親が全責任を負う時期であること等から、そのような時期の子を養育する労働者の雇用の継続のために育児休業や勤務時間短縮等の措置に準じて必要な措置を講ずるよう努めなければならないこととされた（第11条）。

この「準じて」という規定ぶりも奇妙なものであるが、育児休業を1歳未満の子の養育のためのものと定義してしまったために、子が1歳になったらもはや育児休業とは言えないための表現であって、措置の内容は共通である。指針では、年齢の低い子を養育する労働者の方が一般的に必要性が高いことに留意して、より必要性が高い措置がより早期に講じられることが望ましいとしている。

勤労婦人福祉法及び男女雇用機会均等法における育児休業その他の便宜供与の努力義務のうち、育児休業として請求権化されなかった部分が男女共通規定化してこの両規定に盛られた形である。

なお、本法は1992年4月から施行されたが、30人以下の小規模事業所については3年間適用が猶予され、これには労働側が差別だとして反発した。

(5) 育児休業給付

育児休業期間中の経済的援助については労働側が強く要求し、国会審議でも野党が強く求めていた経緯もあり、1993年4月から婦人少年問題審議会婦人部会[7]で検討を始め、同年9月に「育児休業取得者に対する経済的援助の在り方について」と題する建議を行い、そこでは「育児休業取得者に対する経済的援助は、既存の枠組みである労働省所管の雇用保険制度において措置されることが、当面現実的かつ適当であると考える」とされた。これに対しては、育児休業に対する新たな基金制度による所得保障制度を要求する労働者側が遺憾との見解を示している。

一方、中央職業安定審議会雇用保険部会[8]も並行して育児休業に対する給付制度について審議を進め、12月に報告を取りまとめ、育児休業給付の創

---

7) 公益4名、労使各3名、部会長：若菜允子。

8) 公労使各4名、部会長：山口浩一郎。

836 第4部 労働人権法政策

設を求めた。これを受けて労働省は法案を作成し、諮問答申を経て1994年3月に雇用保険法改正案を提出し、同年6月に成立した。この時の育児休業給付の水準はやや渋めで、休業前賃金の25％相当額（20％を育児休業基本給付金として休業期間中に、残り5％は育児休業者職場復帰給付金として休業後6か月間雇用された後に支給）というものであった。

　この給付水準が引き上げられたのは2000年改正時で、休業前賃金の40％相当額（30％を休業期間中に、残り10％は休業後6か月雇用された後に支給）となった。その後2007年改正で50％（うち復帰後20％）、2009年改正で50％（休業中に全額）と徐々に拡充されてきた。

　2013年8月の社会保障制度改革国民会議[9]の報告書が育児休業期間中の経済的支援の強化を求め、これを受けて2014年改正では、最初の6か月間について67％とされた。

4　介護休業の導入[10]

（1）　介護休業制度ガイドライン

　労働省は1987年から長寿社会における女子労働者等福祉に関する調査研究会[11]を開催し、1989年8月に「老親介護に関する労働者福祉対策のあり方について」を報告した。そこでは、介護を必要とする老親を抱える労働者のための望ましい企業内福祉制度として、介護休業制度等労働者が一定期間休業することを認める措置を挙げ、介護問題は男女双方の問題であり、男女双方を対象とすること、対象となる家族の範囲には、本人及び配偶者両方の両親に加え、配偶者も含めることとしている。

　その後、1991年7月から介護に関する企業内福祉制度についてのガイドライン検討会議[12]を開催し、1992年5月に報告書をまとめた。労働省はそれに基づき、同年7月、介護休業制度等に関するガイドラインを策定した。ここでは介護を、家庭での医療・療養上の世話や身の回りの世話、入院中の身の

9）学識者15名、会長：清家篤。
10）松原亘子『詳説育児・介護休業法』労務行政研究所（1996年）。
11）学識者5名、座長：髙梨昌。
12）公労使計10名、座長：髙梨昌。

回りの世話やリハビリ介助、通院介助等のいわば直接的介護のほか、入・退院のための手続、付添等の手配、入院の付添及び情緒的な支え、退院後の介助者探し等在宅介護を行うに当たっての受入れ態勢の整備等も含めて幅広く捉えている。

　介護休業制度については、男女労働者を対象とし、他に介護する人がいないことを条件とすることや、同居や扶養の条件を付けることは適当でないとしている。また、対象は最低限、配偶者、本人の父母、子供、配偶者の父母を含めるべきとし、休業に期間を設定する場合は少なくとも3か月とすること、回数に制限を設ける場合は要介護者1人につき1回は確保すること等を求めている。また、介護休業のほかに勤務時間短縮等の措置を導入することも慫慂している。

(2)　労使及び各政党の動き

　連合は1992年2月、介護休業・短時間勤務制度の法制化のための骨子を策定し、社会、公明、民社、社民連及び連合参議院の各野党に対し、共同提案による介護休業の法制化を要請した。これは、原則として同居又は扶養している配偶者と血族、姻族の二親等までを対象とし、1年間を最長として必要な期間とするほか、休業中の生活保障、職場復帰、不利益取扱いの禁止を規定し、併せて介護のための短時間勤務制度を設けるとするものであった。これに対し経営側は、同年7月東京商工会議所が、また12月には日経連が、介護休業の法制化には消極的な姿勢を示した。

　野党はこの問題に熱心で、公明党は1992年7月、介護・看護休暇法案大綱を発表し、翌1993年3月には介護休業法案として国会に提出した。これは対象を配偶者、子、本人及び配偶者の父母、同居する本人及び配偶者の祖父母、同居しかつ扶養される本人及び配偶者の兄弟姉妹にまで広げている。ただし、同じ要介護者につき同時に介護する労働者がいるときは介護休業の申出を拒むことができる。期間は要介護者につき1年を限度とし、6か月を超えたときは医師の診断書等を提出することとしている。その他、賃金の60％の所得保障、不利益取扱いの禁止及び原職復帰等も規定している。また、民社党も1992年7月に、介護休業・勤務時間短縮法の制定を提案した。

838　第4部　労働人権法政策

　一方、社会党は、1993年7月に「家族看護・介護休業法制化問題に関する基本的考え方」を発表し、育児と老親介護には基本的な性格の違いがあるとして、やや異論を唱えている。すなわち、老親介護（高齢者介護）は基本的には社会サービスによるべきであって、その子供に（就労を断念させてまで）責任を負わせるべきではないとし、とはいえ高齢者サービスが整備されるまでの間は、当面の対応策として、緊急避難的に老親介護のための休業制度を設けることには社会的意義があるとする。そして休業期間についても、連合の要求する最長1年を退け、介護に必要な期間ではなく介護施設に入所できるまでの応急介護又は緊急介護に必要な限定的な期間について特別に休業を保障するという考え方に立って、例えば最長3か月とし、それ以上は個々の労働者の実情に応じて法定期間を超える休業を認めるよう努力義務を課すという案を示している。

　看護と介護の違い、育児と老親介護の違いについて概念整理をした上で、ILO条約・勧告やEU指令案が老親介護のための休業の保障を要請しているわけではないことをきちんと指摘し、高齢者介護のあるべき姿についての議論から逆に連合の要求をたしなめるような内容となっている。

　これに対して、家族の病気等看護については、ILO第156号条約、第165号勧告及びEU指令案に沿って、1年に1週間〜30日程度の有給の休暇として法制化することを求めている。また、乳幼児の病気等看護又は介護についても育児休業法の改正によって措置すべきとしている。

（3）　婦少審建議

　このような中で、労働省は1993年4月、婦人少年問題審議会に対し、介護休業制度の法制化を含む有効な普及対策について検討を依頼したが、まず介護休業制度に関する専門家会合[13]を開催し、その結論を得て具体的な審議を行うこととした。同専門家会合は同年11月から検討を行い、翌1994年7月に報告をまとめた。

13）学識者6名、座長：保原喜志夫。

これを受けて、同審議会婦人部会[14]は審議を開始した。早期法制化を主張する労働側に対して、使用者側は、高齢者の介護対策は公的介護サービスの整備充実によるべきもので、その対策の遅れを企業に転化するのは問題だとし、行政が普及促進に取り組んでわずか数年で、努力義務の規定すらない状態で義務づけするのは時期尚早だとか、特に中小企業にとって抜本的な代替要員の確保対策が図られなければ法制化は難しいと主張した。

同年12月に取りまとめられた建議は、男女労働者が、常時介護を必要とする家族の介護のために休業することを申し出たときは、一定の期間についてこれを認めることを事業主の義務とするという法的枠組みを作る必要があるとして、対象は配偶者、子、父母及び配偶者の父母とし、期間は連続する3か月とし、回数は家族1人につき1回としている。また、普及率が低いことから準備期間を3年程度とることを求めている。

（4）　育児・介護休業法への改正

この建議を受け、労働省は育児休業法の改正案を作成し、諮問答申を経て翌1995年2月国会に提出した。この間日本の政治状況は激変していた。1993年8月に社会、公明、民社、社民連に加え新生、さきがけ及び日本新党による連立政権が誕生し、さらに翌1994年6月には自民、社会、さきがけによる連立政権が誕生していた。労働大臣は社会党の浜本万三である。これに対して同年12月、旧連立与党の大部分は新進党を結成した。改正法案が提出されたのはまさにその直後であり、新進党は結党直後の1995年1月に介護休業法案要綱を発表し、同年3月に法案として国会に提出した。

政府案が要介護状態を「常時介護を必要とする状態」とするのに対し、新進党案は「日常生活を営むのに支障がある状態」と広く定義している。対象家族についても新進党案は「その他の同居の親族」を含めている。介護休業期間は政府案の連続する3か月に対して新進党案は連続する1年間、回数は政府案の対象家族1人につき1回に対して新進党案は継続する要介護状態ごとに1回としている。新進党案が連合の要求に近くなっている。

14）公益4名、労使各3名、部会長：若菜允子。

840　第4部　労働人権法政策

　審議の結果、1995年6月、政府案が与党3党及び共産党の賛成で成立し、新進党案は否決された。法律の題名は「育児休業等育児又は家族介護を行う労働者の福祉に関する法律」となった。

　介護休業の規定ぶりは育児休業と同様、労働者が申し出ることにより介護休業をすることができると規定した上で、事業主は介護休業申出を拒むことができないと受けている。対象家族については、法律上では配偶者、父母、子、配偶者の父母に加えて「これらの者に準ずる者として労働省令で定めるものを含む」と規定し、省令で「同居し、かつ扶養している祖父母、兄弟姉妹及び孫」にまで広げている。

　日々雇用者及び有期雇用者を適用除外とし、同じ対象家族について2回目の休業はできないこととし、さらに勤続期間1年未満の者を労使協定で対象外とすることができる点は育児休業と同様であるが、配偶者が常態として対象家族を介護することができる労働者については育児休業とは異なり、対象外とすることができる範囲に含めていない。これは、子を養育すべき者は第一義的にはその父母であることが明らかであり、かつ子の養育は基本的には一人で対応可能であるのに対して、対象家族を第一義的に養育すべき者が誰であるかは決めつけられないこと、一人では対象家族を介護できない場合があることによると説明されている。

　育児休業法が育児休業以外の措置に関する規定を設けていたように、育児・介護休業法も介護休業以外の措置に関する規定を置いている。

　一つは要介護状態にある対象家族を介護するが介護休業をしない労働者に関して、労働者の申出に基づく勤務時間の短縮等の措置を連続3か月以上の期間講じることを義務づけている。具体的な措置は省令で規定され、短時間勤務の制度、フレックスタイム制や時差出勤等の制度は育児休業の場合と同じであるが、所定外労働の免除はなく、介護サービスを利用する場合の費用助成等の制度が挙げられている。これも介護休業のような労働者の権利としてではなく、事業主が選択的に講じればよい規定ぶりであり、労働者のニーズに応じたものとなる保証はない。なお、これも育児休業の場合と同様、日々雇用者のみが適用除外で、有期雇用者は措置の対象に含まれている。

　もう一つは介護休業又は上記勤務時間の短縮等の措置に準じた措置であ

る。これも育児休業の場合と同様、介護休業を1回のみ3か月までのものと定義してしまったために、それを超える措置は介護休業とは言えないため「準じて」と表現しているだけで、措置の内容は共通である。

（5） 再雇用特別措置等

　育児・介護休業法は、それまで男女雇用機会均等法に妊娠、出産、育児等の理由で退職した女子についてのみ規定されていた再雇用特別措置の努力義務を、男女を問わず妊娠、出産、育児又は介護を理由として退職した者に拡大して規定し直した。妊娠、出産は女性にしかできないが、それまで育児休業は男女共通としながら育児退職者の再雇用特別措置は女性のみとしていた不均衡が解消され、介護退職者についても男女共通の形で設けられたことになる。これら育児等による退職者に対する国の再就職援助の規定も同様に、男女雇用機会均等法から男女共通規定化されて育児・介護休業法に移った。

　また、勤労婦人福祉法以来の働く婦人の家も勤労者家庭支援施設に衣替えしてこちらに移転した。これらにより、男女雇用機会均等法から女子労働者の福祉のための規定がかなり消え、純化された。

（6） 介護休業給付

　介護休業中の経済的援助については、政府案は特に規定していなかったが、新進党案は国等が介護休業給付を支給すると規定し、趣旨説明では雇用保険制度から支給することを想定していると述べられた。新進党案は否決されたが、この考え方は取り入れられた。

　介護休業の施行は1999年4月からであったので、1997年12月の中央職業安定審議会雇用保険部会[15]報告で育児休業給付に倣った介護休業給付制度が提案され、1998年3月の雇用保険法改正により創設された。水準は育児休業給付と同じ25％であるが、職場復帰するまで5％お預けとはなっていない。この水準も、2000年改正で40％に、2016年改正で67％に引き上げられた。

15）公労使各4名、部会長：樋口美雄。

842 第4部 労働人権法政策

5 深夜業の制限と激変緩和措置

(1) 女子保護規定の解消

1995年10月から婦人少年問題審議会婦人部会[16]で男女雇用機会均等法の見直しの審議が開始された。そこでは、女子保護規定の解消を目指す方向で議論がされるとともに、労働者委員から時間外・休日労働及び深夜業について男女共通の規制を設けるべきであり、また家族的責任を有する労働者の保護措置を講ずるべきとの意見が示された。

その後12月には建議が行われ、時間外・休日労働、深夜業に係る女子保護規定を解消すること、これに伴い、育児や家族の介護の問題を抱えた一定の範囲の労働者の深夜業の免除に係る法的措置を講ずることが適当とされ、また事業主が新たに女子労働者に深夜業をさせようとするときは、業務上又は通勤における負担の軽減、安全の確保等就業環境の整備に努めることが付記された。この建議を受けて、関係審議会への諮問答申を経て、翌1997年2月、労働省は改正法案を国会に提出した。

国会では、共産党を除く賛成多数で1997年6月に成立した。この改正により、労働基準法の第6章の2から時間外・休日労働及び深夜業の規定が削除され、そのうち深夜業の制限は、育児・介護休業法において、小学校就学の始期に達するまでの子を養育する労働者及び要介護状態にある対象家族を介護する労働者の請求権として規定し直された。

(2) 深夜業の制限

同じく深夜業の制限といっても、労働基準法のそれが女子労働者を対象とした就業禁止規定であったのに対して、育児・介護休業法のそれは育児・介護を行う男女労働者を対象とした就労免除請求権である。また労働基準法のそれはその従事する事業や業務によって規制が外されていたが、育児・介護休業法のそれは一律の請求権である。ただし、事業の正常な運営を妨げる場合は請求を拒むことができるとされた。

日々雇用者は対象外であるが、有期雇用者は除外されていない。重要な例

---

16) 公益4名、労使各3名、部会長：若菜允子。

外は、深夜において常態として当該子を保育、あるいは対象家族を介護することができる同居の家族（16歳以上で深夜就業していない者）がいる場合で、そもそも深夜業の免除を請求できない。これは、深夜業の制限の制度が深夜において同じ家に誰もいない状況を避ける趣旨から設けられたもので、親として子の世話を行うための時間を確保するために設けられたものではないからだと説明されている。

（3）　1998年労働基準法改正

　女子労働者に係る時間外・休日労働の制限については、1997年改正で一旦全面的に削除されたのであるが、その附帯決議において「中央労働基準審議会における時間外・休日労働のあり方の検討に際しては、女子保護規定の解消により、家庭責任を有する女性労働者が被ることとなる職業生活や労働条件の急激な変化を緩和するための適切な措置について、労使の意見を十分に尊重しつつ、検討が行われるように努めること」とされ、労働基準法改正作業の方にボールが投げ込まれた。

　中央労働基準審議会労働時間部会[17]では、労働側は、それまで女子労働者に適用されていた1年間150時間という時間外労働の上限規制を男女共通の時間外労働規制として設けること、当面1年間360時間を上限とする法的規制を設けるべきことを求めたが、使用者側は上限規制には反対の態度を崩さなかった。

　結局、1997年12月の建議では、労働基準法に時間外労働の上限基準を定めることのできる根拠、使用者はその基準に留意すべきこととする責務、基準に関し使用者に対して必要な指導助言を行う旨の一連の措置に関する規定を設けることが示された。また、女子保護規定の解消に伴う家庭責任を有する女性労働者の職業生活や労働条件の急激な変化を緩和するための措置として、育児又は介護を行う女子（特定労働者）に関してはこの限度基準を一般の時間外労働協定で定める限度よりも低い水準に設定し、3年程度この措置を講ずることとされた。

17）公労使各5名、部会長：小粥義郎。

844　第4部　労働人権法政策

　改正法は1998年9月に成立したが、国会で修正が行われ、激変緩和措置による特定労働者の限度基準については現行の女性保護規定の1年につき150時間を超えないものとしなければならないものとされ、かつ政府は激変緩和措置の終了までに、時間外労働が長時間にわたる場合には子の養育又は家族の介護を行う労働者が時間外労働の免除を請求することができる制度に関し検討を加え、その結果に基づいて必要な措置を講ずることが求められた。また、附帯決議では、家族的責任を有する労働者が一定水準を超える時間外労働の免除を請求することができる制度についての検討に当たっては、その水準について激変緩和措置との連続性に十分留意することとされた。

（4）　激変緩和措置

　こうして、法成立後省令及び告示が制定され、1999年4月、女子保護規定の失効とともに激変緩和措置が施行された。これは介護休業制度の発効とも同時である。

　対象労働者は、まず法律上で「改正前の当該規定に該当する労働者であって」とされているのでこれまで時間外・休日労働が制限されてきた女性労働者に限られる。そのうち、小学校就学の始期に達するまでの子を養育する労働者、2週間以上の期間にわたり常時介護を必要とする状態にある対象家族を介護する労働者が、使用者に申し出ることを条件として、1年間150時間という上限を設定された。なお、業種ごとに製造業は1週間6時間、商業は4週間36時間、保健衛生・接客娯楽業は2週間12時間と定められた。もっともこの激変緩和措置は2002年3月までの時限措置である。

　その後のいわゆるポスト激変緩和措置については、上述のように国会修正で家族的責任を有する男女労働者についての長時間にわたる時間外労働を免除する制度を検討し、必要な措置を講ずることが求められていた。

6　2001年改正
（1）　少子化の政治課題化

　日本の合計特殊出生率は、ベビーブームを過ぎた1950年頃から急速に低下し、1974年までは安定的に推移してきたが、その後さらに低下が続いて

きた。1989年に1.57にまで低下したことは社会に大きな衝撃を与え、育児休業法の制定に対する追い風となったことは前述の通りである。しかしながらその後も少子化の傾向は止まず、2000年には1.36にまで下がった。

こうした状況の中で少子化への対応に関する議論が行われてきた。1994年12月には、文部、厚生、労働及び建設4大臣合意として「今後の子育て支援のための施策の基本的方向について」（エンゼルプラン）が策定され、その中で仕事と育児の両立のための雇用環境の整備が重点施策として挙げられた。1998年12月には橋本龍太郎首相の主催する少子化への対応を考える学識者会議が「夢ある家庭作りや子育てができる社会を築くために」と題する提言を行った。この提言に基づき1999年5月、内閣に少子化対策推進関係閣僚会議が設けられ、同年12月、少子化対策推進基本方針が決定された。ここでは基本的な施策として、固定的な性別役割分業や職場優先の企業風土の是正、仕事と子育ての両立のための雇用環境の整備、安心して子供を産み、ゆとりを持って健やかに育てるための家庭や地域の環境作り、利用者の多様な需要に対応した保育サービスの整備などが掲げられている。これに基づき同月、上記4大臣に大蔵及び自治を加えた6大臣合意として「重点的に推進すべき少子化対策の具体的実施計画について」（新エンゼルプラン）が策定された。この中で、育児休業を取りやすく、職場復帰をしやすい環境の整備として、育児休業制度の充実に向けた検討を行うこととされた。

（2）　女少審建議

こうして、一つには労働基準法改正の後始末としてのポスト激変緩和措置を講ずる必要性と、もう一つには少子化対策としての仕事と子育ての両立のための法的検討という二重の課題を背負って、2000年7月から女性少年問題審議会女性部会[18]で審議が開始された。

ポスト激変緩和措置としての時間外労働の制限については使用者側もやむを得ないという姿勢であったが、育児休業制度自体については、労使の意見が各論点で対立した。最終的に同年12月建議された「仕事と家庭の両立支

18）公益4名、労使各3名、部会長：渥美雅子。

846 第 4 部 労働人権法政策

援対策の充実について」は、育児休業や介護休業の申出や取得を理由とする
不利益取扱いを禁止すること、小学校就学時までの子の養育又は要介護状態
にある家族の介護を行う男女労働者について、1年間150時間、1か月24時
間を超える時間外労働の免除を請求できる法的枠組みを作ること、勤務時間
短縮等の措置の対象を子が3歳に達するまでに拡大すること、小学校就学ま
での子の看護休暇制度を努力義務として設けることなどを求めている。勤務
時間短縮等の措置については労働側から、小学校就学時まで拡大するととも
に事業主への義務づけとすべきという意見が、看護休暇についても労働側か
ら請求権とすべきとの意見が添付されている。

（3） 2001年改正

　この建議を受け、翌2001年1月に厚生労働省は育児・介護休業法改正案
を作成し、労働政策審議会への諮問答申を経て、2月国会に提出した。
　一方、民主党は同年3月に職業生活と家庭生活との両立を支援するための
育児休業法の改正案骨子をまとめ、6月にはこれをもとに育児・介護休業法
改正案を国会に提出した。その内容は連合の要求をもとにしつつ、それを超
える部分もある。最大の特徴は、男性の育児休業取得を促進するため、育児
休業期間を子が小学校就学時まで2回に分けて分割取得できることとし、そ
の期間を各親7か月ずつ、合計14か月と設定し、そのうち6か月まではパー
トナーに権利を譲渡できることとして、1か月はいわゆるパパクォータとし
たところである。なお、この直前（4月）に出された男女共同参画会議の仕
事と子育ての両立支援策に関する専門調査会報告において、父親の産休5日
間とともに育児休業のパパクォータが提唱されていた。
　その他、子の看護休暇については政府案の努力義務に対して年間15日ま
での請求権とし、深夜業の制限は中学校の就学時までに拡大し、時間外・休
日労働の制限は小学校3年生までに拡大し、勤務時間短縮等の措置は小学校
就学時まで請求権とするとともに中学校就学時まで努力義務とし、禁止され
る不利益取扱いの対象を深夜業、時間外労働の制限、勤務時間の短縮等及び
看護休暇に拡大するなど、全面的に水準の引上げを図っている。なお、共産
党の出した法案はこれよりかなりおとなしい。

これら法案は通常国会では継続審査となり、10月から審議に入り、11月に政府法案が成立に至った。なお、衆議院で修正が行われ、看護休暇制度について関係者の努力を促進するとともに検討を加えて必要な措置を講ずることとされた。参議院では4野党の女性議員有志によって看護休暇制度を義務化する修正案が提出されたが否決された。

（4） 時間外労働の制限

　これは前述の激変緩和措置を男女共通の規制としたものであるが、そのもとをたどれば深夜業の制限と同様労働基準法の女子保護規定として存在していたものであり、ようやく紆余曲折を経て男女共通の職業家庭両立法政策として落ち着いたということができる。

　同じく時間外労働の制限といっても、労働基準法のそれが女子労働者を対象として上限を超える時間外労働を禁止する規定であったのに対して、育児・介護休業法のそれは育児・介護を行う男女労働者を対象とした上限を超える時間外労働の免除請求権である。また労働基準法のそれはその従事する事業や業務によって規制が外されていたが、育児・介護休業法のそれは一律の請求権である。ただし、事業の正常な運営を妨げる場合は請求を拒むことができるとされた。

　日々雇用者は対象外であるが、有期雇用者は除外されていない。例外は配偶者が専業主婦である場合等で、これは育児休業請求権と同じであり、深夜業の制限とは異なる仕組みとなっている。これは、深夜業の制限の制度が深夜において同じ家に誰もいない状況を避ける趣旨から設けられたものであるのに対し、この場合親として子の世話をする責任は相当程度果たされているからだと説明されている。また、この時間外労働の制限は一定期間に限られたもので、1か月～1年の期間を定めて請求することとされている。介護休業は連続3か月に制限されているのに対して介護のための時間外労働の制限は1年まで可能ということになっている。

　制限時間は法律で1年150時間、1月24時間と規定された。これは1998年労働基準法改正で激変緩和措置が創設されたときに、国会附帯決議でポスト激変緩和措置の「水準について激変緩和措置との連続性に十分留意するこ

848　第4部　労働人権法政策

と」とされたことによるものである。

(5)　看護休暇の努力義務

　もともとILO条約にせよ、諸外国の法制にせよ、育児休業ともに要請されているのは家族特に子どもの看護休暇であって、老親介護のための休業制度ではない。この点についていえば1993年の社会党の考え方がもっとも真実に近かったのであって、連合や他の野党の主張は高齢者介護サービスの必要性と介護休業制度の問題をごっちゃにしていたと評しうる。結果的には1995年改正において、介護休業は請求権として法制化されたのも関わらず、肝心の看護休暇制度は努力義務としても姿を現さなかった。新進党の対案にもなかったのであるから政府の責任にもできないであろう。

　2001年改正では労働側が正面から請求権としての看護休暇の創設を要求し、民主党案でも請求権としての規定が設けられたが、普及状況が8％と低いことから努力義務にとどめられた。普及状況が低いというのなら、介護休業も法制化直前には16％と大して高くなかったのであるが、こちらは請求権として創設されているのであるから、高齢者介護と子どもの看護に対する意識の格差の表れと考えるべきであろうか。

　いずれにしても、事業主は、小学校就学の始期に達するまでの子を養育する労働者に関して、労働者の申出に基づきその子の看護のための休暇を与えるための措置を講ずるよう努めなければならないこととされた（第25条）。これについては附則第3条で国が看護休暇普及のため関係者の努力を促進することが、附則第4条で施行後3年経過後に「子を養育する労働者の福祉の増進の観点から、子の看護のための休暇制度」等について「総合的に検討を加え、その結果に基づいて必要な措置を講ずるもの」とされている。将来看護休暇を請求権とすることを検討する趣旨の規定である。

(6)　その他の措置

　勤務時間短縮等の措置の対象となる子の年齢が1歳未満から3歳未満に引き上げられた（第23条第1項）。これも最初にボタンをかけるときに育児休業を1歳未満の子に対するものと定義してしまったことの影響で、大変技巧

的というかわかりにくい規定ぶりになっている。すなわち、1歳未満の子を養育するが育児休業をしない労働者にはその申出に基づく勤務時間の短縮等の措置を講ずべしという規定に付け加える形で、1歳から3歳に達するまでの子を養育する労働者には育児休業の制度に準ずる制度又は勤務時間短縮等の措置を講じなければならないと規定している。これに応じて、育児休業の制度又は勤務時間短縮等の措置に準じた措置の努力義務は子が3歳から小学校就学の始期に達するまでとされた。

　法律上の概念定義にとらわれずに整理すれば、子が1歳未満のときは育児休業は請求権、勤務時間短縮等は選択的義務、1歳から3歳に達するまでは育児休業と勤務時間短縮等を合わせて選択的義務、3歳から小学校就学までは育児休業と勤務時間短縮等を合わせて努力義務ということになる。本来そのように概念定義すべきであったはずである。同時期に改正された公務員の育児休業制度では、子が3歳に達するまで育児休業が可能となっており、少なくとも同じ国法体系の中で、育児休業の概念定義が異なるというのはあまり整合的でない。

　また、事業主は、就業場所の変更を伴う配置変更をしようとするときは、その就業場所の変更により育児や介護が困難となる労働者に対して配慮するという規定も設けられた（第26条）。指針では、育児や介護の状況を把握すること、本人の意向を斟酌すること、代替手段の有無の確認を行うことなどが挙げられている。

　なお、育児休業法制定以来の解雇禁止規定がようやく不利益取扱い禁止規定になった。解雇以外の不利益取扱いとは、指針で、退職や非正規社員化の強要、自宅待機命令、降格、減給、不利益な配置変更、就業環境を害することが挙げられている。最後のものは業務に従事させない、専ら雑務に従事させる等の行為が例示されている。

7　2004年改正
（1）　少子化対策プラスワン

　その後も少子化の流れに歯止めはかからず、しかも夫婦の出生力そのものの低下という新しい現象も生じてきた。そこで、厚生労働省は2002年9月、

少子化対策プラスワンを取りまとめた。そこでは、子育てと仕事の両立支援に加え、男性を含めた働き方の見直しといった項目も盛り込まれた。

特に、仕事と子育ての両立については、育児休業取得率について男性10％、女性80％という数値目標を設定し、また子ども看護休暇制度の普及率について25％、小学校就学の始期までの勤務時間短縮等の措置の普及率についても25％という数値目標を設定した。これは国として定めた初めての数値目標である。

また、男性を含めた働き方の見直しとしては、子育て期間における残業時間の縮減、子どもが生まれたら父親誰もが最低5日間の休暇の取得、短時間正社員制度の普及が挙げられている。

(2) 次世代育成支援対策推進法

少子化対策プラスワンを踏まえて、2003年7月には次世代育成支援対策推進法が制定された。これは、時代の社会を担う子供が健やかに産まれ、かつ育成される環境の整備を図るという基本理念を謳うほかは、大臣の指針と地方公共団体及び事業主の行動計画策定を規定するだけのあまり内容のない法律であるが、これに基づく一般事業主行動計画には、主として雇用環境の整備に関する事項を盛り込むよう、指針で定められた。

具体的には、まず子育てを行う労働者等の職業生活と家庭生活との両立を支援するための雇用環境の整備として、妊娠中及び出産後における配慮、産前産後休業後における原職または原職相当職への復帰、子どもの出生時における父親の休暇の取得の促進（5日間程度）、より利用しやすい育児休業制度の実施、育児休業を取得しやすく職場復帰しやすい環境の整備、短時間勤務制度等の実施、事業場内託児施設の設置及び運営、子育てサービスの費用の援助の措置の実施、子どもの看護のための休暇の措置の実施（1年について5日以上）、勤務地・担当業務等の限定制度の実施、その他子育てを行う労働者に配慮した措置の実施などの項目が挙げられている。

また、より一般的に働き方の見直しに資する多様な労働条件の整備として、所定外労働の削減、年次有給休暇の取得の促進、多様就業型ワークシェアリングの実施、テレワークの導入、職場優先の意識や固定的な性別役割分

担意識等の是正のための取組みが挙げられている。

　この一般事業主行動計画は、301人以上企業は作成・届出義務、300人以下企業は努力義務であったが、2011年4月以降は義務が101人以上企業に拡大された。

（3）　2004年改正

　この次世代育成支援対策の一環として、仕事と家庭の両立支援策の充実のため、2003年9月から労働政策審議会雇用均等分科会[19]で審議が始められ、同年12月に建議がとりまとめられた。これを受けて、厚生労働省は2004年2月、育児・介護休業法改正案を策定し、同月国会に提出した。同法案は2004年12月に成立した。

　まず、育児休業自体については、子が1歳に達するまでの間を限度とするという枠組み自体には変わりはないが、子が1歳に達する時点で保育所に入れない等特別の事情がある場合については、子が1歳に達した後6か月を限度として、育児休業ができることとされている。また、育児休業が原則1回限りという点に変わりはないが、配偶者が死亡したこと等により子を養育することができなくなった場合を育児休業を再度取得できる事由に追加している。なお、これに伴い、これまでの1年までという奇妙な定義を改め、育児休業とは労働者がその子を養育するためにする休業と素直に定義した。これにより、これまでの「育児休業に準じる措置」は育児休業となる。

　次に、介護休業については3か月までという点に変わりはないが、1回のみという制限を外し、要介護状態ごとに1回、通算して93日（3か月をこう日数化した）まで休業できるという枠組みにしている。これは、介護休業の位置づけを、労働者の家族が要介護状態になったときに介護に関する長期的方針を決めるまでの間、当面家族による介護がやむを得ない期間について休業ができるようにすることにより、雇用の継続を図る制度であると位置づけ直したことによるものである。これは介護休業制定時に当時の社会党が唱えていた考え方であって、この問題についてはそれが一番正しかったことにな

19）公益6名、労使各5名、分科会長：若菜允子。

る。

　なお、2004年改正では併せて雇用保険法を改正し、育児休業給付と介護休業給付の支給期間と支給回数を、それぞれ子が1歳半に達するまで及び介護休業日数が93日に達するまでとした。

（4）　看護休暇の請求権化

　2001年改正で努力義務として登場した子どもの看護休暇が、2004年改正で一気に請求権化された。もっとも、ILO条約にせよ、諸外国の法制にせよ、育児休業とともに要請されているのは家族特に子どもの看護休暇であって、介護休業ではなかったことを考えれば、ようやくその水準に到達したということもできる。

　最低基準としては、小学校就学前までの子を対象とし、労働者1人について年5日とされている。審議会では最低10日とすべきとの意見もあったが、両親それぞれが取得できるようにすることが大事だという意見が有力であった。なお、勤続期間6か月未満の者等は労使協定で対象から除外することができる。また、看護休暇についても育児休業、介護休業と同様、その申出や取得を理由とする解雇その他の不利益取扱いが禁止されている。

（5）　有期雇用者の育児・介護休業請求権

　2004年改正のうち、労働法政策全体への影響という面から見て一番重要なのは有期雇用者のうち育児・介護休業請求権を認められる者の範囲を大幅に拡大したことであろう。

　その直接的な契機となったのは、2003年労働基準法改正で通常の有期労働契約が最長3年まで可能となったことで、この3年の間に休業しても雇用継続が可能となったことである。また、同改正に基づく指針において、1年を超えて継続勤務している有期労働者に対する雇止めの予告を義務づけるなど、その権利の拡大に向けた法政策が動き出したことも背景にある。

　2004年改正では、申出時点において同一の事業主に引き続き雇用された期間が1年以上で、子が1歳に達する日を超えて雇用が継続することが見込まれる者のうち、子が1歳に達する日から1年経過後までに雇用関係が終了

することが申出時点で明らかである者以外について、育児休業の対象に加えることとしている。また介護休業についても、申出時点で同一の事業主に引き続き雇用された期間が1年以上で、介護休業開始予定日の3か月後を超えて雇用が継続することが見込まれる者のうち、介護休業開始の3か月後から1年経過後までに雇用関係が終了することが申出時点で明らかである者以外について対象に加えることとしている。

　これは、有期労働者の更新・雇止め問題について、育児・介護休業の適用という部分的な政策課題への対応という形ながら一つの割切りをしたものである。すなわち、例えば1年契約の有期労働者の場合、更新の可能性があって、しかも更新回数の上限が明示されていない場合、育児休業の対象となるのであり、予め例えば更新回数は2回までと明示されていて初めて育児休業の対象から外れることになる。もちろん、これはあくまでも育児・介護休業という一制度における割切りに過ぎないとも言えるが、予め更新回数の上限が明示されていない限り期間の定めのない労働者と同様に取り扱うという割切りの持つインプリケーションは大きいものがある。

8　その後の改正

(1)　仕事と家庭の両立支援研究会

　2007年9月、厚生労働省は今後の仕事と家庭の両立支援に関する研究会[20]を設置し、育児・介護休業法のさらなる見直しの議論を開始した。同研究会は翌2008年7月、「子育てしながら働くことが普通にできる社会の実現に向けて」と題する報告書をとりまとめた。

　同報告書は、まず育児休業後も継続就業しながら子育ての時間確保ができる働き方を実現するために、短時間勤務と所定外労働の免除について、3歳に達するまでの子を養育する労働者に関しては、原則としてどの企業においても労働者が選択できるようにすることが必要であるとしている。また、父親も母親もともに子育てにかかわることができる働き方を目指し、配偶者が専業主婦（夫）等であっても、夫（妻）が育児休業を取得できる中立的な制

20）学識者8名、座長：佐藤博樹。

854 第4部 労働人権法政策

度にするとともに、母体の回復までに必要な時期でもある出産後8週間の時
期の父親の育児休業取得を「パパ休暇」として促進すべきとしている。さら
に、父親も母親もともに育児休業を取得した場合にメリットが生じる仕組み
として、「パパ・ママ育休プラス」を設けることを提案した。

(2) 2009年改正

　2008年8月から労働政策審議会雇用均等分科会[21]において審議が始まり、
同年12月には建議がなされた。2009年4月に厚生労働省は改正法案を国会
に提出し、同年6月に成立に至った。

　これにより、短時間勤務について、3歳に達するまでの子を養育する労働
者に対する事業主による単独の措置義務となった。ただし、勤務時間が1日
6時間以下の労働者は法令により対象外、勤続1年未満の労働者は労使協定
により除外可能、業務の性格から困難な場合にも労使協定で除外可能とする
が始業時刻変更等の代替措置が必要である。また、3歳に達するまでの子を
養育する労働者の請求による所定外労働の免除が義務化された。ただし、勤
続1年未満の労働者は労使協定により除外可能、事業の正常な運営を妨げる
場合には拒否できる。

　次に、父母がともに育児休業を取得する場合に、育児休業取得可能期間を
子が1歳2か月に達するまでに延長することとし、その場合の一人の上限は
1年のままとした。また、出産後8週間以内の父親の育児休業取得を促進し、
この期間に父親が育児休業を取得した場合には、特例として、育児休業の再
度取得の申出を認めることとし、さらに育児休業、時間外労働の制限等にお
ける労使協定による専業主婦（夫）除外規定等が廃止された。

　子の看護休暇については、付与日数を小学校就学の始期に達するまでの子
が1人であれば年5日、2人以上であれば年10日とし、子どもの予防接種及
び健康診断の受診についても取得理由として認めることとしている。これの
高齢者版である要介護状態にある家族の通院の付添いなどに対応するための
介護のための短期の休暇制度を設けることとし、その付与日数も要介護状態

21）公益6名、労使各5名、分科会長：林紀子。

にある家族が1人であれば年5日、2人以上であれば年10日と、子の看護休暇に合わせている。

　その他、長期にわたる子どもの疾病が発覚した場合や、現在受けている保育サービスが受けられなくなった等の事情により新たに保育所等に入所申請を行ったが当面入所できない場合について、育児休業の再度取得を認めた。

（3）　仕事と家庭の両立支援研究会

　2014年11月、厚生労働省は今後の仕事と家庭の両立支援に関する研究会[22]を再開した。今回の検討課題のメインは仕事と介護の両立であったが、育児関係についても熱心に議論が交わされた。同研究会は2015年8月に報告書を取りまとめた。

　介護離職を防止するための仕事と介護の両立に関しては、まず介護の体制を構築するために一定期間休業する場合に対応するのが介護休業、介護の体制を構築した後の期間に定期的、スポット的に対応するのが介護休暇や柔軟な働き方であると整理している。そして同一の要介護状態でも介護休業の分割取得を認めること、介護休暇の取得単位を時間単位や半日単位も検討することなどを提起している。

　仕事と育児の両立に関しては、育児休業の対象となる子の範囲を法律上の親子関係に準じる特別養子縁組の監護期間と養子縁組里親を含めること、有期契約労働者について「子が1歳以降の雇用継続見込み」要件を見直すこと、子の看護休暇の取得単位を時間単位や半日単位も検討することなどが提起されている。短時間勤務措置の対象年齢を小学校就学前まで引き上げることについては慎重に検討とやや否定的である。また、男性の育児参加にも言及している。

（4）　2016年改正

　これを受けて同じ2015年8月、労働政策審議会雇用均等分科会[23]でこの問

22）学識者8名、座長：佐藤博樹。

23）公益6名、労使各5名、分科会長：田島優子。

題の審議が始まり、同年12月に建議がとりまとめられた。男女雇用機会均等法にマタニティハラスメントに対する措置義務を盛り込むことも含まれた点が興味深い。翌2016年1月に、育児介護休業法のみならず雇用保険法、高齢法とも一本の改正法が国会に提出され、同年3月に成立に至った。

まず介護休業については、介護開始から介護終了までの間に、急性期対応のみならず、看取りの時期、介護施設間の移動、病院への入退院、要介護者の状態が大きく変化した場合などに休業のニーズがあると考えられることから、分割して複数回取得できることとし、回数は3回としたが、93日という期間の上限は変わらない。また介護休暇についても、介護保険関係の手続き、ケアマネージャーとの打合せ、通院等に対し、丸一日休暇を取得する必要がない場面も想定されるとして、半日単位の取得を可能とした。

さらに、選択的措置義務（事業主が選択するのであって、労働者に選択権はない）とされていた短時間勤務等について、日常的な介護のニーズに対応させるために、介護休業とあわせて93日という期間制限から独立させ、3年以上の間で少なくとも2回以上の申出を可能とすることとした。また、現行法で育児と介護とで扱いが異なっている所定外労働の免除（育児の場合は2009年改正で事業主の義務となっているが、介護ではそうなっていなかった）について、育児と同様に請求権として位置づけることとした。

次に育児関係についてみると、後述の有期労働者関係を除くと、育児休業の対象となる子の範囲に特別養子縁組の監護期間中の子、養子縁組里親に委託されている子等を含めること、子の看護休暇について、子の健康診断や予防接種に対応するには、丸一日休暇を取る必要がない場面も想定されるとして、半日単位の取得を可能とした点が挙げられる。

2016年改正法のうち最も議論を呼びインパクトも大きいのは有期契約労働者の育児休業取得要件である。それまでの①雇用期間1年以上、②子の1歳到達後引き続き雇用される見込み、③子の1歳到達からその1年後までに労働契約期間が満了し更新がないことが明らかな者を除く、の3要件のうち②を削除し、③をその養育する子が1歳6か月に達する日までに、その労働契約が満了することが明らかでない者と見直すという形で、妥協を図った。この点は、審議会で労使の間でかなり激しい議論のあったところである。

またこれに合わせて、有期契約労働者の介護休業取得要件についても、介護休業93日後以降引き続き雇用される見込み要件（②に対応）を削除し、93日後1年後までに満了し更新がないことが明らかなものを除く要件（③に対応）を93日後6か月後までに満了することが明らかでない者に見直している。

いずれの修正③要件にも、依然として育児休業、介護休業中に更新時期が到来し、そこで更新の有無を判断する場合がありうる。この点について建議は、「育児休業の取得等を理由として契約を更新しないことは、不利益取扱いに該当するため禁止され」、「育児休業の取得等を理由とせず、経営上の理由等から契約を更新しないことは、不利益取扱いに該当せず、禁止されない」と、当然の理を述べているにとどまるが、おそらく紛争が生じるのは、育児休業の取得それ自体ではない本人の労働能力や態度を理由とする契約不更新であろう。

なお、男女均等法でマタニティハラスメントに対する措置義務が盛り込まれたのに対応して、育児・介護に関わるハラスメントに対する同様の措置義務が盛り込まれている。規定ぶりは同様である。妻の妊娠・出産で育児休業その他の措置をとる男性労働者に対するいわゆるパタニティハラスメントは、こちらで読むことになる。

この他、一本の改正法案とされた雇用保険法の方では、介護休業給付の額を当分の間67％に引き上げること、賃金日額の上限の引上げ、支給回数を家族1人につき3回までとするなどの改正がされている。

（5） 2017年改正

2016年9月、労働政策審議会雇用均等分科会[24]で急遽審議が始まったが、これは同年8月に閣議決定された「未来への投資を実現する経済対策」において、「育児休業期間の延長等」として「男女とも仕事と育児の両立に資するよう、保育所の整備を進めつつ、雇用の継続のために特に必要と認められる場合の育児休業期間の延長等を含めた両立支援策について、必要な検討を

24）公益6名、労使各5名、分科会長：田島優子。

経て、成案を得、平成29年度（2017年度）において実現する」という一節が盛り込まれたことに端を発する。一億総活躍社会の実現の一環として、待機児童ゼロを実現するため、保育の受け皿整備を進めることが施策の筆頭に上がっているが、それだけでは足りない部分を育児休業期間の延長で補おうという発想であり、最長2年を想定していた。育児休業制度それ自体の内発的な必要からではなく、保育所整備の遅れのツケを回すような政策ともいえる。

　労使双方からの批判を浴びつつ、同年12月には「経済対策を踏まえた仕事と育児の両立支援について」を建議した。建議は、待機児童対策は保育所等の整備が最重要であることを確認しつつ、緊急的なセーフティネットとして、保育所に入れない場合に限って、1歳6か月を超えて2歳まで育児休業を延長できることとしている。

　翌2017年1月には職業安定法や雇用保険法と併せて育児介護休業法改正案要綱が労働政策審議会に諮問され、即日妥当と答申され、同年1月末に国会に提出され、3月成立に至った。

（6）　仕事と育児の両立支援総合的研究会

　厚生労働省は2017年6月から仕事と育児の両立支援に係る総合的研究会[25]を開催し、翌2018年3月に報告書をまとめた。同報告書は、男女がともに育児をする社会にするための具体的な対応方針として、働き方・休み方改革の推進、企業風土の改善、労働者の意識改革、社会全体の育児に対する意識改革を挙げているが、法制的な改善策としては、①育児休業の取得可能な期間（原則1年間）は変えずに育児休業の取得可能な年齢を一定の年齢まで引き上げ、パパ・ママ育休プラスは廃止する、②育児休業の分割など弾力的な育児休業制度とする、③育児休業の円滑な取得促進のため、労働者の育児休業取得の希望に対し、事業主と事前に相談対応できるような仕組みを導入する、④育児休業に係る手続の簡素化等、中小企業にも配慮した仕組みを検討する、⑤小学校入学前後における仕事と育児の両立が困難となる状況に対応

25）学識者6名、座長：武石恵美子。

するための柔軟な勤務制度を検討する、といった項目が挙がっている。

第2節　仕事と生活の調和

（1）　仕事と生活の調和検討会議

　以上は基本的に女性労働政策という枠組みが男女共通の政策に拡大していく流れであったが、それを超えて仕事と生活の調和という観点から諸政策を再検討しようとしたのが、2003年10月に開始された仕事と生活の調和に関する検討会議[26]である。翌2004年6月にとりまとめられた報告書は、従来型の働き方の構図を「労働時間、就業場所、仕事の種類など様々な面で経営側に広汎な裁量が存すると同時に雇用保障の強い働き方と、これとは対照的に労働時間や就業場所をはじめ様々な面で働く側の意向が一定程度尊重される反面雇用保障の弱い働き方との二極化」、つまり正社員と非正社員の二極化と捉え、今後は「誰もが自らの選択により、家庭、地域、学習やボランティア活動などの様々な『仕事以外の活動』すなわち『生活』と様々に組み合わせ、両者の『調和』を図ることができるようにする必要がある」と述べている。

　その上で、労働時間の在り方、在宅勤務や複数就業、最低賃金など所得確保、均衡処遇、キャリア形成など幅広い領域にわたって方向性を提起している。もっとも、立法に直接関わる提案としては、一般労働者、パートタイム労働者を問わず、所定労働時間を超えて労働させる場合には法定労働時間内であっても割増賃金の支払いを義務づけるという、やや見当外れの政策が主たるものであった。また、均衡処遇に関して、企業内で労使が話し合い、合意することを促す措置や、処遇差の理由の説明など、納得確保につながる具体的措置を明確化することを提起していた。

　厚生労働省はこれに基づき仕事と生活の調和を図るための環境整備法案を提出することを目指したが、労使の主張の折り合いが付かず、結局時短促進

26）学識者8名、座長：諏訪康雄。

860　第4部　労働人権法政策

法を改正して労働時間等設定改善法案として提出することとなった。

(2)　ワーク・ライフ・バランス憲章

　以上は基本的に労働行政の枠内における政策展開であったが、2000年代後半になって、この問題が内閣府において少子化対策、男女共同参画という文脈で取り上げられるようになった。

　その出発点は、経済財政諮問会議労働市場改革専門調査会[27]が2007年4月にまとめた第1次報告「働き方を変える、日本を変える」において、ワーク・ライフ・バランス憲章の策定を提言したことである。これは次の5か条からなっている。

　　第1条：多様な働き方の権利を含め、働き方の共通原則の確立
　　第2条：税・社会保障等、働き方に中立的な制度への改革
　　第3条：多様な保育サービスの提供、保育所の整備による待機児童の解消
　　第4条：働き方の見直しを通じた仕事の効率化で年間実労働時間を大幅に
　　　　　削減
　　第5条：政労使による合意形成の仕組み

　同報告書が報告された経済財政諮問会議において、民間議員から「働き方を変える行動指針」の策定が提案され、同年6月閣議決定された骨太方針で憲章と行動指針の策定が盛り込まれた。同年7月にワーク・ライフ・バランス推進官民トップ会議[28]が設置され、その下におかれた作業部会[29]での議論を踏まえ、同年12月に「仕事と生活の調和（ワーク・ライフ・バランス）憲章」及び「仕事と生活の調和推進のための行動指針」が策定された。提示された骨子案では「われわれの生活は仕事がすべてではない」とか「子育てと仕事のどちらかをあきらめざるを得ず、仕事を続けようとすると子供を持つことをためらわざるを得ない若い夫婦」といったやや刺激的な表現があったが、経営側委員が疑義を呈し、かなり緩やかな表現になっている。

　行動指針で仕事と生活の調和が実現した社会に必要とされる諸条件として

27）学識者9名、会長：八代尚宏。
28）関係閣僚、労使団体等の代表5名、学識者4名。
29）学識者7名、労使団体6名、座長：樋口美雄。

挙げられているのは、次の3つである。

　①就労による経済的自立が可能な社会

　②健康で豊かな生活のための時間が確保できる社会

　③多様な働き方・生き方が選択できる社会

　そして、数値目標として男女の就業率のほか、週60時間以上労働の割合（10.8%）を5年後に2割減、10年後に半減とか、男性育児休業取得率（0.5%）を5年後に5%、10年後に10%など14項目が示されている。

第3節　病気の治療と仕事の両立

　厚生労働省は2012年2月から治療と職業生活の両立等の支援に関する検討会[30]を開催し、同年8月報告書を取りまとめた。職業生活と私生活との両立という点で、育児・介護等と同様に、ワーク・ライフ・バランスの観点からも重要だとした上で、労働者、企業、産業医・産業保健スタッフ、医療機関等の関係者の取組や連携が十分でないとし、行政も既存の仕組み・施策を活用しつつ、縦割り行政を排除し、一元的な取組を進めることが必要だと述べている。その後2015年7月から治療と職業生活の両立支援に関するガイドライン作成委員会[31]で検討し、翌2016年2月ガイドラインが作成された。

　この問題が2016年からの働き方改革実現会議で大きく取り上げられた。2017年3月の働き方改革実行計画では、「病気の治療と仕事の両立」が大項目として立てられ、主治医、会社・産業医と、患者に寄り添う両立支援コーディネーターのトライアングル型のサポート体制を構築するとしている。また、治療と仕事の両立の観点から傷病手当金の支給要件を検討するという記述もあり、力が入っている。

　2018年6月に成立した働き方改革推進法の中で、雇用対策法が労働施策総合推進法に衣替えされたが、その中でやや注目に値するのは、国の施策とし

30）学識者8名、座長：今野浩一郎。

31）　学識者13名、座長：木谷宏。

862　第4部　労働人権法政策

てわざわざ1号立てて、「疾病等の治療を受ける者の職業の安定を図るため、雇用の継続、離職を余儀なくされる労働者の円滑な再就職の促進その他の疾病等の治療を受ける者の治療の状況に応じた就業を促進するために必要な施策を充実すること」が盛り込まれたことである。現時点では上記報告書やガイドラインがある程度でなんら法規定が存在しないにもかかわらず、これほど丁重な扱いがされているのは大変興味深い。

第3章
その他の労働人権法政策[1]

第1節　労働に関する基本法制における人権規定

　終戦直後に制定された労働基準法と職業安定法という2大労働基本法制は、いずれもその冒頭近くに均等待遇原則を謳うなど、労働人権法としての要素を有していた。しかしながら、その射程はあくまでも労働条件及び職業紹介、職業指導等に限られ、使用者による雇用管理の大部分はその対象に入っていなかったし、前者は差別理由にも限定があり、必ずしも大きな力を発揮してはこなかったと言える。

　とは言え、現在においてもなお、男女雇用機会均等法による性別による差別の禁止を除けば、労働人権法の名に値する法制はこの2つが主なものである。

1　労働基準法

　1947年3月に制定された労働基準法は人権に関わる規定をいくつか置いている。

(1)　均等待遇

　まず第3条は「使用者は、労働者の国籍、信条又は社会的身分を理由として、賃金、労働時間その他の労働条件について差別的取扱いをしてはならない」と規定した。憲法第14条と比べると、人種、性別、門地が落ちており、

---

1)　濱口桂一郎「労働人権法政策の諸相」『季刊労働法』246号。

逆に国籍が入っている。

　立法担当者は「人種、性別、門地については、労働条件に関する差別的取扱いが処罰の対象となっていないというだけであって、差別待遇を許すという如く反対に解釈さるべきものでないことは勿論である」と言っているが、とはいえそのように解釈されてきたのも事実であり、だからこそ男女雇用機会均等法が制定されなければならなかったわけである。

　一方、国籍が入っているのは、「我が国に於いては将来人種問題よりも労働問題としては国籍問題が重要性を持つと考えられた為」とし、「戦時中に行われた中国人労働者、台湾省民労働者及び朝鮮人労働者に対する差別的取扱いは再建日本の労働立法に当たっては特に反省せらるべきところであった」と述べている。一見もっともにも思われるが、戦時中の台湾人、朝鮮人は外国人ではなく、大日本帝国の中の民族差別であったわけであって、若干概念が混乱しているようである。逆に言えば、国籍による異なった取扱いは主権国家として出入国管理の観点から当然あり得るわけで、国籍による差別が問題となりうるのは合法的に居住就労する外国人労働者に限られる。その意味では、この時点の均等待遇の対象選択にはかなり問題があったようにも思われる。

(2)　その他の人権規定

　使用者が暴行、脅迫、監禁その他精神又は身体を不当に拘束する手段によって労働者の意思に反して労働を強制してはならないという第5条の規定は、憲法第18条（奴隷的拘束又は苦役の禁止）及びILOの強制労働条約（第29号）に基づいている。

　何人も法律に基づいて許される場合のほか、業として他人の就業に介入して利益を得てはならないという第6条の規定は原案にはなく、労務法制審議会で労働側委員が強く要望して規定されたものである。内容的にはむしろ営利職業紹介事業、労働者供給事業及び労働者募集といった労働力需給調整システムに係わる宣言規定であって、本来職業安定法に規定する方がふさわしい。労働力需給調整システムに関する法制は戦後大きく変わってきたが、この規定は労働基準法に置かれていることもあり、見直しがされておらず、こ

の宣言規定と実体法規のずれが大きくなってしまっている。

2　職業安定法

1947年11月に制定された職業安定法も、均等待遇に関する規定を置いている。こちらは、何人も、人種、国籍、信条、性別、社会的身分、門地、従前の職業、労働組合の組合員であること等を理由として、職業紹介、職業指導等について、差別的取扱いを受けることがない（第3条）、と包括的に規定している。ただし、これは職業紹介機関が差別してはならないといっているのであって、「雇用主が労働者を選択する自由を妨げ」るものではない（職業安定法施行規則第3条第3項）。募集・採用の差別は使用者の自由に委ねられてきたわけであり、現在でも性別が男女雇用機会均等法で規制されているだけである。なお、本条但書はクローズドショップの労働協約を締結した場合を例外としている。

3　労働組合法

1949年5月に改正された労働組合法は、第5条で労働組合の規約に規定すべき事項として「何人も、いかなる場合においても、人種、宗教、性別、門地又は身分によって組合員たる資格を奪われないこと」を挙げている。この規定は組合員がこれらの理由で資格を奪われることだけを禁止しているのではなく、これらの理由で組合に加入する権利がないものとされることも禁止されていると解されている（1955年10月19日労働法規課長内翰）。

第2節　人種差別撤廃条約

他の先進諸国では性差別と並んで労働人権法の柱となっている人種・民族差別は、日本ではいまだに実定法上の差別禁止規定が存在しない。しかしながら、あまり知られていないが、国連の人種差別撤廃条約に日本は1995年に加入しており、国内法としての効力を有している。

この条約の歴史は性差別より古く、1963年の国連総会で人種差別撤廃宣

言が採択され、1965年にあらゆる形態の人種差別の撤廃に関する国際条約が全会一致で採択された。この条約でいう人種差別とは、「人種、皮膚の色、世系又は民族的若しくは種族的出身に基づくあらゆる区別、排除、制限又は優先であって、政治的、経済的、社会的、文化的その他のあらゆる公的生活の分野における平等の立場での人権及び基本的自由を認識し、享有し又は行使することを妨げ又は害する目的又は効果を有するもの」であるが、国籍に基づく扱いの差は含まれない。

　日本の場合、アイヌ民族への差別は当然該当するが、在日朝鮮人等も国籍の有無という法的地位による扱いの違いに当たらない限り人種差別となる。部落差別は、狭義の「人種」「民族」差別ではないが、上記定義規定の「世系」（descent）は「門地」に相当する言葉であり、インドのカースト差別を念頭に置いたものである。日本政府は部落差別は該当しないという立場をとっているが、国連人種差別撤廃委員会勧告は積極に解している。

　なお日本政府は、条約第4条が「人種的優越又は憎悪に基づくあらゆる思想の流布」、「人種差別の扇動」等への処罰立法措置を義務づけていることが、憲法の保障する集会、結社、表現の自由等を不当に制約することになるとの懸念から、この部分を留保している。

　2015年5月、野党の民主党、社民党等は人種等を理由とする差別の撤廃のための施策の推進に関する法律案を提出した。同法案は、「人種、皮膚の色、世系又は民族的若しくは種族的出身」を理由とする差別的取扱い、侮辱、嫌がらせ等の不当な差別的言動を禁止するとともに、「人種等の共通の属性を有する不特定の者について、それらの者に著しく不安若しくは迷惑を覚えさせる目的又はそれらの者に対する当該属性を理由とする差別的取扱いをすることを助長し若しくは誘発する目的で、公然と、当該属性を理由とする不当な差別的言動」をすること（いわゆる「ヘイトスピーチ」）を禁止している。

　これに対し与党の自民党と公明党は2016年4月、ヘイトスピーチ防止に向けた啓発・教育活動や、被害者向けの相談体制の拡充のみを規定する本邦外出身者に対する不当な差別的言動の解消に向けた取組の推進に関する法律案を提出し、修正の上同年5月に成立した。この法律の対象は差別的言動のみであって、差別禁止法ではない。

第3節 同和対策事業

　1960年に同和対策審議会設置法が制定され、同審議会は1965年8月特別措置法の制定等を内容とする答申をとりまとめた。1966年には総理府に同和対策協議会が設置され、その法律部会から1968年3月同和対策の促進に関する特別措置法案要綱が提出された。その後政党間で協議が進められ、1969年4月には同和対策事業特別措置法案が国会に提出され、直ちに成立した。なお同法の対象は「歴史的社会的理由により生活環境等の安定向上が阻害されている地域」である。

　同法の有効期限は1982年3月までであったが、前年の1981年8月の同和対策協議会中間意見は、施策の成果を評価しつつも事業の継続を求め、同年12月の最終意見は従来の施策の反省に立った新規立法を求めた。これを受けて政府は1982年2月に地域改善対策特別措置法案を国会に提出し、翌3月に成立した。さらに1987年には地域改善対策特別措置法として事業が続けられ、1992年、1997年と延長された。

　同和対策事業には、生活環境の改善、社会福祉や公衆衛生の向上、同和産業の振興などがあるが、職業の安定も含まれ、同和関係住民を雇い入れる事業主に対する助成金や、職業訓練の受講給付金などが設けられた。また、事業主に対する啓発・指導として、とりわけ新規学卒者の採用選考において身元調査を行わず、本人の適性と能力による選考を行うよう指導を行った。

　同和対策事業は2002年3月で終了した。その理由として、総務省大臣官房地域改善対策室が2001年1月に出した「今後の同和行政について」は、（1）特別対策は、本来時限的なもの、（2）特別対策をなお続けていくことは、差別解消に必ずしも有効ではない、（3）人口移動が激しい状況の中で、同和地区・同和関係者に対象を限定した施策を続けることは実務上困難、といった点を挙げている。

第4節　人権擁護法政策

（1）　人権救済制度の検討

　人権擁護法案の出発点は1996年5月の地域改善対策協議会の意見具申である。ここで、同和対策については特別対策から一般対策へ原則的に移行するとされ、今後は差別意識の解消が主要な課題であるとし、21世紀にふさわしい人権侵害救済制度の確立を求めた。これを受けて同年7月「同和問題の早期解決に向けた今後の方策について」が閣議決定され、同年12月人権擁護施策推進法案が成立、翌1997年3月同法に基づき人権擁護推進審議会[2]が発足した。

　同審議会は人権救済制度の在り方について審議を進め、2001年5月「人権救済制度の在り方について」の答申を行った。同答申は、人権侵害の現状や被害者救済制度の実情を概観した上で、具体的な人権救済制度として、差別、虐待、公権力による人権侵害及びメディアによる人権侵害に分けて必要な救済措置を論じている。

　このうち差別については、人種、信条、性別、社会的身分、門地、障害、疾病、性的指向を理由とする社会生活における差別的取扱いについて、調停、仲裁、勧告・公表、訴訟援助等の手法により、積極的救済を図るべきとした。ただし、年齢を理由とする差別については、雇用の場面では定年制等の年齢を基準とする雇用慣行が存在し、許されない差別の範囲が必ずしも明確でないとして、積極的救済の対象とはされなかった。また、セクシュアルハラスメントや人種、民族、社会的身分等に係わる嫌がらせも、差別的取扱いと同様に積極的救済の対象とすべきとしている。

　人権救済機関の組織体制としては、人権委員会（仮称）を設置して法務省人権擁護局を改組してその事務局とすることや、法務局・地方法務局の人権擁護部門を改組して人権侵害の調査を調停、仲裁等に当たる委員会事務局の地方組織の整備を図るとしている。

2）学識者20名、会長：塩野宏。

（2）　労働分野人権救済制度検討会議

　厚生労働省はこれに対し、労働分野の人権侵害については従来から労働基準法や男女雇用機会均等法の施行等を通じて厚生労働省が中心的な役割を果たしてきたことから、上記答申に基づき新たな制度を設ける中で厚生労働省がいかなる役割を果たすべきかについて検討する必要があるとして、急遽同年10月に労働分野における人権救済制度検討会議[3]を開催し、同年12月には「労働分野における人権救済制度の在り方について」と題する報告を取りまとめた。

　報告は、労働分野における積極的救済については、訴訟参加等人権委員会が行うことが相当であるものを除き、厚生労働省が担当することとし、既存の機関や知識・経験の蓄積の活用を図ることが適当としている。また、人権救済機関の公平性、公正性の確保を図るため、個々の事件の調停・仲裁は都道府県労働局におかれている独立性のある紛争調整委員会を活用することが必要としている。なお、これについては労働側委員から、救済手続は3条委員会で行うべきとの意見及び年齢による差別も含めるべきとの意見が出された。

（3）　人権擁護法案

　この厚生労働省サイドの検討結果も踏まえて、2002年3月人権擁護法案が国会に提出された。ここで対象となる人種等とは、人種、民族、信条、性別、社会的身分、門地、障害、疾病又は性的指向であり、年齢は含まれていない。

　法案第3条は「人権侵害等の禁止」としていくつもの類型を挙げている。まず不当な差別的取扱いとして、国又は地方公共団体の職員その他法令により公務に従事する者としての立場において人種等を理由としてする不当な差別的取扱い、業として対価を得て物品、不動産、権利又は役務を提供する者としての立場において人種等を理由としてする不当な差別的取扱い、事業主としての立場において労働者の採用又は労働条件その他労働関係に関する事

3）公労使計15名、座長：渡辺章。

870　第4部　労働人権法政策

項について人種等を理由としてする不当な差別的取扱いの3つを挙げている。次に不当な差別的言動等として、特定の者に対し、その者の有する人種等の属性を理由としてする侮辱、嫌がらせその他の不当な差別的言動、特定の者に対し、職務上の地位を利用し、その者の意に反してする性的な言動を挙げている。さらに、特定の者に対して有する優越的な立場においてその者に対してする虐待も禁止される。

　なおこの他、いわゆるメディア規制関係の規定として、人種等の共通の属性を有する不特定多数の者に対して当該属性を理由として前記不当な差別的取扱いをすることを助長し、又は誘発する目的で、当該不特定多数の者が当該属性を有することを容易に識別することを可能とする情報を文書の頒布、掲示その他これらに類する方法で公然と摘示する行為、人種等の共通の属性を有する不特定多数の者に対して当該属性を理由として前記不当な差別的取扱いをする意思を広告、掲示その他これらに類する方法で公然と表示する行為も禁止されている。

　人権救済手続としては、法務大臣の所轄の下に人権委員会が置かれ、調査や援助指導等の一般救済手続を行うほか、特別救済手続として調停、仲裁、勧告及びその公表、訴訟援助、差別助長行為の差止め等を行うこととされている。もっとも、特別救済手続の対象は、不当な差別的言動等については、相手方を畏怖させ、困惑させ、又は著しく不快にさせるものに限られている。

（4）　労働関係特別人権侵害に対する救済措置

　人権擁護法案の第5章は、労働関係特別人権侵害及び船員労働関係特別人権侵害に関する特例と題されている。同法案の定める人権侵害のうち、事業主が、労働者の採用又は労働条件その他労働関係に関する事項について人種等を理由としてする不当な差別的取扱いと、労働者に対しその職場において不当な差別的言動等をすることについては、厚生労働大臣が必要な措置を講ずることができるとされ、具体的には上記手続で人権委員会が担う権限を厚生労働大臣の権限と読み替えた上でこれを都道府県労働局長に委任することができるとし、個別労働関係紛争解決促進法の紛争調整委員会に調整、仲裁

を行わせることとしている。ただし勧告とその公表は厚生労働大臣が行うこととされている。

これにより、2001年7月に制定された個別労働関係紛争解決促進法では斡旋にとどまっていた紛争調整委員会の権限が、調停及び仲裁にまで拡大することになり、かなりの権限拡大となる

さらに重要なことは、これまでほとんど性別に基づく差別や嫌がらせに限られていた労働分野の人権法政策が、一気に人種、民族、信条、性別、社会的身分、門地、障害、疾病又は性的指向といった領域にまで拡大することとなり、労働人権法制と称すべき広範な分野が姿を現すことになるという点である。東京大学公共政策大学院で労働法政策の講義を始めたときに、類例がないのに労働人権法政策という柱をあえて立てたのは、この人権擁護法案の成立によって早晩そういう法分野が大きく開けるであろうと予想していたからであった。

(5) その後の推移

しかしながら、特にメディア規制関係の規定をめぐって、報道の自由や取材の自由を侵すとしてマスコミや野党が反対し、このためしばらく継続審議とされたが、2003年10月の衆議院解散で廃案となってしまった。この時期は与党の自由民主党と公明党が賛成で、野党の民主党、社会民主党、共産党が反対していたということは、歴史的事実として記憶にとどめられるべきである。

その後2005年には、メディア規制関係の規定を凍結するということで政府与党は再度法案を国会に提出しようとしたが、今度は自由民主党内から反対論が噴出した。推進派の古賀誠氏に対して反対派の平沼赳夫氏らが猛反発し、党執行部は同年7月に法案提出を断念した。このとき、右派メディアや右派言論人は、「人権侵害」の定義が曖昧であること、人権擁護委員に国籍要件がないことを挙げて批判を繰り返した。

一方、最初の段階で人権擁護法案を廃案に追い込んだ民主党は、2005年8月に自ら人権侵害による被害の救済及び予防等に関する法律案を国会に提出した。政府法案に比べると、人種等の中に年齢、色覚異常、遺伝子構造が含

まれている。政府案ともっとも異なるのは人権救済手続が内閣府におかれる中央人権委員会と都道府県ごとの地方人権委員会の任務とされ、事業主としての立場において労働者の採用又は労働条件その他労働関係に関する事項について人種等を理由としてする不当な差別的取扱いや職務上の地位を利用してその者の意に反してする性的な言動も、労働法の枠組みから排除してしまっている点である。

2011年4月になって、民主党は政策調査会に人権侵害救済機関検討プロジェクトチーム[4]を設置し、同年8月に法務省政務三役名で「新たな人権救済機関の設置について（基本方針）」が、同年12月に法務省人権擁護局名で「人権委員会の設置等に関する検討中の法案の概要」が公表された。

翌2012年11月、人権委員会設置法案及び人権擁護委員法の一部を改正する法律案が国会に提出された。そこでは、総則で不当な差別、虐待その他の人権侵害及び差別助長行為をしてはならないとした上で、法務省の外局（三条機関）として人権委員会を設置し、事務局の事務を法務局長、地方法務局長に委任するとしている。人権委員会は調査、援助・説示等の措置を行うとともに、調停や仲裁を行うこととされ、そのために人権調整委員が置かれる。2002年法案と異なり、労働関係事案は別立てとされておらず、「人権委員会は、この法律の運用に当たっては、都道府県労働局、児童相談所その他の関係行政機関と緊密な連携を図るよう努めなければならない」という連携規定が設けられているだけである。

しかし、2012年12月の総選挙で政権を奪還した自由民主党は、政権公約でこの法案に「断固反対」を明言しており、同解散で廃案になった法案が復活する可能性はほとんどない。

4）座長：川端達夫。

第3章　その他の労働人権法政策　873

第5節　職場のハラスメントの法政策[5]

1　セクシュアルハラスメント

　職場のハラスメント対策のうち、先駆的に取り上げられたのは男女雇用均
等政策の一環としてのセクシュアルハラスメント対策であった。

（1）　女子雇用管理とコミュニケーション・ギャップ研究会

　1991年に設置された女子雇用管理とコミュニケーション・ギャップに関
する研究会[6]は、1993年10月に報告書を取りまとめた。同報告書は、男女
の意識及び認識の差から生ずる職場の諸問題やその解決方策について検討し
たが、特にセクシュアルハラスメントの概念について整理を行っている。

　それによれば、雇用の場におけるセクシュアルハラスメントとは、概ね
「相手方の意に反した、性的な性質の言動を行い、それに対する対応によっ
て仕事を遂行する上で一定の不利益を与えたり、又はそれを繰り返すことに
よって就業環境を著しく悪化させること」であり、男女を問わず行為主体と
なり得、顧客、取引先の従業員によっても行われることがあるが、企業にお
ける女性の雇用管理改善の観点からは、主として経営者、管理職及び同僚男
性によるセクシュアルハラスメントに焦点を当てて検討すべきとする。

　通常の場合、性的に特別な関係を持ちたいがため、職場からの排除を目的
として、個人的な嫌がらせのため、等が動機となっていると考えられるが、
冗談、からかい、親しさの表現や個人的な行為が真の動機であったとして
も、それを相手方が明確に拒否している場合や、当然相手方が拒否すること
を予見できる場合には、本人の意図とは無関係にセクシュアルハラスメント
になりうるとし、相手方の意図に反しているかどうかが重要な判断の要素と
なるとする。

　また、性的な性質の言動とは、性に関わる不快な発言、執拗な交際の誘

5）濱口桂一郎「職場のハラスメントの法政策」（『季刊労働法』262号）。
6）学識者5名、座長：奥山明良。

い、ポルノ写真の提示、身体への不必要な接触、性的関係の強要など直接的に相手方に向けられたものが中心となるが、性的な噂の流布など間接的に相手方に向けられたもの、あるいは多くの人の目に付くところへのヌードポスターの貼付など不特定多数のものに向けられたものも含まれる。

そして、セクシュアルハラスメントというには、職業生活に関連して、看過できない程度の不利益や被害が現実に生じていること又は生じようとしていることが重要であるとし、具体的には、権限を持つ上司からの性的な要求を拒否したため、解雇や昇進差別等の職業上の不利益が生じた場合（いわゆる対価型）や、一見明白には具体的経済的な不利益は伴わないものの、屈辱的、敵対的な発言や行動が繰り返されることにより、就業環境を著しく不快なものとし、個人の職業能力の発揮に深刻な悪影響を及ぼす場合（いわゆる環境型）を挙げる。後者については当該言動が反復継続されることが重要な要件であるが、著しく悪質な言動であれば一度でもセクシュアルハラスメントに該当するという。また、環境型について、不快か否かを判断するための基準は原則として通常の女性の感じ方としつつ、平均以上に感じやすい女性について、不快だと抗議したのに反復継続された場合にはセクシュアルハラスメントになる場合もあるとしている。

労働省は同月、この報告書の内容を通達した（婦発第247号）。日本において労働政策の立場からセクシュアルハラスメントの問題にアプローチした最初のものとして、重要な意味を有する。

（2）　1997年改正

1997年改正男女雇用機会均等法は、雇用の分野における男女の均等な機会及び待遇の確保を規定した第2章の後に、女性労働者の就業に関して配慮すべき措置と題する第3章をおいた。ここでは、勤労婦人福祉法以来の母性保護規定が抜本的に強化されたのに加えて、新たにセクシュアルハラスメントに関する規定として第21条（職場における性的な言動に起因する問題に関する雇用管理上の配慮）が設けられた。

規定ぶりは事業主の配慮義務であり、セクハラ自体の禁止規定を求める労働側と、規定を置くこと自体に否定的な使用者側の間を取った形となってい

る。すなわち「事業主は、職場において行われる性的な言動に対するその雇用する女性労働者の対応により当該女性労働者がその労働条件につき不利益を受け、又は当該性的な言動により当該女性労働者の就業環境が害されることのないよう雇用管理上必要な配慮をしなければならない」というものである。前者がいわゆる対価型、後者がいわゆる環境型に当たる。ただ、これだけではどういう配慮をすればよいのか不明確であることから、第2項として事業主が配慮すべき事項についての指針を労働大臣が定めることとしている。

(3) 職場におけるセクハラ調査研究会

　この指針に盛り込むべき事項を検討するために、1997年6月、職場におけるセクシュアルハラスメントに関する調査研究会[7]が設置され、同年12月に報告を提出した。同報告は、職場におけるセクシュアルハラスメントの概念を明確化し、特に適用上の問題として、主観性、被害の発生及び性別役割意識に基づく嫌がらせのようないわゆるグレーゾーンの問題について検討を行い、その原因として、企業の雇用管理が男性中心の発想から抜け出せないことや、女性労働者を対等なパートナーとして見ず、性的な関心ないし欲求の対象としてみる点を挙げている。

　そして、職場におけるセクシュアルハラスメント対策として、企業方針の明確化・周知と管理職・従業員の意識啓発、苦情・相談窓口の明確化と適切な対応等未然防止対策に加え、事後の迅速・適切な対応として、迅速な事実確認等初期段階での適切な対応と事実に基づく適正な対処等最終段階における処置を挙げている。また、労働組合、労働者の側にもセクシュアルハラスメント防止のための方策を求めている。

　その上で、指針の策定に当たって、防止すべき対象としての職場におけるセクシュアルハラスメントの内容を具体的に示すことを求めるとともに、配慮すべき事項の内容を提示している。

---

7) 公労使各4名、座長：松田保彦。

876 第4部 労働人権法政策

(4) セクハラ指針

この報告に基づき、1998年3月、「事業主が職場における性的な言動に起因する問題に関して雇用管理上配慮すべき事項についての指針」が策定された。

同指針は上記報告に従って職場におけるセクシュアルハラスメントの内容を具体的かつ事例を示して説明した上で、雇用管理上配慮すべき事項として、事業主の方針の明確化及びその周知・啓発、相談・苦情への対応及び職場におけるセクシュアルハラスメントが生じた場合における事後の迅速かつ適切な対応を示している。

さらに、セクシュアルハラスメントに係る女性労働者の情報が本人のプライバシーに属することから、その保護に特に留意することや、女性労働者が相談や苦情を申し出たことを理由として当該女性労働者が不利益な取扱いを受けないよう特に留意することを求めている。

(5) 2006年改正

2006年改正男女均等法はそれまでの片面性(女性に対する差別のみを禁止)を改め男女共通規制に転換したが、これはセクシュアルハラスメントについても同様である。これまでは女性労働者の労働条件や就業環境のみが保護法益であったのを、男女共通に「職場において行われる性的な言動に対するその雇用する労働者の対応により当該労働者がその労働条件につき不利益を受け、又は当該性的な言動により当該労働者の就業環境が害されること」がないようにしなければならない。さらに、これまでは「雇用管理上必要な配慮をしなければならない」という配慮義務にとどまっていたが、この改正により「当該労働者からの相談に応じ、適切に対応するために必要な体制の整備その他の雇用管理上必要な措置を講じなければならない」と措置義務に格上げされた。これに応じて、2007年4月に「事業主が職場における性的な言動に起因する問題に関して雇用管理上講ずべき措置についての指針」が策定された。

2　マタニティハラスメントと育児・介護ハラスメント

　2016年3月には男女雇用機会均等法と育児・介護休業法が改正され、それ
ぞれに「職場における妊娠、出産等に関する言動に起因する問題に関する雇
用管理上の措置」（男女均等法第11条の2）（いわゆるマタニティハラスメン
ト）と「職場における育児休業等に関する言動に起因する問題に関する雇用
管理上の措置」（育児・介護休業法25条）が設けられた。これらはいずれも
一見セクハラに関する措置義務規定とよく似ているが、どちらも既にマタニ
ティや育児・介護休業に関わる解雇や不利益取扱いの禁止が整備されてきて
おり、それで掬いきれないいわば純ハラスメント的部分を措置義務という形
で規定したものである。

　例えば、妊娠・出産に関しては、1985年の努力義務法においても既に、
妊娠又は出産を退職事由としたりこれらを理由として解雇することは禁止さ
れていたし、2006年法では広くマタニティに関わる不利益取扱いについて
も禁止の対象となっていた。一方で、2000年代末頃からマスコミ等でマタ
ニティハラスメントという言葉がよく用いられるようになり、2014年には
新語・流行語大賞にも選出された。ただしその内容は、妊娠・出産を理由と
した解雇や不利益取扱いが多く、セクシュアルハラスメントやパワーハラス
メントなど、ハラスメント独自の規定がなければそもそも規制の対象となら
ないものとの区別が必ずしもついていない面も見受けられた。たとえば
2015年9月、厚生労働省は初めて妊娠を理由とする解雇事案を悪質として公
表したが、マスコミはほとんど「マタハラ」と報じた。

　こういう用語法に影響を受けたのか、2015年8月の今後の仕事と家庭の両
立支援に関する研究会[8]報告書には全く姿を現していなかったのに、同年9
月から開始された労働政策審議会雇用均等分科会[9]の議論では、「妊娠・出産
・育児休業・介護休業等をしながら継続就業しようとする男女労働者の就業
環境の整備」という検討項目が挙がり、同年12月の建議では、事業主によ
るこれらを理由とする不利益取扱いのみならず、上司・同僚からの行為を防

8）学識者8名、座長：佐藤博樹。

9）公益6名、労使各5名、分科会長：田島優子。

止することが求められるとし、セクハラの措置義務を参考に、事業主に雇用管理上必要な措置を義務づけるべきとした。

こうして設けられた規定に基づき、マタニティハラスメントについては2016年8月に「事業主が職場における妊娠、出産等に関する言動に起因する問題に関して雇用管理上講ずべき措置についての指針」が出された。ここでは、マタニティハラスメントを制度等の利用への嫌がらせ型と状態への嫌がらせ型に分けている。また、育児・介護ハラスメントについては、「子の養育又は家族の介護を行い、又は行うこととなる労働者の職業生活と家庭生活との両立が図られるようにするために事業主が講ずべき措置に関する指針」の中に項を設け、不利益取扱いを示唆するもの、制度の利用を阻害するもの、制度を利用したことにより嫌がらせをするものに分けている。

3　職場のいじめ・嫌がらせ

（1）　職場のいじめ・嫌がらせ労使円卓会議

近年、職場におけるいじめ・嫌がらせ（パワーハラスメントとも呼ばれる。）が問題として取り上げられるようになってきた。とりわけ、都道府県労働局における斡旋事案では大幅に増加しており、その解決に向けた対策の必要性が指摘されてきた。

そこで厚生労働省は2011年7月から、職場におけるいじめ・嫌がらせ問題に関する労使円卓会議[10]を開催し、大局的な合意形成を図ることとした。円卓会議の下にワーキンググループ[11]が設けられ、2012年1月に報告をまとめた。そこでは、「パワーハラスメントとは、同じ職場で働く者に対して、職務上の地位や人間関係などの職場内の優位性を背景に、業務の適正な範囲を超えて、精神的・身体的苦痛を与える又は職場環境を悪化させる行為をいう」と定義し、①暴行・傷害（身体的な攻撃）、②脅迫・名誉毀損・侮辱・ひどい暴言（精神的な攻撃）、③隔離・仲間外し・無視（人間関係からの切り離し）、④業務上明らかに不要なことや遂行不可能なことの強制、仕事の

10）学識者13名、座長：堀田力。
11）学識者12名、主査：佐藤博樹。

妨害（過大な要求）、⑤業務上の合理性なく、能力や経験とかけ離れた程度の低い仕事を命じることや仕事を与えないこと（過小な要求）、⑥私的なことに過度に立ち入ること（個の侵害）という6つの行為類型を示している。

パワーハラスメントを予防するために、組織のトップが、パワーハラスメントは職場からなくすべきであることを明確に示すこと、就業規則に関係規定を設ける、労使協定を締結する、予防・解決についての方針やガイドラインを作成するなどルールを決めること、従業員アンケートにより実態を把握すること、研修を実施すること、組織の方針や取組について周知・啓発を実施することを、またパワーハラスメントを解決するために、企業内・外に相談窓口を設置する、職場の対応責任者を決める、パワーハラスメントに関する労使の話合いの場を設置する、外部専門家との連携などの取組みや、行為者に対する再発防止研修を行うといったことが示されている。

（2） 職場のパワハラ検討会

官邸主導で行われていた働き方改革の一環としての時間外労働の上限規制の問題が、1か月あたりの上限をめぐって2017年2月に労使中央交渉に委ねられ、同年3月に取りまとめられた働き方改革実行計画の中で、「職場のパワーハラスメント防止に向けて、労使関係者を交えた場で対策の検討を行う」という一項が盛り込まれ、検討会が設置されることとなった。

同年5月、職場のパワーハラスメント防止対策についての検討会[12] が設置され、対応策が議論された。翌2018年3月にとりまとめられた報告書は、職場のパワーハラスメントを①優越的な関係に基づいて（優位性を背景に）行われること、②業務の適正な範囲を超えて行われること、③身体的若しくは精神的な苦痛を与えること、又は就業環境を害すること、の3要素を満たすものとし、上記6類型のうち職場のパワーハラスメントに当たるものと当たらないものを示している。

職場のパワーハラスメントの防止対策としては、①行為者の刑事責任、民事責任（刑事罰、不法行為）、②事業主に対する損害賠償請求の根拠規定

12）学識者15名、座長：佐藤博樹。

（民事効）、③事業主に対する措置義務、④事業主による一定の対応措置をガイドラインで明示、⑤社会機運の醸成を挙げている。③の措置義務案は、現在の男女雇用機会均等法がセクシュアルハラスメントについて第11条、いわゆるマタニティハラスメントについて第11条の2で、「雇用管理上必要な措置を講じなければならない」と規定し、それに基づいて指針を定めるとしているのと同じレベルの規定を想定しており、支持する意見が多く示されたとしながらも、経営側の反対意見も根強く、全体としては④の法的根拠なきガイドラインに傾斜している印象を与えるものとなっている。

　事業主が講ずる対応策としては、事業主の方針等の明確化、周知・啓発、相談等に適切に対応するために必要な体制の整備、事後の迅速・適切な対応、さらに相談者・行為者等のプライバシー保護、相談・事実確認への協力等を理由とした不利益取扱いの禁止などが示され、またパワーハラスメントの発生要因を解消するための取組みとして、コミュニケーションの円滑化のための研修などを挙げている。これらがガイドラインの内容として盛り込まれることになるのであろう。

　なお報告書は流通業界や介護業界、鉄道業界に見られる「顧客や取引先からの迷惑行為」に一項割き、対応すべきかどうかについて賛否両論があったことを記した上で、個別の労使のみならず業種や職種別の団体や労働組合、関係省庁が連携して周知、啓発を行っていくことが重要としている。

（3）　野党のパワハラ規制法案

　2018年4月、野党の民進党と希望の党は、政府の働き方改革法案に対する対案として、パワハラ規制法案と称する労働安全衛生法改正案を提出した。これは、職場のいじめ・嫌がらせを第三者によるものも含めて包括的に対象とする初めての法律案であるが、審議未了廃案となった。

　同法案は労働安全衛生法に第7章の3として「労働者に苦痛を与えるおそれのある言動に関する措置」を設け、「業務上の優位性を利用して行われる労働者に苦痛を与えるおそれのある言動に関し事業者の講ずべき措置」と「消費者対応業務の遂行に関連して行われる労働者に苦痛を与えるおそれのある言動に関し事業者の講ずべき措置」を事業者に義務づけている。措置義

務という点では上記検討会報告の③に相当するが、職場のパワーハラスメントの中に社内の人間同士のハラスメントだけではなく、関係者によるあるいは関係者に対するハラスメントが含まれ、さらにこれとは別立てで顧客によるハラスメントにまで対象を広げている点が特徴である。

　職場のパワーハラスメントの定義はなかなか込み入っているが、①その労働者に対し当該事業者若しくはその従業者が、②その労働者に対し当該事業者以外の事業を行う者若しくは当該者の従業者が、又は③その労働者以外の労働者に対し当該事業者若しくはその従業者が、当該労働者との間における業務上の優位性を利用して行う当該労働者に精神的又は身体的な苦痛を与えるおそれのある言動であって業務上適正な範囲を超えるものと定義している。事業者は、こうしたパワーハラスメントが行われたり、パワーハラスメントにより労働者の職場環境が害されることのないよう、必要な措置を講ずることが義務づけられる。

　一方、顧客によるハラスメントの定義はさらに込み入っており、まず「個人に対する物又は役務の提供その他これに準ずる事業活動に係る業務のうち、その相手方に接し、又は応対して行うもの（事業を行う者又はその従業者に専ら接し、又は応対して行うものを除く。）であって、厚生労働省令で定めるもの」を「消費者対応業務」と定義し、「労働者に対しその消費者対応業務の遂行に関連して行われる当該労働者に業務上受忍すべき範囲を超えて精神的又は身体的な苦痛を与えるおそれのある言動」により労働者の職場環境が害されることのないよう、必要な措置を講ずることを事業者に義務付けている。

第6節　公益通報者保護法政策[13]

（1）　公益通報者保護法

　公益通報とはいわゆる内部告発である。近年、消費者の信頼を裏切る企業

13）内閣府国民生活局企画課編『詳説公益通報者保護法』ぎょうせい（2006年）。

882　第4部　労働人権法政策

不祥事が続発し、一部の事業者は市場からの撤退を余儀なくされている。食品偽装表示や自動車のリコール隠しなど、これらの犯罪行為や法令違反行為の多くは、事業者内部の労働者からの通報を契機として明らかにされた。そこで、公益のために労働者が通報を行った場合に、どのような内容の通報をどこへ行えば解雇等の不利益取扱いから保護されるのかは、必ずしも明らかではなかった。

そこで内閣府は2002年12月、国民生活審議会消費者政策部会[14]に公益通報者保護制度検討委員会[15]を設け、同委員会は2003年5月に報告書「公益通報者保護制度の具体的内容について」を取りまとめ、同月その内容を含む部会報告「21世紀型の消費者政策の在り方について」が取りまとめられた。内閣府は同部会報告を踏まえて法案を作成し、2004年3月公益通報者保護法案が国会に提出された。審議の結果同法は同年6月に成立した。

同法で公益通報とは、労働者が、不正の目的でなく、その労務提供先（派遣先も含む）又はその役員や従業員等について、法令違反行為が生じ又はまさに生じようとしている旨を、一定の相手に通報することと定義されている。通報先として挙げられているのは、その労務提供先、処分勧告権限を有する行政機関、そして「その者に対し当該通報対象事実を通報することがその発生若しくはこれによる被害の拡大を防止するために必要であると認められる者」である。この最後のものには報道機関も含まれる。

労働者が本法に定める公益通報をした場合、解雇の無効（第3条）、労働者派遣契約の解除の無効（第4条）、不利益取扱いの禁止（第5条）といった保護がかかる。直接雇用労働者の解雇と派遣労働者の派遣解約解除とを同列に並べて無効と規定している点に、労働行政ではなく消費者行政の観点から法的介入をしようとしている立法のスタンスが窺われる。

これらの保護の対象となる公益通報は、公益通報先ごとに要件が少しずつ異なっている。事業者内部への通報の場合、不正の目的でなく、法令違反が生じ又はまさに生じようとしていると思ったということだけで保護される。

14）部会長：落合誠一。

15）委員長：松本恒雄。

行政機関への通報の場合、不正の目的でなく、法令違反が生じ又はまさに生じようとしていると信じたことに相当の理由があれば保護される。事業者外部への通報の場合、これに加えて、事業者内部に公益通報しても調査が開始されない場合など5要件のどれか一つを満たせば保護される。

公益通報の対象となるのは、個人の生命又は身体の保護、消費者の利益の擁護、環境の保全、公正な競争の確保その他国民の生命、身体、財産その他の利益に保護に関わる法律に規定する犯罪行為で、別表には刑法から始まって食品衛生法、証券取引法等々の法律が掲げられているが、政令にはさらに労働基準法等の労働法令も並んでいる。

（2）　公益通報者保護制度の見直し

消費者庁は2015年6月、公益通報者保護制度の実効性の向上に関する検討会[16]を開催し、公益通報者保護制度の課題・論点の整理を行うこととした。同検討会は翌2016年3月第1次報告書をとりまとめたが、そこでは通報者の範囲を在職者のみから退職者、会社役員、取引先事業者その他も含めるか、通報対象事実を犯罪行為等から拡大するか、切迫性要件を緩和するか、通報先のうち行政機関について真実相当性の要件を緩和するか、また報道機関についてそれに加えて5要件のいずれかを要求していることを緩和するか、その他主観的要件の扱い、通報と不利益取扱いとの因果関係の推定等、様々な論点について取り上げている。

その後、検討会の下に法律分野の学識者と実務家からなるワーキンググループ[17]を設けて精緻な検討を行い、同年11月にワーキンググループ報告書がとりまとめられ、これと上記第1次報告書を併せて同年12月に最終報告書とした。ワーキンググループ報告書は広範な分野にわたって法改正を提起している。

不利益取扱いを民事上違法とする効果の要件のうち、まず通報者の範囲について、現行法は保護される通報者を在職中の労働者に限定しているが、実

16）学識者14名、座長：宇賀克也。

17）学識者8名、座長：宇賀克也。

際に法令違反行為を知って通報しようとするのは在職中の者に限らないことから、既に退職した労働者は「含めることが適当」と、会社役員等は「加える方向で検討する必要がある」と、取引先事業者は「加えることについて今後さらに検討する必要がある」と、微妙な差異をつけながら拡大の方向を示している。なお、それ以外の者も含めて「何人も」と規定することも「今後さらに検討する必要がある」と述べている。

　次に通報対象事実の範囲について、現行法では「個人の生命又は身体の保護、消費者の利益の擁護、環境の保全、公正な競争の確保その他国民の生命、身体、財産その他の利益に保護に関わる法律に規定する犯罪行為」であるが、刑事罰の対象となっていない行為についても対象に含めるべきではないかという議論が提起され、報告書では「当該事実に公益性や明確性があるかを踏まえた上で、今後さらに検討する必要」としている。一方特定の目的の法律という限定を外すことについては、税法や国家公務員法等への違反であってもこれを「追加するなど、通報対象事実の範囲を拡げる方向で検討する必要がある」としている。切迫性、つまり「通報対象事実が生じ、又はまさに生じようとしている」ことの要件の削除も論点に上がったが、「逐条解説等で具体的に示すことによって対応することが適当」とされた。

　通報先には労務提供先、行政機関、その他の3種があり、それぞれに要件が異なるが、その見直しも焦点となった。行政機関への通報には、現行法では一律に真実相当性、つまり「法令違反が生じ又はまさに生じようとしていると信じるに足りる相当の理由がある」ことが求められているが、これを「緩和する方向で検討する必要がある」としている。一方その他通報先については、「真実相当性を緩和することについては、慎重に検討する必要がある」と否定的である。またその他通報先にのみ求められている特定事由該当性については「緩和する方向で検討する必要がある」としている。

　その後2018年1月から、消費者庁は公益通報者保護専門調査会[18]を開催して、上記検討会で指摘された事項について具体的な検討を行っている。

18）学識者11名、座長：山本隆司。

第7節　労働者の個人情報保護法政策

1　個人情報保護法以前

(1)　労働者の個人情報保護研究会

　日本の労働法政策として労働者の個人情報保護の問題を初めて取り上げたのは、1997年に設置された労働者の個人情報保護に関する研究会[19]である。同研究会は翌1998年6月に報告書を取りまとめた。本報告書では、まず労働者の個人情報に係る問題の所在について基本的な解明を行い、労働者の個人情報に関する我が国の現行保護制度及び判例を紹介するとともに、我が国企業における労働者の個人情報の管理状況についての実態調査を実施して国内の実態を把握している。次に労働者の個人情報保護に関する国際基準及び海外ヒアリング調査等により把握した欧米諸国における労働者の個人情報保護状況について紹介し、さらに特別な配慮が必要とされる個人情報の分野（センシティブデータ、監視、検査）についての考察を行っている。最後に以上の状況等を踏まえ、我が国における労働者の個人情報保護についての基本的な視点及び今後の課題を提示した。

　同研究会はその後も検討を進め、2000年12月、「労働者の個人情報保護の基本的な考え方について」と題する報告書をまとめ、「労働者の個人情報の保護に関する行動指針」を公表した。これはもとより法令としての性格を有するものではないが、「…ものとする」とか「…してはならない」といった法令的な表現がとられており、民間企業等が労働者の個人情報の保護を図る上で必要となる社内規程等を整備する際のよりどころとして活用されることを期待するものとなっていた。その中で重要なのは、いわゆるセンシティブ情報として、①人種、民族、社会的身分、門地、本籍、出生地その他社会的差別の原因となるおそれのある事項及び思想、信条及び信仰等の個人情報、②労働組合への加入又は労働組合活動に関する個人情報、③医療上の個人情報（特別な職業上の必要性や労働安全衛生及び母性保護に関する措置等

19）学識者9名、座長：諏訪康雄。

886 第4部 労働人権法政策

の目的の達成に必要な範囲内で収集する場合を除く）を「収集してはならない」としていたことである。

（2） 労働者の健康情報保護検討会

なおこれと並行して、1999年3月から安全衛生部において、労働者の健康情報に係るプライバシーの保護に関する検討会[20] が開催され、2000年7月に中間取りまとめを発表した。

ここでは基本的な考え方として、健康情報は個人情報の中でも特別に機微な情報として慎重に取り扱われるべきものであり、収集から、保管、使用の各段階において、その保護の在り方について検討しておく必要があるとし、労働安全衛生法等では一定の健康診断の実施、結果の記録及びその結果に基づく就業上の措置の実施等が事業者に義務付けられており、また、事業者は民事責任を十分に果たす上で、幅広く健康情報を収集することを求められる場合もある。そのため、プライバシーの保護に対するより一層慎重な対応が求められ、また、事業者は労働者の健康を守る義務と労働者のプライバシーの保護のバランスについて配慮する必要があるとしていた。

2 個人情報保護法の制定とこれに基づく指針等

（1） 個人情報保護法の制定

個人情報保護法の直接の出発点は、1999年7月に政府の高度情報通信社会推進本部の下に個人情報保護検討部会[21] が設置されたことにある。同部会は11月に「我が国における個人情報保護システムの在り方について」と題する中間報告を行い、全分野を包括する基本法を制定することを提言した。これを受けて翌2000年1月、同本部に個人情報保護法制化専門委員会[22] が設置され、同年6月個人情報保護基本法制に関する大綱案（中間整理）を取りまとめた。これに基づき政府で法案作業が進められ、翌2001年3月に法案が国会に提出された。ところが主としてメディア関係の表現の自由との関係で

20） 学識者11名、座長：保原喜志夫。

21） 学識者14名、座長：堀部政男。

22） 学識者9名、委員長：園部逸夫。

問題が指摘され、審議入りできないまま2002年12月廃案になった。この後所要の修正を行い、2003年3月に新たな法案が国会に提出され、同年5月に個人情報の保護に関する法律が成立した。

同法は、官民を通じた個人情報保護の基本理念等を定めた基本法に相当する部分と、民間事業者の遵守すべき義務等を定めた一般法に相当する部分から構成されており、2005年4月1日より全面施行された。同法第8条は、国が個人情報取扱事業者等に対する指針を策定することとしており、施行に向けて各事業担当官庁において分野別の指針が続々と策定された。

（2）　個人情報保護法における個人情報取扱事業者の義務等

個人情報取扱事業者は、個人情報を取り扱うに当たりその利用目的をできる限り特定しなければならず（第15条）、特定された利用目的の達成に必要な範囲を超えた個人情報の取扱いを原則として禁止している（第16条）。また、偽りその他不正の手段による個人情報の取得は禁止され（第17条）、個人情報を取得した際には利用目的を通知又は公表しなければならない（第18条第1項）し、本人から直接個人情報を取得する場合には利用目的を明示しなければならない（同第2項）。

また、利用目的の達成に必要な範囲内で個人データの正確性、最新性を確保しなければならず（第19条）、個人データの安全管理のために必要かつ適切な措置、従業者・委託先に対する必要かつ適切な監督を講じなければならない（第20～22条）。

本人の同意を得ない個人データの第三者への提供は原則禁止されるが、本人の求めに応じて第三者提供を停止することとしており、その旨その他一定の事項を通知等しているときは第三者提供が可能であり、委託の場合、合併等の場合、特定の者との共同利用の場合（共同利用する旨その他一定の事項を通知等している場合）は第三者提供とみなさないとされている（第23条）。

保有個人データの取扱いに本人が適切に関与しうるようにするために、利用目的、開示等に必要な手続等について公表することとし（第24条）、保有個人データの本人からの求めに応じ、開示、訂正等、利用停止等が義務づけられる（第25～27条）。また、個人情報の取扱いに関する苦情の適切かつ

迅速な処理（第31条）も求められている。

同法では実効性確保のため主務大臣の関与の仕組みが設けられている。具体的にはこの節の規定の施行に必要な限度における報告の徴収（第32条）及び必要な助言（第33条）、個人情報取扱事業者が義務規定（努力義務を除く）に違反し、個人の権利利益保護のため必要がある場合における勧告と勧告に従わない一定の場合の命令等（第34条）である。ただし、表現、学問、信教、政治活動の自由に関わる問題については、主務大臣の権限の行使は制限される（第35条）。

この主務大臣として、個人情報取扱事業者が行う事業等の所管大臣という横並びの規定とは別格に、業種横断的に「雇用管理に関するものについては厚生労働大臣（船員の雇用管理に関するものについては国土交通大臣）及び当該個人情報取扱事業者が行う事業を所管する大臣」と規定されている（第36条第1項第1号）。

従って、労働法政策としては、雇用管理に関する個人情報保護という一般的な立場からの指針の策定と、事業として所管する職業紹介事業及び労働者派遣事業に関する個人情報保護の指針の策定という2つの課題があることになる。

なお個人情報保護法施行令により、個人情報によって識別される個人数が5000人以下の者は個人情報取扱事業者から除かれることとされたが、これは労働者数と業務で取り扱う顧客等の数を全て合計した数であって、雇用管理に関する規制の基準としてはあまり適当なものとは言い難い。これは2015年改正で削除された。

(3)　雇用管理に関する個人情報保護指針

厚生労働省は2004年7月、大臣告示として「雇用管理に関する個人情報の適正な取扱いを確保するために事業者が講ずべき措置に関する指針」を策定した。

指針はまず法第15条の利用目的の特定について、単に抽象的、一般的に特定するのではなく、労働者等本人が、取得された当該本人の個人情報が利用された結果が合理的に想定できる程度に、具体的、個別的に特定すること

としている。また、法第23条の本人同意について、当該本人に当該個人情報の利用目的を通知し、又は公表した上で、当該本人が口頭、書面等により当該個人情報の取扱いについて承諾する意思表示を行うことが望ましいこととしている。

　安全管理措置（法第20条）及び従業者の管理（法第21条）については、①雇用管理に関する個人データを取り扱う従業者及びその権限を明確にした上でその業務を行わせること、②雇用管理に関する個人データはその取扱いについての権限を与えられた者のみが業務の遂行上必要な限りにおいて取り扱うこと、③雇用管理に関する個人データを取り扱う者は、業務上知り得た個人データの内容をみだりに第三者に知らせ又は不当な目的に使用してはならないこと、その業務に係る職を退いた後も同様とすること、④雇用管理に関する個人データの取扱いの管理に関する事項を行わせるため、当該事項を行うために必要な知識及び経験を有していると認められる者のうちから個人データ管理責任者を選任すること、⑤雇用管理に関する個人データ管理責任者及び個人データを取り扱う従業者に対しその責務の重要性を認識させ、具体的な個人データの保護措置に習熟させるため必要な教育及び研修を行うこと、を求めている。

　委託先の監督（法第22条）については、個人情報の保護について十分な措置を講じている者を委託先として選定するための基準を設けること、委託先が委託を受けた個人データの保護のために講ずべき措置の内容が委託契約において明確化されていること、具体的には、①委託先においてその従業者に対し当該個人データの取扱いを通じて知り得た個人情報を漏らし又は盗用してはならないこととされていること、②当該個人データの取扱いの再委託を行うに当たっては、委託元へその旨文書をもって報告すること、③委託契約期間等を明記すること、④利用目的達成後の個人データの返却又は委託先における破棄若しくは削除が適切かつ確実になされること、⑤委託先における個人データの加工改竄等を原則禁止し又は制限すること、⑥委託先における個人データの複写又は複製を原則禁止すること、⑦委託先において個人データの漏洩等の事故が発生した場合における委託元への報告義務を課すこと、⑧委託先において個人データの漏洩等の事故が発生した場合における委

890 第4部 労働人権法政策

託先の責任が明確化されていること、を求めている。

　第三者提供（法第23条）については、①提供先においてその従業者に対し当該個人データの取扱いを通じて知り得た個人情報を漏らし又は盗用してはならないこととされていること、②同条各号列記の場合を除き、当該個人データの再提供を行うに当たってはあらかじめ文書をもって事業者の了承を得ること、③提供先における保管期間等を明確化すること、④利用目的達成後の個人データの返却又は提供先における破棄若しくは削除が適切かつ確実になされること、⑤提供先における個人データの複写及び複製を原則禁止すること、を求めている。

　保有個人データの開示（法第25条）について、事業者は、予め労働組合等と必要に応じ協議した上で、労働者等本人から開示を求められた保有個人データについて、その全部又は一部を開示することによりその業務の適正な実施に著しい支障を及ぼすおそれがある場合に該当するとして非開示とすることが想定される保有個人データの開示に関する事項を定め、労働者等に周知させるための措置を講ずるよう努めなければならないこととしている。また苦情処理（法第31条）について、苦情及び相談を受け付けるための窓口の明確化等必要な体制の整備に努めることとしている。

　その他雇用管理に関する個人情報の取扱いに関する重要事項を定めるときは、予め労働組合等に通知し、必要に応じて協議を行うことが望ましいことや、それを定めたときは労働者等に周知することが望ましいことが記されている。

　なお、施行令における個人情報取扱事業者の上記定義との関係で、個人情報取扱事業者以外の事業者であって、雇用管理に関する個人情報を取り扱う者は、上記に準じてその適正な取扱いの確保に努めることとされている。

　なおこの指針は2012年に「雇用管理分野における個人情報保護に関するガイドライン」として全部改正された。

（4）　労働者の健康情報保護検討会

　一方労働者の健康情報についても、2000年の中間取りまとめの後個人情報保護法の制定を受けて、2004年4月から改めて労働者の健康情報の保護に

関する検討会[23]を開始し、同年9月に報告書を取りまとめた。

　ここでは、労働安全衛生法で規定された健康診断結果や保健指導の記録などの労働者の健康情報は個人情報の中でも特に機微な情報であり厳格に保護されるべきものとし、その適正な取扱いが必要とする一方で、事業者は労働者の安全と健康の確保のために必要な措置を講ずる責任を有するとともに、民事上の安全配慮義務を果たすことを期待されているため、法の許す範囲で労働者の健康状態、病歴に関する情報など医療上の個人情報を幅広く収集し、必要な就業場所の変更、労働時間の短縮等の措置、作業環境測定の実施や施設・設備の設置・整備等の措置を講ずるために活用することが求められていることから、労働者の健康保持のために健康状態を把握する義務と不必要に労働者個人のプライバシーが侵害されないように保護する義務との間での均衡を図ることが求められていると基本認識を示している。

　実はこの研究会と並行して、同じ安全衛生部で過重労働・メンタルヘルス対策の在り方に関する検討会も開催されており、この二つの要請をどのようにバランスさせるかは大きな課題であった。そしてこの報告書の中にも、特に事業者による収集に関して、労働安全衛生法による健康診断の受診義務づけについて見直すべきという意見と維持すべきという意見が併記されており、なお方向性が定まっていない面もあることを示している。

　同報告による健康情報を取り扱うに際しての事業者の責務としては、まず①事業者は労働者の健康情報を利用するに当たってはその目的をできる限り特定し、法令に基づく場合等を除き本人の同意なくその目的を超えて取り扱わないことが必要であること、②健康情報を収集する際には法令に基づく場合等を除き、利用目的を明らかにした上で本人の同意が必要であること、③健康情報に関する秘密の保持については、事業場内の産業保健スタッフはもとより、健康情報を記録して人事・労務上の権限等を行使する者や、事業場から委託を受けて健康診断を実施する外部の健診機関にも適正に秘密を保持させることが必要であること、④特殊健康診断の結果についても、一般健康診断と同様に労働者本人への通知義務を規定することが必要であること、⑤

23）学識者11名、座長：保原喜志夫。

892　第4部　労働人権法政策

法令に基づく場合等を除き、本人の同意を得ないで健康情報を第三者に提供しないようにすることが必要であること、⑥合併等事業継承に伴う労働契約の継承の場合には、第三者への提供には当たらないこと、⑦HIV感染やB型肝炎等の慢性的経過をたどる感染症の感染状況に関する情報や、色覚検査等の遺伝情報については、原則として収集すべきでないこと、また結核等職場に蔓延する可能性が高い感染症については、本人のプライバシーに配慮しつつ必要な範囲の対象者に必要な情報を提供すべきことを示している。また健康情報の保護に向けた取組みとして、①国は健康情報の保護について指針を示すことが必要であり、事業者は国の示す指針に依拠しつつ、労働者の健康情報の取扱いについて、衛生委員会等において労働者に事前に協議した上で、ルールを策定することが必要であること、②小規模事業場においては、産業医の共同選任の促進、地域産業保健センターの活用等を通じて、健康情報を保護する体制の整備を進めることが必要であること、③健康情報の保護を進めるに当たっては、国が関係者に対して健康情報保護の必要性について啓発を行うことが重要であることを挙げている。

（5）　労働者の健康情報に関する通達

　この報告書を受けて、厚生労働省は2004年10月、「雇用管理に関する個人情報のうち健康情報を取り扱うに当たっての留意事項について」（基発第1029009号）を発出し、雇用管理に関する個人情報保護指針に定める個人情報のうち健康診断の結果、病歴、その他の健康に関する情報の取扱いについて、事業者が留意すべき事項を通知した。

　まず本人同意について、事業者が労働者から提出された診断書の内容以外の情報について医療機関から健康情報を収集する必要がある場合、事業者から求められた情報を医療機関が提供することは法第23条の第三者提供に該当するため、医療機関は労働者から同意を得る必要があり、この場合でも事業者は予めこれらの情報を取得する目的を労働者に明らかにして承諾を得るとともに、必要に応じ、これらの情報は労働者本人から提出を受けることが望ましいとしている。

　次に安全管理措置と従業者の監督に関して、健康診断結果のうち生データ

については、その利用に当たって医学的知識に基づく加工・判断等を要することがあることから、産業医や保健師等の看護職員に行わせることが望ましいこと、産業保健業務従事者以外の者に健康情報を取り扱わせる時は、これらの者が取り扱う健康情報が利用目的の達成に必要な範囲に限定されるよう、健康情報を適切に加工した上で提供する等の措置を講ずることとされている。また苦情処理に関し、産業保健業務従事者と連携を図ることができる体制を整備しておくことが望ましいとしている。

その他、健康情報の利用目的、安全管理体制、取扱者とその権限、健康情報の開示、訂正、追加又は削除の方法、苦情処理に関して、事業場内の規程等として定め、これを労働者に周知することが望ましく、その際衛生委員会等において審議を行った上で、労働組合等に通知し、必要に応じて協議を行うことが望ましいとしている。また、HIV感染症やB型肝炎等の職場において感染したり、蔓延したりする可能性が低い感染症に関する情報や、色覚検査等の遺伝情報については、職業上の特別な必要性がある場合を除き、事業者は、労働者等から取得すべきでないとしている。

なお最後に、個人情報取扱事業者以外の事業者であって健康情報を取り扱う者は、健康情報が特に適正な取扱いの厳格な実施を確保すべきものであることに十分留意しその適正な取扱いの確保に努めることとされている。

3　近年の動向
(1)　2015年改正法とガイドライン

個人情報保護法の2015年改正は、主として情報通信技術の発達に伴って登場したいわゆるビッグデータ社会に対応するという観点と併せて、プライバシー保護に対する個人の期待に応えるという観点から進められた。この改正により、特定の個人を識別する情報を「個人識別符号」として明確化し、人種、信条、社会的身分、病歴、犯罪の経歴、犯罪により害を被った事実その他本人に対する不当な差別、偏見といった「要配慮個人情報」については、取得の際の本人同意取得を原則として義務化した。そして特定の個人を識別できず、復元できないように加工した「匿名加工情報」を個人情報から除外した。また、取扱個人情報5000人以下の適用除外を廃止した。

894　第4部　労働人権法政策

　行政体制として重要なのは、法の施行権限が内閣府外局の個人情報保護委員会に集約されたことで、旧法下では主務大臣が個別に策定していた指針も、個人情報保護委員会が一括して「ガイドライン」を策定した。これにより、雇用管理分野における個人情報保護に関するガイドラインは廃止された。ただし、労働者の健康情報に関しては、「雇用管理分野における個人情報のうち健康情報を取り扱うに当たっての留意事項」が発出され、上記通達の内容がそのまま維持されている。

（2）　2018年改正労働安全衛生法と健康情報指針

　労働政策審議会安全衛生分科会[24]では2017年4月から労働者の健康確保のための産業医・産業保健機能の強化について審議が始まり、その中で面接指導や健康診断の結果など、労働者の健康情報が適正に取り扱われ、労働者が安心して相談できるための方策も議論された。同年6月にとりまとめられた報告「働き方改革実行計画を踏まえた今後の産業医・産業保健機能の強化について」では、「健康情報の事業場内での取扱ルールの明確化、適正化の推進」が掲げられ、国が指針を公表することが求められた。

　2018年6月に成立した働き方改革関連法においては、労働安全衛生法第104条（健康診断等に関する秘密の保持）が大幅に拡充され、事業者は労働安全衛生法に基づく措置として、労働者の心身の状態に関する情報を収集、保管、使用するに当たり、労働者の健康確保に必要な範囲内で行うべきこと、事業者は労働者の心身の状態に関する情報を適正に管理するために必要な措置を講じなければならないことが規定された。そして国はそのために必要な指針を公表するとしている。

　一方、2016年2月から開催した労働安全衛生法に基づく定期健康診断等のあり方に関する検討会[25]が同年12月にとりまとめた報告書が、既往歴等の機微な情報については、その取扱いについて別途検討の必要があるとしていたことから、働き方改革関連法の成立を待たず、厚生労働省は2018年4月

24）公労使各7名、分科会長：土橋律。
25）学識者15名、座長：山口直人。

から労働者の心身の状態に関する情報の取扱いの在り方に関する検討会[26]を開始した。同検討会には、それに先立つ委託事業による検討会でまとめられた骨子案が示され、それをもとに議論が進められ、同年9月には「労働者の心身の状態に関する情報の適正な取扱いのために事業者が講ずべき措置に関する指針」が公表された。そこでは、労働者の心身の状態の情報の取扱いの原則として、労働者が不合理な不利益取扱いを受けるという不安がないようにするために、当該事業場における労働者の健康情報の取扱いのルールを定める、等の項目が並んでいる。

---

26) 学識者15名、座長：山口直人。

第5部　労使関係法政策

第**1**章
集団的労使関係システム

第1節　集団的労使関係法制の展開[1]

1　労働組合法への長い道[2]

（1）　先進諸国の集団的労使関係法制[3]

　集団的労使関係法制の歴史は大まかにいって、団結禁止からその消極的容認へ、さらに積極的承認へと進んでいくが、各国の産業化の進展度合によってその展開は時間差をもって進んでいく。またその中で、各国特有の経路をたどることにより、労働法中もっとも多様性に満ちた領域になっていく。

　まずイギリスでは1799年及び1800年に団結禁止法が制定された。フランスではフランス革命期の1791年にル・シャプリエ法が労働者の団結を禁止し、同様の法がドイツ諸邦にも広がった。アメリカでは団結禁止法は制定されなかったが、コモンローの下で刑事共謀、民事共謀の法理が労働者の団結に適用され、とりわけ1890年の反トラスト法が労働差止命令の根拠として用いられた。

　イギリスでは1824年の団結禁止法廃止法により大幅に刑事・民事免責を認めたが、1825年法でその範囲を限定した。フランスでは1864年に刑法の団結罪を廃止した。ドイツでも1869年の北ドイツ連邦営業法が団結自由を

1）『労働組合法立法史料研究』（第1巻〜第4巻）労働政策研究・研修機構（2014年〜2017年）。

2）山中篤太郎『日本労働組合法案研究』岩波書店（1926年）、内務省社會局労働部『労働組合法案の沿革』（1929年）、内務省社會局労働部『労働組合法案に關する資料』（1）（2）（1931年）。

3）濱口桂一郎「団結と参加−労使関係システムの諸類型」（労働政策研究・研修機構編『現代先進諸国の労使関係システム』（2017年）所収）、濱口桂一郎『団結と参加−労働関係法政策の近現代史』労働政策研究・研修機構（2013年）。

認めた。アメリカでは労働組合の立法闘争の結果、1914年のクレイトン法が「人間労働は商品ではない」と宣言して労働組合活動を反トラスト法の対象から除外したが、米最高裁はなお差止命令を認め、1932年のノリス・ラガーディア法でようやく差止命令も制限した。

　イギリスでは1871年の労働組合法、1875年の刑法修正法、1906年の労働争議法等により刑事免責、民事免責が完成したが、団結権を積極的に認める法制ではなく、労働協約も紳士協定に過ぎなかった（コレクティブ・レッセフェール）。これに対し大陸諸国では労働組合やその締結する労働協約を法的に位置づける立法が進展した。フランスでは1884年に職業組合法、1919年に労働協約法が制定され、さらに1936年法の拡張適用制度により労働協約が「職業の法」と位置づけられるに至った。ドイツでは1918年労働協約令により協約の規範的効力と一般的拘束力制度が確立した。戦前の日本で主に参照されたのはこのワイマールドイツの労働法制であった。一方アメリカではニューディール政策の一環として1935年にワグナー法が制定され、団結権と団体交渉権を保障するとともに、それへの侵害を不当労働行為として禁止し、救済するという世界的にはやや特殊な法制を発達させた。これが戦後日本の法制に大きな影響を与えた。

（2）　治安警察法

　日本では労働者の団結そのものを正面から禁止する団結禁止法は存在しなかったが、労働運動が活動を始めるより早く労働争議の取締法政策が取られ始めた。1880年に制定された刑法治罪法では、第270条に「農工ノ雇人其雇賃ヲ増サシメ又ハ農工業ノ景況ヲ変セシムル為メ、雇主及ヒ他ノ雇人ニ対シ偽計威力ヲ以テ妨害ヲ為シタル者」への罰則を定めていた。

　日清戦争を期に日本の資本主義は飛躍的な発展を遂げ、労働運動が勃興し、労働争議が多発化の傾向を示した。これに対し、各府県令で同盟罷業を直接禁止し、あるいは警察官をして工場を臨検巡視させて職工の行動を見張らせる措置を講ずるところがあった。当時、治安維持のための法令としては保安条例、予戒令、集会及政社法が存在していたが、直接労働運動や労働争議を取締の対象とするものではなかった。そこで、1896年第2次伊藤博文内

閣は治安警察法案を提出したが、貴族院で否決された。もっともこれは条文上に労働運動に関する文言は出てこない。

1900年に第2次山県有朋内閣は改めて治安警察法案を提出したが、これは第17条で明確に労働運動を制限、禁止しようとする規定を設けていた。すなわち、①「労務ノ条件又ハ報酬ニ関シ協同ノ行動ヲ為スヘキ団結ニ加入セシメ又ハ其ノ加入ヲ妨クルコト」、②「同盟解雇若ハ同盟罷業ヲ遂行スルカ為使用者ヲシテ労務者ヲ解雇セシメ若ハ労務ニ従事スルノ申込ヲ拒絶セシメ又ハ労務者ヲシテ労務ヲ停廃セシメ若ハ労務者トシテ雇傭スルノ申込ヲ拒絶セシムルコト」、③「労務ノ条件又ハ報酬ニ関シ相手方ノ承諾ヲ強ユルコト」の3項目「ノ目的ヲ以テ他人ニ対シテ暴行、脅迫シ若ハ公然誹毀」すること、及び、そのうち②「ノ目的ヲ以テ他人ヲ誘惑若ハ煽動スルコト」を禁止し、これに違反した者には「一月以上六月以下ノ重禁錮」及び「三円以上三十円以下ノ罰金」が科された。「使用者ノ同盟解雇又ハ労務者ノ同盟罷業ニ加盟セサル者ニ対シテ暴行、脅迫シ若ハ公然誹毀スル者」も同様である。議会ではこの条文については全く論議がされず、成立し、直ちに労働運動抑圧のために用いられた。こうして、それまでの微温的な改良主義的労働運動は萌芽のうちに摘み取られ、労働運動の指導者を社会主義運動に走らせる結果となった。

（3）　労働組合法制定に向けた動きの始まり

第1次世界大戦後の物価騰貴や反動不況による労働争議の激化は社会不安を増大させ、労働問題は広く注目を集めるようになった。パリ講和会議によってILOの設置が決まったことは、政府に対し労働運動に対する融和的政策の採用を必要とさせた。

政府は1918年6月、床次竹二郎内務大臣の諮問機関として救済事業調査会[4]を設置し、「資本ト労働ノ調和ヲ図ル方法如何」という諮問がなされ、翌1919年3月「労働組合ハ之ヲ自然ノ発達ニ任スベキコト」「治安警察法第十七条第一項第二号（上記②）ハ之ヲ削除スベキコト」との答申を行った。これを受けて、政府は議会で、穏健な労働団体の設立はこれを阻害するもの

4）官僚8名、学識者14名、会長：内務次官。

902 第5部 労使関係法政策

ではないとの方針を明らかにした。なおこの時野党の憲政会及び国民党は治
安警察法第17条を削除する改正案を提出したが、これは審議未了となり、
以後再三提出されたが成立に至らなかった。

　政府は1920年2月、内閣直属の諮問機関として臨時産業調査会5) を設置し、
労働組合法案を起草させることとした。農商務省と内務省はそれぞれ労働組
合法案を作成して調査会に提出した。農商務省案が労働組合の設立要件とし
て認可主義をとったのに対し、内務省案は届出主義をとり、農商務省案が何
ら保護規定を持たず労働組合の運営に強い制約を加えていたのに対し内務省
案は労働者の組合加入権を保護する規定を持つなど、両案は対照的であっ
た。具体的には内務省案は第9条に「雇傭者又ハ其ノ使用人ハ、労働者カ労
働組合ノ組合員タルノ故ヲ以テ解雇シ又ハ組合ニ加入セス若ハ組合ヨリ脱退
スルコトヲ雇傭条件トナスコトヲ得ス」と現在の不当労働行為につながる規
定を有していた。この両案は調査会で検討され調整が図られたが、遂に確定
的成案を得るに至らなかった。ちなみに、この時内務省警保局事務官として
内務省案作成に当たったのは入省5年目の南原繁であり6)、農商務省商工局工
場監督官補として農商務省案作成に当たったのは入省1年目の北原安衛で
あった7)。

---

5) 政治家、官僚、学識者34名、会長：原敬首相。

6) 南原が床次内務相に直々に命じられ、警保局に私設の労働問題調査室を設けて英独仏の
立法例を調査して「労働組合法案」を作成した。本人によると、「床次大臣が…何でも
も遠慮なくいえというわけです。そこで私が発言をしてね。これも若気のいたりなんで
すが、…労働問題というのは取締るばかりで片付く問題ではない。むしろ労働者の団
体・組織を作らせて、資本家と同じ土俵にのせる。そこで話ができるようにすることが、
これからの労働行政にいちばん大事なことではないだろうか。…次の日、大臣によば
れました。…『君、そんなら、その労働組合法とやらいうものの案をつくってくれ』」
（丸山真男・福田歓一編『聞き書南原繁回顧録』東京大学出版会（1989年）)。

7) 同期の北岡寿逸によれば、「農商務省に入つてからも君の緻密な頭脳と精励とは直に上
司の認むる所となり、凡そ重要な仕事は大抵君の受持となつて、大正八年労働組合法の
問題が起つた時君が其の起案を命ぜられた。河合栄治郎氏を失つた農商務省で此の問題
の主任に先づ君が白羽の矢を立てられたのは蓋し当然の所であらう。当時労働組合法の
農商務省案として世に問はれたのは君の立案になるものであつて卒業後僅に一年、問題
を託されて僅に二三ヶ月にして各国法制の沿革と我国の実情とを纏め上げ、あの難しい
大法案を作り上げた君の頭脳には吾々も感嘆を惜しまなかつた。」（北原安衛遺著（北岡
壽逸編）『労働問題研究』（1930年)）。

一方、野党も労働組合法制定に努め、憲政会は1921年に労働組合法案を提出してから毎年、国民党及びその後身たる革新倶楽部も1922年以来毎年労働組合法案を提出したが、いずれも審議未了に終わり、遂に成立を見なかった。憲政会案は農商務省案を基礎としつつ組合加入権の保護規定を取り入れ、国民党案は内務省案とほとんど同じであった。

その後1922年11月に内務省社会局が設置され、労働組合法案はその手で検討が進められることになった。

（4）　若槻内閣の労働組合法案

1923年7月、政府はILO総会労働者代表選出権を1000名以上の組合員を有する労働組合に付与する決定を行い、事実上労働組合の存在を公認した。一方、この頃労働運動は方向転換を遂げ、大勢は現実主義的な傾向をとるようになった。1924年には加藤高明護憲三派内閣が成立し、1925年には普通選挙法、治安維持法が制定され、労働組合法制定のための政治的条件はようやく熟してきた。

内務省社会局は1925年7月、労働組合法案の立案を終え、これを労働争議調停法案及び治安警察法改正案とともに内閣の行政調査会に付議するとともに公表した。この法案は法人格の取得を必要とせず、届出によって成立し、組合員たる理由で解雇することを禁じ、組合非加入又は脱退を雇傭条件とすることを認めず、これらの違反に過料を科し、労働協約の効力を認めるとともに、法人たる労働組合に公益法人の損害賠償規定を準用せずに争議による賠償責任を問わない立場をとり、行政官庁の解散命令も規定しないという相当に進歩的なものであった。労働組合側も一定の条件下に社会局案を支持した。

これに対して、経営者側は全面的に反対し、日本工業倶楽部は「若し社会局原案の如きもの実効相成り候はば労働争議は到る所に起こりて産業上の騒擾を醸し各種産業は其の弊に堪えず萎縮不振に帰」すであろうと唱えた。新聞や学者の意見は社会局案を支持したが、行政調査会においても、商工、農林、大蔵、逓信、鉄道の各省及び軍部は使用者側の意見に近く、結局原案は大幅に修正された。なお、行政調査会は本来行政制度・官吏制度の整理改善

のために設けられたものであり、内務省社会局の専管である労働問題が審議されること自体に疑問も呈された。

これに基づいて若槻礼次郎内閣は1926年2月労働組合法案を議会に提出したが、これは社会局案が持っていた進歩的性格を失い、取締的色彩を著しく強めたものであった。具体的には、労働組合は職業別又は産業別であることを要し、連合組織を認めず、届出主義は維持されたが法人格の取得が要求されたため認可主義に近づき、主務大臣に解散命令権を認め、組合に損害賠償責任を負わせた。これに対しては労働組合側も反対に回ったが、経営者側もなお猛烈な反対運動を展開し、社会局の役人は赤化している等の宣伝を行った。

この時、担当の北原安衛労政課長は、「労働組合法から抜き取った骨—猶何程の価値が残るか」という文章を匿名で発表し、その中で議会提出法案がある程度「骨抜き」となったことを認めながら、「今日我が国に於て労働組合の発達を助長する為に必要なことは労働組合に対する雇傭者及び一般社会の偏見を取り去ることである。…労働組合法が出来るまでと云つて労働者の労働組合の組織を抑制してきた雇傭者も、現実に労働組合法が制定せられたならば其の口実を失ふのである。従て制定せらるべき労働組合法が圧迫的規定を包含しないならば保護的規定に多少不備であつても何等の法規なき今日よりも労働者の団結を促進せしむる効果あるべしと信ずる」と述べ、「此の程度のものと雖も有は無に勝る」とその成立を求めた。[8]

ところが、議会では与党憲政会・国民党が絶対多数を握っていたにもかかわらず、労働争議調停法案及び治安警察法改正案と切り離して慎重審議するとの姿勢をとったため、この両案を議了した後は委員会を開くこともなく、遂に審議未了に終わった。野党法案並みの扱いである。翌1927年2月、政府は細部を修正した法案を議会に提出したが、委員会はわずか1回審議を行っただけで、再び審議未了とした。

ちなみに、こうして正面作戦が玉砕を続けている間に、裏口作戦というべ

8）北原安衛遺著『勞働問題研究』（1930年）。これは同期の北岡寿逸が彼の遺稿をまとめて一冊の本としたものである。

きか、1926年の工場法改正で50人以上の工場に就業規則の制定を義務づけたことに伴い、同年12月の通牒（発労第71号）で、就業規則に労働組合への非加入・脱退を雇入条件とするものは削除させるよう命じている。

（5）　浜口内閣の労働組合法案

　1928年の第1回普通選挙により微弱ながらも無産政党が衆議院に議席を持つようになり、労働組合は議会に直接労働組合法案の制定を要求する手段を持つようになった。総同盟等5団体は同年12月労働組合法要綱を決定して関係官庁に建議し、社会民衆党は翌1929年、鈴木文治に労働組合法案を提出させた（審議未了）。

　同年7月、田中義一政友会内閣に代わって浜口雄幸民政党内閣が成立し、その十大政綱の一つに社会政策の確立を謳った。浜口内閣は内閣直属の社会政策審議会[9]を設置し、同年8月「現下社会状態ニ鑑ミ労働組合法制定ニ関スル意見」を諮問した。同審議会は12月答申を行った。それは労働組合が職業別又は産業別であることを要せず、連合組織を認め、法人格の取得は組合の任意とし、組合に損害賠償責任を負わせないというものであった。政府はこれに基づき労働組合法案を策定公表した。かつての社会局案に近い進歩的なものであるが、組合加入権保護に対する制裁規定を欠き、労働協約に関する規定は別の法律でということで設けられず、解散命令規定も残った。

　これに対して経営者団体は直ちに猛烈な反対運動を展開し、日本工業倶楽部は「労働組合法制に関する意見」の中で、「労資相互の情誼を基礎とし家族制度の延長とも見なし得べき我国固有の雇傭関係」は「之が為破壊せられるに至るべし」と唱え、周到細密なる取締規定を設けることが先決であると主張した。一方、労働組合は右派は修正を求め、左派は反対と分かれた。

　1930年4月、社会民衆党、日本大衆党及び労農党は社会民衆党案に修正を加えた法案を議会に共同提出し、政府に法案提出を迫った。これに対して安達謙藏内相が次期議会に提出すると答えたため、経営者団体の反対運動は一段と強化された。同年10月、日本工業倶楽部は「我国情に適せざる労働組

9）政治家、学識者18名、会長：浜口雄幸首相。

合法案」と題する声明を発表し、労働組合法制定反対、争議取締法規制定を求める決議を行った。民政党内部にも有力な反対論が現れ、政府内部にも動揺が見られると伝えられた。このことは労働組合や無産政党を刺激し、労働組合法獲得運動が行われたが、経営者団体に比べて不統一かつ弱体であった。安達内相は労資中立の3者を招いて労働立法懇談会を開いたが、団琢磨、郷誠之助ら経営側の主な者は出席を拒否、対決姿勢を露わにした。

こうして、浜口内閣としては政治責任上いかにしても労働組合法案を議会に提出しなければならず、しかも社会局案ではいかんともなしがたいという苦境に立たされた。

ここに至って、政府は社会局案に全面的な修正を加えるほかなく、労働組合を職業別又は産業別に限り（現存する労働団体については附則で認める）、争議に伴う損害賠償免責規定を削除するなど、社会政策審議会答申より後退した内容の法案を作成し、1931年2月議会に提出した。併せて「之と不可分の関係において」労働争議調停法改正案も提出した。ところがこれに対しても経営者団体は反対の姿勢を変えず、「之が実施せられた暁には争議頻発して国家産業の衰退を招き労資共倒れとなるのは必然」と唱えた。一方、労働団体も「著しく改悪したるもの」と反発した。

議会では政友会と無産政党がそれぞれ財界と労働団体の意を受けて反対したが、16回にわたって両法案の委員会審議が行われ、3月には衆議院を通過するところまで行った。ところが、貴族院では2回審議が行われただけで、遂に成立に至らなかった。

(6) 戦時体制下の労使関係システム

1931年に労働組合法案が不成立に終わったのちは、再び政府によってこれが立案されることはなかった。社会局内では経営者団体が反対する労働組合法案という形に代わって、規範的効力を規定しつつ労資に平和義務を課す労働協約法の制定という形での立法構想も出されたが、実現することはなかった。一方、労働側は労働組合法の制定を求め続け、社会大衆党は1936年、1937年に労働組合法案を提出したが、全く顧みられなかった。

その後、1938年に協調会の唱道により産業報国運動が始まると労働組合

は続々とこれに参加した。厚生省は当初「団体を設置したことを理由として労働組合の解散を強いてはならない」としたが、やがて労働組合の解散方針に転じ、1940年には多くの組合が解散した。戦時体制下においては、労使の対立観念を払拭し「労資一体、産業報国」を掲げる全体主義的労使関係システムが社会を覆ったのである。

(7) 労務法制審議委員会[10]

　1945年8月の敗戦により、日本の労働運動は公然かつ自由な発展を許されるようになった。特にGHQがその管理政策上民主主義的勢力の一つとして労働組合の保護助成に積極的であったことから、法制の整備も急速に進んだ。

　1945年10月、東久邇宮稔彦王内閣は「労働組合ニ関スル法制審議立案ニ関スル件」として、「終戦ニ伴フ新勤労情勢ニ即応シ労働組合ニ関スル法制審議立案ヲ行フコト」「労働組合ニ関スル法制其ノ他労務法制ノ整備ニ関シテハ特ニ関係各庁並ニ民間有識者ノ意見ヲ徴スルノ要切ナルニ鑑ミ厚生省ニ適当ナル審議機構ヲ設クルコト」という閣議了解を行った。

　同月、GHQは覚書により「政治的、市民的及び宗教的自由に対する制限除去」を指令し、その結果、治安維持法、治安警察法等の組合活動を抑圧していた法令が廃止された。さらに同月、マッカーサー元帥は幣原喜重郎新首相に人権確保のための5大改革を行うことを要求し、その中で労働組合結成の促進を挙げた。

　政府は早速、広く各界の意見を求めて労働組合に関する法制の審議を行うため、労務法制審議委員会[11]を設置し、労働組合法案作成について諮問した。

　同委員会は10月27日の第1回から11月21日の第5回まで僅か1か月足らずの間に精力的に審議を行い、11月24日には政府に答申を行うという超スピードぶりである。

10）労働省編『資料労働運動史昭和20－21年』労務行政研究所（1952年）。

11）官庁10名、学識7名、事業主側6名、労働者側5名、貴衆両院6名、会長：大蔵公望。

（8）　末弘意見書

　この討議の基礎となったのは10月31日の第2回総会に提出された末弘厳太郎委員のまとめた意見書であるが、これは厚生省事務当局と一緒に2，3回意見を交わした結果をまとめたものであり、当時の労働行政サイドの見解を示すものともなっている。

　ここでは労働組合の法認について「従来労働組合の成立並に活動を不当に抑制し来れる一切の法令並に行政的措置を廃止する趣旨を闡明すること」、「嘗て労働の運動盛なりし時代に企業主側のとりたるが如き組合阻止の諸手段を予防する規定を設くること」、「取締的規定は最小限度に止め、寧ろ組合の機能として今後最も重要性を帯ぶべき団体交渉機能を積極的に助長しゆくよう立法上特別の考慮を払うこと」、「従つて労働協約に関する比較的詳細なる規定を本法中に置くこと」という基本方針を掲げている。具体的には労働組合の組織形態を縛らず届出主義をとり、団結権の保護として組合加入を理由とする解雇その他の不利益取扱いを禁止するとともに、「一定の組合への加入を強要し得ざること」とクローズドショップを否定している。

　しかしながら、特に労働協約の効力との関係で登録制度をやや厳格にしている。すなわち、労働協約についてそれに違反する労働契約を無効とする規範的効力を与えるだけでなく、登録組合の代表者が締結した労働協約については組合以外の関係労働者をも拘束するという一般的拘束力を、ドイツ法の一般的拘束力宣言のような特別の手段を要することなく、自動的に付与するという仕組みを提案している。自動的な一般的拘束力を付与する要件となるのであるから登録要件はやや厳しめで、「企業単位の組合にありては、当該企業の被傭者の大多数（例えば3分の2以上）が加入せること」、「産業別組合にありては、一定地区内における当該産業に属する労働者の大多数が加入せること」としている。少数組合は登録できず、法人格も得られないのである。

　また行政機関については、警察行政から切り離し、専管する行政機構を作るとともに、企業主側、労働者側を加えた有力な参与機関を附置し、極力労働行政の官僚化を防止するとともに、労働関係の調整特に争議の防止、罷業の調停等の事務に参与させることを提唱しており、労働委員会制度の考え方

の原型が見られる。

　興味深いのは、意見書の中に産業報国会の後身のような協調組合や未組織労働者の労働条件を査定する賃金委員会といった考え方も見られることである。すなわち、前者については「今後少くとも過渡的には現在の単位産報的の協調組合の存続をも許し、これをして労働組合に代る機能を営ましむるも一案なるべし。但しこの種組合は飽く迄も労働組合にあらずとする建前を堅持し、特に企業主が労働組合を回避する目的をもつて有名無実の協調組合を作りこれへの加入を被傭者に強要する弊を避くるが為立法上特別の注意を払う必要あるべし」と述べた上で、協調組合の具備すべき最小限度の要件を決定し企業主が有名無実の協調組合を被傭者に強要する弊を防止すること、協調組合の機構組織、事業内容等を届出せしめ、その不当なるものに対しては修正を命じうる道を開くこと、協調組合の設置せられたる企業の被傭者が外部の労働組合に加入することは妨げないが、この場合労働組合は当該企業者に対し正規の団体交渉権を有せざるものとすることなどを挙げている。

　また、後者については「今後と雖も未組織のままに残るべき労働部門の為に、豪、英等の例に倣いて賃金委員会制を設けこれをして労働組合に代る機能を営ましむるを適当とすべく」と述べた上で、未組織労働者を主とする産業につき、府県を単位として産業別に企業者側、労働者側の代表者を加えたる混合委員会を作り、之をして当該産業に属する労働者の賃金その他労働条件を査定せしめ、その公正化を図るとしている。

　なお、労務法制審議委員会の審議に先立ち9月29日、協調会も労働立法調査委員会を設け、11月14日労働組合法、労働協約法の制定及び労働争議調停法の改正を建議した。これの特徴は、労働協約は特に重要だとして単行法として制定することを求めている点であり、地域的一般的拘束力の要件を7割（使用者の同意ある場合には5割）としているのが目に付く[12]。

（9）　労務法制審議委員会における審議

　その後、11月15日の第3回総会には、整理委員会の議論を踏まえて末弘

12）『財団法人協調会史』財団法人協調会偕和会（1965年）。

委員がまとめた法案形式の草案が提出され、同月19日の第4回総会で逐条審議が行われた。

　この草案では、平和義務違反の場合を除き同盟罷業その他の争議行為による民事上の賠償責任を問わないといった点は戦前の社会局案と同様であるが、さらに刑事免責規定のもとになる規定として「政府は団結権ニ対シテ不当ノ制限ヲ加ヘツ、アル一切ノ現行法令ヲ廃止スルト共ニ一般ノ刑罰並ビニ警察法令ガ同様ノ目的ニ濫用セラルルコトヲ防止スベキ必要ナル措置ヲ執ルベキ」と「法制局の方がご覧になるとこれは驚くべき」政治宣言的な文言があった。しかし厚生省勤労局長から趣旨には賛成だが形式を改めて欲しいと要望があり、21日の第5回総会提出案では、刑法、暴力行為処罰に関する法律、警察犯処罰令、行政執行法及び出版法の関係条項は労働組合のためにする組合員の正当なる行為については適用しないという形になり、濫用防止は附帯決議に回った。しかしなお「正当ナル」という表現をめぐって議論があり、答申では「前条規定ノ精神ニ基ク行為」となった。

　末弘意見書にあった労働者の大多数組織を要件とする登録制度はなくなり、組合規約に法人たることを定めて登記すれば法人格を取得することとし、労働協約の一般的拘束力は登録の有無とは切り離されて、「一ノ工場事業場ニ使用セラルル労働者ノ四分ノ三以上ガ一定ノ労働協約ノ適用ヲ受クルニ至リタルトキハ其ノ他ノ同種ノ労働者モ亦当然当該協約ニ依リ拘束セラル」となった。また「一地域ニ於ケル同種ノ産業又ハ職業ニ従事スル労働者ノ大部分ガ一定ノ労働協約ノ適用ヲ受クルニ至リタルトキハ地方長官（其ノ地域ガ二都道府県ニ亘ルトキハ厚生大臣）ハ協約当事者双方若ハ一方ノ申立ニ因リ又ハ職権ヲ以テ其ノ協約ノ拘束力ヲ其ノ他ノ労働者全部及其ノ使用者ニ及ボス旨ノ決定ヲナスコトヲ得」と、地域単位の方は自動的付与制度ではなく行政関与方式になっている。

　また草案では、労働組合は労働者の多数を組織するものであるべきで一部少数派であってはならないという考え方が強く、そもそもの労働組合の要件として、雇傭者の利益代表者の参加を許すもの、主たる経費の補助を仰ぐもの、福利事業のみを目的とするもの、主として政治活動を目的とするものに加えて、「組合員著シク少数ニシテ団体ノ実ヲ備ヘザルモノ」も労働組合と

認めないとしていた。ところが、この点は末弘委員と鮎沢巌委員がGHQと相談しに行ったところ「折角労働組合運動を助長しようとするに拘わらず、この条項のために組合としての認定ができなくて困るということがあって、寧ろ面白くない結果になりはしないか」と削除を求められたことが報告され、労使委員双方ともごく少数者の組合には否定的であったにも拘わらず、削除されることとなった。現在に至る極少数組合まで含めた複数組合平等主義の一つの出発点である。なお、同様にGHQの意向で草案が修正された点として、労働協約は労使双方より地方長官に届け出て効力を生ずるとしていたのが、調印によって効力を生じることとされた。

　草案では労働側委員の意見を受けて、意見書にあったクローズドショップ禁止規定が消えている。この点には使用者側から異論が出され、使用者に組合加入による不利益取扱いの禁止を義務づけるのならば、組合側も組合非加入の自由を認めるべきだと主張し、「何人モ労働者ガ組合員タリ、組合員タラヌノ故ヲ以テ之ヲ解雇シ又ハ雇傭ヲ拒否シ又ハ不利益ヲ与フルコトヲ得ズ」という規定を求めたが、労働組合に入らない自由までここで表明する必要はないとして容れられなかった。

　意見書にあった協調組合については、「組合の完全な発達を図る上に面白くない」として取り入れられなかったが、賃金委員会については労務委員会の事務という形で組み入れられている。労務委員会は答申では労働委員会という名称となったが、意見書でいう「企業主側、労働者側を加えた有力な参与機関」に当たるものとして中央、地方及び地区の3段階（答申では中央、地方の2段階プラス特別の必要あれば地区、事項に特別に設置）に設けることとされていた。その事務には、労働事情の調査、団体交渉の斡旋その他争議の予防、争議の仲裁並びに調停に加えて労働条件の改善に関する建議というのが含まれていた。

　こうして、11月24日、法案の形で答申が行われた。

912　第5部　労使関係法政策

（10）　1945年労働組合法[13]

　政府はこの答申に基づき労働組合法案を作成し、同年12月8日帝国議会に提出し、衆議院及び貴族院で連日審議が行われ、12月19日には全会一致で可決された。こうして、1920年に農商務省と内務省がそれぞれ草案を発表してから何回も提出されながら議会の壁を突破できなかった労働組合法案は、敗戦を機としてようやく実現に至ったのである。内容的にも戦前の社会局案をベースにしたもので、単に文語カタカナ書きであるという体裁上のことにとどまらず、戦後労使関係法制の出発点というよりも戦前労使関係法制の結実点というのがふさわしい。

　なお、政府提出法案が労務法制審議委員会の答申と異なる主な点としては、審議委員会で官側委員が主張していた公務員への適用関係で、警察官吏、消防職員及び監獄において勤務する者に団結権を認めず、その他の官吏、公吏等については団結権は認めるが法の適用は命令で別段の定めをするという点（第4条）がある。これはこの後戦後労使関係法制の一大争点となっていくテーマである。

2　労働争議調停法から労働関係調整法へ

（1）　治安警察法改正問題と労働争議調停法案

　労働争議調停法の制定は治安警察法第17条及び第30条の削除問題と密接な関係を有する。同盟罷業の誘惑煽動の禁止を解除することはやむをえないとしても、労働争議により当事者や社会一般が被る損害は多大なものがあるので、労働争議の迅速円満な解決を促進する必要があると考えられたからである。

　治安警察法の改正は、1919年3月救済事業調査会が「治安警察法第十七条第一項第二号ハ之ヲ削除スベキコト」と答申して以来懸案とされ、野党の憲政会、国民党、革新倶楽部等から同法改正案が繰り返し提出されていた。

　1922年に設置された内務省社会局は労働争議調停法案についても検討を

13）末弘嚴太郎『労働組合法解説』日本評論社（1946年）、高橋庸彌『労働組合法の解説』日本産業經濟新聞社（1946年）、厚生省労政局富樫調査課長校閲『労働組合法の詳解』産業労働調査所（1946年）。

進め、1925年1月にその立案を終え、公表した。しかし、軍直営事業における争議調停、調停期間中の罷業禁止等について政府部内の意見が一致せず、議会提出に至らなかった。そこで、政府は同年7月、同法案を労働組合法案と併せて行政調査会に付議した。同調査会は11月一定の修正を加えて原案を了承し、政府は翌1926年2月労働争議調停法案及び治安警察法改正案を議会に提出した。こちらは労働組合法案と異なり迅速に審議が行われ、同年3月には成立に至った。

この時、経営者団体は労働争議調停法案の制定は時期尚早だとし、治安警察法第17条をそのまま残すべきだと主張したが、さすがにこれは受けいられることはなかった。一方、労働側は同法案を労働者の罷業権に掣肘を加えるものだと批判した。

(2) 1926年労働争議調停法[14]

しかしながら、労働争議調停法は、公益事業の争議行為に厳重な制限を加えてはいるが、労働争議を適法行為として扱った最初の立法として重要な意義を有するものである。

同法は、労働争議の調停について、常設ではなくその都度開設する調停委員会によって行うという方式をとっている。その開始は一般の事業については当事者双方の請求による任意調停方式、交通機関、郵便・電信・電話、水道・電気・ガス等の公益事業及び陸海軍直営工場についてはそれに加えて行政官庁が必要と認めたときにも行える強制調停方式をとっている。調停委員は労使中立各3人ずつで構成し、調停手続は原則15日以内に結了することとし、解決に至らなかったときは調停案を示して行政官庁に報告し、行政官庁はこれを公表する。

第19条が問題の条文で、強制調停の対象となる公益事業等においては、調停が開始されてから結了するまでは、現にその争議に関係のある使用者及び労働者並びにその加盟団体以外の第三者が、①使用者に作業所の閉鎖や作業の中止、雇傭関係の破棄等を、②労働者の集団に労務の中止や作業の進行

---

14) 北原安衞『勞働争議調停法論』自彊館書店（1927年）。

阻害、雇傭関係の破棄等を、それぞれ「誘惑若ハ煽動」することが禁じられている。

なお、これに伴い、各道府県に専任兼任を含めて調停官吏が80名置かれ、警視庁又は各道府県警察部に配置された。実際には、労働争議調停法に基づき調停委員会が開設された事例は6件にとどまり、争議の調整はほとんど全て調停官吏その他の警察官吏の手に委ねられた。

(3) 1931年改正案

浜口雄幸内閣は前述のような経緯で1931年2月に戦前最後の労働組合法案を提出したが、その際併せて労働争議調停法の改正案を提出している。

その内容は、公益事業以外のいわゆる私益事業についても、当事者一方の請求によりあるいは行政官庁の職権をもって調停委員会を開設できることとしたこと、調停官吏の職権を法律上に明記したこと、そして公益事業の労働争議において当事者が作業閉鎖又は同盟罷業のような争議手段を用いる場合には、事前に調停委員会の開設を申請しなければならないこと、である。

この改正案は、事前に公表されることもなく突然提出されたこともあり、労働組合法案に対する経営側の反対を緩和するために出されたのではないかとの批判を浴びた。衆議院では政友会と無産政党の反対を押し切って与党の多数で可決し貴族院に送付したが、前述のように貴族院で審議未了廃案となった。

(4) 1934年の改正検討

1931年改正案は廃案となったが、調停事務担当者の間ではこのような改正を求める声が多く、労働組合にも一般産業に強制調停を行うことを求める声もあったことから、社会局は1934年労働争議調停法改正原案要綱をまとめ、議会に提出しようとした。使用者側は私益事業への強制調停に反対であった。ところがちょうどその頃美濃部達吉博士の天皇機関説事件が起こり、政友会は国体明徴運動を政府に迫る等政局が著しく緊張し、議会提出は見合わせることにした。

なお、この時の改正原案は、1931年改正案をベースとしつつ、さらに私

益事業においても調停委員会開設中は第三者による工場閉鎖や同盟罷業の誘惑煽動を禁止しようとするものであった。

　なお公式資料には残っていないが、1936年、内務省社会局は「産業労働ノ調整ニ関スル諸法律案立法ノ趣旨及要綱」の中で、労働争議調停法を改正して公益事業と私益事業の区別を廃止するとともに、中央及び地方に公労使三者構成の労務委員会を設置して、労務委員会の委員が調停委員となる仕組みを検討していた。[15]

(5)　戦時体制下の労働争議法制

　前述のように1938年に産業報国運動が始まると労働組合は続々とこれに参加し、1940年には多くの組合が解散した。労働争議も激減したが、自然発生的なものもあり、終戦まで根絶はしなかった。

　1938年4月の国家総動員法第7条においては、政府が戦時に際し国家総動員上必要ある時は、労働争議の予防、解決のために必要な命令をし、工場閉鎖や同盟罷業等の労働争議行為を制限又は禁止することができると規定している。これに基づき、1942年2月の重要事業場労務管理令第16条は、厚生大臣の指定する官吏が労働争議の予防、解決に関して事業主、従業者その他の関係人に出頭を命じたり、説明を求めたりすることができるとしている。もっともこれにより実際に争議行為を禁止した事例はない。

(6)　終戦直後の労働争議調停

　敗戦後、戦時体制は解除され、地方の労使関係行政は警視庁及び道府県警察部から都道府県の内政部又は教育民生部に移管された。現行法である労働争議調停法は既に古く、かつ労働争議の予防解決は緊急に必要であることから、政府は新立法ができるまでの応急措置として、1945年11月2日「労働争議ノ調停ニ関スル件」（労発第1号）の通牒を発し、地方長官の指揮監督の下に三者構成による常設の調停委員会を設けた。

　この通達は「警察的威力に依る調停は厳に之を排除すること」とした上

---

15)　鵜野久吾『工場鉱山産業報國會設立運營指針』國民安全協會（1938年）。

で、「労資の対立は可及的当事者間の自治的協商に依り解決すべき」で「徒らなる調停機関の介入は之を慎むこと」とか、「調停に際しては克く双方の主張を聴き相互の間に誤解乃至感情の対立あるときは先ず之を解くことに務むること」等を指示している。また、「争議行為に付ては特に刑事犯に該当するものの外は警察取締を為さざるものとすること」と、警察的取締の抑制を強調している。

（7） 1946年労働関係調整法[16]

労働組合法の制定に際し、労務法制審議委員会が行った答申の附帯決議第5項では、労働争議調停法を廃止し、新たに労使関係の調整を目的とし争議を予防するとともに迅速簡易に争議を解決するに適する法律を制定することを求めていた。政府は労働組合法制定直後の1945年12月30日、労務法制審議会に労働争議の調整に関する法案要綱の作成を諮問した。同審議会は翌1946年5月に労働関係調整法案要綱を厚生大臣に答申した。政府は同年7月に法案を帝国議会に提出した。

労働組合法の時にはGHQはほとんど介入しなかったが、今回はかなり介入している。1946年4月に末弘厳太郎委員がまとめた労働関係調整法案要綱は、労使の自主的調整委員会の設置、行政官庁による調停などを規定し、公益事業については調整委員会に付議してから60日間及び労働委員会による調停が開始されてから調停が成るまで禁止とした。また官公吏については、警察・消防・監獄職員は全面禁止だがその他は調停が成るまで禁止等となっていた。ところが、GHQは自主的調整委員会と行政官庁の調停は全面削除を命じ、公益事業については調停が成らない日から15日とせよ等と命じた。

その後、公聴会の意見を踏まえて5月の審議会で決定した案は、労働争議の予防を重視して予防という1章を設け、経営協議会の設置を間接的に強制

16）末弘厳太郎『労働關係調整法解説』日本評論社（1947年）、吉武恵市『労働關係調整法解説』時事通信社（1946年）、富樫總一『労働關係調整法詳解』労務行政研究所（1946年）、松永正男『労働關係調整法の解説』日本經濟新聞社（1946年）、松岡三郎「日本労働行政の生成」（松岡三郎・石黒拓爾『日本労働行政』勁草書房（1955年）所収）。

するものであったが、これに対してもGHQは削除を命じた。こういった介入はアメリカ的労使関係観に基づくものであったのであろうが、戦後労使関係法制をやや偏ったものにしてしまった感は否めない。戦後日本の労使関係が実際には労使の自主的な調整を中心とするシステムとして展開していったことを考えれば、それと法制との乖離の原点はこのあたりにありそうである。

　これに対し、労働組合側と野党は同法制定に強く反対したが、これは、内容的には公益事業における争議行為について30日間の冷却期間制度を採用したこと、警察官吏、消防職員及び監獄勤務者その他の非現業官公庁職員の争議行為を禁止していたことが理由であるが、それとともに当時政府が企業整備に関して労働者の大量解雇を予告していたこと、電産争議が急迫化しつつあり、政府がその解決のために同法の成立を図っていると解されたこと等の時期的な問題もあった。

　結局、衆議院、貴族院で審議のうえ、同年9月に労働関係調整法が成立した。労働争議調停法との最大の違いは、争議の調整方法として斡旋、調停及び仲裁の3種類を規定し、これらを常設の労働委員会が行うこととした点である。もっとも、1945年の労働組合法の労働委員会に関する規定の中に「団体交渉ノ斡旋其ノ他労働争議ノ予防」、「労働争議ノ調停及仲裁」というのが既に入っていた。なお、この時の附則で労働組合法が改正され、使用者は労働者が労働組合の正当な行為をしたことを理由に解雇その他の不利益取扱いをすることも禁止された。

3 1949年改正[17]

(1) 占領政策の転換

1945年労働組合法、1946年労働関係調整法と日本の労使関係法制は整備され、労働組合運動も急激な発展を遂げていった。GHQは、労働組合の結成を奨励するという基本方針のもとに、日本の労働運動自体に直接干渉しないという態度をとっていたが、1947年2月1日を期して行われようとしたいわゆる2・1ストを契機として、同ゼネストに対するマッカーサー元帥の禁止指令、翌1948年3月のいわゆる3月闘争に対するマーカット声明を経て、同年7月国家公務員法改正に関するマッカーサー書簡が芦田均首相に発せられた。これに基づき、まず政令第201号が制定されて公務員の団体交渉権及び争議権が否定され、続いて国家公務員法の改正、公共企業体労働関係法の制定が行われた。これにより、国家公務員については労働組合法及び労働関係調整法の適用が排除され、国鉄と専売は従来の国営方式から公共企業体方式に改組されるとともに、これら公共企業体職員に対しては、労働組合法及び労働関係調整法に対する重大な特例が定められるに至った。

こういう占領政策の転換の中で、本体の労働組合法及び労働関係調整法についても改正すべしとの指令がGHQから政府にもたらされた。1949年の法改正はGHQの指令によって始まり、GHQの指令によって途中修正されて成立したまさに占領政策の落とし子であり、アメリカ型の労使関係システムを無理に導入しようとした面もあり、しかもそれがGHQの方針転換で中途半端な形となっため、日本のそれ以後の集団的労使関係システムにある種の歪みをもたらした面もある。

---

17) 賀來才二郎『改正労働組合法の詳解』中央労働學園（1949年）、労働省労政局労働法規課編著『改正労働組合法の解説』労務行政研究所（1949年）、労働省総務課長富樫總一校閲『改正労働組合法解義』産業労働調査所（1949年）、末弘嚴太郎『新労働組合法の解説』毎日新聞社（1949年）、平賀健太『労働組合法論』みのり書房（1950年）、遠藤公嗣『日本占領と労資関係政策の成立』東京大学出版会（1989年）、濱口桂一郎「不当労働行為審査制度をさかのぼる」（『季刊労働法』206号）。

（2） 準備過程

　法改正作業が始まるのは1949年早々からであるが、1948年末にはいくつかその準備に当たるような動きが見られる。

　まず1948年10月、新潟県知事の照会に答えて共産党員を組合員から除外することは違法でないと回答している（労発第450号）。また同年11月、12月に労働組合法施行令を改正し、中央労働委員会の地方労働委員会に対する指導性を規定するとともに、労働委員会の委員委嘱に対する労働大臣及び知事の権限を強め、共産党員により労働委員会が闘争の場として利用されてきた弊害を除去しようとした。

　さらに同年12月に労働次官名で発出された「民主的労働組合及び民主的労働関係の助長について」（発労第32号）と題する通牒は、当時の労働組合運営、労使関係に見られた非民主的、非合理的な要素の是正を目的とし、労政職員が単位組合や一般組合員にそれを教育啓蒙するための指針として出された。

　そこで指摘されているのは、組合運営については、組合員の権利・義務関係が不明確であること、組合の各級決議機関と執行機関の相互関係、これら各機関と組合員の相互関係が不明確であること、青年部が独自の意思決定機関を有し組合の統制を離れて行動しうる体制にあったこと、単位組合と上級組合の相互関係が不明確であることなどから組合の民主的運営に関する制度的保障が整っておらず、これが一部少数幹部の独裁的組合運営を容易にし、またこれを通じて組合に対する政党の支配を容易にしていることである。労使関係については、使用者の利益を代表する者が組合に加入していること、専従役員の給料が大部分会社負担となっていること、その他一般に使用者による経費援助が慣行化していたことである。これらはまさに1949年改正で取り上げられるテーマであった。

（3） GHQの指示と労働省試案

　GHQは1948年末に法改正の準備を指示し、政府は労働省と法務庁からなる準備委員会を設けた。明けて1949年1月4日、GHQは改正案を日本側に渡した。これが改正の出発点となる。日本側では新設の労政局労働法規課を

中心に作業が進められたが、1月末にアメリカ労働省のギブソン次官補が来日しGHQに対し勧告がなされたようで、GHQの抱いていた労働組合の登録制の構想等が大幅に緩和されたという。こういったGHQの意向を反映した日本側原案が2月5日にGHQに提出されるとともに、2月14日労働省試案として発表された。

　労働組合法関係では、まず組合の民主性確保のため最小限の規定を組合規約に明示することを必要とし、これを欠くときは労働組合法及び労調法の権利と保護を受け、かつ手続に参与することができないこととした。また労働組合の定義を明確にし、使用者の経費援助及び使用者の利益代表者の範囲を具体的に明示した。なお、この時の試案には利益代表者が幹部労働組合を組織することができるという規定が含まれていた（第2条第4項）。

　試案は新たに第3章として不当労働行為に関する8か条を設けている。不当労働行為の類型が7号にわたって示され（第15条）、労働委員会は不当労働行為があったと認めたときは原状回復等の命令を発し（第16条）、90日以内に地方裁判所に対してその命令の認可を請求することができる（第19条）。裁判所は20日以内に認可ないし不認可の決定をしなければならず、その際命令が正当であると認めたときは認可の決定をしなければならない（第20条第1,2項）。使用者は認可の決定があったときは労働委員会の命令に従わなければならない（第22条）。

　しかも「裁判所は、…労働委員会の命令の基礎となった事実の認定については、前条第一項の規定により当該労働委員会から提出された記録その他の資料によってその認定が理由があると認められる限り、これに拘束され」（第20条第3項）、この例外は「当該使用者又はその団体は、事件に関係があり、且つ、労働委員会の調査に際して提出することができなかった新しい資料を、労働委員会に提出できなかったことについて過失がなかったことを証明した場合に限り、（認可の請求の）受理のあった日から十日以内に裁判所に提出することができ」（第19条第2項）た場合に限られる。この場合には、裁判所は「新しい資料が労働委員会の命令の主文に影響を与える虞があると認めたときは、…理由を附して不認可の決定を」（第20条第4項）することになる。

もちろん、「使用者が当該労働委員会の命令につき…訴えを提起することを妨げない」（同条第5項）ので、最終的に命令が判決で取り消されることはありうるが、裁判所の認可決定という形で極めて迅速な司法判断を可能にするような仕組みが設けられていたことは記憶に値する。このように、労働省試案の基本思想は、実質的証拠法則によって拘束される裁判所まで巻き込んだ形での迅速な不当労働行為独自の救済手続を確立しようとするものであったと言える。

なお不当労働行為の審査についても、労働組合の資格審査や交渉単位、交渉組合の決定と同様、2以上の都道府県にわたるものは中労委、当該都道府県に係るものは地労委ときれいに棲み分けを図っていた。

さらに試案は新たに第4章として団体交渉に関する10か条を設けている。ここでは、前年に制定された公共企業体労働関係法で導入された交渉単位制が中心におかれている。すなわち、その単位内の全ての労働者に関して使用者又はその団体と団体交渉することができる唯一の労働組合を決定するために、その単位内の全ての者の同意に基づいて交渉単位を決定することができ（第25条）、交渉組合が締結した労働条件等に関する労働協約はその単位内の全ての労働組合又は労働者及びその使用者に適用される（第26条）。単位や交渉組合の決定について争いがある場合には労働委員会が決定する（第27条）。

なお労働協約について、期限到来以後その当事者の一方の表示した意思に反してなおその労働協約を有効とすることはできない（第34条）と規定して、当時の「労働組合が闘いとった『マグナカルタ』として使用者の権限に過度の拘束を加え、労働者の一方的権限のみを認めさせたところの法三章的な協約」（発労第32号通牒）が自動延長条項で改定されないままとなっていた状況を打破しようとした。

労働関係調整法関係では、調停について、調停案受諾後その解釈について争議行為をなすには、労働委員会会長が再招集した調停委員会が解釈を示した後でなければならない（第36条の2）と受諾後の平和制を保障するとともに、公益事業以外の事業についても、争議行為開始前15日以前に予告しなければならない（第37条の2）と抜き打ちストを禁止しようとした。また、

922　第5部　労使関係法政策

公益事業の冷却期間を30日から40日に延長している。

　労働省はこの試案をもとに2月下旬に公聴会を実施し、労働側は絶対反対の産別会議系と修正を要求する総同盟系に分かれた。当時労働運動において共産党支配を排除しようとする民主化運動が進みつつあり、この改正はそれと同時並行的に進められた面もある。

（4）　GHQの態度変更と改正法の成立

　ところが、この間、ドッジ声明が日本の経済再建を強調したことを受けて、GHQの意向は経済9原則の円滑な実施を図るためにも、一般に心理的に大きな影響を及ぼすような労働法の全面的改正は見合わせた方がよいというように変わった。これによりGHQでは、改正の重点を日本の現実とこれまでの法施行の経験からする必要な限度にとどめ、もっぱら労働組合の自主性、民主性を強調することにより組合の自主的な自己反省と自立を待つとともに、労働争議についても公共の福祉との調整上当面必要とされる限度で規制することにとどめることにした。

　こうして3月28日、GHQはそれまでの経緯を全く無視する形で新たな法案を日本側に指示した。これは労働省試案で登場した（ということはGHQが指示した）不当労働行為と団体交渉の章が消え、1945年法の構成に近くなっている。不当労働行為は第7条と第28条のわずか2条に圧縮され、交渉単位制は全く消え失せた。残されたのは主として組合の民主性に関わるところと、行政官庁の監督権限の削除に係る部分であって、GHQとしては当面の課題に対処すること以上にアメリカ型労使関係システムを導入しようとした部分からは手を引こうとしたわけである。いずれにしても、労働省は試案に示された交渉単位制の導入にかなり固執したようであるが、GHQの容れるところとならなかった。

　大変皮肉な話であるが、交渉単位制がないのに、（すべての労働組合に対する）団体交渉拒否が不当労働行為として救済されるという諸外国に例のな

い仕組みは、こういう改正経緯の意図せざる帰結と言えよう[18]。また、この時のGHQ手交案で初めて「地方労働委員会の決定については、中央労働委員会はその決定を取り消し、承認し、拒否しあるいは修正する十分な権限を持って再審査する」（第26条）という仕組みが導入されている。今に至る5審制の源流である。

なお、不当労働行為の救済手続については、労働委員会の命令に対して使用者が裁判所に異議を申し立て、「裁判所は労働委員会の事実審査に推定の根拠をおき、適当な判断基準に基づいてその命令が法令に従ったものかどうかについて」「全ての事件に優先させ」「できる限り迅速に」判断を下すというだけの簡素な規定になっていた。ところが国会提出案では、当時の法務府の意見がかなり反映され、旧法の直罰主義をやめて救済命令方式に変える以上裁判所との関係をきちんと規定することが必要だとして、かなり細かい規定が設けられるに至った。これはもはや労働省試案にあったように不当労働行為事件として特別の司法審査方式をとるのではなく、通常の行政事件訴訟として一から審理するという仕組みになってしまった。実質的証拠法則の残り香もこの過程で消滅してしまった。今日の不当労働行為審査制度の問題点は、ここに沿源するということもできよう[19]。

その他、日経連や民自党からも刑事免責規定を削除するようGHQに働きかけが行われたようであるが、GHQの容れるところではなく、結局4月28日に国会に提出された。労働省試案全66条に比べると、わずか全33条になった。労働関係調整法も改正個所は著しく狭められた。

国会では、労働関係調整法について、争議行為をなし得る期間を冷却期間

---

18) 末弘厳太郎は、「日本の現行の法文はあまり上出来ではなく、これは昨年二月の労組法改正労働省試案の中にあつた『交渉単位』の規定があつてこそ初めて役立つ規定なので、現行の二号のままであると自分の雇つている者を代表する者が出てくると何でも交渉しなければならぬというような具合になってしまう」と批判している（末弘厳太郎「労働委員会制度に関する所感」（中央労働委員会事務局編『労委十年の歩みを語る』中央労働委員会（1956年）所収））。

19) 末弘厳太郎は1949年改正直後の段階で、「明らかに改正すべきものと思う。改正の要点は、労働委員会が事実の調査を終わって不当労働行為を認めたならば、労働委員会自らが裁判所に仮処分を請求しうるような制度を作ればいい訳だ」と批評していた（末弘厳太郎『新労働組合法の解説』毎日新聞社（1949年））。

924　第5部　労使関係法政策

の経過後60日に制限した規定を削除する修正を行って、5月21日に改正法
が成立した。

（5）　施行過程

　政府は改正法案の作成と並行して、その内容を先取りするように、占領政
策の転換に対応した労政政策を展開していった。

　2月には「労働組合の資格審査基準について」（発労第4号）と題する次官
通牒を発し、「組合を一部少数者及び使用者よりの支配より守り、組合の自
主性、民主性を確立し、もっとももよく労働組合の目的を達成するために」厳
正適格な資格審査を行うべきことを指示し、その審査基準を示したもので、
使用者の利益代表者の組合からの排除、組合専従者の給与を使用者が支払う
ことの禁止など、改正労働組合法第2条ほとんどそのままであった。

　一方、4月には法務省検務局長の通牒「労働組合法第1条第2項の解釈に
ついて」が出され、いかなる暴力犯罪、他人又はその家族の身体、自由又は
財物に対して、直接に有形の侵害を加える行為又は行為の性質上当然の結果
として係る侵害を生ぜしめるような行為は正当なものとはみなされず、処罰
から免れしめるように解釈することはできないことを明らかにした。

　この間、労働教育行政においても、1948年末から1950年初めまで「労働
教育実施要綱」により、「特定政党の政策が右の健全労働組合主義に反する
場合は恐れることなくその点を指摘し之が是正に努め」よと、民主的労働組
合助長のための施策が推進された。

　これに対し、産別会議系の組合は資格審査を拒否し、アウトサイダー組合
運動を進めようとしたが、これは労働委員会による救済を受けられないとい
うことであり、結局先細りとなって消滅した。

　改正法の最大の効果としては、有効期間満了後に自動延長中の労働協約を
当事者一方の意思により破棄することが可能になったことであり、これによ
り1950年初めまでに協約締結率が30％程度にまで低下した。これに対し、
労働省は同年5月「労働協約の締結促進について」（発労第21号）を発し、
協約締結促進運動を全国的に展開した。

（6）　ILOの第87号及び第98号条約

　さて、アメリカ占領下の日本で1949年改正が行われている間に、ILOでは結社の自由に関する重要な2つの条約が採択されていた。1948年の「結社の自由と団結権の保護に関する条約」（第87号）と1849年の「団結権及び団体交渉権についての原則の適用に関する条約」（第98号）である。これらは同時代的にはまだ再加盟が実現していなかった日本ではほとんど注目されなかったが、後に批准するというときになって日本の公共部門の集団的労使関係法制との関係で大きな問題となり、ただILO条約といえばこれら、特に第87号条約を指すと考えられるほどになった。

　その内容は取り立てて公共部門を対象としたものではなく、民間、公共双方の労働者に適用される基本原則を定めたものである。第87号条約の中心は第2条で、労働者及び使用者がいかなる差別もなしに、事前の許可を受けることなく結社の自由を享受すると定めている。また第3条で、代表の選定、計画の策定など自由な活動が保障される。さらに、行政権による解散や活動停止の禁止、連合体及び総連合体を設立し、国際団体に加入する権利が規定されている。後述の公共企業体等労働関係法や地方公営企業労働関係法は、こういった規定や趣旨に反するところがあったので、同条約の批准に伴い改正が必要となったわけである。

　なお、同条約第3条の「計画の策定」にはストライキの決定が含まれると解釈されているが、条約それ自体が労働基本権としてのストライキ権を規定しているわけではない。制定過程ではストライキ権を明文で確認あるいは否認する提案がなされたがいずれも採択されていない。いわゆる労働基本権問題では、同条約が公共部門におけるストライキ権を認めるべき根拠としてよく用いられたが、必ずしも根拠があるとはいえない。

　むしろ、条約の明文と齟齬があるのが公務員のうち団結を禁止されている職員の範囲である。同条約第9条は、警察と軍隊については明示的に適用除外を認めているが、それ以外の公務員については結社の自由を保障している。日本の法制では、1945年の旧労働組合法においてすでに、警察官吏、消防職員及び監獄において勤務する者に団結権を認めておらず、これが1948年の改正国家公務員法及び1950年の地方公務員法に引き継がれている。

926 第5部 労使関係法政策

このように、第87号条約が公権力からの労使の団結権の保護を目的とするのに対して、、第98号条約は労使間の行為を規制することで団結権を保護しようとするものである。第1条は、労働組合に加入せず、又は労働組合から脱退することを労働者の雇用条件とすること、及び組合員であること又は組合活動に参加したことを理由として解雇その他の不利益取り扱いをすることを禁止し、第2条は、労働者団体を使用者の支配下に置くため、使用者に支配される労働者団体の設立を促進し、又は労働者団体に経理上の援助を与えることを禁止している。これらは現行労働組合法第7条（不当労働行為）の第1号と第3号に相当する規定といえる。また第4条は団体交渉の促進を規定している。

なお、本条約は警察と軍隊に加えて、国の行政に携わる公務員も適用除外とすることを認めている。

4 1952年改正[20]

（1）　政令諮問委員会の意見

1951年5月のリッジウェー総司令官の声明により、占領中の諸制度、諸法令の再検討が許されることとなり、労使関係法令の改正も急速に具体的問題となった。政府はリッジウェー声明に応じて政令諮問委員会[21]を設置、7月「労働関係法令の改廃に関する意見」を提出した。これは「労働関係法令は経済民主化の根幹であるから、その基本原則は今後も確保、強化すべき」としつつ、「過去5ヶ年の経験から見て日本経済の実情に適しない点は国際的水準を下回らない限り率直に修正を考えるべき」として、次のような改正を提言している。

まず一般的問題として、関係法令の整理統合、国民経済を破壊するおそれのある争議行為、いわゆるゼネストについて、政令第325号（占領目的阻害

20）賀来才二郎『改正労働関係法』労働法令協会（1952年）、労働省労政局『改正労働関係法の詳解』労務行政研究所（1952年）、賀来才二郎『改正労働組合法の解説』時事通信社（1953年）、賀来才二郎『ふていのやから　労政局長の手記』科学新興社（1953年）。

21）学識者7名、労働法については中山伊知郎が中心。

行為処罰令）に代わる立法措置を講ずること、労働委員会の機能を強化することを挙げている。

次に労働組合法について、団体交渉の単位及び代表権者について当事者間に意見の不一致があるとき、また直接交渉に当たる者の適否について争いを生じたときに、労働委員会の関与によってこれを処理しうるようにすることを提示するとともに、必要のある場合に交渉単位制度の採用も考慮することを求めている。また、使用者側のみならず労働側にも団体交渉に応ずる義務を負わしめることを挙げ、労働側の不当労働行為の考え方を示した。さらに不当労働行為については、労働委員会に優先的取扱いを認めて裁判所との間の混乱を避けるよう求め、また不当労働行為の申立期間を事件発生後6か月間に固定することも求めている、

労働関係調整法については、現行の30日間の冷却期間は必ずしも有効でないとして、1週間又は10日前に予告させることとし、労働委員会は直ちに1か月以内の実情調査を行い、当事者双方はこれに応じなければならないとすること、生産設備に致命的な影響を与えるような争議行為を避けるために、予め設備保持に関する協定を結ぶようにすることを求めている。

（2） 労政局試案

これを受けて、労政局は同年9月「労働関係法（仮称）要綱試案」を作成、発表した。これは、現行の労働組合法、労働関係調整法、公共企業体労働関係法及び国家公務員法、地方公務員法中の現業職員の労働関係を規律する法規を全て統合して一本とするもので、組織的には中労委、地労委その他を全て再編して、準司法機能については全国労働関係委員会とその支局に一本化し、調整機能については中央と地方の労働関係調整委員会を置くとともに、これとは別に中央と地方の労働争議仲裁委員会を置くというものであった（地方は任意設置）。

内容的にはまず、労働組合にも団交応諾義務を課し、団交拒否を労働組合の不当労働行為とすることを打ち出している。また交渉単位制を一部導入し、労働者のために責任を持って交渉する労働組合はいずれの組合であるかについて争いがある場合、全国労働関係委員会が団体交渉における排他的交

渉権を有する労働組合を決定できるものとし、使用者の団交拒否は排他的代表組合に対するものに限っている。

不当労働行為は全て全国労働関係委員会の専属管轄とし、かつ裁判所は全労委の決定を経た後でなければ扱えないこととしている。また全労委に地方支局を設け、審査官を置くこととしている。なお、全労委の命令に対する訴えについて、事実認定が裁判所を拘束すること、新しい証拠の提出を制限することなどとしている。

労働争議の調整については、斡旋と調停の区別を廃止して「調整」とし、労働部門ごとに置かれる労働関係調整委員会が調整を行うとしている。なお、都道府県は調整委員会を置くことができると任意設置になっている。公益事業又は公益に著しい障害を及ぼす労働争議については、労働大臣がその都度労働争議調査委員会を設け、実情調査をすることができる。当事者は実情調査の決定の通知を受けてから30日間は争議行為をすることができず、使用者は労働関係の現状を変更できないものとしている。調査委員会は30日以内に労働大臣に報告し、労働大臣はこれに基づいて勧告をすることができる。

労政局試案では労働関係調整委員会とは別に労働争議仲裁委員会を置くこととされている。これは両当事者の合意又は協約に基づく任意仲裁のほか、公共企業体、国又は地方の現業の労働争議及びゼネスト禁止法により争議行為を禁止された労働争議について、労働大臣の請求により職権仲裁を行うものとされている。なお、公益事業の争議行為の予告期間は7日としている。

以上のように、大変思い切った内容のもので、「一つの立場において理論的に労働関係法規のあり方を勇敢に追求した試み」であることは確かであった。労働組合の不当労働行為や交渉単位制など、一見アメリカ型労使関係システムの導入志向と見えるものも、占領下の諸法令の見直しという文脈のなかで考えればむしろ日本の労使関係の現状を踏まえてその解決の方向として打ち出されたものであると言え、「将来において再び労働関係法規改正の問題が起こった場合においても…大きな影響力を持つものと考えられる」というのはあながち労政局長賀来才二郎の自負とばかりはいえない。

しかしながら、内容に関する労働側の反対は織り込み済みだったであろう

が、組織改編によって分断縮小されることになる労働委員会サイドの反発は
予想を超えるものだったようである。全国労働委員会連絡協議会は同年10
月決議文を採択し、「労使関係を官僚の統制下に置かんとするもの」と非難
し、「右の試案に類するが如き労働関係法規の改正に対しては絶対に反対」
すると中山伊知郎議長の名で宣言している。労政局長としては「最も烈しい
反対者は労働委員会そのものの中にあったのであって、労働関係法規改正問
題の重点は政策的の問題よりもあたかも労働委員会制度を如何にするかとい
う技術的な問題にあるが如き奇観を呈した」とぼやきたくなるところであっ
たろう。

（3）　労働関係法令審議委員会

　こうして労働関係法規の改正に関する議論が沸騰する中、政府は同年10
月労働関係法令審議委員会[22]を発足させた。同委員会は11月から12月にか
けて第一読会を行い、その後翌1952年3月まで小委員会[23]を設けて第二読会
を行って、3月に労働関係法令の改廃に関する意見を答申した。これは労働
委員会制度、斡旋、調停及び仲裁、団体交渉等について現状維持を原則と
し、不当労働行為や労働協約についてもわずかな改正にとどめるという内容
であった。なお労使委員の意見が対立してまとまらなかった事項も列記され
ている。

　この答申に対して賀来才二郎局長は「全ての人の期待にはずれたもので
あった」と批判し、その理由を労使委員が組織の代弁者として行動したこと
に求めている。特に不当労働行為制度については、「多くの問題があるにも
拘わらず、これらの全ては殆どお茶を濁した程度の改正を答申したのみで、
全て見送られた」と非難し、「その原因としては労働委員会制度の現状維持
がまず前提とされたことによる点が多い」と述べている。

22）労使各7名、公益6名。公益が1名少ないのは、会長予定の孫田秀春が労働側から忌避
　されたためという。
23）公益6名、労使各3名、小委員長：吾妻光俊。

930　第5部　労使関係法政策

（4）　小規模改正

　政府はこの答申を受けて法案作成にかかり、5月になって労働関係調整法等改正案と地方公営企業労働関係法案を国会に提出した。この改正は相当部分公的部門の労使関係システムに係るものであるので、それについては次節で触れることにする。労働関係調整法に関する主な改正点は、公益事業又は公益に著しい障害を及ぼす事件について、労働大臣がこれを放置すれば国民生活に重大な損害を与えると認めるときは、緊急調整の決定をすることができ、この時当事者は50日間争議行為を禁止され、この間中央労働委員会が斡旋、調停、任意仲裁、実情調査及び勧告をするという規定の導入である。また公益事業の冷却期間を30日から15日に短縮するとしていた。その他細かい改正点がある。

　国会では参議院で、緊急調整の決定は内閣総理大臣が行い、また公益事業の冷却期間制度を廃止して10日前までの予告制度とする等の修正が行われ、衆議院との両院協議会で協議した結果、7月末に成立した。

　この改正は、少なくとも民間部門の労使関係システムに関する限り、ごく小規模な改正にとどまったと言わざるを得ない。労働委員会制度を下手にいじろうとして猛反発を受け、その結果労使関係法規の基本的問題点を依然として解決されないままに残してしまったのである。立法戦術論としては、労働省労政局が自ら試案を公表して反発を招いたことが敗因といえよう。

5　その後の動き

（1）　スト規制法[24]

　総評が1952年の秋から年末にかけて行った賃金闘争における電産スト及び炭労ストは、社会全般に大きな脅威と損害を与えたため、両争議に対して強い世論の批判が起こり、各種産業団体、地方議会、消費者団体などは、この種の産業における争議行為の方法について必要な立法措置を早急に具体化するように求めた。特に電産の争議に対しては、停電を伴うストが需要者た

24）中西実他『電気・石炭争議行為方法規制法解説』かんらん書房（1953年）、栗山良夫『スト規制法と労働基本権』経済往来社（1953年）。

る第三者に損害を与えるものであるため、その指弾非難は強かった。

このような世論を受け、政府は1953年2月、電気事業及び石炭鉱業における争議行為の方法の規制に関する法律案を作成し、国会に提出した。これは電気事業については停電スト、電源ストのように電気の正常な供給に直接障害を生ずる争議行為を、石炭鉱業については保安要員の総引揚げを行う争議行為を規制するものである。国会では衆議院で3年の時限立法とする修正が行われたが、解散のため審議未了となり、6月に再度提出、8月に成立した。なお3年後の1956年12月存続の決議が行われ、期限のない法律となった。

それから半世紀以上たち、2014年6月に成立した電気事業法改正の附帯決議で、スト規制法について「自由な競争の促進を第一義とする電力システム改革の趣旨と整合性を図る観点から再検討を行う」ことを求められ、同年9月から労働政策審議会に電気事業及び石炭鉱業における争議行為の方法の規制に関する法律の在り方に関する部会[25]を設置して検討した。ヒアリングでは、電気事業連合会も電力総連もいかに良好な労使関係にあるかを力説した。

2015年2月の同部会報告は、「スト規制法について、現時点では存続することでやむを得ない」としつつ、その「在り方については、電力システム改革の進展の状況とその影響を十分に検証した上で、今後、再検討するべきである」とも述べている。また、「労働者代表委員からは、スト規制法は電気事業の労働者の憲法上の労働基本権を制約している上、既に労働関係調整法の公益事業規制がある中でさらに規制を設ける根拠は存在しないと考えられることから、同法は廃止すべきとの意見があった」と付記されている。

（2）　健全な労使関係の育成[26]

1950年代半ばから後半にかけての時期、労働省は労働教育行政の一環として、健全な労使関係の育成のための次官通達を発した。

25）公益4名、労使各3名、部会長：勝悦子。
26）労働省労政局労働教育課編『よき労使関係のありかた』労働法令協会（1959年）。

932　第5部　労使関係法政策

　まず1954年10月の「労働関係における不法な実力の行使の防止について」
（発労第41号）は、「労働者の団結権、団体交渉その他の団体行動権は、法
の保障する所ではあるが、暴行脅迫その他不法な実力の行使により他人の行
動、意思に強制を加えることは、団結権、団体行動権を保障した法の限界を
逸脱するものである」と述べ、ピケット、団体交渉、工場占拠、ロックアウ
ト、公務執行妨害、応援団体等、相手方の違法行為に対する対抗行為などに
ついて具体的に見解を示している。

　さらに1957年1月の「団結権、団体交渉その他の団体行動権に関する労
働教育行政の指針について」（発労第1号）は、マルクス主義イデオロギー
に傾きがちな労働運動に対する批判を展開し、「労働法が労働者にその団結
を擁護する本旨は、労働組合が労働条件の集団的決定、すなわち労働協約の
締結のために使用者と団体交渉を行うことを予定するところにある」のであ
り、「断じて、社会、経済の秩序を攪乱変革せんとする革命運動ないしは階
級闘争のために保障されているのではない」と断言している。

（3）　労使関係システムについての検討

　民間部門の労使関係システムについては、その後内容に関わるような改正
はほとんど行われていない。「労働関係法規の基本的、また技術的諸問題は
依然として解決されないままに残っているものであることが忘れられてはな
らない」との賀来局長の思いは半世紀間放置されてきたかのようである。

　もっとも、1959年11月に現行労使関係法全般について再検討するため労
使関係法研究会[27]が設置され、1966年12月「労使関係法運用の実情及び問
題点に関する報告書」を提出している。これは膨大な分量の報告であるが、
法改正には全く結実していない。その後委員を再編[28]して1977年まで公共
部門（公労法、地公労法）について検討を行い、同年9月報告書を提出した。

　1978年には新たなメンバーを加え[29]、労使関係法運用上緊急を要する問題
について研究を行うこととし、当面不当労働行為の審査に焦点を当てて検討

───────────────────
27）学識者12名、会長：石井照久。
28）学識者10名、会長：峯村光郎。
29）学識者15名、会長：石川吉右衛門。

を行うこととなった。この結果1982年5月に「労働委員会における不当労働行為事件の審査の迅速化等に関する報告」を行い、受理後の調査の充実、審問における主導的な審査指揮、団交拒否事件の迅速処理への配慮、労働委員会事務局の強化、取消訴訟における審級省略等を提案している。

　1983年からは諸外国の制度の研究を行っていたが、最後に経済社会状況の変化に対応した労使紛争処理の在り方について検討を行い、1997年8月に中間取りまとめを、1998年10月に「我が国における労使紛争の解決と労働委員会制度のあり方に関する報告」を取りまとめて解散となった。この報告は個別労使関係紛争の処理システムに重点を置いており、2001年に成立した個別労働関係紛争の解決の促進に関する法律に結実することになった。しかしながら、集団的労使関係システムに関する法制は、60年以上にわたって何ら変化のないままである。

第2節　公的部門の集団的労使関係システム[30]

1　公共企業体・国営企業等の集団的労使関係システム

（1）　戦前のシステム

　戦前の労働組合法案において公的部門の労働者がどのように考えられていたかを見ると、若槻内閣の労働組合法案が行政調査会で審議された際の決議書の中に、組合員の範囲として、官吏は本法の労働者と認めないこと、軍人軍属は組合に加入することを認めないこと、ただし一時的勤務のための召集に応じた軍人については別に考えること、などとされている。地方吏員はおそらく官吏に含めて考えられていたのであろうが、少なくとも私法上の雇傭契約による雇員・傭人は労働組合に加入できる労働者であると考えられていたことは間違いないと思われる。

　1926年の労働争議調停法では、強制調停の対象となる公益事業として、鉄道、郵便、電信電話、水道・電気・ガス供給などに加え、「陸軍又ハ海軍

30）濱口桂一郎「公務労働の法政策」（『季刊労働法』220号）。

934　第5部　労使関係法政策

ノ直営ニ係ル兵器艦船ノ製造修理ノ事業ニシテ勅令ヲ以テ定ムルモノ」まで入っており、少なくともこういった現業の労働者については厳重な制限付きではあっても争議権があることを前提とする法制であった。

(2)　戦後初期のシステム

　1945年労働組合法は労務法制審議委員会の答申とほぼ同じ内容であるが、一点大きな修正があった。それは審議委員会で官側委員が強く主張しながら答申で盛り込まれなかったものを、政府部内の修正で国会提出案に盛り込んだもので、警察官吏、消防職員及び監獄に勤務する者は「労働組合ヲ結成シ又ハ労働組合ニ加入スルコトヲ得ズ」、その他の官吏、待遇官吏及び公吏その他の国又は公共団体に使用される者については「本法ノ適用ニ付命令ヲ以テ別段ノ定メヲ為スコトヲ得。但シ労働組合ノ結成及ビ之ニ加入スルコトノ禁止又ハ制限ニ付テハ此ノ限ニ在ラズ」（第4条）というものであった。この規定ぶりからすると、警察・消防・監獄職員に団結権が認められないだけでなく、その他の現業非現業含め公的部門の労働者についても団結権は認められるが、団体交渉権や争議権については下位法令で禁止ないし制限されることもあり得るというものであった。しかしながら、労働組合法施行令にはこれに基づく規定は設けられず、上記3職員以外の公務員の労働基本権に制限はなかった。

　1946年労働関係調整法の制定過程においては、争議行為の禁止・制限の問題が重要な争点となった。労務法制審議会において同年4月に末弘厳太郎委員がまとめた法案要綱では、警察官、消防職員及び監獄勤務者には争議行為は絶対的に禁止であるが、その他の官公吏については労働委員会の調停なるまで禁止し、また調停ならない場合にも行政官庁が中止又は制限をなしうる措置を講じることとしていた。ところがこれに対しGHQが指示したのは、行政司法事務に直接参加する者についてのみ争議行為を禁止し、その他の業務につく者は官公吏であっても争議行為ができるというものであった。そうすると、行政事務に直接関与するタイピストは官吏でなくても争議行為ができないということになる。公務員法制を身分論的に考えようとする日本側と機能論的に考えるGHQ側の考え方の相違が表れていると言えよう。

この指示に従った形で法案が帝国議会に提出されたが、提出直前の閣議で田中耕太郎文相らの強い意見により官立公立又は私立の学校の教職員の争議行為を禁止すると修正され、これに対し直ちにGHQから「教員が争議行為をしても直ちに国家が崩壊する虞はない」として修正の撤回が指示された。教育関係者に根強い「教師は労働者にあらず論」があっさり否定されたわけで、その後も現在に至るまで私立学校教員の争議権が否定されたことは一度もない。

結局、労働関係調整法では、警察・消防・監獄職員及び「国又は公共団体の現業以外の行政又は司法の事務に従事する官吏その他の者」が争議行為を禁止され（第38条）、その違反には罰金が規定された。ここで「現業以外の」という言葉が初めて出てきたが、これは「行政又は司法の事務」と一体の言葉であって、後のいわゆる「非現業」よりも狭いものである。上の経緯からも分かるように国公立学校の教員はこれに含まれず、争議権を有していた。

いずれにしても、これによって行政・司法事務職員については争議行為が禁止され、労働法政策としては一応の完成を見た。

（3）　マッカーサー書簡と政令第201号

このシステムをGHQ自らの手でひっくり返したのが1948年7月のマッカーサー書簡とそれを受けて直ちに制定された政令第201号である。「極左分子によって指導された労働運動が、昭和22年2・1ストの経験に懲りず、更に昭和23年3月闘争において、公務員組合を主軸として争議を展開し、勢いの極まるところ遂に全逓等の現業のみならず、労調法上争議行為を禁止されている一般公務員まで巻き込んで全国的に争議行為を行うに至り、かかる事態に対処して遂にここに従来の如き寛大な労働立法に、一大転機がもたらされるに至った」というわけである。

この背後にはGHQ内部における公務員課と労働課の論争があった。もともと、1947年10月の国家公務員法制定の際、フーバーの原案にあった職員の団体交渉権及び罷業権の制限規定が、当時の片山哲社会党内閣によって全面的に削除され、上の労調法システムが維持されていたのである。ところが、過激な労働運動が庇護者であったはずの労働課の足を引っぱる形とな

り、マッカーサー元帥の面前でフーバー公務員課長とキレン労働課長の「御前試合」の結果、ほぼ全面的に前者の意見が採用され、キレンら労働課幹部は辞任するという事態になった。

こうして7月22日付で出されたマッカーサー書簡は、「雇傭若しくは任命により日本の政府機関若しくはその従属団体に地位を有する者は、何人といえども争議行為若しくは政府運営の能率を阻害する遅延戦術その他の紛争戦術に訴えてはならない。何人といえどもかかる地位を有しながら日本の公衆に対しかかる行動に訴えて、公共の信託を裏切るものは、雇傭せられているが為に有する全ての権利と特権を放棄するものである」と全ての公務員の争議権を否認したのみならず、「全ての政府職員は普通に知られている所謂団体交渉の手段は公務員の場合には採用できないものであることを知らねばならぬ。…使用者は国民である」と全ての公務員の団体交渉権をも否定した。

ただし、「鉄道並びに塩、樟脳、煙草の専売などの政府事業に限り、これらの職員は普通公職からは除外せられて良いと信ずる。然し乍らこれ等の事業を管理し運営するために適当な方法により公共企業体が組織せられるべきである」と、現業職員の一部について公務員法制から除外することも示唆している。なぜ国鉄と専売の二つだけが取り上げられ、郵政が取り上げられなかったかについては、この頃国労に代わって全逓が過激な運動の先頭に立っていたという労働情勢が原因といわれている。

これを受けた日本政府は直ちに7月31日、国家公務員法改正までの暫定措置として「昭和二十三年七月二十二日附内閣総理大臣宛連合国最高司令官書簡に基づく臨時措置に関する政令」を決定し、即日施行した。この政令第201号により、国、地方、現業、非現業を問わず全ての公務員について争議行為が禁止され、また労働協約の締結を目的とする団体交渉権は否認され、従来の労働協約で政令の趣旨に反するものは無効とされた。

ちなみに、この時労働省労政局は「昭和二十三年七月二十二日附内閣総理大臣宛連合国最高司令官書簡に基づく臨時措置に関する政令の解釈並びにこれに伴う労政事務処理について」という通牒を出し、公務員又はその団体が、その代表者を通じて苦情、意見、希望又は不満を表明し、かつこれについて十分な話合いをし、証拠を提出するという意味での交渉の申し出があっ

たときは誠意を持ってこれに応じ、内容の合理的なものについては速やかに
善処するようにとか、この交渉の結果一定の了解に達したときは徒なる紛議
の発生を防止するために、これを文書として記録することは差し支えなく、
この文書は法律上の効力は有しないが、そのことを理由に当局が了解事項の
履行をゆるがせにしないように、といったことを事務処理通牒というひっそ
りとした形で示している。

（4）　1948年公労法[31]

　マッカーサー書簡では、国鉄と専売についてのみ公共企業体を設立し、そ
の職員については国家公務員法を適用せず、特別の労働関係とすることとさ
れていた。これを受けて1948年12月に制定されたのが公共企業体労働関係
法であるが、これをめぐっては、GHQ内では法務局を中心に公務員課と労
働課が、日本政府内では法務庁を中心に運輸省鉄道総局及び大蔵省専売局と
労働省労政局が、舞台裏でさまざまな動きを行った。争議行為禁止を法律に
明記せず、制限を強くすることにより実際上争議行為を行い得ないようにす
るという労政局の案は徹頭徹尾否定された。一方、特に運輸省鉄道総局が強
く求めた運輸省所管の鉄道労働関係法とする案もGHQに一蹴され、労働省
所管の法律として成立した。

　公共企業体の労働関係は、公的部門ではあるが国家公務員法ではなく労働
組合法と労働関係調整法が原則的に適用され、その一部の例外を公共企業体
労働関係法が規定するという形になっている。そのために、公共企業体とし
て日本国有鉄道と日本専売公社が設立されたのである。

　例外の第1は、団結権の制限である。すなわち、「職員は組合を結成し、
若しくは結成せず、又はこれに加入し、若しくは加入しないことができる」

31）労働省労政局労働法規課『公共企業体労働関係法の解説』日本労働通信社（1948年）、
　賀来才二郎『公共企業体労働関係法の詳解』十一組出版部（1949年）、吾孫子豊『公共
　企業體勞働關係法解説』交通資料社（1949年）、吾孫子豊『公共企業体労働関係法制定
　経過概要』公共企業体等労働問題研究センター（1971年）、飼手真吾「公労法の制定を
　めぐって」（『季刊公企労研究』第6号）、和田勝美「公共企業体労働関係法制定の思い
　出」（『季刊公企労研究』第70号）、遠藤公嗣『日本占領と労資関係政策の成立』東京大
　学出版会（1989年）。

938　第5部　労使関係法政策

（第4条第1項）とオープン・ショップ制を規定するだけでなく、「公共企業体の職員でなければ、その公共企業体の職員の組合の組合員又はその役員となることはできない」（同第3項）といわゆる逆締め付け条項が明記された。職員以外が組合の役員になれないのであるから「公共企業体は、その定める一定数を限り、その職員が組合の役員としてもっぱら組合の事務に従事することを許可することができる」（第7条）と専従職員規定を置いている。このあたりは、国鉄一家意識の強い運輸省鉄道局の意向がかなり反映されているようである。

　例外の第2は、団体交渉の仕組みであり、日本の法制上初めて交渉単位制と交渉委員制を導入した。すなわち「公共企業体とその職員又はその組合は、協議により団体交渉を行うに適当な単位を決定しなければなら」（第10条第1項）ず、「公共企業体の職員を代表する主たる組合は、組合員以外の職員の代表者と協議して、…交渉委員を指名しなければなら」ない。「交渉委員は、公共企業体の交渉委員と交渉するために、公共企業体の全ての職員を代表する排他的代表者である」（第11条第1項）。そして「団体交渉は、もっぱら、公共企業体を代表する交渉委員とその公共企業体の職員を代表する交渉委員とにより行う」（第9条）。こういうアメリカ型労使関係システムは民間でも可能であるし、逆に言えば公共企業体にふさわしいというわけでもない。1949年労働組合法改正時に導入されようとしたが、結局導入されず、その後1956年には公共企業体等労働関係法からも削除された。

　例外の第3は労働協約で、「公共企業体の予算上又は資金上、不可能な資金の支出内容とするいかなる協定も、政府を拘束するものではない」（第16条第1項）と、労働協約（法律上は「協定」）の効力を一部制限している。これは後述の仲裁裁定に関連して問題となった。「公共企業体というか弱い存在が大蔵省という怖いおっちゃんのご機嫌を損じ」てまで協約を結ぶことはないが、「勇敢な公共企業体仲裁委員会の委員諸氏は、大蔵省なんかが何を言おうとかまっちゃいなかった」からである[32]。

　例外の第4は争議行為で、「職員及びその組合は、同盟罷業、怠業、その

32）松崎芳伸『改正公共企業体労働関係法の解説』時事通信社（1952年）。

他業務の正常な運営を阻害する一切の行為をすることができない。また職員はこのような禁止された行為を共謀し、そそのかし、若しくはあおってはならない」（第17条第1項）と、争議行為を全面的に禁止した上、これに違反した職員は「この法律によって有する一切の権利を失い、かつ、解雇される」（第18条）。ただし、国家公務員法とは異なり、刑事罰は科されない。この刑事罰は運輸省鉄道総局の意見が容れられなかった点である。

　例外の第5は紛争処理で、まず上記交渉単位ごとに労使の代表各2名からなる苦情処理共同調整会議を設置し、日常の作業条件から起こる職員の苦情を適当に解決することとされ（第19条）、次に国鉄と専売公社ごとにそれぞれ中央と地方の調停委員会を設置して、苦情及び紛争の調停を行うこととされ（第20条～）、さらに公共企業体仲裁委員会が設置されて、団体交渉対象事項であって団体交渉により解決できない問題について仲裁手続を行うこととされた（第26条～）。争議行為が禁止されたため、任意仲裁だけでなく調停委員会や主務大臣の請求による強制仲裁制度を導入することになったわけである。

（5）　1950年地公労法[33]

　国家公務員法に続いて1950年12月地方公務員法が制定されたが、その際、労働省と地方自治庁の間で、交通、電気、ガス、水道等の現業職員の扱いが問題となり、附則第20項において特別法が制定されるまではなお従前の例によるとして、労働組合法、労働関係調整法及び政令第201号が適用されることになった。この時、地方自治庁が地方公企業職員法案を公表する一方、労働省労政局は地方公営企業労働関係法案要綱を公表し、公聴会を開催した。両案の最大の違いはその適用対象で、地方自治庁案が地方財政法第6条の公営企業に限定しているのに対し、労政局案は行政事務と教育を除く広範な現業に及んでいた。

　ところが、地方公務員法案が参議院で修正を受け、「単純な労務に雇用される一般職に属する地方公務員」についても特別法が制定されるべきことと

33）猪谷実『公務員制度と労働関係の研究』時潮社（1989年）。

940 第5部 労使関係法政策

なった（第57条、附則第21項）。そこで、労働省と地方自治庁で折衝が行われ、翌1951年2月にその範囲を定める政令が制定された。単純労務者とは、守衛、給仕、小使、運搬夫、雑役夫から始まり、土木鉱夫、清掃夫、炊事夫、大工、自動車運転手など11号にわたって規定されている。

　その後、リッジウェー声明や政令諮問委員会の意見など労働関係法の改正の気運の高まる中で、同年10月から審議を開始した労働関係法令審議委員会の答申を受けて労働関係調整法等の改正案が作成され、翌1952年5月に国会に提出されたが、これと併せて地方公営企業労働関係法案も提出され、一定の修正を加えて7月末に成立した。その適用対象はかつての地方自治庁案に沿って狭くなっている。

　その内容は公共企業体労働関係法に準じているが、交渉単位制及び交渉委員制を設けず、労働組合法に基づいて団体交渉を行うこととなっている。また、斡旋、調停、仲裁は労働委員会が行うこととされ、特別の調停委員会や仲裁委員会は設けられなかった。しかし、オープンショップ制や逆締め付け条項は公労法通りであり、争議行為の禁止や違反職員の解雇もそのままである。

　興味深いのは条例、規則及び予算と協定との関係であって、団体交渉によって締結された協定が条例に抵触する場合であっても、条例違反として直ちに無効とすることなく、締結後10日以内に必要な条例改正等を付議して議会の議決を求めなければならないとしている（第8条）。ここは参議院で修正されたところであるが、公労法よりもやや団体交渉権重視に傾いた仕組みとなっている。

　なお、単純労務職員については附則第4項で、特別法が制定されるまでの間地方公営企業労働関係法を準用することとされたが、未だに特別法は制定されていない。

(6)　1952年公労法改正[34]

　1952年の労働関係諸法の改正は、労政局試案から比べると大変小規模な

34）松崎芳伸『改正公共企業体労働関係法の解説』時事通信社（1952年）。

ものとなったが、公労法については対象が大きく広がる等の改正があった。一つは日本国有鉄道と日本専売公社に加えて、日本電信電話公社が新たに設立され、公共企業体の仲間入りをしたことであるが、もう一つは公共企業体ではない国の経営する企業についても公労法を適用することとされたことである。

　具体的には、郵便事業（郵政省）、印刷事業（印刷庁）、造幣事業（造幣庁）、国有林野の営林事業（林野庁）及びアルコール専売事業（通産省）の5つの事業であり、これらのいわゆる現業職員は一般職の国家公務員として適用除外部分以外の国家公務員法の適用を受けるとともに、公労法の適用も受けるという二重の地位におかれることになった。これに伴い、法律の名称も公共企業体労働関係法から公共企業体等労働関係法に変わった。3公社5現業体制の成立である。

　対象企業が増加したことから、これまで国鉄と専売公社ごとに設けられていた調停委員会が一本化され、中央及び地方に公共企業体等調停委員会が設置された。また、いくつか細かな改正は行われたが、交渉単位制と交渉委員制は存続した。

　この改正の趣旨を一言で言えば、かつて国鉄や専売公社と同様の立場にあったにもかかわらず、争議権のみならず団体交渉権まで奪われていた郵政等の職員に、国鉄と同じ団体交渉権までは回復したという点にある。政令第201号で団体交渉権がそっくり剥奪されてからちょうど4年で、ほぼ回復されたことになり、担当課長松崎芳伸は「労働関係法令審議委員会が、半歳もの日子を費やし、幾たびか議論を重ねつつも、遂に現業公務員に労働法上の団結権、団体交渉権を与えるべきだという答申すら出し得なかったに反し、ふつう口を開けば保守反動と称せられる政府案が国鉄、専売の外に、日本電信電話公社、郵政省、林野庁、印刷庁、造幣庁、アルコール専売事業に団体交渉権まで与えるという進歩的立法をもたらしたことは、いずれにしても注目されて良い」とやや自慢げに語っている。

　もっとも、労働関係調整法旧第38条の「現業以外の行政又は司法の事務」という規定ぶりから考えれば、ここで5現業とされた事業以外にも団体交渉権まで与えられるべきものがあったように思われる。学校や病院は営利企業

942 第5部 労使関係法政策

ではないにしても、労働組合法と労調法がそのまま適用される民間の法人が同様の事業を行っているものであり、国立学校や国立病院を「非現業」と称することになったのは、如上の如き経緯以外の理由ではない。

(7) 1956年公労法改正[35]

その後も公労法について改正を求める声が少なくなく、労働省も1955年秋から改正の検討を始め、各界の意見を聴取するとともに、1956年1月臨時公労法審議会[36]を設置し、意見を求めた。同審議会は同年2月答申を行い、交渉単位制の廃止等を内容とする意見を提出した。労働省はこれを受けて改正法案を作成し、同年3月国会に提出、5月に成立した。

この改正により交渉単位制及び交渉委員制は廃止され、労働組合が団体交渉の当事者となることとなった。また、紛争調整機関として従来二本立てとなっていた調停、仲裁の機関を統合して公共企業体等労働委員会を労働省に設置することとした。さらに、仲裁裁定の実施確保のため、給与総額制度に弾力性を持たせるとともに、政府に仲裁裁定実施のための努力義務を課した。

(8) 1965年改正[37]

1965年改正は、改正内容だけ見れば小規模かせいぜい中規模の改正に過ぎない。それは、公共企業体等労働関係法と地方公営企業労働関係法に規定されているいわゆる逆締め付け条項を廃止するとともにそれに伴う所要の規定の整備を行ったものである。ところが、これが戦後労働法政策において、立案から成立に至るまでかかった時間と国会会期数の最長不倒記録を残している。この背景には、公的部門の集団的労使関係システムが長きにわたり日本の政治システムの基礎構造をなしてきたという事実がある。その構造が消

---

35) 中西実『条解改正公労法：逐条公共企業体等労働関係法の詳解』労務行政研究所（1956年）。

36) 労使各5名、公益3名、議長：藤林敬三。

37) 三治重信『改正公労法・地公労法』労務行政研究所（1965年）、労働省編『資料国際労働条約第87号批准史』日刊労働通信社（1966年）。

滅した今日では、なぜこの程度の内容の法案がかくも長期にわたる政治的イッシューであり続けたのかを理解することも次第に困難になりつつある。

労使関係法制に関する基本的ILO条約である「結社の自由及び団結権の保護に関する条約」（第87号）は、「団結権及び団体交渉権についての原則の適用に関する条約」（第98号）と並んで、数あるILO条約の中でも最も基本的な重要性を有している。特に結社の自由は、西欧型自由民主主義理念の労使関係における発現であり、それゆえ戦後ILOにおいてしばしば西欧民主主義諸国の共産圏諸国に対する旗印として掲げられ、国際政治的にも重要な意義を持つものとなっていた。そこで、政府は1957年9月、ILO第87号条約の批准の可否について労働問題懇談会に諮問した。

一方、この年には国鉄の国鉄労働組合（国労）と機関車労働組合（機労）（後の動力車労働組合（動労））が、翌年には郵政の全逓信労働組合（全逓）が、争議行為の責任者として解雇された組合幹部をその地位にとどめたため、当局側が「公共企業体の職員でなければ、その公共企業体の職員の組合の組合員又はその役員となることはできない」（第4条第3項）との規定に反するとして団体交渉を拒否、これに対して組合側は国際労働団体の援助を求めてILOに労働組合権の侵害に関する申立を行った。そして、ILO結社の自由委員会は、1958年11月、「公共企業体又は国有事業の経営者によって解雇された労働組合の役員又は執行委員がその職を失うのみならず、その属する組合の運営に参加する権利をも失うという事実は、経営者がかかる方法をとることによって、労働者が完全な自由のもとにその代表者を選出する権利、換言すれば結社の自由の基本的な面の一つを構成する権利に干渉することもできることを意味する」との見解を明らかにした。

労働問題懇談会は条約小委員会を設けて審議し、同小委員会は同年9月、公労法第4条第3項及び地公労法第5条第3項の逆締め付け条項は第87号条約に抵触するとの報告をまとめ、労働問題懇談会は翌1959年2月、ILO第87号条約を批准するために両規定を廃止すべきとの答申を行った。これを受けて政府は両法の改正案を作成し、1961年3月に提出した。これは、逆締め付け条項を廃止するとともに、この規定のために存在していた専従職員規定も3年間の経過措置を講じて廃止するというものであった。

944　第5部　労使関係法政策

　ところがこれが難航する。1961年、1962年には全く審議がされず、1963年に衆議院で1回、1964年には延べ63時間にわたる審議が行われたが、この間6回にわたり審議未了廃案を繰り返した。1965年になって政府案が若干修正され、在籍専従を廃止するのではなく、当局が許可すれば3年以内の在籍専従を認めることとなった。またこの年ILOの実情調査調停委員会（ドライヤー委員会）が来日し、条約批准のためまず両条項の廃止に注意を集中すべきとの提案を行った。国会ではなお与党の強行採決と野党の審議拒否という当時の政治スタイルを繰り返したが、5月にようやく成立に至った。

　もともと国鉄一家意識から生み出された逆締め付け条項が労使関係の国際基準に合わないため削除されることと、同じ理由で生み出された在籍専従制度の廃止が今度は組合側から既得権の剥奪と受け取られることとが絡み合い、しかも当時の主要野党である社会党のかなりの部分が官公労出身者で占められるという政治構造上の問題がこれに絡んで、かくも長き空疎な立法過程が展開された。

(9)　労働基本権問題

　1965年改正で公務員及び公共企業体の在籍専従は在職期間を通じて3年に制限されることになったが、国会審議が紛糾し、この問題は新設の公務員制度新議会[38]で審議することとなり、その答申を得るまで施行を延期することとされた。公務員制度審議会は3次にわたって審議を重ね、1971年10月に、在籍専従期間を5年に改める第3号答申を出した。政府はこれを受けて国家公務員法等の改正案を提出し、同年12月成立した。これにより、国家公務員法、地方公務員法、公共企業体等労働関係法及び地方公営企業労働関係法における在籍専従期間は3年から5年に延長された。

　その後、公務員制度審議会は労働基本権問題について審議を行い、1973年9月に第4号答申を行った。そのうち公共企業体及び国営企業の争議権に関しては、「3公社5現業等のすべてに争議権を認めるべきでないとする意見と、国民生活への影響の少ない部分についてのみ認めるとする意見と、不当

───────────
38）公労使20名、会長：前田義徳。

な争議行為の防止並びに国民生活及び国民経済の擁護を図るため、調停前置、争議行為の意思決定についての規制、争議行為の予告、内閣総理大臣の要請による争議行為の停止命令及び強制仲裁、違反の場合の罰則等の条件を付した上ですべてについて認めるべきであるとする意見がある」と3論併記になった。

　翌1974年4月、閣議決定で公共企業体等関係閣僚協議会が設置され、7月には専門委員懇談会が発足した。同懇談会は1975年11月意見書を提出した。意見書は争議権について、適切な代償措置によって労働条件の改善が確保される限り、公共の利益の見地から争議行為を禁止・制限することは許されるという基本的考え方に立ち、3公社5現業等の賃金決定が争議行為を背景とした労使の団体交渉のみに基づいて行われることは妥当でないとした上で、「争議行為の問題は当事者能力と深いつながりがあり、当事者能力と経営形態とは切り離せない問題であることから、争議権の問題は経営形態とともに検討すべきであるといわねばならない」と問題を転じ、「現在の3公社5現業等によっては、その事業内容から民営ないし民営に準じた経営形態に変更し、自主的な責任体制を確立するのが望ましいものがある」と述べて、いわば民営化によるスト権付与の道を示した。

　これに対し、公労協は意見書の出された11月26日にいわゆるスト権ストに突入し、国鉄がほぼ全面的にストップするなど大きな混乱を生じた。これに対し当時の三木武夫首相は「法を守ることは民主主義国家の根幹」と違法ストの中止を強く呼びかけた。結果的に見ると、このスト権ストによって官公労は自ら墓穴を掘った感がある。

　その後、1976年に入り政府は公共企業体等基本問題会議を設置し、各懇談会、部会に分かれて審議を重ね、1978年6月に意見書が提出された。同意見書は国鉄の一部及び煙草とアルコールの専売について民営化を提示するとともに、国有・国営形態維持が適当な事業については現時点で争議権を認めることは適当でないとした。

（10）　経営形態の変更による改正

　その後の改正は基本的に経営形態の変更に応じたもので、労使関係法政策

上の新たな動きと言えるものはほとんどない。しかしながらその中身は大きく入れ替わった。

　1981年3月に発足した第2次臨時行政調査会は、1982年7月、3公社の民営化を答申し、これに基づき1985年4月には日本電信電話公社と日本専売公社が、1987年4月には日本国有鉄道が民営化された。これに先立ち、1982年10月にはアルコール専売事業が新エネルギー総合開発機構に移管された。これに応じて公共企業体等労働関係法の適用対象から公共企業体が抜け、郵政等の4事業を対象とする国営企業労働関係法に改正された。これに伴い、公共企業体等労働委員会も国営企業労働委員会と改称された。さらに1988年6月には両労働委員会を統合し、中央労働委員会が国営企業の紛争調整や不当労働行為を扱うこととした。なお、この時に、国営企業の労使関係が安定していることから、その在籍専従期間を当分の間7年以下の範囲内で労働協約で定める期間とした。

　1997年12月の行政改革会議最終報告により独立行政法人制度の創設が提唱された。これに基づき各省の試験研究機関、教育研修施設、博物館など57の独立行政法人が2001年4月からスタートした。このうち職員が国家公務員の身分を保持する特定独立行政法人については、国営企業労働関係法の対象とし、法律の名称も国営企業及び特定独立行政法人の労働関係に関する法律となった。

　2002年7月には日本郵政公社法が成立し、その施行法で本法の改正が行われ、特定独立行政法人等の労働関係に関する法律となった。今度の「等」の中身は、国有林野事業と日本郵政公社である。実質的には郵政が最大勢力である。もっとも、2002年12月に独立行政法人国立病院機構法が成立し、2004年から本法の適用対象となり、戦後55年にしてようやく非現業から現業に移った。

　その後、2005年10月には郵政民営化関連法が成立し、2007年10月から郵便事業、郵便貯金、郵便保険及び郵便局の4会社に分割民営化されることとなった。これに伴い、これら会社の労働者は独立行政法人等の労働関係に関する法律の対象から外れ、労働組合法及び労働関係調整法の対象となった。

　一方、2003年7月に地方独立行政法人法が制定され、これに伴い地公労法

の対象に特定地方独立行政法人（職員が地方公務員の身分を有するもの）が加えられ、法律の名称も地方公営企業等の労働関係に関する法律となった。前述のように地公労法制定の際には、その対象を広くしようとする労働省と狭くしようとする地方自治庁の対立があり、後者の主張で決着した経緯があるが、地方独立行政法人法では、今までの地方公営企業に加えて、試験研究、大学の設置管理、社会福祉事業の経営、公共施設の設置管理が含まれ、また病院事業も当然含まれているので、これら事業が特定地方独立行政法人となることで、労使関係法制上地方公務員法ではなく地公労法が適用されることになる。本来現業であったものが非現業扱いされるという50年来の矛盾がようやく一定程度解決されることになったわけである。

　国有林野事業は、自民党政権期には非公務員型独立行政法人に移行する方向で検討されていたが、2009年に民主党政権になって組織・事業のすべてを一般会計化することとなり、2012年6月国有林野関係の法改正により、国有林野事業が特労法の対象から外され、法の名称も特定独立行政法人の労働関係に関する法律と「等」がとれた。会計上の扱いと職員の法的地位とは別のはずだが、3公社5現業の中で最も現業労働者らしかった国有林労働者が、一般会計ゆえに「非現業」公務員になってしまったのも皮肉である。

　さらに、独立行政法人制度の見直しに伴って2015年4月には行政執行法人の労働関係に関する法律となり、同時に国立病院機構も非公務員型に移行した。現在、同法が適用される公務員型の行政執行法人は7法人、職員数は7千人強に過ぎない。

2　公務員の集団的労使関係システム

（1）　戦前のシステム

　戦前の公務員制度は官吏、地方吏員、雇員・傭人で異なっていた。官吏に関しては、旧憲法第10条「天皇ハ行政各部ノ官制及文武官ノ俸給ヲ定メ及文武官ヲ任免ス」に基づき、官吏服務規律、文官任用令、文官分限令、文官俸給令などすべて勅令で定められた。官吏には勅任官、奏任官、判任官の区別があった。府県の職員も中心は官吏であって、これを補うべく有給府県吏員をおくことができた。市町村の職員は吏員であった。これらが国及び地方

団体と公法上の勤務関係に立つのに対して、雇員及び傭人は私法上の雇傭契約により勤務する者で、身分が異なる存在であった。雇員は事務的職務、傭人は肉体労務ないし単純労務に従事した。なお、雇員として4年以上勤務すると判任官に任用されることができた。

　戦前の労働組合法案においてこれらの者がどのように考えられていたかを見ると、若槻内閣の労働組合法案が行政調査会で審議された際の決議書の中に、組合員の範囲として、官吏は本法の労働者と認めないこと、軍人軍属は組合に加入することを認めないこと、ただし一時的勤務のための召集に応じた軍人については別に考えること、などとされている。地方吏員はおそらく官吏に含めて考えられていたのであろうが、少なくとも私法上の雇傭契約による雇員・傭人は労働組合に加入できる労働者であると考えられていたことは間違いないと思われる。法案では「陸海軍軍人軍属ニ付テハ勅令ノ定ムル所ニ依リ労働組合ノ組合員ト為ルコトヲ禁止又ハ制限スルコトヲ得」（第33条）という規定が設けられている。

（2）　戦後初期のシステム

　前述のように、1945年労働組合法では、「警察官吏、消防職員及監獄ニ於テ勤務スル者ハ労働組合ヲ結成シ又ハ労働組合ニ加入スルコトヲ得ズ」と、これら職員の団結権を否定した（第4条第1項）が、それ以外の官吏、待遇官吏及び公吏その他の国又は公共団体に使用される者については「本法ノ適用ニ付命令ヲ以テ別段ノ定ヲ為スコトヲ得。但シ労働組合ノ結成及之ニ加入スルコトノ禁止又ハ制限ニ付テハ此ノ限ニ在ラズ」（同条第2項）と少なくとも団結権だけは保障した。この規定ぶりからすれば、警察・消防・監獄職員以外の公務員について、団体交渉権や争議権を下位法令で禁止ないし制限することは十分あり得たが、労働組合法施行令にはこれに基づく規定は設けられず、結果的に公務員にも労働3権がフルに認められていた。

　しかしながら、これは労使関係システムとしては未完成のものであり、施行半年ほどしか続かなかった。1946年労働関係調整法が警察・消防・監獄職員に加え、「国又は公共団体の現業以外の行政又は司法の事務に従事する官吏その他の者」に争議行為を禁止し（第38条）、その違反には罰金が規定

されたからである。これにより、公務員は労働基本権に関しては3つに分けられ、団結権も有しない警察・消防・監獄職員、団結権と団体交渉権はあるが争議権は有しない「現業以外の行政又は司法の事務に従事する」者、そして労働3権を全て享受するそれ以外の公務員ということになった。これが戦後初期のシステムの完成版と言えよう。

ここで注意しておくべきは、「現業以外の行政又は司法の事務に従事する」者は後のいわゆる非現業よりもはるかに狭い概念であったということである。同法解釈例規第1号は、同種のものが現に民間企業として行われているもの及び企業の性質上民間においても行うことのできる事業に従事するものは第38条の適用を受けないとし、具体的に調査研究施設、教育養成施設、公共保健衛生施設、公共事業施設、社会事業施設及び共済福利施設を対象外として例示している。国公立学校の教職員や国公立病院の医療職員等もすべてこの頃は現業であった。

（3）　1947年国家公務員法[39]

1945年11月、幣原喜重郎内閣は官吏制度改正に関する件を閣議決定し、官名を事務官、技官及び教官の3つに統一する、官と職とを分離する、勅任、奏任、判任の区別をなくす等の改革を行った。その後、1946年10月、臨時法制調査会が官吏法要綱案を答申したが、内容的に従来の勅令を法律に移したに止まっていた。同月、内閣に臨時行政調査部が設置された。

このような中で、直接には公務員給与制度の改革に関する助言を得たいという大蔵省の要請で、アメリカからフーバーを団長とする対日人事行政顧問団が来日し、翌1947年4月日本の官吏制度の結果を指摘した中間報告をGHQに提出し、同年6月片山哲内閣に国家公務員法草案を提示し、部分的修正をも加えることなく速やかに立法化すべきことを勧告した。これは大蔵省の意図した給与制度改善のための職階制度の導入を遙かに超え、日本政府の人事制度全般の改革を求めるものであり、官吏のみならず雇員・傭人をも公務員という概念の中に包摂し、一律に服務の規律を課そうとするもので

39）磯田好裕・佐藤功・高柳忠夫『國家公務員法の解説』時事通信社（1947年）。

あった。その中には「公衆に対してストライキをする職員は、ストライキを
した時点で、公衆によって所有され雇用されている政府により雇用上のすべ
ての権利を失うこと」として団体交渉権や争議権を制限禁止する条項が含ま
れていた。いわば、アメリカ型の公務員制度を日本に移植しようとするもの
であったと言える。これに対して当時の片山社会党連立内閣は、労働者の支
持を基盤にしている内閣が公務員労働者のスト権を剥奪することはできない
として、フーバーの留守中にGHQの了解を得てその骨抜きを図り、結局
フーバー原案の争議禁止条項は削除された形で同年8月国会に提出され、10
月成立に至った。

　このことにフーバーは不満を持ち、GHQ民政部公務員課長として再来日
後巻き返しを図っていた。

（4）　マッカーサー書簡と政令第201号

　マッカーサー書簡と政令第201号に至る経緯は前述の通りであるが、1948
年7月22日のマッカーサー書簡が「雇傭若しくは任命により日本の政府機関
若しくはその従属団体に地位を有する者は、何人といえども争議行為若しく
は政府運営の能率を阻害する遅延戦術その他の紛争戦術に訴えてはならな
い。何人といえどもかかる地位を有しながら日本の公衆に対しかかる行動に
訴えて、公共の信託を裏切る者は、雇傭せられているが為に有する全ての権
利と特権を放棄する者である」と全ての公務員の争議権を否認したのみなら
ず、「全ての政府職員は普通に知られている所謂団体交渉の手段は公務員の
場合には採用できない者であることを知らねばならぬ。…使用者は国民で
ある」と全ての公務員の団体交渉権をも否定したのは、フーバーの考え方を
全面的に承認したものといえる。

　これを受けた日本政府は直ちに7月31日、国家公務員法改正までの暫定措
置として「昭和二十三年七月二十二日附内閣総理大臣宛連合国最高司令官書
簡に基づく臨時措置に関する政令」を決定し、即日施行した。この政令第
201号は、第1条で「任命によると雇傭によるとを問わず、国又は地方公共
団体の職員の地位にある者は、国又は地方公共団体に対しては、同盟罷業、
怠業的行為等の脅威を裏付けとする拘束的性質を帯びた、いわゆる団体交渉

権を有しない」と明確に団体交渉権を否認した上で、「個別的に又は団体的にその代表を通じて、苦情、意見、希望又は不満を表明し、且つ、これについて十分な話合をなし、証拠を提出することができるという意味において、国又は地方公共団体の当局と交渉する自由を否認されるものではない」と、団体交渉ならぬ交渉の権利は認めた。そして第2条で「公務員は、何人といえども、同盟罷業又は怠業的行為をなし、その他国又は地方公共団体の業務の運営能率を阻害する争議手段をとつてはならない」と明確に争議権を否認し、「公務員でありながら前項の規定に違反する行為をした者は、国又は地方公共団体に対し、その保有する任命又は雇傭上の権利をもつて対抗することができない」とした。また、第3条で争議禁止の違反者に対し1年以下の懲役又は5千円以下の罰金を規定した。

（5）　1948年国家公務員法改正[40)]

　吉田茂自由党内閣は同年11月国家公務員法改正案を国会に提出し、野党に回った民主党、国民協同党及び社会党は共同修正案をGHQに持ち込んだが了解は得られず、同月末に成立した。

　この改正は、まず附則第16条で労働組合法及び労働関係調整法並びにこれらに基づいて発せられる命令は一般職の職員に適用しないと規定して、国家公務員を集団的労使関係システムから排除した上で、本則にいくつかの規定を設けている。それは主として、もともと法令及び上司の命令に従う義務を規定していた第98条に、第2項から第7項までを付け加えるというあまり美的でないやり方で行われた。

　第2項は「職員は、組合その他の団体を結成し、若しくは結成せず、又はこれに加入し、若しくは加入しないことができる」とオープン・ショップ制を定めるとともに、「職員は、これらの組織を通じて、代表者を自ら選んでこれを指名し、勤務条件に関し、及びその他社交的厚生的活動を含む適法な目的のため、人事院の定める手続に従い、当局と交渉することができる。但

40）淺井清『改正國家公務員法』労働文化社（1948年）、永田一郎『改正國家公務員法の解説』労務行政研究所（1948年）。

し、この交渉は、政府と団体協約を締結する権利を含まないものとする」と団体交渉ならぬ交渉の権利を認めた。なおこの時点では組合その他の団体という表現をしているが、ただ組合といっても民法上の組合でもあるまいが、労働組合だとすると労働組合法の適用排除と矛盾する。概念規定が未整理な感がする。

第3項は労働組合法第11条に相当する不利益取扱い禁止規定である。

第4項はそれまで労働組合法第4条第1項で規定されていた団結禁止規定である。警察職員、消防職員及び監獄において勤務する職員に加えて、海上保安庁に勤務する職員についても、上の職員の団体を結成し、又は加入することが禁止された。

第5項は本命の争議禁止規定で、「職員は、政府が代表する使用者としての公衆に対して、同盟罷業、怠業その他の争議行為をなし、又は政府の活動能率を低下させる怠業的行為をしてはならない。又、何人も、このような違法な行為を企て、又はその遂行を共謀し、そそのかし、若しくはあおつてはならない」と行為類型を事細かに規定している。怠業を含む争議行為とは別に争議行為ではない怠業的行為についても明文で禁止しているが、争議行為とは「業務の正常な運営を阻害するもの」（労調法第7条）であるから、業務の運営を阻害しなくてもその活動能率を低下させるだけで国家公務員法違反となるわけで、それまでの（狭い）非現業職員についても禁止範囲が増えたことになる。なお罰則は、違法な行為を企て、遂行を共謀し、そそのかし又はあおった者に限られ、政令第201号とは異なり、単なる参加者は刑罰の対象とはならなくなった。

第6項はこれを受けて「前項の規定に違反する行為をした者は、その行為の開始とともに、国に対し、法令に基づいて保有する任命又は雇用上の権利をもつて、対抗することができない」と規定している。これはこの後制定された公労法において「この法律によつて有する一切の権利を失い、かつ解雇される」とされているのに比べるとむしろ穏便である。

もう1つ、第101条の職務専念義務のところで、職員が勤務時間中に職員の団体のために活動することを原則として禁止し、ただ一定の条件下で第98条で認められた行為をすることができるとした。

なおその直後、同年12月に議員提案で一部改正され、進駐軍労務者及び公団職員は国家公務員法の対象から外された。

（6） 1950年地方公務員法[41]

地方公務員制度については地方自治制度の一環として検討されたが、地方自治法では将来地方公務員法を制定することを予定し、必要な若干の規定の整備を図った外は暫定的に従来の制度を踏襲した。このため、この段階では地方公務員としての統一的な法制を欠き、同じ地方公務員であっても都道府県職員には旧官吏制度が適用されていた。しかし、地方公務員法の立案が進まないままマッカーサー書簡、政令第201号の発出となり、国家公務員法の改正が行われ、制定準備に大きな影響を与えた。その後、政府は何回も地方公務員法案を立案したが、その都度GHQの了解が得られず、1950年11月になってようやく地方公務員法案が国会に提出され、翌12月成立に至った。

その内容は国家公務員法とほぼ同様のものであり、第52条でオープン・ショップ制を規定し、さらに他の公務員の団体との連合体の結成権を規定している。また、旧労働組合法から受け継いだ警察職員と消防職員の団結禁止規定も盛り込まれている。

ただ、地方公務員法については、国会でいくつか重要な修正がなされた。一つは、国家公務員法と同様に当局との交渉が団体協約を締結する権利を含まないものであることを明言したすぐ後に、「前項の場合において、職員団体は法令、条例、地方公共団体の機関の定める規程にてい触しない限りにおいて、当該地方公共団体の当局と書面による協定を結ぶことができる」（第55条第2項）と、団体協約ならぬ書面協定の締結権を認めたことである。この書面協定は、団体協約ではないから地方公共団体当局を法的に拘束はしないが、「当該地方公共団体の当局及び職員団体の双方において、誠意と責任をもつて履行しなければならない」（同第3項）というもので、一定の債務的効力は有することになる。この点が国家公務員法との違いとなった。

41）三宅太郎『地方公務員法概論』良書普及会（1951年）、猪谷実『公務員制度と労働関係の研究』時潮社（1989年）。

954　第5部　労使関係法政策

　もう一点は、単純な労務に雇用される職員の扱いである。前述のように、地方公務員法制定過程において、労働省と地方自治庁の間で、交通、電気、ガス、水道等の現業職員の扱いが問題となり、附則第20項において特別法が制定されるまではなお従前の例によるとして、労働組合法、労働関係調整法及び政令第201号が適用されることになった。ところが国会修正により、第57条で「単純な労務に雇用される者」についても特別法が制定されるべきこととなり、附則第21項でそれまでの間なお従前の例によることとされた。そこで、労働省と地方自治庁で折衝が行われ、翌1951年2月にその範囲を定める政令が制定された。単純労務者とは、守衛、給仕、小使、運搬夫、雑役夫から始まり、土木鉱夫、清掃夫、炊事夫、大工、自動車運転手など11号にわたって規定されている。その後、地方公営企業労働関係法附則第4項で、特別法が制定されるまでの間地公労法を準用することとされ、その後50年間当面の準用状態のままである。地公労法の施行の際に地方公務員法附則第21条が削除されているので、上記政令も根拠を失い、この間単純な労務に雇用される職員の範囲は法的にははっきりしないという状況である[42]。

(7)　1965年改正[43]

　ILO第87号条約の批准に伴って、公労法、地公労法だけでなく、国家公務員法及び地方公務員法も改正された。公労法と地公労法は、逆締め付け条項という明らかなILO第87号条約違反の規定があったため、これを廃止するとともに、このために存在していた在籍専従規定も廃止するというものであった。これに対し、国家及び地方公務員法については職員以外の者が職員団体に加入することを禁止する明文の規定はなく、人事院規則等で在籍専従が認められてきた。ところが、これについても公労法等と同様3年の経過期間をおいて廃止するという改正案が出されたため、公務員労組は猛反発した。

42）角田礼次郎『地方公務員法精義』学陽書房（1955年）。
43）亀山悠『新職員団体制度の解説』帝国地方行政学会（1967年）。

在籍専従制度は企業別組合に適合的な制度であって、ILO第87号条約が保護するものではないが、公務員労組側からすると、ILO条約批准に藉口して既得権を奪おうとするものということになり、これがこの改正に足かけ8年もかかった最大の理由である。結局、在籍専従を廃止せず、在職期間を通じて3年の範囲で認めることでようやく決着を見た。なお、この時に国家公務員法の職員団体関係の規定が第108条の2から第108条の7まで整理し直された。

在籍専従は3年に制限されることになったが、この問題は新設の公務員制度審議会で審議することとなり、その答申を得るまで施行を延期することとされた。公務員制度審議会は3次にわたって審議を重ね、1971年10月に、在籍専従期間を5年に改める第3号答申を出した。政府はこれを受けて国家公務員法等の改正案を提出し、同年12月成立した。これにより、国家公務員法、地方公務員法、公共企業体等労働関係法及び地方公営企業労働関係法における在籍専従期間は3年から5年に延長された。

なお、1978年にはILOの「公務における団結権の保護及び雇用条件の決定のための手続きに関する条約」（第151号）と同勧告（第159号）が採択されている。これはもっぱら公務員を対象とする初のILO条約である。

3　公務員制度改革の中の労使関係システム

（1）　公務員制度改革と労働基本権問題

1990年代後半に入り、行政改革の一環として公務員制度改革が取り上げられてきた。このうちまず実行されたのは前述の独立行政法人制度であり、職員が公務員の身分を有する特定独立行政法人については、団体交渉権のない公務員法制のもとから団体交渉権をフルに享受する国営企業法制のもとに移行した。

続いて、本来的な行政事務に従事する公務員についても、2001年12月に行政改革推進事務局公務員制度等改革推進室が作成した公務員制度改革大綱が閣議決定された。これは、それまで公務員制度調査会で検討されてきたプロセスに取って代わる形で行われたものである。

ここで打ち出されているのは、一つには職階制をやめて能力等級制度を導

入するとか、職務給原則から能力給と業績手当等による給与制度に変えると
いった、いわば民間の人事労務管理制度の導入であり、もう一つは各府省大
臣を人事管理権者として位置づけ、採用試験の企画立案、能力等級制度の運
用、再就職の承認などいくつかの点でその権限を強めることである。これに
伴い、第三者機関としての人事院の権限が大幅に弱められている。

　このような改革が集団的労使関係システムの在り方についても一定の影響
を与えることはいうまでもないが、大綱は集団的労使関係システムの在り方
についてはほとんど黙して語らず、わずかにその前文の終わりで「公務員の
労働基本権の制約については、今後もこれに代わる相応の措置を確保しつ
つ、現行の制約を維持することとする」と軽く触れているだけである。

　このため、2002年2月、連合と連合官公部門連絡会は、ILO結社の自由委
員会に対して提訴し、同年11月、ILO結社の自由委員会は、現行の制約を
維持するという考え方を再検討するよう求める報告を行った。

　こういった労働側の反発や、権限が減らされる人事院の抵抗等もあり、予
定されていた国家公務員法改正案は2003年の通常国会には提出されず、そ
の後2004年には政労協議も始められた。同年8月、行革推進事務局は与党
行財政改革協議会の求めを受けて、能力等級制の導入と退職管理の在り方に
限定して法案骨子を提示し、協議が行われたが、結局12月に法案提出を見
送った。

　なお、2006年1月に政労協議が再開され、労働基本権の付与や人事院制度
も含めた幅広い観点で公務員制度について検討していくことになった。

（2）　諸会議における検討

　この第1回政労協議において、連合からこの問題に関する協議の場を設置
するよう要望があり、同年3月の第2回政労協議において、労働基本権を付
与する公務員の範囲について検討する場を設けるということで一致し、これ
に基づき同年7月に行政改革推進本部に専門調査会[44]が設置され、公務員の
労働基本権の在り方を中心に議論が開始された。

44）学識者17人、うち労働側3人、座長：佐々木毅。

2007年10月、専門調査会の報告が取りまとめられた。同報告は「責任ある労使関係を構築するためには、透明性の高い労使間の交渉に基づき、労使が自律的に勤務条件を決定するシステムへの変革を行わなければならない。しかし、現行のシステムは、非現業職員について、その協約締結権を制約し、一方で使用者を、基本権制約の代償措置である第三者機関の勧告により拘束する。このように労使双方の権限を制約するシステムでは、労使による自律的な決定は望めない。よって、一定の非現業職員について、協約締結権を新たに付与するとともに第三者機関の勧告制度を廃止して、労使双方の権限の制約を取り払い、使用者が主体的に組織パフォーマンス向上の観点から勤務条件を考え、職員の意見を聴いて決定できる機動的かつ柔軟なシステムを確立すべきである」と、非現業職員への協約締結権の付与を明言している。

しかし同報告では、この「一定の非現業職員」が誰なのかが明確ではない。また、交渉事項・協約事項の範囲も両論併記である。その他、具体的な点についてはなんら意見の一致に至っていないにもかかわらず、協約締結権の付与については明言したのは、渡辺喜美大臣の強い意向によるものであった。

2007年7月から政府は総理大臣の下に公務員制度の総合的な改革に関する懇談会を開催し、翌2008年2月に報告書が提出された。同報告書においては、「労働基本権の付与については、専門調査会の報告を尊重する」とされている。

政府は2008年4月、この報告を踏まえて国家公務員制度改革基本法案を国会に提出した。同法案のうち、労働基本権に関わる部分は次の通りであった。

まず第12条で、「政府は、国家公務員の労働基本権の在り方については、協約締結権を付与する職員の範囲の拡大に伴う便益及び費用を含む全体像を国民に提示してその理解を得ることが必要不可欠であることを勘案して検討する」と規定していた。また、附則第2条で、「政府は、地方公務員の労働基本権の在り方について、第十二条に規定する国家公務員の労働基本権に係る検討に併せ、これと整合性をもって、検討する」としていた。

958　第5部　労使関係法政策

　この第12条が国会修正で、「政府は、協約締結権を付与する職員の範囲の拡大に伴う便益及び費用を含む全体像を国民に提示し、その理解のもとに、国民に開かれた自律的労使関係制度を措置するものとする」と修正された。単なる「検討」ではなく「措置」とより積極的な規定ぶりとなったわけである。この修正された法案は同年6月に成立した。

　この法律に基づき、同年7月には国家公務員制度改革推進本部が立ち上がり、同年9月には顧問会議が設置された。顧問会議の下にワーキンググループが設置され、公務員制度改革全般について議論を進めていく一方で、顧問会議と並びで同年10月から労使関係制度検討委員会が設けられ、労働基本権問題を審議していくこととなった。

　こうして、2008年10月から労使関係制度検討委員会[45]が審議を始め、その中にワーキンググループを設けて細かい論点を検討していき、2009年12月に「自律的労使関係制度の措置に向けて」と題する報告書を取りまとめた。検討事項は、何を交渉するか（協約締結事項の範囲）、どのように交渉するか（協約締結権を付与する職員の範囲、交渉システムの在り方、不当労働行為救済など）、どう決定するか（協約の効果、調整システム、協約締結権を付与されない職員の勤務条件決定方法）、その他（苦情処理）などであった。

　報告書はワーキンググループ報告を受けて検討委員会で検討した結果として、選択肢の組み合わせとして3つのモデルケースを例示している。

　パターン1は、労使合意を直接的に反映することをより重視する観点と民間の労働法制により近い制度とする観点から選択肢を組み合わせたモデルケースであり、パターン2は現行公務員制度の基本原則を前提としつつ、労使合意を尊重するモデルケース、パターン3は労使合意に基づきつつ国会の関与をより重視する観点と公務の特殊性をより重視する観点から選択肢を組み合わせたモデルケースである。検討委員会としていずれか1つの案を推奨するものではないとしている。

　一方、検討委員会で検討されなかった争議権の問題については、2010年

45）学識者6名、労使各3名、座長：今野浩一郎。

11月から国家公務員の労働基本権（争議権）に関する懇談会[46]が検討を行い、同年12月には報告書を取りまとめた。ここでは必ずしも結論は示していないが、まずは協約締結を前提とした団体交渉システムの運用の実態を見た上で検討したいという趣旨がにじみ出ている。

これとは別に、総務省と消防庁は2010年1月から消防職員の団結権のあり方に関する検討会[47]を開催し、同年12月に報告書を取りまとめた。

ここでは団結権回復の在り方として、パターンA-1（団体交渉権を回復し、一般行政職員と同様に当局との交渉を行う（一般行政職員とまったく同じ制度とする））、パターンA-2（団体交渉権を回復し、一般行政職員と同様に当局との交渉を行う（ただし、消防職員に法律上の特例を設ける））、パターンB-1（団結権を回復し、当局との交渉に代わる協議の仕組みを構築する（委員の半数を当局が指名し、残りの半数を職員の団体が直接指名する））、パターンB-2（団結権を回復し、当局との交渉に代わる協議の仕組みを構築する（委員は当局が任命し、その半数については職員の団体の推薦に基づく））、パターンC（団結権を回復し、当局との交渉も協議も行わない）といった案を示している。

（3） 改革の全体像

2011年4月、国家公務員制度改革推進本部は「国家公務員制度改革基本法等に基づく改革の『全体像』について」を決定した。そのうち自律的労使関係制度の措置として、次のような内容が提示されている。

① 非現業国家公務員に協約締結権を付与することとし、団体交渉の対象事項、当事者及び手続、団体協約の効力、中央労働委員会による斡旋、調停、仲裁の手続等を定めることとする。このため、国家公務員の労働関係に関する法律を新たに制定する。

② 人事行政に責任を持つ使用者機関として国家公務員の制度に関する事務その他の人事行政に関する事務等を担う公務員庁を設置する。このた

46）学識者10名、座長：今野浩一郎。

47）学識者13名、座長：逢坂誠二。

960 第5部 労使関係法政策

　め、公務員庁設置法を新たに制定する。
③ 協約締結権の付与及び使用者機関の設置に伴い、人事院勧告制度及び人事院を廃止する。一方、人事行政の公正の確保等の事務を担う第三者機関として、人事公正委員会を設置する。これらを含め、自律的労使関係制度の措置に伴う所要の措置を講ずるため、国家公務員法等を改正する。

　なお、国家公務員の争議権については、新たに措置する自律的労使関係制度の下での団体交渉の実情や、制度の運用に関する国民の理解の状況を勘案して検討を行い、その結果に基づいて必要な措置を講ずるものとしており、また地方公務員の労働基本権の在り方については、地方公務員制度としての特性等を踏まえた上で、関係者の意見も聴取しつつ、国家公務員の労使関係制度に係る措置との整合性をもって、速やかに検討を進める、と記述している。

（4）　国家公務員労働関係法案

　その後、同年6月、国家公務員の労働関係に関する法律案ほか関連法案が国会に提出された。その内容は以下の通りである。

　まずこれまでの公務員法上の職員団体を「労働組合」と呼び変えている。もっとも、労働組合といっても労働組合法上の労働組合であるわけではなく、「労働組合は、職員が主体となって自主的にその勤務条件の維持改善を図ることを目的として組織する団体又はその連合体」であり、「職員は、労働組合を結成し、若しくは結成せず、又はこれに加入し、若しくは加入しないことができ」、さらに「管理職員等と管理職員等以外の職員は、同一の労働組合を組織することができない」等と、基本的にはこれまでの職員団体を受け継いでいる。もっとも、「労働組合は、申請書に規約を添えて中央労働委員会に認証を申請することができ」、「中央労働委員会は、認証を申請した労働組合が要件に適合するときは、当該労働組合を認証し、その名称、主たる事務所の所在地等を告示しなければならない」と、労働委員会が認証に関与する形にしている。なおまた、在籍専従の許可も維持されている。

　次に団体交渉については、職員の勤務条件に関する事項について、適法な

団体交渉の申入れがあった場合においては、当局がその申入れに応ずべき地位に立つ一方、国の事務の管理及び運営に関する事項は、団体交渉の対象とすることができないと明記している。団体交渉を行うことができる当局として、勤務条件に関する事項のうち、法律又は政令の制定改廃を要するものは当該事項に係る事務を所掌する主任の大臣、法令の規定に基づき各省各庁の長又はその委任を受けた部内の国家公務員が定めるものは各省各庁の長又はその委任を受けた部内の国家公務員と振り分けている。また、団体交渉の手続等についても規定をしている。

　次が団体協約である。労働組合法では労働協約であるが、労組法上のものとは違うということを表すためか、わざわざ団体協約という名前にしている。団体協約の範囲は上記団体交渉事項であるが、国家公務員の労働関係に関する法律、国家公務員法等の改廃を要する事項に関しては、団体協約を締結することができないと明記している。団体協約を締結する当局は団体交渉を行う者と同一の者であるが、法律又は政令の制定改廃を要する事項について団体協約を締結しようとするときは、あらかじめ内閣の承認を要すると、釘を刺してある。

　これと裏腹の関係にあるのが団体協約の締結に伴う実施義務で、勤務条件に関する事項のうち、法律の制定改廃を要する事項について団体協約が締結されたときは、内閣に団体協約の内容を適切に反映させた法律案の国会提出を義務付け、勤務条件に関する事項のうち、政令の制定改廃を要する事項について団体協約が締結されたときは、内閣に団体協約の内容を適切に反映させた政令の制定改廃を義務付け、勤務条件に関する事項のうち、法令の規定に基づき各省各庁の長又はその委任を受けた部内の国家公務員が定めるものについて団体協約が締結されたときは、各省各庁の長又はその委任を受けた部内の国家公務員に団体協約の内容を適切に反映させた勤務条件の決定又は変更を義務付けている。なお、団体協約の内容を反映させるために提出された法律案が、会期中に法律とならなかった場合や団体協約を締結した労働組合の認証が取り消された場合には、団体協約は失効する。

　不当労働行為制度と調整制度は民間部門と同じ仕組みが適用されることになった。まず、労働組合の構成員であること等を理由として職員に対して不

利益な取扱いをすること、認証された労働組合との団体交渉を正当な理由がなく拒否すること、労働組合の運営等に対して支配介入・経費援助をすること等の行為は禁止され、中央労働委員会は、申立てを受けたときは、救済命令等を発することができるとしている。

最後に斡旋、調停、仲裁といった調整制度であるが、認証された労働組合と当局の間に発生した紛争であって団体協約を締結することができる事項に係るものについて、中央労働委員会による斡旋、調停及び仲裁の制度が設けられている。このうち仲裁裁定について、「仲裁裁定のあったときは、当該仲裁裁定の定めるところにより、関係当事者間において有効期間の定めのない団体協約が締結されたものとみなす」という規定が盛り込まれた。そして、法律又は政令の制定改廃を要する内容の仲裁裁定の場合は、内閣に対して法律案の国会提出又は政令の制定改廃の努力義務を課し、それ以外の事項に係る仲裁裁定については、団体協約と同様の実施義務を課すとしている。

これを見て分かるのは、団体交渉のところで「法律又は政令の制定改廃を要する事項について団体協約を締結しようとするときは、あらかじめ内閣の承認を要する」と、公務員庁が勝手に交渉をまとめて協約を結ぶことはできず、会社であれば取締役会に当たる内閣の承認が必要になっているということである。それでは交渉不調のときは中労委に持ってくるということになると、仲裁裁定の効力はどうなるかというと、「関係当事者間において有効期間の定めのない団体協約が締結されたものとみなす」のではあるけれども、「内閣に対して法律案の国会提出又は政令の制定改廃の努力義務を課す」と、努力義務であって、実施義務ではないということになる。

もっとも、同法案は国会で全く審議されることなく、2012年12月の衆議院解散で廃案となった。

（5） 地方公務員労働関係法案

こうして国家公務員の集団的労使関係システムの見直しが進む以上、それと平仄を合わせた形で地方公務員についても見直しが必要となってくる。

総務省は2011年6月、「地方公務員の労使関係制度に係る基本的な考え方」をとりまとめ、意見募集を行った。その内容はほぼ国家公務員労働関係法案

に沿っている。これに対し、知事会や市長会など地方公共団体からは「二元代表制、地方公共団体の規模や任命権者の多様性など、地方自治制度の特性を踏まえた検討を行うこと」など、強い慎重意見が出された。その後、同年12月に「地方公務員の新たな労使関係制度に係る主な論点」、翌2012年3月には「地方公務員の新たな労使関係制度に関する考え方について」を公表し、同年5月に「地方公務員制度改革について（素案）」をとりまとめた。

その内容はほぼ国家公務員法改正案に沿っているが、団体協約の実施義務については、努力義務という文字はなく、条例の制定改廃を要する事項については条例案の議会付議が実施義務の内容である。また交渉不調の場合に斡旋、調停、仲裁といった調整を行うのは都道府県労働委員会とされ、仲裁裁定は団体協約と同様の効力を有する。このために都道府県労働委員会の体制整備を行うとともに、都道府県労働委員会の行った不当労働行為に関する命令等について再審査をするとしている。長年にわたる懸案であった消防職員については、施行を3年遅らせて、一般職員と同様団結権と協約締結権を付与することとしている。これに対してはやはり全国知事会、全国市長会から反対の意見表明がなされた。

同年9月には地方公務員の自律的労使関係制度に関する会議[48]を設置し、翌10月には報告書を取りまとめた。そこではこれら批判に対し改めて、協約締結権を付与する意義、その便益と費用、公務員優遇との批判などに対する考え方を示している。

そして同年11月、総務省は地方公務員の労働関係に関する法律案を国会に提出した。若干上記と異なるのは、消防職員について団結権、団体交渉権は認めるが団体協約締結権は付与しないという点である。

しかし、同年12月の衆議院解散で国家公務員関係法案と同様廃案となり、同選挙で自由民主党が政権を奪還したことから、この形で成立する可能性はなくなった。

48）学識者5名、座長：渡辺章。

第*2*章
労使協議制と労働者参加

第1節　労使協議制の展開[1]

1　労働委員会の構想

（1）　先進諸国の労使協議法制[2]

　大陸ヨーロッパ諸国では、労働組合や労働協約に係る団結型集団的労使関係システムと並んで、労使協議制や労働者参加に係る参加型集団的労使関係システムを発達させてきた。

　その先頭を行くのはドイツであり、第一次大戦下の城内平和の一環として、1916年の祖国労働奉仕法が一定の軍需産業に労働者委員会の設置を義務づけたのが出発点である。敗戦直後の1918年、労働協約令が20人以上の全事業所に労働者委員会と職員委員会の設置を義務づけ、1919年のワイマール憲法も共同決定を規定した。そして1920年の事業所委員会法は、事業所協定の共同決定権を強化した。

　第二次大戦後も、1951年のモンタン共同決定法が特定業種での企業の意思決定機関への参加を規定するとともに、同年の事業所組織法が5人以上事業所における共同決定の枠組みを定めた。さらに1976年の被用者共同決定法は対象を拡大し、2000人以上企業の監督役会を労使同数とした。産業レベルは団結型、企業・事業所レベルは参加型と分業しているのがドイツの特徴である。

1）濱口桂一郎「労使協議制の法政策」（『季刊労働法』214号）。

2）濱口桂一郎「団結と参加－労使関係システムの諸類型」（労働政策研究・研修機構編『現代先進諸国の労使関係システム』（2017年）所収）、濱口桂一郎『団結と参加－労使関係法政策の近現代史』労働政策研究・研修機構（2013年）。

フランスでは1936年、労働協約拡張の要件として被用者代表制度が導入され、1938年には10人以上事業所に設置が義務づけられた。終戦直後の1946年には50人以上企業に二者構成の企業委員会の設置が義務づけられた。さらに1968年には50人以上企業に企業内組合代表が設けられ、企業内に団結型と参加型の労働者代表が併存するというフランス型システムが形成された。

（2） 内務省の労働委員会法案

企業内の労使協議機関たる労働委員会制度は1896年に鐘淵紡績、1899年に淡陶で設けられたのを嚆矢として少しずつ導入されていたが、内務省は1919年12月、労働委員会制度を普及することによって労資の協調と争議発生の防止を図ろうとして、労働委員会法案を非公式に作成し、発表した。

これは、常時50人以上の労働者を使用する事業にあっては1企業組織内において、区域内労働者より選出した委員及び企業者の指名した委員からなる労働委員会を設立することができるとし、その選挙手続について細々とした規定を置いている。労働委員会は、賃金、就業時間及び休憩に関する事項、作業規則に関する事項、危険防止及び傷害に関する事項、保健衛生及び風紀に関する事項、教育及び慰安に関する事項、互助及び救済に関する事項、能率増進に関する事項、その他労働者の福利増進に関する事項について調査審議し、企業者に提議をするものとされている。

労働委員会は少なくとも3か月に1回開催すべしとか、出席したために給料を削減されることなしとか、委員会で発表した意見のゆえに解雇されることなしといった規定も設けられている。

これは私案にとどまったが、及ぼした影響はかなり大きく、翌1920年には官民合わせて23件が設立された。労働組合側もこの制度に関心を示し、工場立憲のために工場委員会制度の採用を要求するものも多く見られた。

（3） 協調会の労働委員会法案

政府は1918年12月、救済事業調査会に「資本ト労働ノ調和ヲ図ル方法如何」と諮問し、翌1919年3月の答申では、資本家、労働者両者の協同調和

を図るため適切な民間機関を設立することを提言、政府は設立準備を始め、同年8月に財団法人協調会設立趣意書が発表され、同年12月には設立に至った。

1920年11月の協調会宣言は「協調主義の精神は階級争闘を否認すると同時に階級の調和融合を図らんとするに在る」と述べている。協調会は社会政策、労働問題に関する調査研究を行い、それをもとにした建議も多数に上った。また、系統的な労働者教育も協調会が先鞭を付け、労働争議の未然防止、円満解決にも相当の成果を上げたといわれる。中央職業紹介局を設けて職業紹介事業の連絡統一にも当たった。

この協調会は1921年10月、労働委員会法案を起草し、内閣総理大臣、内務大臣及び農商務大臣に建議した。こちらは内務省私案が任意設置規定であるのに対して、法律をもって設置を強制するものとなっている。すなわち、常時100人以上の職工又は鉱夫を使用する工場又は鉱山の企業者は、1年以内に労働委員会を設けその規則を具して行政官庁に届け出なければならない。その目的は「企業者及被傭労働者相互間ノ理解及信頼ニ基キ雇傭関係ヲ調整シ被傭労働者ノ境遇ノ改善及産業ノ発達ヲ図ルコト」であり、そのために「当該企業ノ生産能率及被傭労働者ノ福利ノ増進ニ関スル事項其ノ他被傭労働者ニ共通ノ利害アル事項ニ付企業者ノ提案ヲ審議シ又ハ意見ヲ開陳スル」ものとしている。

その構成は、被傭労働者選出委員と企業者指名委員からなる場合（＝労使協議会）と被傭労働者選出委員のみからなる場合（＝労働者代表委員会）があり、後者の場合企業者はその指名委員を会議に参与させることができる。会議は1年4回以上開催するものとされ、会議で発表した意見により解雇されないこととともに、会議で知り得た当該企業に関する機密を漏らしてはならないことも規定されている。

しかしこの案に対しては、法律でもって委員会設置を強制するのは不適当、労働組合法制定が先決、協議事項が広すぎ、特に労働条件に関する事項を付議することはかえって労使紛争をあおることになるなど、反論が多く出され、政府も建議を取り上げなかった。

（4） 産業委員会法案とその後

この後、不況が深刻化するとともに、資本は労働に対して攻勢的となり、これに対して労働側も戦闘的になり、労資間の対立は激化して、労働委員会のような平和的な制度への熱意は冷却化してしまった。この間内務省社会局は、1926年工場施行令改正によって就業規則の作成届出が義務づけられた際に、就業規則参考案の第2条にさりげなく「本規則ノ改正ハ工場委員会ニ諮リ其ノ意見ヲ聴場シタル上之ヲ行フ」と書き込んでいる。もちろん拘束力はないが、一定の影響はあったであろう。

昭和恐慌による産業不安の中で争議が頻発した1929年には、政友会及び憲政一新会の有志から産業委員会法案が議会に提出された。これは協調会の建議とほぼ同様の内容のもので、名称を産業委員会とし、開催回数を年2回とした点が異なる程度であったが、例によって経営側は強硬に反対し、田中義一政友会内閣は（政友会も法案提出に関わっていたにもかかわらず）これに冷淡であり、日本大衆党からはその反動性を攻撃されて結局審議未了廃案となった。

しかし、満州事変の勃発後再びこの制度への関心が高まってきた。資本家側からは労務管理の重要な方法として、また労働側からは階級闘争に代わる産業協力の方法として認識されるようになり、1932年から1935年までに毎月平均20件以上の増加を見、1936年7月末には274件、労働者数31.5万人に達した。

なお、公式資料には残っていないが、1936年、内務省社会局は「産業労働ノ調整ニ関スル諸法律案立法ノ趣旨及要綱」の中で協力委員会法の制定を検討している。協力委員会とは、「工場、事業場又ハ事業ニ於ケル労資ノ協議会ニシテ、事業主又ハ其ノ代理人ヲ議長トシ従業員ヨリ選出サレタル委員及事業主ノ指名スル企業所属員ニヨリテ組織セラルル謂ハバ企業家族会議」であり、事業主又は労働者の提案事項（能率増進、労働者の福祉、人格向上、企業内平和）について懇談協議するものとされている。同一事業主の下に複数の協力委員会ある場合は綜合協力委員会を設け、また事業主団体ごとに聯合協力委員会を設けることとされていた。聯合協力委員会は団体員の事業の争議調停も行う。

「労資関係ハ共同社会ノ職分的地位ノ関係ト観念スベキ」との考え方に基づくこの法案要綱は、産業報国会への中間点に位置すると言える。

2　健康保険組合[3]

　ここで、戦前実定法上の制度としては唯一特定分野に限定された労使協議制として設けられた健康保険組合について言及しておく。

　日本における疾病保険構想の嚆矢は内務省衛生局長後藤新平による1898年の労働者疾病保険法案であるが、その後内務省、農商務省、逓信省等で研究が行われていた。1920年に野党憲政会から疾病保険法案が提出されたことを受け、政府も農商務省工務局に労働課を新設し、法制化の準備を始めた。労働保険調査会の審議を経て1922年には議会に法案を提出し、同年成立に至った。

　健康保険法は当初から政府と健康保険組合の二種類を保険者としていた（第22条）。健康保険組合は事業主とその事業に使用される被保険者を以て組織される（第27条）と規定されており、また健康保険組合の設立認可については組合員資格を有する被保険者の2分の1以上の同意を得た規約を作る必要があった（第29条）。さらに健康保険法施行令では、健康保険組合に組合会を置き、組合会議員の定数は偶数とし、その半数は事業主が選定し、他の半数は被保険者たる組合員が互選する（第20条）とか、理事の定数も偶数で、やはり事業主側と被保険者側が半数ずつ（第36条）と、労使同数委員会の形をとっていた（理事長は事業主側）。

　立法以前から民間大企業には福利厚生のための共済組合が存在していたが、陸海軍や国鉄などの官業労働者の共済組合については適用除外が認められた（第12条）のに対し（この政府部門の共済組合制度は拡大して今日まで続いている）、民間企業には認められなかった。また当時は健康保険組合は政府管掌健康保険と同じ給付しか行えず、付加給付はなかった。これに対し、法制定からその施行（1927年）までの間に、財界から民間共済組合も適用除外とするよう要求があり、1925年には内務大臣（この間所管が農商

3）厚生省保険局編『健康保険三十年史』（上・下）全国社会保険協会連合会（1958年）。

務省から内務省社会局に移っていた）から労働保険調査会に対し、主務大臣
の認定した民間の共済組合にも適用除外を認める改正案要綱が諮問され、その答申を得て改正案を作成したこともあるが、結局実現に至らなかった。理由は不明であるが、適用除外にすると民間共済組合における労使協議制の担保がなくなることが懸念されたのではないかという推測がある[4]。

3　産業報国会[5]

（1）　産業報国運動の開始

　戦時体制にはいるとともに、労資の対立観念を払拭し、「労資一体、産業報国」の実を挙げることが強く要請されるようになった。財団法人協調会では1938年2月、時局対策委員会を設け、同年4月には労資関係の指導精神の確立とそれを普及宣揚する諸方策からなる労資関係調整方策要綱を決定した。

　それによると、産業は事業者従業員各員の職分によって結ばれた有機的組織体であり、産業の発展により国民の厚生を図り、以て皇国の興隆、人類の文化に貢献するという使命の達成のため、両者は一体とならねばならない。事業者はまず第一に産業の国家的使命を体得し、産業報国の精神に基づいてその経営に当たらねばならないし、従業員はまず勤労の神聖なることを自覚し、勤労報国の精神に基づいて精励努力しなければならない。このため、各事業場内にこの指導精神を普及徹底するための機関を設け、この機関を通じて事業者と従業員の意思疎通を図るのみならず、待遇改善、能率増進、保健衛生、福利共済、教育修養、慰安娯楽等の施設を行うとされた。

　これに対して産業界、労働団体、社会大衆党などが賛意を表し、同年7月には中央機関たる産業報国連盟が結成された。これを受けて同年8月、厚生・内務両次官名で「労資関係調整方策実施ニ関スル件依命通牒」（発労第55号）が発せられ、産業報国運動に積極的援助を与えることとされた。

　この通牒では、「事業主従業員双方ヲ含メタル全体組織」として例えば産

4）坂口正之『日本健康保険法成立史論』晃洋書房（1985年）。
5）鵜野久吾『工場鉱山産業報國會設立運営指針』國民安全協會（1938年）。

業報国会の設置を奨励することとし、その事業として「労資懇談ノ機関（委員会）ヲ設ケ」、「能率増進、待遇、福利、共済、教養」等について「隔意ナキ懇談ヲ遂ゲ、相互ノ完全ナル理解ト協力トヲ実現」することを挙げている。懇談会さえすればほかの事業はしなくてもよいといい、また団体を設置したことを理由として労働組合の解散を強いてはならないと付言していることからしても、「労働局が動々もすれば、工場委員会にただ『産業報国』の看板を覆せたものを指導奨励されんとする傾向があった」という経営側の批判は当たっている面があろう。

　この時期の産業報国運動には、いわば「報国」という時流に乗った錦の御旗を掲げることによって、事実上かつての労働委員会構想を実現しようとする面もあったといえないことはない。

(2)　大日本産業報国会

　その後1939年4月には、政府が国策として育成指導することとなり、産業報国連盟が中心ではなくなり、厚生・内務両次官名で各県に地方長官を中心とする産業報国聯合会の設置を指示した。組織は飛躍的に拡大し、1940年9月末には4.6万件、会員数は418万人に上った。政府は同年11月に勤労新体制確立要綱を閣議決定し、全国組織として大日本産業報国会を設立した。産業報国連盟は解散した。大日本産業報国会の綱領は「国体ノ本義ニ徹シ全産業一体報国ノ実ヲ挙ゲ以テ皇運ヲ扶翼シ奉ラム」、「産業ノ使命ヲ体シ事業一家職分奉公ノ誠ヲ以テ皇国産業ノ興隆ニ総力ヲ尽サム」、「勤労ノ真義ニ生キ剛毅明朗ナル生活ヲ建設シ以テ国力ノ根底ニ培ハム」と相当に時代がかっている。

　1941年12月には、厚生省当局は産業報国会の法制化のための国家総動員法改正案及び勅令案を作成した。法改正案では「政府ハ・・・工場事業場其ノ他施設ノ事業主ニ対シ勤労ノ充実発揚ヲ図ルコトヲ目的トスル団体ノ設立ヲ命ズル」だけでなく、「当該団体ノ構成員タル資格ヲ有スル者ニ対シ其ノ団体ニ加入ヲ命ズル」こともできた。勅令案では、産業報国会の事業として、勤労精神の昂揚、勤労力の管理及び配置に関する施設、技能の向上、能率増進其の他勤労の生産性増強に関する施設、勤労者の厚生に関する施設等が列

挙されるとともに、事業場産業報国会には懇談会の設置が義務づけられている。しかし法制化には異論があり、結局翌1942年に他の国民運動とともに大政翼賛会の傘下に接収されることになった。こういう方向に対し、産業報国運動の生みの親である協調会の中には批判的な意見が見られたという[6]。

（3） 産業報国会の解散と協調組合の構想

　戦後産業報国会は解体されたが、その過程では若干の経緯があった。まず当初は大日本産業報国会の解散後もその事業を何らかの形で残すことが検討され、厚生省は財団法人日本勤労厚生会の設立準備を進めたが、占領政策の中で設立を断念した。大日本産業報国会は1945年9月解散したが、政府はこれが「現に工場事業場に結成せられている単位産業報国会を直ちに解散せしめんとする趣旨ではない」と述べた。その後さらに事態が進み、存廃改組は自主的に行うこととされていた単位産業報国会の解散も、「日本国の侵略的対外軍事行動を支持又は正当化」した団体としてGHQから強く迫られることになった。こうして、同年12月、厚生次官通牒により末端の単位産業報国会に至るまで全組織が解散された。なお、産業報国運動を生んだ協調会に対してもGHQは追及を行い、解散を求めたため、1946年7月解散した。これは軍国主義に荷担した責任を負わされたという面はもちろんあるが、それだけでなく協調型労使関係システムに対するアメリカ型の対立型労使関係観の違和感が根底にあるように思われる。

　一方、労働組合法の制定に向けた労務法制審議委員会において、たたき台として出された末弘意見書においては、「今後少くとも過渡的には現在の単位産報的の協調組合の存続をも許し、これをして労働組合に代る機能を営ましむるも一案なるべし」と、労使協議制の法制化に向けた構想も示されていたが、結局「組合の完全な発達を図る上に面白くない」として取り入れられなかった。もし取り入れられていれば、戦後の集団的労使関係システムはよほど違った様相を示していた可能性もある。

6）『財団法人協調会史』財団法人協調会偕和会（1965年）。

4 経営協議会[7]

(1) 戦後労働運動の中の経営協議会

敗戦とともに労働運動は解放、助長され、労働組合は燎原の火のように広がった。しかしながら、その労働組合は産業別でもなければ職業別でもなく、企業ごとにホワイトカラー職員とブルーカラー労働者を包含した組織として誕生した。これらの特性は戦時中の産業報国会が持っていたものである。戦後の企業別組合は、いわば産業報国会の主導権を労働運動が握る形で形成されたと言える。

この頃、労働争議戦術として生産管理闘争が注目された。生産管理とは、労働組合が経営者に代わって生産を再開し、自主的に生産業務を管理するものである。その背景には、企業が生産サボタージュを行っているため、ストライキが有効な争議戦術とならなかったことがある。経営者に代わって労働組合が戦後の生産復興に当たるのだという誇りもあった。なによりも、ごく少数の経営幹部を除き、経営実務に当たってきたホワイトカラー職員がこぞって労働組合に参加したため、生産管理が現実に可能となった。その意味で、これは過激な形態の経営参加の試みであったとも言えよう。これに対しては、政府は当初必ずしも違法とは見なさないような態度も見せていたが、1946年6月に「社会秩序保持に関する声明」を発表し、生産管理を違法として否認する態度を明らかにした。

一方、恒常的な経営参加のメカニズムとして、多くの労働組合は労働協約により経営協議会を設立し、労働条件のみならず、人事、経理や経営方針まで協議の対象としていった。総同盟は1946年2月、労働協約基本案を発表したが、その内容は労使同数の労務委員会と生産委員会を設置し、労務委員会は賃金・労働時間を始め、解雇・雇入・登用など人事、共済、物資支給、災害防止、衛生施設等について協議取極めをし、生産委員会は労使代表に技術者を加え、工程管理、原価計算、設計監理等について協議取極めをすることとされていた。これに対し、同年11月に発表された産別会議の団体協約

---

7) 森五郎『經營協議會論：理論と運営』中央労働學園（1948年）、桂皋「經營協議會論」（藤林敬三・富樫總一・桂皋『組織勞働の新方向』東洋經濟新報社（1947年）所収）、労働省労政局『經營参加制度』労務行政研究所（1954年）。

974　第5部　労使関係法政策

基準案は、経営協議会の設置を定めるものの、その決定に協約と同一の効力を認めず、むしろ団体交渉を重視していた。また、同月に発表された関東経営者協会の「労働協約に関する意見」は、当時の協約が経営者の経営権を無視する規定を含んでいることを批判し、監督的地位にある者を組合員から除外すべきと主張している。

（2）　商工省の立法構想[8]

政府部内で最初に策定された立法構想は、1946年2月閣議決定の「緊急事態に対処する生産増強方策大綱」の要領第5で、「重点工場事業場の勤労体制を刷新し、作業運営を合理化するため、労務者と企業者の代表で構成する協議機関を設け、配給物資や福利施設の管理、作業計画と勤労条件との調整等の事項につき、公正な協議に基づく運営を行わせるとともに、企業の適正な経営に対して労務者の意見を積極的に反映させる」としている。

この一環として商工省が起草した「工場（鉱山）委員会制度設置要綱」では、工場（鉱山）委員会の協議事項として、労働配置、作業組織その他作業条件の合理化、労働時間、賃金支払方法その他労働条件の適正化、労働衛生、危険防止その他作業環境の整備、労務者の発明、考案、工夫や当該者の権利の保護、労働能率の向上とこれに基づく労働強化に対する労働力の保全、工程計画その他の作業計画と作業条件との調整、配給物資の割り当て、厚生施設、紛争の自治的調停などが羅列されている。委員会は企業者に対し、一般事業方針と経理に関して改善意見を提出することができ、企業者は委員会に対し、これらについて報告説明をしなければならない。あくまで協議機関であって決定機関ではないという位置づけである。委員は企業者、労務者それぞれ同数とし、労務者代表委員は、単一労働組合が結成されている場合はその推薦により、そうでない場合は職域ごとに選出する選挙委員の選挙によって選定する。なお、この段階では「直ちに法制により強制することなく、事実指導により勧奨すること」とされていた。

商工省はその後5月に「経営協議会設置要綱」を起案した。これは生産計

8）小島慶三『日本経済と経済政策』通商産業研究社（1957年）。

画、作業計画、労働能率、従業者発明などについて協議する生産協議会と、労働条件、安全衛生、配給物資、厚生施設、懲戒などについて協議する労働協議会の二本立てとなっている。決定機関でないのは同様だが、人事の一般方針について経営協議会に諮問することとされている。また選定方法として、労働組合が結成されている場合はその推薦によるという点は同じだが、労働組合が従業員の多数を占めない場合、職員を包含していない場合には、関係者の協議によって非組合員からも委員を選定し、その選定方法は非組合員の協議によって定めるという興味深い規定も見られる。重要なのは、「経営協議会の設置は、一定の産業に属する企業又は一定規模以上の企業については法制によってこれを実現し、それ以外の企業についてはこれに準じて設置させる」と強制設置にシフトしている点である。

(3) 厚生省の立法構想

これに対して、直接労働政策を所管する厚生省は、直接経営協議会を対象とする立法構想は提起していないが、労働組合法や労働関係調整法の制定過程において、労使協議制の導入が繰り返し試みられた。

まず終戦直後の1945年には、労働組合法の制定に向けた労務法制審議委員会において、たたき台として10月31日に出された末弘厳太郎意見書の中で、過渡的に現在の単位産報のような協調組合の存続をも許し、これに労働組合に代る機能を果たさせるのも一案であろうと、非労働組合型労使協議制の法制化に向けた構想も示されていた。しかしながら、結局「組合の完全な発達を図る上に面白くない」として取り入れられなかった。労働組合型労使協議制としては、旧労働組合法第22条の労働協約の規範的効力を定めた規定に「当該労働協約ニ依リ規準決定ノ為設置セラレタル機関ノ存スルトキハ其ノ定メタル規準ヲ含ム」という括弧書きが、戦前以来の工場委員会をさすものと理解されていた。しかしこの括弧書きは1949年改正で消えている。

1946年に労働関係調整法が制定される過程においても、4月の法案要綱に企業内労使によって組織される調整委員会が規定され、これがまず紛争調整に当たることとされていたが、GHQから強制設置は民主主義に反するとして削除されてしまった。その後公聴会にかける案として公表された法案では、

予防という章が新設され、公益事業において労働協約により労働関係について常時相互の意思の疎通を図るべき正規の機関及び手続を定めることを義務づけようとしていた。この点については、公聴会の場でも労使の多数から「これに関する規準を単独の法律により若しくは本法の中に又は通牒により作る必要がある」という意見が示された。ところがGHQは公聴会の多数意見にもかかわらず、これを明確に拒否し、この規定は削除されてしまった。

　その代わりに総論的な訓示規定として、「労働関係の当事者は、互に労働関係を適正化するやうに、労働協約中に、常に労働関係の調整を図るための正規の機関の設置及びその運営に関する事項を定めるやうに…特に努力しなければならない」（第2条）という規定が設けられた。現在まで、労使協議制に関わる一般労働法上の規定はこれ以外にはない。なお、本法案が労務法制審議会から答申された際、附帯決議として「適正な労働関係の設定に関する常設機関の設置は産業平和の維持と労働能率の増進のための基本要件の一つであることにかんがみ、中央労働委員会は各工場事業場における特殊性を考慮しつつ右機関の組織運営等に関する適当な参考例を作成公表すること」が求められている。

（4）　中労委の経営協議会指針

　上述のように、終戦直後頻発した生産管理闘争に対して、政府は1946年6月13日に「社会秩序保持に関する声明」によりこれを否定したが、そこには政府としては労使問題の解決は経営協議会で行うという旨の一文が盛り込まれていた。そして同日付の経営協議会に関する林譲治内閣書記官長談話は、現在必要なことは、労使双方が民主的協力によって生産を増やすことであるとし、そのために中労委が作成する案を参考に企業ごとに経営協議会を設けることを希望すると述べた。

　実質的にはこれに基づいて、形式的には上記労務法制審議会の附帯決議を受ける形で、6月17日、厚生大臣が中労委会長に対し、経営協議会の組織運営等に関する参考例を作成するよう諮問を行った。これに対して翌7月17日付で答申された経営協議会指針は、現在までのところ労使協議制に関して政府機関が公的に提示した唯一の指針である。

同指針によれば、経営協議会は「産業民主化の精神に基づき労働者として事業の経営に参画させるため使用者と労働組合との協約によって設けられる常設の協議機関」である。単なる懇談会や諮問機関ではなく、「使用者代表委員と労働者代表委員が平等の立場で協議する」のであり、「その結果決定された事項は当事者双方ともその実現を図る義務を負う」。労働協約によらないもの、つまり「使用者が労働者の経営参加を許すために一方的に設けた機関は経営協議会ではない」と、非労働組合型労使協議制は否定している。

経営協議会の権限としては、生産計画や作業計画についても直接労働者の利害と関係ある事項と認めているが、労働者の雇入解雇その他人事に関する規準については、「具体的な人事を協議会にかけると反って色々の弊害を生じやすい」として「むしろ組合の了解を得るなり抗議の余地を与える程度のことを労働協約中に定めておく程度」にした方がよいと述べ、また利益配当や会社幹部の人事を協議事項に加えることにも否定的である。むしろ「紛争ある場合には必ず協議会に付議してその解決を図ること」とし、「その上でなければ当事者双方争議行為を行わない旨の条項を設けることが予防手段として望ましい」としており、労働関係調整法のGHQに削除された規定を指針の形で復活したような面がある。この指針を受けて、1946年後半から経営協議会の設置が急増し、1948年には約1.5万件、労働組合の44％以上が経営協議会を設置するという状況であった。

(5)　経営協議会の変貌

1948年には官公労の攻勢がマッカーサー書簡及び政令第201号によって規制され、沈静化していったが、それとともに4月には日経連が発足して使用者陣営が立ち直り、経営に対する労働組合の関与も弱まるとともに、経営協議会の在り方にも批判が加えられるようになった。

まず同年3月に東京商工会議所が発表した「健全な経営協議会」は、経営協議会が労働組合の労働攻勢の橋頭堡となっていること等を批判し、経営協議会という名称が経営権を制限するような語弊があるとして、単一経営体における日常的不平処理機関として労働協議会というように改名し、生産に関する事項は別に労使に外のメンバーも加えた生産協議会のような研究諮問機

関に任せることを求めている。

同年6月には新生日経連が「改定労働協約の根本方針」の中で、「経営協議会は主として労働条件の合理化に関する事項を企業内部で平和的に処理することを目的とし、経営者及び組合が対等の立場で協議すべき労働協約上の共同の機関である」としつつ、「同時に本来経営権に属する事項についても双方がその意見を十分開陳して意思の疎通を図り経営権運用の円滑化に資することを妨げない」と経営権思想に基づく協議会のあり方を示した。

その後、1949年の労使関係法規改正に並行して行われた組合運動民主化政策の中で、経営協議会についても、「現在の経営協議会の代わりに交渉委員会、苦情処理委員会、生産委員会を別々に設置して、各委員会の機能についての混乱を避けるようにすべき」、「生産委員会は助言機関の性格のみにとどめるべき」（1949年7月の通牒「労働組合の組織と運営に関する協力と勧告の実施について」）と、経営協議会の三分化の方向を明示した。

日経連も同年6月の「労働関係調整に関する指針」で、「業務並びに生産その他の事項については本来当然に経営者の権限と責任において処理されるべきものであるにもかかわらず、これらほとんど全てが経営協議会の対象となり、はなはだしい混乱と紛淆を醸し」たとして、「従来の経営協議会はこれを廃止し、団体交渉及び紛争又は苦情処理機関によって処理すべきものはこれをそれぞれの方法又は機関に委ね、さらに生産ないし業務その他に関する事項については会社の機関によってこれらに関する労働者の意思を積極的に反映せしむるを適当」とし、労働者の経営参加に対し明確に否定的な見解を示した。これには総同盟も「経協に行き過ぎもあったことは認めるが、使用者側に経営専行の意図があるとすればそれは時代逆行」と釘を差している。

結局、1949年改正の最大の効果として既存の労働協約が自動延長されなくなり、無協約状態が広がっていき、労働省が労働協約締結運動を展開して再び新たな労働協約が締結されていく中で、かつての経営協議会に関する規定が大きく変化し、経営全般にわたって協議決定するといった経営参加的性格が薄れ、生産向上のための労使の協力機関という色彩が強まった。

5 炭鉱国管と生産協議会[9]

ここで戦後実定法上の制度としては唯一、労働問題を超えた経営事項についての労使協議制を法律上に定めた1947年の臨時石炭鉱業管理法について言及しておく。これは社会党首班内閣の目玉政策の一つとして推進された炭鉱国家管理政策が、与党民主党との妥協の結果中途半端になったものであるが、その中に各炭鉱ごとに労使同数からなる生産協議会を置き、炭鉱管理者は業務計画を実施する際には、生産協議会の議を経て定めなければならないとしていた。

社会党の原案は、各炭鉱単位に労働者坑内坑外各2名、経営者1名、技術者1名、職員1名、計7名の各代表をもって構成する経営委員会が責任の主体となるものであったが、さすがにそうはならなかった。ただ、生産協議会の委員の過半数が炭鉱管理者を著しく不適任であると認めたときは、その旨を商工大臣に申し立てることができ、商工大臣は当該炭鉱管理者の解任を命ずることができるという緩い拒否権規定は設けられた。

この法律は3年間の時限立法であったが、片山内閣を継いだ芦田内閣（民主党首班の民社協3党連立）が1948年10月に総辞職し、社会党が下野したことから廃止論が高まり、翌1950年5月に期限を半年余り残して廃止されてしまった。ちなみに、本法案成立を阻止するために炭鉱主側が保守系議員に政界工作を行ったことが後に露見し、炭鉱国管疑獄として歴史に名を残している。

6 労使協議制[10]
（1） 日本生産性本部[11]

戦後期の経営協議会も法律上の機関ではなく、労働協約に基づいて企業ごとに設立されたものであったが、生産管理との関係で政府による政策介入が

9）山本勝也「臨時石炭国家管理法批判」（『中央労働学園調査所季報第二冊　産業国管と労働者階級』中央労働学園（1949年））、『石炭労働年鑑』昭和22年度版、昭和23年度版（日本石炭鉱業聯盟）。

10）日本生産性本部『わが国労使協議制の推進とその発展』日本生産性本部（1980年）。

11）『生産性運動30年史』日本生産性本部（1985年）。

980　第5部　労使関係法政策

行われ、中労委により経営協議会指針が作成されるなど、公的な労働法政策にも一定の関わりを有していた。これに対して、1950年代半ばから日本生産性本部によって推進された労使協議制はもっぱら民間レベルで進められ、公的な労働法政策にはほとんど姿を現さない。しかしながら、その出発点では行政の一定の関わりも見られ、また実際に日本の労使関係において労働組合法の予定する団体交渉システムと並んで車の両輪をなすに至っている。

　日本において労使協議制の推進役となった日本生産性本部は、1955年3月設立された。そのイニシアティブは経済同友会をはじめとする経営者団体であったが、総同盟や全労などの労働組合もこれに参加し、やがて総評系の民間労組にも広がっていった。設立当時に打ち出された生産性運動に関する3原則は、①生産性の向上は究極において雇用を増大するものであるが、過渡的な過剰人員に対しては、国民経済的観点に立って能う限り配置転換その他により、失業を防止するよう官民協力して適切な措置を講ずる、②生産性向上のための具体的な方式については、各企業の実情に即し、労使が協力してこれを研究し、協議する、③生産性向上の諸成果は、経営者、労働者及び消費者に、国民経済の実情に応じて公平に分配される、と謳っており、修正資本主義的姿勢が窺われる。ある意味で戦前における協調会の役割を戦後に果たした機関と評することもできる。

（2）　労使協議制常任委員会と労使協議制設置基準案

　日本生産性本部は1956年、生産性協議会に関する特別委員会[12]を設置し、翌1957年6月に「生産性に関する労使協議制の方向」を発表した。ここでは成果の公正な分配と雇用の安定が強調されている。同本部は1956年11月に特別委員会を発展的に解消し、労使協議制常任委員会[13]を設置し、1958年1月「労使協議制のすすめ方」を発表した。

　そして、同常任委員会は1964年4月、「企業内における労使協議制の具体的設置基準案」を発表し、具体的なモデルを示した。ここでは、名称は生産

12）学識者、労働行政官、生産性本部職員からなり、委員長：中山伊知郎。

13）労使も加わり、委員長：中山伊知郎。

性協議会で、生産性向上の諸問題を協議するものとされ、会社は雇用及び労働条件に影響を及ぼす経営上、生産上の諸問題を最終的に決定する前に協議会で協議することとされている。また、団体交渉と労使協議制という2つのチャンネルをはっきり区別し、労使間の協議事項について労働条件が絡まり、協議を尽くすことができないときは、それを団体交渉の場に移して解決する道を講ずることとするとともに、従業員の個人的な苦情については、原則として労使協議機関では取り扱わないこととしている。

なお、協議した事項を従業員に周知すること、意見が一致した事項は責任をもって実施すること、協議会で知り得た機密を保持すべきこと、出席時間中の給与は控除せず、旅費等の経費は会社側が負担することなども盛り込まれている。

その後1978年3月には、企業運営労使協議会設置基準案を発表した。ここでは目的が生産性向上から企業の社会的責任、社会的公正の実現にシフトし、そのために労使共同、参加することが謳われた。名称も企業運営労使協議会とされ、企業の経営に関する諸問題を協議することとされ、対象範囲が拡大した。

第2節　過半数代表制と労使委員会[14]

1　過半数代表制

（1）　労働基準法制定時の過半数代表制

過半数代表制は1947年の労働基準法により設けられた労働組合法制と並ぶもう一つの集団的労使関係システムである。

その出発点は1946年4月に労働保護課内で行われた労働保護法草案第1次案への修正にある。原案は法定労働時間について女子年少者は1日8時間1週44時間、成人男子は1日9時間1週50時間とする硬式労働時間制をとっていたが、これを一律に1日8時間1週44時間とする代わりに、成人男子につ

14）濱口桂一郎「過半数代表制の課題」（『季刊労働法』207号）。

いては「当該事業場ニ労働組合アルトキハ労働組合トノ協約、労働組合ナキ
トキハ労働者ノ多数ヲ代表スルモノトノ書面ニヨル協定ヲ為シタルトキハ此
ノ限リニ在ラズ」と軟式化した。これが第2次案で労働組合がないときは労
働者の過半数を代表する者とされて過半数という言葉が登場し、第3次案の
修正で労働組合の場合も協約ではなく書面による協定とされ、第9次案で労
働組合にも「労働者の過半数で組織する」という要件が付せられるという経
緯をたどって、現行規定が成立している。

　この規定の理由は立法担当者によって、「労働者の団体による闡明された
意思に基づく同意を要件とすることが労働時間制に対する労働者の自覚を促
進」すると述べられているように、まさに集団的労使関係システムによって
労働条件規制を行うところにあり、しかも第3次案原案までは労働協約によ
ることが原則とされていたことからしても、その集団的労使関係システムと
はあくまで労働組合・団体交渉・労働協約という労働組合法によって構築さ
れたシステムが念頭に置かれ、それを補完するものとして労働者の多数（過
半数）代表というシステムが設けられたものと考えられる。実際、制定時の
「解説及び質疑応答」では「広く時間外労働を認める場合の条件としての労
働協約を規定したのが本条である。・・・協約の相手方は労働者の過半数で組
織される労働組合の代表者か、未組織の場合には過半数労働者の代表者であ
る。後者の場合には精確には協約とは云えぬので協定という言葉を使っ
た」[15] と述べ、これが労働協約であることを自明としている。

　なお、労働基準法はもう一つ、就業規則作成手続における意見聴取の相手
として過半数組合又は過半数代表者を登場させている。これについては、第
4次案でいったん「意見を徴しなければならない」が「同意を得なければな
らない」に強化されたが、第5次案修正案で再度意見聴取に戻るという経緯
をたどっている。この点について、寺本広作は「労働組合に不当な拒否権を
与える結果になり、労働条件を労働組合と使用者の自由な取引によって決定
させようという現在の労働法制の基本原則に反することとなる」という理由
を挙げており、また「本法の就業規則のごとく広範な内容を規定するものの

15）渡辺章編集代表『日本立法資料全集53労働基準法〔昭和22年〕（3）上』信山社。

作成に労働組合の同意を要することとすれば、これは取りも直さず労働協約の締結を法律で強制するのと同じ結果になる」という説明もされている。興味深いのは「就業規則の作成について労働者に団体的参加の機会を保証しこれを通じ広範な労働協約への道を開いた本法の規定は資本主義社会の立法としては究極の所までできている」と自評していることで、やはり労働組合法による集団的労使関係システムを前提にするものであったといえよう。

（2） 過半数代表制の拡大

　ところが、実際にはその後、この過半数代表制は集団的労使関係システムとは切り離された形で拡大していくことになる。それは一つには労働組合の組織率が次第に低下し、労働組合でない過半数代表者の比率が上昇していったことにもよるが、より重要なのは集団的労使関係システムにおいて戦後期に何回か試みられた過半数原理の導入が成功せず、いかなる少数組合であっても労働組合である限りは複数組合平等主義が貫かれることになってしまったために、原理のレベルで乖離が起こったことが大きい。もともと、労働組合法制定過程では、企業の被傭者の大多数が加入することを登録要件としたり、著しく少数で団体の実を備えないものは組合として認めないといったある種の過半数原理も示されていたのであるが、条文として残ったものはユニオンショップ条項と一般的拘束力規定くらいで、いずれも複数組合併存状況では無力化してしまっており、過半数原理は失われてしまった。

　やや皮肉な言い方をすれば、過半数原理による集団的労使関係システムは労働組合法制では実現されなかったが、過半数代表制の形をとって拡大してきたと評することもできるかも知れない。ただ、それは、労働組合がない場合の過半数代表者の場合には、集団的労使関係システムというに相応しいだけの実質を必ずしも備えてはいなかった。そのため、例えば時間外労働協定の性格についても、もともと上述のように労働協約と解されていたにもかかわらず、刑事上の免責規定に過ぎず、別途就業規則等の根拠が必要と解釈されるようになった。本来就業規則の上位にあるはずの労働協約が就業規則の根拠を必要とするというのは倒錯した論理であるが、選出方法や代表性に問題のある労働組合でない過半数代表者の締結した協定に労働協約並みの効力

を認めることはできなかったわけである。

　過半数代表制は段階を経て発展してきている。戦後期は労働基準法が中心で、制定時には上述の2つに加え寄宿舎規則の作成に係る同意規定（第95条第2項）が設けられ、1952年改正時に貯蓄金管理（第18条第2項）、賃金控除（第24条第1項）及び休暇手当の支払い方法（第39条第4項）に係る協定が規定された。なお、同時期に制定された会社更生法第195条は「裁判所は、更生計画案について、会社の使用人の過半数で組織する労働組合があるときはその労働組合、会社の使用人の過半数で組織する労働組合がないときは、会社の使用人の過半数を代表する者の意見を聴かなければならない」とした。労働基準法のものが事業場の労働者の過半数代表であるのに対し、こちらは会社の使用人の過半数代表である。これは、会社の使用人が、一面では賃金債権者であり利害関係者として手続に参加する一方、他面では企業の構成分子として更生に全面的な利害関係を持つことから、アメリカ破産法の規定に示唆を受けて設けられたものである。

　1966年には労働安全衛生規則が改正され、安全委員会及び衛生委員会（又は安全衛生委員会）の設置義務が規定されるとともに、委員の半数は事業場の過半数組合又は過半数代表者の推薦により選任することとされた。これはむしろ労使委員会の嚆矢というべきであろう。なお、それ以前も労働安全衛生規則上、安全・衛生委員会を設けた場合は労働者の選んだ委員を参加させなければならないとされていたが、設置自体は義務ではなかった。この規定が1972年には労働安全衛生法上の規定に格上げされた。なお、1976年の賃金支払確保法によって、貯蓄金保全措置の義務及び退職金保全措置の努力義務が設けられたが、省令で預金保全委員会及び退職手当保全委員会の構成員の半数は企業の過半数組合又は過半数代表者の推薦を要求している。

　1975年に雇用調整給付金が創設されて、過半数代表システムは労働市場法政策にも拡大した。同給付金は既述のように日本の雇用政策の方向を内部労働市場志向型に一変させたものであるが、そのことが企業内部の労働者の意見を重視する運用ということで過半数代表制の導入につながったわけである。具体的には、同給付金の支給対象となる休業の期間、休業の対象となる労働者の範囲、手当の支払いの基準その他休業の実施に関する事項につい

て、予め事業主と過半数組合又は過半数代表者との書面協定がなされていることが要件とされた。同給付金の解説書は「ある程度長期間にわたる雇用調整の実施は、労働者に雇用上の不安を与えるばかりでなく、当該期間中の生活の維持についても重大な影響を及ぼすことが多い。そこで…労働者の意思を反映させ、事業主の恣意的な雇用調整を防止するとともに、対象となる労働者の不安を解消しながらその失業の予防を図る」とその趣旨を説明している[16]。その後労働市場法政策の領域において同様の規定が多数設けられていった。

　過半数代表制が注目を集めるようになったのは、1987年の労働基準法改正によって、変形労働時間制、フレックスタイム制、事業場外労働及び裁量労働のみなし労働時間制など多くの労働時間制度に過半数組合又は過半数代表者との書面協定が要件として設けられてからである。これによりそれまでほぼ時間外労働に限られていた過半数原理による集団的労働条件決定システムの範囲が大きく広がった。そこから、集団的労使関係システムとして過半数代表制を捉える視角が生じてきたのである。

　その後も過半数代表制の拡大は一層加速し、1999年の民事再生法（営業譲渡許可の際の意見聴取義務）など民事手続関係、2001年の確定給付企業年金法（規約の変更等）など職域社会保障関係にも拡大している。一方、2004年の改正高年齢者雇用安定法では、継続雇用制度の対象となる労働者の基準を過半数代表との労使協定で定めることとしており、直接個別労働契約の存否を左右するまでの権能を有するに至った（2012年改正で削除）。

（3）　過半数代表制の改善

　しかし、一方で過半数代表制は誰が労働者の過半数を代表する者となるのかという点について明確な規定を欠いており、とりわけ過半数組合がない場合にはその選出方法や代表性に問題が見られた。このため、1971年9月の通達「労働基準法第36条の時間外・休日労働に関する労使協定制度の運用の適正化とモデル36協定の利用の促進について」（基発第665号）において、

16）労働省職業安定局『雇用調整給付金制度の解説』労働法令実務センター（1975年）。

過半数代表者の選出方法については、選挙又はそれに準ずる方法によること
が望ましく、また管理監督者は労働者の代表者として望ましくないことを示
した。また、1978年6月の通達「労働時間短縮の行政指導について」（基発
第355号）では、労働者を代表する者を使用者が一方的に指名している場合、
親睦会の代表者が労働者代表となっている場合、一定の役職者が自動的に労
働者代表となることとされている場合、一定の役職者が互選により労働者代
表を選出することとされている場合や、選挙又はこれに準ずる方法による場
合であっても選出された者が事業場全体の労働時間等労働条件の計画・管理
に関する権限を有する者である場合には、適格性を欠くものとして取扱い、
真に労働者代表にふさわしい者が選出されるよう指導することとしていた。

1987年改正により過半数代表制の適用範囲が拡大した際には、審議会に
おける議論の中で、労働側が、過半数組合がない場合の労働者代表は立候補
制による無記名投票による旨命令で規定すべきと主張し、経営側が一律の法
規制に反対したという経緯があり、条文上では改正は行われなかったが、国
会の附帯決議において「各種労使協定の締結当事者である労働者代表の選出
については、労働者の意思を適正に反映した選出が行われるよう指導するこ
と」が求められた。これを受けて1988年の施行通達（基発第1号）におい
て、適格性として、事業場全体の労働時間等労働条件の計画・管理に関する
権限を有する者など管理監督者でないこと、選出方法として、その者が労働
者の過半数を代表して労使協定を締結することの適否について判断する機会
が当該事業場の労働者に与えられており、すなわち使用者の指名などその意
向に添って選出するような者であってはならず、かつ、当該事業場の過半数
の労働者がその者を支持していると認められる民主的な手続きが取られてい
ること、すなわち労働者の投票、挙手等の方法により選出されることとされ
た。

（4）　1998年改正時の省令改正

以上のような改善は法令上のものではなく通達レベルのものであったが、
1998年労働基準法改正に伴ってこれが省令レベルの規定に格上げされた。

第2章　労使協議制と労働者参加　987

　経緯をたどると、1993年5月の労働基準法研究会労働契約等法制部会[17]報告で「現在労働基準法に定めがない労働者代表の選出方法、権限、任期等について、明確化することが適当であり、特に過半数代表者の選出につき、投票、挙手等民主的な手続によること等の現行の労働者代表の選任の手続について法律上明確化することについて検討することが適当」と述べ、また「併せて労働者代表がその地位、職務の故に不利益な取扱いを受けないような方策についても検討することが適当」としたことに始まり、1995年9月の労働基準法研究会労働時間法制部会[18]報告では「事業場の労働者代表が労働者の自主的な意見を実質的に反映させることができるような仕組み等の在り方について検討する必要があろう」とされた。

　1997年7月に中央労働基準審議会に出された事務局試案では「労使協定の内容及び締結当事者を就業規則と同様の方法で労働者に周知させること等、その適正な実施を促進するための措置について検討」することを提案している。これに対して翌8月の中間的取りまとめでは、労働側から労働者代表の民主的な選出を求める現行の行政指導の内容の法制化に加え、権限等の明確化を図るべきとの意見が、使用者側から労使の自主性に委ねるべきとの意見が示され、「労働者代表の選出が労働者集団の内部で自主的かつ適正に行われるよう、制度面の工夫を含め有効な方策について引き続き検討すべき」との公益委員の考え方が付け加えられている。その結果、同年12月の建議においては、労働者への周知に加え、「労使協定の締結当事者である労働者の過半数を代表する者の選出の方法及び選出される者の職制上の地位等を適正なものとするため、現在通達で示している内容を省令で規定し、周知、徹底することが必要」とし、さらに労使協定に有効期間を定めることについても検討すべきとした。なお、労働側の意見として、過半数代表の任期、権限及び不利益取扱いの禁止についても規定すべきとの意見が付記されている。

　これに基づき、改正法成立後労働基準法施行規則が改正され、第6条の2として過半数代表者の規定が設けられた。これにより、過半数代表者の要件

17）学識者9名、座長：安枝英訷。
18）学識者6名、座長：保原喜志夫。

として、管理監督者でないこと及び投票、挙手等の方法による手続により選出された者であることが規定された。また、審議会における労働側の意見を一部採り入れて、「使用者は、労働者が過半数代表者であること若しくは過半数代表者になろうとしたこと又は過半数代表者として正当な行為をしたことを理由として不利益な取扱いをしないようにしなければならない」という規定も設けられた。不利益取扱い禁止規定が設けられることで、ようやく労働者代表制らしい外形が少しずつ整ってきたというところである。

（5） 2018年省令改正へ

その後もなお趣旨に反する過半数代表者の選出が見られたことから、2015年改正案に向けた同年2月の労働政策審議会労働条件分科会報告では、「使用者の意向による選出は手続違反に当たるなど通達の内容を労働基準法施行規則に規定する」ことや、「使用者は過半数代表者がその業務を円滑に遂行できるよう必要な配慮を行わなければならない」旨を省令に規定することを求めていた。同改正案は高度プロフェッショナル制度への反発からまったく審議されることなく棚ざらしとなり、そのため上記省令改正も行われないままとなっていた。

2016年になってから急速に長時間労働の是正が政策課題となり、2017年3月の働き方改革実行計画を受けて同年4月から審議した労働政策審議会労働条件分科会は、同年6月の報告において再び、この旨を省令に規定することを求めた。2018年6月に働き方改革推進法が成立したので、今後省令において過半数代表者は使用者の意向に基づき選出された者でないこと、使用者は過半数代表者がその事務を円滑に遂行できるよう必要な配慮を行わなければならない旨が規定される予定である。

2 労使委員会

ここでいう労使委員会とは、アドホックな過半数代表制に対して常設機関としての二者構成の労働者代表制と捉えられる。労使委員会が注目を集めたのは1998年改正で企画業務型裁量労働制の導入に労使委員会の決議が要件とされたことがきっかけであるが、法制上はそれ以前から労使委員会制度が

いくつか存在していた。

（1）　健康保険組合と厚生年金基金

　実定法上特定分野に限定されたとはいえ労使二者構成の常設的労使委員会制度の嚆矢は、1922年に成立、1927年に施行された健康保険法に基づく健康保険組合である。「健康保険組合ハ事業主、其ノ事業ニ使用セラルル被保険者及第二十条ノ規定ニ依ル被保険者ヲ以テ之ヲ組織」し、設立には「組合員タル資格ヲ有スル被保険者ノ二分ノ一以上ノ同意ヲ得規約ヲ作リ」主務大臣の許可を受ける必要がある。健康保険法施行令にはその設立、会議、役員、財務等について詳細な規定が設けられ、組合会については「定数ハ十二人以上ノ偶数トシ其ノ半数ハ事業主ニ於テ事業主（若ハ其ノ代理人）及其ノ事業ニ使用セラルル者ノ中ニ就キ之ヲ選定シ他ノ半数ハ被保険者タル組合員ニ於テ之ヲ互選ス」と、また理事についても「定数ハ四人以上ノ偶数トシ其ノ半数ハ事業主ノ選定シタル議員ニ於テ、他ノ半数ハ被保険者タル組合員ノ互選シタル議員ニ於テ之ヲ互選ス」と労使同数及び労働者代表の選挙制も規定していた。立派な労使委員会である。

　一方1966年の厚生年金保険法改正により設けられた厚生年金基金も、健康保険組合と同様に、事業主とその事業に使用される被保険者を以て組織され（第107条）、また基金の設立認可については被保険者の2分の1以上の同意を得た規約を作る必要があった（第111条第1条）。それに加えて被保険者の3分の1以上で組織する労働組合がある場合にはその同意も得なければならない（同条第2項）。代議員会や理事が労使同数というのも健康保険組合と同様である。

（2）　労働法上の労使委員会の先行型

　狭義の労働法における労使委員会制度の嚆矢は1938年4月の改正工場危害予防及衛生規則における安全委員及び安全委員会の規定である。すなわち、常時10人以上の職工を使用する工場の工業主は安全委員を選任しなければならず、安全委員会を設けたときは安全委員会規則を作成し地方長官に届け出ることとされた。この時の施行標準という通牒（発労29号）では、

990 第5部 労使関係法政策

「安全委員ハ職員及職工ヨリ之ヲ選任スルコト」、「安全委員ハ概ネ職工三十乃至五十人ニ付一人ノ程度ヲ標準トシテ之ヲ選任スルコト」と書かれている。

戦後労働基準法の制定に合わせて1947年に労働安全衛生規則が制定され、そこでは、安全に関する事項、衛生に関する事項について「関係労働者の意見を聴くため、適当な措置を講じ」ることとされ、安全に関する委員会、衛生に関する委員会を設けた場合には「労働者の選んだ委員を参加させなければならない」という規定が設けられた。これはまだ萌芽的な規定ぶりであったが、1966年に労働安全衛生規則で設置が義務化された。これにより安全・衛生委員会の委員の半数は過半数組合又は過半数代表者の推薦により選任することとされ、労使委員会らしくなった。

その後1972年の労働安全衛生法によって法律上の規定となった。その趣旨は、労働災害防止について事業者が措置を講ずるに際して労働者の意見を反映させるとともに、労働者の関心を高め労働災害防止対策を一層向上させるため、労働者のうちから指名された委員等により構成される委員会を設け、当該事業場における安全衛生に関する重要事項について調査審議させ、事業者に意見を述べさせることとしたものである。衛生委員会は全業種の50人以上事業場に、安全委員会は業種ごとに100人以上ないし1000人以上事業場に設置義務がかかっている。

委員会の調査審議事項は、労働者の危険ないし労働者の健康障害を防止するための基本となるべき対策、労働災害の原因及び再発防止対策で安全ないし衛生に係るものその他の重要事項とされ、安全衛生規定の作成や安全衛生教育の実施計画、新規に採用する機械や原材料に関することにも及んでいる。委員会の構成は、議長以外の委員の半数は過半数組合又はそれがない場合は過半数代表者の推薦に基づいて指名することとされており、過半数原理が採られている。

次にあまり目立たないが1976年の賃金支払確保法において2つの労使委員会が規定された。一つは貯蓄金保全措置の一つとして選択的に義務づけられた預金保全委員会であり、もう一つは退職金保全措置の一つとして選択的に努力義務の対象とされた退職手当保全委員会である。これらは、社内預金

等の管理につき預金労働者の意思を反映させるとともに、自己の預金の安全性を監視させることにより、返還不能のおそれがある場合には事前に預金労働者の自主的な預金の払い出しを期待し、実質的に預金等の保全を図ろうとするものである。従って、社内預金や退職手当の運用方法について交渉決定する機関ではない。これら委員会の委員の半数は過半数組合又はそれがないときは過半数代表者の推薦を受けたものでなければならない。

　直接労働基準法の労使委員会につながる制度としては、1992年の労働時間短縮促進臨時措置法によって創設された労働時間短縮推進委員会が挙げられる。これはやや技巧的な規定で、第6条で事業主の努力義務として労働時間短縮推進委員会の設置等労働時間の短縮を効果的に実施するために必要な体制の整備を掲げ、その上で労働時間短縮推進委員会を設置した場合には、その委員全員の決議をもって時間外・休日労働や各種変形労働時間制の労使協定に代えることができることとし、かつ時間外・休日労働以外については労働基準監督署への届出義務を免除した。この委員会の要件として、委員の半数が過半数組合又はそれがない場合は過半数代表者の推薦に基づき指名されていること、委員会の設置について労働基準監督署長に届け出ていること、議事録が作成され3年間保存すること等が定められている。

（3）　企画業務型裁量労働制に係る労使委員会

　企画業務型裁量労働制に関わって労使委員会という構想が打ち出されたのは、1995年4月の裁量労働制に関する研究会[19] 報告においてであった。もっとも、そこにおいては新たな裁量労働制の導入要件として労使委員会の決議を求めたわけではなく、導入要件は従前の専門業務型裁量労働制や変形労働時間制、時間外・休日労働と同様に労使協定の締結とその届出とされている。そして、これに付け加える形で「企業内労使委員会において、裁量労働制の導入、改廃、運用状況のチェック、苦情処理等について協議を行うことにより、恣意的な運用を防止することができる。この場合、裁量労働制を適正かつ有効に機能させる上で必要な条件として業務命令が合理的なものであ

19）学識者6名、座長：菅野和夫。

るか、長時間の労働が長期にわたって継続していないか等について企業内委員会がチェックすることが重要であると考えられる」と、チェック機関としての制度化を求めていた。

その後、中央労働基準審議会における審議が進み、1997年7月に事務局から出された試案では、ホワイトカラー労働者に対する新たな裁量労働制の導入手続として「例えば、企業内に賃金や評価制度等を含め労働条件全般を調査審議するための労使の代表からなる委員会を設置」し、「この委員会において、裁量労働制の対象となる者の具体的範囲、代償休日の付与等働き過ぎの防止・健康確保のための措置、苦情の処理等について決議により決定することを要件とする」ことを提示した。

前述のように1998年改正では企画業務型裁量労働制の導入の是非が大問題となり、その後審議会の建議までの間にも、そして国会提出後にも導入手続を困難ならしめるための修正が行われ、非常に使い勝手の悪い制度になってしまった。例えば、労使委員会の委員の半数が過半数組合又はそれがない場合には過半数代表者により任期を定めて指名されるだけでは済まず、事業場の労働者の過半数の信任を得ていることまで要求している。これは過半数原理に基づく代表性に対する信頼の欠如ともとれる制度である。現在なお法制としては不完全な過半数組合なき場合の過半数代表者についてはともかく、過半数組合に対してまでさらに改めて過半数の信任を求めるというのはやや行き過ぎの感は免れない。少なくとも労働組合側が修正を要求すべき内容ではないであろう。もっとも、国会修正時にはそういう配慮よりも企画業務型裁量労働制の導入を困難にするための抵抗の一つと捉えられていたのであろう。これはさすがに2003年改正によって廃止された。

その他、労使委員会が決議を行うための委員の合意について、全員の合意を要求していたが、2003年改正で5分の4でよいこととされた。また労使委員会の設置の行政官庁への届出義務、開催状況等の行政官庁への報告義務なども課せられていたが、いずれも2003年改正で廃止ないし簡素化された。2003年改正により、ようやく裁量労働制の是非論に引きずられた形でなく、労使委員会制度それ自体のあるべき姿を議論する土俵ができたということができよう。

（4）　労働条件の調査審議機関としての労使委員会

　実は、1998年改正においては、労使委員会は「賃金、労働時間その他の当該事業場における労働条件に関する事項を調査審議し、事業主に対し当該事業場について意見を述べることを目的とする委員会」と定義されている。決して企画業務型裁量労働制に限った制度設計ではない。実際、第38条の4第5項によって、変形労働時間制、フレックスタイム制、時間外・休日労働、専門業務型裁量労働制、計画年休など広範にわたり、労使協定に代えて労使委員会の決議により実施することができることとされている。

　法律の規定上はあくまでも労使協定が原則であり、労使委員会の決議はそれに代替するものに過ぎないが、これだけ多くの領域にわたってその都度アドホックに過半数代表者を選出して労使協定を締結することが適当かどうかを考えれば、むしろ法政策論としては、常設機関としての労使委員会を設置し、そこが継続性をもってその都度の労働条件の決定に関わっていくという仕組みの方が本来の姿ということもできよう。

3　労働者代表法制

（1）　連合の労働者代表法案

　連合は2001年10月の「新しいワークルールの実現を目指して」の中で、労働契約法、パート・有期契約労働法と並ぶ3つの労働法制定要求の一つとして労働者代表法を掲げた。

　そこでは、現行の過半数代表制について「過半数労働組合がない事業場の労働者代表の民主的選出の保証や地位の保全などが不十分」として、「こうした問題を解決するとともに必要な法的整備を行う」とし、「未組織職場では、労働者が労働条件の設定などについて発言する機会は皆無に等しく、法の趣旨に沿った議論が困難な状況にあることや、就労形態の多様化や労務管理の個別化に伴い、これまでの代表制では機能的に限界が生じており、過半数労働組合がない事業場に労働者代表制度を設けることが必要になっている」として、次のような法案要綱骨子を示している。

　それによると、使用者は常時10人以上の労働者を使用する事業場について、労働者の過半数で組織する労働組合がない場合には、労働者代表委員会

994　第5部　労使関係法政策

を設置しなければならず、10人未満の事業場についても労働者代表委員を置かなければならないとしている。ただし、過半数組合が成立した場合は労働者代表委員会は解散するとして、労働組合との関係を調整している。このあたりはいかにも連合の案らしいところである。

　労働者代表委員の選出、委員会の運営、権限、不利益取扱いの禁止、支配介入の禁止などが規定されているが、特に職務専念義務を免除し、期間中の賃金を支払うこと及び事務所等の貸与等の便宜供与が明記されている。

　こういった形で一般的労働者代表法制が成立するならば、労働組合法制との関係、それも技術的調整といった次元だけではなく、法政策思想レベルの突っ込んだ検討が否応なく要求されてくることになるであろう。労働側においても、労働者代表制が一般的に法制化されると、労働組合の組織化に対して悪影響を与えることとなるのではないかという懸念が表明されている。労働者代表制の議論は、労働組合でなければできないことは何か、という問題を提起するものでもある。

（2）　労働契約法制在り方研究会

　2005年9月に発表された今後の労働契約法制の在り方に関する研究会[20]報告書においては、総論において労働者代表制度についても言及している。

　ここでは、まず現行の過半数代表制度について、過半数組合がない場合には、一人の代表者が当該事業場の全労働者を代表することとなるが、就業形態や価値観が多様化し、労働者の均質性が低くなる中では、一人の代表者が当該事業場全体の労働者の利益を代表することは困難になってきているとし、また過半数代表者は常設的なものでないため、締結した者がその実際の運用を確認することは期待しがたいこと、労使委員会についても必ずしも多様な利益を代表する者が労働者委員になることが保証されていないと、その問題点を指摘している。

　そして、労働組合の組織率が低下し、集団的な労働条件決定システムの機能が相対的に低下している中で、労働者と使用者との間にある情報の質及び

───────────────
20）学識者10名、座長：菅野和夫。

量の格差や交渉力の格差を是正して、労働者と使用者が実質的に対等な立場で決定を行うことを確保するためには、労働者が集団として使用者との交渉、協議等を行うことができる場が存在することが必要であり、労働組合が存在する場合には、当然、当該労働組合がそのような役割を果たすものであるが、労働組合が存在しない場合においても、労働者の交渉力をより高めるための方策を検討する必要があると述べている。

ここで、常設的な労使委員会の活用は、当該事業場内において労使当事者が実質的に対等な立場で自主的な決定を行うことができるようにすることに資すると考えられることから、このような労使委員会が設置され、当該委員会において使用者が労働条件の決定・変更について協議を行うことを労働契約法制において促進することが適当であると提起している。

この場合、過半数組合のある事業場であっても、労使が対等な立場で労働条件について恒常的に話し合えるようにすることは意義があるとして、過半数組合の機能を阻害しない形で労使委員会の設置を認めてよいとしている。ここは連合の法案骨子と対立するところである。

労使委員会の活用に当たっては、就業形態や価値観が多様化し、労働者の均質性が低くなってきている近年の状況の中で、労使委員会が当該事業場の多様な労働者の利益を公正に代表できる仕組みとする必要があり、また労使当事者が実質的に対等な立場で交渉ができるような仕組みも必要となるという。

そこで、労使委員会の在り方としては、委員の半数以上が当該事業場の労働者を代表する者であることのほか、労使委員会の委員の選出手続を、現在の過半数代表者の選出手続に比してより明確なものとすべきであり、また多様な労働者の利益をできる限り公正に代表できるような委員の選出方法とすべきであるとし、そのような選出方法として、当該事業場の全労働者が直接複数の労働者委員を選出することを提案している。

さらに、選出された労働者委員は当該事業場のすべての労働者を公正に代表するようにしなければならないことや、使用者は委員であること等を理由とする不利益取扱いはしてはならないこととすることが考えられるとしている。

労働者委員の選出や運営に要する費用負担の在り方については、労使委員会が当該事業場の多様な労働者の利益を公正に代表でき、労使当事者が実質的に対等な立場で交渉できるようにするという観点から引き続き検討する必要があると述べて、特に方向性は示さずに問題を提起している。

労使委員会の活用の方策としては、報告書の各所にいくつもの提案がちりばめられている。まず、就業規則の作成に当たって、現行の過半数組合又は過半数代表者からの意見聴取に代えて、労使委員会の労働者委員からの意見聴取によることを可能にすることが提示されている。ただし、ここでは意見聴取に代えて同意を必要とすることについては否定的な見解が示されている。

極めて重要な意味を持つのは、就業規則の変更による労働条件の不利益変更についてである。ここでは、一部の労働者のみに対して大きな不利益を与える変更の場合を除き、労働者の意見を適正に集約した上で、過半数組合が合意した場合又は労使委員会の委員の5分の4以上の多数により変更を認める決議があった場合に、変更後の就業規則の合理性が推定されるという新たな規定の新設が提起されている。これは推定規定ではあるが、事実上多くの場合には、過半数組合又は労使委員会に労働条件の不利益変更の合理性の判断権を付与するに近い思い切った立法提案であり、やや間接的な経路をたどってではあるが、事実上、就業規則の不利益変更に対して、過半数組合又は労使委員会になにがしかの共同決定権を与えたのと同様の効果を有するということもできる。

この機能は現行の過半数組合なき過半数代表者には与えられないのであるから、過半数組合のない使用者にとっては労使委員会を設置することが必要不可欠となるわけで、労働条件の不利益変更の可能性をなにがしかでも予想する使用者にとっては、事実上、労使委員会の設置を法律で義務づけられるのとほとんど変わらないほどの効果を有すると見ることもできよう。

また、労使委員会に事前協議や苦情処理の機能を持たせ、それらが適正に行われた場合には、そのことが配置転換、出向、解雇等の権利濫用の判断において考慮要素となり得ることを指針等で明らかにすることも提起されている。これも、権利濫用の判断要素という間接的な経路をたどってではある

が、配置転換や出向、転籍を無効とされたくない使用者にとっては、労使委員会に事前協議をしておくことが、事実上義務づけられたのと等しい効果を持つと考えられる。

　興味深いのは、解雇の金銭解決制度と労使委員会を絡ませたところである。すなわち、使用者からの解雇の金銭解決の申立ての要件として、個別企業における事前の集団的な労使合意（労働協約や労使委員会の決議）がなされていることを求め、しかも、そこで解決金の額の基準の合意があらかじめなされていた場合にのみ申立てができると、大変厳しい要件をかけている。これは使用者からの金銭解決の申立てを制約するための要件ではあるが、逆にいえば、使用者にとってこのような手続を予めとっておくことの重要性が極めて高くなるということであり、逆説的ではあるが過半数組合や労使委員会の価値を高める効果があると言えよう。

　なお、整理解雇の要件としても、労働組合との協議に加えて、労使委員会との協議を尽くすことが挙げられており、上述の労働条件の不利益変更の際の機能も含め、使用者にとって企業の危機管理上欠かせない役割を果たすものになるよう位置づけられているといえる。

　なお、労使委員会の活用方法を検討するに当たっては、労使委員会が労働組合の団体交渉を阻害することや、その決議が労働協約の機能を阻害することがないような仕組みとする必要があるとし、さらに、労使委員会の決議は、団体交渉を経て締結された労働協約とは異なり、当然に個々の労働者を拘束したり、それ単独で権利義務を設定したりするものではないことに留意する必要があるとも述べている。

（3）　労政審における審議

　2005年9月には労働政策審議会に対して、今後の労働契約法制の在り方について諮問がなされ、10月より労働条件分科会[21]において審議が開始された。その中でもこの労使委員会の問題については、同分科会において、当初から意見がぶつかり合った。

21）公労使各7名、分科会長：西村健一郎。

労働側は、特に「労働組合とは本質的に異なる労使委員会に、労働条件の決定・変更の協議や就業規則の変更の合理性判断など重要な機能を担わせようとしている」という点を批判した。具体的には、労使委員会の協議が不適切であったときに、委員でない労働者は労使委員会を訴えられるのかとか、労使委員会である案件を議論する場合に職場の労働者全員からどのように意見聴取するのか（労組であれば組合員を集めて何度も説明する）とか、労使委員会で多数決となったときに、労働側委員は反対する委員や労働者を説得するのか（労組であれば、たとえ全員の意見が一致せず多数決になったとしても、役員は反対する組合員に納得して貰えるよう努力する）とか、そもそも委員の選出の公正さはどう担保するのかとか、過半数労組がある場合にも設置できるとすると両者の役割分担はどうなるのか、などと、様々な疑念をぶつけた。

これに対し、公益委員からは「組合組織率が低下している現在、過半数組合がない場合の過半数代表者の現状を考えれば、労使委員会制度を新設することにより、今よりもましな状態に改善できるのではないか」という反論がなされた。

2006年4月に事務局から提示された「検討の視点」は、若干表現の仕方を変えている。まず、労使委員会についての基本的な考え方として、「労使の実質的な話合いを進めることは、労働契約の円滑な継続を図るために重要であるので、多様な労働者が意見表明できる仕組みを整備する」ものと位置づけ、「過半数組合がない事業場においても実質的な労使協議が行われることが望まし」く、「このため、事業場における労働条件に関して調査審議を行う機関として、労使委員会の設置を促進することが必要」と説明している。連合側の反発を考慮して、過半数組合のある事業場では過半数組合のみに労働者代表機能を与え、それと並列的に労使委員会を設置するという選択肢は撤回した形となっている。

これを反映して、就業規則の変更による労働条件の不利益変更についても、まず原則として過半数組合と合意した場合には変更が合理的なものとして個別労働者との間で合意が成立したものと推定するという法的効果を与えるとした上で、過半数組合がない事業場においては、「労使委員会の決議又

は調査審議に一定の法的効果を与えること」を提示している。一定の法的効果というのは、過半数組合の場合のような強い効果まで与えないというインプリケーションもあるのかも知れないが、この段階ではそこは曖昧である。

一方、労使委員会の選出に疑問が呈されたこともふまえ、上記のような法的効果を付与する場合には、労働者代表の委員の民主的な選出手続、例えば直接無記名投票による選出、就業形態に応じた委員枠などを確保することが必要だとも述べている。

研究会報告ではその他の項目でも労使委員会の活用に触れていたが、検討の視点では特に言及していない。

同年6月には、事務局から「労働契約法制及び労働時間法制の在り方について（案）」が提示された。ここでは、労使委員会がほとんど表面から消え、代わって「事業場のすべての労働者を適正に代表する者（複数）」という概念が持ち出されている。すなわち、まず事業場に過半数組合がある場合には、過半数組合との合意があれば個別労働者との合意を推定するという形で原則を設けた上で、事業場に過半数組合がない場合には、過半数代表者との合意に過半数組合との合意に準ずる法的効果を与えることを検討するとしつつ、その前提として労働基準法の過半数代表者の選出手続を明確化する必要があると述べ、そのような手続を経て選出された「事業場のすべての労働者を適正に代表する者（複数）」についてそのような法的効果を与えることを提示している。

この点について、注釈として、「過半数代表者については、親睦会等の代表者が自動的に労働者代表となったり、一定の従業員だけの話合いで労働者代表を選出するなど、その選出方法が適切でない事例もあることから、民主的な選出手続（選挙、信任又は労働者による話合い）によらなければならないことを明確化するとともに、事業場の多様な労働者の利益を公正に代表することができるようなものに改める必要がある」と述べている。「複数」というのは多様な利益を代表するためであるらしい。

労働契約法制研究会は労使委員会を過半数組合と同格の労働者代表と位置づけていたし、検討の視点では記述の仕方は過半数組合が原則で労使委員会は例外という位置づけとはいえなお労使委員会を主たる労働者代表機関と見

なしていたが、ここでは現行過半数代表者を選出手続の明確化及び代表者の複数化によって労働者代表機関と位置づけるという新たな発想が示されている。もっとも、そのすぐ後に、この複数代表者との合意を労使委員会の決議を持って代えることができると述べているが。この場合、このすべての労働者を適正に代表する者（複数）が労使委員会の委員となると注で述べている。

　その後、主として時間外割増の引上げをめぐって経営側が反発し、労働側もこれに同調したことから、労働条件分科会は6月末にいったん中断され、8月末にようやく再開された。9月に改めて提示された「労働契約法制及び労働時間法制の今後の検討について（案）」では、労使委員会もすべての労働者を適正に代表する者（複数）もなくなっている。就業規則変更の項目では「当該事業の労働者の見解を求めた過半数組合」との合意が提示されているだけである。

　11月に提示された「今後の労働契約法制について検討すべき具体的論点（素案）」では、就業規則変更による労働条件変更について、その変更が合理的なものであるかどうかの判断要素として、三つのうちの一つとして「労働組合との合意その他の労働者との調整の状況（労使の協議の状況）」が挙げられているだけである。もっとも、これとは一応別の項目に「労働基準法第36条等の『過半数代表者』の選出要件について、民主的な手続にすることを明確にすることとしてはどうか」という一項が盛り込まれている。

　これについても、12月8日の報告案では「民主的な手続にすることを明確にすること」と明快に書かれていたが、同月21日の報告案では改正項目から落とされて、「また、労働基準法第36条等の『過半数代表者』の選出要件について明確にすることとし、その民主的な手続について引き続き検討することが適当」と、事実上先送りされてしまった。12月27日の労政審答申はこの文言であり、つまり2007年には新たな労働契約法でも労働基準法の改正でも、この問題を扱わないということになってしまった。

　大山鳴動して、遂に鼠一匹すら出てこなかったわけである。

（4）　集団的労使関係システムの将来像[22]

　2010年代以後、非正規労働問題の解決の道筋として集団的労使関係システムに着目する議論がなされてきている。たとえば2011年2月の今後のパートタイム労働対策に関する研究会[23]の報告書では、「事業主、通常の労働者及びパートタイム労働者を構成員とし、パートタイム労働者の待遇等について協議することを目的とする労使委員会を設置することが適当ではないかとの考え方がある」と述べている。また2012年3月の非正規雇用のビジョンに関する懇談会[24]の報告書では、「集団的労使関係システムが企業内の全ての労働者に効果的に機能する仕組みの整備が必要である」と述べた上で、「集団的労使関係システムにおける労働者の代表として、ここでは、労働組合のほか、民主的に選出された従業員代表等を想定している」と踏み込んでいる。

　こうした流れを受けて、厚生労働省は労働政策研究・研修機構に委託して、2011年11月より様々な雇用形態にある者を含む労働者全体の意見集約のための集団的労使関係法制に関する研究会[25]を開催した。2013年7月に公表された報告書では、現在の集団的発言チャネルの課題解決に向けたシナリオとして、①現行の過半数代表制の枠組を維持しつつ、過半数労働組合や過半数代表者の機能の強化を図る方策、②新たな従業員代表制を整備し、法定基準の解除機能等を担わせる方策、を提示している。

　具体的には、まず①としては、過半数代表者の交渉力を高めるための代表者の複数化、過半数代表者の正統性を確保するための公正な選出手続、多様性を反映した選出、多様性を反映した活動のための意見集約、モニタリング機能を発揮させるための代表者の常設化、そして機能強化にかかる費用負担などが提起されている。過半数組合が過半数代表として機能する場合については、非正規労働者等の非組合員への配慮の必要性が述べられている。

22）濱口桂一郎「労働者代表法制のあり方」（仁田道夫・連合編著『これからの集団的労使関係を問う』エイデル研究所（2015年））。

23）学識者7名、座長：今野浩一郎。

24）学識者9名、座長：樋口美雄。

25）学識者11名、座長：荒木尚志。

一方②に関しては、とりわけ労働条件設定機能も担わせる場合、従業員代表制と労働組合の競合という課題が生じる（過半数組合がなくても組合結成へのインセンティブに影響する）として詳しく論じている。そして、②のシナリオを採るとしても、まずは過半数組合が存在しない場合に法定基準の解除機能を果たす従業員代表制の検討から取り組むべきとしている。将来的には従業員代表制と使用者との交渉が難航したときの解決方法の検討も必要としている。

この問題の延長線上には、新たな従業員代表制を構想するのか、過半数組合への脱皮を促す方向を目指すのかという困難な選択肢が控えており、日本の集団的労使関係システムの将来像を左右する大きな課題である。

第3節　労働者参加

1　会社・組合法制における労働者

労働者参加とは、労働者がその雇用される企業の経営に、あるいは利潤の取得に参加するということであるが、これは労働者は本来法制的には会社のフルメンバーではなく、その経営に参加したり、利潤を得たりする権利を有していないということを議論の前提としている。「日常、会社の『社員』だ、などというが、私法上の『社員』ではなく、民法上は『労務者』にすぎない」[26] というのが通常の法律家の考え方であろう。しかしながら、歴史的に見れば、あるいは現行法においても、労働者が法制的に会社のフルメンバーであることは必ずしも否定されるわけではない。

（1）　民法における組合（会社）

1890年の旧民法では財産取得編の第6章として「会社」を規定していた。ここで会社とは「数人カ各自ニ配当ス可キ利益ヲ収ムル目的ニテ或ル物ヲ共通シテ利用スル為メ又ハ或ル事業ヲ為シ若ハ或ル職業ヲ営ム為メ各社員カ定

───────────
26）星野英一『民法概論I』名著普及会（1970年）。

マリタル出資ヲ為シ又ハ之ヲ諾約スル契約」である（第115条）が、その「出資ハ或ハ動産又ハ不動産ノ所有権若ハ収益権或ハ金銭又ハ技術、労力ヲ以テスルコトヲ得」る（第117条）。つまり、技術や労力を提供することも出資であり、技術者や労働者も社員でありうるわけである。会社の社員たる労働者と雇傭契約により労務を提供する労働者の違いは、前者は利益があればその配当を受け、損失があればそれも分担するのに対し、後者は利益の配当も受けない代わりに損失も負担しないところにある。ただ、技術や労力を出資する社員に非ざる社員は会社の損失を分担しない合意をすることができないとされ（第138条）、逆にいえば技術や労力を出資する社員は損失を分担しない合意をすることができた。

　こうした社員にはいくつか特別の規定があり、「技術又ハ労力ノ出資ヲ諾約シタル社員カ其ノ諾約ヲ欠キタルトキハ其社員ハ他ノ社員ノ選択ニ従ヒ会社ニ対シテ或ハ其義務ノ履行ヲ欠キタル当時ヨリ会社ノ受ケタル損害ヲ賠償シ或ハ其労力ヲ会社外ニ用井テ得タル利益ヲ分与スル責ニ任」じ（第122条）、また「社員ノ出資ト為シタル技術又ハ労力ノ評価ナキトキハ裁判所ハ各般ノ事情ヲ斟酌シテ其出資ノ価額ヲ定」めることとされていた（第141条）。

　1896年の現行民法では、議会提出時には「会社」となっていたが、衆議院で「組合」と名称が変えられた。しかしなお「出資は、労務をその目的とすることができる」（第667条第2項、2004年口語化後）と規定されており、考え方は変わらない。民法組合とは労働者が法律上のフルメンバーであり得る事業体なのである。

　2005年5月、民法上の組合の特例として、有限責任事業組合契約に関する法律が成立し、有限責任制を導入した。有限責任事業組合の意思決定は、原則、出資者全員で行い、出資者全員が業務執行に参加することとされている。また、出資者の間の損益や権限の配分は、出資者の労務や知的財産、ノウハウの提供などを反映して、出資比率と異なる配分を行うことができることとされている。民法組合と異なり、労務出資は認められないが、出資比率に応じない柔軟な利益分配によって労務の提供による事業への貢献を勘案することができるという。

（2）　商法における会社

　1890年の旧商法においても、商事会社の規定の中に労力の出資が登場している。すなわち、合名会社とは「二人以上七人以下共通ノ計算ヲ以テ商業ヲ営ム為メ金銭又ハ有価物又ハ労力ヲ出資ト為シテ共有資本ヲ組成シ責任其ノ出資ニ止マラサルモノ」（第74条）であり、合資会社とは「社員ノ一人又ハ数人ニ対シテ契約上別段ノ定メナキトキハ社員ノ責任カ金銭又ハ有価物ヲ以テスル出資ノミニ限ルモノ」（第136条）である。無限責任社員は労力出資がありうることが当然の前提であって、逆にいえば労力でない金銭や有価物のみを出資する社員であるから有限責任が可能となるわけである。なお、このことは1899年の現行商法においても変わらない。条文上設立の規定に明文では示されていないが、第89条にさりげなく「退社員ハ労務又ハ信用ヲ以テ出資ノ目的ト為シタルトキト雖モ其ノ持分ノ払戻ヲ受クルコトヲ得」ると規定された（2005年会社法により削除）。

　2005年6月に、商法の会社に関する規定を中心として他の法律も併せて新たに会社法が制定された。これにより新たに合同会社という会社類型が設けられ、出資者の全員が有限責任社員であり、内部関係については民法上の組合と同様の規律（各社員が自ら会社の業務の執行に当たる等）が適用されることになる。上の有限責任事業組合の会社版といえる。有限責任であるので労務出資は認められないが、上と同様労務提供者への柔軟な利益配分が可能である。

（3）　企業組合[27]

　現行の日本の法制度上、民法組合のほかにもう一つ労働者がフルメンバーとして参加する企業形態がある。1949年に制定された中小企業等協同組合法に規定する企業組合である。これは他の協同組合とは異なり、組合員は企業主体ではなく、企業組合自体が一個の企業体となって、商業、工業、鉱業、運送業、サービス業その他の事業を行うものであり、いわば労働者が協

27）磯部喜一『中小企業等協同組合法』有斐閣（1952年）、中小企業庁編著『中小企業等協同組合法逐条解説』中小企業調査協会（1971年）。

同して事業を経営する企業体である。その原型は19世紀の英仏に多く存在した労働者生産組合や日中戦争中有力な抗日団体に成長した中国の生産合作社が挙げられるという。

企業組合においては、組合員の3分の2以上が組合の行う事業に従事しなければならず、また組合の行う事業に従事する者の2分の1以上は組合員でなければならない（第79条。現行第9条の11）。できるだけ組合員と労働者を一致させようとしているわけである。さらに、組合の総出資口数の過半数は組合の行う事業に従事する組合員によって保有されなければならない（第80条。現行第10条第6項）。できるだけ出資者と労働者を一致させようとしているわけである。

2　労働者協同組合

これは法制的には現行法上存在しない。労働者協同組合という名で活動している団体は、未だ法制化を求める運動の状態にある。

この運動はもともと失業対策事業の就労者団体である全日本自由労働組合（全日自労）が母体である。失業対策事業への新規流入がストップされ、終焉に向けて先細りになっていく中で、1970年代以来、失業者や中高年齢者の仕事作りを目指す中高年雇用福祉事業団の運動が起こった。しかしそれはなお失対就労者の色彩の強い公的就労事業を求める運動に過ぎなかった。

しかしそのような運動に将来展望があるはずはなく、1980年代半ば以降特にヨーロッパ諸国における協同組合運動との交流を深める中で、労働者協同組合の形で運動を展開してきた。これが近年その法制化を求めて運動を展開している。

その後、2010年の通常国会に協同労働の協同組合法案が議員立法で提出される寸前まで進んだが、労働法の適用問題などで労働組合サイドから異論が出たこともあり、結局提出されるに至らなかった。

同年4月に衆議院法制局が作成した法案の概要は次の通りである。協同労働の協同組合は、組合員が協同で出資し、経営事項の決定は組合員が協同で行い、組合員は協同で決定した就労規程に従い、組合事業従事者＝組合員とする。許可制ではなく準則主義によって設立され、登記によって法人格を取

得する。組合員の責任は出資額を限度とする有限責任である。

　労働法的に重要な点として、協同労働の協同組合は就労規程を作成し、就労時間、休憩、休日及び休暇に関する事項と、従事した業務に対する報酬の基準その他組合事業の従事した程度に応じてする分配に関する事項について定めなければならない。また労働基準監督署長は、就労規程で定める組合員の就労条件が、労働者の労働条件について労働基準法が定めている基準に達しない場合、その変更を命ずることができるとしている。

　さらに、役員を除く組合員は労災保険及び雇用保険の適用上労働者と見なされ、組合員の安全衛生については労働安全衛生法の規定を準用し、組合員が組合事業の従事したことによって受ける所得は、所得税法の適用上給与所得とされる。また、剰余金の分配の際、一定割合を就労創出等積立金として積み立てなければならないとしている。

3　労働者の経営参加
（1）　戦後の経営参加構想

　日本における経営参加構想として特筆すべきは、1947年9月に経済同友会企業民主化研究会[28]が発表した「企業民主化試案―修正資本主義の構想―」[29]であろう。

　これはまず企業を株主の所有とする考え方を改め、企業を以て経営、資本、労働の3者によって構成される協同体とする建前をとる。その配分帰属については、企業財産の増殖分は適当な割合で3分し、経・労・資3者それぞれの集団に帰属させる。従って企業が解散する場合、企業財産は3者間に分配される。企業利潤は3者平等の原則に基づき、3者間に公平に分配するが、企業債務も終局において経・労・資3者の共同負担とし、経営者及び労働者の責任は上記帰属分を上限とする。

　経営と資本の関係については、経営者の資本家に対する受託関係を解除し、資本に対しては監査権を認め、企業の最高意思決定機関たる企業総会に

28）委員長：大塚万丈。
29）経済同友会企業民主化研究会編『企業民主化試案』同友社（1947年）。

代表者を送ることを認める。この企業総会は当時盛んであった経営協議会を経・労・資3者構成の機関とし、株主総会に代わる企業の最高意思決定機関とするというもので、会社の構造を根本から転換しようとするものである。企業総会の議長は経営代表たる首席取締役である。こうなると株主総会は株主が企業総会への代表及び監査役を選出する機関に過ぎなくなり、同レベルに労働者総会及び経営者総会が新設される。

　これはある意味では労働者の経営参加を極限まで追求した構想と言えるが、他面から見れば資本家に対する経営者の独立性を強く打ち出したいわば経営者革命宣言的な面もある。経・労が協力して資本の権限を抑制するというニュアンスも感じられる。そして、その後の経過は、株主に対する経営者の権力が著しく強化されていき、このような労働者参加論は影を潜めてしまった。

　その後1950年代に入り、西ドイツにおける鉱山鉄鋼共同決定法や事業所組織法の制定の影響で全労会議や三井鉱山労連など労働側に再び経営参加の議論が起こったが、やがて尻すぼみになった。

（2）　1970年代の経営参加構想[30]

　日本では1970年代半ばに、西ドイツにおける共同決定法制定やEC会社法案が紹介され、労働者の経営参加に対する関心が一時的に盛り上がったが、その後急速に冷め、現在ではほとんど動きがない状況である。

　社会経済国民会議は1975年2月、「労働組合若しくは労働者代表による経営参加について」と題する経営参加問題特別委員会の中間報告を発表した。ここでは労使協議制による経営参加について、現状では労使の協約による自主的参加制の上に産業別、企業別の協議制を積み上げることが実情に即した方式だとし、その上で将来展望としては労働組合の推薦による監査役への労働者代表の参加も一方向としている。なお、翌1976年5月の報告書は「政策参加に関する提言」であって、経営参加には言及していない。

　これより先1974年12月、労働側から同盟が「参加経済体制の実現のため

30）日本労働協会編『経営参加の論理と展望』日本労働協会（1976年）。

に」と題する経営参加対策委員会中間報告を発表している。これが経営参加論議の出発点となった。ここでは監査役会へ労働者代表を参加させることを現実性のある参加の道であるとしつつ、問題点として商法で監査役が当該会社の取締役又は支配人その他の使用人を兼ねることを禁止していること、労働組合法で労組役員が会社の役員を兼ねることができないことを挙げ、当面はその制約下で労働側選出の監査役を監査役会へ参加させるほかないが、近い将来に商法を改正して、取締役会と監査役会への労働代表参加の障壁をなくすことが必要としている。

経営者側からは、1976年4月、経済同友会の新自由主義推進委員会経営参加小委員会が報告書を発表し、日本では労働者重役制は法的制度としては存在していないが、西欧諸国と比較して社会階層間の流動性が高く、また実質的に従業員の代表が時を経て経営陣に加わっている場合もあり、従業員の意向が経営に反映されやすくなっていること、稟議制により従業員や中間管理職も実質的に経営意思決定過程に参加しうる機会があることなどを挙げ、経営参加はかなりの普及を見ているとして、現時点でこの制度を早急に導入する必然性は見出しにくいとしている。ただ、中長期的には、労働組合の代表を、その責任・忠実義務を明確にするなどの一定の条件を付し、法的な整備を慎重に行った上で、役員に参加させることも検討する必要があろうとしている。

(3) 公開会社法案と従業員代表監査役

連合は、2000年から「政策・制度　要求と提言」の中で「監査役・監査委員会の構成員に労働組合代表あるいは従業員代表を含める等、監査の機能および権限の強化をはかる」ことを求めてきた。一方、民主党は株式を公開している会社に情報公開や会計監査を強化する公開会社法の制定を唱えていた。

2009年に政権交代が起こり、公開会社の監査役として従業員代表を義務づけることが政治的な論点として浮かび上がってきた。総選挙用の「マニフェスト」では「株式を公開している会社等は、投資家、取引先や労働者、地域など様々なステークホルダー（利害関係者）への責任を果たすことが求

められます。公開会社に適用される特別法として、情報開示や会計監査など
を強化し、健全なガバナンス（企業統治）を担保する公開会社法の制定を検
討します」と記載されていて、必ずしも明示的ではなかったが、民主党公開
会社法プロジェクトチームの作成した「公開会社法（仮称）制定に向けて」
では、「『会社のあり方』に対して、従業員の意見を反映する仕組みがない。
会社法では、清算時以外は従業員の意見を聴かなくてよい」ことが指摘さ
れ、「監査役の一部を従業員代表から選任する」ことが提起されていた。

　政府サイドでは2010年2月、法務大臣が法制審議会に対して「会社法制
について、会社が社会的、経済的に重要な役割を果たしていることに照らし
て会社を取り巻く幅広い利害関係者からの一層の信頼を確保する観点から、
企業統治の在り方や親子会社に関する規律等を見直す必要があると思われる
ので、その要綱を示されたい」と諮問（第91号）し、これを受けて4月より
会社法制部会[31]が開催された。連合からは逢見直人副事務局長が出席した。
その初回に提示された「企業統治の在り方についての最近における主な指
摘」の中に、「企業の不祥事や法令違反を抑止するために，監査役の一部を
従業員代表から選任すべきであるとの指摘」と「監査役は，特定のステーク
ホルダーの意見を代表するものではなく，取締役に対する適法性監査を職務
とする監査役の機能上，従業員代表を監査役とすることは適切ではないとの
指摘」が併記されている。審議の中で、逢見委員は従業員が指名する監査役
の必要性を主張した。

　2011年12月の「会社法制の見直しに関する中間試案」では、この問題は
注として「監査役の一部の選任に関し，株主総会に提出する議案の内容を従
業員が決定するものとするかどうかについては，なお検討する」と書かれて
いるだけであったが、2012年9月に法務大臣に答申された「会社法制の見直
しに関する要綱」では、この問題はもはや取り上げられていない。

　結局2013年11月に国会に提出され、2014年6月に成立した改正会社法に
は、従業員代表監査役の文字は全くなくなっていた。

31）部会長：岩原紳作。

1010　第5部　労使関係法政策

4　労働者の財務参加

(1)　利潤分配制度の構想[32]

　日本では戦後経済安定本部において利潤分配制度の研究が行われた。その発端は、1948年12月経済安定9原則が指示され、翌1949年1月GHQ経済科学局主催の労使協議会において「労使双方に分配すべき利益の割合を決定する」という事項が示されたことで、その後労働組合の賃上げ要求の中に利潤分配を理由とするものが現れてきたことも踏まえ、検討が開始された。

　そして、1951年末には経済安定本部労働室において利潤分配法案要綱試案を作成した。これは利潤分配をあくまでも企業の任意に委ねつつ、租税上の特例を設けようとするものであった。具体的には各事業所が利潤分配規則を作成し、利潤分配総額の80％以上は据置制とする。据置利潤分配金は確実な預金とするか、当該事業の生産設備の改善等事業の発展に寄与する用途に運用するとしている。もっとも、これは試案より先には進まなかった。

(2)　勤労者財産形成促進法[33]

　労働者の財務参加についても、日本で再び検討されるようになったきっかけは西ドイツにおける労働者財産形成促進法の制定であった。労働省においてこの政策の研究が進められたが、当初その主たる関心は持家政策に向けられ、1966年8月「勤労者持家政策の推進について」の試案を作成するとともに、勤労者財産づくり懇談会[34]を開催し、同年12月「勤労者持家政策の推進について」と題する意見書をまとめた。労働省はこれに基づき住宅貯蓄控除制度など減税措置を要求、部分的に実現した。

　しかし、勤労者財産形成政策は本来持家促進に限定されるべきものではないとの考えから、労働省は総合的な施策の実施に踏み切ることにした。このため、大臣官房に勤労者財産形成政策審議室を設置し、1969年5月勤労者財産づくり懇談会に「勤労者財産形成促進制度の創設について（試案）」を提出した。これは、事業主は従業員の申出又は労働協約に基づき、賃金の一部

---

32)　石井通則『利潤分配制度の解説』青山書院（1952年）。

33)　岡部実夫『勤労者財産形成促進法の解説』労働法令実務センター（1972年）。

34)　学識者8名、座長：今井一男。

として財産形成給付を支給することができるものとし、これには所得税を課さない。財産形成給付は一定割合を政府出資の勤労者財産形成基金に預け入れ、そこから事業主が地域、業種ごとに設立する勤労者住宅建設協会に対して勤労者住宅の建設資金を融資するという案であった。

これに対する懇談会の意見を斟酌して同年6月に提出された改訂試案は、勤労者が賃金の一部を据置期間一定年数以上の預貯金、金銭信託等に充当することにより財産を形成する場合に、政府が減税、援助額、割増金等によって援助するという枠組みとなった。その後、各省折衝を経てさらに相当後退し、元本100万円までの利子非課税措置というややみみっちいものとなり、また勤労者財産形成基金を新設するのでなく雇用促進事業団が貸付を行うこととなったが、労働省は1971年2月に勤労者財産形成促進法案を国会に提出し、同年5月に成立した。

その後、1975年には財形持家個人融資制度や財形給付金制度、1978年には財形基金制度や財形進学融資制度、1982年には財形年金貯蓄制度、1987年には財形住宅貯蓄制度と制度は次第に充実されていった。

5　労働者の自主福祉事業[35]

(1)　労働組合の共済事業

労働組合論の古典であるシドニー&ベアトリス・ウェッブの『産業民主制論』（法政大学出版局）では、相互保険、集合取引、法律制定をその3大手法として挙げている。今日では労働組合の役割は第2の集合取引（団体交渉）が中心だが、歴史的にはむしろ第1の相互保険がその機能の中心をなしていた。

日本でも、明治時代に鉄工組合をはじめとする労働組合が結成された頃には、その主たる活動は組合員間の相互扶助であった。また1912年に鈴木文治らによって結成された友愛会も、その当初は「われらは互いに親睦し、一致協力して相愛扶助の目的を貫徹せんことを期す」といった綱領を掲げ、労働者の相互扶助を目的とする共済組合としての性格が強かった。

35）濱口桂一郎「労働者自主福祉の法政策」（『季刊労働法』256号）。

戦前の労働組合立法案をみても、1920年の農商務省案では「組合員ノ労働条件ノ維持改善其ノ他業務上ノ利益ノ保護増進ヲ図リ其ノ相互協助ヲ為スヲ目的トシテ組合ヲ組織セムトスルモノ」と「相互協助」を「業務上ノ利益ノ保護増進」と並ぶ主目的に位置づけていたし、内務省案では「労働条件ノ維持改善、組合員ノ共済修養其ノ他共同ノ利益ヲ保護増進スルヲ目的トスル労働者十五人以上ノ団体又ハ其ノ聯合」と、労働条件の維持改善と共済修養を合わせて「共同ノ利益」に入れていた。さらに野党の憲政会が国会に提出した労働組合法案では、「労働組合カ組合員相互扶助ノ目的ヲ以テ生命保険ノ事業ヲ営ム場合ニ於テハ保険業法ヲ適用セス」とか「労働組合カ組合員相互扶助ノ目的ヲ以テ販売組合、購買組合又ハ生産組合ノ事業ヲ営ム場合ニ於テハ産業組合法ヲ適用セス」といった規定まで用意され、相互扶助が中心的活動として位置づけられていた。

これに対し1925年に内務省社会局が公表した労働組合法案は、労働組合を「労働条件ノ維持改善ヲ目的トスル労働者十人以上ノ団体又ハ其ノ聯合」と狭く定義した上で、「前項ニ掲クルモノノ外組合員ノ共済、修養其ノ他共同利益ノ保護増進ヲ目的ト為スコトヲ得」と、共済事業はあくまで付随事業と位置づけていたが、1926年に若槻礼次郎内閣が国会に提出した労働組合法案では「法人タル労働組合ガ組合員（聯合団体タル労働組合ニ在リテハ之ニ属スル組合ノ組合員）ノ共同利益ノ保護増進ノ目的ヲ以テ組合員ノ生活ニ供給シ若ハ利用セシメ又ハ組合員ノ生産シタル物ヲ売却スルノ事業ヲ営ム場合ニ於テハ其ノ事業ヨリ生ズル所得及純益ニ付所得税及営業収益税ヲ課セズ」という憲政会法案のような共済事業向けの規定が盛り込まれている。なお1931年に浜口雄幸内閣が国会に提出した労働組合法案は若干元に戻って、「労働条件ノ維持改善及組合員ノ共済、修養其ノ他共同利益ノ保護増進ヲ目的トスル」団体と定義している。

1945年の労働組合法は1949年の現行法とほとんど変わらず、共済事業等は付随事業という位置づけである。労働組合法では、第7条第3項で「厚生資金又は経済上の不幸若しくは災厄を防止し、若しくは救済するための支出に実際に用いられる福利その他の基金に対する使用者の寄附」が支配介入にならないと規定しているほか、第9条に「労働組合は、共済事業その他福利

事業のために特設した基金を他の目的のために流用しようとするときは、総会の決議を経なければならない」という規定があるにとどまる。労働法学においても労働組合の共済事業等に関心が向けられることはほとんどない。

なお、無認可共済事件に対応するため2005年に保険業法が改正され、特定の者を相手方とする保険業類似の事業にも同法の規制が及ぶこととなり、各号列記による適用除外として「一の労働組合がその組合員（組合員であった者を含む。）又はその親族を相手方として行うもの」が規定された。これにより、これまで労働組合法上にやや消極的な形で姿を表すだけであった労働組合自体の共済事業も概念的には保険業に含まれることとなった。

（2） 労働金庫[36]

労働者の金融機関として労働銀行が世界ではじめに設立されたのは1913年ベルギーのゲントにおいてであったが、日本においては1921年東京市の認可を受けて信用組合労働金庫が設立された時に遡る。これは当時労働者消費組合の先駆として有名であった共働社の傍系組織として設立されたもので、その宣言は「労働者の新社会に新しい銀行が生まれた。もはや諸君を苦しめるブルジョアの銀行や郵便局に預金をする必要はない。‥‥労働者から預かった金は安全確実な方法により悉く労働者のために利用する」云々と言っている。しかし間もなく争議で貸し倒れができたところへ関東大震災に遭遇し、1926年解散した。

戦後、労働組合運動の中で総同盟が1949年労働銀行創設の方向を決定し、一方岡山において1950年9月岡山県勤労者信用組合が設立され、その後続々と各県で勤労信用組合が設立されていった。その後認可権が大蔵大臣からから都道府県知事に移され、1951年の福島労働金庫以降「信用組合○○労働金庫」という名称で設立された。また同年10月全国労働金庫協会が設立され、これが中心となって労働金庫法の制定運動を行った。

同協会は法案基本要綱を作成して活発な国会陳情を展開し、1952年5月には共産党を除く各派共同提案の形で労働金庫法案が参議院に提出された。と

36）労働省労政局編著『労働金庫法詳解』労働法令協会（1953年）。

ころがその後スト規制法案などの影響で国会が混乱し、2度にわたって廃案になったが、1953年7月に3回目に提出された法案が同年8月遂に成立に至った。

これによりそれまで中小企業等協同組合法に基づき事業金融を行う信用組合として設立されてきた労働金庫は、労働組合、消費生活協同組合その他労働者の団体が行う福利共済活動のための金融を行う機関として位置づけられた。

（3）　消費生活協同組合[37)]

もともと1900年の産業組合法において消費組合として規定されていたが、戦後1947年6月に日本協同組合同盟が法案を発表した後、社会党、民主党、農民等、国民協同党など各党派が競って法案を策定し、芦田均内閣成立時の政策協定で消費生活協同組合法の実現が掲げられ、与党3派の申し合わせに基づき衆議院厚生専門調査員川井章知が川井試案を立案、その後これに基づき厚生省当局が試案を作成、これは中小企業との調整のため非常に譲歩したものとなったが、1948年7月国会に提出され、同月成立に至った。

消費生活協同組合自体は必ずしも労働者の社会的団体とは言えないが、「一定の地域又は職域による人と人との結合」（第2条第1項第1号）とされることから、少なくとも職域生協は労働者の社会的団体と言える。職域生協の組合員は原則として「一定の職域内に勤務する者」に限られるが、定款によりその付近に住む者も組合員にすることができる（第14条）。なお、職域生協と労働組合との関係について本法が労働組合の事業を制限したり不利益を与えるものではないと断っている（第8条）。

その事業は、購買・供給事業、利用事業、生活文化事業、共済事業、教育事業及びこれらの附帯事業に限定されている（第10条）が、これはかなり広範なものである。生協はこれらの事業を行うに当たって、同種の事業を行う他の者と同等の便益を受けることを妨げられない（第11条）。員外利用は原則禁止されているが、行政庁の許可による例外が規定されている（第12条）。

37）長倉史郎『消費生活協同組合法逐条解説』日本協同組合同盟（1949年）。

第3章
労働関係紛争処理の法政策[1]

第1節　労働委員会制度

1　労働委員会制度の展開[2]

(1)　旧労働組合法の労働委員会制度

　1926年の労働争議調停法では、常設ではなく、個々の具体的争議について組織される調停委員会が労働争議の調停を行うこととされていた。委員の構成は公労使の三者構成であり、労使の委員は労働争議の当事者双方から、中立委員は労使の合議により届け出た者又は合議が整わない場合は行政庁の選定した者を嘱託する。もっとも、調停委員会はほとんど設置されることなく、争議の調整はほとんどすべて調停官吏その他の警察官吏が行った。

　終戦直後の1945年11月、新立法までの応急的措置として政府は通達「労働争議ノ調停ニ関スル件」（労発第1号）により、各都道府県に事業主代表、従業員代表その他有識者よりなる常設の調停委員会を設置した。

　1945年の労働組合法では、中央労働委員会及び地方労働委員会が必置機

---

1) 濱口桂一郎「個別労働紛争解決システムの法政策」（『季刊労働法』248号）、濱口桂一郎「これからの個別労働紛争の解決手段のあり方」（『ジュリスト』2015年5月号）。
2) 白井晋太郎『労働委員会制度の沿革と課題』近代労働経済研究会（1989年）、中央労働委員会事務局編『労委十年の歩みを語る』中央労働委員会（1956年）、全国労働委員会連絡協議会事務局編『労働委員会の二十年：回顧と展望』全国労働委員会連絡協議会（1966年）、中央労働委員会事務局編『労働委員会の三十年』全国労働委員会連絡協議会（1976年）、中央労働委員会事務局編『労働委員会四十年の歩み』全国労働委員会連絡協議会（1986年）、中央労働委員会事務局編『労働委員会五十年の歩み』全国労働委員会連絡協議会（1996年）、中央労働委員会事務局編『労働委員会六十年の歩み』全国労働委員会連絡協議会（2006年）、全国労働委員会連絡協議会事務局編『労働委員会七〇年の歩み』全国労働委員会連絡協議会（2016年）。

関とされ、この他特別の必要ある時は一定の地区又は事項について特別労働委員会を設けることができることとされていた。これに基づき、1946年3月、中央労働委員会、地方労働委員会、船員中央労働委員会及び船員地方労働委員会が設置された。

この時の労働委員会の権限は、労働者団体が労働組合法上の労働組合であることの判定（第6条）、組合規約の変更命令に関する決議（第8条）、労働組合の解散に関する申立て（第15条）、労働協約の地域的拡張適用に関する決議（第24条）、使用者の不当労働行為（第11条）に対する処罰請求等（第33条）のほか、団体交渉の斡旋その他労働争議の予防、労働争議の斡旋、調停、仲裁、さらには労働事情の調査や労働条件の改善に関する建議等を行う権限を有するものとされていた（第27条）。

なお、1946年の労働関係調整法により、労働委員会による労働争議の斡旋、調停、仲裁の手続が詳しく規定された。

その後、政令第201号を経て、1948年国家公務員法改正により現業非現業とも国家公務員は労働委員会の管轄外となり、1948年公共企業体労働関係法により国鉄と専売の労使紛争については国鉄調停委員会、専売公社調停委員会及び公共企業体仲裁委員会の管轄となった。

（2） 1949年改正以後の労働委員会制度

1949年労働組合法が労働組合の自由設立主義を徹底し、不当労働行為の直罰主義を廃止して原状回復を主眼とする救済制度を設けたことに伴って、労働委員会の権限についても、労働組合が法の手続に参与しようとする場合の資格審査、不当労働行為の申立てがあった場合の審査及び命令に関する権限が付け加えられるとともに、地域的拡張適用に関する決議及び労働争議の斡旋、調停、仲裁の権限以外の権限は廃止された。

それまでは準司法的な機能と調整的な機能が混淆していたが、組合の資格審査や不当労働行為の救済などいわゆる準司法的、判定的性格の権限は中立的立場に立つ公益委員のみがこれを司ることとされ、この二つの機能を制度上分離するという考え方が現れた。

なお、その後の行政対象の変化をたどると、1950年地方公務員法により

一般職の地方公務員も労働委員会の管轄外となり、1952年地方公営企業労働関係法により地方公営企業職員及び地方公共団体の単純労務職員は労働委員会の管轄として確定した。

1952年改正で公労法の適用対象が3公社5現業に拡大されたことに伴い、従来公共企業体ごとに設けられていた調停委員会を統合し、中央と地方に公共企業体等調整委員会を設置するとともに、仲裁についても公共企業体等仲裁委員会とした。1956年改正でようやく調停と仲裁で二本立てになっていたのを統合し、労働省の外局として公共企業体等労働委員会を設けるとともに、地方における紛争調整機関についても簡素化の見地から公労委の内部機構として地方調停委員会を設けた。

（3）　労働委員会の統合

前述の通り、日本電信電話公社、日本専売公社及び日本国有鉄道の民営化に伴い、公共企業体はなくなり、法律名は国営企業労働関係法、組織名は国営企業労働委員会となったが、1988年6月には中央労働委員会と国営企業労働委員会を統合し、中労委が国営企業の紛争調整や不当労働行為を扱うこととした。労働争議の調整に関する事務処理については、使用者委員及び労働者委員はそれぞれの推薦母体別に、公益委員は会長の指名により、国営企業担当と一般企業担当に分担させることとされた。また、国営企業に係る不当労働行為事件については、国営企業担当の公益委員及び会長により構成する審査委員会を設けた。なお、従来国営企業労働委員会におかれていた地方調停委員会を廃止する代わりに地方調整委員をおいた。

その後、独立行政法人制度が創設され、国営企業労働関係法も特定独立行政法人等の労働関係に関する法律となり、さらにその制度改正により2015年4月には行政執行法人の労働関係に関する法律となる中で、同法の適用対象は今では7法人、7千人強にまで縮小しているが、労働委員会の体制としては基本的に変わっていない。この中に旧5現業の印刷局と造幣局が含まれている。

2　不当労働行為審査制度

（1）　労使関係法研究会1982年答申

　さて、労働委員会をめぐる問題の中で長らく指摘されながら解決していなかったのが、不当労働行為事件の審査迅速化問題である。初審における平均処理日数は、制度発足当初は100日足らずであったが、逐次増加して1970年代には400日台、1990年代初頭には1200日を超えるに至ったが、その後やや改善して800日程度となっていた。一方、再審査における平均処理日数は、制度発足当初の100日台から1970年代には500日台となり、1990年代初頭には1300日を超え、なお1500日台と高水準にあった。

　こうした状況に対し、1978年に労働大臣から諮問を受けた労使関係法研究会[3]は、1982年に「労働委員会における不当労働行為事件の審査の迅速化等に関する報告」を答申した。ここでは、まず審査手続きの基本的枠組みを当事者主体のものからアメリカの不当労働行為制度に倣って労働委員会が主導する仕組みに改めるべきとの提言を取り上げ、労使が望んでおらず、三者構成の理念にも背くとして現行制度の枠組みを維持すべきとしている。審問については、当事者主導の交互尋問方式には問題があるとしつつ、労委規則が本来予定する審査委員主導の尋問方式にするには非常勤公益委員制のもとでは困難な面もあるとし、また現行の審問が民事訴訟における口頭弁論と同様に厳格かつ慎重でありすぎるとの指摘や、審尋方式ないしラウンドテーブル方式を採用すべきとの主張について、一つの解決策だとしている。弁護士を代理人とすることを禁止すべきだとの提言については否定的である。一方、不当労働行為事件の大部分が和解で解決されていることから、和解前置主義をとるべきとの提言に対しては、現行労委規則上いつでも和解を勧告できることとされていることもあり、適宜判断するのが現実的としている。

　再審査制度を廃止すべきとの提言については、地労委命令に対する取消訴訟では適法性のみが争われるが、再審査ではその当否を含め審査が行われることなどを挙げ、否定的である。また、再審査では書面審査を原則とすべきとの提言や、新証拠の提出を制限することについても否定的である。逆に、

3）学識者15名、会長：石川吉右衛門。

地労委命令に対しては直ちに裁判所に取消訴訟を起こすことを許さず、再審査前置とすべきとの提言に対しても、当然のことながら極めて慎重である。

なお、取消訴訟については、「中労委の再審査命令は2回にわたり準司法的手続による慎重な審査を経たものであることにかんがみれば、少なくとも、それに対する取消訴訟は東京高裁に提起することとすべき」と審級省略には肯定的である。一方、いわゆる実質的証拠法則（労働委員会の行った事実認定にそれを立証する実質的な証拠のある限り、裁判所がこれに拘束されるとする原則）を導入すべきとの提言については、考慮に値するとしつつ、かえって審査手続が慎重になり、遅延が深刻化するおそれがあるとしている。また、新証拠の提出制限についても十分検討に値するとしつつ、一定の例外措置が必要としている。

救済の実効確保については、命令交付による強制力の即時付与、命令履行のための労働委員会の助言・指導、再審査申立を行った場合の強制力を伴う履行命令制度などのさまざまな提言にいずれも否定的である。その他、悪質な場合の直罰主義の併用や官公需の契約の相手方からの除外、社会的制裁としての公表などの提言についても消極的である。

（2）　労使関係法研究会1998年報告

その後委員を再編した労使関係法研究会[4]は、1998年10月には「我が国における労使紛争の解決と労働委員会制度の在り方に関する報告」を取りまとめた。これはむしろ個別労使紛争の解決の在り方を探ったものであるが、集団的労使関係システムについても多くの言及がされている。

同報告は、労働委員会における不当労働行為審査事件の主な類型として、JR関係事件、複数組合併存下の不当労働行為事件、中小企業における労使紛争及び地域一般労組が持ち込む個別的労使紛争（いわゆる「駆け込み訴え」）を挙げている。第3類型は原始的な不当労働行為紛争であるが、それ以外はもともと集団的労使関係システムが予定していなかった類型と言えよう。特に前2者は、単純な労使対立図式には当てはまらず、訴訟に耐えうる

4）学識者15名、会長：石川吉右衛門。

1020 第5部 労使関係法政策

不当労働行為の認定が困難で、和解の可能性も少ないという特徴がある。労使関係の安定化によって、もともと予定していた紛争が激減し、労働委員会の役割が減少し、組織の能力が下落する一方で、本来予定していなかったような類の紛争が増えたことが、審査遅延の原因になっているという分析は恐らく正しいであろう。

　報告はその後もっぱら第4類型として現れてきていた個別労使紛争の処理システムの在り方について議論し、最後に再び集団的労使関係に話を戻している。ここでは、当面の制度運用上の課題として、公益委員と職員の専門性を再構築する努力を挙げ、争点整理・命令書起草等の実務研修体制の整備等を指摘している。また、中労委については訟務検事等も含む訴訟専門家の確保等が指摘されている。

　より基本的な制度的課題としては、不当労働行為審査事件の取消訴訟について審級省略、実質的証拠法則、新証拠の提出制限を挙げるとともに、労働委員会制度の抜本的な再検討として、委員の定数の弾力化、いくつかの県にまたがる地方労働委員会の設置、地労委の全国的統合又はブロック化、不当労働行為の初審・再審査という二審制の廃止等を挙げている。また、労働委員会における労使代表制や三者構成方式の在り方も問題となりうるとし、公益委員の資格要件や一部公益委員の常勤制の拡大、公益委員の任命に係る労使委員全員の同意制の再検討も提起している。ただ、いずれにしても本報告は個別労使紛争に力点が置かれ、集団的労使関係システムの在り方については余り突っ込んで議論していない感がある。

（3）　不当労働行為審査制度研究会

　その後、個別労使紛争に関する立法作業が一段落して、2001年10月から不当労働行為審査制度の在り方に関する研究会[5]が設けられ、審査手続の迅速化、司法審査との関係等について検討を行った。同研究会は2003年3月に中間整理、同年7月に報告を取りまとめた。

　報告は様々な問題点を指摘した上で、しかしながら大多数の労働者にとっ

5）学識者8名、座長：諏訪康雄。

ては使用者との間に労働条件に関する交渉力の格差が存在することから集団的労使関係の役割はなお重要性を持ち続けているとし、特に活発化する企業組織再編の際に基本的労働条件が変更されるケースが目立つようになってきていることから、紛争解決システムとしての不当労働行為審査制度が適切に機能することが期待されているとその役割を強調している。そして、審査の迅速化、的確化を実現するためには、もはや運用の改善にとどまらず、労働組合法の改正を含む制度の抜本的な見直しを行い、平均審査期間を半減することを目標として取り組んでいく必要があるとしている。

　具体的には、まず審査手続の改善として、労働委員会が審問開始前に審査計画を作成し、この計画に沿って審問及び命令書作成を行うこと、民事訴訟と同様に不当労働行為事件の審査期間の目標を設定するとともに、事件類型ごとに審査期間の目安を示すことを提起している。また、民事訴訟や他の準司法審査と同様、労働委員会においても公益委員の合議により証人の出頭及び証拠の提出を命ずることできるものとし、その担保措置を検討することとしている。さらに、類型ごとに申立書の書式を工夫すること、陳述書の活用により証人数を合理的な範囲にとどめるよう努めること、命令書の作成要領を整備し、記載内容の簡潔化・的確化を図ることとされている。

　次に審査体制の改善として、中労委については原則小委員会により合議を行い、地労委についても条例で小委員会方式を導入することができるようにすること、中労委や事件数の多い地労委では公益委員の一部を常勤化し、執務時間を増加させること、公益委員の任命手続を再検討すること、中労委事務局に法曹資格者を配置する等専門性を有する職員を配置すること、事務局職員の研修により事務処理能力の向上を図ること等が指摘されている。

　第3に救済の実効性の確保として、地労委の救済命令が再審査係属中に履行を強制する仕組みがないことから、救済命令確定前でもその実効性を確保する措置を検討することを求めるとともに、取消訴訟が提起された場合の緊急命令についても制度の趣旨に沿った運用を望んでいる。

　第4に和解の活用を挙げている。現行労働組合法には和解の規定はないが、不当労働行為事件の大多数が和解で解決されていることから、和解を法律上に明示することを求めている。その際、協議が長期化しないよう、和解を試

みる期間を設定し、その期間中は命令書作成手続を停止し、期間内に和解が成立しない場合には命令書作成手続を再開することとしている。なお、和解の効力として債務名義と同一の効力を付与することを提示している。

最後に労働委員会の命令に対する司法審査の在り方について、労働委員会の審査では審査委員の求めがあっても提出されなかった証拠が取消訴訟において新たに提出されたことにより労働委員会の事実認定が否定されるのでは不当労働行為審査制度の趣旨が没却されるので、このような証拠の提出を制限する方向での検討を求めている。なお、審級省略及び実質的証拠法則については、引き続き検討と先送りしている。

(4)　労政審建議と2004年改正

これに先立って、2002年3月に閣議決定された司法制度改革推進計画は、裁判所における労働関係事件の審理の充実、迅速化に取り組むこととするとともに、労働委員会の救済命令に対する司法審査の在り方について、労働委員会のあり方も含めて検討し、2004年11月の司法制度改革推進本部の設置期限までに所要の措置を講ずべきとした。

こういった状況を受けて、厚生労働省は労働政策審議会に労働委員会の審査迅速化等を図るための方策に関する部会[6]を設置し、公労使三者による審議を行い、2003年12月に「労働委員会の審査迅速化等を図るための方策について」を建議した。これは、上記研究会報告を踏まえてかなり具体的な制度設計をしている。

第1に審査手続については、労働委員会が審査計画を作成することとし、労使当事者も審査計画に基づいて審査の計画的な進行に努めるべきこととしている。また、公益委員の判断により、証拠の提出、当事者及び証人の出頭を命ずることができることとしている。これについて権限行使手続、命令対象の限定及び不服審査手続を措置することとしている。また、これら提出命令及び出頭命令に従わない場合は過料を科すこととしている。さらに、労使委員の参与のもとで和解を試みることができることを法律に明記し、和解調

6）公労使各5名、部会長：若菜允子。

書に債務名義としての効力を付与することとしている。

第2に取消訴訟については、労働委員会段階で証拠提出命令を受けたにもかかわらず対象物件を提出しなかった者は、正当な理由がない限り、取消訴訟で当該物件について証拠の申出をすることができないこととしている。

第3に審査体制については、中労委について公益委員の一部を常勤とし、法律専門家を活用すること、5人以上の小委員会制とし、過去の命令に反する場合等を除き小委員会の合議で命令を発することとすることを挙げ、地労委についても常勤の公益委員を配置できるようにし、また一定数以上の地労委では小委員会制を導入できることとすることを挙げている。

第4に地方労働委員会の名称を都道府県労働委員会とし、規則制定権を付与する等の措置をとることとしている。

この建議を受けて、厚生労働省は2004年3月労働組合法の改正案を国会に提出し、同年11月に成立した。改正法は2005年1月から施行された。

第2節　個別労働関係紛争処理システム

労働法の歴史を遡れば、労働紛争とはまずもって集団紛争であり、個別労働紛争が主戦場となったのはそれほど昔ではない。もちろん労働法以前に遡れば、他の契約と同様雇傭契約をめぐる個別紛争が主であったが、産業化の進展とともに労働運動が発展し、紛争ももっぱら集団的な形をとるようになった。従って労働紛争解決システムの整備も、まずは集団紛争向けの制度が先行した。1926年の労働争議調停法、1946年の労働関係調整法が、「集団的」という形容詞をつけずにただ「労働争議」という言葉で集団紛争を呼んでいることに、20世紀中葉の集団的労使関係全盛時代の意識が窺われる。

この時期にも労働組合が関わらない紛争がなかったわけではない。ただ、一般的紛争解決手段としての裁判所（における訴訟）以外に、特段個別労働紛争を対象とする制度を設ける必要性が意識されなかったということである。当時の労働委員会の調整事案や不当労働行為事案には、組合員の解雇を発端とした争議が多く見られる。個別紛争は多くが集団紛争の形をとって現

1024 第5部 労使関係法政策

れていたのである。

1 労働基準法における紛争解決援助

(1) 労働基準法研究会報告[7]

　個別労働紛争解決システムの必要性は、まず労働条件法政策サイドから提起された。

　1969年9月に発足した労働基準法研究会は、1971年6月以来第1小委員会[8]において労働契約・就業規則の問題を検討し、1979年9月に報告を発表した。その中では、まず解雇について、「解雇の有効・無効の判断は本来裁判所に委ねられているのであるが、個々の労働者が訴訟を提起することは実際問題として困難であるため、解雇をめぐる紛争に対して勧告的、調整的機能を有する行政サービスにより簡易迅速な解決を図ることが望まれる」と述べた上で、労働契約をめぐる紛争について、「労働基準監督機関の行使できる行政措置が基本的に行政監督的、刑事的なものであるので、そのような紛争の調整になじみにくい」一方、「労働者は一般的には訴訟の知識に乏しく、費用・時間も考慮して訴訟に消極的になる」という実情を考慮して、「労働契約をめぐる民事的な紛争の簡易迅速な解決手続について、機構の整備を含めて検討することが必要」と提言した。

　具体的には、①企業内に労使で構成される委員会を設置すること、②斡旋・勧告的な機能を持った公的な又は民間の専門員を置くこと、③労働基準監督機関とは別に新たな機関を設けることを提示し、労働委員会制度や裁判制度との関係を含めて十分検討する必要があるとしている。

　1985年12月の第1部会[9]報告（労働契約関係）でも、「労働者が労働基準監督機関に申告、相談する場合に民事上の権利救済を望んでいる例が多い

---

7) 労働省労働基準局編『労働基準法研究会報告：労働契約・就業規則関係』労働法令協会
　（1979年）、労働省労働基準局編『労働基準法の問題点と対策の方向：労働基準法研究
　会報告書』日本労働協会（1986年）、労働省労働基準局監督課編『今後の労働契約等法
　制のあり方について：労働基準法研究会報告』日本労働研究機構（1993年）。
8) 学識者8名、委員長：千種達夫。
9) 学識者8名、座長：萩沢清彦。

が、労働基準監督機関は、本来行政監督的、刑事的措置を行う機関であるので民事上の権利救済については別個に考える必要がある。…労働基準法には抵触しないが就業規則には反するような事案の適正な解決のために、労働契約をめぐる民事的な紛争の簡易迅速な解決手続について、裁判制度等との関係も含めて、十分検討する必要があると考える」と軽く触れるだけで、具体的な動きにはつながらなかった。

1993年5月の労働基準法研究会労働契約等法制部会[10]報告は、労働契約等に関する民事的な問題を含めた相談機能を強化することを提起しつつ、「刑罰法規を背景に最低労働条件、安全衛生の確保を図ることを主としている労働基準監督機関において同時に相談援助を行うことは適当ではない」とし、むしろ弁護士、大学教授等の法律問題に詳しい者を相談員に委嘱することを求めている。また、労働委員会において労働契約等に関する紛争も担当するようにするといった議論についても、迅速な紛争の処理に反するおそれもあるといった指摘をしつつ、さらに検討すべきとしている。

一方1995年10月の労働条件調査研究会[11]報告は、「労働基準監督署においても増大するニーズに対応して、個別的苦情・紛争に係る相談支援を行うことが必要」と言いつつ、「最低労働基準に係る監督指導と個別の労働契約をめぐる苦情・紛争への対応とを明確に分けて取り扱う」べきとしている。

（2）　1998年労働基準法改正

その後の中央労働基準審議会就業規則等部会[12]の議論では、1995年5月の段階では、裁判制度のみでは時間、費用の面で不十分であり、また、今後、人事労務管理の個別化が進むと、集団的な処理が有効に機能しない場面も生じるので、これを簡易・迅速に行うための方策を検討すべきという中間取りまとめが行われたが、1997年7月には事務局から、労働基準行政機関における相談や情報提供の機能を強化すること、紛争発生に至った場合は、当事者から申出があったときは、学識経験者の参画のもとに、当事者への助言、指

10）学識者9名、座長：安枝英訷。
11）学識者12名、座長：神代和欣。
12）公労使各5名、部会長：諏訪康雄。

1026 第5部 労使関係法政策

導及び勧告を行うという案が提示された。労働側は労働委員会の仕組みを活用することを求めたが、同年8月の中間取りまとめでは「将来的には労働条件に関する個別紛争を調整するためのシステムについて総合的に検討すべきものであるが、労働基準監督署に多数の相談が寄せられている現状を考慮し、当面、簡易、迅速、費用が低廉な紛争解決援助の方策の具体化に向け、民間の適切な人材の起用等も含め、議論を深めることとした」となって、当面労働基準行政で実施することに異論は出されなかった。

　結局同年12月の建議でも、「将来的には労働条件に関する紛争を解決するためのシステムについて総合的に検討することが必要」としつつ、「当面の措置として、労働基準監督署における相談、情報提供等の機能を強化し、紛争の発生の予防に努めるとともに、紛争の発生に至った場合に、当事者からの申出を受けて、都道府県労働基準局が労働条件に関する紛争について事実関係及び論点を整理し、助言や指導により、簡易かつ迅速に解決を促すシステムを創設することが必要」と、この方向が是認された。

　こうして、翌1998年2月に労働基準法改正案が国会に提出され、同年9月に成立に至った。これにより労働基準法に第105条の3が追加され、都道府県労働基準局長は、労働条件についての労働者と使用者との間の紛争に関し、当事者の双方又は一方からその解決の援助を求められた場合には、当事者に対して必要な助言又は指導をすることができることとなった。なお、7月の事務局案にあった勧告が建議以降では落ちている。別に助言であろうが指導であろうが勧告であろうが、紛争当事者を拘束するものではないはずであるが、労働基準行政が勧告をするということを、労働基準法違反に対する是正勧告との関連で、使用者側が嫌がったためであろう。

　また、その際、広く産業社会の実情に通じ、かつ、労働問題に関し専門的知識を有する者の意見を聴くこととされた。

2　男女雇用機会均等法等における調停
（1）　労働基準法研究会報告から婦少審建議まで

　ここで個別労働関係紛争解決法に進む前に、特定分野に係る個別労働紛争解決システムの先駆的な事例として、男女雇用機会均等法における機会均等

調停委員会の経緯を概観しておく。

労働基準法研究会は第2小委員会[13]で女子労働関係について検討してきたが、1978年11月に報告を取りまとめた[14]。これは日本の男女平等法制立法化の出発点となった記念碑的文書であるが、ここでは専ら男女差別事案に係る個別労働紛争解決システムを構想した部分についてのみ見ていく。

同報告は、募集、採用から定年、解雇に至るまで雇用の機会と待遇の全般にわたって規制しうる男女平等規定を設けることを求めつつ、その実現手段について、「裁判による民事上の救済では必ずしも迅速な解決が図れない上、労働者個人が訴訟を遂行するには多大な負担を伴う等の問題がある」一方、「行政指導には法的強制力がないことから自ずから限界がある」と指摘し、「司法上の救済だけでなく、迅速かつ妥当な解決を図りうる行政上の救済が必要である」と述べている。そして、具体的には、「行政機関が指導、斡旋、勧告等の方法を十分活用しうるように、これらに法的根拠をもたせる」こととともに、これら弾力的方法により差別が解消されない場合には、最終的に行政機関が是正命令を出すなどにより是正を担保することが必要としていた。

しかし、その後男女平等法制とそれに伴う労働基準法の女子保護規定をめぐる法政策は苦難の道を歩んでいく。労使の合意がなかなかできない中で、1984年2月に出された婦人少年問題審議会婦人労働部会[15]の公益委員のたたき台では、募集・採用は努力義務にとどめつつ、配置・昇進、教育訓練などもすべて差別を禁止しようとするものであったが、実効確保措置としては、企業内における労使の自主的解決で問題が解決しない場合の迅速、簡便な紛争解決のため、「各都道府県ごとに労使の代表を参加させた調停機関を新設し、有効な救済措置がとられるようにする」ことを提起していた。同年3月の建議では、差別禁止の範囲が著しく縮小したが、紛争解決についてはたたき台と変わらず、むしろ労働側から「調停機関では実効性がないので、有効な救済措置（勧告、命令）をとりうる行政機関を新設すべき」という意見が

13）学識者8名、委員長：有泉亨。
14）労働省婦人少年局編『男女平等への道』労務行政研究所（1979年）。
15）公労使各3名、部会長：渡辺道子。

1028　第5部　労使関係法政策

付されていた。

(2)　1985年男女雇用機会均等法における調停委員会

　ところが4月に法案要綱が諮問されると、雇用機会均等調停委員会は公労使三者構成ではなく学識経験者のみからなるものとし、さらに調停の開始要件を「関係当事者の双方又は一方から調停の委託の申請がある場合で他方の当事者の同意を得たとき」と、使用者側に拒否権を与える仕組みとなっていた。この点については当時もいろいろと批判のあったところであるが、法案をまとめるためには必要な妥協であったのであろう。いずれにしろ、1985年5月にようやく成立した男女雇用機会均等法においては、次のような紛争解決システムが設けられた。

　まず企業内に労使双方から構成される苦情処理機関を設置して苦情の処理を委ねる等の自主的な解決を図る努力義務を課している（第13条）。また、都道府県婦人少年室長が関係当事者の双方又は一方から解決につき援助を求められた場合に、当該関係当事者に必要な助言、指導又は勧告をすることができることとされている（第14条）。これに加えて第三者機関による紛争処理システムとして、機会均等調停委員会による調停の制度が設けられた（第15条）。

　機会均等調停委員会は都道府県婦人少年室に設置され、学識経験者からなる委員3人で組織される。法律上、調停自体は婦人少年室長の権限として構成され、調停委員会に行わせることとされている。調停の対象となる紛争は募集・採用に関するものを除外している。労働契約締結以前の問題であるので調停になじまないという理由からである。重要なのは、調停開始の要件であって、「関係当事者の双方又は一方から調停の申請があった場合において当該紛争の解決のために必要があると認めるとき（関係当事者の一方から調停の申請があった場合にあっては、他の関係当事者が調停を行うことを同意した場合に限る）」とされ、結局相手側が同意しない限り調停にかけることもできないということになってしまいった。ほとんど国際司法裁判所並みである。

　調停手続については、労使団体からの意見聴取や行政機関への資料提供依

頼などが規定され、委員会は調停案を作成してその受諾を勧告することとされているが、1997年改正までに調停が開始された事案は1件にとどまる。実際には柔軟に対応できる婦人少年室長の助言、指導、勧告が活用された。

（3）　その後の男女雇用機会均等法等における調停

　1997年6月に改正された男女雇用機会均等法は、募集・採用から配置・昇進、教育訓練など、ほとんどすべての雇用ステージで女性であることを理由とする差別を禁止したが、紛争解決システムにおいてもそれまでの相手側の同意という縛りをなくし、女性労働者からの訴えだけで調停を開始することができることになった。もちろん、調停自体任意の制度なのであるから、調停案に合意できなければそれ以上強制することはできないが、少なくともわざわざ法律上に相手側が同意しなければ調停自体開始しないと明記するという状態は解消されることになった。

　この段階では男女雇用機会均等法に基づく機会均等調停委員会であったが、後述の個別労働関係紛争解決法が2001年に成立したことに伴って、同法に基づく紛争調整委員会が男女雇用機会均等法に基づく調停を行うことと整理された。制度としては別立てであるが、同一組織が一方では斡旋を行い、他方では調停を行うということである。

　改正法が施行された1999年度以降、2006年の男女雇用機会均等法改正により、それまで調停の対象外とされていたセクシュアルハラスメントと母性健康管理が対象に含められた。これらはこの時まで既に後述の個別労働紛争解決促進法による斡旋の対象となっていたのだが、均等法に基づく調停に移されたわけである。

　さらにその後、2007年のパートタイム労働法の改正により、2008年度からパート労働者の労働条件等に係る紛争が、2009年の育児・介護休業法の改正により、2010年度から育児・介護休業その他に係る紛争についても、個別労働紛争解決促進法による斡旋の対象からそれぞれの法律に基づく調停の対象に移った。

　なお、これらは都道府県労働局雇用均等室が事務局として処理してきたが、2016年度から労働局の組織が再編され、個別労働関係紛争解決促進法

1030　第5部　労使関係法政策

に基づく事案を担当してきた総務部企画室と合体して、雇用環境・均等部
（室）となった。法律上の根拠は別々のままである。

3　個別労働関係紛争解決促進法[16]
（1）　労使関係法研究会中間報告

　さて、労働基準行政による個別労働紛争解決援助はあくまでも当面の対応
であり、より総合的な立場からそのシステム設計をする必要があった。紛争
処理という観点から見て、労働政策の中で総合的な立場に立ちうるものは労
使関係法政策である。これまでの労使関係法制は専ら集団的労使関係を扱う
ものであったが、個別労働者に関わる紛争が増加してくる以上、正面から取
り組むべき責任がある。

　労使関係法政策における学識者による政策検討機関としては1959年11月
に設置された労使関係法研究会があり、1966年12月には民間部門の労使関
係について、1977年9月には公共部門の労使関係について報告をまとめてい
たが、これらはいずれも政策の提起を含まないものであった。その後、
1982年5月には労働委員会における不当労働行為事件の審査迅速化について
報告を行い、これは具体的な制度改正の提言を含むものであったが、ほとん
ど実施されないままであった。

　労使関係法研究会[17]が立法措置につながる検討を始めたのは1990年代も
後半になってからである。1997年8月に公表された「我が国の経済社会状況
の変化に対応した労使紛争処理のあり方について（中間取りまとめ）」は、
「企業の内外において個別労使紛争処理制度を整えることは、労働条件の決
定についての労使の対等性を確保するために不可欠である」とその意義を明
らかにし、検討の際に考慮すべき要素として、利用の簡易性、窓口サービス
としての包括性、専門的処理能力、紛争への公平な対応、他機関との連携等
を挙げ、具体的な処理制度の在り方として次のようなものを提示した。

　まず、労使団体が主体となって行うもので、労使の実情に詳しい地域の労

16）厚生労働省大臣官房地方課労働紛争処理業務室編『個別労働紛争解決促進法』労務行
　　政研究所（2001年）。
17）学識者15名、会長：石川吉右衛門。

使団体等が協力してその解決のために助力することが有益である。次に国の労働行政機関の任務として、事案の内容が判然としない場合への対処として、事案の内容や解決方法を正確に把握し、問題点を的確に整理するためには、労働基準法、男女雇用機会均等法等の労働関係法令全般についての幅広い知識を持った専門的スタッフをそろえた機関が、個々の紛争の特性に応じた解決を図れる体制が望まれるとする。また、全国的斉一的水準のサービスを提供できるようにすることが望ましいとする。ただしこの点については、各都道府県による補完的なサービスの有用性を否定するものではないと断っている。具体的機能としては、様々な紛争について相談を行い、情報提供しつつ事実関係を正確に把握した上で問題点を整理して、労働関係法令違反が発見された場合には法令上の処理機関と連携するという、総合的相談窓口としての機能がまず必要で、それだけでは問題が解決しない場合には当事者の意見を取り持つなどの簡易な調整機能を持つことが求められるとする。

このように労働行政機関による対応を中心に据えながら、その他の機関による対応として、労働委員会、裁判所（民事訴訟、民事調停）にも言及している。

（2）　労使関係法研究会報告

労使関係法研究会はその後、1998年10月に「我が国における労使紛争の解決と労働委員会制度の在り方に関する報告」を取りまとめた。これは膨大なものであり、内容的にも集団的労使関係における労働委員会の在り方に関する分析提言と、個別的労使紛争処理制度に関する分析提言との両方にまたがっている。ここでは後者に限って見ていく。

この報告では、個別的労使紛争処理制度として、情報提供・相談のワンストップサービス（あらゆる苦情・紛争について相談に応じ、問題点や解決方法・機関等について情報を提供してくれるサービス）及び簡易な斡旋サービスなどを中心とした公的サービスを整えることが求められているとして、6つの選択肢を提示している。

第1は労働委員会活用案で、現行の地方労働委員会に従来の労働争議調整権限と不当労働行為救済権限に加えて個別的労使紛争についての相談、調整

機能を与えるという案である（判定的機能には否定的）。報告はこの案について、これまで労働委員会に蓄積されてきた労使紛争解決に関する知識経験を活用できること、公労使三者構成による調整能力を活用できることなどのメリットを示しながらも、不当労働行為の救済機関というイメージが妨げになる可能性や、特に都道府県レベルで相談・調整に当たる職員を養成し、専門職としてキャリア化できるかどうかに疑問を投げかけ、全国的連携の仕組みが必要であると指摘している。

第2は雇用関係委員会案で、上の問題を解決するため、現行の労働委員会を国の機関（雇用関係委員会）として大改組し、労働関係上の全ての苦情・紛争についての相談・調整機能をこれに持たせるという案である。この場合、婦人少年室は雇用関係委員会の雇用機会均等部となり、不当労働行為については労使関係部が受け持つことになる。報告はこの案について、地方分権化の流れに逆らう困難さがあるとしている。

第3は労政主管事務所活用案で、報告は都道府県ごとのサービスの質量の差異を問題点と指摘し、また職員の養成、キャリア化の可能性に疑問を呈している。

第4は民事調停制度活用案で、現行民事調停制度の中に雇用関係調停制度を設け、調停委員に労使が参画して専門性を持たせるという案である。報告はこの案について、裁判所による権利紛争についての調停サービスであるという機能的限定性を指摘し、権利紛争と利益紛争とを問わず多種多様な苦情・紛争についてサービスを行う別途の制度を用意する必要があるとしている。

第5は都道府県労働局案で、1998年改正で当面の措置として盛り込まれた労働基準法上の紛争解決の援助を発展させ、労働基準、職業安定及び女性少年の3行政機関を統合した都道府県労働局において、主として常勤の職員によって相談・調整を行うという案である。報告はこの案について、司法警察権限及び行政監督権限に裏付けられた労働基準監督機関と労働者・使用者双方に対する苦情・紛争処理のサービス機関とが調和するかという問題点を提起し、疑問を払拭するためにはこれらと組織上明確に区分することが重要としている。

第6は雇用関係相談センター案で、国民生活センターや消費生活センター

を念頭に考案されたもののようである。報告はこれについても、専門的な人材をどう集めるかを最大の課題としている。

報告は特にどれを選択すべきとは言っておらず、民事調停制度と国の機関と地方の機関のサービスは両立すると述べている。

（3） 労使団体の提言

これに先立ち、日経連と連合もそれぞれ個別労働紛争解決制度について提言を行った。

まず日経連は1998年4月、労働委員会制度在り方検討委員会報告「労働委員会制度の今後の在り方について」において、個別的労使紛争の処理機能を新たに労働委員会に持たせることについては、「公平性確保の観点から、またその解決の力量の点からも使用者としては危惧の念を拭い得ない」とし、「賛成できない」と明言している。また上記労働基準法改正案による労働基準局長の助言指導についても「使用者に対して強力な監督権限を持っている労働基準当局が個別的労使紛争に介入することには問題がある」と批判的であった。

紛争処理制度としては、第一義的には企業内の紛争処理機関により未然防止と自主解決を図るべきとしつつ、企業外部の機関としては「個別の権利義務の存否を判断するのを本分とする裁判制度が利用されるのが本則であり、当事者が調整的解決を求める場合には、既に同じ司法制度内に存置されている民事調停を活用することが適当」とし、必要があれば専門性を確保するために、民事調停制度の中に労使問題の特別調停である「雇用関係調停」の創設を考慮すれば足りるとした。

これに対し連合は同年6月、労働委員会制度のあり方研究会最終まとめ「新しい労使紛争解決システムの研究」を発表し、「労働委員会が集団的あるいは個別的を問わず、あらゆる労使紛争について、簡易、迅速、低廉をモットーとして解決できるように労働委員会制度の拡張と充実が必要」として、次のような構想を提示した。

地方労働委員会に労働相談を担当する労働相談部、個別紛争の調整的処理を行う雇用関係部を創設し、労働相談部には相談員、雇用関係部には調停人

と仲裁人を配置し、公労使三者構成の雇用調停委員会及び雇用仲裁所を置く。第1段階として相談員が振り分けを行い、第2段階として調停人による斡旋、調停を行い、第3段階として三者構成による雇用調停委員会で紛争処理を行う。また当事者双方が仲裁判断を求める場合は仲裁手続を行うという仕組みである。

（4）　全国労働委員会連絡協議会

　このように、特に地方労働委員会の活用の是非について労使の見解が対立していたが、その後労働委員会の法律上の位置づけに変化があった。2000年4月に行われた地方分権改革によって、それまで機関委任事務、すなわち国の事務を国の機関たる都道府県知事に行わせるという位置づけであったのが、自治事務、すなわち都道府県自身の事務として処理することになったのである。

　こういった状況の中で、労働委員会の全国組織である全国労働委員会連絡協議会は1999年7月から労働委員会制度のあり方に関する検討委員会を設け、2000年7月に報告を取りまとめた。ここでは、「個別的労使関係解決制度のニーズの増大に鑑みれば、労働委員会も地域の実情に応じて積極的な寄与を図ることが望まれている」とし、地労委事務が自治事務化されたこと等に鑑み、地方自治に基づく行政サービスの一環として位置づけ、都道府県ごとに条例、規則などにより実現可能であるとした。具体的には相談と簡易な斡旋を提示している。

　自治事務化したことによって、法制化しなくても地方労働委員会が個別労使紛争処理を行えるようになるということが、ここにきて重要な意味を持ってきたわけである。同協議会は同年11月、都道府県知事に対し、地方労働委員会が地方自治に基づく行政サービスの一環として個別的労使紛争解決サービスを実施することについて積極的に検討するに際し、地方労働委員会と都道府県関係部局との連携等の配慮を要望した。また、労働大臣に対しても、個別的労使紛争処理制度の検討に当たって労働委員会の機能を十分考慮に入れることを求めている。

（5） 個別的労使紛争処理問題検討会議

　労働省も2000年に入り、労働基準、職業安定及び雇用均等の3行政が地方レベルで都道府県労働局に集約されることを踏まえて、いよいよ個別労使紛争処理制度の法制化に踏み出す決意を固め、内部に個別労使紛争処理システムに関するプロジェクトチームを設け、同年3月に報告書をまとめた。そこでは都道府県労働局に学識経験者による個別労使紛争解決委員会を設け、調停による紛争の解決を図る案を示している。この段階では労働局長による調停案の受諾勧告も含まれていた。

　同年9月から公労使三者構成の個別的労使紛争処理問題検討会議[18]が開催された。ここでは労働省の都道府県労働局を活用する素案に加え、連合の地方労働委員会活用案、日経連の民事調停活用案を素材として議論が進められ、同年12月には「個別的労使紛争処理システムの在り方について」と題する報告を行った。

　ここでは企業内での自主的解決が基本としつつ、企業外での紛争処理システムとして裁判外紛争処理制度（ADR）の整備が必要とし、具体的にはまず日経連の主張する民事調停制度については、「現行の民事調停のままでは個別的労使紛争に活用しづらい面があるので、現在行われている司法制度改革審議会における議論の中で、民事調停制度が個別的労使紛争においてもより使いやすくなるよう、雇用関係調停部の創設、裁判官の増員、専門性のある調停員の確保等について検討を進め、早急に具体的な制度の整備が行われるよう」提言した。この問題はこれ以降司法制度改革審議会に土俵を移すことになる。

　次に労働省の提示した案、すなわち機会均等調停委員会を改組して、都道府県労働局に学識経験者による紛争調停委員会を設け、調停案の作成、受諾勧告を行う案については、特に使用者側から労働基準法等に基づく監督指導権限を持っているので実質的に受諾を強制されるとの懸念が表明され、その結果、当事者間の話合いを基本とし、両当事者が求めた場合に解決案を提示し、合意成立の見込みがないときは処理を打ち切ること、事務局も監督指導

18）公労使15名、座長：花見忠。

担当者と区別すること、時効中断機能を設けること、必要に応じて労使代表から意見を求めることなどが修正された。

連合の主張する労働委員会活用案については、上記全国労働委員会連絡協議会の報告を踏まえ、「各都道府県において、地方労働委員会のみならず、知事部局を含めて、労政主管事務所の活用も併せ、積極的に検討が行われることが望まれる」とボールを投げる形としたが、「複線的システム実現のためには、地方労働委員会において相談、斡旋等を行うことができる旨を法律上明確にすべき」との労働側の強い意見が付記されている。

（6） 個別労働関係紛争解決促進法の成立[19]

これを受けて翌2001年1月、厚生労働省は個別労働関係紛争の解決等に関する法律案要綱を作成し、労働政策審議会に諮問した。ここでは都道府県労働局長による情報提供・相談、助言・指導に加え、紛争調整委員会による斡旋の規定が設けられ、時効の中断も規定された。また、地方公共団体の措置として「情報の提供、相談その他の措置」を講ずる努力義務が規定されている。労働政策審議会では個別的労使紛争処理対策部会[20]を設けて審議し、2月、答申を行った。ここでは労働側の意見として、地方公共団体の施策として地方労働委員会において行う旨明記すべきという点が付記されている。

厚生労働省は直ちに個別労働関係紛争の解決の促進に関する法律案を作成し、同月国会に提出した。同法案は6月より審議に入り、衆議院における修正で、地方公共団体の施策に斡旋を追加するとともに、地方労働委員会が行う場合には中央労働委員会が必要な助言指導を行う旨の規定が追加され、その後、7月に成立した。

なお、法案の国会提出の直前、自民党の経済産業部会・中小企業調査会合同会議から申入れがあり、斡旋申請があった場合、他方当事者が不参加の意思表明をすれば直ちに斡旋を打ち切ることを省令で明記することとされた。

19）同法に基づく労働局斡旋事案の内容分析を行った研究として、濱口桂一郎『日本の雇用終了』労働政策研究・研修機構（2012年）、同『日本の雇用紛争』労働政策研究・研修機構（2016年）がある。

20）公労使各5名、部会長：菅野和夫。

本法では労働省が当初考えた調停ではなく斡旋という表現になったが、紛争当事者の双方から求められれば斡旋案を作成して提示することとされており、かなり調停に近い斡旋である。一方で、地方公共団体の施策にも国会修正で斡旋が追加されたが、そもそも自治事務に対する努力義務であるから、斡旋より強い措置をとることも可能である。同法は2001年10月から施行されている。また、2002年11月に社会保険労務士法が改正され、個別労働関係紛争にかかる斡旋について当事者を代理することができるようになった。

なお、これらは都道府県労働局総務部企画室が事務局として処理してきたが、2016年度から労働局の組織が再編され、均等法、パート法、育介法に基づく事案を担当してきた雇用均等室と合体して、雇用環境・均等部（室）となった。法律上の根拠は別々のままである。

なお、2015年10月から厚生労働省において透明かつ公正な労働紛争解決システム等の在り方に関する検討会[21]が設けられ、2017年5月に報告書が公表された。焦点は解雇の金銭解決であったが、現行の個別労働関係紛争解決システムの改善についてもかなり論じており、例えば被申請人宛の斡旋開始通知書において、参加が強制されない点を強調する書きぶりを見直すべきとか、目安となる解決金額の水準を見直すべきという意見も書かれている。

4　人権擁護法案における調停・仲裁

その後、都道府県労働局の紛争調整委員会の業務範囲は変わっていない。上述の通り、2007年度からセクシュアルハラスメントと母性健康管理が、2008年度からパートタイムの労働条件が、2010年度から育児・介護休業等が、それぞれ個別労働関係紛争解決促進法に基づく斡旋から、それぞれの法律に基づく調停に移行しただけである。しかし、実は2002年3月に国会に提出された人権擁護法案によって、2003年度からかなり大きな領域が含まれることになっていた。

人権擁護法案については、その立法経緯等は第4部第3章に譲るが、法務省サイドが検討していた案は、人種、信条、性別、社会的身分、門地、障

21）学識者22名、うち労使各4名、労使弁護士各2名、座長：荒木尚志。

害、疾病、性的指向を理由とする社会生活における差別的取扱について、調停、仲裁、勧告・公表、訴訟援助の手法により、積極的救済を図ろうとするものであった。この動きを見た厚生労働省は、急遽2001年10月に労働分野における人権救済制度検討会議[22]を開き、同年12月の報告では、労働分野における積極的救済は原則として厚生労働省が担当し、個々の事件の調停・仲裁は都道府県労働局の紛争調整委員会を活用することを提起した。

これを受けて2002年3月に国会に提出された人権擁護法案では、第5章に労働関係特別人権侵害を規定し、事業主が労働者の採用又は労働条件その他労働関係に関する事項について人種等を理由としてする不当な差別的取扱いと、労働者に対しその職場において不当な差別的言動等をすることについては、厚生労働大臣が必要な措置を講ずることができるとされた。具体的には同法で人権委員会が担う権限を厚生労働大臣の権限と読み替えた上でこれを都道府県労働局長に委任することができるとし、個別労働関係紛争解決促進法の紛争調整委員会に調整、仲裁を行わせることとしていた。ただし勧告とその公表は厚生労働大臣が行うこととされていた。

これにより、個別労働関係紛争解決促進法では斡旋にとどまっていた紛争調整委員会の権限が、調停及び仲裁にまで拡大することになり、かなりの権限拡大となるはずであった。しかし、当時はメディア規制関係の規定をめぐってマスコミや野党が反対して廃案となり、その後は自民党内や右派からの反発で法案を提出できない状態が続き、2012年11月に民主党政権末期に出された人権委員会設置法案には労働関係の規定は含まれておらず、それも翌月の総選挙で廃案となった。

5　障害者雇用促進法における調停

しかし、上記人種等の差別理由のうち障害については、別途障害者差別禁止立法がなされ、紛争調整委員会による調停が行われることとなった。これは、2006年の国連障害者権利条約に端を発するもので、2013年6月に障害者雇用促進法が改正され、事業主は募集・採用から、賃金の決定、教育訓練

22）公労使計15名、座長：渡辺章。

の実施、福利厚生施設の利用その他の待遇について、障害者であることを理由として不当な差別的取扱をしてはならないこととされた。また障害者特有の規定としていわゆる合理的配慮がある。

この障害者差別に関わる紛争について、男女雇用機会均等法と同様の仕組みで、紛争調整委員会に調停を行わせるという仕組みが設けられている。これらの規定は2016年4月から施行されている。

6 非正規労働者の均等・均衡待遇に係る調停

非正規労働者のうちパートタイム労働者については、上述の通り2007年のパートタイム労働法の改正により、その労働条件等に係る紛争が調停の対象となった。ただし、2014年改正で設けられた（労働契約法第20条並びの）新第8条はその対象から外されていた。

ところが、2016年以降の官邸主導の同一労働同一賃金政策の推進の中で、パート、有期、派遣の非正規3形態全てについて、均等・均衡待遇に関する紛争を全て紛争調整委員会の調停の対象とする方向となった。2018年6月に成立した働き方改革推進法により、パート・有期法と労働者派遣法それぞれにその根拠規定が設けられた。

これにより、パートタイム労働者についてはこれまで調停の対象外であった不合理な待遇の禁止に係る紛争が斡旋から調停に移り、有期契約労働者と派遣労働者については均等・均衡待遇に係る紛争が全て斡旋から調停に移るということになる。なお、派遣労働者の場合、不合理な待遇の禁止については派遣元との紛争に限られ、派遣先との紛争は教育訓練と福利厚生に限られている。

1040 第5部 労使関係法政策

第3節 労働審判制度[23]

(1) 司法制度改革審議会

さて、国民がより利用しやすい司法制度や国民の司法制度への関与といった課題を審議する目的で、1999年7月司法制度改革審議会[24]の審議が始められた。この審議会の委員に高木剛ゼンセン同盟会長が加わっていたことで、他のメンバーには余り関心のなかったと見られる労働問題がかなりの比重で取り上げられることになった。

2000年12月の中間報告では、専門的知見を要する事件への対応強化という項目で、知的財産権関係事件とともに労働関係事件への対応強化が挙げられている。そこでは、個別労働関係事件については、訴訟に代わる裁判外紛争解決手続の要否、設けるとした場合のその在り方が、また集団的労働関係事件については事実上の5審制の解消など、労働委員会の救済命令に対する司法審査の在り方が問題とされ、より抜本的には、労働関係事件に固有の裁判機関、訴訟手続の創設についても言及されている。

2001年6月にまとめられた意見書では、「労働関係事件への総合的な対応強化」という項目のもと、①労働関係訴訟事件の審理期間をおおむね半減することを目標とし、民事裁判の充実・迅速化に関する方策、法曹の専門性を強化するための方策等を実施すべき、②労働関係事件に関し、民事調停の特別な類型として、雇用・労使関係に関する専門的な知識経験を有する者の関与する労働調停を導入すべき、③労働委員会の救済命令に対する司法審査の在り方、雇用・労使関係に関する専門的な知識経験を有する者の関与する裁判制度の導入の当否、労働関係事件固有の訴訟手続の整備の要否について、早急に検討を開始すべき、との提言がされた。

---

23) 菅野和夫・山川隆一・斎藤友嘉・定塚誠・男澤聡子『労働審判制度』弘文堂(2005年)。

24) 学識者13名、会長：佐藤幸治。

（2）　司法制度改革推進本部労働検討会

　これを受けて、同年12月小泉純一郎首相を本部長とする司法制度改革推進本部が設置され、その下の検討会の一つとして労働検討会[25]がおかれた。労働検討会では白熱した審議が行われた。特に焦点となったのは、ヨーロッパ諸国で行われている労使の参審制の導入の可否であった。労働側が労働事件訴訟における労使の関与を強く主張したのに対し、使用者側と裁判所側はきわめて否定的な姿勢に終始し、賛否両者の溝は深いものがあった。このデッドロックを打開するために学識者委員から中間的な制度が提案され、これが労働審判制に育っていくことになる。

　議事録を見ていくと、最初にこれを提起したのは民事訴訟法の春日偉知郎氏である。2003年5月の第19回会合で「訴訟と非訟の中間のようなもの」と発言し、その後何回か断続的な提起があり、7月の第23回会合で口頭でややまとまった形の提案をしている。それは、労使委員と裁判官との合議体で審理すること、相手方には応ずる義務があること、調停だけではなく決定（ある種の裁判）を行うこと、異議があれば訴訟手続きに移行すること、せいぜい3回くらいの期日とすることなど、労働審判制度の特徴が既におおむね現れている。

　次の第24回会合に、春日偉知郎、村中孝史、山川隆一3氏による「中間的な制度の方向性について（メモ）」が提示され、調停・裁定選択型、調停・裁定合体型、調停・裁定融合型、裁定単独型の4案が示された。各側はしばらく逡巡を示していたが、8月の第26回会合で「中間とりまとめ」が行われ、ここで労働審判という名称が登場した。「裁判所における個別労働関係事件についての簡易迅速な紛争解決手続として、労働調停制度を基礎としつつ、裁判官と雇用・労使関係に関する専門的な知識経験を有する者が当該事件について審理し、合議により、権利義務関係を踏まえつつ事件の内容に即した解決案を決するものとする、新しい制度（労働審判制度）を導入することはどうか。」という一文である。

　この「薄氷を踏む思いでつくったもの」（菅野座長）がベースになり、10

25）学識者11名、座長：菅野和夫。

月の第29回会合では日弁連の労働法制委員会での意見書案も紹介されて、審判は異議によって失効するが訴訟への移行を工夫するという方向性が示された。そして11月の第30回会合に菅野座長から「労働審判制度（仮称）の制度設計の骨子（案）」が提示され、「解決案に不服のある当事者が一定期間内に異議を申し立てることにより、解決案はその効力を失う」が、「労働審判手続と訴訟手続との適切な連携を図るため、解決案に対して異議が申し立てられた場合には、労働審判の申立てがあった時に訴えの提起があったものとみなす」ことが了承された。

　こうして意見が集約されて最終的に12月の第31回会合で「労働審判制度（仮称）の概要」に合意した。これを踏まえて司法制度改革推進本部で立案作業が進められ、翌2004年3月、政府は労働審判法案を国会に提出し、同年5月に成立に至った。そして2006年4月から施行されている。

（3）　労働審判制度

　労働審判法に定める制度の概要は次の通りである。

　これは、個別労働関係民事紛争に関し、裁判所において、裁判官と労働関係に関する専門的な知識経験を有する者で組織する委員会が、当事者の申立てにより事件を審理し、調停による解決の見込みがある場合にはこれを試みつつ、権利関係を踏まえつつ事案の実情に即した解決をするために必要な審判であり、これと訴訟手続とを連携させることにより、事件の内容に即した迅速、適正かつ実効的な解決を図ることを目的とする。

　労働審判手続の主体は、裁判官である労働審判官1名、労働者としての知識経験を有する労働審判員1名、使用者としての知識経験を有する労働審判員1名で構成する労働審判委員会である。手続の指揮は労働審判官が行い、その決議は過半数の意見による。

　手続は、まず当事者が地方裁判所に趣旨及び理由を記載した書面により労働審判手続の申立てをすることで始まり、相手方の意向にかかわらず手続を進行させ、原則として調停により解決し又は審判を行う。審判体は、調停の見込みがある場合はこれを試みつつ、速やかに争点及び証拠の整理等を行って審理を進め、調停が成立しない場合には、権利義務関係を踏まえつつ事件

の内容に即した解決案を決する。その際、特別の事情がある場合を除き、3回以内の期日で審理を完了し、解決案を決する。労働審判委員会は、審判の期日において、いつでも調停を試みることができ、調停が成立した場合には、裁判上の和解と同一の効力を有する。なお、呼び出しを受けて出頭しない当事者には、過料の制裁を科する。

労働審判は原則として理由の要旨を記載した書面で行う。労働審判に不服のある当事者は、2週間以内に異議の申立てをすることができ、その場合労働審判は効力を失う。逆にこの期間内に異議申立てがなければ、労働審判は裁判上の和解と同一の効力を有する。なお、事案の性質上適当でないと認めるときは、労働審判を行うことなく手続を終了させることができる。

重要なのが訴訟手続との連携であり、労働審判に対して異議が申し立てられた場合には、労働審判手続の申立てがあったときに、労働審判がなされた地方裁判所に訴えの提起があったものとみなされる。労働審判を行うことなく手続を終了させた場合も同様である。また、労働審判事件係属中の訴えの提起及び訴訟係属中の労働審判手続の申立てを認め、両手続の併存を認めることとした上で、労働審判手続係属中は訴訟手続を中止することができることとしている。

なお、労働審判においては原則として弁護士でなければ代理人になれず、親族等特別の場合に代理人となることを許可することとなっており、社会保険労務士は代理ができない。

第4節　その他の個別労働関係紛争処理制度

1　仲裁

（1）　2003年仲裁法

2003年7月に成立した仲裁法は、裁判外の紛争解決手段（ADR）の拡充・活性化の一環として，国際商事仲裁模範法に沿った内容の新法を制定したもので、仲裁合意の対象紛争については訴訟の提起ができず，これに反して提起された訴訟は，被告の申立てにより却下されるものとした。ただし、消費

者と事業者間の仲裁合意及び労働者と使用者間の個別労働関係紛争についての仲裁合意につき，消費者又は労働者の保護のため，特則を設けている。消費者と事業者との間に成立した仲裁合意に関しては、消費者は消費者仲裁合意を解除することができるという特則であるが、労働紛争については、「当分の間、この法律の施行後に成立した仲裁合意であって、将来において生ずる個別労働関係紛争を対象とするものは、無効」（附則第4条）とされている。紛争発生後の仲裁契約はこれによって影響を受けないし、現に弁護士会の仲裁センター等で活用されている。あくまでも紛争発生前の仲裁合意の問題である。

　これは、将来において生ずる個別労働関係紛争について労働契約締結時の合意に委ねることとすると、労使当事者間の情報の質及び量、交渉力の格差から対等の立場での合意が期待しがたく、公正でない仲裁手続きが合意される恐れがあること、また、そのような格差がある中で労働者の裁判を受ける権利の制限にもつながるという問題があることへの懸念によるものである。このような特則が設けられた事情を、司法制度改革推進本部仲裁検討会の資料から見ておく。

　2002年11月の第10回会合に出された資料で、「個別労働紛争に関する仲裁について，労働契約の特殊性に配慮して，何らかの規定を設けるべきか」が提起され、更に第11回会合の資料では、3案が提示されている。A案は、個別労働紛争に関する仲裁契約の成立及び効力については、労働契約一般についての規律に委ねることとして，特段の規定を設けないこととするもので、その場合、仲裁契約は主たる契約の契約書とは別個の書面中に記載すること、仲裁契約が記載された書面に労働者が自署することを有効要件とするものである。B案は個別労働紛争に関する仲裁契約は，紛争発生後に締結したもののみを有効とし、将来の争いに関する仲裁契約は無効とするものである。C案は、仲裁契約は契約締結の時期を問わず有効としつつ、将来の争いに関する仲裁契約について次の特例を設けるものである。

（1）　労働者は，労働者自らが仲裁に付する申出をするか，使用者からの仲裁に付する申出に対して仲裁廷から説明を受けた後に本案について仲裁廷の面前で陳述するまでは、いつでも仲裁契約を解除することが

できるものとする。

（2）　仲裁廷は，使用者が仲裁に付する申出をした場合において，労働者に対し，審問への出頭を求めるときは，仲裁契約の意義，解除権等について記載した書面を送付しなければならないものとする。

（3）　仲裁廷は，使用者が仲裁に付する申出をしたときは，労働者に対し，労働者が本案について陳述するまでに労働者の面前において，仲裁契約の意義，解除権等について説明しなければならないものとする。

（4）　使用者が仲裁に付する申出をした場合において，仲裁廷が労働者に対し審問への出頭を求めたが，労働者が出頭しなかった場合は，労働者が仲裁契約を解除したものとみなすものとする。

（5）　使用者は，労働者に対し，相当の期間を定めてその期間内に仲裁契約を解除するか否かを確答すべき旨を催告することができるものとし，労働者がその期間内に確答しないときは，仲裁契約を解除したものとみなすものとする。

　同会合では、水口洋介、石嵜信憲の労使各側弁護士、経団連の小島浩氏、連合の高木剛氏、更に厚生労働省労働基準局伊澤章監督課長や菅野和夫東大教授からも意見が述べられ、それを踏まえて翌12月の第12回会合に出された資料では「当面の暫定的な措置として，個別労働関係紛争に関する仲裁契約は，紛争発生後に締結したもののみを有効とし，将来生じる紛争を対象とする仲裁契約は無効とする」とされ、これが法案のもととなった。ちなみに、消費者仲裁についてはこのときに無効構成ではなく解除構成に決まっている。

（2）　その後の動向

　その後この問題を論じたものとしては、2005年9月の今後の労働契約法制の在り方に関する研究会[26]報告書がある。これは労働者に不利益とならない形での仲裁は簡易迅速な紛争解決方法として意味があるとし、「将来において生ずる個別労働関係紛争を対象とする仲裁合意の効力については、個別労

26）学識者10名、座長：菅野和夫。

働紛争解決制度や労働審判制度の活用状況、労働市場の国際化等の動向、個別労働関係紛争についての仲裁のニーズ等を考慮して労働契約上の問題として引き続き検討すべきであり、このことを法律上明確にすることが適当である」と述べている。しかし、労働政策審議会ではこの問題が議題にのぼせられることはなかった。

　また、産業競争力会議の雇用・人材分科会が2013年12月に公表した中間整理「世界でトップレベルの雇用環境・働き方の実現を目指して」においては、「グローバルに活動している外国企業が日本に投資できるよう、対象者を含め、仲裁合意についての諸外国の関係制度・運用の状況の研究を進める」と書かれている。これは、11月の学識者ヒアリングにおいて弁護士の岡田和樹氏が、「労働契約について仲裁を認めないというのは、本当に国民を愚民視している、国民はそんなことは判断できないと言っているのに等しいのであって、仲裁は認めるべき」と強く主張したことを受けたものである。しかし、これもその後特に動きはない。

付章

船員労働法政策[1]

　本書の末尾に付章という形で船員労働法政策を取り上げるのは、それが初めから現在に至るまで他の労働法政策とはほとんど独立の法政策領域として展開されてきたからである。そのため、船員に関する各労働法政策をそれぞれの分野ごとに分けて記述してもかえって全体像が不明確になるだけであるので、巻末にまとめる形にした。

　なお、予め概念説明しておくと、船員とは船長、海員及び予備船員を併せた概念であり、海員とは船舶所有者（＝使用者。必ずしも船舶の所有権者ではない）との雇入契約に基づき乗船している者をいう。雇入契約とは特定の船舶において船舶所有者と海員が使用関係に入ることをいい、予備船員は雇用契約関係はあるが雇入契約関係はないことになる。船員労働法制は主として雇入契約によって乗船している海員を対象としている。

1　船員法制の形成期

(1)　西洋型商船海員雇入雇止規則

　日本における船員立法の第一号は、1879年に太政官布告第9号として公布施行された西洋型商船海員雇入雇止規則である。工場法どころか民法や商法に先立って船員については労働立法が行われたのだから、実に先駆的である。これにより、雇入の際は浦役場において海員雇入証書で約定書を作り記名調印の上浦役人の公認を得ねばならず、内海回漕船では雇入期限は6か月

---

1) 野村一彦『船員法概説』成山堂書店（1959年）、土井智喜『日本海運と船員』成山堂書店（1959年）、石井照久・谷川久・西巻敏雄・米田富士雄『海上労働の国際統一法運動と海上労働法の推移－ILOと日本海運』海事産業研究所（1971年）小林正彬『海運業の労働問題』日本経済新聞社（1980年）、濱口桂一郎「船員の労働法政策」（『季刊労働法』255号）。

以内である。雇止も浦役場において海員雇止証書で雇止証書を作り記名調印の上浦役人の公認を受けなければならず、しかも特別の場合でない限り雇止ができるのは雇入地に限られ、雇入地以外で期間が満了しても雇入地に帰着するまでは雇入期間内とみなされる。特別の場合とは、疾病や難破等を理由に雇者から、虐待や食料・給金の不払を理由に船員から解約する場合である。前者の場合は雇者に送還が義務づけられ、後者の場合でも船員から旅費の請求ができた。

　一方、この規則には「船中ニ於テ徒党ヲ謀ル者船長ヲ劫ス者脱船スル者（雇入期間内ニ逃亡スル者ヲ云フ）ハ其事情ニ依リ百日以内ノ懲役ニ処シ…」（第11条）と、団結禁止法の先駆的な規定も含まれていた。

（2）　商法と旧船員法

　ロエスレルが起草した1890年の旧商法は、第2編海商第4章船長及ヒ海員第2節海員という部分で船員に関する規定をおいた。これには雇入雇止を海員名簿への登記制度としたほか、十分な理由なく雇止された海員はそのために失った給料の半額を損害賠償として受け取ることができるとか、航海中十分な理由なく雇止されたときは発航港まで無賃送還を請求できるとか、就役後傷病の場合3か月以内の看護治療を請求できるといった労働者保護的な規定が含まれていた。

　1899年には現行商法とともに船員法が制定され、上記雇入雇止規則は廃止された。船員法は総則のほか、船員手帖、船長、海員、紀律、罰則の各章からなり、いわば経営秩序法と労働保護法が一体となっていて、これは現在に至るまで変わっていない。この船員法により船員手帖が導入され、職務、給料、雇入期間、雇止事由などが記載されることとされた。これも現在に受け継がれている（1937年法で船員手帳）。

　雇入、雇止、雇入契約の更新、変更をしたときは、管海官庁に海員名簿を提出して公認を受けなければならない。その際、海員名簿の記載事項を当事者双方に読み聞かせた上で、署名捺印させ、船員手帖に認証を受ける。「雇入契約」という言葉はここで初めて登場した。1890年の旧民法、1896年の現行民法では「雇傭契約」という用語を用いていることと既にずれが生じて

いるが、後のような予備船員をめぐる意味の違いではなく、官庁の公認を要する公法的性格を有する契約という意味だったように思われる。興味深いのは「海員ノ雇止ニ関シテ争アルトキハ当事者ノ一方ハ管海官庁ニ其事由ヲ申立テ雇止メ公認ヲ申請スルコトヲ得」、「管海官庁カ前項ノ申請ヲ正当ナリト認メタルトキハ当事者双方ヲ呼出タシ海員名簿及ヒ船員手帖ヲ提出セシメテ雇止ノ公認ヲ為スコトヲ要ス」（第30条第1項、第2項）という個別紛争処理規定もあったことである。海員の雇入期間中船員手帖は船長が保管するが、「海員ハ雇止アリタル場合ニ於テハ船長ニ対シ其職務ノ執行又ハ品行ニ関スル証明書ノ交付ヲ請求」できた（第33条）。

　この法律の特徴は紀律として事細かに不乗船や脱船、帰船遅滞、命令不服従や職務怠慢を罰則をもって禁止していることである。特に徒党行為には重罰を科している。1900年には労働組合の団体交渉要求や争議行為を罰則を以て禁止した治安警察法が制定されているが、この条項にはそれと共通する性格も感じられる。

2　労働力需給調整システムと集団的労使関係システムの形成[2]

　船員労働法制は、陸上労働者に係る労使関係システムの形成に先んじて、戦前の段階で既にかなり先進的な労使交渉による労働条件決定システムを構築していた。それをもたらしたのは、ILO条約の要請による労働力需給調整システムの構築であった。

（1）　ILOの影響

　日本の船員法政策を大きく動かしてきたのは1920年ジェノヴァで開かれた第2回総会（海事総会）以来のILOの国際基準である。そもそも、ILO総会への労働者代表問題で農商務省が迷走しているときに、逓信省は海員団体と協議して代表を送り出しているし、またこれが契機になって1920年には日本船主協会が、1921年には日本海員組合が結成され、集団的労使関係シ

2）小林正彬『海運業の労働問題』日本経済新聞社（1980年）。

1050 第5部 労使関係法政策

ステムを成り立たせる労使団体が確立している。

ILOでも、海上労働は陸上労働とは独立して扱われ、一般総会とは別の海事総会で海上労働を対象とした条約及び勧告を採択してきている。第2回総会では「海上ニ使用シ得ル児童ノ最低年齢ヲ定ムル条約」（第7号）や「海員ニ対スル職業紹介所設置ニ関スル条約」（第9号）などが採択され、これらを国内法化するところから日本の船員法政策の新たな展開が始まる。第9号条約は、「中央官庁の監督の下に協同する船舶所有者及海員の代表団体による」無料職業紹介所の制度を組織すべきことを加盟国に求めていた。

（2）　船員職業紹介法

明治期、船員の労働力需給調整はボーレンと呼ばれる宿泊業を兼営する有料周旋業者が行っていた。ボーレンとはボーディングハウスが訛ったもので、下船して無一文となった失業船員を下宿させ、乗船するまでの下宿料、食費、小遣いを貸し与え、乗船させた上は相当の紹介手数料にそれまでの貸金に高利を含めたものを、火夫長や水夫長を通じて給料から天引きするという具合で、その弊害が批判されていた。そこで、その排除を目的に1880年に海員掖済会が設立された。しかし船員たちは掖済会の宿泊所を好まず、第一次大戦で船員不足になるとボーレンが復活し、最盛期を迎えた。

そうした中で、1920年にILO海事総会で上記第9号条約が採択され、日本はこれを批准するため国内法の制定を迫られた。これに対してボーレンたちは海洋労資協会（後に海洋統一協会）という団体を結成してロビイングを行い、その結果1922年に制定された船員職業紹介法は条約の趣旨とかなり異なるものとなった。船員職業紹介事業を許可制にし、公益法人を原則とし、さらに有料・営利事業を本則では禁止したものの、附則で経過措置としてボーレンの営業も認めたのである。

もっとも政府の主眼は海員掖済会による職業紹介事業であったが、それも条約が求める労使共同の組織ではない。そこでこれに対して海員組合が猛反発した。1924年の第6回ILO総会（第2回海事総会）で船員代表米窪満亮がこの問題を訴え、日本政府は条約の趣旨に沿った紹介機関の設置に努力すると答弁した。ILO闘争の先駆と言えよう。最後は逓信大臣と会見し、船主と

船員の団体の共同経営機関によって船員の紹介を行い、掖済会の紹介事業は廃止し、他の個人、団体による紹介事業も許さないことを確認した。掖済会は反発したが、結局紹介事業は廃止し、医療活動等に専念していくことになる。

政府は船員職業紹介法第6条に基づき船主、船員の代表からなる船員職業紹介委員会を設置し、その決議により海事協同会を設立することを決めた。同会は1926年12月に発足した。これが、ILO第9号条約及び船員職業紹介法に基づき船員の職業紹介を行う労働力需給調整システムであると同時に、それ以上の存在—戦前日本におけるほとんど唯一の理想的な集団的労使関係システムとして活動していくことになる。

海事協同会規約はその事業として、船員の職業紹介の他、船員の待遇に関する事項の協議決定や船主、船員間の争議の予防調停なども規定していた。労働力需給調整システムが同時に集団的労使関係システムであるという労働市場が成り立っていたのである。

(3)　海事協同会による集団的労使関係システム

海事協同会は、職業紹介事業については国の補助金を受けるが、それ以外については労使折半による財源により、労使同数の委員会により運営されるという理想的な労使自治の組織運営であった。会長も労使代表の交代制であった。戦前の日本ではついに労働組合法が成立するに至らなかったことを考えると、船員の世界の先進性が際立つ。

規約にいう船員の待遇に関する事項の協議決定が行われるのは毎月1回開かれる委員会においてである。1928年にまず遭難船員手当規定を定めた後、同年普通船員標準給料最低月額表を定め、さらに高級船員、無線通信士についても定めた。労働協約による最低賃金制である。後に諸手当や退職手当も定められていく。注目すべきは、こうして引き上げた賃金を、1931年には不況に対応するため2年間5〜10%減額していることである。

規約にいう船主、船員間の争議の予防調停については、規約第12条が争議を委員会に附議し、「委員会ノ決議ノ成立又ハ不成立ニ至ル迄ハ船主ハ争議ニ関係アル船員ノ雇止ヲ為サス又船員団体ハ同盟罷業ヲ行ハス且争議ニ関

係アル船員ヲシテ怠業其ノ他故意ニ相手方ノ利益ヲ害スヘキ行動ニ出テシメサルヘシ」と定めていた。

　船員法にはなお徒党行為を刑罰で禁止した第72条が存在していたが、海事協同会規約の上では既に争議権が確立していたと言えよう。実際、上記1928年の最低賃金協定は協議が決裂し、争議に突入した後に妥結したものである。これに対して政府は介入を控え、刑事免責を表明した。

　1929年来日したILO事務局長アルベール・トマは、かかる先進的な状況を見て、海事協同会を労使関係の世界的モデルと激賞したといわれている。

3　戦前期船員法政策の展開と戦時体制
（1）　1937年船員法

　この中で海員組合等から「海員を拘束し取締る」「時代錯誤の悪法」として船員法改正の要求が出されていく。その背景には、ILOの累次の海事総会において、「船舶の滅失又は沈没の場合に於ける失業の補償に関する条約」（第8号）、「海員の雇入契約に関する条約」（第22号）、「海員の送還に関する条約」（第23号）、「商船に乗組む船長及職員に対する職務上の資格の最低要件に関する条約」（第53号）、「船員の為の年次有給休暇に関する条約」（第54号）、「海員の疾病、傷痍又は死亡の場合に於ける船舶所有者の責任に関する条約」（第55号）、「海員の為の疾病保険に関する条約」（第56号）、「船内労働時間及び定員に関する条約」（第57号）など、着実に船員関係の条約が採択されてきていたことがある。ILO基準に立ち遅れた日本の船員法を抜本的に見直すべきという主張である。

　これを受けて逓信省は1929年に臨時海事法令調査会を設置して審議を行った。その構成は、逓信大臣を始めとする官庁側に加え、学識者3名、組合側2名、船主側2名、その他（掖済会など）2名で、政府の立法審議の場に労働組合代表が入っていること自体戦前には異例であるし、実質審議をした特別委員会は学識2名、組合2名、船主2名プラス元管船局長というほとんど公労使3者構成に近い姿であった。ここにも船員政策の先進性が見られる。

　調査会の答申は1930年に出されたが、世界恐慌や満州事変等のため、そ

付章　船員労働法政策　1053

の後7年間店ざらしにされ、1937年にようやく新船員法が成立した。これにより、それまで商法海商編にあった規定が修正されて船員法に移され、また1923年に制定されていた船員最低年齢法の内容が盛り込まれた。さらに、各ILO条約の趣旨も取り入れられている。

雇入契約については商法を引き継いで詳細な規定を設けているが、この時に新設された興味深い規定が「船舶所有者ハ‥‥雇入契約終了シタルトキ‥‥ハ勅令ノ定ムル所ニ依リ‥‥之ニ手当ヲ支給‥‥スルコトヲ要ス」（第29条）という雇止手当である。

なお、1937年法では、管海官庁が雇入契約に関する事件の斡旋をすることができるという包括的な個別紛争処理規定も設けられている。

問題は旧船員法第72条の徒党罪である。既に1928年の社外船ストライキで、政府は刑罰を発動しなかった。その意味では既に争議権は事実上確立していたとも言えるが、1937年船員法は旧法第72条を削除するだけではなく、新たに「船舶ガ外国ノ港ニ在ルトキ」、「人命又ハ船舶ニ直接ノ危険ヲ及ボス虞アルトキ」及び「船員又ハ其ノ代表者ガ相手方ニ対シ争議事項ニ関シ交渉ヲ開始シタル後一週間ヲ経過シ且二十四時間前ニ予告ヲ為シタルニ非ザルトキ」に争議を禁止する第60条を設けた。

（2）　船員保険法[3]

逓信省は既に1920年頃から船員保険法制定の準備を始めていた。1921年の逓信省案の海員保険要綱は、健康保険に倣った療養給付に加えて、手厚い廃疾年金、遺族年金、さらには失業手当金まで含んでいたが、翌1922年の船員保険法案はさすがに失業手当金は削除されている。

1922年11月内務省社会局が設置され、社会保険は社会局の所管となり、以後船員保険も社会局で立案作業が進められる。1928年の社会局参与会議諮問案では、労働側が要求していた養老年金が含まれていたが、翌1929年の社会政策審議会諮問案では消えている。ようやく1931年に議会に上程されたが、労使とも反対し廃案となった。

3）厚生省保険局・社会保険庁医療保険部『船員保険三十年史』社会保険新報社（1972年）。

1938年に厚生省が設置されると、社会保険は保険院の所管となり、直ちに船員保険の立案に入り、翌1939年には船員保険法が成立に至った。これは社会局の当初案と同様養老年金が含まれている。当時はまだ労働者年金保険（1941年成立、1944年に厚生年金保険に改正）はできていないので、船員が先行した形である。この背景には戦時体制下で、海上輸送に携わる船員の保護を高め、船員労働力を確保する必要があった。

制定当時の船員保険法は、雇入期間中のみを被保険者とするシンプルな設計であった。つまり、乗下船を繰り返すごとに資格の取得喪失を繰り返すことになり、それゆえ療養給付の受給資格者は「被保険者又ハ被保険者タリシ者」とされている。乗船中に生じた傷病を下船後（雇入契約終了後、つまり資格喪失後）に本格的に治療することを想定したものである。これが大きく転換するのは1945年4月の改正で、予備船員も被保険者に含めることとした。

（3）　船員と傷病[4]

この時の船員保険法は既に存在した健康保険とその後できた厚生年金を合わせたようなものであるが、戦後の労災保険に相当する部分も含まれていた。船員保険では健康保険に当たる業務外の傷病と労災保険に当たる業務上の傷病が必ずしも概念的に区別されていないのである。これは、陸上労働であれば工場等の職場と自宅等それ以外が場所的に区別できるが、雇入期間つまり乗船から下船まで船内で生活し続ける船員の場合、両者を概念的に区別することが難しかったからであろう。

実は、工場法の扶助規定に相当する規定は商法の時代から存在した。業務上外にかかわらず「服役中」（乗船中）の傷病は船主の負担で治療されること、しかし一方、「海員カ疾病ニ罹リ又ハ傷痍ヲ受ケ其職務ニ堪ヘサルニ至リタルトキ」（第581条第1項第4号）には「船長ハ海員ヲ雇止ムルコトヲ得」るのだから、給料請求権はその雇止までを原則とし、さらにしかしその傷病が「職務」上の場合には雇入時に定めた全期間分の給料を払えということで

4）蒲章『船員労働災害補償の研究』日本海事広報協会（1983年）。

付章　船員労働法政策　1055

ある。

この規定が1937年船員法に移されるが、規定ぶりが若干変わり、療養扶助と死亡手当は業務上外を全く区別しない一方、給料については業務上外で過失の度合に差をつけている。なお療養扶助期間は勅令で引き続き3か月とされていた。

これを前提として作られた1939年船員保険法は、船員法の扶助責任を代替するのではなく、その（3か月の）扶助終了後に（6か月の）療養給付を行うという設計であった。工場法と健康保険法の関係とはかなり違う。

（4）　戦時体制下の船員法政策

戦時体制下では陸上労働においても労務統制や賃金統制が行われ、また産業報国会という形での労使一体型の集団的労使関係システムが強制された時代であるが、海上労働にも同じような動きがあった。陸上労働の世界では、この戦時体制下に強制された仕組みが戦後の労働社会の構造に大きく影響しているが、戦前既に先進的な労働力需給調整システムと集団的労使関係システムを作り上げていた船員の世界では、その意味合いはかなり異なる。それでも、とりわけ予備船員制度を確立することで、雇入契約と雇用契約の二重制をもたらした点などで、戦時体制下の仕組みが影響を及ぼしている。

まず労務統制であるが、船員職業紹介法に基づき海事協同会に行わせていた船員職業紹介が、1940年の船員職業紹介所官制により国営化され、逓信省に移管された。その後1943年には厚生省の国民職業指導所に移管されている。1940年の船員使用等統制令は、雇入や引抜の制限（「逓信大臣船員ノ移動ヲ防止スル為必要アリト認ムルトキハ船舶所有者ニ対シ船員ノ雇入又ハ解雇の制限ニ関シ必要ナル命令ヲ為スコトヲ得」（第7条））、船員の融通（「逓信大臣必要アリト認ムルトキハ命令ノ定ムル所ニ依リ船舶所有者又ハ其ノ組合其ノ他之ニ準ズルモノニ対シ其ノ雇傭スル船員ヲ期間ヲ限リテ他ノ船舶所有者ヲシテ使用セシムベキコトヲ命ズルコトヲ得」（第4条））などに加えて、予備船員の保有を命ずる規定を設けた。下船後も雇用関係を維持し給与を払い続ける予備員という形態は、日本郵船、大阪商船など大手海運会社では戦前から存在していたが、国の法令上にその保有を義務づける形で姿を

1056　第5部　労使関係法政策

現したのである[5]。

　1940年の船員給与統制令は、陸上の賃金統制令に倣って、船舶所有者が給与の準則を定めることを前提に逓信大臣による許可や変更命令を規定しているが、上述したように既に海事協同会で産業別労働協約による労働条件決定システムが確立していたこともあり、労働組合の存在を消して船主側だけの協定のような持って回った規定も設けていた。

　一方労働組合サイドにおいても、陸上における産業報国会の発足を背景に、1938年には海員協会と海員組合が合体して皇国海員同盟が設立され、さらに1940年には、職業紹介の国営化や船員給与統制令によって実質的機能が失われてきた海事協同会も海員組合とともに解散され、それに代わって海運報国団が結成された。海運報国団には労働力需給調整機能も労働条件決定機能もなく、皇国キャンペーンの外福利厚生事業を行うだけであった。「労使関係の世界的モデル」は失われてしまったのである。

　さらに1942年には戦時海運管理令に基づき船員徴用が行われるとともに船舶運営会が設立された。全船舶を国が借り受け、船舶運営会がその運航に当たる。政府が徴用した船員を運営会が配置し、管理するという仕組みである。

　被徴用船員は、「船舶運営会ノ運行スル船舶ニ配置」され（第19条）、「其ノ職務ニ関シ…船舶運営会ノ指示ニ従」い（第20条）、「給与ハ…船舶運営会之ヲ支給」し（第21条）、その「解雇及退職ハ…逓信大臣ノ認可ヲ受クルニ非ザレバ之ヲ為スコトヲ得ズ」（第23条）というのだから、一元的な管理の下に置かれたことが分かる。ここで重要な意味を持つのが第18条第2号で「予備員タル船員」も徴用対象に含まれていることである。太平洋戦争に船員を次々に徴用できるようにするために、いわば国家の戦争遂行の為の手段としてこの予備員制度が全面化したと言えよう。

　被徴用船員の雇入契約は乗船時に船舶運営会との間で結ばれるわけだが、

5）厳密に言えば、1938年の船員法施行規則において、「海員ガ船舶所有者ヨリ予備員ト為ルコト又ハ船舶外ノ場所ニ勤務スルコトヲ命ゼラレタルトキハ雇止アリタルモノトシ、予備員又ハ船舶外ノ場所ニ勤務スル者ガ船舶ニ乗組ムコトヲ命ゼラレタルトキハ雇入アリタルモノトス」（第50条第2項）と、予備員が姿を現していた。

付章　船員労働法政策　1057

乗船前の予備員の地位はどうなるのだろうか。1942年被徴用予備船員規程が定められ、「被徴用予備船員トハ下船中ノ被徴用船員並ニ船舶運営会ノ運航船舶ニ乗組マシムル為採用シタル船員ヲ謂フ」（第1条）と定義した上、予備船員の給与を原則として給料全額とし、常に居所を届け出ることとした。さらに被徴用船員公暇規程という日本初の有給休暇制度まで設けられた。

　戦局の悪化した1945年1月には船員動員令が施行されるとともに、船舶待遇職員令によって応徴船員海運士又は海運士補に任用し、待遇官吏とした。また、応徴船員給与規則、応徴船員予備給与規程を定めて給与管理を統一した。1945年4月の船員保険法改正で予備船員も被保険者に含められたのも、こうした流れを受けたものであった。

（5）　終戦直後期における船員管理

　この船舶運営会は終戦後も1950年まで維持され、戦後船員制度に大きな影響を及ぼすことになる。これはGHQの方針によるもので、その間、使用者側は船舶運営会一本だった。これに対し、組合側は既に終戦直後から再建の動きが活発化し、1945年10月には全日本海員組合（全日海）が結成されていた。つまり、産業別団体交渉の舞台設定が整えられていたということもできる。

　1946年1月には、船舶運営会と全日海間の最初の団体協約が締結された。これは組合加入や協議義務といった総論的なものであったが、同年9月には「馘首しないこと」等を定めた雇用対策に関する協定、翌1947年4月には船員給与改定協定を結んでいる。ようやく1949年の定期用船方式への切替（定用切替）で船員が各社との雇用関係に復帰した後も、日本船主協会と全日海との間で産業別交渉を行い、産業別協約を締結して労働条件等を決定するという日本では極めて例外的な仕組みが確立し、形を変えつつも今日まで維持され続けている。

　ただ一方、この間船舶運営会の下で戦時中に確立した予備員制度が維持され、それが戦後日本の船員制度に大きな影響を与えた。1947年3月の船舶運営会、日本海運協会（日本船主協会の前身）、全日海の3者間で結ばれた「船員動員令の廃止に伴う船員の雇用、待遇に関する協定」において、運営会が

船員を雇用できなくなったときには三者は船員の完全雇用について責任を持って解決を図ることとされ、1949年の定用切替時には各社は失業者を出さないように、一定の予備員率で乗組員と予備員を引き取ったのである。

諸外国に類を見ない予備船員の一般化という現象は、戦時体制によって作られただけではなく、終戦直後期の特殊な労使関係によって維持され、確立したと言えよう。

4　終戦直後期における船員法制の改革

（1）　労使関係法政策[6]

主な船員労働法制のうち、陸上労働法制と法律が別建てになっていないのは集団的労使関係システムである。すなわち、労働組合法と労働関係調整法がそのまま船員にも適用される。しかしながら、船員については特別の労働委員会が設けられ、しかも労働行政（当時は厚生省）ではなく運輸省に設置されたというところに特殊性が現れている。

もっとも、最初の原案では「労務委員会ハ中央地方地区ノ三種トシ、特別ノ必要アルトキハ臨時ノ委員会ヲ設クルコトヲ得」（第1次案第26条第3項）という形で、第3次案で「労働委員会ハ中央地方ニ設ケ特別ノ必要アルトキハ一定ノ地区又ハ事項ニ付特別ノ委員会ヲ設クルコトヲ得」となった。これは末弘厳太郎によれば「此の前、船員の問題などに付ては一般の委員会では拙いだらうと云ふやうな御話もあつたので、さう云ふ特殊の事柄であれば、それに付て特別の委員会を設けることを得る、即ち『一定ノ地区又ハ事項』と云ふことで斯う云ふ形にした」ものである。

さらに労務法制審議委員会の議事録を見ていくと、労働行政を統一すべきという附帯決議に対し、全日海の小泉秀吉会長が船員労働行政を運輸省が所管すべきという論陣を張っていることが分かる。戦後船員労働法が別立てに形成された一つの理由に、運輸省という所管官庁だけでなく、当該産業の労働組合自身がそれを望んだことがあるわけである。

6）『労働組合法立法史料研究』（第1巻～第4巻）労働政策研究・研修機構（2014年～2017年）。

いずれにしろ、労働組合法自体は陸海共用で船員が別立てになっているわけではないが、行政機関たる労働委員会は始めから別立てで出発することになった。興味深いことに、1945年労働組合法は翌1946年3月1日施行で中労委と地労委はその日に発足しているが、運輸省の船員中央労働委員会と各船員地方労働委員会はフライング気味に2月1日ないし2月中に発足している。船中労委は「わが国最初の労働委員会」というわけであるが、そのときは法律上の根拠はなかったことになる。というのは、労働組合法は1945年12月22日に官報に掲載されていたが、その特別労働委員会に関する政令は1946年2月27日に官報に掲載されているからである。この段階ではまだ船労委は法律上は「特別労働委員会」に過ぎない。船労委が法律上に明記されるに至ったのは1949年改正によってである。第4次修正案で登場し、特に論点になることなく法文になっている。

　ちなみに、1945年労働組合法における労働委員会は、争議調整等だけではなく労働条件に関する建議の権限も持っていた。その規定は1949年改正で削除されてしまったが、それまでは労組法に基づいて船中労委が船員法改正について審議することは十分可能であった。そして、それによって制定された1947年船員法によって、今度は船中労委の権限として規定される。これはちょうど1947年労働基準法第98条で労働基準委員会（後の労働基準審議会）に与えられたものと同じである。その後も船中労委の審議会としての権限は付け加えられていき、船員関係の唯一の審議会機能を果たしていくことになる。

（2）　1947年船員法

　陸上では労働組合法、労働関係調整法に続いて労働基準法の立法過程に入ったが、ここから船員労働法は全く別コースを辿っていく。厚生省サイドは船員も労働基準法を適用すべきと訴えたようだが、GHQの容れるところとならなかった。1946年8月、運輸大臣は船中労委に船員法改正について諮問し、これを審議するため船中労委委員プラス委嘱委員からなる臨時船員法令審議会が設置され、翌1947年1月に答申がされ、同年3月国会に法案提出、同月成立した。この1947年船員法は、労働基準法と異なり船長や紀律に関

1060 第5部 労使関係法政策

する規定が含まれている点、海員についても雇入契約を中心に据えた法体系になっている点では、1937年船員法の延長線上にあるが、労働時間や有給休暇に関する規定が新設され、他の諸規定もかなり抜本的に作り替えられている。

この法律は予備船員を正面から規定し、雇入契約と雇用契約の二重制を示した。冒頭で「この法律で船員とは、日本船舶又は日本船舶以外の命令の定める船舶に乗り組む船長及び海員並びに予備員をいう」と定義している。ところが、その後出てくる全ての規定は船長と海員について規定されていて予備員は出てこない。第4章は「雇入契約」で、その冒頭の労基法第13条及び第15条から第18条に当たる規定も、雇入契約について規定されている。そして最後近くになって、雑則の中に「…の規定は、予備員の雇よう契約にこれを準用する」（第118条）が出てくる。いずれにしても、海員は雇入契約、予備員は「雇よう契約」という二重制が法律条文上に明らかになったわけである。

雇入契約中心の法制とすることは、雇入契約の公認制（第37条）と船員手帳制度（第50条）を維持する以上当然である。そして、戦前以来の規定をさらに拡充して、船舶所有者による雇入契約の解除事由（第40条）、船員からの雇入契約の解除事由（第42条）、船舶所有者変更の場合の新船舶所有者との雇入契約成立みなし（第43条）、船舶航行中の雇入契約延長（第44条）なども設けられた。また後述の失業保険との関係では、1937年法で雇入契約終了時の手当支給義務（第29条）として傷病扶助義務に埋もれる形で存在していたものが雇止手当（第46条）として独立し、さらに失業手当（第45条）も設けられたことも興味深い。一方1937年法にあった個別紛争処理規定は消えている。紛争はすべて集団的に解決されるという思想の現れであろうか。

一方、第2章「紀律」の章に盛り込まれた「争議行為の制限」（第30条）は、「労働関係に関する争議行為は、船舶が外国の港にあるとき、又はその争議行為に因り人命若しくは船舶に危険が及ぶようなときは、これをしてはならない」と定める。これは1937年法第60条を引継ぐものであるが、制定過程では激しい議論となった。当初は単純に削除することになっていたのだ

付章　船員労働法政策　1061

が、公聴会で船主側が強い希望を述べ、それをGHQが容認して、「船舶が航行中のとき」も含めた形で最終総会に提出され、そこで船舶航行中が削除され、罰則も落とされて決着した。これは「紀律」というよりも、労調法の争議行為の制限禁止の特則というべきもので、これがこのような形で入っていることは船員法の性格を不分明なものにしていると言えよう。

　また第5章「給料その他の報酬」には、労基法と同様の規定と並んで、これも労基法の最低賃金に倣った形で最低報酬が規定されている。これは後に最低賃金法が適用されるとともに削除されることになる。なお労働基準監督システムは運輸大臣の権限であり、船員労務官が行使することとされている。

（3）　船員法の労働時間・有給休暇等

　1947年船員法は初めて労働時間や有給休暇についての規定を盛り込んだ。ILOは既に1936年に「船内労働時間及ビ定員ニ関スル条約」（第57号）や「船員ノ為ノ年次有給休暇ニ関スル条約」（第54号）を採択していたので、この国際水準に追いつくことが目標であったが、一部それを超えるものもあった。

　船員の労働時間は航海当直従事者とそれ以外の二本立てになっている。航海当直以外は1日8時間、1週48時間で労基法と同じである。これに対して航海当直従事者は1日8時間、1週56時間である。これは、船舶の航行継続のため日曜日でも休止できないからで、休日なしの3交替制ということになる。

　また時間外労働についても労基法の36協定方式ではなく、船長の命令によって行わせる方式をとっている。これも、船舶では乗組員数に制約があるため陸上よりも時間外労働を認める必要が一層強いからとされている。しかし逆に言えば、（労基法第36条が法の趣旨と異なる運用になったためでもあるが）臨時の必要がなければ時間外労働は認められないという硬性の労働時間規制であったとも言えないことはない。

　一方船員法の有給休暇は、同一船舶で1年連続勤務した後に25日で、3か月増える毎に5日増加するという高水準である。これは休日がないことの埋め合わせという意味合いなのだが、休日を与えている場合にこれを有休に算入することは禁止されている。

　この有給休暇の規定が、戦後予備船員制度が一般化する大きな条件であっ

1062　第5部　労使関係法政策

たといわれている。つまり、下船後有給休暇を取っている者を予備船員とすることから、一定割合の予備船員を維持することが必要となったということである。

なお労基法の安全衛生に相当する規定は第8章「食料及び衛生」であるが、「安全」はなく、衛生に当たるのは一定の場合に医師を乗り組ませることと衛生用品を備えることくらいであった。

（4）　災害補償と船員保険[7]

上述のように、1937年船員法は船員の傷病について、療養扶助と死亡手当は業務上外を全く区別しない一方、給料については業務上外で過失の度合に差をつけていた。船員保険も業務上外の区別は明確ではなかった。工場法で業務上傷病の扶助責任を定めた上でそれを健康保険で担保していた陸上労働とは違う仕組みであった。ところが、1947年船員法は同年の労基法に沿った形で災害補償の規定を設けることとなった。しかし戦前来の業務外の傷病も負担する部分も維持された。さらに陸上では労基法で業務上傷病の補償責任を定めた上で、それを担保するために独立の労災保険を設けるという形になったが、船員の世界では業務上外を明確に分けない船員保険が維持された。そのため、船員の労災法制は極めてわかりにくいものになってしまった。

まず船員法の災害補償規定であるが、「船員が職務上負傷し、又は疾病にかかつたときは、船舶所有者は、その負傷又は疾病がなおるまで、その費用で療養を施し、又は療養に必要な費用を負担しなければならない」（第89条第1項）と、一見労基法第75条の療養補償と同じに見えるが、実は打切補償の規定がないため、3年経って傷病が治らなくても未来永劫面倒を見なければならない。一方同条第2項は「雇入契約存続中職務外」の傷病についても3か月の療養補償を求めている。後者は「職務外」というのだから厳密にいえば労災ではないはずだが、そもそも雇入期間中即ち乗船中は船内で生活しているのだから全部まとめて業務上のようなものだと考えるのであれば、そういう概念設計にすべきだったように思われる。実際にはやや中途半端に

7）蒲章『船員労働災害補償の研究』日本海事広報協会（1983年）。

「職務上」は極めて手厚く、「職務外」は手薄く、まとめて「療養補償」と称したわけである。

次の「傷病手当」は労基法の休業補償に当たるものであるが、「職務上」の傷病について、最初の4か月は標準報酬月額の全額、その後はようやく労基法並みになってその60%を払い続けなければならない。さらに傷病が治ったら「予後手当」と称してその60%を支払うこととされている。では「職務外」の休業補償はないのかというと、実は災害補償ではなく第5章「給料その他の報酬」の中に、「船員は、負傷又は疾病のため職務に従事しない期間についても、雇入契約存続中給料及び命令の定める手当を請求することができる」（第57条）という規定があり、職務上の場合は第114条で併給調整されるというやたらに複雑な仕組みである。

このように、戦前来の「職務外」の尻尾を引きずりながらも、一応労基法に倣った形で船員法上に災害補償の規定が設けられたのに対し、船員保険は業務上外を区別しない戦前来の建付けが維持された。この背景には役所間の権限争いがあったようである。運輸省が船員保険の丸ごと移管を求めたのに対し厚生省が強く抵抗し、結局GHQの裁断で労災保険や失業保険に相当する部分も厚生省の所管に残ってしまった。しかも労災保険相当部分についてはそもそも健康保険相当部分から切り分けられず、「療養給付」や「傷病手当金」の中に職務上と職務外が両方入っているという形のままになってしまった。

1947年の段階では法律上は療養給付に業務上外の区別はなく、ただし政令に定めるその給付期間が、障害年金又は障害手当を受給できるようになるまで、そうでなければ職務外なら2年間（後に3年間）となっているだけであった。ようやく1957年改正で、第28条に第2項として「船員法第八十九条第二項ニ規定スル療養補償ニ相当スル療養ノ給付」については職務外であっても職務上と同じ扱いにするという形で区別が明示された。

一方傷病手当金については1947年改正で、職務上の傷病であれば4か月間は全額、それ以降はずっと60%、療養給付終了時に60%の1月分（予後手当に相当）であるが、職務外であれば上記2年間（後に3年間）60%という風になった。いずれにしても、一応職務上外の概念区分はありながら両者が

かなり癒着した制度であり、労災保険のように船員法上の船舶所有者の災害補償義務を担保するための独自の保険制度という風にはならなかった。

(5) 労働市場法政策

戦時中厚生省に移管されていた船員職業紹介は、1946年5月に運輸省に復帰し、船員職業紹介所が設置されたが、同年6月船中労委が戦前の海事協同会を引きながら「海上労働の調整を最も円滑にする為めには船員職業紹介事業は国営よりも適当なる労使の協同団体によつて行われる方がより適切であり又条約の趣旨にも合ふ」と決議したことを受け、同年11月に日本海員財団（海運報国団の後身）に民営移管された。

しかし陸上で職業安定法の制定が進むのに対応する必要から、1947年1月運輸大臣より船中労委に職業紹介法改正について諮問がなされ、同年3月船員職業保障法案を答申したが、これは上程されず、同年8月に船中労委に船員職業安定法令審議会を設置して議論し、翌1948年1月に答申、同年7月に成立に至った。

これは陸上の職業安定法と同様に、政府の行う船員の職業紹介、職業指導及び属員職業補導を原則とし、政府以外の者の行う船員職業紹介事業、船員の募集及び船員労務供給事業は原則禁止して例外的にのみ認めるものである。このため地方海運局に公共船員職業安定所を設置し、職業紹介等とともに船員保険法の失業保険金に係る失業認定をすることとなった。せっかく戦前来の海事協同会方式に戻したものを再度わざわざ国営にしたことになる。ただ、戦時中に予備船員制度が一般化したため、戦前のように下船即失業ではなくなり、乗下船のつど職業紹介を受ける必要がなくなってしまった、というのが一番大きな状況変化であった。陸上と同様に外部労働市場が周辺化してしまったわけである。全日海は海事協同会方式を求めたが、船主側は消極的だった。なお1952年には公共船員職業安定所は廃止され、海運局が所管することになった。

陸上労働市場法制は公共職業安定所が職業紹介と失業認定を行うことが基軸であるが、この仕組み自体は船員法制でもほぼそのまま実現した。1947年改正で船員保険法に「第二節ノ二」として独自の失業保険金の制度が設け

られた。その制度設計は失業保険法とほぼ同じで、「労働ノ意志及能力ヲ有スルニ拘ラズ職業ニ就クコトヲ得ザル」（第33条の2）ことを確認するために、「船員職業紹介所又ハ公共職業安定所ニ出頭シ求職ノ申込ヲ為シタル上失業ノ認定ヲ受クルコトヲ要」（第33条の4）する。

5 その後の船員労働条件法政策

（1） 1962年船員法改正

　占領終結に伴い労働法令の見直しが始まったのに合わせて、運輸省も1952年船中労委に対して船員法改正について諮問を行い、船中労委に船員法改正委員会を設置して審議を行い、三次にわたる中間答申を経て、1961年に最終答申を出した。これを受けて改正船員法が1962年5月に成立している。これにより、第4章のタイトルが「雇入契約等」となり、雇入契約と雇用契約の二重制がより明確にされた。1947年法では雑則の準用規定で処理していたものをようやく正面に持ち出したわけである。これに併せて、予備船員の解雇制限と解雇予告が労基法第19条、第20条をコピーする形で設けられた。雇入契約を前提に雇止事由を限定する形で構築されてきた雇用終了法制に、陸上型法制が混じり込んだ形である。

　もう一つこの改正で第8が「食料及び衛生」から「食料並びに安全及び衛生」となり、これまで事実上外航大型船への医師の乗組と衛生用品等の備置だけだった安全衛生面がようやく整備された。根拠規定（第81条）に基づいて船員労働安全衛生規則が制定され、詳細な安全衛生基準が規定されるに至った。なお1967年には船員災害防止協会等に関する法律が制定され、船員災害防止協会が設立されるとともに船員災害防止計画が樹立された。これも同時代の陸上労働安全衛生政策に沿っている。

（2） 船員の最低賃金

　最低賃金という言葉を広義にとれば、戦前海事協同会の仲裁裁定で締結された「普通船員標準給料最低月額協定」（1928年）がその第一号となる。戦後、労基法の最低賃金規定に倣って1947年船員法にも最低報酬規定（第59条）が設けられたが、どちらもそれに基づく最低額は定められないまま推移

した。ただし、全日海は汽船船員については1951年に日本船主協会との労働協約によって職種別の最低賃金を確立していた。問題は機帆船船員で、各船地労委から建議がなされ、それを受けて1954年運輸大臣から船中労委に諮問がされ、船中労委に最低報酬制度調査委員会を設置して審議した結果、1958年に答申を出した。そこでは、当面行政指導によって業者間協定の締結を促進し、法定最低賃金実施の基盤を育成する必要があるとされていた。

　ちょうどこの頃、陸上でも最低賃金をめぐる法政策が展開されており、1959年に業者間協定方式を軸とする最低賃金法が成立し、船員もこれに乗っかる形になった。船員法で別の根拠規定を持っているはずの船員行政が、独立の船員最低報酬法ではなく陸上の最低賃金法を共有する形になったのは、これが政治的対立の焦点となり、矢面に立ちたくなかったからではないかと想像される。これにより、陸上での最低賃金審議会の役割を船労委が行うこととなり、最低賃金専門部会が設けられた。

　以後続々と機帆船に係る業者間協定方式の最低賃金が決定されていったが、適用率が9割に達した1964年、船中労委は未適用船員について審議会方式を実施する旨の建議を行い（1959年法にも審議会方式は規定されていた。）、これに基づき1967年に最初の審議会方式の最低賃金が実施された。業者間協定方式を廃止した最低賃金法改正は翌1968年で、以後は審議会方式が中心となる。

(3)　1988年船員法改正（労働時間関係）

　船員法は1988年にかなり大幅な改正がされたが、これはその前年に行われた労基法の労働時間法制の改正を受けたものである。1987年3月運輸省海上技術安全局船員部長の私的諮問機関として船員労働法制検討会が設けられ、9月に提言を出した。直ちに運輸大臣の諮問を受けて船中労委に船員法改正委員会が設置され、翌1988年1月に答申、これを受けて法案が作成され、同年5月に成立した。

　この改正は、労基法に合わせて週40時間労働を法条文上は導入し、それまでの航海当直者の週56時間労働を廃止した形になっているが、実際には航行中休みなしの連続3交替をやめるわけにはいかないので、補償休日とい

付章　船員労働法政策　1067

う仕掛けを持ち込むことで辻褄を合わせた。

　船員法第60条から第67条までが全面改正され、航海中停泊中を問わず、また当直する者しない者を問わず、一律に1日8時間、週40時間（当面は週48時間労働で段階的に短縮）、週休1日とした。しかし、実際にはこの規定によって後日「補償休日」をまとめてとることになる。「休日」と称しているが、実際には航海中はとれないのだから、むしろ休暇に近いと言えよう。停泊中は補償休日をとることができるが、船内にいるので船長から補償休日労働を命じられる可能性がある。

　時間外・補償休日労働についても、これまでの時間外労働の要件であった「臨時の必要があるとき」（第64条第1項）に「船舶が狭い水路を通過するときにおいて航海当直の員数を増加する場合」などの「特別の必要がある場合」を加え（同条第2項）、さらに労基法の36協定方式を持ち込んだ（第64条の2）。

（4）　2004年船員法改正

　その後の主な船員法改正を見ておく。2004年改正は内航船乗組み制度検討会[8]が2003年にまとめた内航貨物船及び旅客船についての報告をもとに行われたものである。報告では、ILOの船員の労働時間及び船舶の定員に関する条約（第180号）が最長労働時間又は最短休息時間規制としていることを引きつつ、船員法の改正を求めている。

　この改正では、まず雇入契約の公認が届出制になった。

　労働時間関係では、1日8時間、週40時間、補償休日制は維持した上で、時間外・補償休日労働の要件を厳格にし、その上限を設定した。具体的には、1947年法以来の「臨時の必要があるとき」を「船舶の航海の安全を確保するため臨時の必要があるとき」として厳格化し、「特別の必要がある場合」（第64条第2項）と36協定方式（第64条の2）については、1日14時間、週72時間という上限を設定したのである。

　また法違反の場合に船員労務官が船舶の運航を差し止める権限も規定し

8）座長：加藤俊平。

た。

（5） 2008年改正

2006年9月から、厚生労働省サイドにおける労働契約法・労働時間法の改正の動きに対応して、国土交通省海事局においても船員に係る労働契約・労働時間法制検討会[9] が設置され、検討が進められた。その結果、2007年1月に中間とりまとめが出され、新たに制定される予定の労働契約法については原則として船員にも適用することとする一方、労働時間法制については「所定外労働の削減関係を除き、船員への導入の必要性は認められず。船員の所定外労働の削減については、どのような対応が必要かにつき引き続き検討」としていた。同年3月の最終とりまとめでは、船員の所定外労働の削減について検討を行った結果、所定外労働の中で労使協定時間外労働が太宗を占めていることを踏まえ、国土交通大臣による労働時間の延長の限度基準の設定、休息時間及び健康の確保等が提示された。

これに基づき翌2008年2月改正法案が国会に提出され、同年5月に船員法が改正された。これにより、労基法で1998年に導入された第36条第2項〜第4項と同様の限度基準に関する規定が設けられた。法律上は2004年改正で週72時間という上限が既にあるのだが、国土交通大臣告示で時間外労働について特別の事情がない限り4週56時間というやや弱い上限を設定したわけである。

日本の労働法制へのインパクトという意味でより重要なのは、休息時間規制を初めて導入したことであろう。これにより船舶所有者は、休息時間を一日について三回以上に分割して海員に与えてはならない（第65条の3）とされた。

6 その後の船員労働市場法政策

（1） 船員雇用問題と船員雇用促進特別措置法（1977年）

石油ショック以降船員の雇用情勢は急速に悪化し、失業保険の延長給付、

9）座長：野川忍。

マルシップ（日本の海運会社が海外に貸し渡し、途上国等の外国人船員を配乗した後に再び当該海運会社が用船した船舶）に失業船員を配乗する等の船員雇用対策がとられていった。その中で、1977年12月には船員の雇用の促進に関する特別措置法が制定された。これはちょうど特定不況業種離職者臨時措置法が制定されたのに合わせ、陸上で雇用対策法に基づき支給される就職促進給付金を船員にも支給できるようにするための根拠法である。さらに指定法人として船員雇用促進センターを設けて、求人開拓その他の事業を行うこととし、船員職業安定法の適用除外として船員職業紹介を行えるようにした。

（2）　1990年改正（船員労務供給事業）

この改正は、船員職業安定法で原則禁止（労働組合のみ可能）とされている船員労務供給事業を上記船員雇用促進センターに行わせるためのもので、1990年6月に成立した。その趣旨は、外航海運における日本船舶の減少を踏まえ、日本人船員の外国船舶への配乗を促進することによる海上職域確保にあった。

これにより、船員雇用促進センターはその雇用する労務供給船員及び「労務供給船員となろうとする者として船員雇用促進センターが行う登録を受けた者」について船員労務供給事業を行えることとなった。この雇用型労務供給と登録型労務供給とは、一見陸上の労働者派遣事業でいう常用型派遣と登録型派遣に対応するように見えるが実はだいぶ違う。この時は既に陸上では労働者派遣法ができていたにもかかわらず、船員派遣事業という概念を作ることなく、船員職業安定法に前からある船員労務供給事業という概念を使ったわけだが、その概念整理は労働者派遣法とはかなり異なるものであった。

この改正に合わせて船員職業安定法第6条第6項の定義規定を若干修正している。「供給契約に基いて人を船員として他人に使用させること」を「供給契約に基づいて人を船員として他人の指揮命令を受けて労務に従事させること」にしているのだが、労働者派遣法と違い雇用関係の有無には触れていない。雇用型労務供給では船員雇用促進センターとの間に雇用関係があるが、登録型労務供給では同センターとの間に雇用関係はないからである。

ここで改めて、船員法では雇入契約を中心概念としていることを思い出す必要がある。船員雇用促進特別措置法の第11条第3項は「船員雇用促進センターは、船員労務供給契約において船員労務供給の役務に従事する労務供給船員と当該船員労務供給の役務の提供を受ける事業主との間で雇入契約···を締結することとされている場合でなければ、船員労務供給を行つてはならない」と定め、船員法の基軸となっている雇入契約はあくまでも供給先との間で締結されるという原則を維持している。ここが陸上の派遣法と大きく違うところであり、それゆえに労務供給という概念を使うこととしているわけである。

ところが同時に、同法第14条には船員法の適用の特例があり、労務供給船員を予備船員とみなし、船員雇用促進センターを「船舶所有者に関する規定の適用を受ける者」とみなして、船員法の規定を適用するということにしている。また、第15条で船員保険法の適用の特例があり、同法の被保険者としている。雇入契約の一方当事者ではない船員雇用促進センターが、にもかかわらず船舶所有者として扱われるという法的構成である。

(3) 2004年改正（船員派遣事業）

ところがその14年後の2004年には、陸上の労働者派遣法と全く同じ法的構成の船員派遣事業という仕組みが設けられた。その背景には1996年のILO海事総会で第9号条約が抜本改正され、「船員の募集及び職業紹介に関する条約」（第179号）が採択されたことがある。これは陸上労働における「民間職業仲介事業所に関する条約」（第181号）と同様、船員に係る民間職業関連事業を認めるものであった。

そこで運輸省は1997年2月に船員職業紹介等研究会[10]を設置し、同年9月にはワーキンググループ[11]を設けて議論を行った。その間2001年には中央省庁再編で担当部局が国土交通省海事局となったが、ようやく2002年7月に「船員労務供給事業及び船員職業紹介事業に係る規制改革のあり方に関す

10）座長：加藤俊平。
11）座長：野川忍。

る報告」を取りまとめた。ここでは、新たに常用雇用型船員派遣事業を制度化することを提言するほか、在籍出向による船舶への配乗と船舶管理契約による管理船舶への配乗を労務供給事業に該当しない形態として整理すること、期間雇用船員については船員雇用促進センターによる登録型労務供給事業を実施すること、船員教育機関による無料の船員職業紹介事業を制度化することなどが挙げられている。これに基づき、国土交通省は2004年3月に「海上運送事業の活性化のための船員法等の一部を改正する法律案」を国会に提出し、同法案は同年6月に成立した。

　これにより、船員職業安定法に船員派遣事業に関する膨大な規定が盛り込まれた。それは、法律構成としてはほぼ陸上の労働者派遣事業と同じ仕組みとしつつ、常用雇用型についてのみ認め、しかもそれを許可制で認めるという、陸上よりもやや厳しい規制の下に置くものであった。これは法律上、船員派遣を「船舶所有者が、自己の常時雇用する船員を、当該雇用関係の下に、かつ、他人の指揮命令を受けて、当該他人のために船員として労務に従事させることをいい、当該他人に対し当該船員を当該他人に雇用させることを約してするものを含まない」と定義している点に現れている。これに対して船員労務供給とは「供給契約に基づいて人を船員として他人の指揮命令を受けて労務に従事させることをいい、船員派遣に該当するものを含まない」と定義し直された。

　この定義規定において、船員派遣の主語が「船舶所有者」となっている点が重要である。船舶所有者とは船員法において、労基法における使用者に当たる位置を占める存在である。船員法において今なお基軸をなす雇入契約の一方当事者は船舶所有者である。船舶所有者を派遣元として船員派遣を構成することによって、派遣中の、即ち乗船中の船員の雇入契約の一方当事者を派遣船員が実際に乗り組んでいる船を所有している船主ではなく、派遣元たる船舶所有者とする仕組みが可能となったわけである。

　ところが、この「船舶所有者」は実際には船舶を所有していない専業派遣業者でもいいのである。実際には船舶を所有していない「船舶所有者」が、派遣先の船に乗り込む際に船員との間で雇入契約を締結してそれを届け出るという、船員法の前提とはかなりずれた形で辻褄を合わせた法律構成になっ

ている。派遣元は自分の所有していない船舶の航行中、そこに乗り組んでいる派遣船員の船員法上の「船舶所有者」としての責任を基本的に負うということになるわけである。もちろん陸上の派遣法に倣って、船員法上の「船舶所有者」責任を派遣元「船舶所有者」と「船員派遣の役務の提供を受ける者」に配分しているのだが。

　いずれにしろ、こうして作られた船員派遣事業は、常用雇用型に限定され、許可制であるという点において、2000年港湾労働法改正により、港湾運送事業者同士の常用労働者の派遣という形で認められた港湾労働派遣制度とよく似ていると言えよう。

　この時併せて、内航海運、漁業部門などの期間雇用船員について、船員雇用促進センターが登録型船員労務供給事業を行うこととされた。こちらは、1990年改正による船員労務供給事業の法的構成のままであり、供給先が雇入契約の一方当事者となる。

　なお上記報告書では、在籍出向による船舶への配乗と船舶管理契約による管理船舶への配乗を労務供給事業に該当しない形態として整理しており、その旨の通達（平成17年2月15日国海政第157号）が出されている。

7　船員保険の解体

　1939年に制定された船員保険法は、戦後健康保険、厚生年金、労災保険、失業保険という労働社会保険4制度を一本化した職域社会保険として運営されてきたが、既に1985年改正で厚生年金に相当する職務外年金部門が厚生年金に統合されていた。残るのは健康保険に相当する職務外疾病部門、労災保険に相当する職務上疾病・年金部門、雇用保険に相当する失業部門である。もっとも、戦前からの経緯で職務上と職務外が絡み合った規定ぶりのままで、たとえば船員法第89条第2項の「職務外」の災害補償に相当する下船後3か月間の療養給付は、船員保険法上は「職務上」疾病部門に分類されていた。

　ところが被保険者である船員数の激減から、2003年11月、財政制度審議会が「独立した保険事業としての必要性を検討すべき」と見直しを求め、翌2004年6月の閣議決定「経済財政運営と構造改革に関する基本方針2004」

でも見直しが求められたことから、同年10月から船員保険制度のあり方検討会[12]において検討が進められた。なおこれに先立ち、2002年12月から行政と関係労使による船員保険制度勉強会が開催されていた。

　8回にわたる検討の結果、2005年12月、同検討会は報告書をとりまとめた。これは基本的に船員保険の各部門を対応する一般制度に統合しようとするものである。すなわち、職務上疾病・年金部門は労災保険に、失業部門は雇用保険に統合し、船員保険法に残った職務外疾病部門は、政管健保に代わる協会健保で運営することとしている。ただしILO条約等に基づく船員保険の独自給付（上記下船後3か月間の療養給付など）については、引き続き新船員保険から給付できる仕組みを設け、その費用は被保険者及び船舶所有者の保険料負担でまかなうこととした。

　これに基づき2007年2月に雇用保険法改正案が国会に提出され、同年4月に成立した。これにより、長らく労災保険と失業保険という一般制度を所管する労働行政でもなければ、船員法や船員職業安定法という表裏一体の実体法を所管する運輸省でもなく、そのいずれの行政も所管していない厚生省が船員の労災保険と失業保険だけを所管するという奇妙な状態は、ようやく60年ぶりに解消されることになった。

8　船員労働委員会の廃止

　2007年3月、自由民主党司法制度調査会の経済活動を支える民事・刑事の基本法制に関する小委員会が、「21世紀社会にふさわしい準司法手続の確立を目指して」を公表し、その中で船員労働委員会について、事件数が少ないことから類似機関への整理統合を求めた。これを受けて国土交通省は船員労働委員会の政策審議機能を国土交通省の各審議会に、紛争処理機能を陸上の労働委員会に移管することとし、2008年の法改正で船員中央労働委員会の紛争調整機能は中央労働委員会へ、ブロック単位の船員地方労働委員会は都道府県労働委員会に移された。終戦直後に組合側の応援もあって別建てに作られた船員労働委員会が、船員数の激減の中であっさりと一般制度に統合さ

12）座長：岩村正彦。

1074　第5部　労使関係法政策

れてしまったわけである。

9　ILO海事労働条約の国内法化

　2006年2月、ILOはこれまでの海事労働関係の条約を整理統合し、海事労働に関するグローバルスタンダードを確立する目的で、ILO海事労働条約を採択した。これを受け、国土交通省は同年9月からILO海事労働条約国内法制化勉強会[13]を開催し、検討を進めた。同勉強会は2010年7月に最終取りまとめを行い、国土交通省はこれを反映した船員法改正案を用意したが、条約の発効が遅れているため提出が遅れ、批准国が増加してきた2012年2月に船員法改正案を国会に提出し、同年7月に成立した。

　その内容は、船員の労働条件改善については、雇入契約の締結前及び成立時の書面交付、船内苦情処理手続の設置が義務づけられ、また船員の労働条件の検査については、旗国による法定検査を義務づけるとともに、外国船舶が国内港にある間寄港国検査を規定している。

　重要な点としては、これまで労働時間規制の適用がなかった船長や航海当直をしない機関長について、労働時間規制の対象とした。ただし船長については、1日14時間、週72時間という上限は適用されない。逆にいうと、船長にも割増手当を払わなければならなくなったわけである。また、これまで2分割までしかできなかった1日10時間の休息時間について、出入港、狭水道通過時等の当直体制の増員をする場合に当該作業に従事する海員などについては、3回以上に分割又は長い方の休息時間を6時間未満とすることができるようになった。

13）座長：野川忍。

日本の労働法政策

2018年10月30日　初刷発行

著　　　者　濱口　桂一郎
編集・発行　労働政策研究・研修機構
　　　　　　〒177-8502　東京都練馬区上石神井4-8-23
販　　　売　労働政策研究・研修機構　研究調整部成果普及課
　　　　　　〒177-8502　東京都練馬区上石神井4-8-23
　　　　　　電話　03-5903-6263
印刷・製本　株式会社キタジマ

ⓒ2018 JILPT　ISBN978-4-538-41164-4　Printed in Japan